U0673227

陈桥驿先生（1923—2015）

中国国家历史地理

陈桥驿全集

【第四卷】

陈桥驿 著

人民出版社

目　録

水經注校證

国家出版基金项目
NATIONAL PUBLICATION FOUNDATION

中国国家历史地理

陈桥驿全集

【第四卷】

陈桥驿 著

人民出版社

浙江大学
浙江大学理学部，浙江大学社会科学研究院，浙江大学地球科学学院
浙江大学地球科学学院地理科学系，浙江大学城市与区域发展研究所
绍兴市城市建设档案馆　绍兴市鉴湖研究会
协助

目　　録

水經注校證

《水經注》擷英解讀

水經注校證

我校勘水經注的經歷(代序)

我撰寫《我讀水經注的經歷》[①]一文,迄今已達二十五年。中國的古籍浩如瀚海,據韓長耕教授的統計:"中國古代文獻包括現存的和有目無書即散佚的,大概不下十五萬種,而其中尚存世流傳可供披覽檢證的,也仍在十二萬種以上。"[②]一部《水經注》在中國古籍中無非是滄海一粟。而且像我這輩年紀的讀書人,哪有不讀古書的,如我在拙著《酈學札記》卷首《自序》中所説:"我是從童年時代就開始誦讀《水經注》的,其事屬於一種偶然的機遇,後來逐漸成爲一種愛好,對於歷代以來的許多知識分子,這是一種極爲普通的事。"爲什麽當年竟要對此區區一書小題大作,撰寫一篇《經歷》,而發表以後又爲不少書刊所轉載,所以必須説明幾句。

那是一九七七年歲尾,由於政治氣氛的稍有鬆動,竺可楨先生主編的《中國自然地理》中的《歷史自然地理》分册,經過多年的擱置而又開始啟動,如我在上述《札記·自序》所寫:

十幾位學者在上海華東師範大學集中了近兩個月,我與我尊敬的譚其驤先生隔室而居,朝夕過從,所以對他在災難年頭所受的折磨,當時已經洞悉。而在這項工作的後一階段,我所尊敬的另一位前輩侯仁之先生爲了商討發展歷史地理學的問題從北京來到上海,這是我們經過這場生死大難以後的第一次見面,在"乍見反疑夢,相悲各問災(原詩作'年')"的心情下,不免要互説這些年代的遭遇。我向他訴説了我因讀酈而遭受的坎坷以及在"牛棚"中繼續冒險讀此書的事,他不僅敦促我把此事經過寫出來,而且還透露了我的這番經歷,以致《書林》主編金永華先生不久專程到杭州求索此稿。我纔痛定思痛,寫了這篇短文。好在此文如上所述已在多處轉載,並且流傳到了國外,所以不必贅述。

原來從上世紀五十年代以來,我們曾經經歷過一個"讀書有罪","讀書人有罪"的時代,我在拙撰《記一本好書的出版》[③]文中提及:"像我這一輩年紀的知識分子,絕大多數都是無端被剥奪了二十多年工作時間的。"這不僅是像我這類的普通讀書人,高層次的讀書人也是一樣。《中華讀書報》記者曾經訪問過著名生物學家鄒承魯院士:"您當年回國是否後悔?"鄒先生回答:"我回國已經有半個世紀了,其中最初的二十六年時間中衹做了十年的工作,而如果不回來可以連續做二十六年,我衹是對這一點後悔。"記者隨即插入了重要的一句:"而且當年正是壯年的時候。"[④]

以上就是我當年撰寫《我讀水經注的經歷》一文的緣由。

其實,從上世紀七十年代末期起,讀書人讀書開始有了相對的自由。而《水經注》其書,如我在《札記·自序》中所說:"假使此書出於先秦,恐怕也不會列入秦始皇這個大暴君的焚坑之列。"所以雖然心有餘悸,卻已有較多時間重温此書了。由於此書版本極多,而不同版本之間甚有差異甚至牴牾,我一直留意于此。譚其驤先生素悉我對此書的愛好,曾幾次囑咐我重視版本的問題。所以在撰寫《經歷》以前,我實已草就了《論水經注的版本》初稿,承他於一九七八年初夏大病以後在上海龍華醫院針灸療養之時爲我審閲了此文,得到他的指導和鼓勵[⑤]。

説起來頗感慚愧,在我撰寫此文之時,我所披覽過的此書版本衹不過十餘種,在酈學領域中還屬于孤陋寡聞。不過有一點我已經明白,酈學史中的最佳版本,即全、趙、戴和楊熊共四種,我必須反復細讀;並且也已經確認,戴本(指殿本[⑥])是幾種佳本中可以作爲圭臬的本子。我當然有校勘酈《注》的計劃,我的校勘工作必須以殿本作爲底本,在《版本》一文中,我實際上已經透露了這種意向,衹是因爲《經歷》一文的發表和報刊的幾次轉載,使我的校勘計劃受到一些干擾。因爲學術界獲悉我在災難年代冒險搶救出數十年中積累的讀酈筆記,於是,承各方垂詢索稿,幾個出版社都提出要我將這批從"焚坑"危境中搶救出來的筆記整理出版。我不忍拂逆他們的美意,這樣就不得已分頭工作,而這批劫後餘燼,就成爲我從一九八五年起陸續出版的約二百萬字的四部論文集和《酈學札記》,拖延了我的校勘計劃。

不過在上述多書的整理出版過程中,我自問並没有放鬆校勘酈書的準備工作,而且進一步加强了以殿本作底的決心。自從一九八〇年起,我不僅走遍國内收藏此書佳本、名本的圖書館,而且由于連年出國講學,也飽覽了國外圖書館所藏的不少版本。我當然也發現殿本的不少缺陷,並且寫過《殿本尚可再校》[⑦]的筆記,但這並不影響殿本在總體上高出各本的地位。在現在流通的各種酈《注》版本中,《水經注疏》是一種公認的佳本,但它的重要缺陷之一是,此書採用了明朱謀㙔的《水經注箋》作爲底本。熊會貞在乃師楊守敬故世後對此書底本的決定,其難言之隱是爲了"戴、趙相襲案"的干擾[⑧]。由於楊守敬生前認定戴書襲趙而鄙視戴震其人其書,熊氏爲了避免是非而捨戴求朱,他在其死前的《十三頁》[⑨]中說:"通體朱是者作正文,非者依趙、戴等改作正文,不能如《合校》本之盡以戴作正文也。此點最關緊要,必如此,全文方有主義。"由于認定"戴書襲趙"而排斥殿本,這實在是酈學校勘史中一件不幸的事。我在拙撰《戴震校武英殿本水經注的功過》[⑩]一文中,曾經對此事作過一個玩世不恭的比喻:"打個比方說,人類的旅行已經從坐轎子的時代發展到了坐汽車的時代,但是由于對于汽車的的發明人有了爭論,竟因此立誓不坐汽車而坐轎子,這是多麼荒唐可笑。"

感謝上海古籍出版社,由于獲悉我有校勘殿本的意願而主動約請我承擔這種任務。特別承情的是,他們慮及我物色版本的難處(因殿本存在各地翻刻的大量版本),特爲複製了商務印書館的《四部叢刊》本,此本原是上海涵芬樓從武英殿原本影印而來,是各種流行的殿本中的最好本子。我在這個校勘本卷首《前言》中對此曾作過一點說明:

> 此本問世以後,從同治到光緒之間,各省書局紛紛翻刻,我曾經過目的本子,如湖北局刊本、江西局刊本、浙江局巾箱本、蘇州刊本、福州刊本等,在翻刻前估計都不曾作過校對,因而原本有訛者,各本均同其訛;原本未訛者,各本因校對不精而出錯的亦在不少。因此,這些本子,都無對勘的價值。翻刻本中校對較精的有光緒三年的湖北崇文書局刊本、光緒二十三年的湖南新化三味書室刊本、光緒二十五年的上海廣雅書局刊本。此外,殿本系統的刊本(按指正文依殿本),如光緒十八年的王先謙《合校》本,光緒二十三年的楊希閔《滙校》本等,在付刊前也都作過較好的校對,所有這些,我都據以對勘。殿本系統中還有一部清沈欽韓的《水經注疏證》,這是北京圖書館所藏的一部稿本,我曾藉旅京之便,部分地作過對勘。

我大概花了兩年多時間才完成此書的校勘工作,而上海古籍出版社的江建中先生也在編審工作中花了大量精力。此書于一九九〇年出版,出版社對此十分重視,特請顧廷龍先生題寫了書名。由于殿本在上世紀三十年代以後就没有重印,所以學術界對此書很予重視,先後發表了不少評論文章,獲得許多好評。特別是我所尊敬的前輩楊向奎先生,他的《讀水經注》一文,開頭就提出:"我這次讀《水經注》是用陳橋驛教授點校的本子。陳先生說:'我所採用的底本是商務印書館的《四部叢刊》本……在所有不同版本的殿本中,無疑是最好的本子。'最好的本子加上陳先生的點校,當然是現在通行最好的一種版本[⑪]。"

遺憾的是,在我以後對此書的檢索利用中,仍然發現由于我校勘和校對的不慎,書内還遺留了若干錯誤。因爲正是那幾年,我頻頻出國講學,特别是在最後一次校樣的校閲時,恰逢我身在國外,是由我的幾位研究生操作的,他們缺乏校對經驗,也是讓此書留下缺陷的原因,但主要的責任當然應由我承担。儘管此書比上世紀二三十年代商務、世界各書局的排印本,包括《四部叢刊》和《四部備要》[12]諸本都有了進步,但缺陷仍然不少,我對此深表歉疚。

我所校勘的另一部酈《注》版本是《水經注疏》。此書是歷來注疏量最大的版本,是楊守敬與其門人熊會貞畢生心血凝成的巨構。但科學出版社於一九五七年影印出版的此書,卻是錯誤百出,許多文字至于不堪卒讀,令人失望[13]。我雖然早有校勘此書的意願,但至少在上世紀八十年代,自忖絶無從事的時間,所以並未列入我的校勘計劃。此書校勘在我的計劃中提前進行,而且事出倉卒,我在後來校勘的簡化字本《水經注》的《後記》中有一段話的説明:

一九八〇年,日本的著名酈學家森鹿三教授去世。他的的高足藤善真澄教授把森氏主譯的酈《注》日本譯本《水經注(鈔)》寄給了我。我撰成《評森鹿三主譯水經注(鈔)》一文,發表于《杭州大學學報》哲學社會科學版一九八一年第四期(譯載于日本關西大學《史泉》第五十七號,又收入于《水經注研究》)。由于森鹿三在其譯本卷末提及他曾參校臺北中華書局一九七一年出版的《水經注疏》,我的書評引及此語。書評發表以後,我隨即收到段熙仲教授一九八二年初的來信。信中説:"我從大作中得知楊、熊兩先生《水經注疏》的傳鈔本之一在臺灣已經出版了十一年。"又説:"當初不匆匆接受任務,是可以注意到質量更多些。"説明段老的點校工作,到一九八二年初已經完成。當初,由于他没有見過臺北本,所以信上衹説"可以注意到質量更多些"的話。其實,一九八一年中,藤善教授已把臺北本十八巨册寄贈給我,而我評論此本的上述書評,到一九八二年四月纔正式發表。段老驟見我以《漸江水》一篇的兩本對勘以後,立刻發現他辛勤數年的點校工作,由于没有與臺北本對勘,顯然很有不足。于是他立刻寄來一封言辭懇切的長信,提出即從《漸江水》一篇來看,他的點校與臺北本還有不少差距。因此希望能與我合作,由我在他的基礎上,按照臺北本和我歷年來的校勘成果復校一次,然後以兩人名義出版。由于我手頭的工作實在太多,無法接受段老的請求,衹是由于他當時已居八十五高齡,我對這位前輩的復信,不能用我平時慣説慣寫的斷然語氣,而是措辭委婉地加以推辭。並且建議,要他請出版社通過香港或日本的關係,從臺北購入此書(因臺灣與大陸當時尚無來往),而此項工作仍以他賡續爲宜。以後幾個月中,他曾多次來信,而我都禮貌地婉謝。這年秋季,我出訪南、北美洲,在巴西和美國躭了頗久。回國以後,已有好幾封他的來信積壓着,語氣誠懇而堅定,要求我務必同意復校,並爲此本撰寫序言。當時由于積壓的信件太多,一時還來不及給他復信,但段老卻請他親戚用一輛小轎車把全部他的點校稿件從南京送到我家中。我實在爲他的誠摯所感動,衹好收下這批稿件,堆滿了我的這個小小書房。從此我原來的工作計劃頓時大亂,整整兩年中,除了出國講學幾個月外,全部花在這部書稿上,最後終于在一九八四年底完成了工作,並且按段老的囑咐寫了一篇一萬多字的序言。由于北京本賀昌羣的序言題目是《影印水經注疏的説明》,我的序言就循賀氏作《排印水經注疏的説明》(收入《水經注研究二集》)。爲此書忙到這年年底,而一九八五年初,因爲聘約關係,我又到日本講學半年。從此連續幾年,我成了學術界的一個大負債户,許多書稿都因此拖欠下來,弄得手忙脚亂。但段老爲此感到滿意,不僅誇獎我的復校,對我的那篇作爲序言的《説明》也備加贊賞。既然我的工作能讓一位耄耋老人多年辛勤的成果得以問世,我雖遭遇一時的困難,但也感到心安了。可惜段老竟不及看到此書的出版,于一九八七年因腦溢血逝世。逝世前不久還給我寫信,説起出版社重視此書,正由四位責任編輯分頭整理[⑭],他正盼望着此書的早日出版。言念及此,能不黯然。

江蘇古籍出版社對此書確實予以極大重視。責任編輯張惠榮先生曾多次奔波於寧、杭之間,與我面商此書從校勘内容到體例形式的種種問題。由于我的復校是在段老的工作基礎上進行的,我們之間,或許是由于年齡和時代的差異,見解確實有些不同。但段老畢竟是我的前輩,所以凡是我可以苟同的問題,都儘可能尊重他的校勘成果。舉個簡單例子:在卷首酈氏《原序》中有一句話:“十二經通,尚或難言。”段老在其校勘中凡遇書名都加書名號,但這一句中的“十二經”未加書名號。顯然是把此“經”字理解爲大河或主流,則酈氏之意爲:“在十條大河中能否叙清兩條,還很難説。”但我理解這“十二經”是書名,案《莊子・天道》:“于是繙《十二經》以説。”説明在酈氏時代,《十二經》之名早已流行。儘管《十二經》的名稱,到唐人纔有解釋,而宋晁公武《郡齋讀書志》中列舉的《十二經》,即《易》、《書》、《詩》、《周禮》、《儀禮》、《禮記》、《春秋左傳》、《公羊》、《穀梁》、《論語》、《孝經》、《爾雅》,在酈《注》中全有引及,則酈氏之意很可能是:“讀通了《十二經》,也或許説不清河川的脈絡。”這樣的例子不少,其實也是古籍校勘中常有的事,我無非在此説明一下。對于此書的校勘,動手實比上海古籍出版社委校的要晚,由于已經有了段老的基礎,而出版社又全力以赴,所以出書竟後來居前,比上海早了近一年。

我校勘的第三部酈《注》是一九九九年在杭州大學出版社出版的《水經注校釋》。此書是我多年來校讀各種版本所積累的作品。前面提及,在上世紀七十年代後期撰寫

《版本》一文時,我見到的不同版本還不過十多種,但我當時就已洞悉不同版本對于校勘此書的重要性。胡適以其畢生的最後二十年時間從事此書研究,他曾于民國三十七年(一九四八)十二月北京大學五十周年校慶舉行過一次《水經注》版本展覽,展出了各種版本共九類四十一種⑮。他曾經説過"所見的本子越多,解答的問題越多"的話⑯,雖然此話對他從事的課題(重審"趙、戴相襲案")來説並非一定如此,但對於一個從事酈學研究特别是校勘酈《注》的人,版本的廣泛披覽,顯然是非常重要的手段。所以從上世紀八十年代起,我除了跑遍國内收藏酈《注》稀見版本的所有圖書館以外,還藉歷次出國講學的機會,在國外圖書館披閲、鈔録、複製有價值的版本,讓我獲悉了一大批不同版本的淵源來歷及其相互間的差異情况。所有這些,我都陸續寫成筆記。由于其他事務的紛繁,我既缺乏時間,也不曾計劃讓這部本子早日問世。爲此一書,我在上述簡化字本《水經注》的《後記》中也提及幾句:

> 我點校的第三部酈《注》是不久以前出版的《水經注校釋》。這或許是我在酈學研究中花費力量最多和拖延時間最長的一項成果。其實,此書在此時交付出版,並非我自己的心願,而是在某種不可推辭的客觀形勢下促成的。

這裏需要説明幾句的是,我之所以在當時尚不願讓此書出版,因爲我認爲它還有繼續加工的必要。從參校的版本來説,經過我這十幾年在國内外的奔波,數量已經到了三十三種。與上述胡適的版本展覽相比,雖然他所展出的達四十一種,但這四十一種分成九類,在同一類中,如全祖望、趙一清等,他們的版本都有幾種,無非是不同的翻刻或傳鈔,内容的差異其實不大。但我的三十三種多是名家的刊本或鈔本,各本均有其優異和差别,所以我所參校的版本實際上超過胡適的展覽。

此外,對于我在上述《後記》中所説:"此書在此時交付出版,並非我自己的心願,而是在某種不可推辭的客觀形勢下促成的。""心願"之言,前面已經説明,因爲此稿還待繼續加工,而且工作量不小。當時,我已經寫好筆記但尚未録入原稿的資料,主要還有三種。第一種是《胡適手稿》,我收藏此書甚早,記得當年楊向奎先生寫信與我討論《光明日報》連載《胡適傳》時⑰,他纔讀到中國社會科學院所藏的《胡適手稿》複製本,而我當時早已有了此書的臺北原版本,而且已經相當仔細地閲讀了這部三十册的巨構。胡適畢竟是一位名實相副的傑出學者,儘管他的重審趙、戴案這個課題未獲成功,但他的全部酈學研究成果,從方法到資料,都有許多可以作爲後輩讀酈的參考。我曾經撰寫過《評胡適手稿》長文⑱,並且作了不少筆記,但是還没有録入我的書稿中。

第二種是拙著《酈學札記》,這是我從青年時代就開始寫作的讀酈筆記,是"文革"中冒險搶救下來的劫後餘燼。上世紀八十年代以後,陸續在香港《明報月刊》和西安《中國歷史地理論叢》發表。九十年代後期,上海書店出版社爲了組織一套《當代學人筆記叢書》,派專人到杭州向我面約。於是我就稍加梳理,把稍有價值的一百四十餘篇文章彙集成書,于二〇〇〇年出版。此書卷首,我寫了一篇注定要爲許多正統人物所撻伐的《自序》。由于《札記》一直在《中國歷史地理論叢》連載,所以《自序》寫成後,也寄給了我所尊敬的《論叢》主編史念海先生過目,目的是爲了向他致歉,因爲《札記》既將裒集出版,以後就不再向《論叢》寄稿。同時在信上告訴他這篇《自序》的"離經叛道",請他不必在《論叢》發表,以免對他的刊物造成損害。但史先生竟以他的威望和膽識,隨即將這篇《自序》一字不易地在《論叢》一九九八年第四輯發表。他的這一舉措,除了表達對《自序》觀點的贊同外,也是對後輩的愛護,令人感動。

第三種是《水經注疏》。上面述及此書雖然在底本選擇上存在不足,但楊、熊的深厚功力和長期耕耘,確實在酈書校勘史上立下了豐功偉績。我在兩年時間中,對此書作了逐字逐句的詳讀細校,深知其中的許多精妙之處。雖然也作了筆記,但尚來不及録入我的稿本之中。這些都是我不急於出版此書的原因。

至于《後記》提及的"某種不可推辭的客觀形勢",指的是當年杭州大學校長沈善洪教授的一再敦促。他與我比鄰而居,平時常相過從。他熟知我出版的酈學著作已逾十種,而且獲奬,也知我手頭尚有書稿。所以特地上門求稿,希望杭州大學出版社能出版此書,有裨于出版社的聲望。我衹好和盤托出,告訴他書稿的情況和尚待續校的計劃。他的意見是,從自己學校出版社的願望出發,這部書稿在歷來各家校勘中已屬出衆,不妨先行出版,其餘的資料當然珍貴,但尚可留待日後續版。我是在這種不可推辭的形勢下交出這部書稿的。出版社對這部書稿也確實逾格重視,先後曾進行過八次校對,包括兩位特邀的有豐富校對經驗的專家,事詳拙撰《關於水經注校釋》文中[19],這裏不作贅述。此書于一九九九年出版,隨即受到各方的關注和評論。臺北中央研究院院刊之一《古今論衡》也發表了長篇書評,稱道此書的成就[20]。後來浙江四校(浙大、杭大、農大、醫大)合併,成立新的浙江大學。新浙大于二〇〇二年以此書上報教育部評奬,教育部于二〇〇三年評定此書爲"第三屆中國高校人文社會科學研究優秀成果奬"的一等奬。不過對于我來説,此書從出版到獲奬,我都感到有一種内疚,因爲我的校勘工作,充其量衹完成了一半。

上述三種以外,我于二〇〇〇年又校勘了第四種版本[21],這或許稱得上是酈《注》版本中的一種普及本子。這是浙江古籍出版社的約稿,他們爲了組編一套《百部中國古典名著》,《水經注》當然列入其内。編組這套古典名著的意願是值得表彰的,因爲其目的是爲了讓這些古典名著能够爲更多的讀者所欣賞和接受。正因爲此,所以各書都用簡化字排印。在約稿過程中,他們提了很有説服力的兩條:第一,《水經注》一書,除了酈學家的專門研究以外,現在已經成爲不少自然科學家和人文科學家的通用參考書,所以不同的點校方式可以服務于不同的使用對象,具有不同的使用價值。第二,既然此書的使用範圍已經變得更爲廣泛,而眼下的中青年學者,除了古典文學和古代史等專業以外,對于繁體字,顯然已經感到困難。再下去,許多人就不再認得繁體字了。所以點校一種簡化字本,實在是大勢所趨。

這兩條確實使我很有感觸,不過我絶無能力把一部一千四百多年前的古典著作點校成爲一部科普讀物,我所盡力而爲的,衹能是對古典文獻有興趣和有一定閲讀能力的讀者,也能進行在學術研究以外的一般性閲讀,使此書的豐富知識、趣味掌故、優美語言、生動文字,也能讓專家以外的廣大知識界所接受和欣賞。

這個本子的點校是在《水經注校釋》的基礎上進行的,除了大量地删節《校釋》中用于學術研究的校注以外,我特别重視了書中主要河流的古今對比。凡是列爲篇目的河流,不論大小,我都以其古今變遷和現狀出注。例如卷六《汾水》等各水:

> 汾水即今汾河,是黄河在今山西省的最大支流,也是黄河的第二大支流,全長六九〇餘公里,流域面積近四〇〇〇〇平方公里。卷六共記載今山西省境内的八條河流,分屬黄河、海河兩個水系。《水經注》記載的今山西省境内的河流達一八〇餘條,其中卷六記及也達六〇條。可參閲陳橋驛《水經注記載的三晉河流》(《中國歷史地理論叢》一九八八年第一期,又收入于《酈學新論——水經注研究之三》,山西人民出版社一九九二年出版)。

又如卷十三《灅水》:

> 灅水在《水經注》的不同版本中也有作㶟水的。它發源于今山西省寧武縣以南的管涔山,即注文所稱的累頭山,發源處今名陰方口,從山西流入河北,上游今名桑乾河,經官廳水庫,下游稱爲永定河,是海河的五大支流之一。不過《水經注》時代的灅水與今永定河的河道並不完全一致,酈道元記載的河道在今永定河河道以北,東南流至漁陽郡雍奴縣西(今武清縣附近)注入潞河(經文稱笥溝,是潞河的别名),也就是今北運河。永定河幹流全長五六〇餘公里,流域面積在官廳以上爲四五〇〇〇餘平方公里。

此外如卷七、卷八《濟水》,校注中除了説明此河早已湮廢以外,並指出黄河以北的濟水,與黄河以南的濟水,其實是兩條不同的河流,由于《禹貢》説:"導沇水,東流爲濟,入于河,溢爲滎。"《禹貢》是經書,古人都遵循這種其實是錯誤的説法,所以把兩條不同的河流都稱爲濟水。又如卷三十九《廬江水》,校注説明這是一條當時並不存在的河流,由于《山海經》等書的附會,纔出現這樣一條無中生有的河流。酈道元在注文中衹説廬山的風景瀑布,全未提及此水的流程脈絡,説明他對此水也一無所知。我在簡化字本《水經注》所作的校注大悉如此,由于每條注文都較長,就不列舉了。

以上是我校勘《水經注》的簡要經歷。現在,我年逾八旬,精力日衰,但又應一家著名出版社的多次面約,正在從事我畢生校勘經歷中工作量最大、校注内容最繁的版本,其實就是上述《水經注校釋》的延續。由于《校釋》如前所述是在某種不可推辭的客觀形勢下提前出版的,儘管在出版後得到好評並且獲獎,但是從我自己積累的酈學研究成果來説,此書充其量衹不過録入了一半,所以出版以後,一直引爲遺憾。現在既已決定在《校釋》基礎上繼續攀登,自當振作精神,不辭老朽,在有生之年完成我的最後一次《水經注》校勘。

二〇〇四年四月于浙江大學

注释:

① 原載《書林》一九八〇年第三期;收入于《水經注研究》,天津古籍出版社一九八五年出版;又收入于《酈學札記》,上海書店出版社二〇〇〇年出版。

② 《中國編纂文集之始和現存最早的詩文總集昭明文選的研究與流傳》,《韓長耕文集》,嶽麓書社一九九五年出版。

③ 《中華讀書報》二〇〇一年七月四日。

④ 《學術腐敗——中國科學的惡性腫瘤》,《中華讀書報》二〇〇一年十一月十四日。

⑤ 此文原載《中華文史論叢》一九七九年第三輯,收入于《水經注研究》,我在文題下作注:"本文承譚其驤教授抱病審閱指正,謹致謝忱。"

⑥ 陳橋驛《水經注戴趙相襲案概述》(《水經注研究二集》,山西人民出版社一九八五年出版):"戴震是從乾隆三十年(一七六五)開始校勘酈書的,到了乾隆三十七年,已經有他的定本,曾在浙東付刻,但刻不及四分之一,由于奉詔入《四庫》館而中輟。這個本子後經孔繼涵整理刊行,即微波榭本《水經注》。戴在《四庫》館也校勘《水經注》,到乾隆三十九年校畢,由武英殿聚珍版刊行,即所謂殿本。"所以戴本實有兩種,此兩種從體例到内容都有很大不同。

⑦ 收入于《酈學札記》。

⑧ 參閲拙撰《水經注戴趙相襲案概述》。

⑨ 這是熊會貞晚年親筆陸續寫出的關于修改《水經注疏》的意見,原件共十三頁,無標題,影印于臺北中華書局影印本《楊熊合撰水經注疏》卷首。參閲拙撰《熊會貞酈學思想的發展》,《中華文史論叢》一九八五年第二輯,又收入于《水經注研究二集》。

⑩ 原載《中華文史論叢》一九八七年第二、三輯合刊,又收入于《酈學新論——水經注研究之三》,山西人民出版社一九九二年出版。

⑪ 《中國歷史地理論叢》一九九三年第一輯。

⑫ 《四部備要》本以清王先謙《合校水經注》作底本,但《合校》本的正文均從殿本。

⑬　科學出版社影印此書的底本,購自武漢書商徐行可,此本在鈔成後未經熊會貞校閲,所以錯誤滿篇,酈學家鍾鳳年在此本中校出錯誤二千四百餘處,撰成長達七萬字的《水經注疏勘誤》一文,發表于福建人民出版社一九八二年出版的《古籍論叢》。參閲拙撰《關于水經注疏不同版本和來歷的探討》,載《中華文史論叢》一九八四年第三輯,又收入于《水經注研究二集》。

⑭　此書署名的責任編輯爲三人。

⑮　陳橋驛《論胡適研究水經注的貢獻》,原載《胡適研究叢刊》第二輯,又收入于《水經注研究四集》,杭州出版社二〇〇三年出版。

⑯　《孟森先生審判水經注案的錯誤》,《胡適手稿》第五集下册。

⑰　楊先生此信因不同意《光明日報》當時連載的《胡適傳》中的某些論點而寫。信上囑咐:“希望你出頭説一下以澄清是非。”我遵囑寫了《關于胡適傳中涉及水經注問題的商榷》一文,發表于一九八七年一月十四日《光明日報・史學》,又收入于《酈學新論——水經注研究之三》。

⑱　原載《中華文史論叢》第四十七輯(一九九一年),又收入于《水經注研究四集》。

⑲　原載《杭州師範學院學報》一九九八年第五期,又收入于《水經注研究四集》。

⑳　周筱雲《評介陳橋驛水經注校釋——兼談今後酈學發展之趨向》,《古今論衡》第三期,臺北中央研究院歷史語言研究所一九九九年出版。

㉑　浙江古籍出版社二〇〇一年出版。

原載《杭州師範學院學報》(社會科學版)二〇〇四年第五期

整理説明

《水經注》首見于《隋書·經籍志》著録，作四十卷。宋初所存，仍是足本。景祐間《崇文總目》著録作三十五卷，從此成爲殘籍（今本仍作四十卷係後人分析以湊原數）。又經輾轉傳鈔，《經》、《注》混淆，錯漏連篇。有明一代，以朱謀㙔所校《水經注箋》較勝，常爲清初學者所參照。清初以來，酈學研究之風甚盛，各種版本，先後相繼，使此書成爲我國版本最多的古籍之一。胡適在其北京大學校長任上，爲了該校五十周年校慶，曾于一九四八年十二月在校内舉行《水經注》版本展覽，展出各種版本（包括鈔本、稿本）共九類四十一種。

清初的酈學研究以乾隆三大家爲著，全祖望（謝山）、趙一清（東潛）、戴震（東原），均盡畢生之力校勘此書，各有校本問世。三人中戴震年齒最幼，他在《四庫》館裒集包括全、趙在内的各家酈書從事校勘，其成果武英殿聚珍本（殿本）堪稱佳本。殿本刊出以後，各地紛紛傳刻，流行甚廣，但傳刻各本中頗有校對不精而錯誤疊出者。其中唯商務印書館《四部叢刊》本，係上海涵芬樓從武英殿原本影印而成，是廣泛流行的各種殿本的最好版本。

往年我曾應上海古籍出版社之約，以此本作爲底本進行點校。點校過程中又擇其他較佳殿本如光緒三年的湖北崇文書局刊本，光緒二十三年的湖南新化三味書屋刊本，光緒二十五年的上海廣雅書局刊本，以及其他較佳的殿本系統刊本（即《經》、《注》正文按殿本刊印），如光緒十八年的王先謙《合校水經注》，光緒二十三年的楊希閔《水經注滙校》等本作了對勘，于一九九〇年出版。

此書出版以後，學術界評價不低。但考慮到正文中夾入戴震《案語》甚多（約十萬言)，其中多與《水經注》内容無涉，徒增閲讀累贅，故又應杭州大學出版社之約，以上海古籍出版社本作底本，並參校其他版本三十餘種，再次點校。删去全部正文内《案語》，其中涉及《水經注》内容者，則在篇末出注。書名《水經注校釋》，于一九九九年出版，曾獲教育部二〇〇三年第三屆中國高校社會科學研究成果獎一等獎。

此次整理以《水經注校釋》爲基礎，該書參校的各種《水經注》版本(包括鈔本、稿本)三十餘種仍然保留(參校内容有增删)，並增補近代酈學研究成果，如岑仲勉《水經注卷一箋校》，拙撰《水經涓水篇箋校》等。尤以《水經注疏》、《胡適手稿》及拙撰《酈學札記》諸書，凡其考證事涉酈書者均詳加引録。後附簡表，略列主要參校版本名稱、校者(或著者)、收藏者及本書引録時的簡稱等，以便讀者查索。

此書按中華書局古籍點校體例標點。但酈氏《注》文引及文獻碑碣等多達八百數十種，而引録頗不規範，有的簡略原文，有的雜以己意，所引各書與今本又多有文字差異，故標點時僅用冒號，不用引號。

此書經我幾次點校，推本溯源，其底本仍爲《四部叢刊》本，故全書《經》、《注》文字均嚴格遵循該本，包括各篇中出現的許多異體字在内，如“實、寔”，“雁、鴈”，“峰、峯”，“略、畧”，“並、竝、并”等，不勝枚舉。其中有的異體字，近年來已作爲正式使用的簡化字，如“湧、涌”，“棲、栖”，“掛、挂”，“塗、涂”等，爲數也有不少，今天看來，宛如繁簡兩種字體，存在于同書之中。這種情況主要由于前代學者特别是鈔手，對正、異體字的使用，並無嚴格規範之故，請讀者注意。

主要參校書目及簡稱表

書　名	版本與校者	收　藏　者	簡　稱
《水經注》	宋本(存卷五至八，十六至十九，三十四，三十八至四十)	國家圖書館，又湖北圖書館有過録本	殘宋本
《水經注》	《永樂大典》卷一萬一千一百二十七至卷一萬一千一百四十二	《續古逸叢書》	《大典》本
《水經注》	明黄省曾校	上海圖書館藏嘉靖刊本	黄本
《水經注》	明吴琯校	浙江圖書館藏萬曆刊本	吴本
《水經注箋》	明朱謀㙔箋	湖北圖書館藏萬曆朱謀㙔家刊本	《注箋》本
練湖書院鈔本	明鈔本	天津圖書館藏	
《水經注》	明鈔本(何焯、顧廣圻校)	國家圖書館藏(稽瑞樓舊藏)	何校明鈔本
《水經注》	明鈔本(王國維、章炳麟校)	國家圖書館藏	王校明鈔本

書　名	版本與校者	收　藏　者	簡　稱
《水經注》	明嚴忍公等刊本	國家圖書館藏崇禎刊本(稽瑞樓舊藏)	嚴本
《水經注》	明譚元春、鍾惺評	寧波天一閣藏天啟、崇禎間刊本	譚本
《水經注删》	明朱子臣輯評	國家圖書館藏萬曆刊本	《注删》本
《水經注》	臨明趙琦美、清孫潛、何焯等校本	南京圖書館藏(八千卷樓舊藏)	
《水經注》	清孫潛校本(以明吴琯校刊本作底本)	浙江圖書館藏	
《水經注》	清何焯校(以清黄晟刊本作底本)	復旦大學圖書館藏	何本
《水經注集釋訂譌》	清沈炳巽訂	《四庫珍本叢書》	沈本
《水經注》	清項絪校	康熙項氏羣玉堂刊本	項本
《水經注摘鈔》	清馬曰璐摘	國家圖書館藏鈔本	《摘鈔》本
小山堂鈔本《全謝山五校水經注》	清全祖望校	天津圖書館藏	《五校》鈔本
《七校水經注》	清全祖望校	光緒十四年刊本	《七校》本
《水經注》	清黄晟刊本	乾隆黄氏槐蔭草堂刊本	
《水經注釋》	清趙一清釋	光緒會稽章壽康刊本	《注釋》本
《水經注》	清戴震校	微波榭刊本	戴本
《水經注》	清戴震校	武英殿聚珍本	殿本
《水經注釋地》	清張匡學釋	上池書屋刊本	張本
《水經注滙校》	清楊希閔校	光緒辛巳福州刊本	《滙校》本
《水經注》	清李慈銘校	國家圖書館藏	
《水經注疏證》	清沈欽韓疏	南京圖書館藏稿本、北京圖書館藏鈔本	《疏證》本
《合校水經注》	清王先謙校	《四部備要》本	《合校》本
《水經注疏》	楊守敬、熊會貞疏	北京科學出版社影印本	《注疏》本(專引此本時稱北京本)
《楊熊合撰水經注疏》	楊守敬、熊會貞疏	臺北中華書局影印本	《注疏》本(專引此本時稱臺北本)

書　　名	版本與校者	收　藏　者	簡　　稱
《水經注疏》	段熙仲點校,陳橋驛復校	江蘇古籍出版社出版	《注疏》本
《水經注》	陳橋驛點校	上海古籍出版社出版	
《水經注校釋》	陳橋驛校釋	杭州大學出版社出版	
《水經注》	陳橋驛點校	浙江古籍出版社出版	簡化字本《水經注》
日文譯本《水經注(鈔)》	森鹿三主譯	日本東京平凡社出版	
《胡適手稿》	胡適著	臺北南港中央研究院胡適紀念館發行	《手稿》
《酈學札记》	陳橋驛著	上海書店出版社出版	《札記》

校上案語[1]

臣等謹案:《水經注》四十卷,後魏酈道元撰。道元字善長,范陽人,官至御史中尉。自晉以來,注《水經》者凡二家,郭璞注三卷,杜佑作《通典》時猶見之,今惟道元所注存。《崇文總目》稱其中已佚五卷,故《元和郡縣志》、《太平寰宇記》所引滹沱水、涇水、洛水,皆不見于今書。然今書仍作四十卷,疑後人分析以足原數也。是書自明以來,絕無善本,惟朱謀瑋所校盛行于世,而舛謬亦復相仍[2]。今以《永樂大典》所引,各按水名,逐條參校[3],非惟字句之訛,層出疊見,其中脱簡,有自數十字至四百餘字者。其道元《自序》一篇,諸本皆佚,亦惟《永樂大典》僅存[4]。蓋當時所據,猶屬宋槧善本也[5]。謹排比原文,與近本鈎稽校勘,凡補其闕漏者,二千一百二十八字;删其妄增者,一千四百四十八字;正其臆改者,三千七百一十五字。神明焕然,頓還舊觀。三四百年之疑竇,一旦曠若發蒙。是皆我皇上稽古右文,經籍道盛,瑯嬛宛委之祕,響然竝臻,遂使前代遺編,幸逢昌運,發其光于蠹簡之中,若有神物撝呵,以待聖朝而出者,是亦曠世之一遇矣。至于《經》文《注》語,諸本率多混淆[6],今考驗舊文,得其端緒:凡水道所經之地,《經》則云過,《注》則云逕;《經》則統舉都會,《注》則兼及繁碎地名;凡一水之名,《經》則首句標明,後不重舉,《注》則文多旁涉,必重舉其名以更端;凡書内郡縣,《經》則但舉當時之名,《注》則兼考故城之迹。皆尋其義例,一一釐定,各以案語,附于下方。至塞外羣流,江南諸派,道元足跡皆所未經,故于灤河之正源,三藏水之次序,白檀、要陽之建置,俱不免附會乖錯,甚至以浙江妄合姚江,尤爲傳聞失實。自我皇上命使履視,盡得脈絡曲折之詳。

御製《熱河考》、《灤源考證》諸篇,爲之抉摘舛謬,條分縷擘,足永訂千秋耳食沿訛。謹録弁簡端,永昭定論。又《水經》作者,《唐書》題曰桑欽,然班固嘗引欽説,與此《經》文異;道元《注》亦引欽所作《地理志》,不曰《水經》。觀其涪水條中,稱廣漢已爲廣魏,則決非漢時;鍾水條中,稱晉寧仍曰魏寧,則未及晉代。推尋文句,大抵三國時人⑦。今既得道元《原序》,知竝無桑欽之文,則據以削去舊題,亦庶幾闕疑之義爾。乾隆三十九年十月恭校上。

總纂官侍讀臣紀　昀
侍讀臣陸錫熊
總修官舉人臣戴　震

注释:

① 殿本格式原來如此。《目録》以下緊接紀昀、陸錫熊、戴震《校上案語》。但原文並無題目,《校上案語》題目爲我所加。參閲拙作《戴震校武英殿水經注的功過》,載《中華文史論叢》一九八七年第二、三輯合刊,又收入拙著《酈學新論——水經注研究之三》,山西人民出版社一九九二年出版。

② 朱謀㙔所校,指《水經注箋》,清顧炎武稱此爲"三百年來一部書"(清閻若璩《古文尚書疏證》卷六下),是有明一代的佳作。王國維在《朱謀㙔水經注箋跋》(《觀堂集林》卷十二)中贊揚此書:"朱氏之《箋》,實大有功于酈書。"近人汪辟疆在《明清兩代整理水經注之總成績》(重慶《時事新報·學燈》第六十九、七十期,又刊于臺北中華書局影印《楊熊合撰水經注疏》第一册卷首)文中稱:"惟朱謀㙔所《箋》,疑人所難疑,發人所未發,用力甚劬,故神明焕發,顧亭林嘗推有明三百年來一部書。"近人張慕槎、毛春翔在《浙江圖書館館藏善本題識》(《浙江圖書館館刊》三卷六期)中稱:"朱氏疑《注》文有誤,不敢妄改,故爲作《箋》。……《聚珍》本未出以前,要當以朱氏《箋》本方爲完善耳。"

③ 陳橋驛《酈學札記》(上海書店出版社二〇〇〇年出版,以後引用,簡稱《札記》)《永樂大典本水經注》:

> 《永樂大典》編纂體例的按韻分割,這是當時人所皆知的事。戴氏校畢後,在其呈送乾隆帝的《校上案語》中説:"今以《永樂大典》所引,各按水名,逐條參校。"這話的意思是説《水經注》各水是按水名分韻割裂的,例如《河水》收入于"五歌"韻下,《江水》收入于"三江"韻下,《洛水》收入于"十藥"韻下等等。乾隆帝顯然也是作這樣的理解,他在看到了《校上案語》以後,非常賞識戴震校勘此書的成績,特御製《六韻》以示獎勵。《六韻》中有一句是"笑他割裂審無術"。並自注云:"《永樂大典》所載之書,類多散入各韻,分割破碎,殊無體例,是書亦其一也。"但後來《大典》本公之于衆,大家看到,此書雖有按韻割裂之繁,但對于《水經注》一書,却並不各按水名入韻,而是從《水經注》的"水"字入韻,所以全書完整地收入"八賄"韻下,從卷一一一二七到卷一一一四一,一韻到底,絶無《校上案語》中所説的"逐條參校"之煩。張元濟在《永樂大典本水經注跋》中特别指出:"高宗親題,謂雖多割裂,按目稽核,全文具存。"又曰:"《永樂大典》所載之書,散入各韻,分析破碎,殊無體例,是亦

其一。余誦其言,初疑必以一水名分列一韻,今睹是本,乃知不然,于此益信爲學之道之不可以耳食矣。”在封建時代,戴震對于乾隆,實有欺君之罪,但乾隆不查原書,臣云亦云,以致受欺于臣而反加贊賞,《六韻》中留下此一笑柄。有人把“笑他割裂審無術”一句改成“笑他耳食審無術”,是其宜也。

《胡適手稿》(臺北南港中央研究院發行,共十集,從一九六六年二月至一九七〇年六月分集出版,每集分上、中、下三册,全集共三十册,以後引用,簡稱《手稿》)第一集上册《清高宗御製詩四集卷十九的題水經注六韻複製本》:

《題酈道元水經注六韻》有序

酈道元《水經注》自明至今惟朱謀㙔校本行世,其文與杜佑《通典》、樂史《太平寰宇記》所引《經》、《注》往往不合,又多意爲改竄,殊失本來面目。近因裒集《永樂大典》散見之書,其中《水經注》雖多割裂,而按目稽核,全文具存,尚可彙輯,與今本相校,既有異同,且載道元《自序》一篇,亦世所未見,蓋猶據宋人善本録入。兹經館臣排綴成編,凡篇目混淆,《經》、《注》相錯者,悉加釐訂,其脱簡有自數字至八九十字者,亦並爲補正。以數百年叢殘缺佚之書,一旦復還舊觀,若隱有呵護者然,亦藝林佳話也,因題《六韻》紀之:

檢書斷簡萃全珍,《自序》猶存善長真。卻以殘山將剩水,竟如合浦與延津。笑他割裂審無術,《永樂大典》所載之書,類多散入各韻,分析破裂,殊無體例,是書亦其一也。際此完成若有神。南北少訛因未到,酈道元仕于北魏,雖曾出使關中,而足跡未曾一至塞外,故《水經注》中所載邊地諸水形勢,未能盡合,即如濡水之源流分合及其所經郡縣,多有訛舛,至江、淮以南,地屬齊、梁,道元亦未親履其地,詳爲考訂,祗據傳聞所及,襲謬沿疑,無怪其説之多盭也。古今略異究堪循。悉心編纂誠宜獎,觸目研摩信可親。設以《春秋》素臣例,足稱中尉繼功人。

④ “僅存”非是,此《序》除《永樂大典》本外,尚存于盧文弨所見武進臧氏綘雲樓所得宋本,趙一清所見孫潛夫過録明柳大中本。又《手稿》第四集上册《記鐵琴銅劍樓瞿氏藏明鈔本水經注》:“瞿本有酈道元《自序》,中間缺了半葉二百二十字。”

⑤ “宋槧善本”,非是,前輩學者已論定宋槧酈《注》無善本。全祖望《五校》鈔本《題解》(《七校》本同):“今世得一宋槧,則校書者憑之,以爲鴻寶。宋槧雖間有誤,然終不至大錯也。而獨不可以論于《水經》,蓋《水經》初雕時,已不可問矣。”

《札記·宋本》:

《水經注》當然也有宋本,明代的不少酈學家,都據宋本從事校勘。正德年代的柳僉(大中)影宋鈔本,就是明代的名本。而朱謀㙔校勘《水經注箋》,也利用了宋本。但宋本到了清代就鳳毛麟角,許多酈學家都以畢生未見宋本爲憾事,楊守敬即是其例。據傅增湘《宋刊殘本水經注書後》(《圖書季刊》第二卷第二期或《藏園羣書題記初集》卷三)云:

憶辛壬(案指辛亥、壬子,即宣統三年與民國元年之間)之交晤楊君惺吾于海上,時君方撰《水經注疏》,爲言:研治此書歷四十年,窮搜各本以供參考,獨以未睹宋刻爲畢生憾事。余語君曰:此書宋刻之絶迹于世固已久矣,設一旦宋刻出世,吾恐《經》《注》之混淆,文字之訛奪,仍不能免,未必遂優于黄、吴諸本也。洎余獲此書,而君已久謝賓客,不能相與賞異析奇,一慰其生平之願,思之愴然。

上述傅增湘獲得的宋本是個殘本，一共七册，祇存卷五至八，十六至十九，三十四，三十八至四十共十二卷。其中首尾完整的祇有十卷（卷五缺前二十六葉，卷十八僅存前五葉），今藏北京圖書館。我有幸閲讀了此書的縮微膠卷，在顯微閲讀器上，整整閲讀了四天，以後又在武漢湖北省圖書館閲讀了此書的一種過録本。傅增湘與楊守敬談話時的這種估計是不錯的，從這部殘籍的十卷來看，"《經》《注》之混淆，文字之訛奪，仍不能免"。當然不是説没有優點，但此書在滿足人們嗜古的欲望方面，顯然大大超過此書能提供校勘上的作用。

⑥ 《札記·經注混淆》：

《水經注》一書始見于《隋書·經籍志》著録，作四十卷，《新》、《舊唐志》著録同。説明原書足本是四十卷。宋初修纂類書和地理書《太平御覽》與《太平寰宇記》，其所引《水經注》有滹沱水、（北）洛水、涇水等，均爲今本所不見。其所引今本所見各水中，也常有今本所無的詞句。説明宋初朝廷所藏之本，仍是足本無疑。但北宋景祐年代所修訂的朝廷藏書目録《崇文總目》中，此書已僅三十五卷，較隋、唐三《志》缺佚五卷。從太平興國到景祐不過六十年，這期間，東京（今開封）安謐，絶無水火兵燹之事，此書在崇文院何由而缺？我以爲當太平興國間，朝廷數纂巨書如《御覽》、《寰宇記》、《太平廣記》等，人多手雜，缺佚當在此時。事後各書收入崇文院，不及檢點，至景祐編目時纔被發現。

從此，《水經注》通過傳鈔方式流入民間，輾轉于多人之手。而書手之中，既有名流學者，也難免有受人傭佣卻不甚通文理之人，于是以訛傳訛，終至不堪卒讀。在各種訛誤之中，除了錯字漏句以外，最多習見而校改爲難的是《經》《注》混淆。在傳鈔之中，《經》《注》所以致混之由，可能與原書的寫式有關。今本酈《注》，不僅《經》《注》分行，而且《經》文提高一格，看甚分明。但古本酈《注》，以今所見的《大典》本爲例，《經》《注》即混在一起，無非《經》文用大字，《注》文用小字。傳鈔不慎，將《經》文大字誤作小字，《經》《注》于是開始混淆。以混淆之本再行傳鈔，結果是愈混愈多，最後竟至不可收拾。

明人校注酈《注》，開始設法分清《經》《注》，但當時《經》《注》混淆已深，若要一字一句地進行甄别分離，實屬千頭萬緒，事倍功半。有的學者所以研究《經》《注》行文字句的規律，俾奏速效，而無一失。于是，像正德年代的楊慎，在其《水經注序》中，提出了所謂"八澤"，略云：

> 漢桑欽《水經》舊録凡三卷，凡天下諸水，首河終斤江，凡一百十有一。曰出，曰過，曰逕，曰合，曰分，曰屈，曰注，曰入。此其"八澤"也，而水道如指掌矣。

楊慎的思路和方法是可取的，但其所總結的"八澤"，在區分《經》《注》中仍有明顯的錯誤。"八澤"之中，如"過"是《經》文用字；如"逕"是《注》文用字。因爲在楊慎之時，《經》《注》混淆已久，楊氏雖用力區分，終因頭緒紛繁，所以無法一次告成，但爲後來學者提供區分《經》《注》的綫索，其功自不可没。

在分清《經》《注》的研究中，貢獻最大的是全祖望、趙一清、戴震三家，而全氏實應首當其功。他在《五校》鈔本《題解》（《七校》本同）中，對此有一段專門的議論：

> 《經》文與《注》文頗相似，故能相溷，而不知熟玩之，則固判然不同也。《經》文簡，

《注》文繁;簡者必審擇于其地望,繁者詳及于淵源。一爲綱,一爲目,以此思之蓋過半矣。若其所以相溷者,其特胥鈔之厲耳,及板本仍之,而世莫之疑矣。猶幸割裂所及,止于《河》、《濟》、《江》、《淮》、《渭》、《洛》、《沔》七篇,若其餘,則無有焉,蓋居然善長之舊本也。故取其餘之一百十有七篇而熟玩之,而是七篇者可校矣。

全氏根據他所訂的分清《經》《注》的原則進行校勘:《河水》,《經》文從舊本的二百五十四條,删正爲五十三條;《江水》,從一百二十八條,删正爲二十二條;《淮水》,從二十四條,删正爲八條;《沔水》,從一百零二條,删正爲十八條。從全氏的校勘中可見,舊本之中,《經》《注》混淆已經達到了何種程度。

趙一清區别《經》《注》的原則是分散在他的若干酈學撰述中的。例如他在《水經注附録》上篇的《禹貢錐指例略》下云:

一清案:《經》仿《禹貢》,總書爲"過"。《注》以"逕"字代之,以此爲例,《河》、《濟》、《江》、《淮》諸《經》《注》混淆,百無一失。

他在《水經注箋刊誤》卷六《漆水注》引太史公《禹本紀》"又東逕漆沮入于洛"下《注》云:

《箋》曰:"克家云,東逕,《史記》作過。"按《尚書》本作"東過",不獨《史記》也。且道元《注》例用"逕"字,以别于《經》文之"過"。

他在卷二《河水》《經》"河水"下云:

一清按:凡《經》文次篇之首有"某水"二字,皆後人所加。蓋漢人作《經》,自爲一篇,豈能逆料酈氏爲之《注》而先于每卷交割之處增二字以别之哉?或酈《注》既成,用二字提掇則可耳,然非《經》之舊也。此卷首列河水二字,謂重源之再見也,其實例如此。

戴震在其早年,也已經注意了酈《注》的《經》《注》混淆之誤。據段玉裁《戴東原年譜》,戴氏于乾隆三十年(一七六五)秋,自定《水經》一卷,《自記》云:"夏六月,閲胡朏明《禹貢錐指》引《水經注》,疑之。因檢酈氏書,展轉推求,始知朏明所由致謬之故,實由唐以來《經》《注》互訛。……今得其立文定例,就酈氏所《注》考定《經》文,别爲一卷。兼收《注》中前後倒書不可讀者爲之訂正以附于後。"説明他在此時已經推究了《經》《注》二者的立文定例。到乾隆三十九年的殿本《校上案語》,戴震對于區分《經》《注》的立文定例已經十分完整。至此,他掌握了《經》《注》文字的規律,長期來存在的《經》《注》文字混淆問題,總算完全解決。《校上案語》中有關于此的一段文字云:

至于《經》文《注》語,諸本率多混淆,今考驗舊文,得其端緒:凡水道所經之地,《經》則云過,《注》則云逕,《經》則統舉都會,《注》則兼及繁碎地名;凡一水之名,《經》則首句標明,後不重舉,《注》則文多旁涉,必重舉其名以更端;凡書内郡縣,《經》則但舉當時之名,《注》則兼考故城之迹。皆尋其義例,一一釐定。

⑦ 楊守敬考證爲三國魏人所作。《水經注疏凡例》(段熙仲點校,陳橋驛復校,江蘇古籍出版社一九九九年出版《水經注疏》,以下簡稱《注疏本》)云:

自閻百詩謂郭璞注《山海經》引《水經》者也而後，郭璞撰《水經》之説廢；自《水經注》出，不言《經》作于桑欽，而後來附益之説，爲不足憑。前人定爲三國時人作，其説是矣。余更得數證焉，《沔水》《經》"東過魏興安陽縣南"，魏興爲曹氏所立之郡，《注》明言之，趙氏疑此條爲後人所續增，不知此正魏人作《經》之明證。古淇水入河，至建安十九年，曹操始遏淇水東入白溝，而《經》明云"東過内黄縣南爲白溝"，此又魏人作《經》之切證。又劉璋分巴郡置巴東、巴西郡，而《夷水》、《漾水》《經》文衹稱巴郡。蜀先主置漢嘉郡、涪陵郡，而《若水》、《延江水》《經》文不稱漢嘉、涪陵。他如吴省沙羨縣，而《經》仍稱江夏沙羨；吴置始安郡于始安，而仍稱零陵始安。蓋以爲敵國所改之制，故外之。此又魏人作《經》，不下逮晉代之證也。

水經注原序[①]

《序》曰[②]:《易》稱天以一生水,故氣微于北方,而爲物之先也。《玄中記》曰:天下之多者水也,浮天載地,高下無所不至,萬物無所不潤[③]。及其氣流届石,精薄膚寸,不崇朝而澤合靈宇[④]者,神莫與竝矣。是以達者不能測其淵沖,而盡其鴻深也。昔《大禹記》[⑤]著山海,周而不備;《地理志》其所録,簡而不周;《尚書》、《本紀》與《職方》俱略;都賦所述,裁不宣意;《水經》雖粗綴津緒,又闕旁通。所謂各言其志,而罕能備其宣導者矣。今尋圖訪賾[⑥]者,極聆州域之説,而涉土遊方者,寡能達其津照,縱髣髴前聞,不能不猶[⑦]深屏營也。余少無尋山之趣,長違問津之性,識絶深經,道淪要博,進無訪一知二之機,退無觀隅三反[⑧]之慧。獨學無聞,古人傷其孤陋;捐喪辭書,達士嗟其面牆。默室求深,閉舟問遠,故亦難矣。然毫管闚天,歷筩時昭,飲河酌海,從性斯畢。竊以多暇,空傾歲月,輒述[⑨]《水經》,布廣前文。《大傳》曰:大川相間,小川相屬,東歸于海。脈其枝流之吐納,診其沿路之所躔,訪瀆搜渠,緝而綴之。《經》有謬誤者,考以附正文所不載;非經水常源者,不在記注之限。但緜古芒昧,華戎代襲,郭邑空傾,川流戕改,殊名異目,世乃不同,川渠隱顯,書圖自負[⑩],或亂流而攝詭號,或直絶而生通稱,枉渚交奇,洄湍決澓,躔絡枝煩,條貫系夥。《十二經》[⑪]通,尚或難言,輕流細漾,固難辯究,正可自獻逕見之心,備陳輿圖之説,其所不知,蓋闕如也。所以撰證本《經》,附其枝要者,庶備忘誤之私,求其尋省之易[⑫]。

注释:

① 盧文弨撰《羣書拾補》,言曾在武進臧氏所得絳雲樓宋本見此《序》;趙一清《水經注釋》,卷

首從孫潛夫過錄柳大中鈔本錄入此《序》。今此《序》共四百八十四字，盧文弨所見宋本爲四百八十一字，趙一清所收僅二百五十六字。胡適《記鐵琴銅劍樓瞿氏藏明鈔本水經注》（《手稿》第四集上册）："瞿本有酈道元《自序》，中間缺了半葉二百二十字。"若按《大典》本四百八十四字計，則瞿本僅存二百六十一字。

② 序曰　盧本及趙本均無此二字。

③ 高下無所不至萬物無所不潤　盧本及趙本，均無二"所"字。

④ 宇　孫潛夫從柳大中鈔本作"寓"。

⑤ 記　盧本作"經"。

⑥ 賾　盧本作"蹟"。盧云："余疑是'賾'字，今見臧本果然。"

⑦ 趙本從此後缺，直至"枉渚交奇"以後。

⑧ 三反　盧本作"反三"。盧云："當由習讀《論語》者改之。今從臧本，對上'訪一知二'校正。"

⑨ 輒述　盧本作"輒注"。

⑩ 書圖自負　"負"，盧校云："疑是'貿'字。"《注疏》本段熙仲《校記》云："全本作'貿'。"按段氏誤，全氏《五校》鈔本此序從趙本，不及"書圖自負"句，《七校》本作"書圖自負"。

⑪ 《十二經》，《注疏》本段熙仲校不作書名。但按《莊子・天道》："于是繙《十二經》以說。"故《十二經》之名在酈氏時代早已流行。宋晁公武《郡齋讀書志》列舉《十二經》爲《易》、《書》、《詩》、《周禮》、《儀禮》、《禮記》、《春秋左傳》、《公羊》、《穀梁》、《論語》、《孝經》、《爾雅》，《水經注》全已引及。故此《十二經》應是書名。

⑫ "尋省之易"下，盧本有"耳"字。又，趙本在《序》末云："此是酈亭原本，孫潛夫從柳大中鈔本録得，惜其失亡已大半矣。然吉光片羽，要爲天下至寶，而自篇首至'其鴻深也'，《詹氏小辨》能舉之，則在明中葉此《序》未亡可知，而楊用修、黃勉之二家刻書反遺之，何也？昔義門何氏最稱博覽，深以不見此《序》爲憾，僅從《玉海》摘取《大禹記》數語，而云必得宋本乃爲全篇，則予今日之獲，較之先正，不既多乎。東潛邨民識。"

卷一　河水[①]

崑崙墟[②]在西北，

三成爲崑崙丘[③]。《崑崙説》曰：崑崙之山三級，下曰樊桐，一名板桐[④]；二曰玄圃[⑤]，一名閬風；上曰層城[⑥]，一名天庭，是爲太帝之居。

去嵩高五萬里，地之中也。

《禹本紀》與此同。高誘稱河出崑山[⑦]，伏流地中萬三千里，禹導而通之，出積石山。按《山海經》，自崑崙至積石千七百四十里。自積石出隴西郡至洛，準地志可五千餘里。又按《穆天子傳》，天子自崑山入于宗周[⑧]，乃里西土之數，自宗周瀍水以西，至于河宗之邦，陽紆之山，三千有四百里，自陽紆西至河首四千里，合七千四百里。《外國圖》又云：從大晉國正西七萬里，得崑崙之墟[⑨]，諸仙居之。數説不同，道阻且長，經記緜褫，水陸路殊，徑復不同，淺見末聞，非所詳究，不能不聊述聞見，以誌差違也。

其高萬一千里，

《山海經》稱方八百里，高萬仞。郭景純以爲自上二千五百餘里，《淮南子》稱高萬一千里百一十四步三尺六寸[⑩]。

河水

《春秋説題辭》曰：河之爲言荷也，荷精分布，懷陰引度也。《釋名》曰：河，下也，隨地下處而通流也。《考異郵》曰:河者,水之氣,四瀆之精也,所以流化。《元命苞》曰:五行始焉,萬物之所由生,元氣之腠液也。《管子》曰:水者,地之血氣,如筋脈之通流者,故曰水具財也。五害之屬,水最爲大,水有大小,有遠近,水出山而流入海者,命曰經水;引佗水入于大水及海者,命曰枝水;出于地溝,流于大水,及于海者,又命曰川水也。《莊子》曰:秋水時至,百川灌河,經流之大。《孝經援神契》曰:河者,水之伯,上應天漢。《新論》曰:四瀆之源,河最高而長,從高注下,水流激峻,故其流急。徐幹《齊都賦》曰:川瀆則洪河洋洋,發源崑崙,九流分逝,北朝滄淵,驚波沛厲,浮沫揚奔。《風俗通》曰:江、河、淮、濟爲四瀆。瀆,通也,所以通中國垢濁。《白虎通》曰:其德著大,故稱瀆。《釋名》曰:瀆,獨也。各獨出其所而入海。

出其東北陬,

《山海經》曰:崑崙墟在西北,河水出其東北隅。《爾雅》曰:河出崑崙虛,色白,所渠并千七百一川,色黄。《物理論》曰:河色黄者,衆川之流,蓋濁之也。百里一小曲,千里一曲一直矣。漢大司馬張仲議曰:河水濁,清澄一石水,六斗泥[11],而民競引河溉田,令河不通利。至三月,桃花水至則河決,以其噎不洩也。禁民勿復引河,是黄河兼濁河之名矣。《述征記》曰:盟津、河津恒濁,方江爲狹,比淮、濟爲闊,寒則冰厚數丈。冰始合,車馬不敢過,要須狐行,云此物善聽,冰下無水乃過,人見狐行,方渡。余按《風俗通》云:里語稱狐欲渡河,無如尾何?且狐性多疑,故俗有狐疑之説。亦未必一如緣生之言也。

屈從其東南流,入渤海。

《山海經》曰:南即從極之淵也,一曰中極之淵,深三百仞,惟馮夷都焉。《括地圖》曰:馮夷恒乘雲車駕二龍。河水又出于陽紆陵門之山[12],而注于馮逸之山。《穆天子傳》曰:天子西征,至陽紆之山,河伯馮夷之所都居,是惟河宗氏,天子乃沈珪璧禮焉。河伯乃與天子披圖視典,以觀天子之寶器,玉果、璇珠、燭銀、金膏等物,皆《河圖》所載,河伯以禮,穆王視圖,方乃導以西邁矣。粤在伏羲,受《龍馬圖》于河,八卦是也。故《命歷序》曰:《河圖》,帝王之階,圖載江河、山川、州界之分野。後堯壇于河,受《龍圖》,作《握河記》。逮虞舜、夏、商,咸亦受焉。李尤《盟津銘》:洋洋河水,朝宗于海,徑自中州,《龍圖》所在。《淮南子》曰:昔禹治洪水,具禱陽紆,蓋于此也。高誘以爲陽紆秦藪,非也。釋氏《西域記》曰:阿耨達太山[13],其上有大淵水,宫殿樓觀甚大焉。山,即崑崙山也。《穆天子傳》曰:天子升于崑崙,觀黄帝之宫,而封豐隆之葬。豐隆,雷公也。黄帝宫,即阿耨達宫也。其山出六大水,山西有大水,名新頭河。郭義恭《廣志》曰:甘水也,在西域之東,名曰新陶水,山在天竺國西,水甘,故曰甘水。有石鹽,白如水精,大段則破而用之。康泰曰:安息、月氏、天竺至伽那調御[14],皆仰此鹽。釋法顯曰:度蔥嶺,已入北天竺境,于此順嶺西南行十五日,其道艱阻,崖岸險絶,其山惟石,壁立千仞,臨之目眩,欲進則投足無所,下有水,名新頭河。昔人有鑿石通路施倚梯者,凡度七百梯,度已,躡懸絙過河,河兩岸,相去咸八十步,九譯所絶,漢之張騫、甘英皆不至也。余診諸史傳,即所謂罽賓之境,有盤石之隥,道狹尺餘,行者騎步相持,絙橋相引,二十許里,方到懸度,阻險危害,不可勝言。郭義恭曰:烏秅之西,有懸度之國[15],山溪不通,引繩而度,故國得其名也。其人山居,佃于石壁間,累石爲室,民接手而飲,所謂猨飲也。有白草、小步馬,有驢無牛,是其懸度乎。釋法顯又言,度河便到烏長國[16]。烏長國即是北天竺,佛所到國也,佛遺足跡于此,其跡長短在人心念,至今猶爾,及曬衣石尚在。新頭河又西南流,屈而東南流,逕中天竺國,兩岸平地,有國名毗荼,佛法興盛。又逕蒲那般河[17]。河邊左右,有二十僧伽藍[18]。此水逕摩頭羅國[19],而下合新頭河。自河以西,天竺諸國,自是以南,皆爲中國,人民殷富。中國者,服食與中國同,故名之爲中國也[20]。泥洹已來,聖衆所行,威儀法則,相承不絶。自新頭河至南天竺國,迄于南海,四萬里也。釋氏《西域記》曰:新頭河經罽賓、犍越、摩訶剌[21]諸國,而入南海是也。阿耨達山西南有水,名遥奴;山西南小東有水,名薩罕;小東有水,名恒伽。此三水同出一山,俱入恒水。康泰《扶南傳》曰:恒水之源,乃極西北,出崑崙山中,有五大源,諸水分流,皆由此五大源。枝扈黎大江[22]出山西北流,東南注大海。枝扈黎,即恒水也。故釋氏《西域記》有恒曲之目。恒北有四國,最西頭恒曲中者是也。有拘夷那褐國,《法顯傳》曰:恒水東南流,逕拘夷那褐國[23]南,城北雙樹間,有希連禪河[24],河邊,世尊于此北首般泥洹[25],分舍利[26]處。支僧載《外國事》曰:佛泥洹後,天人以新白緤裹佛,以香花供養,滿七日,盛以金棺,送出王宫,度一小水,水名醯蘭那,去王宫可三里許,在宫北,以旃檀木爲薪,天人各以火燒薪,薪了不燃,大迦葉從流沙還,不勝悲號,感動天地,從是之後,他薪不燒而自燃也。王斂舍利,用金作斗,量得八斛四斗,諸國王、天龍神王各得少許,齎還本國,以造佛寺。阿育王起浮屠于佛泥洹處,雙樹及塔,今無復有也。此樹名娑羅樹[27],其樹花名娑羅佉也。此花色白如霜雪,香無比也。竺枝《扶南記》曰:林楊國去金陳國步道二千里,車馬行,無水道。舉國事佛,有一道人命過燒葬,燒之數千束樵,故坐火中,乃更著石室中,從來六十餘年,尸如故不朽,竺枝目見之。夫金剛常住,是明永存,舍利刹見,畢天不朽,所謂智空罔窮,大覺難測者矣。其水亂流注于恒。恒水又東逕毗舍利城[28]北,釋氏《西域記》曰:毗舍利,維邪離國也。支僧載

《外國事》曰:維邪離國去王舍城五十由旬,城周圓三由旬,維詰家在大城裏宫之南,去宫七里許,屋宇壞盡,惟見處所爾。釋法顯云:城北有大林重閣,佛住于此,本奄婆羅女家施佛起塔也。城之西北三里,塔名放弓仗。恒水上流有一國,國王小夫人生肉胎,大夫人妒之,言汝之生,不祥之徵,即盛以木函,擲恒水中,下流有國王遊觀,見水上木函,開看,見千小兒端正殊好,王取養之,遂長大,甚勇健,所往征伐,無不摧服。次欲伐父王本國,王大愁憂,小夫人問:何故愁憂?王曰:彼國王有千子,勇健無比,欲來伐吾國,是以愁爾。小夫人言:勿愁,但于城西作高樓。賊來時,上我置樓上,則我能卻之。王如是言。賊到,小夫人于樓上語賊云:汝是我子,何故反作逆事?賊曰:汝是何人,云是我母。小夫人曰:汝等若不信者,盡張口仰向。小夫人即以兩手捋乳,乳作五百道,俱墜千子口中。賊知是母,即放弓仗。父母作是思惟,皆得辟支佛,今其塔猶在,後世尊成道,告諸弟子,是吾昔時放弓仗處。後人得知,于此處立塔,故以名焉。千小兒者,即賢劫千佛也。釋氏《西域記》曰:恒曲中次東,有僧迦扇柰揭城[29],佛下三道寶階國也。《法顯傳》曰:恒水東南流,逕僧迦施國南,佛自忉利天東下三道寶階,爲母説法處。寶階既没,阿育王于寶階處作塔,後作石柱,柱上作師子像,外道少信,師子爲吼,怖效心誠。恒水又東逕罽賓饒夷城[30],城南接恒水,城之西北六七里,恒水北岸,佛爲諸弟子説法處。恒水又東南逕沙祇國北,出沙祇城南門道東,佛嚼楊枝刺土中,生長七尺,不增不減,今猶尚在。恒水又東南,逕迦維羅衛城北,故淨王宫[31]也。城東五十里有王園,園有池水,夫人入池洗浴,出北岸二十步,東向舉手,扳樹生太子,太子墮地,行七步,二龍吐水浴太子,遂成井池。衆僧所汲養也。太子與難陀等撲象角力,射箭入地,今有泉水,行旅所資飲也。釋氏《西域記》曰:城北三里恒水上,父王迎佛處,作浮圖,作父抱佛像。《外國事》曰:迦維羅越國今無復王也。城池荒穢,惟有空處,有優婆塞姓釋,可二十餘家,是昔淨王之苗裔,故爲四姓,住在故城中,爲優婆塞,故尚精進,猶有古風。彼日浮圖壞盡,條王彌[32]更脩治一浮圖,私訶條王送物助成,今有十二道人住其中,太子始生時,妙后所扳樹,樹名須訶。阿育王以青石作后扳生太子像。昔樹無復有,後諸沙門取昔樹栽種之,展轉相承到今,樹枝如昔,尚蔭石像。又太子見行七步足跡,今日文理見存。阿育王以青石挾足跡兩邊,復以一長青石覆上,國人今日恒以香花供養,尚見足七形,文理分明。今雖有石覆無異,或人復以數重吉貝[33],重覆貼著石上,逾更明也。太子生時,以龍王夾太子左右,吐水浴太子,見一龍吐水煖,一龍吐水冷,遂成二池,今尚一冷一煖矣。太子未出家前十日,出往王田閻浮樹[34]下坐,樹神以七寶奉太子,太子不受,于是思惟欲出家也。王田去宫一據[35],據者,晉言十里也。太子以三月十五日夜出家,四天王來迎,各捧馬足。爾時諸神天人側塞,空中散天香花。此時以至河南摩强水[36],即于此水邊作沙門。河南摩强水在迦維羅越北,相去十由旬。此水在羅閲祇瓶沙國,相去三十由旬。菩薩于是暫過,瓶沙王出見菩薩,菩薩于瓶沙隨樓那果園中住一日,日暮便去半達鉢愁[37]宿。半達,晉言白也;鉢愁,晉言山也。白山北去瓶沙國十里,明旦便去,暮宿曇蘭山,去白山六由旬。于是徑詣貝多樹[38],貝多樹在閲祇北,去曇蘭山二十里。太子年二十九出家,三十五得道,此言與《經》異,故記所不同。竺法維曰:迦維衛國[39],佛所生天竺國也,三千日月、萬二千天地之中央也。康泰《扶南傳》曰:昔范旃時,有嘾楊國人家翔梨,嘗從其本國到天竺,展轉流賈至扶南,爲旃説天竺土俗,道法流通,金寶委積,山川饒沃,恣所欲,左右大國,世尊重之。旃問云:今去何時可到,幾年可迴? 梨言:天竺去此,可三萬餘里,往還可三年踰。及行,四年方返,以爲天地之中也。恒水又東逕藍莫塔,塔邊有池,池中龍守護之。阿育王欲破塔,作八萬四千塔,悟龍王所供,知非世有,遂止。此中空荒無人,羣象以鼻取水灑地,若蒼梧、會稽,象耕、鳥耘矣。恒水又東至五河口,蓋五水所會,非所詳矣。阿難從摩竭國向毗舍利[40],欲般泥洹,諸天告阿闍世王,王追至河上,梨車聞阿難來,亦復來迎,俱到河上,阿難思惟,前則阿闍世王致恨,卻則梨車復怨,即于中河,入火光三昧,燒具兩般泥洹。身二分,分各在一岸,二王各持半舍利,還起二塔。渡河南下一由巡[41],到摩竭提國巴連弗邑[42],邑,即是阿育王所治之城。城中宫殿皆起牆闕,雕文刻鏤,累大石作山,山下作石室,長三丈,廣二丈,高丈餘,有大乘婆羅門子,名羅汰私婆,亦名文殊師利,住此城裏,爽悟多智,事無不達,以清淨自居,國王宗敬師事之。賴此一人,宏宣佛法,外不能陵。凡諸國中,惟此城爲大,民人富盛,競行仁義。阿育王壞七塔,作八萬四千塔。最初作大塔,在城南二里餘,此塔前有佛跡,起精舍,北户向塔,塔南有石柱,大四五圍,高三丈餘,上有《銘》,題云:阿育王以閻浮提布施四方,僧還以錢贖塔。塔北三百步,阿育王于此作泥犂城[43],城中有石柱,亦高三丈餘,上有師子柱,有《銘》,記作泥犂城因緣,及年數日月。恒水又東南逕小孤石山,山頭有石室,石室南向,佛昔坐其中,天帝釋以四十二事問佛,佛一一以指畫石,畫跡故在。恒水又西逕王舍新城,是阿闍世王所造,出城南四里,入谷至五山裏,五山周圍,狀若城郭,即是蓱沙王舊城[44]也。東西五六里,南北七八里,阿闍世王始欲害佛處。其城空荒,又無人徑,入谷傅山,東南上十五里,到耆闍崛山,未至頂三里,有石窟南向,佛坐禪處。西北四十步,復有一石窟,阿難坐禪處。天[45]魔波旬化作雕鷲恐阿難,佛以神力,隔石舒手摩阿難肩,怖即得止。鳥跡、手孔悉存,故曰雕鷲窟也。其山峰秀端嚴,是五山之最高也。釋氏《西域記》云:耆闍崛山在阿耨達王舍城東北,西望其山,有兩峰雙立,相去二三里,中道鷲鳥,常居其嶺,土人號曰耆闍崛山。胡語耆闍,鷲也。又竺法維云:羅閱祇國有靈鷲山,胡語云耆闍崛山。山是青石,石頭似鷲鳥。阿育王使人鑿石,假安兩翼、兩腳,鑿治其身,今見存,遠望似鷲鳥形,故曰靈鷲山也。數説不同,遠邇亦異,今以法顯親宿其山,誦《首楞嚴》,香華供養,聞見之宗也。又西逕迦那城[46]南三十里,到佛苦行六年坐樹處,有林木。西行三里,到佛入水洗浴、天王按樹枝得扳出池處。又北行二里,得彌家女奉佛乳糜處。從此北行二里,佛于一大樹下石上,東向坐食糜處,樹石悉在,廣長六尺,高減二尺。國中寒暑均調,樹木或數千歲,乃至萬歲。從此東北行二十里,到一石窟,菩薩入中,西向結跏趺坐,心念:若我成道,當有神驗。石壁上即有佛影見,長三尺許,今猶明亮。時天地大動,諸天在空言,此非過去當來諸佛成道處,去此西南行,減半由旬,貝多樹下,是過去當來諸佛成道處。諸天導引菩薩起行,離樹三十步,天授吉祥草[47],菩薩受之,復行十五步,五百青雀飛來,繞菩薩三帀西去。菩薩前到貝多樹下,敷吉祥草,東向而坐。時魔王遣三玉女從北來試菩薩,魔王自從南來,菩薩以足指按地,魔兵卻散,三女變爲老姥,不自服。佛于尼拘律樹[48]下方石上東向坐,梵天來詣佛處,四天王捧鉢處皆立塔。《外國事》曰:毗婆梨,佛在此一樹下六年,長者女以金鉢盛乳糜上佛,佛得乳糜,住足尼連禪河[49]浴。浴竟,于河邊噉糜竟,擲鉢水中,逆流百步,鉢没河中。迦梨郊龍王接取在宫供養,先三佛鉢亦見。佛于河傍坐摩訶菩提樹[50],摩訶菩提樹去貝多樹二里,于此樹下七日,思惟道成,魔兵試佛。釋氏《西域記》曰:尼連水南注恒水,水西有佛樹,佛于此苦行,日食糜六年。西去城五里許,樹東河上,即佛入水浴處。東上岸尼拘律樹下坐脩,舍女上糜于此。于是西度水,于六年樹南貝多樹下坐,降魔得佛也。佛圖調曰:佛樹中枯,其來時更生枝葉。竺法維曰:六年樹去佛樹五里,書其異也。法顯從此東南行,還巴連弗邑,順恒水西下,得一精舍,名曠野,佛所住處。復順恒水西下,到迦尸國波羅柰城。竺法維曰:波羅柰國在迦維羅衛國南千二百里,中間有恒水,東南流,佛轉法輪處,在國北二十里,樹名春浮,維摩所處也。法顯曰:城之東北十里許,即鹿野苑,本辟支佛住此,常有野鹿栖宿,故以名焉。法顯從此還,居巴連弗邑。又順恒水東行,其南岸有瞻婆大國。釋氏《西域記》曰:恒曲次東有瞻婆國城,南有卜佉蘭池,恒水在北,佛下説戒處也。恒水又逕波麗國,即是佛外祖國也。法顯曰:恒水又東到多摩梨軒國[51],即是海口也。釋氏《西域記》曰:大秦一名梨軒[52]。康泰《扶南傳》曰:從迦那調洲西南入大灣,可七八百里,乃到枝扈黎大江口,度江逕西行,極大秦也。又云:發拘利口,入大灣中,正西北入,可一年餘,得天竺江口,名恒水。江口有國,號擔袟[53],屬天竺。遣黄門字興爲擔袟王。釋氏《西域記》曰:恒水東流入東海。蓋二水所注,兩海所納,自爲東西也。《釋氏論》:佛圖調列《山海經》曰:西海之南,流沙之濱,赤水之後,黑水之前,有大山,名崑崙。又曰:鍾山西六百里有崑崙山,所出五水,祖以《佛圖調傳》也。又近推得康泰《扶南傳》,《傳》崑崙山正與調合。如《傳》,自交州至天竺最近。泰《傳》亦知阿耨達山是崑崙山。釋云:賴得調《傳》,豁然爲解,乃宣爲《西域圖》,以語法汰,法汰以常見怪,謂漢來諸名人,不應河在敦煌南數千里,而不知崑崙所在也。釋云:復書曰:按《穆天子傳》,穆王于崑崙側、瑶池上觴西王母,云去宗周瀍、澗,萬有一千一百里,何得不如調言?子今見泰《傳》,非爲前人不知也。而今以後,乃知崑崙山爲無熱丘,何云乃胡國外乎?余考釋氏之言,未爲佳證。《穆天子》、《竹書》及《山海經》,皆埋縕歲久,編韋稀絶,書策落次,難以緝綴;後人假合,多差遠意,至欲訪地脈川,不與《經》符,驗程準途,故自無會。釋氏不復根其衆歸之鴻致,陳其細趣,以辨其非,非所安也。今按《山海經》曰:崑崙墟在西北,帝之下都。崑崙之墟,方八百里,高萬仞,上有木禾,面有九井,以玉爲檻,面有九門,門有開明獸守之,百神之所在。郭璞曰:此自别有小崑崙也。又按《淮南之書》,崑崙之上,有木禾、珠樹、玉樹、璇樹,不死樹在其西,沙棠、琅玕在其東,絳樹在其南,碧樹、瑶樹在其北。旁有四百四十門,門間四里,里間九純,純丈五尺。旁有九井,玉横維其西北隅,北門開,以納不周之風,傾宫、旋室、縣圃、涼風、樊桐,在崑崙閶闔之中,是其疏圃,疏圃之池,浸之黄水,黄水三周復其源,是謂丹水,飲之不死。河水出其東北陬,赤水出其東南陬,洋水出其西北陬,凡此四水,帝之神泉,以和百藥,以潤萬物。崑崙之丘或上倍之,是謂涼風之山,登之而不死;或上倍之,是謂玄圃之山,登之乃靈,能使風雨;或上倍之,乃維上天,登之乃神,是謂太帝之居。禹乃以息土填鴻水,以爲名山,掘崑崙虚以爲下地。高誘曰:地或作池。則以髣髴近佛圖調之説。阿耨達六水,葱嶺、于闐二水之限,與經史諸書,全相乖異。又按《十洲記》,崑崙山在西海之戌地,北海之亥地。去岸十三萬里,有弱水,周市繞山,東南接積石圃,西北接北户之室,東北臨大闊之井,西南近承淵之谷。此四角大山,寔崑崙之支輔也。積石圃南頭,昔西王母告周穆王云,去咸陽四十六萬里,山高平地三萬六千里,上有三角,面方,廣萬里,形如偃盆,下狹上廣。故曰崑崙山有三角。其一角正北,干辰星之輝,名曰閬風巔;其一角正西,名曰玄圃臺;其一角正東,名曰崑崙宫。其處有積金,爲天墉城,面方千里,城上安金臺五所,玉樓十二。其北户山、承淵山又有墉城,金臺玉樓,相似如一。淵精之闕,光碧之堂,瓊華之室,紫翠丹房,景燭日暉,朱霞九光,西王母之所治,真官仙靈之所宗。上通旋機,元氣流布,玉衡常理,順九天而調陰陽,品物羣生,希奇特出,皆在于此,天人濟濟,不可具記。其北海外,又有鍾山,上有金臺玉闕,亦元氣之所含,天帝居治處也。

考東方朔之言,及《經》五萬里之文,難言佛圖調、康泰之《傳》是矣。六合之内,水澤之藏,大非爲巨,小非爲細,存非爲有,隱非爲無,其所苞者廣矣。于中同名異域,稱謂相亂,亦不爲寡。至如東海方丈,亦有崑崙之稱,西洲銅柱,又有九府之治。東方朔《十洲記》曰:方丈在東海中央,東西南北岸,相去正等,方丈面各五千里,上專是羣龍所聚,有金玉琉璃之宫,三天司命所治處,羣仙不欲升天者,皆往來也。張華叙東方朔《神異經》曰:崑崙有銅柱焉,其高入天,所謂天柱也。圍三千里,圓周如削,下有迴屋,仙人九府治。上有大鳥,名曰希有,南向,張左翼覆東王公,右翼覆西王母,背上小處無羽,萬九千里,西王母歲登翼上,之東王公也。故其柱銘曰:崑崙銅柱。其高入天,圓周如削,膚體美焉。其鳥銘曰:有鳥希有,緑赤煌煌,不鳴不食,東覆東王公,西覆西王母,王母欲東,登之自通,陰陽相須,惟會益工。《遁甲開山圖》曰:五龍見教,天皇被跡,望在無外柱州崑崙山上。榮氏《注》云:五龍治在五方,爲五行神。五龍降天皇兄弟十二人,分五方爲十二部,法五龍之跡,行無爲之化。天下仙聖治,在柱州崑崙山上,無外之山,在崑崙東南萬二千里,五龍、天皇皆在此中,爲十二時神也。《山海經》曰:崑崙之丘,寔惟帝之下都,其神陸吾,是司天之九部,及帝之囿時。然六合之内,其苞遠矣。幽致沖妙,難本以情,萬像遐淵,思絶根尋,自不登兩龍于雲轍,騁八駿于龜途,等軒轅之訪百靈,方大禹之集會計,儒墨之説,孰使辨哉。

又出海外,南至積石山下,有石門。

《山海經》曰:河水入渤海,又出海外,西北入禹所導積石山。山在隴西郡河關縣西南羌中。余考羣書,咸言河出崑崙,重源潛發,淪于蒲昌,出于海水。故《洛書》曰:河自崑崙,出于重野。謂此矣。逕積石而爲中國河。故成公子安《大河賦》曰:覽百川之宏壯,莫尚美于黄河;潛崑崙之峻極,出積石之嵯峨。釋氏《西域記》曰:河自蒲昌,潛行地下,南出積石,而《經》文在此,似如不比,積石宜在蒲昌海下矣。

注释:

① 《注疏》本作“河水一”。《疏》:“戴删一字,云:近刻《河水》下有一二等字,乃明人臆加。”

② 《札記・崑崙》:

《水經》與《水經注》,都是從“崑崙”開始的。《水經》第一句是“崑崙墟在西北”,《水經注》的第一句是“三成爲崑崙丘”。“崑崙”二字作何解釋,《經》、《注》均未提及,僅言是山而已。《水經注》爲了描述崑崙山,引用了大量文獻,包括《崑崙説》、《禹本紀》、《穆天子傳》、《山海經》、《外國圖》、《淮南子》、《爾雅》、釋氏《西域記》、《佛圖調傳》、康泰《扶南傳》、《十洲記》、《神異經》、《洛書》等等。但各種文獻都是説的崑崙山的位置、别名、從此山發源的河流以及有關此山的種種神話,絶不涉及"崑崙"一詞的意義。

"崑崙"當然是外來語,但這個外來語傳入華夏爲時甚早,因爲成書于戰國時代的《山海經》和《禹貢》,都已經記載了這個地名。《西山經》説:"槐江之山……南望崑崙,其光熊熊。"又説:"西南四百里曰崑崙之丘,實惟帝之下都。"《海内西經》説:"海内崑崙之虚在西北,帝之下都。"《山海經》的這些話,《水經注》大都引及了。《禹貢》則在《雍州》下提及:"織皮崑崙、析支、渠搜,西戎即叙。"崑崙這個外來語居然見之于極早的漢族文獻,曾有人以此與漢族的西來説聯繫起來。例如《河水注》所引及的崑崙山玄圃、玄圃之山、玄圃臺等等,徐球在《黄帝之囿與巴比倫之懸園》(《地學雜志》一九三一年第一期)一文中,曾經東西相比,作爲漢族西來的證據。但王國維在其《鬼方崑夷玁狁考》一文中,認爲《禹貢》崑崙由崑夷演變而來。崑夷之名,始見于《詩・大雅・綿》"混夷駾矣"。混夷即崑夷,亦即玁狁、犬戎,其族自汧隴,環中國而北,東及太行、常山間,以後由汧隴西移。則"崑崙"一名,不是由西而東,而是由東而西的。但有一點可以肯定,即使王氏的考證可信,崑夷亦非漢族,所以"崑崙"是外來語可以無疑。

從《河水注》描述的崑崙山來看,如:"崑崙之山三級,下曰樊桐,一名板桐;二曰玄圃,一名閬風;上曰層城,一名天庭,是爲太帝之居。"如:"崑崙之墟,方八百里,高萬仞,上有木禾,面有九井,以玉爲檻,面有九門,門有開明獸守之,百神之所在。"又如:"崑崙山有三角,其一角正北,干辰星之輝,名曰閬風巔;其一角正西,名曰玄圃臺;其一角正東,名曰崑崙宫。"又如:"淵精之闕,光碧之堂,瓊華之室,紫翠丹房,景燭日暉,朱霞九光。"等等。這分明是一座神話之山。假使這個神話確實來自新疆一帶,那麽,很可能是人們對于在沙漠中所見的海市蜃樓的幻想和加工。因此,傳説中的崑崙山是没有具體地理位置的。而現在我們在地圖上看到的介于羌塘高原和塔里木盆地南緣之間的崑崙山,那是張騫和漢武帝兩人合作的作品。有《史記・大宛列傳》可以爲證:

> 漢使窮河源,河源出于闐,其山多玉石,采來,天子案古圖書,名河所出山曰崑崙山。

這裏的"漢使"是張騫,"天子"當然是漢武帝,所謂"古圖書",當是《禹本紀》和《山海經》之類。《禹本紀》在酈道元時代尚存在,所以《河水注》引及此書,但以後就亡佚。司馬遷曾在《大宛列傳》中引及一句,這一句大概就是漢武帝的依據:"河出崑崙,崑崙高二千五百餘里,日月相避隱爲光明也。"漢武帝在《山海經》一書中也獲得一些根據,那就是《河水注》所引的"面有九井,以玉爲檻"。他把張騫的考察結果,"河源出于闐"(這是錯誤的)、"其山多玉石"(這是正確的)兩句話與《禹本紀》和《山海經》核對,就把于闐(今和田)南山定爲崑崙山。

儘管漢武帝把"崑崙"作爲一座山名而固定下來,但"崑崙"實際上是個外來語,它還可以出現不同的音譯。卷一《河水》《經》"屈從其東南流,入渤海"《注》云:"竺枝《扶南記》曰:林楊國去金陳國,步道二千里,車馬行,無水道,舉國事佛。"據《御覽》卷七九〇《四夷部》十一金隣國條云:"金隣一名金陳,去扶南可二千餘里,地出銀,人民多,好獵大象,生得乘騎,死則去其牙齒。"《河水注》金陳與《御覽》金隣,據岑仲勉《南海崑崙與崑崙山之最初譯名及其附近諸國》(《中外史地考證》上册,中華書局一九六二年出版)一文云:"金隣之還原,當作 Kumrun,一變則爲 Kamrun 或 Kunrun……崑崙國與 Kamrun 之即金鄰,蓋無致疑之餘地。"這樣,金隣或金鄰,就是崑崙的另一種音譯,而這個金隣或金鄰,在《水經注》作金潾,卷三十六《温水》《經》"東北入于鬱"《注》云:"晉《功臣表》所謂金潾清徑,象渚澄源者也。"這個金潾,並且也可以譯作金麟,明田藝蘅《留青日札》卷十引張籍《蠻中詩》:"銅柱南邊毒草春,行人幾日到金麟。"

《御覽》説金隣人好獵大象,張籍説金麟在銅柱以南。位于銅柱以南而産象,則這個金隣或金麟,不在中國西北,而在中國之南了。既然方位相差極遠,那末,岑仲勉認爲金鄰即崑崙的考證是否屬實呢?岑氏的考證是信而有徵的,因爲在卷三十六《温水注》也可以找到答案。《温水》《經》"東北入于鬱"《注》中有一段話:

夜于壽泠浦裏相遇,闇中大戰,謙之手射陽邁柁工,船敗縱横,"崑崙"單舸,接得陽邁。

由此可知,崑崙不僅出于西域,而且也出于南海。西域崑崙是山名,南海崑崙則是國族名。而金陳、金隣、金鄰、金潾、金麟等,都是崑崙的不同音譯,也不致有訛。

③ 《注疏》本《疏》云:"趙云,見《爾雅·釋丘》。趙琦美據《河水四注》,'三成'上增'山'字,非也。守敬按,趙説是,而趙本有'山'字,適相違反,當是刊刻者妄加。"

《手稿》第四集中册記孫潛過録的柳僉《水經注》鈔本與趙琦美《三校水經注》本並記此本上的袁廷檮《校記》:"三成爲崑崙丘。"趙氏《水經注釋》的原本(《四庫》本、吴騫鈔本、趙氏初刻未改本)此句校改作"山三成爲崑崙邱"。這裏添了一個"山"字。《刊誤》的原本(《四庫》本及初刻未改本)卷一第一條是:"三成爲崑崙邱。"一清按,趙琦美據《爾雅》"三成"上增"山"字。……趙琦美的第一次受冤枉,明是東潛偶然誤記。

④ 板桐　黄本、吴本、《注箋》本、何校明鈔本、項本、沈本、《五校》鈔本、《七校》本、《注釋》本、《方輿紀要》卷六十五陝西十四《西蕃崑崙山》引《水經注》、萬斯同《崑崙河源考》引《水經注》均作"板松"。

⑤ 玄圃　《方輿紀要》卷六十五《陝西》十四《西蕃崑崙山》、康熙《山東通志》卷六十四《雜志·登州府·閬風元圃》引《水經注》均作"元圃"。

⑥ 層城　吴本、《注箋》本、項本、《五校》鈔本、《七校》本、《注疏》本、萬斯同《崑崙河源考》、《佩文韻府》卷十五(《十五删》)《山·崑崙山》引《水經注》均作"增城"。

⑦ 崑山　趙琦美《三校》本、嘉靖《河州志》卷四《藝文志》、元柯九思《黄河序》引《水經注》均作"崑崙",《注箋》本、項本、《注釋》本均作"崑崙山"。按高誘,東漢涿人,注《淮南子》,此語出《淮南子·墬形訓注》。

⑧ 《注疏》本作"天子自崑崙山入于宗周",《疏》:"朱'崑'下有'崙'字,趙同,戴無。守敬按:《大典》本、黄本並無'崙'字,《穆天子傳》中,崑崙凡六見,無單稱崑山者。"按今本《穆天子傳》,崑崙

凡八見,楊云六見,誤。

⑨ 崑崙之墟 《禹貢集解》卷三引《水經注》作"崑崙墟",《崑崙異同考》引《水經注》作"崑崙之虛",《辛卯侍行記》卷五陶葆廉引《水經注》作"崑崙虛"。

⑩ 《手稿》第六集中册"二尺六寸與三尺六寸":

《水經注》卷一開始叙崑崙墟,《經》文"其高萬一千里"下,《注》引《淮南子》稱高"萬一千里百一十步二尺六寸"。朱《箋》如此。古本如《大典》本、黄省曾本,皆作:"《淮南子》稱高萬一千一百里一十四步二尺六寸。"朱《箋》改作"萬一千里百一十四步二尺六寸"。是依據《淮南子·地形訓》。《地形訓》原文如下:

禹乃以息土填洪水,以爲名山。掘崑崙虚以下地,中有增城九重,其高萬一千里百一十四步二尺六寸。(《四部叢刊》影印影鈔北宋本)

朱《箋》以後,譚元春、項絪、黄晟諸刻此句都從朱《箋》,没有異文。

但戴震校的官本與他的自刻本此句末四字都作"三尺六寸"。官本校云:"案三尺,近刻訛作二尺。"

趙一清的《水經注釋》的《四庫全書》本,以及各種刻本,此句末四字也都作"三尺六寸"。趙氏在《水經注箋刊誤》(卷一,葉二)説:"二尺六寸。二當作三,《淮南子》校正。"

我在五六年前,曾同王重民先生遍查紐約、康橋、華盛頓三處的所有《淮南子》各種版本,没有一本作"三尺六寸"的!都作"二尺六寸"。

我在北平時,又託張政烺先生遍查北平公私所藏《淮南子》版本,也都作"二尺六寸",没有一本作"三尺六寸"的!

民國三十七年,我在南京看見熊會貞補成的楊守敬《水經注疏要删·再續補》稿本四十卷,其卷一也提出此條,《疏》云:

趙改二尺作三寸(適按當作"三尺"),云以《淮南子》校正。全、戴從之。按莊校《淮南子》作二尺,《漢魏叢書》本及日本校刻本並同。不知趙氏見何誤本,致全、戴亦爲所惑!

同時我在南京又得見熊會貞晚年補成的楊守敬、熊會貞《水經注疏》稿本八十卷。我試檢卷一此條,看稿本上有塗改幾次的痕跡,最後是熊先生的定本如下:

《疏》:趙據《淮南子》校改二尺作三尺,戴改同。守敬按《地墜訓》(適按當作《墬形訓》,即《地形訓》)文,莊校《淮南子》作二尺,《漢魏叢書》本及日本刻本並同,不知趙氏見何誤本也。

熊會貞先生晚年的見解稍有進境,故此條不説"全、戴從之",也不説"致全、戴亦爲所惑"。他止説"戴改同"。他的態度變得忠厚多了。但我仔細研究他幾番塗抹的文字,還可以看出他到底還覺得這一條趙、戴兩人都改作"三尺",未免太可怪了,所以可算作楊守敬在幾十年前説的"趙誤而戴亦襲其誤"的一個很明顯的例證。

熊先生檢查過的止有莊逵吉校刻本,《漢魏叢書》本,日本刻本,共三種《淮南子》。王重民、張政烺兩先生同我在海外、海内,前後檢查的《淮南子》現存的刻本與鈔本,共有三十多種。我們可以斷定：明、清兩代學者所能見到的《淮南子》刻本或鈔本，没有一個本子此句作"三尺六寸"的。

趙一清《刊誤》裏説的"《淮南子》校正"五字，大概是他記憶的錯誤。《刊誤》裏記校改的根據，並不止這一處。《刊誤》第一卷第一條"三成爲崑崙邱"，《四庫》本作：

一清按，趙琦美據《爾雅》，"三成"上校補"山"字。

趙書初刻本改本，與《四庫》本同。但趙家請來校勘此書的學者梁履繩，不久就發現《爾雅·釋丘》原來並没有"山"字，于是《水經注釋》卷一原刻"山三成爲崑崙邱"一句就得剜改了，所以現行趙書卷一的酈《注》最初三整行都是爲了删這一個字而改刻的，《刊誤》的第一條也剜改了一整行，改成這個樣子：

見《爾雅·釋邱》。趙琦美據《河水四注》，"三成"上增"山"字，非也。

其實孫潛校趙琦美的《水經注》本，卷一尚存傅沅叔先生家中，我曾校過，此句並没有校增"山"字。趙氏《刊誤》原本説趙琦美據《爾雅》增此字，是東潛偶然誤記。剜改本説趙琦美根據《河水四注》增此字，那更是梁履繩有心誣賴他了。

"三成爲崑崙邱"是《刊誤》第一條。"二尺六寸"是第四條。這兩條同是趙東潛偶然記錯了他校改的理由。《爾雅》原文没有"山"字，只作"三成爲崑崙丘"。《淮南子·地形訓》原文正作"二尺六寸"，並不作"三尺六寸"。

那麼，爲什麼趙、戴兩公都改作"三尺六寸"呢？

現在我們已經斷定戴氏没有得見趙書了。所以我們現在不妨撇開一切"誰襲誰"的成見，然後研究這兩位先生爲什麼都感覺這裏"二尺六寸"有改作"三尺六寸"的需要。

我的答案是：趙、戴兩公都因爲舊説"三成爲崑崙丘"，崑崙墟是分三級的，——《淮南·地形訓》説"增城九重"，——所以他們都想到"二尺六寸"是不能用三除的，更不能用九除的。（前面的"萬一千里百一十四步"化成尺數，可以用九除，因爲一里是三百六十步，一步是六尺。）所以他們都認爲這尾數應該成"三尺六寸"，他們就隨筆改了。崑崙虚的高度本來是神話。《淮南·地形訓》説的萬一千多里等于二千三百七十六萬多尺。二千三百多萬尺裏，多加一尺，本來用不着什麼校勘學的根據。趙東潛後來寫定《刊誤》時，有心要多標出校改的根據，于是第一條就寃枉了《爾雅》，又寃枉了趙琦美；第四條就寃枉了《淮南子》，又幾乎在無意中寃枉了戴東原。

⑪ 《札記·一石水六斗泥》：

張仲一名，各本酈《注》均有誤。按《漢書·溝洫志》當作張戎，字仲功，其官名大司馬史，酈《注》漏"史"，漏"功"。今殿本已加《案語》校正。這條《注》文的重要價值是，黄河的含沙量，已經有了定量的記載，即"澄清一石水，六斗泥"。中國古籍中有許多關于黄河含沙量甚大的記載，例如《左傳》襄公八年："《周詩》有之曰：俟河之清，人壽幾何？"即是其例。但這類記載都衹有性狀的描述，没有數量的記録。酈《注》的這條資料，從數量上説明了黄河的含沙量情況，所以值得珍貴。

黄河是一條善淤、善決、善徙的河流，它的含沙量，居世界河流的第一位。黄河的平均徑流量,據陝縣水文站的觀測,衹有四億立方米,還抵不上一條小小的長江支流嘉陵江(六百七十二億立方米),衹有長江(四千五百一十億立方米,宜昌站)的百分之九點四。但它的多年平均含沙量(陝縣站),每立方米竟有三十六點九公斤,爲長江(每立方米一點一四公斤,宜昌站)的三十二倍。它平均年輸沙十六億噸(陝縣站),超過長江的三倍以上(五點四億噸)。根據文獻資料的統計,建國以前的三千年間,黄河下游決口泛濫約有一千五百餘次,較大的改道約有二三十次,其中特别重大的改道有四次。在這條河流的泛濫改道中,我國人民已經付出了難以估計的代價。

⑫ 陵門之山　吴本、《注箋》本、項本、《注釋》本、張本、《注疏》本、潘昂霄《河源記》引《水經注》均作“凌門之山”。

⑬ 阿耨達太山　《注箋》本、項本、《注釋》本、張本、《崑崙異同考》引《水經注》均作“阿耨達大山”。岑仲勉《水經注卷一箋校》(《中外史地考證》上册)注:“阿耨達大山,梵言爲 Anavtapta。”

⑭ 伽那調御　《注疏》本作“伽那調洲”,《水經注卷一箋校》注引《南州異物志》作“奴調洲”。

⑮ 懸度之國　《大典》本、何校明鈔本、王校明鈔本、項本、《摘鈔》本、張本均作“懸渡之國”,吴本作“縣渡之國”,《漢書西域傳補注》卷上引《水經注》作“縣度之國”。

⑯ 烏長國　吴本、《注箋》本、項本、《五校》鈔本、《七校》本、《注釋》本、張本、《注疏》本均作“烏萇國”。

⑰ 蒲那般河　《大典》本、何本作“滿那般河”,《注箋》本、項本作“蒲那河”,《注釋》本作“捕那般河”。岑仲勉《水經注卷一箋校》注:“‘蒲’,朱《箋》云:《法顯傳》作‘捕’。趙一清《刊誤》云:案‘那’下落‘般’字,黄省曾本校增。按捕那般河即今 Jumna R.,《大唐西域記》作閻牟那河,《新婆娑論》作閻母那河,《法顯傳》亦無‘般’字,‘那’字古人或書作‘郍’或‘舡’,形與‘般’近,疑後人因此而誤增也。此河東與恒河入海,不合新頭河,參看拙著《法顯西行年譜》。”

⑱ 僧伽藍　梵語 Sangharama,常譯作僧伽藍摩或僧伽羅摩。僧伽藍是其省譯,原義爲衆園,亦引申作寺院。唐玄應《一切經音義》卷一:“僧伽藍,正言僧伽羅磨,此云衆園也。”慧琳《一切經音義》卷二一:“僧伽藍,具云僧伽羅摩,言僧者衆也;伽羅摩者,園也。或云衆所樂住處也。”《通鑑》卷二〇七《唐纪》十三,則天后久視元年:“今之伽藍。”胡《注》:“伽藍,佛寺也,梵語言僧伽藍摩,猶中華言衆園也。”

⑲ 摩頭羅國　黄本、沈本作“頭羅國”。《水經注卷一箋校》注:“摩頭羅國,梵名爲 Mathura。”

⑳ 自是以南,皆爲中國,人民殷富。中國者,服食與中國同,故名之爲中國也　《札記·梵語地名》:

> 這個中國,在梵語作 Madhyadêśa,是由梵語 Madhya(意謂中間的)和 Dêśa(意爲國家)二詞合成,並非我們中國。下面抄一段艾德爾(E. J. Eitel)在《中國佛教手册》(*Handbook of Chinese Buddhism Being a Sanskrit—Chinese Dictionary with Vocabularies of Buddhist Term*)第八十三頁中對于這個地名的解釋:“中國,中部的王國,印度中部的一般稱謂(Madhyadesa, The Middle Kingdom, Common Term for Central India)。”這個所謂中國,其實就是古代恒河中游的中印度。

㉑　摩訶剌　《大典》本、黄本、吴本、《注箋》本、項本、沈本、張本均作“摩河剌”。《水經注卷一箋校》注:“其梵名爲 Maha Rajgir,乃恒河流域,非新頭河所經。”

㉒　枝扈黎大江　馮承鈞《西域地名》第五十九頁 Phalgumati 條云:“《史記》卷一二三《正義》引《括地志》,崑崙山水出,一名拔扈利水,一名恒伽河(Ganga),《水經注》卷一誤枝扈黎。”《水經注卷一箋校》注云:“Phalgumati 亦作 Phalgu,今伽耶區中恒河之一支也,但無‘利’字之對音。《南州異物志》云(《御覽》七九〇):‘扈利國在奴調洲西南邊海。’知扈利即扈枝利,枝如作技,在古音更與 Hugli 之發音接近,況此口直至現代,尚爲進出海所必經,枝扈黎大江即今 Hugli R.,殆無致疑之地,《西域地名》所證,未見其有當也。”

㉓　拘夷那褐國　吴本、《注箋》本、項本、張本、《巵林》卷一引《水經注》均作“拘夷那竭國”,《五校》鈔本、《七校》本、《注釋》本均作“拘夷那喝國”。《水經注卷一箋校》岑仲勉云:“按此國梵名爲 Kusinagara,《法顯傳》譯 nagara 爲‘那竭’,則此處應作‘竭’,下同。”

㉔　希連禪河　《水經注卷一箋校》:“希連之梵名爲 Hiranyavati,今乾度(Gandak)也。……《法顯傳》無‘禪’字。”

㉕　般泥洹　《水經注卷一箋校》:“亦作般涅槃,梵語爲 Parinirvana。《魏書·釋老志》云:‘涅槃譯云滅度,或言常樂我淨,明無遷謝及諸苦累也。’”

㉖　舍利　梵語 Sarira 之音譯,玄應《一切經音義》卷六:“舍利,正言設利羅,譯云身骨。”

㉗　娑羅樹　《札記·吉貝與吉祥草》:“梵語名 Sala,學名 Shorea robusta。”

㉘　毗舍利城　《注箋》本、項本、張本、《注疏》本、《水經注卷一箋校》,均作“毗舍離城”。岑仲勉云:“梵名爲 Vaisali,在今 Gandaki 河沿岸。”

㉙　僧迦扇柰揭城　黄本、《注箋》本、項本、沈本、張本、《注疏》本均作“申迦扇柰揭城”。《水經注卷一箋校》岑仲勉云:“僧迦扇(Samkasya)即下引《法顯傳》僧迦施(迦,今《傳》作伽)之異譯,以對音求之,亦未嘗不可作申迦扇。”

㉚　罽賓饒夷城　《大典》本、黄本、趙琦美《三校》本、沈本、何本均作繞夷城,吴本作饒夷城,《注疏》本作罽饒夷城,《水經注卷一箋校》岑仲勉云:“按《法顯傳》衹作‘罽饒夷彝’,即今之 Kananj,蓋後人因涉罽賓而誤也。”

㉛　淨王宫　《水經注卷一箋校》作“白淨王宫”,岑仲勉云:“朱、全、趙三本均作‘故曰淨王宫也’,戴則以‘曰’字爲衍文。按酈《注》自上文《法顯傳》起,至下文‘行旅所資飲也’一段,全是傳文之略出,此句亦不能在例外;但今傳文云:‘白淨王故宫處作太子母形像,及太子乘白象入母胎時,太子出城東門見病人迴車還處,皆起塔。’兩爲比勘,便知‘曰淨’乃‘白淨’之訛。”

㉜　條王彌　或是“條三彌”之訛。《御覽》卷七〇一《服用部》三“承塵”條:“斯訶條國有大富長者條三彌,與佛作金薄承塵,一佛作兩重承塵。”

㉝　《札記·吉貝與吉祥草》:“案吉貝,學名 Ceiba pentandra,是木棉科落葉大喬木,又稱‘美洲木棉’或‘爪哇木棉’。《翻譯名義集》卷七云:‘即木棉也。’説明我國在宋代已名此物爲木棉。因爲在宋以前,我國對此種植物的譯名甚多。《水經注疏》引《四分律》作‘劫貝’,引玄應《一切經音義》作‘劫波育’、‘劫婆娑’、‘迦波羅’。在我國古籍中,最早提出‘吉貝’一名的是三國吴丹陽太守萬震所

撰的《南洲異物志》,但此書已亡佚。《宋書》與《齊書》都稱‘古貝’。因此,《水經注》是現存古籍中提出‘吉貝’一名的最早文獻。在現存古籍中最早解釋‘吉貝’這種植物的是《梁書·諸夷傳·林邑國》。其文云:‘又出瑇瑁、貝齒、吉貝、沉水香。吉貝者,樹名也,其華成時如鵝毳,抽其緒紡之,潔白如紵布不殊,亦染成五色,爲斑布也。’吉貝一詞,從其語源來説並非出自梵語,而是馬來語 Kapoq 的音譯。但後來則産于印度。《宋書·蠻夷傳·呵羅單國》云:‘元嘉七年,遣使獻天竺國白疊古貝。’而《河水注》‘吉貝’,是記的阿育王(Asoka)故事,説明在公元前三世紀,印度已盛産此物。所以《河水注》的‘吉貝’,當是梵語 Kapasa 的音譯,並非直接來自馬來語,這是《水經注》記載的梵語植物名詞之一。”

㉞ 閻浮樹 《札記·吉貝與吉祥草》:“梵語名 Jambu,學名 Prosopis spicigera。”

㉟ 《札記·據和由旬》:“殿本在此下加案語云:‘案“一據”下,近刻訛作“據左一據據右”六字。’但各本與殿本之間頗有不同。朱謀㙔《水經注箋》作:‘王曰去宫一據據左,一據據右,晉言十里也。’全、趙二本改‘曰’爲‘由’,改‘右’爲‘者’,餘與朱本同。岑仲勉《水經注卷一箋校》則作:‘王田去宫一據櫨舍。一據櫨舍,晉言十里也。’岑氏的這一校勘,是根據藤田豐八《東西交涉史研究》的説法。藤田説:‘一據據者,應爲一據櫨舍之訛,即梵語 Krosa 之譯音。’岑氏説:‘余向讀此,即疑“據據右”三字與舊譯之“拘盧舍”有關,但終未解其致誤之由,至此,益信藤田之説为不謬,而全、趙、戴諸家純屬臆改。惟藤田仍沿舊本作“左”,余謂“舍”字之上截類“左”字,其初必由“舍”誤“左”,又由“左”而誤分左右也。’‘據櫨舍’(或舊譯拘盧舍)即梵語 Krosa,這當然是不容置疑的。但朱本的‘據據左’是否即‘據櫨舍’之訛,却未可云必。藤田把舊譯中的‘盧’字改成‘櫨’字,無非因爲‘盧’、‘據’字形不同,而‘櫨’、‘據’字形相似,以附合其兩者致訛的理由而已。殿本及楊、熊《注疏》本均删‘據左’作‘據’,按古時梵語漢譯通例,可以成立,即所謂省譯。以梵語 Stupa 爲例,《大唐西域記》卷一云:‘窣堵波,所謂浮圖也。’玄應《一切經音義》卷六竇塔條云:‘正言窣睹波。’在《水經注》中,卷一《河水注》對此有三種譯法即‘浮屠’、‘浮圖’、‘塔’。三者均不訛,而其中‘塔’即是 Stupa 的省譯。故 Krosa 一詞殿本等作‘據’不訛,不必更改。”

㊱ 河南摩强水 《水經注卷一箋校》作“河南摩弱水”,岑仲勉云:“‘强’字未詳原音,考梵文狀況詞末尾常綴 ya,以藥叉之例例之,ya 可翻‘若’,‘若’、‘弱’同音,而‘强’、‘弱’相偶,偏旁復相近,‘河南摩强’其‘河南摩弱’之訛歟?《隋龍藏字碑》‘何人’作‘河人’(《金石文字記》二),古人用字固不甚嚴格也。”

㊲ 《札記·梵語地名》:“半達鉢愁正是梵語的音譯,半達,梵語作 Punda;鉢愁,梵語作 Vasu。”

㊳ 貝多樹 《札記·吉貝與吉祥草》:“梵語名 Bodhi,學名 Barassus flabellifer。”

㊴ 迦維衛國 《注箋》本、項本、《五校》鈔本、《七校》本、張本均作“迦維國”,《注疏》本作“伽維國”,孫潛校本云:“‘衛’當作‘維’,趙、戴均作迦維衛國,按從《注》上文,應作迦維羅衛(越),方是足譯,未見法維原文之必省‘羅’字而衹作‘迦維衛’也。”

㊵ 毗舍利 《注箋》本、項本、張本均作“毗舍離”,《水經注卷一箋校》岑仲勉云:“毗舍離已見前,朱依作‘離’,唯趙、戴仍作‘利’,戴又云,案舍利,原本訛作舍離。窺其意,一若此之舍離,應與佛骨之舍利同義者,可謂誤人不淺!”

㊶　殿本在此處案:"'由巡'即'由旬',書内通用,近刻訛作'由延'。"《札記·據和由旬》:"這條案語露出戴氏不懂梵語的馬脚。不懂梵語不足怪,但他校勘酈《注》,竟連與酈《注》有密切關係的《法顯傳》都不去查對一下,倒是令人吃驚的。大概可以説是智者千慮,必有一失吧。《法顯傳》全書中曾三引此詞,均作'由延'('西行十六由延,便至那竭國界醯羅城';'從舍衛城東南行十二由延到一邑';'從此東南行十二由延到諸梨車欲佛般泥洹處')。案由旬是梵語 Yogana 一詞的音譯,亦譯由巡、由延、踰善那等,在玄應、慧琳的兩種《一切經音義》和法雲的《翻譯名義集》等書中均有載及,可惜戴震也都不曾去查對一下。至于'由旬'一詞的解釋,諸書頗有出入,《藝文類聚》卷七十六《内典》上引支僧載《外國事》:'由旬者,晉言四十里。'但《翻譯名義集》卷三'踰善那'條云:'由旬三别,大者八十里,中者六十里,下者四十里,謂中邊山川不同,致行不等。'艾德爾的《中國佛教手册》第二十頁所説比較完整:Yogana, A measure of distance, Variously Computed as egual to a day's march〔4650 feet〕or 40 or 30 or 16 li. 艾德爾的解釋或許是正確的,由旬乃是古代印度的一日行軍里程,因爲是行軍里程,其速度由于地形、氣候、部隊素質等的不同,所以並不是一個固定的數字,以致有四十里、三十里、十六里之别。丁福保接受了艾德爾的説法,在他所編的《實用佛學辭典》第六至七頁'由旬'條下的釋文作:'自古聖王一日軍行也,舊一踰善那四十里矣,印度國俗乃三十里,聖教所載唯十六里。'"

㊷　巴連弗邑　《大典》本、黄本、吴本、《注箋》本、項本、沈本、張本均作"巴連佛邑"。《水經注卷一箋校》云:"梵言曰 Pataliputra,即今 Patna。"

㊸　泥犂城　《大典》本、黄本、何校明鈔本、沈本均作"泥梨城"。

㊹　蓱沙王舊城　黄本、沈本均作"萍沙王舊城",《五校》鈔本、《七校》本均作"瓶沙王舊城",《水經注卷一箋校》:"舊城,即《大唐西域記》之'矩奢揭羅補羅城'(Kusagarapura),唐言上茅宮城,説見拙著《法顯西行年譜》。"

㊺　夭　朱、全、趙俱作"天",《注疏》本《疏》:"戴以天爲訛,改作夭,云夭、妖通。會貞按:戴説大誤。諸《經》皆作天魔,無作夭魔者,良由戴氏未涉獵釋典,此卷凡所删改,但憑胸臆,故一往多誤,此其一也。《翻譯名義集》二稱《大論》云:魔有四種,其一天子魔,即天魔。慧苑《新譯大方廣華嚴經音義》曰:天魔波旬,具云提婆魔囉播裨,言提婆者,此云天也,魔囉,障导也,播裨,罪惡也。謂此類報生天宫,性好勸人造惡退善,令不得出離欲界也。玄應《攝大乘論音義》曰:波旬即釋迦佛出世魔王名。"

㊻　迦那城　《注箋》本、項本、張本、《注疏》本均作"伽耶城",《五校》鈔本、《七校》本均作"伽那城",《水經注卷一箋校》作"伽耶城",岑仲勉云:"伽耶城,梵言 Gaya,《法顯傳》及《大唐西域記》均作'伽耶',全改'耶'爲'那',趙、戴又改'迦那',非也。且'那'字對音不符,'迦'又清濁互異。"

㊼　吉祥草　《札記·吉貝與吉祥草》:"《河水注》的這一段文字係從《法顯傳》鈔録而來,而'吉祥草'本是梵語的植物名稱,由于法顯的翻譯而漢化。案吉祥草的學名 Pea cynosuroides,是百合科常緑多年生草本植物。日本森鹿三主譯的《水經注(鈔)》中,在此下加了一條注釋(卷一《河水注》注釋一四二):'吉祥草,Kusa,按讀音寫作姑尸、矩尸,譯爲上茅、茆草,是生長在濕地上的一種茅草,用作坐禪的敷物。'日譯本的這條注釋,寫出了吉祥草的梵語 Kusa,除了缺乏學名和其他植物學方面

的說明外,總的説來還算差强人意。至于説'譯爲上茅'的話,這是《大唐西域記》提供的譯法,《西域記》卷九摩揭陁國下上茅宫城(舊王舍城)云:'上茅宫城,摩揭陁國之正中,古先君王之所都,多出勝上吉祥香茅,以故謂之上茅城也。'這裏的上茅城,就是梵語矩奢揭羅補羅城的意譯,矩奢揭羅補羅的梵語是 Kusagrapura,由 Kusa(上茅)和 grapura(宫城)二詞合成,所以 Kusa 又譯作上茅。梵語植物名稱在慧琳、玄應的兩種《一切經音義》和法雲的《翻譯名義集》之中,有時用意譯,有時用音譯,不通梵語的人,往往望文生義,造成錯誤。我在光緒《諸暨縣志》卷十九《物産志》一吉祥草條下偶然讀到:'湖雅形似建蘭而闊,勁如箭,解産婦血瘨,故名血瘨草。《允都名教録》:邑吉祥寺舊産吉祥草,故名。'按文字描述,這種'吉祥草',大概也就是可以譯成'上茅'的植物,但却把梵語意譯訛作因吉祥寺所産而得名,這種錯誤,相當普遍。"

㊽ 尼拘律樹 《札記·吉貝與吉祥草》:"梵語名 Nyagrodha,學名 Ficus indica。"

㊾ 尼連禪河 黄本、吴本均作"尼連河",《水經注卷一箋校》:"朱云:'《佛本行經》作尼連禪河。'全、趙、戴均增'禪'字;但古人譯名,往往隨意省節以便稱謂,今《外國事》既無本可對,安知其必如《佛本行經》作尼連禪耶?此既增'禪'字,何以下文《西域志》尼連水又不增'禪'字,凡是皆亂其例,不可法也。"

㊿ 菩提樹 《札記·吉貝與吉祥草》:"梵語名 Pippala,學名 Ficus religiesa。"

(51) 多摩梨軒國 《大典》本、黄本、吴本、《注箋》本、何校明鈔本、王校明鈔本、項本、沈本、張本、《注疏》本、《巵林》卷一引《水經注》均作"多摩梨帝國",《注疏》本熊會貞云:"《佛國記》,從瞻婆大國東行近五十由延到多摩梨帝國,則梨帝不誤。"《水經注卷一箋校》云:"按舊本作多摩梨帝,與《法顯傳》同,即梵言之 Tamalitti。"

(52) 梨軒 《大典》本、黄本、吴本、《注箋》本、何校明鈔本、王校明鈔本、項本、沈本、張本均作"梨帝",《水經注卷一箋校》:"梨帝,全、趙、戴均改作'梨軒',按《漢書·西域傳》,烏弋山離西與梨軒、條支接,末云即大秦别稱。謂大秦國一號梨軒者,始于魏魚豢《魏略》,但'軒'與'帝'發音迥别,是否道安即以印度爲大秦而梨帝爲多摩梨帝之略,抑酈氏因涉梨、犂同音而誤引,今道安書已佚,無從知其真狀矣。"

(53) 擔袟 黄本、吴本、《注箋》本、何校明鈔本、項本、沈本、《五校》鈔本、《七校》本、《注釋》本、張本、《注疏》本均作"擔袂",《水經注卷一箋校》云:"朱、全、趙均作'袂',戴改作'袟',按擔袂與多摩、耽摩均一音之轉,乃 Tamalitti 之省譯也,其國位恒河支口 Hooghly 之内,戴氏改爲'袟',殊無根據。"

卷二　河水[①]

又南入[②]蔥嶺山，又從蔥嶺出而東北流。

河水重源有三，非惟二也。一源西出捐毒之國[③]，蔥嶺之上，西去休循二百餘里，皆故塞種也。南屬蔥嶺，高千里，《西河舊事》曰：蔥嶺在敦煌西八千里，其山高大，上生蔥，故曰蔥嶺也。河源潛發其嶺，分爲二水，一水西逕休循國南，在蔥嶺西。郭義恭《廣志》曰：休循國居蔥嶺，其山多大蔥。又逕難兜國北，北接休循，西南去罽賓國三百四十里，河水又西逕罽賓國北。月氏之破，塞王南君罽賓，治循鮮城。土地平和，無所不有，金銀珍寶，異畜奇物，踰于中夏，大國也。山險，有大頭痛、小頭痛之山，赤土、身熱之阪，人畜同然。河水又西逕月氏國南，治監氏城，其俗與安息同。匈奴冒頓單于破月氏，殺其王，以頭爲飲器。國遂分，遠過大宛，西居大夏，爲大月氏；其餘小衆不能去者，共保南山羌中，號小月氏。故有大月氏、小月氏之名也。又西逕安息國南，城臨嬀水，地方數千里，最大國也。有商賈、車船行旁國，畫革旁行爲書記也。河水與蜺羅跂禘水同注雷翥海。釋氏《西域記》曰：蜺羅跂禘出阿耨達山之北，西逕于闐國。《漢書・西域傳》曰：于闐之西，水皆西流，注西海。又西逕四大塔北，釋法顯所謂糺尸羅國。漢言截頭也。佛爲菩薩時，以頭施人，故因名國。國東有投身飼餓虎處，皆起塔。又西逕揵陀衛國[④]北，是阿育王子法益所治邑。佛爲菩薩時，亦于此國以眼施人，其處亦起大塔。又有弗樓沙國[⑤]，天帝釋變爲牧牛小兒，聚土爲佛塔，法王因而成大塔，所謂四大塔也。《法顯傳》曰：國有佛鉢,月氏王大興兵衆,來伐此國,欲持鉢去,置鉢象上,象不能進;更作四輪車載鉢,八象共牽,復不進,王知鉢緣未至,于是起塔留鉢供養。鉢容二斗,雜色而黑多,四際分明,厚可二分,甚光澤。貧人以少花投中便滿;富人以多花供養,正復百千萬斛,終亦不滿。佛圖調曰:佛鉢,青玉也,受三斗許,彼國寶之。供養時,願終日香花不滿,則如言;願一把滿,則亦便如言。又按道人竺法維所説,佛鉢在大月支國,起浮圖,高三十丈,七層,鉢處第二層,金絡絡鎖縣鉢,鉢是青石。或云懸鉢虚空。須菩提置鉢在金机[⑥]上,佛一足跡與鉢共在一處,國王、臣民悉持梵香,七寶、璧玉供養。塔跡、佛牙、袈裟、頂相舍利,悉在弗樓沙國。釋氏《西域記》曰:揵陀越王城[⑦]西北有鉢吐羅越城,佛袈裟王城也。東有寺。重復尋川水,西北十里有河步羅龍淵,佛到淵上浣衣處,浣石尚存。其水至安息,注雷翥海。又曰:揵陀越西,西海中有安息國。竺枝[⑧]《扶南記》曰:安息國去私訶條國二萬里,國土臨海上,即《漢書》天竺安息國也。户近百萬,最大國也。《漢書・西域傳》又云:犂軒[⑨]、條支臨西海。長老傳聞,條支有弱水,西王母亦未嘗見。自條支乘水西行,可百餘日,近日所入也。或河水所通西海矣。故《涼土異物志》曰:葱嶺之水,分流東西,西入大海,東爲河源,《禹記》所云崑崙者焉。張騫使大宛而窮河源,謂極于此,而不達于崑崙也。河水自葱嶺分源,東逕迦舍羅國[⑩]。釋氏《西域記》曰:有國名伽舍羅逝。此國狹小,而總萬國之要道無不由。城南有水,東北流,出羅逝西山,山即葱嶺也。逕岐沙谷,出谷分爲二水。一水東流,逕無雷國北,治盧城,其俗與西夜、子合同。又東流逕依耐國[⑪]北,去無雷五百四十里,俗同子合。河水又東逕蒲犂國北,治蒲犂谷,北去疏勒五百五十里,俗與子合同。河水又東逕皮山國北,治皮山城,西北去莎車三百八十里。

其一源出于闐國南山,北流與葱嶺所出河合,又東注蒲昌海。

河水又東與于闐河合,南源導于闐南山,俗謂之仇摩置,自置北流,逕于闐國西,治西城。土多玉石。西去皮山三百八十里,東去陽關五千餘里。釋法顯自烏帝[⑫]西南行,路中無人民,沙行艱難,所逕之苦,人理莫比。在道一月五日,得達于闐。其國殷庶,民篤信,多大乘學,威儀齊整,器鉢無聲。城南十五里有利刹寺,中有石鞾,石上有足跡,彼俗言是辟支佛跡。法顯所不傳,疑非佛跡也。又西北流,注于河。即《經》所謂北注葱嶺河也。南河又東逕于闐國北,釋氏《西域記》曰:河水東流三千里,至于闐,屈東北流者也。《漢書・西域傳》曰:于闐已東,水皆東流。南河又東北逕扜彌國北,治扜彌城,西去于闐三百九十里。南河又東逕精絶國北,西去扜彌四百六十里。南河又東逕且末國北,又東,右會阿耨達大水[⑬]。釋氏《西域記》曰:阿耨達山西北有大水,北流注牢蘭海者也。其水北流逕且末南山,又北逕且末城西,國治且末城,西通精絶二千里,東去鄯善七百二十里,種五穀,其俗略與漢同。又曰:且末河東北流逕且末北,又流而左會南河,會流東逝,通爲注濱河[14]。注濱河又東逕鄯善國北,治伊循城,故樓蘭之地也。樓蘭王不恭于漢,元鳳四年,霍光遣平樂監傅介子刺殺之,更立後王。漢又立其前王質子尉屠耆爲王,更名其國爲鄯善。百官祖道橫門,王自請天子曰:身在漢久,恐爲前王子所害,國有伊循城,土地肥美,願遣將屯田積粟,令得依威重。遂置田以鎮撫之。敦煌索勱,字彦義,有才略,刺史毛奕表行貳師將軍,將酒泉、敦煌兵千人,至樓蘭屯田。起白屋,召鄯善、焉耆、龜兹三國兵各千,橫斷注濱河。河斷之日,水奮勢激,波陵冒堤。勱厲聲曰:王尊建節,河堤不溢,王霸精誠,呼沱不流。水德神明,古今一也。勱躬禱祀,水猶未減,乃列陣被杖,鼓譟讙叫,且刺且射,大戰三日,水乃迴減,灌浸沃衍,胡人稱神。大田三年,積粟百萬,威服外國。其水東注澤。澤在樓蘭國北扜泥城,其俗謂之東故城,去陽關千六百里,西北去烏壘千七百八十五里,至墨山國千八百六十五里,西北去車師千八百九十里。土地沙鹵少田,仰穀旁國。國出玉,多葭葦、檉柳、胡桐、白草。國在東垂,當白龍堆,乏水草,常主發導,負水擔糧,迎送漢使,故彼俗謂是澤爲牢蘭海也。釋氏《西域記》曰:南河自于闐東於北三千里,至鄯善入牢蘭海者也。北河自岐沙東分南河,即釋氏《西域記》所謂二支北流,逕屈茨、烏夷[15]、禪善,入牢蘭海者也。北河又東北流,分爲二水,枝流出焉。北河自疏勒逕流南河之北,《漢書・西域傳》曰:蔥嶺以東,南北有山,相距千餘里,東西六千里,河出其中。暨于温宿之南,左合枝水,枝水上承北河于疏勒之東;西北流逕疏勒國南,又東北與疏勒北山水合;水出北溪,東南流逕疏勒城下,南去莎車五百六十里,有市列,西當大月氏、大宛、康居道。釋氏《西域記》曰:國有佛浴牀,赤真檀木作之,方四尺,王于宫中供養。漢永平十八年,耿恭以戊己校尉,爲匈奴左鹿蠡王所逼,恭以此城側澗傍水,自金蒲遷居此城,匈奴又來攻之,壅絶澗水。恭于城中穿井,深一十五丈,不得水,吏士渴乏,笮馬糞汁飲之。恭乃仰天嘆曰:昔貳師拔佩刀刺山,飛泉湧出,今漢德神明,豈有窮哉?整衣服,向井再拜,爲吏士禱之。有頃,水泉奔出,衆稱萬歲。乃揚水以示之,虜以爲神,遂即引去。後車師叛,與匈奴攻恭,食盡窮困,乃煮鎧弩,食其筋革。恭與士卒同生死,咸無二心。圍恭不能下,關寵上書求救。建初元年,章帝納司徒鮑昱之言,遣兵救之。至柳中,以校尉關寵分兵入高昌壁,攻交河城,車師降,遣恭軍吏范羌,將兵二千人迎恭。遇大雪丈餘,僅能至,城中夜聞兵馬,大恐,羌遥呼曰:我范羌也。城中皆稱萬歲,開門相持涕泣。尚有二十六人,衣屨穿決,形容枯槁,相依而還。枝河又東逕莎車國南,治莎車城,西南去蒲犂七百四十里。漢武帝開西域,屯田于此。有鐵山,出青玉。枝河又東逕温宿國南,治温宿城,土地物類,與鄯善同。北至烏孫赤谷六百一十里,東通姑墨二百七十里,于此,枝河右入北河。北河又東逕姑墨國南,姑墨川水注之,水導姑墨西北,歷赤沙山,東南流逕姑墨國西,治南城。南至于闐,馬行十五日,土出銅鐵及雌黄。其水又東南流,右注北河。北河又東逕龜兹國南,又東,左合龜兹川水,有二源,西源出北大山南,釋氏《西域記》曰:屈茨北二百里有山,夜則火光,晝日但煙,人取此山石炭[16],冶此山鐵,恒充三十六國用。故郭義恭《廣志》云:龜兹能鑄冶。其水南流逕赤沙山。釋氏《西域記》曰:國北四十里,山上有寺,名雀離大清淨。又出山東南流,枝水左派焉。又東南,水流三分,右二水俱東南流,注北河。東川水出龜兹東北,歷赤沙、積梨南流,枝水右出,西南入龜兹城,音屈茨也,故延城矣。西去姑墨六百七十里,川水又東南流逕于輪臺之東也。昔漢武帝初通西域,置校尉,屯田于此。搜粟都尉桑弘羊奏言:故輪臺以東,地廣,饒水草,可溉田五千頃以上。其處温和,田美,可益通溝渠,種五穀,收穫與中國同。時匈奴弱,不敢近西域,于是徙莎車,相去千餘里,即是臺也。其水又東南流,右會西川枝水,水有二源,俱受西川,東流逕龜兹城南,合爲一水,水間有故城,蓋屯校所守也。其水東南注東川,東川水又東南逕烏壘國南,治烏壘城,西去龜兹三百五十里,東去玉門陽關二千七百三十八里,與渠犂田官相近,土地肥饒,于西域爲中,故都護治焉。漢使持節鄭吉[17],并護北道,故號都護,都護之起,自吉置也。其水又東南注大河。大河又東,右會敦薨之水,其水出焉耆之北敦薨之山,在匈奴之西,烏孫之東。《山海經》曰:敦薨之山,敦薨之水出焉,而西流注于泑澤。出于崑崙之東北隅,實惟河源者也。二源俱道,西源東流,分爲二水,左水西南流,出于焉耆之西,逕流焉耆之野,屈而東南流,注于敦薨之渚。右水東南流,又分爲二,左右焉耆之國。城居四水之中,在河水之洲,治員渠城,西去烏壘四百里,南會兩水,同注敦薨之浦。東源東南流,分爲二水,澗瀾雙引,洪湍濬發,俱東南流,逕出焉耆之東,導于危須國西。國治危須城,西去焉耆百里。又東南注,流于敦薨之藪。川流所積,潭水斯漲,溢而爲海。《史記》曰:焉耆近海多魚鳥。東北隔大山與車師接。敦薨之水自西海逕尉犂國[18],國治尉犂城,西去都護治所三百里,北去焉耆百里。其水又西出沙山鐵關谷,又西南流,逕連城别注,裂以爲田。桑弘羊曰:臣愚以爲連城以西,可遣屯田,以威西國。即此處也。其水又屈而南,逕渠犂國西。故《史記》曰:西有大河。即斯水也。又東南流,逕渠犂國,治渠犂城[19],西北去烏壘三百三十里。漢武帝通西域,屯渠犂,即此處也。南與精絶接,東北與尉犂接。又南流注于河。《山海經》曰:敦薨之水,西流注于泑澤。蓋亂河流自西南注也。河水又東逕墨山國南,治墨山城,西至尉犂二百四十里。河水又東逕注賓城南,又東逕樓蘭城南而東注。蓋墢田士所屯,故城禪國名耳。河水又東注于泑澤,即《經》所謂蒲昌海也。水積鄯善之東北,龍城之西南。龍城,故姜賴之虛[20],胡之大國也。蒲昌海溢,盪覆其國,城基尚存而至大,晨發西門,暮達東門。澮其崖岸,餘溜風吹,稍成龍形,西面向海,因名龍城。地廣千里,皆爲鹽而剛堅也。行人所逕,畜産皆布氈卧之,掘發其下,有大鹽,方如巨枕,以次相累,類霧起雲浮,寡見星日,少禽,多鬼怪。西接鄯善,東連三沙,爲海之北隘矣。故蒲昌亦有鹽澤之稱也。《山海經》曰:不周之山,北望諸毗之山,臨彼岳崇之山,東望泑澤,河水之所潛也。其源渾渾泡泡者也。東去玉門陽關千三百里,廣輪四百里。其水澄渟,冬夏不減,其中洄湍電轉,爲隱淪之脈。當其澴流之上,飛禽奮翮于霄中者,無不墜于淵波矣。即河水之所潛,而出于積石也。

又東入塞,過敦煌、酒泉、張掖郡南,

河自蒲昌,有隱淪之證,並間關入塞之始。自此,《經》當求實致也。河水重源,又發于西塞之外,出于積石之山。《山海經》曰:積石之山,其下有石門,河水冒以西流,是山也,萬物無不有[21],《禹貢》所謂導河自積石也。山在西羌之中,燒當所居也。延熹二年[22],西羌燒當犯塞,護羌校尉段熲討之,追出塞,至積石山,斬首而還。司馬彪曰:西羌者,自析支[23]以西,濱于河首左右居也。河水屈而東北流,逕析支之地,是爲河曲矣。應劭曰:《禹貢》,析支屬雍州,在河關之西,東去河關千餘里,羌人所居,謂之河曲羌也。東北歷敦煌、酒泉、張掖南。應劭《地理風俗記》曰:敦煌[24],酒泉,其水甘若酒味故也;張掖,言張國臂掖,以威羌狄。《説文》曰:郡制,天子地方千里,分爲百縣,縣有四郡。故《春秋傳》曰:上大夫縣,下大夫郡。至秦,始置三十六郡,以監縣矣。從邑,君聲。《釋名》曰:郡,羣也,人所羣聚也。黄義仲《十三州記》曰:郡之言君也,改公侯之封而言,君者,至尊也。郡守專權,君臣之禮彌崇,今郡字,君在其左,邑在其右,君爲元首,邑以載民,故取名于君,謂之郡。《漢官》曰:秦用李斯議,分天下爲三十六郡。凡郡,或以列國,陳、魯、齊、吴是也;或以舊邑,長沙、丹陽是也;或以山陵,太山、山陽是也;或以川原,西河、河東是也;或以所出,金城城下得金,酒泉泉味如酒,豫章樟樹生庭,雁門雁之所育是也;或以號令,禹合諸侯,大計東冶之山,因名會稽是也。河逕其南而纏絡遠矣。河水自河曲,又東逕西海郡南。漢平帝時,王莽秉政,欲耀威德,以服遠方,諷羌獻西海之地,置西海郡,而築五縣焉。周海亭燧相望。莽篡政紛亂,郡亦棄廢。河水又東逕允川,而歷大榆、小榆谷北。羌迷唐、鍾存所居也。永元五年,貫友代聶尚爲護羌校尉,攻迷唐,斬獲八百餘級,收其熟麥數萬斛,于逢留河上築城以盛麥,且作大船,于河峽作橋渡兵,迷唐遂遠依河曲。永元九年,迷唐復與鍾存東寇而還。十年,謁者王信、耿譚,西擊迷唐,降之。詔聽還大、小榆谷。迷唐謂漢造河橋,兵來無時,故地不可居,復叛,居河曲,與羌爲讎,種人與官兵擊之允川。去迷唐數十里,營止,遣輕兵挑戰,因引還,迷唐追之,至營因戰,迷唐敗走。于是西海及大、小榆谷,無復聚落。隃糜相曹鳳上言:建武以來,西戎數犯法,常從燒當種起。所以然者,以其居大、小榆谷,土地肥美,又近塞内,與諸種相傍,南得鍾存,以廣其衆;北阻大河,因以爲固,又有西海魚鹽之利,緣山濱河,以廣田蓄,故能彊大,常雄諸種。今黨援沮壞,親屬離叛,其餘勝兵,不過數百,宜及此時,建復西海郡、縣,規固二榆,廣設屯田,隔塞羌胡交關之路,殖穀富邊,省輸轉之役。上拜鳳爲金城西部都尉,遂開屯田二十七部,列屯夾河,與建威相首尾。後羌反,遂罷。按段國《沙州記》,吐谷渾于河上作橋,謂之河厲,長百五十步,兩岸纍石作基陛,節節相次,大木從横更鎮壓,兩邊俱平,相去三丈,並大材以板横次之,施鉤欄甚嚴飾。橋在清水川東也。

又東過隴西河關縣北,洮水從東南來流注之。

河水右逕沙州北。段國曰:澆河西南百七十里有黄沙,沙南北百二十里,東西七十里,西極大楊川[25]。望黄沙,猶若人委乾糒于地,都不生草木,蕩然黄沙,周迴數百里,沙州于是取號焉。《地理志》曰:漢宣帝神爵二年,置河關縣,蓋取河之關塞也。《風俗通》曰:百里曰同,總名爲縣。縣,玄也,首也,從系倒首,舉首易偏矣[26]。言當玄静,平徭役也。《釋名》又曰:縣,懸也,懸于郡矣。黄義仲《十三州記》曰:縣,弦也,弦以貞直,言下體之居,鄰民之位,不輕其誓,施繩用法,不曲如弦,弦聲近縣,故以取名,今系字在半也[27]。漢高帝六年,令天下縣邑城。張晏曰:令各自築其城也。河水又東北流,入西平郡界,左合二川,南流入河。又東北,濟川水注之,水西南出濫瀆,東北流入大谷,謂之大谷水,北逕澆河城西南,北流注于河。河水又東逕澆河故城北,有二城東西角倚,東北去西平二百二十里。宋少帝景平中[28],拜吐谷渾阿豺爲安西將軍澆河公,即此城也。河水又東北逕黄川城,河水又東逕石城南,左合北谷水。昔段熲擊羌于石城,投河墜坑而死者八百餘人,即于此也。河水又東北逕黄河城南,西北去西平二百一十七里。河水又東北逕廣違城北,右合烏頭川水,水發遠川,引納枝津,北逕城東而北流,注于河。河水又東逕邯川城南,城之左右,歷谷有二水,導自北山,南逕邯亭,注于河。河水又東,臨津溪水注之,水自南山,北逕臨津城西而北流,注于河。河水又東逕臨津城北,白土城南。《十三州志》曰:左南津西六十里有白土城,城在大河之北,而爲緣河濟渡之處。魏涼州刺史郭淮破羌,遮塞于白土,即此處矣。河水又東,左會白土川水,水出白土城西北下,東南流逕白土城北,又東南注于河。河水又東北會兩川,右合二水,參差夾岸連壤，負險相望。河北有層山，山甚靈秀，山峯之上，立石數百丈，亭亭桀竪，競勢爭高，遠望嵾嵾，若攢圖之託霄上。其下層巖峭舉，壁岸無階，懸巖之中，多石室焉。室中若有積卷矣，而世士罕有津達者，因謂之積書巖。巖堂之内，每時見神人往還矣，蓋鴻衣羽裳之士，練精餌食之夫耳。俗人不悟其仙者，乃謂之神鬼，彼羌目鬼曰唐述，復因名之爲唐述山。指其堂密之居，謂之唐述窟。其懷道宗玄之士，皮冠淨髮之徒，亦往棲託焉。故《秦川記》曰：河峽崖傍有二窟，一曰唐述窟，高四十丈；西二里有時亮窟，高百丈，廣二十丈，深三十丈，藏古書五笥。亮，南安人也。下封有水[29]，導自是山溪水，南注河，謂之唐述水。河水又東得野亭南，又東北流，歷研川，謂之研川水，又東北注于河，謂之野亭口。河水又東歷鳳林北。鳳林，山名也。五巒俱峙。耆彦云：昔有鳳鳥，飛遊五峰，故山有斯目矣。《秦州記》曰：枹罕原北名鳳林川，川中則黄河東流也。河水又東與灕水[30]合，水導源塞外羌中，故《地理志》曰：其水出西塞外，東北流，歷野虜中，逕消銅城西，又東北逕列城東。考《地説》無目，蓋出自戎方矣。左合列水，水出西北溪，東北流逕列城北，右入灕水，城居二水之會也。灕水又北逕可石孤城西，西戎之名也。又東北，右合黑城溪水，水出西北山下，東南流逕黑城南，又東南，枝水左出焉。又東南入灕水，灕水又東北逕榆城東，榆城溪水注之。水出素和細越西北山下，東南流逕細越川，夷俗鄉名也。又東南出狄周峽，東南右合黑城溪之枝津，津水上承溪水，東北逕黑城東，東北注之榆溪，又東南逕榆城南，東北注灕水。灕水又東北逕石門口，山高險峻絶，對岸若門，故峽得厥名矣。疑即皐蘭山門也。漢武帝元狩三年[31]，驃騎霍去病出隴西，至皐蘭，謂是山之關塞也。應劭《漢書音義》曰：皐蘭在隴西白石縣塞外，河名也。孟康曰：山關名也。今是山去河不遠，故論者疑目河山之間矣。灕水又東北，皐蘭山水自山左右翼注灕水。灕水又東，白石川水注之，水出縣西北山下，東南流，枝津東注焉。白石川水又南逕白石城西而注灕水。灕水又東逕白石縣故城南，王莽更曰順礫。闞駰曰：白石縣[32]在狄道西北二百八十五里，灕水逕其北。今灕水逕其南，而不出其北也。灕水又東逕白石山北，應劭曰：白石山在東。羅溪水注之。水出西南山下，東入灕水。灕水又東，左合罕幵南溪水。水出罕幵西，東南流逕罕幵南注之。《十三州志》曰：廣大阪在枹罕西北，罕幵在焉。昔慕容吐谷渾自燕歷陰山西馳，而創居于此。灕水又東逕枹罕縣故城南，應劭曰：故枹罕侯邑也。《十三州志》曰：枹罕縣在郡西二百一十里，灕水在城南門前東過也。灕水又東北，故城川水注之，水有二源，南源出西南山下，東北流逕金紐大嶺北，又東北逕一故城南，又東北與北水會。北源自西南逕故城北，右入南水。亂流東北注灕水。灕水又東北，左合白石川之枝津，水上承白石川，東逕白石城北，又東絶罕幵溪，又東逕枹罕城南,又東入灕水,灕水又東北出峽,北流注于河。《地理志》曰:灕水出白石縣西塞外,東至枹罕入河。河水又逕左南城南,《十三州志》曰:石城西一百四十里有左南城者也,津亦取名焉。大河又東逕赤岸北,即河夾岸也。《秦州記》曰:枹罕有河夾岸,岸廣四十丈。義熙中,乞佛于此河上作飛橋,橋高五十丈,三年乃就。河水又東,洮水注之。《地理志》曰:水出塞外羌中。《沙州記》曰:洮水與墊江水俱出強臺山[33],山南即墊江源,山東則洮水源。《山海經》曰:白水出蜀。郭景純《注》云:從臨洮之西傾山東南流入漢,而至墊江,故段國以爲墊江水也。洮水同出一山,故知強臺,西傾之異名也。洮水東北流,逕吐谷渾中。吐谷渾者,始是東燕慕容之枝庶,因氏其字,以爲首類之種號也,故謂之野虜。自洮強南北三百里中,地草徧是龍鬚,而無樵柴。洮水又東北流逕洮陽曾城北,《沙州記》曰:強城東北三百里有曾城[34],城臨洮水者也。建初二年,羌攻南部都尉于臨洮,上遣行車騎將軍馬防與長水校尉耿恭救之,諸羌退聚洮陽,即此城也。洮水又東逕洪和山[35]南,城在四山中。洮水又東逕迷和城北,羌名也。又東逕甘枳亭[36],歷望曲,在臨洮西南,去龍桑城二百里。洮水又東逕臨洮縣故城北。禹治洪水,西至洮水之上,見長人,受《黑玉書》于斯水上。洮水又東北流,屈而逕索西城西。建初二年,馬防、耿恭從五溪祥樣谷出索西,與羌戰,破之,築索西城,徙隴西南部都尉居之,俗名赤水城,亦曰臨洮東城也。《沙州記》曰:從東洮至西洮百二十里者也。洮水又屈而北,逕龍桑城西而西北流。馬防以建初二年,從安故五溪出龍桑,開通舊路者也。俗名龍城。洮水又西北逕步和亭東,步和川水注之。水出西山下,東北流出山,逕步和亭北,東北注洮水。洮水又北出門峽,歷求厥川,蕈川水注之,水出桑嵐西溪,東流歷桑嵐川,又東逕蕈川北,東入洮水。洮水又北歷峽,逕偏橋,出夷始梁,右合蕈墱川水。水東南出石底横[37]下,北歷蕈墱川,西北注洮水。洮水又東北逕桑城東,又北會藍川水。水源出求厥川西北溪,東北流逕藍川,歷桑城[38]北,東入洮水。洮水又北逕外羌城西,又北逕和博城東,城在山内,左合和博川水。水出城西南山下,東北逕和博城南,東北注于洮水。洮水北逕安故縣故城西,《地理志》,隴西之屬縣也。《十三州志》曰:縣在郡南四十七里,蓋延轉擊狄道、安故、五溪反羌,大破之,即此也。洮水又北逕狄道故城西,闞駰曰:今曰武始也。洮水在城西北流。又北,隴水[39]注之,即《山海經》所謂濫水也。水出鳥鼠山西北高城嶺,西逕隴坻[40],其山岸崩落者,聲聞數百里。故揚雄稱響若坻頹是也。又西北歷白石山下,《地理志》曰:狄道東有白石山,濫水又西北逕武街城[41]南,又西北逕狄道故城[42]東。《百官表》曰:縣有蠻夷謂之道,公主所食曰邑。應劭曰:反舌左衽,不與華同,須有譯言,乃通也。漢隴西郡治,秦昭王二十八年置。應劭曰:有隴坻在其東,故曰隴西也。《神仙傳》曰：封君達，隴西人，服鍊水銀，年百歲，視之如年三十許，騎青牛，故號青牛道士。王莽更郡縣之名，郡曰厭戎，縣曰操虜也。昔馬援爲隴西太守六年，爲狄道開渠，引水種秔稻，而郡中樂業，即此水也。濫水又西北流，注于洮水。洮水右合二水，左會大夏川水。水出西山，二源合舍而亂流，逕金紐城[43]南。《十三州志》曰：大夏縣西有故金紐城，去縣四十里，本都尉治。又東北逕大夏縣故城南。《地理志》，王莽之順夏。《晉書・地道記》曰：縣西有禹廟，禹所出也。又東北出山，注于洮水。洮水又北，翼帶三水，亂流北入河。《地理志》曰：洮水北至枹罕，東入河是也。

又東過金城允吾縣北，

金城郡治也。漢昭帝始元六年置，王莽之西海也。莽又更允吾爲脩遠縣。河水逕其南，不在其北，南有湟水出塞外，東逕西王母石室、石釜、西海、鹽池北，故闞駰曰：其西即湟水之源也。《地理志》曰：湟水所出。湟水又東南流逕龍夷城，故西零之地也。《十三州志》曰：城在臨羌新縣西三百一十里。王莽納西零之獻，以爲西海郡，治此城。湟水又東南逕卑禾羌海北，有鹽池。闞駰曰：縣西有卑禾羌海者也。世謂之青海。東去西平二百五十里。湟水東流逕湟中城北，故小月氏之地也。《十三州志》曰：西平、張掖之間，大月氏之别，小月氏之國。范曄《後漢書》曰：湟中月氏胡者，其王爲匈奴所殺，餘種分散，西踰葱嶺，其弱者南入山，從羌居止，故受小月氏之名也。《後漢・西羌傳》曰：羌無弋爰劍者，秦厲公時，以奴隸亡入三河，羌怪爲神，推以爲豪。河、湟之間多禽獸，以射獵爲事，遂見敬信，依者甚衆，其曾孫忍，因留湟中，爲湟中羌也。湟水又東，右控四水，導源四溪，東北流注于湟。湟水又東逕赤城北，而東入經戎峽口，右合羌水，水出西南山下，逕護羌城東，故護羌校尉治，又東北逕臨羌城西，東北流，注于湟。湟水又東逕臨羌縣故城北，漢武帝元封元年，以封孫都爲侯國，王莽之監羌也。謂之綏戎城，非也。湟水又東，盧溪水注之。水出西南盧川，東北流，注于湟水。湟水又東逕臨羌新縣故城南。闞駰曰：臨羌新縣在郡西百八十里，湟水逕城南也。城有東、西門，西北隅有子城。湟水又東，右合溜溪、伏溜、石杜、蠡四川，東北流注之。左會臨羌溪水，水發新縣西北，東南流，歷縣北，東南入湟水。湟水又東，龍駒川水注之，水右出西南山下，東北流逕龍駒城，北流注于湟水。湟水又東，長寧川水注之，水出松山，東南流逕晉昌城，晉昌川水注之。長寧水又東南，養女川水注之。水發養女北山，有二源，皆長湍遠發，南總一川，逕養女山，謂之養女川。闞駰曰：長寧亭北有養女嶺，即浩亹山，西平之北山也。亂流出峽，南逕長寧亭東，城有東、西門，東北隅有金城，在西平西北四十里。《十三州志》曰六十里，遠矣。長寧水又東南與一水合，水出西山，東南流，水南山上，有風伯祠，春秋祭之。其水東南逕長寧亭南，東入長寧水。長寧水又東南流，注于湟水。湟水又東，牛心川水注之，水出西南遠山，東北流，逕牛心堆東，又北逕西平亭西，東北入湟水。湟水又東逕西平城北，東城，即故亭也。漢景帝六年，封隴西太守北地公孫渾邪爲侯國。魏黄初中，立西平郡，憑倚故亭，增築南、西、北三城以爲郡治。湟水又東逕土樓南，樓北倚山原，峯高三百尺，有若削成。樓下有神祠，雕牆故壁存焉。闞駰曰：西平亭北有土樓神祠者也。今在亭東北五里。右則五泉注之，泉發西平亭北，雁次相綴，東北流至土樓南，北入湟水。湟水又東，右合蔥谷水。水有四源，各出一溪，亂流注于湟。湟水又東逕東亭北，東出漆峽，山峽也。東流，右則漆谷常溪注之，左則甘夷川水入焉。湟水又東，安夷川水注之，水發遠山，西北流，控引衆川，北屈逕安夷城西北，東入湟水。湟水又東逕安夷縣故城[44]，城有東、西門，在西平亭東七十里。闞駰曰四十里。湟水又東，左合宜春水。水出東北宜春溪，西南流至安夷城南，入湟水。湟水又東，勒且溪水[45]注之。水出縣東南勒且溪，北流逕安夷城東，而北入湟水。湟水有勒且之名，疑即此號也。闞駰曰：金城河初與浩亹河合，又與勒且河合者也。湟水又東，左則承流谷水南入，右會達扶東、西二溪水，參差北注，亂流東出，期頓、雞谷二水北流注之。又東，吐那孤[46]、長門兩川，南流入湟水。六山，名也。湟水又東逕樂都城南，東流，右合來谷、乞斤二水，左會陽非、流溪、細谷三水，東逕破羌縣故城南。應劭曰：漢宣帝神爵二年置，城省南門。《十三州志》曰：湟水河在南門前東過。六谷水自南，破羌川自北，左右翼注。湟水又東南逕小晉興城北，故都尉治。闞駰曰：允吾縣西四十里有小晉興城。湟水又東與閤門河合，即浩亹河也。出西塞外，東入塞，逕敦煌、酒泉、張掖南，東南逕西平之鮮谷塞尉故城南，又東南與湛水合。水有二源，西水出白嶺下，東源發于白岸谷，合爲一川。東南流至霧山，注閤門河。閤門河又東逕養女北山東南，左合南流川水，水出北山，南流入于閤門河。閤門河又東逕浩亹縣故城南，王莽改曰興武矣。闞駰曰：浩，讀閤也。故亦曰閤門水，兩兼其稱矣。又東流注于湟水。故《地理志》曰：浩亹水東至允吾入湟水。湟水又東逕允吾縣北爲鄭伯津，與澗水合，水出令居縣西北塞外，南流逕其縣故城西。漢武帝元鼎二年置，王莽之罕虜也。又南逕永登亭西，歷黑石谷南流，注鄭伯津。湟水又東逕允街縣故城南，漢宣帝神爵二年置，王莽之脩遠亭也。縣有龍泉，出允街谷，泉眼之中，水文成交龍，或試撓破之，尋平成龍。畜生將飲者，皆畏避而走，謂之龍泉，下入湟水。湟水又東逕枝楊縣，逆水注之。水出允吾縣之參街谷，東南流逕街亭城南，又東南逕陽非亭[47]北，又東南逕廣武城西，故廣武都尉治。郭淮破叛羌，治無戴，于此處也。城之西南二十許里，水西有馬蹏谷。漢武帝聞大宛有天馬，遣李廣利伐之，始得此馬，有角爲奇。故漢武帝《天馬之歌》曰：天馬來兮歷無草，逕千里兮循東道。胡馬感北風之思，遂頓羈絶絆，驤首而馳，晨發京城，夕至敦煌北塞外，長鳴而去，因名其處曰候馬亭。今晉昌郡南及廣武馬蹏谷盤石上，馬跡若踐泥中，有自然之形，故其俗號曰天馬徑，夷人在邊效刻，是有大小之迹，體狀不同，視之便别。逆水又東逕枝陽縣故城南，東南入于湟水。《地理志》曰：逆水出允吾東，至枝陽入湟。湟水又東流，注于金城河，即積石之黄河也。闞駰曰：河至金城縣，謂之金城河，隨地爲名也。釋氏《西域記》曰：牢蘭海東伏流龍沙堆，在屯皇東南四百里阿步干鮮卑山[48]。東流至金城爲大河。河出崑崙，崑崙即阿耨達山也。河水又東逕石城南，謂之石城津。闞駰曰：在金城西北矣。河水又東南逕金城縣故城北。應劭曰：初築城得金，故曰金城也。《漢書集註》薛瓚云：金者，取其堅固也，故《墨子》有金城湯池之言矣。王莽之金屏也。《世本》曰：鯀作城。《風俗通》曰：城，盛也，從土成聲。《管子》曰：内爲之城，城外爲之郭，郭外爲之土閬。地高則溝之，下則隄之，命之曰金城。《十三州志》曰：大河在金城北門。東流，有梁泉注之，出縣之南山。按耆舊言：梁暉，字始娥，漢大將軍梁冀後，冀誅，入羌。後其祖父爲羌所推，爲渠帥而居此城。土荒民亂，暉將移居枹罕，出頓此山，爲羣羌圍迫，無水，暉以所執榆鞭豎地，以青羊祈山，神泉湧出，榆木成林，其水自縣北流注于河也。

又東過榆中縣北，

昔蒙恬爲秦北逐戎人，開榆中之地。按《地理志》，金城郡之屬縣也。故徐廣《史記音義》曰：榆中在金城，即阮嗣宗《勸進文》所謂榆中以南者也。

又東過天水北界，

苑川水出勇士縣之子城南山，東北流，歷此成川[49]，世謂之子城川。又北逕牧師苑，故漢牧苑之地也。羌豪迷吾等萬餘人，到襄武、首陽、平襄、勇士，抄此苑馬，焚燒亭驛，即此處也。又曰：苑川水地，爲龍馬之沃土，故馬援請與田户中分以自給也。有東、西二苑城，相去七十里。西城，即乞佛所都也。又北入于河也。

又東北過武威媪圍縣南，

河水逕其界東北流，縣西南有泉源，東逕其縣南，又東北入河也。

又東北過天水勇士縣北，

《地理志》曰：滿福也，屬國都尉治，王莽更名之曰紀德。有水出縣西，世謂之二十八渡水。東北流，溪澗縈曲，途出其中，逕二十八渡，行者勤于溯涉，故因名焉。北逕其縣而下注河。又有赤曄川水，南出赤蒿谷，北流逕赤曄川，又北逕牛官川。又北逕義城西北,北流歷三城川,而北流注于河也。

又東北過安定北界麥田山,

河水東北流,逕安定祖厲縣故城西北。漢武帝元鼎三年,幸雍,遂踰隴登空同,西臨祖厲河而還,即于此也。王莽更名之曰鄉禮也。李斐曰:音賴。又東北,祖厲川水注之,水出祖厲南山,北流逕祖厲縣而西北流,注于河。河水又東北逕麥田城西,又北與麥田泉水[50]合,水出城西北,西南流注于河。河水又東北逕麥田山西谷,山在安定西北六百四十里。河水又東北逕于黑城北,又東北,高平川水注之,即苦水也。水出高平大隴山[51]苦水谷,建武八年,世祖征隗囂,吴漢從高平第一城苦水谷入,即是谷也。東北流逕高平縣故城東,漢武帝元鼎三年置,安定郡治也。王莽更名其縣曰鋪睦。西十里有獨阜,阜上有故臺,臺側有風伯壇,故世俗呼此阜爲風堆。其水又北,龍泉水注之,水出縣東北七里龍泉。東北流,注高平川。川水又北出秦長城,城在縣北一十五里。又西北流,逕東、西二土樓故城門北,合一水。水有五源,咸出隴山西。東水發源縣西南二十六里湫淵,淵在四山中,湫水北流,西北出長城北,與次水會,水出縣西南四十里長城西山中,北流逕魏行宫故殿東,又北,次水注之。出縣西南四十里山中,北流逕行宫故殿西。又北合次水,水出縣西南四十八里,東北流,又與次水合,水出縣西南六十里酸陽山[52],東北流,左會右水,總爲一川。東逕西樓北,東注苦水。段熲爲護羌校尉,于安定、高平、苦水討先零,斬首八千級于是水之上。苦水又北與石門水合。水有五源,東水導源高平縣西八十里,西北流,次水注之,水出縣西百二十里如州泉,東北流,右入東水,亂流左會三川,參差相得,東北同爲一川,混濤歷峽,峽,即隴山之北垂也,謂之石門口,水曰石門水,在縣西北八十餘里。石門之水又東北注高平川。川水又北,自延水注之,水西出自延溪,東流歷峽,謂之自延口,在縣西北百里。又東北逕延城南,東入高平川。川水又北逕廉城東,按《地理志》,北地有廉縣[53]。闞駰言,在富平北。自昔匈奴侵漢,新秦之土,率爲狄場,故城舊壁,盡從胡目。地理淪移,不可復識,當是世人誤證也。川水又北,苦水注之。水發縣東北百里山,流注高平川。川水又北,逕三水縣西,肥水注之。水出高平縣西北二百里牽條山西,東北流,與若勃溪合。水有二源,總歸一瀆,東北流入肥。肥水又東北流,違泉水注焉。泉流所發,導于若勃溪東,東北流入肥。肥水又東北出峽,注于高平川,水東有山,山東有三水縣故城,本屬國都尉治,王莽之廣延亭也。西南去安定郡三百四十里。議郎張奐,爲安定屬國都尉,治此。羌有獻金馬者,奐召主簿張祁入于羌前,以酒酹地曰:使馬如羊,不以入廄;使金如粟,不以入懷。盡還不受,威化大行。縣東有温泉,温泉東有鹽池。故《地理志》曰:縣有鹽官。今于城之東北有故城,城北有三泉,疑即縣之鹽官也。高平川水又北入于河。河水又東北逕眴卷縣故城西,《地理志》曰:河水别出爲河溝,東至富平,北入河。河水于此有上河之名也。

注释:

① 《注疏》本作"河水二"。《疏》:"趙云:凡《經》文次篇之首,有某水二字,皆後人所加,蓋漢人作《經》,自爲一篇,豈能逆料。"《注疏》本又云:"酈氏爲之《注》,而先于每卷交割之處,增二字以别之哉?或酈《注》既成,用二字爲提掇則可耳,然非《經》之舊也。"

② 《手稿》第四册下集《史語所藏的楊希閔過録的水經注校本——記楊希閔的水經注滙校的手稿本》:

海源閣的沈大成本,"入"字改作了"出"字。這個"出"字大概是沈學子依照東原早年校改本改的。因爲我看見的東原在乾隆三十七年壬辰(一七七二)夏天以前的校本,都把這一句的"入"字改成了"出"字。我看見過的有這些:

(甲)哈佛大學藏無名氏過録"東邃氏"(即東原氏)的《水經注》校本卷一、卷二及卷五的一部分。

(乙)建德周氏藏戴震"自定《水經》一卷",其"自記"題乾隆三十年乙酉八月。

(丙)北京大學藏戴震自定《水經》一卷,其"自記"題乾隆三十年乙酉八月,但下邊添注"乾隆三十七年壬辰夏抄"。

這三個本子的這一條《經》文都作"又南出葱嶺山"。但乾隆三十七年夏的本子把"出"字改回作"入"字,下面添了"又從葱嶺出而東北流"九字,這是東原依據杜佑《通典》引《水經》的文句改定的,後來武英殿本和戴氏自刊本都作"又南入葱嶺山,又從葱嶺山出而東北流"。這都可見東原早年就決定了:河水必須從葱嶺山"出"來。若不"出"葱嶺山,下面的四卷《河水》就無法交代了。直到他後來看到杜佑《通典》引的《水經》,果然是"又南入葱嶺山,又從葱嶺出而東北流"。這是唐朝人所見的《水經注》本子,當然是可以依據的。于是河水"入"葱嶺山而"出"來,這就更合理了。

所以我相信海源閣的沈大成本此句《經》文改作"又南出葱嶺山",大概是採用了戴震的校改。

③ 殿本案:"案'捐毒',近刻訛作'身毒'。"陳橋驛《水經注中的非漢語地名》(《水經注研究四集》,二〇〇三年杭州出版社出版):

這個"捐毒之國",《水經注》的許多版本如明黄省曾本、吴琯本、朱謀㙔本、清項絪本、沈炳巽本、趙一清本等,都作"身毒之國"。殿本改正作"捐毒之國"後,劉寳楠的《愈愚録》卷六中,還自以爲是,反指殿本"以身毒爲捐毒"的錯誤。這個錯誤之所以如此普遍,是因爲唐朝的大學者顔師古注釋《漢書·西域傳》時,在無雷國條"北與捐毒,西與大月氏接"下云:"捐毒即身毒,天篤也。本皆一名,語有輕重耳。"其實,"捐毒"讀作 Yuandu,是古代西域的一個遊牧部族,在今新疆烏恰縣境,去印度甚遠,絶不相涉。正是由于印度的一名多譯,使博學如顔師古也莫知所從。對新疆作過實地考察的清徐松在這方面就瞭如指掌。他在《漢書西域傳補注》中説:"捐毒在蔥嶺東,爲今布魯特地;身毒在南山南,爲五印度地。二國絶遠,顔君(按指顔師古)比而同之,斯爲誤矣。"

④ 揵陀衛國 《注箋》本、項本、張本均作"捷陀衛國",《注釋》本、《崑崙説》引《水經注》作"犍陀衛國"。《大唐西域記》作"健馱邏國",《注》云:"健馱邏,梵語 Gandhara 的音譯。……健馱邏位于庫納爾河和印度河之間的喀布爾河流域,包括旁遮普以北的白沙瓦和拉瓦爾品第(Rawalpindi)地區。"

⑤ 弗樓沙國 黄本、《注箋》本、項本、沈本、張本均作"佛樓沙國"。《法顯傳》云:"從《犍陀衛國》南行四日,到弗樓沙國。"日足立喜六《法顯傳考證》(何健民、張小柳合譯,國立編譯館民國二十六年出版)《注》:"今之 Peshawar 也。"

⑥ 机 《注箋》本作"杌",按《易·渙卦》"渙奔其机"《注》:"承物者也。"

⑦ 揵陀越王城 吴本、《注箋》本、項本、張本均作"捷陀越王城",《注釋》本作"犍陀越王城"。

⑧ 竺枝 《注疏》本作"竺芝"。《疏》:"朱芝作枝,戴同,趙改。守敬按,明鈔本作芝,芝字是也。"

⑨ 梨軒 《注箋》本、項本、《五校》鈔本、《七校》本均作"犂軒"。

⑩ 迦舍羅國 《注箋》本、項本、《注釋》本、張本、《注疏》本均作"伽舍羅國"。

⑪ 依耐國 《大典》本、黄本、王校明鈔本、沈本均作"依郿國"。

⑫ 烏帝 《注釋》本作"傿夷"。

⑬ 阿耨達大水 王校明鈔本作"阿耨達太水"。

⑭ 注濱河 《五校》鈔本、《七校》本、《注釋》本均作"注賓河"。

⑮ 烏夷 《注箋》本、項本、《注釋》本、張本均作"傿夷"。

⑯ 《札記·煤炭》:

在我國古籍中,使用"石炭"這個名稱並記及其用途的,或許以南朝宋雷次宗所撰的《豫章記》爲最早,撰于劉宋文帝元嘉元年,即公元四二九年。但此書已經亡佚,有關石炭這一條引存于《續漢書·郡國志·建城·注》:"縣有葛鄉,有石炭二頃,可燃以爨。"建城在今江西省高安縣,是我國江南的重要煤礦之一。

《水經注》之撰距《豫章記》不到百年,酈氏當然見及此書,所以在其記載中也使用石炭這個名稱。不過由于酈《注》記載中也常録入前代的記載其他文獻,所以除石炭以外也還用其他名稱。使用石炭這個名稱的,另外還有一例:卷二《河水》《經》"其一源出于闐國南山,北流與蔥嶺所出河合,又東注蒲昌海"《注》云:

北河又東逕龜兹國南……釋氏《西域記》曰:屈茨北二百里有山,夜則火光,晝日但煙,人取此山石炭,冶此山鐵,恒充三十六國用。

此條引釋氏《西域記》。釋氏不知何許人,亦不詳其所在年代。楊守敬在《水經注疏》中把此書之名作釋氏《西域志》,並引《通典》一百九十三,認爲"諸家記天竺事,多録法明

(按即法顯,唐人避諱改"顯"爲"明")、道安之流,此《注》屢引釋氏《西域志》,即道安之書無疑"。假使楊氏之言屬實,則提出"石炭"一名爲道安。道安是東晉名僧,早于劉宋雷次宗。不過釋氏《西域記》即道安《西域志》之説,究無實證,我們不能輕易論定。按龜兹(即屈茨)是古代西域國名,國治在今新疆庫車以東。這段《注》文不僅記及煤炭,而且還記及用煤炭冶鐵,"夜則火光,晝日但煙",説明這個地區的冶鐵工業已經相當發達。"恒充三十六國用",則是記及了産品的市場。所以這段《注》文不僅記及煤炭,而且把燃料、原料加工和市場都作了記載,是一項完整的西域歷史經濟地理資料,實在很可寶貴。

《水經注》記載煤炭用石炭這個名稱的,還有一個例子是卷十三《㶟水》《經》"㶟水出雁門陰館縣,東北過代郡桑乾縣南"《注》下:

《魏土地記》曰:平城西三十里武州塞口者也。……一水自枝渠南流東南出,火山水注之,水發火山東溪,東北流出山,山有石炭,火之,熱同樵炭也。

這條《注》文引自《魏土地記》,此書亦稱《大魏諸州記》,是北魏當代的著作。《注》文所記:"山有石炭,火之,熱同樵炭也。"所記十分明白。發現這種石炭的地區在平城以西,平城是北魏遷都洛陽前的首都,在今山西大同附近,至今仍是我國重要的煤炭産地。

⑰ 《注疏》本《疏》:"朱侍郎作侍節,戴、趙同。會貞按:《西域傳》但言使吉并護此道,不言先爲何官。《鄭吉傳》,宣帝時,以侍郎田渠犂。(《後漢書・西域傳・注》同。)《百官表》,侍郎比四百石,酈氏蓋兼採《吉傳》作侍郎,今本作持節,以形近致誤。"段熙仲《校記》云:"按:熊改字,非是。《鄭吉傳》:宣帝下詔曰'都護西域騎都尉鄭吉'。《百官表》'騎都尉比二千石',其明證也。"

⑱ 尉犂國　《大典》本、黄本、沈本均作"尉黎國"。

⑲ 渠犂城　《大典》本作"渠黎城"。

⑳ 姜賴之虚　《大典》本作"羌賴之虚",黄本、吴本、沈本均作"姜賴之靈"。

㉑ 《注疏》本《校記》段熙仲按:"萬物無不有焉,戴删'焉'字,按:《山海經》原文有'焉',是,有'焉'字語氣方完,戴氏删之未言其所據,實據《大典》本。《大典》本鈔脱此字,戴竟從之而删本有之'焉'字,其泥《大典》本如此,楊、熊不從,是也。("焉戴删焉字"五字,今據臺北本删改。)"

㉒ 《注疏》本守敬按:"《後漢書・桓帝紀》及《段熲傳》,事在延熹三年,此《注》二年爲三年之誤。"

㉓ 析支　《通鑑》卷四十八,和帝永元十三年,"至允州"胡《注》引《水經注》作"賜支"。

㉔ 殿本在"敦煌"下《案》云:"案下酒泉、張掖,皆釋其義,此當有脱文。"

㉕ 大楊川　《注箋》本、項本、張本均作"大陽川"。

㉖ 殿本在"舉首易偏矣"下《案》云:"案此句有脱誤,未詳。"

㉗ 殿本在"今系字在半也"下《案》云:"案此句有脱誤,未詳。"

㉘ 《手稿・水經注裏的南朝年號》(第六集中册):

董沛、薛福成刻的全氏《七校水經注》卷三,葉十二,《注》文"其水南流,逕武川鎮城。城以景明中築,以禦北狄矣"。此下有全氏校語:

案沈炳巽曰:景明是宋少帝年號。愚謂非也,善長豈用南朝之年乎?是魏世祖年號。

這一條的校語有四大錯。第一,沈炳巽的《水經注集釋訂訛》(《四庫全書珍本》,又沈兼士藏鈔本)並没有這樣一句話。第二,宋少帝的年號是景平(四二三),不是景明。沈炳巽似不至于有此錯誤。第三,景明不是魏世祖的年號,是世宗宣武帝的年號(五〇〇——五〇三)。第四點更可奇怪了。“善長豈用南朝之年乎?”謝山先生曾“五校”“七校”《水經注》,他豈不知道酈道元《水經注》用南朝的年號有好幾十次之多?《水經注》叙述南方水地的史事,很自然的用南朝年號。例如……

《手稿》所謂全氏校語有四大錯,《札記·南朝年號》有所辨正:

由于這許多南朝年號的出現,我開始的想法是,酈道元在年號的使用中,是否有一個原則,即北水用北朝年號,而南水則北朝年號與南朝年號俱用。(按《手稿》認爲“《水經注》叙述南方水地的史事,很自然的用南朝年號”。)因以上所見的南朝年號,均出現于北魏版圖以外的南方地區。但後來我再就這個問題查閱全書,卻竟在卷五《河水》《經》“又東北過茌平縣西”《注》中發現了一個南朝年號,這是我往年通讀時所疏忽的。《注》云:

> 宋元嘉二十七年,以王玄謨爲寧朔將軍,前鋒入河,平碻磝,守之。都督劉義恭以沙城不堪守,召玄謨令毁城而還,後更城之。魏立濟州,治此也。

案劉宋元嘉二十七年,即北魏太平真君十一年(四五〇),這裏記載的是北魏和劉宋在黄河的一個渡口碻磝城的爭奪戰,宋軍雖一度得勢,終于敗退。這年年底,北魏拓跋燾一直進軍到劉宋首都以北的瓜步,並于次年大會羣臣于瓜步山上,南朝震驚。對于像這樣北朝勢力盛極一時的年代中,南北之間的戰爭竟用南朝年號記載,確實使人不解。

現在再看看酈氏在南方諸水中使用南朝年號的情况。有的是記載一塊碑文而引及的立碑年代,例如《肥水注》《劉安廟碑》立于齊永明十年。有的是記載郡縣建置年代,如《湘水注》宋元嘉十六年置建昌郡。在如此場合中使用南朝年號,當然不足爲怪。但卷三十五《江水》《經》“湘水從南來注之”《注》云:

> 南對龍穴洲,沙陽洲之下尾也。洲裏有駕部口,宋景平二年,迎文帝于江陵,法駕頓此,因以爲名。文帝車駕發江陵,至此,黑龍躍出,負帝所乘舟,左右失色,上謂長史王曇首曰,乃夏禹所以受天命矣,我何德以堪之。故有龍穴之名焉。

又同卷《經》“鄂縣北”《注》云:

> 宋孝武帝舉兵江洲,建牙洲上,有紫雲蔭之,即是洲也。

由此可見,酈道元不僅在其著作中使用南朝年號,而且還記述了如“黑龍躍出,負帝所乘舟”,“建牙洲上,有紫雲蔭之”之類渲染南朝帝王“真命天子”的傳説。同樣性質的事件,假使發生在明、清各代,是够得上大興一場文字獄,而且把其書列爲禁燬書的。

查查酈道元的出身行歷,他是絶對不會與南朝有所瓜葛的。當然,他是一個愛國主義者,熱愛祖國河山,對于南朝風光,因足迹未涉而尤所縈懷。但在政治上,他對北朝是忠心耿耿的,最後並以身殉國,不容懷疑。所以在他的著作中屢用南朝年號,並無政治上的意義。這説明當時北魏在政治上以實際爲重,對上述引用南朝年號之類的事並不敏感,故人們對此亦少所顧忌。

《七校水經注》卷三《河水注》:"其水南流,逕武川鎮城,城以景明中築,以禦北狄矣。"全祖望在此處校云:"按沈炳巽曰:景明是宋少帝年號,愚謂非也,善長豈用南朝之年乎?是魏世祖年號。"案今本沈炳巽《水經注集釋訂譌》,此處並無全氏所引沈氏此語,但全氏在其《沈氏水經注校本跋》(《全校水經注附録》上)一文中,曾經言及,沈氏因全氏之求,于乾隆十五年攜其稿至杭州,與全氏討論浹旬,並留其稿于全氏插架中。全氏《七校》本校語所據之本當是此本。此本中,沈氏或確有此語,以後沈氏發現宋少帝年號是景平,景明乃是魏世祖年號,隨即改正,今所見商務影印《四庫珍本叢書》中沈氏之本,當是其最後改定之本,故已無此語。但全氏所云:"善長豈用南朝之年乎?"實在毫無根據。開始,我頗怪全氏讀書太不仔細,後來忽悟,全氏生當清初幾次重大的文字獄之後,對于此類事,當時的知識分子必心有餘悸,校語訛出此言,正是他心中惴慄的反映,所以不足爲怪。

《札記·南朝年號餘論》:

我過去曾在《中國歷史地理論叢》撰文,對酈道元在《水經注》中多次使用南朝年號的事發表了一點初淺看法,指出這是他的大一統思想表現。我至今仍然認爲這是北朝命臣在著作中使用南朝年號的重要原因。我在拙作《酈道元評傳》中提及:"假使《水經注》的撰寫是按他的早期思想而以北尊南卑爲基礎,毫無疑問,此書就不可能取得如此巨大的成就。"現在看來,這話還得作一點修正。在酈道元作爲孝文帝元宏近臣的年代,北魏國勢蒸蒸日上,在武功方面,酈道元當然希望北魏能一統天下,建立一個如同西漢王朝一樣的大帝國。但在文化上,他顯然傾向于南朝,除了北魏這個他們家族世代服官的王朝以外,對北方在這一時期先後登臺的非漢族王朝,他都是不齒的。此中原因,當然是酈氏一家雖然出仕北朝,但他們都是服膺孔孟的書香門第,對文化落後的北朝各國,充滿蔑視的情緒,這在酈《注》文字中也處處可見。

除了北魏以外,《水經注》對十六國君王,都是直呼其名。如劉淵(《汾水注》),劉曜(《河水注》、《滱水注》),石勒(《河水注》、《淇水注》),石虎(《河水注》、《濁漳水注》、《汶水注》),苻堅(《渭水注》)等均是其例。特別明顯的是酈道元曾祖曾服官的慕容燕,但《注》文除《濡水注》有一處稱慕容儁之謚爲"燕景昭"外,其餘各篇對慕容氏均直呼其名,如前燕的慕容廆、慕容皝,南燕的慕容超等,無不如此。而相反,對南朝諸帝,《注》文中却常稱廟號,如宋文帝、宋孝武帝、宋明帝、蕭武帝等,特別是對于劉裕,《注》文中優禮有加,或稱宋武帝(《濟水注》),或稱劉武帝(《沂水注》),或稱劉武王(《洛水注》),南北相比,成爲一種明顯的對照。

對北魏與南朝的戰爭,酈氏也在《注》文的措辭中表達了他的情緒。如卷五《河水》《經》"又東過茌平縣西"《注》云:"宋元嘉二十七年,以王玄謨爲寧朔將軍,前鋒入河,平碻磝,守之。"碻磝原爲北魏所守,劉宋入侵,攻佔此地,《注》文竟作"平碻磝",令人駭異。按《魏書·傅豎眼傳》作"王玄謨寇碻磝"。甚至《北史·傅豎眼傳》也作"王玄謨寇碻磝"。酈氏稱王玄謨爲"寧朔將軍","寧朔"的稱號就有北伐之意。按《北史·王慧龍傳》"宋將王玄謨寇滑臺……諸將以賊盛,莫敢先,慧龍設奇兵,大破之"。《北史》之撰,已在北朝消亡之後,尚且稱"寇"稱"賊",敵我分明。則酈氏在《注》文中所表現的尊南輕北的心態,是何等鮮明。

酈道元的這種心態,無疑是漢族文化熏陶的結果。在當時這個民族雜處的時期,不論在江南或江北,漢族特别是其中的知識分子,這種心態實際上是普遍的。按東晉義熙六年(四一〇),劉裕北伐滅南燕,義熙十三年(四一七)克長安,滅後秦,但最後終于率軍南返。據《宋書·廬陵王義真傳》:"三秦父老詣門流涕,訴曰:殘民不沾王化,于今百年矣,始睹衣冠,方仰聖澤,長安十陵,是公家墳墓,咸陽宫殿數千間,是公家屋宅,捨此欲何之。"

在這個時期,不僅南人有這種心態,其他民族其實也是仰望着漢族文化的。據《北齊書·杜弼傳》所載:"弼以文武在位,罕有廉潔,言之于高祖。高祖曰:弼來,我語爾,天下濁亂,習俗已久,今督將家族多在關西,黑獺常相招誘,人情去留未定;江東復有一吴兒老翁蕭衍者,專事衣冠禮樂,中原士大夫望之,以爲正朔所在。我若急作法網,不相饒借,恐督將盡投黑獺,士子悉奔蕭衍,則人物流散,何以爲國? 爾宜少待,吾不忘之。"説明一個異族國君,他心裹就十分明白,江南是"衣冠禮樂","正朔所在"。我在拙著《酈道元評傳》中曾經議論過《魏書》主編魏收的劣迹。像魏收這樣一個阿諛北朝帝王的卑鄙小人,其實,他在心底裹也是仰望南朝的。據宋劉攽、劉恕、范祖禹所作《舊本魏書目録叙》所載:"北齊昭孝皇建中,命收更加審核。收請寫二本,一送并省,一付鄴下,欲傳録者,聽之。"這裏的"一付鄴下"句,既可理解作當時北齊首都鄴,也可理解作南朝首都建康,難以論定。但魏收曾把其著作送往南朝則是事實。《札記·魏收其人》篇中曾記及此事:

> 據《隋唐嘉話》卷下所載:"梁常侍徐陵聘于齊,時魏收文學北朝之秀,收録其文集以遺陵,令傳至江左。陵還,濟江而沈之。從者以問,陵曰:吾爲魏公藏拙。"徐陵的這一着做得確實高明,不僅對于魏收其人,對于古今許多能寫幾篇無聊文章,從而趨炎附勢,吹捧時政的小人們,他們自視以爲得計,却不料落得個沈江藏拙的下場,真是一種極妙的諷刺。

《札記·南朝年號餘論》最後指出:

> 劉知幾在《史通·内篇·言語》中説得很有道理:
>
> > 自咸、洛不守,龜鼎南遷,江左爲禮樂之鄉,金陵實圖書之府,故猶能語存規檢,言嘉風流,顛沛造次,不忘經籍,而史臣修飾,無所費功。其于中國則不然,何者? 于斯時也,先王桑梓,剪爲蠻貊,被髮左衽,充牣神州,其中辨若駒支,學如郯子,不可多得。
>
> 《史通》的話,當然是一派漢家語言,但是留在中國(按:劉氏的中國,即指北方)的知識分子如酈道元之類,都是長期受儒教熏陶的漢家人士,他們心中的"禮樂之鄉"、"圖書之府",無疑就在江南。

這種心態當時在漢人和其他民族之間,士大夫和平民之間的普遍存在,現在看來,是一件了不起的大事,因爲這實在是大一統的基礎。由于大家都嚮往漢族文化,因此,國家雖然長期分裂,但中華民族却因此而獲得融合。的確,在當時,北方的各個民族都大量地吸收了漢族文化,北魏的元宏,祇是其中一位典型的代表而已。

㉙　殿本在"下封有水"下《案》云:"案下封未詳,疑是地名。"

㉚　灕水　《初學記》卷八《隴右道》第六"銷銅"引《水經注》作"離水",乾隆《狄道州志》卷一《山川·石門山》引《水經注》作"漓水"。

㉛　《注疏》本守敬按:"此《漢書·武帝紀》元狩二年文。《史記·建元以來侯者表》、《霍去病傳》作二年同。《漢書》本傳有作三年者,誤。此作三年,又後人據誤本《漢書》改。"

㉜　《方輿紀要》卷六十《陝西·臨洮府·河州·枹罕廢縣·葵谷》引《水經注》:"隴右白石縣有罕幵渡。"此句于今本爲佚文,當在此以下一段中。

㉝　強臺山　《合校》本引孫星衍本云:"《初學記》引此作'强臺'。"

㉞　曾城　黄本、《注箋》本、項本、沈本、張本均作"陽曾城"。

㉟　洪和山　《大典》本、黄本、《注箋》本、項本、沈本、《五校》鈔本、《七校》本、《注釋》本、張本、《方輿紀要》卷六十《陝西》九《臨洮府·洮州衛·美相城》引《水經注》均作"共和山"。

㊱　甘枳亭　《初學記》卷八《隴右道》第六《望曲》引《水經注》作"甘根亭"。

㊲　石底横　吴本、《五校》鈔本、《七校》本均作"石底嶺"。

㊳　桑城　《五校》鈔本、《七校》本、《注釋》本均作"龍桑城"。

㊴　隴水　《大典》本、吴本均作"壟水",乾隆《甘肅通志》卷五《山川·臨洮府·狄道縣》引《水經注》作"壠水"。

㊵　隴坻　《五校》鈔本、《七校》本、項本、《注釋》本、張本均作"隴底"。

㊶　武街城　《大典》本、《注箋》本、項本、《五校》鈔本、《七校》本、《注釋》本、張本均作"武階城"。

㊷　狄道故城　《大典》本、吴本、《注箋》本、項本、《注釋》本、張本均作"降狄道故城"。

㊸　金紐城　《大典》本、黄本、吴本、《注箋》本、項本、沈本、《注釋》本、張本、《注疏》本均作"金柳城"。

㊹　安夷縣故城　《方輿紀要》卷六十四《陝西》十三《西寧鎮·安彝城》引《水經注》作"安彝縣故城"。

㊺　勒且溪水　《通鑑》卷四十六章帝建初二年"自安夷徙居臨羌"胡《注》引《水經注》、《方輿紀要》卷六十四《陝西》十三《西寧鎮·湟水廢縣·安彝川》引《水經注》、乾隆《西寧府志》卷四《山川志·西寧府·西寧縣·勒姐嶺》引《水經注》均作"勒姐溪水"。

㊻　吐那孤　《大典》本、黄本、吴本、《注箋》本、項本、沈本、《五校》鈔本、《七校》本、張本均作"吐𨚗孤"。

㊼　陽非亭　《方輿紀要》卷六十三《陝西十二·甘肅鎮·莊浪衛》引《水經注》作"楊非亭"。

㊽　《札記·阿干之爭》:

《水經注》卷二《河水》《經》"又東過金城允吾縣北"《注》中,《注》文載及一個"阿步干鮮卑山"的地名。對于這個"阿步干",如同"統萬城"一樣,酈道元在《注》文中不置一辭,説明他並不懂得這個地名的來歷。但趙一清《水經注箋刊誤》卷一云:

全氏云：阿步干，鮮卑語也。慕容廆思其兄吐谷渾，因作《阿干之歌》。蓋胡俗稱其兄曰阿步干。阿干，阿步干之省也。今蘭州阿干山谷、阿干河、阿干鎮、阿干堡，金人置阿干縣，皆以《阿干歌》得名。

全祖望的這個說法，顯然是根據《晉書·吐谷渾傳》："鮮卑謂兄爲'阿干'，（慕容）廆追思之，作《阿干之歌》。"但《晉書》的這個"阿干"，在《魏書·吐谷渾傳》和《宋書·吐谷渾傳》中均作"阿于"。著名史學家繆鉞在《北朝之鮮卑語》（《讀史存稿》，三聯書店一九六三年出版）一文中指出：

白鳥氏（按指日本漢學家白鳥庫吉）謂"阿于"爲"阿干"之誤。鉞案，《太平御覽》五七〇引《前燕録》："廆以孔懷之思，作《吐谷渾阿于歌》。"亦作"阿于"。《前燕録》及《宋書》、《魏書》之撰，均在《晉書》之前，三書均作"阿于"，惟《晉書》作"阿干"，以校勘古書之慣例衡之，應謂"阿于"是而"阿干"誤。惟在《魏書》又確有"阿干"之名詞，爲鮮卑語，乃長者、貴者之義。《魏書》十五《常山王遵傳》：遵孫可悉陵"拜内行阿干"。殿本考證張照曰：按《晉書·吐谷渾傳》，鮮卑謂兄爲"阿干"。慕容廆追思其兄，有《阿干之歌》。此云"拜内行阿干"，則"阿干"必非兄矣。蓋長者、貴者之稱。"内行"猶今言"内廷行走"也。……"阿干"乃譯音，"長者"與"長"乃譯意也。長者之義與兄極相近，似一義引申。就此觀之，似以從《晉書》作"阿干"爲是。

繆鉞在此文中又指出：

《元和志》，文水縣有大于城，本劉元海築，令兄延年鎮之，胡語長兄爲"大于"是也。"于"字誤。按《魏書·官氏志》有阿伏干氏。中古時尚無輕唇音，"伏"、"步"同音，"阿伏干"即"阿步干"。

如上所述，《水經注》有"阿步干"一詞，酈道元的曾祖曾服官于慕容鮮卑，以後世代都服官于拓跋鮮卑，按理對鮮卑語當應有所瞭解。但他却對此不置一語，因而引出許多爭議：有《晉書》的"阿干"，《前燕書》、《宋書》和《魏書》的"阿于"，又有《元和志》的"大于"，《魏書·官氏志》的"阿伏干"。而酈道元衹提出"阿步干鮮卑山"這個地名，不作任何解釋。而後人則有"兄"、"長者"、"貴者"等釋義。上海辭書出版社一九八四年出版了劉正埮、高名凱的《漢語外來詞詞典》，其中對"阿干"這一條的解釋是：

阿干[1] āgān，兄長，[源]蒙 akan，axan，ax（口語）。

阿干[2] āgān，兄，長者，貴者。"干"，有時訛作"于"，又作"阿部干"、"阿伏干"。[源]鮮卑。

這部詞典對"阿干"的解釋，除了肯定"于"字是"干"字之誤以外，在釋義上是上述爭論的兼容並蓄。並且肯定了"阿步干"與"阿伏干"二詞，它們亦即"阿干"。這部詞典的解釋，除了上述《前燕書》、《宋書》、《魏書》遭到否定外，其他說法，似乎都被大致認可。

但"阿干"之爭其實沒有結束，加拿大籍學者陳三平在一九九三年第四輯《中國歷史地理論叢》中發表了《阿干與阿部干初考——水經注中鮮卑語地名研究一例》一文，文章一開始就對全祖望的說法表示懷疑：

全氏大概受到古代漢譯外來詞彙中比比皆是的省譯現象的啟發而作出了“阿干”就是“阿部干”省文的結論。但是這也先得看一下傳統漢譯中的通常省略規則。在大量的古代漢譯外來詞彙中不難觀察到“斬頭”和“截尾”的音節省略現象，例如“阿羅漢”省作“羅漢”，“塔婆”省作“塔”等等。全氏提出的這種“挖心”法至少可以認爲並非常例。

陳文接着用大量篇幅，根據原始突厥語、阿爾泰語、中古女真語、蒙古語等許多語言進行論證，並在《晉書》和《魏書》等中國古代文獻中提出許多證據，提出其“阿干”不是“阿部干”的省譯的理由。陳文的結論是：“全氏的論點大致可以否定。”

陳三平的文章引起了國際漢學界的很大興趣。他又繼續研究這個問題，並于一九九六年在德國出版的《亞洲歷史雜志》第三十卷第一期發表了《阿干再論——拓跋族的文化和政治傳統》（A-Gan Revisited—The Tuboa's Cultural and Political Heritage，Journal of Asian History），廣徵博引，提出了更多的證據，否定了全祖望按《晉書》的記述而提出、又爲趙一清所附和的説法。

㊾ 此成川　黄本、沈本均作“此城州”，《注箋》本、項本、張本均作“此城川”。

㊿ 麥田泉水　《方輿紀要》卷六十二《陝西》十一《寧夏鎮・靖遠衛・鸇陰城》引《水經注》作“麥田泉”，無“水”字。

51 大隴山　《大典》本、吴本、何校明鈔本、項本、張本、《禹貢錐指》卷十三上引《水經注》均作“大壟山”。

52 酸陽山　《大典》本作“咸陽山”，吴本、《注箋》本、項本、張本均作“醎陽山”。

53 廉縣　《注箋》本、項本、《注釋》本、張本均作“廉城縣”。

卷三　河水[①]

又北過北地富平縣西，

河側有兩山相對，水出其間，即上河峽也，世謂之青山峽。河水歷峽北注，枝分東出。河水又北逕富平縣故城西，秦置北部都尉，治縣城，王莽名郡爲威戎，縣曰持武[②]。建武中，曹鳳字仲理，爲北地太守，政化尤異，黄龍應于九里谷高岡亭，角長三尺，大十圍，梢至十餘丈，天子嘉之，賜帛百匹，加秩中二千石。河水又北，薄骨律鎮城在河渚上，赫連果城也。桑果餘林，仍列洲上。但語出戎方，不究城名。訪諸耆舊，咸言故老宿彦云：赫連之世，有駿馬死此，取馬色以爲邑號，故目城爲白口騮，韻之謬[③]，遂仍今稱，所未詳也。河水又逕典農城東，世謂之胡城。又北逕上河城東，世謂之漢城。薛瓚曰：上河在西河富平縣，即此也，馮參爲上河典農都尉所治也。河水又北逕典農城東，俗名之爲吕城，皆參所屯，以事農甿。河水又東北逕廉縣故城東，王莽之西河亭。《地理志》曰：卑移山在西北。河水又北與枝津合，水受大河，東北逕富平城，所在分裂，以溉田圃，北流入河，今無水。《爾雅》曰：灉，反入。言河決復入者也。河之有灉，若漢之有潛也。河水又東北逕渾懷障西，《地理志》渾懷都尉治塞外者也。太和初，三齊平，徙歷下民居此，遂有歷城之名矣，南去北地三百里。河水又東北歷石崖山西，去北地五百里，山石之上，自然有文，盡若虎馬之狀，粲然成著，類似圖焉，故亦謂之畫石山也[④]。

又北過朔方臨戎縣西，

河水東北逕三封縣故城東,漢武帝元狩三年置。《十三州志》曰:在臨戎縣西百四十里。河水又北逕臨戎縣故城西,元朔五年立,舊朔方郡治,王莽之所謂推武也。河水又北,有枝渠東出,謂之銅口,東逕沃野縣故城南,漢武帝元狩三年立,王莽之綏武也。枝渠東注以溉田,所謂智通在我矣。河水又北,屈而爲南河出焉。河水又北迤西溢于窳渾縣故城東,漢武帝元朔二年,開朔方郡縣,即西部都尉治。有道,自縣西北出雞鹿塞,王莽更郡曰溝搜,縣曰極武。其水積而爲屠申澤,澤東西百二十里,故《地理志》曰:屠申澤在縣東。即是澤也。闞駰謂之窳渾澤矣。

屈從縣北東流,

河水又屈而東流,爲北河。漢武帝元朔二年,大將軍衛青絶梓嶺,梁北河是也。東逕高闕南。《史記》:趙武靈王既襲胡服,自代並陰山下,至高闕爲塞。山下有長城,長城之際,連山刺天,其山中斷,兩岸雙闕,善能雲舉,望若闕焉。即狀表目,故有高闕之名也。自闕北出荒中,闕口有城,跨山結局,謂之高闕戍。自古迄今,常置重捍,以防塞道。漢元朔四年,衛青將十萬人,敗右賢王于高闕。即此處也。河水又東逕臨河縣故城北,漢武帝元朔三年,封代恭王子劉賢爲侯國,王莽之監河也。

至河目縣西,

河水自臨河縣東逕陽山南,《漢書注》曰:陽山在河北。指此山也。東流逕石跡阜西⑤,是阜破石之文,悉有鹿馬之跡,故納斯稱焉。南屈逕河目縣,在北假中,地名也。自高闕以東,夾山帶河,陽山以往⑥,皆北假也。《史記》曰:秦使蒙恬將十萬人,北擊胡,度河取高闕,據陽山北假中,是也。北河又南合南河。南河上承西河,東逕臨戎縣故城北,又東逕臨河縣南,又東逕廣牧縣故城北,東部都尉治。王莽之鹽官也。逕流二百許里,東會于河。河水又南逕馬陰山西,《漢書音義》曰:陽山在河北,陰山在河南。謂是山也。而即實不在河南。《史記音義》曰:五原安陽縣北有馬陰山。今山在縣北,言陰山在河南,又傳疑之,非也。余按南河、北河及安陽縣以南,悉沙阜耳,無佗異山。故《廣志》曰:朔方郡北移沙七所,而無山以擬之,是《義》、《志》之僻也。陰山在河東南則可矣。河水又東南逕朔方縣故城東北⑦,《詩》所謂城彼朔方也。漢元朔二年,大將軍衛青取河南地爲朔方郡,使校尉蘇建築朔方城,即此城也。王莽以爲武符者也。按《地理志》云:金連鹽澤、青鹽澤竝在縣南矣。又按《魏土地記》曰:縣有大鹽池,其鹽大而青白,名曰青鹽,又名戎鹽,入藥分,漢置典鹽官。池去平城宫千二百里,在新秦之中。服虔曰:新秦,地名,在北方千里。如淳曰:長安以北,朔方以南也。薛瓚曰:秦逐匈奴,收河南地,徙民以實之,謂之新秦也。

屈南過五原西安陽縣南,

河水自朔方東轉,逕渠搜縣故城北。《地理志》,朔方有渠搜縣,中部都尉治,王莽之溝搜亭也。《禮三朝記》曰:北發渠搜,南撫交趾。此舉北對南。《禹貢》之所云析支、渠搜矣。河水又東,逕西安陽縣故城南,王莽更之曰漳安矣。河水又東,逕田辟城南。《地理志》曰:故西部都尉治也。

屈東過九原縣南,

河水又東逕成宜縣故城南,王莽更曰艾虜也。河水又東逕原亭城南。闞駰《十三州志》曰:中部都尉治。河水又東逕宜梁縣之故城南。闞駰曰:五原西南六十里,今世謂之石崖城。河水又東逕稒陽[8]城南,東部都尉治。又逕河陰縣故城北,又東逕九原縣故城南,秦始皇置九原郡,治此。漢武帝元朔二年,更名五原也。王莽之獲降郡、成平縣矣。西北接對一城,蓋五原縣之故城也,王莽之填河亭也。《竹書紀年》,魏襄王十七年,邯鄲命吏大夫奴遷于九原,又命將軍大夫適子戍吏,皆貉服矣。其城南面長河,北背連山,秦始皇逐匈奴,並河以東,屬之陰山,築亭障爲河上塞。徐廣《史記音義》曰:陰山在五原北。即此山也。始皇三十三年[9],起自臨洮,東暨遼海,西並陰山,築長城及開南越地,晝警夜作,民勞怨苦,故楊泉《物理論》曰:秦始皇使蒙恬築長城,死者相屬,民歌曰:生男慎勿舉,生女哺用餔,不見長城下,尸骸相支拄。其寃痛如此矣。蒙恬臨死曰:夫起臨洮,屬遼東,城塹萬餘里,不能不絶地脈,此固當死也。

又東過臨沃縣南,

王莽之振武也。河水又東,枝津出焉。河水又東流,石門水南注之,水出石門山。《地理志》曰:北出石門障。即此山也。西北趣光禄城。甘露三年,呼韓邪單于還,詔遣長樂衛尉高昌侯董忠、車騎都尉韓昌等,將萬六千騎,送單于居幕南,保光禄徐自爲所築城也,故城得其名矣。城東北,即懷朔鎮城也。其水自障東南流,逕臨沃城東,東南注于河。河水又東逕稒陽縣故城[10]南,王莽之固陰也。《地理志》曰:自縣北出石門障。河水決其西南隅,又東南,枝津注焉。水上承大河于臨沃縣,東流七十里,北溉田,南北二十里,注于河,河水又東逕塞泉城南而東注。

又東過雲中楨陵縣南,又東過沙南縣北,從縣東屈南,過沙陵縣西。

大河東逕咸陽縣故城南,王莽之賁武也。河水屈而流,白渠水注之,水出塞外,西逕定襄武進縣故城北,西部都尉治,王莽更曰伐蠻,世祖建武中,封趙慮爲侯國也。白渠水西北逕成樂城北。《郡國志》曰:成樂,故屬定襄也。《魏土地記》曰:雲中城東八十里有成樂城。今雲中郡治,一名石盧城也。白渠水又西逕魏雲中宫南,《魏土地記》曰:雲中宫在雲中縣故城東四十里。白渠水又西南逕雲中故城南,故趙地。《虞氏記》云:趙武侯自五原河曲築長城,東至陰山。又于河西造大城,一箱崩不就,乃改卜陰山河曲而禱焉。晝見羣鵠遊于雲中,徘徊經日,見大光在其下,武侯曰:此爲我乎?乃即于其處築城,今雲中城是也。秦始皇十三年,立雲中郡,王莽更郡曰受降,縣曰遠服矣。白渠水又西北逕沙陵縣故城南,王莽之希恩縣也。其水西注沙陵湖。又有芒干水[11]出塞外,南逕鍾山,山即陰山。故郎中侯應言于漢曰:陰山東西千餘里,單于之苑囿也。自孝武出師,攘之于漠北,匈奴失陰山,過之,未嘗不哭。謂此山也。其水西南逕武皐縣,王莽之永武也。又南逕原陽縣故城西,又西南與武泉水合,其水東出武泉縣之故城西南,縣,即王莽之所謂順泉者也。水南流又西屈,逕北輿縣故城南。按《地理志》,五原有南輿縣,王莽之南利也,故此加北。舊中部都尉治。《十三州志》曰:廣陵有輿,故此加北。疑太疎遠也。其水又西南入芒干水。芒干水又西南逕白道[12]南谷口,有城在右,縈帶長城,背山面澤,謂之白道城。自城北出有高阪,謂之白道嶺[13]。沿路惟土穴,出泉,挹之不窮[14]。余每讀《琴操》,見《琴慎相和雅歌録》云:飲馬長城窟。及其跋陟斯途,遠懷古事,始知信矣,非虚言也。顧瞻左右,山椒之上,有垣若頹基焉。沿溪亘嶺,東西無極,疑趙武靈王之所築也。芒干水又西南,逕雲中城北,白道中溪水注之,水發源武川北塞中,其水南流,逕武川鎮城,城以景明中築,以禦北狄矣。其水西南流,歷谷,逕魏帝行宫東,世謂之阿計頭殿。宫城在白道嶺北阜上,其城圓角而不方,四門列觀,城内惟臺殿而已。其水又西南歷中溪,出山西南流,于雲中城北,南注芒干水。芒干水又西,塞水出懷朔鎮東北芒中[15],南流逕廣德殿西山下。余以太和十八年,從高祖北巡,届于陰山之講武臺,臺之東,有高祖《講武碑》,碑文是中書郎高聰之辭也。自臺西出南上山,山無樹木,惟童阜耳,即廣德殿所在也。其殿四注兩夏,堂宇綺井,圖畫奇禽異獸之象。殿之西北,便得焜煌堂,雕楹鏤桷,取狀古之温室也。其時,帝幸龍荒,遊鸞朔北。南秦王仇池楊難當捨蕃委誠,重譯拜闕,陛見之所也。故殿以廣德爲名。魏太平真君三年,刻石樹碑,勒宣時事。《碑頌》云:肅清帝道,振懾四荒,有蠻有戎,自彼氐羌,無思不服,重譯稽顙,恂恂南秦,斂斂推亡,峨峨廣德,奕奕焜煌。侍中、司徒東郡公崔浩之辭也。碑陰題宣城公李孝伯、尚書盧遐等從臣姓名,若新鏤焉。其水歷谷南出山,西南入芒干水。芒干水又西南注沙陵湖,湖水西南入于河。河水南入楨陵縣西北,緣胡山,歷沙南縣東北,兩山、二縣之間而出。余以太和中爲尚書郎,從高祖北巡,親所逕涉。縣在山南,王莽之楨陸[16]也,北去雲中城一百二十里。縣南六十許里,有東、西大山,山西枕河,河水南流,脈水尋《經》,殊乖川去之次[17],似非關究也。

又南過赤城東,又南過定襄桐過縣西,

定襄郡,漢高帝六年置,王莽之得降也。桐過縣,王莽更名椅桐者也。河水于二縣之間,濟有君子之名,皇魏桓帝十一年,西幸榆中,東行代地。洛陽大賈齎金貨隨帝後行,夜迷失道,往投津長曰:子封送之。渡河,賈人卒死,津長埋之。其子尋求父喪,發冢舉尸,資囊一無所損。其子悉以金與之,津長不受。事聞于帝,帝曰:君子也。即名其津爲君子濟。濟在雲中城西南二百餘里。河水又東南,左合一水,水出契吴東山,西逕故里南,北俗謂之契吴亭。其水又西流注于河。河水又南,樹頽水注之,水出東山,西南流,右合中陵川水,水出中陵縣西南山下,北俗謂之大浴真山[18],水亦取名焉。東北流,逕中陵縣故城東,北俗謂之北右突城,王莽之遮害也。《十三州志》曰:善無縣南七十五里有中陵縣,世祖建武二十五年置。其水又西北,右合一水,水出東山,北俗謂之貸敢山,水又受名焉。其水西北流,注于中陵水。中陵水又西北流,逕善無縣故城西,王莽之陰館也。《十三州志》曰:舊定襄郡治。《地理志》,雁門郡治。其水又西北流,右會一水,水出東山下,北俗謂之吐文水,山又取名焉。北流逕鋤亭南,又西流逕土壁亭南,西出峽,左入中陵水。中陵水又北分爲二水,一水東北流,謂之沃水[19],又東逕沃陽縣故城南,北俗謂之可不遲城,王莽之敬陽也。又東北逕沃陽城東,又東合可不遲水,水出東南六十里山下,西北流注沃水。沃水又東,逕參合縣南,魏因參合陘以即名也。北俗謂倉鶴陘。道出其中,亦謂之參合口。陘在縣之西北,即《燕書》所謂太子寶自河西還師參合,三軍奔潰,即是處也。魏立縣以隸涼城郡,西去沃陽縣故城二十里。縣北十里,有都尉城。《地理志》曰:沃陽縣西部都尉治者也。北俗謂之阿養城。其水又東合一水,水出縣東南六十里山下,北俗謂之烖豆渾水。西北流,注于沃水。沃水又東北流,注鹽池。《地理志》曰:鹽澤在東北者也。今鹽池西南去沃陽縣故城六十五里,池水瀓渟,淵而不流,東西三十里,南北二十里。池北七里,即涼城郡治。池西有舊城,俗謂之涼城也,郡取名焉。《地理志》曰:澤有長、丞。此城即長、丞所治也。城西三里有小阜,阜下有泉,東南流注池。北俗謂之大谷北堆,水亦受目焉。中陵川水自枝津西北流,右合一水于連嶺北,水出沃陽縣東北山下,北俗謂之烏伏真山,水曰諧升袁河[20]。西南流逕沃陽縣,左合中陵川,亂流西南與一水合,北俗謂之樹頽水。水出東山下,西南流,右合諧升袁水,亂流西南注,分謂二水。左水枝分南出,北俗謂之太羅河;右水西逕故城南,北俗謂之昆新城。其水自城西南流,注于河。河水又南,太羅水注之,水源上承樹頽河,南流西轉,逕武州縣故城[21]南,《十三州志》曰:武州縣[22]在善無城西南百五十里。北俗謂之太羅城,水亦藉稱焉。其水西南流，一水注之，水導故城西北五十里，南流逕城西北，俗名之曰故槃迴城[23]。又南流注太羅河。太羅河又西南流，注于河。河水又左得湳水口，水出西河郡美稷縣，東南流，《東觀記》曰：郭伋，字細侯，爲并州牧，前在州，素有恩德，老小相攜道路，行部到西河美稷，數百小兒各騎竹馬迎拜，伋問：兒曹何自遠來？曰：聞使君到，喜，故迎。伋謝而發去，諸兒復送郭外。問：使君何日還？伋計日告之。及還，先期一日，念小兒，即止野亭，須期至乃往。其水又東南流，羌人因水以氏之。漢沖帝時，羌湳狐奴歸化，蓋其渠帥也。其水，俗亦謂之爲遄波水，東南流入長城東。鹹水出長城西鹹谷，東入湳水。湳水又東南，渾波水出西北窮谷，東南流注于湳水。湳水又東逕西河富昌縣故城南，王莽之富成也。湳水又東流入于河。河水左合一水，出善無縣故城西南八十里，其水西流，歷于呂梁之山，而爲呂梁洪。其山巖層岫衍，澗曲崖深，巨石崇竦，壁立千仞，河流激盪，濤湧波襄，雷渀電洩，震天動地。昔呂梁未闢，河出孟門之上，蓋大禹所闢，以通河也。司馬彪曰：呂梁在離石縣西。今于縣西歷山尋河，竝無過峘，至是乃爲河之巨險，即呂梁矣，在離石北以東可二百有餘里也。

又南過西河圁陽縣東，

西河郡，漢武帝元朔四年置，王莽改曰歸新。圁水出上郡白土縣圁谷，東逕其縣南。《地理志》曰：圁水出西，東入河。王莽更曰黄土也。東至長城，與神銜水[24]合，水出縣南神銜山，出峽，東至長城，入于圁。圁水又東逕鴻門縣，縣，故鴻門亭。《地理風俗記》曰：圁陰縣西五十里有鴻門亭、天封苑、火井廟，火從地中出。圁水又東，梁水注之，水出西北梁谷，東南流，注圁水。圁水又東逕圁陰縣北，漢惠帝五年立，王莽改曰方陰矣。又東，桑谷水注之，水出西北桑溪，東北流，入于圁。圁水又東逕圁陽縣南，東流注于河。河水又東，端水入焉。水西出號山。《山海經》曰：其木多漆椶，其草多穹窮，是多泠石，端水出焉，而東流注于河。河水又南，諸次之水入焉，水出上郡諸次山。《山海經》曰：諸次之山，諸次之水出焉。是山多木無草，鳥獸莫居，是多象蛇。其水東逕榆林塞，世又謂之榆林山，即《漢書》所謂榆溪舊塞[25]者也。自溪西去，悉榆柳之藪矣。緣歷沙陵，屆龜茲縣西北，故謂廣長榆也。王恢云：樹榆爲塞。謂此矣。蘇林以爲榆中在上郡，非也。按《始皇本紀》，西北逐匈奴，自榆中並河以東。屬之陰山。然榆中在金城東五十許里，陰山在朔方東，以此推之，不得在上郡。《漢書音義》蘇林爲失是也。其水東入長城，小榆水合焉。歷澗西北，窮谷其源也。又東合首積水，水西出首積溪，東注諸次水，又東入于河。《山海經》曰：諸次之水，東流注于河。即此水也。河水又南，湯水注之。《山海經》曰：水出上申之山，上無草木，而多硌石，下多榛楛，湯水出焉。東流注于河也。

又南離石縣西[26],

奢延水注之,水西出奢延縣西南赤沙阜,東北流,《山海經》所謂生水出孟山者也。郭景純曰:孟或作明。漢破羌將軍段熲破羌于奢延澤,虜走洛川。洛川在南,俗因縣土謂之奢延水,又謂之朔方水[27]矣。東北流,逕其縣故城南,王莽之奢節也。赫連龍昇七年,于是水之北,黑水之南,遣將作大匠梁公叱干阿利改築大城,名曰統萬城[28]。蒸土加功。雉堞雖久,崇墉若新,並造五兵,器鋭精利,乃咸百鍊,爲龍雀大鐶,號曰大夏龍雀。銘其背曰:"古之利器,吴、楚湛盧,大夏龍雀,名冠神都,可以懷遠,可以柔逋,如風靡草,威服九區。"世甚珍之。又鑄銅爲大鼓,及飛廉、翁仲、銅駝、龍虎,皆以黄金飾之,列于宫殿之前。則今夏州治也。奢延水又東北與温泉合。源西北出沙溪,而東南流注奢延水。奢延水又東,黑水入焉,水出奢延縣黑澗,東南歷沙陵,注奢延水。奢延水又東合交蘭水,水出龜兹縣交蘭谷,東南流注奢延水。奢延水又東北流,與鏡波水合,水源出南邪山南谷,東北流,注于奢延水。奢延水又東逕膚施縣,帝原水西北出龜兹縣,東南流。縣因處龜兹降胡著稱。又東南注奢延水。奢延水又東逕膚施縣南,秦昭王三年置,上郡治。漢高祖并三秦,復以爲郡。王莽以漢馬員爲增山連率,歸,世祖以爲上郡太守。司馬彪曰:增山者,上郡之别名也。東入五龍山。《地理志》曰:縣有五龍山、帝、原水[29]。自下亦爲通稱也。歷長城東,出于白翟之中。又有平水[30],出西北平溪,東南入奢延水。奢延水又東,走馬水注之,水出西南長城北陽周縣故城南橋山,昔二世賜蒙恬死于此。王莽更名上陵畤,山上有黄帝塚故也。帝崩,惟弓劒存焉,故世稱黄帝仙矣。其水東流,昔段熲追羌出橋門至走馬水,聞羌在奢延澤,即此處也。門,即橋山之長城門也。始皇令太子扶蘇與蒙恬築長城,起自臨洮,至于碣石,即是城也。其水東北流入長城,又東北注奢延水,奢延水又東,與白羊水合,其水出于西南白羊溪,循溪東北,注于奢延水。奢延水又東入于河。《山海經》曰:生水東流注于河。河水又南,陵水注之,水出陵川北溪,南逕其川,西轉入河。河水又南得離石水口,水出離石北山,南流逕離石縣故城西,《史記》云:秦昭王伐趙取離石者也。漢武帝元朔三年,封代共王子劉綰爲侯國。後漢西河郡治也。其水又南出西轉逕隰城縣[31]故城南,漢武帝元朔三年,封代共王子劉忠爲侯國,王莽之慈平亭也。胡俗語訛,尚有千城之稱。其水西流,注于河也。

又南過中陽縣西,

中陽縣故城在東,東翼汾水,隔越重山,不濱于河也。

又南過土軍縣西,

吐京郡治。故城,即土軍縣[32]之故城也。胡、漢譯言,音爲訛變矣。其城圓長而不方,漢高帝十一年,以封武侯宣義爲侯國。縣有龍泉,出城東南,道左山下牧馬川[33]上多産名駒駿,同滇池天馬。其水西北流,至其城東南。土軍水出道左高山,西南注之。龍泉水又北屈逕其城東,西北入于河。河水又南合契水,傍溪東入窮谷,其源也。又南至禄谷水口,水源東窮此溪也。河水又南得大蛇水。發源溪首,西流入河。河水又南,右納辱水。《山海經》曰:辱水出鳥山,其上多桑,其下多楮,陰多鐵,陽多玉,其水東流,注于河。俗謂之秀延水。東流得浣水口,傍溪西轉,窮溪便即浣水之源也。辱水又東會根水,西南溪下,根水所發,而東北注辱水。辱水又東南,露跳水出西露溪,東流,又東北入辱水,亂流注于河。河水又南,左合信支水,水發源東露溪,西流入于河。河水又南,左會石羊水,循溪東入,導源窮谷,西流注于河。

又南過上郡高奴縣[34]東,

域谷水東啟荒原,西歷長溪,西南入于河。河水又南合孔溪口。水出孔山南,歷溪西流,注于河。孔山之上有穴,如車輪三所,東西相當,相去各二丈許,南北直通,故謂之孔山也。山在蒲城[35]西南三十餘里。河水又右會區水。《山海經·西次四經》之首曰:陰山,西北百七十里曰申山,其上多穀、柞,其下多杻、橿,其陽多金、玉,區水出焉,而東流注于河。世謂之清水,東流入上郡長城。逕老人山下,又東北流,至老人谷,傍水北出,極溪便得水源。清水又東得龍尾水口,水出北地神泉障北山龍尾溪,東北流注清水。清水又東會三湖水,水出南山三湖谷,東北流入清水。清水又東逕高奴縣,合豐林水。《地理志》謂之洧水也。故言高奴縣有洧水,肥可爇,水上有肥,可接取用之[36]。《博物志》稱酒泉延壽縣南山出泉水,大如筥,注地爲溝,水有肥如肉汁,取著器中,始黄後黑,如凝膏,然極明,與膏無異,膏車及水碓缸甚佳,彼方人謂之石漆。水肥亦所在有之,非止高奴縣洧水也。項羽以封董翳爲翟王,居之三秦,此其一也。漢高祖破以縣之,王莽之利平矣。民俗語訛,謂之高樓城也。豐林川長津瀉注,北流會清水。清水又南,奚谷水[37]注之,水西出奚川,東南流入清水。清水又東注于河。河水又南,蒲川水出石樓山,南逕蒲城東。即重耳所奔之處也。又南歷蒲子縣故城西,今大魏之汾州治。徐廣《晉紀》稱,劉淵自離石南移蒲子者也。闞駰曰:蒲城在西北,漢武帝置。其水南出,得黄盧水口[38],水東出蒲子城南,東北入谷,極溪便水之源也。蒲水又南,合紫川水[39],水東北出紫川谷[40],西南合江水。江水出江谷,西北入紫川水。紫川水又西北入蒲水,蒲水又西南入于河水。河水又南合黑水[41],水出定陽縣西山,二源奇發,同瀉一壑,東南流逕其縣北,又東南流,右合定水,俗謂之白水也。水西出其縣南山定水谷，東逕定陽縣故城南。應劭曰：縣在定水之陽也。定水又東注于黑水，亂流東南入于河。

注释：

① 《注疏》本作“河水三”。《疏》：“戴無三字。”

② 持武　黄本、吴本、《注箋》本、項本、沈本、張本均作“特武”，《五校》鈔本、《七校》本均作“特戎”。

③ 《注疏》本作“故目城爲白馬騮，韻轉之謬”。“口”作“馬”，加“轉”字。

④ 《札記・水經注記載的巖畫資源》：

古代巖畫是一種重要的文物資源。所謂巖畫，往往是一些史前時期的部落居民在巖石上塗抹和雕鑿的，它們綫條簡單，構思粗獷，但卻鮮明地反映這些部落的生産和生活，所以除了文物的價值以外，巖畫對研究古代不同部落的分佈、發展、遷徙以及他們的生産、生活、風俗習慣等許多方面，都有重要的意義。

酈道元在《水經注》中，記載了不少地方的巖畫，其中有許多是他親眼目睹的。卷三《河水》《經》“又北過北地富平縣西”《注》中，他記載了許多他在旅途中發現的古代遊牧民族的巖畫，《注》云：

> 河水又東北歷石崖山西，去北地五百里，山石之上，自然有文，盡若虎馬之狀，粲然成著，類似圖焉，故亦謂之畫石山也。

在同卷《經》“至河目縣西”《注》中又説：

> （河水）東流逕石跡阜西，是阜破石之文，悉有鹿馬之跡，故納斯稱焉。

按照酈道元的記載，這個地區當在今内蒙古陰山一帶，近年以來，内蒙古的文物工作者，根據《水經注》的記載，已經發現了“石崖山”、“石跡阜”等的古代巖畫。它們位于陰山山脈西段的狼山地區，西起阿拉善左旗，中經磴口縣、潮格旗，東至烏拉特中聯合旗。東西長約三百公里，南北寬約四十至七十公里，在深山幽谷和峭麗的山巔上，已找到了一千多幅各種内容的巖畫，真是一宗巨大的巖畫資源。所有這些，蓋山林在《舉世罕見的珍貴古代民族文物——綿延二萬一千平方公里的陰山巖畫》（《内蒙古社會科學》一九八〇年第二期）等文中已有詳細介紹。

由于《水經注》記載的古代巖畫資源在内蒙古獲得發現，爲此，如果我們繼續檢索《水經注》有關巖畫資源的記載，進一步在其記載的相關地區進行野外調查，則繼内蒙古陰山地區之後，繼續發現古代巖畫的可能性是不小的。

我查閱酈《注》，除了《河水注》的“畫石山”和“石跡阜”以外，記載古代巖畫的篇幅，在全書中是不少的。

卷二《河水》《經》“又東過金城允吾縣北”《注》中，《注》文云：

今晉昌郡南及廣武馬蹏谷盤石上，馬跡若踐泥中，有自然之形，故其俗號曰天馬徑。夷人在邊效刻，是有大小之跡，體狀不同，視之便别。

卷四《河水》《經》“又東過河北縣南”《注》云：

其水又逕鹿蹏山西，山石之上有鹿蹏，自然成著，非人工所刊。

上述晉昌郡的“天馬徑”和洛水流域的“鹿蹏山”，前者《注》文説“有自然之形”，後者則“自然成著”，這與“石崖山”的“自然有文”是一樣的。而且《注》文對“天馬徑”又清楚地指出“夷人在邊效刻”。爲此，這兩個地區擁有古代巖畫資源的可能性是極大的，應該組織力量進行野外調查，使寶貴的古代文物資源得到及時的發現和保護。

除了上述《河水注》的兩條以外，全書還有不少涉及古代巖畫的記載，例如：

卷二十六《淄水》《經》“又東過利縣東”《注》中，《注》文云：“盤石上尚有人馬之跡。”

卷二十七《沔水》《經》“又東過西城縣南”《注》中，《注》文云：“山下有石壇，上有馬跡五所。”

卷三十八《湘水》《經》“又東北過重安縣東，又東北過酃縣西，承水從東南來注之”《注》中，《注》文云：“石悉有跡，其方如印。”

卷三十九《洣水》《經》“又西北過陰山縣南”《注》中，《注》文云：“上有仙人及龍馬跡。”

以上四條有關古代巖畫資源的記載，因爲酈道元均未親履其地，他是從其他資料上檢獲而寫入《注》文的。但既有資料記載了這些可能存在的古代巖畫，我們也應該按《注》文所記的地區加以調查，或許也能有所發現。

⑤　見注④。

⑥　往　《注疏》本云：“朱作去，《箋》曰：謝云，宋本作西。趙同，戴改往。會貞按：西與東對舉，似是。但《注》叙河水東流，先言陽山，後言北假，則北假不得但在陽山以西，戴作往，較勝。”

⑦　《晏元獻公類要》卷六《陝西路・夏濛水》引《水經注》：“朔方縣有濛水，合金河而流。”當是此段中佚文。

⑧　稒陽　《大典》本、黄本、《注箋》本、項本、沈本、張本均作“副陽”。

⑨　《注疏》本云：“朱訛作二十四年。全云：《史記・年表》是三十三年。趙、戴改三。守敬按：《年表》三十三年，蒙恬將三十萬築長城河上，則全説是，故趙、戴從之。但《始皇本紀》三十四年，適治獄吏不直者，築長城及南越地，《年表》同。《注》下文明引其辭，疑三十三年是三十四年之誤。”

⑩　稒陽縣故城　《大典》本、黄本、沈本均作“固陽縣故城”。

⑪　芒干水　《大典》本、黄本、何校明鈔本、沈本均作“芒湖水”，吴本、《注箋》本、王校明鈔本、項本、張本均作“芒于水”，《注刪》本作“芒於水”，《五校》鈔本、《七校》本、《注釋》本、《注疏》本、《漢志水道疏證》卷一《定襄郡》引《水經注》均作“荒干水”，《山海經箋疏》卷二《西山經》郝懿行《案》引《水經注》作“芒千水”。

⑫　白道　《史記》卷一一〇《列傳》五〇《匈奴傳》“北破林胡樓煩，築長城”《正義》引《水經注》作“百道”。

⑬　白道嶺，同⑫，作“百道嶺”。

⑭ 《文選》卷二十七《樂府》上《飲馬長城窟行》引《水經注》:“其下往往有泉窟可飲馬。”當是此句下佚文。

⑮ 芒中 《注釋》本作“荒中”。

⑯ 槙陸 《注箋》本、項本、《注釋》本、張本均作“楨陸”。

⑰ 《札記·水經之誤》:

酈道元批評《經》文的錯誤,有時直接寫出“蓋《經》之誤矣”,“蓋《經》誤證也”等話;有時却並不直接使用這類語言,而是在《注》文中實際上改正了《經》文的錯誤。現在姑且不論後者,衹談《注》文明言《經》文錯誤的,全書就有三十九處之多。涉及十八卷二十四篇。其中,同一篇内《經》文謬誤達二處的有卷十三《㶟水》,卷二十二《潁水》,卷二十四《睢水》、《瓠子河》,卷二十五《泗水》,卷二十九《沔水》;同一篇内《經》文謬誤達三處的有卷八《濟水》;同一篇内《經》文謬誤達四處的有卷五《河水》,卷三十《淮水》。……

現在試以《河水》的五卷五篇爲例,説明《水經》的錯誤和酈道元所作的批評指正。《河水》的卷一、卷二兩篇,屬于《經》、《注》均誤,這是一種歷史上的特殊原因所造成。我在拙著《酈道元評傳》中專設《水經注中的錯誤和學者的批評》一章,專門議論這兩卷的問題,其中最大的錯誤就是所謂“黄河重源”。唐杜佑在《通典》卷一七四《州郡》四中早已指出:“其《本紀》(按指今已亡佚的《禹本紀》)灼然荒唐。”杜佑批評《水經》的話是:“撰《經》者取以爲準的。”對《水經注》的批評是:“酈道元都不詳正。”所以《河水》的卷一、卷二兩卷,《經》、《注》均以訛傳訛,姑置别論。

《河水》從卷三到卷五三篇中,《注》文明確指出《經》文錯誤的共有六處:卷三《經》“又東過雲中楨陵縣南,又東過沙南縣北,從縣東屈南,過沙陵縣西”《注》云:

余以太和中爲尚書郎,從高祖北巡,親所逕涉。縣在山南,王莽之楨陸也,北去雲中城一百二十里。縣南六十許里,有東、西大山,山西枕河,河水南流,脈水尋《經》,殊怪川去之次,似非關究也。

戴震在此下加《案》云:“案此駁正《經》文東過楨陵、沙南之誤。”殿本的案語當然是正確的,當然,仔細的讀者,即使没有這案語,也可以分辨得出來。《注》文的“脈水尋《經》”,其可貴之處,正是酈道元的“親所逕涉”。

⑱ 大浴真山 吴本、《注箋》本、項本、《五校》鈔本、《七校》本、《注釋》本、張本均作“大浴山”。案“大浴真山”是《水經注》記載的非漢語地名之一,如同卷一《河水》中的崑崙、阿耨達太山、中國、半達鉢愁,卷二《河水》中的捐毒之國、阿步干鮮卑山等一樣。我在拙著《水經注中的非漢語地名》(《水經注研究四集》,杭州出版社二〇〇三年出版)一文中指出:

從卷二《河水》的下半篇起,包括卷三、卷四《河水》,卷六《汾水》及其他諸水,《水經注》的記叙從西北到華北,這以下包括許多卷篇,都涉及這個地區。這是一個從公元四世紀初到六世紀之間在我國發生的所謂“地理大交流”的首當其衝的地區。我在拙作《地理學思想史·序》(劉盛佳著,華中師範大學出版社一九九〇年出版,拙《序》又發表于《中國歷史地理論叢》一九八九年第四輯)中説:

在上述時期中發生在中國境内的巨大人羣在自然地理環境和人文地理環境上的深刻變異,應該被稱爲“地理大交流”。在這段時期中,大羣生活在北方草原上的遊牧民族,一個部落接着一個部落地跨過被稱爲“萬里長城”的這道漢族人所設置的防綫,定居到這片對他們來説是完全陌生的土地上從事農業生産活動。而原來居住在這個地區的漢族,被迫大批南遷,放棄了他們世代定居的這片乾燥坦蕩的小麥雜糧區,遷移低窪潮濕的江南稻作區。因此,不論在中國的北方和南方,數量巨大的人羣,都面臨着新的自然地理環境和人文地理環境。對于這些移民及其子孫,新領地爲他們大開眼界,而故土仍爲他們世代懷念。這就是在這個時代中人們的地理學思想所以特别活躍的原因。地理學思想空前活躍的結果,是大量地理著作的出現。

其實,“地理大交流”的結果,不僅是大量地理著作的出現,也是大量新地名的出現。由于人們對故土的懷念,使“地理大交流”在某種意義上説成爲“地名大交流”。在南方,北方的漢族移民帶來了許多他們故土的州、郡、縣名,這就是所謂僑州、僑郡和僑縣。在北方,許多少數民族,一方面把他們在草原中的大量非漢族地名帶到他們的新領地,另一方面又在他們的新領地用他們的民族語言到處命名,而酈道元恰巧又在這樣的時候撰寫他的《水經注》,以致使這位當代的地理學家,對于這許多光怪陸離的地名,也弄得不知所措。既不知道它們屬于什麽民族的語言,也不知從何解釋。對于這類地名,他在《注》文中衹好籠統地用“北俗謂之”一語,如“北俗謂之貸敢山”、“北俗謂之樹頽水”等等之類。酈道元世代都是北方人,却不能在《注》文中説清這種“北俗”。其實,他所説的“北俗”,是以他的家鄉爲基準的,即是今華北以北的草原地帶,所指也就是在“地理大交流”時代越過長城南下的許多少數民族。這類非漢族地名數量龐大,無法一一列舉。僅在卷三《河水》的“又南過赤城東,又南過定襄桐過縣西”這一條《經》文之下,《注》文中用“北俗謂之”一語解釋的非漢語地名就有下列:

山:大浴真山、貸敢山、烏伏真山、吐文山。

水:大浴真水、貸敢水、可不埿水、吐文水、災豆渾水、誥升袁水、太羅水、樹頽水。

城邑:北右突城、可不埿城、阿養城、昆新城、故槃迴城、太羅城。

其他:契吴亭、倉鶴徑、大谷北堆。

⑲　沃水　《注箋》本、項本、張本均作“流水”。

⑳　誥升袁河　《通鑑》卷一六九文帝天嘉六年“南陽公楊薦等”胡《注》引《水經注》、《方輿紀要》卷四十四《山西》六《大同府・朔州・神武城》引《水經注》均作“誥升爰水”。

㉑　武州縣故城　吴本、《注箋》本、項本、張本、《注疏》本均作“武縣故城”。

㉒　武州縣　吴本、《注箋》本、項本、張本、《注疏》本均作“武縣”。

㉓　故槃迴城　《香草續校書》下册五一二頁至五一三頁于鬯云:“‘城’字恐誤,或可作‘河’。上文云‘北俗謂之太羅城’,是武州縣既爲‘太羅城’矣,不應又謂之‘故槃迴城’也,故疑‘城’爲‘河’字之誤。”

㉔　神衔水　《注箋》本、項本、《五校》鈔本、《七校》本、《注釋》本、張本均作“神御水”。

㉕ 榆溪舊塞 《關中水道記》卷一《諸次水》引《水經注》作“榆林舊塞”。

㉖ 又南離石縣西 殿本《案》:“案‘南’下脱‘過’字。”《注疏》本有“過”字。

㉗ 朔方水 《注箋》本、項本、張本均作“朔水”。

㉘ 統萬城 《札記·統萬城》:

《水經注》卷三《河水》《經》“又南離石縣西”《注》云:“赫連龍昇七年,于是水之北,黑水之南,遣將作大匠梁公叱干阿利改築大城,名曰統萬城。”酈道元在其《注》文中常常解釋地名的由來,全書記載的地名有淵源解釋的達二千四百餘處之多。酈氏解釋的地名,除了大量漢語地名外,也包括不少非漢語地名。例如釋“半達鉢愁”爲“白山”(卷一《河水注》),釋紇尸羅爲“截頭”(卷一《河水注》)等,這些都是古代的梵語地名。不過對于不少非漢語地名地區,酈氏在《注》文中明言他不解其意。例如對“薄骨律鎮城”,他指出“語出戎方,不究城名”(卷三《河水注》)。又如對今山西省境内的許多非漢語地名如“烏伏真山”、“樹頹水”、“比郍州城”(《河水注》、《㶟水注》等),他常用“北俗謂之”、“胡漢譯言”等話,説明他不解這些地名的淵源。對于“統萬城”一名,《注》文不置一辭。按照酈氏寫作《注》文的通例,凡是他不置一辭的地名,實際上如同“北俗謂之”、“胡漢譯言”一樣,説明他不諳地名的由來。

但這個在酈氏作《水經注》時代就已經不知由來的統萬城,在唐太宗作爲主編的《晉書》中,卻提出了解釋“統一天下,君臨萬邦”(《赫連勃勃載記》)。此後,《元和郡縣志》也從《晉書》之説,而《通鑑》胡《注》因之。直到現代,新編《辭海》統萬城條,也襲用前説。則統萬城的地名來源,雖然酈氏已經不諳,而在此後一百多年的唐修《晉書》卻提出了望文生義的説法,似乎成了定論。但著名歷史學家繆鉞却對此提出了懷疑。他説:

《北史·宇文莫槐傳》稱:“其語與鮮卑頗異。”當是指宇文部落猶屬獨立時而言,至北魏末葉將近二百年,似宇文氏已不復存其“與鮮卑語異”之匈奴語言矣。然有一事頗可注意。赫連夏之龍昇七年(晉安帝義熙九年,魏道武帝永興五年)于奢延水之北、黑水南築大城,名曰統萬而都焉(《水經·河水注》),《元和郡縣志》謂赫連勃勃自言統一天下,君臨萬邦,故以統萬爲名。《通鑑》亦取其説。今案趙萬里先生《集冢墓》四之五《元彬墓志》,五之七《元湛墓志》,四之六十《元舉墓志》,俱稱“統萬突鎮都大將”;三之二三《元保洛墓志》又稱“吐萬突鎮都大將”。吐、統一聲之轉,是本譯胡語,故或統或吐(《古今姓氏書辨正》亦言統萬亦作吐萬),或省去突字。赫連氏當時自無《元和志》所言之義。《水經注》河水“又北(逕)薄骨律鎮城”自《注》云:“赫連果城也……遂仍今稱,所未詳也。”薄骨律與統萬皆是胡語,漢人不識其義,强爲之説,則較白口韻騮傳説尤爲晚矣。

繆氏之説見于其所著《讀史存稿》(三聯書店一九六三年出版)。“統萬”一詞的漢義解釋,如上所述見于《晉書》而不是《元和志》,這是繆氏的偶失。但他據趙萬里所集《元保洛墓志》及《古今姓氏書辨正》,指出“吐、統一音之轉,是本譯胡語”,其説是可以成立的。又引赫連薄骨律鎮城相對比,酈《注》稱薄骨律鎮城“語出戎方,不究城名”,而對統萬城也不置一辭,可爲繆氏"漢人不識其義,强爲之説"的旁證。所以自從《晉書》直到《辭海》,長期以來沿襲的"統一天下,君臨萬邦"之説,實在值得考慮。唐初《晉書》的主要依據是南齊臧榮緒《晉書》。臧書,酈《注》卷十五《洛水》曾經引及,説明酈氏見到此書,而《注》文不及"統一天下,君臨萬邦"之説,説明在南齊時尚無這種説法。當然,我們還不敢論定《晉書》之説全無根據,但至少是口説無憑的。《北史·胡方回傳》記及:"方回仕赫連屈丐爲中書侍郎,涉獵史籍,辭采可觀。爲屈丐《統萬城銘》、《蛇祠碑》諸文,頗行于世。"可惜胡方回的《統萬城銘》早已亡佚,如此《銘》尚在,則統萬城的地名淵源,當可迎刃而解。解釋古代地名,特别是非漢語地名,既不能望文生義,也切忌人云亦云。做學問的事情總要查有實據。這是地名學研究者值得注意的。

㉙ 帝、原水　《注疏》本"會貞按:《漢志》,膚施縣有五龍山、帝、原水、黄帝祠四所。錢大昕曰,《郊祀志》,宣帝立五龍山僊人祠及黄帝、天神帝、原水凡四祠于膚施。五龍山,一也,帝即天神帝,二也,原水,三也,黄帝,四也。錢説甚審。據《郊祀志》又云,黄帝、天神、原水之屬皆罷,是衹稱原水,不稱帝原也。"

㉚ 平水　《注箋》本、項本、張本均作"年水"。

㉛ 隰縣城　乾隆《汾州府志》卷四《山川》下離石水引《水經注》作"隰成縣"。

㉜ 土軍縣　《寰宇通志》卷八十二《遼州·土京水》引《水經注》:"西陽水出西陽溪。"當是此段下佚文。

㉝ 牧馬川　《元一統志》卷四《陜西等處行中書省·古蹟·五龍泉》引《水經注》、《方輿紀要》卷五十七《陜西》六《延安府·膚施縣·延利渠》引《水經注》均作"牧龍川"。

㉞ 高奴縣　《正字通》巳集上《水部·油》引《水經注》作"高孥縣"。

㉟ 蒲城　吴本作"莆城"。

㊱ 《札記·石油》:

在《水經注》全書中,有關石油的記載衹有兩處,而且是在同一條《經》文即卷三《河水》《經》"又南過上郡高奴縣東"《注》下。《注》云:

> 清水又東逕高奴縣,合豐林水。《地理志》謂之洧水也。故言高奴縣有洧水,肥可爇(按即古"燃"字,下同)。水上有肥,可接取用之。《博物志》稱酒泉延壽縣南山出泉水,大如筥,注地爲溝,水有肥如肉汁,取著器中,始黄後黑,如凝膏,然(按即燃,古時然、燃通用)極明,與膏無異,膏車及水碓缸甚佳,彼方人謂之石漆。水肥亦所在有之,非止高奴縣洧水也。

這段《注》文記及的地方有兩處:一處是高奴縣,這是秦建置的縣,位于今陜西延安東北的延河北岸。另一處延壽縣是東漢建置的縣,位于今甘肅玉門以南。按《漢書·地理志》上郡高奴縣:"有洧水,可爇。"所以酈《注》這一條記載來自《漢書·地理志》。延河流域的石油藴藏已經爲事實所證明。

這條《注》文中,由于記載高奴縣的這種"水上有肥"的現象,又引《博物志》記及了延壽縣的同類情況,而《注》文比敘述高奴縣更爲詳細。《注》文引自漢張華《博物志》,但《博物志》屬于亡佚之書,所以酈《注》是現存古籍中最早記及玉門油礦的文獻,實屬可貴。當然,在酈道元的時代,尚無石油之名,而是用"水肥"來説明這種事物的現象。"肥",其實就是"油"的意思。延壽人稱此爲"石漆",由于他們用此"膏水碓缸",以此作漆,才出現這個名稱。這段《注》文的非常重要的一句是:"水肥亦所在有之,非止高奴縣洧水也。"説明酈道元見聞所及的這種"水肥"現象很多,可惜他除了旁及延壽縣以外,没有記及他所知的其他地方。

㊲ 奚谷水 《注箋》本、項本、張本均作"溪谷水"。

㊳ 《初學記》卷八《河東道》第四《黄谷》引《水經注》:"黄櫨水出隰川縣東北黄櫨谷。"當是此段下佚文。

㊴ 紫川水 《注箋》本、項本、張本、《注疏》本均作"紫水"。

㊵ 《初學記》卷八《河東道》第四《紫川》引《水經注》:"紫川水源出隰川縣東紫谷也。"當是此段下佚文。

㊶ 黑水 《注箋》本、項本、張本均作"南黑水"。

卷四　河水[①]

又南過河東北屈縣西，

河水南逕北屈縣故城西，西四十里有風山，上有穴如輪，風氣蕭瑟，習常不止，當其衝飄也，略無生草，蓋常不定，衆風之門故也。風山西四十里，河南孟門山。《山海經》曰：孟門之山，其上多金玉，其下多黄堊、涅石。《淮南子》[②]曰：龍門未闢，吕梁未鑿，河出孟門之上，大溢逆流，無有丘陵，高阜滅之，名曰洪水。大禹疏通，謂之孟門。故《穆天子傳》曰：北登孟門，九河之隥。孟門，即龍門之上口也。寔爲河之巨阸，兼孟門津之名矣。此石經始禹鑿，河中漱廣，夾岸崇深，傾崖返捍，巨石臨危，若墜復倚，古之人有言，水非石鑿，而能入石，信哉。其中水流交衝，素氣雲浮，往來遥觀者，常若霧露沾人，窺深悸魄。其水尚崩浪萬尋，懸流千丈，渾洪贔怒，鼓若山騰，濬波頹疊，迄于下口。方知《慎子》，下龍門，流浮竹，非駟馬之追也。又有燕完水注之，異源合舍，西流注河。河水又南得鯉魚[③]，歷澗東入，窮溪首便其源也。《爾雅》曰：鱣，鮪也。出鞏穴，三月則上渡龍門，得渡爲龍矣。否則，點額而還。非夫往還之會，何能便有兹稱乎？河水又南，羊求水入焉，水東出羊求川，西逕北屈縣故城南，城，即夷吾所奔邑也，王莽之朕北也。《汲郡古文》曰：翟章救鄭，次于南屈。應劭曰：有南，故加北。《國語》曰：二五[④]言于獻公曰：蒲與二屈，君之疆也。其水西流，注于河。河又南爲採桑津。《春秋》僖公八年，晉里克敗狄于採桑是也。赤水出西北罷谷川東，謂之赤石川，東入于河。河水又南合蒲水。西則兩源竝發,俱導一山,出西河陰山縣,王莽之山寧也。陰山東麓,南水東北與長松水合,水西出丹陽山東,東北流,左入蒲水,蒲水又東北與北溪會,同爲一川,東北注河。河水又南,丹水西南出丹陽山,東北逕冶官東,俗謂之丹陽城。城之左右,猶有遺銅矣。其水東北會白水口,水出丹山東,而西北注之,丹水又東北入河。河水又南,黑水西出丹山東,而東北入于河。河水又南至崿谷,傍谷東北窮澗,水源所導也,西南流注于河。河水又南,洛水自獵山枝分東派,東南注于河。昔魏文侯築館洛陰,指謂是水也。

又南過皮氏縣西,

皮氏縣,王莽之延平也。故城在龍門東南,不得延逕皮氏,方屆龍門也。

又南出龍門口,汾水從東來注之。

昔者,大禹導河積石,疏決梁山,謂斯處也。即《經》所謂龍門矣。《魏土地記》曰:梁山北有龍門山,大禹所鑿,通孟津河口,廣八十步,巖際鐫跡,遺功尚存。岸上竝有廟祠,祠前有石碑三所,二碑文字紊滅,不可復識,一碑是太和中立。《竹書紀年》,晉昭公元年,河赤于龍門三里。梁惠成王四年,河水赤于龍門三日。京房《易妖占》曰:河水赤,下民恨。河水又南,右合暢谷水,水自溪東南流,逕夏陽縣西北,東南注于河。河水又南逕梁山原東,原自山東南出至河,晉之望也,在馮翊夏陽縣之西北,臨于河上。山崩,壅河三日不流,晉侯以問伯宗,即是處也。《春秋穀梁傳》曰:成公五年,梁山崩,遏河水,三日不流。召伯尊。遇輦者不避,使車右鞭之。輦者曰:所以鞭我者,其取道遠矣。伯尊因問之,輦者曰:君親縞素,率羣臣哭之,斯流矣。如其言,而河流。河水又南,崌谷水注之,水出縣西北梁山,東南流,橫溪水注之,水出三累山,其山層密三成,故俗以三累名山。按《爾雅》,山三成爲崑崙丘。斯山豈亦崑崙丘乎?山下水際,有二石室,蓋隱者之故居矣。細水東流,注于崌谷。側溪山南有石室,西面有兩石室,北面有二石室,皆因阿結牖,連扃接闥,所謂石室相距也。東廂石上,猶傳杵臼之跡。庭中亦有舊宇處,尚髣髴前基,北坎室上,有微涓石溜,豐周瓢飲,似是栖遊隱學之所。昔子夏教授西河,疑即此也,而無以辨之。溪水又東南逕夏陽縣故城北,故少梁也。秦惠文王十一年,更從今名矣。王莽之冀亭也。其水東南注于河。昔韓信之襲魏王豹也,以木罌自此渡。河水又南,右合陶渠水,水出西北梁山,東南流逕漢陽太守殷濟精廬南,俗謂之子夏廟。陶水⑤又南逕高門南,蓋層阜墮缺,故流高門之稱矣⑥。又東南逕華池南,池方三百六十步,在夏陽城西北四里許。故司馬遷《碑文》云:高門華池,在茲夏陽。今高門東去華池三里。溪水又東南逕夏陽縣故城南。服虔曰:夏陽,虢邑也,在大陽東三十里。又歷高陽宫北,又東南逕司馬子長墓北,墓前有廟,廟前有碑。永嘉四年,漢陽太守殷濟瞻仰遺文,大其功德,遂建石室,立碑樹桓。《太史公自叙》曰:遷生于龍門。是其墳墟所在矣。溪水東南流入河。昔魏文侯與吴起浮河而下,美河山之固,即于此也。河水又南,徐水注之,水出西北梁山,東南流逕漢武帝登仙宫東,東南流,絶彊梁原。右逕劉仲城北,是漢祖兄劉仲之封邑也。故徐廣《史記音義》曰:郃陽,國名也。高祖八年,侯劉仲是也。其水東南逕子夏陵北,東入河。河水又南逕子夏石室東,南北有二石室,臨側河崖,即子夏廟室也。

又南過汾陰縣西,

河水東際汾陰脽,縣故城在脽側,漢高帝六年,封周昌爲侯國。《魏土地記》曰:河東郡北八十里有汾陰城,北去汾水三里,城西北隅曰脽丘,上有后土祠。《封禪書》曰:元鼎四年,始立后土祠于汾陰脽丘是也。又有萬歲宫,漢宣帝神爵元年幸萬歲宫,東濟大河,而神魚舞水矣。昔趙簡子沈欒徼于此,曰:吾好聲色,而是子致之;吾好士,六年不進一人。是長吾過而黜吾善。君子以爲能譴矣。河水又逕郃陽城東[⑦],周威烈王之十七年,魏文侯伐秦至鄭,還築汾陰郃陽,即此城也。故有莘邑矣,爲太姒之國。《詩》云:在郃之陽,在渭之涘。又曰:纘女維莘,長子維行。謂此也。城北有瀵水,南去二水各數里,其水東逕其城内,東入于河。又于城内側中,有瀵水東南出城,注于河。城南又有瀵水,東流注于河[⑧]。水南猶有文母廟,廟前有碑,去城十五里,水,即郃水也,縣取名焉。故應劭曰:在郃水之陽也。河水又南,瀵水入焉。水出汾陰縣南四十里,西去河三里,平地開源,濆泉上湧,大幾如輪,深則不測,俗呼之爲瀵魁。古人壅其流以爲陂水,種稻。東西二百步,南北百餘步[⑨],與郃陽瀵水夾河,河中渚上,又有一瀵水,皆潛相通。故吕忱曰:《爾雅》,異出同流爲瀵水。其水西南流,歷蒲坂[⑩]西,西流注于河。河水又南逕陶城西,舜陶河濱,皇甫士安以爲定陶,不在此也。然陶城在蒲坂城北,城,即舜所都也。南去歷山不遠,或耕或陶,所在則可,何必定陶,方得爲陶也。舜之陶也,斯或一焉。孟津有陶河之稱,蓋從此始之。南對蒲津關。汲冢《竹書紀年》,魏襄王七年,秦王來見于蒲坂關;四月,越王使公師隅來獻乘舟始罔及舟三百,箭五百萬,犀角、象齒焉。

又南過蒲坂縣西,

《地理志》曰:縣,故蒲也。王莽更名蒲城。應劭曰:秦始皇東巡,見有長坂,故加坂也。孟康曰:晉文公以賂秦,秦人還蒲于魏,魏人喜,曰:蒲反矣,故曰蒲反也。薛瓚注《漢書》曰:《秦世家》以垣爲蒲反。然則本非蒲也。皇甫謐曰:舜所都也。或言蒲坂,或言平陽及潘者也。今城中有舜廟。魏秦州刺史治。太和遷都罷州,置河東郡。郡多流雜,謂之徙民。民有姓劉名墮者,宿擅工釀,採挹河流,醖成芳酎,懸食同枯枝之年,排于桑落之辰,故酒得其名矣。然香醑之色,清白若滫漿焉,别調氛氲,不與佗同,蘭薰麝越,自成馨逸,方土之貢,選最佳酌矣。自王公庶友,牽拂相招者,每云:索郎有顧,思同旅語。索郎反語爲桑落也,更爲籍徵之雋句、中書之英談[11]。郡南有歷山,謂之歷觀,舜所耕處也。有舜井,嬀、汭二水出焉。南曰嬀水,北曰汭水,西逕歷山下,上有舜廟。周處《風土記》曰:舊説,舜葬上虞。又《記》云:耕于歷山。而始寧、剡二縣界上,舜所耕田,于山下多柞樹,吴、越之間,名柞爲櫪,故曰歷山。余按周處此志爲不近情,傳疑則可,證實非矣。安可假木異名,附山殊稱?彊引大舜,即比寗壤,更爲失誌記之本體,差實録之常經矣。歷山、嬀汭,言是則安,于彼乖矣。《尚書》所謂釐降二女于嬀汭也。孔安國曰:居嬀水之内。王肅曰:嬀汭,虞地名。皇甫謐曰:納二女于嬀水之汭。馬季長曰:水所出曰汭,然則,汭似非水名,而今見有二水異源同歸,渾流西注入于河。河水南逕雷首山西[12],山臨大河,北去蒲坂三十里,《尚書》所謂壺口雷首者也。俗亦謂之堯山,山上有故城[13],世又曰堯城。闞駰曰:蒲坂,堯都。按《地理志》曰:縣有堯山、首山祠,雷首山在南。事有似而非,非而似,千載眇邈,非所詳耳。又南,涑水注之,水出河北縣雷首山[14],縣北與蒲坂分,山有夷齊廟。闞駰《十三州志》曰:山,一名獨頭山,夷、齊所隱也。山南有古冢,陵柏蔚然,攢茂丘阜,俗謂之夷齊墓也。其水西南流,亦曰雷水。《穆天子傳》曰:壬戌,天子至于雷首,犬戎胡觴天子于雷首之阿,乃獻良馬四六,天子使孔牙受之于雷水之干是也。昔趙盾田首山,食祁彌明翳桑之下,即于此也。涑水又西南流,注于河,《春秋左傳》謂之涑川者也,俗謂之陽安澗水。

又南至華陰潼關,渭水從西來注之。

汲郡《竹書紀年》曰:晉惠公十五年,秦穆公帥師送公子重耳,涉自河曲。《春秋左氏》僖公二十四年,秦伯納之,及河,子犯以璧授公子曰:臣負羈紲,從君巡于天下,臣之罪多矣,臣猶知之,而況君乎?請由此亡。公子曰:所不與舅氏同心者,有如白水。投璧于此。子推笑曰:天開公子,子犯以爲功,吾不忍與同位,遂逃焉。河水歷船司空,與渭水會。《漢書・地理志》,舊京兆尹之屬縣也。左丘明《國語》云[15]:華岳本一山當河,河水過而曲行,河神巨靈,手盪腳蹋,開而爲兩,今掌足之跡,仍存華巖。《開山圖》曰:有巨靈胡者,徧得坤元之道,能造山川,出江、河,所謂巨靈贔屭,首冠靈山者也。常有好事之士,故升華岳而觀厥跡焉。自下廟歷列柏南行十一里,東迴三里,至中祠,又西南出五里,至南祠,謂之北君祠,諸欲升山者,至此皆祈請焉。從此南入谷七里,又屆一祠,謂之石養父母,石龕、木主存焉。又南出一里,至天井,井裁容人,穴空,迂迴頓曲而上,可高六丈餘,山上又有微涓細水,流入井中,亦不甚沾人,上者皆所由陟,更無別路,欲出井望空視明,如在室窺窻也。出井東南行二里,峻坂斗上斗下,降此坂二里許,又復東上百丈崖,升降皆須扳繩挽葛而行矣。南上四里,路到石壁,緣旁稍進,逕百餘步,自此西南出六里,又至一祠,名曰胡越寺,神像有童子之容,從祠南歷夾嶺,廣裁三尺餘,兩箱懸崖數萬仞,窺不見底,祀祠有感,則雲與之平,然後敢度,猶須騎嶺抽身,漸以就進,故世謂斯嶺爲搦嶺矣。度此二里,便屆山頂。上方七里,靈泉二所,一名蒲池,西流注于澗;一名太上泉,東注澗下。上宫神廟近東北隅,其中塞實雜物,事難詳載。自上宫東北出四百五十步,有屈嶺,東南望巨靈手跡,惟見洪崖、赤壁而已。都無山下上觀之分均矣。河在關内南流,潼激關山,因謂之潼關。濩水[16]注之。水出松果之山,北流逕通谷,世亦謂之通谷水,東北注于河,《述征記》所謂潼谷水者也。或説因水以名地也。河水自潼關東北流,水側有長坂,謂之黄巷坂[17]。坂傍絶澗,陟此坂以升潼關,所謂泝黄巷以濟潼矣。歷北出東崤,通謂之函谷關也。邃岸天高,空谷幽深,澗道之峽,車不方軌,號曰天險。故《西京賦》曰:巖險周固,衿帶易守,所謂秦得百二,并吞諸侯也。是以王元説隗囂曰:請以一丸泥,東封函谷關,圖王不成,其弊足霸矣。郭緣生《記》曰:漢末之亂,魏武征韓遂、馬超,連兵此地。今際河之西,有曹公壘。道東原上,云李典營。義熙十三年,王師曾據此壘。《西征記》曰:沿路逶迆,入函道六里,有舊城,城周百餘步,北臨大河,南對高山,姚氏置關以守峽,宋武帝入長安,檀道濟、王鎮惡,或據山爲營,或平地結壘,爲大小七營,濱帶河險,姚氏亦保據山原陵阜之上,尚傳故跡矣。關之直北,隔河有層阜,巍然獨秀,孤峙河陽,世謂之風陵。戴延之所謂風塠者也。南則河濱姚氏之營,與晉對岸。河水又東北,玉澗水注之,水南出玉溪,北流逕皇天原西。《周固記》:開山東首上平博,方可里餘,三面壁立,高千許仞,漢世祭天于其上,名之爲皇天原。上有漢武帝思子臺。又北逕閿鄉城[18]西,《郡國志》曰:弘農湖縣有閿鄉,世謂之閿鄉水[19]也。魏尚書僕射閿鄉侯河東衛伯儒之故邑。其水北流注于河。河水又東逕閿鄉城北,東與全鳩澗水合,水出南山,北逕皇天原東。《述征記》曰:全節,地名也。其西名桃原,古之桃林,周武王克殷,休牛之地矣。《西征賦》曰:咸徵名于桃原者也。《晉太康地記》曰:桃林在閿鄉南谷中,其水又北流注于河。

又東過河北縣南,

縣與湖縣分河。蓼水出襄山蓼谷,西南注于河。河水又東,永樂澗水注之,水北出于薄山,南流逕河北縣故城西,故魏國也。晉獻公滅魏,以封畢萬。卜偃曰:魏大名也，萬後其昌乎。後乃縣之，在河之北，故曰河北縣也。今城南、西二面竝去大河可二十餘里，北去首山十許里，處河山之間，土地迫隘，故《魏風》著《十畝》之詩也。城内有龍泉，南流出城，又南，斷而不流。永樂溪水又南入于河。余按《中山經》，即渠豬之水也。太史公《封禪書》稱，華山以西名山七，薄山其一焉。薄山，即襄山也。徐廣曰：蒲坂縣有襄山。《山海經》曰：蒲山之首，曰甘棗之山[20]，其水出焉，而西流注于河。東則渠豬之山，渠豬之水出焉，而南流注于河。如準《封禪書》，二水無西南注河之理。今診蓼水，川流所趣，與共水相扶。永樂溪水導源注于河，又與渠豬勢合。蒲山統目總稱，亦與襄山不殊。故揚雄《河東賦》曰：河靈矍踢，掌華蹈襄。《注》云：襄山在潼關北十餘里。以是推之，知襄山在蒲坂溪水，即渠豬之水也。河水自河北城南，東逕芮城[21]。二城之中，有段干木冢。干木，晉之賢人也，魏文侯過其門，式其廬，所謂德尊萬古，芳越來今矣。汲冢《竹書紀年》曰：晉武公元年，尚一軍。芮人乘京，荀人、董伯皆叛。匪直大荔故芮也，此亦有焉。《紀年》又云：晉武公七年，芮伯萬之母芮姜逐萬，萬出奔魏。八年，周師、虢師圍魏，取芮伯萬而東。九年，戎人逆芮伯萬于郊。斯城亦或芮伯之故晝也。河水右會槃澗水，水出湖縣夸父山，北逕漢武帝思子宫、歸來望思臺東，又北流入于河。河水又東逕湖縣故城北，昔范叔入關，遇穰侯于此矣。湖水出桃林塞之夸父山，廣圓三百仞。武王伐紂，天下既定，王巡嶽瀆，放馬華陽，散牛桃林，即此處也。其中多野馬，造父于此得驊騮、緑耳、盗驪之乘，以獻周穆王，使之馭以見西王母。湖水又北逕湖縣東，而北流入于河。《魏土地記》曰：弘農湖縣有軒轅黄帝登仙處。黄帝採首山之銅，鑄鼎于荆山之下，有龍垂胡于鼎，黄帝登龍，從登者七十人，遂升于天。故名其地爲鼎胡。荆山在馮翊，首山在蒲坂，與湖縣相連。《晉書・地道記》、《太康記》竝言胡縣也。漢武帝改作湖。俗云黄帝自此乘龍上天也。《地理志》曰：京兆湖縣有周天子祠二所，故曰胡，不言黄帝升龍也。《山海經》曰：西九十里曰夸父之山，其木多椶、柟，多竹箭，其陽多玉，其陰多鐵，其北有林焉，名曰桃林，其中多馬，湖水出焉，北流注于河。故《三秦記》曰：桃林塞在長安東四百里，若有軍馬經過，好行則牧華山，休息林下；惡行則決河漫延，人馬不得過矣。河水又東合柏谷水，水出弘農縣南石隄山。山下有石隄祠，《銘》云：魏甘露四年，散騎常侍、征南將軍、豫州刺史、領弘農太守南平公之所經建也。其水北流，逕其亭下，晉公子重耳出亡，及柏谷，卜適齊、楚。狐偃曰：不如之翟。漢武帝嘗微行此亭，見饋亭長妻。故潘岳《西征賦》曰：長傚客于柏谷，妻覩貌而獻餐。謂此亭也。谷水又北流入于河。河水又東，右合門水，門水，即洛水之枝流者也。洛水自上洛縣東北，于拒陽城西北，分爲二水，枝渠東北出，爲門水也。門水又東北歷陽華之山，即《山海經》所謂陽華之山，門水出焉者也。又東北歷峽，謂之鴻關水。水東有城，即關亭也；水西有堡，謂之鴻關堡。世亦謂之劉項裂地處，非也。余按上洛有鴻臚圍池，是水津渠沿注，故謂斯川爲鴻臚澗，鴻關之名，乃起是矣。門水又東北歷邑川，二水注之。左水出于陽華之陰，東北流，逕盛墻亭西，東北流，與右水合；右水出陽華之陽，東北流，逕盛墻亭東，東北與左水合。即《山海經》所謂緒姑之水[22]出于陽華之陰，東北流注于門水者也。又東北，燭水[23]注之，水有二源，左水南出于衙嶺，世謂之石城山，其水東北流，逕石城西，東北合右水；右水出石城山，東北逕石城東，東北入左水。《地理志》曰：燭水出衙嶺下谷。《開山圖》曰：衙山在函谷山西南。是水亂流，東注于緒姑之水。二水悉得通稱矣。歷澗東北出，謂之開方口，水側有阜，謂之方伯堆。宋奮武將軍魯方平、建武將軍薛安都等，與建威將軍柳元景北入，軍次方伯堆者也。堆上有城，即方平所築也。又東北逕邑川城南，即漢封竇門之故邑，川受其名，亦曰竇門，城在函谷關南七里。又東北，田渠水注之，水出衙山之白石谷，東北流逕故丘亭東，是薛安都軍所從城也。其水又逕鹿蹏山西，山石之上有鹿蹏，自然成著，非人功所刊。歷田渠川，謂之田渠水，西北流注于燭水。燭水又北入門水，水之左右，即函谷山也。門水又北逕弘農縣故城東，城即故函谷關校尉舊治處也，終軍棄繻于此。燕丹、孟嘗，亦義動雞鳴于其下，可謂深心有感，志誠難奪矣。昔老子西入關，尹喜望氣于此也。故《趙至與嵇茂齊書》曰：李叟入秦，及關而歎。亦言與嵇叔夜書，及關尹望氣之所，異説紛綸，竝未知所定矣。漢武帝元鼎四年，徙關于新安縣，以故關爲弘農縣，弘農郡治。王莽更名右隊。劉桓公爲郡，虎相隨渡河，光武問而善之。其水側城北流，而注于河。河水于此，有洹津之名。説者咸云，漢武微行柏谷，遇辱竇門，又感其妻深識之饋，既返玉階，厚賞賚焉，賜以河津，令其鬻渡，今竇津是也。故潘岳《西征賦》云：酬匹婦其已泰，胡厥夫之謬官。袁豹之徒，竝以爲然。余按河之南畔，夾側水濆有津，謂之洹津。河北縣有洹水，南入于河，河水故有洹津之名，不從門始，蓋事類名同，故作者疑之。《竹書・穆天子傳》曰：天子自寶軨，乃次于洹水之陽，丁亥，入于南鄭。考其沿歷所踵，路直斯津，以是推之，知非因門矣。俗或謂之偃鄉澗水也。河水又東，左合一水，其水二源疏引，俱導薄山，南流會成一川。其二水之内，世謂之閑原，言虞、芮所爭之田，所未詳矣。又南注于河。河之右，曹水[24]注之，水出南山，北逕曹陽亭西，陳涉遣周章入秦，少府章邯斬之于此。魏氏以爲好陽。《晉書・地道記》曰：亭在弘農縣東十三里。其水西北流，入于河。河水又東，菑水注之，水出常烝之山，西北逕曲沃城[25]南，又屈逕其城西，西北入河。諸注述者，咸言曲沃在北，此非也。魏司徒崔浩，以爲曲沃地名也。余按《春秋》文公十三年，晉侯使詹嘉守桃林之塞，處此以備秦。時以曲沃之官守之故,曲沃之名,遂爲積古之傳矣。河水又東得七里澗,澗在陜城[26]西七里,故因名焉。其水自南山通河,亦謂之曹陽坑[27]。是以潘岳《西征賦》曰:行于漫瀆之口,憩于曹陽之墟。袁豹、崔浩亦不非其地矣。余按《漢書》,昔獻帝東遷,逼以寇難,李傕、郭汜追戰于弘農澗,天子遂露次曹陽,楊奉、董承,外與傕和,内引白波、李樂等破傕,乘輿于是得進。復來戰,奉等大敗,兵相連綴,四十餘里方得達陜。以是推之,似非曹陽。然以《山海經》求之,莤、曹字相類,是或有曹陽之名也。河水又東合滽水[28],水導源常烝之山[29],俗謂之爲干山,蓋先後之異名也。山在陜城南八十里,其川二源雙導,同注一壑,而西北流注于河。

又東過陜縣北,

槖水出槖山,西北流。又有崖水[30],出南山北谷,逕崖峡,北流與干山之水會,水出干山東谷,兩川合注于崖水。又東北注槖水,槖水北流出谷,謂之漫澗矣。與安陽溪水合,水出石崤南,西逕安陽城南,漢昭帝封上官桀爲侯國。潘岳所謂我徂安陽也。東合漫澗水,水北有逆旅亭,謂之漫口客舍也。又西逕陜縣故城南,又合一水,謂之瀆谷水,南出近溪,北流注槖。槖水又西北逕陜城西,西北入于河。河北對茅城,故茅亭,茅戎邑也。《公羊》曰:晉敗之大陽者也。津亦取名焉。《春秋》文公三年,秦伯伐晉,自茅津濟,封崤尸而還是也。東則咸陽澗水注之,水出北虞山南,至陜津注河,河南即陜城也。昔周、召分伯,以此城爲東、西之别,東城即虢邑之上陽也。虢仲之所都,爲南虢,三虢,此其一焉。其大城中有小城,故焦國也,武王以封神農之後于此。王莽更名黄眉矣。戴延之云:城南倚山原,北臨黄河,懸水百餘仞,臨之者咸悚惕焉。西北帶河,水湧起方數十丈,有物居水中,父老云:銅翁仲所没處。又云:石虎載經于此沈没,二物竝存,水所以湧,所未詳也。或云:翁仲頭髻常出,水之漲減,恒與水齊。晉軍當至,髻不復出,今惟見水異耳,嗟嗟有聲,聲聞數里。按秦始皇二十六年,長狄十二見于臨洮,長五丈餘,以爲善祥,鑄金人十二以象之,各重二十四萬斤,坐之宫門之前,謂之金狄。皆銘其胸云:皇帝二十六年,初兼天下,以爲郡縣,正法律,同度量,大人來見臨洮,身長五丈,足六尺。李斯書也。故衛恒《叙篆》曰:秦之李斯,號爲工篆,諸山碑及《銅人銘》,皆斯書也。漢自阿房徙之未央宫前,俗謂之翁仲矣。地皇二年,王莽夢銅人泣,惡之,念《銅人銘》有皇帝初兼天下文,使尚方工鐫滅所夢銅人膺文。後董卓毁其九爲錢。其在者三,魏明帝欲徙之洛陽,重不可勝,至霸水西停之。《漢晉春秋》曰:或言金狄泣,故留之。石虎取置鄴宫,苻堅又徙之長安,毁二爲錢,其一未至而苻堅亂,百姓推置陜北河中,于是金狄滅。余以爲鴻河巨瀆,故應不爲細梗躓湍;長津碩浪,無宜以微物屯流。斯水之所以濤波者,蓋《史記》所云:魏文侯二十六年,虢山崩,壅河所致耳[31]。獻帝東遷，日夕潛渡，墜坑爭舟，舟指可掬，亦是處矣。

又東過大陽縣南，

交澗水出吴山，東南流入河。河水又東，路澗水亦出吴山，東逕大陽城[32]西，西南流[33]，入于河。河水又東逕大陽縣故城南。《竹書紀年》曰：晉獻公十有九年，獻公會虞師伐虢，滅下陽；虢公醜奔衛，獻公命瑕父、吕甥邑于虢都。《地理志》曰：北虢也，有天子廟，王莽更名勤田。應劭《地理風俗記》曰：城在大河之陽也。河水又東，沙澗水注之，水北出虞山，東南逕傅巖，歷傅説隱室前，俗名之爲聖人窟。孔安國《傳》：傅説隱于虞、虢之間。即此處也。傅巖東北十餘里，即巔軨坂[34]也。《春秋左傳》所謂入自巔軨者也。有東、西絶澗，左右幽空窮深，地壑中則築以成道，指南北之路，謂之軨橋也。傅説傭隱，止息于此，高宗求夢得之是矣。橋之東北有虞原，原上道東有虞城，堯妻舜以嬪于虞者也。周武王以封太伯後虞仲于此，是爲虞公。《晉太康地記》所謂北虞也。城東有山，世謂之五家冢，冢上有虞公廟，《春秋穀梁傳》曰：晉獻公將伐虢，荀息曰：君何不以屈産之乘，垂棘之璧，假道于虞。公曰：此晉國之寳也。曰：是取中府置外府也。公從之，及取虢滅虞，乃牽馬操璧，璧則猶故，馬齒長矣。即宫之奇所謂：虞、虢其猶輔車相依，脣亡齒寒，虢亡，虞亦亡矣。其城北對長坂二十許里，謂之虞坂。戴延之曰：自上及下，七山相重。《戰國策》曰：昔騏驥駕鹽車上于虞坂，遷延負轅而不能進。此蓋其困處也。橋之東北山溪中，有小水西南注沙澗，亂流逕大陽城東，河北郡治也。沙澗水南流注于河。河水又東，左合積石、土柱二溪，竝北發大陽之山，南流入于河。是山也，亦通謂之爲薄山矣。故《穆天子傳》曰：天子自鹽，己丑，南登于薄山寘軨之隥，乃宿于虞是也。

又東過砥柱間，

砥柱[35]，山名也。昔禹治洪水，山陵當水者鑿之，故破山以通河。河水分流，包山而過，山見水中若柱然，故曰砥柱也。三穿既決，水流疎分，指狀表目，亦謂之三門矣。山在虢城東北，大陽城東也。《搜神記》稱齊景公渡于江、沈之河，黿銜左驂，没之，衆皆惕。古冶子于是拔劍從之，邪行五里，逆行三里，至于砥柱之下，乃黿也，左手持黿頭，右手挾左驂，燕躍鵠踊而出，仰天大呼，水爲逆流三百步，觀者皆以爲河伯也。亦或作江、沅字者也，若因地而爲名，則宜在蜀及長沙，按《春秋》，此二土竝景公之所不至，古冶子亦無因而騁其勇矣。劉向叙《晏子春秋》，稱古冶子曰，吾嘗濟于河，黿銜左驂以入砥柱之流，當是時也，從而殺之，視之乃黿也。不言江、沅矣。又考《史遷記》云：景公十二年，公見晉平公；十八年，復見晉昭公。旌軒所指，路直斯津。從黿砥柱事或在兹。又云：觀者以爲河伯，賢于江、沅之證，河伯本非江神,又河可知也。河之右側,崤水注之。水出河南盤崤山,西北流,水上有梁,俗謂之鴨橋也。歷澗東北流,與石崤水合,水出石崤山。山有二陵:南陵,夏后皋之墓也;北陵,文王所避風雨矣。言山徑委深,峯阜交蔭,故可以避風雨也。秦將襲鄭,蹇叔致諫而公辭焉,蹇叔哭子曰:吾見其出,不見其入,晉人禦師必于崤矣,余收爾骨焉。孟明果覆秦師于此。崤水又北,左合西水,亂流注于河。河水又東,千崤之水注焉。水南導于千崤之山,其水北流,纏絡二道。漢建安中,曹公西討巴漢,惡南路之險,故更開北道,自後行旅,率多從之。今山側附路有《石銘》云:晉太康三年,弘農太守梁柳修復舊道。太崤以東,西崤以西,明非一崤也。西有二石,又南五十步,臨溪有恬漠先生《翼神碑》,蓋隱斯山也。其水北流注于河。河水翼岸夾山,巍峯峻舉,羣山疊秀,重嶺干霄。鄭玄按《地説》,河水東流,貫砥柱,觸閼流,今世所謂砥柱者,蓋乃閼流也。砥柱當在西河,未詳也。余按,鄭玄所説非是,西河當無山以擬之。自砥柱以下,五户已上,其間百二十里,河中竦石傑出,勢連襄陸,蓋亦禹鑿以通河,疑此閼流也。其山雖闢,尚梗湍流,激石雲洄,澴波怒溢,合有十九灘,水流迅急,勢同三峽[36],破害舟船,自古所患。漢鴻嘉四年,楊焉言,從河上下,患砥柱隘,可鐫廣之。上乃令焉鐫之,裁没水中,不能復去,而令水益湍怒,害甚平日。魏景初二年二月,帝遣都督沙丘部、監運諫議大夫寇慈,帥工五千人,歲常修治,以平河阻。晉泰始三年正月,武帝遣監運大中大夫趙國、都匠中郎將河東樂世,帥衆五千餘人,修治河灘,事見《五户祠銘》。雖世代加功,水流湖潰,濤波尚屯,及其商舟是次,鮮不踟蹰難濟,故有衆峽諸灘之言。五户,灘名也,有神祠,通謂之五户將軍,亦不知所以也。

又東過平陰縣北,清水從西北來注之。

清水出清廉山之西嶺,世亦謂之清營山。其水東南流,出峽,峽左有城,蓋古關防也。清水歷其南,東流逕皋落城北。服虔曰:赤翟之都也。世謂之倚亳城,蓋讀聲近轉,因失實也。《春秋左傳》所謂晉侯使太子申生伐東山皋落氏者也。與倚亳川水合,水出北山礦谷,東南流注于清。清水又東逕清廉城南,又東南流,右會南溪水,水出南山,而東注清水。清水又東合乾棗澗水,水出石人嶺下,南流,俗謂之扶蘇水。又南歷奸苗北馬頭山,亦曰白水原,西南逕垣縣故城北。《史記》:魏武侯二年城安邑至垣。即是縣也。其水西南流,注清水。水色白濁,初會清流,乃有玄素之異也。清水又東南逕陽壺城東,即垣縣之壺丘亭,晉遷宋五大夫所居也。清水又東南流注于河。河水又東與教水合,水出垣縣北教山,南逕輔山,山高三十許里,上有泉源,不測其深,山頂周圓五六里,少草木。《山海經》曰:孟門東南有平山,水出于其上,潛于其下。又是王屋之次,疑即平山也。其水南流,歷鼓鍾上峽,懸洪五丈,飛流注壑,夾岸深高,壁立直上,輕崖秀舉,百有餘丈,峰次青松,巖懸頳石,于中歷落,有翠柏生焉,丹青綺分,望若圖繡矣。水廣十許步,南流歷鼓鍾川,分爲二澗:一澗西北出,百六十許里,山岫迴岨,纔通馬步,今聞喜縣東北谷口,猶有乾河里,故溝存焉,今無復有水。一水歷冶官西,世人謂之鼓鍾城,城之左右,猶有遺銅及銅錢也。城西阜下有大泉,西流注澗,與教水合,伏入石下,南至下峽。《山海經》曰:鼓鍾之山,帝臺之所以觴百神。即是山也。其水重源又發,南至西馬頭山東截坡下,又伏流南十餘里,復出,又謂之伏流水,南入于河。《山海經》曰:教山,教水出焉,而南流注于河。是水冬乾夏流,寔惟乾河也,今世人猶謂之爲乾澗矣。河水又與畛水合,水出新安縣青要山,今謂之疆山[37],其水北流入于河。《山海經》曰:青要之山,畛水出焉。即是水也。河水又東,正回之水入焉,水出騩山,疆山東阜也。東流,俗謂之疆川水,與石瓜疇川[38]合,水出西北石澗中,東南流注于疆川水。疆川水又東逕疆冶鐵官東,東北流注于河。河水又東合庸庸之水,水出河東垣縣宜蘇山,俗謂之長泉水。《山海經》曰:水多黄貝,伊、洛門也。其水北流,分爲二水,一水北入河,一水又東北流注于河。河水又東逕平陰縣北,《地理風俗記》曰:河南平陰縣,故晉陰地,陰戎之所居。又曰:在平城之南,故曰平陰也。三老董公説高祖處,陸機所謂皤皤董叟,謨我平陰者也。魏文帝改曰河陰矣。河水又會溱水,水出垣縣王屋山西溱溪,夾山東南流,逕故城東,即溱關也。漢光武建武二年,遣司空王梁北守溱關、天井關,擊赤眉别校,皆降之。獻帝自陜北渡安邑,東出溱關,即是關也。溱水西屈,逕關城南,歷軹關南,逕苗亭西。亭,故周之苗邑也。又東流注于河。《經》書清水,非也。是乃溱水耳。

又東至鄧。

洛陽西北四十二里,故鄧鄉矣。

注释:

① 《注疏》本作“河水四”。《疏》:“戴無四字。”

② 《注疏》本作“尸子”。《疏》:“朱作《淮南子》,趙、戴同。守敬按:《淮南·本經訓》,龍門未開,吕梁未發,江、淮通流云云,文多與此異。此係《尸子·君治篇》文。見《羣書治要》。又引見《山海經》(《北次山經》)《注》及《穆天子傳·注》,然則當作《尸子》,今訂。”《水經注疏》段熙仲《校記》:“‘《尸子》’,按:《羣書治要》中《尸子》無《君治篇》,未見此引文,而《御覽》卷四十引《淮南子》與《注》同,末有‘大禹道之孟門’,存疑。《山海經·北次三經》郭《注》則與《注》同作《尸子》。《穆天子傳》四《注》亦云‘盟門山今在河北,《尸子》曰:河出于盟門之上’。”

③ 殿本在此《案》云“應作鯉魚澗”,沈本《注》云:“下疑有脱字。”孫潛校本、《五校》鈔本、《七校》本、《注釋》本均作“鯉魚水”。《注疏》本作“鯉魚澗”。

④ 二五 《注疏》本段熙仲《校記》:“按見《國語・晉語》一。‘二五’,獻公嬖大夫梁五與東關五也。”

⑤ 陶水 《注箋》本、項本、張本均作“河水”,《注釋》本作“渠水”。

⑥ 《寰宇記》卷二十八《關西道》四《同州・韓城縣》引《水經注》:“高門原南有層阜,秀出雲表,俗謂馬門原。”當是此段下佚文。

⑦ 《方輿紀要》卷五十四《陝西》三《西安府》下《同州・郃陽縣・姚武壁》引《水經注》:“河水又逕姚武壁南。”當是此段下佚文。

⑧ 《方輿紀要》卷五十四《陝西》三《郃陽縣・刳首水》引《水經注》:“與刳首水相近。”當是此句下佚文。《五校》鈔本、《七校》本均在此句下增“與刳首水相近”六字。

⑨ 《注釋》本引《元豐九域志・河中府・古跡》所録《水經注》佚文:“周圍一百八十步,冬温夏冷,清澈見底。”

⑩ 蒲坂 吴本、乾隆《山西志輯要》卷七《蒲州府・臨晉縣・山川》引《水經注》均作“朔坂”。

⑪ 《札記・酒》:

全世界各民族,不論先進與落後,都有酒的嗜好。在我國釀酒發軔甚早,《周禮・天官・酒正》:“酒政掌酒之政令。”《禮記・郊特牲》:“酒醴之美。”《禮記・射儀》:“酒者,所以養老也。”所以早在先秦,國家已有掌酒之官,而上至典禮祭祀,下至親朋宴集,酒都是不可或缺之物。因此歷代以來,各地名酒甚多。酒以水爲重要原料,《水經注》記及的河川井泉,其水之佳者不計其數,但所記載的名酒不多,或言這是酈道元不好酒的證據。

《水經注》記載的各地名酒有下列數種:

卷四《河水》《經》“又南過蒲坂縣西”《注》云:

(河東)郡多流雜,謂之徙民。民有姓劉名墮者,宿擅工釀,採挹河流,醖成芳酎,懸食同枯枝之年,排于桑落之辰,故酒得其名矣。然香醑之色,清白若滫漿焉,别調氛氲,不與佗同,蘭薰麝越,自成馨逸,方土之貢,選最佳酌矣。自王公庶友,牽拂相招者,每云:索郎有顧,思同旅語。索郎反語爲桑落也,更爲籍徵之雋句、中書之英談。

這段《注》文記載的桑落酒,對于釀造人、水源和酒的優異特性,都説得非常詳細。這種美酒的産地蒲城,與現在的名酒汾酒的産地很近,不知歷史上有無關係。

酈《注》記載的另一種名酒在卷三十三《江水》《經》“又東過魚復縣南,夷水出焉”《注》中:

江之左岸有巴鄉村,村人善釀,故俗稱巴鄉清,郡出名酒。

卷三十九《耒水注》中,也記載了兩種名酒。一種在《經》“又北過其縣之西”《注》中:

縣有渌水,出縣東俠公山,西北流,而南屈注于耒,謂之程鄉溪。郡置酒官,醖于山下,名曰程酒,獻同酃也。

程鄉産名酒,其事也見于《荆州記》。酈《注》的最後一句“獻同酃也”,即是指同卷《經》

“又北過鄗縣東”《注》中的另一種名酒：

縣有鄗湖，湖中有洲，洲上民居，彼人資以給釀，酒甚醇美，謂之鄗酒，歲常貢之。

這就是《吴録》記載的“鄗水酒”。從酈《注》“獻同鄗也”一句看，鄗水酒顯然名重于程鄉酒。所以西晉張載曾寫過一篇《鄗酒賦》，以稱贊此酒的醇美：“故其爲酒也，殊功絶倫，三事既節，五齊必均，造釀在秋，告成在春，備味滋和，體色淳清，宣御神志，導氣養形，遣憂消愁，適性順情。”在文人的筆下，這種美酒真令人垂涎欲滴。

《水經注》全書記載的既有名稱又有産地的名酒，就是上述四種。

⑫　《禹貢錐指》卷十一上引《水經注》：“雷首山一名中條山。”當是此句下佚文。

⑬　陳橋驛點校武英殿本《水經注》（上海古籍出版社一九九〇年出版）此處《校勘記》：“‘山上有故城’，‘上’原作‘土’，據《崇文》、《三味》、《廣雅》、《合校》、《疏證》（稿本）諸本改。”

⑭　《寰宇記》卷四十六《河東道》七《蒲州·河東縣》引《水經注》：“涑水出河東縣雷首山，一名雷水。”當是此段下佚文。

⑮　《國語》云　《注疏》本作“古語云”，《疏》：“朱作左邱明《國語》云，《箋》曰：按巨靈事在薛綜《西京賦·注》，引古語云云，非左氏《國語》也，此誤記耳。守敬按：《初學記》五、《御覽》三十九引薛綜《注》，亦作古語云，不第本書足據也。”

⑯　濩水　殿本案：“案濩，原本及近刻並訛作灌，今據《山海經》改正。”《注疏》本作“灌水”，守敬按：“灌、濩形近，安知非今本《山海經》之誤，何不兩存之。”

⑰　黄巷坂　《注箋》本、項本、張本、《通雅》十三《地輿》引《水經注》、《方輿紀要》卷五十二《陝西》一《潼關》引《水經注》均作“黄卷坂”。

⑱　閿鄉城　《大典》本、黄本、吴本、《注箋》本、項本、沈本、《五校》鈔本、《七校》本、《注釋》本、張本、《注疏》本、《辛卯侍行記》卷一引《水經注》均作“閺鄉城”。

⑲　閿鄉水　《大典》本、黄本、吴本、《注箋》本、項本、沈本、《五校》鈔本、《七校》本、《注釋》本、張本、《注疏》本均作“閺鄉水”。

⑳　甘棗之山　吴本、《注箋》本、《山海經箋疏》卷五《中山經》郝懿行案《水經注》、《山海經廣注》吴任臣引《水經注》、《山海經·中山經》畢沅《注》引《水經注》均作“甘桑之山”。

㉑　《寰宇記》卷六《河南道·陝州·芮城縣》引《水經注》云：“古魏城内有龍泉，南流出城，源闊五寸，深一寸。”當是此段下佚文。

㉒　緒姑之水　《大典》本、黄本、吴本、《注箋》本、項本、沈本、張本、《方輿紀要》卷四十八《河南》三《河南府·陝州·靈寶縣·方伯堆》、《通鑑地理通釋》“弘農開方”《注》、《山海經廣注》卷五《中山經》吴任臣《注》、《漢書地理志補注》卷四吴卓信《注》引《水經注》均作“緒茹之水”。

㉓　燭水　《注釋》本、《讀水經注小識》卷一引《水經注》均作“濁水”。

㉔　曹水　黄本、沈本均作“會水”。

㉕　曲沃城　《大明一統志》卷二十九《河南府·山川》引《水經注》、嘉靖《河南通志》卷六《山川》引《水經注》、順治《河南通志》卷六《山川》引《水經注》均作“曲沃村”。

㉖　陝城　《注箋》本、項本、《注釋》本、張本、《日知録》卷三十一《陝西》引《水經注》均作“陝”，

無"城"字。

㉗ 曹陽坈 "坈",即"坑",詳見卷五《河水》《經》"又東北過高唐縣東"《注》。

㉘ 滍水 吴本、《五校》鈔本、《七校》本、《注釋》本、《注疏》本均作"譙水"。

㉙ 常烝之山 黄本、何校明鈔本、沈本均作"常丞之山"。

㉚ 崖水 吴本、《注箋》本、項本、張本均作"于水",《五校》鈔本、《七校》本、《注釋》本均作"干水"。

㉛ 《札記·銅翁仲》:

酈道元所引的數據在《史記·魏世家》:"(魏文侯)二十六年,虢山崩,壅河。"《正義》引《括地志》云:"虢山在陜州陜縣西二里,臨黄河,今臨河有崗阜,似是頹山之餘也。"酈道元的説法顯然是信而有徵的。但戴延之(《西征記》或稱《從征記》,全稱《從劉武王西征記》一書的作者)卻衹憑道聽途説,連《史記》這樣權威著作都不曾去查閲一下。正是由于像戴延之之流的人確實不少,所以今天我們讀古書,也應該學習酈道元那樣的小心謹慎。

㉜ 大陽城 黄本、沈本均作"太陽城"。

㉝ 《五校》鈔本在此句下增"注中澗水"四字,《七校》本、《注釋》本同。《水經注箋刊誤》卷一云:"西南流注疑有脱落,案《方輿紀要·解州·平陸縣》下云:'交澗水出中條山,東、西二溝,流與中澗合,俗名三叉澗,流注于河。'蓋交澗、路澗,即東、西二溝也,合流于中澗水而入于河。是'注'下脱'中澗'二字,今補正。"

㉞ 巔嶺坂 《方輿紀要》卷四十一《山西》三《平陽府·蒲州·虞山》引《水經注》、《漢書地理志補注》卷五《河東郡》"吴山在西"《注》引《水經注》均作"顛軨坂",《春秋地名考略》卷十二《虞》"國于夏墟"引《水經注》作"顛陵坂"。

㉟ 砥柱 嘉靖《河南通志》卷十四《河防》引《水經注》、順治《河南通志》卷九《河防》引《水經注》、《方輿紀要》卷四十六《河南》一引《水經注》、《治河前策》卷上《東至于底柱考》引《水經注》、《戰國策釋地》卷上"魏有南陽鄭地三川"引《水經注》、《漢書地理志補注》卷五《河東郡·大陽》引《水經注》均作"底柱"。

㊱ 此是全書首次提"三峽"之名,所提當是《江水注》"三峽",詳見《江水注》。

㊲ 疆山 《注箋》本、項本、《五校》鈔本、《七校》本、《注釋》本、張本均作"彊山"。

㊳ 石瓜疇川 黄本、《注箋》本、項本、沈本、張本、乾隆《河南府志》卷十二《山川志》六《畛水》引《水經注》均作"石等瓜川"。

卷五　河水[1]

又東過平縣北，湛水從北來注之。

河水又東逕河陽縣故城南，《春秋經》書天王狩于河陽，壬申，公朝于王所，晉侯執衛侯歸于京師。《春秋左傳》僖公二十八年，冬，會于温，執衛侯。是會也，晉侯召襄王以諸侯見，且使王狩。仲尼曰：以臣召君，不可以訓。故書曰：天王狩于河陽。言非其狩地。服虔、賈逵曰：河陽，温也。班固《漢書・地理志》、司馬彪、袁山松《郡國志》、《晉太康地道記》、《十三州志》：河陽别縣，非温邑也。漢高帝六年，封陳涓爲侯國，王莽之河亭也。《十三州志》曰：治河上，河，孟津河也。郭緣生《述征記》曰：踐土，今冶坂城[2]。是名異《春秋》焉。非也。今河北見者，河陽城故縣也，在冶坂西北，蓋晉之温地，故羣儒有温之論矣。《魏土地記》曰：冶坂城舊名漢祖渡，城險固，南臨孟津河。河水右逕臨平亭北。《帝王世紀》曰：光武葬臨平亭南，西望平陰者也。河水又東逕洛陽縣北，河之南岸有一碑，北面題云：洛陽北界，津水二渚，分屬之也。上舊有河平侯祠，祠前有碑，今不知所在。郭頒《世語》曰：晉文王之世，大魚見孟津，長數百步，高五丈，頭在南岸，尾在中渚，河平侯祠即斯祠也。河水又東逕平縣故城北。漢武帝元朔三年，封濟北貞王子劉遂爲侯國，王莽之所謂治平矣，俗謂之小平也。有高祖講武場，河北側岸有二城相對，置北中郎府，徙諸徒隸府户，並羽林虎賁領隊防之。河水南對首陽山，《春秋》所謂首戴也。《夷齊之歌》所以曰登彼西山矣。上有夷齊之廟，前有二碑，竝是後漢河南尹廣陵陳導、雒陽令徐循,與處士平原蘇騰、南陽何進等立,事見其碑。又有周公廟。魏氏起玄武觀于芒垂,張景陽《玄武觀賦》所謂高樓特起,竦跱岧嶢,直亭亭以孤立,延千里之清飈也。朝廷又置冰室于斯阜,室内有冰井。《春秋左傳》曰:日在北陸而藏冰。常以十二月採冰于河津之隘,峽石之阿,北陰之中,即《邠詩》:二之日鑿冰沖沖矣。而内于井室,所謂納于凌陰者也。河南有鉤陳壘,世傳武王伐紂,八百諸侯所會處,《尚書》所謂不期同時也。紫微有鉤陳之宿,主鬬訟兵陣,故遁甲攻取之法,以所攻神與鉤陳並氣,下制所臨之辰,則決禽敵,是以壘資其名矣。河水于斯,有盟津之目。《論衡》曰:武王伐紂,升舟,陽侯波起,疾風逆流,武王操黄鉞而麾之,風波畢除,中流,白魚入于舟,燔以告天,與八百諸侯咸同此盟。《尚書》所謂不謀同辭也。故曰孟津,亦曰盟津。《尚書》所謂東至于孟津者也,又曰富平津。《晉陽秋》曰:杜預造河橋于富平津,所謂造舟爲梁也。又謂之爲陶河。魏尚書僕射杜畿,以帝將幸許,試樓船,覆于陶河,謂此也。昔禹治洪水,觀于河,見白面長人,魚身,出曰:吾河精也。授禹《河圖》而還于淵。及子朝篡位,與敬王戰,乃取周之寶玉,沈河以祈福。後二日,津人得之于河上,將賣之,則變而爲石;及敬王位定,得玉者獻之,復爲玉也。河水又東,湨水入焉。《山海經》曰:和山,上無草木,而多瑶碧,寔惟河之九都。是山也,五曲,九水出焉,合而北流,注于河。其陽多蒼玉,吉神泰逢司之,是于萯山之陽,出入有光。《吕氏春秋》曰:夏后氏孔甲,田于東陽萯山,遇大風雨,迷惑,入于民室。皇甫謐《帝王世紀》以爲即東首陽山也。蓋是山之殊目矣。今于首陽東山,無水以應之,當是今古世懸,川域改狀矣。昔帝堯脩壇河、洛,擇良議沈,率舜等升于首山,而遵河渚,有五老遊焉。相謂《河圖》將來,告帝以期,知我者,重瞳也。五老乃翻爲流星而升于昴,即于此也。又東,濟水注焉。

又東過鞏縣北,

河水于此有五社渡,爲五社津[③]。建武元年,朱鮪遣持節使者賈彊、討難將軍蘇茂,將三萬人,從五社津渡,攻温。馮異遣校尉與寇恂合擊之,大敗,追至河上,生擒萬餘人,投河而死者數千人。縣北有山臨河,謂之崟原丘。其下有穴,謂之鞏穴,言潛通淮浦,北達于河。直穴有渚,謂之鮪渚。成公子安《大河賦》曰:鱣鯉王鮪,春暮來遊。《周禮》:春薦鮪。然非時及佗處則無。故河自鮪穴已上,又兼鮪稱。《吕氏春秋》稱武王伐紂至鮪水,紂使膠鬲候周師,即是處矣。

洛水從縣西,北流注之。

洛水于鞏縣,東逕洛汭,北對琅邪渚,入于河,謂之洛口矣。自縣西來,而北流注河，清濁異流，皦焉殊别。應瑒《靈河賦》曰：資靈川之遐源，出崑崙之神丘，涉津洛之阪泉，播九道于中州者也。

又東過成臯縣北，濟水從北來注之。

河水自洛口又東，左逕平臯縣[4]南，又東逕懷縣南，濟水故道之所入，與成臯分河。河水右逕黄馬坂北，謂之黄馬關。孫登之去楊駿，作書與洛中故人處也。河水又東逕旋門坂北，今成臯西大坂者也。升陟此坂，而東趣成臯也。曹大家《東征賦》曰：望河、洛之交流，看成臯之旋門者也。河水又東逕成臯大伾山下，《爾雅》曰：山一成謂之伾。許慎、吕忱等，竝以爲丘一成也。孔安國以爲再成曰伾，亦或以爲地名，非也。《尚書・禹貢》曰：過洛汭，至大伾者也。鄭康成曰：地喉[5]也，沇出伾際矣。在河内脩武、武德之界，濟沇之水與滎播澤出入自此。然則大伾即是山矣。伾北，即《經》所謂濟水從北來注之者也。今濟水自温縣入河，不于此也。所入者，奉溝水耳，即濟沇之故瀆矣。成臯縣之故城在伾上，縈帶伾阜，絶岸峻周，高四十許丈，城張翕險，崎而不平。《春秋傳》曰：制，巖邑也，虢叔死焉，即東虢也。魯襄公二年七月，晉成公與諸侯會于戚，遂城虎牢以逼鄭求平也。蓋脩故耳。《穆天子傳》曰：天子射鳥獵獸于鄭圃，命虞人掠林，有虎在于葭中，天子將至，七萃之士高奔戎生捕虎而獻之天子，命之爲柙，畜之東虢，是曰虎牢矣。然則虎牢之名，自此始也。秦以爲關，漢乃縣之。城西北隅有小城，周三里，北面列觀，臨河岧岧孤上。景明中，言之壽春，路值兹邑，升眺清遠，勢盡川陸，羈途遊至，有傷深情。河水南對玉門，昔漢祖與滕公潛出，濟于是處也。門東對臨河，側岸有土穴，魏攻北司州刺史毛德祖于虎牢，戰經二百日，不克。城惟一井，井深四十丈，山勢峻峭，不容防捍，潛作地道取井。余頃因公至彼，故往尋之，其穴處猶存。河水又東合汜水[6]，水南出浮戲山，世謂之曰方山也。北流合東關水[7]。水出嵩渚之山，泉發于層阜之上，一源兩枝，分流瀉注，世謂之石泉水也。東爲索水，西爲東關之水。西北流，楊蘭水注之，水出非山，西北流注東關水。東關水又西北，清水入焉。水自東浦西流，與東關水合，而亂流注于汜。汜水又北，右合石城水，水出石城山，其山複澗重嶺，攲疊若城，山頂泉流，瀑布懸瀉，下有濫泉，東流洩注，邊有數十石畦，畦有數野蔬，巖側石窟數口，隱跡存焉，而不知誰所經始也。又東北流注于汜水。汜水又北合鄤水，水西出婁山，至冬則煖，故世謂之温泉。東北流逕田鄤谷，謂之田鄤溪水，東流注于汜水。汜水又北逕虎牢城東，漢破司馬欣、曹咎于是水之上。汜水又北流注于河。《征艱賦》所謂步汜口之芳草，弔周襄之鄙館者也。余按昔儒之論，周襄所居在潁川襄城縣，是乃城名，非爲水目，原夫致謬之由，俱以汜鄭爲名故也，是爲爽矣。又按郭緣生《述征記》、劉澄之《永初記》，竝言高祖即帝位于是水之陽，今不復知舊壇所在,盧諶、崔雲,亦言是矣。余按高皇帝受天命于定陶汜水,不在此也。于是求壇,故無髣髴矣。河水又東逕板城北,有津,謂之板城渚口。河水又東逕五龍塢北,塢臨長河,有五龍祠。應劭云:崑崙山廟在河南滎陽縣。疑即此祠,所未詳。

又東過滎陽縣北,蒗蕩渠[8]出焉。

大禹塞滎澤,開之以通淮、泗。即《經》所謂蒗蕩渠也。漢平帝之世,河、汴決壞,未及得脩,汴渠東侵,日月彌廣,門閭故處,皆在水中。漢明帝永平十二年,議治汳渠,上乃引樂浪人王景問水形便,景陳利害,應對敏捷,帝甚善之,乃賜《山海經》、《河渠書》、《禹貢圖》及以錢帛。後作隄,發卒數十萬,詔景與將作謁者王吳治渠,築隄防脩堨,起自滎陽,東至千乘海口,千有餘里,景乃商度地勢,鑿山開澗,防遏衝要,疏決壅積,十里一水門,更相迴注,無復滲漏之患。明年渠成,帝親巡行,詔濱河郡國置河隄員吏,如西京舊制。景由是顯名,王吳及諸從事者,皆增秩一等。順帝陽嘉中,又自汴口以東,緣河積石,爲堰通渠,咸曰金隄。靈帝建寧中,又增脩石門,以遏渠口。水盛則通注,津耗則輟流。河水又東北逕卷之扈亭北,《春秋左傳》曰:文公七年,晉趙盾與諸侯盟于扈。《竹書紀年》:晉出公十二年,河絕于扈。即于是也。河水又東逕八激隄北。漢安帝永初七年,令謁者太山于岑,于石門東積石八所,皆如小山,以捍衝波,謂之八激隄。河水又東逕卷縣北,晉、楚之戰,晉軍爭濟,舟中之指可掬,楚莊祀河告成而還,即是處也。河水又東北逕赤岸固北,而東北注。

又東北過武德縣東,沁水從西北來注之。

河水自武德縣。漢獻帝延康元年,封曹叡爲侯國,即魏明帝也。東至酸棗縣西,濮水東出焉。漢興三十有九年,孝文時,河決酸棗,東潰金隄,大發卒塞之。故班固云:文堙棗野,武作《瓠歌》。謂斷此口也。今無水。河水又東北,通謂之延津。石勒之襲劉曜,途出于此,以河冰泮爲神靈之助,號是處爲靈昌津。昔澹臺子羽齎千金之璧渡河,陽侯波起,兩蛟夾舟。子羽曰:吾可以義求,不可以威劫。操劒斬蛟,蛟死波休,乃投璧于河。三投而輒躍出,乃毁璧而去,示無吝意。趙建武中,造浮橋于津上,採石爲中濟,石無大小,下輒流去,用工百萬,經年不就。石虎親閱作工,沈璧于河,明日,璧流渚上,波蕩上岸,遂斬匠而還。河水又逕東燕縣故城北[9],河水于是有棘津之名,亦謂之石濟津,故南津也。《春秋》僖公二十八年,晉將伐曹,曹在衛東,假道于衛,衛人不許,還自南河濟,即此也。晉伐陸渾,亦于此渡。宋元嘉中,遣輔國將軍蕭斌,率寧朔將軍王玄謨北入,宣威將軍垣護之,以水軍守石濟，即此處也。河水又東，淇水入焉。又東逕遮害亭南，《漢書·溝洫志》曰：在淇水口東十八里，有金隄，隄高一丈。自淇口東，地稍下，隄稍高，至遮害亭，高四五丈。又有宿胥口，舊河水北入處也。河水又東，右逕滑臺城北，城有三重，中小城謂之滑臺城，舊傳滑臺人自脩築此城，因以名焉。城即故鄭廩延邑也，下有延津。《春秋傳》曰：孔悝爲蒯聵所逐，載伯姬于平陽，行于延津是也。廩延南故城，即衛之平陽亭也，今時人謂此津爲延壽津。宋元嘉中，右將軍到彦之，留建威將軍朱脩之守此城，魏軍南伐，脩之執節不下，其母悲憂，一旦乳汁驚出，母乃號踊，告家人曰：我年老，非有乳時，今忽如此，吾兒必没矣。脩之絶援，果以其日陷没。城，故東郡治。《續漢書》曰：延熹九年，濟陰、東郡、濟北、平原，河水清。襄楷上疏曰：《春秋》注記未有河清，而今有之。《易乾鑿度》曰：上天將降嘉應，河水先清。京房《易傳》曰：河水清，天下平，天垂異，地吐妖，民厲疫，三者並作而有河清，《春秋》，麟不當見而見，孔子書以爲異。河者，諸侯之象；清者，陽明之徵。豈獨諸侯有窺京師也。明年，宫車宴駕，徵解瀆侯爲漢嗣，是爲靈帝。建寧四年二月，河水又清也。

又東北過黎陽縣南，

黎，侯國也。《詩·式微》，黎侯寓于衛是也。晉灼曰：黎山在其南，河水逕其東。其山上《碑》云：縣取山之名，取水之陽，以爲名也。王莽之黎蒸[10]也。今黎山之東北故城，蓋黎陽縣之故城也。山在城西，城憑山爲基，東阻于河。故劉楨《黎陽山賦》曰：南蔭黄河，左覆金城，青壇承祀，高碑頌靈。昔慕容玄明自鄴率衆南徙滑臺，既無舟楫，將保黎陽，昏而流凘冰合，于夜中濟訖，旦而冰泮，燕民謂是處爲天橋津[11]。東岸有故城，險帶長河，戴延之謂之逯明壘，周二十里，言逯明，石勒十八騎中之一，城因名焉。郭緣生曰：城，袁紹時築。皆非也。余按《竹書紀年》，梁惠成王十一年，鄭釐侯使許息來致地，平丘、户牖、首垣諸邑，及鄭馳道[12]，我取枳道與鄭鹿，即是城也。今城内有故臺，尚謂之鹿鳴臺，又謂之鹿鳴城。王玄謨自滑臺走鹿鳴者也。濟取名焉，故亦曰鹿鳴津，又曰白馬濟[13]。津之東南有白馬城，衛文公東徙，渡河都之，故濟取名焉。袁紹遣顔良攻東郡太守劉延于白馬，關羽爲曹公斬良以報效，即此處也。白馬有韋鄉、韋城，故津亦有韋津之稱。《史記》所謂下脩武，渡韋津者也。河水舊于白馬縣南泆通濮、濟、黄溝，故蘇代説燕曰：決白馬之口，魏無黄、濟陽。《竹書紀年》，梁惠成王十二年，楚師出河水，以水長垣之外者也。金隄既建，故渠水斷，尚謂之白馬瀆，故瀆東逕鹿鳴城南，又東北逕白馬縣之涼城北。《耆舊傳》云：東郡白馬縣之神馬亭，實中層峙，南北二百步，東西五十許步，狀丘斬城也。自外耕耘墾斫，削落平盡，正南有躔陛陟上，方軌是由，西南側城有神馬寺,樹木脩整,西去白馬津可二十許里,東南距白馬縣故城可五十里,疑即《開山圖》之所謂白馬山也。山下常有白馬羣行,悲鳴則河決,馳走則山崩。《注》云:山在鄭北,故鄭也,所未詳。劉澄之云:有白馬塞,孟達登之長歎。可謂于川土疎妄矣。亭上舊置涼城縣,治此。白馬瀆又東南逕濮陽縣,散入濮水,所在決會,更相通注,以成往復也。河水自津東北逕涼城縣,河北有般祠。《孟氏記》云:祠在河中,積石爲基,河水漲盛,恒與水齊。戴氏《西征記》曰:今見祠在東岸,臨河累石爲壁,其屋宇容身而已。殊似無靈,不如孟氏所記,將恐言之過也。河水又東北,逕伍子胥廟南,祠在北岸頓丘郡界,臨側長河。廟前有碑,魏青龍三年立。河水又東北爲長壽津。《述征記》曰:涼城到長壽津六十里,河之故瀆出焉。《漢書·溝洫志》曰:河之爲中國害尤甚,故導河自積石,歷龍門,二渠以引河。一則漯川,今所流也。一則北瀆,王莽時空,故世俗名是瀆爲王莽河也。故瀆東北逕戚城西,《春秋》哀公二年,晉趙鞅率師,納衛太子蒯聵于戚,宵迷,陽虎曰:右河而南必至焉。今頓丘衛國縣西戚亭是也。爲衛之河上邑。漢高帝十二年,封將軍李必爲侯國矣。故瀆又逕繁陽縣故城東,《史記》,趙將廉頗伐魏取繁陽者也。北逕陰安縣故城西,漢武帝元朔五年,封魏不疑爲侯國。故瀆又東北逕樂昌縣故城東,《地理志》,東郡之屬縣也,漢宣帝封王稚君爲侯國。故瀆又東北逕平邑郭西,《竹書紀年》:晉烈公二年,趙城平邑;五年,田公子居思伐邯鄲,圍平邑;九年,齊田肦及邯鄲韓舉,戰于平邑,邯鄲之師敗逋,獲韓舉,取平邑新城。又東北逕元城縣故城西北,而至沙丘堰[14]。《史記》曰:魏武侯公子元食邑于此,故縣氏焉。郭東有五鹿墟,墟之左右多陷城。《公羊》曰:襲邑也。《説》曰:襲,陷矣。《郡國志》曰:五鹿[15],故沙鹿,有沙亭。周穆王喪盛姬,東征舍于五鹿,其女叔㜪屆此思哭,是曰女㜪之丘,爲沙鹿[16]之異名也。《春秋左傳》僖公十四年,沙鹿崩。晉史卜之曰:陰爲陽雄,土火相乘,故有沙鹿崩。後六百四十五年,宜有聖女興,其齊田乎?後王翁孺自濟南徙元城,正直其地,日月當之。王氏爲舜後,土也,漢火也,王禁生政君,其母夢見月入懷,年十八,詔入太子宫,生成帝,爲元后。漢祚道汙,四世稱制,故曰:火土相乘而爲雄也。及崩,大夫揚雄作誄曰:太陰之精,沙鹿之靈,作合于漢,配元生成者也。獻帝建安中,袁紹與曹操相禦于官渡,紹逼大司農鄭玄載病隨軍,屆此而卒。郡守已下受業者,衰絰赴者千餘人。玄注《五經》、《讖緯》、《候》、《歷》、《天文經》通于世,故范曄《贊》曰:孔書遂明,漢章中輟矣。縣北有沙丘堰,堰障水也。《尚書·禹貢》曰:北過降水。不遵其道曰降,亦曰潰,至于大陸,北播爲九河。《風俗通》曰:河播也,播爲九河自此始也。《禹貢》沇州:九河既道。謂徒駭、太史、馬頰、覆釜、胡蘇、簡、潔、句盤、鬲津也,同爲逆河。鄭玄曰:下尾合曰逆河。言相迎受矣。蓋疏潤下之勢,以通河海,及齊桓霸世,塞廣田居,同爲一河。故自堰以北,館陶、廮陶、貝丘、鬲、般、廣川、信都、東光、河間、樂城以東,城地竝存,川瀆多亡。漢世河決金隄,南北離其害,議者常欲求九河故迹而穿之,未知其所。是以班固云:自兹距漢,北亡八枝者也。河之故瀆,自沙丘堰南分,屯氏河出焉。河水故瀆東北逕發干縣故城西,又屈逕其北,王莽之所謂戢栒矣。漢武帝以大將軍衛青破右賢王功,封其子登爲侯國。大河故瀆又東逕貝丘縣故城南。應劭曰:《左氏傳》,齊襄公田于貝丘是也。余按京相璠、杜預竝言在博昌,即司馬彪《郡國志》所謂貝中聚者也。應《注》于此事近違矣。大河故瀆又東逕甘陵縣故城南,《地理志》之所謂厝也,王莽改曰厝治者也。漢安帝父孝德皇,以太子被廢爲王,薨于此,乃葬其地,尊陵曰甘陵,縣亦取名焉。桓帝建和二年,改清河曰甘陵。是周之甘泉市地也。陵在瀆北,丘墳高巨,雖中經發壞,猶若層陵矣,世謂之唐侯冢。城曰邑城,皆非也。昔南陽文叔良,以建安中爲甘陵丞,夜宿水側,趙人蘭襄夢求改葬,叔良明循水求棺,果于水側得棺,半許落水。叔良顧親舊曰:若聞人傳此,吾必以爲不然。遂爲移殯,醊而去之。大河故瀆又東逕艾亭城南,又東逕平晉城南,今城中有浮圖五層,上有金露盤,題云:趙建武八年,比釋道龍和上竺浮圖澄,樹德勸化,興立神廟。浮圖已壞,露盤尚存,煒煒有光明。大河故瀆又東北逕靈縣故城南,王莽之播亭也。河水于縣别出爲鳴犢河。河水故瀆又東逕鄃縣故城東,吕后四年,以父嬰功,封子佗襲爲侯國,王莽更名之曰善陸。大河故瀆又東逕平原縣故城西,而北絶屯氏三瀆,北逕繹幕縣[17]故城東北,西流逕平原鬲縣故城西。《地理志》曰:鬲,津也,王莽名之曰河平亭,故有窮后羿國也。應劭曰:鬲,偃姓,咎繇後。光武建武十三年,封建義將軍朱祐爲侯國。大河故瀆又北逕脩縣故城東,又北逕安陵縣西,本脩之安陵鄉也。《地理風俗記》曰:脩縣東四十里有安陵鄉,故縣也。又東北至東光縣故城西,而北與漳水合。一水分大河故瀆,北出爲屯氏河,逕館陶縣東,東北出。《漢書·溝洫志》曰:自塞宣防,河復北決于館陶縣,分爲屯氏河,廣深與大河等。成帝之世,河決館陶及東郡金隄,上使河隄謁者王延世塞之,三十六日隄成,詔以建始五年爲河平元年,以延世爲光禄大夫,是水亦斷。屯氏故瀆水之又東北,屯氏别河出焉。屯氏别河故瀆又東北逕信成縣,張甲河出焉。《地理志》,張甲河首受屯氏别河于信成縣者也。張甲河故瀆北絶清河于廣宗縣,分爲二瀆,左瀆逕廣宗縣故城西,又北逕建始縣故城東。田融云:趙武帝十二年,立建興郡,治廣宗,置建始、興德五縣隸焉。左瀆又北逕經城東、繚城西,又逕南宫縣西,北注絳瀆。右瀆東北逕廣宗縣故城南,又東北逕界城亭北,又東北逕長樂郡棗彊縣[18]故城東。長樂,故信都也,晉太康五年,改從今名。又東北逕廣川縣,與絳瀆水故道合。又東北逕廣川縣故城西,又東逕棘津亭南[19],徐廣曰:棘津在廣川。司馬彪曰:縣北有棘津城,吕尚賣食之困,疑在此也。劉澄之云:譙郡酇縣東北有棘津亭,故邑也,吕尚所困處也。余按《春秋左傳》,伐巢、克棘、入州來,無津字。杜預《春秋釋地》又言:棘亭在酇縣東北,亦不云有津字矣。而竟不知澄之于何而得是説?然天下以棘爲名者多,未可咸謂之棘津也。又《春秋》昭公十七年,晉侯使荀吴帥師涉自棘津,用牲于洛,遂滅陸渾。杜預《釋地》闕而不書。服虔曰:棘津,猶孟津也。徐廣《晉紀》又言:石勒自葛陂寇河北,襲汲人向冰于枋頭,濟自棘。棘津在東郡、河内之間,田融以爲即石濟南津也。雖千古茫昧,理世玄遠,遺文逸句,容或可尋,沿途隱顯,方土可驗。司馬遷云:吕望,東海上人也,老而無遇,以釣干周文王。又云:吕望行年五十,賣食棘津;七十,則屠牛朝歌;行年九十,身爲帝師。皇甫士安云:欲隱東海之濱,聞文王善養老,故入釣于周。今汲水城亦言有吕望隱居處。起自東海,迄于酆雍,緣其逕趣,趙、魏爲密,厝之譙、宋,事爲疎矣。張甲故瀆又東北至脩縣東會清河。《十三州志》曰:張甲河東北至脩縣入清漳者也。屯氏别河又東,枝津出焉,東逕信成縣故城南,又東逕清陽縣故城南,清河郡北,魏自清陽徙置也。又東北逕陵鄉南,又東北逕東武城縣故城南,又東北逕東陽縣故城南。《地理志》曰:王莽更之曰胥陵矣。俗人謂之高黎郭,非也。應劭曰:東武城東北三十里有陽鄉,故縣也。又東散絶,無復津逕。屯氏别河又東北逕清河郡南,又東北逕清河故城西。漢高帝六年,封王吸爲侯國。《地理風俗記》曰:甘陵郡東南十七里有清河故城者,世謂之鵲城也。又東北逕繹幕縣南,分爲二瀆,屯氏别河北瀆東逕繹幕縣故城南,東絶大河故瀆,又東北逕平原縣,枝津北出,至安陵縣遂絶。屯氏别河北瀆又東北逕重平縣故城南。應劭曰:重合縣西南八十里有重平鄉,故縣也。又東北逕重合縣故城南,又東北逕定縣故城南。漢武帝元朔四年,封齊孝王子劉越爲侯國。《地理風俗記》曰:饒安縣東南三十里有定鄉城,故縣也。屯氏别河北瀆又東入陽信縣,今無水。又東爲咸河,東北流逕陽信縣故城北。《地理志》,渤海之屬縣也,東注于海。屯氏别河南瀆自平原東絶大河故瀆,又逕平原縣故城北,枝津右出,東北至安德縣界,東會商河。屯氏别河南瀆又東北于平原界,又有枝渠右出,至安德縣遂絶。屯氏别河南瀆自平原城北首受大河故瀆,東出,亦通謂之篤馬河。即《地理志》所謂平原縣有篤馬河,東北入海,行五百六十里者也。東北逕安德縣故城西,又東北逕臨齊城南。始東齊未賓,大魏築城以臨之,故城得其名也。又屈逕其城東,故瀆廣四十步,又東北逕重丘縣故城西。《春秋》襄公二十五年,秋,同盟于重丘,伐齊故也。應劭曰:安德縣北五十里有重丘鄉,故縣也。又東北逕西平昌縣故城北,北海有平昌縣,故加西。漢宣帝元康元年,封王長君爲侯國。

故渠川派,東入般縣爲般河。蓋亦九河之一道也。《後漢書》稱公孫瓚破黄巾于般河,即此瀆也。又東爲白鹿淵水,南北三百步,東西千餘步,深三丈餘。其水冬清而夏濁,渟而不流,若夏水洪泛,水深五丈,方乃通注。般瀆又逕般縣故城北,王莽更之曰分明也。東逕樂陵縣故城北。《地理志》曰:故都尉治。伏琛、晏謨言平原邑,今分爲郡。又東北逕陽信縣故城南,東北入海。屯氏河故瀆自别河東逕甘陵之信鄉縣故城南。《地理志》曰:安帝更名安平。應劭曰:甘陵西北十七里有信鄉,故縣也。屯氏故瀆又東逕甘陵縣故城北,又東逕靈縣北,又東北逕鄃縣,與鳴犢河故瀆合,上承大河故瀆于靈縣南。《地理志》曰:河水自靈縣别出爲鳴犢河者也。東北逕靈縣東,東入鄃縣,而北合屯氏瀆。屯氏瀆兼鳴犢之稱也。又東逕鄃縣故城北,東北合大河故瀆,謂之鳴犢口。《十三州志》曰:鳴犢河東北至脩入屯氏,考瀆則不至也。

又東北過衛縣南,又東北過濮陽縣北,瓠子河出焉。

河水東逕鐵丘南,《春秋左氏傳》哀公二年,鄭罕達帥師,郵無恤御簡子,衛太子爲右,登鐵上,望見鄭師,衛太子自投車下,即此處也。京相璠曰:鐵,丘名也。杜預曰:在戚南。河之北岸,有古城[20],戚邑也。東城有子路冢,河之西岸有竿城。《郡國志》曰:衛縣有竿城者也。河南有龍淵宫,武帝元光中,河決濮陽,氾郡十六,發卒十萬人塞決河,起龍淵宫。蓋武帝起宫于決河之傍,龍淵之側,故曰龍淵宫也。河水東北流而逕濮陽縣北,爲濮陽津。故城在南與衛縣分水,城北十里有瓠河口,有金隄、宣房堰。粵在漢世,河決金隄,涿郡王尊,自徐州刺史遷東郡太守,河水盛溢,泛浸瓠子,金隄決壞,尊躬率民吏,投沈白馬,祈水神河伯,親執圭璧,請身填隄,廬居其上,民吏皆走,尊立不動,而水波齊足而止。公私壯其勇節。河水又東北逕衛國縣南,東爲郭口津[21]。河水又東逕鄄城縣北,故城在河南十八里,王莽之鄄良也,沇州舊治。魏武創業始自于此。河上之邑最爲峻固。《晉八王故事》曰:東海王越治鄄城,城無故自壞七十餘丈,越惡之,移治濮陽。城南有魏使持節征西將軍太尉方城侯鄧艾廟,廟南有《艾碑》,秦建元十二年,廣武將軍沇州刺史關内侯安定彭超立。河之南岸有新城,宋寧朔將軍王玄謨前鋒入河所築也。北岸有新臺,鴻基層廣高數丈,衛宣公所築新臺矣。《詩》齊姜所賦也。爲廬關津。臺東有小城,崎嶇頹側,臺址枕河,俗謂之邸閣城。疑故關津都尉治也,所未詳矣。河水又東北逕范縣之秦亭西,《春秋經》書築臺于秦者也。河水又東北逕委粟津,大河之北,即東武陽縣也。左會浮水故瀆,故瀆上承大河于頓丘縣而北出,東逕繁陽縣故城南。應劭曰:縣在繁水之陽。張晏曰:縣有繁淵。《春秋》襄公二十年,《經》書公與晉侯、齊侯盟于澶淵。杜預曰:在頓丘縣南,今名繁淵。澶淵,即繁淵也,亦謂之浮水焉。昔魏徙大梁,趙以中牟易魏。故《志》曰:趙南至浮水繁陽。即是瀆也。故瀆東絶大河,故瀆東逕五鹿之野,晉文公受塊于野人,即此處矣。京相璠曰:今衛縣西北三十里,有五鹿城,今屬頓丘縣。浮水故瀆又東南逕衛國邑城北,故衛公國也。漢光武以封周後也。又東逕衛國縣故城南,古斟觀。應劭曰:夏有觀扈,即此城也。《竹書紀年》:梁惠成王二年,齊田壽率師伐我,圍觀,觀降。浮水故瀆又東逕河牧城而東北出。《郡國志》曰:衛本觀故國,姚姓。有河牧城,又東北入東武陽縣,東入河。又有漯水[22]出焉,戴延之謂之武水也[23]。河水又東逕武陽縣東、范縣西而東北流也。

又東北過東阿縣北,

河水于范縣東北流爲倉亭津。《述征記》曰:倉亭津在范縣界,去東阿六十里。《魏土地記》曰:津在武陽縣東北七十里,津,河濟名也。河水右歷柯澤,《春秋左傳》襄公十四年,衛孫文子敗公徒于阿澤者也。又東北逕東阿縣故城西,而東北出流注河水。枝津東出,謂之鄧里渠也。

又東北過茌平縣西,

河自鄧里渠東北逕昌鄉亭北,又東北逕碻磝城[24]西,《述征記》曰:碻磝,津名也,自黄河泛舟而渡者,皆爲津也。其城臨水,西南崩于河。宋元嘉二十七年,以王玄謨爲寧朔將軍,前鋒入河,平碻磝,守之[25]。都督劉義恭以沙城不堪守,召玄謨令毁城而還,後更城之。魏立濟州,治此也。河水衝其西南隅,又崩于河,即故茌平縣也。應劭曰:茌,山名也,縣在山之平地,故曰茌平也,王莽之功崇矣。《經》曰大河在其西,鄧里渠歷其東,即斯邑也。昔石勒之隸師懽,屯耕于茌平,聞鼓角鞞鐸之聲于是縣也。西與聊城分河。河水又東北與鄧里渠合,水上承大河于東阿縣西,東逕東阿縣故城北,故衛邑也。應仲瑗曰:有西,故稱東。魏封曹植爲王國。大城北門内西側,皐上有大井,其巨若輪,深六七丈,歲嘗煮膠,以貢天府。《本草》所謂阿膠也。故世俗有阿井之名。縣出佳繒縑,故《史記》云:秦昭王服太阿之劍,阿縞之衣也。又東北逕臨邑縣,與將渠合。又北逕茌平縣東,臨邑縣故城西,北流入于河。河水又東北流逕四瀆津,津西側岸。臨河有四瀆祠,東對四瀆口。河水東分濟,亦曰濟水受河也。然滎口石門水斷不通,始自是出東北流,逕九里與清水合。故濟瀆也。自河入濟,自濟入淮,自淮達江,水徑周通,故有四瀆之名也。昔趙殺鳴犢,仲尼臨河而歎,自是而返曰:丘之不濟,命也。夫《琴操》以爲孔子臨狄水而歌矣。曰:狄水衍兮風揚波,船楫顛倒更相加。余按臨濟,故狄也。是濟所逕,得其通稱也。河水又逕楊墟縣[26]之故城東,俗猶謂是城曰陽城矣。河水又逕茌平城東,疑縣徙也。城内有故臺，世謂之時平城，非也。蓋茌、時音相近耳。

又東北過高唐縣東，

河水于縣，漯水注之。《地理志》曰：漯水出東武陽。今漯水上承河水于武陽縣東南，西北逕武陽新城東，曹操爲東郡所治也。引水自東門石竇北注于堂池，池南故基尚存。城内有一石甚大，城西門名冰井門，門内曲中，冰井猶存。門外有故臺，號武陽臺，帀臺亦有隅雉遺迹。水自城東北逕東武陽縣故城南。應劭曰：縣在武水之陽，王莽之武昌也。然則漯水亦或武水矣。臧洪爲東郡太守，治此。曹操圍張超于雍丘，洪以情義，請袁紹救之，不許，洪與紹絶。紹圍洪，城中無食，洪呼吏士曰：洪于大義，不得不死，諸君無事，空與此禍。衆泣曰：何忍捨明府也。男女八千餘人，相枕而死。洪不屈，紹殺洪。邑人陳容爲丞，謂曰：寧與臧洪同日死，不與將軍同日生。紹又殺之，士爲傷歎。今城四周，紹圍郭尚存。水帀隍塹，于城東北合爲一瀆，東北出郭，逕陽平縣之岡成城西。《郡國志》曰：陽平縣有岡成亭。又北逕陽平縣故城東，漢昭帝元平元年，封丞相蔡義爲侯國。漯水又北絶莘道，城之西北，有莘亭。《春秋》桓公十六年，衛宣公使伋使諸齊，令盗待于莘，伋、壽繼殞于此亭。京相璠曰：今平原陽平縣北十里，有故莘亭，阸限蹊要，自衛適齊之道也。望新臺于河上，感二子于夙齡，詩人《乘舟》，誠可悲矣。今縣東有二子廟，猶謂之爲孝祠矣。漯水又東北逕樂平縣故城東，縣，故清也。漢高帝八年，封室中同于清，宣帝封許廣漢少弟翁孫于樂平，竝爲侯國。王莽之清治矣。漢章帝建初中，更從今名也。漯水又北逕聊城縣故城西，城内有金城，周帀有水，南門有馳道，絶水南出，自外泛舟而行矣。東門側有層臺，秀出雲表，魯仲連所謂還高唐之兵，卻聊城之衆者也。漯水又東北逕清河縣故城北，《地理風俗記》曰：甘陵，故清河。清河在南十七里，今于甘陵縣故城東南，無城以擬之。直東二十里有艾亭城，東南四十里有此城，擬即清河城也。後蠻居之，故世稱蠻城也。漯水又東北逕文鄉城東南，又東北逕博平縣故城南，城内有層臺秀上，王莽改之曰加睦也。右與黄溝同注川澤。黄溝承聊城郭水，水泛則津注，水耗則輟流。自城東北出，逕清河城南，又東北逕攝城北，《春秋》所謂聊攝以東也。俗稱郭城，非也。城東西三里，南北二里，東西隅有金城，城卑下，墟郭尚存，左右多墳壠。京相璠曰：聊城縣東北三十里有故攝城，今此城西去聊城二十五六里許，即攝城[27]者也。又東逕文鄉城北，又東南逕王城北。魏太常七年，安平王鎮平原所築，世謂之王城。太和二十三年，罷鎮立平原郡，治此城也。黄溝又東北流，左與漯水隱覆，勢鎮河陸，東出于高唐縣，大河右迆，東注漯水矣。桑欽《地理志》曰：漯水出高唐。余按《竹書·穆天子傳》稱：丁卯，天子自五鹿東征，釣于漯水，以祭淑人，是曰祭丘；己巳，天子東征，食馬于漯水之上。尋其沿歷逕趣,不得近出高唐也。桑氏所言,蓋津流所出,次于是間也。俗以是水上承于河,亦謂之源河矣。漯水又東北逕援縣故城西,王莽之東順亭也。杜預《釋地》曰:濟南祝阿縣西北有援城。漯水又東北逕高唐縣故城東。昔齊威王使肸子守高唐,趙人不敢漁于河,即魯仲連子謂田巴曰:今楚軍南陽,趙伐高唐者也。《春秋左傳》哀公十年,趙鞅帥師伐齊,取犂[28]及轅,毀高唐之郭。杜預曰:轅即援也。祝阿縣西北有高唐城。漯水又東北逕漯陰縣[29]故城北。縣,故犂邑也,漢武帝元光三年封匈奴降王,王莽更名翼城。歷北漯陰城南。伏琛謂之漯陽,城南有《魏沇州刺史劉岱碑》。《地理風俗記》曰:平原漯陰縣,今巨漯亭是也。漯水又東北逕著縣故城南,又東北逕崔氏城北。《春秋左傳》襄公二十七年,崔成請老于崔者也。杜預《釋地》曰:濟南東朝陽縣西北有崔氏城。漯水又東北逕東朝陽縣故城南,漢高帝七年,封都尉宰寄爲侯國。《地理風俗記》曰:南陽有朝陽縣,故加東。《地理志》曰:王莽之脩治也。漯水又東逕漢徵君伏生墓南,碑碣尚存,以明《經》爲秦博士。秦坑[30]儒士,伏生隱焉。漢興,教于齊、魯之間,撰《五經》、《尚書大傳》,文帝安車徵之。年老不行,乃使掌故歐陽生等受《尚書》于徵君,號曰伏生者也。漯水又東逕鄒平縣故城北,古鄒侯國,舜後姚姓也。又東北逕東鄒城北。《地理志》,千乘郡有東鄒縣。漯水又東北逕建信縣故城北,漢高帝七年,封婁敬爲侯國。應劭曰:臨濟縣西北五十里有建信城,都尉治故城者也。漯水又東北逕千乘縣二城間,漢高帝六年,以爲千乘郡,王莽之建信也。章帝建初四年爲王國;和帝永元七年,改爲樂安郡,故齊地。伏琛曰:千乘城在齊城西北百五十里,隔會水,即漯水之別名也。又東北爲馬常坑[31],坑東西八十里,南北三十里,亂河枝流而入于海。河海之饒,兹焉爲最。《地理風俗記》曰:漯水東北至千乘入海,河盛則通津委海,水耗則微涓絕流。《書》:浮于濟、漯,亦是水者也。

又東北過楊虛縣東,商河出焉。

《地理志》:楊虛,平原之隸縣也。漢文帝四年,以封齊悼惠王子將閭爲侯國也。城在高唐城之西南,《經》次于此,是不比也。商河首受河水,亦漯水及澤水所潭也。淵而不流,世謂之清水。自此雖沙漲填塞,厥迹尚存。歷澤而北,俗謂之落里坑。逕張公城西,又北,重源潛發,亦曰小漳河,商、漳聲相近,故字與讀移耳。商河又北逕平原縣東,又逕安德縣故城南,又東北逕平昌縣故城南,又東逕般縣故城南,又東逕樂陵縣故城南,漢宣帝地節四年,封侍中史子長爲侯國。商河又東逕朸縣[32]故城南,高后八年,封齊悼惠王子劉辟光爲侯國,王莽更之曰張鄉。應劭曰:般縣東南六十里有朸鄉城,故縣也。沙溝水注之,水南出大河之陽,泉源之不合河者二百步,其水北流注商河。商河又東北流逕馬嶺城西北,屈而東注南轉,逕城東。城在河曲之中,東海王越斬汲桑于是城。商河又東北逕富平縣故城北,《地理志》曰:侯國也。王莽曰樂安亭。應劭曰:明帝更名厭次。闞駰曰:厭次縣本富平侯、車騎將軍張安世之封邑。非也。按《漢書》,昭帝元鳳六年,封右將軍張安世爲富平侯。薨,子延壽嗣國,在陳留别邑,在魏郡。《陳留風俗傳》曰:陳留尉氏縣安陵鄉,故富平縣也,是乃安世所食矣。歲入租千餘萬,延壽自以身無功德,何堪久居先人大國,上書請減户。天子以爲有讓,徙封平原,並食一邑,户口如故,而税減半。《十三州志》曰:明帝永平五年,改曰厭次矣。按《史記·高祖功臣侯者年表》,高帝六年,封元頃爲侯國。徐廣《音義》曰:《漢書》作爰類。是知厭次舊名,非始明帝,蓋復故耳。縣西有東方朔冢,冢側有祠,祠有神驗。水側有雲城,漢武帝元封四年,封齊孝王子劉信爲侯國也。商河又分爲二水,南水謂之長叢溝[33],東流傾注于海。溝南海側,有蒲臺,臺高八丈,方二百步。《三齊略記》曰:鬲城東南有蒲臺,秦始皇東遊海上,于臺上蟠蒲繫馬,至今每歲蒲生,縈委若有繫狀,似水楊,可以爲箭。今東去海三十里。北水世又謂之百薄瀆[34],東北流注于海水矣。大河又東北逕高唐縣故城西,《春秋左傳》襄公十九年,齊靈公廢太子光而立公子牙,以夙沙衛爲少傅,齊侯卒,崔杼逆光,光立,殺公子牙于句瀆之丘,衛奔高唐以叛。京相璠曰:本平原縣也,齊之西鄙也。大河逕其西而不出其東,《經》言出東,誤耳。大河又北逕張公城,臨側河湄,衛青州刺史張治此[35],故世謂之張公城。水有津焉,名之曰張公渡。河水又北逕平原縣故城東。《地理風俗記》曰:原,博平也,故曰平原矣。縣,故平原郡治矣。漢高帝六年置,王莽改曰河平也。晉灼曰:齊西有平原。河水東北過高唐,高唐,即平原也。故《經》言,河水逕高唐縣東。非也。按《地理志》曰:高唐,漯水所出,平原,則篤馬河導焉。明平原非高唐,大河不得出其東,審矣。大河右溢,世謂之甘棗溝,水側多棗,故俗取名焉。河盛則委泛,水耗則輟流。故溝又東北歷長隄,逕漯陰縣北,東逕著城北,東爲陂淀,淵潭相接,世謂之穢野薄[36]。河水又東北逕阿陽縣故城西,漢高帝六年,封郎中萬訢爲侯國。應劭曰:漯陰縣東南五十里有阿陽鄉,故縣也。

又東北過漯陽縣北,

河水自平原左逕安德城東,而北爲鹿角津。東北逕般縣、樂陵、朸鄉至厭次縣故城南,爲厭次河。漢安帝永初二年,劇賊畢豪等數百,乘船寇平原,縣令劉雄,門下小吏所輔,浮舟追至厭次津,與賊合戰,竝爲賊擒,求代雄,豪縱雄于此津,所輔可謂孝盡愛敬,義極君臣矣。河水右逕漯陰縣故城北,王莽之巨武縣[37]也。河水又東北爲漯沃津[38],在漯沃縣故城南,王莽之延亭者也。《地理風俗記》曰:千乘縣西北五十里有大河,河北有漯沃城,故縣也。魏改爲後部亭,今俗遂名之曰右輔城。河水又東逕千乘城北,伏琛之所謂千乘北城者也。

又東北過利縣北,又東北過甲下邑,濟水從西來注之,又東北入于海。

河水又東分爲二水,枝津東逕甲下城南,東南歷馬常坈注濟。《經》言濟水注河,非也。河水自枝津東北流,逕甲下邑北,世謂之倉子城。又東北流,入于海。《淮南子》曰:九折注于海,而流不絶者,崑崙之輸也,《尚書·禹貢》曰:夾右碣石入于河。《山海經》曰:碣石之山,繩水出焉,東流注于河。河之入海,舊在碣石,今川流所導,非禹瀆也。周定王五年,河徙故瀆。故班固曰:商竭,周移也。又以漢武帝元光二年,河又徙東郡,更注渤海。是以漢司空掾王璜言曰:往者,天嘗連雨,東北風,海水溢,西南出侵數百里。故張折[39]云:碣石在海中。蓋淪于海水也。昔燕、齊遼曠,分置營州,今城届海濱,海水北侵,城垂淪者半。王璜之言,信而有徵;碣石入海,非無證矣。

注释:

① 《注疏》本作"河水五"。《疏》:"戴無五字,又朱此下有漯水二字標目,趙同,戴删。"

② 冶坂城 《注箋》本、項本、乾隆《河南通志》卷六十九《古蹟志》十五引《水經注》均作"治坂城"。

③ 《後漢書·光武帝紀》"遣耿弇率彊弩將軍陳俊軍五社津"《注》引《水經注》:"鞏縣北有五社津。"當是此句下佚文。

④ 平臯縣 吴本、《注箋》本、項本、張本均作"平高縣"。

⑤ 《注疏》本《疏》:"朱'肱'訛作'喉',趙、戴同。會貞按:《古微書》稱《河圖絳象》云,東流至大伾山,名地肱。此'喉'爲'肱'之誤,今訂。"《注疏》本段熙仲《校記》:"按王鳴盛《尚書後案》以爲此必引《地説》之文,《地説》于大陸以爲地腹,與地喉義相類。《後案》又以導泲入于河,入也;爲滎,出也。鄭增成地喉之義。('喉',今據臺北本改'肱'。)"

⑥ 雍正《河南通志》卷十二《河防》一《鄭州·汜水》引《水經注》:"汜者,取水決復入之義,北逕虎牢城東北,又北由孤村嘴以下入河。"當是此段下佚文。

⑦ 東關水 黄本、吴本、《注箋》本、項本、沈本、張本、《五校》鈔本、《七校》本均作"車關水"。

⑧ 莨蕩渠 《大典》本、吴本、何校明鈔本、王校明鈔本、《五校》鈔本、《七校》本、《通典》卷一七七《州郡》七《古荆河州·河南府·洛州·河陰》引《水經注》、雍正《河南通志》卷十二《河防》一《鄭州》引《水經注》、《漢志水道疏證》卷二《陳留郡》引《水經注》、《治河前策》卷上《東過洛汭至于大伾考》引《水經注》均作"蒗蕩渠",宋陳師道《汳水新渠記》(《古今天下名山勝概記》卷三十五)引《水經注》、嘉靖《河南通志》卷十四《河防》引《水經注》、順治《河南通志》卷九《河防》引《水經注》均作"莨

蕩渠”,《御覽》卷一五八《州郡部》四《東京・開封》引《水經注》作“莨菪渠”,《玉海》卷二十一《地理・河渠・漢狼湯渠》引《水經注》作“莨湯渠”。

⑨　此句《注疏》本作《經》:“又東過燕縣北,淇水從北來注之。”

⑩　黎蒸　《注箋》本、項本、《五校》鈔本、《七校》本均作“魏丞”。

⑪　天橋津　章宗源《隋書經籍志考證》卷六《地理》、《西征記》二卷引《水經注》作“天津橋”。

⑫　鄭馳道　“道”,孫詒讓以爲應作“地”。《札迻十二卷》卷三云:“案戴改地爲道,蓋據今本《紀年》及《通鑑地理通釋》校,以‘馳道’爲地名也。趙校亦同。並非是。馳地者,易地也。《戰國策・秦策》云‘秦攻陘使人馳南陽之地’,正與《紀年》義同。梁取韓枳道而與韓鹿(鄭即韓也),即馳地之義。今本《紀年》乃明人摭檢僞託,不足據校。”《大典》本、黄本、吴本、《注箋》本、項本、沈本、張本均作“鄭馳地”。

⑬　白馬濟　《史記・曹相國世家》“渡圍津”《索隱》引《水經注》作“白馬津”。

⑭　《寰宇記》卷五十四《河北道》三《魏州・大名縣》引《水經注》:“沙丘堰有貴鄉。”當是此句下佚文。

⑮　五鹿　《注箋》本、項本、《注釋》本、張本均作“五鹿墟”。

⑯　沙鹿　《方輿紀要》卷十六《直隸》七《大名府・元城縣・沙鹿山》引《水經注》作“沙鹿山”。

⑰　繹幕縣　《名勝志・山東》卷二《德州・平原縣》引《水經注》作“驛幕縣”。

⑱　棗彊縣　《注箋》本、項本、《注釋》本、張本均作“武彊縣”。

⑲　《名勝志》卷八《冀州・棗彊縣》引《水經注》:“清河又東北逕棗彊縣故城西,又東北逕棘津,津上有古臺,耆舊相傳,吕望賣漿臺。”當是此段下佚文。

⑳　古城　《注箋》本、項本均作“目城”,《注釋》本作“聶城”。

㉑　郭口津　《讀水經注小識》卷一引《水經注》作“國口津”。

㉒　漯水　何校明鈔本、《注刪》本、《尚書今古文注疏》卷三《禹貢》第三上“浮于濟、漯達于河”孫星衍《疏》引《水經注》、《禹貢古今注通釋》卷一“浮于濟、漯達于河”侯楨《案》引《水經注》、《山海經地理今釋》卷四《北山經》下“南流注于沁水”吴承志《案》引《水經注》均作“濕水”。

㉓　《寰宇記》卷五十四《河北道》三《博州・聊城縣》引《水經注》:“武水東流從石柱北是也。”當是此段下佚文。

㉔　碻磝城　吴本、《注箋》本、項本、《五校》鈔本、《七校》本、《注釋》本均作“嚻磝城”。

㉕　詳見卷二《河水注》注㉘《手稿・水經注裏的南朝年號》條。

㉖　楊墟縣　《注釋》本作“楊虚縣”,《通鑑》卷四十四光武帝建武二十七年“揚虚侯馬武上書曰”胡《注》引《水經注》、《方輿紀要》卷三十四《山東》二《濟南府・平原縣》引《水經注》均作“揚虚縣”。

㉗　攝城　《方輿紀要》卷三十四《山東》五《東昌府・聊城縣・攝城》引《水經注》作“聶邑”。

㉘　犂　《注箋》本、項本、《注釋》本、張本均作“黎”。

㉙　漯陰縣　殘宋本、《大典》本、戴本、《尚書後案》“浮于濟、漯達于河”王鳴盛《案》引《水經注》均作“濕陰縣”。吴本、項本、張本作“温陰縣”。

㉚ 坈 殘宋本作“坑”，“坈”、“坑”同。

㉛ 《札記・別體字》：

《水經注》中有一種稱“坈”的地名，在殿本中共有八處，計卷四《河水注》“曹陽坈”，卷五《河水注》“馬常坈”、“落里坈”，卷八《濟水注》“深坈”，卷二十三《汳水注》“神坈塢”，卷二十六《濰水注》“鹽坈”，卷三十七《浪水注》“水坈”。另外，卷八《濟水注》“平州”，在微波榭本和《注疏》本中均作“平州坈”。對于這種稱“坈”的地名的自然地理屬性，卷五《河水》《經》“又東北過高唐縣東”《注》中説得十分明白：

> 漯水又東北逕千乘縣二城間……又東北爲馬常坈，坈東西八十里，南北三十里，亂河枝流而入于海。河海之饒，兹焉爲最。《地理風俗記》曰：漯水東北至千乘入海，河盛則通津委海，水耗則微涓絶流。

由此可知，這種稱“坈”的地名，從自然地理上説，無非是一種季節性湖泊，但問題在于這個“坈”字的音訓如何，需要考證。從朱謀㙔的《水經注箋》開始，包括朱之臣的《水經注刪》和張匡學的《水經注釋地》等，都從小學書《玉篇》上去找尋答案。結果是小題大作，不得要領。假使他們都能如王國維那樣從別體字的綫索去考慮這個“坈”字，問題就可迎刃而解。

今各本《水經注》中，卷五《河水》《經》“又東北過高唐縣東”《注》中，有“秦坑儒士，伏生隱焉”一語，這個“坑”字，在北京圖書館所藏的殘宋本中，恰恰就作“坈”字。另外，今各本卷二《河水》《經》“又東過隴西河關縣北，洮水從東南來流注之”《注》中，有“投河墜坑而死者八百餘人”一語，這個“坑”字，在北京圖書館所藏的何焯校明鈔本中，恰恰也作“坈”字。由此可知，《水經注》中這八九處“坈”字，其實就是“坑”的別體字。原來，《大典》本和黄省曾本，這個“坈”字也多作“坑”字，朱謀㙔從宋本作“坈”，卻没有與宋本中如“秦坈儒士”之類的“坈”字去核對一下，竟另求《玉篇》，結果反而致誤。

至于這一種地理事物爲什麼稱“坑”，光緒《山東通志》卷三十三有現成的解釋。該書在《水經注》“平州坈”後云：“坈當作坑，《太平御覽・地部》四十引《述征記》曰：齊人謂湖曰坑。”上述八九處稱“坈”的地名，除了卷三十七《浪水注》的“水坈”外，其餘均在齊地。由此可以得到結論：“坈”是“坑”的別體字，而“坑”則是“湖”在齊地的方言。

㉜ 杒縣 《注箋》本、項本均作“初縣”，《注釋》本作“杒鄉縣”。

㉝ 長叢溝 殘宋本、黄本、《注箋》本、項本、沈本、張本、《初學記》卷八《河北道》第五《百薄》引《水經注》均作“長聚溝”，《注釋》本作“長藂溝”。

㉞ 百薄瀆 《大典》本、黄本、《注箋》本、項本、沈本、張本、《五校》鈔本、《七校》本均作“白薄瀆”，《初學記・河北道》第五《百薄》引《水經注》作“百薄溝”，《方輿紀要》卷三十一《山東・濟南府・陽信縣・屯氏故河》引《水經注》作“白薄溝”。

㉟ 衛青州刺史張治此 殿本戴氏案云：“張某脱其名。”《大典》本、《注箋》本、《五校》鈔本、《注釋》本、《注疏》本等均作：“魏青州刺史張治此。”《注釋》本趙一清釋云：“張下失其名。魏青州，後魏之東青州。……《魏書・張彝傳》，曾祖幸位青州刺史，祖準之又爲東青州刺史。東青州暫置旋

廢,未必更有一位張姓者莅其土,或即是彝之祖,未可知也。以彝貴重,故稱張公云。"

㊱《注疏》本段熙仲《校記》八六:"謂之穢野薄,按:沈欽韓曰:薄與泊通,《統志》引此作溝。"

㊲ 巨武縣　《注箋》本、項本、《注釋》本、張本均作"臣武縣"。

㊳ 漯沃津　《方輿紀要》卷一二五《川瀆》二《大河》上引《水經注》作"濕沃津"。

㊴《注疏》本作"故張君云"。《疏》:"趙云:《禹貢錐指》曰:《後漢志·注》、《禹貢·正義》,並引張氏《地理記》,張氏不知其名,豈即所稱張君耶?程大昌以爲張揖,按《隋志》有魏博士張揖,撰《廣雅》二卷,而無張氏《地理記》,未審張君是揖否?守敬按:《南山經》句餘之山郭《注》引張氏《地理志》。《海内南經》三天子鄣郭《注》引張氏《土地記》,不著其名。《爾雅》鳥鼠同穴郭《注》引張氏《地理記》。《山水澤地》篇酈《注》引作張晏,知張氏即張晏。又《史記·夏本紀·太史公論·索隱》引張敖《地理志》,《寰宇記》亦引張敖《地理志》,張氏或是張敖。然則此張君,張晏、張敖,必居其一。至張揖止解《漢書·司馬相如傳》,顔師古明言之,而《廣雅》亦無釋碣石事,程氏以爲張揖,乃臆度耳。全稱孫潛本作張折,不知所出。殘宋本、《大典》本、明鈔本並作折。而戴作張折,本于《大典》、殘宋本,明鈔本亦然,皆不足據也。"

卷六　汾水　澮水　涑水　文水　原公水　洞過水　晉水　湛水

汾水出太原汾陽縣北管涔山，

《山海經》曰：《北次二經》之首，在河之東，其首枕汾，曰管涔之山，其上無木，而下多玉，汾水出焉[①]，西流注于河。《十三州志》曰：出武州之燕京山。亦管涔之異名也。其山重阜脩巖，有草無木，泉源導于南麓之下，蓋稚水濛流耳。又西南，夾岸連山，聯峯接勢。劉淵族子曜嘗隱避于管涔之山，夜中忽有二童子入，跪曰：管涔王使小臣奉謁趙皇帝。獻劒一口，置前，再拜而去。以燭視之，劒長二尺，光澤非常，背有《銘》曰：神劒御，除衆毒。曜遂服之，劒隨時變爲五色也，後曜遂爲胡王矣。汾水又南，與東、西温溪合。水出左右近溪，聲流翼注，水上雜樹交蔭，雲垂煙接。自是水流潭漲，波襄轉泛。又南逕一城東，憑墉積石，側枕汾水，俗謂之代城。又南出二城間，其城角倚，翼枕汾流，世謂之侯莫干城，蓋語出戎方，傳呼失實也。汾水又南逕汾陽縣故城東，川土寬平，峘山夷水。《地理志》曰：汾水出汾陽縣北山，西南流者也。漢高帝十一年，封靳彊爲侯國。後立屯農，積粟在斯，謂之羊腸倉。山有羊腸坂[②]，在晉陽西北，石隥縈行，若羊腸焉，故倉坂取名矣。漢永平中，治呼沱、石臼河[③]。按司馬彪《後漢郡國志》，常山南行唐縣有石臼谷，蓋資承呼沱之水[④]，轉山東之漕，自都慮至羊腸倉，將憑汾水以漕太原，用實秦、晉。苦役連年，轉運所經，凡三百八十九隘，死者無算。拜鄧訓爲謁者，監護水功。訓隱括知其難立，具言肅宗，肅宗從之，全活數千人。和熹鄧后之立，叔父陔以爲訓積善所致也。羊腸即此倉也。又南逕秀容城東。《魏土地記》曰：秀容，胡人徙居之，立秀容護軍治。東去汾水六十里，南與酸水合，水源西出少陽之山，東南流注于汾水。汾水又南出山，東南流，洛陰水注之。水出新興郡，西流逕洛陰城北，又西逕盂縣故城南。《春秋左傳》昭公二十八年，分祁氏七縣爲大夫之邑，以孟丙爲盂大夫。洛陰水又西，逕狼孟縣故城南，王莽之狼調也。左右夾澗幽深，南面大壑，俗謂之狼馬澗。舊斷澗爲城，有南、北門，門闉故壁尚在。洛陰水又西南逕陽曲城北，《魏土地記》曰：陽曲，胡寄居太原界，置陽曲護軍治。其水西南流，注于汾水。汾水又南逕陽曲城西南注也。

東南過晉陽縣東，晉水從縣南東流注之。

太原郡治晉陽城，秦莊襄王三年立。《尚書》所謂既脩太原者也。《春秋説題辭》曰：高平曰太原。原，端也，平而有度。《廣雅》曰：大鹵，太原也。《釋名》曰：地不生物曰鹵，鹵，罏也。《穀梁傳》曰：中國曰太原，夷狄曰大鹵。《尚書大傳》曰：東原底平，大而高平者謂之太原，郡取稱也。《魏土地記》曰：城東有汾水南流，水東有《晉使持節都督并州諸軍事鎮北將軍太原成王之碑》。水上舊有梁，青荓殞于梁下，豫讓死于津側，亦襄子解衣之所在也。汾水西逕晉陽城南，舊有介子推祠，祠前有碑，廟宇傾頽，惟單碑獨存矣。今文字剥落，無可尋也。

又南，洞過水[⑤]從東來注之。

汾水又南逕梗陽縣故城東，故榆次之梗陽鄉也。魏獻子以邑大夫魏戊也。京相璠曰：梗陽，晉邑也。今太原晉陽縣南六十里榆次界有梗陽城[⑥]。汾水又南，即洞過水會者也。

又南過大陵縣東，

昔趙武靈王遊大陵，夢處女，鼓琴而歌，想見其人，吴廣進孟姚焉，即于此縣也。王莽改曰大寧矣。汾水于縣左迆爲鄔澤[⑦]。《廣雅》曰：水自汾出爲汾陂。其陂東西四里，南北十餘里，陂南接鄔。《地理志》曰：九澤在北，并州藪也。《吕氏春秋》謂之大陸。又名之曰漚洟之澤，俗謂之鄔城泊。許慎《説文》曰：溤水出西河中陽縣北沙，南入河。即此水也。溤水又會嬰侯之水，《山海經》稱謁戾之山，嬰侯之水[⑧]出于其陰，北流注于祀水，水出祀山，其水殊源共舍，注于嬰侯之水，亂流逕中都縣南，俗又謂之中都水。侯甲水注之，水發源祁縣胡甲山，有長坂，謂之胡甲嶺，即劉歆《遂初賦》所謂越侯甲而長驅者也。蔡邕曰：侯甲，亦邑名也，在祁縣。侯甲水又西北歷宜歲郊，逕太谷，謂之太谷水。出谷西北流，逕祁縣故城南，自縣連延，西接鄔澤,是爲祁藪也。即《爾雅》所謂昭餘祁矣,賈辛邑也。辛貌醜,妻不爲言,與之如皐,射雉雙中之則笑也。王莽之示縣也。又西逕京陵縣故城北,王莽更名曰致城矣。于《春秋》爲九原之地也。故《國語》曰:趙文子與叔向遊于九原,曰:死者若可作也,吾誰與歸?叔向曰:其陽子乎?文子曰:夫陽子行并植于晉國,不免其身,智不足稱。叔向曰:其舅犯乎?文子曰:夫舅犯見利不顧其君,仁不足稱。吾其隨會乎?納諫不忘其師,言身不失其友,事君不援而進,不阿而退。其故京尚存。漢興,增陵于其下,故曰京陵焉。侯甲水又西北逕中都縣故城南,城臨際水湄。《春秋》昭公二年,晉侯執陳無宇于中都者也。漢文帝爲代王,都此。武帝元封四年,上幸中都宫,殿上見光,赦中都死罪以下。侯甲水又西,合于嬰侯之水,逕鄔縣故城南,晉大夫司馬彌牟之邑也。謂之鄔水,俗亦曰慮水,慮、鄔聲相近,故因變焉。又西北入鄔陂,而歸于汾流矣。

又南過平陶縣東,文水從西來流注之。

汾水又南與石桐水合,即綿水[⑨]也。水出界休縣之綿山,北流逕石桐寺西,即介之推之祠也。昔子推逃晉文公之賞,而隱于綿上之山也。晉文公求之不得,乃封綿爲介子推田。曰:以志吾過,且旌善人。因名斯山爲介山。故袁山松《郡國志》曰:界休縣有介山、綿上聚、子推廟。王肅《喪服要記》曰:昔魯哀公祖載其父,孔子問曰:寧設桂樹乎?哀公曰:不也。桂樹者,起于介子推。子推,晉之人也。文公有内難,出國之狄,子推隨其行,割肉以續軍糧。後文公復國,忽忘子推,子推奉唱而歌,文公始悟,當受爵禄,子推奔介山,抱木而燒死,國人葬之,恐其神魂賈于地,故作桂樹焉。吾父生于宫殿,死于枕席,何用桂樹爲?余按夫子尚非璠璵送葬,安能問桂樹爲禮乎?王肅此證,近于誣矣。石桐水又西流注于汾水。汾水又西南逕界休縣故城西,王莽更名之曰界美矣。城東有徵士郭林宗、宋子浚二碑。宋沖以有道司徒徵[⑩],林宗縣人也。辟司徒,舉太尉,以疾辭。其《碑》文云:將蹈洪崖之遐迹,紹巢、由之逸軌,翔區外以舒翼,超天衢以高峙,禀命不融,享年四十有二,建寧二年正月丁亥卒[⑪]。凡我四方同好之人,永懷哀痛,乃樹碑表墓,昭銘景行云。陳留蔡伯喈、范陽盧子幹、扶風馬日磾等,遠來奔喪,持朋友服。心喪期年者如韓子助、宋子浚等二十四人,其餘門人著錫衰者千數。蔡伯喈謂盧子幹、馬日磾曰:吾爲天下碑文多矣,皆有慙容,惟郭有道,無愧于色矣。汾水之右有左部城,側臨汾水,蓋劉淵爲晉都尉所築也。

又南過冠爵津,

汾津名也,在界休縣之西南,俗謂之雀鼠谷。數十里間道險隘,水左右悉結偏梁閣道，纍石就路，縈帶巖側，或去水一丈，或高五六尺，上戴山阜，下臨絶澗，俗謂之爲魯般橋[12]，蓋通古之津隘矣，亦在今之地險也。

又南入河東界，又南過永安縣西，

故彘縣也，周厲王流于彘，即此城也。王莽更名黄城，漢順帝陽嘉三年，改曰永安。縣，霍伯之都也。

歷唐城東，

薛瓚注《漢書》云：堯所都也。東去彘十里。汾水又南與彘水合，水出東北太岳山，《禹貢》所謂岳陽也。即霍太山[13]矣。上有飛廉墓，飛廉以善走事紂，惡來多力見知。周武王伐紂，兼殺惡來。飛廉先爲紂使北方，還無所報，乃壇于霍太山而致命焉。得石棺，《銘》曰：帝令處父，不與殷亂，賜汝石棺以葬。死，遂以葬焉。霍太山有岳廟，廟甚靈，鳥雀不棲其林，猛虎常守其庭，又有靈泉以供祭祀，鼓動則泉流，聲絶則水竭。湘東陰山縣有侯曇山，上有靈壇，壇前有石井深數尺，居常無水，及臨祈禱，則甘泉湧出，周用則已，亦其比也。彘水又西流逕觀阜北，故百邑也。原過之從襄子也，受《竹書》于王澤，以告襄子。襄子齋三日，親自剖竹，有朱書曰：余霍太山山陽侯天使也，三月丙戌，余將使汝反滅智氏，汝亦立我于百邑。襄子拜受三神之命，遂滅智氏，祠三神于百邑，使原過主之，世謂其處爲觀阜也。彘水又西流逕永安縣故城南，西南流，注于汾水。汾水又南逕霍城東，故霍國也。昔晉獻公滅霍，趙夙爲御，霍公求奔齊。晉國大旱，卜之曰：霍太山爲祟。使趙夙召霍君奉祀。晉復穰。蓋霍公求之故居也。汾水又逕趙城西南，穆王以封造父，趙氏自此始也。汾水又南，霍水入焉，水出霍太山，發源成潭，漲七十步而不測其深。西南逕趙城南，西流注于汾水[14]。

又南過楊縣東，

澗水東出穀遠縣西山，西南逕霍山南，又西逕楊縣故城北，晉大夫僚安之邑也。應劭曰：故楊侯國。王莽更名有年亭也。其水西流入于汾水。汾水逕楊城西，不于東矣。《魏土地記》曰：平陽郡治楊縣，郡西有汾水南流者是也。

西南過高梁邑西，

黑水出黑山，西逕楊城南，又西與巢山水會。《山海經》曰：牛首之山，勞水[15]出焉，西流注于潏水，疑是水也。潏水，即巢山之水也。水源東南出巢山東谷，北逕浮山東，又西北流與勞水合，亂流西北逕高梁城北，西流入于汾水。汾水又南逕高梁故城西，故高梁之墟也。《春秋》僖公二十四年，秦穆公納公子重耳于晉，害懷公于此。《竹書紀年》：晉出公十三年，智伯瑶城高梁，漢高帝十二年以爲侯國，封恭侯酈疥于斯邑也。

又南過平陽縣東,

汾水又南逕白馬城西,魏刑白馬而築之,故世謂之白馬城。今平陽郡治。汾水又南逕平陽縣故城東,晉大夫趙鼂之故邑也。應劭曰:縣在平河之陽,堯、舜竝都之也。《竹書紀年》:晉烈公元年,韓武子都平陽。漢昭帝封度遼將軍范明友爲侯國,王莽之香平也。魏立平陽郡,治此矣。水側有堯廟,廟前有碑。《魏土地記》曰:平陽城東十里,汾水東原上有小臺,臺上有堯神屋石碑。永嘉三年,劉淵徙平陽,于汾水得白玉印,方四寸,高二寸二分,龍紐。其文曰:有新寶之印,王莽所造也。淵以爲天授,改永鳳二年爲河瑞元年。汾水南與平水合,水出平陽縣西壺口山,《尚書》所謂壺口治梁及岐也。其水東逕狐谷亭北,春秋時,狄侵晉,取狐厨者也。又東逕平陽城南,東入汾。俗以爲晉水,非也。汾水又南歷襄陵縣故城西,晉大夫郤犫之邑也,故其地有犫氏鄉亭矣。西北有晉襄公陵,縣,蓋即陵以命氏也。王莽更名曰幹昌矣。

又南過臨汾縣東,

天井水出東陘山西南,北有長嶺,嶺上東西有通道,即鈃隥[16]也。《穆天子傳》曰:乙酉,天子西絶鈃隥,西南至鹽是也。其水三泉奇發,西北流,總成一川,西逕堯城南,又西流入汾。

又屈從縣南西流,

汾水又逕絳縣故城北,《竹書紀年》:梁武王[17]二十五年,絳中地坼,西絶于汾,汾水西逕虒祁宫北,横水有故梁,截汾水中,凡有三十柱,柱徑五尺,裁與水平,蓋晉平公之故梁也。物在水,故能持久而不敗也。又西逕魏正平郡南,故東雍州治。太和中,皇都徙洛,罷州立郡矣。又西逕王澤[18],澮水入焉。

又西過長脩縣南,

汾水又西與古水合,水出臨汾縣故城西黄阜下,其大若輪,西南流,故溝横出焉,東注于汾,今無水。又西南逕魏正平郡北,又西逕荀城東,古荀國也。《汲郡古文》:晉武公滅荀以賜大夫原氏也。古水又西南入于汾。汾水又西南逕長脩縣故城南,漢高帝十一年以爲侯國,封杜恬也。有脩水出縣南,而西南流入汾。汾水又西逕清原城[19]北,故清陽亭也。城北有清原,晉侯蒐清原,作三軍處也。汾水又逕冀亭南,昔臼季使,過冀野,見郤缺耨,其妻饁之,相敬如賓,言之文公,文公命之爲卿,復與之冀。京相璠曰:今河東皮氏縣有冀亭,古之冀國所都也。杜預《釋地》曰:平陽皮氏縣東北有冀亭,即此亭也。汾水又西與華水合,水出北山華谷,西南流逕一故城西，俗謂之梗陽城，非也。梗陽在榆次不在此。按《故漢上谷長史侯相碑》云：侯氏出自倉頡之後，踰殷歷周，各以氏分，或著楚、魏，或顯齊、秦，晉卿士蔿，斯其胄也。食采華陽，今蒲坂北亭，即是城也。其水西南流注于汾。汾水又逕稷山北，在水南四十許里，山東西二十里，南北三十里，高十三里，西去介山十五里。山上有稷祠，山下稷亭。《春秋》宣公十五年，秦桓公伐晉，晉侯治兵于稷，以略狄土是也。

又西過皮氏縣南，

汾水西逕郟丘北，故漢氏之方澤也。賈逵云：漢法，三年祭地。汾陰方澤，澤中有方丘，故謂之方澤。丘即郟丘也。許慎《説文》稱從邑，癸聲。河東臨汾地名矣，在介山北，山即汾山也。其山特立，周七十里，高三十里。文穎言在皮氏縣東南，則可三十里，乃非也。今準此山可高十餘里，山上有神廟，廟側有靈泉，祈祭之日，周而不耗，世亦謂之子推祠。揚雄《河東賦》曰：靈輿安步，周流容與，以覽于介山，嗟文公而愍推兮，勤大禹于龍門。《晉太康記》及《地道記》與《永初記》，竝言子推所逃隱于是山，即實非也。余按介推所隱者，綿山也。文公環而封之，爲介推田，號其山爲介山。杜預曰：在西河界休縣者是也。汾水又西逕耿鄉城北，故殷都也。帝祖乙自相徙此，爲河所毁，故《書》叙曰：祖乙圮于耿[20]。杜預曰：平陽皮氏縣東南耿鄉是也。盤庚以耿在河北，迫近山川，乃自耿遷亳。晉獻公滅耿，以封趙夙，後襄子與韓、魏分晉，韓康子居平陽，魏桓子都安邑，號爲三晉，此其一也。漢武帝行幸河東，濟汾河，作《秋風辭》于斯水之上。汾水又西逕皮氏縣南，《竹書紀年》：魏襄王十二年，秦公孫爰率師伐我，圍皮氏，翟章率師救皮氏圍，疾西風。十三年，城皮氏者也。漢河東太守潘係穿渠引汾水以溉皮氏縣，故渠尚存，今無水也。

又西至汾陰縣北，西注于河。

水南有長阜，背汾帶河，阜長四五里，廣二里餘，高十丈，汾水歷其陰，西入河。《漢書》謂之汾陰脽。應劭曰：脽，丘類也。汾陰男子公孫祥望氣，寶物之精上見，祥言之于武帝，武帝于水獲寶鼎焉。遷于甘泉宫，改其年曰元鼎，即此處。

澮水出河東絳縣東澮交東高山，

澮水東出絳高山[21]，亦曰河南山，又曰澮山。西逕翼城南。按《詩譜》言：晉穆侯遷都于絳，暨孫孝侯，改絳爲翼，翼爲晉之舊都也。後獻公北廣其城，方二里，又命之爲絳。故司馬遷《史記·年表》稱，獻公九年，始城絳都。《左傳》莊公二十六年，晉士蔿城絳以深其宫是也。其水又西南合黑水，水導源東北黑水谷，西南流逕翼城北，右引北川水，水出平川，南流注之，亂流西南入澮水。澮水又西南與諸水合，謂之澮交。《竹書紀年》曰：莊伯十二年，翼侯焚曲沃之禾而還，作爲文公也[22]。又有賀水，東出近川，西南至澮交入澮。又有高泉水，出東南近川，西北趣澮交注澮。又南，紫谷水東出白馬山白馬川。《遁甲開山圖》曰：絳山東距白馬山。謂是山也。西逕熒庭城南，而西出紫谷，與乾河合，即教水之枝川也。《史記·白起傳》稱，涉河取韓安邑，東至乾河是也。其水西與田川水合，水出東溪，西北至澮交入澮。又有于家水[23]出于家谷。《竹書紀年》曰：莊伯以曲沃叛，伐翼，公子萬救翼，荀叔軫追之至于家谷。有范壁水出于壁下，竝西北流，至翼廣城。昔晉軍北入翼，廣築之，因即其姓以名之。二水合而西北流，至澮交入澮。澮水又西南與絳水合，俗謂之白水，非也。水出絳山東，寒泉奮涌，揚波北注，懸流奔壑，一十許丈。青崖若點黛，素湍如委練，望之極爲奇觀矣。其水西北流注于澮。應劭曰：絳水出絳縣西南，蓋以故絳爲言也。《史記》稱，智伯率韓、魏引水灌晉陽，不没者三版。智氏曰：吾始不知水可以亡人國，今乃知之。汾水可以浸安邑，絳水可以浸平陽[24]。時，韓居平陽，魏都安邑，魏桓子肘韓康子，韓康子履魏桓子，肘足接于車上，而智氏以亡。魯定公問，一言可以喪邦，有諸？孔子以爲幾乎，余覩智氏之談矣。汾水灌安邑，或亦有之；絳水灌平陽，未識所由也。

西過其縣南，

《春秋》成公六年，晉景公謀去故絳，欲居郇、瑕。韓獻子曰：土薄水淺，不如新田，有汾、澮以流其惡。遂居新田。又謂之絳，即絳陽也。蓋在絳、澮之陽。漢高帝六年，封越騎將軍華無害爲侯國。縣南對絳山，面背二水。《古文瑣語》曰：晉平公與齊景公乘至于澮上，見乘白驂八駟以來，有大[25]貍身狐尾，隨平公之車。公問師曠，對首陽之神，有大貍身狐尾，其名曰者，飲酒得福，則徼之，蓋于是水之上也。

又西南過虒祁宫南，

宫在新田絳縣故城西四十里，晉平公之所搆也。時有石言于魏榆，晉侯以問師曠，曠曰：石不能言，或憑焉。臣聞之，作事不時，怨讟動于民，則有非言之物言也。今宫室崇侈，民力彫盡，石言不亦宜乎。叔向以爲子野之言，君子矣。其宫也，背汾面澮，西則兩川之交會也。《竹書紀年》曰：晉出公五年，澮絶于梁，即是水也。

又西至王澤，注于汾水。

晉智伯瑶攻趙襄子，襄子奔保晉陽，原過後至，遇三人于此澤，自帶以下不見，持竹二節與原過曰：爲我遺無邺。原過受之于是澤，所謂王澤也。

涑水出河東聞喜縣東山黍葭谷，

涑水所出，俗謂之華谷，至周陽與洮水合，水源東出清野山，世人以爲清襄山也。

其水東逕大嶺下,西流出謂之唅口,又西合涑水。鄭使子産問晉平公疾,平公曰:卜云臺駘爲祟。史官莫知,敢問。子産曰:高莘氏有二子,長曰閼伯,季曰實沈,不能相容,帝遷閼伯于商丘,遷實沈于大夏。臺駘,實沈之後,能業其官,帝用嘉之,國于汾川。由是觀之,臺駘,汾、洮之神也。賈逵曰:汾、洮,二水名。司馬彪曰:洮水出聞喜縣,故王莽以縣爲洮亭也。然則涑水殆亦洮水之兼稱乎?

西過周陽邑南,

其城南臨涑水,北倚山原。《竹書紀年》:晉獻公二十五年正月,翟人伐晉,周有白兔舞于市。即是邑也。漢景帝以封田勝爲侯國。涑水西逕董澤陂南,即古池,東西四里,南北三里。《春秋》文公六年,蒐于董,即斯澤也。涑水又與景水合,水出景山北谷。《山海經》曰:景山南望鹽販之澤,北望少澤,其草多藷萸、秦椒,其陰多赭,其陽多玉。郭景純曰:鹽販之澤即解縣鹽池也。按《經》不言有水,今有水焉,西北流,注于涑水也。

又西南過左邑縣南[26],

涑水又西逕仲郵鄔[27]北,又西逕桐鄉城北。《竹書紀年》曰:翼侯伐曲沃,大捷,武公請成于翼,至桐乃返者也。《漢書》曰:武帝元鼎六年,將幸緱氏,至左邑桐鄉,聞南越破,以爲聞喜縣者也。涑水又西與沙渠水合,水出東南近川,西北流注于涑水。涑水又西南逕左邑縣故城南,故曲沃也。晉武公自晉陽徙此,秦改爲左邑縣,《詩》所謂從子于鵠者也。《春秋傳》曰:下國有宗廟,謂之國。在絳曰下國矣,即新城也。王莽之洮亭也。涑水自城西注,水流急濬,輕津無緩,故詩人以爲激揚之水[28],言不能流移束薪耳。水側,即狐突遇申生處也。《春秋傳》曰:秋,狐突適下國,遇太子,太子使登,僕,曰:夷吾無禮,吾請帝以畀秦。對曰:神不歆非類,君其圖之。君曰諾,請七日見我于新城西偏。及期而往,見于此處。故《傳》曰:鬼神所憑,有時而信矣。涑水又西逕王官城北,城在南原上。《春秋左傳》成公十三年,四月,晉侯使吕相絶秦曰:康猶不悛,入我河曲,伐我涑川,俘我王官。故有河曲之戰是矣。今世人猶謂其城曰王城也。

又西南過安邑縣西,

安邑,禹都也。禹娶塗山氏女,思戀本國,築臺以望之,今城南門,臺基猶存。余按《禮》,天子諸侯,臺門隅阿相降而已,未必一如《書》傳也。故晉邑矣,春秋時,魏絳自魏徙此。昔文侯懸師經之琴于其門,以爲言戒也。武侯二年,又城安邑,蓋增廣之。秦始皇使左更白起取安邑,置河東郡。王莽更名洮隊,縣曰河東也。有項寧都,學道升仙,忽復還此,河東號曰斥仙。漢世又有閔仲叔,隱遁市邑,罕有知者,後以識瞻而去。涑水西南逕監鹽縣故城,城南有鹽池,上承鹽水。水出東南薄山,西北流逕巫咸山北。《地理志》曰:山在安邑縣南。《海外西經》曰:巫咸國在女丑北,右手操青蛇,左手操赤蛇,在登葆山,羣巫所從上下也。《大荒西經》云:大荒之中有靈山,巫咸、巫即、巫朌、巫彭、巫姑、巫真、巫禮、巫抵、巫謝、巫羅十巫,從此升降,百藥爰在。郭景純曰:言羣巫上下靈山,採藥往來也。蓋神巫所遊,故山得其名矣。谷口嶺上,有巫咸祠。其水又逕安邑故城南,又西流注于鹽池。《地理志》曰:鹽池在安邑西南。許慎謂之盬。長五十一里,廣七里,周百一十六里,從鹽省古聲。吕忱曰:夙沙初作煮海鹽,河東鹽池謂之盬。今池水東西七十里,南北十七里,紫色澄渟,潭而不流。水出石鹽,自然印成,朝取夕復,終無減損[29]。惟山水暴至,雨澍潢潦奔泆,則鹽池用耗。故公私共堨水徑,防其淫濫,謂之鹽水,亦謂之爲堨水。《山海經》謂之鹽販之澤也。澤南面層山,天巖雲秀,地谷淵深,左右壁立,間不容軌,謂之石門,路出其中,名之曰徑,南通上陽,北暨鹽澤。池西又有一池,謂之女鹽澤,東西二十五里,南北二十里,在猗氏故城南。《春秋》成公六年,晉謀去故絳,大夫曰:郇、瑕,地沃饒近盬。服虔曰:土平有溉曰沃,盬,鹽池也。土俗裂水沃麻,分灌川野,畦水耗竭,土自成鹽,即所謂鹹鹺也,而味苦,號曰鹽田,鹽盬之名,始資是矣。本司鹽都尉治,領兵千餘人守之。周穆王、漢章帝竝幸安邑而觀鹽池。故杜預曰:猗氏有鹽池。後罷尉司,分猗氏、安邑,置縣以守之。

又南過解縣東,又西南注于張陽池。

涑水又西逕猗氏縣故城北。《春秋》文公七年,晉敗秦于令狐,至于刳首,先蔑奔秦,士會從之。闞駰曰:令狐即猗氏也。刳首在西三十里,縣南對澤,即猗頓之故居也。《孔叢》曰:猗頓,魯之窮士也,耕則常饑,桑則常寒。聞朱公富,往而問術焉。朱公告之曰:子欲速富,當畜五牸。于是乃適西河,大畜牛羊于猗氏之南,十年之間,其息不可計,貲擬王公,馳名天下,以興富于猗氏,故曰猗頓也。涑水又西逕郇城,《詩》云郇伯勞之。蓋其故國也。杜元凱《春秋釋地》云:今解縣西北有郇城。服虔曰:郇國在解縣東,郇瑕氏之墟也。余按《竹書紀年》云,晉惠公十有四年,秦穆公率師送公子重耳,圍令狐,桑泉、臼衰,皆降于秦師,狐毛與先軫禦秦,至于廬柳,乃謂秦穆公,使公子縶來與師言,退舍,次于郇,盟于軍。京相璠《春秋土地名》曰:桑泉、臼衰竝在解東南,不言解,明不至解。可知《春秋》之文,與《竹書》不殊。今解故城東北二十四里有故城,在猗氏故城西北,鄉俗名之爲郇城,考服虔之説,又與俗符,賢于杜氏單文孤證矣。涑水又西南逕解縣故城南。《春秋》:晉惠公因秦返國,許秦以河外五城,内及解梁,即斯城也。涑水又西南逕瑕城,晉大夫詹嘉之故邑也。《春秋》僖公三十年,秦、晉圍鄭,鄭伯使燭之武謂秦穆公曰:晉許君焦、瑕，朝濟而夕設版者也。京相璠曰：今河東解縣西南五里有故瑕城。涑水又西南逕張陽城[30]東，《竹書紀年》：齊師逐鄭太子齒，奔張城、南鄭者也。《漢書》之所謂東張矣。高祖二年，曹參假左丞相，別與韓信東攻，魏將孫遬軍東張，大破之。蘇林曰：屬河東，即斯城也。涑水又西南屬于陂。陂分爲二，城南面兩陂，左右澤渚。東陂世謂之晉興澤，東西二十五里，南北八里，南對鹽道山。其西則石壁千尋，東則磻溪萬仞，方嶺雲迴，奇峯霞舉，孤標秀出，罩絡羣山之表，翠柏蔭峯，清泉灌頂。郭景純云：世所謂鴦漿也。發于上而潛于下矣。厥頂方平，有良藥。《神農本草》曰：地有固活、女疎、銅芸、紫菀之族也。是以緇服思元之士、鹿裘念一之夫，代往遊焉。路出北巘，勢多懸絶，來去者咸援蘿騰崟，尋葛降深，于東則連木乃陟，百梯方降，巖側縻鎖之跡，仍今存焉，故亦曰百梯山也。水自山北流五里而伏，云潛通澤渚，所未詳也。西陂即張澤也，西北去蒲坂十五里，東西二十里，南北四五里，冬夏積水，亦時有盈耗也。

文水出大陵縣西山文谷，東到其縣，屈南到平陶縣東北，東入于汾。

文水逕大陵縣故城西而南流，有泌水注之。縣西南山下，武氏穿井給養，井至幽深，後一朝水溢平地，東南注文水。文水又南逕平陶縣之故城東，西逕其城內，南流出郭，王莽更曰多穰也。文水又南逕縣，右會隱泉口，水出謁泉山之上頂，俗云：暘雨衍時，是謁是禱，故山得其名，非所詳也。其山石崖絶險，壁立天固，崖半有一石室，去地可五十餘丈，爰有層松飾巖，列柏綺望，惟西側一處得歷級升陟，頂上平地十許頃，沙門釋僧光表建二刹。泉發于兩寺之間，東流瀝石，沿注山下，又東，津渠隱没而不恒流，故有隱泉之名矣。雨澤豐澍，則通入文水。文水又南逕茲氏縣故城東爲文湖，東西十五里，南北三十里，世謂之西湖[31]，在縣直東十里。湖之西側，臨湖又有一城，謂之豬城[32]。水澤所聚謂之都，亦曰豬，蓋即水以名城也。文湖又東逕中陽縣故城東，案《晉書・地道記》、《太康地記》，西河有中陽城，舊縣也。文水又東南流，與勝水合，水西出狐岐之山[33]，東逕六壁城南，魏朝舊置六壁于其下，防離石諸胡，因爲大鎮。太和中罷鎮，仍置西河郡焉。勝水又東合陽泉水，水出西山陽溪，東逕六壁城北，又東南流注于勝水。勝水又東逕中陽故城南，又東合文水，文水又東南，入于汾水也。

原公水出茲氏縣西羊頭山，東過其縣北，

縣，故秦置也，漢高帝更封沂陽侯嬰爲侯國，王莽之茲同也。魏黄初二年，分太原，復置西河郡。晉徙封陳王斌于西河，故縣有西河繆王司馬子政廟。《碑文》云：西

河舊處山林,漢末擾攘,百姓失所。魏興,更開疆宇,分割太原四縣,以爲邦邑,其郡帶山側塞矣。王以咸寧三年,改命爵土,明年十二月喪國。臣太農閻崇、離石令宗羣等二百三十四人,刊石立碑,以述勳德。碑北廟基尚存也。

又東入于汾。

水注文湖,不至汾也。

洞過水[34]出沾縣北山,

其水西流[35],與南溪水合,水出南山,西北流注洞過水。洞過水又西北,黑水西出山,三源合舍,同歸一川,東流南屈,逕受陽縣故城東。按《晉太康地記》,樂平郡有受陽縣,盧諶《征艱賦》所謂歷受陽而總轡者也。其水又西南入洞過水。洞過水又西,蒲水南出蒲谷,北流注之。洞過水又西與原過水合,近北便水源也。水西阜上有原過祠[36],蓋懷道協靈,受書天使,憂結宿情,傳芳後日,棟宇雖淪,攢木猶茂,故水取名焉。其水南流,注于洞過水也。

西過榆次縣南,又西到晉陽縣南,

榆次縣,故涂水鄉[37],晉大夫智徐吾之邑也。《春秋》昭公八年,晉侯築虒祁之宫,有石言晉之魏榆。服虔曰:魏,晉邑;榆,州里名也。《漢書》曰:榆次。《十三州志》以爲涂陽縣矣。王莽之太原亭也。縣南側水有鑿臺,韓、魏殺智伯瑶于其下,刳腹絶腸,折頸摺頤處也。其水又西南流,逕武灌城[38]西北。盧諶《征艱賦》曰:逕武館之故郛,問厥塗之遠近。洞過水又西南爲淳湖,謂之洞過澤[39]。澤南,涂水注之,水出陽邑東北大嵰山涂谷,西南逕蘿磨亭[40]南,與蔣谷水合,水出縣東南蔣溪。《魏土地記》曰:晉陽城東南百一十里至山有蔣谷大道,度軒車嶺,通于武鄉。水自蔣溪西北流,西逕箕城北。《春秋》僖公三十三年,晉人敗狄于箕,杜預《釋地》曰:城在陽邑南,水北即陽邑縣故城也。《竹書紀年》曰:梁惠成王九年,與邯鄲榆次、陽邑者也。王莽之繁穰矣。蔣溪又西合涂水,亂流西北入洞過澤也。

西入于汾,出晉水下口者也。

劉琨之爲并州也,劉曜引兵邀擊之,合戰于洞過,即是水也。

晉水出晉陽縣西懸甕山[41],

縣,故唐國也。《春秋左傳》稱唐叔未生,其母邑姜夢帝謂己曰:余名而子曰虞,將與之唐,屬之參。及生,名之曰虞。《吕氏春秋》曰:叔虞與成王居,王援桐葉爲珪,以授之曰:吾以此封汝。虞以告周公,周公請曰:天子封虞乎?王曰:余戲耳。公曰:天子無戲言。時唐滅,乃封之于唐。縣有晉水,後改名爲晉。故子夏《叙詩》稱此晉也,而謂之唐,儉而用禮,有堯之遺風也。《晉書·地道記》及《十三州志》竝言晉水出龍山，一名結絀山，在縣西北，非也。《山海經》曰：懸甕之山，晉水出焉。今在縣之西南。昔智伯之遏晉水以灌晉陽，其川上溯，後人踵其遺跡，蓄以爲沼，沼西際山枕水，有唐叔虞祠[42]。水側有涼堂，結飛梁于水上，左右雜樹交蔭，希見曦景，至有淫朋密友，羈遊宦子，莫不尋梁契集，用相娱慰，于晉川之中，最爲勝處。

又東過其縣南，又東入于汾水。

沼水分爲二派，北瀆即智氏故渠也。昔在戰國，襄子保晉陽，智氏防山以水之，城不没者三版，與韓、魏望歎于此，故智氏用亡。其瀆乘高，東北注入晉陽城，以周灌溉。漢末赤眉之難，郡掾劉茂負太守孫福匿于城門西下空穴中，其夜奔盂。即是處也。東南出城流，注于汾水也。其南瀆于石塘之下伏流，逕舊溪東南出，逕晉陽城南，城在晉水之陽，故曰晉陽矣。《經》書晉荀吴帥師敗狄于大鹵。杜預曰：大鹵，晉陽縣也，爲晉之舊都。《春秋》定公十三年，趙鞅以晉陽叛，後乃爲趙矣。其水又東南流入于汾。

湛水出河内軹縣西北山，

湛水出軹縣南原湛溪，俗謂之椹水[43]也。是蓋聲形盡鄰，故字讀俱變，同于三豕之誤耳。其水自溪出南流。

東過其縣北，又東過波縣之北，

湛水南逕向城東而南注。

又東過毋辟邑南，

原《經》所注，斯乃溴川之所由，非湛水之間關也。是乃《經》之誤證耳。湛水自向城東南逕湛城東，時人謂之椹城，亦或謂之隰城矣。溪曰隰㵎。隰城在東，言此非矣。《後漢郡國志》曰：河陽縣有湛城是也。

又東南當平縣之東北，南入于河。

湛水又東南逕鄧，南流注于河，故河濟有鄧津之名矣。

注释：

① 《御覽》卷四十五《地部》十《管涔山》引《水經注》："管涔山，汾水所出，土人亦云箕管山，見多管草以爲名。"疑是此段下佚文。《注疏》本楊守敬在此下《疏》云："酈《注》完備無缺，此當他書之文而誤爲《水經注》。"

② 羊腸坂　《大典》本作"羊脹坂"。

③ 石臼河　《大典》本、黄本、沈本均作"石曰河"。

④ 呼沱之水　殘宋本作“呼池之水”。

⑤ 洞過水　黄本、《注箋》本、項本、《五校》鈔本、《七校》本、《注釋》本、張本、乾隆《山西志輯要》卷一《太原府·太原縣·山川》引《水經注》均作“洞渦水”，戴本作“同過水”。

⑥ 《名勝志·山西》卷二《太原府屬縣·清源縣》引《水經注》：“有白石水、中隱水，俱來注之。”當是此段下佚文。《五校》鈔本、《七校》本均在此處加入此句。

⑦ 此處《注》文“汾水于縣左迆爲鄔澤”。下又云：“出谷西北流，逕祁縣故城南，自縣連延，西接鄔澤。”《香草續校書》下册五一五頁云：“據此，則鄔澤有二，此鄔澤非上文汾水于縣左迆爲鄔澤之鄔澤也。彼鄔澤在侯甲水，既合嬰侯之水後，下文所謂鄔陂是也；此鄔澤在侯甲水未合嬰侯之水前，是别一鄔澤也。然竊恐此‘鄔’字實‘祁’字之誤，澤在祁縣，故謂之祁澤。下云是爲祁藪也，即《爾雅》所謂昭餘祁矣，即可證。”

⑧ 嬰侯之水　《寰宇通志》卷八十二《遼州·嬰澗水》引《水經注》、康熙《平遥縣志》卷一《星地志·山川·原公水》引《水經注》、乾隆《山西志輯要》卷四《汾州府·平遥縣·山川》嬰澗水引《水經注》均作“嬰澗之水”。

⑨ 綿水　《大典》本、黄本、沈本均作“線水”。

⑩ 殿本在此處《案》云：“案此句有脱誤，未詳。”《注疏》本熊會貞按：“《晉書·庾峻傳》，祖乘，漢司徒辟，有道徵，皆不就，然則有道爲司徒屬官，當倒互。”段熙仲《校記》一八：“‘然則有道爲司徒屬官，當倒互’，按：熊説誤。此句當讀宋沖以司徒辟(句)，有道徵，皆不就。沈欽韓《疏證》云：‘司徒府所舉有道。’是也。敦樸有道與賢良方正在漢官儀同爲特徵。”

⑪ 二年　《注疏》本作“四年”。《疏》：“趙云：按《漢隸字源》載此碑，作乙亥。《文選》同。《後漢書·靈帝紀》，建寧四年正月甲子，是有乙亥，無丁亥，《注》文誤。守敬按：《隸釋》載此碑作年四十有三，建寧四年正月丁亥卒，宋時大碑尚存，洪氏親見其碑，與酈氏合，故無説。而戴氏據《後漢書》本傳及《文選》改四十三爲四十二，改四年爲二年。考《通鑑》目録，建寧二年正月甲辰朔，無丁亥，惟四年正月甲子朔，則二十四日爲丁亥。而趙氏乃云，有乙亥，無丁亥，尤誤。袁宏《後漢記》于建寧二年九月以後，三君、八俊之死，郭泰私爲之慟曰，人之云亡，邦國殄瘁，漢室滅矣。《通鑑》繫于二年十月，是則建寧二年，林宗尚存。酈氏目驗石刻，云卒于建寧四年正月，年四十三，爲得其實。不得以范《書》、《文選》改之。章懷《注》引《謝承書》，泰以建寧二年正月卒，亦誤。今有碑本在山東濟寧，作建寧二年正月甲辰朔，亦無乙亥，此僞本不足據。”

⑫ 魯般橋　殘宋本、《大典》本均作“魯股橋”，吴本、何校明鈔本、《注删》本均作“暮般橋”。

⑬ 霍太山　《廣博物志》卷六《地形》二引《水經注》作“霍山”。

⑭ 《寰宇記》卷四十三《河東道》四《晉州·洪洞縣》引《水經注》：“霍水源出趙城縣東三十八里廣勝寺大郎神，西流至洪洞縣。”當是此段下佚文。《五校》鈔本、《七校》本均已在此處加入此句。

⑮ 勞水　乾隆《山西志輯要》卷二《平陽府·臨汾縣·山川·汾河》引《水經注》作“澇水”。

⑯ 鈃隥　《通雅》卷十四《地輿陘峴》引《水經注》作“鈃徑”。

⑰ 梁武王　《注疏》本作“梁惠成王”。《疏》：“朱作梁武王，《箋》曰：當作梁惠成王。趙改，戴仍。守敬按：梁有惠成王而無武王，今本《竹書》，繫此于周顯王二十三年，適當惠成王二十五年。戴

何以不改？孔刻戴本作惠成王。"

⑱　王澤　《大典》本、孫潛校本、何本、《五校》鈔本、《七校》本、《注釋》本、《通鑑》卷一《周紀一》安王二十四年"狄敗魏師于澮"胡《注》引《水經注》、《名勝志・山西》卷四《絳州》引《水經注》、乾隆《山西志輯要》卷十《絳州・山川・汾河》引《水經注》均作"王橋"，黄本、吴本、《注箋》本、項本、沈本、張本均作"正橋"。

⑲　清原城　《辨萬泉滎河爲古冀耿地》(《石笥山房文集》卷五)胡天游引《水經注》作"清源城"。

⑳　《札記・自然災害》：

《水經注》中記載了許多自然災害，由于其書是一部河川水利之書，所以在各種自然災害之中，記載最多的是水災。《注》文記載的最早一次水災在商代的祖乙之時。其時約在公元前十六世紀。卷六《汾水》《經》"又西過皮氏縣南"《注》云：

汾水又西逕耿鄉城北，故殷都也。帝祖乙自相徙此，爲河所毁。故《書叙》曰：祖乙圮于耿。

㉑　絳高山　《大典》本、黄本、吴本、《注箋》本、項本、張本、《注疏》本、《御覽》卷六十四《地部》二十九《澮水》引《水經注》、《康熙字典・水部・澮》引《水經注》、《佩文韻府》卷三十四上《四紙・水・澮水》引《水經注》、乾隆《山西志輯要》卷二《平陽府・翼城縣・山川・澮高山》引《水經注》均作"詳高山"。

㉒　殿本在此句下《案》："案此句有訛舛，未詳。"《注疏》本《疏》："趙云：'作'字疑誤。守敬按：不獨末句有誤，上有澮交，不涉翼侯及曲沃事，則引《竹書》于此爲無着，當是錯簡。疑酈氏于上西南流逕翼城北下，引《竹書》文。末句作爲文公也亦不可通。按《竹書》孝侯八年，自是晉侯在翼，稱翼侯。莊伯七年，莊伯入翼，弑孝侯，晉人逐之，立孝侯子郤，是爲鄂侯。莊伯十二年，翼侯焚曲沃之禾而還。所稱翼侯，即鄂侯。酈氏故申明一句，當作是爲鄂侯也方合。雷學淇謂作爲文公四字，是惠公十五年，公子重耳入于曲沃下傳文，誤衍于此，其說亦非。"

㉓　于家水　《大典》本、黄本、《注箋》本、項本、沈本、《注釋》本、張本、《方輿紀要》卷四十一《山西》三《平陽府・翼城縣・澮水》引《水經注》均作"女家水"。

㉔　《注疏》本作："汾水可以浸平陽，绛水可以浸安邑。"《疏》："戴據《戰國策》、《史記》、《資治通鑑》改作汾水可以浸安邑，绛水可以浸平陽。"段熙仲《校記》云："按《元和志》十四《绛縣》下亦如此作。"

㉕　大　胡適以爲"大是犬之誤"，甚有見地。《手稿》第四集上册《記鐵琴銅劍樓瞿氏藏明鈔本水經注》云：

卷六《澮水篇》引《古文瑣語》一段，黄省曾本(葉十二)是這樣的：

……公問師曠，對首陽之神，有大狸身狐尾，其名曰者，飲酒得福則徹之。

朱本與瞿本(瞿本此處有錯簡)均與黄本相同，均作"有大"(大是犬之誤)……

《手稿》在這段引文中作了兩處括注，分别是"瞿本此處有錯簡"和"大是犬之誤"，均是胡適自己的語言。"大"是"犬"之誤，在校勘上甚有價值，因"大"與"犬"，字形近似，極易致誤，此段

《注》文中前後兩“大”字改爲“犬”字，不僅文義可釋，句讀亦甚分明：

《古文瑣語》曰：晉平公與齊景公乘至于澮上，見乘白驂八駟以來，有犬，貍身狐尾，隨平公之車。公問師曠，對首陽之神，有犬，貍身狐尾，其名曰者，飲酒得福，則徼之，蓋于是水之上也。

㉖ 此《經》文《注疏》本作：“又西南過其縣南。”《疏》：“戴改其縣作左邑縣。董祐誠曰：按《續漢志》有聞喜，無左邑。《寰宇記》，後漢廢左邑，移聞喜理之。是左邑即後漢聞喜。《經》云其縣，承上聞喜言，尤《水經》作于東京以後之證。戴改非。”

㉗ 《注疏》本《疏》：“趙云：仲郵郰三字有誤。趙氏琦美曰，小學書無郰字，疑是郭字，亦未有據。《說文》，高陵有郵，徒歷切，則郵本地名。”

㉘ 《注疏》本熊會貞按：“《王風》、《唐風》並有《揚之水》篇。《王風·揚之水》，不流束薪，鄭《箋》，激揚之水，至湍迅而不能流移束薪。”

㉙ 《札記·鹽》：

《水經注》記載中國古代的鹽業有兩個特點，第一是各種鹽業資源和生產方法具備，這中間包括海鹽、池鹽、井鹽、巖鹽，酈《注》均有完整的記載。

卷九《淇水》《經》“又東北過漂榆邑，入于海”《注》云：

清河又東逕漂榆邑故城南，俗謂之角飛城。《趙記》云：石勒使王述煮鹽于角飛，即城異名矣。《魏土地記》曰：高城縣東北百里，北盡漂榆，東臨巨海，民咸煮海水，藉鹽爲業。即此城也。

這裏記載的是今華北渤海沿岸的鹽業生產，漂榆邑在今天津以南，以後屬于長蘆鹽區，歷來就是我國的海鹽生產基地。

卷六《涑水》《經》“又西南過安邑縣西”《注》云：

其水又逕安邑故城南，又西流注于鹽池。《地理志》曰：鹽池在安邑西南。……長五十一里，廣七里，周百一十六里。……今池水東西七十里，南北十七里，紫色澄渟，潭而不流。水出石鹽，自然印成，朝取夕復，終無減損。惟山水暴至，雨澍潢潦奔泆，則鹽池用耗。故公私共堨水徑，防其淫濫，謂之鹽水，亦謂之爲堨水。《山海經》謂之鹽販之澤也。

安邑鹽池就是今山西省的解池，是我國歷史上著名的鹽池。“今池水東西七十里，南北十七里”，清楚地描繪了今天我們在地圖上看到的這個東北、西南向的狹長的鹽池的輪廓。

卷三十三《江水》《經》“又東過魚復縣南，夷水出焉”《注》云：

北流逕巴東郡之南浦僑縣西，溪硤側，鹽井三口，相去各數十步，以木爲桶，徑五尺，脩煮不絶。……江水又東，右逕朐忍縣故城南……南流歷縣，翼帶鹽井一百所，巴、川資以自給。粒大者方寸，中央隆起，形如張繖，故因名之曰繖子鹽。有不成者，形亦必方，異于常鹽矣。王隱《晉書·地道記》曰：入湯口四十三里，有石煮以爲鹽，石大者如升，小者如拳，煮之水竭鹽成。蓋蜀火井之倫，水火相得，乃佳矣。

這裏，《注》文記載了今四川省東部的井鹽生產，包括鹽井數量、產品性狀、供銷範圍和用天然氣作燃料的生產過程等,都寫得十分清楚,是一項完整的井鹽資料。

卷一《河水》《經》"屈從其東南流,入渤海"《注》云:

山西有大水,名新頭河。……有石鹽,白如水精,大段則破而用之。康泰曰:安息、月氏、天竺至伽那調御,皆仰此鹽。

這裏,《注》文記載的是我國西北,中、印邊界地區的巖鹽。"大段則破而用之",寫出了資源的豐富;"安息、月氏、天竺至伽那調御,皆仰此鹽",寫出了廣闊的供銷範圍。

《水經注》記載中國古代鹽業的第二個特點是範圍廣闊,資料豐富。從海鹽來説,既有華北沿海的角飛城、漂榆邑鹽場(卷九《淇水》)、平度縣鹽坑(卷二十六《膠水》),又有兩淮沿海的南莒鹽官(卷三十《淮水》)和東南沿海的鹽官縣馬臯城鹽場(卷二十九《沔水》)。從池鹽來説,爲數更多,範圍更廣,如三水縣鹽官(卷二《河水》)、廣牧縣鹽官、朔方縣鹽官、沃陽縣鹽池(三處均卷三《河水》)、安邑鹽池、河東鹽池、猗氏鹽池(三處均卷六《涑水》)等。從井鹽來説,有巴獠鹽井(卷二十九《沔水》)、臨邛縣製鹽、臨江縣鹽官、南浦僑縣鹽井、朐忍縣鹽井、湯口火井製鹽(各處均卷三十三《江水》)等。從巖鹽來説,有新頭河石鹽場(卷一《河水》)、西縣鹽官、仇夷百頃鹽田(二處均卷二十《漾水》)等。我們完全可以根據《水經注》記載的資料,繪製出一幅公元六世紀及其以前的鹽業資源和鹽業生產分佈圖。

㉚　張陽城　《方輿紀要》卷四十一《山西》三《平陽府・蒲州・臨晉縣・五姓湖》引《水經注》作"張楊城"。

㉛　西湖　《注疏》本作"西河泊"。《疏》:"朱脱泊字。全、趙以《寰宇記》校增'泊'字。戴改'河'作'湖'。會貞按:《元和志》,文湖,一名西河泊,多蒲魚之利。《寰宇記》同。《方輿紀要》,文水至汾州府東十五里,謂之西河泊。俱當有'泊'字之確證。而戴改'河'作'湖',特因下文屢見'湖'字,故改'河'爲'湖',然不考《元和志》、《寰宇記》,是爲疏矣。"

㉜　瀦城　殘宋本、吴本、《注箋》本、項本、《注釋》本、張本、《晏元獻公類要》卷六《河東路・汾》引《水經注》、《名勝志・山西》卷七《汾州府・汾陽縣》引《水經注》均作"豬城"。

㉝　狐岐之山　《禹貢・蔡傳》引《水經注》、《尚書纂傳》卷四"治梁及岐"元王天與《注》引《水經注》均作"胡岐之山"。

㉞　洞過水　黄本、吴本、《注箋》本、《注删》本、項本、沈本、《摘鈔》本、《五校》鈔本、《七校》本、《注釋》本、張本、《疏證》本、《注疏》本、《初學記・河東道》第四《渦水》引《水經注》、《名勝志・山西》卷二引《水經注》、《方輿紀要》卷四十《山西》二引《水經注》、《佩文韻府拾遺》卷三十四《四紙・水・洞渦水》引《水經注》、《駢字類編》卷四十《山水門》五《洞渦》引《水經注》、《漢書地理志補注》卷六《太原郡》"涂水鄉晉大夫知徐吾邑"吴卓信《注》引《水經注》、《讀水經注小識》卷一引《水經注》、乾隆《太原縣志》卷九《山川・太原縣・洞渦水》引《水經注》、《魏書地形志校録》卷上引《水經注》均作"洞渦水"。戴本、《通鑑》卷一《周紀一》威烈王二十三年"簡子使尹鐸爲晉陽"胡《注》引《水經注》、《天下郡國利病書》卷四十六《山西二》引《水經注》、《戰國策釋地》卷上《鑿臺》引《水經注》均作"同過水"。

㉟　"其水西流"前,《注疏》本有"洞過水出樂平縣西北"九字。《疏》:"朱無此九字,趙、戴同。

守敬按:突言其水西流,不叙水源,酈氏無此例。守敬按:《初學記》八引《水經注》有此句,今補。樂平縣詳《清漳水》篇。《元和志》,此水出沾縣北山,沾即今樂平縣也,水經縣西南二十五里,入汾水。"

㊱ 原過祠 《天下郡國利病書》卷四十六《山西》二引《水經注》作"原同過祠"。

㊲ 涂水鄉 《大典》本、黄本、吴本、《注箋》本、項本、沈本、張本均作"塗水鄉"。

㊳ 武灌城 《注箋》本、項本、《注釋》本、張本均作"武觀城"。

㊴ 洞過澤 《大典》本作"同過津澤",黄本、沈本均作"洞渦津",吴本、項本、《五校》鈔本、《七校》本、張本、《注疏》本均作"洞渦澤",戴本作"同過澤"。

㊵ 蘿蘑亭 黄本、《注箋》本、何校明鈔本、王校明鈔本、項本、沈本、張本、《名勝志・山西》卷一《太谷縣》引《水經注》、《方輿紀要》卷四十《山西》二《太原府・太谷縣・回馬水》引《水經注》、乾隆《太原縣志》卷九《山川・榆次縣》引《水經注》均作"蘿磬亭"。

㊶ 懸甕山 黄本、吴本、何校明鈔本、《注箋》本、項本、張本、《林水録》鈔《水經注》、《通雅》十六《地輿・懸罋山》引《水經注》均作"懸罋山"。

㊷ 《方輿紀要》卷四十《山西》二《太原府・太原縣・臺駘澤》引《水經注》:"晉祠有難老、善利二泉,大旱不涸,隆冬不凍,溉田百餘頃,又有泉出祠下,曰滴瀝泉,其泉導流爲晉水,瀦爲晉澤。"當是此段下佚文。《古文尚書疏證》卷六下第九十云:"晉祠之泉,酈《注》已詳。"所指亦當是此段佚文。

㊸ 椹水 吴本、《注箋》本、項本、張本均作"湛水",《五校》鈔本、《七校》本均作"須水"。

卷七　濟水[1]

濟水出河東垣縣東王屋山，爲沇水；

《山海經》曰：王屋之山，聯水出焉，西北流，注于泰澤[2]。郭景純云：聯、沇聲相近，即沇水也。潛行地下，至共山南，復出于東丘。今原城東北有東丘城。孔安國曰：泉源爲沇，流去爲濟。《春秋説題辭》曰：濟，齊也；齊，度也，貞也。《風俗通》曰：濟出常山房子縣贊皇山，廟在東郡臨邑縣。濟者，齊也，齊其度量也。余按二濟同名，所出不同，鄉原亦别，斯乃應氏之非矣。今濟水重源出軹縣[3]西北平地，水有二源：東源出原城東北，昔晉文公伐原以信，而原降，即此城也。俗以濟水重源所發，因復謂之濟源城。其水南逕其城東故縣之原鄉。杜預曰：沁水縣西北有原城者是也。南流與西源合。西源出原城西，東流水注之。水出西南，東北流注于濟。濟水又東逕原城南，東合北水，亂流東南注，分爲二水，一水東南流，俗謂之爲衍水，即沇水也。衍、沇聲相近，轉呼失實也。濟水又東南，逕絺城[4]北而出于温矣。其一水枝津南流，注于溴。溴水出原城西北原山勳掌谷，俗謂之爲白澗水，南逕原城西。《春秋》：會于溴梁，謂是水之墳梁也。《爾雅》曰：梁莫大于溴梁。梁，水堤也。溴水又東南逕陽城東，與南源合，水出陽城南溪，陽亦樊也。一曰陽樊。《國語》曰：王以陽樊賜晉，陽人不服，文公圍之。倉葛曰：陽有夏、商之嗣典，樊仲之官守焉。君而殘之，無乃不可乎。公乃出陽人。《春秋》，樊氏叛，惠王使虢公伐樊，執仲皮歸于京師，即此城也。其水東北流，與漫流水合，水出軹關南，東北流，又北注于湨,謂之漫流口。湨水又東合北水,亂流東南,左會濟水枝渠。湨水又東逕鍾繇塢北,世謂之鍾公壘。又東南,塗溝水注之。水出軹縣西南山下,北流東轉,入軹縣故城中,又屈而北流出軹郭。漢文帝元年,封薄昭爲侯國也。又東北流注于湨。湨水又東北逕波縣[⑤]故城北。漢高帝封公上不害爲侯國。湨水又東南流,天漿澗水注之。水出軹南臯向城北,城在臯上,俗謂之韓王城,非也。京相璠曰:或云今河内軹西有城,名向,今無。杜元凱《春秋釋地》亦言是矣。蓋相襲之向,故不得以地名而無城也。闞駰《十三州志》曰:軹縣南山西曲有故向城,即周向國也。《傳》曰:向姜不安于莒而歸者矣。汲郡《竹書紀年》曰:鄭侯使韓辰歸晉陽及向。二月,城陽、向,更名陽爲河雍,向爲高平。即是城也。其水有二源俱導,各出一溪,東北流,合爲一川,名曰天漿溪。又東北逕一故城,俗謂之冶城[⑥],水亦曰冶水[⑦]。又東流注于湨。湨水又東南流,右會同水,水出南原下,東北流逕白騎塢南,塢在原上,爲二溪之會,北帶深隍,三面阻險,惟西版築而已。東北流逕安國城西,又東北注湨水。湨水東南逕安國城東,又南逕毋辟邑[⑧]西,世謂之無比城,亦曰馬鞞城,皆非也。朝廷以居廢太子,謂之河陽庶人。湨水又南注于河。

又東至温縣西北,爲濟水。又東過其縣北,

濟水于温城西北與故瀆分,南逕温縣故城西,周畿内國,司寇蘇忿生之邑也。《春秋》僖公十年,狄滅温,温子奔衛,周襄王以賜晉文公。濟水南歷虢公臺西。《皇覽》曰:温城南有虢公臺,基趾尚存。濟水南流注于河。郭緣生《述征記》曰:濟水河内温縣注于河,蓋沿歷之實證,非爲謬説也。濟水故瀆于温城西北東南出,逕温城北,又東逕虢公冢北。《皇覽》曰:虢公冢在温縣郭東,濟水南大冢是也。濟水當王莽之世,川瀆枯竭,其後水流逕通,津渠勢改,尋梁脈水,不與昔同。

屈從縣東南流,過隤城[⑨]西,又南當鞏縣北,南入于河。

濟水故瀆東南合奉溝水,水上承朱溝于野王城西,東南逕陽鄉城北,又東南逕李城西。秦攻趙,邯鄲且降,傳舍吏子李同説平原君勝,分家財饗士,得敢死者三千人,李同與赴秦軍,秦軍退。同死,封其父爲李侯。故徐廣曰:河内平臯縣有李城,即此城也。于城西南爲陂水,淹地百許頃,蒹葭萑葦生焉,號曰李陂。又逕隤城西,屈而東北流,逕其城北,又東逕平臯城南。應劭曰:邢侯自襄國徙此。當齊桓公時,衛人伐邢,邢遷于夷儀,其地屬晉,號曰邢丘。以其在河之臯,勢處平夷,故曰平臯。瓚注《漢書》云:《春秋》,狄人伐邢,邢遷夷儀,不至此也。今襄國西有夷儀城,去襄國百餘里。平臯是邢丘,非國也。余按《春秋》宣公六年,赤狄伐晉,圍邢丘。昔晉侯送女于楚,送之邢丘,即是此處也,非無城之言。《竹書紀年》曰:梁惠

成王三年，鄭城邢丘。司馬彪《後漢郡國志》云：縣有邢丘，故邢國，周公子所封矣。漢高帝七年，封碭郡長項佗爲侯國，賜姓劉氏，武帝以爲縣。其水又南注于河也。

與河合流，又東過成皋縣北，又東過滎陽縣北，又東至礫溪南，東出過滎澤北。

《釋名》曰：濟，濟也，源出河，北濟河而南也。《晉地道志》曰：濟自大伾入河，與河水鬬，南泆爲滎澤。《尚書》曰：滎波既豬。孔安國曰：滎澤波水已成遏豬。闞駰曰：滎播，澤名也。故吕忱云：播水在滎陽。謂是水也。昔大禹塞其淫水而于滎陽下引河，東南以通淮、泗，濟水分河東南流。漢明帝之世，司空伏恭薦樂浪人王景，字仲通，好學多藝，善能治水。顯宗詔與謁者王吴始作浚儀渠，吴用景法，水乃不害，此即景、吴所脩故瀆也。渠流東注，浚儀故復，謂之浚儀渠。明帝永平十五年，東巡至無鹽，帝嘉景功，拜河堤謁者。靈帝建寧四年，于敖城西北壘石爲門，以遏渠口，謂之石門，故世亦謂之石門水。門廣十餘丈，西去河三里，石《銘》云：建寧四年十一月，黄場石也。而主吏姓名，磨滅不可復識。魏太和中，又更脩之，撤故增新，石字淪落，無復在者。水北有石門亭，戴延之所云新築城，城周三百步，滎陽太守所鎮者也。水南帶三皇山[⑩]，即皇室山，亦謂之爲三室山也。濟水又東逕西廣武城北，《郡國志》：滎陽縣有廣武城。城在山上，漢所城也。高祖與項羽臨絶澗對語，責羽十罪，羽射漢祖中胸處也。山下有水，北流入濟，世謂之柳泉也。濟水又東逕東廣武城北，楚項羽城之。漢破曹咎，羽還廣武，爲高壇，置太公其上，曰：漢不下，吾烹之。高祖不聽，將害之。項伯曰：爲天下者不顧家，但益怨耳。羽從之。今名其壇曰項羽堆。夾城之間，有絶澗斷山，謂之廣武澗。項羽叱婁煩于其上，婁煩精魄喪歸矣。濟水又東逕敖山北，《詩》所謂薄狩于敖者也。其山上有城，即殷帝仲丁之所遷也。皇甫謐《帝王世紀》曰：仲丁自亳徙囂于河上者也。或曰敖矣。秦置倉于其中，故亦曰敖倉城也。濟水又東合滎瀆[⑪]，瀆首受河水，有石門，謂之爲滎口石門也，而地形殊卑，蓋故滎播所導，自此始也。門南際河，有故《碑》云：惟陽嘉三年二月丁丑，使河堤謁者王誨，疏達河川，遹荒庶土，往大河衝塞，侵齧金隄，以竹籠石葺土而爲堨，壞隤無已，功消億萬，請以濱河郡徒，疏山采石壘以爲障。功業既就，徭役用息，未詳詔書，許誨立功，府卿規基經始，詔策加命，遷在沇州，乃簡朱軒，授使司馬登，令纘茂前緒，稱遂休功。登以伊、洛合注大河，南則緣山，東過大伾，回流北岸，其勢鬱懞，濤怒湍急激疾，一有決溢，彌原淹野，蟻孔之變，害起不測，蓋自姬氏之所常蹙。昔崇鯀所不能治，我二宗之所劬勞。于是乃跋涉躬親，經之營之，比率百姓，議之于臣，伐石三谷，水匠致治，立激岸側，以捍鴻波，隨時慶賜,説以勸之,川無滯越,水土通演,役未踰年,而功程有畢,斯乃元勳之嘉謀,上德之弘表也。昔禹脩九道,《書》録其功;后稷躬稼,《詩》列于《雅》。夫不憚勞謙之勤,夙興厥職,充國惠民,安得湮没而不章焉。故遂刊石記功,垂示于後。其辭云云。使河堤謁者山陽東緡司馬登,字伯志;代東萊曲成王誨,字孟堅;河内太守宋城向豹,字伯尹;丞汝南鄧方,字德山;懷令劉丞,字季意;河堤掾匠等造。陳留浚儀邊韶,字孝先頌。石銘歲遠,字多淪缺,其所滅,蓋闕如也。滎瀆又東南流,注于濟,今無水。次東得宿須水口,水受大河,渠側有扈亭水,自亭東南流,注于濟,今無水。宿須在河之北,不在此也,蓋名同耳。自西緣帶山隰,秦、漢以來,亦有通否。濟水與河渾濤東注。晉太和中,桓温北伐,將通之,不果而還。義熙十三年,劉公西征,又命寧朔將軍劉遵考仍此渠而漕之,始有激湍東注,而終山崩壅塞,劉公于北十里更鑿故渠通之。今則南瀆通津,川澗是導耳。濟水于此,又兼邲目。《春秋》宣公十三年[12],晉、楚之戰,楚軍于邲。即是水也。音卞。京相璠曰:在敖北。濟水又東逕滎陽縣北,曹太祖與徐榮戰,不利,曹洪授馬于此處也。濟水又東,礫石溪水[13]注之。水出滎陽城西南李澤,澤中有水,即古馮池也。《地理志》曰:滎陽縣,馮池在西南是也。東北流,歷敖山南。《春秋》,晉、楚之戰,設伏于敖前,謂是也。逕虢亭北,池水又東北逕滎陽縣北斷山,東北注于濟,世謂之礫石澗,即《經》所謂礫溪矣。《經》云濟出其南,非也。濟水又東,索水注之,水出京縣西南嵩渚山,與東關水同源分流,即古旃然水也。其水東北流,器難之水注之。《山海經》曰:少陘之山[14],器難之水出焉,而北流注于侵水。即此水也。其水北流逕金亭,又北逕京縣故城西,入于旃然之水。城,故鄭邑也。莊公以居弟段,號京城大叔。祭仲曰:京城過百雉,國之害也。城北有壇山岡。《趙世家》成侯二十年,魏獻滎陽,因以爲壇臺[15]岡也。其水亂流,北逕小索亭西。京相璠曰:京有小索亭。《世語》以爲本索氏兄弟居此,故號小索者也。又爲索水。索水又北逕大柵城東,晉滎陽民張卓、董邁等遭荒,鳩聚流雜保固,名爲大柵塢。至太平真君八年,豫州刺史崔白,自虎牢移州治此,又東開廣舊城,創制改築焉。太和十七年,遷都洛邑,省州置郡。索水又屈而西流,與梧桐澗水合,水出西南梧桐谷,東北流注于索。斯水亦時有通塞,而不常流也。索水又北屈,東逕大索城南,《春秋傳》曰:鄭子皮勞叔向于索氏,即此城也。《晉地道志》所謂京有大索、小索亭。《漢書》京、索之間也。索水又東逕虢亭南。應劭曰:滎陽,故虢公之國也,今虢亭是矣。司馬彪《郡國志》曰:縣有虢亭,俗謂之平桃城[16]。城内有大冢,名管叔冢,或亦謂之爲號咷城,非也。蓋號、虢字相類,字轉失實也。《風俗通》曰:俗説高祖與項羽戰于京、索,遁于薄中,羽追求之,時鳩止鳴其上,追之者以爲必無人,遂得脱。及即位,異此鳩,故作鳩杖以扶老。案《廣志》,楚鳩一名嘷啁,號咷之名,蓋因鳩以起目焉,所未詳也。索水又東北流,須水右入焉。水近出京城東北二里榆子溝,亦曰柰榆溝也,又或謂之爲小索水。東北流,木蓼溝水注之,水上承京城南淵,世謂之車輪淵,淵水東北流,謂之木蓼溝。又東北入于須水。須水又東北流,于滎陽城西南北注索。索水又東逕滎陽縣故城南。漢王之困滎陽也,紀信曰:臣詐降楚,王宜間出。信乃乘王車出東門,稱漢降楚。楚軍稱萬歲,震動天地,王與數十騎出西門得免楚圍。羽見信大怒,遂烹之。信冢在城西北三里。故蔡伯喈《述征賦》曰:過漢祖之所隘,弔紀信于滎陽。其城跨倚岡原,居山之陽,王莽立爲祈隊,備周六隊之制。魏正始三年,歲在甲子,被癸丑詔書,割河南郡縣,自鞏、闕以東,創建滎陽郡,並户二萬五千,以南鄉筑陽亭侯李勝,字公昭,爲郡守。故原武典農校尉,政有遺惠,民爲立祠于城北五里,號曰李君祠。廟前有石蹠,蹠上有石的,《石的銘》具存。其略曰:百族欣戴,咸推厥誠。今猶祀禱焉。索水又東逕周苛冢北。漢祖之出滎陽也,令御史大夫周苛守之,項羽拔滎陽獲苛曰:吾以公爲上將軍,封三萬户侯,能盡節乎?苛瞋目罵羽,羽怒,烹之。索水又東流,北屈西轉,北逕滎陽城東,而北流注濟水。杜預曰:旃然水出滎陽成皋縣,東入汳。《春秋》襄公十八年,楚伐鄭,右師涉潁,次于旃然,即是水也。濟渠水斷汳溝,惟承此始,故云汳受旃然矣。亦謂之鴻溝水,蓋因漢、楚分王,指水爲斷故也。《郡國志》曰:滎陽有鴻溝水是也。蓋因城地而變名,爲川流之異目。濟水又東逕滎澤北,故滎水所都也。京相璠曰:滎澤在滎陽縣東南與濟隧合。濟隧上承河水于卷縣北河,南逕卷縣故城東,又南逕衡雍城西。《春秋左傳》襄公十一年,諸侯伐鄭,西濟于濟隧。杜預闕其地,而曰水名也。京相璠曰:鄭地也。言濟水滎澤中北流,至衡雍西,與出河之濟會,南去新鄭百里,斯蓋滎播、河、濟,往復逕通矣。出河之濟即陰溝之上源也。濟隧絶焉。故世亦或謂其故道爲十字溝。自于岑造八激堤于河陰,水脈逕斷,故瀆難尋,又南會于滎澤。然水既斷,民謂其處爲滎澤。《春秋》:衛侯及翟人戰于滎澤,而屠懿公,弘演報命納肝處也。有垂隴城,濟瀆出其北。《春秋》文公二年,晉士穀盟于垂隴者也。京相璠曰:垂隴,鄭地。今滎陽東二十里有故垂隴城,即此是也。世謂之都尉城,蓋滎陽典農都尉治,故變垂隴之名矣。瀆際又有沙城,城左佩濟瀆。《竹書紀年》:梁惠成王九年,王會鄭釐侯于巫沙者也。瀆際有故城,世謂之水城。《史記》:秦昭王三十二年,魏冉攻魏,走芒卯,入北宅,即故宅陽城也。《竹書紀年》曰:惠成王十三年,王及鄭釐侯盟于巫沙,以釋宅陽之圍,歸釐于鄭者也。《竹書紀年》:晉出公六年,齊、鄭伐衛,荀瑶城宅陽。俗言水城,非矣。濟水自澤東出,即是始矣。王隱曰:河決爲滎,濟水受焉。故有濟堤矣。謂此濟也。濟水又東南逕釐城東,《春秋經》書公會鄭伯于時來,《左傳》所謂釐也。京相璠曰:今滎陽縣東四十里有故釐城也。濟水右合黄水,水發源京縣黄堆山[17],東南流,名祝龍泉,泉勢沸湧,狀若巨鼎揚湯。西南流,謂之龍項口,世謂之京水也。又屈而北注,魚子溝水入焉,水出石暗澗。東北流,又北與濦濦水合,水出西溪東流,水上有連理樹,其樹,柞櫟也,南北對生,凌空交合,溪水歷二樹之間,東流注于魚水,魚水又屈而西北注黄水。黄水又北逕高陽亭東,又北至故市縣[18],重泉水注之。水出京城西南少陘山,東北流,又北流逕高陽亭西,東北流注于黄水。又東北逕故市縣故城南。漢高帝六年,封閻澤赤爲侯國,河南郡之屬縣也。黄水又東北至滎澤南,分爲二水:一水北入滎澤,下爲船塘,俗謂之郟城陂,東西四十里,南北二十里。《竹書·穆天子傳》曰:甲寅,天子浮于滎水,乃奏《廣樂》是也。一水東北流,即黄雀溝矣。《穆天子傳》曰:壬寅,天子東至于雀梁者也。又東北與靖水枝津合,二水之會爲黄淵,北流注于濟水。

又東過陽武縣南,

濟水又東南流入陽武縣,歷長城東南流,蒗蕩渠[19]出焉。濟水又東北流,南濟也。逕陽武縣故城南,王莽更名之曰陽桓矣。又東爲白馬淵,淵東西二里,南北百五十步,淵流名爲白馬溝。又東逕房城北。《穆天子傳》曰:天子里甫田[20]之路,東至于房。疑即斯城也。郭《注》以爲趙郡房子也。余謂穆王里鄭甫而郭以趙之房邑爲疆,更爲非矣。濟水又東逕封丘縣南,又東逕大梁城北,又東逕倉垣城,又東逕小黄縣之故城北。縣有黄亭,説濟又謂之曰黄溝[21]。縣,故陽武之東黄鄉也,故水以名縣。沛公起兵野戰,喪皇妣于黄鄉。天下平定,乃使使者以梓宫招魂幽野。于是丹虵自水濯洗,入于梓宫,其浴處有遺髮焉。故謚曰昭靈夫人,因作寢以寧神也。濟水又東逕東昏縣故城北,陽武縣之户牖鄉矣。漢丞相陳平家焉。平少爲社宰,以善均肉稱,今民祠其社。平有功于高祖,封户牖侯,是後置東昏縣也,王莽改曰東明矣。濟水又東逕濟陽縣故城南,故武父城也。城在濟水之陽,故以爲名,王莽改之曰濟前者也。光武生濟陽宫,光明照室,即其處也。《東觀漢記》曰:光武以建平元年生于濟陽縣,是歲有嘉禾生,一莖九穗,大于凡禾,縣界大熟,因名曰秀。

又東過封丘縣北,

北濟也。自滎澤東逕滎陽卷縣之武脩亭南,《春秋左傳》成公十年,鄭子然盟于脩澤者也,鄭地矣。杜預曰:卷東有武脩亭。濟水又東逕原武縣故城南,《春秋》之原圃也。《穆天子傳》曰:祭父自圃鄭來謁天子,夏,庚午,天子飲于洧上,乃遣祭父如圃鄭是也。王莽之原桓矣。濟瀆又東逕陽武縣故城北,又東絶長城。按《竹書紀年》:梁惠成王十二年,龍賈率師築長城于西邊。自亥谷以南,鄭所城矣。《竹書紀年》云是梁惠成王十五年築也。《郡國志》曰:長城自卷逕陽武到密者是矣。濟瀆又東逕酸棗縣之烏巢澤[22],澤北有故市亭。《晉太康地記》曰:澤在酸棗之東南,昔曹太祖納許攸之策,破袁紹運處也。濟瀆又東逕封丘縣北,南燕縣之延鄉也,其在《春秋》爲長丘焉。應劭曰:《左傳》,宋敗狄于長丘,獲長狄緣斯是也。漢高帝封翟盱爲侯國,濮水出焉。濟瀆又東逕大梁城之赤亭北而東注。

又東過平丘縣南,

北濟也。縣,故衛地也。《春秋》魯昭公十三年,諸侯盟于平丘是也。縣有臨濟亭,田儋死處也。又有曲濟亭,皆臨側濟水者。

又東過濟陽縣北,

北濟也,自武父城北。闞駰曰:在縣西北,鄭邑也。東逕濟陽縣故城北,圈稱《陳留風俗傳》曰:縣,故宋地也。《竹書紀年》:梁惠成王三十年城濟陽。漢景帝中六年,封梁孝王子明爲濟川王。應劭曰:濟川,今陳留濟陽縣是也。

又東過冤朐縣[23]南,又東過定陶縣南,

南濟也,濟瀆自濟陽縣故城南,東逕戎城北。《春秋》隱公二年,公會戎于潛。杜預曰:陳留濟陽縣東南有戎城是也。濟水又東北,菏水東出焉。濟水又東北逕冤朐縣故城南,吕后元年,封楚元王子劉執爲侯國,王莽之濟平亭也。濟水又東逕秦相魏冉冢南。冉,秦宣太后弟也。代客卿壽燭爲相,封于穰,益封于陶,號曰穰侯,富于王室。范雎説秦,秦王悟其擅權,免相,就封出關,輜車千乘,卒于陶,而因葬焉,世謂之安平陵,墓南崩碑尚存。濟水又東北逕定陶恭王陵南,漢哀帝父也。帝即位,母丁太后建平二年崩,上曰:宜起陵于恭皇之園,送葬定陶,貴震山東。王莽秉政,貶號丁姬,開其槨户,火出炎四五丈,吏卒以水沃滅,乃得入,燒燔槨中器物,公卿遣子弟及諸生、四夷十餘萬人,操持作具,助將作掘,平共王母傅太后墳及丁姬冢,二旬皆平。莽又周棘其處,以爲世戒云。時有羣燕數千,銜土投于丁姬竁中,今其墳冢,巍然尚秀,隅阿相承,列郭數周,面開重門,南門内夾道有崩碑二所,世尚謂之丁昭儀墓,又謂之長隧陵。蓋所毁者,傅太后陵耳。丁姬墳墓,事與書違,不甚過毁,未必一如史説也。墳南,魏郡治也。世謂之左城,亦名之曰葬城,蓋恭王之陵寢也。濟水又東北逕定陶縣故城南,側城東注。縣,故三鬷國也。湯追桀,伐三鬷,即此。周武王封弟叔振鐸之邑,故曹國也。漢宣帝甘露二年,更濟陰爲定陶國,王莽之濟平也。戰國之世,范蠡既雪會稽之恥,乃變姓名寓于陶,爲朱公。以陶天下之中,諸侯四通,貨物之所交易也。治産致千金,富好行德,子孫修業,遂

致巨萬。故言富者,皆曰陶朱公也。

又屈從縣東北流,

南濟也。又東北右合菏水㉔,水上承濟水于濟陽縣東,世謂之五丈溝㉕。又東逕陶丘北。《地理志》曰:《禹貢》,陶丘在定陶西南。陶丘亭在南,墨子以爲釜丘也。《竹書紀年》:魏襄王十九年,薛侯來會王于釜丘者也。《尚書》所謂導菏水自陶丘北,謂此也。菏水東北出于定陶縣北,屈左合氾水,氾水西分濟瀆,東北逕濟陰郡南。《爾雅》曰:濟别爲濋。吕忱曰:水决復入爲氾。廣異名也。氾水又東合于菏瀆。昔漢祖既定天下,即帝位于定陶氾水之陽。張晏曰:氾水在濟陰界,取其氾愛弘大而潤下也。氾水之名,于是乎在矣。菏水又東北,逕定陶縣南,又東北,右合黄水枝渠,渠上承黄溝,東北合菏而北注濟瀆也。

注释:

① 《注疏》本作"濟水一"。《疏》:"戴删一字。守敬按:據《説文》當作泲,但秦、漢以上經典多作濟,相承已久,故《水經》及《注》並作濟。詳下。"

② 泰澤 《大典》本、黄本、吴本、《注箋》本、項本、沈本、張本、《注疏》本、《禹貢指南》卷四《沇水注》引《水經注》、《山海經箋疏》卷三《北山經》"而西北流注于泰澤"郝懿行《案》引《水經注》均作"秦澤"。

③ 軹縣 《注箋》本、項本、《注釋》本、張本均作"温城",《通鑑》卷四赧王二十八年"拔新垣、曲陽"胡《注》引《水經注》作"温"。

④ 絺城 黄本、吴本、《注箋》本、項本、沈本、張本均作"郄城",《注釋》本作"郗城"。

⑤ 波縣 孫潛校本作"汲縣"。

⑥ 冶城 《大典》本、黄本、《注箋》本、項本、沈本、張本均作"治城"。

⑦ 冶水 《大典》本、黄本、《注箋》本、項本、沈本、張本均作"治水"。

⑧ 毋辟邑 《大典》本作"母辟邑",《注疏》本、《通鑑》卷一四〇《齊紀》六明帝建武三年"置于河陽無鼻城"胡《注》引《水經注》均作"無辟邑"。

⑨ 隤城 《注疏》本作"墳城"。《疏》:"趙改墳作隤,云:墳城當作隤城。《郡國志》河内郡修武縣有隤城。劉《注》,《左傳》隱十一年,以墳與鄭。全、戴改隤同。守敬按:隤城,《左傳》杜《注》謂在脩武北,酈氏敘于《清水》篇,是也。濟水遠在脩武之西南,何能逕脩武之北?考《爾雅》,梁莫大于溴梁,墳莫大于河墳。郭《注》,墳,大防。此城去河甚近,即《爾雅》之所謂墳者。《經》及《注》原不誤。"

⑩ 三皇山 黄本、沈本、《五校》鈔本、《七校》本均作"皇山",《注箋》本、項本、張本均作"三山"。

⑪　滎瀆　《注箋》本、項本、張本均作“滎澤”，《困學紀聞》卷十六《考史》引《水經注》、乾隆《滎澤縣志》卷二《地理·山川·須水》引《水經注》均作“滎瀆水”。

⑫　《春秋》宣公十三年　《注疏》本作“《春秋》宣公十二年”。《疏》：“朱訛作十三年，全、戴同，趙改。”

⑬　礫石溪水　《注箋》本、項本、張本、《注疏》本均作“南礫石溪水”。

⑭　少陘之山　殘宋本、吴本、《注箋》本、何校明鈔本、項本、張本、《注疏》本均作“小陘之山”。

⑮　《注釋》本云：“沈氏曰：《史記》，魏獻滎椽，趙因以爲檀臺。滎椽木材，非地也；檀臺是屋，非岡也。善長不知爲何有此誤考？”《注疏》本《疏》：“考檀臺在襄國，見于《續漢志》，而滎陽乃韓地，後之爲《滎陽圖經》者，因造爲檀山以相附會，益更繆矣。會貞按：《史記·趙世家·索隱》引劉氏曰：滎椽蓋地名，其中有一高處，可以爲臺。説與此《注》頗合，而小司馬駁之。守敬按，以檀臺爲岡，猶有説，以滎椽爲滎陽，則大惑不解矣。”

⑯　平桃城　《大典》本、吴本、《注箋》本、項本、張本、《注疏》本均作“平咷城”，《注釋》本作“乎咷城”，《通鑑》卷一四〇《齊紀》六“太子出迎于平桃城”胡《注》引《水經注》作“平晀城”。

⑰　黄堆山　《五校》鈔本、《七校》本均作“黄雀山”。

⑱　故市縣　黄本、沈本作“固市縣”。

⑲　蒗碭渠　殘宋本、《大典》本、黄本、吴本、沈本均作“蒗蕩渠”，《禹貢山川地理圖》卷上《删道元所釋水經注》引《水經注》作“莨蕩渠”，《尚書通考》卷七《滎水》引《水經注》作“狼蕩渠”。

⑳　甫田　《注箋》本、項本、《注釋》本、張本均作“圃田”。

㉑　殿本在此處《案》云：“案此句之上當有脱文，未詳。”《注疏》本楊守敬按：“黄溝詳《泗水注》，據彼文，黄水出小黄縣黄鄉黄溝，此句上當有黄水出焉四字，今增。”

㉒　烏巢澤　《大典》本作“鳥巢澤”。

㉓　宛朐縣　吴本作“宛昫縣”。

㉔　菏水　何校明鈔本、王校明鈔本、《困學紀聞》卷十《地理》引《水經注》均作“荷水”。

㉕　五丈溝　殘宋本作“五文溝”。

卷八　濟水[1]

又東至乘氏縣西，分爲二：

《春秋左傳》僖公三十一年，分曹地東傅于濟。濟水自是東北流，出鉅澤。

其一水東南流，其一水從縣東北流，入鉅野澤。

南爲菏水[2]，北爲濟瀆，逕乘氏縣與濟渠、濮渠合。北濟自濟陽縣北，東北逕煮棗城南。《郡國志》曰：冤朐縣有煮棗城，即此也。漢高祖十二年，封革朱爲侯國。北濟又東北逕冤朐縣故城北，又東北逕吕都縣故城南，王莽更名之曰祁都也。又東北逕定陶縣故城北，漢景帝中六年，以濟水出其北，東注，分梁，于定陶置濟陰國，指北濟而定名也。又東北與濮水合，水上承濟水于封丘縣，即《地理志》所謂濮渠水首受濟者也。闞駰曰：首受别濟，即北濟也。其故瀆自濟東北流，左迆爲高梁陂，方三里。濮水又東逕匡城北，孔子去衛適陳，遇難于匡者也。又東北，左會别濮，水受河于酸棗縣。故杜預云：濮水出酸棗縣，首受河。《竹書紀年》曰：魏襄王十年十月，大霖雨疾風，河水溢酸棗郛。漢世塞之，故班固云：文堙棗野。今無水。其故瀆東北逕南、北二棣城間。《左傳》襄公五年，楚子囊伐陳，公會于城棣以救之者也。濮渠又東北逕酸棗縣故城南，韓國矣。圈稱曰：昔天子建國名都，或以令名，或以山林，故豫章以樹氏郡，酸棗以棘名邦，故曰酸棗也。《漢官儀》曰：舊河堤謁者居之城西，有韓王望氣臺。孫子荆《故臺賦叙》曰：酸棗寺[3]門外，夾道左右有兩故臺，訪之故老云：韓王聽訟觀臺，高十五仞，雖樓榭泯滅，然廣基似于山嶽。召公大賢，猶舍甘棠，區區小國，而臺觀隆崇，驕盈于世，以鑒來今，故作賦曰：蔑丘陵之邐迆，亞五嶽之嵯峨。言壯觀也。城北，韓之市地也。聶政爲濮陽嚴仲子刺韓相俠累，遂皮面而死，其姊哭之于此。城内有《後漢酸棗令劉孟陽碑》。濮水北積成陂，陂方五里，號曰同池陂。又東逕胙亭東注，故胙國也。富辰所謂邢、茅、胙、祭，周公之胤也。濮渠又東北逕燕城南，故南燕姞姓之國也。有北燕，故以南氏縣。東爲陽清湖，陂南北五里，東西三十里，亦曰燕城湖。逕桃城南，即《戰國策》所謂酸棗、虚、桃者也。漢高帝十二年，封劉襄爲侯國。而東注于濮，俗謂之朝平溝。濮渠又東北，又與酸水故瀆會。酸瀆首受河于酸棗縣，東逕酸棗城北、延津南，謂之酸水。《竹書紀年》曰：秦蘇胡率師伐鄭，韓襄敗秦蘇胡于酸水者也。酸瀆水又東北逕燕城北，又東逕滑臺城南，又東南逕瓦亭南。《春秋》定公八年，公會晉師于瓦，魯尚執羔，自是會始也。又東南會于濮，世謂之百尺溝，濮渠之側有漆城。《竹書紀年》：梁惠成王十六年，邯鄲伐衛，取漆富丘，城之者也。或亦謂之宛濮亭。《春秋》：甯武子與衛人盟于宛濮。杜預曰：長垣西南近濮水也。京相璠曰：衛地也。似非關究，而不知其所。《竹書紀年》：梁惠成王五年，公子景賈率師伐鄭，韓明戰于陽，我師敗逋。澤北有壇陵亭，亦或謂之大陵城，非所究也。又有桂城。《竹書紀年》：梁惠成王十七年，齊田期伐我東鄙，戰于桂陽，我師敗逋，亦曰桂陵。案《史記》，齊威王使田忌擊魏，敗之桂陵，齊于是彊，自稱爲王，以令天下。濮渠又東逕蒲城北，故衛之蒲邑。孔子將之衛，子路出于蒲者也。韓子曰：魯以仲夏起長溝，子路爲蒲宰，以私粟饋衆。孔子使子貢毁其器焉。余案《家語》言，仲由爲郈宰，脩溝瀆，與之簞食瓢飲，夫子令賜止之，無魯字。又入其境，三稱其善，身爲大夫，終死衛難。濮渠又東逕韋城南，即白馬縣之韋鄉也。《史遷記》曰：夏伯豕韋之故國矣。城西出而不方，城中有六大井，皆隧道下，俗謂之江井也。有馳道，自城屬于長垣。濮渠東絶馳道，東逕長垣縣故城北，衛地也，故首垣矣。秦更從今名，王莽改爲長固縣。《陳留風俗傳》曰：縣有防垣，故縣氏之。孝安帝以建光元年，封元舅宋俊爲侯國。縣有祭城，濮渠逕其北，鄭大夫祭仲之邑也。杜預曰：陳留長垣縣東北有祭城者也。圈稱又言，長垣縣有羅亭，故長羅縣也，漢封後將軍常惠爲侯國。《地理志》曰：王莽更長羅爲惠澤，後漢省并。長垣有長羅澤，即吴季英牧豬處也。又有長羅岡、蘧伯玉岡。《陳留風俗傳》曰：長垣縣有蘧伯鄉，一名新鄉，有蘧亭、伯玉祠、伯玉冢。曹大家《東征賦》曰：到長垣之境界兮，察農野之居民；覩蒲城之丘墟兮，生荆棘之蓁蓁；蘧氏在城之東南兮，民亦嚮其丘墳；惟令德之不朽兮，身既没而名存。昔吴季札聘上國，至衛，觀典府，賓亭父疇，以衛多君子也。濮渠又東分爲二瀆，北濮出焉。濮渠又東逕須城北，《衛詩》云：思須與曹也。毛云：須，衛邑矣。鄭云：自衛而東逕邑，故思。濮渠又北逕襄丘亭南，《竹書紀年》曰：襄王七年，韓明率師伐襄丘；九年[④]，楚庶章率師來會我，次于襄丘者也。濮水又東逕濮陽縣故城南，昔師延爲紂作靡靡之樂，武王伐紂，師延東走，自投濮水而死矣。後衛靈公將之晉，而設舍于濮水之上，夜聞新聲，召師涓受之于是水也。濮水又東逕濟陰離狐縣故城南，王莽之所謂瑞狐也。《郡國志》曰：故屬東郡。濮水又東逕葭密縣故城北。《竹書紀年》：元公三年，魯季孫會晉幽公于楚丘，取葭密，遂城之。濮水又東北逕鹿城南，《郡國志》曰：濟陰乘氏縣有鹿城鄉，《春秋》僖公二十一年，盟于鹿上。京、杜竝謂此亭也。濮水又東與句瀆合，瀆首受濮水枝渠于句陽縣東南，逕句陽縣故城南，《春秋》之穀丘也。《左傳》以爲句瀆之丘矣。縣處其陽，故縣氏焉。又東入乘氏縣，左會濮水，與濟同入鉅野。故《地理志》曰：濮水自濮陽南入鉅野，亦《經》所謂濟水自乘氏縣兩分，東北入于鉅野也。濟水故瀆又北，右合洪水。水上承鉅野薛訓渚，歷澤西北，又北逕闞鄉城西。《春秋》桓公十有一年，《經》書公會宋公于闞。《郡國志》曰：東平陸有闞亭。《皇覽》曰：蚩尤冢在東郡[⑤]壽張縣闞鄉城中，冢高七尺，常十月祠之。有赤氣出如絳，民名爲蚩尤旗。《十三州志》曰：壽張有蚩尤祠。又北與濟瀆合，自渚迄于北口百二十里，名曰洪水。桓温以太和四年率衆北入，掘渠通濟。至義熙十三年，劉武帝西入長安，又廣其功。自洪口已上，又謂之桓公瀆，濟自是北注也。《春秋》莊公十八年，《經》書夏公追戎于濟西。京相璠曰：濟水自鉅野至濟北是也。

又東北過壽張縣西界安民亭南，汶水從東北來注之。

濟水又北，汶水注之，戴延之所謂清口也。郭緣生《述征記》曰：清河首受洪水，北注濟。或謂清即濟也。《禹貢》，濟東北會于汶。今枯渠注鉅澤，鉅澤北則清口，清水與汶會也。李欽[⑥]曰：汶水出太山萊蕪縣，西南入濟是也。濟水又北逕梁山東，袁宏《北征賦》曰：背梁山，截汶波。即此處也。劉澄之引是山以證梁父，爲不近情矣。山之西南有吕仲悌墓。河東岸有石橋，橋本當河，河移，故厠岸也。古老言：此橋東海吕母起兵所造也。山北三里有吕母宅，宅東三里即濟水。濟水又北逕須朐城[⑦]西，城臨側濟水，故須朐國也。《春秋》僖公二十一年，子魚曰：任、宿、須朐、顓臾，風姓也。寔司太皞，與有濟之祀。杜預曰：須朐在須昌縣西北，非也。《地理志》曰：壽張西北有朐城者是也。濟水西有安民亭，亭北對安民山，東臨濟水，水東即無鹽縣界也。山西有《冀州刺史王紛碑》，漢中平四年立，濟水又北逕微鄉東；《春秋》莊公二十八年，《經》書冬築郿。京相璠曰：《公羊傳》謂之微。東平壽張縣西北三十里，有故微鄉，魯邑也。杜預曰：有微子冢。濟水又北分爲二水，其枝津西北出，謂之馬頰水者也。

又北過須昌縣西，

京相璠曰：須朐，一國二城兩名。蓋遷都須昌，朐是其本。秦以爲縣，漢高帝十一年，封趙衍爲侯國。濟水于縣，趙溝水注之。濟水又北逕魚山[⑧]東，左合馬頰水。水首受濟，西北流，歷安民山北，又西流，趙溝出焉，東北注于濟。馬頰水又逕桃城東，《春秋》桓公十年，《經》書公會衛侯于桃丘，衛地也。杜預曰：濟北東阿縣東南有桃城，即桃丘矣。馬頰水又東北流逕魚山南，山，即吾山也。漢武帝《瓠子歌》所謂吾山平者也。山上有柳舒城，魏東阿王曹子建每登之，有終焉之志。及其終也，葬山西，西去東阿城四十里。其水又東注于濟，謂之馬頰口也。濟水自魚山北逕清亭東，《春秋》隱公四年，公及宋公遇于清。京相璠曰：今濟北東阿東北四十里，有故清亭，即《春秋》所謂清者也。是下濟水通得清水之目焉。亦水色清深，用兼厥稱矣。是故燕王曰：吾聞齊有清濟、濁河以爲固，即此水也。

又北過穀城縣西，

濟水側岸有尹卯壘，南去魚山四十餘里，是穀城縣界。故《春秋》之小穀城也。齊桓公以魯莊公二十三年[⑨]城之，邑管仲焉。城内有夷吾井。《魏土地記》曰：縣有穀城山，山出文石，陽穀之地。《春秋》，齊侯、宋公會于陽穀者也。縣有黄山臺。黄石公與張子房期處也。又有狼水，出東南大檻山[⑩]狼溪，西北逕穀城西。又北有西流泉，出城東近山，西北逕穀城北，西注狼水。以其流西，故即名焉。又西北入濟水，城西北三里，有項王羽之冢，半許毁壞，石碣尚存，題云：項王之墓。《皇覽》云：冢去縣十五里。謬也。今彭城穀陽城西南，又有項羽冢[⑪]，非也。余按《史遷記》，魯爲楚守，漢王示羽首，魯乃降，遂以魯公禮葬羽于穀城，寧得言彼也。濟水又北逕周首亭西，《春秋》文公十有一年，左丘明云：襄公二年，王子成父獲長狄僑如弟榮如，埋其首于周首之北門，即是邑也。今世謂之盧子城，濟北郡治也。京相璠曰：今濟北所治盧子城，故齊周首邑也。

又北過臨邑縣東，

《地理志》曰：縣有濟水祠，王莽之穀城亭也。水有石門，以石爲之，故濟水之門也。《春秋》隱公五年，齊、鄭會于石門，鄭車僨濟。即于此也。京相璠曰：石門，齊地。今濟北盧縣故城西南六十里，有故石門，去水三百步，蓋水瀆流移，故側岸也。濟水又北逕平陰城西，《春秋》襄公十八年，晉侯沈玉濟河，會于魯濟，尋湨梁之盟，同伐齊，齊侯禦諸平陰者也。杜預曰：城在盧縣故城東北。非也。京相璠曰：平陰，齊地也，在濟北盧縣故城西南十里。平陰城南有長城，東至海，西至濟，河道所由，名防門,去平陰三里。齊侯塹防門,即此也。其水引濟,故瀆尚存。今防門北有光里,齊人言廣,音與光同,即《春秋》所謂守之廣里者也。又云:巫山在平陰東北,昔齊侯登望晉軍,畏衆而歸。師曠、邢伯聞烏烏之聲,知齊師潛遁。人物咸淪,地理昭著,賢于杜氏東北之證矣。今巫山之上有石室,世謂之孝子堂。濟水右迆,遏爲湄湖,方四十餘里。濟水又東北逕垣苗城西,故洛當城也。伏韜《北征記》曰:濟水又與清河合流,至洛當者也。宋武帝西征長安,令垣苗鎮此,故俗又有垣苗城之稱。河水自四瀆口東北流而爲濟。《魏土地記》曰:盟津河别流十里與清水合,亂流而東,逕洛當城北,黑白異流,涇渭殊别,而東南流注也。

又東北過盧縣北,

濟水東北與湄溝合,水上承湄湖,北流注濟。《爾雅》曰:水草交曰湄,通谷者微。犍爲舍人曰:水中有草木交合也。郭景純曰:微,水邊通谷也。《釋名》曰:湄,眉也,臨水如眉臨目也。濟水又逕盧縣故城北,濟北郡治也。漢和帝永元二年,分泰山置,蓋以濟水在北故也。濟水又逕什城北,城際水湄,故邸閣也。祝阿人孫什,將家居之,以避時難,因謂之什城焉。濟水又東北與中川水合,水東南出山茌縣之分水嶺,溪一源兩分,泉流半解,亦謂之分流交。半水南出太山,入汶;半水出山茌縣,西北流逕東太原郡南,郡治山爐固[12],北與賓溪水合。水出南格馬山賓溪谷,北逕盧縣故城北、陳敦戍南,西北流與中川水合,謂之格馬口。其水又北逕盧縣故城東,而北流入濟,俗謂之爲沙溝水。濟水又東北,右會玉水,水導源太山朗公谷,舊名琨瑞溪,有沙門竺僧朗,少事佛圖澄,碩學淵通,尤明氣緯,隱于此谷,因謂之朗公谷。故車頻《秦書》云:苻堅時,沙門竺僧朗嘗從隱士張巨和遊,巨和常穴居,而朗居琨瑞山,大起殿舍,連樓累閣,雖素飾不同,竝以静外致稱,即此谷也,水亦謂之琨瑞水也。其水西北流逕玉符山,又曰玉水。又西北逕獵山東,又西北枕祝阿縣故城東、野井亭西。《春秋》昭公二十五年,《經》書齊侯唁公于野井是也。《春秋》襄公十九年,諸侯盟于祝柯,《左傳》所謂督陽者也。漢興,改之曰阿矣。漢高帝十一年,封高邑爲侯國,王莽之安成者也。故俗謂是水爲祝阿澗水,北流注于濟。建武五年,耿弇東擊張步,從朝陽橋濟渡兵,即是處也。濟水又東北,濼水入焉,水出歷城縣故城西南,泉源上奮,水涌若輪。《春秋》桓公十八年,公會齊侯于濼是也。俗謂之爲娥姜水,以泉源有舜妃娥英廟故也。城南對山,山上有舜祠,山下有大穴,謂之舜井,抑亦茅山禹井之比矣。《書》:舜耕歷山,亦云在此,所未詳也。其水北爲大明湖,西即大明寺,寺東北兩面側湖,此水便成淨池也。池上有客亭,左右楸桐,負日俯仰,目對魚鳥,水木明瑟,可謂濠梁之性,物我無違矣。湖水引瀆,東入西郭,東至歷城西而側城北注,陂水上承東城,歷祀下泉,泉源競發。其水北流逕歷城東，又北，引水爲流杯池，州僚賓燕，公私多萃其上。分爲二水，右水北出，左水西逕歷城北，西北爲陂，謂之歷水，與濼水會。又北，歷水枝津首受歷水于歷城東，東北逕東城西而北出郭，又北注濼水。又北，聽水出焉。濼水又北流注于濟，謂之濼口也。濟水又東北，華不注山單椒秀澤，不連丘陵以自高；虎牙桀立，孤峯特拔以刺天。青崖翠發，望同點黛。山下有華泉。故京相璠《春秋土地名》曰：華泉，華不注山下泉水也。《春秋左傳》成公二年，齊頃公與晉郤克戰于鞌，齊師敗績，逐之。三周華不注，逢丑父與公易位，將及華泉，驂絓于木而止。丑父使公下，如華泉取飲，齊侯以免。韓厥獻丑父，郤子將戮之，呼曰：自今無有代其君任患者，有一于此，將爲戮矣。郤子曰：人不難以死免其君，我戮之不祥，赦之以勸事君者。乃免之。即華水也。北絶聽瀆二十里，注于濟。

又東北過臺縣北。

巨合水南出雞山西北，北逕巨合故城西，耿弇之討張步也，守巨里，即此城也。三面有城，西有深坑，坑西即弇所營也，與費邑戰，斬邑于此。巨合水又北合關盧水，水導源馬耳山，北逕博亭城西，西北流至平陵城，與武原水合。水出譚城南平澤中，世謂之武原淵。北逕譚城東，俗謂之布城也。又北逕東平陵縣故城西，故陵城也，後乃加平，譚國也。齊桓之出過譚，譚不禮焉；魯莊公九年即位，又不朝。十年，滅之。城東門外有《樂安任照先碑》，濟南郡治也。漢文帝十六年，置爲王國，景帝二年爲郡，王莽更名樂安。其水又北逕巨合城東，漢武帝以封城陽頃王子劉發爲侯國。其水合關盧水，西出注巨合水。巨合水西北逕臺縣故城南，漢高帝六年，封東郡尉戴野爲侯國，王莽之臺治也。其水西北流，白野泉水注之，水出臺城西南白野泉北，逕留山西北流，而右注巨合水。巨合水又北，聽水注之，水上承濼水，東流北屈，又東北流，注于巨合水，亂流又北入于濟。濟水又東北，合芹溝水，水出臺縣故城東南，西北流，逕臺城東，又西北入于濟水。

又東北過菅縣南，

濟水東逕縣故城南，漢文帝四年，封齊悼惠王子罷軍爲侯國。右納百脈水[13]，水出土鼓縣[14]故城西，水源方百步，百泉俱出，故謂之百脈水。其水西北流，逕陽丘縣[15]故城中，漢孝文帝四年，以封齊悼惠王子劉安爲陽丘侯。世謂之章丘城，非也。城南有女郎山，山上有神祠，俗謂之女郎祠，左右民祀焉。其水西北出城，北逕黄巾固，蓋賊所屯，故固得名焉。百脈水又東北流注于濟。濟水又東，有楊渚溝水[16]，出逢陵故城西南二十里，西北逕土鼓城東，又西北逕章丘城東，又北逕甯戚城西，而北流注于濟水也。

又東過梁鄒縣北，

隴水南出長城中，北流至般陽縣故城西，南與般水會，水出縣東南龍山，俗亦謂之爲左阜水。西北逕其城南，王莽之濟南亭也。應劭曰：縣在般水之陽，故資名焉。其水又南屈，西入隴水[17]。隴水北逕其縣，西北流至萌水口，水出西南甲山，東北逕萌山西，東北入于隴水。隴水又西北至梁鄒東南與魚子溝水合，水南出長白山東柳泉口[18]。山，即陳仲子夫妻之所隱也。《孟子》曰：仲子，齊國之世家，兄戴禄萬鍾，仲子非而不食，避兄離母，家于於陵，即此處也。其水又逕於陵縣故城西，王莽之於陸也。世祖建武十五年，更封則鄉侯侯霸之子昱爲侯國。其水北流注于隴水，隴水，即古袁水也。故京相璠曰：濟南梁鄒縣有袁水者也。隴水又西北逕梁鄒縣故城南，又北屈逕其城西，漢高祖六年，封武虎爲侯國。其水北注濟。城之東北，又有時水西北注焉。

又東北過臨濟縣南，

縣，故狄邑也，王莽更名利居。《漢記》：安帝永初二年，改從今名，以臨濟故。《地理風俗記》云：樂安太守治。晏謨《齊記》曰：有南北二城隔濟水，南城即被陽縣之故城也，北枕濟水。《地理志》曰：侯國也。如淳曰：一作疲，音罷，軍之罷也。《史記·建元以來王子侯者年表》曰：漢武帝元朔四年，封齊孝王子敬侯劉燕之國也。今渤海僑郡治。濟水又東北，迆爲淵渚，謂之平州[19]。漯沃縣側有平安故城，俗謂之會城，非也。案《地理志》：千乘郡有平安縣，侯國也，王莽曰鴻睦也。應劭曰：博昌縣西南三十里有平安亭，故縣也。世尚存平州之名矣。濟水又東北逕高昌縣故城西，案《地理志》：千乘郡有高昌縣，漢宣帝地節四年，封董忠爲侯國。世謂之馬昌城，非也。濟水又東北逕樂安縣故城南，伏琛《齊記》曰：博昌城西北五十里有南、北二城，相去三十里，隔時、濟二水。指此爲博昌北城，非也。樂安與博昌、薄姑分水，俱同西北，薄姑去齊城六十里，樂安越水差遠，驗非尤明。班固曰：千乘郡有樂安縣。應劭曰：取休令之名矣。漢武帝元朔五年，封李蔡爲侯國。城西三里有任光等冢，光是宛縣人，不得爲博昌明矣。濟水又經薄姑城北，《後漢郡國志》曰：博昌縣有薄姑城。《地理書》曰：吕尚封于齊郡薄姑。薄姑故城在臨淄縣西北五十里，近濟水。史遷曰：獻公徙薄姑。城内有高臺，《春秋》昭公二十年，齊景公飲于臺上，曰：古而不死，何樂如之。晏平仲對曰：昔爽鳩氏始居之，季萴因之，有逢伯陵又因之，薄姑氏又因之，而後太公因之。臣以爲古若不死，爽鳩氏之樂，非君之樂。即于是臺也。濟水又東北逕狼牙固西而東北流也。

又東北過利縣西，

《地理志》:齊郡有利縣,王莽之利治也。晏謨曰:縣在齊城北五十里也。

又東北過甲下邑,入于河。

濟水東北至甲下邑南,東歷琅槐縣故城北,《地理風俗記》曰:博昌東北八十里有琅槐鄉,故縣也。《山海經》曰:濟水絶鉅野注渤海,入齊琅槐東北者也。又東北,河水枝津注之。《水經》以爲入河,非也。斯乃河水注濟,非濟入河,又東北入海。郭景純曰:濟自滎陽至樂安博昌入海。今河竭,濟水仍流不絶;《經》言入河,二説竝失。然河水于濟、漯之北,别流注海。今所輟流者,惟漯水耳。郭或以爲濟注之,即實非也。尋經脈水,不如《山經》之爲密矣。

其一水東南流者,過乘氏縣南,

菏水分濟于定陶東北,東南右合黄溝枝流,俗謂之界溝也。北逕己氏縣故城西,又北逕景山東,《衛詩》所謂景山與京者也。毛公曰:景山,大山也。又北逕楚丘城西,《郡國志》曰:成武縣有楚丘亭。杜預云,楚丘在成武縣西南,衛懿公爲狄所滅,衛文公東徙渡河,野處曹邑,齊桓公城楚丘以遷之。故《春秋》稱邢遷如歸,衛國忘亡。即《詩》所謂升彼虚矣,以望楚矣,望楚與堂,景山與京。故鄭玄言,觀其旁邑及山川也。又東北逕成武城西,又東北逕郜城東,疑郜徙也,所未詳矣。又東北逕梁丘城西,《地理志》曰:昌邑縣有梁丘鄉。《春秋》莊公三十二年,宋人、齊人會于梁丘者也。杜預曰:高平昌邑縣西南有梁丘鄉。又東北于乘氏縣西而北注菏水。菏水又東南逕乘氏縣故城南,縣,即《春秋》之乘丘也。故《地理風俗記》曰:濟陰乘氏縣,故宋乘丘邑也。漢孝景中五年,封梁孝王子買爲侯國也。《地理志》曰:乘氏縣,泗水東南至睢陵入淮。《郡國志》曰:乘氏有泗水。此乃菏澤也。《尚書》有導菏澤之説,自陶丘北,東至于菏,無泗水之文。又曰:導菏澤,被孟豬。孟豬在睢陽縣之東北,闞駰《十三州記》曰:不言入而言被者,明不常入也。水盛,方乃覆被矣。澤水淼漫,俱鍾淮、泗,故《志》有睢陵入淮之言,以通苞泗名矣。然諸水注泗者多不止此,可以終歸泗水,便得擅通稱也。或更有泗水亦可是水之兼其目,所未詳也。

又東過昌邑縣北,

菏水又東逕昌邑縣故城北。《地理志》曰:縣,故梁也。漢景帝中六年,分梁爲山陽國;武帝天漢四年,更爲昌邑國,以封昌邑王髆[20]。賀廢國除[21],以爲山陽郡,王莽之鉅野郡也。後更爲高平郡,後漢沇州治。縣令王密,懷金謁東萊太守楊震,震不受,是其慎四知處也。大城東北有金城,城内有《沇州刺史河東薛季像碑》,以郎中拜剡令,甘露降園。熹平四年遷州,明年甘露復降殿前樹,從事馮巡、主簿華操等相與褒樹,表勒棠政。次西有《沇州刺史茂陵楊叔恭碑》,從事孫光等以建寧四年立。西北有《東太山成人班孟堅碑》,建和十年,尚書右丞拜沇州刺史從事秦閏等,刊石頌德政,碑咸列焉。

又東過金鄉縣南,

《郡國志》曰:山陽有金鄉縣。菏水逕其故城南,世謂之故縣,城北有金鄉山也。

又東過東緡縣北,

菏水又東逕漢平狄將軍扶溝侯淮陽朱鮪冢。墓北有石廟。菏水又東逕東緡縣故城北,故宋地。《春秋》僖公二十三年,齊侯伐宋圍緡。《十三州記》曰:山陽有東緡縣。鄒衍曰:余登緡城以望宋都者也。後漢世祖建武十一年,封馮異長子璋爲侯國。

又東過方與縣北,爲菏水。

菏水東逕重鄉城南,《左傳》所謂臧文仲宿于重館者也。菏水又東逕武棠亭北,《公羊》以爲濟上邑也。城有臺,高二丈許,其下臨水,昔魯侯觀魚于棠,謂此也。在方與縣故城北十里,《經》所謂菏水也。菏水又東逕泥母亭北,《春秋左傳》僖公七年,秋,盟于甯母,謀伐鄭也。菏水又東與鉅野黄水合,菏澤别名也。黄水上承鉅澤諸陂,澤有濛淀、育陂。黄湖水東流,謂之黄水。又有薛訓渚水,自渚歷薛村前,分爲二流,一水東注黄水,一水西北入澤,即洪水也。黄水東南流,水南有漢荆州刺史李剛墓。剛字叔毅,山陽高平人,熹平元年卒。見其碑。有石闕、祠堂、石室三間,椽架高丈餘,鏤石作椽,瓦屋施平天造,方井側荷梁柱,四壁隱起,雕刻爲君臣、官屬、龜龍、麟鳳之文,飛禽走獸之像。作制工麗,不甚傷毁。黄水又東逕鉅野縣北。何承天曰:鉅野湖澤廣大,南通洙、泗,北連清、濟,舊縣故城,正在澤中,故欲置戍于此城,城之所在,則鉅野澤也。衍東北出爲大野矣。昔西狩獲麟于是處也。《皇覽》曰:山陽鉅野縣有肩髀冢,重聚大小,與闞冢等。傳言蚩尤與黄帝戰,克之于涿鹿之野,身體異處,故别葬焉。黄水又東逕咸亭北,《春秋》桓公七年,《經》書焚咸丘者也。水南有金鄉山,縣之東界也。金鄉數山,皆空中穴口,謂之隧也。戴延之《西征記》曰:焦氏山北數里,漢司隸校尉魯峻,穿山得白蛇、白兔,不葬,更葬山南,鑿而得金,故曰金鄉山。山形峻峭,冢前有石祠、石廟,四壁皆青石隱起,自書契以來,忠臣、孝子、貞婦、孔子及弟子七十二人形像,像邊皆刻石記之,文字分明。又有石牀,長八尺,磨瑩鮮明,叩之聲聞遠近。時太尉從事中郎傅珍之、諮議參軍周安穆折敗石牀,各取去,爲魯氏之後所訟,二人竝免官。焦氏山東即金鄉山也,有冢,謂之秦王陵。山上二百步得冢口,塹深十丈,兩壁峻峭,廣二丈，入行七十步，得埏門，門外左右皆有空，可容五六十人，謂之白馬空。埏門内二丈，得外堂，外堂之後，又得内堂。觀者皆執燭而行，雖無他雕鏤，然治石甚精。或云是漢昌邑哀王冢，所未詳也。東南有范巨卿冢，名件[22]猶存。巨卿名式，山陽之金鄉人，漢荆州刺史，與汝南張劭、長沙陳平子石交，號爲死友矣。黄水又東南逕任城郡之亢父縣故城西，夏后氏之任國也。漢章帝元和元年，别爲任城在北，王莽之延就亭也。縣有詩亭，《春秋》之詩國也，王莽更之曰順父矣。《地理志》：東平屬縣也。世祖建武二年，封劉隆爲侯國。其水謂之桓公溝，南至方與縣，入于菏水。菏水又東逕秦梁，夾岸積石一里，高二丈，言秦始皇東巡所造，因以名焉。

菏水又東過湖陸縣南，東入于泗水。

澤水所鍾也。《尚書》曰：浮于淮、泗，達于菏是也。《東觀漢記》曰：蘇茂殺淮陽太守，得其郡，營廣樂。大司馬吴漢圍茂，茂將其精兵突至湖陵，與劉永相會濟陰、山陽，濟兵于此處也。

又東南過沛縣東北，

濟與泗亂，故濟納互稱矣。《東觀漢記·安平侯蓋延傳》曰：延爲虎牙大將軍，與永等戰，永軍反走，溺水者半，復與戰，連破之，遂平沛、楚，臨淮悉降。延令沛脩高祖廟，置嗇夫、祝宰、樂人，因齋戒祠高廟也。

又東南過留縣北，

留縣故城，翼佩泗、濟，宋邑也。《春秋左傳》所謂侵宋吕、留也。故繁休伯《避地賦》曰：朝余發乎泗洲，夕余宿于留鄉者也。張良委身漢祖，始自此矣。終亦取封焉，城内有張良廟也。

又東過彭城縣北，獲水[23]從西來注之。

濟水又南逕彭城縣故城東北隅，不東過也。獲水自西注之，城北枕水湄。濟水又南逕彭城縣故城東，不逕其北也。蓋《經》誤證。

又東南過徐縣北，

《地理志》曰：臨淮郡，漢武帝元狩五年置，治徐縣，王莽更之曰淮平，縣曰徐調，故徐國也。《春秋》昭公三十年，吴子執鍾吾子，遂伐徐，防山以水之，遂滅徐。徐子奔楚，楚救徐弗及，遂城夷以處之。張華《博物志》録著作令史茅温所爲送[24]。劉成國《徐州地理志》云徐偃王之異，言：徐君宫人娠而生卵，以爲不祥，棄之于水濱。孤獨母有犬，名曰鵠倉，獵于水側，得棄卵，銜以來歸，孤獨母以爲異，覆煖之，遂成兒，生時偃，故以爲名。徐君宫中聞之，乃更録取。長而仁智，襲君徐國。後鵠倉臨死，生角而九尾，寔黄龍也。偃王葬之徐中，今見有狗壟焉。偃王治國，仁義著聞，欲舟行上國，乃通溝陳、蔡之間㉕。得朱弓矢，以得天瑞，遂因名爲號，自稱徐偃王，江、淮諸侯服從者三十六國。周王聞之，遣使至楚，令伐之。偃王愛民不鬬，遂爲楚敗，北走彭城武原縣東山下，百姓隨者萬數，因名其山爲徐山，山上立石室廟，有神靈，民人請禱焉。依文即事，似有符驗，但世代綿遠，難以詳矣。今徐城外有徐君墓，昔延陵季子解劒于此，所謂不違心許也。

又東至下邳睢陵縣南，入于淮。

濟水與泗水，渾濤東南流，至角城，同入淮。《經》書睢陵，誤耳。

注释：

① 《注疏》本作“濟水二”。《疏》：“戴無二字。”

② 菏水　何校明鈔本、王校明鈔本、《困學紀聞》卷十《地理》引《水經注》均作“荷水”。

③ 寺　《注疏》本作“縣”。《疏》：“朱縣訛作‘寺’，全、趙、戴同，守敬以《寰宇記》引改。”

④ 九年　《注疏》本作“十年”。《疏》：“朱《箋》曰：十，一作九。全、趙、戴改九。守敬按：今本隱王六年，以魏計，在今王十年，今王即襄王也。”

⑤ 東郡　《注疏》本作“東平郡”。《疏》：“朱無平字，趙、戴同。守敬按：《漢志》，壽良屬東郡。《續漢志》，壽張屬東平國，據《魏志・張邈傳》，東平壽張人，《東平王徽傳》，青龍二年，徽使官屬撾壽張縣吏折足，則魏壽張亦屬東平國，《史記・集解》引作東平郡（《封禪書・索隱》引同），是也。此脱‘平’字，今訂。”

⑥ 李欽　《注疏》本作“桑欽”。《疏》：“朱訛作李欽。守敬按：《漢志》，泰山郡萊蕪縣下云，《禹貢》汶水出西南入泲，桑欽所言。則李欽爲桑欽之誤無疑，而全、趙、戴皆不覺，何耶？今訂。”

⑦ 須朐城　《金石録跋尾》趙明誠引《水經注》作“須句城”。

⑧ 魚山　《大典》本、吴本、《注箋》本、項本、張本均作“漁山”。

⑨ 二十三年　《注疏》本作“三十二年”。《疏》：“朱訛作二十三年，全、趙、戴同。守敬按：《春秋經》莊公三十二年城小穀，今訂。”

⑩ 大檻山　《初學記》卷八《河南道》第二《狼水》引《水經注》作“大鑑山”，乾隆《泰安府志》卷三《山水志・東阿縣・嵫山》引《水經注》作“大嵫山”。

⑪ 項羽冢　《方輿紀要》卷三十三《山東》四《東平州・東阿縣》引《水經注》作“項王冢”。

⑫ 山爐固　孫潛校本、《五校》鈔本、《七校》本均作“山茌”，《方輿紀要》卷三十一《山東》二《濟南府・長清縣・升城》引《水經注》作“山茌堌”。

⑬ 百脈水　《方輿紀要》卷三十一《山東》二《濟南府・淄川縣・土鼓城》引《水經注》作“百脈泉”。

⑭ 土鼓縣　《大典》本、吴本、《注箋》本、項本、張本、《名勝志・山東》卷一《濟南府・章邱縣》引《水經注》均作“土穀縣”。

⑮　陽丘縣　吴本、《注箋》本、項本、張本、《名勝志・山東》卷一《濟南府・章邱縣》引《水經注》均作"楊丘縣"。

⑯　楊渚溝水　《注疏》本、光緒《山東通志》卷二十八《疆域志》第三《山川・章邱縣》引《水經注》均作"楊緒溝水"。

⑰　隴水　《大典》本、孫潛校本、《注疏》本均作"瀧水"，《方輿紀要》卷三十五《山東》六《青州府・益都縣・孝婦河》引《水經注》作"龍水"。

⑱　柳泉口　殘宋本、《大典》本、吴本、《注箋》本、項本、張本、《方輿紀要》卷三十一《山東》二《濟南府・長山縣・乾溝河》引《水經注》、《四書釋地續》於陵閻若璩《注》引《水經注》均作"抑泉"。

⑲　平州　《五校》鈔本、《七校》本、《注釋》本、《注疏》本均作"平州坑"。

⑳　髆　《注箋》本、項本、《注釋》本、張本均作"賀"，《注疏》本《疏》："朱訛作'賀'。趙云：按《諸侯王表》，天漢四年封者，是哀王髆，亦見《武五子傳》，乃賀之父也。"

㉑　《注疏》本在"賀廢國除"前有"子賀嗣"三字。《疏》："朱無此三字，全、趙、戴同，今增。"

㉒　《手稿》第四集上册《記鐵琴銅劍樓瞿氏藏明鈔本水經注》云：

卷八《濟水篇》記范巨卿冢，黄省曾本（葉十九）作"范巨卿冢，名件猶存"。瞿本與朱本與《大典》本都作"名件"。（殘宋本此處已殘缺。）吴琯刻本始臆改"名件猶存"爲"石柱猶存"。朱謀㙔、譚元春、項絪、黄晟皆依吴琯本作"石柱"，全謝山、趙東潛亦作"石柱"。戴東原兩本（案指殿本及孔刻微波榭本）皆從古本作"名件"。"名件"是一個名詞，至今徽州尚通行，吴琯本妄改，實無版本的依據。

㉓　獲水　《大典》本作"狿水"，《注箋》本、項本、《注釋》本、張本均作"睢水"。

㉔　殿本在"所爲送"下《案》云："案此三字，當有脱誤，未詳。"

㉕　《札記・古代運河》：

《水經注》成書于北魏，它所記載的運河當然不及隋唐，而是我國古代的運河。這中間，關于徐偃王開鑿運河的故事，恐怕是我國運河史上運河開鑿的最早傳説。卷八《濟水》《經》"又東南過徐縣北"《注》云：

偃王治國，仁義著聞，欲舟行上國，乃通溝陳、蔡之間。

陳、蔡之間的這條運河，歷史上没有明確記載，而徐偃王其人，也是一個傳説中的人物。《後漢書・東夷列傳》説："後徐夷僭號，乃率九夷以伐宗周，西至河上。穆王畏其方熾，乃分東方諸侯，命徐偃王主之。偃王處潢池東，地方五百里。"周穆王是西周的第五代國君，其在位約當公元前十一世紀至前十世紀，則徐偃王所開鑿的這條運河，應是我國最古老的運河了。按其地理位置，這條運河或許就是後世所謂的鴻溝水系中的一部分。

卷九　清水　沁水　淇水　蕩水　洹水

清水出河内脩武縣之北黑山，

黑山在縣北白鹿山東，清水所出也。上承諸陂散泉，積以成川。南流西南屈，瀑布乘巖，懸河注壑二十餘丈，雷赴之聲，震動山谷。左右石壁層深，獸跡不交，隍中散水霧合，視不見底。南峰北嶺，多結禪栖之士；東巖西谷，又是刹靈之圖。竹柏之懷，與神心妙遠，仁智之性，共山水效深，更爲勝處也。其水歷澗飛流[①]，清泠洞觀[②]，謂之清水矣。溪曰瑶溪，又曰瑶澗。清水又南，與小瑶水合，水近出西北窮溪，東南流注清水，清水又東南流，吴澤陂水注之，水上承吴陂于脩武縣故城西北。脩武，故甯也，亦曰南陽矣。馬季長曰：晉地自朝歌以北至中山爲東陽，朝歌以南至軹爲南陽。故應劭《地理風俗記》云：河内，殷國也，周名之爲南陽。又曰：晉始啟南陽。今南陽城是也。秦始皇改曰脩武。徐廣、王隱竝言始皇改。瓚注《漢書》云：案《韓非書》，秦昭王越趙長平，西伐脩武。時秦未兼天下，脩武之名久矣。余案《韓詩外傳》言，武王伐紂，勒兵于甯，更名甯曰脩武矣。魏獻子田大陸還，卒于甯是也。漢高帝八年，封都尉魏遬爲侯國。亦曰大脩武，有小，故稱大。小脩武在東，漢祖與滕公濟自玉門津，而宿小脩武者也。大陸即吴澤矣。《魏土地記》曰：脩武城西北二十里有吴澤水。陂南北二十許里，東西三十里，西則長明溝[③]入焉。水有二源，北水上承河内野王縣東北界溝[④]，分枝津爲長明溝。東逕雍城南，寒泉水注之，水出雍城西北，泉流南注，逕雍城西。《春秋》僖公二十四年，王將以狄伐鄭，富辰諫曰:雍,文之昭也。京相璠曰:今河内山陽西有故雍城。又東南注長明溝,溝水又東逕射犬城北,漢大司馬張揚爲將楊醜所害,眭固殺醜屯此,欲北合袁紹。《典略》曰:眭固字白菟,或戒固曰:將軍字菟,而此邑名犬,菟見犬,其勢必驚,宜急去。固不從。漢建安四年,魏太祖斬之于此。以魏种爲河内太守,守之。沇州叛,太祖曰:惟种不棄孤。及走,太祖怒曰:种不南走越,北走胡,不汝置也。射犬平,禽之。公曰:惟其才也,釋而用之。長明溝水東入石澗,東流,蔡溝水入焉。水上承州縣北,白馬溝東分,謂之蔡溝。東會長明溝水,又東逕脩武縣之吴亭北,東入吴陂。次北有苟泉水入焉,水出山陽縣故脩武城西南,同源分派,裂爲二水。南爲苟泉,北則吴瀆,二瀆雙導,俱東入陂。山陽縣東北二十五里有陸真阜,南有皇母、馬鳴二泉,東南合注于吴陂也。次陸真阜之東北,得覆釜堆,堆南有三泉,相去四五里,參差次合,南注于陂。泉在濁鹿城西,建安二十五年,魏封漢獻帝爲山陽公,濁鹿城,即是公所居也。陂水之北際澤,側有隤城,《春秋》隱公十一年,王以司寇蘇忿生之田,攢茅、隤十二邑與鄭者也。京相璠曰:河内脩武縣北有故隤城,實中。今世俗謂之皮垣,方四百步,實中,高八丈。際陂,北隔水十五里,俗所謂蘭丘也,方二百步。西十里又有一丘際山,世謂之勑丘,方五百步,形狀相類,疑即古攢茅也。杜預曰:二邑在脩武縣北,所未詳也。又東,長泉水注之,源出白鹿山東南,伏流逕十三里,重源濬發于鄧城西北,世亦謂之重泉水也。又逕七賢祠東,左右筠篁列植,冬夏不變貞萋。魏步兵校尉陳留阮籍,中散大夫譙國嵇康,晉司徒河内山濤,司徒琅邪王戎,黄門郎河内向秀,建威參軍沛國劉伶,始平太守阮咸等,同居山陽,結自得之遊,時人號之爲竹林七賢。向子期所謂山陽舊居也,後人立廟于其處,廟南又有一泉,東南流注于長泉水。郭緣生《述征記》所云,白鹿山東南二十五里有嵇公故居,以居時有遺竹焉,蓋謂此也。其水又南逕鄧城東,名之爲鄧瀆,又謂之爲白屋水也。昔司馬懿征公孫淵,還達白屋,即于此也。其水又東南流逕隤城北,又東南歷澤注于陂。陂水東流,謂之八光溝,而東流注于清水,謂之長清河。而東周永豐塢,有丁公泉發于焦泉之右。次東得焦泉,泉發于天門之左,天井固右。天門山石自空,狀若門焉,廣三丈,高兩匹,深丈餘,更無所出,世謂之天門也。東五百餘步,中有石穴西向,裁得容人,東南入,徑至天井⑤,直上三匹有餘,扳躡而升,至上平,東西二百步,南北七百步,四面險絶,無由升陟矣。上有比丘釋僧訓精舍,寺有十餘僧,給養難周,多出下平,有志者居之。寺左右雜樹疎頒。有一石泉,方丈餘,清水湛然,常無增減,山居者資以給飲。北有石室二口,舊是隱者念一之所,今無人矣。泉發于北阜,南流成溪,世謂之焦泉也。次東得魚鮑泉,次東得張波泉,次東得三淵泉,梗河參連,女宿相屬,是四川在重門城西竝單川南注也。重門城，昔齊王芳爲司馬師廢之，宫于此，即《魏志》所謂送齊王于河内重門者也。城在共縣故城西北二十里，城南有安陽陂，次東又得卓水陂，次東有百門陂[6]，陂方五百步，在共縣故城西。漢高帝八年，封盧罷師爲共侯，即共和之故國也。共伯既歸帝政，逍遥于共山之上。山在國北，所謂共北山也。仙者孫登之所處，袁彦伯《竹林七賢傳》：嵇叔夜嘗採藥山澤，遇之于山，冬以被髪自覆，夏則編草爲裳，彈一絃琴，而五聲和。其水三川南合，謂之清川。又南逕凡城東。司馬彪、袁山松《郡國志》曰：共縣有凡亭，周凡伯國。《春秋》隱公七年，《經》書王使凡伯來聘是也。杜預曰：汲郡共縣東南有凡城。今在西南。其水又西南與前四水總爲一瀆，又謂之陶水，南流注于清水。清水又東周新豐塢，又東注也[7]。

東北過獲嘉縣北，

《漢書》稱越相吕嘉反，武帝元鼎六年，巡行于汲郡中鄉，得吕嘉首，因以爲獲嘉縣。後漢封侍中馮石爲侯國。縣故城西有漢桂陽太守趙越墓，冢北有碑。越字彦善，縣人也。累遷桂陽郡、五官將、尚書僕射，遭憂服闋，守河南尹，建寧中卒。碑東又有一碑，碑北有石柱、石牛、羊、虎俱碎，淪毁莫記。清水又東周新樂城，城在獲嘉縣故城東北，即汲之新中鄉也。

又東過汲縣北，

縣，故汲郡治，晉太康中立。城西北有石夾水，飛湍濬急，人亦謂之磻溪，言太公嘗釣于此也。城東門北側有太公廟，廟前有碑，《碑》云：太公望者，河内汲人也。縣民故會稽太守杜宣白令崔瑗曰：太公本生于汲，舊居猶存。君與高、國同宗太公，載在《經》《傳》，今臨此國，宜正其位，以明尊祖之義。于是國老王喜，廷掾鄭篤，功曹邠勤等咸曰：宜之。遂立壇祀，爲之位主。城北三十里，有太公泉，泉上又有太公廟，廟側高林秀木，翹楚競茂。相傳云：太公之故居也。晉太康中，范陽盧無忌爲汲令，立碑于其上。太公避紂之亂，屠隱市朝，遯釣魚水，何必渭濱，然後磻溪，苟愜神心，曲渚則可，磻溪之名，斯無嫌矣。清水又東逕故石梁下，梁跨水上，橋石崩褫，餘基尚存。清水又東與倉水合，水出西北方山，山西有倉谷，谷有倉玉、珉石，故名焉。其水東南流，潛行地下，又東南復出，俗謂之雹水，東南歷坶野。自朝歌以南，南暨清水，土地平衍，據皐跨澤，悉坶野矣。《郡國志》曰：朝歌縣南有牧野。《竹書紀年》曰：周武王率西夷諸侯伐殷，敗之于坶野。《詩》所謂坶野洋洋，檀車煌煌者也。有殷大夫比干冢，前有石銘，題隸云：殷大夫比干之墓。所記惟此。今已中折，不知誰所誌也。太和中，高祖孝文皇帝南巡，親幸其墳，而加弔焉。刊石樹碑，列于墓隧矣。雹水又東南入于清水。清水又東南逕合城南，故三會亭也，以淇、清合河，故受名焉。清水又屈而南逕鳳皇臺東北南注也。

又東入于河。

謂之清口，即淇河口也，蓋互受其名耳。《地理志》曰：清河水出内黄縣南。無清水可來，所有者惟鍾是水耳。蓋河徙南注，清水瀆移，匯流逕絶，餘目尚存。故東川有清河之稱，相嗣不斷。曹公開白溝，遏水北注，方復故瀆矣。

沁水出上黨涅縣謁戾山，

沁水即涅水[8]也，或言出穀遠縣羊頭山世靡谷，三源奇注，逕瀉一隍。又南會三水，歷落出左右近溪，参差翼注之也。

南過穀遠縣東，又南過猗氏縣東，

穀遠縣，王莽之穀近也。沁水又南逕猗氏縣[9]故城東，劉聰以詹事魯繇爲冀州，治此也。沁水又南歷猗氏關，又南與驫驫水合，水出東北巨駿山[10]，乘高瀉浪，觸石流響，世人因聲以納稱。西南流注于沁。沁水又南與秦川水合，水出巨駿山東，帶引衆溪，積以成川。又西南逕端氏縣故城東。昔韓、趙、魏分晉，遷晉君于端氏縣，即此是也。其水南流，入于沁水。

又南過陽阿縣東，

沁水南逕陽阿縣故城西，《魏土地記》曰：建興郡治陽阿縣。郡西四十里有沁水南流。沁水又南與濩澤水合，水出濩澤城[11]西白澗嶺下，東逕濩澤。《墨子》曰：舜漁濩澤。應劭曰：澤在縣西北。又東逕濩澤縣故城南，蓋以澤氏縣也。《竹書紀年》：梁惠成王十九年，晉取玄武、濩澤者也。其水際城東注，又東合清淵水，水出其縣北，東南逕濩澤城東，又南入于澤水。澤水又東得陽泉口，水出鹿臺山。山上有水，淵而不流，其水東逕陽陵城南[12]，即陽阿縣之故城也。漢高帝七年，封下訢爲侯國。水歷嶕嶢山[13]東，下與黑嶺水合，水出西北黑嶺下，即開隥也。其水東南流逕北鄉亭下，又東南逕陽陵城東，南注陽泉水。陽泉水又南注濩澤水。澤水又東南，有上澗水注之，水導源西北輔山，東逕銅于崖南，歷析城山北，山在濩澤南，《禹貢》所謂砥柱、析城，至于王屋也。山甚高峻，上平坦，下有二泉，東濁西清，左右不生草木，數十步外多細竹。其水自山陰東入濩澤水。濩澤又東南注于沁水。沁水又東南，陽阿水左入焉，水北出陽阿川，南流逕建興郡西，又東南流逕午壁亭東，而南入山。其水沿波漱石，漰澗八丈，環濤轂轉，西南流入于沁水。沁水又南五十餘里，沿流上下，步徑裁通，小竹細筍，被于山渚，蒙蘢茂密，奇爲翳薈也。

又南出山，過沁水縣北，

沁水南逕石門，謂之沁口。《魏土地記》曰：河内郡野王縣西七十里有沁水，左逕沁水城西,附城東南流也。石門是晉安平獻王司馬孚之爲魏野王典農中郎將之所造也。按其《表》云:臣孚言,臣被明詔,興河内水利。臣既到,檢行沁水,源出銅鞮山,屈曲周迴,水道九百里,自太行以西,王屋以東,層巖高峻,天時霖雨,衆谷走水,小石漂迸,木門朽敗,稻田汎濫,歲功不成。臣輒按行,去堰五里以外,方石可得數萬餘枚。臣以爲累方石爲門,若天暘旱,增堰進水,若天霖雨,陂澤充溢,則閉防斷水,空渠衍滂,足以成河。雲雨由人,經國之謀,暫勞永逸,聖王所許,願陛下特出臣《表》,勑大司農府給人工,勿使稽延,以贊時要。臣孚言。詔書聽許。于是夾岸累石,結以爲門,用代木門枋,故石門舊有枋口之稱矣。溉田頃晦之數,間二歲月之功,事見門側石銘矣。水西有孔山,山上石穴洞開,穴内石上,有車轍、牛跡,《耆舊傳》云:自然成著,非人功所就也。其水南分爲二水,一水南出爲朱溝水。沁水又逕沁水縣故城北,蓋藉水以名縣矣。《春秋》之少水也。京相璠曰:晉地矣。又云:少水,今沁水也。沁水又東逕沁水亭北,世謂之小沁城。沁水又東,右合小沁水,水出北山臺渟淵[14],南流爲臺渟水,東南入沁水。沁水又東,倍澗水注之,水北出五行之山,南流注于沁水。

又東過野王縣北,

沁水又東,邗水[15]注之,水出太行之阜山,即五行之異名也。《淮南子》曰:武王欲築宫于五行之山。周公曰:五行險固,德能覆也,内貢迴矣,使吾暴亂,則伐我難矣。君子以爲能持滿。高誘云:今太行山也,在河内野王縣西北上黨關。《詩》所謂徒殆野王道,傾蓋上黨關。即此山矣。其水南流逕邗城[16]西,故邗國[17]也。城南有邗臺[18],《春秋》僖公二十四年,王將伐鄭,富辰諫曰:邗,武之穆也。京相璠曰:今野王西北三十里有故邗城、邗臺是也。今故城當太行南路,道出其中,漢武帝封李壽爲侯國。邗水又東南逕孔子廟東。廟庭有碑,魏太和元年,孔靈度等以舊宇毁落,上求脩復。野王令范衆愛、河内太守元真、刺史咸陽公高允表聞,立碑于廟。治中劉明、别駕吕次文、主簿向班虎、荀靈龜,以宣尼大聖,非碑頌所稱,宜立記焉。云仲尼傷道不行,欲北從趙鞅,聞殺鳴鐸,遂旋車而反。及其後也,晉人思之,于太行嶺南爲之立廟,蓋往時迴轅處也。余按諸子書及史籍之文,竝言仲尼臨河而歎曰:丘之不濟,命也。夫是非太行迴轅之言也。《碑》云:魯國孔氏,官于洛陽,因居廟下,以奉蒸嘗。斯言是矣。蓋孔氏遷山下,追思聖祖,故立廟存饗耳。其猶劉累遷魯,立堯祠于山矣。非謂迴轅于此也。邗水東南逕邗亭西。京相璠曰:又有亭在臺西南三十里。今是亭在邗城東南七八里,蓋京氏之謬耳。或更有之,余所不詳。其水又南流注于沁。沁水東逕野王縣故城北,秦昭王四十四年,白起攻太行,道絶而韓之野王降。始皇拔魏東地,置東郡,衛元君自濮陽徙野王,即此縣也。漢高帝元年爲殷國，二年爲河内郡，王莽之後隊，縣曰平野矣。魏懷州刺史治，皇都遷洛，省州復郡。水北有華嶽廟，廟側有攢柏數百根，對郭臨川，負岡蔭渚，青青彌望，奇可翫也，懷州刺史頓丘李洪之之所經構也。廟有碑焉，是河内郡功曹山陽荀靈龜以和平四年造，天安元年立。沁水又東，朱溝枝津入焉。又東與丹水合，水出上黨高都縣故城東北阜下，俗謂之源源水。《山海經》曰：沁水之東有林焉，名曰丹林，丹水出焉。即斯水矣。丹水自源東北流，又屈而東注，左會絶水。《地理志》曰：高都縣有莞谷，丹水所出，東南入絶水是也。絶水出泫氏縣西北楊谷，故《地理志》曰：楊谷，絶水所出。東南流，左會長平水，水出長平縣西北小山，東南流逕其縣故城，泫氏之長平亭也。《史記》曰：秦使左庶長王齕攻韓，取上黨，上黨民走趙，趙軍長平，使廉頗爲將，後遣馬服君之子趙括代之，秦密使武安君白起攻之，括四十萬衆降起，起坑之于此。《上黨記》曰：長平城在郡之南，秦壘在城西，二軍共食流水，澗相去五里。秦坑趙衆，收頭顱築臺于壘中，因山爲臺，崔嵬桀起，今仍號之曰白起臺。城之左右沿山亘隰，南北五十許里，東西二十餘里，悉秦、趙故壘，遺壁舊存焉。漢武帝元朔二年，以封將軍衛青爲侯國。其水東南流，注絶水。絶水又東南流逕泫氏縣故城北。《竹書紀年》曰：晉烈公元年，趙獻子城泫氏。絶水東南與泫水會，水導源縣西北泫谷，東流逕一故城南，俗謂之都鄉城。又東南逕泫氏縣故城南，世祖建武六年，封萬普爲侯國。而東會絶水，亂流東南入高都縣，右入丹水。《上黨記》曰：長平城在郡南山中，丹水出長平北山，南流，秦坑趙衆，流血丹川，由是俗名爲丹水，斯爲不經矣。丹水又東南流注于丹谷。即劉越石《扶風歌》所謂丹水者也。《晉書・地道記》曰：縣有太行關，丹溪爲關之東谷，途自此去，不復由關矣。丹水又逕二石人北，而各在一山，角倚相望，南爲河内，北曰上黨，二郡以之分境。丹水又東南歷西巖下，巖下有大泉湧發，洪流巨輸，淵深不測。蘋藻茭芹[19]，竟川含緑。雖嚴辰肅月，無變暄萋。丹水又南，白水注之，水出高都縣故城西，所謂長平白水也，東南流歷天井關[20]。《地理志》曰：高都縣有天井關。蔡邕曰：太行山上有天井關，在井北，遂因名焉。故劉歆《遂初賦》曰：馳太行之險峻，入天井之高關。太元十五年，晉征虜將軍朱序破慕容永于太行，遣軍至白水，去長子百六十里。白水又東，天井溪水會焉，水出天井關，北流注白水，世謂之北流泉。白水又東南流入丹水，謂之白水交。丹水又東南出山，逕郟城西，城在山際，俗謂之期城，非也。司馬彪《郡國志》曰：山陽有郟城。京相璠曰：河内山陽西北六十里有郟城。《竹書紀年》曰：梁惠成王元年，趙成侯偃、韓懿侯若伐我葵，即此城也[21]。丹水又南屈而西轉，光溝水出焉。丹水又西逕苑鄉城北，南屈東轉，逕其城南，東南流注于沁，謂之丹口。《竹書紀年》曰：晉出公五年，丹水三日絶，不流；幽公九年,丹水出,相反擊。即此水也。沁水又東,光溝水注之,水首受丹水,東南流,界溝水出焉,又南入沁水。沁水又東南流逕成鄉城北,又東逕中都亭南,左合界溝水,水上承光溝,東南流,長明溝水出焉,又南逕中都亭西,而南流注于沁水也。

又東過州縣[22]北,

縣,故州也。《春秋左傳》隱公十有一年,周以賜鄭公孫段。六國時,韓宣子徙居之[23]。有白馬溝水注之,水首受白馬湖。湖一名朱管陂,陂上承長明溝,湖水東南流,逕金亭西,分爲二水,一水東出爲蔡溝,一水南注于沁也。

又東過懷縣之北,

《韓詩外傳》曰:武王伐紂到邢丘,更名邢丘曰懷。春秋時,赤翟伐晉圍懷是也。王莽以爲河内,故河内郡治也。舊三河之地矣。韋昭曰:河南、河東、河内爲三河也。縣北有沁陽城,沁水逕其南而東注也。

又東過武德縣南,又東南至滎陽縣北,東入于河。

沁水于縣南,水積爲陂,通結數湖,有朱溝水注之。其水上承沁水于沁水縣西北,自枋口東南流,奉溝水右出焉。又東南流,右泄爲沙溝水也。其水又東南,于野王城西,枝渠左出焉,以周城溉。東逕野王城南,又屈逕其城東而北注沁水。朱溝自枝渠東南,逕州城南,又東逕懷城南,又東逕殷城北。郭緣生《述征記》曰:河之北岸,河内懷縣有殷城。或謂楚、漢之際,殷王卬治之,非也。余按《竹書紀年》云:秦師伐鄭,次于懷,城殷。即是城也。然則殷之爲名久矣,知非從卬始。昔劉曜以郭默爲殷州刺史,督緣河諸軍事,治此。朱溝水又東南注于湖。湖水右納沙溝水,水分朱溝南派,東南逕安昌城西。漢成帝河平四年,封丞相張禹爲侯國。今城之東南有古冢,時人謂之張禹墓。余按《漢書》,禹,河内軹人,徙家蓮勺,鴻嘉元年,禹以老乞骸骨,自治冢塋,起祠堂于平陵之肥牛亭,近延陵,奏請之,詔爲徙亭。哀帝建平二年薨,遂葬于彼,此則非也。沙溝水又東逕隰城北,《春秋》僖公二十五年,取大叔于温,殺之于隰城是也。京相璠曰:在懷縣西南。又逕殷城西,東南流入于陂,陂水又值武德縣,南至滎陽縣北,東南流入于河。先儒亦咸謂是溝爲濟渠。故班固及闞駰竝言濟水至武德入河。蓋濟水枝瀆條分,所在布稱,亦兼丹水之目矣。

淇水出河内隆慮縣西大號山,

《山海經》曰:淇水出沮洳山[24]。水出山側,頹波瀰注,衝激横山。山上合下開,可減六七十步,巨石磥砢,交積隍㵎,傾瀾漭盪,勢同雷轉,激水散氛,曖若霧合。又東北,沾水[25]注之,水出壺關縣東沾臺下,石壁崇高,昂藏隱天,泉流發于西北隅,與金谷水合,金谷即沾臺之西溪也。東北會沾水,又東流注淇水,淇水又逕南羅川,又歷三羅城北,東北與女臺水合,水發西北三女臺下,東北流注于淇。淇水又東北歷淇陽川,逕石城西北,城在原上,帶澗枕淇。淇水又東北,西流水注之,水出東大嶺下,西流逕石樓南,在北陵,石上練垂桀立,亭亭極峻。其水,西流水也。又東逕馮都壘南,世謂之淇陽城,在西北三十里。淇水又東出山,分爲二水,水會立石堰,遏水以沃白溝。左爲菀水,右則淇水,自元甫城東南逕朝歌縣北。《竹書紀年》:晉定公十八年,淇絶于舊衛,即此也。淇水又東,右合泉源水[26],水有二源,一水出朝歌城西北,東南流。老人晨將渡水而沈吟難濟,紂問其故,左右曰:老者髓不實,故晨寒也。紂乃于此斮脛而視髓也。其水南流東屈,逕朝歌城南。《晉書·地道記》曰:本沬邑也。《詩》云:爰采唐矣,沬之鄉矣。殷王武丁始遷居之,爲殷都也。紂都在《禹貢》冀州大陸之野。即此矣。有糟丘、酒池之事焉,有新聲靡樂,號邑朝歌。晉灼曰:《史記·樂書》,紂作《朝歌》之音,朝歌者,歌不時也。故墨子聞之,惡而迴車,不逕其邑。《論語比考讖》曰:邑名朝歌,顔淵不舍,七十弟子掩目,宰予獨顧,由蹷墮車。宋均曰:子路患宰予顧視凶地,故以足蹷之使墮車也。今城内有殷鹿臺,紂昔自投于火處也。《竹書紀年》曰:武王親禽帝受辛于南單之臺,遂分天之明。南單之臺,蓋鹿臺之異名也。武王以殷之遺民封紂子武庚于兹邑,分其地爲三:曰邶、鄘、衛。使管叔、蔡叔、霍叔輔之,爲三監。叛,周討平以封康叔爲衛。箕子佯狂自悲,故《琴操》有《箕子操》。逕其墟,父母之邦也,不勝悲,作《麥秀歌》。後乃屬晉。地居河、淇之間,戰國時皆屬于趙,男女淫縱,有紂之餘風。土險多寇,漢以虞詡爲令,朋友以難治致弔,詡曰:不遇盤根錯節,何以别利器乎?又東與左水合,謂之馬溝水,水出朝歌城北,東流南屈,逕其城東。又東流與美溝合,水出朝歌西北大嶺下,東流逕駱駝谷,于中逶迆九十曲,故俗有美溝之目矣。歷十二崿,崿流相承,泉響不斷,返水捍注,捲復深隍,隍間積石千通,水穴萬變,觀者若思不周賞,情乏圖狀矣。其水東逕朝歌城北,又東南流注馬溝水,又東南注淇水,爲肥泉也。故《衛詩》曰:我思肥泉,兹之永歎。毛《注》云:同出異歸爲肥泉。《爾雅》曰:歸異出同曰肥。《釋名》曰:本同出時,所浸潤水少,所歸枝散而多,似肥者也。犍爲舍人曰:水異出流行,合同曰肥。今是水異出同歸矣。《博物志》謂之澳水。《詩》云:瞻彼淇、澳,菉竹猗猗。毛云:菉,王芻也;竹,編竹也。漢武帝塞決河,斬淇園之竹木以爲用。寇恂爲河内,伐竹淇川,治矢百餘萬,以輸軍資。今通望淇川,無復此物。惟王芻編草不異。毛興又言:澳,隈也。鄭亦不以爲津源,而張司空專以爲水流入于淇,非所究也。然斯水即《詩》所謂泉源之水也。故《衛詩》云:泉源在左,淇水在右,衛女思歸。指以爲喻淇水左右,蓋舉水所入爲左右也。淇水又南歷枋堰,舊淇水口,東流逕黎陽縣界,南入河。《地理志》曰:淇水出共,東至黎陽入河。《溝洫志》曰:遮害亭西十八里至淇水口是也。漢建安九年,魏武王于水口下大枋木以成堰,遏淇水東入白溝以通漕運,故時人號其處爲枋頭。是以盧諶《征艱賦》曰:後背洪枋巨堰,深渠高堤者也。自後遂廢。魏熙平中復通之,故渠歷枋城北,東出今瀆,破故堨。其堰,悉鐵柱木石參用,其故瀆南逕枋城西,又南分爲二水,一水南注清水,水流上下更相通注,河清水盛,北入故渠自此始矣。一水東流,逕枋城南,東與菀口[27]合。菀水上承淇水于元甫城西北,自石堰東、菀城西,屈逕其城南,又東南流歷土軍[28]東北,得舊石逗,故五水分流,世號五穴口。今惟通并爲二水,一水西注淇水,謂之天井溝;一水逕土軍東分爲蓼溝,東入白祀陂。又南分東入同山陂,溉田七十餘頃。二陂所結,即臺陰野矣。菀水東南入淇水。淇水右合宿胥故瀆,瀆受河于頓丘縣遮害亭東、黎山西,北會淇水處立石堰,遏水令更東北注。魏武開白溝,因宿胥故瀆而加其功也。故蘇代曰:決宿胥之口,魏無虚、頓丘。即指是瀆也。淇水又東北流,謂之白溝,逕雍榆城南。《春秋》襄公二十三年,叔孫豹救晉,次于雍榆者也。淇水又北逕其城東,東北逕同山東,又東北逕帝嚳冢西,世謂之頓丘臺,非也。《皇覽》曰:帝嚳冢在東郡濮陽頓丘城南,臺陰野中者也。又北逕白祀山東,歷廣陽里,逕顓頊冢西,俗謂之殷王陵,非也。《帝王世紀》曰:顓頊葬東郡頓丘城南,廣陽里大冢者是也。淇水又北屈而西轉,逕頓丘北,故闞駰云:頓丘在淇水南。《爾雅》曰:山一成謂之頓丘。《釋名》謂一頓而成丘,無高下小大之殺也。《詩》所謂送子涉淇,至于頓丘者也。魏徙九原、西河、土軍諸胡,置土軍于丘側,故其名亦曰土軍也。又屈逕頓丘縣故城西,《古文尚書》以爲觀地矣。蓋太康弟五君之號曰五觀者也。《竹書紀年》:晉定公三十一年城頓丘。《皇覽》曰:頓丘者,城門名頓丘道,世謂之殷。皆非也。蓋因丘而爲名,故曰頓丘矣。淇水東北逕枉人山東、牽城西。《春秋左傳》定公十四年,公會齊侯、衛侯于牽者也。杜預曰:黎陽東北有牽城。即此城矣。淇水又東北逕石柱岡,東北注矣。

東過内黄縣南,爲白溝,

淇水又東北逕并陽城西,世謂之辟陽城,非也。即《郡國志》所謂内黄縣有并陽聚者也。白溝又北,左合蕩水。又東北流逕内黄縣故城南,縣右對黄澤。《郡國志》曰:縣有黄澤者也。《地理風俗記》曰:陳留有外黄,故加内。《史記》曰:趙廉頗伐魏取黄,即此縣。

屈從縣東北,與洹水合,

白溝自縣北逕戲陽城東,世謂之羛陽聚。《春秋》昭公十年,晉荀盈如齊逆女,還,卒戲陽是也。白溝又北逕高城亭東，洹水從西南來注之。又北逕問亭東，即魏界也，魏縣故城。應劭曰：魏武侯之别都也。城内有武侯臺，王莽之魏城亭也。左與新河合，洹水枝流也。白溝又東北逕銅馬城西，蓋光武征銅馬所築也，故城得其名矣。白溝又東北逕羅勒城東，又東北，漳水注之，謂之利漕口。自下清漳、白溝、淇河，咸得通稱也[29]。

又東北過館陶縣北，又東北過清淵縣西，

白溝水又東北逕趙城西，又北，阿難河出焉。蓋魏將阿難所導，以利衡瀆，遂有阿難之稱矣。白溝又東北逕空陵城西，又北逕喬亭城西，東去館陶縣故城十五里，縣，即《春秋》所謂冠氏也，魏陽平郡治也。其水又屈逕其縣北，又東北逕平恩縣故城東，《地理風俗記》曰：縣，故館陶之别鄉也。漢宣帝地節三年置，以封后父許伯爲侯國。《地理志》：王莽之延平縣矣。其水又東過清淵縣故城西，又歷縣之西北爲清淵，故縣有清淵之名矣。世謂之魚池城，非也。其水又東北逕榆陽城北，漢武帝封太常江德爲侯國。文穎曰：邑在魏郡清淵，世謂之清淵城，非也。

又東北過廣宗縣東，爲清河，

清河東北逕廣宗縣故城南，和帝永元五年，封皇太子萬年爲王國。田融言，趙立建興郡于城内，置臨清縣于水東，自趙石始也。清河之右有李雲墓，雲字行祖，甘陵人，好學，善陰陽，舉孝廉，遷白馬令。中常侍單超等，立掖庭民女亳氏爲后，后家封者四人，賞賜巨萬。雲上書移副三府曰：孔子云，帝者，諦也，今尺一拜用，不經御省，是帝欲不諦乎？帝怒，下獄殺之。後冀州刺史賈琮使行部，過祠雲墓，刻石表之，今石柱尚存，俗猶謂之李氏石柱。清河又東北逕界城亭東，水上有大梁，謂之界城橋。《英雄記》曰：公孫瓚擊青州黄巾賊，大破之，還屯廣宗。袁本初自往征瓚，合戰于界橋南二十里，紹將麴義破瓚于界城橋，斬瓚。冀州刺史嚴綱又破瓚殿兵于橋上，即此梁也。世謂之鬲城橋，蓋傳呼失實矣。清河又東北逕信鄉西，《地理風俗記》曰：甘陵西北十七里有信鄉，故縣也。清河又北逕信成縣[30]故城西，應劭曰：甘陵西北五十里有信成亭，故縣也。趙置水東縣于此城，故亦曰水東城。清河又東北逕清陽縣故城西，漢高祖置清河郡，治此。景帝中三年，封皇子乘爲王國，王莽之平河也。漢光武建武二年，西河鮮于冀爲清河太守，作公廨未就而亡，後守趙高計功用二百萬。五官黄秉、功曹劉適言：四百萬錢。于是冀乃鬼見白日，道從入府，與高及秉等對共計校，定爲適、秉所割匿。冀乃書表自理，其略言：高貴不尚節，畝壟之夫，而箕踞遺類，研密失機，婢妾其性，媚世求顯，偷竊很鄙，有辱天官，《易》譏負乘，誠高之謂。臣不勝鬼言。謹因千里驛聞，付高上之。便西北去三十里,車馬皆滅不復見。秉等皆伏地物故。高以狀聞,詔下,還冀西河田宅妻子焉。兼爲差代,以弭幽中之訟。漢桓帝建和三年,改清河爲甘陵王國,以王妖言,徙,其年立甘陵郡,治此焉。

又東北過東武城縣西,

清河又東北逕陵鄉西,應劭曰:東武城西南七十里有陵鄉,故縣也。後漢封太僕梁松爲侯國,故世謂之梁侯城,遂立侯城縣治也。清河又東北逕東武城縣故城西,《史記》:趙公子勝,號平原君,以解邯鄲之功,受封于此。定襄有武城,故加東矣。清河又東北逕復陽縣故城西,漢高祖七年,封右司馬陳胥爲侯國,王莽更名之曰樂歲。《地理風俗記》曰:東武城西北三十里有復陽亭,故縣也。世名之曰檻城,非也。清河又東北流,逕棗彊縣故城西,《史記・建元以來王子侯者年表》云:漢武帝元朔二年[31],封廣川惠王子晏爲侯國也。應劭《地理風俗記》曰:東武城縣西北五十里,有棗彊城,故縣也。

又北過廣川縣東,

清河北逕廣川縣故城南,闞駰曰:縣中有長河爲流,故曰廣川也。水側有羌壘,姚氏之故居也。今廣川縣治。清河又東北逕歷縣故城南,《地理志》:信都之屬縣也,王莽更名曰歷寧也。應劭曰:廣川縣西北三十里有歷城亭,故縣也。今亭在縣東如北,水濟尚謂之爲歷口渡也。

又東過脩縣南,又東北過東光縣西,

清河又東北,左與張甲屯、絳故瀆合,阻深堤高鄣,無復有水矣。又逕脩縣故城南,屈逕其城東,脩音條,王莽更名之曰脩治。《郡國志》曰:故屬信都。清河又東北,左與橫漳枝津故瀆合,又東北逕脩國故城東,漢文帝封周亞夫爲侯國,故世謂之北脩城也。清河又東北逕邸閣城東,城臨側清河,晉脩縣治。城內有《縣長魯國孔明碑》[32]。清河又東至東光縣西,南逕胡蘇亭。《地理志》:東光有胡蘇亭者也。世謂之羌城,非也。又東北,右會大河故瀆,又逕東光縣故城西,後漢封耿純爲侯國。初平二年,黃巾三十萬人入渤海,公孫瓚破之于東光界,追奔是水,斬首三萬,流血丹水,即是水也。

又東北過南皮縣西,

清河又東北,無棣溝出焉。東逕南皮縣故城南,又東逕樂亭北,《地理志》之臨樂縣故城也,王莽更名樂亭。《晉書・地道志》、《太康地記》:樂陵國有新樂縣。即此城矣。又東逕新鄉城北,即《地理志》高樂故城也,王莽更之曰爲鄉矣。無棣溝又東分爲二瀆,無棣溝又東逕樂陵郡北,又東屈而北出,又東轉逕苑鄉縣故城南,又東南逕高成縣故城南,與枝瀆合。枝瀆上承無棣溝,南逕樂陵郡西,又東南逕千童縣故城東,《史記·建元以來王子侯者年表》曰:故重也,一作千鍾。漢武帝元朔四年,封河間獻王子劉陰爲侯國。應劭曰:漢靈帝改曰饒安也,滄州治。枝瀆又南東屈,東北注無棣溝。無棣溝又東北逕一故城北,世謂之功城也。又東北逕鹽山東北入海。《春秋》僖公四年,齊、楚之盟于召陵也,管仲曰:昔召康公賜命先君太公履,北至于無棣,蓋四履之所也。京相璠曰:舊説無棣在遼西孤竹縣。二説參差,未知所定。然管仲以責楚,無棣在此,方之爲近,既世傳已久,且以聞見書之。清河又東北逕南皮縣故城西,《十三州志》曰:章武有北皮亭,故此曰南皮也,王莽之迎河亭。《史記·惠景侯者年表》云:漢景帝後七年,封孝文后兄子彭祖爲侯國。建安中,魏武擒袁譚于此城也。清河又北逕北皮城東,左會滹沱別河故瀆,謂之合口,城謂之合城也。《地理風俗記》曰:南皮城北五十里有北皮城,即是城矣。

又東北過浮陽縣西,

清河東北流,浮水故瀆出焉。按《史記》:趙之南界有浮水焉。浮水在南,而此有浮陽之稱者。蓋浮水出入,津流同逆混并,清、漳二瀆,河之舊道,浮水故迹,又自斯别,是縣有浮陽之名也。首受清河于縣界,東北逕高成縣之苑鄉城北,又東逕章武縣之故城北,漢景帝後七年,封孝文后弟竇廣國爲侯國。王莽更名桓章,晉太始中立章武郡,治此。浮水故瀆又東逕篋山北,《魏土地記》曰:高成東北五十里有篋山,長七里,浮瀆又東北逕柳縣故城南,漢武帝元朔四年,封齊孝王子劉陽爲侯國。《地理風俗記》曰:高成縣東北五十里有柳亭,故縣也。世謂之辟亭,非也。浮瀆又東北逕漢武帝望海臺,又東注于海。應劭曰:浮陽縣,浮水所出,入海,朝夕往來,日再。今溝無復有水也。清河又北分爲二瀆,枝分東出,又謂之浮瀆。清河又北逕浮陽縣故城西,王莽之浮城也。建武十五年,更封驍騎將軍平鄉侯劉歆爲侯國,浮陽郡治。又東北,滹沱別瀆注焉,謂之合口也。

又東北過濊邑北,

濊水出焉。

又東北過鄉邑南,

清河又東,分爲二水,枝津右出焉。東逕漢武帝故臺北,《魏土地記》曰:章武縣東百里有武帝臺,南北有二臺,相去六十里,基高六十丈,俗云:漢武帝東巡海上所築。又東注于海。清河又東北逕紵姑邑南,俗謂之新城,非也。

又東北過窮河邑南,

清河又東北逕窮河邑南,俗謂之三女城,非也。東北至泉州縣[33],北入滹沱水。

《經》曰:笥溝東南至泉州縣與清河合,自下爲派河尾也。又東,泉州渠[34]出焉。

又東北過漂榆邑,入于海。

清河又東逕漂榆邑故城南,俗謂之角飛城。《趙記》云:石勒使王述煮鹽于角飛。即城異名矣。《魏土地記》曰:高城縣東北百里,北盡漂榆,東臨巨海,民咸煮海水,藉鹽爲業。即此城也。清河自是入于海。

蕩水出河内蕩陰縣西山東,

蕩水[35]出縣西石尚山[36],泉流逕其縣故城南,縣因水以取名也。晉伐成都王穎,敗帝于是水之南。盧綝《四王起事》曰:惠帝征成都王穎,戰敗時,舉輦司馬八人,輦猶在肩上,軍人競就殺舉輦者,乘輿頓地,帝傷三矢,百僚奔散,唯侍中嵇紹扶帝。士將兵之,帝曰:吾吏也,勿害之。衆曰:受太弟命,惟不犯陛下一人耳。遂斬之,血汙帝袂。將洗之,帝曰:嵇侍中血,勿洗也。此則嵇延祖殞命之所。

又東北至内黄縣,入于黄澤。

羑水出蕩陰西北韓大牛泉。《地理志》曰:縣之西山,羑水所出也。羑水又東逕韓附壁北,又東流逕羑城北,故羑里也。《史記音義》曰:牖里在蕩陰縣。《廣雅》:牖,獄犴也[37]。夏曰夏臺,殷曰羑里,周曰囹圄,皆圜土。昔殷紂納崇侯虎之言,囚西伯于此。散宜生、南宫括見文王,乃演《易》用明否泰始終之義焉。羑城北,水積成淵,方十餘步,深一丈餘,東至内黄與防水會,水出西山馬頭澗,東逕防城北,盧諶《征艱賦》所謂越防者也。其水東南流注于羑水,又東歷黄澤入蕩水。《地理志》曰:羑水至内黄入蕩者也。蕩水又東與長沙溝水合,其水導源黑山[38]北谷,東流逕晉鄙故壘北,謂之晉鄙城,名之爲魏將城,昔魏公子無忌矯奪晉鄙軍于是處。故班叔皮《遊居賦》曰:過蕩陰而弔晉鄙,責公子之不臣者也。其水又東,謂之宜師溝,又東逕蕩陰縣南,又東逕枉人山[39],東北至内黄縣,右入蕩水,亦謂之黄雀溝。是水,秋夏則泛,春冬則耗。蕩水又逕内黄城南,陳留有外黄,故稱内也。東注白溝。

洹水出上黨泫氏縣,

水出洹山,山在長子縣也。

東過隆慮縣北,

縣北有隆慮山,昔帛仲理之所遊神也。縣因山以取名[40],漢高帝六年,封周竈爲侯國。應劭曰:殤帝曰隆,故改從林也。縣有黄華水[41],出于神囷之山黄華谷北崖上[42]。山高十七里,水出木門帶,帶即山之第三級也。去地七里,懸水東南注壑,直瀉巖下,狀若雞翹,故謂之雞翹洪,蓋亦天台、赤城之流也。其水東流至谷口,潛入地下,東北十里復出,名柳渚,渚周四五里,是黄華水重源再發也。東流,葦泉水注之,水出林慮山北澤中,東南流,與雙泉合,水出魯般門東,下流入葦泉水。葦泉水又東南,流注黄華水,謂之陵陽水。又東,入于洹水[43]也。

又東北出山,過鄴縣南,

洹水出山,東逕殷墟北。《竹書紀年》曰:盤庚即位,自奄遷于北蒙,曰殷。昔者,項羽與章邯盟于此地矣。洹水又東,枝津出焉,東北流逕鄴城南,謂之新河。又東,分爲二水,一水北逕東明觀下。昔慕容儁夢石虎齧其臂,寤而惡之,購求其尸,而莫之知。後宫嬖妾言,虎葬東明觀下,于是掘焉,下度三泉,得其棺,剖棺出尸,尸僵不腐,儁駡之曰:死胡,安敢夢生天子也。使御史中尉陽約數其罪而鞭之。此蓋虎始葬處也。又北逕建春門,石梁不高大,治石工密,舊橋首夾建兩石柱,螭矩趺勒甚佳。乘輿南幸,以其作制華妙,致之平城東側西闕,北對射堂,緑水平潭,碧林側浦,可遊憩矣。其水西逕魏武玄武故苑,苑舊有玄武池以肄舟楫,有魚梁、釣臺、竹木、灌叢,今池林絶滅,略無遺跡矣。其水西流注于漳。南水東北逕女亭城北,又東北逕高陵城南,東合坰溝,又東逕鸕鷀陂,北與台陂水合。陂東西三十里,南北[44]注白溝河,溝上承洹水,北絶新河,北逕高陵城東,又北逕斥丘縣故城西,縣南角有斥丘,蓋因丘以氏縣,故乾侯矣。《春秋經》書,昭公二十八年,公如晉,次于乾侯也。漢高帝六年,封唐厲爲侯國,王莽之利丘矣。又屈逕其城北,東北流注于白溝,洹水自鄴東逕安陽縣故城北,徐廣《晉紀》曰:石遵自李城北入,斬張豺于安陽是也。《魏土地記》曰:鄴城南四十里有安陽城,城北有洹水東流者也。洹水又東至長樂縣,左則枝溝[45]出焉。洹水又東逕長樂縣故城南,按《晉書・地理志》曰:魏郡有長樂縣也。

又東過内黄縣北,東入于白溝。

洹水逕内黄縣北東流,注于白溝,世謂之洹口[46]也。許慎《説文》、吕忱《字林》,竝云洹水出晉、魯之間。昔聲伯夢涉洹水,或與己瓊瑰而食之,泣而又爲瓊瑰,盈其懷矣。從而歌曰:濟洹之水,贈我以瓊瑰,歸乎,歸乎,瓊瑰盈吾懷乎。後言之,之暮而卒。即是水也。

注释:

① 飛流　殿本《案》云:"案飛流,近刻訛作流飛。"《注疏》本作"流飛"。《疏》:"趙云:流飛,《御覽》作飛流。守敬按:宋本《御覽》作流飛。"

② 其水歷澗飛流,清泠洞觀　吴本、《注刪》本、何校明鈔本、王校明鈔本均作:"其水歷澗流,

飛清洞觀。"孫潛校本云:"朱本,《御覽》引此作清泠洞觀,按《注》中屢用'飛清'二字,不必旁引他書以證明也。"

③ 長明溝 《注箋》本、項本、張本均作"蔡溝",《五校》鈔本、《七校》本、《注釋》本均作"界溝水"。

④ 界溝 《注釋》本作"光溝"。

⑤ 《御覽》卷四十五《地部》十《天門山》引《水經注》云:"謂之百家巖,下可容百家,故以爲名。山有石穴,狀如門,纔得通人,自平地東入,便至天井。"當是此段下佚文。

⑥ 唐辛怡練《百門陂碑銘並序》(道光《輝縣志》卷十四《碑碣》)引《水經注》云:"百門陂出自汲郡共山下。"當是此段下佚文。

⑦ 《注釋》本在此處云:"一清案:《太平寰宇記》脩武縣下引《水經注》云:'五里泉在脩武鄉。'今本無之。"案此句在《寰宇記》卷五十二《河北道》二《懷州・脩武縣》,當是此段内佚文。

⑧ 涅水 《大典》本作"泪水",黄本、《注箋》本、項本、沈本、《山海經廣注》卷三"沁水出焉,南流注于河"吴任臣《注》引《水經注》、雍正《澤州府志》卷六《山川・沁水縣・沁河》引《水經注》均作"湏水",《名勝志・山西》卷五《沁州・沁河》引《水經注》、《方輿紀要》卷四十三《山西》五《沁州・沁河》引《水經注》均作"泊水",《注疏》本作"少水",《疏》:"朱少作湏,趙改涅,云:《説文》,湏,灌釜也,不云是水名。《寰宇記》,沁水出沁州綿上縣覆甑嶺。《濁漳水注》有涅水,西出覆甑山,東流與西湯溪水合,水出涅縣西山湯谷,又東逕涅氏縣故城南,縣氏涅水也。然則沁水與涅水同源合,《注》湏當作涅。守敬案:湏字固誤,改爲涅亦非。涅水自入濁漳,沁水自入河,一東流,一南流,即同出覆甑山,何得謂之合?《注》此篇下文,于沁水過沁水縣北云,《春秋》之少水也,京相璠曰晉地矣。又云,少水,今沁水也。則此處之湏水,爲少水之誤無疑。酈氏于此不詳言者,齊桓伐晉,取朝歌,入孟門,登太行,張軍熒庭,戍郫邵,皆由朝歌而西,其封少水之處,正當沁水置縣之地,不得在沁水發源之地,故于此但引其端,酈氏之審慎若此。《元和志》:沁水,一名少水,出覆甑山,亦引《左傳》封少水爲證。《寰宇記》作一名源水,亦誤。"

⑨ 陭氏縣 《大典》本、吴本、《注箋》本、項本、《五校》鈔本、《七校》本、《注釋》本、張本均作"猗氏縣"。

⑩ 巨駿山 吴本、《注箋》本、何校明鈔本、項本、《注釋》本、張本、《注疏》本、《方輿紀要》卷四十三《山西》五《澤州・沁水縣・蘆河》引《水經注》、雍正《澤州府志》卷六《山川・沁水縣・沁河》引《水經注》均作"巨峻山"。

⑪ 濩澤城 《注箋》本、項本、《五校》鈔本、《七校》本、《注釋》本、張本均作"澤城"。

⑫ 雍正《澤州府志》卷六《山川・沁水縣・石樓山》引《水經注》云:"其水東逕陽陵城南山,有文石岡、雙蟾嶺,巔上時聞仙樂聲,東接夫妻嶺,北連石樓山,皆約二十里許。"當是此段下佚文。

⑬ 嶕嶢山 《大典》本、黄本、吴本、《注箋》本、王校明鈔本、項本、沈本、張本、雍正《澤州府志》卷六《山川・陽城縣・嶢燒山》引《水經注》均作"焦燒山"。

⑭ 《初學記》卷八《河東道》第四《午臺》引《水經注》云:"午臺亭在晉城縣界。"當是此段中佚文。

⑮　邘水　《大典》本、黄本、吴本、沈本、《滙校》本、《名勝志・河南》卷七《懷慶府・河内縣》引《水經注》、康熙《河内縣志》卷二《山川・沁水》引《水經注》均作"邗水",《晏元獻公類要》卷七《河内縣・邦水》引《水經注》作"邦水"。

⑯　邘城　《大典》本、黄本、吴本、沈本、《滙校》本、《名勝志》河南卷七《懷慶府・河内縣》引《水經注》均作"邗城"。

⑰　邘國　吴本作"邗關",《名勝志・河南》卷七《懷慶府・河内縣》引《水經注》作"邗國"。

⑱　邘臺　《大典》本、黄本、吴本、沈本、《滙校》本、《名勝志・河南》卷七《懷慶府・河南縣》引《水經注》均作"邗臺"。

⑲　蘋藻茭芹　《注疏》本作"蘋草冬芹"。《疏》:"朱《箋》曰:'冬'字疑誤。戴改爲'茭'。趙云:按孫潛云,冬,虋冬也,字不誤。"

⑳　《名勝志・山西》卷八《澤州》引《水經注》云:"天井關上有宣聖回車轍迹,深入尺許,長百餘步。"當是此段下佚文。

㉑　《寰宇記》卷一《河南道》一《東京》上《尉氏縣》引《水經注》云:"魏惠王元年,韓懿侯會魏于畠澤陂,北對雞鳴城。"當是此段下佚文。按"畠澤陂",據順治《河南通志》卷十《古迹》、雍正《河南通志》卷五十一《古迹》上、道光《尉氏縣志》卷三《古迹志・雞鳴城》引《水經注》此文,均作"晶澤陂"。

㉒　又東過州縣北　《注疏》本改"州縣"爲"周縣",《疏》:"戴改'周'作'州'。守敬按:非也,詳下。"此《經》文下,《注》文開首爲"縣,故州也"。《注疏》本《疏》:"朱'州'作'周'。趙云:按《水經》多以'州'爲'周',如武周、泉周之類。此是《漢志》河内郡之州縣,而《水經》以爲周。酈故以縣故州也釋之。後人併《注》之'州'字亦改從'周'。守敬按:'州'、'周'古字通用,如《左傳》華周,《漢書・人表》作華州;《史記・衛將軍・驃騎傳》,路博德平州人,《漢志》作平周是也。此則當從趙説,《經》作周,《注》改州。乃全改《經》作'州',仍《注》'周'字,不思《注》所證諸事,各書皆書作'州',謂之'故周',則不相應。戴改《注》作'州',而並改《經》作'州',則《注》語實爲贅,亦非也。漢縣屬河内郡,後漢、魏、晉因,《地形志》,天平初,置武德郡,酈氏時乃屬河内,有今河内縣東南四十里。"

㉓　《注疏》本《疏》云:"趙云:何氏曰,此《注》多誤文。公孫段事在昭公三年,去隱公十一年甚遠。韓起又不逮六國時,且亦未嘗從居之。全云:周以賜鄭,下有脱文,蓋州本温地也,蘇忿生叛王,王以賜鄭,而鄭不能有也。晉啟南陽,州入焉。趙氏、郤氏、欒氏遞有之。昭公三年,晉以賜鄭公孫段,七年,復歸之晉,而韓宣子以易原縣于宋樂大心,然其後仍屬晉公家,宋行人樂祁之死,晉人止其尸于州以求盟,是也。《史記》韓宣子晚居州,然則宣子雖不逮六國時,而未始不居州也。其文不見于《左》而見于《史》,義門覈之未盡。戴云:公孫段三字以上有脱文,當云昭公三年,晉以州田賜鄭公孫段,六國時三字,當作其後二字。"

㉔　沮洳山　《大典》本、《注箋》本、項本、《林水録》鈔《水經注》、《正字通》巳集上《水部・淇》引《水經注》、《駢字類編》卷三十七《山水門》二引《水經注》均作"沮如山"。

㉕　沾水　《大典》本、黄本、吴本、《注箋》本、何校明鈔本、項本、沈本、張本、《康熙字典・水部・活》引《水經》、《正字通》巳集上《水部・淇》引《水經注》、《佩文韻府》卷十《十灰・臺・玷臺》引《水經注》均作"活水"。

㉖ 《寰宇記》卷五十六《河北道》五《衛州·衛縣》引《水經注》云:"卷水出魏郡朝歌。"卷水爲今本所無,佚名《臨趙琦美孫潛等諸家校本》,已將此句增入《注》文,但卷水作淃水。案今各本,有泉源水之名,"泉源"與"卷"音近,故《寰宇記》卷水或即泉源水之訛。是《寰宇記》之訛抑或《水經注》之訛雖未可知,但卷水未必爲佚文。

㉗ 菀口 《大典》本、《注箋》本、項本、《五校》鈔本、《七校》本、張本均作"宛口"。

㉘ 土軍 《注釋》本作"五軍"。

㉙ 《注疏》本楊守敬按:"曹操開白溝,遏淇水東入,即復清水之故瀆,至此復合漳水,故是下清漳、白溝、淇河,咸得通稱也。"

㉚ 信成縣 嘉靖《廣平縣志》卷八《古蹟志·城壘類》引《水經注》作"信城縣"。

㉛ 《注疏》本作"三年"。《疏》:"朱'三'訛作'二',全、趙、戴同。守敬按:《史》、《漢表》俱云三年十月封,今訂。"段熙仲《校記》"按:朱本訛作'二年',《大典》作'三',不誤。沈氏校《朱箋》本,已引《漢表》證作'二'之誤。"

㉜ 《注疏》本楊守敬按:"孔明無考,當孔翊之誤。《寰宇記》蓨縣下云:九城在縣西,有邸閣城,城内有《蓨令魯國孔翼清德碑》存焉。按《韓敕碑》有御史孔翊,《後漢書·皇甫規傳》及《魯國九賢傳》並有孔翊。《孔氏譜》載,翊爲孔子十九世孫。考《書》,越翼日癸巳,《漢書·律曆志》作翌日,翌即翊字。孔氏望族,又同籍魯國,未必先後有同名者。《寰宇記》特因此《注》有晉蓨縣治之文,即以爲晉縣令,不知蓨本漢縣,此邸閣城早有《孔翊碑》,不得因晉移縣治此,遂謂必爲晉時縣長也。惟《先賢傳》云:孔翊爲洛陽令,此作爲脩縣長,互有詳略耳。又《寶刻叢編》有漢御史《孔翊碑》,熹平元年立,在冢前,見《闕里記》,則其冢墓碑也。"

㉝ 泉州縣 《大典》本、吴本、《注箋》本、項本、《注釋》本、張本均作"泉周縣"。

㉞ 泉州渠 《大典》本、吴本、《注箋》本、項本、《注釋》本、張本均作"泉周渠"。

㉟ 蕩水 《通鑑》卷八十五《晉紀》七惠帝永興元年:"乘輿敗績于蕩陰"胡《注》引《水經注》、嘉靖《彰德府志》卷一《地理志》第一之一《湯陰縣·蕩水》引《水經注》、嘉靖《内黄縣志》卷一《地理·山川·宜師溝》引《水經注》均作"湯水"。

㊱ 石尚山 嘉靖《内黄縣志》卷一《地理·山川·蕩水》引《水經注》作"石上山"。

㊲ 牑,獄犴也 《注疏》本作"獄,犴也"。《疏》:"全氏校改稱作牑,趙、戴從之。守敬按:《廣雅》,獄,犴也。是以犴釋獄,非有牑字而以獄犴釋之也。臆改,謬甚。"

㊳ 黑山 《大典》本、吴本、《注箋》本、項本、張本均作"里山"。

㊴ 枉人山 《大典》本、黄本、《注箋》本、項本、張本均作"柱人山"。

㊵ 嘉靖《河南通志》卷六《山川·袴山》引《水經注》云:"林慮山北有袴山。"當是此段下佚文。

㊶ 黄華水 嘉靖《彰德府志》卷一《地理志》第一之一《安陽縣》引《水經注》、乾隆《林縣志》卷四《山水志》下《黄水》引《水經注》均作"黄水"。

㊷ 《北堂書鈔》卷一五八《地部》二《窟篇》十三引《水經注》云:"黄谷内西洪邊有一洞,深數丈,去地千餘仞,俗謂之聖人窟。"當是此句下佚文。

㊸ 《名勝志·河南》卷五《彰德府臨漳縣》引《水經注》云:"有黄衣水注之。"當是此段中佚文。

㊹　殿本在此處《案》云:“案此下有脱文。下云:注白溝河,溝上承洹水,亦不可考。”《注疏》本“垌溝上承洹水”,《疏》:“朱作河溝,全、趙、戴同。會貞按:‘河’當作‘垌’,即上文之垌溝。其水上承洹水,即下文所謂洹水左側垌溝出焉者也,戴氏不悟此河溝及下文則溝,皆垌溝之誤,而謂訛脱不可考,疏矣。”

㊺　枝溝　《注疏》本作“垌溝”,《疏》:“朱訛作左側則溝出焉,全、趙改‘則’爲‘白’,戴改‘側則’爲‘則枝’。會貞按:當作左則垌溝出焉,上叙新河已詳叙垌溝,此叙洹水,提明一句,以與之應。戴改枝溝,非。全、趙改作白溝,尤誤。洹水本注白溝,安得謂白溝自洹水出耶?今訂。”

㊻　洹口　《注箋》本、項本、《注釋》本、張本均作“洹水”。

卷十　濁漳水　清漳水

濁漳水出上黨長子縣西發鳩山，

漳水出鹿谷山[①]，與發鳩連麓而在南。《淮南子》謂之發苞山，故異名互見也。左則陽泉水注之，右則繖蓋水入焉。三源同出一山，但以南北爲别耳。

東過其縣南，

又東，堯水自西山東北流，逕堯廟北，又東逕長子縣故城南，周史辛甲所封邑也。《春秋》襄公十八年，晉人執衛行人石買于長子，即是縣也。秦置上黨郡，治此。其水東北流入漳水。漳水東會于梁水，梁水出南梁山[②]，北流逕長子縣故城南。《竹書紀年》曰：梁惠成王十二年，鄭取屯留、尚子、涅。尚子，即長子之異名也。梁水又北入漳水。

屈從縣東北流，

陶水南出陶鄉，北流逕長子城東，西轉逕其城北[③]，東注于漳水。

又東過壺關縣北，又東北過屯留縣南，

漳水東逕屯留縣南，又屈逕其城東，東北流，有絳水注之。水西出穀遠縣東發鳩之谷，謂之爲濫水也。東逕屯留縣故城南，故留吁國也。潞氏之屬。《春秋》襄公十八年，晉人執孫蒯于純留是也。其水東北流入于漳。故桑欽云：絳水出屯留西南，東入漳。漳水又東，涑水注之，水西出發鳩山，東逕余吾縣故城南，漢光武建武六

年，封景丹子尚爲侯國。涑水又東逕屯留縣故城北，《竹書紀年》：梁惠成王元年，韓共侯、趙成侯遷晉桓公于屯留。《史記》：趙肅侯奪晉君端氏而徙居之此矣。其水又東流注于漳。故許慎曰：水出發鳩山入漳，從水，東聲也。漳水又東北，逕壺關縣故城西，又屈逕其城北，故黎國也。有黎亭，縣有壺口關，故曰壺關矣。吕后元年，立孝惠後宫子武爲侯國。漢有壺關三老公乘興上書訟衛太子，即邑人也。縣在屯留東，不得先壺關而後屯留也。漳水歷鹿臺山與銅鞮水[④]合，水出銅鞮縣[⑤]西北石隥山[⑥]，東流與專池水[⑦]合，水出八特山[⑧]，東北流入銅鞮水。銅鞮水又東南合女諫水[⑨]，水西北出好松山，東南流，北則葦池水與公主水合而右注之，南則榆交水與皇后水合而左入焉，亂流東南，注于銅鞮水。銅鞮水又東逕李憙墓，墓前有碑，碑石破碎，故李氏以太和元年立之。其水又東逕故城北，城在山阜之上，下臨岫壑，東、西、北三面，阻袤二里，世謂之斷梁城，即故縣之上虒亭也。銅鞮水又東逕銅鞮縣故城北，城在水南山中，晉大夫羊舌赤銅鞮伯華之邑也。漢高祖破韓王信于此縣。銅鞮水又東南流逕頃城西，即縣之下虒聚也。《地理志》曰：縣有上虒亭、下虒聚者也。銅鞮水又南逕胡邑西，又東屈逕其城南，又東逕襄垣縣，入于漳。漳水又東北流逕襄垣縣故城南，王莽之上黨亭。

潞縣北，

縣，故赤翟潞子國也。其相豐舒有儁才，而不以茂德。晉伯宗數其五罪，使荀林父滅之。闞駰曰：有潞水，爲冀州浸，即漳水也。余按《燕書》，王猛與慕容評相遇于潞川也。評障錮山泉，鬻水與軍，入絹匹，水二石，無佗大川，可以爲浸，所有巨浪長湍，惟漳水耳。故世人亦謂濁漳爲潞水矣。縣北對故臺壁，漳水逕其南，本潞子所立也，世名之爲臺壁。慕容垂伐慕容永于長子，軍次潞川，永率精兵拒戰，阻河自固，垂陣臺壁，一戰破之，即是處也。漳水于是左合黄須水口，水出臺壁西張諱巖下，世傳巖赤則土罹兵害，故惡其變化無常，恒以石粉汙之令白，是以俗目之爲張諱巖。其水南流，逕臺壁西，又南入于漳。漳水又東北歷望夫山，山之南有石人竚于山上，狀有懷于雲表，因以名焉。有涅水西出覆甑山，而東流與西湯溪水合，水出涅縣[⑩]西山湯谷，五泉俱會，謂之五會之泉，交東南流，謂之西湯水，又東南流注涅水。涅水又東逕涅縣故城南，縣氏涅水也。東與白雞水合，水出縣之西山，東逕其縣北，東南流入涅水。涅水又東南，武鄉水會焉。水源出武山[⑪]西南，逕武鄉縣故城西，而南得清谷口。水源出東北長山清谷，西南與鞞鞨[⑫]、白壁[⑬]二水合，南入武鄉水，又南得黄水口，黄水三源，同注一壑，東南流與隱室水合，水源西北出隱室山，東南注黄水。又東入武鄉水。武鄉水又東南注于涅水。涅水又東南流，注于漳水。漳水又東逕磻陽城北，倉谷水入焉。水出林慮縣之倉谷溪，東北逕魯班門西,雙闕昂藏,石壁霞舉,左右結石脩防,崇基仍存。北逕偏橋東,即林慮之嶠嶺[14]抱犢固也。石隥西陛,陟踵脩上五里餘,崿路中斷四五丈,中以木爲偏橋,劣得通行,亦言故有偏橋之名矣。自上猶須攀蘿捫葛,方乃自津,山頂,即庾衮眩墜處也。倉谷溪水又北合白木溪。溪水出壺關縣東白木川,東逕百晦城北,蓋同仇池百頃之稱矣。又東逕林慮縣之石門谷,又注于倉溪水[15]。倉溪水又北逕磻陽城東而北流,注于漳水。漳水又東逕葛公亭北而東注矣。

又東過武安縣,

漳水于縣東,清漳水自涉縣東南來注之。世謂決入之所爲交漳口也。

又東出山,過鄴縣西,

漳水又東逕三户峽爲三户津。張晏曰:三户,地名也,在梁期西南。孟康曰;津,峽名也,在鄴西四十里。又東,汙水注之,水出武安縣山,東南流逕汙城北。昔項羽與蒲將軍英布濟自三户,破章邯于是水。汙水東注于漳水,漳水又東逕武城南,世謂之梁期城,梁期在鄴北,俗亦謂之兩期城,皆爲非也。司馬彪《郡國志》曰:鄴縣有武城,武城即期城矣。漳水又東北逕西門豹祠前,祠東側有碑,隱起爲字,祠堂東頭石柱勒銘曰:趙建武中所脩也。魏文帝《述征賦》曰:羨西門之嘉迹,忽遥睇其靈宇。漳水右與枝水合。其水上承漳水于邯會西,而東别與邯水合。水發源邯山東北,逕邯會縣故城西,北注枝水,故曰邯會也。張晏曰:漳水之别,自城西南與邯山之水會,今城旁猶有溝渠存焉。漢武帝元朔二年,封趙敬肅王子劉仁爲侯國。其水又東北入于漳。昔魏文侯以西門豹爲鄴令也,引漳以溉鄴,民賴其用。其後至魏襄王,以史起爲鄴令,又堰漳水以灌鄴田,咸成沃壤,百姓歌之。魏武王又堨漳水,迴流東注,號天井堰。二十里中,作十二墱,墱相去三百步,令互相灌注,一源分爲十二流,皆懸水門。陸氏《鄴中記》云:水所溉之處,名曰堰陵澤。故左思之賦魏都,謂墱流十二,同源異口者也。魏武之攻鄴也,引漳水以圍之,《獻帝春秋》曰:司空鄴城圍周四十里,初淺而狹,如或可越,審配不出爭利,望而笑之,司空一夜增脩,廣深二丈,引漳水以注之,遂拔鄴。本齊桓公所置也,故《管子》曰:築五鹿、中牟、鄴,以衛諸夏也。後屬晉,魏文侯七年,始封此地,故曰魏也。漢高帝十二年,置魏郡,治鄴縣,王莽更名魏城。後分魏郡,置東、西部都尉,故曰三魏。魏武又以郡國之舊,引漳流自城西東入,逕銅雀臺下,伏流入城東注,謂之長明溝[16]也。渠水又南逕止車門下,魏武封于鄴爲北宫,宫有文昌殿。溝水南北夾道,枝流引灌,所在通溉,東出石竇堰下,注之隍水,故魏武《登臺賦》曰:引長明,灌街里。謂此渠也。石氏于文昌故殿處,造東、西太武二殿,于濟北穀城之山採文石爲基,一基下五百武直宿衛。屈柱趺瓦，悉鑄銅爲之，金漆圖飾焉。又徙長安、洛陽銅人，置諸宫前，以華國也。城之西北有三臺，皆因城爲之基，巍然崇舉，其高若山，建安十五年魏武所起，平坦略盡。《春秋古地》云：葵丘，地名，今鄴西三臺是也。謂臺已平，或更有見，意所未詳。中曰銅雀臺，高十丈，有屋百一間，臺成，命諸子登之，竝使爲賦。陳思王下筆成章，美捷當時。亦魏武望奉常王叔治之處也。昔嚴才與其屬攻掖門，脩聞變，車馬未至，便將官屬步至宫門，太祖在銅雀臺望見之曰：彼來者必王叔治也。相國鍾繇曰：舊京城有變，九卿各居其府，卿何來也？脩曰：食其禄，焉避其難，居府雖舊，非赴難之義。時人以爲美談矣。石虎更增二丈，立一屋，連棟接榱，彌覆其上，盤迴隔之，名曰命子窟。又于屋上起五層樓，高十五丈，去地二十七丈，又作銅雀于樓巔，舒翼若飛。南則金虎臺，高八丈，有屋百九間。北曰冰井臺，亦高八丈，有屋百四十五間，上有冰室，室有數井，井深十五丈，藏冰及石墨焉。石墨可書，又燃之難盡，亦謂之石炭。又有粟窖及鹽窖，以備不虞。今窖上猶有石銘存焉。左思《魏都賦》曰：三臺列峙而崢嶸者也。城有七門：南曰鳳陽門，中曰中陽門，次曰廣陽門，東曰建春門，北曰廣德門，次曰廐門，西曰金明門，一曰白門。鳳陽門三臺洞開，高三十五丈，石氏作層觀架其上，置銅鳳，頭高一丈六尺。東城上，石氏立東明觀，觀上加金博山，謂之"鏘天"。北城上有齊斗樓，超出羣榭，孤高特立。其城東西七里，南北五里，飾表以塼。百步一樓，凡諸宫殿，門臺、隅雉，皆加觀榭。層甍反宇，飛檐拂雲，圖以丹青，色以輕素。當其全盛之時，去鄴六七十里，遠望苕亭，巍若仙居。魏因漢祚，復都洛陽，以譙爲先人本國，許昌爲漢之所居，長安爲西京之遺迹，鄴爲王業之本基，故號五都也。今相州刺史及魏郡治。漳水自西門豹祠北逕趙閲馬臺西，基高五丈，列觀其上，石虎每講武于其下，升觀以望之。虎自臺上放鳴鏑之矢，以爲軍騎出入之節矣。漳水又北逕祭陌西，戰國之世，俗巫爲河伯取婦，祭于此陌。魏文侯時，西門豹爲鄴令，約諸三老曰：爲河伯娶婦，幸來告知，吾欲送女。皆曰：諾。至時，三老、廷掾賦斂百姓，取錢百萬，巫覡行里中，有好女者，祝當爲河伯婦，以錢三萬聘女，沐浴脂粉如嫁狀。豹往會之，三老、巫、掾與民咸集赴觀。巫嫗年七十，從十女弟子。豹呼婦視之，以爲非妙，令巫嫗入報河伯，投巫于河中。有頃曰：何久也？又令三弟子及三老入白，竝投于河。豹磬折曰：三老不來，奈何？復欲使廷掾、豪長趣之，皆叩頭流血，乞不爲河伯取婦。淫祀雖斷，地留祭陌之稱焉。又慕容儁投石虎尸處也。田融以爲紫陌也。趙建武十一年，造紫陌浮橋于水上，爲佛圖澄先造生墓于紫陌；建武十五年卒，十二月葬焉，即此處也。漳水又對趙氏臨漳宫，宫在桑梓苑，多桑木，故苑有其名。三月三日及始蠶之月，虎帥皇后及夫人採桑于此，今地有遺桑，墉無尺雉矣。漳水又北,滏水入焉⑰。漳水又東逕梁期城南,《地理風俗記》曰:鄴北五十里有梁期城,故縣也。漢武帝元鼎五年,封任破胡爲侯國。晉惠帝永興元年,驃騎王浚遣烏丸渴末逕至梁期,候騎到鄴,成都王穎遣將軍石超討末,爲末所敗于此也。又逕平陽城北,《竹書紀年》曰:梁惠成王元年,鄴師敗邯鄲師于平陽者也。司馬彪《郡國志》曰:鄴有平陽城,即此地也。

又東過列人縣南,

漳水又東,右逕斥丘縣北,即裴縣故城南,王莽更名之曰即是也。《地理風俗記》曰:列人縣西南六十里有即裴城,故縣也。漳水又東北逕列人縣故城南,王莽更名之爲列治也。《竹書紀年》曰:梁惠成王八年,惠成王伐邯鄲取列人者也。于縣右合白渠故瀆,白渠水出魏郡武安縣欽口山,東南流逕邯鄲縣南,又東與拘澗水合。水導源武始東山白渠,北俗猶謂是水爲拘河也。拘澗水又東,又有牛首水入焉,水出邯鄲縣西堵山,東流分爲二水,洪湍雙逝,澄映兩川。漢景帝時,七國悖逆,命曲周侯酈寄攻趙,圍邯鄲,相捍七月,引牛首拘水灌城,城壞,王自殺。其水東入邯鄲城,逕温明殿南,漢世祖擒王郎、幸邯鄲晝卧處也。其水又東逕叢臺南,六國時,趙王之臺也。《郡國志》曰:邯鄲有叢臺。故劉劭《趙都賦》曰:結雲閣于南宇,立叢臺于少陽者也。今遺基舊墉尚在。其水又東歷邯鄲阜,張晏所謂邯山在東城下者也。曰單,盡也,城郭從邑,故加邑,邯鄲之名,蓋指此以立稱矣。故趙郡治也。《長沙耆舊傳》稱,桓楷爲趙郡太守,嘗有遺囊粟于路者,行人掛囊粟于樹,莫敢取之,即于是處也。其水又東流出城,又合成一川也。又東,澄而爲渚,渚水東南流,注拘澗水,又東入白渠,又東,故瀆出焉。一水東爲澤渚,曲梁縣之雞澤也。《國語》所謂雞丘矣。東北通澄湖,白渠故瀆南出所在,枝分右出,即邯溝也。歷邯溝縣故城東,蓋因溝以氏縣也。《地理風俗記》曰:即裴城,西北二十里有邯溝城,故縣也。又東逕肥鄉縣故城北,《竹書紀年》曰:梁惠成王八年,伐邯鄲取肥者也。《晉書·地道記》曰:太康中立以隸廣平也。渠道交徑,互相纏縻,與白渠同歸,逕列人右會漳津,今無水。《地理志》曰:白渠東至列人入漳是也。

又東北過斥漳縣南,

應劭曰:其國斥鹵,故曰斥漳。漢獻帝建安十八年,魏太祖鑿渠,引漳水東入清、洹以通河漕,名曰利漕渠。漳津故瀆水斷,舊溪東北出,涓流濂注而已。《尚書》所謂覃懷底績,至于衡漳者也。孔安國曰:衡,横也,言漳水横流也。又東北逕平恩縣故城西,應劭曰:縣,故館陶之别鄉,漢宣帝地節三年置,以封后父許伯爲侯國,王莽更曰延平也。

又東北過曲周縣東，又東北過鉅鹿縣東，

衡漳故瀆東北逕南曲縣故城西。《地理志》：廣平有南曲縣。應劭曰：平恩縣北四十里有南曲亭，故縣也。又逕曲周縣故城東。《地理志》曰：漢武帝建元四年置，王莽更名直周。余按《史記》，大將軍酈商以高祖六年封曲周縣爲侯國。又考《漢書》同。是知曲周舊縣，非始孝武。嘯父，冀州人，在縣市補履數十年，人奇其不老，求其術而不能得也。衡漳又北逕巨橋邸閣西，舊有大梁横水，故有巨橋之稱。昔武王伐紂，發巨橋之粟，以賑殷之饑民。服虔曰：巨橋，倉名。許慎曰：鉅鹿水之大橋也。今臨側水湄，左右方一二里中，狀若丘墟，蓋遺囤故窖處也。衡水又北逕鉅鹿縣故城東，應劭曰：鹿者，林之大者也。《尚書》曰：堯將禪舜，納之大麓之野，烈風雷雨不迷，致之以昭華之玉，而縣取目焉。路温舒，縣之東里人，父爲里監門，使温舒牧羊澤中，取蒲牒用寫書，即此澤也。鉅鹿郡治。秦始皇二十五年滅趙以爲鉅鹿郡，漢景帝中元年，爲廣平郡，武帝征和二年，以封趙敬肅王子爲平于國，世祖中興，更爲鉅鹿也。鄭玄注《尚書》引《地説》云：大河東北流，過絳水[18]千里，至大陸爲地腹[19]，如《志》之言大陸在鉅鹿。《地理志》曰：水在安平信都。鉅鹿與信都相去不容此數也。水土之名變易，世失其處，見降水則以爲絳水，故依而廢讀，或作絳字，非也。今河内共北山，淇水出焉，東至魏郡黎陽入河，近所謂降水也。降讀當如郕降于齊師之降，蓋周時國于此地者，惡言降，故改云共耳。又今河所從去大陸遠矣，館陶北屯氏河，其故道與？余按鄭玄據《尚書》，有東過洛汭，至于大伾；北過降水，至于大陸。推次言之，故以淇水爲降水，共城爲降城，所未詳也。稽之羣書，共縣本共和之故國，是有共名，不因惡降而更稱。禹著《山經》，淇出沮洳。《淇澳》衛詩，列目又遠，當非改絳，革爲今號。但是水導源共北山，玄欲成降義，故以淇水爲降水耳。即如玄引《地説》，黎陽鉅鹿，非千里之逕，直信都于大陸者也。惟屯氏北出館陶，事近之矣。按《地理志》云：絳水發源屯留，下亂漳津。是乃與漳俱得通稱，故水流間關，所在著目，信都復見絳名，而東入于海。尋其川脈，無他殊瀆，而衡漳舊道，與屯氏相亂，乃《書》有過降之文，與《地説》千里之誌，即之途致，與《書》相鄰，河之過降，當應此矣。下至大陸，不異《經》説，自甯迄于鉅鹿，出于東北，皆爲大陸。語之纏絡，厥勢眇矣。九河既播，八枝代絶。遺迹故稱，往往時存，故鬲、般列于東北，徒駭瀆聯漳、絳，同逆之狀粗分，陂障之會猶在。按《經》考瀆，自安故目矣。漳水又歷經縣故城西，水有故津，謂之薄落津[20]。昔袁本初還自易京，上巳届此，率其賓從，禊飲于斯津矣。衡漳又逕沙丘臺東，紂所成也，在鉅鹿故城東北七十里，趙武靈王與秦始皇竝死于此矣。又逕銅馬祠東，漢光武廟也。更始三年秋，光武追銅馬于館陶，大破之，遂降之。賊不自安，世祖令其歸營，乃輕

騎行其壘,賊乃相謂曰:蕭王推赤心置人腹中,安得不投死乎?遂將降人分配諸將,衆數十萬人,故關西號世祖曰銅馬帝也。祠取名焉。廟側有碑,述河内脩武縣張導,字景明,以建和三年爲鉅鹿太守,漳津汎濫,土不稼穡,導披按地圖,與丞彭參、掾馬道嵩等,原其逆順,揆其表裹,脩防排通,以正水路,功績有成,民用嘉賴。題云:《漳河神壇碑》。而俗老耆儒,猶揭斯廟爲銅馬劉神寺。是碑頃因震裂,餘半不可復識矣。又逕南宫縣故城西,漢惠帝元年,以封張越人子買爲侯國,王莽之序中也。其水與隅[21]醴通爲衡津[22]。又有長蘆淫水之名,絳水之稱矣。今漳水既斷,絳水非復纏絡矣。又北,絳瀆出焉,今無水。故瀆東南逕九門城南,又東南逕南宫城北,又東南逕繚城縣故城北。《十三州志》曰:經縣東五十里有繚城,故縣也。左逕安城南,故信都之安城鄉也。更始二年,和戎卒正邳彤,與上會信都南安城鄉,上大悦,即此處也。故瀆又東北逕辟陽亭,漢高帝六年,封審食其爲侯國,王莽之樂信也。《地理風俗記》曰:廣川西南六十里有辟陽亭,故縣也。絳瀆又北逕信都城東,散入澤渚,西至于信都城,東連于廣川縣之張甲故瀆,同歸于海。故《地理志》曰:《禹貢》,絳水在信都東入于海也。

又北過堂陽縣西,

衡水自縣,分爲二水,其一水北出,逕縣故城西,世祖自信都以四千人先攻堂陽降水者也。水上有梁,謂之旅津渡,商旅所濟故也。其右水東北注,出石門,門石崩褫,餘基殆在,謂之長蘆水[23],蓋變引葭[24]之名也。長蘆水東逕堂陽縣故城南,應劭曰:縣在堂水之陽。《穀梁傳》曰:水北爲陽也。今于縣故城南,更無别水,惟是水東出,可以當之,斯水蓋包堂水之兼稱矣。長蘆水又東逕九門城北,故縣也。又東逕扶柳縣故城南,世祖建武三十年,封寇恂子損爲侯國。又東屈北逕信都縣故城西,信都郡治也,漢高帝六年置。景帝中二年,爲廣川惠王越國,王莽更爲新博,縣曰新博亭,光武自薊至信都是也。明帝永平十五年,更名樂成,安帝延光中,改曰安平。城内有《漢冀州從事安平趙徵碑》,又有《魏冀州刺史陳留丁紹碑》,青龍三年立。城南有《獻文帝南巡碑》。其水側城北注,又北逕安陽城東,又北逕武陽城東。《十三州志》曰:扶柳縣東北武陽城,故縣也。又北爲博廣池,池多名蟹佳蝦,歲貢王朝,以充膳府。又北逕下博縣故城東,而北流注于衡水也。

又東北過扶柳縣北,又東北過信都縣西。

扶柳縣故城在信都城西,衡水逕其西。縣有扶澤,澤中多柳,故曰扶柳也。衡水又北逕昌城縣[25]故城西,《地理志》,信都有昌城縣。漢武帝以封城陽頃王子劉差爲侯國。闞駰曰:昌城本名阜城矣。應劭曰:堂陽縣北三十里有昌城,故縣也。世祖之下堂陽，昌城人劉植率宗親子弟據邑以奉世祖是也。又逕西梁縣故城東，《地理風俗記》曰：扶柳縣西北五十里有西梁城，故縣也。世以爲五梁城，蓋字狀致謬耳。衡漳又東北逕桃縣故城北，漢高祖十二年，封劉襄爲侯國，王莽改之曰桓分也。合斯洨故瀆，斯洨水首受大白渠，大白渠首受綿蔓水，綿蔓水上承桃水，水出樂平郡之上艾縣，東流，世謂之曰桃水，東逕靖陽亭南，故關城也。又北流，逕井陘關下，注澤發水[26]，亂流東北逕常山蒲吾縣西，而桃水出焉。南逕蒲吾縣故城西，又東南流逕桑中縣故城北，世謂之石勒城，蓋趙氏增城之，故擅其目，俗又謂之高功城。《地理志》曰：侯國也。桃水又東南流，逕綿蔓縣故城北，王莽之綿延也。世祖建武二年，封郭況爲侯國，自下通謂之綿蔓水。綿蔓水又東流，逕樂陽縣故城西，右合井陘山水，水出井陘山，世謂之鹿泉水。東北流，屈逕陳餘壘西，俗謂之故壁城。昔在楚、漢，韓信東入，餘拒之于此，不納左車之計，悉衆西戰，信遣奇兵自間道出，立幟于其壘，師奔失據，遂死泜上。其水又屈逕其壘南，又南逕城西，東注綿蔓水。綿蔓水又屈從城南，俗名曰臨清城，非也。《地理志》曰：侯國矣。王莽更之曰暢苗者也。《東觀漢記》曰：光武使鄧禹發房子兵二千人，以銚期爲偏將軍，別攻真定、宋子餘賊，拔樂陽、槀肥壘者也[27]。綿蔓水又東逕烏子堰，枝津出焉。又東，謂之大白渠，《地理志》所謂首受綿蔓水者也。白渠水又東南逕關縣故城北，《地理志》：常山之屬縣也。又東爲成郎河，水上有大梁，謂之成郎橋。又東逕耿鄉南，世祖封前將軍耿純爲侯國，世謂之宜安城。又東逕宋子縣故城北，又謂之宋子河。漢高帝八年，封許瘛爲侯國，王莽更名宜子。昔高漸離擊筑傭工，自此入秦。又東逕敬武縣故城北，按《地理志》：鉅鹿之屬縣也。漢元帝封女敬武公主爲湯沐邑。闞駰《十三州記》曰：楊氏縣北四十里有敬武亭，故縣也。今其城實中，小邑耳，故俗名之曰敬武壘，即古邑也。白渠水又東，謂之斯洨水，《地理志》曰：大白渠東南至下曲陽入斯洨者也。東分爲二水，枝津右出焉，東南流，謂之百尺溝，又東南逕和城[28]北，世謂之初丘城，非也。漢高帝十一年，封郎中公孫昔[29]爲侯國。又東南逕貰城西，漢高帝六年，封吕博爲侯國。百尺溝東南散流，逕歷鄉東而南入泜湖，東注衡水也。斯洨水自枝津東逕貰城北，又東積而爲陂，謂之陽縻淵。淵水左納白渠枝水，俗謂之泜水[30]，水承白渠于藁城縣之烏子堰[31]。又東逕肥纍縣之故城南，又東逕陳臺南，臺甚寬廣，今上陽臺屯居之。又東逕新豐城北，按《地理志》云：鉅鹿有新市縣，侯國也。王莽更之曰樂市，而無新豐之目，所未詳矣。其水又東逕昔陽城南，世謂之曰直陽城，非也，本鼓聚矣。《春秋左傳》昭公十五年，晉荀吴帥師伐鮮虞，圍鼓三月，鼓人請降。穆子曰：猶有食色，不許。軍吏曰：獲城而弗取，勤民而頓兵，何以事君？穆子曰：獲一邑而教民怠，將焉用邑也。賈怠無卒，棄舊不祥，鼓人能事其君，我亦能事吾君，率義不爽，好惡不愆，城可獲也。有死義而無二心，不亦可乎？鼓人告食竭力盡，而後取之，克鼓而返，不戮一人，以鼓子鳶鞮歸，既獻而返之。鼓子又叛，荀吴略東陽，使師僞糴，負甲息于門外，襲而滅之。以鼓子鳶鞮歸，使涉佗守之者也。《十三州志》曰：今其城，昔陽亭是矣。京相璠曰：白狄之别也。下曲陽有鼓聚，故鼓子國也。白渠枝水又東逕下曲陽城北，又逕安鄉縣故城南，《地理志》曰：侯國也。又東逕貰縣，入斯洨水。斯洨水又東逕西梁城南，又東北逕樂信縣故城南，《地理志》：鉅鹿屬縣，侯國也。又東入衡水。衡水又北爲袁譚渡，蓋譚自鄴往還所由，故濟得厥名。

又東北過下博縣之西，

衡水又北逕鄡縣故城東，《竹書紀年》：梁惠成王三十年，秦封衛鞅于鄔，改名曰商，即此是也。故王莽改曰秦聚也。《地理風俗記》曰：縣北有鄡阜，蓋縣氏之。又右逕下博縣故城西，王莽改曰閏博。應劭曰：太山有博，故此加下。漢光武自滹沱南出，至此失道，不知所以。遇白衣老父曰：信都爲長安守，去此八十里。世祖赴之，任光開門納焉，漢氏中興治基之矣。尋求老父不得，議者以爲神。衡漳又東北歷下博城西，逶地東北注，謂之九絣[32]。西逕樂鄉縣故城南，王莽更之曰樂丘也。又東，引葭水注之。

又東北過阜城縣北，又東北至昌亭，與滹沱河會。

《經》叙阜城于下博之下，昌亭之上。考地非比，于事爲同。勃海阜城又在東昌之東，故知非也。漳水又東北逕武邑郡南，魏所置也。又東逕武强縣北，又東北逕武隧縣故城南，按《史記》，秦破趙將扈輒于武隧，斬首十萬，即于此處也。王莽更名桓隧矣。白馬河注之，水上承滹沱[33]，東逕樂鄉縣北、饒陽縣南，又東南逕武邑郡北，而東入衡水，謂之交津口。衡漳又東逕武邑縣故城北，王莽之順桓也。晉武帝封子于縣以爲王國。後分武邑、武隧、觀津爲武邑郡，治此。衡漳又東北，右合張平口，故溝上承武强淵，淵之西南，側水有武强縣故治，故淵得其名焉。《東觀漢記》曰：光武拜王梁爲大司空，以爲侯國。耆宿云：邑人有行于途者，見一小蛇，疑其有靈，持而養之，名曰擔生，長而吞噬人，里中患之，遂捕繫獄，擔生負而奔，邑淪爲湖，縣長及吏咸爲魚矣。今縣治東北半里許落水。淵水又東南結而爲湖，又謂之郎君淵。耆宿又言：縣淪之日，其子東奔，又陷于此，故淵得郎君之目矣。淵水北通，謂之石虎口，又東北爲張平澤。澤水所泛，北決堤口，謂之張刀溝，北注衡漳，謂之張平口，亦曰張平溝。水溢則南注，水耗則輟流。衡漳又逕東昌縣故城北，《經》所謂昌亭也，王莽之田昌也。俗名之曰東相，蓋相、昌聲韻合，故致兹誤矣。西有昌城,故目是城爲東昌矣。衡漳又東北,左會滹沱故瀆,謂之合口。衡漳又東北,分爲二川,當其水泆處,名之曰李聰涣。

又東北至樂成陵縣北别出,

衡漳于縣無别出之瀆,出縣北者,乃滹沱别水,分滹沱故瀆之所纏絡也。衡漳又東,分爲二水,左出爲向氏口,瀆水自此決入也。衡漳又東,逕弓高縣故城北,漢文帝封韓王信之子韓隤當爲侯國,王莽之樂成亭也。衡漳又東北,右合柏梁溠,水上承李聰涣,東北爲柏梁溠,東逕蒲領縣[34]故城南,漢武帝元朔三年,封廣川惠王子劉嘉爲侯國。《地理風俗記》云:脩縣西北八十里有蒲領鄉,故縣也。又東北會桑社枝津,又東北逕弓高城北,又東注衡漳,謂之柏梁口。衡漳又東北,右會桑社溝,溝上承從陂,世稱盧達從薄,亦謂之摩訶河[35]。東南通清河,西北達衡水。春秋雨泛,觀津城北方二十里,盡爲澤藪,蓋水所鍾也。其瀆逕觀津縣故城北,樂毅自燕降趙,封之于此邑,號望諸君,王莽之朔定亭也。又南屈東逕竇氏青山南,側堤東出青山,即漢文帝竇后父少翁冢也。少翁是縣人,遭秦之亂,漁釣隱身,墜淵而死。景帝立,后遣使者填以葬父,起大墳于觀津城東南,故民號曰青山也。又東逕董仲舒廟南。仲舒,廣川人也,世猶謂之董府君祠,春秋禱祭不輟。舊溝又東逕脩市縣故城北,漢宣帝本始四年,封清河綱王子劉寅爲侯國,王莽更之曰居寧也。俗謂之温城,非也。《地理風俗記》曰:脩縣西北二十里有脩市城,故縣也。又東會從陂,陂水南北十里,東西六十步,子午潭漲,淵而不流,亦謂之桑社淵。從陂南出,夾堤東派,逕脩縣故城北,東合清漳。漳泛則北注,澤盛則南播,津流上下,互相逕通。從陂北出,東北分爲二川,一川北逕弓高城西而北注柏梁溠,一川東逕弓高城南。又東北,楊津溝水[36]出焉。衡水東逕阜城縣故城北、樂成縣故城南,河間郡治。《地理志》曰:故趙也。漢文帝二年,别爲國。應劭曰:在兩河之間也。景帝九年,封子德爲河間王,是爲獻王。王莽更名,郡曰朔定,縣曰陸信。褚先生曰:漢宣帝地節三年[37],封大將軍霍光兄子山爲侯國也。章帝封子開于此,桓帝追尊祖父孝王開爲孝穆王,以其邑奉山陵,故加陵曰樂成陵也。今城中有故池,方八十步,舊引衡水北入城注池,池北對層臺,基隍荒蕪,示存古意也。

又東北過成平縣南,

衡漳又東逕建成縣故城南,按《地理志》:故屬勃海郡。褚先生曰:漢昭帝元鳳三年[38],封丞相黄霸爲侯國也。成平縣故城在北,漢武帝元朔三年,封河間獻王子劉禮爲侯國,王莽之澤亭也。城南北相直。衡漳又東,右會楊津溝水,水自陂東逕阜城南,《地理志》:勃海有阜城縣。王莽更名吾城者,非《經》所謂阜城也。建武十五年,世祖更封大司馬王梁爲侯國。楊津溝水又東北逕建成縣,左入衡水,謂之楊津口。衡漳又東,左會滹沱別河故瀆,又東北入清河,謂之合口。又逕南皮縣之北皮亭,而東北逕浮陽縣西,東北注也。

又東北過章武縣西,又東北過平舒縣南,東入海。

清漳逕章武縣故城西,故濊邑也,枝瀆出焉,謂之濊水。東北逕參户亭,分爲二瀆。應劭曰:平舒縣西南五十里有參户亭,故縣也。世謂之平虜城。枝水又東注,謂之蔡伏溝。又東積而爲淀。一水逕亭北,又逕東平舒縣故城南。代郡有平舒城,故加東。《地理志》:勃海之屬縣也。《魏土地記》曰:章武郡治。故世以爲章武故城,非也。又東北分爲二水,一右出爲淀,一水北注滹沱,謂之濊口。清漳亂流而東注于海。

清漳水出上黨沾縣西北少山大要谷,南過縣西,又從縣南屈,

《淮南子》曰:清漳出謁戾山[39]。高誘云:山在沾縣。今清漳出沾縣故城東北,俗謂之沾山。後漢分沾縣爲樂平郡,治沾縣。水出樂平郡沾縣界。故《晉太康地記》曰:樂平縣舊名沾縣。漢之故縣矣。其山亦曰鹿谷山,水出大要谷,南流逕沾縣故城東,不歷其西也。又南逕昔陽城。《左傳》昭公十二年,晉荀吴僞會齊師者,假道于鮮虞,遂入昔陽。杜預曰:樂平沾縣東有昔陽城者是也。其水又南得梁榆水口,水出梁榆城西大嵰山,水有二源,北水東南流,逕其城東南,注于南水,南水亦出西山,東逕文當城北,又東北逕梁榆城南,即閼與故城也。秦伐趙閼與,惠文王使趙奢救之,奢納許歷之説,破秦于閼與,謂此也。司馬彪、袁山松《郡國志》竝言涅縣有閼與聚。盧諶《征艱賦》曰:訪梁榆之虚郭,弔閼與之舊都。闞駰亦云:閼與,今梁榆城是也。漢高帝八年,封馮解散爲侯國。其水左合北水,北水又東南入于清漳。清漳又東南與轑水相得。轑水出轑陽縣[40]西北轑山[41],南流逕轑陽縣故城西南,東流至粟城,注于清漳也。

東過涉縣西,屈從縣南,

按《地理志》:魏郡之屬縣也。漳水于此有涉河之稱,蓋名因地變也。

東至武安縣南黍窖邑,入于濁漳。

注释:

① 鹿谷山 吴本、孫潛校本均作"鹿谷",《名勝志・山西》卷六《潞安府・發鳩山》引《水經注》作"麓谷"。

② 《注疏》本《疏》:"趙乙'出南'作'南出',全乙同。刻全書者,不知舊本作'出南',故反以戴作'出南'爲戴乙也。會貞按:不必乙作'南出',説見後涑水下。"

③ 乾隆《長治縣志》卷五《山川·陶水》引《水經注》云:"陶水南出南陶,北流至長子城東,西轉逕其城北,至沙河口,東注于漳水。""至沙河口"一句,當是此段佚文。

④ 《寰宇記》卷五十《河東道》卷十一《威勝軍·銅鞮縣》引《水經注》云:"銅鞮出覆斧山,逕襄垣縣道。"當是此段下佚文。

⑤ 《寰宇記》卷五十《河東道》卷十一《威勝軍·銅鞮縣》引《水經注》云:"銅鞮縣有梯山,高一千九百尺。"當是此段下佚文。

⑥ 石隥山　吴本、何校明鈔本、王校明鈔本、《注疏》本、《佩文韻府》卷三十四上《四紙·水·鞮水》引《水經注》作"石磴山"。

⑦ 専池水　《五校》鈔本、《七校》本均作"漙沱水"。

⑧ 八特山　《大典》本、黄本、吴本、《注箋》本、何校明鈔本、王校明鈔本、項本、沈本、張本、《注疏》本、《佩文韻府》卷三十四上《四紙·水·鞮水》引《水經注》均作"八持山"。

⑨ 女諫水　《大典》本作"女課水",《寰宇記》卷四十五《河東道》六《潞州·上黨縣》引《水經注》作"八諫水"。

⑩ 涅縣　《注箋》本、項本、《五校》鈔本、《七校》本、《注釋》本、張本均作"涅氏縣"。

⑪ 武山　《注釋》本作"武鄉山",《水經注箋刊誤》卷四云:"武山當作武鄉山,《晉書·載記》云:石勒居武鄉北原山下是也。"

⑫ 韗輡　《大典》本、黄本、何校明鈔本、沈本、《五校》鈔本、《七校》本均作"韗轄",吴本、《注箋》本、項本、張本、《注疏》本均作"韗輡"。

⑬ 白璧　《大典》本、黄本、何校明鈔本、《注箋》本、項本、沈本、張本、《注疏》本均作"白壁"。《注疏》本《疏》:"趙據黄本改'輡'作'轄',改'壁'作'璧';戴又改'輡'作'轄',改'壁'作'璧'。會貞按:惟《大典》本、明鈔本作'轄',黄自作'轄','輡'乃'轄'之省。且黄作'壁'不作'璧',或趙以'璧'字義長而意訂。韗輡見《左傳》,蓋戴所本,作'璧'亦襲趙也。"

⑭ 嶠嶺　嘉靖《彰德府志》卷二《地理志》第一之二《林縣·大頭山》引《水經注》、乾隆《林縣志》卷三《山川志》上《大頭山》引《水經注》均作"橋嶺"。

⑮ 倉溪水　《注箋》本、項本、張本、嘉靖《彰德府志》卷二《地理志》第一之二《林縣·大頭山》引《水經注》均作"蒼溪水"。乾隆《林縣志》卷四《山川志》下《磻陽城》引《水經注》作"滄溪水"。

⑯ 長明溝　嘉靖《彰德府志》卷一《地理志》第一之一《安陽縣·洹水》引《水經注》作"長鳴溝"。

⑰ 《御覽》卷六十四《地部》二十九《滏水》引《水經注》云:"滏水發源出石鼓山南巖下,泉奮湧如滏水之湯矣。其水冬温夏冷,崖上有魏世所立銘,水上有祠,能興雲雨,滏水又東流注于漳,又謂之合河。"又《御覽》卷九三〇《鱗介部》二《龍下》引《水經注》云:"《浮圖澄别傳》曰:石虎時,正月不雨至六月,澄日詣滏祠,稽首暴露,即日,二白龍降于祠下,于是雨遍千里。"又《續漢書·郡國志》"有故大河,有滏水"劉昭《補注》引《水經》云:"鄴西北,滏水熱,故名滏口。"又《方輿紀要》卷四十九《河

南》四《懷慶府·磁州·神麕山》引《水經注》云:"滏水源于此。"又沈垚《釜水考》(《落颿樓文集》)引《水經注》云:"漳、滏合流在鄴。"均當是此段下佚文。

⑱ 絳水 《名勝志·直隸》卷八《冀州》引《水經注》作"洚水",《方輿紀要》卷十四《直隸》五《真定府·冀州·辟陽城》引《水經注》作"洚"。

⑲ 《方輿紀要》卷十四《直隸》五《趙州·寧晉縣·楊氏廢縣》引《水經注》云:"楊紆即大陸澤。"又胡盧河云:"酈道元以爲即楊紆藪,亦謂薄洛水。"當是此段下佚文。

⑳ 薄落津 《五校》鈔本、《七校》本均作"薄絡津",《方輿紀要》卷十五《直隸》六《順德府·廣宗縣·漳水》引《水經注》、雍正《畿輔通志》卷二十三《山川·川·順德府·落漠水》引《水經注》均作"薄洛津"。

㉑ 隅 殿本《案》云:"案隅,《説文》作湡。"《注釋》本作"湡"。

㉒ 《通鑑》卷一九〇《唐紀》六高祖武德五年"夜宿沙河"胡《注》引《水經注》云:"湡水出趙郡襄國縣西山,東過沙河縣,沙河在縣南五里。"當是此段下佚文。

㉓ 《寰宇記》卷六十五《河北道》十四《滄州·清池縣》引《水經注》云:"長蘆水出洛州列人縣,以其旁多蘆葦爲名。"當是此段下佚文。

㉔ 引葭 《大典》本、黄本、吴本、《注釋》本、項本、沈本、《五校》鈔本、《七校》本、《注釋》本、《滙校》本、沈垚《滮水考》引《水經注》均作"列葭"。《注疏》本作"列葭",《疏》:"朱列訛作引,戴同,全、趙改列。守敬按:因先有南和之列葭水入衡漳,此又從衡漳東出而變名爲長蘆水,故下文直稱長蘆。及長蘆水入衡漳,仍變名稱列葭水注之。可見列葭、長蘆互受通稱,淺人不知長蘆水即列葭水,遂以後列葭水注之爲鶻突,誤矣。"

㉕ 昌城縣 吴本、《注箋》本、項本、《五校》鈔本、《七校》本、《注釋》本均作"昌成縣"。

㉖ 《元和郡縣志》卷十三《河東道》三《太原府·廣陽縣·董卓壘》引《水經注》云:"澤發水出董卓壘東。"當是此句下佚文。

㉗ 拔樂陽稟肥壘者也 《注疏》本作"拔樂陽、藁城、肥壘者也"。《疏》:"朱'拔'作'援','藁'訛作'稟'……《東觀漢記》'稟'作'藁',是'藁'下仍落'城'字。肥壘作肥纍。藁城、肥纍二縣並詳下。"

㉘ 《寰宇記》卷五十九《河北道》八《邢州·南和縣》引《水經注》云:"北有和城縣,故此縣云南。"又云:"南和西官冶東有便水,一名鴛鴦水。"當是此段下佚文。

㉙ 公孫昔 《注疏》本作"公孫耳",《疏》:"《漢表》作公孫昔,此從《史表》,全、趙同。戴改'昔',而以'耳'爲訛,失于不考。全云:和成乃王莽所分鉅鹿之支郡,見于《東觀漢記》,在下曲陽,一作戎。而常山别有禾城,則公孫耳所封。王莽更名鄗爲禾城亭,是也。是《注》上言敬武,下言貰城,是鉅鹿之和成,非禾成也。"

㉚ 泜水 《大典》本、吴本、《注箋》本、項本、《五校》鈔本、《七校》本、《注釋》本、張本、《注疏》本均作"祗水"。

㉛ 隆慶《趙州志》卷一《地理·山川·泜水》引《水經注》云:"泜水其源有二。"《方輿紀要》卷十四《直隸》五《真定府·元氏縣·泜水》引《水經注》云:"泜水即井陘山水也。"《寰宇記》卷六十《河

北道》九《趙州・臨城縣》引《水經注》云:"泜水出房子城西,出白土,細滑如膏,可用濯錦,色奪霜雪,光彩異于常錦,俗以爲美談,言房子之纊也,抑亦蜀錦之得濯江矣,歲貢其錦以爲御府。"又云:"泜水東逕柏暢亭。"《詩地理考》卷一《召南・干言》引《水經注》云:"泜水又東南逕干言山。"當均是此段下佚文。

㉜　九綷　《注疏》本作"九爭曲"。《疏》:"趙據《濡水注》九崢,改'爭',全改同,戴改'綷'。守敬按:《御覽》、《寰宇記》及此《注》並作'爭',不必改。又朱脱'曲'字,《御覽》同上,《寰宇記》並作九爭曲,今增。"

㉝　滹沱　《大典》本、吴本均作"雽池",孫潛校本、《注疏》本均作"虖池"。

㉞　蒲領縣　吴本、《注箋》本均作"扶領縣"。

㉟　摩訶河　《大典》本、黄本、沈本均作"河摩河",《注箋》本、項本、《五校》鈔本、《七校》本、《注釋》本、張本均作"訶摩河"。《注疏》本與殿本同,作"摩訶河"。《疏》:"朱訛作'訶摩河',全、趙同,而趙辨之曰:按此即《漢志》代郡鹵城縣下之從河也。'訶摩'當作'摩訶',梵語謂大爲摩訶,蓋言大河也。戴乙作'摩訶'。守敬按:趙解摩訶,是也。而牽涉《漢志》鹵城之從河則非。《漢志》之從河,乃泒河之誤,即今之沙河,詳見余《晦明軒稿》。且其水至文安入海,亦不經此地。今景州北有千頃諸窪,爲沮洳之區,當即此《注》之從陂矣。"

㊱　楊津溝水　《注箋》本、項本、《五校》鈔本、《七校》本、《注釋》本、張本均作"陽津溝水"。

㊲　三年　《注疏》本作"二年"。《疏》:"朱作三年,戴、趙同。沈炳巽曰:《漢表》作二年。守敬按:《霍光傳》亦是二年。"

㊳　漢昭帝元鳳三年　《注疏》本作"漢宣帝五鳳三年"。《疏》:"朱'宣'訛作'昭','五'訛作'元'。《箋》曰:孫云,按《史記・功臣年表》,宣帝五鳳三年,黄霸封建成侯。趙依改,戴沿朱之誤,孔刻戴本亦誤。然朱《箋》引《史記・功臣表》以證其誤,何亦不爲訂正? 且《漢表》及《霸傳》並在宣帝五鳳三年。全云:本表在沛,而善長以爲勃海。"

㊴　諕戾山　《大典》本、吴本、《注箋》本、王校明鈔本、《注疏》本、《禹貢指南》卷一"覃懷底績,至于衡漳"《注》引《水經注》均作"揭戾山"。

㊵　轑陽縣　《注箋》本、項本、《五校》鈔本、《七校》本、《注釋》本、張本、《注疏》本均作"轑河縣"。

㊶　《初學記》卷八《河東道》第四《黄巖》引《水經注》云:"黄嵓水源出遼山縣西黄岡下。"《寰宇記》卷五十四《河東道》五《遼州・遼山縣》引《水經注》云:"清谷水口源出東北長山清谷,亦云遼山縣西南黄巖山畛流出。"當是此段下佚文。

卷十一　易水　滱水

易水出涿郡故安縣閻鄉西山，

易水出西山寬中谷，東逕五大夫城南，昔北平侯王譚，不從王莽之政，子興生五子，竝避時亂，隱居此山，故其舊居，世以爲五大夫城，即此。《岳讚》[①]云：五王在中，龐葛連續者也。易水又東，左與子莊溪水合，水北出子莊關，南流逕五公城西，屈逕其城南。五公，即王興之五子也。光武即帝位，封爲五侯：元才北平侯，益才安憙侯，顯才蒲陰侯，仲才新市侯，季才爲唐侯，所謂中山五王也。俗又以五公名居矣。二城竝廣一里許，俱在岡阜之上，上斜而下方，其水東南入于易水。易水又東，右會女思谷水，水出西南女思澗，東北流注于易，謂之三會口。易水又東屈關門城西南，即燕之長城門也。與樊石山水[②]合，水源西出廣昌縣之樊石山，東流逕覆釜山下，東流注于易水。易水又東歷燕之長城，又東逕漸離城南，蓋太子丹館高漸離處也。易水又東逕武陽城南，蓋易自寬中歷武夫關東出，是兼武水之稱，故燕之下都，擅武陽之名。左得濡水枝津故瀆。武陽大城東南小城，即故安縣[③]之故城也，漢文帝封丞相申屠嘉爲侯國。城東西二里，南北一里半。高誘云：易水逕故安城南城外東流。即斯水也。誘是涿人，事經明證。今水被城東南隅，世又謂易水爲故安河。武陽，蓋燕昭王之所城也，東西二十里，南北十七里。故傅逮《述遊賦》曰：出北薊，歷良鄉，登金臺，觀武陽，兩城遼廓，舊迹冥芒。蓋謂是處也。易水東流而出于范陽。

東過范陽縣南，又東過容城縣南，

易水逕范陽縣故城南。秦末，張耳、陳餘爲陳勝畧地，燕、趙命蒯通説之，范陽先下是也。漢景帝中二年，封匈奴降王代爲侯國，王莽之順陰[④]也。昔慕容垂之爲范陽也，戍之即斯[⑤]。意欲圖還上京，阻于行旅，造次不獲，遂中[⑥]。易水又東與濡水合，水出故安縣西北窮獨山南谷，東流與源泉水合，水發北溪，東南流注濡水。濡水又東南逕樊於期館西，是其授首于荆軻處也。濡水又東南流逕荆軻館北，昔燕丹納田生之言，尊軻上卿，館之于此。二館之城，澗曲泉清，山高林茂，風煙披薄，觸可棲情，方外之士，尚憑依舊居，取暢林木。濡水又東逕武陽城西北[⑦]，舊堨濡水，枝流南入城，逕柏冢西，冢垣城側，即水塘也。四周塋域深廣，有若城焉。其水側有數陵，墳高壯，望若青丘，詢之古老，訪之史籍，竝無文證，以私情求之，當是燕都之前故墳也。或言燕之墳塋，斯不然矣。其水之故瀆南出，屈而東轉，又分爲二瀆。一水逕故安城西[⑧]，側城南注易水，夾塘崇峻，邃岸高深。左右百步，有二釣臺，參差交峙，迢遞相望，更爲佳觀矣。其一水東出注金臺陂，陂東西六七里，南北五里，側陂西北有釣臺高丈餘，方可四十步，陂北十餘步有金臺，臺上東西八十許步，南北如減。北有小金臺，臺北有蘭馬臺，竝悉高數丈，秀峙相對。翼臺左右，水流徑通，長廡廣宇，周旋被浦，棟堵咸淪，柱礎尚存，是其基構，可得而尋訪。諸耆舊咸言，昭王禮賓，廣延方士，至如郭隗、樂毅之徒，鄒衍、劇辛之儔，宦遊歷説之民，自遠而屆者多矣。不欲令諸侯之客，伺隙燕邦，故脩連下都，館之南垂，言燕昭創之于前，子丹踵之于後，故雕牆敗館，尚傳鐫刻之石，雖無經記可憑，察其古跡，似符宿傳矣。濡水自堰又東逕紫池堡西，屈而北流，又有渾塘溝水注之，水出遒縣[⑨]西白馬山南溪中，東南流入濡水。濡水又東至塞口，古累石堰水處也。濡水舊枝分南入城東大陂，陂方四里，今無水。陂内有泉，淵而不流，際池北側，俗謂聖女泉。濡水又東得白楊水口，水出遒縣西山白楊嶺下，東南流入濡水，時人謂之虎眼泉也。濡水東合檀水[⑩]，水出遒縣西北檀山西南，南流與石泉水會，水出石泉固東南隅，水廣二十許步，深三丈。固在衆山之内，平川之中，四周絶澗阻水，八丈有餘。石高五丈，石上赤土，又高一匹，壁立直上，廣四十五步，水之不周者，路不容軌，僅通人馬，謂之石泉固。固上宿有白楊寺，是白楊山神也。寺側林木交蔭，叢柯隱景。沙門釋法澄建剎于其上，更爲思玄之勝處也。其水南流注于檀水，故俗有并溝之稱焉。其水又東南流，歷故安縣北而南注濡水。濡水又東南流，于容城縣西北大利亭東南合易水而注巨馬水也。故《地理志》曰：故安縣閻鄉，易水所出，至范陽入濡水。闞駰亦言是矣。又曰濡水合渠。許慎曰：濡水入淶[⑪]。淶、渠二號，即巨馬之異名。然二易俱出一鄉，同入濡水。南濡、北易至涿郡范陽縣會北濡,又竝亂流入淶。是則易水與諸水互攝通稱,東逕容城縣故城北[12],渾濤東注,至勃海平舒縣與易水合。闞駰曰:涿郡西界代之易水。而是水出代郡廣昌縣東南郎山東北燕王仙臺東。臺有三峰,甚爲崇峻,騰雲冠峰,高霞翼嶺,岫壑沖深,含煙罩霧。耆舊言:燕昭王求仙處。其東謂之石虎岡,范曄《漢書》云:中山簡王焉之窆也。厚其葬,採涿郡山石,以樹墳塋,陵隧碑獸,竝出此山,有所遺二石虎,後人因以名岡。山之東麓,即泉源所導也,《經》所謂閻鄉西山。其水東流,有嶈水[13]南會,渾波同注,俗謂之爲雹河。司馬彪《郡國志》曰:雹水出故安縣,世祖令耿況擊故安西山賊吴耐蠡,符雹上十餘營,皆破之。即是水者也。易水又東逕孔山北[14],山下有鍾乳穴,穴出佳乳,採者篝火尋沙,入穴里許,渡一水,潛流通注,其深可涉,于中衆穴奇分,令出入者疑迷不知所趣,每于疑路,必有歷記,返者乃尋孔以自達矣。上又有大孔,豁達洞開,故以孔山爲名也。其水又東逕西故安城南,即閻鄉城也。歷送荆陘北。耆舊云:燕丹餞荆軻于此,因而名焉,世代已遠,非所詳也。遺名舊傳,不容不詮,庶廣後人傳聞之聽。易水又東流屈逕長城西,又東流南逕武隧縣[15]南、新城縣北。《史記》曰:趙將李牧伐燕,取武隧方城是也。俗又謂是水爲武隧津,津北對長城門,謂之汾門。《史記·趙世家》云:孝成王十九年,趙與燕易土,以龍兑、汾門與燕,燕以葛城、武陽與趙。即此也。亦曰汾水門,又謂之梁門矣。易水東分爲梁門陂,易水又東,梁門陂水注之,水上承易水于梁門,東入長城,東北入陂。陂水北接范陽陂,陂在范陽城西十里,方十五里,俗亦謂之爲鹽臺陂。陂水南通梁門淀,方三里。淀水東南流,出長城注易,謂之范水。易水自下,有范水通目。又東逕范陽縣故城南,即應劭所謂范水之陽也。易水又東逕樊輿縣故城北,漢武帝元朔五年,封中山靖王子劉條爲侯國,王莽更名握符矣。《地理風俗記》曰:北新城縣東二十里有樊輿亭,故縣也。易水又東逕容城縣故城南,漢高帝六年[16],封趙將夜于深澤;景帝中三年,以封匈奴降王唯徐盧于容城。皆爲侯國,王莽更名深澤也。易水又東,埿水[17]注之,水上承二陂于容城縣東南,謂之大埿淀[18]、小埿淀[19]。其水南流注易水,謂之埿洞口[20]。水側有渾埿城[21],易水逕其南,東合滱水。故桑欽曰:易水出北新城西北,東入滱。自下滱、易互受通稱矣。易水又東逕易京南,漢末,公孫瓚害劉虞于薊下,時童謠云:燕南垂,趙北際,惟有此中可避世。瓚以易地當之,故自薊徙臨易水,謂之易京城,在易城西四五里。趙建武四年,石虎自遼西南達易京,以京障至固,令二萬人廢壞之。今者,城壁夷平,其樓基尚存,猶高一匹。餘基上有井,世名易京樓,即瓚所保也。故《瓚與子書》云:袁氏之攻,狀若鬼神,衝梯舞于樓上,鼓角鳴于地中。即此樓也。易水又東逕易縣故城南,昔燕文公徙易,即此城也。闞駰稱太子丹遣荆軻刺秦王,與賓客知謀者,祖道于易水上。《燕丹子》稱，荆軻入秦，太子與知謀者，皆素衣冠送之于易水之上，荆軻起爲壽，歌曰：風蕭蕭兮易水寒，壯士一去兮不復還。高漸離擊筑，宋如意和之，爲壯聲，士髮皆衝冠；爲哀聲，士皆流涕。疑于此也。余按遺傳舊跡，多在武陽，似不餞此也。漢景帝中三年，封匈奴降王僕黚爲侯國也。

又東過安次縣南，

易水逕縣南、鄚縣故城北，東至文安縣與滹沱[22]合。《史記》：蘇秦曰：燕，長城以北，易水以南。正謂此水也。是以班固、闞駰之徒，咸以斯水謂之南易。

又東過泉州縣南，東入于海。

《經》書水之所歷，沿次注海也。

滱水出代郡靈丘縣高氏山，

即漚夷之水[23]也，出縣西北高氏山。《山海經》曰：高氏之山，滱水出焉，東流注于河者也。其水東南流，山上有石銘，題言：冀州北界。故世謂之石銘陘也。其水又南逕候塘，川名也。又東合温泉水，水出西北暄谷，其水温熱若湯，能愈百疾，故世謂之温泉焉。東南流逕興豆亭北，亭在南原上，敧傾而不正，故世以敧城目之。水自原東南注于滱。滱水又東，莎泉水注之，水導源莎泉南流，水側有莎泉亭，東南入于滱水。滱水又東逕靈丘縣故城南，應劭曰：趙武靈王葬其東南二十里，故縣氏之。縣，古屬代，漢靈帝光和元年，中山相臧旻上請別屬也。瓚注《地理志》曰：靈丘之號，在武靈王之前矣。又按司馬遷《史記》：趙敬侯九年[24]，敗齊于靈丘，則名不因武靈王事，如瓚《注》。滱水自縣南流入峽，謂之隘門，設隘于峽，以譏禁行旅。歷南山，南峰隱天，深溪埒谷，其水沿澗西轉，逕御射臺南，臺在北阜上，臺南有《御射石碑》。南則秀嶂分霄，層崖刺天，積石之峻，壁立直上，車駕沿泝，每出是所遊藝焉。滱水西流，又南轉東屈逕北海王詳之石碣南、《御射碑》石柱北而南流也。

東南過廣昌縣南，

滱水東逕嘉牙川[25]，有一水南來注之，水出恒山北麓，稚川三合，逕嘉牙亭東而北流，注于滱水。水之北，山行即廣昌縣界。滱水又東逕倒馬關，關山險隘，最爲深峭，勢均詩人高岡之病良馬，傳險之困行軒，故關受其名焉。關水出西南長溪下，東北歷關注滱。滱水南，山上起御坐于松園，建祇洹于東圃，東北二面，岫嶂高深，霞峰隱日，水望澄明，淵無潛甲。行李所逕，鮮不徘徊忘返矣。

又東南過中山上曲陽縣北，恒水從西來注之。

滱水自倒馬關南流與大嶺水合，水出山西南大嶺下，東北流出峽，峽右山側，有祇洹精廬，飛陸陵山，丹盤虹梁，長津泛瀾，縈帶其下，東北流注于滱。滱水又屈而東合兩嶺溪水，水出恒山北阜，東北流歷兩嶺間，北嶺雖層陵雲舉，猶不若南巒峭秀。自水南步遠峯，石隥逶迤，沿途九曲，歷睇諸山，咸爲劣矣，抑亦羊腸、邛崍[26]之類者也。齊、宋通和，路出其間。其水東北流，注于滱水。又東，左合懸水，水出山原岫盤谷，輕湍濬下，分石飛懸，一匹有餘，直灌山際，白波奮流，自成潭渚。其水東南流，揚湍注于滱。滱水又東流歷鴻山，世謂是處爲鴻頭，疑即《晉書·地道記》所謂鴻上關者也。關尉治北平而畫塞于望都，東北去北平不遠，兼縣土所極也。滱水于是，左納鴻上水，水出西北近溪，東南流注于滱水也。

又東過唐縣南，

滱水又東逕左人城南，應劭曰：左人城在唐縣西北四十里。縣有雹水，亦或謂之爲唐水也。水出中山城之西如北，城内有小山，在城西，側而鋭上，若委粟焉，疑即《地道記》所云望都縣有委粟關也。俗以山在邑中，故亦謂之中山城；以城中有唐水，因復謂之爲廣唐城也。《中山記》以爲中人城，又以爲鼓聚，殊爲乖謬矣。言城中有山，故曰中山也，中山郡治。京相璠曰：今中山望都東二十里有故中人城。望都城東有一城名堯姑城，本無中人之傳，璠或以爲中人，所未詳也。《中山記》所言中人者，城東去望都故城十餘里，二十里則減，但苦其不東，觀夫異説，咸爲爽矣。今此城于盧奴城北如西六十里，城之西北，泉源所導，西逕郎山北，郎、唐音讀近，寔兼唐水之傳。西流歷左人亭注滱水。滱水又東，左會一水，水出中山城北郎阜下，亦謂之唐水也。然于城非在西，俗又名之爲雹水，又兼二名焉。西南流入滱，竝所未詳，蓋傳疑耳。滱水又東，恒水從西來注之。自下滱水兼納恒川之通稱焉。即《禹貢》所謂恒、衛既從也。滱水又東，右苞馬溺水，水出上曲陽城東北馬溺山，東北流逕伏亭。《晉書·地道記》曰：望都縣有馬溺關。《中山記》曰：八渡、馬溺，是山曲要害之地，二關勢接，疑斯城即是關尉宿治，異目之來，非所詳矣。馬溺水又東流注于滱。滱水又東逕中人亭南，《春秋左傳》昭公十三年，晉荀吴率師侵鮮虞及中人，大獲而歸者也。滱水又東逕京丘北，世謂之京陵，南對漢中山頃王陵。滱水北對君子岸，岸上有哀王子憲王陵，坎下有泉源積水，亦曰泉上岸。滱水又東逕白土北，南即靖王子康王陵，三墳竝列者是。滱水又東逕樂羊城北，《史記》稱，魏文侯使樂羊滅中山。蓋其故城中山所造也，故城得其名。滱水又東逕唐縣故城南，此二城俱在滱水之陽，故曰滱水逕其南。城西又有一水，導源縣之西北平地，泉湧而出，俗亦謂之爲唐水也。東流至唐城西北隅，堨而爲湖，俗謂之唐池。蓮荷被水，嬉遊多萃其上，信爲勝處也。其水南入小溝，下注滱水，自上歷下，通禪唐川之兼稱焉。應劭《地理風俗記》曰：唐縣西四十里得中人亭。今于此城取中人鄉，則四十也。唐水在西北入滱，與應符合。又言堯山者在南，則無山以擬之，爲非也。闞駰《十三州志》曰：中山治盧奴，唐縣故城在國北七十五里。駰所説北則非也。《史記》曰：帝嚳氏没，帝堯氏作，始封于唐。望都縣在南，今此城南對盧奴故城，自外無城以應之。考古知今，事義全違，俗名望都故城則八十許里，距中山城則七十里，驗途推邑，宜爲唐城。城北去堯山五里，與七十五里之説相符。然則俗謂之都山，即是堯山，在唐東北望都界。皇甫謐曰：堯山一名豆山。今山于城北如東，嶄絶孤峙，虎牙桀立，山南有堯廟，是即堯所登之山者也。《地理志》曰：堯山在南。今考此城之南，又無山以應之，是故先後論者，咸以《地理記》之説爲失。又即俗説以唐城爲望都城者，自北無城以擬之，假復有之，途程紆遠，山河之狀全乖，古證傳爲疎罔。是城西北豆山西足，有一泉源，東北流逕豆山，下合蘇水，亂流轉注東入滱，是豈唐水乎？所未詳也。又于是城之南如東十餘里，有一城，俗謂之高昌縣城，或望都之故城也。縣在唐南，皇甫謐曰：相去五十里。稽諸城地，猶十五里，蓋書誤耳。此城之東，有山孤峙，世以山不連陵，名之曰孤山，孤、都聲相近，疑即所謂都山也。《帝王世記》曰：堯母慶都所居，故縣目曰望都。張晏曰：堯山在北，堯母慶都山在南，登堯山見都山，故望都縣以爲名也。唐亦中山城也，爲武公之國，周同姓。周之衰也，國有赤狄之難，齊桓霸諸侯，疆理邑土，遣管仲攘戎狄，築城以固之。其後，桓公不恤國政，周王問太史餘曰：今之諸侯，孰先亡乎？對曰：天生民而令有别，所以異禽獸也。今中山淫昏康樂，逞慾無度，其先亡矣。後二年果滅。魏文侯以封太子擊也，漢高祖立中山郡，景帝三年爲王國，王莽之常山也。魏皇始二年，破中山，立安州，天興三年，改曰定州，治水南盧奴縣之故城。昔耿伯昭歸世祖于此處也。滱水之右，盧水[27]注之，水上承城内黑水池。《地理志》曰：盧水出北平，疑爲疎闊；闞駰、應劭之徒，咸亦言是矣。余按盧奴城内西北隅有水，淵而不流，南北百步，東西百餘步，水色正黑，俗名曰黑水池。或云水黑曰盧，不流曰奴，故此城藉水以取名矣。池水東北際水，有漢中山王故宫處，臺殿觀榭，皆上國之制。簡王尊貴，壯麗有加，始築兩宫，開四門，穿北城，累石爲竇，通池流于城中，造魚池、釣臺、戲馬之觀。歲久頽毁，遺基尚存。今悉加土，爲利刹靈圖。池之四周，居民駢比，填褊穢陋，而泉源不絶。暨趙石建武七年，遣北中郎將始築小城，興起北榭，立宫造殿，後燕因其故宫，建都中山小城之南，更築隔城，興復宫觀，今府榭猶傳故制，自漢及燕。池水逕石竇，石竇既毁，池道亦絶，水潛流出城，潭積微漲，涓水東北注于滱。滱水又東逕漢哀王陵北，冢有二墳，故世謂之兩女陵，非也。哀王是靖王之孫，康王之子也。滱水又東，右會長星溝，溝出上曲陽縣西北長星渚。渚水東流又合洛光水，水出洛光溝，東入長星水，亂流東逕恒山下廟北，漢末喪亂，山道不通，此舊有下階神殿，中世以來，歲書法族焉。晉、魏改有東西二廟，廟前有碑闕,壇場列柏焉。其水又東逕上曲陽縣故城北,本岳牧朝宿之邑也。古者,天子巡狩,常以歲十一月至于北岳,侯伯皆有湯沐邑,以自齋潔。周昭王南征不還,巡狩禮廢,邑郭仍存。秦罷井田,因以立縣。城在山曲之陽,是曰曲陽;有下,故此爲上矣。王莽之常山亭也。又東南流,胡泉水注之,水首受胡泉,逕上曲陽縣南,又東逕平樂亭北,左會長星川,東南逕盧奴城南,又東北,川渠之左有張氏墓,冢有《漢上谷太守議郎張平仲碑》,光和中立。川渠又東北合滱水,水有窮通,不常津注。

又東過安憙縣[28]南,

縣,故安險也。其地臨險,有井、塗之難,漢武帝元朔五年,封中山靖王子劉應爲侯國,王莽更名寧險,漢章帝改曰安憙。《中山記》曰:縣在唐水之曲,山高岸險,故曰安險;邑豐民安,改曰安憙。秦氏建元中,唐水汎漲,高岸崩頹,城角之下有大積木,交横如梁柱焉。後燕之初,此木尚在,未知所從。余考記稽疑,蓋城地當初,山水渀盪,漂淪巨栰,阜積于斯,沙息壤加,漸以成地,板築既興,物固能久耳。滱水又東逕鄉城北,舊盧奴之鄉也。《中山記》曰:盧奴有三鄉,斯其一焉,後隸安憙。城郭南有漢明帝時《孝子王立碑》。

又東過安國縣北,

滱水歷縣東分爲二水,一水枝分,東南流逕解瀆亭南,漢順帝陽嘉元年,封河間孝王子淑于解瀆亭爲侯國,孫宏,即靈帝也。又東南逕任丘城南,又東南逕安郭亭南,漢武帝元朔五年,封中山靖王子劉傳富爲侯國。其水又東南流,入于滹沱[29]。滱水又東北流逕解瀆亭北而東北注。

又東過博陵縣南,

滱水東北逕蠡吾縣故城南,《地理風俗記》曰:縣,故饒陽之下鄉者也。自河間分屬博陵。漢安帝元初七年[30],封河間王開子翼爲都鄉侯,順帝永建五年,更爲侯國也。又東北逕博陵縣故城南,即古陸成[31]。漢武帝元朔二年,封中山靖王子劉貞爲侯國者也。《地理風俗記》曰:博陵縣,《史記》蠡吾故縣矣。漢質帝本初元年[32],繼孝沖爲帝,追尊父翼陵曰博陵,因以爲縣,又置郡焉。漢末,罷還安平,晉太始年復爲郡,今謂是城爲野城。滱水又東北逕侯世縣故城南,又東北逕陵陽亭東,又北,左會博水,水出望都縣,東南流逕其縣故城南,王莽更名曰順調矣。又東南,潛入地下。博水又東南循瀆,重源湧發,東南逕三梁亭南,疑即古勺梁也。《竹書紀年》曰:燕人伐趙,圍濁鹿,趙武靈王及代人救濁鹿,敗燕師于勺梁者也。今廣昌東嶺之東有山,俗名之曰濁鹿邏。城地不遠,土勢相鄰,以此推之,或近是矣,所未詳也。博水又東南逕穀梁亭南,又東逕陽城縣,散爲澤渚。渚水瀦漲,方廣數里,匪直蒲筍是豐,寔亦偏饒菱藕,至若孌婉丱童,及弱年崽子,或單舟採菱,或疊舸折芰,長歌陽春,愛深緑水,掇拾者不言疲,謡詠者自流響,于時行旅過矚,亦有慰于羈望矣。世謂之爲陽城淀也。陽城縣故城近在西北,故陂得其名焉。《郡國志》曰:蒲陰縣有陽城者也。今城在縣東南三十里。其水又伏流循瀆,屈清梁亭西北,重源又發。博水又東逕白堤亭南,又東逕廣望縣故城北,漢武帝元朔二年,封中山靖王子劉忠爲侯國。又東合堀溝[33],溝上承清梁陂。又北逕清涼城東,即將梁也,漢武帝元朔二年,封中山靖王子劉朝平爲侯國。其水東北入博水。博水又東北,左則濡水注之,水出蒲陰縣西昌安郭南。《中山記》曰:郭東有舜氏甘泉,有舜及二妃祠。稽諸傳記,無聞此處,世代云遠,異説之來,于是乎在矣。其水自源東逕其縣故城南,枉渚迴湍,率多曲復,亦謂之爲曲逆水也。張晏曰:濡水于城北曲而西流,是受此名,故縣亦因水名而氏曲逆矣。《春秋左傳》哀公四年,齊國夏伐晉,取曲逆是也。漢高帝擊韓王信,自代過曲逆,上其城,望室宇甚多,曰壯哉!吾行天下,惟洛陽與是耳。詔以封陳平爲曲逆侯。王莽更名順平。濡水又東與蘇水合,水出縣西南近山,東北流逕堯姑亭南,又東逕其縣入濡。濡水又東得蒲水口,水出西北蒲陽山,西南流,積水成淵,東西百步,南北百餘步,深而不測。蒲水又東南流,水側有古神祠,世謂之爲百祠,亦曰蒲上祠,所未詳也。又南逕陽安亭東,《晉書・地道記》曰:蒲陰縣有陽安關,蓋陽安關都尉治,世俗名斯川爲陽安壙。蒲水又東南歷壙,逕陽安關下,名關皐爲唐頭坂。出關北流,又東流逕夏屋故城,實中險絶。《竹書紀年》曰:魏殷臣、趙公孫裒伐燕,還取夏屋,城曲逆者也。其城東側,因阿仍墉築一城,世謂之寡婦城,賈復從光武追銅馬、五幡于北平所作也。世俗音轉,故有是名矣。其水又東南流逕蒲陰縣故城北,《地理志》曰:城在蒲水之陰。漢章帝章和二年,行巡北岳,以曲逆名不善,因山水之名,改曰蒲陰焉。水右合魚水,水出北平縣西南魚山,山石若巨魚,水發其下,故世俗以物色名川。又東流注于蒲水,又東入濡。故《地理志》曰:蒲水、蘇水,竝從縣東入濡水。又東北逕樂城南,又東入博水,自下博水亦兼濡水通稱矣。《春秋》昭公七年,齊與燕盟于濡上。杜預曰:濡水出高陽縣東北,至河間鄚縣入易水。是濡水與滹沱、滱、易互舉通稱矣。博水又東北,徐水注之,水西出廣昌縣東南大嶺下,世謂之廣昌嶺。嶺高四十餘里,二十里中委折五迴,方得達其上嶺,故嶺有五迴之名[34]。下望層山,盛若蟻蛭,實兼孤山之稱,亦峻竦也。徐水[35]三源奇發,齊瀉一澗,東流北轉逕東山下,水西有《御射碑》。徐水又北流西屈逕南崖下,水陰又有一碑。徐水又隨山南轉逕東崖下,水際又有一碑。凡此三銘,皆翼對層巒,巖障深高,壁立霞峙。石文云:皇帝以太延元年十二月,車駕東巡,逕五迴之險邃,覽崇岸之竦峙,乃停駕路側,援弓而射之,飛矢踰于巖山,刊石用讚元功。夾碑竝有層臺二所,即御射處也。碑陰皆列樹碑官名。徐水東北屈逕郎山,又屈逕其山南,衆岑競舉,若豎鳥翅,立石嶄巖,亦如劒杪,極地險之崇峭。漢武之世,戾太子以巫蠱出奔,其子遠遁斯山,故世有郎山之名。山南有《郎山君碑》,事具其文。徐水又逕郎山君中子觸鋒將軍廟南,廟前有碑,晉惠帝永康元年八月十四日壬寅,發詔錫君父子,法祠其碑。劉曜光初七年,前頓丘太守郎宣、北平太守陽平邑振[36]等,共脩舊碑,刻石樹頌焉。徐水又逕北平縣,縣界有漢熹平四年幽、冀二州以戊子詔書,遣冀州從事王球、幽州從事張昭,郡縣分境,立石標界,具揭石文矣。徐水又東南流歷石門中,世俗謂之龍門也。其山上合下開,開處高六丈,飛水歷其間,南出乘崖,傾澗洩注,七丈有餘,渀盪之音,奇爲壯猛,觸石成井,水深不測,素波自激,濤襄四陸,瞰之者驚神,臨之者駭魄矣。東南出山逕其城中,有故碑,是《太白君碑》,郎山君之元子也。其水又東流,漢光武追銅馬、五幡于北平,破之于順水北,乘勝追北,爲其所敗,短兵相接,光武自投崖下,遇突騎王豐,于是授馬退保范陽。順水,蓋徐州之別名也。徐水又東逕蒲城北,又東逕清苑城,又東南與盧水合,水出蒲城西,俗謂之泉頭水也。《地理志》曰:北平縣有盧水。即是水也。東逕其城,又東南,左入徐水。《地理志》曰:東至高陽入博,今不能也。徐水又東,左合曹水[37],水出西北朔寧縣曹河澤,東南流,左合岐山之水,水出岐山,東逕邢安城北,又東南入曹河。曹水又東南逕北新城縣故城南,王莽之朔平縣也。曹水又東入于徐水。徐水又東南逕故城北,俗謂之祭隅城[38],所未詳也。徐水又東注博水。《地理志》曰:徐水出北平,東至高陽入于博,又東入滱。《地理志》曰:博水自望都,東至高陽入于滱是也。

又東北入于易。

滱水又東北逕依城北,世謂之依城河。《地説》無依城之名,即古葛城也。《郡國志》曰:高陽有葛城,燕以與趙者也。滱水又東北逕阿陵縣故城東,王莽之阿陸也,建武二年,更封左將軍任光爲侯國。滱水東北至長城注于易水者也。

注释:

① 岳讚 《注疏》本作"潘岳讚"。《疏》:"朱無'潘'字,趙、戴同,全增。守敬按:今存潘岳文,無可考。然六朝文士,少名岳者,全增'潘'字,當是也。"

② 樊石山水 《方輿紀要》卷十七《直隸》八《永平府・保安州・礬山川》引《水經注》作"礬山水"。

③　故安縣　嘉靖《蠡縣志·封域》第一引《水經注》作"固安縣"。

④　順陰　《注箋》本、項本、張本均作"通順"。

⑤　殿本在此下《案》云:"'即斯'下,當有脱文。"《注疏》本在此處無"昔慕容垂之爲范陽也,戍之即斯。意欲圖還上京,阻于行旅,造次不獲,遂中"二十九字,徑接"易水又東與濡水合"句。

⑥　殿本在此下《案》云:"上下當有脱文,未詳。"《注疏》本此處無此二十九字,見上。

⑦　《寰宇記》卷五十四《河北道》三《魏州·莘縣》引《水經注》云:"武陽城有一石臺,在天城門外,號曰武陽臺。"《方輿紀要》卷十二《直隸》三《保定府·易州·武陽城》引《水經注》云:"武陽,燕昭王所城,東西二十里,南北十七里。"當均是此段下佚文。

⑧　明鍾芳《黄金臺記》(《天下名山諸勝一覽記》卷二)引《水經注》云:"固安縣有黄金臺。"《天下郡國利病書》卷二《北直》一引《水經注》與此同。康熙《保定府志》卷六《古迹·黄金臺》引《水經注》云:"固安縣有黄金臺。"當是此段下佚文。

⑨　遒縣　《注釋》本作"迺縣"。

⑩　檀水　《注箋》本、項本、《注釋》本、張本均作"檀山水"。

⑪　浹　《注箋》本、項本、《注釋》本、張本均作"深"。

⑫　《寰宇記》卷六十七《河北道》十六《雄州·容城縣》引《水經注》云:"漢景帝改爲亞谷城,封東胡降王盧它父爲亞谷侯。"當是此段下佚文。

⑬　崧水　《注釋》本作"濍水"。

⑭　《名勝志》卷五《保定府》二《易州》引《水經注》云:"其山有孔,表裏通澈,狀如星月,俗謂之星月巖。山下有穴,出鍾乳,石上往往有仙人及龍迹。西谷又有一穴,大如車輪,春則風出東,夏出南,秋出西,冬出北。有沙門法猛,以夏日入其東穴,見石堂、石人,故欲窮之,内有人厲聲云:法師,其餘三穴皆如東者,不宜更入。猛仍行不怠,須臾不覺身已在穴外矣。"當是此段下佚文。

⑮　武隧縣　吴本、《注箋》本、項本、張本均作"武遂縣"。

⑯　六年　《注疏》本作"八年"。《疏》:"朱八作六,趙、戴同,守敬按:《史》、《漢表》俱在八年,今訂。"

⑰　埿水　黄本、吴本、《注箋》本、項本、沈本、張本、《名勝志》卷五《保定府》二《容城縣》引《水經注》、《方輿紀要》卷十二《直隸》三《保定府·安州·新安縣·渥縣故城》引《水經注》、《通雅》卷十七《地輿·湖淀》引《水經注》、《正字通》巳集上《水部·溵》引《水經注》、《康熙字典》巳集上《水部·渥》引《水經注》、《佩文韻府》卷三十四上《四紙·水·渥水》引《水經注》、《駢字類編》卷五十《山水門》十五《渥》引《水經注》、雍正《畿輔通志》卷二十二《山川·川·保定府·大溵淀》引《水經注》、《河工考·易水》卷二引《水經注》均作"渥水"。

⑱　大埿淀　《大典》本、黄本、吴本、何校明鈔本、王校明鈔本、《注箋》本、項本、沈本、《五校》鈔本、《七校》本、張本、《注疏》本均作"大渥淀"。

⑲　小埿淀　同上各本均作"小渥淀"。

⑳　埿洞口　同上各本均作"渥洞口"。

㉑　渾埿城　同上各本均作"渾渥城"。

㉒ 滹沱　黄本、吴本、沈本均作“雩池”,《五校》鈔本、《七校》本均作“滹沲”。

㉓ 漚夷之水　《大典》本、吴本、《注箋》本、何校明鈔本、王校明鈔本、項本、張本、《山海經箋疏》卷三《北山經》“滱水出焉”郝懿行《案》引《水經注》、《遊歷紀存·奉燕之道》引《水經注》均作“温夷之水”,《注釋》本、《注疏》本、《魏書地形志校録》卷上引《水經注》均作“嘔夷之水”,《山海經廣注》卷三《北山經》“滱水出焉”吴任臣《注》引《水經注》、乾隆《大同府志》卷四《山川·滱水》引《水經注》均作“温彝之水”。

㉔ 九年　《注疏》本作“二年”,《注》:“朱《箋》曰:《史記·六國表》云:趙敬侯九年,伐齊,至靈邱。全引《箋》説亦以爲‘二’當作‘九’。趙、戴徑改作九。會貞按:《史記·趙世家》,敬侯二年,敗齊于靈邱。又云:九年伐齊至靈邱,即《六國表》所載也。是二年敗齊,九年伐齊,明係兩事,此《注》引《趙世家》二年事,不誤。朱氏乃據《六國表》九年事以表異同,殊爲失考。全、趙、戴亦貿然從之,疏矣。”

㉕ 《寰宇記》卷二十一《河東道》十二《蔚州·飛狐縣》引《水經注》云:“廣昌縣南有交牙城,未詳所築,以地有交牙川爲名。”又云:“廣昌郡南有古板殿城。”當均是此段下佚文。

㉖ 邛崍　《五校》鈔本、《七校》本均作“邛來”。

㉗ 盧水　《大典》本、黄本、吴本、《注箋》本、項本、沈本、張本均作“慮水”,《注疏》本、雍正《畿輔通志》卷二十二《山川·川·保定府·清苑河》引《水經注》均作“沈水”。

㉘ 安憙縣　《大典》本、黄本、吴本、《注箋》本、何校明鈔本、項本、沈本、《五校》鈔本、《七校》本、張本、《注疏》本均作“安喜縣”。

㉙ 滹沱　吴本、《注箋》本、項本、張本均作“乎池”,孫潛校本、《注釋》本均作“呼池”,何本作“虖池”。

㉚ 元初七年　《注疏》本作“永初七年”。《疏》:“沈氏曰:永初當作元初,翼由縣侯貶,非封也。守敬按:朱作永初七年,非。趙從沈氏説,謂永初當作元初,戴據改,亦非。蓋由誤讀《後漢書·河間孝王開傳》也。《傳》前云,永寧元年,鄧太后封開子翼爲平原王,後言元初六年,鄧太后徵翼詣京師,奇其容儀,故以爲平原王勝後。歲餘,太后崩,貶爲都鄉侯。是爲元初六年徵,永寧元年封平原,永寧二年貶都鄉也。又考《鄧皇后紀》,永寧二年三月崩。《安帝紀》建光元年下,三月,鄧太后崩,五月,貶平原王翼爲都鄉侯,七月,改元建光,則貶時爲永寧二年。此永初七年確爲永寧二年之誤。沈氏等不知,《開傳》歲餘指永寧,而以爲指元初,疏矣。”

㉛ 陸成　《注箋》本、項本、《五校》鈔本、《七校》本、《注釋》本、張本均作“陸城”。

㉜ 《注釋》本《釋》曰:“何氏曰:是桓帝繼質帝,酈氏誤記。”

㉝ 堀溝　吴本、《注箋》本、項本、張本均作“崛溝”。

㉞ 《寰宇記》卷六十七《河北道》十六《易州·滿城縣》引《水經注》云:“五回山南七里有鬭雞臺。”當是此段下佚文。《五校》鈔本、《七校》本在《經》“又東過博陵縣”《注》内,已加入一句云:“五回山南七里有鬭雞臺,傳云,燕太子丹鬭雞于此。”

㉟ 《通鑑》卷一九〇《唐紀》六高祖武德五年“戰于徐河”胡《注》引《水經注》云:“徐水東北逕五回縣。”當是此段下佚文。

㊱ 邑振　全、趙同,《注疏》本作“包振”,無《疏》文説明朱、全、趙、戴四本作邑振之訛。全祖望《五校》鈔本有眉注:“邑振,人姓名,《廣韻》,漢有邑由氏,蓋複姓也,此單舉之耳。《名勝志》引此文改作包振,非。”故知楊、熊包振是從《名勝志》而來。楊、熊未見《五校》鈔本全氏眉注,故改四本之邑振爲包振而未加《疏》文以説明,是《注疏》本之疏也。

㊲ 曹水　康熙《保定府志》卷五《山川・漕河》引《水經注》作“漕水”。

㊳ 祭隅城　《注箋》本、項本、《注釋》本、張本、《名勝志》卷四《保定府・安肅縣》引《水經注》、康熙《保定府志》卷五《山川・漕河》引《水經注》、康熙《畿輔通志》卷四《山川・保定府・漕河》引《水經注》均作“祭過城”。

卷十二　聖水　巨馬水

聖水出上谷，

故燕地，秦始皇二十三年置上谷郡。王隱《晉書·地道志》曰：郡在谷之頭，故因以上谷名焉。王莽更名朔調也。水出郡之西南聖水谷，東南流逕大防嶺[①]之東首。山下，有石穴，東北洞開，高廣四五丈，入穴轉更崇深，穴中有水。《耆舊傳》言：昔有沙門釋惠彌者，好精物隱，嘗篝火尋之，傍水入穴三里有餘，穴分爲二：一穴殊小，西北出，不知趣詣；一穴西南出，入穴經五六日方還，又不測窮深。其水夏冷冬温，春秋有白魚出穴，數日而返，人有採捕食者，美珍常味，蓋亦丙穴嘉魚之類也。是水東北流入聖水。聖水又東逕玉石山，謂之玉石口，山多珉玉、燕石，故以玉石名之。其水伏流里餘，潛源東出，又東，頹波瀉澗，一丈有餘，屈而南流也。

東過良鄉縣南，

聖水南流，歷縣西轉，又南逕良鄉縣故城西，王莽之廣陽也。有防水注之，水出縣西北大防山南，而東南流逕羊頭阜下，俗謂之羊頭溪。其水又東南流，至縣東入聖水。聖水又南與樂水合，水出縣西北大防山南，東南流，歷縣西而東南流注聖水。聖水又東逕其縣故城南，又東逕聖聚南，蓋藉水而懷稱也。又東與俠河[②]合，水出良鄉縣西甘泉原東谷，東逕西鄉縣故城北，王莽之移風也，世謂之都鄉城。按《地理志》：涿郡有西鄉縣而無都鄉城，蓋世傳之非也。又東逕良鄉城南，又東北注聖水，世謂之俠活河[3]，又名之曰非理之溝[4]也。

又東過陽鄉縣北，

聖水自涿縣東與桃水合，水首受淶水于徐城東南良鄉，西分垣水，世謂之南沙溝，即桃水也。東逕迺縣北，又東逕涿縣故城下與涿水合。世以爲涿水，又亦謂之桃水，出涿縣故城西南奇溝東八里大坎下，數泉同發，東逕桃仁墟北，或曰因水以名墟，則是桃水也。或曰終仁之故居，非桃仁也。余按《地理志》：桃水上承淶水，此水所發，不與《志》同，謂終爲是。又東北與樂堆泉合，水出堆東，東南流注于涿水。涿水又東北逕涿縣故城西，注于桃。應劭曰：涿郡，故燕，漢高帝六年置。其南有涿水，郡蓋氏焉。闞駰亦言是矣。今于涿城南無水以應之，所有惟西南有是水矣。應劭又云：涿水出上谷涿鹿縣，余按涿水自涿鹿東注㶟水[5]。㶟水東南逕廣陽郡與涿郡分水，漢高祖六年，分燕置涿郡，涿之爲名，當受涿水通稱矣，故郡、縣氏之。但物理潛通，所在分發，故在匈奴爲涿耶水。山川阻闊，並無沿注之理，所在受名者，皆是經隱顯相關，遥情受用，以此推之，事或近矣，而非所安也。桃水又東逕涿縣故城北，王莽更名垣翰，晉大始元年，改曰范陽郡。今郡理涿縣故城，城内東北角有《晉康王碑》，城東有《范陽王司馬虓廟碑》。桃水又東北與垣水會，水上承淶水，于良鄉縣分桃水，世謂之北沙溝[6]。故應劭曰：垣水出良鄉，東逕垣縣故城北。《史記音義》曰：河間有武垣縣，涿有垣縣。漢景帝中三年，封匈奴降王賜爲侯國，王莽之垣翰亭矣。世謂之頃城，非也。又東逕頃，亦地名也。故有頃上言，世名之頃前河。又東，洛水注之，水上承鳴澤渚，渚方十五里，漢武帝元封四年，行幸鳴澤者也。服虔曰：澤名，在迺縣北界。即此澤矣。西則獨樹水注之，水出迺縣北山，東入渚。北有甘泉水注之，水出良鄉西山，東南逕西鄉城西，而南注鳴澤渚。渚水東出爲洛水，又東逕西鄉城南，又東逕垣縣而南入垣水。垣水又東逕涿縣北，東流注于桃。故應劭曰：垣水東入桃。闞駰曰：至陽鄉注之。今按《經》脈[7]而不能屈也。桃水東逕陽鄉，東注聖水。聖水又東，廣陽水注之，水出小廣陽西山，東逕廣陽縣故城北；又東，福禄水注焉。水出西山，東南逕廣陽縣故城南，東入廣陽水，亂流東南至陽鄉縣，右注聖水。聖水又東南逕陽鄉城西，不逕其北矣。縣，故涿之陽亭也。《地理風俗記》曰：涿縣東五十里有陽鄉亭，後分爲縣。王莽時，更名章武，即長鄉縣也。按《太康地記》，涿有長鄉而無陽鄉矣。聖水又東逕長興城南，又東逕方城縣故城北，李牧伐燕取方城是也。魏封劉放爲侯國。聖水又東，左會白祀溝，溝水出廣陽縣之婁城[8]東，東南流，左合婁城水，水出平地，導源東南流，右注白祀水，亂流東南逕常道城西，故鄉亭也，西去長鄉城四十里，魏少帝璜甘露三年所封也。又東南入聖水。聖水又東南逕韓城東，《詩・韓奕章》曰：溥彼韓城，燕師所完，王錫韓侯，其追其貊，奄受北國。鄭玄曰：周封韓侯，居韓城爲侯伯，言爲獫夷所逼，稍稍東遷也。王肅曰：今涿郡方城縣有韓侯城，世謂之寒號城，非也。聖水又東南流，右會清淀水，水發西淀，東流注聖水，謂之劉公口也。

又東過安次縣南，東入于海。

聖水又東逕勃海安次縣故城南，漢靈帝中平三年，封荆州刺史王敏爲侯國。又東南流注于巨馬河而不達于海也。

巨馬河出代郡廣昌縣淶山，

即淶水也，有二源，俱發淶山，東逕廣昌縣故城南，王莽之廣屏矣，魏封樂進爲侯國。淶水又東北逕西射魚城東南而東北流，又逕東射魚城南，又屈逕其城東，《竹書紀年》曰：荀瑶伐中山，取窮魚之丘。窮、射字相類，疑即此城也，所未詳矣。淶水又逕三女亭西，又逕樓亭北，左屬白澗溪，水有二源，合注一川，川石皓然，望同積雪，故以物色受名。其水又東北流，謂之石槽水[9]，伏流地下，溢則通津委注，謂之白澗口。淶水又東北，桑谷水注之，水南發桑溪，北注淶水。淶水又北逕小釁東，又東逕大釁南，蓋霍原隱居教授處也。徐廣云：原隱居廣陽山，教授數千人，爲王浚所害，雖千古世懸，猶表二釁之稱。既無碑頌，竟不知定誰居也。淶水又東北歷紫石溪口與紫水合，水北出聖人城北大亘下，東南流，左會磊砢溪水[10]，蓋山崩委澗，積石淪隍，故溪澗受其名矣。水出東北，西南流注紫石溪水。紫石溪水又逕聖人城東，又東南，右會檐車水[11]，水出檐車硎[12]，東南流逕聖人城南，南流注紫石水，又南注于淶水。淶水又東南逕榆城南，又屈逕其城東，謂之榆城河。淶水又南逕藏刀山下，層巖壁立，直上干霄，遠望崖側，有若積刀，鐶鐶相比，咸悉西首。淶水東逕徐城北，故瀆出焉，世謂之沙溝水。又東，督亢溝出焉。一水東南流，即督亢溝也；一水西南出，即淶水之故瀆矣。水盛則長津宏注，水耗則通波潛伏，重源顯于遒縣，則舊川矣。

東過遒縣北，

淶水上承故瀆于縣北垂，重源再發，結爲長潭，潭廣百許步，長數百步，左右翼帶涓流，控引衆水，自成淵渚。長川漫下十許里，東南流逕遒縣故城東，漢景帝中三年，以封匈奴降王隆疆爲侯國，王莽更名遒屏也。謂之巨馬河，亦曰渠水也。又東南流，袁本初遣别將崔巨業攻固安不下，退還，公孫瓚追擊之于巨馬水，死者六七千人，即此水也。又東南逕范陽縣故城北，易水注之[13]。

又東南過容城縣北，

巨馬水又東，酈亭溝水注之。水上承督亢溝水于遒縣東，東南流，歷紫淵東。余六世祖樂浪府君，自涿之先賢鄉爰宅其陰，西帶巨川，東翼茲水，枝流津通，纏絡墟圃，匪直田漁之贍可懷，信爲遊神之勝處也。其水東南流，又名之爲酈亭溝。其水又西南轉，歷大利亭南入巨馬水。又東逕容城縣故城北。又東，督亢溝水注之，水上承淶水于淶谷，引之則長津委注，遏之則微川輟流，水德含和，變通在我⑭。東南流逕迺縣北，又東逕涿縣酈亭樓桑里南，即劉備之舊里也。又東逕督亢澤，澤苞方城縣，縣故屬廣陽，後隸于涿。《郡國志》曰：縣有督亢亭。孫暢之《述畫》有《督亢地圖》，言燕太子丹使荆軻齎入秦，秦王殺軻，圖亦絶滅。地理書《上古聖賢冢地記》曰：督亢地在涿郡。今故安縣南有督亢陌，幽州南界也。《風俗通》曰：沆，漭也。言乎淫淫漭漭，無崖際也。沆澤之無水，斥鹵之謂也。其水自澤枝分，東逕涿縣故城南，又東逕漢侍中盧植墓南，又東，散爲澤渚，督亢澤也。北屈注于桃水。督亢水又南，謂之白溝水，南逕廣陽亭西，而南合枝溝，溝水西受巨馬河，東出爲枝溝，又東注白溝，白溝又南，入于巨馬河。巨馬河又東南逕益昌縣，護淀水右注之，水上承護陂于臨鄉縣故城西，東南逕臨鄉城南，漢封廣陽頃王子雲爲侯國。《地理風俗記》曰：方城南十里有臨鄉城，故縣也。淀水又東南逕益昌縣故城西，南入巨馬水。巨馬水東逕益昌縣故城南，漢封廣陽頃王子嬰爲侯國，王莽之有秩也。《地理風俗記》曰：方城縣東八十里有益昌城，故縣也。又東，八丈溝水注之，水出安次縣東北平地，東南逕安次城東，東南逕泉州縣故城西，又南，右合滹沱河枯溝，溝自安次西北，東逕常道城東、安次縣故城西，晉司空劉琨所守以拒石勒也。又東南至泉州縣西南，東入八丈溝，又南入巨馬河，亂流東注也。

又東過勃海東平舒縣北，東入于海。

《地理志》曰：淶水東南至容城入于河。河，即濡水也，蓋互以明會矣。巨馬水于平舒城北，南入于滹沱，而同歸于海也。

注释：

① 大防嶺　《北堂書鈔》卷一五八《地部》二《穴篇》十三引《水經注》、《方輿紀要》卷十一《直隸》二《順天府・涿州・房山縣・聖水》引《水經注》均作“大房嶺”。

② 俠河　黄本、《注箋》本、孫潛校本、項本、沈本、張本、《名勝志》卷二《順天府・涿州》引《水經注》均作“挾河”。

③ 俠活河　黄本、《注箋》本、項本、沈本、張本均作“扵活河”。孫潛校本、《注釋》本、《注疏》本、《名勝志》卷二《順天府・涿州》引《水經注》均作“挾活河”。

④ 非理之溝　黄本、吴本、《注箋》本、項本、沈本、《五校》鈔本、《七校》本、《注釋》本、張本均作

“非漯之溝”。《注疏》本作“非理之溝”。《疏》:“朱‘理’作‘漯’,《箋》曰:一作‘理’。趙云:按‘漯’、‘理’音同,傳寫之差。漯水即濕水,《注》云涿水自涿鹿縣東注濕水,此云非漯之溝,蓋未與濕水合也。戴作‘理’。會貞按:《大典》本、明鈔本並作‘理’,‘非漯’字不可解,當有誤。趙氏牽涉濕水,殊爲傅會。以上‘挾活’字推之,蓋此水變動無常,不由其道,所以又有非理之稱也。”

⑤ 㶟水 《大典》本、黄本、《注箋》本、項本、沈本、張本、《名勝志》卷一《順天府・宛平縣》引《水經注》均作“濕水”。

⑥ 北沙溝 《大典》本、黄本、吴本、《注箋》本、項本、沈本、《注釋》本均作“北涉溝”。

⑦ 《注箋》本“脈”下無“水”字,全、趙、戴同,沈本增“水”字,《注疏》本從沈本。楊守敬《按》:“應劭及闞駰並本《漢志》爲説,而《注》謂垣水于涿縣入桃,不至陽鄉,與闞説異者,蓋水道有變遷,酈氏以當時之圖籍爲據也。”

⑧ 婁城 《方輿紀要》卷十一《直隸》二《順天府・東安縣・易水》引《水經注》作“婁城店”。

⑨ 石槽水 黄本、《注箋》本、項本、沈本均作“石曹水”。

⑩ 磊砢溪水 黄本、吴本、沈本、《五校》鈔本、《七校》本、《注釋》本均作“壘砢溪水”。

⑪ 檜車水 《注箋》本、項本、沈本、《注釋》本、張本、《方輿紀要》卷三十七《直隸》八《永平府・保安州・協陽關》引《水經注》均作“擔車水”。

⑫ 檜車硎 《注箋》本作“擔車硎”,項本、張本均作“擔石硎”。

⑬ 《寰宇記》卷六十七《河北道》十六《易州・易縣》引《水經注》云:“巨馬水東流逕加夷山,即滕子于山中養無目父母之所也。”當是此段下佚文。

⑭ 《札記・水德含和變通在我》:

酈道元在《水經注・原序》中引《玄中記》説:“天下之多者水也,浮天載地,高下無所不至,萬物無所不潤。”這是他對自然界所存在的這個水體的總的看法。他一方面把水體看得至高無上,另一方面則十分重視人類對水體的利用和改造。所以在全書之中,他搜集和記載了各種水利工程,並且讚揚了歷史上許多對水利建設的有功之人。他特别重視人類制服水、與水鬬爭的事迹,這類事迹,有時已經近乎神話,但是他却在他的著作中津津樂道,表現了他的人定勝天的思想和精神。

卷二《河水》《經》“其一源出于闐國南山,北流與蔥嶺所出河合,又東注蒲昌海”《注》中,他有聲有色地敘述了一個人類制服水的近乎神話的故事:

敦煌索勱,字彦義,有才略,刺史毛奕表行貳師將軍,將酒泉、敦煌兵千人,至樓蘭屯田。起白屋,召鄯善、焉耆、龜兹三國兵各千,横斷注濱河。河斷之日,水奮勢激,波陵冒隄。勱厲聲曰:王尊建節,河隄不溢;王霸精誠,呼沱不流。水德神明,古今一也。勱躬禱祀,水猶未減,乃列陣被杖,鼓譟讙叫,且刺且射,大戰三日,水乃回減,灌浸沃衍,胡人稱神。大田三年,積粟百萬,威服外國。

在這個故事中提到的“王尊建節,河隄不溢”的事,在卷五《河水》《經》“又東北過衛縣南,又東北過濮陽縣北,瓠子河出焉”《注》中,有詳細的敘述:

粤在漢世,河決金隄,涿郡王尊,自徐州刺史遷東郡太守,河水盛溢,泛浸瓠子,金隄決壞，尊躬率民吏，投沈白馬，祈水神河伯，親執圭璧，請身填隄，廬居其上。民吏皆走，尊立不動，而水波齊足而止。公私壯其勇節。

這兩個故事，都有傳奇式的内容，索勱與水的鬭爭，竟至于"列陣被杖，鼓譟讙叫，且刺且射，大戰三日"。而王尊對于金隄潰決的措施則是"請身填隄，廬居其上。民吏皆走，尊立不動"。要士兵列隊布陣，吶喊助威，真刀真槍地與洪水大戰一場，確實令人惶惑不解。但索勱的這個方法，却爲五代十國時的吴越王錢鏐所仿效。因爲錢塘江潮逼杭州城垣，他在後梁開平四年（九一〇）八月，命强弩手數百人射潮。此種傳説，始于北宋孫光憲的《北夢瑣言》，説有"精卒萬人"。但《吴越備史・鐵箭考》説"募强弩五百人"。錢塘江邊地狹，萬人是站不下的，我看是數百人吧。用强弩手去和錢塘江怒潮作戰，就能保住杭州城垣嗎？其實保住杭州城垣的是錢鏐另外從事的一種水利措施，即《通鑑》卷二六七《後梁紀二》太祖開平四年下所説的"吴越王鏐作捍海石塘"胡三省《注》："今杭州城外瀕浙江皆有石塘，上起六和塔，下抵艮山門外，皆錢氏所築。"錢塘江怒潮是依靠他所築的捍海石塘擋住的。不過在那個時代，在建築的同時，用幾百個强弩手向滚滚怒潮猛射一通，能够起到激勵人心、鼓舞士氣的作用，特别是那些正在施工築塘的工人，這一措施，大大有助于他們工作的信心。由此可知，索勱在大戰洪水的同時，必然也有相應的水利措施。不然的話，"大田三年，積粟百萬"，這是不可想象的。索勱大戰洪水，除了鼓舞士氣，加速水利工程的修建外，另外還有一個重要的作用，因爲他和錢鏐不同，是孤軍深入域外。他的大張旗鼓，鏖戰洪水，還具有在胡人之中顯顯神通的意義。而結果是"胡人稱神"，達到了他的目的。

王尊的故事也是一樣，因爲金堤潰決，他帶領民吏前去搶險堵口，他的"請身填堤"，與其説是向河神陳述願望，不如説是向吏民表示决心。他的"廬居其上"，當然是爲了安定搶險大軍的人心。在他這堅强有力的領導下，水情雖險，但終于搶修完成。

酈道元把這些近乎神話的故事記載在他的著作之中，實際上正是表示酈氏本人對人類和水體之間的關係的正確看法。洪水是可怕的，他在卷六《澮水》《經》"澮水出河東絳縣東澮交東高山"《注》中引戰國智伯的話説："吾始不知水可以亡人國，今乃知之。汾水可以浸安邑，絳水可以浸平陽。"但另一方面，他堅定地相信，衹要駕馭利用得法，水體是可以聽命于人，造福于人的。他在卷十二《巨馬水》《經》"又東南過容城縣北"《注》中有一段意義深刻的話：

> （巨馬水）又東，督亢溝水注之，水上承淶水于淶谷，引之則長津委注，遏之則微川輟流，水德含和，變通在我。

"水德含和，變通在我"，這是酈道元在《水經注》中一句十分重要的名言，這句話説明了人類和水體之間的正確關係，也表現了酈道元人定勝天的思想。

卷十三　灅水

灅水出鴈門陰館縣，東北過代郡桑乾縣南，

灅水[①]出于累頭山，一曰治水。泉發于山側，沿波歷澗，東北流出山，逕陰館縣故城西，縣，故樓煩鄉也。漢景帝後三年置，王莽更名富臧矣。魏皇興三年，齊平，徙其民于縣，立平齊郡。灅水又東北流，左會桑乾水，縣西北上平，洪源七輪，謂之桑乾泉，即溹涫水者也。耆老云：其水潛通，承太原汾陽縣北燕京山之大池，池在山原之上，世謂之天池，方里餘，澄渟鏡淨，潭而不流，若安定朝那[②]之湫淵也。清水流潭，皎焉沖照，池中嘗無斥草，及其風籜有淪，輒有小鳥翠色，投淵銜出，若會稽之耘鳥也。其水陽熯不耗，陰霖不濫，無能測其淵深也。古老相傳，言嘗有人乘車于池側，忽過大風，飄之于水，有人獲其輪于桑乾泉，故知二水潛流通注矣。池東隔阜又有一石池，方可五六十步，清深鏡潔，不異大池。桑乾水自源東南流，右會馬邑川水，水出馬邑西川，俗謂之磨川矣。蓋狄語音訛[③]，馬、磨聲相近故爾。其水東逕馬邑縣[④]故城南，干寶《搜神記》曰：昔秦人築城于武州塞[⑤]内以備胡，城將成而崩者數矣。有馬馳走一地，周旋反覆，父老異之，因依以築城，城乃不崩，遂名之爲馬邑。或以爲代之馬城也，諸記紛競，未識所是。漢以斯邑封韓王信，後爲匈奴所圍，信遂降之。王莽更名之曰章昭。其水東注桑乾水[⑥]。桑乾水又東南流，水南有故城，東北臨河。又東南，右合灅水，亂流枝水南分。桑乾水又東，左合武州塞水[⑦]，水出故城，東南流出山，逕日没城南，蓋夕陽西頽，戎車所薄之城故也。東有

日中城,城東又有早起城,亦曰食時城,在黄瓜阜北曲中。其水又東流,右注桑乾水。桑乾水又東南逕黄瓜阜曲西,又屈逕其堆南。徐廣曰:猗盧廢嫡子曰利孫于黄瓜堆者也。又東,右合枝津,枝津上承桑乾河,東南流逕桑乾郡北,大魏因水以立,郡受厥稱焉。又東北,左合夏屋山水,水南出夏屋山之東溪,西北流逕故城北,所未詳也。又西北入桑乾枝水,桑乾枝水又東流,長津委浪,通結兩湖,東湖西浦,淵潭相接,水至清深,晨鳧夕鴈,泛濫其上,黛甲素鱗,潛躍其下,俯仰池潭,意深魚鳥,所寡惟良木耳。俗謂之南池。池北對洿陶縣之故城[⑧],故曰南池也。南池水又東北注桑乾水,爲灅水,自下竝受通稱矣。灅水又東北逕石亭西,蓋皇魏天賜三年之所經建也。灅水又東北逕白狼堆南,魏烈祖道武皇帝於是遇白狼之瑞,故斯阜納稱焉。阜上有故宫廟,樓榭基雉尚崇,每至鷹隼之秋,羽獵之日,肆閲清野,爲升眺之逸地矣。灅水又東流四十九里,東逕巨魏亭北,又東,崞川水注之,水南出崞縣故城南,王莽之崞張也。縣南面玄岳[⑨],右背崞山,處二山之中,故以崞張爲名矣。其水又西出山,謂之崞口,北流逕繁畤縣故城東,王莽之當要也。又北逕巨魏亭東,又北逕劇陽縣故城西,王莽之善陽也。按《十三州志》曰:在陰館縣東北一百三里。其水又東注于灅水,灅水又東逕班氏縣南,如渾水[⑩]注之,水出涼城旋鴻縣西南五十餘里,東流逕故城南,北俗謂之[⑪]獨谷孤城,水亦即名焉。東合旋鴻池水,水出旋鴻縣東山下,水積成池,北引魚水,水出魚溪,南流注池。池水吐納川流,以成巨沼,東西二里,南北四里,北對涼川城之南池,池方五十里,俗名乞伏袁池[⑫]。雖隔越山阜,鳥道不遠,雲霞之間,常有[⑬],西南流逕旋鴻縣南,右合如渾水,是總二水之名矣。如渾水又東南流逕永固縣,縣以太和中,因山堂之目以氏縣也。右會羊水,水出平城縣之西苑外武州塞,北出東轉,逕燕昌城南,按《燕書》,建興十年,慕容垂自河西還,軍敗于參合,死者六萬人。十一年,垂衆北至參合,見積骸如山,設祭弔之禮,死者父兄皆號泣,六軍哀慟,垂慙憤嘔血,因而寢疾焉。轝過平城北四十里,疾篤,築燕昌城而還,即此城也。北俗謂之老公城。羊水又東注于如渾水,亂流逕方山南,嶺上有文明太皇太后陵,陵之東北有高祖陵,二陵之南有永固堂,堂之四周隅,雉列榭、階、欄、檻,及扉、户、梁、壁、椽、瓦,悉文石也。檐前四柱,採洛陽之八風谷黑石爲之,雕鏤隱起,以金銀間雲矩,有若錦焉。堂之内外,四側結兩石趺,張青石屏風,以文石爲緣,竝隱起忠孝之容,題刻貞順之名。廟前鐫石爲碑獸,碑石至佳,左右列柏,四周迷禽闇日。院外西側,有《思遠靈圖》,圖之西有齋堂,南門表二石闕,闕下斬山,累結御路,下望靈泉宫池,皎若圓鏡矣。如渾水又南至靈泉池,枝津東南注池,池東西百步,南北二百步。池渚舊名白楊泉,泉上有白楊樹,因以名焉,其猶長楊、五柞之流稱矣。南面舊京,北背方嶺,左右山原,亭觀繡峙,方湖反景,若三山之倒水下。如渾水又南逕北宫下,舊宫人作薄所在。如渾水又南,分爲二水,一水西出南屈,入北苑中,歷諸池沼,又南逕虎圈東,魏太平真君五年,成之以牢虎也⑭。季秋之月,聖上親御圈,上敕虎士効力于其下,事同奔戎,生制猛獸,即《詩》所謂"袒裼暴虎,獻于公所"也。故魏有《捍虎圖》也。又逕平城西郭内,魏太常七年所城也。城周西郭外有郊天壇,壇之東側有《郊天碑》,建興四年立。其水又南屈,逕平城縣故城南。《史記》曰:高帝先至平城。《史記音義》曰:在鴈門。即此縣矣。王莽之平順也。魏天興二年,遷都于此。太和十六年,破安昌諸殿⑮,造太極殿,東、西堂及朝堂,夾建象魏、乾元、中陽、端門、東西二掖門、雲龍、神虎、中華諸門,皆飾以觀閣。東堂東接太和殿,殿之東階下有一碑,太和中立,石是洛陽八風谷之緇石也。太和殿之東北,接紫宫寺,南對承賢門,門南即皇信堂,堂之四周,圖古聖、忠臣、烈士之容,刊題其側。是辯章郎彭城張僧達、樂安蔣少游筆。堂南對白臺,臺甚高廣,臺基四周列壁,閣道自内而升,國之圖籙秘籍,悉積其下。臺西即朱明閣,直侍之官,出入所由也。其水夾御路,南流逕蓬臺西,魏神瑞三年,又建白樓,樓甚高竦,加觀榭于其上,表裏飾以石粉,皜曜建素,赭白綺分,故世謂之白樓也。後置大鼓于其上,晨昏伐以千椎,爲城里諸門啟閉之候,謂之戒晨鼓也。又南逕皇舅寺西,是太師昌黎王馮晉國所造,有五層浮圖,其神圖像皆合青石爲之,加以金銀火齊,衆綵之上,煒煒有精光。又南逕永寧七級浮圖西,其制甚妙,工在寡雙。又南,遠出郊郭,弱柳蔭街,絲楊被浦,公私引裂,用周園溉,長塘曲池,所在布濩,故不可得而論也。一水南逕白登山西,服虔曰:白登,臺名也,去平城七里。如淳曰:平城旁之高城若丘陵矣。今平城東十七里有臺,即白登臺也。臺南對岡阜,即白登山也。故《漢書》稱上遂至平城,上白登者也。爲匈奴所圍處。孫暢之《述畫》曰:漢高祖被圍七日,陳平使能畫作美女,送與冒頓。閼氏恐冒頓勝漢,其寵必衰,説冒頓解圍于此矣。其水又逕寧先宫東,獻文帝之爲太上皇,所居故宫矣。宫之東次,下有兩石柱,是石虎鄴城東門石橋柱也。按柱勒,趙建武中造,以其石作工妙,徙之于此。余爲尚書祠部,與宜都王穆羆同拜北郊,親所經見,柱側悉鏤雲矩,上作蟠螭,甚有形勢,信爲工巧,去《子丹碑》則遠矣。其水又南逕平城縣故城東,司州代尹治。皇都洛陽,以爲恒州。水左有大道壇廟,始光二年,少室道士寇謙之所議建也。兼諸嶽廟碑,亦多所署立,其廟階三成,四周欄檻,上階之上,以木爲圓基,令互相枝梧,以版砌其上,欄陛承阿,上圓制如明堂,而專室四户,室内有神坐,坐右列玉磬,皇輿親降,受籙靈壇,號曰天師,宣揚道式,暫重當時。壇之東北,舊有静輪宫,魏神䴥四年造,抑亦柏梁之流也。臺榭高廣,超出雲間,欲令上延霄客,下絶囂浮。太平真君十一年,又毁之。

物不停固，白登亦繼褫矣。水右有三層浮圖，真容鷲架，悉結石也。裝制麗質，亦盡美善也。東郭外，太和中閹人宕昌公鉗耳慶時，立祇洹舍于東皐，椽瓦梁棟，臺壁欞陛，尊容聖像，及牀坐軒帳，悉青石也。圖制可觀，所恨惟列壁合石，疎而不密。庭中有《祇洹碑》，碑題大篆，非佳耳。然京邑帝里，佛法豐盛，神圖妙塔，桀跱相望，法輪東轉，茲爲上矣。其水自北苑南出，歷京城内，河干兩湄，太和十年累石結岸，夾塘之上，雜樹交蔭，郭南結兩石橋，横水爲梁。又南逕藉田及藥圃西、明堂東，明堂上圓下方，四周十二堂九室，而不爲重隅也。室外柱内，綺井之下，施機輪，飾縹碧，仰象天狀，畫北道之宿焉，蓋天也。每月隨斗所建之辰，轉應天道，此之異古也。加靈臺于其上，下則引水爲辟雍，水側結石爲塘，事準古制，是太和中之所經建也。如渾水又南與武州川水[16]會，水出縣西南山下，二源翼導，俱發一山，東北流，合成一川，北流逕武州縣[17]故城西，王莽之桓州也。又東北，右合黄水，水西出黄阜下，東北流，聖山之水注焉。水出西山，東流注于黄水。黄水又東注武州川[18]，又東歷故亭北，右合火山西溪水，水導源火山，西北流，山上有火井，南北六七十步，廣減尺許，源深不見底，炎勢上升，常若微雷發響，以草爨之，則煙騰火發。東方朔《神異傳》云：南方有火山焉，長四十里，廣四五里，其中皆生不燼之木，晝夜火燃，得雨猛風不滅。火中有鼠，重百斤，毛長二尺餘，細如絲，色白，時時出外，以水逐而沃之則死，取其毛績以爲布，謂之火浣布。是山亦其類也，但卉物則不能然。其山以火從地中出，故亦名熒臺矣。火井東五六尺，又東有湯井，廣輪與火井相狀，熱勢又同，以草内之，則不燃，皆沾濡露結，故俗以湯井爲目。井東有火井祠，以時祀祭焉。井北百餘步有東、西谷，廣十許步，南崖下有風穴，厥大容人，其深不測，而穴中肅肅，常有微風，雖三伏盛暑，猶須襲裘，寒吹陵人，不可暫停。而其山出雛烏，形類雅烏，純黑而姣好，音與之同，繢采紺發，觜若丹砂，性馴良而易附，丱童幼子，捕而執之。赤觜烏亦曰阿雛烏，按《小爾雅》，純黑反哺，謂之慈烏；小而腹下白，不反哺者謂之雅烏；白脰而羣飛者，謂之燕烏；大而白脰者，謂之蒼烏。《爾雅》曰：鸒斯，卑居也。孫炎曰：卑居，楚烏。犍爲舍人以爲壁居。《説文》謂之雅。雅，楚烏。《莊子》曰：雅，賈矣。馬融亦曰：賈，烏也。又按《瑞應圖》，有三足烏、赤烏、白烏之名，而無記于此烏，故書其異耳。自恒山已北，竝有此矣。其水又東北流注武州川水。武州川水又東南流，水側有石祇洹舍并諸窟室，比丘尼所居也。其水又東轉逕靈巖南，鑿石開山，因巖結構，真容巨壯，世法所希。山堂水殿，煙寺相望，林淵錦鏡，綴目新眺。川水又東南流出山，《魏土地記》曰：平城西三十里武州塞口者也。自山口枝渠東出入苑，溉諸園池苑。有洛陽殿，殿北有宫館。一水自枝渠南流東南出，火山水注之，水發火山東溪，東北流出山，山有石炭，火之,熱同樵炭也。又東注武州川,逕平城縣南,東流注如渾水。又南流逕班氏縣故城東,王莽之班副也。闞駰《十三州志》曰:班氏縣在郡西南百里,北俗謂之去留城也。如渾水又東南流注于㶟水。㶟水又東逕平邑縣故城南,趙獻侯十三年,城平邑。《地理志》:屬代,王莽所謂平胡也。《十三州志》曰:城在高柳南百八十里,北俗謂之醜寅城。㶟水又東逕沙陵南,魏金田之地也,事同曹武鄴中定矣。㶟水又東逕狋氏縣故城北,王莽更名之曰狋聚也。《十三州志》曰:縣在高柳南百三十里,俗謂之苦力干城矣。㶟水又東逕道人縣故城南,《地理志》:王莽之道仁也。《地理風俗記》曰:初築此城,有仙人遊其地,故因以爲城名矣。今城北有淵,潭而不流,故俗謂之爲平湖也。《十三州志》曰:道人城在高柳東北八十里,所未詳也。㶟水又東逕陽原縣故城南,《地理志》:代郡之屬縣也。北俗謂之比鄃州城[19]。㶟水又東,安陽水注之,水出縣東北潭中,北俗謂之太拔迴水,自潭東南流注于㶟水。又東逕東安陽縣故城北,趙惠文王三年,主父封長子章爲代安陽君,此即章封邑,王莽之竟安也。《地理風俗記》曰:五原有西安陽,故此加東也。㶟水又東逕昌平縣,温水注之。水出南墳下,三源俱導,合而南流,東北注㶟水。㶟水又東逕昌平縣故城北,王莽之長昌也。昔牽招爲魏鮮卑校尉,屯此。㶟水又東北逕桑乾縣故城西,又屈逕其城北,王莽更名之曰安德也。《魏土地記》曰:代城北九十里有桑乾城,城西渡桑乾水,去城十里,有温湯,療疾有驗。《經》言出南,非也,蓋誤證矣。魏任城王彰以建安二十三年伐烏丸,入涿郡,逐北遂至桑乾,正于此也。㶟水又東流,祁夷水注之,水出平舒縣,東逕平舒縣之故城南澤中。《史記》:趙孝成王十九年,以汾門予燕易平舒。徐廣曰:平舒在代。王莽更名之曰平葆,後漢世祖建武七年,封揚武將軍馬成爲侯國。其水控引衆泉,以成一川。《魏土地記》曰:代城西九十里有平舒城,西南五里,代水所出,東北流,言代水非也。祁夷水又東北逕蘭亭南,又東北逕石門關北,舊道出中山故關也。又東北流,水側有故池,按《魏土地記》曰:代城西南三十里有代王魚池,池西北有代王臺,東去代城四十里。祁夷水又東北得飛狐谷,即廣野君所謂杜飛狐之口也。蘇林據鄘公之説,言在上黨,即實非也。如淳言在代,是矣。晉建興中,劉琨自代出飛狐口,奔于安次,即于此道也。《魏土地記》曰:代城南四十里有飛狐關,關水西北流逕南舍亭西,又逕句瑣亭西,西北注祁夷水。祁夷水又東北流逕代城西,盧植言:初築此城,板幹一夜自移于此,故代西南五十里大澤中營城自護,結葦爲九門。于是就以爲治城,圓市而不方,周四十七里,開九門,更名其故城曰東城。趙滅代,漢封孝文爲代王。梅福上事曰:代谷者,恒山在其南,北塞在其北,谷中之地。上谷在東,代郡在西,是其地也。王莽更之曰厭狄亭。《魏土地記》曰:城内有二泉,一泉流出城西門,一泉流出城北門,二泉皆北注代水。祁夷水又東北,熱水注之,水出綾羅澤,澤際有熱水亭,其水東北流,注祁夷水。祁夷水又東北,谷水注之,水出昌平縣故城南,又東北入祁夷水。祁夷水右會逆水,水導源將城東,西北流逕將城北,在代城東北十五里,疑即東代矣,而尚傳將城之名。盧植曰:此城方就而板榦自移。應劭曰:城徙西南,去故代五十里,故名代曰東城。或傳書倒錯,情用疑焉,而無以辨之。逆水又西,注于祁夷之水。逆之爲名,以西流故也。祁夷水東北逕青牛淵,水自淵東注之。耆彦云:有潛龍出于兹浦,形類青牛焉,故淵潭受名矣。潭深不測,而水周多蓮藕生焉。祁夷水又北逕一故城西,西去代城五十里,又疑是代之東城,而非所詳也。又逕昌平郡東,魏太和中置,西南去故城六十里。又北,連水入焉,水出雊瞀縣東,西北流,逕雊瞀縣故城南,又西逕廣昌城南,《魏土地記》曰:代南二百里有廣昌城,南通大嶺。即實非也。《十三州記》曰:平舒城東九十里有廣平城,疑是城也。尋其名狀,忖理爲非。又西逕王莽城南,又西,到刺山水注之,水出到刺山西,山甚層峻,未有升其巔者。《魏土地記》曰:代城東五十里有到刺山,山上有佳大黄也。其水北流逕一故亭東,城北有石人,故世謂之石人城,西北注連水。連水又北逕當城縣故城西,高祖十二年,周勃定代斬陳豨于當城,即此處也。應劭曰:當桓都山作城,故曰當城也。又逕故代東而西北流注祁夷水。祁夷水西有隨山,山上有神廟,謂之女郎祠,方俗所祠也。祁夷水又北逕桑乾故城東,而北流注于㶟水。《地理志》曰:祁夷水出平舒縣,北至桑乾入㶟是也。㶟水又東北逕石山水口,水出南山,北流逕空侯城東,《魏土地記》曰:代城東北九十里有空侯城者也。其水又東北流注㶟水。㶟水又東逕潘縣故城北,東合協陽關水,水出協溪。《魏土地記》曰:下洛城西南九十里有協陽關,關道西通代郡。其水東北流,歷笄頭山,闞駰曰:笄頭山在潘城南,即是山也。又北逕潘縣故城,左會潘泉故瀆,瀆舊上承潘泉于潘城中。或云,舜所都也。《魏土地記》曰:下洛城西南四十里有潘城,城西北三里,有歷山,山上有虞舜廟。《十三州記》曰:廣平城東北百一十里有潘縣,《地理志》曰:王莽更名樹武。其泉從廣十數步,東出城,注協陽關水。雨盛則通注,陽旱則不流,惟泍泉而已。關水又東北流,注于㶟水。㶟水又東逕雍洛城南,《魏土地記》曰:下洛城西南二十里有雍洛城,桑乾水在城南東流者也。㶟水又東逕下洛縣故城南,王莽之下忠也,魏燕州廣甯縣,廣甯郡治。《魏土地記》曰:去平城五十里,城南二百步有堯廟。㶟水又東逕高邑亭北,又東逕三臺北,㶟水又東逕無鄉城北,《地理風俗記》曰:燕語呼毛爲無,今改宜鄉也。㶟水又東,温泉水注之,水上承温泉于橋山下,《魏土地記》曰:下洛城東南四十里有橋山,山下有温泉,泉上有祭堂。雕簷華宇,被于浦上;石池吐泉,湯湯其下。炎涼代序,是水灼焉無改,能治百疾,是使赴者若流。池水北流,入于㶟水。㶟水又東,左得于延水口,水出塞外柔玄鎮西長川城南小山。《山海經》曰:梁渠之山,無草木,多金玉,脩水出焉。東南流逕且如縣故城南。應劭曰:當城西北四十里有且如城,故縣也。代稱不拘,名號變改,校其城郭,相去遠矣。《地理志》曰:中部都尉治。于延水出縣北塞外,即脩水也。脩水又東南逕馬城縣故城北,《地理志》曰:東部都尉治。《十三州志》曰:馬城在高柳東二百四十里。俗謂是水爲河頭[20],河頭出戎方,土俗變名耳。又東逕零丁城南,右合延鄉水,水出縣西山,東逕延陵縣故城北,《地理風俗記》曰:當城西北有延陵鄉,故縣也。俗指爲琦城[21]。又東逕羅亭,又東逕馬城南,又東注脩水,又東南于大甯郡北,右注鴈門水。《山海經》曰:鴈門之水,出于鴈門之山。鴈出其門,在高柳北。高柳在代中,其山重巒疊巘,霞舉雲高,連山隱隱,東山遼塞。其水東南流逕高柳縣故城北,舊代郡治。秦始皇二十三年虜趙王,遷以國爲郡,王莽之所謂厭狄也。建武十九年,世祖封代相堪爲侯國,昔牽招斬韓忠于此處。城在平城東南六七十里,于代爲西北也。鴈門水又東南流,屈逕一故城,背山面澤,北俗謂之叱險城。鴈門水又東南流,屈而東北,積而爲潭,其陂斜長而不方,東北可二十餘里,廣十五里,蒹葭藂生焉。敦水注之,其水導源西北少咸山之南麓,東流逕参合縣故城南,《地理風俗記》曰:道人城北五十里有参合鄉,故縣也。敦水又東,㳚水注之,水出東阜下,西北流逕故城北,俗謂之和堆城,又北合敦水,亂流東北注鴈門水。故《山海經》曰:少咸之山,敦水出焉,東流注于鴈門之水。郭景純曰:水出鴈門山,謂斯水也。鴈門水又東北入陽門山,謂之陽門水,與神泉水合。水出葦壁北,水有靈焉,及其密雲不雨,陽旱愆期,多禱請焉。水有二流,世謂之比連泉,一水東北逕一故城東,世謂之石虎城,而東北流注陽門水,又東逕三會亭北,又東逕西伺道城北,又東,託台谷水注之,水上承神泉于葦壁北,東逕陽門山南託台谷,謂之託台水,汲引泉溪,渾濤東注,行者間十餘渡。東逕三會城南,又東逕託台亭北,又東北逕馬頭亭北,東北注鴈門水。鴈門水又東逕大甯郡,北魏太和中置。有脩水注之,即《山海經》所謂脩水東流注于鴈門水也。《地理志》有于延水而無鴈門、脩水之名,《山海經》有鴈門之目,而無説于延河,自下亦通謂之于延水矣。水側有桑林,故時人亦謂是水爲藂桑河也[22]。斯乃北土寡桑,至此見之,因以名焉。于延水又東逕岡城南,按《史記》,蔡澤,燕人也,謝病歸相,秦號岡成君。疑即澤所邑也,世名武岡城。于延水又東,左與寧川水合,水出西北,東南流逕小甯縣故城西,東南流注于延水。于延水又東,逕小甯縣故城南,《地理志》:寧縣也,西部都尉治,王莽之博康也。《魏土地記》曰:大甯城西二十里有小甯城,昔邑人班丘仲居水側,賣藥于甯百餘年,人以爲壽,後地動宅壞,仲與里中數十家皆死,民人取仲尸棄于延水中，收其藥賣之。仲被裘從而詰之，此人失怖，叩頭求哀。仲曰：不恨汝，故使人知我耳，去矣。後爲夫餘王驛使來甯，此方人謂之謫仙也。于延水又東，黑城川水注之，水有三源，出黑土城西北，奇源合注，總爲一川，東南逕黑土城西，又東南流逕大甯縣西而南入延河。延河又東逕大甯縣故城南，《地理志》云：廣寧也。王莽曰廣康矣。《魏土地記》曰：下洛城西北百三十里有大甯城。于延水又東南逕茹縣故城北，王莽之穀武也。世謂之如口城。《魏土地記》曰：城在鳴雞山西十里，南通大道，西達寧川。于延水又東南逕鳴雞山西。《魏土地記》曰：下洛城東北三十里有延河東流，北有鳴雞山。《史記》曰：趙襄子殺代王于夏屋而并其土，襄子迎其姊于代。其姊，代之夫人也，至此曰：代已亡矣，吾將何歸乎？遂磨笄于山而自殺。代人憐之，爲立祠焉。因名其山爲磨笄山。每夜有野雞，羣鳴于祠屋上，故亦謂之爲鳴雞山。《魏土地記》云：代城東南二十五里有馬頭山，其側有鍾乳穴，趙襄子既害代王，迎姊，姊代夫人，夫人曰：以弟慢夫，非仁也；以夫怨弟，非義也。磨笄自刺而死，使者自殺，民憐之，爲立神屋于山側，因名之爲磨笄之山。未詳孰是。于延水又南逕且居縣故城南，王莽之所謂久居也。其水東南流，注于灅水。《地理志》曰：于延水東至廣寧入沽。非矣。

又東過涿鹿縣北，

涿水出涿鹿山，世謂之張公泉，東北流逕涿鹿縣故城南，王莽所謂排陸[23]也。黃帝與蚩尤戰于涿鹿之野，留其民于涿鹿之阿。即于是也。其水又東北與阪泉合，水導源縣之東泉。《魏土地記》曰：下洛城東南六十里有涿鹿城，城東一里有阪泉，泉上有黃帝祠。《晉太康地理記》曰：阪泉亦地名也。泉水東北流與蚩尤泉會，水出蚩尤城，城無東面。《魏土地記》稱，涿鹿城東南六里有蚩尤城。泉水淵而不流，霖雨併則流注阪泉，亂流東北入涿水。涿水又東逕平原郡南，魏徙平原之民置此，故立僑郡，以統流雜。涿水又東北逕祚亭北，而東北入灅水。亦云涿水枝分入匈奴者，謂之涿邪水。地理潛顯，難以究昭，非所知也。灅水又東南，左會清夷水，亦謂之滄河也。水出長亭南，西逕北城村故城北，又西北，平鄉川水注之，水出平鄉亭西，西北流注清夷水。清夷水又西北逕陰莫亭，在居庸縣南十里。清夷水又西會牧牛山水。《魏土地記》曰：沮陽城東八十里有牧牛山，下有九十九泉，即滄河之上源也。山在縣東北三十里，山上有道武皇帝廟。耆舊云：山下亦有百泉競發，有一神牛駮身，自山而降，下飲泉竭，故山得其名。今山下導九十九泉，積以成川，西南流，谷水與浮圖溝水注之，水出夷輿縣故城西南，王莽以爲朔調亭也。其水俱西南流，注于滄水。滄水又西南，右合地裂溝，古老云：晉世地裂，分此界間成溝壑。有小水，俗謂之分界水，南流入滄河。滄河又西逕居庸縣故城南，魏上谷郡治。昔劉虞攻公孫瓚不克，北保此城，爲瓚所擒。有粟水入焉，水出縣下，城西枕水，又屈逕其縣南，南注滄河。滄河又西，右與陽溝水合，水出縣東北，西南流逕居庸縣故城北，西逕大翮、小翮山南，高巒截雲，層陵斷霧，雙阜共秀，競舉羣峰之上。郡人王次仲，少有異志，年及弱冠，變蒼頡舊文爲今隸書。秦始皇時官務煩多，以次仲所易文簡，便于事要，奇而召之，三徵而輒不至。次仲履真懷道，窮數術之美。始皇怒其不恭，令檻車送之。次仲首發于道，化爲大鳥，出在車外，翻飛而去，落二翮于斯山，故其峯巒有大翮、小翮之名矣。《魏土地記》曰：沮陽城東北六十里有大翮、小翮山，山上神名大翮神，山屋東有温湯水口。其山在縣西北二十里，峯舉四十里，上廟則次仲廟也。右出温湯，療治萬病。泉所發之麓，俗謂之土亭山。此水炎熱，倍甚諸湯，下足便爛人體。療疾者要須別引，消息用之耳，不得言。大翮山東，其水東南流，左會陽溝水，亂流南注滄河。滄河又左得清夷水口，《魏土地記》曰：牧牛泉西流，與清夷水合者也。自下二水互受通稱矣。清夷水又西，靈亭水注之，水出馬蘭西澤中，衆泉瀉溜歸于澤，澤水所鍾，以成溝瀆。瀆水又左與馬蘭溪水會，水導源馬蘭城，城北負山勢，因阿仍溪，民居所給，惟仗此水。南流出城，東南入澤水。澤水又南逕靈亭北，又屈逕靈亭東，次仲落鳥翮于此，故是亭有靈亭之稱矣。其水又南流，注于清夷水。清夷水又西與泉溝水會，水導源川南平地，北注清夷水。清夷水又西南得桓公泉，蓋齊桓公霸世，北征山戎，過孤竹西征，束馬懸車，上卑耳之西極，故水受斯名也。水源出沮陽縣東，而西北流入清夷水。清夷水又西逕沮陽縣故城北，秦上谷郡治此，王莽改郡曰朔調，縣曰沮陰。闞駰曰：涿鹿東北至上谷城六十里。《魏土地記》曰：城北有清夷水西流也。其水又屈逕其城西，南流注于㶟水。㶟水南至馬陘山，謂之落馬洪[24]。

又東南出山，

㶟水又南出山，瀑布飛梁，懸河注壑，湍湍十許丈，謂之落馬洪，抑亦孟門之流也。㶟水自南出山，謂之清泉河，俗亦謂之曰千水，非也。㶟水又東南逕良鄉縣之北界，歷梁山南，高梁水出焉。

過廣陽薊縣北，

㶟水又東逕廣陽縣故城北，謝承《後漢書》曰：世祖與銚期出薊至廣陽，欲南行。即此城也。謂之小廣陽。㶟水又東北逕薊縣故城南，《魏土地記》曰：薊城南七里有清泉河，而不逕其北。蓋《經》誤證矣。昔周武王封堯後于薊，今城内西北隅有薊丘，因丘以名邑也。猶魯之曲阜、齊之營丘矣。武王封召公之故國也。秦始皇二十三年滅燕，以爲廣陽郡，漢高帝以封盧綰爲燕王，更名燕國，王莽改曰廣有，縣曰代戎。城有萬載宫、光明殿。東掖門下，舊慕容儁立銅馬像處，昔慕容廆有駿馬，赭白有奇相，逸力至儁。光壽元年，齒四十九矣，而駿逸不虧。儁奇之，比鮑氏驄，命鑄銅以圖其像，親爲銘讚，鐫頌其傍，像成而馬死矣。大城東門内道左，有《魏征北將軍建成鄉景侯劉靖碑》。晉司隸校尉王密表靖，功加于民，宜在祀典。以元康四年九月二十日刊石建碑，揚于後葉矣。㶟水又東與洗馬溝水合，水上承薊水，西注大湖㉕。湖有二源，水俱出縣西北，平地導源，流結西湖。湖東西二里，南北三里，蓋燕之舊池也。緑水澄澹，川亭望遠，亦爲遊矚之勝所也。湖水東流爲洗馬溝，側城南門東注，昔銚期奮戟處也。其水又東入㶟水，㶟水又東逕燕王陵南，陵有伏道，西北出薊城中。景明中造浮圖建剎，窮泉掘得此道，王府所禁，莫有尋者。通城西北大陵，而是二墳，基趾磐固，猶自高壯，竟不知何王陵也。㶟水又東南，高梁之水注焉。水出薊城西北平地，泉流東注，逕燕王陵北，又東逕薊城北，又東南流。《魏土地記》曰：薊東十里有高梁之水者也。其水又東南入㶟水。

又東至漁陽雍奴縣西，入笥溝。

漢光武建武二年，封潁川太守寇恂爲雍奴侯。魏遣張郃、樂進圍雍奴，即此城矣。笥溝，潞水之别名也。《魏土地記》曰：清泉河上承桑乾河，東流與潞河合。㶟水東入漁陽，所在枝分，故俗諺云：高梁無上源，清泉無下尾。蓋以高梁微涓淺薄，裁足津通，憑藉涓流，方成川畖。清泉至潞，所在枝分，更爲微津，散漫難尋故也。

注释：

①　㶟水　《大典》本、黄本、吴本、《注箋》本、譚本、何校明鈔本、王校明鈔本、《注刪》本、項本、沈本、《摘鈔》本、張本、《玉海》卷二十《地理・漢水經》引《水經注》，《通鑑》卷一一九《宋紀》一營陽王景平元年"起天師道場于平城東南，重壇五層"胡《注》引《水經注》，《元一統志》卷一《中書省統山東河北之地・大都路・山川・新河》引《水經注》，《寰宇通志》卷八十一《大同府・灅水》引《水經注》，《名勝志・山西》卷五《大同府・應州》引《水經注》，《林水録》鈔《水經注》，《天下郡國利病書》卷二《北直》一引《水經注》，《京東考古録・考薊》引《水經注》，《遊歷紀程・秦燕之道》引《水經注》，《方輿紀要》卷四十四《山西》六《大同府・大同縣・桑乾河》引《水經注》，《今古地理述》卷二《直隸省・宛平縣》引《水經注》，《正字通》巳集上《水部・濕》引《水經注》，《康熙字典・水部・濕》引《水經注》，《佩文韻府》卷二十四上《九青・亭・川亭》引《水經注》，乾隆《大同府志》卷四《山川・桑乾河》引《水經注》，《遊山西記》引《水經注》，《永寧祇謁筆記》引《水經注》均作"濕水"。

②　朝那　《御覽》卷六十四《地部》二十九《桑乾河》引《水經注》、《通鑑地理通釋》卷十四《天池・注》引《水經注》均作"朝郍"。

③　狄語音訛　酈道元對其所不解的非漢語地名，常用這類詞語説明，詳見卷三《河水注》注⑱

"大浴真山"條。

④ 清宫夢仁《讀書紀數略》卷十一《地部·山川類·桑乾河·七泉》引《水經注》云:"伏流至朔州馬邑縣雷山之陽,滙爲七泉。"當是此段下佚文。

⑤ 武州塞 《大典》本、黄本、吴本、《注箋》本、項本、沈本、《注釋》本、張本、《注疏》本均作"武周塞"。

⑥ 《御覽》卷六十四《地部》二十九《桑乾河》引《水經注》云:"俗謂之衣連衲,在靜樂縣北百四十里。"《寰宇記》卷四十九《河東道》十《雲州·雲中縣》引《水經注》云:"街河水西南合桑乾河。"當是此段下佚文。後一句在《五校》鈔本眉批中已經録入。

⑦ 武州塞水 同注⑤,作"武周塞水"。

⑧ 《注疏》本《疏》:"朱'城'下有'南'字,趙同,戴删。守敬按:前漢縣屬鴈門郡,後漢因,永嘉後廢,在今應州西。"

⑨ 《新鐫海内奇觀》卷一《恒岳圖説》引《水經注》云:"玄岳高三千九百丈,福地著其周三百里,爲總玄之天。"爲今本所無。但明喬宇《晉陽遊記》(載《古今天下名山勝概記》卷三十六)云:"《水經》著其高三千九百丈,爲玄岳;《福地記》著其周圍一百三十里,爲總玄之天。"是知《新鐫海内奇觀》"福地"下漏"記"字,故"福地"下當非酈佚,而"玄岳高三千九百丈",應爲此句下佚文。

⑩ 《初學記》卷八《河東道》第四《如渾水》引《水經注》云:"如渾水,水經方山又曰紇真山,夏積雪,鳥雀死者一日千數。"當是此段下佚文。

⑪ 北俗謂之 與注③"狄語音訛"類似,爲酈氏對其不解的非漢語地名所用詞語。在這條《經》文下,除此處獨谷孤城外,如"俗名乞伏袁池"、"北俗謂之老公城"、"俗謂之苦力干城矣"、"北俗謂之比郍州城"、"北俗謂之太拔迴水"、"燕語"、"土俗變名"等均是其例。

⑫ 乞伏袁池 《注箋》本、項本、《注釋》本、張本均作"乞伏袁河"。

⑬ 殿本在此處《案》云:"案此下有脱文。"《注疏》本《疏》:"朱《箋》曰:此下脱少數字。"

⑭ 《魏書·太宗紀》:"(明元帝永興)四年春二月癸未,登虎圈射虎。"則虎圈于太平真君五年(四四四)以前三十餘年的永興四年(四一二)已經存在,故《注》文"成之"二字疑酈氏之誤。

《札記·鬬虎》:

> 古羅馬有人虎搏鬬的故事。貴族選奴隸中的精强力壯者,置之虎欄,赤手空拳與虎搏鬬,讓觀臺上的貴族們圍觀取樂。這個場面當然是很驚險的。虎是百獸之王,是極端兇猛的動物,這樣的猛獸,一般人看到就怕,莫説與牠搏鬬了。搏鬬的結果,不是虎傷,就是人亡。古羅馬貴族對奴隸的殘暴行爲,于此可見一般。
>
> 其實,人虎搏鬬的事,在古代中國也是常有的。景陽岡的武松打虎,當然是人們編造出來的故事,但這個故事的背景却是古代確實存在這類事實。《詩·鄭風·大叔于田》生動地描寫了一個獵人,打着赤膊,赤手空拳地活捉猛虎的故事:
>
> > 叔在藪,火烈具舉,袒裼暴虎,獻于公所。將叔無狃,戒其傷女。(此《詩》語譯:阿叔狩獵林藪中,野火遍地燒得紅,赤膊上陣擒大虫,擒得大虫獻上峯。阿叔切莫太逞勇,猛虎傷人須保重。)

《鄭風》描述的這個獵人，爲了向上峯進獻，不得不捨了性命赤手空拳地去捕獵猛虎，情況和古羅馬相似。

在《水經注》一書中，這種人虎搏鬭的事，是常見記載的。卷五《河水》《經》"又東過成皋縣北，濟水從北來注之"《注》云：

《穆天子傳》曰：天子射鳥獵獸于鄭圃，命虞人掠林，有虎在于葭中，天子將至，七萃之士高奔戎捕虎而獻之天子，命之爲柙，畜之東虢，是曰虎牢矣。

高奔戎與虎搏鬭，不是把虎打死，而是要擒住一隻活虎，這樣的鬭虎，恐怕比景陽岡上的武松更爲困難。

卷十三《㶟水》《經》"㶟水出雁門陰館縣，東北過代郡桑乾縣南"《注》云：

（如渾水）又南逕虎圈東，魏太平真君五年，成之以牢虎也。季秋之月，聖上親御圈，上勑虎士効力于其下，事同奔戎，生制猛獸，即《詩》所謂"袒裼暴虎，獻于公所"也。故魏有《捍虎圖》也。

卷十六《穀水》《經》"又東過河南縣北，東南入于洛"《注》云：

《竹林七賢論》曰：王戎幼而清秀，魏明帝于宣武場上爲欄，苞虎牙，使力士袒裼，迭與之搏，縱百姓觀之。戎年七歲，亦往觀焉，虎乘間薄欄而吼，其聲震地，觀者無不辟易顛仆，戎亭然不動。

像上述魏明帝與北魏太武帝的作法，與古羅馬已經没有兩樣，而所謂"虎士"、"力士"，其處境危險，與古羅馬奴隸亦並無二致。除了這類"縱百姓觀之"的古羅馬式的人虎搏鬭以外，中國古代，也有把人投入虎圈中餧虎的一種刑罰，卷十九《渭水》《經》"又東過霸陵縣北，霸水從縣西北流注之"《注》云：

《列士傳》曰：秦昭王會魏王，魏王不行，使朱亥奉璧一雙。秦王大怒，置朱亥虎圈中，亥瞋目視虎，眦裂血出濺虎，虎不敢動。

這裏所説的"虎圈"，近乎現在動物園中的獅虎山之類，圈内當有不少猛虎，處于羣虎之中，朱亥的勇敢，也就可想而知了。現在的動物園，要想得到一隻虎，除了人工繁殖以外，已經相當困難。但古代到處都設虎圈、虎牢，其原因是當時虎甚多，人們行走于山野之中，也常以遇虎爲戒。卷三十《淮水》《經》"又東過壽春縣北，肥水從縣東北流注之"《注》云：

淮水又北逕莫邪山西，山南有陰陵縣故城。……後漢九江郡治。時多虎災，百姓苦之。

案後漢九江郡治陰陵縣，在安徽鳳陽縣以南，這個地方在當時尚多虎災，足見這種動物在古代數量之多。不過按照動物地理學的觀點，《水經注》記載的虎，大概都屬于華南虎（P. t. amoyensis），祇有卷十四《大遼水》《經》"又東南過房縣西"《注》中記載的："魏武于馬上逢獅子，使格之，殺傷甚衆，王乃自率常從健兒數百人擊之，獅子吼呼奮越，左右咸驚。"這裏的所謂"獅子"，我過去已經考證，其實就是東北虎（P. t. amurensis）。

⑮ 太和十六年，破安昌諸殿　《注疏》本作"太和十六年，破太華、安昌諸殿"。《疏》："戴删'太華'二字。會貞按：《通鑑》宋大明二年，《注》引此有'太華'二字。《魏書・本紀》，高宗太安四年三

月，起太華殿，經始太極殿，十月，太極殿成。十一月，依右六寢，權制三室，以安昌殿爲内寢，皇信堂爲中寢云云。在太極成之後，則造太極殿未破安昌殿，所破者惟太華殿，'安昌'二字衍文，戴反删'太華'二字，傎矣。"

⑯ 武州川水 《大典》本、黄本、《注箋》本、王校明鈔本、《注删》本、項本、沈本、《摘鈔》本、《五校》鈔本、《七校》本、《注釋》本、張本、《注疏》本、《林水録》鈔《水經注》、《通鑑》卷一三五《齊紀》一高帝建元二年"五月丙申朔如火山"胡《注》引《水經注》、《方輿紀要》卷四十四《山西》六《大同府·白登山》引《水經注》均作"武周川"。《駢字類編》卷三十七《山川門》二《山堂》引《水經注》、乾隆《大同府志》卷四《山川》引《水經注》均作"武周川水"。

⑰ 武州縣 《大典》本、黄本、吴本、沈本、《五校》鈔本、《七校》本、《注釋》本、《注疏》本、乾隆《大同府志》卷四《山川·武周山》引《水經注》均作"武周縣"。

⑱ 武州川 《大典》本、黄本、《注箋》本、王校明鈔本、《注删》本、項本、沈本、《摘鈔》本、《五校》鈔本、《七校》本、《注釋》本、張本、《注疏》本、乾隆《大同府志》卷四《山川》引《水經注》均作"武周川"。

⑲ 比郍州城 吴本、《注箋》本、項本、《五校》鈔本、《七校》本、《注釋》本、張本、《方輿紀要》卷四十四《山西》六《大同府·靈邱縣·蔚州·平邑城》引《水經注》、乾隆《大同府志》卷六《古蹟·陽原故城》引《水經注》均作"北比郍城"。

⑳ 河頭 《注釋》本、《注疏》本均作"阿頭"，《注疏》本《疏》："朱作河頭，下同。守敬按：《寰宇記》薊縣下引《隋圖經》，于延水俗謂阿頭河。趙改河頭作阿頭，是也。"

㉑ 琦城 《大典》本、《注箋》本、項本、《五校》鈔本、《七校》本、《注釋》本、張本均作"琦城川"。

㉒ 《札記·水經記載的古代蠶桑》：

中國是世界上經營蠶桑業的最早國家。嫘祖發明育蠶製絲的事，當然僅僅是一種傳説，但中國古代在歐洲以"絲國"見稱，而從西安西達地中海的這條"絲綢之路"，也早就行旅頻繁，則中國在蠶桑業經營上的歷史悠久和規模宏大都是不容懷疑的。酈道元在《水經注》中也常常記及蠶桑，説明當時蠶桑業在國計民生中具有重要的地位。

《水經注》中記及育蠶的事不多，全書僅卷十《濁漳水》《經》"又東出山，過鄴縣西"下"三月三日及始蠶之月"，卷三十三《江水》《經》"又東過江陽縣南，洛水從三危山，東過廣魏洛縣南，東南注之"下"蠶桑魚鹽"，卷三十六《温水》《經》"東北入于鬱"下"八蠶之綿"，如此三處而已。但記及桑的卷篇却很多，既記及桑，當地無疑育蠶。此外，如卷三十三《江水》《經》"岷山在蜀郡氐道縣，大江所出，東南過其縣北"下，《注》文記及："道西城，故錦官也。言錦工織錦，則濯之江流，而錦至鮮明，濯以他江，則錦色弱矣。遂命之爲錦里也。"蜀錦是絲織品，當地當然盛行蠶桑。其實，酈《注》所記的地區，即今成都平原，至今仍然是我國蠶桑業最發達的地區之一，而蜀錦也仍然是我國著名的絲織產品。

蠶桑經營現在當然以南方爲盛，北方除爲數不多的柘蠶以外，植桑育蠶的事已没有所聞。但酈《注》記載的桑，主要在北方，説明我國古代的蠶桑業發軔于北方。而植桑、育蠶、製絲、織綢，這是一個連續的生產過程，當然也以北方爲發達，廣大的北方蠶桑區，這是"絲綢之路”的物質基礎。

從酈《注》記載中可以窺及，古代北方植桑，其北限直到今山西省的北部。卷十三《㶟水》《經》“㶟水出雁門陰館縣，東北過代郡桑乾縣南”《注》云：“（于延）水側有桑林，故時人亦謂是水爲藻桑河也。”《注》文記及的今山西、河南、陝西各地，桑林甚多見，如《沂水注》的桑泉水、《巨洋水注》的桑犢亭、《涑水注》的桑泉等等，不勝枚舉。

㉓　㧑陸　《注箋》本、項本、《五校》鈔本、《七校》本、《注釋》本、張本均作“褫陸”。

㉔　落馬洪　《注疏》本作“落馬河”。《疏》：“趙、戴改‘河’作‘洪’。會貞按：非也。落馬河以馬陘山名，因山中灘石湍激，又有落馬洪之名。故此云，㶟水南至馬陘山，謂之落馬河。下云，又南入山，瀨湍十許丈，謂之落馬洪。改此作落馬洪，豈不與下複乎？《寰宇記》薊縣下引《隋圖經》云：㶟水至馬陘山爲落馬河。亦此當作落馬河之證。”

㉕　大湖　《天府廣記》卷三十六《川渠・太湖》孫承澤引《水經注》作“太湖”。

卷十四　濕餘水　沽河　鮑丘水　濡水　大遼水　小遼水　浿水

濕餘水[①]出上谷居庸關東,

關在沮陽城東南六十里居庸界,故關名矣。更始使者入上谷,耿況迎之于居庸關,即是關也。其水導源關山,南流歷故關下。溪之東岸有石室三層,其户牖扇扉,悉石也,蓋故關之候臺矣。南則絶谷,累石爲關垣,崇墉峻壁,非輕功可舉,山岫層深,側道褊狹,林鄣邃險,路才容軌,曉禽暮獸,寒鳴相和,羈官遊子,聆之者莫不傷思矣。其水歷山南逕軍都縣界,又謂之軍都關[②]。《續漢書》曰:尚書盧植隱上谷軍都山是也。其水南流出關,謂之下口,水流潛伏十許里也。

東流過軍都縣南,又東流過薊縣北,

濕餘水故瀆東逕軍都縣故城南,又東,重源潛發,積而爲潭,謂之濕餘潭。又東流,易荆水注之,其水導源西北千蓼泉,亦曰丁蓼水,東南流逕郁山西,謂之易荆水。公孫瓚之敗于鮑丘也,走保易荆,疑阻此水也。易荆水又東,左合虎眼泉水,出平川,東南流入易荆水。又東南與孤山之水合,水發川左,導源孤山,東南流入易荆水,謂之塔界水。又東逕薊城,又東逕昌平縣故城南,又謂之昌平水。《魏土地記》曰:薊城東北百四十里有昌平城,城西有昌平河,又東流注濕餘水。濕餘水又東南流，左合芹城水，水出北山，南逕芹城，東南流注濕餘水。濕餘水又東南流逕安樂故城[3]西，更始使謁者韓鴻北徇，承制拜吴漢爲安樂令，即此城也。

又北屈東南至狐奴縣西，入于沽河。

昔彭寵使狐奴令王梁南助光武，起兵自是縣矣。濕餘水於縣西南東入沽河。故《地理志》曰：濕餘水自軍都縣東至潞南入沽是也。

沽河從塞外來，

沽河[4]出禦夷鎮西北九十里丹花嶺下，東南流，大谷水注之。水發鎮北大谷溪，西南流，逕獨石北界，石孤生，不因阿而自峙。又南，九源水[5]注之，水導北川，左右翼注，八川共成一水，故有九源之稱。其水南流，至獨石注大谷水。大谷水又南逕獨石西，又南逕禦夷鎮城西，魏太和中，置以捍北狄也。又東南，尖谷水注之，水源出鎮城東北尖溪，西南流逕鎮城東，西南流注大谷水，亂流南注沽水。又南出峽，夾岸有二城，世謂之獨固門。以其藉險憑固，易爲依据，巖壁升聳，疎通若門，故得是名也。沽水又南，左合乾溪水，引北川西南逕一故亭東，又西南注沽水。沽水又西南逕赤城東，趙建武年，并州刺史王霸爲燕所敗，退保此城。城在山阜之上，下枕深隍，溪水之名，藉以變稱，故河有赤城之號矣。沽水又東南與鵲谷水合，水有二源，南即陽樂水也，出且居縣。《地理志》曰：水出縣東，南流逕大翮山、小翮山北，歷女祁縣故城南。《地理志》曰：東部都尉治，王莽之祁縣也。世謂之横水，又謂之陽田河。又東南逕一故亭，又東，左與候鹵水[6]合，水出西北山，東南流逕候鹵城[7]北，城在居庸縣西北二百里，故名云候鹵，太和中，更名禦夷鎮。又東南流注陽樂水。陽樂水又東南傍狼山南，山石白色特上，亭亭孤立，超出羣山之表。又東南逕温泉東，泉在山曲之中。又逕赤城西，屈逕其城南，東南入赤城河。河水又東南，右合高峯水，水出高峯戍東南，城在山上，其水西南流，又屈而東南，入沽水。沽水又西南流出山，逕漁陽縣故城西，而南合七度水。水出北山黄頒谷，故亦謂之黄頒水，東南流注於沽水。沽水又南，漁水注之，水出縣東南平地泉流，西逕漁陽縣故城南，應劭曰：在漁水之陽也。考諸地説，則無聞；脈水尋川，則有自。今城在斯水之陽，有符應説，漁陽之名當屬此，秦發閭左戍漁陽，即是城也。漁水又西南入沽水。沽水又南與螺山之水合，水出漁陽城南小山。《魏土地記》曰：城南五里有螺山，其水西南入沽水。沽水又南逕安樂縣故城東，《晉書・地道記》曰：晉封劉禪爲公國。俗謂之西潞水也。

南過漁陽狐奴縣北，西南與濕餘水合，爲潞河；

沽水西南流逕狐奴山西，又南逕狐奴縣故城西。漁陽太守張堪，于縣開稻田，教民種殖,百姓得以殷富。童謡歌曰:桑無附枝,麥秀兩岐,張君爲政,樂不可支。視事八年,匈奴不敢犯塞。沽水又南,陽重溝水注之,水出狐奴山,南轉逕狐奴城西,王莽之所謂舉符也。側城南注,右會沽水。沽水又南,濕餘水注之。沽水又南,左會鮑丘水,世所謂東潞也。沽水又南逕潞縣爲潞河。《魏土地記》曰:城西三十里有潞河是也。

又東南至雍奴縣西,爲笥溝;

濡水入焉,俗謂之合口也。又東,鮑丘水於縣西北而東出。

又東南至泉州縣,與清河合,東入於海。清河者,派河尾也。

沽河又東南逕泉州縣故城東,王莽之泉調也。沽水又東南合清河,今無水。清、淇、漳、洹、滱、易、淶、濡、沽、滹沱[8],同歸于海。故《經》曰派河[9]尾也。

鮑丘水從塞外來,南過漁陽縣東,

鮑丘水出禦夷北塞中,南流逕九莊嶺東,俗謂之大榆河。又南逕鎮東南九十里西密雲戍西,又南,左合道人溪水,水出北川,南流逕孔山西,又歷密雲戍東,左合孟廣硎水,水出硎下,硎甚層峻,峨峨冠衆山之表。其水西逕孔山南,上有洞穴開明,故土俗以孔山流稱。硎水又西南至密雲戍東,西注道人水,亂流西南逕密雲戍城南,右會大榆河,有東密雲,故是城言西矣。大榆河又東南流,白楊泉水注之,北發白楊溪,望離[10],右注大榆河。又東南,龍芻溪水自坎注之。大榆河又東南出峽,逕安州舊漁陽郡之滑鹽縣南,左合縣之北溪水,水出縣北廣長塹南,太和中,掘此以防北狄。其水南流逕滑鹽縣故城東,王莽更名匡德也,漢明帝改曰鹽田,右承治,世謂之斛鹽城,西北去禦夷鎮二百里。南注鮑丘水,又南逕傂奚縣[11]故城東,王莽更之曰敦德也。鮑丘水又西南逕獷平縣故城東,王莽之所謂平獷也。又南合三城水,水出臼里山,西逕三城,謂之三城水。又逕香陘山,山上悉生槀本香,世故名焉。又西逕石窟南,窟内寬廣,行者依焉;窟内有水,淵而不流,栖薄者取給焉。又西北逕伏凌山南,與石門水合,水出伏凌山,山高峻,巖鄣寒深,陰崖積雪,凝冰夏結,事同《離騷》峨峨之詠,故世人因以名山也。一水西南流注之,是水有桑谷之名,蓋沿出桑溪故也。又西南逕獷平城東南,而右注鮑丘水。鮑丘水又東南逕漁陽縣故城南,漁陽郡治也。秦始皇二十二年置,王莽更名通潞,縣曰得漁。鮑丘水又西南流,公孫瓚既害劉虞,烏丸思劉氏之德,迎其子和,合衆十萬,破瓚于是水之上,斬首一萬。鮑丘水又西南歷狐奴城東,又西南流注于沽河,亂流而南。

又南過潞縣西,

鮑丘水入潞,通得潞河之稱矣。高梁水注之,水首受濕水於戾陵堰,水北有梁山,山有燕剌王旦之陵,故以戾陵名堰。水自堰枝分,東逕梁山南,又東北逕《劉靖碑》北。其詞云:魏使持節都督河北道諸軍事征北將軍建城鄉侯沛國劉靖,字文恭,登梁山以觀源流,相㶟水以度形勢,嘉武安之通渠,羨秦民之殷富。乃使帳下丁鴻,督軍士千人,以嘉平二年,立遏於水,導高梁河,造戾陵遏,開車箱渠。其《遏表》云:高梁河水者,出自并州,潞河之别源也。長岸峻固,直截中流,積石籠以爲主遏,高一丈,東西長三十丈,南北廣七十餘步。依北岸立水門,門廣四丈,立水十丈。山水暴發,則乘遏東下;平流守常,則自門北入。灌田歲二千頃。凡所封地,百餘萬畮。至景元三年辛酉,詔書以民食轉廣,陸廢不贍,遣謁者樊晨更制水門,限田千頃,刻地四千三百一十六頃,出給郡縣,改定田五千九百三十頃。水流乘車箱渠,自薊西北逕昌平,東盡漁陽潞縣,凡所潤含,四五百里,所灌田萬有餘頃。高下孔齊,原隰底平,疏之斯溉,决之斯散,導渠口以爲濤門,灑滮池以爲甘澤,施加于當時,敷被于後世。晉元康四年,君少子驍騎將軍平鄉侯弘,受命使持節監幽州諸軍事,領護烏丸校尉寧朔將軍,遏立積三十六載,至五年夏六月,洪水暴出,毁損四分之三,剩北岸七十餘丈,上渠車箱,所在漫溢,追惟前立遏之勳,親臨山川,指授規略,命司馬關内侯逄惲,内外將士二千人,起長岸,立石渠,脩主遏,治水門,門廣四丈,立水五尺,興復載利,通塞之宜,準遵舊制,凡用功四萬有餘焉。諸部王侯,不召而自至,繦負而事者,蓋數千人。《詩》載經始勿亟,《易》稱民忘其勞,斯之謂乎。於是二府文武之士,感秦國思鄭渠之績,魏人置豹祀之義,乃遐慕仁政,追述成功。元康五年十月十一日,刊石立表,以紀勳烈,并記遏制度,永爲後式焉。事見其碑辭。又東南流,逕薊縣北,又東至潞縣,注于鮑丘水。又南逕潞縣故城西,王莽之通潞亭也。漢光武遣吴漢、耿弇等破銅馬、五幡于潞東,謂是縣也。屈而東南流,逕潞城南,世祖拜彭寵爲漁陽太守,治此。寵叛,光武遣游擊將軍鄧隆伐之,軍於是水之南,光武策其必敗,果爲寵所破,遺壁故壘存焉。鮑丘水又東南入夏澤,澤南紆曲渚十餘里,北佩謙澤,眇望無垠也。

又南至雍奴縣北,屈東入於海。

鮑丘水自雍奴縣故城西北,舊分笥溝水東出,今笥溝水斷,衆川東注,混同一瀆,東逕其縣北,又東與泃河合。水出右北平無終縣西山白楊谷,西北流逕平谷縣,屈西南流,獨樂水入焉。水出北抱犢固南,逕平谷縣故城東。後漢建武元年,光武遣十二將,追大槍、五幡及平谷,大破之於是縣也。其水南流入於泃。泃水又左合盤山水,水出山上,其山峻險,人跡罕交,去山三十許里,望山上水,可高二十餘里。素湍皓然,頽波歷溪,沿流而下,自西北轉注于泃水。泃水又東南逕平谷縣故城,東南與洳河會,水出北山,山在傂奚縣故城東南,東南流逕博陸故城北,又屈逕其城東,世謂之平陸城,非也。漢武帝璽書,封大司馬霍光爲侯國。文穎曰:博大陸平,取其嘉名而無其縣,食邑北海、河東。薛瓚曰:按漁陽有博陸城,謂此也。今城在且居山之陽,處平陸之上,帀帶川流,面據四水,文氏所謂無縣目,嘉美名也。洳水又東南流逕平谷縣故城西,而東南流注於泃河。泃河又南逕紻城東,而南合五百溝水。水出七山北,東逕平谷縣之紻城南,東入于泃河。泃河又東南逕臨泃城北,屈而歷其城東,側城南出。《竹書紀年》:梁惠成王十六年,齊師及燕戰於泃水,齊師遁,即是水也。泃水又南入鮑丘水,鮑丘水又東合泉州渠口,故瀆上承滹沱水於泉州縣,故以泉州爲名。北逕泉州縣東,又北逕雍奴縣東,西去雍奴故城百二十里。自滹沱北入其下,歷水澤百八十里,入鮑丘河,謂之泉州口。陳壽《魏志》曰:曹太祖以蹋頓擾邊,將征之,從泃口鑿渠逕雍奴、泉州以通河海者也。今無水。鮑丘水又東,庚水注之,水出右北平徐無縣北塞中,而南流歷徐無山得黑牛谷水,又得沙谷水,竝西出山,東流注庚水。昔田子泰避難居之,衆至五千家。《開山圖》曰:山出不灰之木,生火之石。按《注》云:其木色黑似炭而無葉,有石赤色如丹,以二石相磨,則火發,以然無灰之木,可以終身,今則無之。其水又逕徐無縣故城東,王莽之北順亭也。《魏土地記》曰:右北平城東北百一十里有徐無城。其水又西南與周盧溪水合,水出徐無山,東南流注庚水。庚水又西南流,灅水注之,水出右北平俊靡縣,王莽之俊麻也。東南流,世謂之車軬水。又東南流與温泉水合,水出北山温溪,即温源也。養疾者不能澡其炎漂,以其過灼故也。《魏土地記》曰:徐無城東有温湯。即此也。其水南流百步,便伏流入于地下,水盛則通注。灅水又東南逕石門峽,山高嶄絶,壁立洞開,俗謂之石門口。漢中平四年,漁陽張純反,殺右北平太守劉政、遼東太守陽紘。中平五年,詔中郎將孟益率公孫瓚討純,戰于石門,大破之。灅水又東南流,謂之北黄水,又屈而爲南黄水。又西南逕無終山,即帛仲理所合神丹處也,又于是山作金五千斤以救百姓。山有陽翁伯玉田,在縣西北有陽公壇社,即陽公之故居也。《搜神記》曰:雍伯,洛陽人,至性篤孝,父母終歿,葬之於無終山,山高八十里,而上無水,雍伯置飲焉,有人就飲,與石一斗,令種之,玉生其田。北平徐氏有女,雍伯求之,要以白璧一雙,媒者致命,伯至玉田求得五雙,徐氏妻之,遂即家焉。《陽氏譜叙》言:翁伯是周景王之孫[12],食采陽樊,春秋之末,爰宅無終,因陽樊而易氏焉。愛人博施,天祚玉田,其《碑文》云:居於縣北六十里翁同之山,後潞徙于西山之下,陽公又遷居焉,而受玉田之賜,情不好寶,玉田自去,今猶謂之爲玉田陽。干寶曰:於種石處,四角作大石柱,各一丈,中央一頃之地,名曰玉田,至今相傳云。玉田之揭,起于此矣,而今不知所在,同於《譜叙》自去文矣。藍水注之,水出北山,東流屈而南,逕無終縣故城東,故城,無終子國也。

《春秋》襄公四年，無終子嘉父使孟樂如晉，因魏絳納虎豹之皮，請和諸戎是也，故燕地矣。秦始皇二十二年[13]滅燕，置右北平郡，治此，王莽之所謂北順也。漢世李廣爲郡，出遇伏石，謂虎也，射之飲羽，即此處矣。《魏土地記》曰：右北平城西北百三十里有無終城。其水又南入灅水，灅水又西南入于庚水。《地理志》曰：灅水出俊靡縣南，至無終東入庚水。庚水，世亦謂之爲柘水也。南逕燕山下，懸巖之側有石鼓，去地百餘丈，望若數百石囷，有石梁貫之。鼓之東南，有石援桴，狀同擊勢。耆舊言，燕山石鼓，鳴則土有兵。庚水又南逕北平城西，而南入鮑丘水，謂之柘口。鮑丘水又東逕右北平郡故城南，《魏土地記》曰：薊城東北三百里有右北平城。鮑丘水又東，巨梁水注之，水出土垠縣北陳宫山，西南流逕觀雞山，謂之觀雞水。水東有觀雞寺，寺内起大堂，甚高廣，可容千僧，下悉結石爲之，上加塗塈，基内疎通，枝經脈散，基側室外，四出爨火，炎勢内流，一堂盡温。蓋以此土寒嚴，霜氣肅猛，出家沙門，率皆貧薄，施主慮闕道業，故崇斯構，是以志道者多栖託焉。其水又西南流，右合區落水，水出縣北山，東南流入巨梁水。巨梁水又南逕土垠縣故城西，左會寒渡水，水出縣東北，西南流至縣，右注梁河。梁河又南，㵎于水注之，水出東北山，西南流逕土垠縣故城東，西南流入巨梁水。巨梁水又東南，右合五里水，水發北平城東北五里山，故世以五里名溝，一名田繼泉。西流南屈，逕北平城東，東南流注巨梁河，亂流入于鮑丘水。自是水之南，南極滹沱，西至泉州、雍奴，東極於海，謂之雍奴藪。其澤野有九十九淀，枝流條分，往往逕通，非惟梁河、鮑丘歸海者也。

濡水從塞外來，東南過遼西令支縣北，

濡水出禦夷鎮東南，其水二源雙引，夾山西北流，出山，合成一川。又西北逕禦夷故城東，鎮北百四十里北流，左則連淵水注之，水出故城東，西北流逕故城南，又西北逕緑水池[14]南，池水淵而不流。其水又西屈而北流，又東逕故城北，連接兩沼，謂之連淵浦。又東北注難河，難河右則汙水入焉。水出東塢南，西北流逕沙野南，北人名之曰沙野[15]。鎮東北二百三十里，西北入難河，濡、難聲相近，狄俗語訛耳。濡水又北逕沙野西，又北逕箕安山東，屈而東北流，逕沙野北，東北流逕林山北，水北有池，潭而不流。濡水又東北流逕孤山南，東北流，吕泉水注之，水出吕泉塢西，東南流，屈而東，逕塢南東北流，三泉水注之。其源三泉雁次，合爲一水，鎮東北四百里，東南注吕泉水。吕泉水又東逕孤山北，又東北，逆流水注之，水出東南，導泉西流，右屈而東北注，木林山水會之。水出山南，東注逆水，亂流東北注濡河。濡河又東，盤泉入焉，水自西北、東南流，注濡河。濡河又東南，水流迴曲，謂之曲河。鎮東北三百里，又東出峽入安州界，東南流逕漁陽白檀縣故城。《地理志》曰：濡水

出縣北蠻中。漢景帝詔李廣曰:將軍其帥師東轅,弭節白檀者也。又東南流,右與要水合,水出塞外,三川竝導,謂之大要水也。東南流逕要陽縣故城東,本都尉治,王莽更之曰要術矣。要水又東南流,逕白檀縣而東南流,入于濡。濡水又東南,索頭水注之,水北出索頭川,南流逕廣陽僑郡西,魏分右北平,置今安州治。又南流,注于濡。濡水又東南流,武列水入焉,其水三川派合,西源右爲溪水,亦曰西藏水,東南流出溪,與蟠泉水合。泉發州東十五里,東流九十里,東注西藏水。西藏水又西南流,東藏水注之,水出東溪,一曰東藏水。西南流出谷,與中藏水合。水導中溪,南流出谷,南注東藏水。故目其川曰三藏川,水曰三藏水。東藏水又南,右入西藏水,亂流右會龍泉水,水出東山下,淵深不測,其水西南流,注于三藏水。三藏水又東南流,與龍芻水合,西出于龍芻之溪,東流入三藏水。又東南流逕武列溪,謂之武列水。東南歷石挺下,挺在層巒之上,孤石雲舉,臨崖危峻,可高百餘仞。牧守所經,命選練之士,彎張弧矢,無能屆其崇標者。其水東合流入濡。濡水又東南,五渡水注之,水北出安樂縣丁原山,南流逕其縣故城西,本三會城也。其水南入五渡塘,于其川也,流紆曲,溯涉者頻濟,故川塘取名矣。又南流注於濡。濡水又與高石水合,水東出安樂縣東山,西流歷三會城南,西入五渡川,下注濡水。濡水又東南逕盧龍塞,塞道自無終縣東出渡濡水,向林蘭陘,東至清陘[16]。盧龍之險,峻坂縈折,故有九𡶼[17]之名矣。燕景昭元璽二年,遣將軍步渾治盧龍塞道,焚山刊石,令通方軌,刻石嶺上,以記事功,其銘尚存。而庾杲之注《揚都賦》,言盧龍山在平岡城北,殊爲孟浪,遠失事實。余按盧龍東越清陘,至凡城二百許里。自凡城東北出,趣平岡故城可百八十里,向黃龍則五百里。故陳壽《魏志》:田疇引軍出盧龍塞,塹山堙谷,五百餘里逕白檀,歷平岡,登白狼,望柳城。平岡在盧龍東北遠矣。而仲初言在南,非也。濡水又東南逕盧龍故城東,漢建安十二年,魏武征蹋頓所築也。濡水又南,黃洛水注之,水北出盧龍山,南流入于濡。濡水又東南,洛水合焉,水出盧龍塞西,南流注濡水。濡水又屈而流,左得去潤水,又合敖水,二水竝自盧龍西注濡水。濡水又東南流逕令支縣故城東,王莽之令氏亭也。秦始皇二十二年分燕置,遼西郡令支隸焉。《魏土地記》曰:肥如城西十里有濡水,南流逕孤竹城西,右合玄水,世謂之小濡水,非也。水出肥如縣東北玄溪,西南流逕其縣東,東屈南轉,西迴逕肥如縣故城南,俗又謂之肥如水。故城,肥子國。應劭曰:晉滅肥,肥子奔燕,燕封于此,故曰肥如也。漢高帝六年,封蔡寅爲侯國。西南流,右會盧水,水出縣東北沮溪,南流謂之大沮水,又南,左合陽樂水,水出東北陽樂縣溪。《地理風俗記》曰:陽樂,故燕地,遼西郡治,秦始皇二十二年置。《魏土地記》曰:海陽城西南有陽樂城。其水又西南入于沮水,謂之陽口。沮水又西南,小沮水注之,水發泠溪,世謂之泠池。又南得温泉水口,水出東北温溪,自溪西南流,入于小沮水。小沮水又南流與大沮水合,而爲盧水也。桑欽《説盧子之書》言:晉既滅肥,遷其族于盧水。盧水有二渠,號小沮、大沮,合而入于玄水。又南與温水合,水出肥如城北,西流注於玄水。《地理志》曰:盧水南入玄,玄水又西南逕孤竹城北,西入濡水。故《地理志》曰:玄水東入濡,蓋自東而注也。《地理志》曰:令支有孤竹城,故孤竹國也。《史記》曰:孤竹君之二子伯夷、叔齊,讓國於此,而餓死於首陽。漢靈帝時,遼西太守廉翻夢人謂己曰:余,孤竹君之子,伯夷之弟,遼海漂吾棺槨,聞君仁善,願見藏覆。明日視之,水上有浮棺,吏嗤笑者皆無疾而死,於是改葬之。《晉書·地道志》曰:遼西人見遼水有浮棺,欲破之,語曰:我孤竹君也,汝破我何爲?因爲立祠焉。祠在山上,城在山側,肥如縣南十二里,水之會也。

又東南過海陽縣西,南入于海。

濡水自孤竹城東南逕西鄉北,瓠溝水注之,水出城東南,東流注濡水。濡水又逕故城南,分爲二水,北水枝出,世謂之小濡水也。東逕樂安亭北,東南入海。濡水東南流,逕樂安亭南,東與新河故瀆合,瀆自雍奴縣承鮑丘水東出,謂之鹽關口。魏太祖征蹋頓,與泃口俱導也。世謂之新河矣。陳壽《魏志》云:以通海也。新河又東北絶庚水,又東北出,逕右北平,絶泃渠之水,又東北逕昌城縣故城北,王莽之淑武也。新河又東分爲二水,枝瀆東南入海。新河自枝渠東出合封大水,謂之交流口。水出新安平縣[18],西南流逕新安平縣故城西,《地理志》:遼西之屬縣也。又東南流,龍鮮水注之,水出縣西北,世謂之馬頭水。二源俱導,南合一川,東流注封大水。《地理志》曰:龍鮮水,東入封大水者也。亂流南會新河,南注于海。《地理志》曰:封大水于海陽縣南入海。新河又東出海陽縣與緩虛水會,水出新平縣東北,世謂之大籠川,東南流逕令支城西,西南流與新河合,南流注于海。《地理志》曰:緩虛水與封大水,皆南入海。新河又東與素河會,謂之白水口。水出令支縣之藍山,南合新河,又東南入海。新河又東至九過口,枝分南注海。新河又東逕海陽縣故城南,漢高祖六年,封摇毋餘爲侯國。《魏土地記》曰:令支城南六十里有海陽城者也。新河又東與清水會,水出海陽縣,東南流逕海陽城東,又南合新河,又南流十許里,西入九過注海。新河東絶清水,又東,木究水出焉,南入海。新河又東,左迆爲北陽孤淀[19],淀水右絶新河,南注海。新河又東會於濡。濡水又東南至絫縣碣石山,文穎曰:碣石在遼西絫縣,王莽之選武也。絫縣並屬臨渝,王莽更臨渝爲馮德。《地理志》曰:大碣石山在右北平驪成縣西南,王莽改曰揭石也[20]。漢武帝亦嘗登之以望巨海,而勒其石於此。今枕海有石如甬道數十里,當山頂有大石如柱形,往往而見,立於巨海之中,潮水大至則隱,及潮波退,不動不没,不知深淺,世名之天橋柱也。狀若人造,要亦非人力所就,韋昭亦指此以爲碣石也。《三齊略記》曰:始皇於海中作石橋,海神爲之豎柱。始皇求與相見,神曰:我形醜,莫圖我形,當與帝相見。乃入海四十里,見海神,左右莫動手,工人潛以腳畫其狀。神怒曰:帝負約,速去。始皇轉馬還,前腳猶立,後腳隨崩,僅得登岸,畫者溺死于海,衆山之石皆傾注,今猶岌岌東趣,疑即是也。濡水於此南入海,而不逕海陽縣西也。蓋《經》誤證耳。又按《管子》:齊桓公二十年,征孤竹,未至卑耳之溪十里,闟然止,瞠然視,援弓將射,引而未發,謂左右曰:見前乎?左右對曰:不見。公曰:寡人見長尺而人物具焉,冠,右祛衣,走馬前,豈有人若此乎?管仲對曰:臣聞豈山之神有偷兒,長尺人物具,霸王之君興,則豈山之神見。且走馬前,走,導也;祛衣,示前有水;右祛衣,示從右方涉也。至卑耳之溪,有贊水者[21],從左方涉,其深及冠;右方涉,其深至膝。已涉大濟,桓公拜曰:仲父之聖至此,寡人之抵罪也久矣。今自孤竹南出,則巨海矣,而滄海之中,山望多矣,然卑耳之川若贊溪者,亦不知所在也。昔在漢世,海水波襄,吞食地廣,當同碣石,苞淪洪波也。

大遼水出塞外衛白平山,東南入塞,過遼東襄平縣西[22]。

遼水亦言出砥石山,自塞外東流,直遼東之望平縣西,王莽之長説也。屈而西南流,逕襄平縣故城西,秦始皇二十二年[23],滅燕置遼東郡,治此。漢高帝八年,封紀通爲侯國,王莽之昌平也,故平州治。又南逕遼隊縣[24]故城西[25],王莽更名之曰順睦[26]也。公孫淵遣將軍畢衍拒司馬懿于遼隊,即是處也[27]。

又東南過房縣西,

《地理志》:房,故遼東之屬縣也。遼水右會白狼水,水出右北平白狼縣東南,北流西北屈,逕廣成縣故城南,王莽之平虜也,俗謂之廣都城。又西北,石城川水注之,水出西南石城山,東流逕石城縣故城南,《地理志》:右北平有石城縣。北屈逕白鹿山西,即白狼山也。《魏書·國志》曰:遼西單于蹋頓尤强,爲袁氏所厚,故袁尚歸之。數入爲害。公出盧龍,塹山堙谷五百餘里,未至柳城二百里,尚與蹋頓將數萬騎逆戰,公登白狼山望柳城,卒與虜遇,乘其不整,縱兵擊之,虜衆大崩,斬蹋頓,胡、漢降者二十萬口。《英雄記》曰:曹操于是擊馬鞌,於馬上作十片,即于此也。《博物志》曰:魏武于馬上逢獅子[28],使格之,殺傷甚衆,王乃自率常從健兒數百人擊之,獅子吼呼奮越,左右咸驚。王忽見一物從林中出,如貍,超上王車軛上,獅子將至,此獸便跳上獅子頭上,獅子即伏不敢起。于是遂殺之,得獅子而還。未至洛陽四十里,洛中雞狗皆無鳴吠者也。其水又東北入廣成縣。東注白狼水。白狼水北逕白狼縣故城東,王莽更名伏狄。白狼水又東,方城川水注之,水發源西南山下，東流北屈，逕一故城西，世謂之雀目城。東屈逕方城北，東入白狼水。白狼水又東北逕昌黎縣故城西，《地理志》曰：交黎也，東部都尉治，王莽之禽虜也。應劭曰：今昌黎也。高平川水注之，水出西北平川，東流逕倭城北，蓋倭地人徙之。又東南逕乳樓城北，蓋逕戎鄉，邑兼夷稱也。又東南注白狼水。白狼水又東北，自魯水注之，水導西北遠山，東南注白狼水。白狼水又東北逕龍山西，燕慕容皝以柳城之北、龍山之南，福地也，使陽裕築龍城，改柳城爲龍城縣，十二年，黑龍、白龍見于龍山，皝親觀龍，去二百步，祭以太牢，二龍交首嬉翔，解角而去。皝悦，大赦，號新宫曰和龍宫，立龍翔祠于山上。白狼水又北逕黄龍城東，《十三州志》曰：遼東屬國都尉治昌遼道[29]有黄龍亭者也。魏營州刺史治。《魏土地記》曰：黄龍城西南有白狼河，東北流，附城東北下，即是也。又東北，濫真水出西北塞外，東南歷重山，東南入白狼水。白狼水又東北出，東流分爲二水，右水疑即渝水也。《地理志》曰：渝水首受白狼水，西南循山，逕一故城西，世以爲河連城，疑是臨渝縣之故城，王莽曰馮德者矣。渝水南流東屈，與一水會，世名之曰櫺倫水，蓋戎方之變名耳，疑即《地理志》所謂侯水北入渝者也。《十三州志》曰：侯水南入渝。《地理志》蓋言自北而南也。又西南流注于渝。渝水又東南逕一故城東，俗曰女羅城。又南逕營丘城西，營丘在齊而名之於遼、燕之間者，蓋燕、齊遼迥，僑分所在。其水東南入海。《地理志》曰：渝水自塞外南入海。一水東北出塞爲白狼水，又東南流至房縣注于遼。《魏土地記》曰：白狼水下入遼也。

又東過安市縣西，南入於海。

《十三州志》曰：大遼水自塞外，西南至安市入于海。

又玄菟高句麗縣有遼山，小遼水所出[30]，

縣，故高句麗，胡之國也。漢武帝元封二年[31]，平右渠，置玄菟郡于此，王莽之下句麗。水出遼山，西南流逕遼陽縣與大梁水會，水出北塞外，西南流至遼陽入小遼水。故《地理志》曰：大梁水西南至遼陽入遼。《郡國志》曰：縣，故屬遼東，後入玄菟。其水西南流，故謂之爲梁水也。小遼水又西南逕襄平縣爲淡淵，晉永嘉三年涸。小遼水又逕遼隊縣入大遼水。司馬宣王之平遼東也，斬公孫淵于斯水之上者也。

西南至遼隊縣，入於大遼水也。

浿水出樂浪鏤方縣，東南過臨浿縣，東入于海[32]。

許慎云：浿水出鏤方，東入海。一曰出浿水縣。《十三州志》曰：浿水縣在樂浪東北，鏤方縣在郡東。蓋出其縣南逕鏤方也。昔燕人衛滿自浿水西至朝鮮[33]。朝鮮，

故箕子國也。箕子教民以義,田織信厚,約以八法,而下知禁[34],遂成禮俗。戰國時,滿乃王之,都王險城,地方數千里,至其孫右渠。漢武帝元封二年,遣樓船將軍楊僕、左將軍荀彘討右渠,破渠于浿水,遂滅之。若浿水東流,無渡浿之理,其地今高句麗之國治,余訪蕃使[35],言城在浿水之陽。其水西流逕故樂浪朝鮮縣,即樂浪郡治,漢武帝置,而西北流。故《地理志》曰:浿水西至增地縣入海。又漢興,以朝鮮爲遠,循遼東故塞至浿水爲界。考之今古,於事差謬,蓋《經》誤證也。

注释:

① 濕餘水 《五校》鈔本、《七校》本、《注釋》本、戴本、《疏證》本、《注疏》本、《讀水經注小識》卷二引《水經注》、《辛卯侍行記》卷一"至通州含沙河"陶葆廉《注》引《水經注》、《漢志水道疏證》卷一《上谷郡》引《水經注》均作"㶟餘水",《後漢書》卷二十《王霸傳》"又陳委輸可從温水漕"引《水經注》作"温餘水"。《注疏》本楊守敬按:"王念孫曰,'㶟'省作'漯',與濟'濕'之'濕'相亂,因而訛爲'濕',又訛而爲'温'。"

② 《通鑑》卷一五〇《梁紀》六武帝普通六年"譚屯居庸關"胡《注》引《水經注》云:"軍都關在居庸山西。"當是此段下佚文。

③ 安樂故城 《注釋》本、《注疏》本均作"安樂縣故城"。《注疏》本《疏》:"朱無'縣'字,全、戴同,趙增。守敬按:前漢縣屬漁陽郡,後漢因,漢末省。《魏志・明帝紀》,景初二年復置安樂縣,仍屬漁陽郡。晉屬燕國,後魏省,在今順義縣北。"

④ 沽河 《注釋》本作"沽水"。

⑤ 九源水 《注箋》本、項本、張本、《大明一統志》卷一《直隸・順天府・山川・沽水》引《水經注》、萬曆《順天府志》卷一《山川・沽水》引《水經注》、康熙《畿輔通志》卷四《山川・順天府・沽水》引《水經注》、《天府廣記》卷三十六《川渠・沽水》孫承澤引《水經注》均作"九泉水"。

⑥ 候鹵水 《大典》本、吴本、《注箋》本、項本、《五校》鈔本、《七校》本、張本均作"舊鹵水"。

⑦ 候鹵城 同上各本,均作"舊鹵城"。

⑧ 滹沱 黄本、吴本、沈本均作"虖池"。

⑨ 派河 《五校》鈔本、《七校》本、《注釋》本、《讀水經注小識》卷二引《水經注》均作"泒河"。

⑩ 望離 《注疏》本《疏》:"朱'離'作'雖',《箋》曰:'雖'字疑衍。趙、戴改作'離'。"又《注》文"龍芻溪自坎注之"下《注疏》本《疏》:"朱'坎'訛作'決'。趙改云:'坎'與上'離'字相照,離南坎北,蓋用代字法耳。《柳僉》鈔本校正,戴改同。守敬按:《穀水篇》,一水自乾注巽入于穀;《汝水篇》,青陂在縣坤地;《沭水篇》,袁公水自遵坤維而注沭。以卦代同。"

⑪ 傂奚縣 孫潛校本作"虒奚縣"。

⑫ 《御覽》卷四十五《地部》十《無終山》引《水經注》云:"翁伯周末避亂,適無終山,山前有泉水甚清,夏嘗澡浴,得玉藻架一雙于泉側。"當是此段下佚文。

⑬　二十二年　《注疏》本作"二十一年"。《疏》:"朱作二十二年,趙、戴同。守敬按:《史記·始皇本紀》,二十一年,破燕太子軍,取燕薊城,燕王東收遼東而王之。二十五年,攻燕遼東,得燕王喜,皆非二十二年事。此所云滅燕,蓋指取薊城而言,則當作'二十一年'。"

⑭　緑水池　《大典》本、黄本、吴本、《注箋》本、項本、沈本、《五校》鈔本、《七校》本、《注釋》本、張本、《注疏》本、《名勝志》卷三《永平府·遷安縣》引《水經注》均作"渌水池"。

⑮　沙野　《注疏》本作"沙",無"野"字。《疏》:"趙云:下有脱字。全、戴增'野'字。會貞按:上文云逕沙野南,則北人名必與沙野異,故酈氏著之。若亦名沙野,何用贅言,此當闕疑。"

⑯　清陘　《注釋》本、《注疏》本均作"青陘"。《水經注箋刊誤》卷五云:"《永平府志》、《方輿紀要》俱作青陘。"《注疏》本楊守敬按:"《通鑑》晉永和五年,《注》引此作清陘,則沿訛已久。今遷安縣西北亦有青山口,在喜峯口東六十里。"

⑰　九綧　《大典》本、黄本、吴本、《注箋》本、何校明鈔本、王校明鈔本、《注删》本、項本、《五校》鈔本、《七校》本、《注釋》本、《滙校》本、張本、《注疏》本、順治《盧龍縣志》卷一《古蹟·盧龍塞》引《水經注》均作"九崢"。

⑱　新安平縣　《注箋》本、項本、張本、《名勝志》卷三《永平府·灤州》引《水經注》均作"新平縣"。

⑲　北陽孤淀　《注箋》本、項本、張本、《名勝志》卷三《永平府·灤州》引《水經注》均作"孔陽孤淀"。

⑳　《通鑑地理通釋》卷五《碣石》引《水經注》云:"秦始皇刻碣石門,登之以望巨海。"當是此句下佚文。

㉑　《札記·贊水》:

卷十四《濡水》《經》"又東南過海陽縣西,南入于海",《注》云:

又按《管子》:齊桓公二十年,征孤竹,未至卑耳之溪十里,闟然止,瞠然視,援弓將射,引而未發,謂左右曰:見前乎?左右對曰:不見。公曰:寡人見長尺而人物具焉,冠,右袪衣,走馬前,豈有人若此乎?管仲對曰:臣聞豈山之神有偷兒,長尺人物具,霸王之君興,則豈山之神見。且走馬前,走,導也;袪衣,示前有水;右袪衣,示從右方涉也。至卑耳之溪,有贊水者,從左方涉,其深及冠;右方涉,其深至膝。已涉大濟,桓公拜曰:仲父之聖至此,寡人之抵罪也久矣。今自孤竹南出,則巨海矣,而滄海之中,山望多矣,然卑耳之川若贊溪者,亦不知所在也。昔在漢世,海水波襄,吞食地廣,當同碣石,苞淪洪波也。

對于這段《注》文中引《管子》的所謂"贊水",酈道元説:"然卑耳之川若贊溪者,亦不知其所在也。"是他第一個把"贊水"作爲一條河流。宋程大昌在《禹貢論》卷上十四碣石條云:"酈道元之在元魏記敘驪城濡水,謂齊桓公征孤竹嘗至卑耳,涉贊水。"清胡渭在《禹貢錐指》卷十一上云:"碣石舊是灤河之東可知矣,贊水、卑耳之溪淪于海中者,當在樂亭縣西南也。"《水經注釋濡水注》"然卑耳之川若贊溪者,亦不知其所在也"下,趙一清按云:"按《齊語》云,桓公懸車束馬逾太行辟耳之溪拘夏,韋昭曰:拘夏,辟耳山之溪也。豈亦贊溪之别名乎。"

《水經注》"贊水"究竟是不是一條河流，或者説是不是一個地名，直到清末孫詒讓纔把事實弄清。孫在其所著《札迻》卷三中，先引述上列《濡水注》的原文，然後評論云：

案上引《管子》，齊桓公至卑耳之溪，有贊水者，從左方涉，其深及冠；右方涉，其深至膝。文見《小問》篇。房《注》云：贊水，謂贊引渡水者。是彼水即指卑耳溪水，贊者，謂導贊知津之人，詔桓公從右方涉耳，非卑耳之旁，别有溪名贊者也。酈氏殆誤會其旨。

從孫詒讓的考證可見，對于這個"贊水"，唐房玄齡已經有注，但許多學者都因《濡水注》"然卑耳之川若贊溪者，亦不知其所在也"一語的先入之見，竟不再去讀一讀《管子》房《注》。從程大昌起，一直沿襲到趙一清。趙一清校注的《水經注釋》是清代名本，但酈《注》這一段書明引自《管子》，趙氏在校勘中竟不與《管子》核對，却自引《齊語》，把贊水作爲辟耳之溪的異名。酈《注》已經引人誤入歧路，而趙《釋》更使人愈誤愈深。當然，我們絶不會以這種千慮一失的事而貶損趙氏校勘《水經注》的"數十年考訂苦心"（王先謙《合校水經注例略》對趙書評語），但我們自已在讀書校書中以此爲戒，則是完全應該的。

㉒　宋曾公亮、丁度撰《武經總要・北蕃地理》云："遼水，在漢樂浪郡之北，東西四百八十里。《水經》云：大遼水源出靺鞨國西南山，南流會白槍水，至安市城，今號東京。小遼水源出遼山，西南流，與天梁水會，在國西。"此句中《水經》云下大遼水當是此《經》文下佚文，而小遼水當是以下《小遼水》《經》文下佚文。

㉓　二十二年　《注疏》本作"二十五年"。《疏》："朱五作二，趙改作二十二年。會貞按：《史記・始皇本紀》，二十一年，取燕薊城，燕王東收遼東而王之。二十五年，攻燕遼東得燕王喜。據《六國表》、《燕世家》並云，秦拔遼東，在燕王喜三十三年，正當始皇二十五年，則始皇置遼東郡，當在二十五年，今訂。"

㉔　遼隊縣　吴本、《注箋》本、項本、《五校》鈔本、《七校》本、《注釋》本、張本均作"遼隧縣"。

㉕　《方輿紀要》卷三十七《山東》八《遼東都指揮司・海州衛・遼隊城》引《水經注》云："遼隊縣在遼水東岸。"當是此段下佚文。

㉖　順睦　黄本、《注箋》本、項本、沈本、張本、《名勝志・山東》卷九《遼東都指揮司・海州衛》引《水經注》均作"順陸"。

㉗　"即是處也"下，《注疏》本尚有十五字："遼水又南歷縣，有小遼水，其流注之也。"《疏》："趙改其作共，戴删此十五字。會貞按：此有脱文錯簡也，趙改其字爲共，仍不可通。蓋小遼水注遼水，不得稱共流注。戴删此十五字，尤非。《漢志》遼水西南至遼隊入大遼水。《水經注》本之。此《注》提明一句，正與《小遼》篇相應，全書之例如此。戴氏因小遼入大遼，在遼隊之北，而上已言遼水逕遼隊故城西，此言又南歷縣，小遼水方注，地望既不合，又以誤字不可理，遂率意删除耳。余謂此十五字，當作遼水又南歷遼隊縣，有小遼水流注之，而移于上故平州句下，則無不合矣。"

㉘　《札記・獅子》：

卷十四《大遼水》《經》"又東南過房縣西"《注》中，曾記及曹操征蹋頓時遇見獅子的故事：

《魏書·國志》曰：遼西單于蹋頓尤强，爲袁氏所厚，故袁尚歸之，數入爲害。公出盧龍，塹山堙谷五百餘里，未至柳城二百里，尚與蹋頓將數萬騎逆戰，公登白狼山望柳城，卒與虜遇……《博物志》曰：魏武于馬上逢獅子，使格之，殺傷甚衆，王乃自率常從健兒數百人擊之，獅子吼呼奮越，左右咸驚。

曹操當年到達的地方，柳城在今遼寧省朝陽市以南，位于大凌河沿岸。在這個地區竟發現獅子，實在令人奇怪。當然，動物的分佈古今是有變化的。例如亞洲象（Elephas maximus），現在衹在南亞的印度、孟加拉、巴基斯坦、斯里蘭卡以及中南半島、馬來半島和我國雲南省的西雙版納等地纔有存在。但在歷史時期，分佈的地區比現在要廣闊得多。直到公元十世紀，今浙江金華和衢州一帶，還有這種動物的存在。據《十國春秋》卷十八所載，吴越寶正六年（九三一）："秋七月，有象入信安境。"又《吴越備史》卷四所載，癸丑三年（九五三）："東陽有大象自南方來，陷陂湖而獲之。"從世界陸地動物地理分區來看，我國的長江流域以南，以及印度半島、中南半島、東印度群島西部等地，都屬于東洋界，亞洲象是東洋界出現的動物，所以在古代森林没有大規模破壞以前，象在這個地區出現是不足爲奇的。但獅子（Panthera leo）却不同，牠是舊熱帶界的動物。世界動物地理區的舊熱帶界，包括阿拉伯半島南部以及非洲的撒哈拉沙漠以南地區，在毗鄰舊熱帶界的東洋界，歷來都很少看到關于獅子的記載，何況《水經注》記載的地區，已在遠離舊熱帶界的古北界，在距今不過一千八百年的歷史時期，竟出現獅子的踪迹，這是不可理解的。

所以《水經注》所引《博物志》關于今遼東地區出現獅子的記載，有必要作一點分析研究。記載中曹操遇見獅子的地方，在中國動物地理區劃中，屬于古北界、東北區的松遼平原亞區。這個地區在歷史時期是東北虎（P. t. amurensis）出没的地方，曹操和他的官兵，大多去自華北，平時看到的衹有華南虎（P. t. amoyensis）。《水經注》記載的華南虎活動的範圍是很廣闊的，北起鮑邱水、灅水，南到温水、葉榆河，許多卷篇都提到虎。卷三十《淮水注》還記載了後漢九江郡治陰陵縣（今安徽省鳳陽縣一帶）"時多虎災，百姓苦之"。卷三十八《溱水注》中也記載了"虎郡山，亦曰虎市山，以虎多暴故也"。所以虎在當時當然不是稀見的動物。卷十五《伊水》《經》"又東北過新城縣南"《注》中記載了曹操的兒子曹丕遇虎的事："魏文帝獵于此山，虎超乘輿，孫禮拔劍投虎于此山。""虎超乘輿"，情况也是很危險的，但是由于這是大家習見的華南虎，所以絶不會誤作獅子。衹見過體軀較小的華南虎的人，突然看到一隻碩大斑斕的東北虎，倉卒之間，把牠訛作傳説中聽到過或圖畫中看到過的獅子，這當然是很有可能的。

㉙　昌遼道　《注箋》本、項本、張本均作"昌黎道"，《注釋》本畢沅《序》云："《大遼水》下云：遼東屬國首曰昌遼，故天遼。而《前志》又無天遼之目，予以《十三州志》校之，知舊本、今本皆誤刊三字，《志》云遼東屬國都尉治昌黎道，故交黎。交黎，《前漢志》屬遼西，爲東海都尉治矣。則知《水經注》昌遼之遼，亦沿《續志》而誤也。"

㉚　《小遼水》有佚文，見注㉒。

㉛ 二年 《注疏》本作"三年"。《疏》:"朱'三'作'二',戴仍,趙改'二'作'三'。守敬按:趙改是也。《漢書·武帝紀》、《朝鮮傳》並作三年,《地理志》稱,玄菟郡,元封四年開,亦誤,戴不察,故沿朱之誤。"

㉜ 陳橋驛《水經浿水篇箋校》(《水經注研究四集》,杭州出版社二〇〇三年出版):

"東入海"一句有明顯錯誤。《漢書·地理志》樂浪郡浿水下云:"水西至增地入海。"《史記·朝鮮列傳》"至浿水爲界"《正義》引《地理志》:"浿水出遼東塞外,西南至樂浪縣,西入海。"所叙均正確無誤。但許慎《説文解字》卷一一上《水部·浿水》下云:"水出樂浪鏤方,東入海。從水,貝聲。"《水經》本《説文》,隨《説文》而誤。其所以致誤之由,因中原大水如江、淮、河、濟均西東流向,東入海。而不知朝鮮半島地形,東有摩天嶺山脈、狼林山脈、太白山脈等之阻,境内大水均東西流向,西入海。《説文》與《水經》作者,既未實地考察,又無可靠地圖,以中原況東陲,宜有此誤。

㉝ 《山海經·南山經》"曰青邱之山"郭璞《注》引《水經注》云:"《上林賦》云:秋田于青邱。"趙一清《水經注附録》卷上云:"此句疑是《浿水注》之佚文。"

㉞ 而下知禁 《注疏》本作"而不知禁"。《疏》:"會貞按:《魏志·東夷傳》,昔箕子既適朝鮮,作八條之教以教之,無門户之閉而民不爲盗。"按此處熊會貞《疏》難以成立,既云"民不爲盗",則《注》文"而不知禁"顯然牴牾。按《水經注疏》北京影印本作"民不知禁",而臺北影印本作"而下知禁"。段熙仲以北京本作底本點校此書,而我則以臺北本復校,已經校改此"不"爲"下",而今排印本仍作"不",當係排印本編輯之訛。

㉟ 《水經浿水篇箋校》:

按:指北魏與高句麗。據《魏書·高句麗傳》:"世祖(按北魏太武帝拓跋燾)時,釗(按指高句麗國君)曾孫璉始遣使者安東,表貢方物,並請國諱。世祖嘉其誠款,詔下帝系名諱于其國。遣員外散騎侍郎李敖拜璉爲都督遼海諸軍事征東將軍,領護東夷中郎將遼東郡開國君高句麗王。敖至其所居平壤城,訪其方事……迄于武定末,其貢使無歲不至。"由于高句麗"貢使無歲不至",故酈氏"余訪蕃使"無法查實何年。惟蕃使所言"城在浿水之陽"一語,可爲平壤在浿水北岸之確證,亦可爲浿水即今大同江之確證。酈氏撰述《水經注》,其方法從實地查勘、稽核地圖、引徵文獻以至訪問外國使節,可謂盡其所能,深得地理著述之要領,《水經注》一書之所以載譽古今中外,殊非無因。

卷十五　洛水　伊水　瀍水　澗水

洛水出京兆上洛縣讙舉山，

《地理志》曰：洛出冢嶺山。《山海經》曰：出上洛西山。又曰：讙舉之山，洛水出焉，東與丹水合，水出西北竹山，東南流注于洛。洛水又東，尸水[①]注之，水北發尸山[②]，南流入洛。洛水又東得乳水，水北出良餘山，南流注于洛。洛水又東會於龍餘之水，水出蠱尾之山[③]，東流入洛。洛水又東至陽虚山，合玄扈之水。《山海經》曰：洛水東北流，注于玄扈之水是也。又曰：自鹿蹏之山以至玄扈之山，凡九山。玄扈亦山名也，而通與讙舉爲九山之次焉。故《山海經》曰：此二山者，洛間也。是知玄扈之水，出于玄扈之山，蓋山水兼受其目矣。其水逕于陽虚之下。《山海經》又曰：陽虚之山，臨于玄扈之水，是爲洛汭也。《河圖玉版》曰：倉頡爲帝，南巡，登陽虚之山，臨于玄扈、洛汭之水。靈龜負書，丹甲青文以授之。即于此水也。洛水又東歷清池山，東合武里水，水南出武里山，東北流注于洛。洛水又東，門水出焉。《爾雅》所謂洛别爲波也。洛水又東，要水入焉。水南出三要山，東北逕拒陽城西，而東北流入于洛。洛水又東與獲水合，水南出獲輿山，俗謂之備水也。東北逕獲輿川[④]，世名之爲卻川，東北流，注于洛。洛水又東逕熊耳山北，《禹貢》所謂導洛自熊耳。《博物志》曰：洛出熊耳，蓋開其源者是也。

東北過盧氏縣南，

洛水逕隝渠關[⑤]北,隝渠水[⑥]南出隝渠山[⑦],即荀渠山也。其水一源兩分,川流半解,一水西北流,屈而東北,入于洛。《山海經》曰:熊耳之山,浮豪之水出焉,西北流注于洛。疑即是水也。荀渠,蓋熊耳之殊稱,若太行之歸山也。故《地説》曰:熊耳之山,地門也,洛水出其間。是亦總名矣。其一水東北逕隝渠城西,故關城也。其水東北流,注于洛。洛水又東逕盧氏縣故城南,《竹書紀年》:晉出公十九年,晉韓龍取盧氏城。王莽之昌富也。有盧氏川水注之。水北出盧氏山,東南流逕盧氏城東,東南流注于洛。洛水又東,翼合三川,竝出縣之南山,東北注洛。《開山圖》曰:盧氏山宜五穀,可避水災,亦通謂之石城山。山在宜陽山西南,千名之山,咸處其内,陵阜原隰,易以度身者也。又有葛蔓谷水,自南山流注洛水。洛水又東逕高門城南,即《宋書》所謂後軍外兵龐季明入盧氏,進達高門木城者也。洛水東與高門水合,水出北山,東南流合洛水枝津。水上承洛水,東北流逕石勒城北,又東逕高門城北,東入高門水,亂流南注洛。洛水又東,松陽溪水[⑧]注之,水出松陽山[⑨],北流注于洛。洛水又東逕黄亭南,又東合黄亭溪水[⑩]。水出鵜鶘山,山有二峰,峻極于天,高崖雲舉,亢石無階,猨徒喪其捷巧,鼯族謝其輕工,及其長霄冒嶺,層霞冠峰,方乃就辨優劣耳。故有大、小鵜鶘之名矣。溪水東南流歷亭下,謂之黄亭溪水,又東南入于洛水。洛水又東得荀公溪口,水出南山荀公澗,即龐季明所入荀公谷者也。其水歷谷東北流,注于洛水。洛水又東逕檀山南,其山四絶孤峙,山上有塢聚,俗謂之檀山塢。義熙中,劉公西入長安,舟師所屆,次于洛陽,命參軍戴延之與府舍人虞道元即舟遡流,窮覽洛川,欲知水軍可至之處。延之屆此而返,竟不達其源也。洛水又東,庫谷水注之,水自宜陽山南,三川竝發,合爲一溪,東北流注于洛。洛水又東得鵜鶘水口,水北發鵜鶘澗,東南流入於洛。洛水又逕僕谷亭北,左合北水,水出北山,東南流注于洛。洛水又東,侯谷水出南山,北流入于洛。洛水又東逕龍驤城北,龍驤將軍王鎮惡,從劉公西入長安,陸行所由,故城得其名。洛水又東,左合宜陽北山水,水自北溪南流注洛。洛水又東,廣由澗水注之,水出南山由溪,北流逕龍驤城東,而北流入于洛。洛水又東,右得直谷水,水出南山,北逕屯城,西北流注于洛水也。

又東北過蠡城邑之南,

城西有塢水,出北四里山上,原高二十五丈,故黽池縣治。南對金門塢,水南五里,舊宜陽縣治也。洛水右會金門溪水,水南出金門山,北逕金門塢,西北流入于洛。洛水又東合款水,其水二源竝發,兩川逕引,謂之大款水也,合而東南入于洛。洛水又東,黍良谷水入焉。水南出金門山,《開山圖》曰:山多重,固在韓[⑪]。建武二年,强弩大將軍陳俊轉擊金門、白馬,皆破之,即此也。而東北流注于洛。洛水又東，左合北溪，南流入于洛也。

又東過陽市邑南，又東北過于父邑[12]之南，

太陰谷水南出太陰溪，北流注于洛。洛水又東合白馬溪水，水出宜陽山，澗有大石，厥狀似馬，故溪澗以物色受名也。溪水東北流注于洛。洛水又東，有昌澗水注之，水出西北宜陽山，而東南流，逕宜陽故郡南，舊陽市邑也，故洛陽都典農治，此後改爲郡。其水又南注于洛。洛水又東逕一合塢南[13]，城在川北原上，高二十丈，南、北、東三箱，天險峭絶，惟築西面即爲固，一合之名[14]，起于是矣。劉曜之將攻河南也，晉將軍魏該奔于此，故于父邑也。洛水又東合杜陽澗水，水出西北杜陽溪，東南逕一合塢[15]，東與槃谷水合，亂流東南入洛。洛水又東，渠谷水出宜陽縣南女几山，東北流逕雲中塢，左上迢遰層峻，流煙半垂，纓帶山阜，故塢受其名。渠谷水又東北入洛水。臧榮緒《晉書》稱，孫登嘗經宜陽山，作炭人見之與語，登不應，作炭者覺其情神非常，咸共傳説，太祖聞之，使阮籍往觀與語，亦不應。籍因大嘯，登笑曰：復作向聲。又爲嘯，求與俱出，登不肯，籍因别去。登上峰行且嘯，如簫韶笙簧之音，聲振山谷。籍怪而問作炭人，作炭人曰：故是向人聲。籍更求之，不知所止，推問久之，乃知姓名。余按孫綽之叙《高士傳》，言在蘇門山，又别作《登傳》。孫盛《魏春秋》亦言在蘇門山，又不列姓名。阮嗣宗感之，著《大人先生論》，言吾不知其人，既神遊自得，不與物交。阮氏尚不能動其英操，復不識何人而能得其姓名。

又東北過宜陽縣南，

洛水之北有熊耳山，雙巒競舉，狀同熊耳，此自别山，不與《禹貢》導洛自熊耳同也。昔漢光武破赤眉樊崇，積甲仗與熊耳平，即是山也。山際有池，池水東南流，水側有一池，世謂之澠池[16]矣。又東南逕宜陽縣故城西，謂之西度水，又東南流入于洛。洛水又東逕宜陽縣故城南。秦武王以甘茂爲左丞相，曰：寡人欲通三川，窺周室，死不朽矣。茂請約魏以攻韓，斬首六萬，遂拔宜陽城。故韓地也，後乃縣之，漢哀帝封息夫躬爲侯國。城之西門，赤眉樊崇與盆子及大將等，奉璽綬劒璧處。世祖不即見，明日，陳兵于洛水見盆子等，謂盆子丞相徐宣曰：不悔乎？宣曰：不悔。上歎曰：卿庸中皦皦，鐵中錚錚也。洛水又東與厭染之水[17]合，水出縣北傅山大陂[18]，山無草木，其水自陂北流，屈而東南注，世謂之五延水。又東南流逕宜陽縣故城東，東南流注于洛。洛水又東南，黄中澗水出北阜，二源奇發，總成一川，東流注于洛。洛水又東，禄泉水[19]注之，其水北出近溪。洛水又東，共水入焉。水北出長石之山，山無草木，其西有谷焉，厥名共谷，共水出焉。南流得尹溪口，水出西北尹

谷，東南注之。共水又西南與左澗水會，水東出近川，西流注于共水。共水又南與李谷水合，水出西北李溪，東南注秦水。秦水發源秦谷，西南流與李谷水合，而西南流入共水。共水，世謂之石頭泉，而南流注于洛。洛水又東，黑澗水南出陸渾西山，歷于黑澗，西北入洛。洛水又東，臨亭川水注之，水出西北近溪，東南與長澗水會，水出北山，南入臨亭水，又東南歷九曲西，而南入洛水也。

又東北出散關南，

洛水東逕九曲南，其地十里，有坂九曲。《穆天子傳》所謂天子西征，升于九阿。此是也。洛水又東與豪水會，水出新安縣密山，南流歷九曲東，而南流入于洛。洛水之側有石墨山[20]，山石盡黑，可以書疏，故以石墨名山矣。洛水又東，枝瀆左出焉。東出關，絶惠水。又逕清女冢南，冢在北山上，《耆舊傳》云：斯女清貞秀古，跡表來今矣。枝瀆又東，逕周山，上有周靈王冢，《皇覽》曰：周靈王葬于河南城西南周山上，蓋以王生而神，故謚曰靈，其冢，人祠之不絶。又東北逕柏亭南，《皇覽》曰：周山在柏亭西北。謂斯亭也。又東北逕三王陵東北出，三王，或言周景王、悼王、定王也。魏司徒公崔浩注《西征賦》云：定當爲敬，子朝作難，西周政弱人荒，悼、敬二王，與景王俱葬于此，故世以三王名陵。《帝王世紀》曰：景王葬于翟泉，今洛陽太倉中大冢是也。而復傳言在此，所未詳矣。又悼、敬二王，稽諸史傳，復無葬處，今陵東有石碑，録赧王以上世王名號，考之《碑記》，周墓明矣。枝瀆東北歷制鄉，逕河南縣王城西，歷郟鄏陌。杜預《釋地》曰：縣西有郟鄏陌。謂此也。枝瀆又北入穀，蓋經始周啟，瀆久廢不脩矣。洛水自枝瀆又東出關，惠水右注之，世謂之八關水。戴延之《西征記》謂之八關澤，即《經》所謂散關。鄣自南山，横洛水，北屬于河，皆關塞也，即楊僕家僮所築矣。惠水出白石山之陽，東南流與瞻水合，水東出婁涿之山，而南流入惠水。惠水又東南，謝水北出瞻諸之山，東南流，又有交觸之水，北出廆山，南流，俱合惠水。惠水又南流逕關城北，二十里者也[21]。其城西阻塞垣，東枕惠水。靈帝中平元年，以河南尹何進爲大將軍，率五營士屯都亭，置函谷、廣城、伊闕[22]、大谷、轘轅、旋門[23]、小平津[24]、孟津等八關，都尉官治此，函谷爲之首，在八關之限，故世人總其統目，有八關之名矣。其水又南流入于洛水。《山海經》曰：白石之山，惠水出其陽，而南流注于洛。謂是水也。洛水又與虢水會，水出扶豬之山[25]，北流注于洛水。之南則鹿蹏之山也，世謂之非山。其山陰則峻絶百仞，陽則原阜隆平，甘水發于東麓，北流注于洛水也。

又東北過河南縣南，

《周書》稱周公將致政，乃作大邑成周于中土，南繫于洛水，北因于郟山，以爲天下之大湊。《孝經援神契》曰：八方之廣，周洛爲中，謂之洛邑。《竹書紀年》：晉定公二十年，洛絶于周。魏襄王九年，洛入成周，山水大出。南有甘洛城，《郡國志》所謂甘城也。《地記》曰：洛水東北過五零陪尾[26]，北與澗、瀍合，是二水，東入千金渠，故瀆存焉。

又東過洛陽縣南，伊水從西來注之。

洛陽，周公所營洛邑也。故《洛誥》曰：我卜瀍水東，亦惟洛食。其城方七百二十丈，南繫于洛水，北因于郟山，以爲天下之湊。方六百里，因西八百里，爲千里。《春秋》昭公三十二年，晉合諸侯大夫戍成周之城，故亦曰成周也。司馬遷《自序》云：太史公留滯周南。摯仲治曰：古之周南，今之洛陽。漢高祖始欲都之，感婁敬之言，不日而駕行矣。屬光武中興，宸居洛邑，逮于魏晉，咸兩宅焉。故《魏略》曰：漢火行忌水，故去其水而加隹，魏爲土德，土，水之牡也，水得土而流，土得水而柔，除隹加水。《長沙耆舊傳》云：祝良，字召卿，爲洛陽令，歲時亢旱，天子祈雨不得，良乃曝身階庭，告誠引罪，自晨至中，紫雲水起，甘雨登降。人爲歌曰：天久不雨，烝人失所，天王自出，祝令特苦，精符感應，滂沱下雨[27]。則縣司及河南尹治，司隸，周官也，漢武帝使領徒隸，董督京畿，後因名司州焉。《地記》曰：洛水東入于中提山間，東流會于伊是也。昔黄帝之時，天大霧三日，帝遊洛水之上，見大魚，殺五牲以醮之，天乃甚雨，七日七夜魚流，始得圖書，今《河圖視萌篇》是也。昔王子晉好吹鳳笙，招延道士，與浮丘同遊伊、洛之浦，含始又受玉雞之瑞于此水，亦洛神宓妃之所在也。洛水又東，合水南出半石之山，北逕合水塢[28]，而東北流注于公路澗，但世俗音譌，號之曰光禄澗，非也。上有袁術固，四周絶澗，迢遞百仞，廣四五里，有一水，淵而不流，故溪澗即其名也。合水北與劉水合，水出半石東山，西北流逕劉聚，三面臨澗，在緱氏西南，周畿内劉子國，故謂之劉澗。其水西北流注于合水，合水又北流注于洛水也。

又東過偃師縣南，

洛水東逕計素渚，中朝時，百國貢計所頓，故渚得其名。又直偃師故縣南，與緱氏分水。又東，休水自南注之，其水導源少室山，西流逕穴山南，而北與少室山水合，水出少室北溪，西南流注休水。休水又左會南溪水，水發大穴南山，北流入休水。休水又西南北屈，潛流地下，其故瀆北屈出峽，謂之大穴口。北歷覆釜堆東，蓋以物象受名矣。又東屆零星塢，水流潛通，重源又發，側緱氏原，《開山圖》謂之緱氏山也。亦云仙者升焉，言王子晉控鵠斯阜，靈王望而不得近，舉手謝而去，其家得遺屣。俗亦謂之爲撫父堆，堆上有子晉祠。或言在九山，非此。世代已遠，莫能辨之。劉向《列仙傳》云:世有簫管之聲焉。休水又逕延壽城南,緱氏縣治,故滑費,《春秋》滑國所都也。王莽更名中亭,即緱氏城也。城有仙人祠,謂之仙人觀。休水又西轉北屈,逕其城西,水之西南有《司空密陵元侯鄭袤廟碑》,文缺不可復識。又有《晉城門校尉昌原恭侯鄭仲林碑》,晉泰始六年立。休水又北流注于洛水。洛水又東逕百谷塢北,戴延之《西征記》曰:塢在川南,因高爲塢,高十餘丈,劉武王西入長安,舟師所保也。洛水又北,陽渠水注之。《竹書紀年》:晉襄公六年,洛絶于泂。即此處也。洛水又北逕偃師城東,東北歷鄩中,水南謂之南鄩,亦曰上鄩也。逕訾城西,司馬彪所謂訾聚也,而鄩水注之。水出北山鄩溪,其水南流,世謂之温泉水。水側有僵人穴,穴中有僵尸,戴延之《從劉武王西征記》[29]曰:有此尸,尸今猶在。夫物無不化之理,魄無不遷之道,而此尸無神識,事同木偶之狀,喻其推移,未若正形之速遷矣。鄩水又東南,于訾城西北東入洛水。故京相璠曰:今鞏洛渡北,有鄩谷水東入洛,謂之下鄩。故有上鄩、下鄩之名,亦謂之北鄩,于是有南鄩、北鄩之稱矣。又有鄩城,蓋周大夫鄩肹之舊邑。洛水又東逕訾城北,又東,羅水注之。水出方山羅川,西北流,蒲池水注之。水南出蒲陂,西北流合羅水,謂之長羅川。亦曰羅中也。蓋肹子鄩羅之宿居,故川得其名耳。羅水又西北,白馬溪水注之。水出嵩山北麓,逕白馬塢東,而北入羅水。西北流,白桐澗水注之。水出嵩麓桐溪,北流逕九山東,又北,九山溪水入焉。水出百稱山東谷,其山孤峰秀出,嶕嶢分立。仲長統曰:昔密有卜成者,身遊九山之上,放心不拘之境,謂是山也。山際有九山廟,廟前有碑云:九顯靈府君者,太華之元子,陽九列名,號曰九山府君也。南據嵩岳,北帶洛瀍,晉元康二年九月,太歲在戌[30],帝遣殿中中郎將、關内侯樊廣、緱氏令王與、主簿傅演,奉宣詔命,興立廟殿焉。又有《百蟲將軍顯靈碑》,碑云:將軍姓伊氏,諱益,字隤敳,帝高陽之第二子伯益者也。晉元康五年七月七日,順人吴義等建立堂廟,永平元年二月二十日刻石立頌,贊示後賢矣。其水東北流入白桐澗。又北逕袁公塢東,蓋公路始固有此也,故有袁公之名矣。北流注于羅水。羅水又西北逕袁公塢北,又西北逕潘岳父子墓前,有碑。岳父芘,瑯琊太守,碑石破落,文字缺敗。《岳碑》題云:《給事黄門侍郎潘君之碑》。碑云:君遇孫秀之難,闔門受禍,故門生感覆醢以增慟,乃樹碑以記事。太常潘尼之辭也。羅水又于訾城東北入于洛水也。

又東北過鞏縣東,又北入於河。

洛水又東,明樂泉水[31]注之。水出南原下,三泉竝導,故世謂之五道泉,即古明溪泉也。《春秋》昭公二十二年,師次于明溪者也。洛水又東逕鞏縣故城南,東周所居也,本周之畿内鞏伯國也。《春秋左傳》所謂尹文父涉于鞏。即于此也。洛水又東,濁水注之,即古黄水[32]也。水出南原,京相璠曰:訾城北三里有黄亭,即此亭也。《春秋》所謂次于黄者也。洛水又東北,洞水發南溪石泉,世亦名之爲石泉水也。京相璠曰:鞏東地名坎欿[33],在洞水東。疑即此水也。又逕盤谷塢東,世又名之曰盤谷水。司馬彪《郡國志》:鞏有坎欿聚。《春秋》僖公二十四年,王出及坎欿。服虔亦以爲鞏東邑名也。今考厥文若狀焉,而不能精辨耳。《晉太康地記》、《晉書·地道記》,竝言在鞏西,非也。其水又北入洛。洛水又東北流,入于河。《山海經》曰:洛水成皐西入河是也。謂之洛汭,即什谷也。故張儀説秦曰:下兵三川,塞什谷之口。謂此川也。《史記音義》曰:鞏縣有鄩谷水者也。黄帝東巡河,過洛,脩壇沈璧,受《龍圖》于河,《龜書》于洛,赤文緑字。堯帝又脩壇河、洛,擇良即沈,榮光出河,休氣四塞,白雲起,迴風逝,赤文緑色,廣袤九尺,負理平上,有列星之分,七政之度。《帝王録》記興亡之數,以授之堯。又東沈書于日稷,赤光起,玄龜負書背甲,赤文成字,遂禪於舜。舜又習堯禮,沈書於日稷,赤光起,玄龜負書至於稷下,榮光休至,黄龍卷甲,舒圖壇畔,赤文緑錯以授舜。舜以禪禹。殷湯東觀于洛,習禮堯壇,降璧三沈,榮光不起,黄魚雙躍,出濟于壇,黑烏以浴,隨魚亦上,化爲黑玉赤勒之書,黑龜赤文之題也。湯以伐桀,故《春秋説題辭》曰:河以道坤出天苞,洛以流川吐地符,王者沈禮焉。《竹書紀年》曰:洛伯用與河伯馮夷鬬,蓋洛水之神也。昔夏太康失政,爲羿所逐,其昆弟五人,須于洛汭,作《五子之歌》于是地矣。

伊水出南陽魯陽縣西蔓渠山,

《山海經》曰:蔓渠之山,伊水出焉。《淮南子》曰:伊水出上魏山。《地理志》曰:出熊耳山。即麓大同,陵巒互别耳。伊水自熊耳東北逕鸞川亭北,蓌水出蓌山,北流際其城東而北入伊水。世人謂伊水爲鸞水,蓌水爲交水,故名斯川爲鸞川也。又東爲淵潭,潭渾若沸,亦不測其深淺也。伊水又東北逕東亭城南,又屈逕其亭東,東北流者也。

東北過郭落山,

陽水出陽山陽溪,世人謂之太陽谷,水亦取名焉。東流入伊水,伊水又東北,鮮水入焉,水出鮮山,北流注于伊。伊水又與蠻水合,水出盧氏縣之蠻谷,東流入于伊。

又東北過陸渾縣南,

《山海經》曰:滽滽之水,出于鳌山,南流注于伊水。今水出陸渾縣之西南王母澗,澗北山上有王母祠,故世因以名溪,東流注于伊水,即滽滽之水也。伊水歷崖口,山峽也。翼崖深高,壁立若闕,崖上有塢,伊水逕其下,歷峽北流,即古三塗山也。杜預《釋地》曰:山在縣南。闞駰《十三州志》云:山在東南。今是山在陸渾故城東南八十許里。《周書》:武王問太公曰:吾將因有夏之居,南望過于三塗,北瞻望于有河。《春秋》昭公四年,司馬侯曰:四嶽、三塗、陽城、太室、荆山,中南,九州之險也。服虔曰:三塗、大行、轘轅、崤、澠[34],非南望也。京相璠著《春秋土地名》亦云:山名也。以服氏之説,塗,道也。準《周書》南望之文,或言宜爲轘轅、大谷、伊闕,皆爲非也。《春秋》,晉伐陸渾,請有事于三塗。知是山明矣。有七谷水注之,水西出女几山[35]之南七溪山,上有西王母祠,東南流注于伊水。又北,蚤谷水注之,水出女几山之東谷,東逕故亭南,東流入于伊水。伊水又東北逕伏流嶺東,嶺上有崑崙祠,民猶祈焉。劉澄之《永初記》稱,陸渾縣西有伏流坂者也。今山在縣南崖口北三十里許,西則非也。北與温泉水合,水出新城縣之狼皐山西南皐下,西南流會于伊水。伊水又東北逕伏睹嶺,左納焦澗水,水西出鹿髆山,東流逕孤山南,其山介立豐上,單秀孤峙,故世謂之方山,即劉中書澄之所謂縣有孤山者也。東歷伏睹嶺南,東流注于伊。伊水又東北,涓水注之,水出陸渾西山,即陸渾都也。尋郭文之故居,訪胡昭之遺像,世去不停,莫識所在。其水有二源,俱導而東注。虢略在陸渾縣西九十里也,司馬彪《郡國志》曰:縣西虢略地,《春秋》所謂東盡虢略者也。北水東流合侯澗水,水出西北侯溪,東南流注于涓水。涓水又東逕陸渾縣故城北,平王東遷,辛有適伊川,見有被髮而祭于野者曰:不及百年,此其戎乎?魯僖公二十二年,秦、晉遷陸渾之戎于伊川,故縣氏之也。涓水東南流,左合南水,水出西山七谷,亦謂之七谷水。阻澗東逝,歷其縣南,又東南,左會北水,亂流左合禪渚水,水上承陸渾縣東禪渚,渚在原上,陂方十里,佳饒魚葦,即《山海經》所謂南望禪渚,禹父之所化。郭景純《注》云:禪,一音暖,鯀化羽淵而復在此,然已變怪,亦無往而不化矣。世謂此澤爲慎望陂,陂水南流注于涓水。涓水又東南注于伊水。昔有莘氏女采桑于伊川,得嬰兒于空桑中,言其母孕于伊水之濱,夢神告之曰:臼水出而東走,母明視而見臼水出焉。告其鄰居而走,顧望其邑,咸爲水矣。其母化爲空桑,子在其中矣。莘女取而獻之,命養于庖,長而有賢德,殷以爲尹,曰伊尹也。

又東北過新城縣南,

馬懷橋長水出新城西山,東逕《晉使持節征南將軍宗均碑》[36]南。均字文平,縣人也。其碑,太始三年十二月立。其水又東流入于伊。又有明水出梁縣西狼皐山,俗謂之石澗水也。西北流逕楊亮壘南,西北合康水,水亦出狼皐山,東北流逕范塢北與明水合,又西南流入于伊。《山海經》曰:放皐之山,明水出焉,南流注于伊水是也。伊水又與大戟水會,水出梁縣西,有二源,北水出廣成澤,西南逕楊志塢北與南水合,水源南出廣成澤,西流逕陸渾縣南。《河南十二縣境簿》曰:廣成澤在新城縣界黄阜。西北流,屈而東,逕楊志塢南,又北屈逕其塢東,又逕塢北,同注老倒澗，俗謂之老倒澗水，西流入于伊。伊水又北逕新城東與吴澗水會，水出縣之西山，東流南屈，逕其縣故城西，又東轉逕其縣南，故蠻子國也。縣有鄤聚，今名蠻中是也，漢惠帝四年置縣。其水又東北流，注于伊水。伊水又北逕當階城西，大狂水入焉。水東出陽城縣之大𦤎山[37]，《山海經》曰：大𦤎之山多㻬琈之玉，其陽，狂水出焉，西南流，其中多三足龜，人食之者無大疾，可以已腫。狂水又西逕綸氏縣故城南，《竹書紀年》曰：楚吾得帥師及秦伐鄭圍綸氏者也。左與倚薄山水合，水北出倚薄之山，南逕黄城西，又南逕綸氏縣故城東，而南流注于狂水。狂水又西，八風溪水注之，水北出八風山，南流逕綸氏縣故城西，西南流入于狂水。狂水又西得三交水口，水有三源，各導一溪，竝出山南流合舍，故世有三交之名也。石上菖蒲，一寸九節，爲藥最妙，服久化僊。其水西南流注于狂水。狂水又西逕缶高山北，西南與湮水合。水出東北湮谷，西南流逕武林亭東北，又屈逕其亭南，其水又西南逕湮陽亭東，蓋藉水以名亭也。又東南流入于狂。狂水又西逕湮陽城南，又西逕當階城南，而西流注于伊。伊水又北，土溝水出玄望山西，東逕玄望山南，又東逕新城縣故城北，東流注于伊水。伊水又北，板橋水入焉，水出西山，東流入于伊水。伊水又北會厭澗水，水出西山，東流逕郲垂亭南，《春秋左傳》文公十七年，秋，周甘歜敗戎于郲垂者也。服虔曰：郲垂在高都南。杜預《釋地》曰：河南新城縣北有郲垂亭。司馬彪《郡國志》曰：新城有高都城。今亭在城南七里，遺基存焉。京相璠曰：舊説言郲垂在高都南，今上黨有高都縣。余謂京論疎遠，未足以證，無如虔説之指密矣。其水又東注于伊水。伊水又北逕高都城東，徐廣《史記音義》曰：今河南新城縣有高都城。《竹書紀年》：梁惠成王十七年，東周與鄭高都利者也。又來儒之水[38]出于半石之山，西南流逕斌輪城北，西歷艾澗[39]，以其水西流，又謂之小狂水也。其水又西南逕大石嶺南，《開山圖》所謂大石山也。山下有《大石嶺碑》，河南隱士通明，以漢靈帝中平六年八月戊辰，于山堂立碑，文字淺鄙，殆不可尋。魏文帝獵于此山，虎超乘輿，孫禮拔劍投虎于是山。山在洛陽南，而劉澄之言在洛東北，非也。山阿有魏明帝高平陵，王隱《晉書》曰：惠帝使校尉陳總仲元詣洛陽山請雨，總盡除小祀，惟存大石而祈之，七日大雨。即是山也。來儒之水又西南逕赤眉城南，又西至高都城東，西入伊水，謂之曲水也。

又東北過伊闕中，

伊水逕前亭西，《左傳》昭公二十二年，晉箕遺、樂徵、右行詭濟師，取前城者也。京相璠曰：今洛陽西南五十里伊闕外前亭矣。服虔曰：前讀爲泉，周地也。伊水又北入伊闕，昔大禹疏以通水。兩山相對，望之若闕，伊水歷其間北流，故謂之伊闕矣。《春秋》之闕塞也。昭公二十六年，趙鞅使女寬守闕塞是也。陸機云：洛有四闕，斯其一焉。東巖西嶺，竝鐫石開軒，高甍架峰。西側靈巖下，泉流東注，入于伊水。傅毅《反都賦》曰：因龍門以暢化，開伊闕以達聰也。闕左壁有《石銘》云：黄初四年六月二十四日辛巳，大出水，舉高四丈五尺，齊此已下。蓋記水之漲減也。右壁又有《石銘》云：元康五年，河南府君循大禹之軌，部督郵辛曜、新城令王琨、部監作掾董猗、李褒，斬岸開石，平通伊闕，石文尚存也。

又東北至洛陽縣南，北入於洛。

伊水自闕東北流，枝津右出焉。東北引溉，東會合水，同注公路澗，入于洛，今無水。《戰國策》曰：東周欲爲田，西周不下水，蘇子見西周君曰：今不下水，所以富東周也，民皆種他種。欲貧之，不如下水以病之，東周必復種稻，種稻而復奪之，是東周受命于君矣。西周遂下水，即是水之故渠也。伊水又東北，枝渠左出焉，水積成湖，北流注于洛，今無水。伊水又東北至洛陽縣南，逕圜丘東，大魏郊天之所，準漢故事建之。《後漢書・郊祀志》曰：建武二年，初制郊兆于洛陽城南七里，爲圜壇八陛，中又爲重壇，天地位其上，皆南向。其外壇，上爲五帝位，其外爲壝。重營皆紫，以像紫宫。按《禮》，天子大裘而冕，祭皥天上帝于此，今衮冕也。壇壝無復紫矣。伊水又東北流，注于洛水。《廣志》曰：鯢魚聲如小兒嗁，有四足，形如鯪鱧，可以治牛，出伊水也。司馬遷謂之人魚，故其著《史記》曰：始皇帝之葬也，以人魚膏爲燭。徐廣曰：人魚似鮎而四足，即鯢魚也。

瀍水出河南穀城縣北山，

縣北有晉亭，瀍水出其北梓澤中，梓澤，地名也。澤北對原阜，即裴氏墓塋所在，碑闕存焉。其水歷澤東南流，水西有一原，其上平敞，古晉亭之處也。即潘安仁《西征賦》所謂越街郵[40]者也。

東與千金渠合，

《周書》曰：我卜瀍水西。謂斯水也。東南流，水西南有帛仲理墓，墓前有《碑》，題云：真人帛君之表。仲理名護，益州巴郡人，晉永寧二年十一月立。瀍水又東南流，注于穀。穀水自千金堨東注，謂之千金渠也。

又東過洛陽縣南，又東過偃師縣，又東入于洛。

澗水出新安縣南白石山，

《山海經》曰：白石之山，惠水出于其陽，東南注于洛；澗水出于其陰，北流注于穀。世謂是山曰廣陽山，水曰赤岸水，亦曰石子澗。《地理志》曰：澗水在新安縣，東南入洛。是爲密矣。東北流歷函谷東坂東，謂之八特坂。

東南入于洛。

孔安國曰:澗水出澠池山[41]。今新安縣西北有一水,北出澠池界,東南流逕新安縣,而東南流入于穀水。安國所言當斯水也。然穀水出澠池,下合澗水,得其通稱,或亦指之爲澗水也。竝未之詳耳。今孝水東十里有水,世謂之慈澗,又謂之澗水。按《山海經》則少水也,而非澗水,蓋習俗之誤耳。又按河南有離山水,謂之爲澗水,水西北出離山,東南流歷郏山,于穀城東而南流注于穀。舊與穀水亂流,南入于洛;今穀水東入千金渠,澗水與之俱東入洛矣。或以是水竝爲周公之所相卜也。吕忱曰:今河南死水。疑其是此水也。然意所未詳,故竝書存之耳。

注释:

① 尸水　黄本、吴本、《注箋》本、項本、沈本、張本、《山海經・中山經》"尸水出焉"畢沅《注》引《水經注》均作"户水"。

② 尸山　黄本、吴本、《注箋》本、項本、沈本、張本、《山海經箋疏》卷五《中山經》"又東十里曰尸山"郝懿行《案》引《水經注》均作"户山"。

③ 蠱尾之山　黄本、吴本、《注箋》本、何校明鈔本、王校明鈔本、項本、沈本、張本均作"蟲尾之山"。

④ 獲輿川　黄本、吴本、《注箋》本、項本、沈本、張本均作"獲興川"。

⑤ 隖渠關　黄本、吴本、《注箋》本、沈本、項本、張本均作"陽渠關",《山海經・中山經》"浮豪之水出焉"畢沅《注》引《水經注》均作"隖渠關"。

⑥ 隖渠水　同上引《水經注》均作"隖渠水"。

⑦ 隖渠山　黄本、吴本、《注箋》本、項本、張本、《山海經彙説》卷八"洛水非一"陳逢衡《注》引《水經注》均作"陽渠山"。《山海經・中山經》"浮豪之水出焉"畢沅《注》引《水經注》作"隖渠山"。

⑧ 松陽溪水　黄本、吴本、《注箋》本、項本、沈本、張本、乾隆《河南府志》卷九《山川志》三《松楊山》引《水經注》均作"松楊溪水"。

⑨ 松陽山　同上引《水經注》均作"松楊山"。

⑩ 黄亭溪水　《注箋》本、項本、張本、《注疏》本均作"黄城溪水"。《注疏》本《疏》:"趙據《禹貢錐指》改'城'作'亭',戴改同。會貞按:胡氏但因上稱黄亭,下稱黄亭溪水,改此'城'作'亭',非别有所本,但《注》往往亭、城通稱,不必改。"

⑪ 山多重固在韓　《注疏》本作"山出多重,固在韓"。《疏》:"趙、戴並删'出'字。會貞按:此條有訛文。《續漢志》宜陽《注》,有金門山,山竹爲律管。《寰宇記》陝縣下,金門山有竹,可爲律管。《事類賦注》二十四引梅(字疑誤)子曰,宜陽金門山,竹爲律管。是故書雅記,載金門山,皆指竹爲律管。(《御覽》四十二引阮籍《宜陽記》,金山之竹,堪爲笙管。《寰宇記》河南郡下,引《九州要記》,金門之竹,可以爲笙管。乃律管之變文。)此'多'從兩'夕',與'竹'從兩'个'形近。'重'與'管','固'與'可','在'與'爲','韓'與'律'亦形近,其言竹可爲律管無疑。竊意當作'山出竹,可爲律

管’。趙、戴反以出字爲衍而删之。試問‘山多重固在韓’,究作何解乎?”

⑫ 《寰宇記》卷一四一《山南西道》九《商州・洛南縣》引《水經注》云:“洛水北逕文邑。”當是此段下佚文。

⑬ 一合塢 《注疏》本作“一全塢”,《通鑑地理通釋》卷十四宜陽郡《注》引《水經注》作“一金塢”。《注疏》本《疏》:“朱‘全’訛作‘合’,趙、戴同。守敬按:《魏志・杜恕傳・注》引杜氏《新書》,恕去官,營宜陽一泉塢,因其塹壘之固小大家焉。《晉書・魏該傳》亦作一泉塢,‘泉’、‘全’音同,足見此《注》四‘合’字皆當作‘全’。《通典》、《元和志》作一金塢,則‘全’、‘金’形近致訛也。今訂。在今宜陽縣西六十里。”段熙仲《校記》:“《元和志》作一金塢。按:《聚珍》本作‘全’不作‘金’,當已校改。”按中華書局一九八三年出版賀次君點校《元和郡縣圖志》卷第五《校勘記》五十一:“一(合)〔全〕塢。今按:殿本‘合’作‘全’,各本作‘金’。《考證》云:‘金’、‘全’並誤。《水經注》:‘洛水又東經一合塢南,城在川北原上,高三十丈,南北東三箱,天險峭絶,惟築西面,即爲固,一合之名,起于是矣。’王應麟引《通典》作‘一金塢’,蓋自宋已誤。南本改‘合’。今按,《考證》蓋據今本《水經注》誤文爲言。《通鑑》晉永嘉五年《注》引《水經注》作:‘即爲全固,一全之名起于是。’今本‘固’上脱‘全’字,‘全’誤‘合’。《魏志・杜恕傳・注》、《晉書・魏該傳》並作‘一泉塢’。泉、全音同,足徵此當作‘一全塢’,‘金’、‘合’並訛,今從殿本。”

⑭ 一合 《注疏》本作“一全”,見注⑬。

⑮ 一合塢 《注疏》本作“一全塢”,見注⑬。

⑯ 澠池 《注箋》本、項本、《注釋》本、《注疏》本均作“黽池”。《注疏》本《疏》:“戴改‘黽’作‘澠’。會貞按:《漢志》,宜陽在黽池,‘在’乃‘有’之誤。此《注》叙黽池,與宜陽故城近,當即《漢志》所指之池。《通鑑》,唐貞觀十八年畋于澠池之天池,胡氏引《注》文。然此池在今宜陽縣,西去唐澠池縣遠,天池或穀水發源之池也。”

⑰ 厭染之水 《注箋》本、項本、張本、《山海經・中山經》“曰傅山”畢沅《注》引《水經注》、乾隆《河南府志》卷八《山川志》二傅山引《水經注》均作“厭梁之水”。

⑱ 傅山大陂 《大典》本作“傳山大陂”。

⑲ 禄泉水 《注箋》本、項本、張本、乾隆《河南府志》卷十三《山川志》七《洛水》引《水經注》均作“禄泉”。

⑳ 石墨山 《丹鉛總録》卷二《地理類・石墨》引《水經注》、《大明一統志》卷二十九《河南・河南府・山川・石墨山》引《水經注》、《名勝志・河南》卷九《宜陽縣》引《水經注》、《佩文韻府》卷十五(十五删)《山・墨山》引《水經注》均作“墨山”。

㉑ 殿本在此下《案》云:“案此有脱誤。”

㉒ 伊闕 《大典》本作“伊關”。

㉓ 旋門 《大典》本、吴本均作“挺門”。

㉔ 小平津 《大典》本、《注箋》本、項本均作“平津”。

㉕ 扶豬之山 《大典》本、《山海經廣注》卷五《中山經》“虢水出焉而西北流注于海”吴任臣《注》引《水經注》、乾隆《河南府志》卷九《山川志》三《扶豬山》引《水經注》均作“林褚之山”,吴本、

《注箋》本、項本、《五校》鈔本、《七校》本、《注釋》本、張本、《山海經彙説》卷八"洛水非一"《注》引《水經注》均作"林楮之山"。

㉖　五零陪尾　《注疏》本《疏》:"朱《箋》曰:舊本作'倍'。守敬按:明鈔本作'陪'。五零陪尾無考。"又此上"《地記》"下《注疏》本《疏》:"守敬按:《地説》,鄭康成屢引之。酈氏于《沔水》、《江水》篇亦采其文,所著地名,多不經見,此五零陪尾亦然,蓋緯書也。"段熙仲《校記》:"《地記》疑《地説》之誤。"

㉗　《五校》鈔本在此下云:"下有脱文。"《注釋》本、《注疏》本均録入全氏此語。

㉘　合水塢　《大典》本、黄本、吴本、《注箋》本、項本、沈本、張本均作"今水塢"。

㉙　《札記·一書多名》:

《水經注》引用古籍的這種一書多名的情況,前面已經指出,這是人們讀《酈》中的一種障碍。但是從另一方面説,它也可以幫助我們對某些古籍的鑒别和研究。因爲在隋唐諸史的《經籍》和《藝文志》中,由于一書多名以及撰者的名、號差别,一書作爲二書甚至數書著録的,並不鮮見。我們在酈《注》引及的古籍中,經過不同卷篇中書名和撰者名、號的對比分析,不僅有助于弄清酈《注》引書的實況,同時還可以以此校勘隋唐《經籍》、《藝文志》的著録。例如《河水》四、《渭水》三、《汳水》、《泗水》等篇中,常引《西征記》一書,在《河水》五,稱戴氏《西征記》,在《濟水》二、《洛水》、《穀水》各篇,稱戴延之《西征記》,此外,卷二十四《汶水》以及《洙水》、《淄水》等篇,又引《從征記》一書,不著撰者。查隋唐諸史,《隋書·經籍志》著録戴延之《西征記》二卷,又戴祚《西征記》一卷。兩《唐志》均著録戴祚《西征記》二卷,無戴延之書。至于《從征記》,則隋唐三《志》俱不著録。這裏,對于《西征記》、《從征記》以及《隋志》著録的戴延之和戴祚兩種《西征記》等等之間的關係,實在糾纏不清,而解決這個問題的端倪,却還是從《水經注》的引書中獲得的。卷十五《洛水》《經》"又東過偃師縣南"《注》云:"戴延之《西征記》曰:塢在川南,因高爲塢,高十餘丈,劉武王西征入長安,舟師所保也。"同《注》又云:"戴延之《從劉武王西征記》曰:有此尸,尸今猶在。"由此可知,酈《注》中引及《西征記》和《從征記》多達十餘次,而衹有在《洛水注》中,纔寫出此書全名,即戴延之《從劉武王西征記》。《西征記》和《從征記》,原來都是此書略稱。明黄省曾刻本《水經注》卷首列有酈《注》引書目録,把戴延之《西征記》和無著者的《從征記》並列爲二書,黄氏未曾詳究二書異同,故有此訛。此外,酈氏在此書撰人上屢言戴延之而不及其他,而從"延之"一詞揣摩,很可能就是戴祚之字,則《隋書·經籍志》著録的戴祚和戴延之兩種《西征記》,其實就是同書。

㉚　太歲在戌　《注疏》本作"太歲庚午"。《疏》:"《箋》曰:謝云,一作太歲在戌。壿按:《世譜》,晉元康二年,太歲在壬子,而用《歷經》推之,是年九月乙亥朔,無庚午日也。戴改庚午作在戌。會貞按:《寰宇記》引此,元康作永康。《御覽》引《陽城記》同。然考《惠帝紀》,永康二年四月,改爲永寧,此言九月,不得仍稱永康。且太歲爲辛酉,非庚午,而元康二年,太歲爲壬子,非庚午,並不合。惟寧康二年爲甲戌,與謝云一作太歲在戌合,豈永康、元康皆寧康之誤歟?"

㉛　明樂泉水　《注箋》本、項本、張本、乾隆《河南府志》卷十三《山川志》七《洛水》引《水經注》

均作“明樂泉”。

㉜ 黄水 《注箋》本、項本、《五校》鈔本、《七校》本、張本、《注疏》本均作“湟水”。《注疏》本《疏》:“戴以‘湟’爲訛,改作‘黄’。守敬按:《春秋》昭二十二年,王猛居于皇。《左傳》言次于皇,又言伐皇,是本作皇。《續漢志》,鞏縣有湟水。劉《注》引《左傳》王子猛居于湟。則此湟所本也。下文又引《春秋》作次于皇,乃本京相璠等黄亭之説也。皇、湟、黄,古通。《帝堯碑》及《靈臺碑陰》,‘黄’並作‘皇’。足見酈氏搜求之博。戴以‘潢’爲訛,改作‘黄’,陋矣。”

㉝ 坎欿 《方輿紀要》卷四十八《河南》三《河南府·鞏縣·石子河》引《水經注》、畢沅集王隱《晉書·地道記》司州河南郡引《水經注》均作“坎埳”。

㉞ 澠 《注箋》本、項本、《五校》鈔本、《七校》本、《注釋》本、《注疏》本均作“黽”。

㉟ 女几山 《大典》本、《注箋》本、孫潛校本、項本、《五校》鈔本、《七校》本、《注釋》本、張本、《注疏》本均作“女机山”,黄本、吴本、沈本均作“女桃山”。

㊱ 宗均 《注疏》本作“宋均”。《疏》:“戴改‘宋’作‘宗’。守敬按:後漢宗均,字叔庠,南陽安衆人。《後漢書》訛‘宗’爲‘宋’。辨見惠棟《後漢書補注》。又有注《緯書》之宋均,《隋志》稱爲魏博士。此爲河南新城人,與後漢初之宗均,時代、籍貫不同,而與注《緯書》之宋均時代相近,或在魏爲博士,至晉爲征南將軍乎?戴氏何據而改爲宗均耶?”

㊲ 大訾山 黄本、沈本均作“大苦之山”,《注箋》本、項本、《注釋》本、乾隆《河南府志》卷十一《山川志》五引《水經注》、康熙《登封縣志》卷五《山川志·川屬·大狂水》引《水經注》均作“大苦口”。

㊳ 來儒之水 吴本、《注箋》本、項本、《注釋》本、張本、《山海經廣注》卷五《中山經》“來需之水出于其陽而西流注于伊水”吴任臣《注》引《水經注》、乾隆《洛陽縣志》卷三《山川·大石嶺》引《水經注》均作“來需之水”。

㊴ 艾澗 吴本、《注箋》本、項本、《五校》鈔本、《七校》本、《注釋》本、張本均作“芰澗”。

㊵ 《注疏》本楊守敬按:“賦見《文選》,‘越’作‘過’,街郵見《漢書·五行志》。”段熙仲《校記》:“按街郵見《五行志》第七中之下《草妖類》。師古《注》:街郵,行書之舍。事在成帝永始元年二月,《西征賦·注》引《水經注》曰:梓澤有一原,古潛亭處即街郵也。”

㊶ 澠池山 《注釋》本、《注疏》本均作“黽池山”。

卷十六　穀水　甘水　漆水　滻水　沮水

穀水出弘農黽池縣南墦塚林穀陽谷，

《山海經》曰：傅山之西有林焉，曰墦塚，穀水出焉，東流注于洛，其中多珚玉。今穀水出千崤東馬頭山穀陽谷，東北流歷黽池川，本中鄉地也。漢景帝中二年，初城，徙萬户爲縣，因崤黽之池以目縣焉，亦或謂之彭池。故徐廣《史記音義》曰：黽，或作彭，穀水出處也。穀水又東逕秦、趙二城南[①]，司馬彪《續漢書》曰：赤眉從黽池自利陽南，欲赴宜陽者也。世謂之俱利城。耆彦曰：昔秦、趙之會，各據一城，秦王使趙王鼓瑟，藺相如令秦王擊缶處也。馮異又破赤眉于是川矣。故光武《璽書》曰：始雖垂翅回溪，終能奮翼黽池，可謂失之東隅，收之桑榆矣。穀水又東逕土崤北，所謂三崤也。穀水又東，左會北溪，溪水北出黽池山，東南流注于穀。疑即孔安國所謂澗水也。穀水又東逕新安縣故城南，北夾流而西接崤黽。昔項羽西入秦，坑降卒二十萬于此，國滅身亡，宜矣。穀水又東逕千秋亭南，其亭累石爲垣，世謂之千秋城也。潘岳《西征賦》曰：亭有千秋之號，子無七旬之期。謂是亭也。又東逕雍谷溪，回岫縈紆，石路阻峽，故亦有峽石之稱矣。穀水歷側，左與北川水合，水有二源，竝導北山，東南流合成一水，自乾注巽，入于穀。穀水又東逕缺門山，山阜之不接者里餘，故得是名矣。二壁爭高，斗聳相亂，西瞻雙阜，右望如砥。穀水自門而東，廣陽川水注之，水出廣陽北山，東南流注于穀。南望微山，雲峰相亂。

穀水又逕白超壘南,戴延之《西征記》云:次至白超壘[②],去函谷十五里,築壘當大道,左右有山夾立,相去百餘步,從中出北,乃故關城,非所謂白超壘也。是壘在缺門東十五里,壘側舊有塢,故冶官所在。魏晉之日,引穀水爲水冶[③],以經國用,遺跡尚存。穀水又東,石默溪水出微山東麓石默溪,東北流入于穀。穀水又東,宋水北流注于穀。穀水又東逕魏將作大匠毌丘興墓南,二碑存焉。儉父也。《管輅别傳》曰:輅嘗隨軍西征,過其墓而歎,謂士友曰:玄武藏頭,青龍無足,白虎銜尸,朱雀悲哭,四危已備,法應滅族。果如其言。穀水又東逕函谷關南,東北流,皁澗水注之,水出新安縣,東南流逕毌丘興墓東,又南逕函谷關西,關高險陿,路出廛郭。漢元鼎三年,樓船將軍楊僕數有大功,恥居關外,請以家僮七百人,築塞徙關于新安,即此處也。昔郭丹西入關,感慨于其下曰:不乘駟馬高車,終不出此關也。去家十二年,果如志焉。皁澗水又東流入于穀。穀水又東北逕函谷關城東,右合爽水[④]。《山海經》曰:白石山西五十里曰穀山,其上多穀,其下多桑,爽水出焉。世謂之紵麻澗,北流注于穀。其中多碧緑。穀水又東,澗水注之。《山海經》曰:婁涿山西四十里曰白石之山,澗水出焉,北流注于穀[⑤]。摯仲治《三輔決録注》云:馬氏兄弟五人,共居澗、穀二水之交,作五門客,因舍以爲名。今在河南西四十里。以《山海經》推校,里數不殊仲治所記,水會尚有故居處。斯則澗水也,即《周書》所謂我卜澗水東。言是水也。自下通謂澗水爲穀水之兼稱焉。故《尚書》曰:伊、洛、瀍、澗,既入于河。而無穀水之目,是名亦通稱矣。劉澄之云:新安有澗水,源出縣北;又有淵水,未知其源。余考諸地記,竝無淵水,但淵、澗字相似,時有字錯爲淵也。故闞駰《地理志》曰:《禹貢》之淵水。是以知傳寫書誤,字繆舛真,澄之不思所致耳。既無斯水,何源之可求乎?穀水又東,波水注之。《山海經》曰:瞻諸山西三十里婁涿之山,無草木,多金玉,波水出于其陰。世謂之百答水,北流注于穀。其中多茈石、文石。穀水又東,少水注之。《山海經》曰:瘣山西三十里曰瞻諸之山,其陽多金,其陰多文石,少水出于其陰。控引衆溪,積以成川,東流注于穀,世謂之慈澗也。穀水又東,俞隨之水注之。《山海經》曰:平蓬山西十里瘣山,其陽多㻬琈之玉,俞隨之水出于其陰,北流注于穀。世謂之孝水也。潘岳《西征賦》曰:澡孝水以濯纓,嘉美名之在兹。是水在河南城西十餘里,故吕忱曰:孝水在河南。而戴延之言在函谷關西。劉澄之又云出檀山。檀山在宜陽縣西,在穀水南,無南入之理。考尋兹説,當承緣生《述征》謬誌耳。緣生從戍行旅,征途訊訪,既非舊土,故無所究。今川瀾北注,澄映泥濘,何得言枯涸也[⑥]。皆爲疏僻矣。

東北過穀城縣北,

城西臨穀水,故縣取名焉。穀水又東逕穀城南,不歷其北。又東,洛水枝流入焉,今無水也。

又東過河南縣北，東南入于洛。

河南王城西北，穀水之右有石磧，磧南出爲死穀，北出爲湖溝。魏太和四年，暴水流高三丈，此地下停流以成湖渚，造溝以通水，東西十里，決湖以注瀍水。穀水又逕河南王城西北，所謂成周矣。《公羊》曰：成周者何？東周也。何休曰：名爲成周者，周道始成，王所都也。《地理志》曰：河南河南縣，故郟、鄏地也。京相璠曰：郟，山名；鄏，地邑也。卜年定鼎，爲王之東都，謂之新邑，是爲王城。其城東南名曰鼎門，蓋九鼎所從入也。故謂是地爲鼎中。楚子伐陸渾之戎，問鼎于此。《述征記》曰：穀、洛二水，本于王城東北合流，所謂穀、洛鬭也。今城之東南缺千步，世又謂之穀、洛鬭處。俱爲非也。余按史傳，周靈王之時，穀、洛二水鬭，毁王宫。王將堨之，太子晉諫王，不聽，遺堰三堤尚存。《左傳》襄公二十五年[⑦]，齊人城郟，穆叔如周賀。韋昭曰：洛水在王城南，穀水在王城北，東入于瀍。至靈王時，穀水盛出于王城西，而南流合于洛，兩水相格，有似于鬭，而毁王城西南也。穎容著《春秋條例》言，西城梁門枯水處，世謂之死穀是也。始知緣生行中造次，入關經究，故事與實違矣。考王封周桓公于是爲西周，及其孫惠公，封少子于鞏爲東周，故有東、西之名矣。秦滅周，以爲三川郡，項羽封申陽爲河南王，漢以爲河南郡，王莽又名之曰保忠信卿。光武都洛陽，以爲尹。尹，正也，所以董正京畿，率先百郡也。穀水又東流逕乾祭門北，子朝之亂，晉所開也，東至千金堨。《河南十二縣境簿》曰：河南縣城東十五里有千金堨。《洛陽記》曰：千金堨舊堰穀水，魏時更脩此堰，謂之千金堨。積石爲堨而開溝渠五所，謂之五龍渠。渠上立堨，堨之東首，立一石人，石人腹上刻勒云：太和五年二月八日庚戌造築此堨，更開溝渠，此水衡渠上其水，助其堅也，必經年歷世，是故部立石人以記之云爾。蓋魏明帝脩王、張故績也。堨是都水使者陳協所造。《語林》曰：陳協數進阮步兵酒，後晉文王欲脩九龍堰，阮舉協，文王用之。掘地得古承水銅龍六枚，堰遂成。水歷堨東注，謂之千金渠。逮于晉世，大水暴注，溝瀆泄壞，又廣功焉，石人東脇下文云：太始七年六月二十三日，大水迸瀑，出常流上三丈，蕩壞二堨，五龍泄水，南注瀉下，加歲久漱齧，每澇即壞，歷載消棄大功，今故無令遏，更于西開泄，名曰代龍渠，地形正平，誠得爲泄至理。千金不與水勢激爭，無緣當壞，由其卑下，水得踰上漱齧故也。今增高千金于舊一丈四尺，五龍自然必歷世無患。若五龍歲久復壞，可轉于西更開二堨。二渠合用二十三萬五千六百九十八功，以其年十月二十三日起作，功重人少，到八年四月二十日畢。代龍渠即九龍渠也。後張方入洛，破千金堨[⑧]。永嘉初，汝陰太守李矩、汝南太守袁孚脩之，以利漕運，公私賴之。水積年，渠堨頹毁，石砌殆盡，遺基見存，朝廷太和中脩復故堨。按千金堨石人西脇下文云：若溝渠久疏，深引水者當于河南城北、石磧西，更開渠北出，使首狐丘。故溝東下，因故易就，磧堅便時，事業已訖，然後見之。加邊方多事，人力苦少，又渠堨新成，未患于水，是以不敢預脩通之。若于後當復興功者，宜就西磧，故書之于石，以遺後賢矣。雖石磧淪敗，故跡可憑，準之于文，北引渠東合舊瀆。舊瀆又東，晉惠帝造石梁于水上，按橋西門之南頰文，稱晉元康二年十一月二十日，改治石巷、水門，除豎枋，更爲函枋，立作覆枋屋，前後辟級續石障，使南北入岸，築治漱處，破石以爲殺矣。到三年三月十五日畢訖。并紀列門廣長深淺于左右巷，東西長七尺，南北龍尾廣十二丈，巷瀆口高三丈，謂之皐門橋。潘岳《西征賦》曰：駐馬皐門。即此處也。穀水又東，又結石梁，跨水制城，西梁也。穀水又東，左會金谷水，水出太白原，東南流歷金谷，謂之金谷水，東南流逕晉衛尉卿石崇之故居。石季倫《金谷詩集叙》曰：余以元康七年，從太僕出爲征虜將軍，有別廬在河南界金谷澗中，有清泉茂樹，衆果、竹、柏、藥草備具。金谷水又東南流入于穀。穀水又東逕金墉城北，魏明帝于洛陽城西北角築之，謂之金墉城。起層樓于東北隅，《晉宮閣名》曰：金墉有崇天堂。即此。地上架木爲榭，故白樓矣。皇居創徙，宮極未就，止蹕于此。搆宵榭于故臺，所謂臺以停停也。南曰乾光門，夾建兩觀，觀下列朱桁于塹，以爲御路。東曰含春門，北有邐門，城上西面列觀，五十步一睥睨，屋臺置一鍾以和漏鼓。西北連廡函蔭，墉比廣榭。炎夏之日，高視常以避暑。爲緑水池[⑨]一所，在金墉者也。穀水逕洛陽小城北，因阿舊城，憑結金墉，故向城也。永嘉之亂，結以爲壘，號洛陽壘。故《洛陽記》曰：陵雲臺西有金市，金市北對洛陽壘者也。又東歷大夏門下，故夏門也。陸機《與弟書》云：門有三層[⑩]，高百尺，魏明帝造。門内東側，際城有魏明帝所起景陽山，餘基尚存。孫盛《魏春秋》曰：景初元年，明帝愈崇宮殿，雕飾觀閣，取白石英及紫石英及五色大石于太行穀城之山，起景陽山于芳林園，樹松竹草木，捕禽獸以充其中。于時百役繁興，帝躬自掘土，率羣臣三公已下，莫不展力。山之東，舊有九江。陸機《洛陽記》曰：九江直作圓水。水中作圓壇三破之，夾水得相逕通。《東京賦》曰：濯龍、芳林，九谷八溪，芙蓉覆水，秋蘭被涯。今也，山則塊阜獨立，江無復髣髴矣。穀水又東，枝分南入華林園，歷疏圃南，圃中有古玉井，井悉以珉玉爲之，以緇石爲口，工作精密，猶不變古，璨焉如新。又逕瑶華宮南，歷景陽山北，山有都亭，堂上結方湖，湖中起御坐石也。御坐前建蓬萊山，曲池接筵，飛沼拂席，南面射侯，夾席武峙。背山堂上，則石路崎嶇，巖嶂峻險，雲臺風觀，纓巒帶阜，遊觀者升降阿閣，出入虹陛，望之狀鳧没鸞舉矣[⑪]。其中引水飛皐，傾瀾瀑布，或枉渚聲溜，潺潺不斷，竹柏蔭于層石，繡薄叢于泉側，微飈暫拂，則芳溢于六空，寔爲神居矣。

其水東注天淵池，池中有魏文帝九華臺，殿基悉是洛中故碑累之，今造釣臺于其上。池南直魏文帝茅茨堂，前有《茅茨碑》，是黄初中所立也。其水自天淵池東出華林園，逕聽訟觀南，故平望觀也。魏明帝常言，獄，天下之命也，每斷大獄，恒幸觀聽之。以太和三年，更從今名。觀西北接華林隸簿，昔劉楨磨石處也。《文士傳》曰：文帝之在東宫也，宴諸文學，酒酣，命甄后出拜，坐者咸伏，惟劉楨平視之。太祖以爲不敬，送徒隸簿。後太祖乘步牽車乘城，降閲簿作，諸徒咸敬，而楨拒坐[12]，磨石不動。太祖曰：此非劉楨也，石如何性？楨曰：石出荆山玄巖之下，外炳五色之章，内秉堅貞之志，雕之不增文，磨之不加瑩，禀氣貞正，禀性自然。太祖曰：名豈虚哉？復爲文學。池水又東流入洛陽縣之南池，池，即故翟泉也，南北百一十步，東西七十步，皇甫謐曰：悼王葬景王于翟泉，今洛陽太倉中大冢是也。《春秋》定公元年，晉魏獻子合諸侯之大夫于翟泉，始盟城周。班固、服虔、皇甫謐咸言翟泉在洛陽東北，周之墓地。今按周威烈王葬洛陽城内東北隅，景王冢在洛陽太倉中，翟泉在兩冢之間，側廣莫門道東、建春門路北。路，即東宫街也，于洛陽爲東北。後秦封吕不韋爲洛陽十萬户侯，大其城，并得景王冢矣，是其墓地也。及晉永嘉元年，洛陽東北步廣里地陷，有二鵝出，蒼色者飛翔沖天，白色者止焉。陳留孝廉董養曰：步廣，周之翟泉，盟會之地，今色蒼，胡象矣，其可盡言乎？後五年，劉曜、王彌入洛，帝居平陽。陸機《洛陽記》曰：步廣里在洛陽城内，宫東是翟泉所在，不得于太倉西南也。京相璠與裴司空彦季脩《晉輿地圖》，作《春秋地名》[13]，亦言今太倉西南池水名翟泉。又曰：舊説言翟泉本自在洛陽北萇弘城，成周乃繞之。杜預因其一證，謂必是翟泉，而即實非也。後遂爲東宫池。《晉中州記》曰：惠帝爲太子，出聞蝦蟇聲，問人爲是官蝦蟇、私蝦蟇？侍臣賈胤對曰：在官地爲官蝦蟇，在私地爲私蝦蟇。令曰：若官蝦蟇，可給廪。先是有讖云：蝦蟇當貴[14]。昔晉朝收愍懷太子于後池，即是池也。其一水自大夏門東逕宣武觀，憑城結構，不更增墉，左右夾列步廊，參差翼跂，南望天淵池，北矚宣武場。《竹林七賢論》曰：王戎幼而清秀，魏明帝于宣武場上爲欄，苞虎牙，使力士袒裼，迭與之搏，縱百姓觀之。戎年七歲，亦往觀焉，虎乘間薄欄而吼，其聲震地，觀者無不辟易顛仆，戎亭然不動。帝于門上見之，使問姓名而異之。場西故賈充宅地。穀水又東逕廣莫門北，漢之穀門也。北對芒阜，連嶺脩亘，苞總衆山，始自洛口，西踰平陰。悉芒壠也。《魏志》曰：明帝欲平北芒，令登臺見孟津。侍中辛毗諫曰：若九河溢涌，洪水爲害，丘陵皆夷，何以禦之？帝乃止。穀水又東屈南，逕建春門石橋下，即上東門也。阮嗣宗《詠懷詩》曰步出上東門者也。一曰上升門，晉曰建陽門。《百官志》曰：洛陽十二門，每門候一人，六百石。《東觀漢記》曰：郅惲爲上東門候，光武嘗出，夜還，詔開門欲入,惲不内。上令從門間識面。惲曰:火明遼遠。遂拒不開,由是上益重之。亦袁本初掛節處也。橋首建兩石柱,橋之右柱《銘》云:陽嘉四年乙酉壬申,詔書以城下漕渠,東通河、濟,南引江、淮,方貢委輸,所由而至,使中謁者魏郡清淵馬憲監作石橋梁柱,敦敕工匠盡要妙之巧,攢立重石,累高周距,橋工路博,流通萬里云云。河南尹邳崇隴、丞渤海重合雙福、水曹掾中牟任防、史王蔭、史趙興、將作吏睢陽申翔、道橋掾成臯卑國、洛陽令江雙、丞平陽降監掾王騰之、主石作右北平山仲,三月起作,八月畢成。其水依柱,又自樂里道屈而東出陽渠。昔陸機爲成都王穎入洛,敗北而返。水南即馬市,舊洛陽有三市,斯其一也。亦嵇叔夜爲司馬昭所害處也。北則白社故里,昔孫子荆會董威輦于白社,謂此矣。以同載爲榮,故有《威輦圖》。又東逕馬市石橋,橋南有二石柱,竝無文刻也。漢司空漁陽王梁之爲河南也,將引穀水以漑京都,渠成而水不流,故以坐免。後張純堰洛以通漕,洛中公私穰贍。是渠今引穀水,蓋純之創也。按陸機《洛陽記》、劉澄之《永初記》言,城之西面有陽渠,周公制之也。昔周遷殷民于洛邑,城隍偪狹,卑陋之所耳。晉故城成周以居敬王,秦又廣之,以封不韋,以是推之,非專周公可知矣。亦謂之九曲瀆,《河南十二縣境簿》云:九曲瀆在河南鞏縣西,西至洛陽。又按傅暢《晉書》云:都水使者陳狼鑿運渠,從洛口入,注九曲,至東陽門。是以阮嗣宗《詠懷詩》所謂朝出上東門,遥望首陽岑;又言遥遥九曲間,裴徊欲何之者也。陽渠水南暨閶闔門,漢之上西門者也。《漢宫記》曰:上西門所以不純白者,漢家厄于戌,故以丹鏤之。太和遷都,徙門南側,其水北乘高渠,枝分上下,歷故石橋東入城,逕望先寺,中有碑,碑側法《子丹碑》,作龍矩勢,于今作則佳,方古猶劣。渠水又東歷故金市南,直千秋門,右宫門也。又枝流入石逗伏流,注靈芝九龍池。魏太和中,皇都遷洛陽,經構宫極,脩理街渠,務窮隱,發石視之,曾無毁壞。又石工細密,非今知所擬,亦奇爲精至也,遂因用之。其一水自千秋門南流逕神虎門下,東對雲龍門,二門衡栿之上,皆刻雲龍風虎之狀,以火齊薄之。及其晨光初起,夕景斜輝,霜文翠照,陸離眩目。又南逕通門、掖門西,又南流東轉,逕閶闔門南。案《禮》,王有五門:謂臯門、庫門、雉門、應門、路門,路門一曰畢門,亦曰虎門也。魏明帝上法太極于洛陽南宫,起太極殿于漢崇德殿之故處,改雉門爲閶闔門。昔在漢世,洛陽宫殿門題,多是大篆,言是蔡邕諸子。自董卓焚宫殿,魏太祖平荆州,漢吏部尚書安定梁孟皇善師宜官八分體,求以贖死。太祖善其法,常仰繫帳中愛翫之,以爲勝宜官,北宫牓題,咸是鵠筆,南宫既建,明帝令侍中京兆韋誕以古篆書之。皇都遷洛,始令中書舍人沈含馨以隸書書之;景明、正始之年,又敕符節令江式以大篆易之。今諸桁榜題,皆是式書。《周官》:太宰以正月懸治法于象魏。《廣雅》曰:闕,謂之象魏。《風俗通》曰:

魯昭公設兩觀于門，是謂之闕，從門，欮聲。《爾雅》曰：觀謂之闕。《説文》曰：闕，門觀也。《漢官典職》曰：偃師去洛四十五里，望朱雀闕，其上鬱然與天連，是明峻極矣。《洛陽故宫名》有朱雀闕、白虎闕、蒼龍闕、北闕、南宫闕也。《東觀漢記》曰：更始發洛陽，李松奉引，車馬奔，觸北闕鐵柱門，三馬皆死，即斯闕也。《白虎通》曰：門必有闕者何？闕者，所以飾門。别尊卑也。今閶闔門外夾建巨闕，以應天宿，雖不如禮，猶象而魏之，上加復思，以易觀矣。《廣雅》曰：復思謂之屏。《釋名》曰：屏，自障屏也；罘思在門外。罘，復也。臣將入，請事于此，復重思之也。漢末兵起，壞園陵罘思，曰無使民復思漢也。故《鹽鐵論》曰：垣闕罘思。言樹屏隅角所架也。穎容又曰：闕者，上有所失，下得書之于闕，所以求論譽于人，故謂之闕矣。今闕前水南道右，置登聞鼓以納諫。昔黄帝立明堂之議，堯有衢室之問，舜有告善之旌，禹有立鼓之訊，湯有總街之誹，武王有靈臺之復，皆所以廣設過誤之備也。渠水又枝分，夾路南出，逕太尉、司徒兩坊間，謂之銅駝街。舊魏明帝置銅駝諸獸于閶闔南街。陸機云：駝高九尺，脊出太尉坊者也。水西有永寧寺，熙平中始創也，作九層浮圖⑮，浮圖下基方十四丈，自金露槃下至地四十九丈，取法代都七級，而又高廣之⑯。雖二京之盛，五都之富，利刹靈圖，未有若斯之搆。按《釋法顯行傳》，西國有爵離浮圖，其高與此相狀，東都西域，俱爲莊妙矣。其地是曹爽故宅，經始之日，于寺院西南隅得爽窟室，下入土可丈許，地壁悉纍方石砌之，石作細密，都無所毁，其石悉入法用，自非曹爽，庸匠亦難復制此。桓氏有言，曹子丹生此豚犢，信矣。渠左是魏、晉故廟地，今悉民居，無復遺墉也。渠水又西歷廟社之間，南注南渠。廟社各以物色辨方。《周禮》，廟及路寢，皆如明堂，而有燕寢焉。惟祧廟則無，後代通爲一廟，列正室于下，無復燕寢之制。《禮》：天子建國，左廟右社，以石爲主，祭則希冕。今多王公攝事，王者不親拜焉。咸寧元年，洛陽大風，帝社樹折，青氣屬天，元王東渡，魏社代昌矣。渠水自銅駝街東逕司馬門南，魏明帝始築，闕崩，壓殺數百人，遂不復築，故無闕門。南屏中舊有置銅翁仲處，金狄既淪，故處亦褫，惟壞石存焉。自此南直宣陽門，經緯通達，皆列馳道，往來之禁，一同兩漢。曹子建嘗行御街，犯門禁，以此見薄。渠水又東逕杜元凱所謂翟泉北，今無水。坎方九丈六尺，深二丈餘，似是人功而不類于泉陂，是驗非之一證也。又皇甫謐《帝王世紀》云：王室定，遂徙居，成周小，不受王都，故壞翟泉而廣之。泉源既塞，明無故處，是驗非之二證也。杜預言：翟泉在太倉西南。既言西南，于洛陽不得爲東北，是驗非之三證也。稽之地説，事幾明矣，不得爲翟泉也。渠水歷司空府前，逕太倉南，出東陽門石橋下，注陽渠。穀水自閶闔門而南逕土山東，水西三里有坂，坂上有土山，漢大將軍梁冀所成，築土爲山，植木成苑。張璠《漢記》曰：山多峭坂，以象二崤，積金玉，採捕禽獸，以充其中，有人殺苑兔者，迭相尋逐，死者十三人。南出逕西陽門，舊漢氏之西明門也，亦曰雍門矣。舊門在南，太和中以故門邪出，故徙是門，東對東陽門。穀水又南逕白馬寺東，昔漢明帝夢見大人，金色，項佩白光。以問羣臣，或對曰：西方有神名曰佛，形如陛下所夢，得無是乎？于是發使天竺，寫致經像，始以榆欓盛經，白馬負圖，表之中夏。故以白馬爲寺名。此榆欓後移在城内愍懷太子浮圖中，近世復遷此寺。然金光流照，法輪東轉，創自此矣。穀水又南逕平樂觀東，李尤《平樂觀賦》曰：乃設平樂之顯觀，章秘偉之奇珍。華嶠《後漢書》曰：靈帝于平樂觀下起大壇，上建十二重，五采華蓋高十丈。壇東北爲小壇，復建九重，華蓋高九丈，列奇兵騎士數萬人，天子住大蓋下。禮畢，天子躬擐甲，稱無上將軍，行陣三帀而還，設祕戲以示遠人。故《東京賦》曰：其西則有平樂都場，示遠之觀，龍雀蟠蜿，天馬半漢。應劭曰：飛廉神禽，能致風氣，古人以良金鑄其象。明帝永平五年，長安迎取飛廉并銅馬，置上西門外平樂觀。今于上西門外無他基觀，惟西明門外獨有此臺，巍然廣秀，疑即平樂觀也。又言皇女稚殤，埋于臺側，故復名之曰皇女臺。晉灼曰：飛廉，鹿身，頭如雀有角，而蛇尾豹文。董卓銷爲金用，銅馬徙于建始殿東階下，胡軍喪亂，此象遂淪。穀水又南逕西明門，故廣陽門也[17]。門左枝渠東派入城，逕太社前，又東逕太廟南，又東于青陽門右下注陽渠。穀水又南，東屈逕津陽門南，故津門也。昔洛水泛泆漂害者衆，津陽城門校尉將築以遏水，諫議大夫陳宣止之曰：王尊臣也，水絶其足，朝廷中興，必不入矣。水乃造門而退。穀水又東逕宣陽門南，故苑門[18]也。皇都遷洛，移置于此，對閶闔門南，直洛水浮桁。故《東京賦》曰：泝洛背河，左伊右瀍者也。夫洛陽考之中土，卜惟洛食，寔爲神也。門左即洛陽池處也。池東，舊平城門所在矣，今塞。北對洛陽南宫，故蔡邕曰：平城門，正陽之門，與宫連屬，郊祀法駕所由從出，門之最尊者。《洛陽諸宫名》曰：南宫有謻臺、臨照臺。《東京賦》曰：其南則有謻門曲榭，邪阻城洫。《注》云：謻門，冰室門也；阻，依也；洫，城下池也。皆屈曲邪行，依城池爲道。故《説文》曰：隍，城池也。有水曰池，無水曰隍矣。謻門即宣陽門也，門内有宣陽冰室，《周禮》有冰人，日在北陸而藏之，西陸朝覿而出之。冰室舊在宣陽門内，故得是名。門既擁塞，冰室又罷。穀水又逕靈臺，北望雲物也。漢光武所築，高六丈，方二十步。世祖嘗宴于此臺，得鼮鼠于臺上。亦諫議大夫第五子陵之所居，倫少子也，以清正[19]，洛陽無主人，鄉里無田宅，寄止靈臺，或十日不炊，司隸校尉南陽左雄、尚書廬江朱孟興等，皆倫故孝廉功曹，各致禮餉，竝辭不受，永建中卒。穀水又東逕平昌門南，故平門也。又逕明堂北，漢光武中元元年立。尋其基構，上圓下方，九室重隅十二堂。蔡邕《月令章句》同之，故引水于其下爲辟雝也。穀水又東逕開陽門南,《晉宫閣名》曰:故建陽門也。《漢官》曰:開陽門始成,未有名宿,昔有一柱來,在樓上。琅琊開陽縣上言:縣南城門,一柱飛去。光武皇帝使來,識視良是,遂堅縛之,因刻記年、月、日以名焉。何湯字仲弓,嘗爲門候,上微行夜還,湯閉門不内,朝廷嘉之。又東逕國子太學《石經》北,《周禮》有國學,教成均之法。《學記》曰:古者,家有塾,黨有庠,遂有序,國有學。亦有虞氏之上庠、下庠,夏后氏之東序、西序,殷人之左學、右學,周人之東膠、虞庠。《王制》云:養國老于上庠,養庶老于下庠,故有太學、小學,教國之子弟焉,謂之國子。漢魏以來,置太學于國子堂。東漢靈帝光和六年,刻石鏤碑載《五經》,立于太學講堂前,悉在東側。蔡邕以熹平四年,與五官中郎將堂谿典,光禄大夫楊賜,諫議大夫馬日磾,議郎張馴、韓説,太史令單颺等,奏求正定《六經》文字。靈帝許之。邕乃自書丹于碑,使工鐫刻,立于太學門外。于是後儒晚學,咸取正焉。及碑始立,其觀視及筆寫者,車乘日千餘輛,填塞街陌矣。今碑上悉銘刻蔡邕等名。魏正始中,又立古、篆、隸《三字石經》。古文出于黄帝之世,倉頡本鳥跡爲字,取其孳乳相生,故文字有六義焉。自秦用篆書,焚燒先典,古文絶矣。魯恭王得孔子宅書,不知有古文,謂之科斗書。蓋因科斗之名,遂效其形耳。言大篆出于周宣之時,史籀創著。平王東遷,文字乖錯,秦之李斯及胡母敬,又改籀書,謂之小篆,故有大篆、小篆焉。然許氏《字説》專釋于篆,而不本古文,言古隸之書起于秦代,而篆字文繁,無會劇務。故用隸人之省,謂之隸書。或云即程邈于雲陽增損者,是言隸者,篆捷也。孫暢之嘗見青州刺史傅弘仁説臨淄人發古冢,得桐棺,前和外隱爲隸字,言齊太公六世孫胡公之棺也。惟三字是古,餘古今書,證知隸自出古,非始于秦。魏初,傳古文出邯鄲淳,《石經》古文,轉失淳法,樹之于堂西,石長八尺,廣四尺,列石于其下,碑石四十八枚,廣三十丈。魏明帝又刊《典論》六碑,附于其次。陸機言,《太學贊》别一碑,在講堂西,下列《石龜碑》,載蔡邕、韓説、堂谿典等名。《太學弟子贊》復一碑,在外門中。今二碑竝無。《石經》東有一碑,是漢順帝陽嘉元年立,《碑》文云:建武二十七年造太學,年積毁壞。永建六年九月,詔書脩太學,刻石記年,用作工徒十一萬二千人,陽嘉元年八月作畢。碑南面刻頌,表裹鏤字,猶存不破。《漢石經》北有晉《辟雝行禮碑》,是太始二年立。其碑中折,但世代不同,物不停故,《石經》淪缺,存半毁幾,駕言永久,諒用憮焉。考古有三雝之文,今靈臺太學,竝無辟雝處。晉永嘉中,王彌、劉曜入洛,焚毁二學,尚髣髴前基矣。穀水于城東南隅枝分北注,逕青陽門東,故清明門也,亦曰稅門,亦曰芒門。又北逕東陽門東,故中東門也。又北逕故太倉西,《洛陽地記》曰:大城東有太倉,倉下運船常有千計。即是處也。又北入洛陽溝。穀水又東,左迆爲池。又東,右出爲方湖,東西百九十步,南北七十步,故水衡署之所在也。穀水又東南轉屈而東注,謂之阮曲,云阮嗣宗之故居也。穀水又東注鴻池陂,《百官志》曰:鴻池,池名也。在洛陽東二十里,丞一人,二百石。池東西千步,南北千一百步,四周有塘池,中又有東西横塘,水溜徑通,故李尤《鴻池陂銘》曰:鴻澤之陂,聖王所規,開源東注,出自城池也。其水又東,左合七里澗,晉《後署》曰:成都王穎使吴人陸機爲前鋒都督,伐京師,輕進,爲洛軍所乘,大敗于鹿苑,人相登躡,死于塹中及七里澗,澗爲之滿,即是澗也。澗有石梁,即旅人橋也。昔孫登不欲久居洛陽,知楊氏榮不保終,思欲遯跡林鄉,隱淪妄死,楊駿埋之于此橋之東,駿後尋亡矣。《搜神記》曰:太康末,京洛始爲《折楊之歌》,有兵革辛苦之辭。駿後被誅,太后幽死,折楊之應也。凡是數橋,皆纍石爲之,亦高壯矣。制作甚佳,雖以時往損功,而不廢行旅。《朱超石與兄書》云:橋去洛陽宫六七里,悉用大石,下圓以通水,可受大舫過也[20]。題其上云:太康三年十一月初就功,日用七萬五千人,至四月末止。此橋經破落,復更脩補,今無復文字。陽渠水又東流逕漢廣野君酈食其廟南[21],廟在北山上,成公綏所謂偃師西山也。山上舊基尚存,廟宇東向,門有兩石人對倚,北石人胸前《銘》云:門亭長。石人西有二石闕,雖經頹毁,猶高丈餘。闕西,即廟故基也。基前有碑,文字剥缺,不復可識。子安仰澄芬于萬古,讚清徽于廟像,文字厥集矣。陽渠水又東逕亳殷南,昔盤庚所遷,改商曰殷此始也。班固曰:尸鄉,故殷湯所都者也。故亦曰湯亭。薛瓚《漢書注》、皇甫謐《帝王世紀》,竝以爲非,以爲帝嚳都矣。《晉太康記》、《地道記》,竝言田横死于是亭,故改曰尸鄉。非也。余按司馬彪《郡國志》,以爲《春秋》之尸氏也,其澤、野負原,夾郭多墳隴焉。即陸士衡會王輔嗣處也。袁氏《王陸詩叙》,機初入洛,次河南之偃師,時忽結陰,望道左若民居者,因往逗宿,見一少年,姿神端遠,與機言玄,機服其能而無以酬折,前致一辯,機題緯古今,綜檢名實,此少年不甚欣解。將曉,去,税駕逆旅,嫗曰:君何宿而來? 自東數十里無村落,止有山陽王家墓。機乃怪悵,還睇昨路,空野霾雲,攢木蔽日,知所遇者,審王弼也。此山即祝雞翁之故居也。《搜神記》曰:祝雞翁者,洛陽人也,居尸鄉北山下[22],養雞百年餘,雞至千餘頭,皆有名字,欲取,呼之名,則種别而至。後之吴山,莫知所去矣。穀水又東逕偃師城南,皇甫謐曰:帝嚳作都于亳,偃師是也。王莽之所謂師氏者也。穀水又東流注于洛水矣。

甘水出弘農宜陽縣鹿蹏山,

山在河南陸渾縣故城西北,俗謂之縱山。水之所導,發于山曲之中,故世人目其所爲甘掌焉。

東北至河南縣南,北入洛。

甘水發源東北流,北屈逕一故城東,在非山上,世謂之石城也。京相璠曰:或云甘水西山上,夷汙而平,有故甘城,在河南城西二十五里,指謂是城也。余按甘水東十許里洛城南,有故甘城焉。北對河南故城,世謂之鑒洛城,鑒、甘聲相近,即故甘城也,爲王子帶之故邑矣。是以昭叔有甘公之稱焉。甘水又與非山水會,水出非山東谷,東流入于甘水。甘水又于河南城西北入洛。《經》言縣南,非也。京相璠曰:今河南縣西南,有甘水[23],北入洛。斯得之矣。

漆水[24]出扶風杜陽縣俞山東,北入于渭。

《山海經》曰:羭次之山,漆水出焉,北流注于渭。蓋自北而南矣。《尚書·禹貢》、太史公《禹本紀》云:導渭水東北至涇,又東過漆、沮,入于河。孔安國曰:漆、沮[25],一水名矣,亦曰洛水也,出馮翊北。周太王去邠,度漆踰梁山,止岐下。故《詩》云:民之初生,自土沮、漆。又曰:率西水滸,至于岐下。是符《禹貢》、《本紀》之説。許慎《説文》稱:漆水出右扶風杜陽縣岐山,東入渭,從水,桼聲。又云:一曰漆城池也。潘岳《關中記》曰:關中有涇、渭、灞、滻、酆、鄗、漆、沮之水,酆、鄗、漆、沮四水,在長安西南鄠縣,漆、沮皆南注,酆、鄗水北注。《開山圖》曰:麗山西北有温池[26]。温池西南八十里岐山,在杜陽北。長安西有渠,謂之漆渠[27]。班固《地理志》云:漆水在漆縣[28]西。闞駰《十三州志》又云:漆水出漆縣西,北至岐山,東入渭。今有水出杜陽縣岐山北漆溪[29],謂之漆渠,西南流注岐水。但川土奇異,今説互出,考之經史,各有所據,識淺見浮,無以辨之矣。

滻水出京兆藍田谷,北入于灞。

《地理志》曰:滻水出南陵縣之藍田谷,西北流與一水合,水出西南莽谷,東北流注滻水。滻水又北歷藍田川,北流注于灞水。《地理志》曰:滻水北至霸陵入霸水[30]。

沮水出北地直路縣,東過馮翊祋祤縣北,東入于洛。

《地理志》曰:沮出直路縣[31]西,東入洛。今水自直路縣東南,逕譙石山[32]東南流,歷檀臺川,俗謂之檀臺水。屈而夾山西流,又西南逕宜君川,世又謂之宜君水。又得黄嵚水口,水西北出雲陽縣石門山黄嵚谷,東南流注宜君水。又東南流逕祋祤縣故城西,縣以漢景帝二年置,其水南合銅官水,水出縣東北,西南逕銅官川,謂之銅官水。又西南流逕祋祤縣東,西南流逕其城南原下,而西南注宜君水。宜君水又南出土門山西,又謂之沮水。又東南歷土門南原下,東逕懷德城南,城在北原上。又東逕漢太上皇陵北,陵在南原上,沮水東注鄭渠。昔韓欲令秦無東伐,使水工鄭國間秦鑿涇引水,謂之鄭渠。渠首上承涇水于中山[33]西邸瓠口[34],所謂瓠中也。《爾雅》以爲周焦穫[35]矣。爲渠竝北山,東注洛三百餘里,欲以溉田。中作而覺,秦欲殺鄭國,鄭國曰:始臣爲間,然渠亦秦之利。卒使就渠,渠成而用注填閼之水,溉澤鹵之地四萬餘頃,皆畮一鍾,關中沃野,無復凶年,秦以富彊,卒并諸侯,命曰鄭渠。渠瀆東逕宜秋城北,又東逕中山南。《河渠書》曰:鑿涇水自中山西。《封禪書》:漢武帝獲寶鼎于汾陰,將薦之甘泉,鼎至中山,氤氳有黄雲蓋焉。徐廣《史記音義》曰:關中有中山,非冀州者也。指證此山,俗謂之仲山,非也。鄭渠又東逕捨車宫南絶冶谷水。鄭渠故瀆又東逕巀嶭山南,池陽縣故城北,又東絶清水。又東逕北原下,濁水注焉。自濁水以上,今無水。濁水上承雲陽縣東大黑泉,東南流,謂之濁谷水,又東南出原,注鄭渠。又東歷原,逕曲梁城北,又東逕太上陵南原下,北屈逕原東與沮水合,分爲二水,一水東南出,即濁水也。至白渠與澤泉合,俗謂之漆水[36],又謂之爲漆沮水。絶白渠,東逕萬年縣故城北爲櫟陽渠。城,即櫟陽宫也。漢高帝葬皇考于是縣,起墳陵,署邑號,改曰萬年也。《地理志》曰:馮翊萬年縣,高帝置,王莽曰異赤也。故徐廣《史記音義》曰:櫟陽,今萬年矣。闞駰曰:縣西有涇、渭,北有小河。謂此水也。其水又南屈,更名石川水,又西南逕郭獖城西與白渠枝渠合,又南入于渭水也。其一水東出,即沮水也。東與澤泉合,水出沮東澤中,與沮水隔原,相去十五里,俗謂是水爲漆水也。東流逕薄昭墓南,冢在北原上。又逕懷德城北,東南注鄭渠,合沮水。又自沮直絶注濁水,至白渠合焉,故濁水得漆沮之名也。沮循鄭渠,東逕當道城南,城在頻陽縣故城南,頻陽宫也,秦厲公置。城北有頻山,山有漢武帝殿,以石架之。縣在山南,故曰頻陽也。應劭曰:縣在頻水之陽。今縣之左右,無水以應之,所可當者,惟鄭渠與沮水。又東逕蓮芍縣故城北,《十三州志》曰:縣以草受名也。沮水又東逕漢光武故城北,又東逕粟邑縣故城北,王莽更名粟城也。後漢封騎都尉耿夔爲侯國。其水又東北流,注于洛水也。

注释:

① 《注疏》本《疏》:"朱此下有司馬彪云云二十二字,趙、戴同。全移于下故光武句上。守敬案:全移極是,此必《七校》本趙未見,指此見全本之非僞。"按《五校》鈔本"秦趙二城"下原有"司馬彪云云"句,全氏在此處旁批:"舊本此下有錯簡,先司空公以宋本校改正。"又將"司馬彪云云"句,旁添于"收之桑榆矣"下,與《注疏》本置此句于"馮異又破赤眉于是川矣"下不同。

② 白超壘 孫潛校本、項本、張本均作"白起壘"。

③ 《札記·水冶》:

《水經注》記載的古代冶金工業超過十處,其中卷十六《穀水》《經》"穀水出弘農黽池縣南墦塚林穀陽谷"《注》中的水冶,很值得重視。

戴延之《西征記》云:次至白超壘,去函谷十五里,築壘當大道,左右有山夾立,相去百餘步,從中北出,乃故關城,非所謂白超壘也。是壘在缺門東十五里,壘側舊有塢,故冶官所在。魏晉之日,引穀水爲水冶,以經國用,遺跡尚存。

《注》文記載的這個白超壘側的水冶是值得重視的,因爲它説明了水力在魏晉之日已經使用到冶金工業之中。冶金工業始于青銅時代,這是人類原始的冶金工業,人類藉此獲取這種早期使用的金屬。卷二十六《巨洋水注》記載了臨朐縣的古冶官,卷四十《漸江水注》也記載了銅牛山冶官、練塘里冶銅等,都是早期的冶金工業。這類早期的冶金工業,分佈甚廣,不足爲奇。至于早期的水力利用,如利用溪澗流水于糧食加工之類,酈《注》雖無記載,而發軔也必較早,同樣不足爲奇。但水冶卻不同,它是水力利用和金屬冶煉兩者的結合。水冶的出現,是古代水力利用和冶金工業在技術上飛躍進步的標志。

水冶是什麽?元王禎《農書》卷十九的解釋是,水冶又稱水排,後漢杜詩始作。案《後漢書・杜詩傳・注》:"冶鑄者爲排以吹炭,令激水以鼓之者也。"説明這是一種利用水力的鼓風裝置。因爲對于冶金工業來説,鼓風(送氧)是十分重要的關鍵。《三國志・魏書・韓暨傳》云:"舊時冶,作馬排,每一熟用馬百匹;更作人排,又費功力;暨乃因長流爲水排,計其利益,三倍于前。"《杜詩傳》和《韓暨傳》都提到作水冶之事,但王禎衹言杜詩,這當然是因爲杜詩早于韓暨之故。不過這種機器,在初創以後,總有不斷改進的過程。不妨認爲,後漢杜詩初創,而三國韓暨作了改進。經過改進的水冶,其效率已比用馬力高出三倍,而其尚在距今十七個世紀以前,所以不能不説這是我國古代在水力利用和冶金工業上的卓越成就。

《水經注》記載的水冶,位于今河南省西部的穀水之上,而且衹是魏晉的遺跡,説明當時已經廢棄不用。但其實在酈道元所在的北魏時代,水冶在這一帶仍然使用于冶金工業。據天一閣所藏明嘉靖《彰德府志》卷一《安陽縣・水冶》所載及的這種水冶:"在縣西四十里,《舊經》曰,後魏時引水鼓爐,名水冶,僕射高隆之監造,深一尺,闊一步。"案《彰德府志》,高隆之監造的這個水冶,位于洹水之上。但由于高隆之是東魏末葉人,以後入官于齊,酈道元已不及見,所以《洹水注》中没有這方面的記載。

高隆之大概是對水力利用很有眼光的人,據《北齊書・高隆之傳》所載:"又鑿渠引漳水,周流城郭,造治碾磑,並有利于時。""碾磑"是什麽?"碾"是一種研磨的工具,"磑"當是利用水力碾磨。《舊唐書・李元紘傳》云:"諸王公權要之家,皆緣渠立磑,以害水田,元紘令吏人一切毀之,百姓大獲其利。""緣渠立磑",即是沿河設置水碾,已經説得很清楚了。《北史・高隆之傳》也可以證明這一點,《北史》的文字與《北齊書》相同,但"造治碾磑"這一句作"造水碾磑"。則高隆之所造的水力機器還不止這一種,《彰德府志》的記載是信而有徵的。

④　爽水　《大典》本、《注箋》本、項本、《注釋》本、張本均作"桑爽之水"。

⑤　"北流注于穀"句下,"摯仲治《三輔決録注》云"起至"言是水也"一段,《注疏》本移在卷十五《澗水注》中。此處《疏》云:"守敬按:亦《中次六經》文,《澗水篇》見前已引《山海經》。戴移《澗水注》内摯仲治以下一段于此,誤。"

⑥ 殿本在此下《案》云:“案上所引無枯涸之語,當有脱文。”

⑦ 二十五年 《注疏》本作“二十四年”。《疏》:“朱作二十五年,全、趙、戴同。守敬按:《左傳》是二十四年,今訂。”

⑧ “破千金堨”下,《注疏》本有“京師水碓皆涸”六字。《疏》:“朱無京師以下二十七字。全云:張方破堨,何以反云公私賴之? 據《晉書·李矩傳》補‘京師水碓皆涸,永嘉初,汝陰太守李矩,汝南太守袁孚脩之以利漕運’二十七字。戴亦補,但失補‘京師水碓皆涸’六字。”

《手稿》第四集上册《記鐵琴銅劒樓瞿氏藏明鈔本水經注》云:

卷十六《穀水篇》記千金堨的工程最詳細,黄省曾本(葉六)此段有這一句話:

後張方入洛,破千金堨,公私賴之。

破了千金堨,何以公私反“賴之”呢? 此語不合情理,故全謝山、趙東潛、戴東原諸家都參考《太平御覽》及《晉書》,在“公私賴之”之上,增補李矩、袁孚脩復千金堨的事。今檢《大典》本,此句作:

後張方入洛,破千金堨,公私頓乏。

朱本與《大典》本相同,瞿本此句作:

後張方入洛,破千金堨,公私頓立。

此下文爲“水積年渠堨頽毁,石砌殆盡,遺基見存”。

我們看了《大典》本與朱本作“公私頓乏”,又看了瞿本作“公私頓立”,當然可以悟到此句原本作“公私頓乏水”。全文當讀:

後張方入洛,破千金堨,公私頓乏水,積年渠堨頽毁,石砌殆盡,遺基見存,朝廷(北魏)太和中修復故堨。

如此校讀,就不須增補文字了。《晉書·惠帝紀》云:

太安二年……十一月辛巳……張方決千金堨,水碓皆涸,乃發王公奴婢手舂給兵廪。

此可以爲證,瞿本的“頓立”更近于“頓乏”,更可供校勘。

⑨ 绿水池 《注箋》本、項本、《五校》鈔本、《七校》本、《注釋》本、張本、乾隆《河南府志》卷六十三《古蹟志》九引《水經注》均作“渌水池”。

⑩ 門有三層 《注疏》本作“門有三層樓”。《疏》:“朱脱樓字,全、趙、戴同。會貞按:《寰宇記》引《魏略》,明帝造三層樓,高十丈。陸機《與弟書》云:大夏門有三層樓,高百尺。《河南志》同,今訂。”

⑪ 梟没鸞舉 各本頗不相同,《手稿·與鍾鳳年先生論水經注書》(第四集下册),其第四函中,對此甚有議論,兹摘録如下:

屢承先生的過獎,這也是細勘古本的功效。今試舉一條略示版本與字句校勘的關係。朱本卷十六,葉十下:

石路崎嶇,巖嶂峻嶮,雲臺風觀,纓草帶阜,遊觀者升降耶閣,出入虹陛,望之狀梟没鸞舉矣。(《箋》云:梟没,古本作島没。謝兆申云:一作鳥没,吴本作梟没。)

末句黄本作島没鷥舉，七十五分。吴琯改凫没鷥舉，五十分。謝云一作鳥没鷥舉，五十分。我檢傅沅叔藏殘宋本是島没鷥舉，與黄本同，七十五分。但《永樂大典》作"島没巒舉"，一百分。

若無古本，則是非如何能定？（即此一例，可見《大典》本的底本與殘宋本雖同出一源，而《大典》本偶有勝處。）

《札記·凫没鷥舉》：

但是，哈佛大學的楊聯陞先生爲此于一九五〇年七月二日給他寫了信（原函影附于《胡適手稿》第六集下册），信中說：

這一段不知當時鍾先生有無討論。我在火車裏理校了一下，覺得仍以"凫没鷥舉"爲最近情。"島没巒舉"擬于不倫，何况上有"狀"字，似嫌不辭。今日匆匆檢《佩文韻府》，查出《易林》卷二"凫得水没"，《禽經》"凫好没"，曹植《七啟》"翔爾鴻翥，濈然凫没"，《淮南》十五《兵略訓》"鷥舉麟振，鳳飛龍騰"，均可爲"凫没鷥舉"作證。先生所給分數，似乎甚不公道，恐是千慮一失。依我看，吴琯、殿本等均應得一百分也。

楊氏信中的最後一段甚發人深省，他說：

以先生的聰明絶頂而力主"笨校"，我瞭解這是苦口婆心警戒後學不可行險徼倖。不過證據是死物，用證據者是活人，連板本也不能算絶對確實證據，古書尤其如此。理校之妙者，甚至可以校出作者自己的錯誤，因人人都可能誤記誤用，筆誤更不必說。人類用語言作達意工具，能"達"與否，真是大問題也。

楊氏生于一九一四年，比胡適小二十三歲，通信中自稱學生，所以信上的話雖然坦率，其實還是很有克制的。信上說："不過證據是死物，用證據者是活人，連板本也不能算絶對確實證據"。其實這話的意思是："板本是死物，用板本者是活人。"用死的板本比勘，比來比去，豈不喪失了活人的意義。作爲一個活人，自然還可以到板本以外去找點證據，而《佩文韻府》和《淮南子》，都並不是什麽稀籍，但"凫没"和"鷥舉"，卻都現成地存在于這些書上。當年的吴琯和朱謀㙔，或許就是下過這番考證功夫的。

⑫　拒坐　殿本在此下《案》云："案'拒坐'未詳。近刻作'摳坐'，朱謀㙔云：一作'匡坐'。"《注疏》本作"摳坐"。《疏》："朱作'摳坐'，《箋》曰：一作'匡坐'。趙云：按'摳坐'，'摳衣'而坐，作徒磨石，故其坐若此，若'匡坐'，則正坐也，何以磨石？戴作拒坐，云未詳。守敬按：《世説·注》、《書鈔》引作'匡'，《大典》本、殘宋本作'拒'，黄本始作'摳'，疑《注》本作'匡'，傳鈔變作'拒'，後人又改爲'摳'也。戴、趙未深考耳。"

⑬　《札記·裴秀與京相璠》：

卷十六《穀水》《經》"又東過河南縣北，東南入于洛"《注》云：

京相璠與裴司空彦季（按當是季彦之誤，下同）脩《晉輿地圖》，作《春秋地名》。

《春秋地名》是《水經注》常引文獻，在卷六《涑水》、卷八《濟水》、卷十五《伊水》、卷十六《穀水》各篇中屢次引及。書名有時作《春秋地名》，有時作《春秋土地名》。而卷二十二

《洧水》又引《京杜地名》。驟看使人不解,其實當是京相璠的《春秋地名》與杜預的《春秋釋地》二書的合稱。所以《春秋地名》是京相璠的著作,這是毫無疑問的。

對于《晉輿地圖》,《注》文卻作"京相璠與裴季彦脩《晉輿地圖》"。這裏的所謂《晉輿地圖》,當然就是《禹貢地域圖》。此事,由于《晉書・裴秀傳》記之甚詳,裴秀爲此圖所撰《序言》,全文收録于其本傳之中,在學術界長期來造成一種印象,認爲此圖是裴秀的作品。這篇《序言》中,提出了著名的"六體",即分率、準望、道里、高下、方邪、迂直。一直被認爲是我國最早的地圖學理論,所以在中國地圖學史上具有重要地位。正是由于這篇《序言》,使裴秀幾乎成爲我國古代地圖繪製的無可爭議的奠基人。清胡渭《禹貢錐指禹貢圖後識》云:"此三代之絶學,裴氏繼之于秦漢之後,著爲圖説,神解妙合,而志家終莫知其義。"近年以來,不少有關中國科學史和地圖學史的著作,也都讓裴秀穩穩地坐在這個寶座上,而且把上述"六體"稱爲裴秀"製圖六體"。讓這位在晉武帝時拜尚書令以後又成爲司空的大官,同時又撈到了這項重要的知識産權。

我曾于六十年代在《中國建設》(*China Reconstructs*)用英文發表過一篇《中國古代的地圖繪製》(*Map Making in Ancient China*)的文章,也把裴秀捧爲《禹貢地域圖》作者,並且介紹了所謂"製圖六體"。不過我在此文中也提及了京相璠,我説:"對于地圖編製的計劃和執行,以及把製圖的實踐上升爲理論,裴秀有一些能人作爲助手,其中最著名的是京相璠。"現在,在談到了以下引及的劉盛佳教授的文章,又作了古今歷代的觀察對比,深深感到,儘管我在此文中也提到了京相璠,但其實仍然是本末倒置,愧對京相璠這位寄大官籬下的古代地圖學家和地名學家。

《穀水注》明明把京相璠的名字置于裴秀之前,用現代概念來説,京相璠就是此圖的第一作者。由于《穀水注》提及的還有《春秋土地名》,而《隋書・經籍志》著録此書卻並不及于裴秀:"《春秋土地名》三卷,晉裴秀客京相璠等撰。"爲此,劉盛佳教授在其《晉代傑出的地圖學家——京相璠》(《自然科學史研究》一九八七年第一期)一文中提出了他的看法。他認爲"京相璠與裴彦季脩《晉輿地圖》,作《春秋地名》"一語的這個"與"字,不作"同"字解。因爲若作"同"字解,則此圖此書是二人合撰的作品,而裴、京二人地位懸殊,京決不能位列于前。所以這個"與"字,應作"給予"解釋。他舉了《論語・雍也》"與之粟九百,辭"、《孟子・離婁下》"可以與,可以無與,與傷惠"等例子説明。我認爲劉説是很有道理的。何況《春秋土地名》在《隋書・經籍志》著録,明説是京等所撰,裴不過是養着一批食客的主人而已。《禹貢地域圖》的繪製,很可與後世修纂地方志的事相比。地方志的領銜人總是修者,修者當然就是地方父母官,其實他們根本不涉編纂事務。而纂者多是地方的文人學士,當然也有冬烘腐儒,但他們都是實際執筆的人。

京相璠和裴秀的著作權問題,確實爲歷史上有關這類事件開了一個惡例。曹丕在《典論・論文》中指出:"蓋文章,經國之大業,不朽之盛事。"平頭百姓之間,若有剽竊、鈔襲之事,不僅要受到譴責撻伐,現在並且有了所謂"知識産權"這個名詞,可以向法院起訴。但當了大官就可以公然佔門客的"大業"、"盛事"爲己有,而後世竟信以爲真。假使没有酈道元在引用時提及這一句，而劉盛佳教授據此審理了京相璠“知識產權”被佔的這場官司，終使事實真相大白。否則，這件沉淪了一千七百多年的冤案，將永遠得不到公正的昭雪。劉教授的論文確實發人深省，因爲裴秀所開的這個惡例，後來發展得愈演愈烈，變本加厲。在裴秀的時代，雖官至司空，畢竟還得自己花錢（暫不計較錢的來路）養一批門客，再在這批門客中挑選有學問的人爲他著書立說。以後就發展到可以由朝廷國家支付俸禄，集中一批諸如“祕書”和“寫作班子”的智囊，來爲上面的人創造“大業”和“盛事”。讀各代歷史，這樣的“大業”和“盛事”有的是，實在令人感慨繫之。

⑭《札記·官蝦蟆和私蝦蟆》：

卷十六《穀水》《經》“又東過河南縣北，東南入于洛”《注》云：

晉《中州記》曰：惠帝爲太子，出聞蝦蟆聲，問人爲是官蝦蟆、私蝦蟆？侍臣賈胤對曰：在官地爲官蝦蟆，在私地爲私蝦蟆。令曰：若官蝦蟆，可給廪。先是有讖云：蝦蟆當貴。

晉惠帝名司馬衷，是晉武帝司馬炎的次子，九歲被立爲太子，二十三歲當上了皇帝。韓國磐先生在他所著《魏晉南北朝史綱》（人民出版社一九八三年出版）一書中説他是個“白痴”，或許有些過分，但至少是個低能兒。他在位以後，西晉大亂，百姓没有飯吃，大批餓死。他居然説出這樣的話來：“何不食肉糜。”（《晉書·惠帝紀》）説明即使不到“白痴”的程度，用現代話來説，這個人的智力商數一定是很低的。

司馬衷的下場當然很慘，他在位時賈后專政，朝政腐敗。他自己的太子，由于非賈后所出，也受到殘殺。《穀水注》所説：“昔晉朝收愍懷太子于後池，即是池也。”指的就是賈后殘殺太子的事。由于惠帝昏聵，兄弟鬩牆，終于釀成了一場自相殘殺的“八王之亂”。他自己最後也被東海王司馬越在麪餅中置毒而鴆死。

我在前面説司馬衷雖然愚蠢，但還不能算是“白痴”，這是因爲在卷九《蕩水》《經》“蕩水出河内蕩陰縣西山東”《注》中，還記載了他的一句似乎明白道理的話：

晉伐成都王穎，敗帝于是水之南。盧綝《四王起事》曰：惠帝征成都王穎，戰敗時，舉輦司馬八人，輦猶在肩上，軍人競就殺舉輦者，乘輿頓地，帝傷三矢，百僚奔散，唯侍中嵇紹扶帝。士將兵之，帝曰：吾吏也，勿害之。衆曰：受太弟命，唯不犯陛下一人耳。遂斬之，血汙帝袂。將洗之，帝曰：嵇侍中血，勿洗也。

“嵇侍中血，勿洗也。”這一句話與“官蝦蟆私蝦蟆”及“何不食肉糜”相比，却顯得大不相同。就憑這一句話，説明司馬衷與歷史上許多愚蠢的王孫公子和衙内們相比，似乎還略勝一籌。

⑮《注釋》本云：“按《魏書·術藝傳》，永寧寺九層浮圖，郭安興爲匠。”按永寧寺九層浮圖，建成于北魏熙平元年（五一六），至永熙三年（五三四）就毁于火，其存在時間不到二十年。《通鑑》卷一五六《梁紀》十二武帝中大通元年：“魏永寧浮圖災，觀者皆哭，聲震城闕。”

⑯《方輿紀要》卷四十八《河南》三《河南府·洛陽縣·永寧寺》引《水經注》云：“高百丈，最爲壯麗。”當是此段下佚文。

⑰畢沅《晉書地理志新補正》卷二《河南郡》“西有廣陽”引《水經注》云：“郭緣生《述征記》：廣

陽門西南有劉曜壘、試弩棚，西北有鬬雞臺、射雉觀。”當是此段下佚文。

⑱ 苑門 《通鑑》卷七十五《魏紀》七邵陵厲公嘉平元年“授兵出屯洛水浮橋”胡《注》引《水經注》、《方輿紀要》卷四十八《河南》三《河南府・小苑門》引《水經注》均作“小苑門”。《注疏》本作“小苑門”。《疏》：“朱脱‘小’字，守敬按：《續漢書・百官志》雒陽城有小苑門。《洛陽伽藍記》，南面次西曰宣陽門，漢曰津陽門，晉曰宣陽門，高祖因而不改。‘津陽’字誤，當依《續漢志》作小苑。《寰宇記》，漢小苑門在午上，晉改曰宣陽門。”

⑲ “清正”下，《注疏》本有“稱”字。《疏》：“各本脱‘稱’字。《箋》曰：此下疑脱爲郡功曹四字。《三輔決録》云，第五頡，字子陵，以清正爲郡功曹。全、趙從朱增四字。守敬按：非也。《後漢書・第五倫傳》，少子頡嗣，歷桂陽、廬江、南陽三郡太守，所在見稱。章懷《注》引《三輔決録・注》，頡字子陵，爲郡功曹，州從事，公府辟舉高第，爲侍御史，南頓令，桂陽、南陽、廬江三郡太守，諫議大夫云云。是以清正下當脱‘稱’字，即本傳云，所在見稱也，今訂。朱《箋》于‘清正’下，補‘爲郡功曹’，與下文不相接。且頡京兆南陵人，爲郡功曹，何得居洛陽？此《注》明云亦諫議大夫第五陵之所居，則正指頡爲諫議大夫時也。故下文皆指頡居洛陽事。”

⑳ “可受大舫過也”下，《注釋》本、《注疏》本均有“奇制作”三字。《水經注箋》云：“奇制作未詳，《玉海》引此《注》無此三字。”《注釋》本趙一清云：“按‘奇制作’所謂橋之制作甚奇，即上制作甚佳之意，豈可以《玉海》所引無之而遂疑之。”

㉑ 殿本在此下《案》云：“案穀水自閶闔門而南以下竝陽渠水，原本及近刻獨此處及下逕亳殷忽兩稱陽渠，後復稱穀水，考其地相比次，非有錯紊，而稱名參差，或後人臆改使然，今姑仍之。”《注疏》本熊會貞按：“戴不知穀水陽渠通稱，于上渠水又有枝分南入華林園，改爲穀水，蓋專以東出之水爲穀水。然無解于《注》叙此水至建春門樂里道，又有屈而東出陽渠之説，而此又惟以自閶闔門而南之水爲陽渠，此酈氏故意錯出，使人知陽渠即穀水。戴疑爲後人所改，誣矣。”

㉒ 《東晉疆域志》卷二《洛陽》引《水經注》云：“尸鄉南有亳坂，東有桐城，即太甲所放處。”當是此段下佚文。

㉓ 今河南縣西南有甘水 《注疏》本作“今河南河南縣，西有甘水”。《疏》：“朱脱‘西’字，趙增‘西南’二字，云：《郡國志》，河南縣有甘城。劉《注》：杜預曰，縣西南有甘泉，即此水也。戴增同。守敬按：《大典》本、殘宋本、黄本並作‘西’，與上合。京不必與杜同也。戴不從《大典》作‘西’而作‘西南’，蓋爲趙説所誤，今訂。”

㉔ 漆水 殘宋本作“柒水”。

㉕ 漆沮 殘宋本作“柒沮”。

㉖ 温池 殘宋本、黄本、沈本均作“温地”，《大典》本作“温水”。

㉗ 漆渠 殘宋本、黄本、項本、沈本、張本、顧炎武《金石文字記》卷三《岱岳觀造像記・注》引《水經注》均作“柒渠”。

㉘ 漆縣 同上注均作“柒縣”。

㉙ 漆溪 殘宋本、黄本、沈本、張本均作“柒溪”。

㉚ 霸水 殘宋本、《大典》本、黄本、《注箋》本、譚本、項本、沈本、《注釋》本、張本、《注疏》本均

作“灞水”。

㉛　直路縣　《注箋》本、項本、《五校》鈔本、《七校》本、《注釋》本、張本均作“畿縣”。

㉜　譙石山　黄本、沈本、《注疏》本、《方輿紀要》卷五十七《陜西》六《延安府・鄜州・中部縣・洛水》引《水經注》均作“燋石山”,《注箋》本、《五校》鈔本、《七校》本、《注釋》本均作“燒石山”。

㉝　中山　《禹貢會箋》卷九“漆沮既從”徐文靖《箋》引《水經注》、乾隆《醴泉縣志》卷一《縣屬》第一“秦曰谷口,亦曰瓠口”引《水經注》均作“仲山”。

㉞　邸瓠口　《注箋》本、項本、張本、熙寧《長安志》卷十七《縣》七《涇陽・焦穫藪》引《水經注》、《方輿紀要》卷五十三《陜西》二《西安府・涇陽縣・宜秋城》引《水經注》、《禹貢會箋》卷九“漆沮既從”徐文靖《箋》引《水經注》均作“瓠口”。

㉟　焦穫　殘宋本、王校明鈔本均作“焦護”,《注箋》本、何校明鈔本均作“焦誤”。

㊱　漆水　殘宋本、何校明鈔本、《注釋》本均作“柒水”。

卷十七　渭水[1]

渭水出隴西首陽縣渭谷亭南鳥鼠山，

渭水出首陽縣首陽山渭首亭南谷，山在鳥鼠山西北。此縣有高城嶺，嶺上有城，號渭源城，渭水出焉。三源合注，東北流逕首陽縣西與别源合，水南出鳥鼠山渭水谷，《尚書·禹貢》所謂渭出鳥鼠者也。《地説》曰：鳥鼠山，同穴之枝榦也。渭水出其中，東北過同穴枝間，既言其過，明非一山也。又東北流而會于殊源也。渭水東南流，逕首陽縣南，右得封溪水，次南得廣相溪水，次東得共谷水，左則天馬溪水，次南則伯陽谷水，竝參差翼注，亂流東南出矣。

東北過襄武縣北，

廣陽水出西山，二源合注，共成一川，東北流注于渭。渭水又東南逕襄武縣東北，荆頭川水入焉。水出襄武西南鳥鼠山荆谷，東北逕襄武縣故城北，王莽更名相桓。漢護羌校尉温序行部，爲隗囂部將苟宇所拘，銜鬚自刎處也。其水東北流注于渭。渭水常若東南，不東北也。又東，梟水注之，水出西南雀富谷，東北逕襄武縣南，東北流入于渭。《魏志》稱，咸熙二年，襄武上言，大人見，身長三丈餘，跡長三尺二寸，白髮，著黄單衣巾，拄杖呼民王，始語云：今當太平，十二月天禄永終，歷數在晉。遂遷魏而事晉。

又東過獂道縣南，

右則岑溪水,次則同水,俱左注之,次則過水右注之。渭水又東南逕獂道縣故城西,昔秦孝公西斬戎之獂王,應劭曰:獂,戎邑也。漢靈帝中平五年,别爲南安郡,赤亭水出郡之東山赤谷,西流逕城北,南入渭水。渭水又逕城南得粟水,水出西南安都谷,東北流注于渭。渭水又東,新興川水出西南鳥鼠山,二源合舍,東北流與彰川合,水出西南溪下,東北至彰縣南,本屬故道候尉治,後漢縣之,永元元年,和帝封耿秉爲侯國也。萬年川水出南山,東北流注之,又東北注新興川,又東北逕新興縣北,《晉書・地道記》,南安之屬縣也。其水又東北與南川水合,水出西南山下,東北合北水,又東北注于渭水。渭水又東逕武城縣[②]西,武城川水入焉。津源所導,出鹿部西山,兩源合注,東北流逕鹿部南,亦謂之鹿部水。又東北,昌丘水出西南丘下,東北注武城水,亂流東北注渭水。渭水又東入武陽川,又有闕城川水出南,安城谷水出北,兩川參差注渭水。渭水又東,有落門西山東流三谷水[③]注之,三川統一,東北流注于渭水。有落門聚,昔馮異攻落門,未拔而薨。建武十年,來歙又攻之,擒隗囂子純,隴右平。渭水自落門東至黑水峽,左右六水夾注:左則武陽溪水,次東得土門谷水,俱出北山,南流入渭;右則温谷水,次東有故城溪水,次東有閭里溪水,亦名習溪水,次東有黑水,竝出南山,北流入渭。渭水又東出黑水峽,歷冀川。

又東過冀縣北,

渭水自黑水峽至岑峽,南北十一水注之。北則温谷水,導平襄縣南山温溪,東北流逕平襄縣故城南,故襄戎邑也,王莽之所謂平相矣。其水東南流,歷三堆南,又東流南屈,歷黄槐川,梗津渠,冬則輟流,春夏水盛,則通川注渭。次則牛谷水[④],南入渭水。南有長塹谷水,次東有安蒲溪水,次東有衣谷水,竝南出朱圉山,山在梧中聚,有石鼓,不擊自鳴,鳴則兵起。漢成帝鴻嘉三年,天水冀南山有大石自鳴,聲隱隱如雷,有頃止,聞于平襄二百四十里,野雞皆鳴,石長丈三尺,廣厚略等。著崖脅,去地百餘丈,民俗名曰石鼓,石鼓鳴則有兵。是歲廣漢鉗子攻死囚,盜庫兵,略吏民,衣繡衣,自號爲仙君,黨與漫廣,明年冬伏誅,自歸者三千餘人。信而有徵矣。其水北逕冀縣城北,秦武公十年伐冀戎,縣之,故天水郡治,王莽更名鎮戎,縣曰冀治。漢明帝永平十七年,改曰漢陽郡,城,即隗囂稱西伯所居也。後漢馬超之圍冀也,涼州别駕閻伯儉潛出水中,將告急夏侯淵,爲超所擒,令告城無救,伯儉曰:大軍方至,咸稱萬歲。超怒數之,伯儉曰:卿欲令長者出不義之言乎? 遂殺之。渭水又東合冀水,水出冀谷。次東有濁谷水,次東有當里溪水,次東有託里水,次東有渠谷水,次東有黄土川水,俱出南山,北逕冀城東,而北流注于渭。渭水又東出岑峽,入新陽川,逕新陽下城南,溪谷、赤蒿二水竝出南山,東北入渭水。渭水又東與新陽崖水合,即隴水也,東北出隴山。其水西流右逕瓦亭南,隗囂聞略陽陷,使牛邯守瓦亭,即此亭也。一水亦出隴山,東南流歷瓦亭北,又西南合爲一水,謂之瓦亭川。西南流逕清竇溪北,又西南與黑水合。水出黑城北,西南逕黑城西,西南流,莫吾南川水注之,水東北出隴垂,西南流歷黑城,南注黑水。黑水西南出懸鏡峽,又西南入瓦亭水。又有濫水,自西來會,世謂之鹿角口。又南逕阿陽縣故城東,中平元年,北地羌胡與邊章侵隴右,漢陽長史蓋勳屯阿陽以拒賊,即此城也。其水又南與燕無水合,水源延發東山,西注瓦亭水。瓦亭水又南,左會方城川,西注瓦亭水。瓦亭水又南逕成紀縣東,歷長離川,謂之長離水。右與成紀水合,水導源西北當亭川,東流出破石峽,津流遂斷,故瀆東逕成紀縣,故帝太皞、庖犧所生之處也。漢以爲天水郡,縣,王莽之阿陽郡治也。又東,潛源隱發,通入成紀水,東南入瓦亭水。瓦亭水又東南,與受渠水相會,水東出大隴山,西逕受渠亭北,又西南入瓦亭水。瓦亭水又西南流,歷僵人峽,路側巖上有死人僵尸巒穴,故岫壑取名焉。釋搴就穴直上,可百餘仞,石路逶迤,劣通單步,僵尸倚窟,枯骨尚全,惟無膚髮而已。訪其川居之士,云其鄉中父老作童兒時,已聞其長舊傳,此當是數百年骸矣。其水又西南與略陽川水合,水出隴山香谷西,西流,右則單溪西注,左則閣川水入焉。其水又西歷蒲池郊,石魯水出東南石魯溪,西北注之。其水又西歷略陽川,西得破社谷水,次西得平相谷水,又西得金里谷水,又西得南室水,又西得蹏谷水[5],竝出南山,北流于略陽城東,揚波北注川水。又西逕略陽道故城北,逕渠水[6]出南山,北逕逕峽[7]北入城。建武八年,中郎將來歙與祭遵所部護軍王忠、右輔將軍朱寵,將二千人,皆持鹵刀斧,自安民縣之楊城。元始二年,平帝罷安定滹沱苑[8]以爲安民縣,起官寺市里,從番須、回中伐樹木,開山道至略陽,夜襲擊囂拒守將金梁等,皆殺之,因保其城。隗囂聞略陽陷,悉衆以攻歙,激水灌城,光武親將救之,囂走西城,世祖與來歙會于此。其水自城北注川,一水二川,蓋囂所堨以灌略陽也。川水西得白楊泉,又西得蒲谷水,又西得蒲谷西川,又西得龍尾溪水,與蒲谷水合,俱出南山,飛清[9]北入川水。川水又西南得水洛口,水源東導隴山,西逕水洛亭,西南流,又得犢奴水口,水出隴山,西逕犢奴川,又西逕水洛亭南,西北注之,亂流西南逕石門峽,謂之石門水,西南注略陽川。略陽川水又西北流入瓦亭水。瓦亭水又西南出顯親峽,石宕水[10]注之,水出北山,山上有女媧祠,庖羲之後有帝女媧焉,與神農爲三皇矣。其水南流注瓦亭水。瓦亭水又西南逕顯親縣故城東南,漢封大鴻臚竇固爲侯國。自石宕次得蝦蟆溪水,次得金黑水,又得宜都溪水,咸出左右,参差相入瓦亭水。又東南合安夷川口,水源東出胡谷,西北流歷夷水川,與東陽川水會,謂之取陽交。又西得何宕川水,又西得羅漢水,竝自東北、西南注夷水,夷水又西逕顯親縣南，西注瓦亭水。瓦亭水又東南得大華谷水。又東南得折里溪水，又東得六谷水，皆出近溪湍峽，注瓦亭水。又東南出新陽峽，崖岫壁立，水出其間，謂之新陽崖水，又東南注于渭也。

又東過上邽縣，

渭水東歷縣北邽山之陰，流逕固嶺東北，東南流，蘭渠川水出自北山，帶佩衆溪，南流注于渭。渭水東南與神澗水合，《開山圖》所謂靈泉池也，俗名之爲萬石灣，淵深不測，寔爲靈異，先後漫遊者，多罹其斃。渭水又東南得歷泉水，水北出歷泉溪，東南流注于渭。渭水又東南出橋亭西，又南得藉水口，水出西山，百澗聲流，總成一川，東歷當亭川，即當亭縣治也。左則當亭水，右則曾席水注之。又東與大弁川水合，水出西山，二源合注，東歷大弁川，東南流注于藉水。藉水又東南流與竹嶺水合，水出南山竹嶺，二源同瀉，東北入藉水。藉水又東北逕上邽縣，左佩四水，東會占溪水，次東有大魯谷水，次東得小魯谷水，次東有楊反谷水，咸自北山，流注藉水。藉水右帶四水：竹嶺東得亂石溪水，次東得木門谷水，次東得羅城溪水，次東得山谷水，皆導源南山，北流入藉水。藉水又東，黄瓜水注之，其水發源黄瓜西谷，東流逕黄瓜縣北，又東，清溪、白水左右夾注，又東北，大旱谷水南出旱溪，歷澗北流，泉溪委漾，同注黄瓜水。黄瓜水又東北歷赤谷，咸歸于藉。藉水又東得毛泉谷水，又東逕上邽城南，得覈泉水，竝出南山，北流注于藉。藉水即洋水也。北有濛水注焉，水出縣西北邽山，翼帶衆流，積以成溪，東流南屈，逕上邽縣故城西，側城南出。上邽，故邽戎國也。秦武公十年伐邽，縣之，舊天水郡治。五城相接，北城中有湖水，有白龍出是湖，風雨隨之，故漢武帝元鼎三年，改爲天水郡。其鄉居悉以板蓋屋，《詩》[11]所謂西戎板屋也。濛水又南注藉水，《山海經》曰：邽山，濛水出焉，而南流注于洋，謂是水也。藉水又東得陽谷水，又得宕谷水[12]，竝自南山，北入于藉。藉水又東合段溪水，水出西南馬門溪，東北流合藉水。藉水又東入于渭。渭水又歷橋亭南，而逕綿諸縣東，與東亭水合，亦謂之爲橋水也，清水又或爲通稱矣。水源東發小隴山，衆川瀉注，統成一水，西入東亭川爲東亭水，與小祇、大祇二水合。又西北得南神谷水，三川竝出東南，差池瀉注。又有埋蒲水，翼帶二川，與延水竝西南注東亭水。東亭水又西，右則歎溝水，次西得麴谷水，水出東南，二溪西北流，注東亭川。東亭川水右則温谷水出小隴山，又西，莎谷水[13]出南山莎溪[14]，西南注東亭川水。東亭川水又西得清水口，水導源東北隴山，二源俱發，西南出隴口，合成一水，西南流歷細野峽，逕清池谷，又逕清水縣故城東，王莽之識睦縣矣。其水西南合東亭川，自下亦通謂之清水矣。又逕清水城南，又西與秦水合，水出東北大隴山秦谷，二源雙導，歷三泉，合成一水，而歷秦川。川有故秦亭，秦仲所封也,秦之爲號,始自是矣。秦水西逕降隴縣故城南,又西南,自亥、松多二水出隴山,合而西南流,逕降隴城北,又西南注秦水。秦水又西南歷隴川,逕六槃口[15],過清水城,西南注清水。清水上下,咸謂之秦川。又西,羌水注焉,水北出羌谷,引納衆流,合以成溪。滋水星會,謂之小羌水。西南流,左則長谷水西南注之,右則東部水東南入焉。羌水又南入清水。清水又西南得綿諸水口,其水導源西北綿諸溪,東南有長思水,北出長思溪,南入綿諸水。又東南歷綿諸道故城北,東南入清水。清水東南注渭。渭水又東南合涇谷水,水出西南涇谷之山,東北流與横水合,水出東南横谷,西北逕横水壙,又西北入涇谷水,亂流西北出涇谷峽,又西北,軒轅谷水注之,水出南山軒轅溪,南安姚瞻以爲黄帝生于天水,在上邽城東七十里軒轅谷。皇甫謐云:生壽丘,丘在魯東門北。未知孰是也。其水北流注涇谷水。涇谷水又西北,白城溪東北流,白娥泉水出其西,東注白城水。白城水又東北入涇谷水,涇谷水又東北歷董亭下,楊難當使兄子保宗鎮董亭,即是亭也。其水東北流注于渭。《山海經》曰:涇谷之山,涇水出焉,東南流注于渭是也。渭水又東,伯陽谷水入焉,水出刑馬之山伯陽谷,北流,白水出東南白水溪,西北注伯陽水。伯陽水又西北歷谷,引控羣流,北注渭水。渭水又東歷大利,又東南流,苗谷水[16]注之,水南出刑馬山,北歷平作,西北逕苗谷,屈而東逕伯陽城南,謂之伯陽川,蓋李耳西入,往逕所由,故山原畎谷,往往播其名焉。渭水東南流,衆川瀉浪,鴈次鳴注:左則伯陽東溪水注之,次東得望松水,次東得毛六溪水,次東得皮周谷水,次東得黄杜東溪水,出北山,南入渭水;其右則明谷水[17],次東得丘谷水,次東得丘谷東溪水,次東有鉗巖谷水[18],竝出南山,東北注渭。渭水又東南出石門,度小隴山,逕南由縣[19]南,東與楚水合,世所謂長蛇水,水出汧縣之數歷山也。南流逕長蛇戍東,魏和平三年築,徙諸流民以遏隴寇。楚水又南流注于渭。闞駰以是水爲汧水焉。渭水又東,汧、汙二水入焉。余按諸《地志》,汧水出汧縣西北。闞駰《十三州志》與此同,復以汧水爲龍魚水,蓋以其津流逕通而更攝其通稱矣。渭水東入散關,《抱朴子・神仙傳》曰:老子西出關,關令尹喜候氣,知真人將有西遊者,遇老子,彊令之著書,耳不得已,爲著《道德二經》,謂之《老子書》也。有老子廟。干寶《搜神記》云:老子將西入關,關令尹喜好道之士,覩真人當西,乃要之途也。皇甫士安《高士傳》云:老子爲周柱下史,及周衰,乃以官隱,爲周守藏室史,積八十餘年,好無名接,而世莫知其真人也。至周景王十年,孔子年十七,遂適周見老聃。然幽王失道,平王東遷,關以捍移,人以職徙,尹喜候氣,非此明矣。往逕所由,兹焉或可。渭水又東逕西武功北,俗以爲散關城,非也。褚先生乃曰:武功,扶風西界小邑也,蜀口棧道近山,無他豪,易高者是也。渭水又與扞水[20]合,水出周道谷,北逕武都故道縣之故城西，王莽更名曰善治也。故道縣有怒特祠，《列異傳》曰：武都故道縣有怒特祠，云神本南山大梓也，昔秦文公二十七年，伐之，樹瘡隨合，秦文公乃遣四十人持斧斫之，猶不斷。疲士一人，傷足不能去，卧樹下，聞鬼相與言曰：勞攻戰乎？其一曰：足爲勞矣。又曰：秦公必持不休。答曰：其如我何？又曰：赤灰跋于子何如。乃默無言。卧者以告，令士皆赤衣，隨所斫以灰跋，樹斷化爲牛入水，故秦爲立祠。其水又東北歷大散關而入渭水也。渭水又東南，右合南山五溪水，夾澗流注之。

又東過陳倉縣西，

縣有陳倉山，山上有陳寶雞鳴祠。昔秦文公感伯陽之言，遊獵于陳倉，遇之于此坂[21]，得若石焉，其色如肝，歸而寶祠之，故曰陳寶。其來也自東南，暉暉聲若雷，野雞皆鳴，故曰雞鳴神也。《地理志》曰：有上公、明星、黄帝孫、舜妻盲冢祠。有羽陽宫，秦武王起。應劭曰：縣氏陳山。姚睦曰：黄帝都陳，言在此。榮氏《開山圖注》曰：伏犧生成紀，徙治陳倉，非陳國所建也。魏明帝遣將軍太原郝昭築陳倉城，成，諸葛亮圍之。亮使昭鄉人靳祥説之，不下，亮以數萬攻昭千餘人，以雲梯、衝車、地道逼射昭；昭以火射連石拒之，亮不利而還[22]。今汧水對亮城，是與昭相禦處也。陳倉水出于陳倉山下，東南流注于渭水。渭水又東與綏陽溪水合，其水上承斜水，水自斜谷分注綏陽溪，北屆陳倉入渭。故諸葛亮《與兄瑾書》曰：有綏陽小谷，雖山崖絶險，溪水縱横，難用行軍，昔邏候往來，要道通入，今使前軍斫治此道，以向陳倉，足以扳連賊勢，使不得分兵東行者也。渭水又東逕郁夷縣故城南，《地理志》曰：有汧水祠，王莽更之曰郁平也。《東觀漢記》曰：隗囂圍來歙于略陽，世祖詔曰：桃花水出船槃，皆至郁夷、陳倉，分部而進者也。汧水入焉[23]，水出汧縣之蒲谷鄉弦中谷，决爲弦蒲藪。《爾雅》曰：水决之澤爲汧，汧之爲名，寔兼斯舉。水有二源，一水出縣西山，世謂之小隴山，巖嶂高險，不通軌轍，故張衡《四愁詩》曰：我所思兮在漢陽，欲往從之隴坂長。其水東北流，歷澗，注以成淵，潭漲不測，出五色魚，俗以爲靈，而莫敢採捕，因謂是水爲龍魚水，自下亦通謂之龍魚川[24]。川水東逕汧縣故城北，《史記》：秦文公東獵汧田，因遂都其地是也。又東歷澤，亂流爲一。右得白龍泉，泉徑五尺，源穴奮通，淪漪四泄，東北流注于汧。汧水又東會一水，水發南山西側，俗以此山爲吴山，三峰霞舉，疊秀雲天，崩巒傾返，山頂相捍，望之恒有落勢。《地理志》曰：吴山在縣西，《古文》以爲汧山也。《國語》所謂虞矣。山下石穴廣四尺，高七尺，水溢石空，懸波側注，瀰渀震盪，發源成川，北流注于汧。自水會上下，咸謂之爲龍魚川。汧水又東南逕隃麋縣故城南，王莽之扶亭也。昔郭歙恥王莽之徵，而遯跡于斯。建武四年，光武封耿況爲侯國矣。汧水東南歷慈山，東南逕郁夷縣平陽故城南,《史記》:秦寧公二年徙平陽。徐廣曰:故郿之平陽亭也。城北有《漢邠州刺史趙融碑》,靈帝建安元年立。汧水又東流注于渭。渭水之右,磻溪水注之,水出南山兹谷,乘高激流,注于溪中,溪中有泉,謂之兹泉。泉水潭積,自成淵渚,即《吕氏春秋》所謂太公釣兹泉也。今人謂之丸谷,石壁深高,幽隍邃密,林障秀阻,人跡罕交。東南隅有一石室,蓋太公所居也。水次平石釣處,即太公垂釣之所也。其投竿跽餌,兩厀遺跡猶存,是有磻溪之稱也。其水清泠神異,北流十二里注于渭,北去維堆城七十里。渭水又東逕積石原,即北原也。青龍二年,諸葛亮出斜谷,司馬懿屯渭南,雍州刺史郭淮,策亮必爭北原而屯,遂先據之,亮至,果不得上。渭水又東逕五丈原北,《魏氏春秋》曰:諸葛亮據渭水南原,司馬懿謂諸將曰:亮若出武功,依山東轉者,是其勇也。若西上五丈原,諸君無事矣。亮果屯此原,與懿相禦。渭水又東逕郿縣故城南,《地理志》曰:右輔都尉治。《魏春秋》:諸葛亮寇郿,司馬懿據郿拒亮。即此縣也。渭水又東逕郿塢南,《漢獻帝傳》曰:董卓發卒築郿塢,高與長安城等,積穀爲三十年儲。自云:事成,雄據天下;不成,守此足以畢老。其愚如此。

注释:

① 《注疏》本作"渭水上"。《疏》:"全上作一,戴删。"

② 《札記·牛渚縣》:"卷十七《渭水注》的武城縣,上起《漢書·地理志》,下至《魏書·地形志》,均不見記載。"

③ 三谷水 《大典》本、《注箋》本、項本、《注釋》本、張本、《注疏》本均作"三谷府水"。

④ 牛谷水 黄本、《注箋》本、譚本、項本、《注釋》本、張本、《禹貢會箋》卷十"西傾、朱圉、鳥鼠至于太華"徐文靖《箋》引《水經注》均作"午谷水"。

⑤ 蹏谷水 《大典》本、黄本、何校明鈔本、王校明鈔本、沈本均作"蹄谷水"。

⑥ 逕渠水 殘宋本、《大典》本均作"涯渠水",黄本、吴本、《注箋》本、譚本、何校明鈔本、王校明鈔本、項本、張本均作"渥渠水"。

⑦ 逕峡 黄本、吴本、《注箋》本、譚本、何校明鈔本、王校明鈔本、項本、沈本、張本均作"渥峡"。

⑧ 滹沱苑 吴本作"呼他苑",《五校》鈔本、《七校》本均作"呼淹苑",劉寶楠《愈愚録》卷六《水經注之誤》引《水經注》作"呼沱苑"。

⑨ 《水經注記載的瀑布》(陳橋驛《水經注研究》,天津古籍出版社一九八五年出版):

> 瀑布一詞是現代自然地理學對這種地理事物的專門名稱。但古人的記載並不如此,其名稱是多種多樣的。當然,瀑布也是古人記載這種地理事物的常用名稱之一,例如卷九《清

水注》記載的白鹿山瀑布,《注》文説:“瀑布乘巖懸河,注壑二十餘丈。”卷二十六《淄水注》記載的劈頭山瀑布,《注》文説:“長津激浪,瀑布而下。”但是在全《注》記載的瀑布之中,這祇佔很小的一部分。此外則是其他各式各樣稱謂,有的稱爲“瀧”,有的稱爲“洪”,有的稱爲“洩”。因爲瀑布自上而下,形同懸掛,所以“懸”字常常作爲瀑布的名稱,如懸水、懸流、懸泉、懸濤、懸湍等等;由于瀑布飛流而下,因此“飛”字也是常見的瀑布名稱,如飛波、飛清、飛泉、飛瀑、飛流等等;瀑布是從高處向下頹落的,所以“頹”字有時也用來稱謂瀑布,例如《淇水注》的沮洳山瀑布,《聖水注》的玉石山瀑布和《淮水注》的雞翅山瀑布等,原《注》都稱爲頹波。在研究酈《注》記載的瀑布時,弄清他記載瀑布所採用的各種辭例是很重要的。因爲在《注》文中,對于某些瀑布,内容寫得很生動詳細;而對另一些瀑布,《注》文卻僅僅提出其名稱。假使不掌握酈《注》記載瀑布的解例,則對于那些記載疏略的瀑布可能就會遺漏。前輩治酈學者也已經注意了這個問題。例如卷十七《渭水》《經》“又東過冀縣北”《注》云:

　　川水西得白楊泉,又西得蒲谷水,又西得蒲谷西川,又西得龍尾溪水,與蒲谷水合,俱出南山,飛清北入川水。

對于這個“飛清”,明譚元春在此處批云:“揚波飛清,止以二字描贊便活現,何其省捷。”《注疏》本也在此處《疏》云:“《夷水注》:激素飛清,其辭例也。”

由此可見,儘管在《渭水注》中祇有“飛清北入川水”一語,此外没有對這些瀑布作更多的描寫,但治酈精湛如譚元春、楊守敬等輩是領會的。其實,“飛清”作爲記載瀑布的辭例,酈《注》中還不僅在楊氏指出的《夷水注》中出現,此外如卷二十《漾水注》中的平樂水瀑布,卷二十七《沔水注》中的南山巴嶺瀑布以及卷三十四《江水注》中的孔子泉瀑布等,《注》文都用了“飛清”這個辭例。

⑩　石宕水　黄本、譚本、沈本均作“石岩水”,吴本、《注箋》本、項本、張本、《注疏》本均作“石巖水”。《注疏》本《疏》云:“趙據孫潛校改‘巖’作‘宕’,全、戴改同。守敬按:孫潛蓋因下作‘宕’改,不知‘巖’或省作‘岩’,‘岩’與‘宕’形近,下乃誤作‘宕’耳,則當據此改下作‘岩’,不當依下改‘岩’作‘宕’。”

⑪　詩　《注疏》本作“毛公”,段熙仲《校記》:“按《詩・秦風・小戎》有‘在其板屋’。《毛傳》曰:‘西戎板屋。’《注》用《毛傳》,非《詩》語也。依《濟水》二‘毛公曰:景山大山也’詞例,《詩》字宜改毛公,或《詩》下增《傳》字。今改‘毛公’二字。”

⑫　宕谷水　《大典》本、黄本、《注箋》本、譚本、沈本、張本均作“宕水、谷水”。

⑬　莎谷水　殘宋本、《大典》本、黄本、吴本、譚本、沈本、《五校》鈔本、《七校》本、《注釋》本均作“菞谷水”。

⑭　莎溪　同上注,各本均作“菞溪”。

⑮　六槃口　《名勝志・陝西》卷七《平涼府・華亭縣》引《水經注》作“六盤口”。

⑯　苗谷水　《大典》本、黄本、吴本、何校明鈔本、沈本均作“貓谷水”。

⑰　明谷水　黄本、《注箋》本、譚本、何校明鈔本、項本、沈本、《五校》鈔本、《七校》本、《注釋》本

均作“胡谷水”。

⑱ 鉗巖谷水 黄本、吴本、《注箋》本、何校明鈔本、項本、沈本、《五校》鈔本、《七校》本、《注釋》本、張本、《注疏》本、《駢字類編》卷四十《山水門·五丘谷》引《水經注》均作“銅巖谷水”。

⑲ 南由縣 《注箋》本、項本、張本、《山海經箋疏》卷二《西山經》“楚水出焉而南流注于渭”郝懿行《案》引《水經注》、同書畢沅《注》引《水經注》均作“南田縣”。

⑳ 扞水 《注箋》本、項本、《五校》鈔本、《七校》本、《注釋》本、張本、《注疏》本均作“捍水”。《注疏》本《疏》:“戴捍改扞,捍、扞同”。

㉑ 此坂 《注疏》本作“北坂”。《疏》云:“戴改‘北’作‘此’。守敬按:非也。《封禪書》、《郊祀志》並作北坂城,此足見戴氏未檢原書。”

㉒ 《札記·諸葛亮與司馬懿》:

卷十七《渭水》《經》“又東過陳倉縣西”《注》云:

縣有陳倉山……魏明帝遣將軍太原郝昭築陳倉城,成,諸葛亮圍之。亮使昭鄉人靳祥説之,不下,亮以數萬攻昭千餘人,以雲梯、衝車、地道逼射昭;昭以火射連石拒之,亮不利而還。

這裏,諸葛亮以數十倍兵力進攻陳倉城,而心理戰與陣地戰並舉,花了極大的代價。但郝昭拒絶遊説,憑險固守,挫敗了諸葛亮的一切進攻。司馬懿雖然並不在這條《注》文中露面,但司馬懿的治軍嚴明,守備有方,仍然于此可見。

同卷同條《經》文下又云:

青龍二年,諸葛亮出斜谷,司馬懿屯渭南。雍州刺史郭淮,策亮必爭北原而屯,遂先據之。亮至,果不得上。

渭水又東逕五丈原北,《魏氏春秋》曰:諸葛亮據渭水南原,司馬懿告諸將曰:亮若出武功,依山東轉者,是其勇也。若西上五丈原,諸君無事矣。亮果屯此原,與懿相禦。

上述兩段《注文》,都説明了諸葛亮與司馬懿在戰爭中的失利,而司馬懿在軍事上的韜略,常常讓諸葛亮在戰場上處于被動地位。因此,從《水經注》的記載評判此二人,棋逢敵手而已。

㉓ 《寰宇記》卷三十三《關西道》八《隴州·吴山縣》引《水經注》云:“南由縣有白環水,源出白環谷。”當是此段下佚文。案《注釋》本收此條于卷十九《補涇水》内,謝鍾英《水經注洛涇二水補》云:“如南由縣有白環水一條,考《寰宇記》,南由縣在隴州西南一百二十里,去涇甚遠,決非《涇水篇》佚文。”今案《方輿紀要》卷五十五《陝西》四《鳳翔府·隴州·南由縣》云:“州東南百二十里,本漢汧縣地。”則白環水當爲汧水枝流。汧水見卷十七《渭水》《經》“又東過陳倉縣西”《注》内,則此條當爲卷十七《渭水篇》佚文。

㉔ 陸佃《埤雅》卷一《魚部·龍》引《水經注》云:“魚龍以秋日爲夜。”或是此段下佚文。

卷十八　渭水[1]

又東過武功縣北，

渭水于縣，斜水自南來注之。水出縣西南衙嶺山，北歷斜谷，逕五丈原東，諸葛亮《與步騭書》曰：僕前軍在五丈原，原在武功西十里餘。水出武功縣，故亦謂之武功水也。是以諸葛亮《表》云：臣遣虎步監孟琰據武功水東，司馬懿因水長攻琰營，臣作竹橋，越水射之，橋成馳去。其水北流注于渭。《地理志》曰：斜水出衙嶺，北至郿注渭。渭水又東逕馬冢北[2]，諸葛亮《與步騭書》曰：馬冢在武功東十餘里，有高勢，攻之不便，是以留耳。渭水又逕武功縣故城北，王莽之新光也。《地理志》曰：縣有太一山[3]。《古文》以爲終南，杜預以爲中南也。亦曰太白山，在武功縣南，去長安二百里，不知其高幾何。俗云：武功太白，去天三百。山下軍行，不得鼓角，鼓角則疾風雨至。杜彦達曰：太白山南連武功山，于諸山最爲秀傑，冬夏積雪，望之皓然。山上有谷春祠，春，櫟陽人，成帝時病死，而尸不寒。後忽出櫟南門及光門上，而入太白山，民爲立祠于山嶺，春秋來祠中上宿焉。山下有太白祠，民所祀也。劉曜之世，是山崩，長安人劉終于崩[4]所得白玉，方一尺，有文字曰：皇亡皇亡敗趙昌，井水竭，構五梁，咢西小衰困囂喪。嗚呼嗚呼，赤牛奮靷其盡乎？時羣官畢賀，中書監劉均進曰：此國滅之象，其可賀乎？終如言矣。渭水又東，温泉水注之，水出太一山，其水沸涌如湯，杜彦達曰：可治百病，世清則疾愈，世濁則無驗[5]。其水下合溪流，北注十三里入渭。渭水又東逕斄縣故城南，舊邰城也，后稷之封邑矣。

《詩》所謂即有郃家室也。城東北有姜嫄祠,城西南百步有稷祠,郿之欃亭也。王少林之爲郿縣也,路逕此亭。亭長曰:亭凶殺人。少林曰:仁勝凶邪,何鬼敢忤。遂宿,夜中聞女子稱冤之聲。少林曰:可前來理。女子曰:無衣不敢進。少林投衣與之。女子前訴曰:妾夫爲涪令,之官,過宿此亭,爲亭長所殺。少林曰:當爲理寢冤,勿復害良善也。因解衣于地,忽然不見。明告亭長,遂服其事,亭遂清安。渭水又東逕雍縣南,雍水注之[⑥],水出雍山,東南流歷中牢溪,世謂之中牢水,亦曰冰井水。南流逕胡城東,俗名也,蓋秦惠公之故居,所謂祈年宫也,孝公又謂之爲橐泉宫。按《地理志》曰:在雍。崔駰曰:穆公冢在橐泉宫祈年觀下,《皇覽》亦言是矣。劉向曰:穆公葬無丘壟處也。《史記》曰:穆公之卒,從死者百七十七人,良臣子車氏奄息、仲行、鍼虎,亦在從死之中,秦人哀之,爲賦《黄鳥》焉。余謂崔駰及《皇覽》,謬志也[⑦]。惠公、孝公,竝是穆公之後,繼世之君矣,子孫無由起宫于祖宗之墳陵矣,以是推之,知二證之非實也。雍水又東,左會左陽水,世名之西水,水北出左陽溪,南流逕岐州城西,魏置岐州刺史治。左陽水又南流注于雍水。雍水又與東水合,俗名也。北出河桃谷,南流右會南源,世謂之返眼泉,亂流南逕岐州城東,而南合雍水。州居二水之中,南則兩川之交會也,世亦名之爲淬空水。東流,鄧公泉注之,水出鄧艾祠北,故名曰鄧公泉。數源俱發于雍縣故城南,縣,故秦德公所居也。《晉書・地道記》以爲西虢地也。《漢書・地理志》以爲西虢縣。《太康地記》曰:虢叔之國矣。有虢宫,平王東遷,叔自此之上陽,爲南虢矣。雍有五畤祠[⑧],以上祠祀五帝。昔秦文公田于汧、渭之間,夢黄蛇自天下屬地,其口止于鄜衍,以爲上帝之神,于是作鄜畤祀白帝焉。秦宣公作密畤于渭南,祀青帝焉。靈公又于吴陽作上畤,祀黄帝;作下畤,祀炎帝焉。獻公作畦畤于櫟陽而祀白帝。漢高帝問曰:天有五帝,今四何也[⑨]?博士莫知其故,帝曰:我知之矣,待我而五。遂立北畤祀黑帝焉。應劭曰:四面積高曰雍。闞駰曰:宜爲神明之隩,故立羣祠焉。又有鳳臺、鳳女祠。秦穆公時,有簫史者,善吹簫,能致白鵠、孔雀,穆公女弄玉好之,公爲作鳳臺以居之。積數十年,一旦隨鳳去。云雍宫世有簫管之聲焉。今臺傾祠毁,不復然矣。鄧泉東流注于雍,自下雖會他津,猶得通稱,故《禹貢》有雍、沮會同之文矣[⑩]。雍水又東逕召亭南,世謂之樹亭川,蓋召、樹聲相近,誤耳。亭,故召公之采邑也。京相璠曰:亭在周城南五十里。《後漢郡國志》曰:郿縣有召亭。謂此也。雍水又東南流與横水[⑪]合,水出杜陽山,其水南流,謂之杜陽川。東南流,左會漆水,水出杜陽縣之漆溪,謂之漆渠。故徐廣曰:漆水出杜陽之岐山者是也。漆渠水南流,大巒水注之。水出西北大道川,東南流入漆,即故岐水也。《淮南子》曰:岐水出石橋山,東南流。相如《封禪書》曰:收龜于岐。《漢書音義》曰:岐,水名也。謂斯水矣。二川并逝，俱爲一水，南與横水合，自下通得岐水之目，俗謂之小横水，亦或名之米流川。逕岐山西，又屈逕周城南，城在岐山之陽而近西，所謂居岐之陽也。非直因山致名，亦指水取稱矣。又歷周原下，北則中水鄉成周聚，故曰有周也。水北，即岐山矣。昔秦盜食穆公馬處也。岐水又東逕姜氏城南爲姜水，按《世本》：炎帝，姜姓。《帝王世紀》曰：炎帝，神農氏，姜姓。母女登遊華陽，感神而生炎帝。長于姜水，是其地也。東注雍水。雍水又南，逕美陽縣之中亭川，合武水，水發杜陽縣大嶺側，東西三百步，南北二百步，世謂之赤泥峴。沿波歷澗，俗名大横水也，疑即杜水矣。其水東南流，東逕杜陽縣故城，世謂之故縣川。又故虢縣有杜陽山，山北有杜陽谷，有地穴北入，亦不知所極，在天柱山南⑫，故縣取名焉，亦指是水而攝目矣，即王莽之通杜也。故《地理志》曰：縣有杜水。杜水又東，二坑水注之，水有二源，一水出西北，與瀆魋水合，而東歷五將山，又合鄉谷水，水出鄉溪，東南流入杜水，謂之鄉谷川。又南，莫水⑬注之，水出好畤縣梁山大嶺東，南逕梁山宫西，故《地理志》曰：好畤有梁山宫，秦始皇起。水東有好畤縣故城，王莽之好邑也，世祖建武二年，封建威大將軍耿弇爲侯國。又南逕美陽縣之中亭川，注雍水，謂之中亭水。雍水又南逕美陽縣西，章和二年，更封彰侯耿秉爲侯國。其水又南流注于渭。渭水又東，洛谷之水⑭出其南山洛谷，北流逕長城西，魏甘露三年⑮，蜀遣姜維出洛谷，圍長城，即斯地也。

又東，芒水從南來流注之。

芒水出南山芒谷，北流逕玉女房，水側山際有石室，世謂之玉女房。芒水又北逕盩厔縣之竹圃中，分爲二水。漢沖帝詔曰：翟義作亂于東，霍鴻負倚盩厔芒竹。即此也。其水分爲二流，一水東北爲枝流，一水北流注于渭也。

注释：

① 《注疏》本作“渭水中”。《疏》云：“戴删‘中’字。”

② 《關中水道記》卷三《渭水》引《水經注》云：“武功縣渭水又東，五谷水北注之，亦名乾溝河。”或是此段下佚文。

③ 太一山　《五校》鈔本、《七校》本、《注釋》本均作“太壹山”。

④ 此下《注釋》本云：“劉終以下文理不屬，蓋簡也。按孫潛用柳僉鈔本校補四百二十字，真希世之寳也。”

⑤ 《札記·殿本尚可再校》：

卷十八《渭水》《經》“又東過武功縣北”《注》云：

渭水又東,温泉水注之,水出太一山,其水沸涌如湯,杜彦達曰:可治百病,世清則疾愈,世濁則無驗。

對于這條《注》文,今所見各本均同。但"世清則疾愈,世濁則無驗",實在牽强附會,我早年就不以此語爲然,但因各本均同,無可據校。後來看到了康熙《隴州志》卷一《方輿·温泉》下所引《水經注》,卻與各本甚不相同。《隴州志》引《水經注》作:

然水清則愈,濁則無驗。

《隴州志》所引的《水經注》是何種版本,不得而知,但是其文字顯然優于殿本和其他各本。

⑥ 《名勝志·陜西》卷三《乾州·武功縣》引《水經注》云:"雍水俗名白水,亦曰圍川水,西北自扶風界流入。"當是此段下佚文。

⑦ 殿本在此下《案》云:"案'所得白玉'至此句'謬'字止,共四百三十七字,近刻脱落,據原本補。"戴《案》"近刻脱落,據原本補"之語頗涉含糊。本卷注④已引《注釋》本趙一清所云孫潛據柳僉本鈔補事。此中經過,近代酈學家多已明白。鄭德坤《水經注板本考》(收入于鄭氏《水經注引書考》,臺北藝文印書館一九七四年出版)柳僉鈔本下云:"又補《渭水篇》脱文凡四百二十餘字,首有功于酈書。"(吴天任《酈學研究史》第二〇八頁同。)胡適《記孫潛過録的柳僉水經注鈔本與趙琦美三校水經注本並記此本上的袁廷檮校記》(《胡適手稿》第四集中册)云:"卷十八有脱葉一整葉,孫潛自記云:戊申(一六六八)正月九日補寫缺葉。"按孫潛係用朱謀㙔《水經注箋》作底過録柳、趙二本,則知柳本卷十八《渭水》較朱本多一整葉。至于柳本這一整葉從何而來,則汪辟疆《水經注與水經注疏》(《汪辟疆論文集》,上海古籍出版社一九八八年出版)叙説甚明:"傅氏(按指傅增湘)取《大典》本與此本互校,其脱葉之文及字句異同,與殘宋本八九合,乃知《大典》本《水經注》,即依據此本鈔録。《渭水篇》卷十八中柳僉據宋本所補四百一十八字脱文,正在此殘宋本十八卷第二頁,真人間鴻寶也。"殘宋本是景祐缺佚以後的本子,但尚較以後輾轉傳鈔的本子完整。而柳僉鈔本即録自此類版本,爲孫潛所過録而得以傳世。朱謀㙔所見宋本,卻因缺失一頁,以致有卷十八《渭水》之漏。殘宋本之復出,對于證明柳鈔之功,甚有價值。至于所漏字數有四百二十餘字至四百三十七字之别,當因以後各本以意增補所致。此事來龍去脈既已清楚,字數稍有出入,不足計較也。《注疏》本《疏》:"趙氏所云:孫潛用柳僉鈔本校補者也。但細核趙本,實止四百一十九字,全、戴皆有增加,故字數各異。"段熙仲《校記》云:"按:戴氏云:共四百三十七字,近刻脱落,據原本補。今細核《大典》本實四百二十字,其多出之十七字,則戴氏所增而《大典》本所無者也。"

⑧ 《方輿紀要》卷五十四《陜西》三《乾州·武功縣·六門堰》引《水經注》云:"五泉渠自扶風縣流入,經三畤原。"或是此段下佚文。

⑨ 《注疏》本《疏》:"朱作'何四也',趙同。戴作'四何'。會貞按:《大典》本、殘宋本作'四何'。"

⑩ 殿本在此下《案》云:"案此句舛誤。"《注釋》本在此下云:"全氏曰:善長誤矣,豈可以兖州之灉沮釋岐西之水道乎?"《注疏》本楊守敬按:"道元《瓠子河篇》明引《禹貢》,何得于渭北之雍水牽合之? 閻百詩乃云,專門名家之書,有此笑柄,余疑此三句爲後人竄入,直當删之。"

⑪ 横水 《注箋》本、項本、《五校》鈔本、《七校》本、《注釋》本、張本均作"杜水"。

⑫　《寰宇記》卷三十《關西道》六《鳳翔府・岐山縣》引《水經注》云:“天柱山下有鳳凰祠,或云其高峻,迴出諸山,狀若柱,因以爲名。”當是此句下佚文。《五校》鈔本已録入此文。

⑬　莫水　殘宋本、黄本、《注箋》本、何校明鈔本、項本、沈本、《注釋》本、張本、雍正《陜西通志》卷八《山川》一《大川考・渭水》引《水經注》、熙寧《長安志》卷十四《縣》四《武功莫谷水》畢沅《案》引《水經注》均作“莢水”。《五校》鈔本、《七校》本、《寰宇記》卷二十七《關西道》三《雍州》三《武功縣》引《水經注》、熙寧《長安志》卷十四《縣》四《武功・莫谷水》引《水經注》、《名勝志・陜西》卷三《乾州・武功縣》引《水經注》均作“莫谷水”。

⑭　洛谷之水　《通鑑》卷七十七《魏紀》九高貴鄉公甘露二年“維壁于芒水”胡《注》引《水經注》、《蜀鑑》卷五永和五年引《水經注》、《方輿紀要》卷十八《陜西》二《西安府・盩厔縣・駱谷水》引《水經注》均作“駱谷水”。

⑮　三年　《注疏》本作“二年”。《疏》:“朱‘二年’作‘三年’,全、趙、戴同。會貞按:《蜀志・後主傳》,姜维出駱谷,在延熙二十年,景耀元年還。《姜维傳》同。延熙二十年當魏甘露二年,景耀元年當甘露三年。是维于二年出,三年還。此三年爲二年之誤,今訂。”

卷十九　渭水[1]

又東過槐里縣南，又東，澇水從南來注之。

渭水逕縣之故城南，《漢書集注》，李奇謂之小槐里，縣之西城也。又東與芒水枝流合，水受芒水于竹圃，東北流，又屈而北入于渭。渭水又東北逕黄山宫南，即《地理志》所云，縣有黄山宫，惠帝二年起者也。《東方朔傳》曰：武帝微行，西至黄山宫。故世謂之遊城也。就水注之，水出南山就谷，北逕大陵西，世謂之老子陵。昔李耳爲周柱史，以世衰入戎，于此有冢。事非經證，然莊周著書云：老耼死，秦失弔之，三號而出。是非不死之言，人稟五行之精氣，陰陽有終變，亦無不化之理。以是推之，或復如傳，古人許以傳疑，故兩存耳。就水歷竹圃北，與黑水合，水上承三泉，就水之右，三泉奇發，言歸一瀆，北流，左注就水。就水又北流注于渭。渭水又東合田溪水，水出南山田谷，北流逕長楊宫西，又北逕盩厔縣故城西，又東北與一水合。水上承盩厔縣南源，北逕其縣東，又北逕思鄉城西，又北注田溪。田溪水又北流，注于渭水也。縣北有蒙蘢渠[2]，上承渭水于郿縣，東逕武功縣爲成林渠[3]，東逕縣北，亦曰靈軹渠[4]，《河渠書》以爲引堵水。徐廣曰：一作諸川是也。渭水又東逕槐里縣故城南，縣，古犬丘邑也，周懿王都之，秦以爲廢丘，亦曰舒丘。中平元年，靈帝封左中郎將皇甫嵩爲侯國。縣南對渭水，北背通渠。《史記·秦本紀》云：秦武王三年，渭水赤三日；秦昭王三十四年，渭水又大赤三日。《洪範五行傳》云：赤者，火色也；水盡赤，以火沴水也；渭水，秦大川也；陰陽亂，秦用嚴刑，敗亂之象。

後項羽入秦,封司馬欣爲塞王,都櫟陽;董翳爲翟王,都高奴;章邯爲雍王,都廢丘。爲三秦。漢祖北定三秦,引水灌城,遂滅章邯。三年,改曰槐里,王莽更名槐治也,世謂之爲大槐里。晉太康中,始平郡治也。其城遞帶防陸,舊渠尚存,即《漢書》所謂槐里環堤者也。東有漏水[⑤],出南山赤谷,東北流逕長楊宫東,宫有長楊樹,因以爲名。漏水又北歷葦圃西,亦謂之仙澤。又北逕望仙宫,又東北,耿谷水注之,水發南山耿谷,北流與柳泉合,東北逕五柞宫西,長楊、五柞二宫,相去八里,竝以樹名宫,亦猶陶氏以五柳立稱。故張晏曰:宫有五柞樹,在盩厔縣西。其水北逕仙澤東,又北逕望仙宫東,又北與赤水會[⑥],又北逕思鄉城東,又北注渭水。渭水又東合甘水,水出南山甘谷,北逕秦文王萯陽宫西,又北逕五柞宫東,又北逕甘亭西,在水東鄠縣[⑦],昔夏啟伐有扈作誓于是亭。故馬融曰:甘,有扈南郊地名也。甘水又東得漻水口,水出南山漻谷,北逕漢宜春觀東,又北逕鄠縣故城西,漻水際城北出合美陂水[⑧],水出宜春觀北,東北流注漻水。漻水北注甘水,而亂流入于渭。即上林故地也。東方朔稱武帝建元中微行,北至池陽,西至黄山,南獵長楊,東遊宜春。夜漏十刻,乃出,與侍中、常侍、武騎、待詔及隴西、北地良家子能騎射者,期諸殿下,故有期門之號。旦明,入山下,馳射鹿、豕、狐、兔,手格熊羆,上大驩樂之。上乃使大中大夫虞丘壽王與待詔能用算者,舉籍阿城以南,盩厔以東,宜春以西,提封頃畮及其賈直,屬之南山以爲上林苑。東方朔諫秦起阿房而天下亂,因陳泰階六符之事,上乃拜大中大夫,給事中,賜黄金百斤,卒起上林苑。故相如請爲天子遊獵之賦,稱烏有先生、亡是公而奏《上林》也。

又東,豐水從南來注之。

豐水出豐溪,西北流分爲二水:一水東北流爲枝津,一水西北流,又北,交水自東入焉,又北,昆明池水注之,又北逕靈臺西,又北至石墩注于渭[⑨]。《地説》云:渭水又東與豐水會于短陰山内,水會無他高山異巒,所有惟原阜石激而已。水上舊有便門橋,與便門對直,武帝建元三年造。張昌曰:橋在長安西北茂陵東。如淳曰:去長安四十里。渭水又逕太公廟北,廟前有《太公碑》,文字褫缺,今無可尋。渭水又東北與鄗水[⑩]合,水上承鄗池[⑪]于昆明池北,周武王之所都也。故《詩》云:考卜維王,宅是鄗京[⑫],維龜正之,武王成之。自漢武帝穿昆明池于是地,基搆淪褫,今無可究。《春秋後傳》曰:使者鄭容入柏谷關,至平舒置,見華山有素車白馬,問鄭容安之?答曰:之咸陽。車上人曰:吾華山君使,願託書致鄗池君,子之咸陽,過鄗池,見大梓下有文石,取以款列梓,當有應者,以書與之,勿妄發,致之得所欲。鄭容行至鄗池,見一梓下果有文石,取以款梓,應曰:諾。鄭容如睡覺而見宫闕,若王者之居焉。謁者出,受書入。有頃,聞語聲言祖龍死。神道茫昧,理難辨測,故無以精其幽致矣。鄗水又北流,西北注與滮池合,水出鄗池西,而北流入于鄗。《毛詩》云:滮,流浪也。而世傳以爲水名矣。鄭玄曰:豐、鄗之間,水北流也。鄗水北逕清泠臺西,又逕磁石門西,門在阿房前,悉以磁石爲之,故專其目。令四夷朝者,有隱甲懷刃入門而脅之以示神,故亦曰卻胡門也。鄗水又北注于渭。渭水北有杜郵亭,去咸陽十七里,今名孝里亭,中有白起祠。嗟乎!有制勝之功,慚尹商之仁[13],是地即其伏劍處也。渭水又東北逕渭城南,文穎以爲故咸陽矣。秦孝公之所居離宫也。獻公都櫟陽,天雨金,周太史儋見獻公曰:周故與秦國合而别,别五百歲復合,合七十歲而霸王出。至孝公作咸陽、築冀闕而徙都之。故《西京賦》曰:秦里其朔,寔爲咸陽。太史公曰:長安,故咸陽也。漢高帝更名新城,武帝元鼎三年,别爲渭城,在長安西北渭水之陽,王莽之京城也。始隸扶風,後并長安。南有泬水[14]注之,水上承皇子陂于樊川,其地即杜之樊鄉也。漢祖至櫟陽,以將軍樊噲灌廢丘,最,賜邑于此鄉也。其水西北流逕杜縣之杜京西,西北流逕杜伯冢南,杜伯與其友左儒仕宣王,儒無罪見害,杜伯死之,終能報恨于宣王。故成公子安《五言詩》曰:誰謂鬼無知,杜伯射宣王。泬水又西北逕下杜城,即杜伯國也。泬水又西北枝合故渠,渠有二流,上承交水,合于高陽原,而北逕河池陂東,而北注泬水。泬水又北與昆明故池會,又北逕秦通六基東,又北逕堨水陂東,又北得陂水,水上承其陂,東北流入于泬水。泬水又北逕長安城,西與昆明池水合,水上承池于昆明臺,故王仲都所居也。桓譚《新論》稱元帝被病,廣求方士,漢中送道士王仲都。詔問所能,對曰:能忍寒暑。乃以隆冬盛寒日,令袒載駟馬于上林昆明池上,環冰而馳,御者厚衣狐裘寒戰,而仲都獨無變色,卧于池臺上,曛然自若。夏大暑日,使曝坐,環以十爐火,不言熱,又身不汗。池水北逕鄗京東、秦阿房宫西,《史記》曰:秦始皇三十五年,以咸陽人多,先王之宫小,乃作朝宫于渭南,亦曰阿城也。始皇先作前殿阿房,可坐萬人,下可建五丈旗,周馳爲閣道,自殿直抵南山。表山巔爲闕,爲複道自阿房度渭,屬之咸陽,象天極,閣道絶漢抵營室也。《關中記》曰:阿房殿在長安西南二十里,殿東西千步,南北三百步,庭中受十萬人。其水又屈而逕其北,東北流注堨水陂。陂水北出,逕漢武帝建章宫東,于鳳闕南,東注泬水。泬水又北逕鳳闕東,《三輔黄圖》曰:建章宫,漢武帝造,周二十餘里,千門萬户,其東鳳闕,高七丈五尺,俗言貞女樓,非也。《漢武帝故事》云:闕高二十丈。《關中記》曰:建章宫圓闕,臨北道,有金鳳在闕上,高丈餘,故號鳳闕也。故繁欽《建章鳳闕賦》曰:秦漢規模,廓然毁泯,惟建章鳳闕,巋然獨存,雖非象魏之制,亦一代之巨觀也。泬水又北,分爲二水,一水東北流,一水北逕神明臺東。《傅子宫室》曰:上于建章中作神明臺、井幹樓,咸高五十餘丈,皆作懸閣,輦道相屬焉。《三輔黄圖》曰:

神明臺在建章宫中，上有九室，今人謂之九子臺，即實非也。泬水又逕漸臺東，《漢武帝故事》曰：建章宫北有太液池，池中有漸臺三十丈。漸，浸也，爲池水所漸。一説星名也。南有璧門三層，高三十餘丈，中殿十二間，階陛咸以玉爲之，鑄銅鳳五丈，飾以黄金，樓屋上椽首，薄以玉璧。因曰璧玉門也。泬水又北流注渭，亦謂是水爲潏水也。故吕忱曰：潏水出杜陵縣。《漢書音義》曰：潏，水聲，而非水也。亦曰高都水。前漢之末，王氏五侯大治池宅，引泬水入長安城。故百姓歌之曰：五侯初起，曲陽最怒，壞決高都，竟連五杜，土山漸臺，像西白虎。即是水也。

又東過長安縣北，

渭水東分爲二水，《廣雅》曰：水自渭出爲㶏，其猶河之有雍也。此瀆東北流逕《魏雍州刺史郭淮碑》南，又東南合一水，逕兩石人北。秦始皇造橋，鐵鐓重不勝，故刻石作力士孟賁等像以祭之，鐓乃可移動也。又東逕陽侯祠北，漲輒祠之，此神能爲大波，故配食河伯也。後人以爲鄧艾祠，悲哉。讒勝道消，專忠受害矣。此水又東注渭水，水上有梁，謂之渭橋，秦制也，亦曰便門橋。秦始皇作離宫于渭水南北，以象天宫，故《三輔黄圖》曰：渭水貫都，以象天漢，横橋南度，以法牽牛。南有長樂宫，北有咸陽宫，欲通二宫之間，故造此橋。廣六丈，南北三百八十步，六十八間，七百五十柱，百二十二梁。橋之南北有堤，激立石柱，柱南，京兆主之；柱北，馮翊主之。有令丞，各領徒千五百人。橋之北首，壘石水中，故謂之石柱橋也。舊有忖留神像，此神嘗與魯班語，班令其人出。忖留曰：我貌很醜，卿善圖物容，我不能出。班于是拱手與言曰：出頭見我。忖留乃出首，班于是以腳畫地，忖留覺之，便還没水，故置其像于水，惟背以上立水上。後董卓入關，遂焚此橋，魏武帝更脩之，橋廣三丈六尺。忖留之像，曹公乘馬見之驚，又命下之。《燕丹子》曰：燕太子丹質于秦，秦王遇之無禮，乃求歸。秦王爲機發之橋，欲以陷丹，丹過之橋，不爲發。又一説，交龍扶轝而機不發。但言[15]，今不知其故處也。渭水又東與泬水枝津合，水上承泬水，東北流逕鄧艾祠南，又東分爲二水，一水東入逍遥園注藕池，池中有臺觀，蓮荷被浦，秀實可翫。其一水北流注于渭。渭水又東逕長安城北，漢惠帝元年築，六年成，即咸陽也。秦離宫無城，故城之，王莽更名常安。十二門：東出北頭第一門，本名宣平門，王莽更名春王門正月亭，一曰東都門，其郭門亦曰東都門，即逢萌掛冠處也。第二門，本名清明門，一曰凱門，王莽更名宣德門布恩亭，内有藉田倉，亦曰藉田門。第三門，本名霸城門，王莽更名仁壽門無疆亭，民見門色青，又名青城門，或曰青綺門，亦曰青門。門外舊出好瓜，昔廣陵人邵平爲秦東陵侯，秦破，爲布衣，種瓜此門，瓜美，故世謂之東陵瓜。是以阮籍《詠懷詩》云：昔聞東陵瓜，近在青門外，連畛拒阡陌，子母相鉤帶。指謂此門也。南出東頭第一門，本名覆盎門,王莽更名永清門長茂亭。其南有下杜城,應劭曰:故杜陵之下聚落也,故曰下杜門,又曰端門,北對長樂宫。第二門,本名安門,亦曰鼎路門,王莽更名光禮門顯樂亭,北對武庫。第三門,本名平門,又曰便門,王莽更名信平門誠正亭,一曰西安門,北對未央宫。西出南頭第一門,本名章門,王莽更名萬秋門億年亭,亦曰光華門也。第二門,本名直門,王莽更名直道門端路亭,故龍樓門也。張晏曰:門樓有銅龍。《三輔黄圖》曰:長安西出第二門,即此門也。第三門,本名西城門,亦曰雍門,王莽更名章義門著義亭,其水北入有函里,民名曰函里門[16],亦曰突門。北出西頭第一門,本名横門,王莽更名霸都門左幽亭。如淳曰:音光,故曰光門[17]。其外郭有都門、有棘門。徐廣曰:棘門在渭北。孟康曰:在長安北,秦時宫門也。如淳曰:《三輔黄圖》曰棘門在横門外,按《漢書》:徐厲軍于此備匈奴,又有通門、亥門也。第二門,本名廚門,又曰朝門,王莽更名建子門廣世亭,一曰高門。蘇林曰:高門,長安城北門也。其内有長安廚官在東,故名曰廚門也。如淳曰:今名廣門也。第三門,本名杜門,亦曰利城門,王莽更名進和門臨水亭,其外有客舍,故民曰客舍門,又曰洛門也。凡此諸門,皆通逵九達,三途洞開,隱以金椎,周以林木,左出右入,爲往來之徑,行者升降,有上下之别。漢成帝之爲太子,元帝嘗急召之,太子出龍樓門不敢絶馳道,西至直城門方乃得度。上怪遲,問其故,以狀對,上悦,乃著令令太子得絶馳道也。渭水東合昆明故渠,渠上承昆明池東口,東逕河池陂北,亦曰女觀陂。又東合泬水,亦曰漕渠,又東逕長安縣南,東逕明堂南,舊引水爲辟雍處,在鼎路門東南七里,其制上圓下方,九宫十二堂,四嚮五室,堂北三百步有靈臺,是漢平帝元始四年立。渠南有漢故圜丘,成帝建始二年,罷雍五畤,始祀皇天上帝于長安南郊。應劭曰:天郊在長安南,即此也。故渠之北有白亭博望苑,漢武帝爲太子立,使通賓客,從所好也。太子巫蠱事發,斫杜門東出,史良娣死,葬于苑北,宣帝以爲戾園,以倡優千人樂思后園廟,故亦曰千鄉。故渠又東而北屈逕青門外,與泬水枝渠會,渠上承泬水于章門西,飛渠引水入城,東爲倉池,池在未央宫西,池中有漸臺。漢兵起,王莽死于此臺。又東逕未央宫北,高祖在關東,令蕭何成未央宫,何斬龍首山而營之。山長六十餘里,頭臨渭水,尾達樊川,頭高二十丈,尾漸下,高五六丈,土色赤而堅,云昔有黑龍從南山出飲渭水,其行道因山成跡,山即基,闕不假築,高出長安城。北有玄武闕,即北闕也。東有蒼龍闕,闕内有閶闔、止車諸門。未央殿東有宣室、玉堂、麒麟、含章、白虎、鳳皇、朱雀、鵷鸞、昭陽諸殿,天禄、石渠、麒麟三閣。未央宫北,即桂宫也。周十餘里,内有明光殿、走狗臺、柏梁臺,舊乘複道,用相逕通。故張衡《西京賦》曰:鉤陳之外,閣道穹隆,屬長樂與明光。逕北通于桂宫,故渠出二宫之間,謂之明渠也。又東歷武庫北,舊樗里子葬于此，樗里子名疾，秦惠王異母弟也，滑稽多智，秦人號曰智囊。葬于昭王廟西，渭南陰鄉樗里，故俗謂之樗里子。云我百歲後，是有天子之宫夾我墓。疾，以昭王七年卒，葬于渭南章臺東。至漢，長樂宫在其東，未央宫在其西，武庫直其墓。秦人喭曰：力則任鄙，智則樗里是也。明渠又東逕漢高祖長樂宫北，本秦之長樂宫也。周二十里，殿前列銅人，殿西有長信、長秋、永壽、永昌諸殿，殿之東北有池，池北有層臺，俗謂是池爲酒池，非也。故渠北有樓，豎《漢京兆尹司馬文預碑》。故渠又東出城分爲二渠，即《漢書》所謂王渠者也。蘇林曰：王渠，官渠也，猶今御溝矣。晉灼曰：渠名也，在城東覆盎門外。一水逕楊橋下，即青門橋也，側城北逕鄧艾祠西，而北注渭，今無水。其一水右入昆明故渠，東逕奉明縣廣城鄉之廉明苑南。史皇孫及王夫人葬于郭北，宣帝遷苑南，卜以爲悼園，益園民千六百家，立奉明縣，以奉二園。園在東都門，昌邑王賀自霸御法駕，郎中令龔遂驂乘，至廣明東都門是也。故渠東北逕漢太尉夏侯嬰冢西，葬日，柩馬悲鳴，輕車罔進，下得《石槨銘》云：于嗟滕公居此室。故遂葬焉。冢在城東八里飲馬橋南四里，故時人謂之馬冢。故渠又北分爲二渠：東逕虎圈南而東入霸，一水北合渭，今無水。

又東過霸陵縣北，霸水從縣西北流注之。

霸者，水上地名也，古曰滋水矣。秦穆公霸世，更名滋水爲霸水，以顯霸功。水出藍田縣藍田谷，所謂多玉者也。西北有銅谷水[18]，次東有輞谷水[19]，二水合而西注，又西流入浧水[20]。浧水又西逕嶢關，北歷嶢柳城。東、西有二城，魏置青浧軍[21]于城内，世亦謂之青浧城[22]也。秦二世三年，漢祖入，自武關攻秦，趙高遣將距于嶢關者也。《土地記》曰：藍田縣南有嶢關，地名嶢柳道，通荆州。《晉地道記》曰：關當上洛縣西北。浧水又西北流入霸，霸水又北歷藍田川，逕藍田縣東。《竹書紀年》：梁惠成王三年，秦子向命爲藍君，蓋子向之故邑也。川有漢臨江王榮冢，景帝以罪徵之，將行，祖于江陵北門，車軸折，父老泣曰：吾王不反矣。榮至，中尉郅都急切責王，王年少，恐而自殺，葬于是川，有燕數萬，銜土置冢上，百姓矜之。霸水又左合滻水，歷白鹿原東，即霸川之西，故芷陽矣。《史記》：秦襄王葬芷陽者是也。謂之霸上，漢文帝葬其上，謂之霸陵。上有四出道以瀉水，在長安東南三十里。故王仲宣賦詩云：南登霸陵岸，迴首望長安。漢文帝嘗欲從霸陵上西馳下峻坂，袁盎攬轡于此處。上曰：將軍怯也。盎曰：臣聞千金之子，坐不垂堂，百金之子，立不倚衡，聖人不乘危，今馳不測，如馬驚車敗，奈高廟何？上乃止。霸水又北，長水注之，水出杜縣白鹿原，其水西北流，謂之荆溪。又西北，左合狗枷川水，水有二源，西川上承磈山之斫槃谷，次東有苦、谷二水合，而東北流逕風涼原西，《關中圖》曰：麗山[23]之西，川中有阜，名曰風涼原，在磈山之陰，雍州之福地。即是原也。其水傍溪北注,原上有漢武帝祠。其水右合東川,水出南山之石門谷,次東有孟谷,次東有大谷,次東有雀谷,次東有土門谷。五水北出谷,西北歷風涼原東,又北與西川會。原爲二水之會,亂流北逕宣帝許后陵東,北去杜陵十里,斯川于是有狗枷之名。川東亦曰白鹿原也,上有狗枷堡。《三秦記》曰:麗山西有白鹿原,原上有狗枷堡,秦襄公時,有大狗來,下有賊則狗吠之,一堡無患,故川得厥目焉。川水又北逕杜陵東,元帝初元元年,葬宣帝杜陵,北去長安五十里。陵之西北有杜縣故城,秦武公十一年縣之,漢宣帝元康元年,以杜東原上爲初陵,更名杜縣爲杜陵,王莽之饒安也。其水又北注荆溪,荆溪水又北逕霸縣,又有温泉入焉。水發自原下,入荆溪水,亂流注于霸,俗謂之滻水,非也。《史記音義》:文帝出安門,《注》云:在霸陵縣,有故亭,即《郡國志》所謂長門亭也。《史記》云:霸、滻,長水也。雖不在祠典,以近咸陽秦、漢都;涇、渭,長水,盡得比大川之禮。昔文帝居霸陵北,臨廁指新豐路示慎夫人曰:此走邯鄲道也。因使慎夫人鼓瑟,上自倚瑟而歌,悽愴悲懷,顧謂羣臣曰:以北山石爲槨,用紵絮斮陳漆其間,豈可動哉。釋之曰:使其中有可欲,雖錮南山猶有隙;使無可欲,雖無石槨,又何戚焉。文帝曰:善。拜廷尉。韋昭曰:高岸夾水爲廁,今斯原夾二水也。霸水又北會兩川,又北,故渠右出焉。霸水又北逕王莽九廟南。王莽地皇元年,博徵天下工匠,壞撤西苑、建章諸宫館十餘所,取材瓦以起九廟。算及吏民,以義入錢穀,助成九廟。廟殿皆重屋,太初祖廟,東西南北各四十丈,高十七丈,餘廟半之,爲銅薄櫨,飾以金銀雕文,窮極百工之巧,褫高增下,功費數百巨萬,卒死者萬數。霸水又北逕枳道,在長安縣東十三里,王莽九廟在其南。漢世有白蛾羣飛,自東都門過枳道,吕后祓除于霸上,還見倉狗戟脅于斯道也。水上有橋,謂之霸橋。地皇三年,霸橋木災自東起,卒數千以水汎沃救不滅,晨熯夕盡。王莽惡之,下書曰:甲午火橋,乙未,立春之日也,予以神明聖祖,黄、虞遺統受命,至于地皇四年,爲十五年,正以三年終冬,絶滅霸駁之橋,欲以興成新室,統一長存之道,其名霸橋爲長存橋。霸水又北,左納漕渠,絶霸右出焉。東逕霸城北,又東逕子楚陵北,皇甫謐曰:秦莊王葬于芷陽之麗山,京兆東南霸陵山。劉向曰:莊王大其名立墳者也。《戰國策》曰:莊王字異人,更名子楚,故世人猶以子楚名陵。又東逕新豐縣,右會故渠,渠上承霸水,東北逕霸城縣故城南,漢文帝之霸陵縣也,王莽更之曰水章。魏明帝景初元年,徙長安,金狄重不可致,因留霸城南,人有見薊子訓與父老共摩銅人曰:正見鑄此時,計爾日已近五百年矣。故渠又東北逕劉更始冢西,更始二年,爲赤眉所殺,故侍中劉恭夜往取而埋之,光武使司徒鄧禹收葬于霸陵縣。更始尚書僕射行大將軍事鮑永,持節安集河東,聞更始死,歸世祖,累遷司隸校尉,行縣經更始墓,遂下拜哭,盡哀而去。帝問公卿,大中大夫張湛曰:仁不遺舊,忠不忘君,行之高者。帝乃釋。又東北逕新豐縣,右合漕渠,漢大司農鄭當時所開也。以渭難漕,命齊水工徐伯發卒穿渠引渭。其渠自昆明池,南傍山原,東至于河,且田且漕,大以爲便,今無水。霸水又北逕秦虎圈東,《列士傳》曰:秦昭王會魏王,魏王不行,使朱亥奉璧一雙。秦王大怒,置朱亥虎圈中,亥瞋目視虎,眥裂血出濺虎,虎不敢動。即是處也。霸水又北入于渭水。渭水又東會成國故渠。渠,魏尚書左僕射衛臻征蜀所開也,號成國渠,引以澆田。其瀆上承汧水于陳倉東,東逕郿及武功槐里縣北,渠左有安定梁嚴冢,碑碣尚存。又東逕漢武帝茂陵南,故槐里之茂鄉也。應劭曰:帝自爲陵,在長安西北八十餘里。《漢武帝故事》曰:帝崩後見形,謂陵令薛平曰:吾雖失勢,猶爲汝君,奈何令吏卒上吾陵磨刀劍乎? 自今以後,可禁之。平頓首謝,因不見。推問陵傍,果有方石,可以爲礪,吏卒常盜磨刀劍。霍光欲斬之,張安世曰:神道茫昧,不宜爲法。乃止。故阮公《詠懷詩》曰:失勢在須臾,帶劍上吾丘。陵之西而北一里,即李夫人冢,冢形三成,世謂之英陵。夫人兄延年知音,尤善歌舞,帝愛之,每爲新聲變曲,聞者莫不感動。常侍上起舞,歌曰:北方有佳人,絶世而獨立,一顧傾人城,再顧傾人國。寧不知傾城復傾國,佳人難再得。上曰:世豈有此人乎? 平陽主曰:延年女弟。上召見之,妖麗善歌舞,得幸,早卒,上憫念之,以后禮葬,悲思不已,賦詩悼傷。故渠又東逕茂陵縣故城南,武帝建元二年置。《地理志》曰:宣帝縣焉,王莽之宣成也。故渠又東逕龍泉北,今人謂之温泉,非也。渠北故坂北,即龍淵廟。如淳曰:《三輔黄圖》有龍淵宫,今長安城西有其廟處,蓋宫之遺也。故渠又東逕姜原北,渠北有漢昭帝陵,東南去長安七十里。又東逕平陵縣故城南,《地理志》曰:昭帝置,王莽之廣利也。故渠之南有竇氏泉,北有徘徊廟。又東逕漢大將軍魏其侯竇嬰冢南,又東逕成帝延陵南,陵之東北五里,即平帝康陵坂也。故渠又東逕渭陵南,元帝永光四年,以渭城壽陵亭原上爲初陵,詔不立縣邑。又東逕哀帝義陵南,又東逕惠帝安陵南,陵北有安陵縣故城。《地理志》曰:惠帝置,王莽之嘉平也。渠側有杜郵亭。又東逕渭城北,《地理志》曰:縣有蘭池宫。秦始皇微行,逢盜于蘭池,今不知所在。又東逕長陵南,亦曰長山也。秦名天子冢曰山,漢曰陵,故通曰山陵矣。《風俗通》曰:陵者,天生自然者也,今王公墳壠稱陵。《春秋左傳》曰:南陵,夏后皐之墓也。《春秋説題辭》曰:丘者,墓也,冢者,種也,種墓也,羅倚于山,分卑尊之名者也。故渠又東逕漢丞相周勃冢南,冢北有亞夫冢。故渠東南謂之周氏曲,又東南逕漢景帝陽陵南,又東南注于渭,今無水。渭水又東逕霸城縣北,與高陵分水,水南有定陶恭王廟、傅太后陵。元帝崩,傅昭儀隨王歸國,稱定陶太后。後十年,恭王薨,子代爲王,徵爲太子,太子即帝位,立恭王寢廟于京師,比宣帝父悼皇故事。元壽元年,傅后崩,合葬渭陵。潘岳《關中記》:漢帝后同塋,則爲合葬不共陵也,諸侯皆如之。恭王廟在霸城西北,廟西北,即傅太后陵,不與元帝同塋。渭陵,非謂元帝陵也。蓋在渭水之南,故曰渭陵也。陵與元帝齊者,謂同十二丈也。王莽奏毁傅太后冢,冢崩,壓殺數百人;開棺,臭聞數里。公卿在位,皆阿莽旨,入錢帛,遣子弟及諸生、四夷,凡十餘萬人,操持作具,助將作掘傅后冢,二旬皆平,周棘其處,以爲世戒。今其處積土猶高,世謂之增墀,又亦謂之增阜,俗亦謂之成帝初陵處,所未詳也。渭水又逕平阿侯王譚墓北,冢次有碑,左則涇水[24]注之。渭水又東逕鄣縣西,蓋隴西郡之鄣徙也。渭水又東得白渠枝口,又東與五丈渠合,水出雲陽縣石門山,謂之清水,東南流逕黄嶔山西,又南入祋祤縣,歷原南出,謂之清水口。東南流絶鄭渠,又東南入高陵縣,逕黄白城西,本曲梁宫也。南絶白渠,屈而東流,謂之曲梁水。又東南逕高陵縣故城北,東南絶白渠瀆,又東南入萬年縣,謂之五丈渠,又逕藕原東,東南流注于渭。渭水右逕新豐縣故城北,東與魚池水會,水出麗山東北,本導源北流,後秦始皇葬于山北,水過而曲行,東注北轉,始皇造陵,取土其地,汙深水積成池,謂之魚池也。在秦皇陵東北五里,周圍四里,池水西北流,逕始皇冢北。秦始皇大興厚葬,營建冢壙于麗戎之山,一名藍田[25],其陰多金,其陽多玉,始皇貪其美名,因而葬焉。斬山鑿石,下錮三泉,以銅爲槨,旁行周迴三十餘里,上畫天文星宿之象,下以水銀爲四瀆、百川、五嶽、九州,具地理之勢。宫觀百官,奇器珍寶,充滿其中。令匠作機弩,有所穿近,輒射之。以人魚膏爲燈燭,取其不滅者久之。後宫無子者,皆使殉葬甚衆。墳高五丈,周迴五里餘,作者七十萬人,積年方成。而周章百萬之師,已至其下,乃使章邯領作者以禦難,弗能禁。項羽入關,發之,以三十萬人三十日運物不能窮。關東盜賊,銷槨取銅,牧人尋羊燒之,火延九十日不能滅。北對鴻門十里,池水又西北流,水之西南有温泉,世以療疾。《三秦記》曰:麗山西北有温水,祭則得入,不祭則爛人肉。俗云:始皇與神女遊而忤其旨,神女唾之生瘡,始皇謝之,神女爲出温水,後人因以澆洗瘡。張衡《温泉賦序》曰:余出麗山,觀温泉,浴神井,嘉洪澤之普施,乃爲之賦云。此湯也,不使灼人形體矣。池水又逕鴻門西,又逕新豐縣故城東,故麗戎地也。高祖王關中,太上皇思東歸,故象舊里,制兹新邑,立城社,樹枌榆,令街庭若一,分置豐民以實兹邑,故名之爲新豐也。漢靈帝建寧三年,改爲都鄉,封段熲爲侯國。後立陰槃城,其水際城北出,世謂是水爲陰槃水。又北絶漕渠,北注于渭。渭水又東逕鴻門北,舊大道北下坂口名也。右有鴻亭。《漢書》:高祖將見項羽。《楚漢春秋》曰:項王在鴻門,亞父曰:吾使人望沛公,其氣衝天,五色采相繆,或似龍,或似雲,非人臣之氣,可誅之。高祖會項羽,范增目羽,羽不應。樊噲杖盾撞人入,食豕肩于此，羽壯之。《郡國志》曰：新豐縣東有鴻門亭者也。郭緣生《述征記》，或云霸城南門曰鴻門也。項羽將因會危高祖，羽仁而弗斷，范增謀而不納，項伯終護高祖以獲免。既抵霸上，遂封漢王。按《漢書注》：鴻門在新豐東十七里，則霸上應百里。按《史記》：項伯夜馳告張良，良與俱見高祖，仍使夜返。考其道里，不容得爾。今父老傳在霸城南門數十里，于理爲得。按緣生此記，雖歷覽《史》、《漢》，述行涂經見，可謂學而不思矣。今新豐縣故城東三里有坂，長二里餘，塹原通道，南北洞開，有同門狀，謂之鴻門。孟康言，在新豐東十七里，無之。蓋指縣治而言，非謂城也。自新豐故城西至霸城五十里，霸城西十里則霸水，西二十里則長安城。應劭曰：霸，水上地名，在長安東二十里，即霸城是也。高祖舊停軍處，東去新豐既遠，何由項伯夜與張良共見高祖乎[26]？推此言之，知緣生此記乖矣。渭水又東，石川水南注焉。渭水又東，戲水注之，水出麗山馮公谷，東北流，又北逕麗戎城東，《春秋》：晉獻公五年伐之，獲麗姬于是邑。麗戎，男國也，姬姓，秦之麗邑矣。又北，右總三川，逕鴻門東，又北逕戲亭東。應劭曰：戲，弘農湖縣西界也。地隔諸縣，不得爲湖縣西。蘇林曰：戲，邑名，在新豐東南四十里。孟康曰：乃水名也，今戲亭是也。昔周幽王悦褒姒，姒不笑，王乃擊鼓舉烽火以徵諸侯，諸侯至，無寇，褒姒乃笑，王甚悦之。及犬戎至，王又舉烽以徵諸侯，諸侯不至，遂敗幽王于戲水之上，身死于麗山之北，故《國語》曰：幽滅者也。漢成帝建始二年，造延陵爲初陵，以爲非吉，于霸曲亭南更營之。鴻嘉元年，于新豐戲鄉爲昌陵縣，以奉初陵。永始元年，詔以昌陵卑下，客土疏惡，不可爲萬歲居，其罷陵作，令吏民反，故徙將作大匠解萬年燉煌。《關中記》曰：昌陵在霸城東二十里，取土東山，與粟同價，所費巨萬，積年無成。即此處也。戲水又北分爲二水，竝注渭水。渭水又東，泠水入焉，水南出肺浮山[27]，蓋麗山連麓而異名也。北會三川，統歸一壑，歷陰槃、新豐兩原之間，北流注于渭。渭水又東，酋水[28]南出倒虎山，西總五水，單流逕秦步高宮東，世名市丘城。歷新豐原東而北逕步壽宮西，又北入渭。渭水又東得西陽水，又東得東陽水，竝南出廣鄉原北垂，俱北入渭。渭水又東逕下邽縣故城南，秦伐邽，置邽戎于此。有上邽，故加下也。渭水又東與竹水合，水南出竹山北，逕媚加谷，歷廣鄉原東，俗謂之大赤水，北流注于渭。渭水又東得白渠口，大始二年，趙國中大夫白公奏穿渠引涇水，首起谷口，出于鄭渠南，名曰白渠。民歌之曰：田于何所，池陽谷口，鄭國在前，白渠起後。即水所始也。東逕宜春城南，又東南逕池陽城北，枝瀆出焉。東南歷藕原下，又東逕鄣縣故城北，東南入渭，今無水。白渠又東，枝渠出焉，東南逕高陵縣故城北，《地理志》曰：左輔都尉治，王莽之千春也。《太康地記》謂之曰高陸也。車頻《秦書》曰：苻堅建元十四年[29]，高陸縣民穿井得龜，大二尺六寸，背文負八卦古字,堅以石爲池養之,十六年而死,取其骨以問吉凶,名爲客龜。大卜佐高魯夢客龜言:我將歸江南,不遇,死于秦。魯于夢中自解曰:龜三萬六千歲而終,終必亡國之徵也。爲謝玄破于淮、肥,自縊新城浮圖中,秦祚因即淪矣。又東逕櫟陽城北,《史記》:秦獻公二年,城櫟陽,自雍徙居之;十八年,雨金于是處也。項羽以封司馬欣爲塞王。按《漢書》:高帝克關中始都之,王莽之師亭也。後漢建武二年,封驃騎大將軍景丹爲侯國。丹讓,世祖曰:富貴不還故鄉,如衣錦夜行,故以封卿。白渠又東逕秦孝公陵北,又東南逕居陵城北、蓮芍城南,又東注金氏陂,又東南注于渭。故《漢書·溝洫志》曰:白渠首起谷口,尾入櫟陽是也。今無水。

又東過鄭縣北,

渭水又東逕巒都城北,故蕃邑,殷契之所居。《世本》曰:契居蕃。闞駰曰:蕃在鄭西。然則今巒城是矣。俗名之赤城,水曰赤水,非也。苻健入秦,據此城以抗杜洪。小赤水即《山海經》之灌水也,水出石脆之山[30],北逕蕭加谷于孤柏原西,東北流與禺水[31]合。水出英山,北流與招水相得,亂流西北注于灌,灌水又北注于渭。渭水又東,西石橋水南出馬嶺山,積石據其東,麗山距其西,源泉上通,懸流數十,與華岳同體。其水北逕鄭城西,水上有橋,橋雖崩褫,舊跡猶存,東去鄭城十里,故世以橋名水也。而北流注于渭,闞駰謂之新鄭水。渭水又東逕鄭縣故城北,《史記》:秦武公十年[32]縣之,鄭桓公友之故邑也。《漢書》薛瓚《注》言:周自穆王已下,都于西鄭,不得以封桓公也。幽王既敗,虢、儈又滅,遷居其地,國于鄭父之丘,是爲鄭桓公。無封京兆之文。余按遷《史記》,考《春秋》、《國語》、《世本》言,周宣王二十二年,封庶弟友于鄭。又《春秋》、《國語》竝言桓公爲周司徒,以王室將亂,謀于史伯,而寄帑與賄于虢、儈之間。幽王賈于戲,鄭桓公死之。平王東遷,鄭武公輔王室,滅虢、儈而兼其土。故周桓公言于王曰:我周之東遷,晉、鄭是依。乃遷封于彼。《左傳》隱公十一年,鄭伯謂公孫獲曰:吾先君新邑于此,其能與許爭乎?是指新鄭爲言矣。然班固、應劭、鄭玄、皇甫謐、裴頠、王隱、闞駰及諸述作者,咸以西鄭爲友之始封,賢于薛瓚之單説也。無宜違正經而從逸録矣。赤眉樊崇于郭北設壇,祀城陽景王,而尊右校卒史劉俠卿牧牛兒盆子爲帝,年十五,被髮徒跣,爲具絳單衣,半頭赤幘,直綦履。顧見衆人拜,恐畏欲啼。號年建世,後月餘,乘白蓋小車,與崇及尚書一人,相隨向鄭北,渡渭水,即此處也。城南山北有五部神廟,東南向華岳,廟前有碑,後漢光和四年,鄭縣令河東裴畢字君先立。渭水又東與東石橋水會,故沈水也[33],水南出馬嶺山,北流逕武平城東。按《地理志》:左馮翊有武城縣,王莽之桓城也。石橋水又逕鄭城東,水有故石梁,《述征記》曰:鄭城東、西十四里各有石梁者也。又北逕沈陽城北,注于渭。《漢書·地理志》:左馮翊有沈陽縣,王莽更之曰制昌也。蓋藉水以取稱矣。渭水又東，敷水注之，水南出石山之敷谷，北逕告平城東，耆舊所傳，言武王伐紂，告太平于此，故城得厥名，非所詳也。敷水又北逕集靈宫西，《地理志》曰：華陰縣有集靈宫，武帝起，故張昶《華嶽碑》稱，漢武慕其靈，築宫在其後。而北流注于渭。渭水又東，糧餘水注之，水南出糧餘山之陰，北流入于渭，俗謂之宣水也。渭水又東合黄酸之水，世名之爲千渠水，水南出升山，北流注于渭。渭水又東逕平舒城北，城側枕渭濱，半破淪水，南面通衢。昔秦始皇之將亡也，江神素車白馬，道華山下，返璧于華陰平舒道曰：爲遺鎬池君。使者致之，乃二十八年渡江所沈璧也。即江神返璧處也。渭水之陽即懷德縣界也。城在渭水之北，沙苑之南，即懷德縣故城也。世謂之高陽城，非矣。《地理志》曰：《禹貢》北條荆山在南，山下有荆渠，即夏后鑄九鼎處也。王莽更縣曰德驩。渭水又東逕長城北，長澗水注之，水南出太華之山，側長城東而北流，注于渭水。《史記》：秦孝公元年，楚、魏與秦接界，魏築長城，自鄭濱洛者也。

又東過華陰縣北，

洛水入焉，闞駰以爲漆沮之水也。《曹瞞傳》曰：操與馬超隔渭水，每渡渭，輒爲超騎所衝突，地多沙，不可築城，婁子伯説，今寒可起沙爲城，以水灌之，一宿而成。操乃多作縑囊以埋水，夜汲作城，比明城立于是水之次也。渭水逕縣故城北，《春秋》之陰晉也，秦惠文王五年，改曰寧秦，漢高帝八年，更名華陰，王莽之華壇也。縣有華山[34]。《山海經》曰：其高五千仞，削成而四方，遠而望之，又若華狀，西南有小華山也。韓子曰：秦昭王令工施鉤梯上華山，以節柏之心爲博箭，長八尺，棊長八寸，而勒之曰：昭王嘗與天神博于是。《神仙傳》曰：中山衛叔卿嘗乘雲車，駕白鹿，見漢武帝。帝將臣之，叔卿不言而去，武帝悔，求得其子度世，令追其父，度世登華山，見父與數人博于石上，勑度世令還。山層雲秀，故能懷靈抱異耳。山上有二泉，東西分流，至若山雨滂湃，洪津泛灑，掛溜騰虚，直瀉山下。有漢文帝廟，廟有石闕數碑，一碑是建安中立，漢鎮遠將軍段煨更脩祠堂，碑文漢給事黄門侍郎張昶造，昶自書之。文帝又刊其二十餘字，二書存，垂名海内。又刊侍中司隸校尉鍾繇、弘農太守毌丘儉姓名，廣六行，鬱然脩平。是太康八年，弘農太守河東衛叔始爲華陰令，河東裴仲恂役其逸力，脩立壇廟，夾道樹柏，迄于山陰，事見永興元年華百石所造碑。渭水又東，沙渠水注之。水出南山北流，西北入長城，城自華山北達于河。《華嶽銘》曰：秦、晉爭其祠，立城建其左者也。郭著《述征記》指證魏之立長城，長城在後，不得在斯，斯爲非矣。渠水又北注于渭。《三秦記》曰：長城北有平原，廣數百里，民井汲巢居，井深五十尺。渭水又東逕定城北，《西征記》曰：城因原立。《述征記》曰：定城去潼關三十里，夾道各一城。渭水又東，泥泉水注之，水出南山靈谷，而北流注于渭水也。渭水又東合沙渠水，水即符禺之水[35]也，南出符石，又逕符禺之山[36]，北流入于渭。

東入於河。

《春秋》之渭汭也。《左傳》閔公二年，虢公敗犬戎于渭隊。服虔曰：隊謂汭也。杜預曰：水之隈曲曰汭。王肅云：汭，入也。吕忱云：汭者，水相入也。水會，即船司空所在矣。《地理志》曰：渭水東至船司空入河。服虔曰：縣名，都官[37]。《三輔黄圖》有船庫官，後改爲縣。王莽之船利者也。

注释：

① 《注疏》本作"渭水下"。《疏》："全'下'作'二'，戴删'下'字。"

② 蒙蘢渠　黄本、《注箋》本、項本、張本、《玉海》卷二十一《地理·河渠·漢靈軹源》引《水經注》、《名勝志·陝西》卷六《鳳翔府·郿縣》引《水經注》均作"蒙蘢源"。

③ 成林渠　《名勝志·陝西》卷六《鳳翔府·郿縣》引《水經注》作"成林源"。

④ 靈軹渠　黄本、《注箋》本、項本、沈本、張本、《玉海》卷二十一《地理·河渠·漢靈軹源》引《水經注》均作"靈軹源"。

⑤ 漏水　《注箋》本、項本、《五校》鈔本、《七校》本、《注釋》本、張本均作"涌水"。

⑥ 清吴燾《遊蜀日記》引《水經注》云："赤水即竹水，一名箭谷水。"當是此段下佚文。

⑦ 《寰宇記》卷二十六《關西道》二《雍州》二《鄠縣》引《水經注》云："亭在甘水之東。"又云："扈水上承扈陽池。"當是此段下佚文。

⑧ 美陂水　《注箋》本、項本、《注釋》本、張本、雍正《陝西通志》卷八《山川》一《大川考·渭水》引《水經注》均作"渼陂水"。

⑨ 全、趙無自"豐水出豐溪"至"又北至石墩注于渭"五十五字，而移此于《補豐水篇》中。《注疏》本亦無，《疏》："戴《地説》上增'豐水出豐溪，西北流，分爲二水，一水東北流爲枝津，一水西北流，又北，交水自東入焉，又北，昆明池水注之，又北逕靈臺西，又北至石墩，注于渭'五十五字。守敬按：除'爲枝津一水西北流'八字外，其餘四十七字引見《長安志》，當是《豐水篇》逸文，緣《長安志》引《水經注》此處逸文凡四條，知别有《豐水篇》也。戴氏依《長安志》增補豐水出豐溪云云四十七字，又見其脈絡不貫，增'爲枝津'云云八字，不知此處無脱文，全、趙載入《補豐水篇》是也。"

⑩ 鄗水　殘宋本、黄本、吴本、《注箋》本、譚本、項本、沈本、《五校》鈔本、《七校》本、《注釋》本、張本、《疏證》本、《御覽》卷六十二《地部》二十七《鎬》引《水經注》、《通鑑》卷十七《漢紀》九武帝建元三年"故酆、鎬之間號爲土膏"胡《注》引《水經注》、《通鑑地理通釋》卷四"武王徙都鎬"《注》引《水經注》、《雍録》卷一《鎬》引《水經注》、《名勝志》陝西卷二《西安府屬縣·咸陽縣》引《水經注》、《春秋地名考略》卷一《周》"作都于酆"引《水經注》、雍正《陝西通志》卷九《山川》上《西安府·咸陽縣·渭水》引《水經注》均作"鎬水"，《史記》卷六《本紀》六《秦始皇本紀》"有人持璧遮使者曰爲吾遺滈池

君"《正義》引《水經注》、《詩地理考》卷三《雅·鎬京》引《水經注》、《辛卯侍行記》卷三"五里泗池鋪"《注》引《水經注》、《秦蜀驛程記》引《水經注》均作"滈水"。

⑪　鄗池　《大典》本、吴本、何校明鈔本、項本、張本、《疏證》本、《雍録》卷一《鎬》引《水經注》、《通鑑地理通釋》卷四"武王徙都鎬"《注》引《水經注》、《名勝志·陝西》卷二《西安府屬縣·咸陽縣》引《水經注》、《春秋地名考略》卷一《周》"作都于酆"引《水經注》均作"鎬池",《史記》卷六《秦始皇本紀》"有人持璧遮使者曰爲吾遺滈池君"《正義》引《水經注》、《詩地理考》卷三《雅·鎬京》引《水經注》、《關是水道記》卷三《豐水》引《水經注》均作"滈池"。

⑫　鄗京　殘宋本、《大典》本、何校明鈔本、王校明鈔本、《疏證》本均作"鎬京"。

⑬　《注疏》本熊會貞《疏》:"會貞按:《白起傳》,起善用兵,所謂秦戰勝攻取者七十餘城。南定鄢、郢、漢中,此禽趙括之軍,雖周、召、吕望之功不益于此矣。酈氏謙不仁,指長平阬趙卒四十萬事。尹商無考。尹與召、商與周,並形近,擬本作周召,傳鈔誤爲商尹,而又倒置也。"

⑭　泬水　《大典》本、黄本、吴本、《注箋》本、譚本、項本、沈本、《五校》鈔本、《七校》本、《注釋》本、張本、雍正《陝西通志》卷八《山川》一《大川考·渭水》引《水經注》、《秦蜀驛程記》引《水經注》均作"沈水"。

⑮　殿本在此下《案》云:"案此下有脱文。"《注疏》本《疏》:"朱《箋》曰:謝云,疑有脱誤。"

⑯　《注疏》本此下有"又曰光門"四字。《疏》:"戴删此四字,守敬按:《御覽》引有此四字,《玉海》同。"

⑰　《手稿·海外讀書筆記》(第一集上册,署名藏暉)(一)《長安横門漢人叫做光門》:

戴東原《與王鳳喈書》,因孔《傳》"光,充也"一條,"欲就一字見考古之難",因大膽的推想《堯典》"光被四表"古本必有作"横被四表"者。

我在二十三年前(民國九年)曾引此例作我的《清代學者治學方法》一篇最後的一個例子,説這個故事最可代表清代學者做學的真精神。

東原在乾隆乙亥(一七五五),提出《堯典》古本必有作"横被四表"者的大膽假設。此後幾年中共得着六個證據:

(一)《後漢書·馮異傳》有"横被四表,昭假上下"。

(二)班固《西都賦》有"横被六合"。

(三)《王莽傳》"昔唐堯横被四表"。

(四)王褒《聖主得賢頌》"化溢四表,横被無窮"。

(五)《淮南·原道》"横四維而含陰陽"。高誘《注》"'横'讀'桄車'之'桄'"。

(六)李善《注·魏都賦》引《東京賦》"惠風廣被"。

這裏是"大膽的假設,小心的求證"的最好例子。

今天我讀《水經注》(《聚珍版》本),看見卷十九《渭水注》文中記長安的十二門,有:

北出西頭第一門,本名横門,王莽更名霸都門左幽亭。如淳曰:音光,故曰光門。

又《漢書·西域傳·鄯善國傳》云:

乃立尉屠耆爲王,更名其國(樓蘭)爲鄯善。爲刻印章,賜以宫女爲夫人。備車騎輜重。丞相將軍率百官送至横門外。

《注》引孟康曰:"横音光。"

這不但給"横被四表"説添一證,並且可以改正東原解釋此字的錯誤。東原的解釋是:

横轉寫爲桄,脱寫爲光。追原古初,當讀"古曠反"(孫愐《唐韻》)。……而《釋文》于《堯典》無音切,殊少精覈。

東原錯在推想"横"變爲"光",是先由"横""桄"的聲同,後由"桄""光"的寫脱。今看横門,漢人叫做光門,可見"横""光"本同音,故或作"横被四表",或作"光被四表",與横門叫做光門,又寫做光門,同是一個道理。其時四聲的分别還没有嚴格,故光、横、廣、桄,皆可説是同音之字。三十二、十一、十八下午。(按"三十二"指一九四三年。)

陳橋驛《胡適研究水經注的貢獻》(《水經注研究四集》):

胡適的酈學研究,在考據和校勘等方面也取得了不少出色的成績。儘管他的若干論斷,後來被證明是誣斷,但令人信服的見解也是很多的。例如《手稿》第一集上册所收胡適于一九四三年撰于海外的《長安横門漢人叫做光門》一文,從卷十九《渭水注》的"北出西頭第一門,本名横門,王莽更名霸都門左幽亭。如淳曰:音光,故曰光門"一段文字,盛贊戴震《與王鳳喈書》中,推斷《堯典》的"光被四表",古書必有作"横被四表"的。同時也指出戴震在解釋此字上有錯誤。戴震説:"横轉寫爲桄,脱寫爲光。"胡適説:"今看横門,漢人叫做光門,可知'横''光'本同音,故或作'横被四表',或作'光被四表',與横門叫做光門,又寫做光門,同是一個道理。"在這個例子中,胡適的考證顯然是正確的,他比戴震更前進了一步。

⑱ 銅谷水 《大典》本、黄本、《注箋》本、項本、沈本、張本、《名勝志·陝西》卷二《西安府屬縣·藍田縣》引《水經注》均作"銅公水"。宋敏求熙寧《長安志》卷十六《縣》六《藍田·銅谷水》引《水經注》云"其水右合東川水,水出南山之石門谷"句中,"石門谷"三字,當爲此句下佚文。

⑲ 輞谷水 殘宋本、《大典》本、黄本、《注箋》本、譚本、項本、沈本、張本、《關中水道記》卷三《霸水》引《水經注》均作"輕谷水"。

⑳ 埿水 《大典》本、黄本、吴本、《注箋》本、何校明鈔本、項本、沈本、張本、《名勝志·陝西》卷二《西安府屬縣·藍田縣》引《水經注》、雍正《陝西通志》卷八《山川》一《大川考·渭水》引《水經注》均作"渥水"。

㉑ 青埿軍 《大典》本、黄本、吴本、《注箋》本、何校明鈔本、項本、沈本、張本均作"青渥軍"。

㉒ 青埿城 《大典》本、黄本、吴本、《注箋》本、何校明鈔本、項本、沈本、張本均作"青渥城"。

㉓ 麗山 《史記》卷六《秦始皇本紀》"二年冬,陳涉所遣周章等將西至戲"《正義》引《水經注》、《御覽》卷六十五《地部》三十《戲水》引《水經注》、《寰宇記》卷二十七《關西道》三《雍州》三《昭應縣》引《水經注》、熙寧《長安志》卷十五《縣》五《臨潼·驪山》引《水經注》、乾隆《同州府志》卷二《山川·華州·馬嶺山》引《水經注》均作"驪山"。

㉔ 《淵鑑類函》卷三十九《地部·渭·三合流》引《水經注》云:"渭與涇合流三百里,清濁不相雜。"當是此句下佚文。

㉕ 宋敏求熙寧《長安志》卷十六《縣》六《藍田·劉谷水》引《水經注》云:"劉谷水出藍田山之

東谷，俗謂之劉谷，西北與石門水合。"當是此段下佚文。

㉖ 王國维《宋刊水經注殘本跋》（原載民國十四年六月《清華學報》第一期，收入于《觀堂集林》第十二卷《史林》四）：

> 卷十九《渭水注》："東去新豐既近，何惡項伯夜與張良共見高祖乎？"諸本"近"作"遠"，"惡"作"由"，乃與酈氏論旨相反。案本《注》云："渭水又東逕鴻門北，舊大道北下坂口名也。古有鴻寧（中略，'寧'當作'亭'）。《郡國志》曰：新豐縣東有鴻門亭者也。郭緣生（下奪'《述征記》曰'四字），或云霸城南門曰鴻門也。項羽將因會高祖，危高祖。羽仁而弗斷，范增謀而不納，項伯終護高祖以獲免，既抵霸上遂封漢王。案《漢書·注》，鴻門在新豐東十七里，則霸上應百里。案《史記》，項伯夜馳告張良，良與俱見高祖，仍便夜返，考其道里，不容得爾。今父老傳在霸城南門（下當奪'相去'二字）數十里，于理爲得（以上郭緣生說）。案緣生此記，述行途徑見，可謂學而不思矣。今新豐縣故城東三里，有長阪二里餘，塹原通道，南北洞開，有同門汏（當作'狀'），謂之鴻門。孟康言在新豐東十七里，無之，蓋指縣治而言，非謂城也。自新豐故城西至霸城五十里，霸城西十里則霸水，西二十里則長安城。應劭曰：霸，水上地名，在長安東二十里，即霸城是也。高祖舊停軍處，東去新豐既近，何惡項伯夜與張良共見高祖乎？推此言之，知緣生此說乖矣"云云。案郭、酈二氏相歧之點，郭氏謂如孟康《漢書·注》，則鴻門距霸上百里，項伯無由夜見張良，仍以夜返，故主霸城南門爲鴻門之說。酈氏謂新豐故城距霸上（酈增霸城）僅五十里，不礙一夕中往返，故主城東三里坂口爲鴻門之說。若如今本，則酈說殆不可通矣。又酈氏謂新豐故城西至霸城五十里，如孟康說鴻門在新豐東十七里，則西至霸上亦不足七十里，何以緣生有百里之說，蓋緣生以孟康時新豐縣治起算，非以漢新豐故城起算。《太平寰宇記》，漢靈帝末，移安定郡陰槃縣寄理新豐故城，其新豐縣又移理于故城東三十里零水側，則孟康時，新豐縣治西去霸城八十里，鴻門又在其東十七里，則近百里矣。故既言新豐故城東十七里無鴻門，而又引申之曰，蓋指縣治而言，非謂城也。如此則酈氏此《注》始可讀。然非宋本"近""惡"二字不譌，何由知酈氏之論旨乎？諸本中，惟《大典》本、明鈔本與宋本同。戴氏雖見《大典》本而亦從譌本，蓋未深思酈氏之說也。

㉗ 肺浮山　《五校》鈔本、《七校》本、《寰宇記》卷二十七《關西道》三《雍州》二《昭應縣》引《水經注》、熙寧《長安志》卷十五《縣》五《臨潼縣》引《水經注》、《秦蜀驛程記》引《水經注》均作"浮肺山"。

㉘ 酋水　《注箋》本、項本、《五校》鈔本、《七校》本、《注釋》本、張本、《注疏》本、《方輿紀要》卷五十三《陝西》二《西安府·渭南縣酋水》引《水經注》均作"首水"。

㉙ 十四年　《注疏》本作"十二年"。《疏》："戴改作十四年，守敬按：《十六國春秋》在十二年正月。"

㉚ 石脆之山　《山海經·西山經》"曰石脆之山"畢沅《注》引《水經注》、《山海經箋疏》卷二《西山經》"又西六十里曰石脃之山"郝懿行《箋》引《水經注》均作"石脃之山"。

㉛ 禺水　《注箋》本、項本、張本、《寰宇記》卷二十九《關西道》五《華州·鄭縣》引《水經注》、

《山海經廣注》卷二《西山經》"禺水出焉"吴任臣《注》引《水經注》均作"愚水"。

㉜ 十年 《注疏》本作"十一年"。《疏》:"朱無'一'字,全、趙、戴同。會貞按:《秦本紀》,武公十一年,初縣鄭。此脱'一'字,今增。"

㉝ 《寰宇記》卷二十九《關西道》五《華州·鄭縣》引《水經注》云:"沈水北逕沈城之西。"當是此段下佚文。

㉞ 《方輿紀要》卷五十二《陝西》一《泰華》引《水經注》云:"華嶽有三峯,直上數千仞,基廣而峯峻疊秀,迄于嶺表,有如削成。"當是此句下佚文。

㉟ 符禺之水 殘宋本、《注箋》本、項本、《五校》鈔本、《七校》本、張本均作"符愚之水"。

㊱ 符禺之山 《注箋》本、項本、《五校》鈔本、《七校》本、《山海經廣注》卷二《西山經》"又西八十里曰符愚之山"吴任臣《注》引《水經注》作"符愚之山"。

㊲ 都官 《注疏》本《疏》:"全云:二字疑有訛誤。守敬按:何焯曰:《百官表》都司空《注》,如淳云,律,司空主水及罪人。船既司空所主,兼有罰作船之徒役,皆在此縣也。然則'都官'二字,當作有都司空官。"

卷二十　漾水　丹水

漾水出隴西氐道縣嶓冢山，東至武都沮縣爲漢水。

常璩《華陽國志》曰：漢水有二源，東源出武都氐道縣漾山爲漾水，《禹貢》導漾東流爲漢是也；西源出隴西西縣嶓冢山，會白水逕葭萌入漢。始源曰沔。按沔水出東狼谷，逕沮縣入漢。《漢中記》曰：嶓冢以東，水皆東流；嶓冢以西，水皆西流。即其地勢源流所歸，故俗以嶓冢爲分水嶺。即此推沔水無西入之理。劉澄之云：有水從阿陽縣[1]南至梓潼、漢壽入大穴，暗通岡山。郭景純亦言是矣。岡山穴小，本不容水，水成大澤而流與漢合。庾仲雍又言：漢水自武遂川南入蔓葛谷，越野牛逕至關城[2]，合西漢水。故諸言漢者，多言西漢水至葭萌入漢。又曰：始源曰沔。是以《經》云：漾水出氐道縣，東至沮縣爲漢水，東南至廣魏白水。診其沿注，似與三説相符，而未極西漢之源矣。然東、西兩川，俱受沔、漢之名者，義或在兹矣。班固《地理志》，司馬彪、袁山松《郡國志》，竝言漢有二源，東出氐道，西出西縣之嶓冢山。闞駰云：漢或爲漾，漾水出昆崙西北隅，至氐道重源顯發而爲漾水。又言，隴西西縣，嶓冢山在西，西漢水所出，南入廣魏白水。又云：漾水出豲道，東至武都入漢。許慎、吕忱竝言：漾水出隴西豲道，東至武都爲漢水。不言氐道，然豲道在冀之西北，又隔諸川，無水南入，疑出豲道之爲謬矣。又云：漢，漾也，東爲滄浪水。《山海經》曰：嶓冢之山，漢水出焉，而東南流注于江。然東、西兩川，俱出嶓冢而同爲漢水者也。孔安國曰：泉始出爲漾，其猶濛耳。而常璩專爲漾山、漾水，當是作者附而爲山水之殊目矣。余按《山海經》,漾水出崑崙西北隅,而南流注于醜塗之水[③]。《穆天子傳》曰:天子自舂山西征,至于赤烏氏,己卯,北征;庚辰,濟于洋水;辛巳,入于曹奴。曹奴人戲,觴天子于洋水之上,乃獻良馬九百,牛羊七千,天子使逢固受之;天子乃賜之黄金之鹿,戲乃膜拜而受。余以太和中從高祖北巡,狄人猶有此獻。雖古今世殊,而所貢不異,然川流隱伏,卒難詳照,地理潛閟,變通無方,復不可全言闞氏之非也。雖津流派别,枝渠勢懸,原始要終,潛流或一,故俱受漢、漾之名,納方土之稱,是其有漢川、漢陽、廣漢、漢壽之號,或因其始,或據其終,縱異名互見,猶爲漢、漾矣。川共目殊,或亦在斯。今西縣嶓冢山,西漢水所導也,然微涓細注,若通冪歷,津注而已。西流與馬池水合,水出上邽西南六十餘里,謂之龍淵水,言神馬出水,事同余吾[④]、來淵之異,故因名焉。《開山圖》曰:隴西神馬山有淵池,龍馬所生。即是水也。其水西流謂之馬池川,又西流入西漢水。西漢水又西南流,左得蘭渠溪水,次西有山黎谷水,次西有鐵谷水,次西有石耽谷水[⑤],次西有南谷水,竝出南山,揚湍北注。右得高望谷水,次西得西溪水,次西得黄花谷水,咸出北山,飛波南入。西漢水又西南,資水注之,水北出資川,導源四壑,南至資峽,總爲一水,出峽西南流,注西漢水。西漢水又西南得峽石水口,水出苑亭、西草、黑谷三溪,西南至峽石口,合爲一瀆[⑥]。東南流,屈而南注西漢水。西漢水又西南合楊廉川水,水出西谷,衆川瀉流,合成一川,東南流逕西縣故城北。秦莊公伐西戎,破之。周宣王與其先大駱犬丘之地,爲西垂大夫,亦西垂宫也。王莽之西治矣。建武八年,世祖出阿陽,竇融等悉會,天水震動。隗囂將妻子奔西城從楊廣,廣死,囂愁窮城守。時潁川賊起,車駕東歸,留吴漢、岑彭圍囂。岑等壅西谷水,以縑幔盛土爲堤灌城,城未没丈餘,水穿壅不行,地中數丈涌出,故城不壞。王元請蜀救至,漢等退還上邽。但廣、廉字相狀,後人因以人名名之,故習謡爲楊廉也,置楊廉縣焉。又東南流,右會茅川水,水出西南戎溪,東北流逕戎丘城南,吴漢之圍西城,王捷登城向漢軍曰:爲隗王城守者皆必死無二心,願諸將亟罷,請自殺以明之,遂刎頸而死。又東北流注西谷水,亂流東南入于西漢水。西漢水又西南逕始昌峽,《晉書・地道記》曰:天水,始昌縣故城西也,亦曰清崖峽。西漢水又西南逕宕備戍[⑦]南,左則宕備水[⑧]自東南、西北注之,右則鹽官水南入焉。水北有鹽官,在嶓冢西五十許里,相承營煮不輟,味與海鹽同。故《地理志》云:西縣有鹽官是也。其水東南逕宕備戍西,東南入漢水。漢水又西南合左谷水,水出南山窮溪,北注漢水。又西南,蘭皐水[⑨]出西北五交谷,東南歷祁山軍,東南入漢水。漢水又西南逕祁山軍南,雞水南出雞谷,北逕水南縣,西北流注于漢。漢水又西,建安川水入焉。其水導源建威西北山白石戍東南,二源合注,東逕建威城南,又東與蘭坑水會,水出西南近溪，東北逕蘭坑城西，東北流注建安水。建安水又東逕蘭坑城北、建安城南，其地，故西縣之歷城也。楊定自隴右徙治歷城，即此處也。去仇池百二十里，後改爲建安城。其水又東合錯水，水出錯水戍東南，而東北入建安水。建安水又東北，有雉尾谷水；又東北，有太谷水；又北，有小祁山水。竝出東溪，揚波西注。又北，左會胡谷水，水西出胡谷，東逕金盤、歷城二軍北，軍在水南層山上，其水又東注建安水。建安水又東北逕塞峽，元嘉十九年，宋太祖遣龍驤將軍裴方明伐楊難當，難當將妻子北奔，安西參軍魯尚期追出塞峽，即是峽矣。左山側有石穴洞，人言潛通下辨，所未詳也。其水出峽，西北流注漢水。漢水北，連山秀舉，羅峰競峙。祁山在嶓冢之西七十許里，山上有城，極爲巖固[10]。昔諸葛亮攻祁山，即斯城也。漢水逕其南，城南三里有亮故壘，壘之左右猶豐茂宿草，蓋亮所植也，在上邽西南二百四十里。《開山圖》曰：漢陽西南有祁山，蹊徑逶迆，山高巖險，九州之名阻，天下之奇峻。今此山于衆阜之中，亦非爲傑矣。漢水又西南與甲谷水[11]合，水出西南甲谷，東北流注漢水。漢水又西逕南岈、北岈中，上下有二城相對，左右墳壠低昂，亘山被阜。古諺云：南岈、北岈，萬有餘家。諸葛亮《表》言：祁山去沮縣五百里，有民萬户。矚其丘墟，信爲殷矣。漢水西南逕武植戍南。武植戍水發北山，二源奇發，合于安民戍南，又南逕武植戍西，而西南流，注于漢水。漢水又西南逕平夷戍南，又西南，夷水注之。水出北山，南逕其戍西，南入漢水。漢水又西逕蘭倉城南，又南，右會兩溪，俱出西山，東流注于漢水。張華《博物志》云：温水出鳥鼠山，下注漢水。疑是此水，而非所詳也。漢水又南入嘉陵道而爲嘉陵水，世俗名之爲階陵水[12]，非也。漢水又東南得北谷水，又東南，得武街水[13]，又東南得倉谷水。右三水，竝出西溪，東流注漢水。漢水又東南逕瞿堆西，又屈逕瞿堆南，絶壁峭峙，孤險雲高，望之形若覆唾壺。高二十餘里，羊腸蟠道三十六迴，《開山圖》謂之仇夷，所謂積石嵯峨，嶔岑隱阿者也。上有平田百頃，煮土成鹽，因以"百頃"爲號。山上豐水泉，所謂清泉湧沸，潤氣上流者也，漢武帝元鼎六年，開以爲武都郡，天池大澤在西，故以都爲目矣。王莽更名樂平郡，縣曰循虜。常璩、范曄云，郡居河池，一名仇池，池方百頃，即指此也。左右悉白馬氐矣。漢獻帝建安中，有天水氐楊騰者，世居隴右，爲氐大帥，子駒，勇健多計，徙居仇池，魏拜爲百頃氐王。漢水又東合洛谷水，水有二源，同注一壑，逕神蛇戍西，左右山溪多五色蛇，性馴良，不爲物毒。洛谷水又南逕虎馗戍東，又南逕仇池郡西、瞿堆東，西南入漢水。漢水又東合洛溪水[14]，水北發洛谷，南逕威武戍南，又西南與龍門水合，水出西北龍門谷，東流與横水會，東北窮溪，即水源也。又南逕龍門戍東，又東南入洛溪水。又東南逕上禄縣故城西，脩源濬導，逕引北溪，南總兩川，單流納漢。漢水又東南逕濁水城南，又東南會平樂水。水出武街[15]東北四十五里,更馳[16]。南溪[17]導源東北流,山側有甘泉涌波,飛清下注平樂水。又逕甘泉戍南,又東逕平樂戍南,又東入漢,謂之會口。漢水東南逕脩城道南,與脩水合,水總二源,東北合漢。漢水又東南于槃頭郡南與濁水合,水出濁城北,東流,與丁令溪水會,其水北出丁令谷,南逕武街城西,東南入濁水。濁水又東逕武街城南,故下辨縣治也。李㻏、李稚以氐王楊難敵妻死葬陰平,襲武街,爲氐所殺于此矣。今廣業郡治[18]。濁水又東,宏休水注之,水出北溪,南逕武街城東,而南流注于濁水。濁水又東逕白石縣南,《續漢書》曰:虞詡爲武都太守,下辨東三十餘里有峽,峽中白水生大石,障塞水流,春夏輒濆溢,敗壞城郭,詡使燒石,以醯灌之,石皆碎裂,因鐫去焉,遂無泛溢之害。濁水即白水之異名也。濁水又東南,涅陽水[19]北出涅谷[20],南逕白石縣東,而南入濁水。濁水又東南與仇鳩水合,水發鳩溪,南逕河池縣故城西,王莽之樂平亭也。其水西南流注濁水。濁水又東南與河池水合,水出河池北谷,南逕河池戍東,西南入濁水。濁水又東南,兩當水注之,水出陳倉縣之大散嶺[21],西南流入故道川,謂之故道水[22]。西南逕故道城東,魏征仇池,築以置戍,與馬鞍山水合,水東出馬鞍山,歷谷西流,至故道城東,西入故道水。西南流,北川水注之,水出北洛櫳山南,南流逕唐倉城下,南至困冢川,入故道水。故道水又西南歷廣香交,合廣香川水,水出南田縣利喬山,南流至廣香川,謂之廣香川水,又南注故道水,謂之廣香交。故道水又西南入秦岡山,尚婆水注之,山高入雲,遠望增狀,若嶺紆曦軒,峰枉月駕矣。懸崖之側,列壁之上,有神象,若圖指狀婦人之容,其形上赤下白,世名之曰聖女神,至于福應愆違,方俗是祈。水源北出利喬山,南逕尚婆川,謂之尚婆水。歷兩當縣之尚婆城南,魏故道郡治也。西南至秦岡山,入故道水。故道水又右會黃盧山水,水出西北天水郡黃盧山腹,歷谷南流,交注故道水。故道水南入東益州之廣業郡界,與沮水枝津合,謂之兩當溪水,上承武都沮縣之沮水瀆,西南流,注于兩當溪。虞詡爲郡,漕穀布在沮,從沮縣至下辨,山道險絶,水中多石,舟車不通,驢馬負運,僦五致一。詡乃于沮受僦直,約自致之,即將吏民按行,皆燒石櫳木,開漕船道,水運通利,歲省萬計,以其僦廩與吏士,年四十餘萬也。又西南注于濁水。濁水南逕槃頭郡東,而南合鳳溪水,水上承濁水于廣業郡,南逕鳳溪,中有二石雙高,其形若闕,漢世有鳳凰止焉,故謂之鳳凰臺。北去郡三里,水出臺下,東南流,左注濁水。濁水又南注漢水。漢水又東南歷漢曲,逕挾崖與挾崖水合,水西出擔潭交,東流入漢水。漢水又東逕武興城南,又東南與北谷水合,水出武興東北,而西南逕武興城北,謂之北谷水。南轉逕其城東,而南與一水合,水出東溪,西流注北谷水,又南流注漢水。漢水又西南逕關城北,除水出西北除溪,東南流入于漢。漢水又西南逕通谷,通谷水出東北通溪，上承漾水，西南流爲西漢水。漢水又西南，寒水注之，水東出寒川，西流入漢。漢水又西逕石亭戍，廣平水西出百頃川，東南流注漢，又有平阿水出東山，西流注漢水。漢水又逕晉壽城西，而南合漢壽水，水源出東山，西逕東晉壽故城南，而西南入于漢水也。

又東南至廣魏白水縣西，又東南至葭萌縣，東北與羌水合。

白水西北出于臨洮縣西南西傾山，水色白濁，東南流與黑水合，水出羌中，西南逕黑水城西，又西南入白水。白水又東逕洛和城南，洛和水西南出和溪，東北流逕南黑水城西，而北注白水。白水又東南逕鄧至城南，又東南與大夷祝水合，水出夷祝城西南窮溪，北注夷水。又東北合羊洪水，水出東南羊溪，西北逕夷祝城東，又西北流，屈而東北注于夷水，夷水又東北入白水。白水又東與安昌水會，水源發衛大西溪，東南逕鄧至、安昌郡南，又東南合無累水，無累水出東北近溪，西南入安昌水，安昌水又東南入白水。白水又東南入陰平，得東維水，水出西北維谷，東南逕維城西，東南入白水。白水又東南逕陰平道故城南，王莽更名摧虜矣，即廣漢之北部也。廣漢屬國都尉治，漢安帝永初三年，分廣漢蠻夷置。又有白馬水，出長松縣西南白馬溪，東北逕長松縣北，而東北注白水。白水又東逕陰平大城北，蓋其渠帥自故城徙居也。白水又東，偃溪水出西南偃溪，東北流逕偃城西，而東北流入白水。白水又東逕偃城北，又東北逕橋頭，昔姜維之將還蜀也，雍州刺史諸葛緒邀之于此，後期不及，故維得保劍閣而鍾會不能入也。白水又與羌水合，自下羌水又得其通稱矣。白水又東逕郭公城南，昔郭淮之攻廖化于陰平也，築之，故因名焉。白水又東，雍川水出西南雍溪。東北注白水。白水又東合空泠水，傍溪西南窮谷，即川源也。白水又東南與南五部水會，水有二源：西源出五部溪，東南流；東源出郎谷，西南合注白水。白水又東南逕建昌郡東，而北與一水合，二源同注，共成一溪，西南流入于白水。白水又東南逕白水縣故城東，即白水郡治也。《經》云：漢水出其西，非也。白水又東南與西谷水相得，水出西溪，東流逕白水城南，東南入白水。白水又南，左會東流水，東入極溪，便即水源也。白水又南逕武興城東，又東南，左得刺稽水口，溪東北出，便水源矣。白水又東南，清水左注之，庾仲雍曰：清水自祁山來合白水。斯爲孟浪也。水出于平武郡東北矚累亘下，南逕平武城東，屈逕其城南，又西歷平洛郡東南，屈而南，逕南陽僑郡東北，又東南逕新巴縣東北，又東南逕始平僑郡南，又東南逕小劍戍北，西去大劍三十里，連山絶險，飛閣通衢，故謂之劍閣也。《張載銘》曰：一人守險，萬夫趦趄。信然。故李特至劍閣而歎曰：劉氏有如此地而面縛于人，豈不奴才也。小劍水西南出劍谷，東北流逕其戍下入清水，清水又東南注白水。白水又東南于吐費城南，即西晉壽之東北也，東南流注漢水。

西晉壽,即蜀王弟葭萌所封爲苴侯邑,故遂名城爲葭萌矣。劉備改曰漢壽;太康中,又曰晉壽。水有津關[23]。段元章善風角,弟子歸,元章封笥藥授之。曰:路有急難,開之。生到葭萌,從者與津吏諍,打傷。開笥得書言:其破頭者,可以此藥裹之。生乃歎服,還卒業焉。亦廉叔度抱父柩自沈處也。

又東南過巴郡閬中縣,

巴西郡治也。劉璋之分三巴,此其一焉。闞駰曰:强水出陰平西北强山,一曰强川。姜維之還也,鄧艾遣天水太守王頎敗之于强川,即是水也。其水東北逕武都、陰平、梓潼、南安入漢水。漢水又東南逕津渠戍東,又南逕閬中縣東,閬水出閬陽縣,而東逕其縣南,又東注漢水。昔劉璋之攻霍峻于葭萌也,自此水上。張達、范彊害張飛于此縣。漢水又東南得東水口,水出巴嶺,南歷獠中,謂之東遊水。李壽之時,獠自牂柯北入,所在諸郡,布滿山谷。其水西南逕宋熙郡東,又東南逕始平城東,又東南逕巴西郡東,又東入漢水。漢水又東與濩溪水合,水出獠中,世亦謂之爲清水也。東南流注漢水。漢水又東南逕宕渠縣東,又東南合宕渠水。水西北出南鄭縣巴嶺,與槃余水同源,派注南流,謂之北水,東南流與難江水合,水出東北小巴山,西南注之,又東南流逕宕渠縣,謂之宕渠水,又東南入于漢。

又東南過江州縣東,東南入于江。

涪水注之,庾仲雍所謂涪内水者也。

丹水出京兆上洛縣西北冢嶺山,

一名高豬嶺[24]也。丹水東南流與清池水合,水源東北出清池山,西南流入于丹水。

東南過其縣南,

縣,故屬京兆,晉分爲郡。《地道記》曰:郡在洛上,故以爲名。《竹書紀年》:晉烈公三年,楚人伐我南鄙,至于上洛。楚水注之,水源出上洛縣西南楚山,昔四皓隱于楚山,即此山也。其水兩源合舍于四皓廟東,又東逕高車嶺南,翼帶衆流,北轉入丹水。嶺上有四皓廟。丹水自倉野又東歷兔和山,即《春秋》所謂左師軍于兔和,右師軍于倉野者也。

又東南過商縣南,又東南至于丹水縣,入于均。

契始封商,魯連子曰:在太華之陽。皇甫謐、闞駰竝以爲上洛商縣也。殷商之名,起于此矣。丹水自商縣東南流注,歷少習,出武關。應劭曰:秦之南關也,通南陽郡。《春秋左傳》哀公四年,楚左司馬使謂陰地之命大夫士蔑曰:晉、楚有盟,好惡同之,不然將通于少習以聽命者也。京相璠曰:楚通上洛,阸道也。漢祖下析、酈,攻武關。文穎曰:武關在析縣西百七十里,弘農界也。丹水又東南流入臼口,歷其戍下，又東南，析水出析縣西北弘農盧氏縣大蒿山，南流逕脩陽縣故城北，縣，即析之北鄉也。又東入析縣，流結成潭，謂之龍淵，清深神異。《耆舊傳》云：漢祖入關，逕觀是潭，其下若有府舍焉。事既非恒，難以詳矣。其水又東逕其縣故城北，蓋《春秋》之白羽也。《左傳》昭公十八年，楚使王子勝遷許于析是也。郭仲產云：相承言，此城漢高所築，非也，余按《史記》：楚襄王元年，秦出武關，斬衆五萬，取析十五城。漢祖入關，亦言下析、酈，非無城之言，脩之則可矣。析水又歷其縣東，王莽更名縣爲君亭也。而南流入丹水縣注于丹水。故丹水會均有析口之稱。丹水又東南逕一故城南，名曰三户城。昔漢祖入關，王陵起兵丹水，以歸漢祖，此城疑陵所築也。丹水又逕丹水縣故城西南，縣有密陽鄉，古商密之地，昔楚申息之師所戍也。《春秋》之三户矣。杜預曰：縣北有三户亭。《竹書紀年》曰：壬寅，孫何侵楚，入三户郛者是也。水出丹魚，先夏至十日，夜伺之，魚浮水側，赤光上照如火，網而取之，割其血以塗足，可以步行水上，長居淵中，丹水東南流至其縣南，黄水北出芬山[25]黄谷，南逕丹水縣，南注丹水。黄水北有墨山，山石悉黑，繢彩奮發，黝焉若墨，故謂之墨山。今河南新安縣有石墨山，斯其類也。丹水南有丹崖山，山悉赪壁霞舉，若紅雲秀天，二岫更爲殊觀矣。丹水又南逕南鄉縣故城東北，漢建安中，割南陽右壤爲南鄉郡，逮晉封宣帝孫暢爲順陽王。因立爲順陽郡，而南鄉爲縣。舊治酇城，永嘉中，丹水浸没，至永和中，徙治南鄉故城。城南門外，舊有郡社柏樹，大三十圍，蕭欣爲郡，伐之。言有大蛇從樹腹中墜下，大數圍，長三丈，羣小蛇數十，隨入南山，聲如風雨。伐樹之前，見夢于欣，欣不以厝意，及伐之，更少日，果死。丹水又東逕南鄉縣北，興寧末，太守王靡之改築今城，城北半據在水中，左右夾澗深長，及春夏水漲，望若孤洲矣。城前有《晉順陽太守丁穆碑》，郡民范甯立之。丹水逕流兩縣之間，歷於中之北，所謂商於者也。故張儀説楚絶齊，許以商於之地六百里，謂以此矣。《吕氏春秋》曰：堯有丹水之戰以服南蠻，即此水也。又南合均水，謂之析口。

注释：

① 阿陽縣　《注疏》本作“沔陽縣”。《疏》：“朱《箋》曰：宋本作‘河陽’。趙改‘河’，云：《漢書・高帝紀》，師古曰，阿陽，天水之縣也，今流俗書本或作‘河陽’者，非也。章懷《後漢書注》亦云，然則寫‘阿陽’爲‘河陽’，其來舊矣。戴改‘阿陽’，以‘沔陽’爲誤。守敬按：作‘沔陽’是也。酈意謂嶓冢爲分水嶺，沔水無西入之理，轉引劉説爲東漢通西漢之證，即所謂‘潛水’也。惟從沔陽南至漢壽，正東漢通西漢之道。若阿陽縣在今靜寧州南，遠在渭水之北，如謂有水流至漢壽，勢必横截渭水

而南，較之《説文》‘貐陽’誤字，更爲悠遠，與東漢毫不相涉，與‘潛水’之意亦乖，其誤顯然。沔陽縣詳《沔水篇》。”

② 關城 《注箋》本、項本、《注釋》本、張本均作“開城”。

③ 醜塗之水 吴本、《注箋》本、何校明鈔本、項本、張本、《禹貢水道考異》卷一《南條水道考異》“嶓冢導漾，南流爲漢”引《水經注》、《山海經箋疏》卷二《西山經》“又西南流注于醜塗之水”郝懿行《案》引《水經注》均作“配塗之水”。

④ 余吾 黄本、沈本、《注疏》本均作“徐吾”，《注釋》本作“涂吾”，《注疏》本《疏》：“朱《箋》曰：‘徐吾’當作‘余吾’。《漢書》，元狩二年，馬生余吾水中。元鼎四年，馬生渥洼水中。應劭《注》云，余吾在朔方。全、戴改‘余吾’。趙改‘涂吾’，云：按《山海經・北山經》作‘塗吾’，與‘徐’字爲近。守敬按：《御覽》六十五《寰宇記》引此並作‘徐吾’。《文選・長楊賦・注》、《史記・匈奴傳・索隱》引《山海經》，又作‘余吾’，《集解》徐廣曰，‘余’，一作‘斜’，音邪。考《詩・鄘風》，其虚其邪，鄭《箋》，邪讀如徐。《易・困卦》，來徐徐，《釋文》，王肅作余余，則徐、余音同錯出，而涂蓋徐之異文也。王先謙《漢書補注・匈奴傳》，匈奴聞公孫敖出，悉遠其累重于余吾水北，則其水在匈奴北邊，何關漢事而史紀之？《地理志》，上黨郡有余吾縣。《水經・濁漳水注》，涑水出發鳩山，東逕余吾縣故城北，又逕屯留縣北入漳。所謂余吾水，即此水也。余吾，在今屯留縣西。”

⑤ 石耽谷水 《大典》本、黄本、何校明鈔本、沈本均作“石躭谷水”。

⑥ 《札記・殿本尚可再校》：

戴震在殿本《校上案語》中雖説據《大典》本校，但其實《大典》本的優點他並未充分利用。卷二十《漾水》《經》“漾水出隴西氐道縣嶓冢山，東至武都沮縣爲漢水”《注》中，殿本的《注》文作：

西漢水又西南至峽石水口，水出苑亭西草黑谷，三溪西南至峽石口，合爲一瀆。

這裏，《注》文記載的西漢水的支流峽石水，此水發源于苑亭以西的草黑谷，上源有三條溪水，到峽石口合而爲一。但是既然是源有三溪，難道三溪均發源于一個草黑谷之中？這當然值得懷疑。這一段《注》文在《大典》本作：

西漢水又西南得峽石水口，水出苑亭、白草、黑谷三溪，西南至峽石口，合爲一瀆。

按《大典》本，則峽石水由上源的苑亭、白草、黑谷三溪匯合而成，説得清楚明白，雖然實際上衹有“白”與“西”一字之差，但由于此一字之差，句讀也就隨之而異，使文義絶不相同。而殿本在這一句上當然不及《大典》本。

⑦ 宕備戍 吴本、《注箋》本、項本、張本、《注疏》本均作“巖備戍”，《注疏》本《疏》：“《箋》曰：‘巖’，宋本作‘宕’。趙、戴改‘宕’，下同。會貞按：‘巖’，俗作‘岩’，‘宕’乃‘岩’之訛，與《渭水注》‘石巖水’作‘石宕水’一也。”

⑧ 宕備水 同上各本均作“巖備水”。

⑨ 蘭皐水 《大典》本、王校明鈔本、孫潛校本、何本均作“蘭單水”，吴本、《注箋》本、何校明鈔本、項本、張本均作“蘭軍水”，譚本引謝兆申云：“蘭軍”字誤，宋本作“蘭單”，而下文又有“蘭坑”，疑作“蘭坑”。

⑩　巖固　《注疏》本作"嚴固"。《疏》:"朱訛作'巖固',戴、趙同。會貞按:《通鑑·注》引此作'險固',蓋以'巖'字不可通,臆改之。明鈔本作'嚴固',《通釋》十一引同。又《通典》、《寰宇記》並作'嚴固',邢邵《請置學立明堂奏》,城隍嚴固之重,亦可爲'嚴固'之證。今訂。"

⑪　甲谷水　《注箋》本、項本、《摘鈔》本、張本均作"申谷水",《摘鈔》本馬曰璐曰:"宋本作甲。"

⑫　階陵水　黄本、吴本、《注箋》本、沈本、項本、張本均作"皆陵水"。

⑬　武街水　黄本、吴本、《注箋》本、項本、沈本、張本均作"城階水",孫潛校本、《五校》鈔本、《七校》本、《注釋》本均作"武階水"。

⑭　洛溪水　黄本、《注箋》本、項本、《注釋》本、張本均作"洛漢水"。

⑮　武街　《注疏》本作"武階"。《疏》:"朱《箋》曰:宋本作'水出武源'。埠按,下文數舉'武街',知'武階'當作'武街',而宋本自誤耳。《十六國春秋》亦作'武街'。趙仍,戴改。守敬按:下武街城本下辨縣治,在西漢北。平樂水在西漢南,水出武階東北,則武階更在平樂水之西南,此即《地形志》之武階郡,《羌水注》稱武階者,是也。朱氏未加詳考,故合武街、武階爲一,戴亦沿其誤。今水曰譚家河,出階州東北。"

⑯　更馳　《注疏》本楊守敬按:"'更',疑當作'東','馳'字斷句,此以馬之馳喻水之流也。柳宗元詩,'天庭桜高文,萬字若波馳'。秦觀《龍井記》,浙江介于吴越之間,一晝一夜,濤頭自海上者再,疾擊而遠馳,可證。又韓愈《送廖道士序》,衡之南八九十里,地益高,山益峻,水清而益駛。義亦同。"

⑰　南溪　《注疏》本楊守敬按:"此南溪乃别一水,在平樂水之右。"

⑱　殿本《案》:"案《魏書·地形志》,槃頭郡、廣業郡皆屬東益州,後凡數見,又云東益州之廣業郡。朱謀㙔于其下竝云,宋本作'廣漢',蓋此書爲宋人臆改甚多,故宋本亦往往不足據證。"

《札記·宋本》:

不少人有一種嗜古之癖,南宋時,江西袁州人趙希鵠寫過一卷《洞天清禄集》,專辨古代器物,全書分成《古琴辨》、《古硯辨》、《古鐘鼎彝器辨》等十門,在《古畫辨》中説:"古畫色黑或淡黑,則積塵所成,自有一種古香可愛。"這大概就是"古色古香"一語的來源,後來成爲許多嗜古者的口頭禪。

藏書家的嗜古癖,往往表現在對宋本的搜求。我不是説宋本不好,但是他們筆下的宋本,實在太神乎其神了。明張應文的《清祕録》説:"藏書者貴宋刻,大都書寫肥瘦有則,佳者絶有歐、柳筆法,紙質瑩潔,墨色清純,爲可愛耳。"明高濂的《遵生八箋》説:"宋人之書,紙堅刻軟,字劃如寫,格用單邊,間多諱字,用墨稀薄,雖着水濕,燥無湮迹,開卷一種書香,自生異味。"没有翻過宋本的人,讀了他們的描述,就會下定決心,去見識一部宋本,否則真是畢生遺憾。

我生長在一個讀平裝書和精裝書的時代,不要説宋本,生平翻閲過的綫裝書,要是與平裝書、精裝書相比,實在也是很少的。但由于家庭的關係,與我年齡相似的一輩人比較,我翻閲的綫裝書或許比一般人要多得多,而且也算看過幾部宋本的。因爲從小看到家裏堆積如山的綫裝書,包括我祖父放在紅木盒子裏不肯輕易示人的幾部宋本,和我叔伯一輩讀過的用連史紙綫裝的《共和國教科書》。回想那時,家裏真像一個綫裝書的書海。我祖父的藏書不少,可惜後來在抗日戰爭中毀于一旦。

每當我祖父向幾位被他看得起的客人展示他裝在紅木盒子裏的幾部宋本時,我常常從旁參與欣賞,但是實在提不起我的興趣。在祖父的藏書中,我最感興趣的是一部石印巾箱本《合校水經注》,因爲那曾是我幼年時代從我祖父那裏獲得故事的泉源。後來這部巾箱本就歸了我。開始,我經常閱讀,但是由于紙質單薄易破,我又捨不得。接着因爲商務、世界各書局的鉛印本出來了,我就買了鉛印本,而把這石印巾箱本保藏起來,正是因爲這部書離開了我祖父的書庫,因此幸免于難。經過這四五十年中的許多災難,奇迹般地一直保存到今天。這或許是我祖父的大量藏書中唯一一部留在人間的吧。

《水經注》當然也有宋本,明代的不少酈學家,都據宋本從事校勘。正德年代的柳僉(大中)影宋鈔本,就是明代的名本。而朱謀㙔校勘《水經注箋》,也利用了宋本。但宋本到了清代就鳳毛麟角,許多酈學家都以畢生未見宋本爲憾事,楊守敬即是其例。據傅增湘《宋刊殘本水經注書後》(《圖書季刊》新二卷二期或《藏園羣書題記初集》卷三)云:

> 憶辛壬(案指辛亥、壬子,即宣統三年與民國元年之間)之交晤楊君惺吾于海上,時君方撰《水經注疏》,爲言研治此書歷四十年,窮搜各本以供參考,獨以未睹宋本爲畢生憾事。余語君曰:此書宋刻之絶迹于世固已久矣,但一旦宋刻出世,吾恐《經》《注》之混淆,文字之訛奪,仍不能免,未必遂優于黄、吴諸本也。洎余獲此書,而君已久謝賓客,不能相與賞異析奇,一慰其生平之願,思之愴然。

上述傅增湘獲得的宋本是個殘本,一共七册,衹存卷五至八,十六至十九,三十四,三十八至四十共十二卷,其中首尾完整的衹有十卷(卷五缺前二十六葉,卷十八僅存前五葉),今藏北京圖書館,我有幸閲讀了此書的縮微膠卷,在顯微閲讀器上,整整閲讀了四天。以後又在武漢湖北省圖書館閲讀了此書的一種過録本。傅增湘與楊守敬談話時的這種估計是不錯的,從這部殘籍的十卷來看,"《經》《注》之混淆,文字之訛奪,仍不能免"。當然不是説没有優點,但此書在滿足人們嗜古的欲望方面,顯然大大超過此書能提供校勘上的作用。

《水經注》從隋唐以來都是朝廷藏書,北宋景祐時缺佚五卷,民間傳鈔刊行的本子,都是景祐以後的本子,所以宋本除了可以嗜古以外,文字上並不可貴。對于這一點,戴震最清楚,他在殿本卷二十二《洧水》《經》"又東南至慎縣,東南入于淮"《注》"蓋潁水之會淮也"下《案》云:"朱氏以爲據宋本,實前後舛謬。"在卷二十《漾水》《經》"漾水出隴西氐道縣嶓冢山,東過武都沮縣爲漢水"《注》"今廣業郡治"下的《案語》説得更明白,他説:"朱謀㙔于其下並云,宋本作廣漢。蓋此書爲宋人臆改者甚多,故宋本往往不足據證。"其實,戴氏在其進四庫館以前所完成的《水經注校本自序》(見孔繼涵編《戴氏遺書》)中早已指出:"王伯厚《通鑑地理通釋》引《水經》四事,惟魏興安陽一事屬《經》文,餘三事咸酈《注》之訛爲《經》者。"王伯厚(應麟)宋人,其所引的宋本,已經《經》《注》混淆了。所以全祖望在《五校本題辭》中也説:"今世得一宋槧,則校書者憑之,以爲鴻寶。宋槧雖間有誤,然終不至大錯也。

而獨不可以論于《水經》，蓋《水經》自初雕時，已不可問矣。"説明對于宋本《水經》的實際價值，著名的酈學家都是清楚的。

《永樂大典》本也是從景祐缺佚以後的宋本録出的，因爲它同樣没有《滹沱水》、《(北)洛水》、《涇水》等篇，所以同樣並不是什麽了不起的本子，戴震爲了另外目的，大大地替它吹嘘了一番。後來《大典》本影印問世，大家都看到了，不過如此。其實，假使《大典》本真的可以作爲圭臬，那末，戴震當年爲什麽不徑以它作爲底本，却要冒着後世責駡的風險而用趙一清的本子呢？

宋本當然不能一概而論，也有在今天的校勘上很有價值的。但宋本《水經注》却不是這樣，現在的不少本子，如殿本、趙本、《注疏》本等，都遠遠超過了它。作爲一種歷史文物，它當然價值極高，但是從内容上説，它已經没有多大作用了。

⑲　涅陽水　黄本、吴本、《注箋》本、何校明鈔本、王校明鈔本、項本、沈本、張本、《禹貢錐指》卷十四上引《水經注》均作"渥陽水"。

⑳　涅谷　同上各本均作"渥谷"。

㉑　《御覽》卷一六七《州郡部》十三《鳳州》引《水經注》云："大散水流入黄花川，黄花縣因水得名。"當是此句下佚文。

㉒　故道水　《晏元獻公類要》卷六《陝西路・鳳・兩當縣》引《水經注》作"固道水"。

㉓　《通鑑》卷一二二《宋紀》四文帝元嘉十一年"置戍于葭萌水"胡《注》引《水經注》云："白水東南流至葭萌縣北，因謂之葭萌水，水有津關，即所謂白水關也。"當是此句下佚文。

㉔　高豬嶺　吴本、《注箋》本、項本、《注釋》本、張本、《注疏》本、《山海經廣注》卷一《南山經》"丹水出焉而南流注于勃海"吴任臣《注》引《水經注》均作"高豬山"。

㉕　芬山　吴本、《注箋》本、孫潛校本、項本、《五校》鈔本、《七校》本、張本均作"北予山"，《注釋》本作"北芬山"，《注疏》本作"予山"。《疏》："朱《箋》曰：一作'北予山'。趙云：按《漢志》，析縣下云，黄水出黄谷，鞠水出析谷，俱東至酈入湍水。《湍水》《經》云，出酈縣北芬山。黄水、鞠水同出北芬山。特異谷耳。《箋》説無據。戴乙'出北'作'北出'，而改'予'作'芬'。蓋以趙説爲據。全氏則駁趙説。會貞按：《漢志》所云黄水入湍，在均水之東，今猶名黄水河，此《注》下云黄水注丹，則在均水之西，今無此水，豈酈氏誤繫乎？"

卷二十一　汝水

汝水出河南梁縣勉鄉西天息山，

《地理志》曰：出高陵山，即猛山也。亦言出南陽魯陽縣之大盂山①，又言出弘農盧氏縣還歸山②。《博物志》曰：汝出燕泉山。竝異名也。余以永平中蒙除魯陽太守，會上臺下列《山川圖》③，以方誌參差④，遂令尋其源流。此等既非學徒，難以取悉，既在遥見，不容不述。今汝水西出魯陽縣之大盂山蒙柏谷⑤，巖鄣深高，山岫邃密，石徑崎嶇，人蹟裁交，西即盧氏界也。其水東北流逕太和城西，又東流逕其城北，左右深松列植，筠柏交蔭⑥，尹公度之所棲神處也。又東屈堯山西嶺下，水流兩分，一水東逕堯山南，爲滍水也。即《經》所言滍水出堯山矣。一水東北出爲汝水，歷蒙柏谷⑦，左右岫壑爭深，山阜競高，夾水層松茂柏，傾山蔭渚，故世人以名也。津流不已，北歷長白沙口，狐白溪水注之，夾岸沙漲若雪，因以取名。其水南出狐白川，北流注汝水，汝水又東北趣狼皋山者也。

東南過其縣北，

汝水自狼皋山東出峽，謂之汝阸也。東歷麻解城北，故鄤鄉城也，謂之蠻中。《左傳》所謂單浮餘圍蠻氏，蠻氏潰者也。杜預曰：城在河南新城縣之東南，伊洛之戎陸渾蠻氏城也。俗以爲麻解城，蓋蠻、麻讀聲近故也。汝水又逕周平城南，京相璠曰：霍陽山在周平城東南者也。汝水又東與三屯谷水合，水出南山，北流逕石碣東,柱側刊云:河南界。又有一碣題言:洛陽南界。碑柱相對,既無年月,竟不知何代所表也。其水又北流,注于汝水。汝水又東與廣成澤水合,水出狼皋山北澤中,安帝永初元年,以廣成遊獵地假與貧民。元初二年,鄧太后臨朝,鄧騭兄弟輔政,世士以爲文德可興,武功宜廢,寢蒐狩之禮,息戰陣之法。于時,馬融以文武之道,聖賢不墜,五材之用,無或可廢,作《廣成頌》云:大漢之初基也,揆厥靈囿,營于南郊,右矕三塗,左枕嵩嶽,面據衡陰,背箕王屋,浸以波、溠,演以滎、洛,金山、石林,殷起乎其中,神泉側出,丹水、涅池,怪石浮磬,燿焜于其陂。桓帝延熹元年,校獵廣成,遂幸函谷關。其水自澤東南流,逕温泉南,與温泉水合。温水數源,揚波于川左泉上,華宇連蔭,茨甍交拒,方塘石沼,錯落其間,頤道者多歸之。其水東南流注廣成澤水,澤水又東南入于汝水。汝水又東得魯公水口,水上承陽人城東魯公陂。城,古梁之陽人聚也,秦滅東周,徙其君于此。陂水東南流,合于澗水,水出北山,南流注之,又亂流注于汝水。汝水之右,有霍陽聚,汝水逕其北,東合霍陽山水,水出南山,杜預曰:河南梁縣有霍山者也。其水東北流逕霍陽聚東,世謂之華浮城,非也。《春秋左傳》哀公四年,楚侵梁及霍。服虔曰:梁、霍,周南鄙也。建武二年,世祖遣征虜將軍祭遵攻蠻中山賊張滿,時,厭新、柏華餘賊合,攻得霍陽聚。即此。霍陽山水又逕梁城西,按《春秋》,周小邑也,于戰國爲南梁矣。故《經》云汝水逕其縣北。俗謂之治城,非也,以北有注城故也,今置治城縣,治霍陽山。水又東北流,注于汝水。汝水又左合三里水,水北出梁縣西北,而東南流逕其縣故城西,故𤞤狐聚也。《地理志》云:秦滅西周徙其君于此,因乃縣之。杜預曰:河南縣西南有梁城,即是縣也。水又東南逕注城南,司馬彪曰:河南梁縣有注城。《史記》:魏文侯三十二年,敗秦于注者也。又與一水合,水發注城東坂下,東南流注三里水,三里水又亂流入于汝。汝水又東逕成安縣故城北,按《地理志》,潁川郡有成安縣,侯國也。《史記·建元以來功臣侯者年表》曰:漢武帝元朔五年,校尉韓千秋擊南越,死,封其子韓延年爲成安侯,即此邑矣。世謂之白泉城,非也,俗謬耳。汝水又東爲周公渡,藉承休之徽號,而有周公之嘉稱也。汝水又東,黄水注之。水出梁山東南,逕周承休縣故城東,爲承休水。縣,故子南國也。漢武帝元鼎四年,幸洛陽,巡省豫州,觀于周室,邈而無祀,詢問耆老。乃得孽子嘉,封爲周子南君,以奉周祀。按《汲冢古文》,謂衛將軍文子爲子南彌牟,其後有子南勁。《紀年》:勁朝于魏,後惠成王如衛,命子南爲侯。秦并六國,衛最後滅,疑嘉是衛後,故氏子南而稱君也。初元五年,爲周承休邑,《地理志》曰:侯國也,元帝置。元始二年,更曰鄭公,王莽之嘉美也。故汝渡有周公之名,蓋藉邑以納稱。世謂之黄城,水曰黄水,皆非也。其水又東南逕白茅臺東,又南逕梁瞿鄉西,世謂之期城,非也。按《後漢書》,世祖自潁川往梁瞿鄉,馮魴先詣行所,即是邑也。水積爲陂,世謂之黄陂,東轉逕其城南東流,右合汝水。

又東南過潁川郟縣南,

汝水又東與張磨泉合,水發北阜,春夏水盛,則南注汝水。汝水又東分爲西長湖,湖水南北五十餘步,東西三百步。汝水又東,扈澗水北出大劉山,南逕木蓼堆東郟城西,南流入于汝。汝水又右迆爲湖,湖水南北八九十步,東西四五百步,俗謂之東長湖。湖水下入汝,古養水也。水出魯陽縣北將孤山北長岡下,數泉俱發,東歷永仁三堆南,又東逕沙川,世謂之沙水。歷山符壘北,又東逕沙亭南,故養陰里也。司馬彪《郡國志》曰:襄城有養陰里。京相璠曰:在襄城郟縣西南,養,水名也。俗以是水爲沙水,故亦名之爲沙城,非也。又城處水之陽,而以陰爲稱,更用惑焉。但流襍閒居,裂溉互移,致令川渠異容,津途改狀,故物望疑焉。又右會堇溝水,水出沛公壘西六十許步。蓋漢祖入關,往征是由,故地擅斯目矣。其水東北注養水。養水又東北入東長湖,亂流注汝水也。汝水又逕郟縣故城南,《春秋》昭公十九年,楚令尹子瑕之所城也。潕水注之,水出魯陽縣之將孤山,東南流。許慎云:水出南陽魯陽,入父城,從水,敖聲。吕忱《字林》亦言在魯陽。潕水東入父城縣與桓水會,水出魯陽北山,水有二源奇導,于賈復城合爲一瀆,逕賈復城北復南,擊郾所築也,俗語訛謬,謂之寡婦城,水曰寡婦水。此瀆水有窮通,故有枯渠之稱焉。其水東北流至父城縣北,右注潕水,亂流又東北至郟入汝。汝水又東南,左合藍水,水出陽翟縣重嶺山,東南流逕紀氏城,西有層臺,謂之紀氏臺。《續漢書》曰:世祖車駕西征,盜賊羣起,郟令馮魴爲賊延裒所攻,力屈,上詣紀氏,羣賊自降,即是處,在郟城東北十餘里。其水又東南流逕黄阜東,而南入汝水。汝水又東南流,與白溝水合,水出夏亭城西,又南逕龍城西,城西北,即摩陂也,縱廣可十五里。魏青龍元年,有龍見于郟之摩陂,明帝幸陂觀龍于是,改摩陂曰龍陂,其城曰龍城。其水又南入于汝水。汝水又東南與龍山水會,水出龍山龍溪,北流際父城縣故城東,昔楚平王大城城父,以居太子建,故杜預曰:即襄城之父城縣也。馮異據之以降世祖,用報巾車之恩也。其水又東北流與二水合,俱出龍山,北流注之,又東北入于汝水。汝水又東南逕襄城縣故城南,王隱《晉書·地道記》曰:楚靈王築。劉向《説苑》曰:襄城君始封之日,服翠衣,帶玉珮,徙倚于流水之上。即是水也。楚大夫莊辛所説處,後乃縣之。吕后元年,立孝惠後宫子義爲侯國,王莽更名相成也。黄帝嘗遇牧童于其野,故嵇叔夜《讚》曰:奇矣難測,襄城小童,倦遊六合,來憩兹邦也。其城南對汜城,周襄王出鄭居汜,即是此城也。《春秋》襄公二十六年,楚伐鄭,涉汜而歸。杜預曰:涉汝水于汜城下也。晉襄城郡治。京相璠曰:周襄王居之,故曰襄城也。今置關于其下。汝水又東南流逕西不羹城南,《春秋左傳》昭公十二年,楚靈王曰:昔諸侯遠我而畏晉,今我大城陳、蔡、不羹,賦皆千乘,諸侯其畏我乎?《東觀漢記》曰:車騎馬防以前參藥,勤勞省闥,增封侯國襄城羹亭千二百五十户,即此亭也。汝水又東南逕繁丘城南,而東南出也。

又東南過定陵縣北,

湛水出犨縣北魚齒山西北,東南流,歷魚齒山下爲湛浦,方五十餘步。《春秋》襄公十六年,晉伐楚,報楊梁之役。楚公子格及晉師,戰于湛阪,楚師敗績,遂侵方城之外。今水北悉枕翼山阜,于父城東南、湛水之北,山有長阪,蓋即湛水以名阪,故有湛阪之名也。湛水又東南逕蒲城北,京相璠曰:昆陽縣北有蒲城,蒲城北有湛水者是也。湛水又東,于汝水九曲北東入汝。杜預亦以是水爲湛水矣。《周禮》:荆州其浸潁、湛。鄭玄云:未聞。蓋偶有不照也。今考地則不乖其土,言水則有符《經》文矣。汝水又東南逕定陵縣故城北,漢成帝元延三年,封侍中衛尉淳于長爲侯國,王莽更之曰定城矣。《東觀漢記》曰:光武擊王莽二公,還到汝水上,于涯以手飲水,澡頰塵垢,謂傅俊曰:今日疲倦,諸君寧憊也。即是水也。水右則滍水左入焉,左則百尺溝出矣。溝水夾岸層崇,亦謂之爲百尺隄也。自定陵城北通潁水于襄城縣,潁盛則南播,汝泆則北注。溝之東有澄潭,號曰龍淵,在汝北四里許,南北百步,東西二百步,水至清深,常不耗竭,佳饒魚筍。湖溢則東注澥水矣。汝水又東南,昆水注之,水出魯陽縣唐山[8],東南流逕昆陽縣故城西。更始元年,王莽徵天下能爲兵法者,選練武衛,招募猛士,旌旗輜重,千里不絶。又驅諸獷獸虎、豹、犀、象之屬,以助威武,自秦、漢出師之盛,未嘗有也。世祖以數千兵徼之陽關,諸將見尋、邑兵盛,反走入昆陽。世祖乃使成國上公王鳳、廷尉大將軍王常留守,夜與十三騎出城南門,收兵于郾。尋、邑圍城數十重,雲車十餘丈,瞰臨城中,積弩亂發,矢下如雨。城中人負户而汲,王鳳請降,不許。世祖帥營部俱進,頻破之,乘勝以敢死三千人,徑衝尋、邑兵,敗其中堅于是水之上,遂殺王尋。城中亦鼓譟而出,中外合勢,震呼動天地。會大雷風,屋瓦皆飛,莽兵大潰。昆水又屈逕其城南,世祖建武中,封侍中傅俊爲侯國,故《後漢郡國志》有昆陽縣,蓋藉水以氏縣也。昆水又東逕定陵城南,又東注汝水。汝水又東南逕奇頟城[9]西北,今南潁川郡治也。濆水出焉,世亦謂之大㶏水。《爾雅》曰:河有雍,汝有濆。然則濆者,汝别也。故其下夾水之邑,猶流汝陽之名,是或濆、㶏之聲相近矣,亦或下合㶏、潁,兼統厥稱耳。

又東南過郾縣北,

汝水逕奇頟城西東南流,其城衿帶兩水,側背雙流。汝水又東南流逕郾縣故城北,故魏下邑也。《史記》:楚昭陽伐魏取郾是也。汝水又東得醴水口[10],水出南陽雉縣,亦云導源雉衡山。即《山海經》云衡山也。郭景純以爲南岳,非也。馬融《廣成頌》曰:面據衡陰,指謂是山。在雉縣界,故世謂之雉衡山。依《山海經》,不言有水。然醴水[11]東流歷唐山下,即高鳳所隱之山也。醴水又東南與皐水合,水發皐山,郭景純言或作章山,東流注于醴水。醴水又東南逕唐城北,南入城而西流出城,城蓋因山以即稱矣。醴水又屈而東南流,逕葉縣故城北,《春秋》昭公十五年,許遷于葉者也。楚盛周衰,控霸南土,欲爭强中國,多築列城于北方,以逼華夏,故號此城爲萬城,或作方字。唐勒《奏土論》曰:我是楚也[12],世霸南土,自越以至葉,垂弘境萬里,故號曰萬城也。余按《春秋》,屈完之在召陵,對齊侯曰:楚國方城以爲城。杜預曰:方城,山名也,在葉南。未詳孰是。楚惠王以封諸梁子高,號曰葉公城。即子高之故邑也。葉公好龍,神龍下之。河東王喬之爲葉令也,每月望,常自詣臺朝帝,怪其來數而不見車騎,顯宗密令太史伺望之,言其臨至,輒有雙鳧從東南飛來,于是候鳧至,舉羅張之,但得一隻舄,乃詔尚方診視,則四年中所賜尚書官屬履也。每當朝時,葉門下鼓不擊自鳴,聞于京師。後天下玉棺于堂前,吏民推排,終不搖動。喬曰:天帝獨欲召我耶?乃沐浴服飾寢其中,蓋便立覆,宿昔葬于城東,土自成墳。其夕,縣中牛皆流汗喘乏,而人無知者。百姓爲立廟,號葉君祠,牧守每班録,皆先謁拜之,吏民祈禱,無不如應,若有違犯,亦立能爲祟。帝乃迎取其鼓,置都亭下,略無復聲焉。或云,即古仙人王喬也,是以干氏書之于神化。醴水又逕其城東與燒車水合,水西出苦菜山,東流側葉城南,而下注醴水。醴水又東逕葉公廟北,廟前有《沈子高諸梁碑》,舊秦漢之世,廟道有雙闕几筵,黄巾之亂,殘毁積闕,魏太和、景初中,令長脩飾舊宇,後長汝南陳晞,以正始元年立碑,碑字破落,遺文殆存,事見其碑。醴水又東與葉西陂水會,縣南有方城山,屈完所謂楚國方城以爲城者也。山有湧泉北流,畜之以爲陂,陂塘方二里,陂水散流,又東逕葉城南而東北注醴水。醴水又東注葉陂,陂東西十里,南北七里,二陂竝諸梁之所堨也。陂水又東逕潕陽縣故城北,又東逕定陵城南,東與芹溝水合,其水導源葉縣,東逕潕陽城北,又東逕定陵縣南,又東南流注醴。其水逕流昆、醴之間,纏絡四縣之中,疑即吕忱所謂峴水[13]也。今于定陵更無別水,惟是水可當之。醴水東逕郾縣故城南,左入汝。《山海經》曰:醴水東流注于涀水[14]也。汝水又東南流逕鄧城西,《春秋左傳》桓公二年,蔡侯、鄭伯會于鄧者也。汝水又東南流,潕水注之。

又東南過汝南上蔡縣西,

汝南郡,楚之别也,漢高祖四年置,王莽改郡曰汝汾。縣,故蔡國,周武王克殷,封其弟叔度于蔡。《世本》曰:上蔡也。九江有下蔡,故稱上。《竹書紀年》曰:

魏章率師及鄭師伐楚，取上蔡者也。永初元年，安帝封鄧騭爲侯國。汝水又東逕懸瓠城北，王智深云：汝南太守周矜起義于懸瓠者是矣。今豫州刺史汝南郡治。城之西北，汝水枝别左出，西北流，又屈西東轉，又西南會汝，形若垂瓠。耆彦云：城北名馬灣，中有地數頃，上有栗園，栗小，殊不竝固安之實也，然歲貢三百石，以充天府。水渚即栗州也。樹木高茂，望若屯雲積氣矣。林中有栗堂，射埻甚閒敞，牧宰及英彦多所遊薄。其城上西北隅，高祖以太和中幸懸瓠，平南王肅[15]起高臺于小城，建層樓于隅阿，下際水湄，降眺栗渚，左右列榭，四周參差競跱，奇爲佳觀也。

又東南過平輿縣南，

溱水出浮石嶺北青衣山，亦謂之青衣水也。東南逕朗陵縣故城西，應劭曰：西南有朗陵山，縣以氏焉。世祖建武中，封城門校尉臧宫爲侯國也。溱水又南屈逕其縣南，又東北逕北宜春縣故城北，王莽更名之爲宜孱也。豫章有宜春，故加北矣。元初三年，安帝封后父侍中閻暢爲侯國。溱水又東北逕馬香城北，又東北入汝。汝水又東南逕平輿縣南，安成縣[16]故城北，王莽更名至成也。漢武帝元光六年，封長沙定王子劉蒼爲侯國矣。汝水又東南，陂水注之，水首受慎水于慎陽縣故城南陂，陂水兩分，一水自陂北遶慎陽城四周城塹，潁川荀淑遇縣人黄叔度于逆旅，與語移日，曰：子，吾師表也。范奕論曰：黄憲言論風旨，無所傳聞。然士君子見之者，靡不服深遠，去疵吝，將以道周性全，無得而稱乎。塹水又自瀆東北流注北陂。一水自陂東北流積爲鮦陂，陂水又東北又結而爲陂，世謂之窖陂。陂水上承慎陽縣北陂，東北流積而爲土陂，陂水又東爲窖陂，陂水又東南流注壁陂，陂水又東北爲太陂，陂水又東入汝。汝水又東南逕平陵亭北，又東南逕陽遂鄉北，汝水又東逕櫟亭北，《春秋》之棘櫟也。杜預曰：汝陰新蔡縣東北有櫟亭，今城在新蔡故城西北，城北半淪水。汝水又東南逕新蔡縣故城南，昔管、蔡間王室，放蔡叔而遷之。其子胡，能率德易行，周公舉之爲卿士，以見于王，王命之以蔡，申吕地也，以奉叔度祀，是爲蔡仲矣。宋忠曰：故名其地爲新蔡，王莽所謂新遷者也。世祖建武二十八年，封吴國爲侯國。《汝南先賢傳》曰：新蔡鄭敬，字次都，爲郡功曹，都尉高懿廳事前有槐樹，白露類甘露者。懿問掾屬，皆言是甘露。敬獨曰：明府政未能致甘露，但樹汁耳。懿不悦，託疾而去。汝水又東南，左會澺水，水上承汝水别流于奇領城東，東南流爲練溝，逕召陵縣西，東南流注，至上蔡西岡北爲黄陵陂，陂水東流，于上蔡岡東爲蔡塘，又東逕平輿縣故城南，爲澺水。縣，舊沈國也，有沈亭。《春秋》定公四年，蔡滅沈，以沈子嘉歸，後楚以爲縣。《史記》曰：秦將李信攻平輿，敗之者也。建武三十年，世祖封銚統爲侯國，本汝南郡治。昔費長房爲市吏，見王壺公懸壺郡市，長房從之，因而自遠同入此壺，隱淪仙路，骨謝懷靈，無會而返，雖能役使鬼神，而終同物化。城南里餘有神廟，世謂之張明府祠，水旱之不節則禱之。廟前有圭碑，文字紊碎，不可復尋，碑側有小石函。按《桂陽先賢畫讚》：臨武張熹，字季智，爲平輿令。時天大旱，熹躬禱雩，未獲嘉應，乃積薪自焚，主簿侯崇、小吏張化從熹焚焉，火既燎，天靈感應，即澍雨，此熹自焚處也。瀙水又東南，左迆爲葛陂，陂方數十里，水物含靈，多所苞育，昔費長房投杖于陂，而龍變所在也。又刼東海君于是陂矣。陂水東出爲鮦水，俗謂之三丈陂，亦曰三嚴水。水逕鮦陽縣故城南，應劭曰：縣在鮦水之陽。漢明帝永平中，封衛尉陰興子慶爲侯國也。縣有葛陵城，建武十五年，更封安成侯銚丹爲侯國。城之東北有楚武王冢，民謂之楚王琴。城北祝社里下，土中得銅鼎，《銘》云：楚武王。是知武王隧也。鮦陂東注爲富水，水積之處，謂之陂塘，津渠交絡，枝布川隰矣。瀙水自葛陂東南逕新蔡縣故城東，而東南流注于汝。汝水又東南逕下桑里，左迆爲横塘陂，又東北爲青陂者也。汝水又東南逕壺丘城北，故陳地。《春秋左傳》文公九年，楚侵陳，克壺丘，以其服于晉是也。汝水又東與青陂合，水上承慎水于慎陽縣之上慎陂。右溝[17]，北注馬城陂，陂西有黄丘亭。陂水又東逕新息亭北，又東爲綢陂，陂水又東逕新息縣，結爲牆陂，陂水又東逕遂鄉東南而爲壁陂，又東爲青陂，陂東對大吕亭。《春秋外傳》曰：當成周時，南有荆蠻、申、吕，姜姓矣，蔡平侯始封也。西南有小吕亭，故此稱大也。側陂南有青陂廟，廟前有陂，漢靈帝建寧三年，新蔡長河南緱氏李言，上請脩復青陂，司徒臣訓、尚書臣襲，奏可洛陽宫，于青陂東塘南樹碑，碑稱青陂在縣坤地，源起桐柏淮川别流，入于潺湲，逕新息牆陂，衍入褒信界，灌溉五百餘頃。陂水又東分爲二水，一水南入淮，一水東南逕白亭北，又東逕吴城南。《史記》：楚惠王二年，子西召太子建之子勝于吴，勝入居之，故曰吴城也。又東北屈逕壺丘東而北流，注于汝水，世謂之薄溪水。汝水又東逕褒信縣故城北而東注矣。

又東至原鹿縣，

汝水又東南逕縣故城西，杜預《釋地》曰：汝陰有原鹿縣也。

南入于淮。

所謂汝口，側水有汝口戍，淮、汝之交會也。

注释：

① 大孟山 吴本、王校明鈔本、《詩地理考》卷一《周南・汝墳》引《水經注》、《康熙字典・水部・汝》引《水經注》均作"大孟山"。

② 《方輿紀要》卷五十一《河南》六《南陽府・青山》引《水經注》云:"宏農有柏華聚。"當是此段下佚文。

③ 《札記・酈氏據圖以爲書》:

卷二十一《汝水》《經》"汝水出河南梁縣勉鄉西天息山"《注》云:

《地理志》曰:出高陵山,即猛山也。亦言出南陽魯陽縣之大盂山,又言出弘農盧氏縣還歸山。《博物志》曰:汝出燕泉山,竝異名也。余以永平中蒙除魯陽太守,會上臺下列《山川圖》,以方誌參差,遂令尋其源流。此等既非學徒,難以取悉,既在逕見,不容不述。

這段《注》文明白指出,關于汝水源流,確有一種上臺下列的《山川圖》,但這種《山川圖》並不可靠,所以酈道元要進行實地考察,以糾正錯誤。

④ 修纂地方志是中國的重要文化傳統,其肇始年代,名家説法不一,但"方誌"一詞,在現存文獻中以此爲最早,以後在《渠水注》中又出現一次,《汝水注》作"方誌",《渠水注》作"方志"。

⑤ 蒙柏谷　《注疏》本作"黄柏谷"。《疏》:"趙據何焯説,改'黄'作'蒙',全、戴改同。守敬按:非也。説見下,今水出嵩縣西南分水嶺。"同條《經》文下《注》"一水東北出爲汝水,歷蒙柏谷"下,《注疏》本《疏》:"朱《箋》曰:孫云,按上文當作'黄柏谷'。趙云:按何焯云,以下文觀之,則上文'黄'字亦當作'蒙'。守敬按:孫、何説皆誤合黄柏、蒙柏爲一谷,不知有必不可合者。黄柏谷在大盂山,蒙柏谷在堯山,一也。黄柏谷爲汝水所出,蒙柏谷爲汝水所歷,二也。《注》叙黄柏谷,以'巖嶂深高'四語狀之,叙蒙柏谷,則狀以'左右巖岫爭深'四語,三也。二谷判然各别,當仍原文作'黄'、作'蒙'爲是。"

⑥ 王國维《明鈔本水經注跋》(民國十四年六月《清華學報》第一期,又收入于《觀堂集林》第十二卷《史林》四):"就戴校《聚珍》本勘之,知戴本于明鈔本,佳處亦十得八九,蓋本于《大典》。其有明鈔不誤,而戴本仍從通行本或别本改者。……如《汝水注》'篘柏交陰',諸本'陰'並作'蔭'。"

⑦ 此"蒙柏谷"與《注疏》本同,見注⑤。

⑧ 唐山　順治《河南通志》卷六《山川・南陽府・青山》引《水經注》、康熙《南陽府志》卷一《輿地・葉縣・昆水》引《水經注》均作"西唐山"。

⑨ 奇領城　吴本、《注箋》本、項本、《五校》鈔本、《七校》本、張本均作"奇雒城"。

⑩ 醴水口　吴本、《注箋》本、項本、張本均作"澧水口"。

⑪ 醴水　吴本、《注箋》本、項本、張本、順治《河南通志》卷六《山川・南陽府・青山》引《水經注》均作"澧水"。

⑫ 殿本在此下《案》云:"案此語有舛誤。"《注疏》本録入殿本此語。

⑬ 峴水　吴本、《注箋》本、項本、《五校》鈔本、《七校》本、張本均作"涀水",孫潛校本作"溉水"。

⑭ 涀水　《注釋》本作"視水"。

⑮ 平南王肅　《注疏》本《疏》:"守敬按:《魏書・王肅傳》,太和中以功進號平南將軍,除豫州刺史。"

⑯ 安成縣 《注箋》本、項本、《五校》鈔本、《七校》本、《注釋》本、張本均作“安城縣”。

⑰ 右溝 《注疏》本作“左溝”。《疏》:“朱作‘右溝’。趙、戴同。會貞按:《淮水篇》,上慎陂又東爲中慎陂,其水東流在右,此水北注在左,當爲‘左溝’,‘右’爲‘左’之誤無疑,今訂。”

卷二十二　潁水　洧水　潩水　濇水　渠沙水

潁水出潁川陽城縣西北少室山，

秦始皇十七年滅韓，以其地爲潁川郡，蓋因水以著稱者也。漢高帝二年[①]，以爲韓國，王莽之左隊也。《山海經》曰：潁水出少室山。《地理志》曰：出陽城縣陽乾山。今潁水有三源奇發，右水出陽乾山之潁谷，《春秋》潁考叔爲其封人。其水東北流。中水導源少室通阜，東南流逕負黍亭東，《春秋》定公六年，鄭伐馮、滑、負黍者也。馮敬通《顯志賦》曰：求善卷之所在，遇許由于負黍。京相璠曰：負黍在潁川陽城縣西南二十七里，世謂之黄城也。亦或謂是水爲瀷水，東與右水合。左水出少室南溪，東合潁水。故作者互舉二山，言水所發也。《吕氏春秋》曰：卞隨恥受湯讓，自投此水而死。張顯《逸民傳》、嵇叔夜《高士傳》竝言投洞水[②]而死。未知其孰是也。

東南過其縣南，

潁水又東，五渡水注之，其水導源密高縣[③]東北太室東溪。縣，漢武帝置，以奉太室山，俗謂之崧陽城。及春夏雨泛，水自山頂而迭相灌澍，崿流相承，爲二十八浦也。暘旱輟津，而石潭不耗，道路遊憩者，惟得餐飲而已，無敢澡盥其中，苟不如法，必數日不豫，是以行者憚之。山下大潭，周數里，而清深肅潔。水中有立石，高十餘丈,廣二十許步,上甚平整,緇素之士,多泛舟升陟,取暢幽情。其水東南逕陽城西,石溜縈委,溯者五涉,故亦謂之五渡水,東南流入潁水。潁水逕其縣故城南,昔舜禪禹,禹避商均,伯益避啟[④],竝于此也。亦周公以土圭測日景處。漢成帝永始元年,封趙臨爲侯國也。縣南對箕山,山上有許由冢,堯所封也。故太史公曰:余登箕山,其上有許由墓焉。山下有牽牛墟,側潁水有犢泉,是巢父還牛處也,石上犢跡存焉。又有許由廟,碑闕尚存,是漢潁川太守朱寵所立。潁水逕其北,東與龍淵水合,其水導源龍淵,東南流逕陽城北,又東南入于潁。潁水又東,平洛溪水注之,水發玉女臺下平洛澗,世謂之平洛水。吕忱所謂勺水[⑤]出陽城山。蓋斯水也。又東南流,注于潁。潁水又東出陽關,歷康城南,魏明帝封尚書右僕射衛臻爲康鄉侯,此即臻封邑也。

又東南過陽翟縣北,

潁水東南流逕陽關聚,聚夾水相對,俗謂之東、西二土城也。潁水又逕上棘城西,又屈逕其城南,《春秋左傳》襄公十八年,楚師伐鄭,城上棘以涉潁者也。縣西有故堰,堰石崩褫,頽基尚存,舊遏潁水枝流所出也。其故瀆東南逕三封山北,今無水。渠中又有泉流出焉,時人謂之嵎水,東逕三封山東,東南歷大陵西連山,亦曰啟筵亭[⑥]。啟享神于大陵之上,即鈞臺也[⑦]。《春秋左傳》曰:夏啟有鈞臺之饗是也。杜預曰:河南陽翟縣南有鈞臺。其水又東南流,水積爲陂,陂方十里,俗謂之鈞臺陂,蓋陂指臺取名也。又西南流逕夏亭城西,又屈而東南爲郟之靡陂。潁水自堨東逕陽翟縣故城北,夏禹始封于此爲夏國,故武王至周曰:吾其有夏之居乎?遂營洛邑。徐廣曰:河南陽城、陽翟,則夏地也。《春秋經》書:秋,鄭伯突入于櫟。《左傳》桓公十五年,突殺檀伯而居之。服虔曰:檀伯,鄭守櫟大夫;櫟,鄭之大都。宋忠曰:今陽翟也。周末,韓景侯自新鄭徙都之。王隱曰:陽翟本櫟也。故潁川郡治也。城西有《郭奉孝碑》,側水有《九山祠碑》。叢柏猶茂,北枕川流也。

又東南過潁陽縣西,又東南過潁陰縣西南,

應劭曰:縣在潁水之陽,故邑氏之。按《東觀漢記》,漢封車騎將軍馬防爲侯國。防,城門校尉,位在九卿上,絶席。潁水又南逕潁鄉城西,潁陰縣故城在東北,舊許昌典農都尉治也,後改爲縣,魏明帝封侍中辛毗爲侯國也。潁水又東南逕柏祠曲東,歷岡丘城南,故汾丘城也。《春秋左傳》襄公十八年,楚子庚治兵于汾。司馬彪曰:襄城縣有汾丘。杜預曰:在襄城縣之東北也。逕繁昌故縣北,曲蠡之繁陽亭也。《魏書·國志》曰:文帝以漢獻帝延康元年,行至曲蠡,登壇受禪于是地,改元黄初。其年,以潁陰之繁陽亭爲繁昌縣。城内有三臺,時人謂之繁昌臺。壇前有

二碑，昔魏文帝受禪于此。自壇而降曰：舜、禹之事，吾知之矣。故其石銘曰：遂于繁昌築靈壇也。于後其碑六字生金，論者以爲司馬金行，故曹氏六世遷魏而事晉也。潁水又東南流逕青陵亭城北，北對青陵陂，陂縱廣二十里，潁水逕其北，枝入爲陂。陂西則滭水注之，水出襄城縣之邑城下，東流注于陂。陂水又東入臨潁縣之狼陂。潁水又東南流而歷臨潁縣也。

又東南過臨潁縣南，又東南過汝南㶏强縣北，洧水從河南密縣東流注之。

臨潁，舊縣也。潁水自縣西注，小㶏水出焉。《爾雅》曰：潁别爲沙。郭景純曰：皆大水溢出，别爲小水之名也，亦猶江别爲沱也。潁水又東南逕皐城北，即古皐城亭矣。《春秋經》書，公及諸侯盟于皐鼬者也。皐、澤字相似，名與字乖耳。潁水又東逕㶏陽城南，《竹書紀年》曰：孫何取㶏陽。㶏强城在東北，潁水不得逕其北也。潁水又東南，潩水入焉，非洧水也。

又東過西華縣北，

王莽更名之曰華望也。有東，故言西矣。世祖光武皇帝建武中，封鄧晨爲侯國。漢濟北戴封，字平仲，爲西華令，遇天旱，慨治功無感，乃積柴坐其上以自焚，火起而大雨暴至，遠近歎服。永元十三年[8]，徵太常焉。縣北有習陽城，潁水逕其南，《經》所謂洧水流注之也。

又南過女陽縣北，

縣故城南有汝水枝流，故縣得厥稱矣。闞駰曰：本汝水别流，其後枯竭，號曰死汝水，故其字無水。余按汝、女乃方俗之音，故字隨讀改，未必一如闞氏之説，以窮通損字也。潁水又東，大㶏水注之，又東南逕博陽縣故城東，城在南頓縣北四十里，漢宣帝封邴吉爲侯國，王莽更名樂嘉。

又東南過南頓縣北，㶏水從西來流注之。

㶏水于樂嘉縣入潁，不至于頓。頓，故頓子國也，周之同姓。《春秋》僖公二十五年，楚伐陳，納頓子于頓是也。俗謂之潁陰城，非也。潁水又東南逕陳縣南，又東南，左會交口者也。

又東南至新陽縣北，蒗蕩渠水從西北來注之。

《經》云蒗蕩渠者，百尺溝之名别[9]也。潁水南合交口新溝，自是東出。潁上有堰，謂之新陽堰，俗謂之山陽堨，非也。新溝自潁北東出，縣在水北，故應劭曰：縣在新水之陽。今縣故城在東，明潁水不出其北，蓋《經》誤耳。潁水自堰東南流，逕項縣故城北，《春秋》僖公十七年，魯滅項是矣。潁水又東，右合谷水，水上承平鄉諸陂，東北逕南頓縣故城南,側城東注。《春秋左傳》所謂頓迫于陳而奔楚,自頓徙南,故曰南頓也。今其城在頓南三十餘里。又東逕項城中,楚襄王所郭,以爲别都。都内西南小城,項縣故城也,舊潁州治[10]。谷水逕小城北,又東逕魏豫州刺史賈逵祠北。王隱言,祠在城北。非也。廟在小城東,昔王凌爲宣王司馬懿所執,屆廟而歎曰:賈梁道,王凌魏之忠臣,惟汝有靈知之。遂仰鴆而死。廟前有碑,碑石金生。干寶曰:黄金可採,爲晉中興之瑞。谷水又東流出城,東注潁。潁水又東,側潁有公路城,袁術所築也,故世因以術字名城矣。潁水又東逕臨潁城北,城臨水闕南面,又東逕雲陽二城間,南北翼水,竝非所具。又東逕丘頭,丘頭南枕水,《魏書·郡國志》曰:宣王軍次丘頭,王凌面縛水次,故號武丘矣。潁水又東南流,于故城北,細水注之,水上承陽都陂,陂水枝分,東南出爲細水。東逕新陽縣故城北,又東南逕宋縣故城北,縣,即所謂鄭丘者也。秦伐魏取鄭丘,謂是邑矣。漢成帝綏和元年,詔封殷後于沛,以存三統。平帝元始四年,改曰宋公。章帝建初四年,徙邑于此,故號新鄭,爲宋公國也,王莽之新延矣。細水又南逕細陽縣,新溝水注之。溝首受交口,東北逕新陽縣故城南,漢高帝六年,封吕青爲侯國,王莽更名曰新明也。故應劭曰:縣在新水之陽,今無水,故渠舊道而已。東入澤渚而散流入細。細水又東南逕細陽縣故城南,王莽更之曰樂慶也,世祖建武中,封岑彭子遵爲侯國。細水又東南,積而爲陂,謂之次塘,公私引裂,以供田溉。又東南流,屈而西南入潁。《地理志》曰:細水出細陽縣,東南入潁。潁水又東南流逕胡城東,故胡子國也。《春秋》定公十五年,楚滅胡,以胡子豹歸是也。杜預《釋地》曰:汝陰縣西北有胡城也。潁水又東南,汝水枝津注之,水上承汝水别瀆于奇洛城[11]東三十里,世謂之大灃水也。東南逕召陵縣故城南,《春秋左傳》僖公四年,齊桓公師于召陵,責楚貢不入,即此處也。城内有大井,徑數丈,水至清深。闞駰曰:召者,高也。其地丘墟,井深數丈,故以名焉。又東南逕征羌縣,故召陵縣之安陵鄉安陵亭也。世祖建武十一年,以封中郎將來歙,歙以征定西羌功,故更名征羌也。闞駰引《戰國策》以爲秦昭王欲易地,謂此,非也。汝水别瀆又東逕公路臺北,臺臨水,方百步,袁術所築也。汝水别溝又東逕西門城,即南利也,漢宣帝封廣陵厲王子劉昌爲侯國。縣北三十里有孰城,號曰北利,故瀆出于二利之間,間關女陽之縣,世名之死汝縣,取水名,故曰女陽也。又東逕南頓縣故城北,又東南逕鮦陽城北,又東逕邸鄉城北,又東逕固始縣故城北,《地理志》:縣,故寑也。寑丘在南,故藉丘名縣矣。王莽更名之曰閏治。孫叔敖以土浸薄,取而爲封,故能綿嗣,城北猶有《叔敖碑》。建武二年,司空李通又慕叔敖受邑,故光武以嘉之,更名固始。别汝又東逕蔡岡北,岡上有平陽侯相蔡昭冢。昭字叔明,周后稷之胄,冢有石闕,闕前有二碑,碑字淪碎,不可復識，羊虎傾低，殆存而已。枝汝又東北流逕胡城南，而東歷女陰縣故城西北，東入潁水。潁水又東逕女陰縣故城北，《史記·高祖功臣侯者年表》曰：高祖六年，封夏侯嬰爲侯國，王莽更名之曰汝濆也。縣在汝水之陰，故以汝水納稱。城西有一城，故陶丘鄉也，汝陰郡治。城外東北隅有舊臺翼城若丘，俗謂之女郎臺，雖經頹毀，猶自廣崇。上有一井，疑故陶丘鄉，所未詳。

又東南至慎縣東，南入于淮。

潁水東南流，左合上吴、百尺二水，俱承次塘細陂，南流注于潁。潁水又東南，江陂水注之，水受大漴陂，陂水南流，積爲江陂，南逕慎城西，側城南流入于潁。潁水又逕慎縣故城南，縣，故楚邑，白公所居以拒吴。《春秋左傳》哀公十六年，吴人伐慎，白公敗之。王莽之慎治也。世祖建武中，封劉賜爲侯國。潁水又東南逕蜩蟟郭東，俗謂之鄭城矣。又東南入于淮。《春秋》昭公十二年，楚子狩于州來，次于潁尾，蓋潁水之會淮也。

洧水出河南密縣西南馬領山[12]，

水出山下。亦言出潁川陽城山，山在陽城縣之東北，蓋馬領之統目焉。洧水東南流，逕一故臺南，俗謂之陽子臺。又東逕馬領塢北，塢在山上，塢下泉流北注，亦謂洧別源也，而入于洧水。洧水東流，綏水會焉，水出方山綏溪，即《山海經》所謂浮戲之山也。東南流，逕漢弘農太守張伯雅墓，塋域四周，壘石爲垣，隅阿相降，列于綏水之陰，庚門表二石闕，夾對石獸于闕下。冢前有石廟，列植三碑，碑云：德字伯雅，河南密人也。碑側樹兩石人，有數石柱及諸石獸矣。舊引綏水南入塋域，而爲池沼，沼在丑地，皆蟾蠩吐水，石隍承溜。池之南，又建石樓、石廟，前又翼列諸獸。但物謝時淪，凋毀殆盡，夫富而非義，比之浮雲，況復此乎？王孫、士安，斯爲達矣[13]。綏水又東南流逕上郭亭南，東南注洧。洧水又東，襄荷水注之。水出北山子節溪，亦謂之子節水，東南流注于洧。洧水又東會瀝滴泉水，出深溪之側，泉流丈餘，懸水散注，故世士以瀝滴稱，南流入洧水也。

東南過其縣南，

洧水又東南流，與承雲二水合，俱出承雲山，二源雙導，東南流注于洧，世謂之東、西承雲水。洧水又東，微水注之，水出微山，東北流入于洧，洧水又東逕密縣故城南，《春秋》謂之新城，《左傳》僖公六年，會諸侯伐鄭圍新密，鄭所以不時城也。今縣城東門南側，有漢密令卓茂祠。茂字子康，南陽宛人，溫仁寬雅，恭而有禮。人有認其馬者，茂與之，曰：若非公馬，幸至丞相府歸我。遂挽車而去，後馬主得馬，謝而還之。任漢黄門郎，遷密令，舉善而教，口無惡言，教化大行，道不拾遺，蝗不入境,百姓爲之立祠,享祀不輟矣。洧水又左會璅泉水,水出玉亭西,北流注于洧水。洧水又東南與馬關水合,水出玉亭下,東北流歷馬關,謂之馬關水,又東北注于洧。洧水又東合武定水,水北出武定岡,西南流,又屈而東南,流逕零鳥塢西,側塢東南流。塢側有水,懸流赴壑,一匹有餘,直注澗下,淪積成淵,嬉遊者矚望,奇爲佳觀,俗人覩此水挂于塢側,遂目之爲零鳥水,東南流入于洧。洧水又東與虎牘山水合,水發南山虎牘溪,東北流入洧。洧水又東南,赤澗水注之,水出武定岡,東南流逕皇臺岡下,又歷岡東,東南流注于洧。洧水又東南流,潧水注之。洧水又東南逕鄶城南,《世本》曰:陸終娶于鬼方氏之妹,謂之女隤,是生六子,孕三年。啟其左脅,三人出焉;破其右脅,三人出焉。其四曰萊言,是爲鄶人。鄶人者,鄭是也。鄭桓公問于史伯,曰:王室多難,予安逃死乎?史伯曰:虢、鄶,公之民,遷之可也。鄭氏東遷,虢、鄶獻十邑焉。劉楨云:鄶在豫州外方之北,北鄰于虢,都滎之南,左濟右洛,居兩水之間,食溱、洧焉。徐廣曰:鄶在密縣,妘姓矣,不得在外方之北也。洧水又東逕陰坂北,水有梁焉,俗謂是濟爲參辰口。《左傳》襄公九年,晉伐鄭,濟于陰坂,次于陰口而還是也。杜預曰:陰坂,洧津也。服虔曰:水南曰陰,口者,水口也,參、陰聲相近,蓋傳呼之謬耳。又晉居參之分,實沈之土,鄭處大辰之野,閼伯之地,軍師所次,故濟得其名也。

又東過鄭縣南,潧水從西北來注之。

洧水又東逕新鄭縣故城中,《左傳》襄公元年,晉韓厥、荀偃帥諸侯伐鄭,入其郛,敗其徒兵于洧上是也。《竹書紀年》晉文侯二年,周惠王子多父伐鄶,克之,乃居鄭父之丘,名之曰鄭,是曰桓公。皇甫士安《帝王世紀》云:或言縣故有熊氏之墟,黃帝之所都也,鄭氏徙居之,故曰新鄭矣。城內有遺祠,名曰章乘是也。洧水又東爲洧淵水,《春秋·傳》曰:龍鬭于時門之外洧淵,即此潭也。今洧水自鄭城西北入而東南流,逕鄭城南城之南門內,舊外蛇與內蛇鬭,內蛇死。六年,大夫傅瑕殺鄭子,納厲公,是其徵也。水南有鄭莊公望母臺,莊姜惡公寤生,與段京居,段不弟,姜氏無訓,莊公居夫人于城潁,誓曰:不及黃泉,無相見也。故成臺以望母,用伸在心之思。感考叔之言,忻大隧之賦,洩洩之慈有嘉,融融之孝得常矣。洧水又東與黃水合,《經》所謂潧水,非也。黃水出太山南黃泉,東南流逕華城西,史伯謂鄭桓公曰:華君之土也。韋昭曰:華,國名矣。《史記》:秦昭王三十三年,白起攻魏,拔華陽,走芒卯,斬首十五萬。司馬彪曰:華陽,亭名,在密縣。嵇叔夜常采藥于山澤,學琴于古人,即此亭也。黃水東南流,又與一水合,水出華城南岡,一源兩分,泉流派別,東爲七虎澗水,西流即是水也。其水西南流注于黃水。黃,即《春秋》之所謂黃崖也。故杜預云:苑陵縣西有黃水者也。又東南流,水側有二臺,謂之積粟臺,臺東，即二水之會也。捕獐山水[⑭]注之，水東出捕獐山[⑮]，西流注于黄水。黄水又南至鄭城北，東轉于城之東北，與黄溝合，水出捕獐山東，南流至鄭城，東北入黄水。黄水又東南逕龍淵東南，七里溝水注之，水出隙候亭東南平地，東注，又屈而南流，逕升城東，又南歷燭城西，即鄭大夫燭之武邑也，又南流注于洧水也。

又東南過長社縣北，

洧水東南流，南濮、北濮二水入焉。濮音僕。洧水又東南與龍淵水合，水出長社縣西北，有故溝上承洧水，水盛則通注龍淵水，減則津渠輟流，其瀆中濊泉南注，東轉爲淵，緑水平潭，清潔澄深，俯視游魚，類若乘空矣，所謂淵無潛鱗也[⑯]。又東逕長社縣故城北，鄭之長葛邑也。《春秋》隱公五年，宋人伐鄭，圍長葛是也。後社樹暴長，故曰長社，魏潁川郡治也。余以景明中出宰兹郡，于南城西側脩立客館，版築既興，于土下得一樹根，甚壯大，疑是故社怪長暴茂者也。稽之故説，縣無龍淵水名，蓋出近世矣。京相璠《春秋土地名》曰：長社北界有稟水，但是水導于隍壍之中，非北界之所謂。又按京、杜《地名》，竝云長社縣北有長葛鄉，斯乃縣徙于南矣。然則是水即稟水也，其水又東南逕棘城北，《左傳》所謂楚子伐鄭救齊，次于棘澤者也。稟水又東，左注洧水。洧水又東南分爲二水，其枝水東北流注沙，一水東逕許昌縣，故許男國也，姜姓，四岳之後矣。《穆天子傳》所謂天子見許男于洧上者也。漢章帝建初四年，封馬光爲侯國。《春秋佐助期》曰：漢以許失天下，及魏承漢歷，遂改名許昌也。城内有景福殿基，魏明帝太和中造，準價八百餘萬。洧水又東入汶倉城内，俗以是水爲汶水，故有汶倉之名，非也。蓋洧水之邸閣耳[⑰]。洧水又東逕鄢陵縣故城南。李奇曰：六國爲安陵也，昔秦求易地，唐且受使于此。漢高帝十二年，封都尉朱濞爲侯國，王莽更名左亭。洧水又東，鄢陵陂水注之，水出鄢陵南陂東，西南流注于洧水也。

又東南過新汲縣東北，

洧水自鄢陵東逕桐丘南，俗謂之天井陵，又曰岡，非也。洧水又屈而南流，水上有梁，謂之桐門橋，藉桐丘以取稱，亦言取桐門亭而著目焉，然不知亭之所在，未之詳也。洧水又東南逕桐丘城，《春秋左傳》莊公二十八年，楚伐鄭，鄭人將奔桐丘，即此城也。杜預《春秋釋地》曰：潁川許昌城東北。京相璠曰：鄭地也。今圖無而城見存，西南去許昌故城可三十五里，俗名之曰堤。其城南即長堤，固洧水之北防也。西面桐丘，其城邪長而不方，蓋憑丘之稱，即城之名矣。洧水又東逕新汲縣故城北，漢宣帝神雀二年置于許之汲鄉曲洧城，以河内有汲縣，故加新也。城在洧水南堤上，又東，洧水右廸爲濩陂。洧水又逕匡城南，扶溝之匡亭也。又東，洧水左池爲鴨子陂,謂之大穴口也。

又東南過茅城邑之東北,

洧水自大穴口東南逕洧陽城西,南逕茅城東北,又南,左合甲庚溝,溝水上承洧水,于大穴口東北枝分,東逕洧陽故城南,俗謂之復陽城,非也。蓋洧、復字類音讀變。漢建安中,封司空祭酒郭奉孝爲侯國。其水又東南爲鴨子陂,陂廣十五里,餘波南入甲庚溝,西注洧,東北瀉沙。洧水又南逕一故城西,世謂之思鄉城,西去洧水十五里。洧水又右合濩陂水,水上承洧水于新汲縣,南逕新汲縣故城東,又南積而爲陂,陂之西北即長社城。陂水東翼洧堤,西面茅邑,自城北門列築堤道,迄于此岡。世尚謂之茅岡,即《經》所謂茅城邑也。陂水北出東入洧津,西納北異流[18]。

又東過習陽城西,折入于潁。

洧水又東南逕辰亭東,俗謂之田城,非也。蓋田、辰聲相近,城、亭音韻聯故也。《經》書:魯宣公十一年,楚子、陳侯、鄭伯盟于辰陵也。京相璠曰:潁川長平有故辰亭。杜預曰:長平縣東南有辰亭。今此城在長平城西北,長平城在東南,或杜氏之謬,《傳》書之誤耳。長平東南淋陂北畔有一阜,東西減里,南北五十許步,俗謂之新亭臺,又疑是杜氏所謂辰亭而未之詳也。洧水又南逕長平縣故城西,王莽之長正也。洧水又南分爲二水,枝分東出,謂之五梁溝,逕習陽城北,又東逕赭丘南,丘上有故城。《郡國志》曰:長平故屬汝南,縣有赭丘城。即此城也。又東逕長平城南,東注澇陂。洧水南出,謂之雞籠水,故水會有籠口之名矣。洧水又東逕習陽城西,西南折入潁。《地理志》曰:洧水東南至長平縣入潁者也。

潩水出河南密縣大騩山,

大騩,即具茨山也。黄帝登具茨之山,升于洪堤上,受《神芝圖》于華蓋童子,即是山也[19]。潩水出其阿,流而爲陂,俗謂之玉女池。東逕陘山北,《史記》:魏襄王六年,敗楚于陘山者也。山上有鄭祭仲冢,冢西有子産墓,累石爲方墳。墳東有廟,竝東北向鄭城。杜元凱言不忘本。際廟舊有一枯柏樹,其塵根故株之上,多生稚柏成林,列秀青青,望之奇可嘉矣。潩水又東南逕長社城西北,南濮、北濮二水出焉。劉澄之著《永初記》云:《水經》濮水,源出大騩山,東北流注泗,衛靈聞音于水上,殊爲乖矣。余按《水經》爲潩水不爲濮也。是水首受潩水,川渠雙引,俱東注洧。洧與之過沙,枝流派亂,互得通稱。是以《春秋》昭公九年,遷城父人于陳,以夷濮西田益之。京相璠曰:以夷之濮西田益也。杜預亦言,以夷田在濮水西者與城父人。服虔曰:濮,水名也。且字類音同,津瀾邈别,不得爲北濮上源,師氏傳音于其上矣。潩水又南逕鐘亭西,又東南逕皇臺西,又東南逕關亭西,又東南逕宛亭西，鄭大夫宛射犬之故邑也。濮水又南分爲二水，一水南出逕胡城東，故潁陰縣之狐人亭也。其水南結爲陂，謂之胡城陂。濮水自枝渠東逕曲强城東，皇陂水注之，水出西北皇臺七女岡北，皇陂即古長社縣之濁澤也。《史記》：魏惠王元年，韓懿侯與趙成侯合軍伐魏，戰于濁澤是也。其陂北對雞鳴城，即長社縣之濁城也。陂水東南流逕胡泉城北，故潁陰縣之狐宗鄉也。又東合狐城陂水，水上承皇陂，而東南流注于黄水，謂之合作口，而東逕曲强城北，東流入濮水。時人謂之勑水，非也。勑、濮音相類，故字從聲變耳。濮水又逕東、西武亭間，兩城相對，疑是古之岸門，史遷所謂走犀首于岸門者也。徐廣曰：潁陰有岸亭。未知是否？濮水又南逕射犬城東，即鄭公孫射犬城也。蓋俗謬耳。濮水又南逕潁陰縣故城西，魏明帝封司空陳羣爲侯國。其水又東南逕許昌城南，又東南與宣梁陂水合，陂上承狼陂于潁陰城西南，陂南北二十里，東西十里。《春秋左傳》曰：楚子伐鄭師于狼淵是也。其水東南入許昌縣，逕巨陵城北，鄭地也。《春秋左氏傳》莊公十四年，鄭厲公獲傅瑕于大陵。京相璠曰：潁川臨潁縣東北二十五里有故巨陵亭，古大陵也。其水又東積而爲陂，謂之宣梁陂也。陂水又東南入濮水。濮水又西南流逕陶城西，又東南逕陶陂東。

東南入于潁。

潧水出鄭縣西北平地，

潧水出鄶城西北雞絡塢下，東南流逕賈復城西，東南流，左合潨水，水出賈復城，東南流注于潧。潧水又南，左會承雲山水，水出西北承雲山，東南歷渾子岡東注，世謂岡峽爲五鳴口，東南流注于潧。潧水又東南流，歷下田川，逕鄶城西，謂之爲柳泉水也。故史伯答桓公曰：君以成周之衆，奉辭伐罪，若克虢、鄶君之土也，如前華後河，右洛左濟，主芣騩而食潧、洧，脩典刑以守之，可以少固。即謂此矣。潧水又南，懸流奔壑，崩注丈餘，其下積水成潭，廣四十許步，淵深難測。又南注于洧。《詩》所謂溱與洧者也。世亦謂之爲鄶水也[20]。

東過其縣北，又東南過其縣東，又南入于洧水。

自鄶、潧東南，更無别瀆，不得逕新鄭而會洧也。鄭城東入洧者，黄崖水也，蓋《經》誤證耳。

渠出滎陽北河，東南過中牟縣之北，

《風俗通》曰：渠者，水所居也[21]。渠水自河與濟亂流，東逕滎澤北，東南分濟，歷中牟縣之圃田澤，北與陽武分水。澤多麻黄草，故《述征記》曰：踐縣境便覩斯卉，窮則知踰界。今雖不能，然諒亦非謬。《詩》所謂東有圃草也。皇武子曰：鄭之有原圃,猶秦之有具囿。澤在中牟縣西,西限長城,東極官渡,北佩渠水,東西四十許里,南北二十許里,中有沙岡,上下二十四浦,津流徑通,淵潭相接。各有名焉:有大漸、小漸、大灰、小灰、義魯、練秋、大白楊、小白楊、散嚇、禺中、羊圈、大鵠、小鵠、龍澤、蜜羅、大哀、小哀、大長、小長、大縮、小縮、伯丘、大蓋、牛眼等。浦水盛則北注,渠溢則南播㉒。故《竹書紀年》,梁惠成王十年,入河水于甫田,又爲大溝而引甫水者也。又有一瀆,自酸棗受河,導自濮瀆,歷酸棗逕陽武縣南出,世謂之十字溝而屬于渠,或謂是瀆爲梁惠之年所開,而不能詳也。斯浦乃水澤之所鍾,爲鄭隰之淵藪矣。渠水右合五池溝,溝上承澤水,下流注渠,謂之五池口。魏嘉平三年,司馬懿帥中軍討太尉王凌于壽春,自彼而還,帝使侍中韋誕勞軍于五池者也。今其地爲五池鄉矣。渠水又東,不家溝水注之,水出京縣東南梅山北溪,《春秋》襄公十八年,楚蔿子馮、公子格率鋭師侵費,右迴梅山。杜預曰:在密東北。即是山也。其水自溪東北流逕管城西,故管國也,周武王以封管叔矣。成王幼弱,周公攝政。管叔流言曰:公將不利于孺子。公賦《鴟鴞》以伐之,即東山之師是也。《左傳》宣公十二年,晉師救鄭,楚次管以待之。杜預曰:京縣東北有管城者是也。俗謂之爲管水。又東北,分爲二水,一水東北流注黄雀溝,謂之黄淵,淵周百步。其一水東越長城,東北流,水積爲淵,南北二里,東西百步,謂之百尺水,北入圃田澤,分爲二水,一水東北逕東武强城北。《漢書·曹参傳》:擊羽嬰于昆陽,追至葉,還攻武强,因至滎陽。薛瓚云:按武强城在陽武縣,即斯城也。漢高帝六年,封騎將莊不識爲侯國。又東北流,左注于渠,爲不家水口也。一水東流,又屈而南,轉東南注白溝也。渠水又東,清池水注之,水出清陽亭西南平地,東北流逕清陽亭南,東流,即故清人城也。《詩》所謂清人在彭。彭爲高克邑也。故杜預《春秋釋地》云:中牟縣西有清陽亭是也。清水又屈而北流至清口澤,七虎澗水注之,水出華城南岡,一源兩派,津川趣别,西入黄雀溝㉓,東爲七虎溪,亦謂之爲華水也。又東北流,紫光溝水注之,水出華陽城東北而東流,俗名曰紫光澗,又東北注華水。華水又東逕棐城北,即北林亭也。《春秋》:文公與鄭伯宴于棐林,子家賦《鴻雁》者也。《春秋》宣公元年,諸侯會于棐林以伐鄭,楚救鄭,遇于北林。服虔曰:北林,鄭南地也。京相璠曰:今滎陽苑陵縣有故林鄉,在新鄭北,故曰北林也。余按林鄉故城在新鄭東如北七十許里,苑陵故城在東南五十許里,不得在新鄭北也。考京、服之説,竝爲疎矣。杜預云:滎陽中牟縣西南有林亭,在鄭北,今是亭南去新鄭縣故城四十許里,蓋以南有林鄉亭,故杜預據是爲北林,最爲密矣。又以林鄉爲棐,亦或疑焉。諸侯會棐,楚遇于此,寧得知不在是而更指他處也。積古之傳,事或不謬矣。又東北逕鹿臺南岡北,出爲七虎澗,東流,期水注之。水出期城西北平地,世號龍淵水。東北流，又北逕期城西，又北與七虎澗合，謂之虎溪水，亂流東注逕期城北，東會清口水。司馬彪《郡國志》曰：中牟有清口水。即是水也。清水又東北，白溝水注之，水有二源，北水出密之梅山東南，而東逕靖城南，與南水合。南水出太山，西北流至靖城南，左注北水，即承水也。《山海經》曰：承水出太山之陰，東北流注于役水者也。世亦謂之靖澗水。又東北流，太水注之，水出太山東平地，《山海經》曰：太水出于太山之陽，而東南流注于役水。世謂之禮水也。東北逕武陵城西，東北流注于承水。承水又東北入黄瓮澗，北逕中陽城西，城内有舊臺甚秀，臺側有陂池，池水清深。澗水又東屈逕其城北，《竹書紀年》：梁惠成王十七年，鄭釐侯來朝中陽者也。其水東北流爲白溝，又東北逕伯禽城北，蓋伯禽之魯，往逕所由也。屈而南流，東注于清水，即潘岳《都鄉碑》所謂自中牟故縣以西，西至于清溝。指是水也。亂流東逕中牟宰魯恭祠南，漢和帝時，右扶風魯恭，字仲康，以太尉掾遷中牟令，政專德化，不任刑罰，吏民敬信，蝗不入境。河南尹袁安疑不實，使部掾肥親按行之，恭隨親行阡陌，坐桑樹下，雉止其旁，有小兒，親曰：兒何不擊雉？曰：將雛。親起曰：蟲不入境，一異；化及鳥獸，二異；豎子懷仁，三異。久留非優賢，請還。是年嘉禾生縣庭，安美其治，以狀上之，徵博士侍中。車駕每出，恭常陪乘，上顧問民政，無所隱諱，故能遺愛自古，祠享來今矣。清溝水又東北逕沈清亭，疑即博浪亭也。服虔曰：博浪，陽武南地名也，今有亭。所未詳也。歷博浪澤，昔張良爲韓報仇于秦，以金椎擊秦始皇不中，中其副車于此。又北分爲二水，枝津東注清水。清水自枝流北注渠，謂之清溝口。渠水又左逕陽武縣故城南，東爲官渡水，又逕曹太祖壘北，有高臺，謂之官渡臺，渡在中牟，故世又謂之中牟臺。建安五年，太祖營官渡，袁紹保陽武，紹連營稍前，依沙堆爲屯，東西數十里，公亦分營相禦，合戰不利，紹進臨官渡，起土山地道以逼壘，公亦起高臺以捍之，即中牟臺也。今臺北土山猶在，山之東悉紹舊營，遺基竝存。渠水又東逕田豐祠北，袁本初慙不納其言，害之。時人嘉其誠謀，無辜見戮，故立祠于是，用表袁氏覆滅之宜矣。又東，役水注之，水出苑陵縣西隙候亭東，世謂此亭爲郤城，非也，蓋隙、郤聲相近耳。中平陂[24]，世名之埿泉也，即古役水矣。《山海經》曰：役山，役水所出，北流注于河。疑是水也。東北流逕苑陵縣故城北，東北流逕焦城東、陽丘亭西，世謂之焦溝水。《竹書紀年》：梁惠成王十六年，秦公孫壯率師伐鄭，圍焦城不克，即此城也。俗謂之驛城，非也。役水自陽丘亭東流，逕山民城北，爲高榆淵。《竹書紀年》：梁惠成王十六年，秦公孫壯率師城上枳、安陵、山民者也。又東北爲酢溝，又東北，魯溝水[25]出焉，役水又東北，埿溝水出焉。又東北爲八丈溝。又東，清水枝津注之，水自沈城東派，注于役水。役水又東逕曹公壘南，東與沫水合。《山海經》云：沫山，沫水所出，北流注于役。今是水出中牟城西南,疑即沫水也。東北流逕中牟縣故城西,昔趙獻侯自耿都此。班固云:趙自邯鄲徙焉。趙襄子時,佛肸以中牟叛,置鼎于庭,不與己者烹之,田英將褰裳赴鼎處也。薛瓚注《漢書》云:中牟在春秋之時爲鄭之堰也,及三卿分晉,則在魏之邦土。趙自漳北不及此也。《春秋傳》曰:衛侯如晉過中牟。非衛適晉之次也。《汲郡古文》曰:齊師伐趙東鄙,圍中牟。此中牟不在趙之東也。按中牟當在漯水之上矣。按《春秋》:齊伐晉夷儀,晉車千乘在中牟,衛侯過中牟,中牟人欲伐之,衛褚師固[26]亡在中牟,曰:衛雖小,其君在,未可勝也。齊師克城而驕,遇之必敗。乃敗齊師。服虔不列中牟所在。杜預曰:今滎陽有中牟。迴遠,疑爲非也。然地理參差,土無常域,隨其强弱,自相吞并,疆里流移,寧可一也。兵車所指,逕紆難知,自魏徙大梁,趙以中牟易魏,故趙之南界,極于浮水,匪直專漳也。趙自西取後止中牟,齊師伐其東鄙,于宜無嫌。而瓚徑指漯水,空言中牟所在,非論證也。漢高帝十一年,封單父聖爲侯國。沫水又東北注于役水。昔魏太祖之背董卓也,間行出中牟,爲亭長所録。郭長公《世語》云:爲縣所拘,功曹請釋焉。役水又東北逕中牟澤,即鄭太叔攻萑蒲之盜于是澤也。其水東流北屈注渠。《續述征記》所謂自醬魁城到酢溝十里者也。渠水又東流而左會淵水,其水上承聖女陂,陂周二百餘步,水無耗竭,湛然清滿,而南流注于渠。渠水又東南而注大梁也。

又東至浚儀縣,

渠水東南逕赤城北,戴延之所謂西北有大梁亭,非也。《竹書紀年》:梁惠成王二十八年,穰疵率師及鄭孔,夜戰于梁赫,鄭師敗逋。即此城也。左則故瀆出焉。秦始皇二十年,王賁斷故渠,引水東南出以灌大梁,謂之梁溝。又東逕大梁城南,本《春秋》之陽武高陽鄉也,于戰國爲大梁。周梁伯之故居矣。梁伯好土功,大其城,號曰新里,民疲而潰,秦遂取焉。後魏惠王自安邑徙都之,故曰梁耳。《竹書紀年》:梁惠成王六年四月甲寅,徙都于大梁[27]是也。秦滅魏以爲縣,漢文帝封孝王于梁,孝王以土地下溼,東都睢陽,又改曰梁,自是置縣。以大梁城廣,居其東城夷門之東,夷門,即侯嬴抱關處也。《續述征記》以此城爲師曠城,言郭緣生曾遊此邑,踐夷門,升吹臺,終古之跡,緬焉盡在。余謂此乃梁氏之臺門,魏惠之都居,非吹臺也,當是誤證耳。《西征記》論儀封人即此縣,又非也。《竹書紀年》:梁惠成王三十一年三月,爲大溝于北郛,以行圃田之水。《陳留風俗傳》曰:縣北有浚水,像而儀之,故曰浚儀。余謂故汳沙爲陰溝矣,浚之,故曰浚,其猶《春秋》之浚洙乎?漢氏之浚儀水,無他也,皆變名矣。其國多池沼,時池中出神劒,到今其民像而作之,號大梁氏之劒也。渠水又北屈,分爲二水,《續述征記》曰:汳沙到浚儀而分也。汳東注，沙南流，其水更南流，逕梁王吹臺東。《陳留風俗傳》曰：縣有蒼頡、師曠城，上有列僊之吹臺，北有牧澤，澤中出蘭蒲，上多儁髦，衿帶牧澤，方十五里，俗謂之蒲關澤。即謂此矣。梁王增築，以爲吹臺。城隍夷滅，畧存故跡，今層臺孤立于牧澤之右矣。其臺方百許步，即阮嗣宗《詠懷詩》所謂駕言發魏都，南向望吹臺，簫管有遺音，梁王安在哉？晉世喪亂，乞活憑居，削墮故基，遂成二層，上基猶方四五十步，高一丈餘，世謂之乞活臺，又謂之繁臺城。渠水于此，有陰溝、鴻溝之稱焉。項羽與漢高分王，指是水以爲東西之别。蘇秦説魏襄王曰：大王之地，南有鴻溝是也。故尉氏縣有波鄉、波亭、鴻溝鄉、鴻溝亭，皆藉水以立稱也。今蕭縣西亦有鴻溝亭，梁國睢陽縣東有鴻口亭，先後談者，亦指此以爲楚、漢之分王，非也。蓋《春秋》之所謂紅澤者矣。渠水右與氾水合，水上承役水于苑陵縣，縣，故鄭都也，王莽之左亭縣也。役水枝津東派爲氾水者也，而世俗謂之㴋溝水也。《春秋左傳》僖公三十年，晉侯、秦伯圍鄭，晉軍函陵，秦軍氾南，所謂東氾者也。其水又東北逕中牟縣南，又東北逕中牟澤與淵水合，水出中牟縣故城北，城有層臺。按郭長公《世語》及干寶《晉紀》，竝言中牟縣故魏任城玉臺下池中，有漢時鐵錐，長六尺，入地三尺，頭西南指不可動。正月朔自正，以爲晉氏中興之瑞。而今不知所在，或言在中陽城池臺，未知焉是？淵水自池西出，屈逕其城西，而東南流注于氾。氾水又東逕大梁亭南，又東逕梁臺南，東注渠。渠水又東南流逕開封縣，睢、渙二水出焉。右則新溝注之，其水出逢池，池上承役水于苑陵縣，别爲魯溝水。東南流逕開封縣故城北，漢高帝十一年，封陶舍爲侯國也。《陳留志》稱，阮簡字茂弘，爲開封令，縣側有劫賊，外白甚急數，簡方圍棊長嘯。吏云：劫急。簡曰：局上有劫亦甚急。其耽樂如是。故《語林》曰：王中郎以圍棊爲坐隱，或亦謂之爲手談，又謂之爲棊聖。魯溝南際富城，東南入百尺陂，即古之逢澤也。徐廣《史記音義》曰：秦使公子少官率師會諸侯逢澤。汲郡墓《竹書紀年》作秦孝公會諸侯于逢澤。斯其處也。故應德璉《西征賦》曰：鸞衡東指，弭節逢澤。其水東北流爲新溝，新溝又東北流逕牛首鄉北，謂之牛建城，又東北注渠，即沙水也。音蔡，許慎正作沙音，言水散石也，從水少，水少沙見矣。楚東有沙水，謂此水也。

又屈南至扶溝縣北，

沙水又東南逕牛首鄉東南，魯溝水[28]出焉，亦謂之宋溝也。又逕陳留縣故城南，孟康曰：留，鄭邑也，後爲陳所并，故曰陳留矣。魯溝水又東南逕圉縣故城北，縣苦楚難，脩其干戈以圉其患，故曰圉也，或曰邊陲之號矣。歷萬人散。王莽之篡也，東郡太守翟義興兵討莽，莽遣奮威將軍孫建擊之于圉北，義師大敗，尸積萬數，血流溢道，號其處爲萬人散，百姓哀而祠之。又歷魯溝亭，又東南至陽夏縣故城西，漢高祖六年,封陳豨爲侯國。魯溝又南入渦,今無水也。沙水又東南逕斗城西。《左傳》襄公三十年,子産殯伯有尸,其臣葬之于是也。沙水又東南逕牛首亭東,《左傳》桓公十四年,宋人與諸侯伐鄭東郊,取牛首者也,俗謂之車牛城矣。沙水又東南,八里溝水出焉。又東南逕陳留縣裘氏鄉裘氏亭西,又逕澹臺子羽冢東,與八里溝合。按《陳留風俗傳》曰:陳留縣裘氏鄉有澹臺子羽冢,又有子羽祠,民祈禱焉。京相璠曰:今泰山南武城縣有澹臺子羽冢,縣人也。未知孰是。因其方志所敘㉙,就記纏絡焉。溝水上承沙河而西南流,逕牛首亭南,與百尺陂水合,其水自陂南逕開封城東三里岡,左屈而西流南轉,注八里溝。又南得野兔水口,水上承西南兔氏亭北野兔陂,鄭地也。《春秋傳》云:鄭伯勞屈生于兔氏者也。陂水東北入八里溝。八里溝水又南逕石倉城西,又南逕兔氏亭東,又南逕召陵亭西,東入沙水。沙水南逕扶溝縣故城東,縣即潁川之穀平鄉也。有扶亭,又有洧水溝,故縣有扶溝之名焉。建武元年,漢光武封平狄將軍朱鮪爲侯國。沙水又東與康溝水合,水首受洧水于長社縣東,東北逕向岡西,即鄭之向鄉也。後人遏其上口,今水盛則北注,水耗則輟流。又有長明溝水注之,水出苑陵縣故城西北,縣有二城,此則西城也。二城以東,悉多陂澤,即古制澤也。京相璠曰:鄭地。杜預曰:澤在滎陽苑陵縣東,即《春秋》之制田也。故城西北平地出泉,謂之龍淵泉,泉水流逕陵丘亭西,又西,重泉水注之,水出城西北平地,泉湧南流,逕陵丘亭西,西南注龍淵水。龍淵水又東南逕凡陽亭西,而南入白鴈陂。陂在長社縣東北,東西七里,南北十里,在林鄉之西南,司馬彪《郡國志》曰:苑陵有林鄉亭。白鴈陂又引瀆南流,謂之長明溝,東轉北屈,又東逕向城北,城側有向岡,《左傳》襄公十一年,諸侯伐鄭,師于向者也。又東,右迆爲染澤陂,而東注于蔡澤陂。長明溝水又東逕尉氏縣故城南,圈稱云:尉氏,鄭國之東鄙,弊獄官名也,鄭大夫尉氏之邑。故欒盈曰:盈將歸死于尉氏也。溝瀆自是三分,北分爲康溝,東逕平陸縣故城北,高后元年,封楚元王子禮爲侯國。建武元年,以户不滿三千,罷爲尉氏縣之陵樹鄉。又有陵樹亭,漢建安中,封尚書荀攸爲陵樹鄉侯。故《陳留風俗傳》曰:陵樹鄉,故平陸縣也。北有大澤,名曰長樂廄。康溝又東逕扶溝縣之白亭北,《陳留風俗傳》曰:扶溝縣有帛鄉、帛亭,名在七鄉十二亭中。康溝又東逕少曲亭,《陳留風俗傳》曰:尉氏縣有少曲亭,俗謂之小城也。又東南逕扶溝縣故城東,而東南注沙水。沙水又南會南水,其水南流,又分爲二水,一水南逕闔亭東,又東南流,與左水合,其水自枝瀆南逕召陵亭西,疑即扶溝之亭也,而東南合右水。世以是水與鄢陵陂水雙導,亦謂之雙溝。又東南入沙水。沙水南與蔡澤陂水合,水出鄢陵城西北,《春秋》成公十六年,晉、楚相遇于鄢陵,吕錡射中共王目,王召養由基,使射殺之,亦子反醉酒自斃處也。陂東西五里,南北十里，陂水東逕匡城北，城在新汲縣之東，北即扶溝之匡亭也。亭在匡城鄉，《春秋》文公元年，諸侯朝晉，衛成公不朝，使孔達侵鄭，伐緜訾及匡，即此邑也。今陳留長垣縣南有匡城，即平丘之匡亭也。襄邑又有承匡城，然匡居陳、衛之間，亦往往有異邑矣。陂水又東南至扶溝城北，又東南入沙水。沙水又南逕小扶城西，而東南流也。城即扶溝縣之平周亭，東漢和帝永元中，封陳敬王子參爲侯國。沙水又東南逕大扶城西，城即扶樂故城也。城北二里有《袁良碑》，云良，陳國扶樂人。後漢世祖建武十七年，更封劉隆爲扶樂侯，即此城也。渦水于是分焉，不得在扶溝北便分爲二水也。

其一者，東南過陳縣北，

沙水又東南逕東華城西，又東南，沙水枝瀆西南達洧，謂之甲庚溝，今無水。沙水又南與廣漕渠合，上承龐官陂，云鄧艾所開也。雖水流廢興，溝瀆尚夥。昔賈逵爲魏豫州刺史，通運渠二百里餘，亦所謂賈侯渠也。而川渠逕復，交錯畛陌，無以辨之。沙水又東逕長平縣故城北，又東南逕陳城北，故陳國也。伏羲、神農竝都之。城東北三十許里，猶有羲城實中，舜後嬀滿，爲周陶正，武王賴其器用，妻以元女太姬而封諸陳，以備三恪。太姬好祭祀，故《詩》所謂坎其擊鼓，宛丘之下。宛丘在陳城南道東，王隱云：漸欲平。今不知所在矣。楚討陳，殺夏徵舒于栗門，以爲夏州。後城[30]之東門內有池，池水東西七十步，南北八十許步，水至清潔，而不耗竭，不生魚草，水中有故臺處，《詩》所謂"東門之池"也。城內有漢相王君造《四縣邸碑》，文字剥缺，不可悉識，其畧曰：惟茲陳國，故曰淮陽郡云云。清惠著聞，爲百姓畏愛，求賢養士，千有餘人，賜與田宅吏舍，自損俸錢，助之成邸。五官掾西華陳騏等二百五人，以延熹二年云云。故其頌曰：脩德立功，四縣回附。今碑之左右，遺墉尚存，基礎猶在，時人不復尋其碑證，云孔子廟學，非也。後楚襄王爲秦所滅，徙都于此。文穎曰：西楚矣。三楚，斯其一焉。城南郭裏，又有一城，名曰淮陽城，子產所置也。漢高祖十一年以爲淮陽國，王莽更名，郡爲新平，縣曰陳陵。故豫州治。王隱《晉書・地道記》云：城北有故沙，名之爲死沙，而今水流津通，漕運所由矣。沙水又東而南屈，逕陳城東，謂之百尺溝，又南分爲二水，新溝水出焉。溝水東南流，谷水注之，水源上承澇陂，陂在陳城西北，南曁犖城，皆爲陂矣。陂水東流謂之谷水，東逕澇城北，王隱曰：犖北有谷水是也。犖即櫟矣。《經》書：公會齊、宋于櫟者也。杜預曰：櫟即犖也。在陳縣西北爲非，櫟，小城也，在陳郡西南。谷水又東逕陳城南，又東流入于新溝水，又東南注于潁，謂之交口。水次有大堰，即古百尺堰也。《魏書・國志》曰：司馬宣王討太尉王凌，大軍掩至百尺堨，即此堨也。今俗呼之爲山陽堰，非也。蓋新水首受潁于百尺溝，故堰兼有新陽之名也。以是推之，悟故俗謂之非矣。

又東南至汝南新陽縣北，

沙水自百尺溝東逕寧平縣之故城南，《晉陽秋》稱晉太傅東海王越之東奔也，石勒追之，熸尸于此。數十萬衆，斂手受害，勒縱騎圍射，尸積如山，王夷甫死焉[31]。余謂俊者所以智勝羣情，辨者所以文身祛惑，夷甫雖體荷儁令，口擅雌黄，汙辱君親，獲罪羯勒，史官方之華、王，諒爲褒矣。沙水又東，積而爲陂，謂之陽都陂，明水注之。水上承沙水枝津，東出逕汝南郡之宜禄縣故城北，王莽之賞都亭也。明水又東北流注于陂，陂水東南流，謂之細水。又東逕新陽縣北，又東，高陂水東出焉。沙水又東分爲二水，即《春秋》所謂夷濮之水也。枝津北逕譙縣故城西，側城入渦。沙水東南逕城父縣西南，枝津出焉，俗謂之章水。一水東注，即濮水也，俗謂之艾水[32]。東逕城父縣之故城南，東流注也。

又東南過山桑縣北，

山桑故城在渦水北，沙水不得逕其北明矣。《經》言過北，誤也。

又東南過龍亢縣南，

沙水逕故城北，又東南逕白鹿城北而東注也。

又東南過義成縣[33]西，南入于淮。

義成縣故屬沛，後隸九江。沙水東流注于淮，謂之沙汭。京相璠曰：楚東地也。《春秋左傳》昭公二十七年，楚令尹子常以舟師及沙汭而還。杜預曰：沙，水名也。

注釋：

① 漢高帝二年 《注疏》本《疏》："守敬按：《漢志》潁川郡，高帝五年爲韓國，六年復故。考《史記·高祖紀》五年，立韓王信爲韓王，都翟陽，六年，徙太原。《信傳》同。此'二年'爲'五年'之誤，無疑。"

② 洞水 章宗源《隋書經籍志考證》卷十三《雜傳·逸民傳》七卷引《水經注》作"洞水"。

③ 密高縣 黄本、《注箋》本、何校明鈔本、王校明鈔本、項本、《摘鈔》本、《注釋》本、張本、康熙《登封縣志》卷五《山川志·水屬·五渡谿》引《水經注》、乾隆《河南府志》卷十六《山川志》十《潁水》引《水經注》均作"崇高縣"，譚本《注》云："一作嵩。"

④ 陳橋驛《水經注記載的禹迹》(原載《浙江學刊》一九九六年第五期，收入于《水經注研究四集》，杭州出版社二〇〇三年出版)：

讀一讀《水經注》記載的禹迹，對我來説，也不無啟發，因爲我從這裹看到了禹的傳説在內容上和地域上都有進一步的擴大。神話和傳説本來不必如同歷史一樣地認真對待，但應該承認，它們仍然是值得研究的。其實，對于上古歷史，特别是經過儒家們打扮並且統一了口徑的上古歷史，它們與神話、傳説的差距有時實在不大，就以這個夏朝爲例，對于傳説中的禹的兒子，或許實際上是夏這個部落的第一位酋長啟，有關他的登臺，儒家經典與其他文獻就有截然不同的記載。《孟子·萬章上》説："禹薦益于天，七年，禹崩，三年喪畢，益避禹之子于箕山之陰，朝覲訟獄者，不之益而至啟，曰：吾君之子也。謳歌者，不謳歌益而謳歌啟，曰：吾君之子也。"但《古本竹書紀年》却説："益干啟位，啟殺之。"長期在儒教薰陶下的中國人當然既不願也不敢相信《竹書紀年》的話。何況《竹書》在泥土裏埋了五六百年，而在這段時間裏，儒家的學説早已先聲奪人，一統天下。

現在我們不妨設想一下，按照儒家，夏朝初期的這種權力鬥爭是和平過渡的；但按照《竹書紀年》，夏部落中的啟和益兩大勢力，是在腥風血雨中定局的。假使真的如此，那麽，啟無疑是夏部落的第一位酋長。至于我們要議論的禹，作爲治水先驅，那當然是個神話；作爲夏朝的開國之君，則其身份也不過是以後的周文王而已。

又案：酈書中引及《竹書紀年》甚多，但對"益干啟位，啟殺之"這一條却視而不見，仍執着于"伯益避啟"云云，説明其崇儒之深。

⑤　勺水　《大典》本作"汋水"。

⑥　《札迻》卷三孫詒讓云："案此文'連山亦曰啟筮亭'七字有誤，考《御覽》八十二引《歸藏易》云：'昔夏后啟筮享神于大陵而上鈞臺枚占，臯陶曰不吉。'（《初學記》二十二亦引其略）此文疑當作'《連山易》曰：啟筮享神于大陵之上'，蓋《連山》、《歸藏》兩《易》皆有此文，抑或本出《歸藏》，酈氏誤憶爲《連山》，皆未可知，今本'連山亦'，'亦'即'易'之誤（易、亦音相近），'啟筮亭'三字又涉下'啟筮享'三字而衍（亭、享形相近），文字傳訛，虚構成實，遂若此地自有山名連，亭名啟筮者。不知酈意但引《連山易》以釋大陵耳，安得陵之外，别有山與亭乎？"

⑦　此句，《注疏》本作"東南歷大陵西，《歸藏易》曰：啟筮享神于大陵之上，即鈞臺也"。《疏》略引孫詒讓《札迻》，稱"其記甚審"。

⑧　永元十三年　《注疏》本同，熊會貞《疏》："范書本傳作'十二年'。"

⑨　名别　《注疏》本作"别名"。《疏》："戴'别名'誤作'名别'。"

⑩　《札記·别體字》：

王國維《明鈔本水經注跋》（《觀堂集林》第十二卷）云：

> 如《潁水注》，潁水又東逕項城中，楚襄王所郭，以爲别都，都内西南小城，項縣故城也，舊預州治。案"預"者，"豫"之别字，諸本訛作"潁"。考項縣在漢魏時本屬豫州汝南郡，至後魏孝昌四年始置潁州，不得爲項縣地，而天平二年置北揚州，乃治項城。是項縣故城，當是舊豫州治，不得爲後魏潁州治也。且下文云：又東逕刺史賈逵祠，刺史上不著州名，乃承上文"舊預州治"言之（《魏志》本傳，逵爲豫州刺史），則此本作"預州"是，諸本作"潁州"者誤也。

王氏的這一校勘成果是很出色的，其中"案預者，豫之别字"是這一校勘的關鍵；他的自注"《魏志》本傳，逵爲豫州刺史"是有力的旁證。最後是正確的結論："則此本作'預州'是，諸本作‘潁州’者誤也。”王氏不愧是一位學識淵博，思路敏捷的學者，令人折服。

⑪ 奇洛城 《注疏》本《疏》：“戴作‘洛’。守敬按：奇領城本書屢見，皆作‘領’，獨官刻戴本此處作‘洛’，誤。孔刻戴本仍作‘領’。”

⑫ 馬領山 康熙《登封縣志》卷五《山川志·山屬·洧水》引《水經注》、道光《尉氏縣志》卷三《河渠志·溱洧水》引《水經注》均作“馬嶺山”。

⑬ 《札記·表彰薄葬》：

我曾經撰文議論過酈道元對于厚葬的鞭撻（《讀水經注札記》之八，《明報月刊》一九九一年三月號），特别是對于那些暴君汙吏的厚葬，《注》文已經達到了無情痛斥的程度。但是在另一方面，對于薄葬和那些提倡薄葬的人，他是非常贊賞的。常常在《注》文中加以表彰。卷二十二《洧水注》中，在他鞭撻了張伯雅“夫富而非義，比之浮雲，況復此乎”以下，又加上一句“王孫、士安，斯爲達矣”的話。這裏表彰的王孫，指的是漢楊王孫，而士安則是指的晉皇甫士安。

按《漢書·楊王孫傳》：“及病且終，先令其子曰：吾欲裸葬（顔師古《注》：裸者，不爲衣衾棺槨者也），以反吾真，必亡易吾意，死則爲布囊盛尸入地七尺，既下，從足引脱其囊，以身親土。”對于他的這種薄葬意願，其子礙于當時習俗，甚感爲難，衹好去請教楊王孫的友人祁侯，祁侯爲此事給他寫信，引《孝經》勸説：“爲之棺槨衣衾，是亦聖人之遺制，何必區區獨守所聞，願王孫察焉。”而王孫的回答很合乎情理：“蓋聞古之聖王，緣人情不忍其親，故爲制禮，今則越之，吾是以裸葬，將以矯世也。夫厚葬誠亡益于死者，而俗人競以相高，靡財單幣，腐之地下，或乃今日人而明日發，此其與暴骸于中野何異？”“靡財單幣，腐之地下”，厚葬的勞民傷財，被他一語道破。

皇甫士安名謐，即是《帝王世紀》一書的撰者。他的薄葬思想，其實與楊王孫一樣。《晉書·皇甫謐傳》云：

> 今生不能保七尺軀，死何故隔一棺之土？然則衣衾所以穢尸，棺槨所以隔真，故桓司馬石槨不如速朽，季孫璵璠比之暴骸。文公厚葬，《春秋》以爲華元不臣；楊王孫親土，《漢書》以爲賢于秦始皇。如令魂必有知，則人鬼異制，黄泉之親，死多于生，必將備其器物用待亡者。今若以存況終，非即靈之意也。如其無知，則空奪生用，損之無益，而啟奸心，是招露形之禍，增亡者之毒也。

“黄泉之親，死多于生，必將備其器物用待亡者”，這是對厚葬者的一種别出心裁的嘲笑。“王孫、士安，斯爲達矣”。酈道元對他們薄葬思想的表彰，語言簡潔，意義深長。這也就是他在《泗水注》中對宋大夫桓魋冢的斥責：“夫子以爲不如死之速朽也。”

⑭ 捕獐山水 黄本、吴本、《注箋》本、項本、沈本、張本、《注疏》本均作“捕章山水”。《注疏》本《疏》：“趙據《河南總志》改‘章’作‘獐’，下同。戴改同。按‘章’、‘獐’古通。《考工記》，畫繢之事山以章，注，讀如獐，是也。戴奈何輕改之。”

⑮ 捕獐山 同上注各本均作“捕章山”。

⑯ 《札記·酈道元與柳宗元》：

明末清初的學者張岱,他在《跋寓山注二則》(《瑯嬛文集》卷五)一文中寫道:"古人記山水,太上酈道元,其次柳子厚,近時則袁中郎。"這裏,張岱拿酈、柳、袁三人相比,説明三人都是寫景能手。袁中郎就是袁宏道,是明末"公安體"的代表人物,畢生寫過不少遊記,收入于《袁中郎全集》卷十四。以後又有人把他的遊記抽出來,單獨出版了《袁中郎遊記》(中國圖書館出版部一九三五年出版)。張岱和袁宏道差不多是同時代人,所以完全有資格對袁作出評價,並把他列入三人中的第三位,這種評價是公允的。但是張在酈、柳二人中進行評比,稱酈爲"太上",稱柳爲"其次",這是根據什麽標準呢?柳子厚就是柳宗元,是著名的唐宋八大家之一,在文學上的名氣,要比酈道元大得多,却讓他屈居酈氏之下,是否有失公平?

不過仔細地咀嚼一下張岱的文字,他的所謂"太上"和"其次",指的是"古人記山水"。柳宗元畢生寫的文章雖多,但山水文章主要以《永州八記》出名。《永州八記》當然是名重一時的千古文章,但是在寫景的技巧上,確實有繼承酈道元之處,不妨舉點例子。

酈《注》卷二十二《洧水》《經》"又東南過長社縣北"《注》云:

> 濍泉南注,東轉爲淵,緑水平潭,清潔澄深,俯視游魚,類若乘空矣,所謂淵無潛鱗也。

又卷三十七《夷水》《經》"東入于江"《注》云:

> 其水虚映,俯視游魚,如乘空也。

又卷三十七《澧水》《經》"澧水出武陵充縣西,歷山東過其縣南"《注》云:

> 澧水又東,茹水注之,水出龍茹山,水色清澈,漏石分沙。

上面列舉的各條,酈道元的"俯視游魚,類若乘空","淵無潛鱗","漏石分沙"等詞句,用以描寫水的清澈。而《永州八記》中的《至小丘西小石潭記》中,柳宗元用來描寫潭水清澈,也用了這樣的詞句:

> 潭中魚可百許頭,皆若空游而無所依。

當然,人類的一切學問和經驗,後代總是繼承前代而不斷發展的。柳宗元在寫景技巧上吸取了酈道元之長,這是很自然的事。而張岱所説的"太上"和"其次",看來也並無不當之處。

⑰ 《札記・邸閣》:

《水經注》記載中有一種稱爲"邸閣"的事物,初讀時頗不解。例如卷八《濟水》《經》"又東北過盧縣北"《注》:"濟水又逕什城北,城際水湄,故邸閣也。"又如卷三十一《淯水》《經》"又南過新野縣西"《注》:"淯水又東南逕士林東,戍名也,戍有邸閣。"

這樣的例子還可以舉出不少,例如卷三十八《湘水》《經》"又北至巴丘山,入于江"《注》:"山有巴陵故城,本吴之巴丘邸閣城也。"又如卷三十九《贛水》《經》"又北過南昌縣西"《注》:"贛水又歷釣圻邸閣下,度支校尉治,太尉陶侃移置此也。"

這個問題,在楊守敬、熊會貞的《水經注疏》中得到解決。卷二十二《洧水》《經》"又東南過長社縣北"《注》云:

> 洧水又東入汶倉城内,俗以是水爲汶水,故有汶倉之名,非也。蓋洧水之邸閣耳。

熊會貞在此下《疏》云：

《河水》五、《淇水》、《濁漳水》、《贛水》等篇，併言邸閣。此以洧水邸閣釋汶倉，是邸閣即倉之殊目矣。

熊《疏》使人豁然開朗。案《通典》卷十《食貨》十《漕運》記及後魏時云："有司請于水運之次，隨便置倉，乃于小平、石門、白馬津……凡八所，各立邸閣。"《三國志・吴書・孫策傳》："策渡江攻繇牛渚營，盡得邸閣糧穀戰具。"由此可知，邸閣不僅是糧倉，並且也是軍火庫。《通鑑》卷七十二《魏紀》四明帝青龍元年云："諸葛亮勸農講武，作木牛流馬，運米及斜谷口，治斜谷邸閣，息民休士，三年而後用之。"又同上書《晉紀》六惠帝永寧元年，成都王穎《表》稱："大司馬前在陽翟，與賊相持既久，百姓困敝，乞運河北邸閣米十五萬斛，以賑陽翟饑民。"設邸閣以儲糧的例子，真是不勝枚舉，所以胡三省在《通鑑釋文辨誤》卷三《明帝青龍元年》云："魏延所謂横門邸閣，足以周食，王基所謂南頓有大邸閣，足計軍人四十日糧。"對于邸閣一名的意義，胡三省在《通鑑》卷六十一《漢紀》獻帝興平二年"盡得邸閣糧穀戰具"下解釋説："邸，至也，言所歸至也。閣，庋置也。邸閣，謂轉輸之歸至而庋置之也。"在上述《洧水注》中記及的士林戍邸閣，戍是屯兵防衛之所，所以《注》文説"戍有邸閣"，這是理所當然。因爲邸閣所儲，可充戍的軍糧，而戍對邸閣，則起了保衛作用。在戰爭時期，邸閣顯然是敵我爭奪的要害所在，所以必須加强保衛。前面提到《湘水注》三國吴的巴丘邸閣城，至東晉仍然存在使用。《晉書・殷仲堪傳》云："玄擊仲堪，頓巴丘而館其穀，玄又破楊廣于夏口，仲堪既失巴陵之積，又諸將皆敗，江陵震驚，城内大饑，以胡麻爲廩。"由于邸閣被佔，糧秣盡失，軍馬無食，士氣涣散，當然潰敗。

《水經注》全書記載的邸閣共有十處，正因爲熊會貞這一《疏》，這十處邸閣的重要性就可以一一考實。在《水經注疏》中，熊《疏》的價值常常超過楊《疏》，青出于藍，這也是學術發展的必然趨勢。

⑱ 殿本在此下《案》云："案此句有脱誤，未詳。"

⑲ 嘉靖《許州志》卷一《山川・襄城縣・具茨山》引《水經注》云："其山有軒轅避暑洞。"當是此句下佚文。

⑳ 嘉靖《鄢陵志》卷一《地理志・山川》引《水經注》云："鄶水注于溱。"當是此句下佚文。

㉑ 《禹貢山川地理圖》卷下《莨蕩渠口辨》引《水經注》云："渠水即莨蕩渠也。"又《方輿紀要》卷四十六《河南》一《潁水》引《水經注》云："莨蕩渠自中牟東流，至浚儀縣分爲二水，南流曰沙水，東注曰汴水。"當是此段下佚文。

㉒ 《札記・湖泊湮廢》：

關于我國湖泊在歷史時期淤淺和湮廢的過程，《水經注》記載中有清楚的例子。卷二十二《渠水注》中記載的圃田澤，是見于《職方》、《爾雅》和《漢書・地理志》的著名大湖。《渠水注》描述此湖時，雖然已經淤淺，但面積還相當大，"西限長城，東極官渡，北佩渠水，東西四十許里，南北二十許里"。但在全湖範圍，即自然地理學中所謂的湖盆中，已經不是全部積水。在乾燥的季節，全湖分成許多小湖，即《渠水注》所説的："中有沙岡，上下二十四浦，津流徑通，淵潭相接。各有名焉：有大漸、小漸、大灰、小灰、義魯、練秋、大白楊、小白楊、散嚇、禺中、羊圈、大鵠、小鵠、龍澤、蜜羅、大哀、小哀、大長、小長、大縮、小縮、伯丘、大蓋、牛眼等。浦水盛則北注，渠溢則南播。”這種由大到小，由整體到分散，是湖泊湮廢中常常發生的現象。到了宋代，上述所謂二十四浦也陸續湮廢，古代著名的圃田澤，終于不復存在。

㉓　黄雀溝　《注箋》本、項本、《五校》鈔本、《七校》本、張本、《注疏》本均作“黄崖溝”。《注疏》本《疏》：“全改‘崖’作‘雀’，云：此即《濟水注》之黄雀溝，鄭國别有黄崖溝，非此溝也。趙、戴改同。會貞按：《洧水篇》叙黄水，謂黄爲《春秋》之黄崖，即此所入之水。若《濟水篇》之黄雀溝，不得與此通也。全説謬，趙、戴並依改，脈水之功疏矣。”

㉔　中平陂　似不類陂湖名稱。《注釋》本云：“按‘中平陂’上有脱文。”

㉕　魯溝水　《注箋》本、項本、《注釋》本、張本均作“魯渠水”。

㉖　固　《合校》本、《疏證》本、《注疏》本均作“圃”。王國維《明鈔本水經注跋》：“《渠水注》，衛褚師圃亡在中牟，諸本‘圃’並作‘固’。”《注疏》本楊守敬《疏》：“明鈔本作‘圃’。”

㉗　徙都于大梁　王國維《明鈔本水經注跋》：“徙邦于大梁，諸本‘邦’並作‘都’。”

㉘　魯溝水　《注疏》本作“魯渠水”。《疏》：“戴以‘渠’爲訛，改作‘溝’。守敬按：《漢志》陳留縣載魯渠水，是酈所本，下乃變爲魯溝耳。戴依下改‘渠’作‘溝’，失考。”

㉙　因其方志所叙　此《水經注》第二次叙及“方志”。《汝水注》作“方誌”，此作“方志”。

㉚　城　明鈔本作“滅”。王國維《明鈔本水經注跋》：“以爲夏州後滅之，諸本‘滅’並作‘城’。”

㉛　《札記·戰禍》：

卷二十二《渠》《經》“又東南至汝南新陽縣北”《注》下記載一個關于石勒殘殺西晉士民的故事，更是慘絶人寰，令人不堪卒讀：

《晉陽秋》稱晉太傅東海王越之東奔也，石勒追之，熸尸于此。數十萬衆，斂手受害，勒縱騎圍射，尸積如山。

我們的民族和國家，在歷史上確實受盡了戰爭的折磨。《水經注》記載的戰爭，還不過是發生在北魏以前的戰爭，北魏以後，歷代以還，戰爭也是史不絶書。而且由于武器的進步，戰爭愈演愈烈，殺傷越來越大。戰爭的破壞性較之北魏以前大爲增加。希望研究中國戰爭史的學者，能够把有史以來的一切戰爭作一次統計，估算出歷次戰爭生命和財産的損失總數，看一看我們的民族和國家，到底在戰爭中付出了多大的代價。更希望研究世界戰爭史的學者，能對全世界有史以來的戰爭作同樣的統計和估算。對于反對戰爭和呼籲和平，這或許是一件很有價值的工作。

㉜　艾水　《注疏》本作“父水”。《疏》：“朱‘父’訛作‘欠’，趙改云：《寰宇記》城父縣下云：父水在縣東四里，受漳水，南流經縣入蒙。《水經》云，沙水支分東注。戴改‘艾’。守敬按：《九域志》作‘欠水’，與此同。又《地形志》秣陵下作‘次’，與‘欠’形近，則‘欠’字似是。然《寰宇記》本酈説作‘父’，父水因城父得名，較合。故趙從之。戴作‘艾’，則‘父’之訛也。”

㉝　義成縣　《五校》鈔本、《七校》本均作“義城縣”。

卷二十三　陰溝水　汳水　獲水

陰溝水出河南陽武縣蒗蕩渠，

陰溝首受大河于卷縣，故瀆東南逕卷縣故城南，又東逕蒙城北，《史記》：秦莊襄王元年，蒙驁擊取成皋、滎陽，初置三川郡。疑即驁所築也，于事未詳。故瀆東分爲二，世謂之陰溝水。京相璠以爲出河之濟，又非所究，俱東絶濟隧。右瀆東南逕陽武城北，東南絶長城，逕安亭北，又東北會左瀆。左瀆又東絶長城，逕垣雍城南，昔晉文公戰勝于楚，周襄王勞之于此。故《春秋》書[①]：甲午至于衡雝，作王宫于踐土。《吕氏春秋》曰：尊天子于衡雝者也。《郡國志》曰：卷縣有垣雝城，即《史記》所記韓獻秦垣雍是也。又東逕開光亭南，又東逕清陽亭南，又東合右瀆。又東南逕封丘縣，絶濟瀆。東南至大梁，合蒗蕩渠[②]。梁溝既開，蒗蕩渠故瀆寔兼陰溝浚儀之稱，故云出陽武矣。東南逕大梁城北，左屈與梁溝合。俱東南流，同受鴻溝、沙水之目。其川流之會左瀆東導者，即汳水也，蓋津源之變名矣。故《經》云：陰溝出蒗蕩渠也。

東南至沛，爲過水，

陰溝始亂蒗蕩，終别于沙，而過水[③]出焉。過水受沙水于扶溝縣，許慎又曰：過水首受淮陽扶溝縣蒗蕩渠，不得至沛方爲過水也。《爾雅》曰：過爲洵。郭景純曰：大水泆爲小水也。吕忱曰：洵，過水也。過水逕大扶城西，城之東北，悉諸袁舊墓，碑宇傾低，羊虎碎折，惟司徒滂、蜀郡太守騰、博平令光。碑字所存惟此，自餘殆不可尋。過水又東南逕陽夏縣西，又東逕邈城北，城實中而西，有隙郭。過水又東逕大棘城南，故鄢之大棘鄉也。《春秋》宣公二年，宋華元與鄭公子歸生戰于大棘，獲華元。《左傳》曰：華元殺羊食士，不及其御，將戰，羊斟曰：疇昔之羊，子爲政；今日之事，我爲政。遂御入鄭，故見獲焉。後其地爲楚莊所并。故圈稱曰：大棘，楚地，有楚太子建之墳及伍員釣臺。池沼具存。過水又東逕安平縣故城北，《陳留風俗傳》曰：大棘鄉，故安平縣也。士人敦惷，易以統御。過水又東逕鹿邑城北，世謂之虎鄉城，非也，《春秋》之鳴鹿矣。杜預曰：陳國武平西南有鹿邑亭是也。城南十里有《晉中散大夫胡均碑》，元康八年立。過水之北有《漢温令許續碑》，續字嗣公，陳國人也，舉賢良，拜議郎，遷温令，延熹中立。過水又東逕武平縣故城北，城之西南七里許有《漢尚書令虞詡碑》，碑題云：虞君之碑。諱詡，字定安，虞仲之後，爲朝歌令、武都太守。文字多缺，不復可尋。按范曄《漢書》，詡字升卿，陳國武平人，祖爲縣獄吏，治存寬恕，嘗曰：于公爲里門，子爲丞相，吾雖不及于公，子孫不必不爲九卿。故字詡曰升卿。定安，蓋其幼字也。魏武王初封于此，終以武平華夏矣。過水又東逕廣鄉城北，圈稱曰：襄邑有蛇丘亭，故廣鄉矣。改曰廣世，後漢順帝陽嘉四年，封侍中摯填爲侯國。即廣鄉也。過水又東逕苦縣西南，分爲二水，枝流東北注，于賴城入谷，謂死過也。過水又東南屈，逕苦縣故城南，《郡國志》曰：《春秋》之相也，王莽更名之曰賴陵矣。城之四門列築馳道，東起賴鄉，南自南門，越水直指故臺西面；南門列道，徑趣廣鄉道；西門馳道，西屆武平；北門馳道，暨于北臺。過水又東北屈，至賴鄉西，谷水注之。谷水首受涣水于襄邑縣東，東逕承匡城東。《春秋經》書：夏叔仲彭生會晉郤缺于承匡。《左傳》曰：謀諸侯之從楚者。京相璠曰：今陳留襄邑西三十里有故承匡城。谷水又東南逕己吾縣故城西。《陳留風俗傳》曰：縣，故宋也，雜以陳、楚之地，故梁國寧陵縣之徙種龍鄉也。以成、哀之世，户至八九千，冠帶之徒求置縣矣。永元十一年，陳王削地，以大棘鄉、直陽鄉十二年自鄢隸之，命以嘉名曰己吾，猶有陳、楚之俗焉。谷水又東逕柘縣故城東，《地理志》：淮陽之屬縣也。城内有《柘令許君清德頌》，石碎字紊，惟此文見碑。城西南里許，有《漢陽臺令許叔種碑》，光和中立；又有《漢故樂成陵令太尉掾許嬰碑》，嬰字虞卿，司隸校尉之子，建寧元年立。餘碑文字碎滅，不復可觀，當似司隸諸碑也。谷水又東逕苦縣故城中，水泛則四周隍塹，耗則孤津獨逝。谷水又東逕賴鄉城[④]南，其城實中，東北隅有臺偏高，俗以是臺在谷水北，其城又謂之谷陽臺，非也。谷水自此東入過水。過水又北逕老子廟東，廟前有二碑，在南門外。漢桓帝遣中官管霸祠老子，命陳相邊韶撰文，碑北有雙石闕甚整頓，石闕南側，魏文帝黄初三年經譙所勒,闕北東側,有孔子廟,廟前有一碑,西面是陳相魯國孔疇建和三年立,北則老君廟,廟東院中有九井焉。又北,渦水之側又有李母廟,廟在老子廟北,廟前有李母冢,冢東有碑,是永興元年譙令長沙王阜所立。碑云:老子生于曲、渦間。渦水又屈東逕相縣故城南,其城卑小實中,邊韶《老子碑》文云:老子,楚相縣人也,相縣虚荒,今屬苦,故城猶存,在賴鄉之東,渦水處其陽。疑即此城也,自是無郭以應之。渦水又東逕譙縣故城北,《春秋左傳》僖公二十二年[⑤],楚成得臣帥師伐陳,遂取譙,城頓而還是也。王莽之延成亭也,魏立譙郡,沇州治。沙水自南枝分,北逕譙城西,而北注渦。渦水四周城側,城南有曹嵩冢,冢北有碑,碑北有廟堂,餘基尚存,柱礎仍在。廟北有二石闕雙峙,高一丈六尺,榱櫨及柱皆雕鏤雲矩,上罦罳已碎,闕北有圭碑,題云:《漢故中常侍長樂太僕特進費亭侯曹君之碑》,延熹三年立。碑陰又刊詔策二,碑文同。夾碑東西,列對兩石馬,高八尺五寸,石作麤拙,不匹光武隧道所表象馬也。有騰兄冢,冢東有碑,題云:漢故潁川太守曹君墓,延熹九年卒。而不刊樹碑歲月。墳北有其元子熾冢,冢東有碑,題云:《漢故長水校尉曹君之碑》。歷大中大夫、司馬長史、侍中,遷長水,年三十九卒,熹平六年造。熾弟胤冢,冢東有碑,題云:《漢謁者曹君之碑》,熹平六年立。城東有曹太祖舊宅,所在負郭對廛,側隍臨水。《魏書》曰:太祖作議郎,告疾歸鄉里,築室城外,春夏習讀書傳,秋冬射獵以自娱樂。文帝以漢中平四年生于此,上有青雲如車蓋,終日乃解。即是處也。後文帝以延康元年幸譙,大饗父老,立壇于故宅,壇前樹碑,碑題云:《大饗之碑》。碑之東北,渦水南,有譙定王司馬士會冢。冢前有碑,晉永嘉三年立。碑南二百許步有兩石柱,高丈餘,半下爲束竹交文,作制極工。石榜云:《晉故使持節散騎常侍都督揚州江州諸軍事、安東大將軍譙定王河内温司馬公墓之神道》。渦水又東逕朱龜墓北,東南流,冢南枕道有碑,碑題云:《漢故幽州刺史朱君之碑》。龜字伯靈,光和六年卒官,故吏别駕從事史,右北平無終年化[⑥],中平二年造。碑陰刊故吏姓名,悉薊、涿及上谷、北平等人。渦水東南逕層丘北,丘阜獨秀,巍然介立,故壁壘所在也。渦水又東南逕城父縣故城北,沙水枝分注之,水上承沙水于思善縣,世謂之章水,故有章頭之名也。東北流逕城父縣故城西,側城東北流入于渦。渦水又東逕下城父北,《郡國志》曰:山桑縣有下城父聚者也。渦水又屈逕其聚東郎山西,又東南屈逕郎山南,山東有垂惠聚,世謂之禮城。袁山松《郡國志》曰:山桑縣有垂惠聚。即此城也。渦水又東南逕渦陽城北,臨側渦水,魏太和中爲渦州治,以蓋表爲刺史,後罷州立郡,衿帶遏戍。渦水又東南逕龍亢縣故城南,漢建武十三年,世祖封傅昌爲侯國,故語曰:沛國龍亢至山桑者也。渦水又屈而南流出石梁,梁石崩褫,夾岸積石高二丈,水歷其間,又東南流,逕荆山北而東流注也。

又東南至下邳淮陵縣，入于淮。

渦水又東，左合北肥水。北肥水出山桑縣西北澤藪，東南流，左右翼佩數源，異出同歸，蓋微脈涓注耳。東南流逕山桑邑南，俗謂之北平城。昔文欽之封山桑侯，疑食邑于此城。東南有一碑，碑文悉破無驗，惟碑背故吏姓名尚存，熹平元年義士門生沛國蕭劉定興立。北肥水又東逕山桑縣故城南，俗謂之都亭，非也。今城内東側猶有山亭桀立，陵阜高峻，非洪臺所擬。《十三州志》所謂山生于邑，其亭有桑，因以氏縣者也。郭城東有《文穆冢碑》，三世二千石，穆郡户曹史，徵試博士太常丞，以明氣候，擢拜侍中右中郎將，遷九江、彭城、陳留三郡，光和中卒，故吏涿郡太守彭城吕虔等立。北肥水又東積而爲陂，謂之瑕陂。陂水又東南逕瑕城南，《春秋左傳》成公十六年，楚師還及瑕。即此城也。故京相璠曰：瑕，楚地。北肥水又東南逕向縣故城南，《地理志》曰：故向國也。《世本》曰：許、州、向、申，姜姓也，炎帝後。京相璠曰：向，沛國縣，今并屬譙國龍亢也。杜預曰：龍亢縣東有向城，漢世祖建武十三年，更封富波侯王霸爲侯國。即此城也。俗謂之圓城[7]，非。又東南逕義成南，世謂之褚城，非。又東入于渦，渦水又東注淮。《經》言下邳淮陵入淮，誤矣。

汳水出陰溝于浚儀縣北，

陰溝，即蒗蕩渠[8]也，亦言汳受旃然水，又云丹、沁亂流，于武德絶河，南入滎陽合汳，故汳兼丹水之稱。河、濟[9]水斷，汳承旃然而東，自王賁灌大梁，水出縣南而不逕其北，夏水洪泛，則是瀆津通，故渠即陰溝也，于大梁北又曰浚水矣。故圈稱著《陳留風俗傳》曰：浚水逕其北者也。又東，汳水[10]出焉。故《經》云汳出陰溝于浚儀縣北也。汳水東逕倉垣城南，即浚儀縣之倉垣亭也。城臨汳水，陳留相畢邈治此。征東將軍苟晞之西也，邈走歸京，晞使司馬東萊王讚代據倉垣，斷留運漕。汳水又東逕陳留縣之鉼鄉亭北，《陳留風俗傳》所謂縣有鉼鄉亭。即斯亭也。汳水又逕小黄縣故城南，《神仙傳》稱靈壽光，扶風人，死于江陵胡罔家，罔殯埋之。後百餘日，人有見光于此縣，寄書與罔，罔發視之，惟有履存。汳水又東逕鳴鴈亭南，《春秋左傳》成公十六年，衛侯伐鄭，至于鳴鴈者也。杜預《釋地》云：在雍丘縣西北，今俗人尚謂之爲白鴈亭。汳水又東逕雍丘縣故城北，逕陽樂城南。《西征記》曰：城在汳北一里，周五里，雍丘縣界。汳水又東，有故渠出焉，南通睢水，謂之董生決，或言董氏作亂，引水南通睢水，故斯水受名焉。今無水。汳水又東，枝津出焉，俗名之爲落架口[11]。《西征記》曰：落架，水名也。《續述征記》曰：在董生決下二里。汳水又逕外黄縣南，又東逕莠倉城北。《續述征記》曰：莠倉城去大游墓二十里。又東逕大齊城南,《陳留風俗傳》曰:外黄縣有大齊亭。又東逕科城北。《陳留風俗傳》曰:縣有科稟亭,是則科稟亭也。汳水又東逕小齊城南,汳水又南逕利望亭南。《風俗傳》曰:故成安也。《地理志》:陳留縣名,漢武帝以封韓延年爲侯國。汳水又東,龍門故瀆出焉,瀆舊通睢水,故《西征記》曰:龍門,水名也。門北有土臺,高三丈餘,上方數十步。汳水又東逕濟陽考城縣故城南,爲菑獲渠。考城縣,周之采邑也,于《春秋》爲戴國矣。《左傳》隱公十年,秋,宋、衛、蔡伐戴是也。漢高帝十一年秋,封彭祖爲侯國。《陳留風俗傳》曰:秦之穀縣也。後遭漢兵起,邑多災年,故改曰菑縣,王莽更名嘉穀。章帝東巡過縣,詔曰:陳留菑縣,其名不善,高祖鄗柏人之邑,世宗休聞喜而顯獲嘉應,亨吉元符,嘉皇靈之顧,賜越有光,列考武皇,其改菑縣曰考城。是瀆蓋因縣以獲名矣。汳水又東逕寧陵縣之沙陽亭北,故沙隨國矣。《春秋左傳》成公十六年,秋,會于沙隨,謀伐鄭也。杜預《釋地》曰:在梁國寧陵縣北沙陽亭是也。世以爲堂城,非也。汳水又東逕黄蒿塢北,《續述征記》曰:堂城至黄蒿二十里。汳水又東逕斜城下,《續述征記》曰:黄蒿到斜城五里。《陳留風俗傳》曰:考城縣有斜亭。汳水又東逕周塢側,《續述征記》曰:斜城東三里。晉義熙中,劉公遣周超之自彭城緣汳故溝,斬樹穿道七百餘里,以開水路,停泊于此。故兹塢流稱矣。汳水又東逕葛城北,故葛伯之國也。孟子曰:葛伯不祀。湯問曰:何爲不祀?稱無以供祠祭。遺葛伯,葛伯又不祀。湯又問之,曰:無以供犧牲。湯又遺之,又不祀。湯又問之,曰:無以供粢盛。湯使亳衆往,爲之耕,老弱饋食。葛伯又率民奪之,不授者則殺之,湯乃伐葛。葛于六國屬魏,魏安釐王以封公子無忌,號信陵君,其地葛鄉,即是城也,在寧陵縣西十里。汳水又東逕神坈塢,又東逕夏侯長塢。《續述征記》曰:夏侯塢至周塢,各相距五里。汳水又東逕梁國睢陽縣故城北,而東歷襄鄉塢南。《續述征記》曰:西去夏侯塢二十里,東一里,即襄鄉浮圖也。汳水逕其南,漢熹平中某君所立。死因葬之,其弟刻石樹碑,以旌厥德。隧前有獅子、天鹿,累塼作百達柱八所,荒蕪頹毁,彫落略盡矣。

又東至梁郡蒙縣,爲獲水,餘波南入睢陽城中,

汳水又東逕貰城南,俗謂之薄城,非也。闞駰《十三州志》以爲貰城也,在蒙縣西北。《春秋》僖公二年,齊侯、宋公、江、黄盟于貫。杜預以爲貰也。云貰、貫字相似。貫在齊,謂貫澤也,是矣。非此也,今于此地更無他城,在蒙西北惟是邑耳。考文準地,貰邑明矣,非亳可知。汳水又東逕蒙縣故城北,俗謂之小蒙城也。《西征記》:城在汳水南十五六里,即莊周之本邑也,爲蒙之漆園吏。郭景純所謂漆園有傲吏者也。悼惠施之没,杜門于此邑矣。汳水自縣南出,今無復有水。惟睢陽城南側有小水,南流入于睢城。南二里有《漢太傅掾橋載墓碑》,載字元賓,梁國睢

陽人也，睢陽公子，熹平五年立。城東百步有石室，刊云：漢鴻臚橋仁祠。城北五里有石虎、石柱，而無碑誌，不知何時建也。汳水又東逕大蒙城北，自古不聞有二蒙，疑即蒙亳也，所謂景薄爲北亳矣。椒舉云：商湯有景亳之命者也。闞駰曰：湯都也。亳本帝嚳之墟，在《禹貢》豫州河、洛之間，今河南偃師城西二十里尸鄉亭是也。皇甫謐以爲考之事實，學者失之，如孟子之言湯居亳，與葛爲鄰，是即亳與葛比也。湯地七十里，葛又伯耳，封域有限，而寧陵去偃師八百里，不得童子饋餉而爲之耕。今梁國自有二亳，南亳在穀熟，北亳在蒙，非偃師也。古文《仲虺之誥》曰：葛伯仇餉，征自葛始。即孟子之言是也。崔駰曰：湯冢在濟陰薄縣北。《皇覽》曰：薄城北郭東三里平地有湯冢，冢四方，方各十步，高七尺，上平也。漢哀帝建平元年，大司空使郤長卿按行水災，因行湯冢，在漢屬扶風，今徵之迴渠亭有湯池、徵陌是也。然不經見，難得而詳。按《秦寧公本紀》云：二年伐湯，三年與亳戰，亳王奔戎，遂滅湯。然則周桓王時自有亳王號湯，爲秦所滅，乃西戎之國，葬于徵者也，非殷湯矣。劉向言，殷湯無葬處爲疑。杜預曰：梁國蒙縣北有薄伐城，城中有成湯冢，其西有箕子冢。今城内有故冢方墳，疑即杜元凱之所謂湯冢者也。而世謂之王子喬冢。冢側有碑，題云：《仙人王子喬碑》。曰：王子喬者，蓋上世之真人，聞其仙，不知興何代也。博問道家，或言潁川，或言産蒙，初建此城，則有斯丘，傳承先民曰：王氏墓暨于永和之元年冬十二月，當臘之時。夜，上有哭聲，其音甚哀，附居者王伯怪之，明則祭而察焉。時天鴻雪下，無人徑，有大鳥跡在祭祀處，左右咸以爲神。其後有人著大冠，絳單衣，杖竹立冢前，呼採薪孺子伊永昌曰：我王子喬也，勿得取吾墳上樹也。忽然不見。時令泰山萬熹，稽故老之言，感精瑞之應，乃造靈廟，以休厥神。于是好道之儔自遠方集，或絃琴以歌太一，或覃思以歷丹丘，知至德之宅兆，實真人之祖先。延熹八年秋八月，皇帝遣使者奉犧牲，致禮祠，濯之，敬肅如也。國相東萊王璋，字伯儀，以爲神聖所興，必有銘表，乃與長史邊乾遂樹之玄石，紀頌遺烈，觀其碑文，意似非遠，既在逕見，不能不書存耳。

獲水出汳水于梁郡蒙縣北，

《漢書·地理志》曰：獲水首受甾獲渠，亦兼丹水之稱也。《竹書紀年》曰：宋殺其大夫皇瑗于丹水之上，又曰宋大水。丹水壅不流，蓋汳水之變名也。獲水自蒙東出，水南有《漢故繹幕令匡碑》，匡字公輔，魯府君之少子也。碑字碎落，不可尋識，竟不知所立歲月也。獲水又東逕長樂固北、己氏縣南，東南流逕于蒙澤。《十三州志》曰：蒙澤在縣東。《春秋》莊公十二年，宋萬與公爭博，殺閔公于斯澤矣。獲水又東逕虞縣故城北，古虞國也。昔夏少康逃奔有虞，爲之庖正，虞思于是妻之以二姚者也。王莽之陳定亭也。城東有《漢司徒盛允墓碑》。允字伯世，梁國虞人也。

其先奭氏，至漢中葉，避孝元皇帝諱，改姓曰盛。世濟其美，以迄于公，察孝廉，除郎，累遷司空、司徒。延熹中立墓，中有石廟，廟宇傾頹，基構可尋。獲水又東南逕空桐澤北，澤在虞城東南，《春秋》哀公二十六年，冬，宋景公遊于空澤；辛巳，卒于連中。大尹、左師興空澤之士千甲，奉公自空桐入如沃宫者矣。獲水又東逕龍譙固，又東合黄水口，水上承黄陂，下注獲水。獲水又東入櫟林，世謂之九里柞。獲水又東南逕下邑縣故城北，楚考烈王滅魯，頃公亡遷下邑。又楚、漢彭城之戰，吕后兄澤軍于下邑，高祖敗還從澤軍。子房肇捐地之策，收垓下之師，陸機所謂即下邑者也，王莽更名下治矣。獲水又東逕碭縣[12]故城北，應劭曰：縣有碭山，山在東，出文石，秦立碭郡，蓋取山之名也。王莽之節碭縣也。山有梁孝王墓，其冢斬山作郭，穿石爲藏，行一里到藏中，有數尺水，水有大鯉魚。黎民謂藏有神，不敢犯神，凡到藏，皆潔齋而進，不齋者，至藏輒有獸噬其足。獸難得見，見者云似狗，所未詳也。山上有梁孝王祠。獲水又東，穀水注之，上承碭陂。陂中有香城[13]，城在四水之中，承諸陂散流，爲零水、瀤水、清水也。積而成潭，謂之碭水。趙人有琴高者，以善鼓琴，爲康王舍人，行彭、涓之術，浮遊碭郡間二百餘年，後入碭水中取龍子，與弟子期曰：皆潔齋待于水旁，設屋祠。果乘赤鯉魚出，入坐祠中，碭中有可萬人觀之，留月餘，復入水也。陂水東注，謂之穀水，東逕安山北，即碭北山也。山有陳勝墓，秦亂，首兵伐秦，弗終厥謀，死，葬于碭，謚曰隱王也。穀水又東北注于獲水。獲水又東歷藍田鄉郭，又東逕梁國杼秋縣故城南，王莽之予秋也。獲水又東歷洪溝東注，南北各一溝，溝首對獲，世謂之鴻溝[14]，非也。《春秋》昭公八年，秋，蒐于紅。杜預曰：沛國蕭縣西有紅亭，即《地理志》之虹縣也。景帝三年，封楚元王子富爲侯國，王莽之所謂貢矣。蓋溝名音同，非楚、漢所分也。

又[15]東過蕭縣南，睢水北流注之。

蕭縣南對山，世謂之蕭城南山也。戴延之謂之同孝山，云取漢陽城侯劉德所居里名目山也。劉澄之云：縣南有冒山。未詳孰是也。山有箕谷，谷水北流注獲，世謂之西流水，言水上承梧桐陂，陂水西流，因以爲名也。余嘗逕蕭邑，城右惟是水北注獲水，更無别水，疑即《經》所謂睢水也。城東、西及南三面臨側獲水，故沛郡治縣亦同居矣。城南舊有石橋秏處，積石爲梁，高二丈，今荒毁殆盡，亦不具誰所造也。縣本蕭叔國，宋附庸，楚滅之。《春秋》宣公十二年，楚伐蕭，蕭潰，申公巫臣曰：師人多寒，王巡三軍撫之，士同挾纊。蓋恩使之然矣。蕭女聘齊爲頃公之母，郤克所謂蕭同叔子也。獲水又東歷龍城，不知誰所創築也。獲水又東逕同孝山北，山陰有楚元王冢，上圓下方，累石爲之，高十餘丈，廣百許步，經十餘墳，悉結石也。獲水又東，淨淨溝水[16]注之。水上承梧桐陂，西北流，即劉中書澄之所謂白溝水也。又北入于獲，俗名之曰淨淨溝也。

又東至彭城縣北，東入于泗。

獲水自淨淨溝東逕阿育王寺北，或言楚王英所造，非所詳也。蓋遵育王之遺法，因以名焉。與安陂水合，水上承安陂餘波，北逕阿育王寺，側水上有梁，謂之玄注橋。水旁有石墓，宿經開發，石作工奇，殊爲壯構，而不知誰冢，疑即澄之所謂淩冢也。水北流注于獲。獲水又東逕彌黎城北，劉澄之《永初記》所謂城之西南有彌黎城者也。獲水于彭城西南迴而北流，逕彭城，城西北舊有楚大夫龔勝宅，即楚老哭勝處也。獲水又東轉逕城北而東注泗水，北三里有石冢被開，傳言楚元王之孫劉向冢，未詳是否。城即殷大夫老彭之國也。于《春秋》爲宋地，楚伐宋并之，以封魚石。崔子季珪《述初賦》曰：想黄公于邳圯，勤[17]魚石于彭城。即是縣也。孟康曰：舊名江陵爲南楚，陳爲東楚，彭城爲西楚。文穎曰：彭城，故東楚也。項羽都焉，謂之西楚。漢祖定天下，以爲楚郡，封弟交爲楚王，都之。宣帝地節元年，更爲彭城郡，王莽更之曰和樂郡也，徐州治。城内有漢司徒袁安、魏中郎將徐庶等數碑，竝列植于街右，咸曾爲楚相也。大城之内有金城，東北小城，劉公更開廣之，皆壘石高四丈，列壍環之。小城西又有一城，是大司馬琅邪王所脩，因項羽故臺，經始即構，宫觀門閣，惟新厥制。義熙十二年，霖雨驟澍，汳水暴長，城遂崩壞，冠軍將軍彭城劉公之子也，登更築之。悉以塼壘，宏壯堅峻，樓櫓赫奕，南北所無。宋平北將軍徐州刺史河東薛安都舉城歸魏，魏遣博陵公尉苟仁、城陽公孔伯恭援之，邑閣如初，觀不異昔。自後毁撤，一時俱盡，閒遺工雕鏤，尚存龍雲逞勢，奇爲精妙矣。城之東北角起層樓于其上，號曰彭祖樓。《地理志》曰：彭城縣，古彭祖國也。《世本》曰：陸終之子，其三曰籛，是爲彭祖。彭祖城是也，下曰彭祖冢。彭祖長年八百，綿壽永世，于此有冢，蓋亦元極之化矣。其樓之側，襟汳帶泗，東北爲二水之會也。聳望川原，極目清野，斯爲佳處矣。

注释：

① 故春秋書　《注疏》本楊守敬《疏》："守敬按：《左傳》僖二十八年文。'故春秋書'四字，當作'左傳'二字。"段熙仲《校記》："按《左氏傳》盛行後，前人往往簡稱《春秋傳》。此不必改，但增一'傳'字即可。"

② 蒗蕩渠　黄本、吴本、練湖書院鈔本、何校明鈔本、王校明鈔本、《注删》本、沈本、《五校》鈔本、《七校》本、《疏證》本、《方輿紀要》卷二十一《江南》三《鳳陽府・懷遠縣・渦水》引《水經注》、《禹貢易知編》卷四《徐州》"浮于淮泗達于河"《注》引《水經注》、《漢書地理志補注》卷九《河南郡》"有

狼湯渠"《注》引《水經注》、《宋東京考》卷十八《汴河》引《水經注》、雍正《河南通志》卷十二《河防》二引《水經注》、乾隆《亳州志》卷二《河渠・渦河》引《水經注》、乾隆《祥符縣志》卷三《河渠・歷朝河務》引《水經注》、康熙《上蔡縣志》卷一《輿地志・山川・蔡河》引《水經注》均作"蒗蕩渠",《初學記》卷八《河南道》第二《蕩渠》引《水經注》作"蕩渠",《玉海》卷二十一《地理・河渠》引《水經注》作"莨蕩渠"。

③ 過水 乾隆《亳州志》卷二《河渠・渦河》引《水經注》、乾隆《陳州府志》卷四《山川・太康縣・渦河》引《水經注》、乾隆《潁州府志》卷二《蒙城縣・瑕城》引《水經注》均作"渦水"。

④ 賴鄉城 《名勝志》卷十四《亳州》引《水經注》、《佩文韻府》卷十《十灰・臺・谷陽臺》引《水經注》均作"瀨鄉城"。

⑤ 二十二年 《注疏》本作"二十三年"。《疏》:"朱訛作'二十二年',戴同,趙改'二十三年'。守敬按:《左傳》在二十三年。'譙'作'焦'。杜《注》:焦,今譙縣也。頓國,今汝陽南頓縣。"

⑥ 年化 王校明鈔本作"牟化",王國維《明鈔本水經注跋》:"《陰溝水注》,從事史右北平無終牟化,諸本'牟'並作'年'。"

⑦ 雍正《江南通志》卷三十五《輿地志・古迹》六《鳳陽府・向城》引《水經注》云:"北淝水逕向縣故城南,俗謂之圓城,或謂團城。""或謂團城"四字,當是此句下佚文。

⑧ 蒗蕩渠 黄本、吴本、練湖書院鈔本、何校明鈔本、王校明鈔本、沈本、《五校》鈔本、《七校》本、《疏證》本、《汴水説》引《水經注》、《宋東京考》卷十八《汴河》引《水經注》,《康熙字典・水部・汳》引《水經注》均作"蒗蕩渠",《御覽》卷六十三《地部》二十八引《水經注》作"浪蕩渠"。

⑨ 濟 黄本、沈本均作"沛",何本、《五校》鈔本、《七校》本、《注釋》本均作"泲"。

⑩ 汳水 《汴水説》引《水經注》作"汴水"。

⑪ 落架口 黄本、吴本、沈本、《注釋》本均作"洛架口"。

⑫ 碭縣 《注箋》本、項本、張本、《寰宇記》卷一《河南道》一《東京上・尉氏縣》引《水經注》均作"碭山縣"。

⑬ 香城 《晏元獻公類要》卷四《京東路・單》引《水經注》作"百城"。

⑭ 鴻溝 《注箋》本、項本、《注釋》本、張本均作"洪溝"。

⑮ 《注疏》本無"又"字。《疏》:"朱'東'上有'又'字,戴、趙同。守敬按:依例不當有'又'字,今删。"

⑯ 淨淨溝水 孫潛校本作"淨溝水",何本云:"宋本但作:名之曰淨溝也。"

⑰ 勤 《注疏》本作"封"。《疏》:"朱'封'訛'勤'。趙云:依孫潛校改'勤'。事在《春秋》襄公九年。戴改同。會貞按:'勤'字亦不可通。《左傳》襄公元年,圍宋彭城,爲宋討魚石。'討'與'勤'形近,似'討'之誤。然'封'與'勤'亦形近,作'封'爲勝。'九'年當作'元年'。嚴可均輯《全後漢文》失採此二語。"

卷二十四　睢水　瓠子河　汶水

睢水出梁郡鄢縣，

睢水出陳留縣西蒗蕩渠[①]，東北流，《地理志》曰：睢水首受陳留浚儀狼湯水[②]也。《經》言出鄢，非矣。又東逕高陽故亭北，俗謂之陳留北城，非也。蘇林曰：高陽者，陳留北縣也。按在留，故鄉聚名也。有《漢廣野君廟碑》，延熹六年十二月，雍丘令董生，仰餘徽于千載，遵茂美于絶代，命縣人長照爲文，用章不朽之德。其略云：輟洗分餐，諮謀帝猷，陳、鄭有涿鹿之功，海岱無牧野之戰，大康華夏，綏静黎物，生民以來，功盛莫崇。今故宇無聞，而單碑介立矣。《陳留風俗傳》曰：酈氏居于高陽，沛公攻陳留縣，酈食其有功，封高陽侯。有酈峻，字文山，官至公府掾，大將軍商，有功，食邑于涿，故自陳留徙涿。縣有鉼亭、鉼鄉，建武二年，世祖封王常爲侯國也。睢水又東逕雍丘縣故城北，縣，舊杞國也。殷湯、周武以封夏后[③]，繼禹之嗣。楚滅杞，秦以爲縣。圈稱曰：縣有五陵之名，故以氏縣矣。城内有夏后祠。昔在二代，享祀不輟。秦始皇因築其表爲大城，而以縣焉。睢水又東，水積成湖，俗謂之白羊陂，陂方四十里，右則姦梁陂水注之，其水上承陂水，東北逕雍丘城北，又東分爲兩瀆，謂之雙溝，俱入白羊陂。陂水東合洛架口[④]，水上承汳水，謂之洛架水，東南流入于睢水。睢水又東逕襄邑縣故城北，又東逕雍丘城北，睢水又東逕寧陵縣故城南，故葛伯國也，王莽改曰康善矣。歷鄢縣北，二城南北相去五十里，故《經》有出鄢之文。城東七里，水次有單父令楊彦、尚書郎楊禪字文節兄弟二碑，漢光和中立也。

東過睢陽縣南，

睢水又東逕横城北，《春秋左傳》昭公二十一年，樂大心禦華向于横。杜預曰：梁國睢陽縣南有横亭。今在睢陽縣西南，世謂之光城，蓋光、横聲相近，習傳之非也。睢水又逕新城北，即宋之新城亭也。《春秋左傳》文公十四年，公會宋公、陳侯、衛侯、鄭伯、許男、曹伯、晉趙盾，盟于新城者也。睢水又東逕高鄉亭北，又東逕亳城北，南亳也，即湯所都矣。睢水又東逕睢陽縣故城南，周成王封微子啟于宋以嗣殷後，爲宋都也。昔宋元君夢江使乘輜車，被繡衣，而謁于元君，元君感衛平之言而求之于泉陽，男子余且獻神龜于此矣。秦始皇二十二年以爲碭郡，漢高祖嘗以沛公爲碭郡長，天下既定，五年爲梁國。文帝十二年，封少子武爲梁王，太后之愛子、景帝寵弟也。是以警衛貂侍，飾同天子，藏珍積寶，多擬京師，招延豪傑，士咸歸之，長卿之徒，免官來遊。廣睢陽城七十里，大治宫觀、臺苑、屏榭，勢竝皇居。其所經構也，役夫流唱，必曰《睢陽曲》，創傳由此始也。城西門即寇先鼓琴處也。先好釣，居睢水旁，宋景公問道不告，殺之。後十年，止此門鼓琴而去，宋人家家奉事之。南門曰盧門也。《春秋》：華氏居盧門里叛。杜預曰：盧門，宋城南門也。司馬彪《郡國志》曰：睢陽縣有盧門亭，城内有高臺，甚秀廣，巍然介立，超焉獨上，謂之蠡臺，亦曰升臺焉。當昔全盛之時，故與雲霞競遠矣。《續述征記》曰：迴道似蠡，故謂之蠡臺，非也。余按《闕子》，稱宋景公使工人爲弓，九年乃成。公曰：何其遲也？對曰：臣不復見君矣，臣之精盡于弓矣。獻弓而歸，三日而死。景公登虎圈之臺，援弓東面而射之，矢踰于孟霜之山[⑤]，集于彭城之東，餘勢逸勁，猶飲羽于石梁。然則蠡臺即是虎圈臺也，蓋宋世牢虎所在矣。晉太和中，大司馬桓温入河，命豫州刺史袁真開石門，鮮卑堅戍此臺，真頓甲堅城之下，不果而還。蠡臺如西[⑥]，又有一臺，俗謂之女郎臺。臺之西北城中有涼馬臺，臺東有曲池，池北列兩釣臺，水周六七百步。蠡臺直東，又有一臺，世謂之雀臺也。城内東西道北[⑦]，有晉梁王妃王氏陵表，竝列二碑，碑云：妃諱粲，字女儀，東萊曲城人也。齊北海府君之孫，司空東武景侯之季女，咸熙元年嬪于司馬氏，泰始二年妃于國，太康五年薨，營陵于新蒙之[⑧]，太康九年立碑。東即梁王之吹臺也。基陛階礎尚在，今建追明寺。故宫東即安梁之舊地也，齊周五六百步，水列釣臺。池東又有一臺，世謂之清泠臺。北城憑隅，又結一池臺。晉灼曰：或説平臺在城中東北角，亦或言兔園在平臺側。如淳曰：平臺，離宫所在，今城東二十里有臺，寬廣而不甚極高，俗謂之平臺。余按《漢書・梁孝王傳》稱：王以功親爲大國，築東苑，方三百里，廣睢陽城七十里，大治宫室，爲複道，自宫連屬于平臺三十餘里，複道自宫東出楊之門，左陽門，即睢陽東門也。連屬于平臺則近矣，屬之城隅則不能，是知平臺不在城中也。梁王與鄒枚、司馬相如之徒，極遊于其上，故齊隨郡王《山居序》所謂西園多士，平臺盛賓，鄒、馬之客咸在，《伐木之歌》屢陳，是用追芳昔娱，神遊千古，故亦一時之盛事。謝氏《賦雪》亦曰：梁王不悦，遊于兔園。今也歌堂淪宇，律管埋音，孤基塊立，無復曩日之望矣。城北五六里，便得漢太尉橋玄墓，冢東有廟，即曹氏孟德親酹處。操本微素，嘗候于玄。玄曰：天下將亂，能安之者，其在君乎。操感知己，後經玄墓，祭云：操以頑質，見納君子，士死知己，懷此無忘。又承約言，徂没之後，路有經由，不以斗酒隻雞，過相沃酹，車過三步，腹痛勿怨，雖臨時戲言，非至親篤好，胡肯爲此辭哉。悽愴致祭，以申宿懷。冢列數碑，一是漢朝羣儒、英才、哲士感橋氏德行之美，乃共刊石立碑，以示後世。一碑是故吏司徒博陵崔列[⑨]、廷尉河南吴整等，以爲至德在己，揚之由人，苟不皦述，夫何考焉。乃共勒嘉石，昭明芳烈。一碑是隴西枹罕北次陌碭守長騭爲左尉漢陽獂道趙馮孝高[⑩]，以橋公嘗牧涼州，感三綱之義，慕將順之節，以爲公之勳美，宜宣舊邦，乃樹碑頌，以昭令德。光和七年，主記掾李友字仲僚作碑文，碑陰有《右鼎文》建寧三年拜司空，又有《中鼎文》建寧四年拜司徒，又有《左鼎文》光和元年拜太尉。鼎銘文曰：故臣門人，相與述公之行咨度體，則文德銘于三鼎，武功勒于征鉞，書于碑陰，以昭光懿。又有《鉞文》，稱是用鏤石假象，作兹征钺軍鼓，陳之于東階，亦以昭公之文武之勳焉。廟南列二柱，柱東有二石羊，羊北有二石虎，廟前東北有石駝，駝西北有二石馬，皆高大，亦不甚彫毁。惟廟頹構，麤傳遺墉，石鼓仍存，鉞今不知所在。睢水于城之陽，積而爲逢洪陂，陂之西南有陂，又東合明水，水上承城南大池，池周千步，南流會睢，謂之明水，絶睢注涣。睢水又東南流，歷于竹圃，水次緑竹蔭渚，菁菁實望，世人言梁王竹園也。睢水又東逕穀熟縣故城北，睢水又東，蘄水出焉。睢水又東逕粟縣故城北，《地理志》曰：侯國也，王莽曰成富。睢水又東逕太丘縣故城北，《地理志》曰：故敬丘也。漢武帝元朔三年，封魯恭王子節侯劉政爲侯國，漢明帝更從今名。《列仙傳》曰：仙人文賓，邑人，賣韡履爲業，以正月朔日會故嫗于鄉亭西社，教令服食不老，即此處矣。睢水又東逕芒縣故城北，漢高帝六年，封耏跖爲侯國，王莽之傳治，世祖改曰臨睢。城西二里，水南有《豫州從事皇毓碑》，殞身州牧，陰君之罪，時年二十五。臨睢長平輿李君，二千石丞綸氏夏文則，高其行而悼其殞，州國咨嗟，旌閭表墓，昭叙令德，式示後人。城内有《臨睢長左馮翊王君碑》，善有治功，累遷廣漢屬國都尉，吏民思德，縣人公府掾陳盛孫，郎中兒定興、劉伯鄜等，共立石表政，以刊遠績。縣北與碭縣分水，有碭山。芒、碭二縣之間，山澤深固，多懷神智，有仙者涓子、主柱，竝隱碭山得道。漢高祖隱之，吕后望氣知之，即于是處也。京房《易候》曰：何以知賢人隱。師曰:視四方常有大雲,五色具而不雨,其下賢人隱矣。

又東過相縣南,屈從城北東流,當蕭縣南,入于陂。

相縣,故宋地也。秦始皇二十三年,以爲泗水郡,漢高帝四年,改曰沛郡,治此。漢武帝元狩六年,封南越桂林監居翁爲侯國,曰湘成也。王莽更名,郡曰吾符,縣曰吾符亭。睢水東逕石馬亭,亭西有漢故伏波將軍馬援墓。睢水又東逕相縣故城南,宋共公之所都也。國府園中,猶有伯姬黄堂基。堂夜被火,左右曰:夫人少避。伯姬曰:婦人之義,保傅不具,夜不下堂,遂遇火而死。斯堂即伯姬燌死處也。城西有伯姬冢。昔鄭渾爲沛郡太守,于蕭、相二縣興陂堰,民賴其利,刻石頌之,號曰鄭陂。睢水又左合白溝水[11],水上承梧桐陂,陂側有梧桐山,陂水西南流,逕相城東而南流注于睢。睢盛則北流入于陂,陂溢則西北注于睢,出入迴環,更相通注,故《經》有入陂之文。睢水又東逕彭城郡之靈壁東,東南流,《漢書》:項羽敗漢王于靈壁東。即此處也。又云:東通穀泗。服虔曰:水名也,在沛國相界。未詳。睢水逕穀熟,兩分睢水而爲蘄水。故二水所在枝分,通謂兼稱,穀水之名,蓋因地變,然則穀水即睢水也。又云,漢軍之敗也,睢水爲之不流。睢水又東南逕竹縣故城[12]南,《地理志》曰:王莽之篤亭也。李奇曰:今竹邑縣也。睢水又東與滭湖水[13]合,水上承甾丘縣之滭陂,南北百餘里,東西四十里,東至朝解亭,西屆彭城甾丘縣之故城東,王莽更名之曰善丘矣。其水自陂南系于睢水,又東,睢水南,八丈故溝水注之,水上承蘄水而北會睢水。又東逕符離縣故城北,漢武帝元狩四年,封路博德爲侯國,王莽之符合也。睢水又東逕臨淮郡之取慮縣故城北,昔汝南步遊張少失其母,及爲縣令,遇母于此,乃使良馬踟蹰,輕軒罔進,顧訪病姬[14],乃其母也。誠願宿憑,而冥感昭徵矣。睢水又東合烏慈水,水出縣西南烏慈渚,潭漲東北流,與長直故瀆合,瀆舊上承蘄水,北流八十五里,注烏慈水。烏慈水又東逕取慮縣南,又東屈逕其城東,而北流注于睢。睢水又東逕睢陵縣故城北,漢武帝元朔元年,封江都易王子劉楚爲侯國,王莽之睢陸也。睢水又東與潼水故瀆會,舊上承潼縣西南潼陂,東北流逕潼縣故城北,又東北逕睢陵縣,下會睢水。睢水又東南流,逕下相縣故城南,高祖十二年,封莊侯泠耳爲侯國。應劭曰:相水出沛國相縣,故此加下也。然則相又是睢水之别名也。東南流入于泗,謂之睢口,《經》止蕭縣,非也。所謂得其一而亡其二矣。

瓠子河出東郡濮陽縣北河,

縣北十里,即瓠河口也。《尚書·禹貢》:雷夏既澤,雝沮會同。《爾雅》曰:水自河出爲雝。許慎曰:雝者,河雝水也。暨漢武帝元光三年,河水南泆,漂害民居。元封二年，上使汲仁、郭昌發卒數萬人，塞瓠子決河。于是上自萬里沙還，臨決河，沈白馬玉璧，令羣臣將軍以下皆負薪填決河，上悼功之不成，乃作歌曰：瓠子決兮將奈何？浩浩洋洋慮殫爲河，殫爲河兮地不寧，功無已時兮吾山平，吾山平兮巨野溢，魚沸鬱兮柏冬日，正道弛兮離常流，蛟龍騁兮放遠遊，歸舊川兮神哉沛，不封禪兮安知外，皇謂河公兮何不仁，泛濫不止兮愁吾人，齧桑浮兮淮、泗滿，久不返兮水維緩。一曰：河湯湯兮激潺湲，北渡迴兮迅流難，搴長茭兮湛美玉，河公許兮薪不屬，薪不屬兮衛人罪，燒蕭條兮噫乎何以禦水？隤竹林兮楗石菑，宣防塞兮萬福來。于是卒塞瓠子口，築宫于其上，名曰宣房宫，故亦謂瓠子堰爲宣房堰，而水亦以瓠子受名焉。平帝已後，未及脩理，河水東浸，日月彌廣。永平十二年，顯宗詔樂浪人王景治渠築堤，起自滎陽，東至千乘，一千餘里。景乃防遏衝要，疏決壅積，瓠子之水，絶而不通，惟溝瀆存焉。河水舊東決[15]，逕濮陽城東北，故衛也，帝顓頊之墟。昔顓頊自窮桑徙此，號曰商丘，或謂之帝丘，本陶唐氏火正閼伯之所居，亦夏伯昆吾之都，殷相土又都之。故《春秋傳》曰：閼伯居商丘。相土因之是也。衛成公自楚丘遷此，秦始皇徙衛君角于野王，置東郡，治濮陽縣。濮水逕其南，故曰濮陽也。章邯守濮陽，環之以水。張晏曰：依河水自固。又東逕鹹城南，《春秋》僖公十三年，夏，會于鹹。杜預曰：東郡濮陽縣東南，有鹹城者是也。瓠子故瀆又東逕桃城南，《春秋傳》曰：分曹地，自洮以南，東傅于濟，盡曹地也。今鄄城[16]西南五十里有姚城[17]，或謂之洮也。瓠瀆又東南逕清丘北，《春秋》宣公十二年，《經》書楚滅蕭，晉人、宋、衛、曹同盟于清丘。京相璠曰：在今東郡濮陽縣東南三十里，魏東都尉治。

東至濟陰句陽縣爲新溝，

瓠河故瀆又東逕句陽縣之小成陽，城北側瀆。《帝王世紀》曰：堯葬濟陰成陽西北四十里，是爲穀林。墨子以爲堯堂高三尺，土階三等，北教八狄，道死，葬蛩山之陰。《山海經》曰：堯葬狄山之陽，一名崇山。二説各殊，以爲成陽近是堯冢也。余按小成陽在成陽西北半里許，實中，俗喭以爲囚堯城，士安蓋以是爲堯冢也。瓠子北有都關縣故城，縣有羊里亭，瓠河逕其南，爲羊里水，蓋資城地而變名，猶《經》有新溝之異稱矣。黄初中，賈逵爲豫州刺史，與諸將征吴于洞浦有功，魏封逵爲羊里亭侯，邑四百户，即斯亭也。俗名之羊子城，非也。蓋韻近字轉耳。又東，右會濮水枝津，水上承濮渠，東逕沮丘城[18]南，京相璠曰：今濮陽城西南十五里有沮丘城，六國時，沮、楚同音，以爲楚丘。非也。又東逕浚城南，西北去濮陽三十五里，城側有寒泉岡，即《詩》所謂爰有寒泉，在浚之下。世謂之高平渠，非也。京相璠曰：濮水故道在濮陽南者也。又東逕句陽縣西，句瀆出焉。濮水枝渠又東北逕句陽縣之小成陽東垂亭西，而北入瓠河。《地理志》曰：濮水首受泲于封丘縣東北，至都關入羊里水者也。又按《地理志》，山陽郡有都關縣。今其城在廩丘城西，考《地志》，句陽、廩丘，俱屬濟陰，則都關無隸山陽理。又按《地理志》，郕都亦是山陽之屬縣矣。而京、杜考地驗城，又竝言在廩丘城南，推此而論，似《地理志》之誤矣。或亦疆理參差，所未詳。瓠瀆又東逕垂亭北，《春秋》隱公八年，宋公、衛侯遇于犬丘。《經》書垂也。京相璠曰：今濟陰句陽縣小成陽東五里，有故垂亭者也。

又東北過廩丘縣爲濮水，

瓠河又左逕雷澤北，其澤藪在大成陽縣故城西北十餘里，昔華胥履大跡處也。其陂東西二十餘里，南北十五里，即舜所漁也。澤之東南即成陽縣，故《史記》曰：武王封弟叔武于成。應劭曰：其後乃遷于成之陽，故曰成陽也。《地理志》曰：成陽有堯冢、靈臺。今成陽城西二里有堯陵，陵南一里有堯母慶都陵，于城爲西南，稱曰靈臺。鄉曰崇仁，邑號脩義，皆立廟，四周列水，潭而不流。水澤通泉，泉不耗竭，至豐魚筍，不敢採捕。前竝列數碑，栝柏數株，檀馬成林。二陵南北，列馳道逕通，皆以磚砌之，尚脩整。堯陵東城西五十餘步中山夫人祠，堯妃也。石壁階墀仍舊，南、西、北三面，長櫟聯蔭，扶疎里餘。中山夫人祠南有仲山甫冢，冢西有石廟，羊虎傾低，破碎略盡，于城爲西南，在靈臺之東北。按郭緣生《述征記》，自漢迄晉，二千石及丞尉多刊石，述叙堯即位至永嘉三年，二千七百二十有一載，記于堯妃祠，見漢建寧五年五月，成陽令管遵所立碑文云。堯陵北仲山甫墓南，二冢間有伍員祠，晉大安中立。一碑是永興中建，今碑祠竝無處所。又言堯陵在城南九里，中山夫人祠在城南二里，東南六里，堯母慶都冢，堯陵北二里有仲山甫墓。考地驗狀，咸爲疎僻，蓋聞疑書疑耳。雷澤西南十許里有小山，孤立峻上，亭亭傑峙，謂之歷山。山北有小阜，南屬池澤之東北。有陶墟，緣生言：舜耕陶所在。墟阜聯屬，濱帶瓠河也。鄭玄言：歷山在河東，今有舜井。皇甫謐或言今濟陰歷山是也。與雷澤相比，余謂鄭玄之言爲然。故揚雄《河水賦》[19]曰：登歷觀而遥望兮，聊浮游于河之巖。今雷首山西枕大河，校之圖緯，于事爲允。士安又云：定陶西南陶丘，舜所陶處也。不言在此，緣生爲失。瓠河之北即廩丘縣也。王隱《晉書・地道記》曰：廩丘者，《春秋》之所謂齊邑矣，寔表東海者也。《竹書紀年》：晉烈公十一年，田悼子卒，田布殺其大夫公孫孫，公孫會以廩丘叛于趙，田布圍廩丘，翟角、趙孔屑、韓師救廩丘，及田布戰于龍澤，田師敗逋是也。瓠河與濮水俱東流，《經》所謂過廩丘爲濮水者也。縣南瓠北有羊角城，《春秋傳》曰：烏餘取衛羊角，遂襲我高魚，有大雨自竇入，介于其庫，登其城，克而取之者也。京相璠曰：衛邑也。今東郡廩丘縣南有羊角城。高魚，魯邑也。今廩丘東北有故高魚城，俗謂之交魚城，謂羊角爲角逐城，皆非也。瓠河又逕陽晉城南，《史記》：蘇秦説齊曰：過衛陽晉之道，逕于亢父之險者也。今陽晉城在廩丘城東南十餘里，與都關爲左右也。張儀曰：秦下甲攻衛陽晉，大關天下之匈。徐廣《史記音義》云：關一作開，東之亢父，則其道矣。瓠河之北又有郕都城。《春秋》隱公五年，郕侵衛。京相璠曰：東郡廩丘縣南三十里有郕都故城。褚先生曰：漢封金安上爲侯國，王莽更名之曰城穀者也。瓠河又東逕黎縣[20]故城南，王莽改曰黎治矣。孟康曰：今黎陽也。薛瓚言：按黎陽在魏郡，非黎縣也。世謂之黎侯城。昔黎侯寓于衛，《詩》所謂胡爲乎泥中？毛云：泥中，邑名，疑此城也。土地汙下，城居小阜，魏濮陽郡治也。瓠河又東逕秺縣[21]故城南，《地理志》：濟陰之屬縣也。褚先生曰：漢武帝封金日磾爲侯國，王莽之萬歲矣。世猶謂之爲萬歲亭也。瓠河又東逕鄆城南，《春秋左傳》成公十六年，公自沙隨還，待于鄆。京相璠曰：《公羊》作運字。今東郡廩丘縣東八十里有故運城，即此城也。

又北過東郡范縣東北，爲濟渠，與將渠合。

瓠河自運城東北，逕范縣與濟濮枝渠合，故渠上承濟瀆于乘氏縣，北逕范縣，左納瓠瀆，故《經》有濟渠之稱。又北與將渠合，渠受河于范縣西北，東南逕秦亭南，杜預《釋地》曰：東平范縣西北有秦亭者也。又東南逕范縣故城南，王莽更名建睦也。漢興平中，靳允爲范令，曹太祖東征陶謙于徐州，張邈迎呂布，郡縣響應。程昱説允曰：君必固范，我守東阿，田單之功可立。即斯邑也。將渠又東會濟渠，自下通謂之將渠，北逕范城東，俗又謂之趙溝，非也。

又東北過東阿縣東，

瓠河故瀆又東北，左合將渠枝瀆。枝瀆上承將渠于范縣，東北逕范縣北，又東北逕東阿城南，而東入瓠河故瀆。又北逕東阿縣故城東，《春秋經》書：冬，及齊侯盟于柯。《左傳》曰：冬，盟于柯，始及齊平。杜預曰：東阿即柯邑也。按《國語》：曹沫挾匕首刦齊桓公返，遂邑于此矣。

又東北過臨邑縣西，又東北過茌平縣東，爲鄧里渠，

自宣防已下，將渠已上，無復有水。將渠下水，首受河，自北爲鄧里渠。

又東北過祝阿縣，爲濟渠，

河水自四瀆口出爲濟水。濟水二瀆合而東注于祝阿也。

又東北至梁鄒縣西，分爲二：

脈水尋梁鄒，濟無二流，蓋《經》之誤。

其東北者爲濟河，其東者爲時水，又東北至濟西，濟河東北入于海，時水東至臨淄縣西，屈南過太山華縣東，又南至費縣，東入

于沂。

時,即形水也,音而。《春秋》襄公三年,齊、晉盟于形者也。京相璠曰:今臨淄惟有澅水,西北入濟。即《地理志》之如水矣。形、如聲相似,然則澅水即形水也。蓋以澅與時合,得通稱矣。時水自西安城西南分爲二水,枝津別出,西流,德會水注之,水出昌國縣黄山,西北流逕昌國縣故城南,昔樂毅攻齊,有功,燕昭王以是縣封之,爲昌國君。德會水又西北,五里泉水注之,水出縣南黄阜,北流逕城西,北入德會,又西北,世謂之滄浪溝,又北流注時水。《地理志》曰:德會水出昌國西北,至西安入如是也。時水又西逕東高苑城中而西注也。俗人遏令側城南注,又屈逕其城南,《史記》:漢文帝十五年,分齊爲膠西王國,都高苑,徐廣《音義》曰:樂安有高苑城,故俗謂之東高苑也。其水又北注故瀆,又西,蓋野溝水注之。源導延鄉城東北,平地出泉,西北逕延鄉城北。《地理志》:千乘有延鄉縣,世人謂故城爲從城,延、從字相似,讀隨字改,所未詳也。西北流,世謂之蓋野溝,又西北流,逕高苑縣北注時水。時水又西逕西高苑縣故城南,漢高帝六年,封丙倩爲侯國,王莽之常鄉也。其水側城西注,京相璠曰:今樂安博昌縣[22]南界有時水,西通濟,其源上出盤陽,北至高苑,下有死時,中無水。杜預亦云:時水于樂安枝流[23],旱則竭涸,爲《春秋》之乾時也。《左傳》莊公九年,齊、魯戰地,魯師敗處也。時水西北至梁鄒城入于濟,非濟入時,蓋時來注濟,若濟分東流,明不得以時爲名,尋時、濟更無別流南延華、費之所,斯爲謬矣。

汶水出泰山萊蕪縣原山,西南過其縣南,

萊蕪縣在齊城西南,原山又在縣西南六十許里。《地理志》:汶水與淄水俱出原山,西南入濟。故不得過其縣南也。《從征記》曰:汶水出縣西南流,又言自入萊蕪谷,夾路連山百數里,水隍多行石澗中,出藥草,饒松柏,林藿綿濛,崖壁相望,或傾岑阻徑,或迴巖絶谷,清風鳴條,山壑俱響,凌高降深,兼惴慄之懼,危蹊斷徑,過懸度之艱。未出谷十餘里,有别谷在孤山,谷有清泉,泉上數丈有石穴二口,容人行,入穴丈餘,高九尺許,廣四五丈,言是昔人居山之處,薪爨煙墨猶存。谷中林木緻密,行人鮮有能至矣。又有少許山田,引灌之蹤尚存。出谷有平丘,面山傍水,土人悉以種麥,云此丘不宜殖稷黍而宜麥,齊人相承以殖之。意謂麥丘所栖愚公谷也。何其深沈幽翳,可以託業怡生如此也。余時逕此,爲之躊躕,爲之屢眷矣。余按麥丘愚公在齊川谷猶傳其名,不在魯,蓋誌者之謬耳。汶水又西南逕嬴縣故城南,《春秋左傳》桓公三年,公會齊侯于嬴,成婚于齊也。

又西南過奉高縣北,

奉高縣，漢武帝元封元年立，以奉泰山之祀，泰山郡治也。縣北有吴季札子墓，在汶水南曲中。季札之聘上國也，喪子于嬴、博之間，即此處也。《從征記》曰：嬴縣西六十里有季札兒冢，冢圓，其高可隱也。前有石銘一所，漢末奉高令所立，無所述叙，標誌而已。自昔恒蠲民户灑掃之，今不能，然碑石糜碎，靡有遺矣，惟故趺存焉。

屈從縣西南流[24]，

汶出牟縣故城西南阜下，俗謂之胡盧堆。《淮南子》曰：汶出弗其。高誘曰：山名也。或斯阜矣。牟縣故城在東北，古牟國也。春秋時，牟人朝魯，故應劭曰：魯附庸也。俗謂是水爲牟汶也。又西南逕奉高縣故城西，西南流注于汶。汶水又南，右合北汶水，水出分水溪，源與中川分水，東南流逕泰山東，右合天門下溪水，水出泰山天門下谷，東流。古者，帝王升封，咸憩此水，水上往往有石窾存焉，蓋古設舍所跨處也。《馬第伯書》云：光武封泰山，第伯從登山，去平地二十里，南向極望，無不覩，其爲高也[25]，如視浮雲，其峻也，石壁窅窱，如無道徑。遥望其人，或爲白石，或雪，久之，白者移過，乃知是人。仰視巖石松樹，鬱鬱蒼蒼，如在雲中，俯視溪谷，碌碌不可見丈尺。直上七里天門，仰視天門，如從穴中視天矣。應劭《漢官儀》云：泰山東南山頂，名曰日觀。日觀者，雞一鳴時見日，始欲出，長三丈許，故以名焉。其水自溪而東，濬波注壑，東南流，逕龜陰之田，龜山在博縣北十五里，昔夫子傷政道之陵遲，望山而懷操，故《琴操》有《龜山操》焉。山北即龜陰之田也。《春秋》定公十年，齊人來歸龜陰之田是也。又合環水，水出泰山南溪，南流歷中、下兩廟間，《從征記》曰：泰山有下、中、上三廟，牆闕嚴整，廟中柏樹夾兩階，大二十餘圍，蓋漢武所植也。赤眉嘗斫一樹，見血而止，今斧創猶存。門閣三重，樓榭四所，三層壇一所，高丈餘，廣八尺，樹前有大井，極香冷，異于凡水，不知何代所掘，不常浚渫而水旱不減。庫中有漢時故樂器及神車、木偶，皆靡密巧麗。又有石虎建武十三年永貴侯張余上金馬一匹，高二尺餘，形制甚精。中廟去下廟五里，屋宇又崇麗于下廟，廟東西夾澗。上廟在山頂，即封禪處也。其水又屈而東流，又東南逕明堂下，漢武帝元封元年，封泰山降，坐明堂于山之東北阯，武帝以古處險狹而不顯也，欲治明堂于奉高傍而未曉其制。濟南人公玉帶上黄帝時《明堂圖》，圖中有一殿，四面無壁，以茅蓋之，通水，圜宫垣爲複道，上有樓從西南入，名曰崑崙，天子從之入，以拜祀上帝焉。于是上令奉高作明堂于汶上，如帶圖也。古引水爲辟雝處，基瀆存焉，世謂此水爲石汶。《山海經》曰：環水出泰山，東流注于汶。即此水也。環水又左入于汶水，汶水數川合注[26]，又西南流逕徂徠山西，山多松柏，《詩》所謂徂徠之松也。《廣雅》曰：道梓松也。《抱朴子》稱《玉策記》曰：千歲之松，中有物，或如青牛，或如青犬，或如人，皆壽萬歲。又稱天陵有偃蓋之松也，所謂樓松也。《魯連子》曰：松樅高十仞而無枝，非憂正室之無柱也。《爾雅》曰：松葉柏身曰樅。《鄒山記》曰：徂徠山在梁甫、奉高、博三縣界，猶有美松，亦曰尤徠之山也。赤眉渠帥樊崇所保也，故崇自號尤徠三老矣。山東有巢父廟，山高十里，山下有陂，水方百許步，三道流注。一水東北沿溪而下，屈逕縣南，西北流入于汶；一水北流歷澗，西流入于汶；一水南流逕陽關亭南，《春秋》襄公十七年，逆臧紇自陽關者也。又西流入于汶水也。

過博縣西北，

汶水南逕博縣故城東，《春秋》哀公十一年，會吴伐齊取博者也。灌嬰破田横于城下，屈從其城南西流，不在西北也。汶水又西南逕龍鄉故城南，《春秋》成公二年，齊侯圍龍，龍囚頃公嬖人盧蒲就魁，殺而膊諸城上，齊侯親鼓取龍者也。漢高帝八年，封謁者陳署爲侯國。汶水又西南逕亭亭山東，黄帝所禪也。山有神廟，水上有石門，舊分水下溉處也。汶水又西南逕陽關故城西，本鉅平縣之陽關亭矣。陽虎據之以叛，伐之，虎焚萊門而奔齊者也。汶水又南，左會淄水，水出泰山梁父縣東，西南流逕菟裘城北，《春秋》隱公十一年營之，公謂羽父曰：吾將歸老焉。故《郡國志》曰：梁父有菟裘聚。淄水又逕梁父縣故城南，縣北有梁父山。《開山圖》曰：泰山在左，亢父在右，亢父知生，梁父主死。王者封泰山，禪梁父，故縣取名焉。淄水又西南逕柴縣故城北，《地理志》：泰山之屬縣也。世謂之柴汶矣。淄水又逕郕縣北，漢高帝六年，封董渫爲侯國。《春秋》：齊師圍郕，郕人伐齊，飲馬于斯水也。昔孔子行于郕之野，遇榮啟期于是，衣鹿裘，被髮，琴歌，三樂之歡，夫子善其能寬矣。淄水又西逕陽關城南，西流注于汶水。汶水又南逕鉅平縣故城東，而西南流，城東有魯道，《詩》所謂魯道有蕩，齊子由歸者也。今汶上夾水有文姜臺。汶水又西南流，《詩》云汶水滔滔矣。《淮南子》曰：狢渡汶則死。天地之性，倚伏難尋，固不可以情理窮也。汶水又西南逕魯國汶陽縣北，王莽之汶亭也。縣北有曲水亭，《春秋》桓公十二年，《經》書公會杞侯、莒子，盟于曲池。《左傳》曰：平杞、莒也。故杜預曰：魯國汶陽縣北有曲水亭。漢章帝元和二年，東巡泰山，立行宫于汶陽，執金吾耿恭[27]屯于汶上，城門基塹存焉，世謂之闕陵城也。汶水又西逕汶陽縣故城北而西注。

又西南過蛇丘縣南，

汶水又西，洸水注焉。又西逕蛇丘縣南，縣有鑄鄉城[28]，《春秋左傳》，宣叔娶于鑄。杜預曰：濟北蛇丘縣所治鑄鄉城者也。

又西南過剛縣[29]北，

《地理志》：剛，故闡也，王莽更之曰柔。應劭曰；《春秋經》書，齊人取讙及闡。今闡亭是也。杜預《春秋釋地》曰：闡在剛縣北，剛城東有一小亭，今剛縣治，俗人又謂之闡亭[30]。京相璠曰：剛縣西四十里有闡亭。未知孰是。汶水又西，蛇水注之[31]，水出縣東北泰山，西南流逕汶陽之田，齊所侵也。自汶之北，平暢極目，僖公以賜季友。蛇水又西南逕鑄城西，《左傳》所謂蛇淵囿也。故京相璠曰：今濟北有蛇丘城，城下有水，魯囿也。俗謂之濁須水，非矣。蛇水又西南逕夏暉城南，《經》書公會齊侯于下讙是也。今俗謂之夏暉城，蓋《春秋左傳》桓公三年，公子翬如齊，齊侯送姜氏于下讙，非禮也。世有夏暉之名矣。蛇水又西南入汶。汶水又西，溝水注之，水出東北馬山，西南流逕棘亭南。《春秋》成公三年，《經》書，秋，叔孫僑如帥師圍棘。《左傳》曰：取汶陽之田，棘不服，圍之。南去汶水八十里。又西南逕遂城東，《地理志》曰：蛇丘遂鄉，故遂國也。《春秋》莊公十三年，齊滅遂而戍之者也。京相璠曰：遂在蛇丘東北十里。杜預亦以爲然。然縣東北無城以擬之，今城在蛇丘西北，蓋杜預傳疑之非也。又西逕下讙城西而入汶水。汶水又西逕春亭北，考古無春名，惟平陸縣有崇陽亭，然是亭東去剛城四十里，推璠所注則符，竝所未詳也。

又西南過東平章縣南，

《地理志》曰：東平國，故梁也。景帝中六年，别爲濟東國，武帝元鼎元年，爲大河郡，宣帝甘露二年，爲東平國，王莽之有鹽也。章縣，按《世本》任姓之國也，齊人降章者也。故城在無鹽縣東北五十里。汶水又西南，有泌水注之，水出肥成縣東白原，西南流逕肥成縣故城南。樂正子春謂其弟子曰：子適齊過肥，肥有君子焉。左逕句窳亭北，章帝元和二年，鳳凰集肥成句窳亭，復其租而巡泰山，即是亭也。泌水又西南逕富成縣故城西，王莽之成富也。其水又西南流注于汶。汶水又西南逕桃鄉縣故城西，王莽之鄣亭也。世以此爲鄣城，非，蓋因巨新之故目耳。

又西南過無鹽縣南，又西南過壽張縣北，又西南至安民亭，入于濟。

汶水自桃鄉四分，當其派别之處，謂之四汶口。其左，二水雙流，西南至無鹽縣之郈鄉城[32]南，郈昭伯之故邑也。禍起鬭雞矣。《春秋左傳》定公十二年，叔孫氏墮郈。今其城無南面。汶水又西南逕東平陸縣故城北，應劭曰：古厥國也。今有厥亭。汶水又西逕危山南，世謂之龍山也。《漢書・宣元六王傳》曰：哀帝時，無鹽危山土自起，覆草如馳道狀，又瓠山石轉立。晉灼曰：《漢注》作報山，山脅石一枚，轉側起立,高九尺六寸,旁行一丈,廣四尺。東平王雲及后謁曰:漢世石立,宣帝起之表也。自之石所祭,治石象報山立石,束倍草,并祠之。建平三年,息夫躬告之,王自殺,后謁棄市,國除。汶水又西,合爲一水,西南入茂都淀,淀,陂水之異名也。淀水西南出,謂之巨野溝,又西南逕致密城南,《郡國志》曰:須昌縣有致密城,古中都也。即夫子所宰之邑矣。制養生送死之節,長幼男女之禮,路不拾遺,器不彫僞矣。巨野溝又西南入桓公河北,水西出淀,謂之巨良水,西南逕致密城北,西南流注洪瀆。次一汶西逕郈亭北,又西至壽張故城東,瀦爲澤渚。初平三年,曹公擊黃巾于壽張東,鮑信戰死于此。其右一汶,西流逕無鹽縣之故城南,舊宿國也。齊宣后之故邑,所謂無鹽醜女也。漢武帝元朔四年,封城陽共王子劉慶爲東平侯,即此邑也,王莽更名之曰有鹽亭。汶水又西逕郈鄉城南,《地理志》所謂無鹽有郈鄉者也。汶水西南流,逕壽張縣故城北,《春秋》之良縣也。縣有壽聚,漢曰壽良。應劭曰,世祖叔父名良,故光武改曰壽張也。建武十二年,世祖封樊宏爲侯國。汶水又西南,長直溝水注之,水出須昌城東北穀陽山南,逕須昌城東,又南,漆溝水注焉。水出無鹽城東北五里阜山下,西逕無鹽縣故城北,水側有東平憲王倉冢,碑闕存焉。元和二年,章帝幸東平,祀以太牢,親拜祠坐,賜御劍于陵前。其水又西流注長直溝。溝水奇分爲二,一水西逕須昌城南入濟,一水南流注于汶。汶水又西流入濟,故《淮南子》曰:汶出弗其,西流合濟。高誘云:弗其,山名,在朱虛縣東。余按誘說是,乃東汶,非《經》所謂入濟者也。蓋其誤證耳。

注释:

① 蒗蕩渠 《大典》本、黄本、吴本、《注箋》本、何校明鈔本、王校明鈔本、項本、沈本、《五校》鈔本、《七校》本、《注釋》本、《疏證》本、張本均作“蒗蕩渠”,《名勝志·河南》卷四《歸德府·商丘縣》引《水經注》作“浪宕渠”。

② 狼湯水 吴本、《注箋》本、項本、《五校》鈔本、《七校》本、《注釋》本、張本、《注疏》本均作“蒗蕩水”,《通鑑》卷八《秦紀》三二世皇帝三年“沛公引兵西過高陽”胡《注》引《水經注》作“浪蕩水”。

③ 夏后 《注箋》本、《五校》鈔本、《七校》本、《注釋》本均同,唯《注疏》本作“夏後”。《疏》:“守敬按:《史記·夏本紀》,湯封夏之後,至周,封于杞。又《杞世家》,殷時或封或絶,周武王封東樓公于杞,以奉夏祀。《漢志》亦云,周武王封禹後東樓公,是不以殷、周俱封夏後于杞。故《括地志》以夏亭故城在郟城縣者,爲殷所封,以雍邱縣古杞國城爲周所封。然考《大戴禮·少閒篇》,成湯放移夏桀,遷姒姓于杞。《史》、《漢》載酈生説,湯伐桀,封其後于杞。《文選》張士然《求爲諸孫置守冢人表》,成湯革夏而封杞,則殷已先封杞。殷敬順《列子釋文》引《系本》,謂殷湯封夏後于杞,周又封之。

則酈氏謂殷、周俱以杞封夏後，信矣。"

④　洛架口　《大典》本、黄本、吴本、《注箋》本、項本、沈本、《注釋》本、張本均作"洛架水口"。

⑤　孟霜之山　《大典》本、《注箋》本、項本、《注釋》本均作"西霜之山"。

⑥　蠡臺如西　王校明鈔本作"蠡南如西"，王國維《明鈔本水經注跋》："《睢水注》，'蠡南如西'，諸本作'蠡臺而西'，戴校作'蠡臺如西'。"《注疏》本與殿本同，《疏》："朱'如'作'而'，戴、趙改。會貞按：明鈔本、黄本並作'如'。"

⑦　城内東西道北　《注疏》本熊會貞《疏》："會貞按：'西'當'南'之誤。"

⑧　殿本在此下《案》云："案此下有脱文。"

⑨　崔列　《注疏》本作"崔烈"。《疏》："戴'烈'改'列'，守敬按：《隸釋》作'烈'，烈附《後漢書·崔駰傳》，即入錢五百萬爲司徒者。戴氏改作'列'，何謬也。"

⑩　《注疏》本熊會貞《疏》："會貞按：此碑是梁州人官梁國者所立。而二語多誤。碭、隔並梁國縣，'隔'誤'鷩'，又衍'爲'字，'碭長'當在'隴西抱罕'上，與'左尉'對，'北次陌守'當是人姓名及字，與'趙馮孝高'對，而文有誤也。"

⑪　白溝水　《大典》本、黄本、《注箋》本、項本、沈本、張本均作"白瀆水"，道光《安徽通志·輿地志》卷十七《山川》七《鳳陽府》引《水經注》作"百瀆水"。

⑫　竹縣故城　《寰宇記》卷十七《河南道》十七《宿州·符離縣》引《水經注》作"竹邑城"。

⑬　渾湖水　孫潛校本、王校明鈔本均作"渒湖水"。

⑭　顧訪病姬　王校明鈔本作"顧訪病嫗"，王國維《明鈔本水經注跋》："顧訪病嫗，即其母也。諸本'嫗'並作'姬'。"

⑮　東決　《注疏》本作"東流"。《疏》："朱訛作'河'，戴改'決'，趙改'流'。云：'河'字當作'流'，全改同。"

⑯　鄄城　吴本、《注箋》本、項本均作"甄城"。

⑰　姚城　《五校》鈔本、《七校》本、《注釋》本均作"桃城"。

⑱　沮丘城　黄本、《注箋》本、項本、沈本、《注釋》本、張本、《注疏》本均作"鉏丘(邱)城"。《注疏》本《疏》："戴以'鉏'爲訛，改作'沮'。會貞按：依下改'鉏'爲'沮'，非也。《左傳》襄四年，魏绛曰，后羿自鉏遷于窮石。《續漢志》，濮陽有鉏城(《括地志》作'鋤城'，鋤、鉏同)，即酈氏所指'鉏'字不誤，惟'鉏城'作'鉏邱城'，蓋沿俗稱耳。"

⑲　河水賦　《注疏》本作"河東賦"，《疏》："宋'東'訛作'水'，戴同，趙改。守敬按：明鈔本作'東'。賦載《漢書·雄傳》。"王國維《明鈔本水經注跋》："《瓠子水注》，揚雄《河東賦》，諸'東'並作'水'。"

⑳　黎縣　《注箋》本、項本、《注釋》本、張本均作"黎陽"。

㉑　庛縣　黄本、《注箋》本、項本、《五校》鈔本、《七校》本、《注釋》本、張本均作"秺縣"，《注疏》本作"秅縣"。《疏》："戴'秅'改'庛'，云：《説文》，庛，从广，秅聲，濟陰有庛縣。守敬按：漢縣屬濟陰郡(見下)。後漢廢。《續志》成武《注》引《地道記》有秅城。《元和志》，故城在成武縣西北二十九里。與此異，此所叙當在今鄆縣城西。"

㉒ 博昌縣 《大典》本作"傅昌縣"。

㉓ 枝流 《注疏》本作"岐流"。《疏》:"朱'岐'作'枝',戴、趙同。會貞按:《左傳》杜《注》作'岐流',《釋例》同。《釋文》,岐,其宜反。《史記·齊世家·集解》、《續漢志》博昌《注》引杜説,並作'岐'。此'枝'爲'岐'之誤無疑,今訂。"

㉔ 康熙《山東通志》卷六《山川·兖州府·汶河》云:"按《水經注》有五汶:北汶、瀛汶、柴汶、浯汶、牟汶。"此瀛汶當是此條《經》文下佚文。

㉕ 《手稿》第四集上册《記鐵琴銅劍樓瞿氏藏明鈔本水經注》云:

卷廿四《汶水篇》,引《馬第伯書》,中有十四字,《大典》本作:

其爲高,或以爲小伯石,或以爲冰雪。

朱本與《大典》本相同。瞿本作:

其爲高,或以爲小伯石,或以爲冰雹。

作"冰雪"是也。此十四字,黄省曾刻本改作:

其爲高也,如視浮雲,其峻石壁窅條。

此是依劉昭《補注》《續漢書·祭祀志》所引,但實非宋本原文。孫潛校本引柳大中本,與《大典》及朱本相同。可見黄刻本以前的古本都如此,其中"伯石"是"白石"之誤(參看戴東原本校改此條的文字)。

又《手稿》第四集上册《跋天津圖書館藏的明鈔殘本水經注》云:

這是一部明鈔宋本,絶無可疑,我試舉一個證據。此本卷二十四,《汶水篇》《經》文"屈從縣西南流"下《注》文引《馬第伯書》,其中有云:

南向極望,無不覩。其爲高,或以爲小伯石,或以爲冰雪。

"其爲高"以下,凡十三字(案此是胡適偶誤,前引《鐵琴銅劍樓》文作"十四字",此文作"十三字",實則"其爲高"以下爲十一字,合"其爲高"在内則十四字),《永樂大典》本與此本相同,海鹽朱氏藏的明鈔宋本也與此本相同。但嘉靖十三年黄省曾刻本,這十三字已改成了:

其爲高也,如視浮雲,其峻石壁窅條。

吴琯刻本依黄刻(但改"條"爲"篠")。朱謀㙔從吴琯本,但《箋》云,"峻"下當有"也"字。後來譚元春、項絪、黄晟三家刻本都從朱本。故這十三字最可以證明此本的底本是宋本,故與黄省曾以下改動了十個字的明、清刻本都不相同(黄省曾本是依據《續漢書·祭祀志·注》引《馬第伯書》改動的)。

㉖ 《注疏》本無"數川合注"四字。《疏》:"戴'水'下增'數川合注'四字,全增同。會貞按:此叙汶水經流,不必增此四字,戴誤删上'入于汶水'四字,故臆增,謂北汶、汶水合注耳。"

㉗ 耿恭 《注疏》本作"耿秉"。《疏》:"朱'秉'作'恭',戴、趙同。會貞按:惠棟《後漢書補注》,《恭傳》,未嘗爲執金吾,或别有據。今考《耿秉傳》,章帝建初末,徵爲執金吾,帝每巡郡國,秉常領郡兵宿衛左右。至章和二年,副竇憲擊北匈奴,則元和時秉正爲執金吾,此誤'秉'爲'恭'也,今訂。"

㉘　鑄鄉城　《大典》本作"冶鑄鄉城",《注箋》本、項本、《注釋》本、張本均作"鑄鄉故城"。

㉙　剛縣　黄本、沈本、《注釋》本均作"岡縣",《注箋》本、項本、張本均作"鄉縣"。

㉚　闡亭　吴本、《注箋》本、項本、張本均作"闞亭"。

㉛　《輿地廣記》卷七《京東西路・龔丘縣》引《水經注》云:"蛇水,即讙水也。"當是此句下佚文。

㉜　郈鄉城　《大典》本、黄本、《注箋》本、項本、沈本、張本均作"洽鄉城"。

卷二十五　泗水　沂水　洙水

泗水出魯卞縣北山，

《地理志》曰：出濟陰乘氏縣。又云：出卞縣北。《經》言北山，皆爲非矣。《山海經》曰：泗水出魯東北。余昔因公事，沿歷徐、沇，路逕洙、泗，因令尋其源流。水出卞縣故城東南，桃墟西北。《春秋》昭公七年，謝息納季孫之言，以孟氏成邑與晉而遷于桃。杜預曰：魯國卞縣東南有桃墟，世謂之曰陶墟，舜所陶處也。井曰舜井，皆爲非也。墟有漏澤，方十五里，渌水澂渟，三丈如減，澤西際阜，俗謂之嬀亭山，蓋有陶墟、舜井之言，因復有嬀亭之名矣。阜側有三石穴，廣圓三四尺，穴有通否，水有盈漏，漏則數夕之中，傾陂竭澤矣。左右民居，識其將漏，預以木爲曲洑[1]，約障穴口，魚鼈暴鱗，不可勝載矣。自此連岡通阜，西北四十許里。岡之西際，便得泗水之源也。《博物志》曰：泗出陪尾。蓋斯阜者矣。石穴吐水，五泉俱導，泉穴各徑尺餘，水源南側有一廟，栝柏成林，時人謂之原泉祠，非所究也。泗水西逕其縣故城南，《春秋》襄公二十九年，季武子取卞，曰：聞守卞者將叛，臣率徒以討之是也。南有姑蔑城[2]，《春秋》隱公元年，公及邾儀父盟于蔑者也。水出二邑之間，西逕郚城北，《春秋》文公七年，《經》書公伐邾。三月甲戌取須句，遂城郚。杜預曰：魯邑也。卞縣南有郚城，備邾難也。泗水自卞而會于洙水也。

西南過魯縣北[3]，

泗水又西南流，逕魯縣分爲二流，水側有一城，爲二水之分會也，北爲洙瀆。《春秋》莊公九年，《經》書，冬，浚洙。京相璠、服虔、杜預，竝言洙水在魯城北，浚深之爲齊備也。南則泗水。夫子教于洙、泗之間，今于城北二水之中，即夫子領徒之所也。《從征記》曰：洙、泗二水交于魯城東北十七里，闕里背洙面泗，南北百二十步，東西六十步，四門各有石閫，北門去洙水百步餘。後漢初，闕里荆棘自闢，從講堂至九里。鮑永爲相，因脩饗祠，以誅魯賊彭豐等。郭緣生言：泗水在城南，非也。余按《國語》，宣公夏濫于泗淵，里革斷罟棄之。韋昭云：泗在魯城北。《史記》、《冢記》、王隱《地道記》，咸言葬孔子于魯城北泗水上，今泗水南有夫子冢。《春秋孔演圖》曰：鳥化爲書，孔子奉以告天，赤爵銜書，上化爲黄玉。刻曰：孔提命，作應法，爲赤制。《説題辭》曰：孔子卒，以所受黄玉葬魯城北，即子貢廬墓處也。譙周云：孔子死後，魯人就冢次而居者，百有餘家，命曰孔里。《孔叢》曰：夫子墓塋方一里，在魯城北六里泗水上，諸孔氏[④]封五十餘所，人名昭穆，不可復識，有銘碑三所，獸碣具存。《皇覽》曰：弟子各以四方奇木來植，故多諸異樹，不生棘木刺草。今則無復遺條矣。泗水自城北南逕魯城，西南合沂水。沂水出魯城東南尼丘山[⑤]西北，山即顔母所祈而生孔子也。山東十里有顔母廟，山南數里，孔子父葬處。《禮》所謂防墓崩者也。平地發泉，流逕魯縣故城南，水北東門外，即爰居所止處也。《國語》曰：海鳥曰爰居，止于魯城東門之外三日，臧文仲祭之，展禽譏焉。故《莊子》曰：海鳥止郊，魯侯觴之，奏以廣樂，具以太牢，三日而死，此養非所養矣。門郭之外，亦戎夷死處，《吕氏春秋》曰：昔戎夷違齊如魯，天大寒而後門，與弟子宿于郭門外，寒愈甚，謂弟子曰：子與我衣，我活；我與子衣，子活。我國士也，爲天下惜，子不肖人，不足愛。弟子曰：不肖人惡能與國士并衣哉？戎[⑥]歎曰：不濟夫。解衣與弟子，半夜而死。沂水北對稷門，昔圉人犖有力，能投蓋于此門。服虔曰：能投千鈞之重，過門之上也。杜預謂走接屋之桷，反覆門上也。《春秋》僖公二十年，《經》書：春，新作南門。《左傳》曰：書不時也。杜預曰：本名稷門，僖公更高大之，今猶不與諸門同，改名高門也。其遺基猶在地八丈餘矣，亦曰雩門。《春秋左傳》莊公十年，公子偃請擊宋師，竊從雩門蒙臯比而出者也。門南隔水，有雩壇，壇高三丈，曾點所欲風舞處也。高門一里餘道西，有《道兒君碑》，是魯相陳君立。昔曾參居此，梟不入郭。縣，即曲阜之地，少昊之墟，有大庭氏之庫，《春秋》豎牛之所攻也。故劉公幹《魯都賦》曰：戢武器于有炎之庫，放戎馬于巨野之坰。周成王封姬旦于曲阜，曰魯。秦始皇二十三年，以爲薛郡，漢高后元年，爲魯國。阜上有季氏宅，宅有武子臺，今雖崩夷，猶高數丈。臺西百步有大井，廣三丈，深十餘丈，以石壘之，石似磬制。《春秋》定公十二年，公山不狃帥費人攻魯，公入季氏之宫，登武子之臺也。臺之西北二里有周公臺,高五丈,周五十步,臺南四里許則孔廟,即夫子之故宅也。宅大一頃,所居之堂,後世以爲廟。漢高祖十三年過魯[⑦],以太牢祀孔子。自秦燒《詩》、《書》,經典淪缺,漢武帝時魯恭王壞孔子舊宅,得《尚書》、《春秋》、《論語》、《孝經》。時人已不復知有古文,謂之科斗書,漢世秘之,希有見者。于時聞堂上有金石絲竹之音,乃不壞。廟屋三間,夫子在西間,東向;顔母在中間,南面;夫人隔東一間,東向。夫子牀前有石硯一枚,作甚朴,云平生時物也。魯人藏孔子所乘車于廟中,是顔路所請者也。獻帝時,廟遇火燒之。永平中,鍾離意爲魯相,到官,出私錢萬三千文,付户曹孔訢,治夫子車,身入廟,拭几席、劍履。男子張伯除堂下草,土中得玉璧七枚,伯懷其一,以六枚白意。意令主簿安置几前。孔子寢堂牀首有懸甕,意召孔訢問:何等甕也?對曰:夫子甕也,背有丹書,人勿敢發也。意曰:夫子聖人,所以遺甕,欲以懸示後賢耳。發之,中得素書。文曰:後世脩吾書,董仲舒;護吾車、拭吾履、發吾笥,會稽鍾離意;璧有七,張伯藏其一。意即召問伯,果服焉。魏黄初元年,文帝令郡國脩起孔子舊廟,置百石吏卒,廟有夫子像,列二弟子,執卷立侍,穆穆有詢仰之容。漢魏以來,廟列七碑,二碑無字,栝柏猶茂。廟之西北二里,有顔母廟,廟像猶嚴,有脩栝五株。孔廟東南五百步,有雙石闕,即靈光之南闕,北百餘步即靈光殿基,東西二十四丈[⑧],南北十二丈,高丈餘,東西廊廡别舍,中間方七百餘步,闕之東北有浴池,方四十許步,池中有釣臺,方十步,臺之基岸,悉石也,遺基尚整。故王延壽《賦》曰:周行數里,仰不見日者也。是漢景帝程姬子魯恭王之所造也。殿之東南,即泮宫也,在高門直北道西,宫中有臺,高八十尺,臺南水東西百步,南北六十步,臺西水南北四百步,東西六十步,臺池咸結石爲之,《詩》所謂思樂泮水也。沂水又西逕圜丘北,丘高四丈餘。沂水又西流,昔韓雉射龍于斯水之上。《尸子》曰:韓雉見申羊于魯,有龍飲于沂。韓雉曰:吾聞之,出見虎搏之,見龍射之,今弗射,是不得行吾聞也。遂射之。沂水又西,右注泗水也。

又西過瑕丘縣東,屈從縣東南流,漷水從東來注之。

瑕丘,魯邑,《春秋》之負瑕矣。哀公七年,季康子伐邾,囚諸負瑕是也。應劭曰:瑕丘在縣西南。昔衛大夫公叔文子升于瑕丘,蘧伯玉從。文子曰:樂哉斯丘,死則我欲葬焉。伯玉曰:吾子樂之,則瑗請前。刺其欲害民良田也。瑕丘之名,蓋因斯以表稱矣。曾子弔諸負夏,鄭玄、皇甫謐竝言衛地。魯、衛雖殊,土則一也。漷水出東海合鄉縣,漢安帝永初七年,封馬光子朗爲侯國。其水西南流入邾。《春秋》哀公二年,季孫斯伐邾取漷東田及沂西田是也。漷水又逕魯國鄒山東南而西南流,《春秋左傳》所謂嶧山也。邾文公之所遷,今城在鄒山之陽,依巖阻以墉固,故邾婁之國，曹姓也，叔梁紇之邑也。孔子生于此，後乃縣之，因鄒山之名以氏縣也，王莽之鄒亭矣。京相璠曰：《地理志》，嶧山在鄒縣北，繹邑之所依以爲名也。山東西二十里，高秀獨出，積石相臨，殆無土壤，石間多孔穴，洞達相通，往往有如數間屋處，其俗謂之"嶧孔"，遭亂輒將家入嶧，外寇雖衆，無所施害。晉永嘉中，太尉郗鑒將鄉曲保此山，胡賊攻守不能得。今山南有大嶧，名曰郗公嶧，山北有絶巖。秦始皇觀禮于魯，登于嶧山之上，命丞相李斯以大篆勒銘山嶺，名曰晝門，《詩》所謂保有鳧嶧者也。漷水又西南逕蕃縣故城南，又西逕薛縣故城北，《地理志》曰：夏車正奚仲之國也。《竹書紀年》梁惠成王三十一年，邳遷于薛，改名徐州。城南山上有奚仲冢。《晉太康地記》曰：奚仲冢在城南二十五里山上，百姓謂之神靈也。齊封田文于此，號孟嘗君，有惠喻，今郭側猶有文冢，結石爲郭，作制嚴固，瑩麗可尋，行人往還，莫不逕觀，以爲異見矣。漷水又西逕仲虺城北，《晉太康地記》曰：奚仲遷于邳，仲虺居之以爲湯左相，其後當周爵稱侯，後見侵削，霸者所絀爲伯，任姓也。應劭曰：邳在薛。徐廣《史記音義》曰：楚元王子郢客，以吕后二年封上邳侯也。有下，故此爲上矣。《晉書・地道記》曰：仲虺城在薛城西三十里，漷水又西至湖陸縣入于泗。故京相璠曰：薛縣漷水首受蕃縣，西注山陽湖陸是也。《經》言瑕丘東，誤耳。

又南過平陽縣西，

縣，即山陽郡之南平陽縣也。《竹書紀年》曰：梁惠成王二十九年，齊田肸及宋人伐我東鄙，圍平陽者也。王莽改之曰黽平矣。泗水又南逕故城西，世謂之漆鄉[⑨]。應劭《十三州記》曰：漆鄉，邾邑也。杜預曰：平陽東北有漆鄉。今見有故城西南，方二里，所未詳也。

又南過高平縣西，洸水從西北來流注之。

泗水南逕高平山，山東西十里，南北五里，高四里，與衆山相連。其山最高，頂上方平，故謂之高平山，縣亦取名焉。泗水又南逕高平縣故城西，漢宣帝地節三年，封丞相魏相爲侯國。高帝七年[⑩]，封將軍陳鍇爲橐侯。《地理志》：山陽之屬縣也。王莽改曰高平。應劭曰：章帝改。按本《志》曰：王莽改名，章帝因之矣。所謂洸水者，洙水也。蓋洸、洙相入，互受通稱矣。

又南過方與縣東，

漢哀帝建平四年，縣女子田無嗇生子，先未生二月，兒啼腹中，及生，不舉，葬之陌上，三日，人過聞啼聲，母掘養之。

菏水從西來注之。

菏水即濟水之所苞注以成湖澤也。而東與泗水合于湖陵縣西六十里穀庭城下,俗謂之黄水口。黄水西北通巨野澤,蓋以黄水沿注于菏,故因以名焉。

又屈東南,過湖陸縣南,涓涓水[11]從東北來流注之。

《地理志》:故湖陵縣也。菏水在南,王莽改曰湖陸。應劭曰:一名湖陵,章帝封東平王蒼子爲湖陸侯,更名湖陸也[12]。泗水又東逕郗鑒所築城北,又東逕湖陵城東南,昔桓温之北入也,范懽擒慕容忠于此,城東有《度尚碑》。泗水又左會南梁水,《地理志》曰:水出蕃縣。今縣之東北,平澤出泉若輪焉。發源成川,西南流分爲二水,北水枝出,西逕蕃縣北,西逕滕城北,《春秋左傳》隱公十一年,滕侯、薛侯來朝,爭長。薛侯曰:我先封。滕侯曰:我周之卜正也。薛庶姓也,我不可以後之。公使羽父請薛侯曰:君辱在寡人,周諺有之,曰:山有木,工則度之;賓有禮,主則擇之。周之宗盟,異姓爲後,寡人若朝于薛,不敢與諸任齒,君若辱貺寡人,則願以滕君爲請。薛侯許之,乃長滕侯者也。漢高祖封夏侯嬰爲侯國,號曰滕公。鄧晨曰:今沛郡公丘也。其水又溉于丘焉。縣故城在滕西北,城周二十里,内有子城,按《地理志》,即滕也。周懿王子錯叔繡文公所封也。齊滅之,秦以爲縣,漢武帝元朔三年,封魯恭王子劉順爲侯國。世以此水溉我良田,遂及百秭,故有兩溝之名焉。南梁水自枝渠西南逕魯國蕃縣故城東,俗以南鄰于漷,亦謂之西漷水。南梁水又屈逕城南,應劭曰:縣,古小邾邑也。《地理志》曰:其水西流注于濟渠。濟在湖陸西而左注泗,泗、濟合流,故地記或言濟入泗,泗亦言入濟,互受通稱,故有入濟之文。闞駰《十三州志》曰:西至湖陸入泗是也。《經》無南梁之名,而有涓涓之稱,疑即是水也。戴延之《西征記》亦言湖陸縣之東南有涓涓水,亦無記于南梁,謂是吴王所道之瀆也。余按湖陸西南止有是水,延之蓋以《國語》云,吴王夫差起師,將北會黄池,掘溝于商、魯之間,北屬之沂,西屬于濟,以是言之,故謂是水爲吴王所掘,非也。余以水路求之,止有泗川耳。蓋北達沂,西北逕于商、魯,而接于濟矣。吴所浚廣耳,非謂起自東北受沂西南注濟也。假之有通,非吴所趣,年載誠眇,人情則近,以今忖古,益知延之之不通情理矣。泗水又南,漷水注之,又逕薛之上邳城西,而南注者也。

又東[13]過沛縣東,

昔許由隱于沛澤,即是縣也,縣蓋取澤爲名。宋滅屬楚,在泗水之濱,于秦爲泗水郡治。黄水注之。黄水出小黄縣黄鄉黄溝,《國語》曰:吴子會諸侯于黄池者也。黄水東流逕外黄縣故城南,張晏曰:魏郡有内黄縣,故加外也。薛瓚曰:縣有黄溝,故縣氏焉。圈稱《陳留風俗傳》曰:縣南有渠水,于春秋爲宋之曲棘里,故宋之别都矣。《春秋》昭公二十五年,宋元公卒于曲棘是也。宋華元居于稷里,宣公十五年,楚、鄭圍宋,晉解揚違楚,致命于此。宋人懼,使華元乘闉夜入楚師,登子反之牀曰:寡君使元以病告,弊邑易子而食,析骸以爨,城下之盟,所不能也。子反退一舍,宋、楚乃平。今城東闉上猶有華元祠,祀之不輟。城北有華元冢。黄溝自城南東逕葵丘下,《春秋》僖公九年,齊桓公會諸侯于葵丘,宰孔曰:齊侯不務德而勤遠略,北伐山戎,南伐楚,西爲此會,東略之不知,西則否矣,其在亂乎?君務靖亂,無勤于行。晉侯乃還,即此地也。黄溝又東注大澤,蒹葭萑葦生焉,即世所謂大薺陂也。陂水東北流逕定陶縣南,又東逕山陽郡成武縣之楚丘亭北,黄溝又東逕成武縣故城南,王莽更之曰成安也。黄溝又東北逕郜城北,《春秋》桓公二年,《經》書,取郜大鼎于宋,戊申,納于太廟。《左傳》曰:宋督攻孔父而取其妻,殺殤公而立公子馮,以郜大鼎賂公,臧哀伯諫爲非禮。《十三州志》曰:今成武縣東南有郜城,俗謂之北郜者也。黄溝又東逕平樂縣故城南,又東,右合泡水,即豐水之上源也。水上承大薺陂,東逕貰城[14]北,又東逕已氏縣故城北,王莽之已善也。縣有伊尹冢。崔駰曰:殷帝沃丁之時,伊尹卒,葬于薄。《皇覽》曰:伊尹冢在濟陰已氏平利鄉。皇甫謐曰:伊尹年百餘歲而卒,大霧三日,沃丁葬以天子之禮,親自臨喪,以報大德焉。又東逕孟諸澤,杜預曰:澤在梁國睢陽縣東北,又東逕郜成縣[15]故城南,《地理志》:山陽縣也,王莽更名之曰告成矣。故世有南郜、北郜之論也。又東逕單父縣故城南,昔宓子賤之治也。孔子使巫馬期觀政,入其境,見夜漁者,問曰:子得魚輒放何也?曰:小者,吾大夫欲長育之故也。子聞之曰:誠彼形此,子賤得之,善矣。惜哉!不齊所治者小也。王莽更名斯縣爲利父矣。世祖建武十三年,封劉茂爲侯國。又東逕平樂縣,右合泡水[16],水上承睢水于下邑縣界,東北注一水,上承睢水于杼秋縣界北流,世又謂之瓠盧溝,水積爲渚,渚水東北流,二渠雙引,左合灃水,俗謂之二泡也。自下,灃、泡竝得通稱矣。故《地理志》曰:平樂,侯國也,泡水所出。又逕豐西澤,謂之豐水,《漢書》稱高祖送徒麗山,徒多亡,到豐西澤,有大蛇當徑,拔劍斬之。此即漢高祖斬蛇處也。又東逕大堰,水分爲二,又東逕豐縣故城南,王莽之吾豐也。水側城東北流,右合[17]枝水,上承豐西大堰,派流東北逕豐城北,東注灃水[18]。灃水又東合黄水,時人謂之狂水[19],蓋狂、黄聲相近,俗傳失實也。自下黄水又兼通稱矣。水上舊有梁,謂之泡橋[20]。王智深《宋史》云:宋太尉劉義恭于彭城遣軍主稽玄敬[21]北至城,覘候魏軍,魏軍于清西望見玄敬士衆,魏南康侯杜道儁引趣泡橋,沛縣民逆燒泡橋,又于林中打鼓,儁謂宋軍大至,爭渡泡水,水深酷寒,凍溺死者殆半。清水即泡水之别名也。沈約《宋書》稱魏軍欲渡清西,非也。泡水又東逕沛縣故城南,秦末兵起,蕭何、曹參迎漢祖于此城。高帝十一年,封合陽侯劉仲子爲侯國。城内有漢高祖廟,廟前有三碑,後漢立。廟基以青石爲之,階陛尚存。劉備之爲徐州也,治此。袁術遣紀靈攻備,備求救吕布,布救之,屯小沛,招靈請備共飲,布謂靈曰:玄德,布弟也,布性不喜合鬭,但喜解鬭。乃植戟于門,布彎弓曰:觀布射戟小枝,中者,當各解兵;不中,可留決鬭。一發中之,遂解。此即布射戟枝處也。《述征記》曰:城極大,四周塹通豐水,豐水于城南東注泗,即泡水也。《地理志》曰:泡水自平樂縣東北至沛入泗者也。泗水南逕小沛縣東,縣治故城南垞上。東岸有泗水亭,漢祖爲泗水亭長,即此亭也。故亭今有高祖廟,廟前有碑,延熹十年立。廟闕崩褫,略無全者。水中有故石梁處,遺石尚存。高祖之破黥布也,過之,置酒沛宫,酒酣歌舞,慷慨傷懷曰:遊子思故鄉也[22]。泗水又東南流逕廣戚縣故城南,漢武帝元朔元年,封劉擇爲侯國,王莽更之曰力聚也。泗水又逕留縣而南逕垞城東,城西南有崇侯虎廟,道淪遺愛,不知何因而遠有此圖。泗水又南逕宋大夫桓魋冢西,山枕泗水,西上盡石,鑿而爲冢,今人謂之石郭者也。郭有二重,石作工巧。夫子以爲不如死之速朽也。

又東南過彭城縣東北,

泗水西有龍華寺,是沙門釋法顯遠出西域,浮海東還,持《龍華圖》,首創此制。法流中夏,自法顯始也。其所持天竺二石,仍在南陸東基堪中,其石尚光潔可愛。泗水又南,獲水入焉,而南逕彭城縣故城東。周顯王四十二年,九鼎淪没泗淵,秦始皇時而鼎見于斯水。始皇自以德合三代,大喜,使數千人没水求之,不得,所謂鼎伏也。亦云系而行之,未出,龍齒齧斷其系。故語曰:稱樂大早絶鼎系。當是孟浪之傳耳。泗水又逕龔勝墓南,墓碣尚存。又經亞父冢東,《皇覽》曰:亞父冢在廬江縣郭東居巢亭中,有亞父井,吏民親事,皆祭亞父于居巢廳上,後更造祠于郭東,至今祠之。按《漢書·項羽傳》,歷陽人范增,未至彭城而發疽死,不言之居巢,今彭城南有項羽涼馬臺,臺之西南山麓上,即其冢也。增不慕范蠡之舉,而自絶于斯,可謂褊矣。推考書事,墓近于此也。

又東南過吕縣南,

吕,宋邑也。《春秋》襄公元年,晉師伐鄭及陳,楚子辛救鄭,侵宋吕、留是也。縣對泗水,漢景帝三年,有白頸烏與黑烏,羣鬭于縣,白頸烏不勝,墮泗水中,死者數千。京房《易傳》曰:逆親親,厥妖白黑烏鬭。時有吴、楚之反。泗水之上有石梁焉,故曰吕梁也。昔宋景公以弓工之弓,彎弧東射,矢集彭城之東,飲羽于石梁,即斯梁也。懸濤漰湱,寔爲泗險,孔子所謂魚鼈不能游。又云:懸水三十仞,流沫九十里。今則不能也。蓋惟嶽之喻,未便極天明矣。《晉太康地記》曰:水出磬石,《書》所謂泗濱浮磬者也。泗水又東南流，丁溪水注之，溪水上承泗水于吕縣，東南流，北帶廣隰，山高而注于泗川。泗水冬春淺澀，常排沙通道，是以行者多從此溪。即陸機《行思賦》所云：乘丁水之捷岸，排泗川之積沙者也。晉太元九年，左將軍謝玄于吕梁遣督護聞人奭用工九萬，擁水立七埭[23]，以利漕運者。

又東南過下邳縣西，

泗水歷縣逕葛嶧山東，即奚仲所遷邳嶧者也。泗水又東南逕下邳縣故城西，東南流，沂水流注焉，故東海屬縣也。應劭曰：奚仲自薛徙居之，故曰下邳也。漢徙齊王韓信爲楚王，都之。後乃縣焉，王莽之閏儉矣，東陽郡治。文穎曰：秦嘉，東陽郡人，今下邳是也。晉灼曰：東陽縣，本屬臨淮郡，明帝分屬下邳，後分屬廣陵。故張晏曰：東陽郡，今廣陵郡也，漢明帝置下邳郡矣。城有三重，其大城中有大司馬石苞、鎮東將軍胡質、司徒王渾、監軍石崇四碑。南門謂之白門，魏武擒陳宫于此處矣。中城，吕布所守也。小城，晉中興北中郎將荀羨、郗曇所治也。昔泰山吴伯武，少孤，與弟文章相失二十餘年，遇于縣市，文章欲毆伯武，心神悲慟，因相尋問，乃兄弟也。縣爲沂、泗之會也。又有武原水注之，水出彭城武原縣西北，會注陂南，逕其城西，王莽之和樂亭也。縣東有徐廟山，山因徐徙，即以名之也。山上有石室，徐廟也。武原水又南合武水，謂之沕水[24]，南逕剛亭城，又南至下邳入泗，謂之武原水口也。又有桐水出西北東海容丘縣，東南至下邳入泗。泗水東南逕下相縣故城東，王莽之從德也。城之西北有漢太尉陳球墓，墓前有三碑，是弟子管寧、華歆等所造。初平四年，曹操攻徐州，破之，拔取慮、睢陵、夏丘等縣，以其父避難被害于此，屠其男女十萬，泗水爲之不流，自是數縣人無行跡，亦爲暴矣。泗水又東南得睢水口，泗水又逕宿預城之西，又逕其城南，故下邳之宿留縣也，王莽更名之曰康義矣。晉元皇之爲安東也，督運軍儲，而爲邸閣也。魏太和中，南徐州治，後省爲戍。梁將張惠紹北入，水軍所次，憑固斯城，更增脩郭壍，其四面引水環之，今城在泗水之中也。

又東南入于淮。

泗水又東逕陵栅南，《西征記》曰：舊陵縣之治也。泗水又東南逕淮陽城北，城臨泗水，昔菑丘訢飲馬斬蛟，眇目于此處也。泗水又東南逕魏陽城北，城枕泗川，陸機《行思賦》曰：行魏陽之枉渚。故無魏陽，疑即泗陽縣故城也，王莽之所謂淮平亭矣。蓋魏文帝幸廣陵所由，或因變之，未詳也。泗水又東逕角城北，而東南流注于淮。考諸地説，或言泗水于睢陵入淮，亦云于下相入淮，皆非實録也。

沂水出泰山蓋縣艾山，

鄭玄云:出沂山,亦或云臨樂山。水有二源:南源所導,世謂之柞泉;北水所發,俗謂之魚窮泉。俱東南流合成一川,右會洛預水,水出洛預山,東北流注之。沂水東南流,左合桑預水,水北出桑預山,東注于沂水。沂水又東南,螳蜋水入焉。水出魯山,東南流,右注沂水。沂水又東逕蓋縣故城南,東會連綿之水,水發連綿山,南流逕蓋城東而南入沂。沂水又東逕浮來之山,《春秋經》書:公及莒人盟于浮來者也。即公來山也。在邳鄉西,故號曰邳來之間也。浮來之水注之,其水左控三川,右會甘水而注于沂。沂水又南逕爆山西,山有二峰,相去一里,雙巒齊秀,圓峙若一。沂水又東南逕東莞縣故城西,與小沂水合。孟康曰:縣,故鄆邑[25],今鄆亭是也。漢武帝元朔二年,封城陽共王子吉爲東莞侯。魏文帝黄初中立爲東莞郡。《東燕録》謂之團城。劉武帝北伐廣固,登之以望王難[26]。魏南青州治。《左氏傳》曰:莒、魯爭鄆,爲日久矣。今城北鄆亭是也。京相璠曰:琅邪姑幕縣南四十里員亭,故魯鄆邑,世變其字,非也。《郡國志》:東莞有鄆亭。今在團城東北四十里,猶謂之故東莞城矣。小沂水出黄孤山,西南流逕其城北,西南注于沂。沂水又南與閭山水合,水出閭山,東南流,右佩二水,總歸于沂。沂水南逕東安縣故城東,而南合時密水,水出時密山,春秋時莒地。《左傳》:莒人歸共仲于魯,及密而死是也。時密水東流,逕東安城南,漢封魯孝王子强爲東安侯。時密水又東南流入沂。沂水又南,桑泉水北出五女山,東南流,巨圍水注之,水出巨圍之山,東南注于桑泉水。桑泉水又東南,堂阜水入焉。其水導源堂阜,《春秋》莊公九年,管仲請囚,鮑叔受之,及堂阜而税之。杜預曰:東莞蒙陰縣西北有夷吾亭者是也。堂阜水又東南注桑泉水,桑泉水又東南逕蒙陰縣故城北,王莽之蒙恩也。又東南與叟崮水合,水有二源雙會,東導一川,俗謂之汶水也。東逕蒙陰縣注桑泉水。又東南,盧川水注之,水出鹿嶺山,東南流,左則二川臻湊,右則諸葛泉源。斯奔亂流,逕城陽之盧縣,故蓋縣之盧上里也。漢武帝元朔二年,封城陽共王子劉狶爲侯國,王莽更名之曰著善矣。又東南注于桑泉水。桑泉水又東南,右合蒙陰水,水出蒙山之陰,東北流,昔琅邪承宫,避亂此山,立性好仁,不與物競,人有認其黍者,捨之而去。其水東北流入于沂。沂水又南逕陽都縣故城東,縣,故陽國也。齊同盟,齊利其地而遷之者也。漢高帝六年,封將軍丁復爲侯國。沂水又南與蒙山水合,水出蒙山之陰,東流逕陽都縣南,東注沂水。沂水又左合温水,水上承温泉陂,而西南入于沂水者也。

南過琅邪臨沂縣東,又南過開陽縣東,

沂水南逕中丘城西,《春秋》隱公七年,夏,城中丘。《左傳》曰:書不時也。沂水又南逕臨沂縣故城東,《郡國志》曰:琅邪有臨沂縣,故屬東海郡,有治水[27]注之,水出

泰山南武陽縣之冠石山。《地理志》曰：冠石山，治水所出。應劭《地理風俗記》曰：武水出焉。蓋水異名也。東流逕蒙山下，有祠。治水又東南逕顓臾城北，《郡國志》曰：縣有顓臾城。季氏將伐之，孔子曰：昔者，先王以爲東蒙主，社稷之臣，何以伐之爲？冉有曰：今夫顓臾固而便，近于費者也。治水又東南流，逕費縣故城南，《地理志》：東海之屬縣也。爲魯季孫之邑，子路將墮之，公山弗擾師襲魯，弗克，後季氏爲陽虎所執，弗擾以費畔，即是邑也。漢高帝六年，封陳賀爲侯國。王莽更名之曰順從也。許慎《説文》云：沂水出東海費縣東，西入泗，從水，斤聲。吕忱《字林》亦言是矣。斯水東南所注者，沂水在西，不得言東南趣也，皆爲謬矣，故世俗謂此水爲小沂水。治水又東南逕祊城南。《春秋》隱公八年，鄭伯請釋泰山之祀，而祀周公，使宛歸泰山之祊而易許田。杜預《釋地》曰：祊，鄭祀泰山之邑也，在琅邪費縣東南。治水又東南流注于沂。沂水又南逕開陽縣故城東，縣，故鄅國也。《春秋左傳》昭公十八年，邾人襲鄅，盡俘以歸，鄅子曰：余無歸矣。從帑于邾是也。後更名開陽矣。《春秋》哀公三年，《經》書：季孫斯、叔孫州仇帥師城啟陽者是矣。縣，故琅邪郡治也。

又東過襄賁縣東，屈從縣南西流，又屈南過郯縣西，

《魯連子》稱，陸子謂齊湣王曰：魯費之衆，臣甲舍于襄賁者也。王莽更名章信也。郯，故國也，少昊之後。《春秋》昭公十七年，郯子朝魯，公與之宴，昭子叔孫婼問曰：少昊，鳥名官，何也？郯子曰：吾祖也，我知之矣。黄帝、炎帝以雲火紀官，太皞以龍紀，少皞瑞鳳鳥，統歷鳥官之司，議政斯在，孔子從而學焉。既而告人曰：天子失官，學在四夷者也。《竹書紀年》晉烈公四年，越子末句[28]滅郯，以郯子鴣歸。縣，故舊魯也，東海郡治，秦始皇以爲郯郡，漢高帝二年，更從今名，即王莽之沂平者也。

又南過良城縣西，又南過下邳縣西，南入于泗。

《春秋左傳》曰：昭公十三年，秋，晉侯會吴子于良，吴子辭水道不可以行，晉乃還是也。《地理志》曰：良城，王莽更名承翰矣。沂水于下邳縣北西流，分爲二水，一水于城北西南入泗，一水逕城東屈從縣南，亦注泗，謂之小沂水。水上有橋，徐、泗間以爲圯，昔張子房遇黄石公于圯上，即此處也。建安二年，曹操圍吕布于此，引沂、泗灌城而擒之。

洙水出泰山蓋縣臨樂山，

《地理志》曰：臨樂山，洙水所出，西北至蓋入泗水。或作池字，蓋字誤也。洙水自山西北逕蓋縣，漢景帝中五年，封后兄王信爲侯國。又西逕泰山東平陽縣。《春

秋》宣公八年,冬,城平陽。杜預曰:今泰山平陽縣是也。河東有平陽,故此加東矣。晉武帝元康九年,改爲新泰縣也。

西南至卞縣,入于泗。

洙水西南流,盜泉水注之,泉出卞城東北卞山之陰。《尸子》曰:孔子至于暮矣,而不宿于盜泉,渴矣而不飲,惡其名也。故《論語·比考讖》曰:水名盜泉,仲尼不漱。即斯泉矣。西北流注于洙水。洙水又西南流于卞城西,西南入泗水,亂流西南至魯縣東北,又分爲二水,水側有故城,兩水之分會也。洙水西北流逕孔里北,是謂洙、泗之間矣。《春秋》之浚洙,非謂始導矣,蓋深廣之耳。洙水又西南,枝津出焉,又南逕瑕丘城東,而南入石門,古結石爲水門,跨于水上也。西南流,世謂之杜武溝。洙水又西南逕南平陽縣之顯閭亭西,邾邑也。《春秋》襄公二十一年,《經》書,邾庶其以漆、閭丘來奔者也。杜預曰:平陽北有顯閭亭。《十三州記》曰:山陽南平陽縣又有閭丘鄉。《從征記》曰:杜謂顯閭,閭丘也。今按漆鄉在縣東北,漆鄉東北十里,見有閭丘鄉,顯閭非也,然則顯閭自是别亭,未知孰是。又南,洸水注之。吕忱曰:洸水出東平陽,上承汶水于剛縣西闡亭東。《爾雅》曰:汶别爲闡,其猶洛之有波矣。洸水西南流逕盛鄉城西,京相璠曰:剛縣西南有盛鄉城者也。又南逕泰山寧陽縣故城西,漢武帝元朔三年,封魯共王子劉恬爲侯國,王莽改之曰寧順也。又南,洙水枝津注之,水首受洙,西南流逕瑕丘城北,又西逕寧陽城南,又西南入于洸水。洸水又西南逕泰山郡乘丘縣故城東,趙肅侯二十年,韓將舉與齊、魏戰于乘丘,即此縣也。漢武帝元朔五年,封中山靖王子劉將夜爲侯國也。洸水又東南流注于洙。洙水又南至高平縣,南入于泗水。西有茅鄉城,東去高平三十里,京相璠曰:今高平縣西三十里有故茅鄉城者也。

注释:

① 曲洑 《注疏》本作"曲狀"。《疏》:"全校改'狀'作'洑',戴、趙改同。守敬按:《詩》'魚麗于罶',《傳》,罶,曲梁也,寡婦之笱也。《疏》郭璞曰,凡以薄取魚者名爲罶。孫炎曰,罶,曲梁,其功易,故謂之寡婦之笱。然則曲薄也。此當是以木爲曲薄之狀。若洑字訓爲洄流,亦曰洑流,曲洑之義,殊不可通。"

② 姑蔑城 《大典》本、吴本作"姑蔑城"。

③ 《方輿紀要》卷三十二《山東》三《兗州府·曲阜縣·五父衢》引《水經注》云:"(五父衢)在魯東門外二里,襄十一年,季子將作三軍,盟諸僖閎,詛諸五父之衢;八年,陽貨取寶玉大弓以出,舍于五父之衢。"當是此《經》文下佚文。

④　此下王校明鈔本有“丘”字。王國維《明鈔本水經注跋》:“《泗水注》,諸孔氏丘封,諸本並奪‘丘’字。”

⑤　尼丘山　《尚書詳解》卷六“海岱及淮惟徐州”篇,夏僎《解》引《水經注》作“居石山”,康熙《山東通志》卷六《山川・沂河》引《水經注》作“尼山”。

⑥　此下《注疏》本有“夷”字。《疏》:“朱脱‘夷’字,戴同,趙增。”

⑦　《注疏》本楊守敬《疏》:“守敬按:《漢書・高帝紀》在十二年,此‘三’爲‘二’之誤”。段熙仲《校記》:“按:不誤也。漢太初以前以建子月十月爲歲之首月,太初以後以寅月爲正月。此事在十二年之十二月,爲次年(十三年)之首,但《高帝紀》終于十二年耳。”

⑧　二十四丈　《注疏》本熊會貞《疏》:“會貞按:《御覽》一百七十五、《天中記》十三引此,並無四字,《後漢書・東海恭王彊傳・注》亦無此四字,當衍。”

⑨　漆鄉　《注箋》本、項本、張本均作“漆鄉滼”,《注釋》本作“漆鄉郭”。

⑩　七年　《注疏》本作“八年”,《疏》:“全云:當作‘七年’。戴改‘七’。守敬按:《史》、《表》俱作‘八年’,‘八’字不誤。”

⑪　涓涓水　黄本作“淯涓水”。

⑫　殿本在此下《案》云:

> 案原本及近刻竝訛作:“爲湖陵侯,更名湖陵也。”考《後漢書・郡國志》,山陽郡湖陸,故文有“陵”字爲更名耳,五也;“倉”,當作“蒼”,六也;“爲湖陵侯”當作“爲湖陸侯”,七也;“更名湖陵”,當作“更名湖陸”,八也。道元此《注》亦有“尚書”二字,蓋校是書者據《漢志》訛本增入。《説文》“菏”字下云,菏澤水出山陽湖陵,引《禹貢》“浮于淮泗,達于菏”,而《水經・濟水》内叙菏水云,又東南過湖陸縣南,東入于泗水。道元《注》亦引《尚書》“浮于淮泗,達于菏”。今《尚書》本皆訛作“達于河”。以《尚書》及《前》《後漢書》、《水經注》互有舛誤,彼此紛糾,僅就一處訂正,終難了徹,故備論之。

《注疏》本在此下《疏》:

> 朱兩“湖陸”俱訛作“湖陵”。趙云:按此《注》全是襲用《漢志》而又誤者。《漢志》山陽郡湖陵縣下云,《禹貢》,浮于淮泗,通于河,水在南,莽曰湖陸。應劭曰,《尚書》一名湖,章帝封東平王倉子爲湖陵侯,更名湖陵。“通于河”,據《説文》是“達于菏”,一名湖之“湖”,亦當是“菏”字。蓋仲瑗引《尚書》之菏,以證《世本》、《漢書》“通于河”之誤。傳寫者更訛而爲“湖”。道元不察,又加“陵”。湖陵,章帝更名。劉昭《注》云:《前漢志》,王莽改曰湖陵,章帝復其號。又《郡國志》,高平侯國,故橐,章帝更名。劉昭《注》云:《前漢志》,王莽改曰高平,章帝復莽此號。蓋光武中興,凡莽所改,即不行用,至章帝改湖陵爲湖陸,改橐爲高平,偶與莽同,以莽不足道,故直曰章帝更名耳。光武永平二年,以橐、湖陵益東平國,見《光武十王列傳》。《注》云:槖縣一名高平。其正文及注兩“槖”字,皆“橐”之訛。是光武時仍前漢之舊,稱橐、湖陵,章帝已後則稱高平、湖陸也。今《漢書・地理志》山陽郡湖陵下云:《禹貢》:浮于泗淮,通于河。水在南,莽曰湖陸。應劭曰:《尚書》一名湖,章帝封東平王倉子爲湖陸侯,更名湖陵。此條舛誤者八:“泗淮”當作“淮泗”,一也;“通于河”,當作“通于

菏”,二也;“水在南”,當作“菏水在南”,三也;“尚書”二字,當在“禹貢”二字之上,不當在“應劭曰”下,四也;應劭時稱湖陸已久,所引應劭語,宜爲《地理風俗記》湖陸縣下之文,“一名湖”,當是“一名湖陵”,校《漢書》者妄删“陵”字,以起下字,遂有《尚書》一名湖陵之謬詞。更考《郡國志》山陽郡湖陸,故湖陵,章帝更名。劉昭《補注》云,《前漢志》,王莽改曰湖陸,章帝復其號。晉以後總曰湖陸。戴删“尚書”二字,謂“一名湖陵”,宜爲《地理風俗記》之文。改“湖陵侯”作“湖陸侯”,改“更名湖陵”作“更名湖陸”。守敬按:趙説是也。戴删非,改是也。

⑬　又東　《注疏》本作“又南”。《疏》:“戴作‘又東’,與鍾、譚、黄晟等本同。會貞按:黄本作‘又南’,證以水道適合,則作‘東’者誤也。”

⑭　貰城　《注箋》本、項本、《注釋》本、張本均作“貫城”。

⑮　部成縣　《大典》本、《注箋》本、項本、張本均作“印城縣”,《五校》鈔本、《七校》本、《注釋》本均作“部城縣”,《注疏》本作“邛城縣”。《疏》:“朱脱‘又東’二字,戴、趙增。又‘邛’訛作‘印’,戴、趙改作‘部’。戴並改‘城’作‘成’。守敬按:明鈔本作‘邛城’。《漢志》山陽郡,部城,侯國。宋祁曰,‘部’當作‘邛’。《外戚侯表》,邛成屬濟陰,與山陽相距不遠。《説文》,邛成,濟陰縣。段氏云,《玉篇》邛字下曰,山陽邛成縣。此‘部成’當作‘邛成’之確證。濟陰、山陽,容有改屬。今本《漢志》誤部成者,以王莽改告成之故(二‘成’字此作‘城’,古通)。部城本在成武,自王莽改邛城曰告城,于是謂部城曰北部,此曰南部。段説其審,則當改‘印’爲‘邛’。戴、趙改‘邛’爲‘部’,非也。縣後漢省,在今城武縣東南。”

⑯　泡水　《方輿紀要》卷二十九《江南》十一《徐州・沛縣・泡河》引《水經注》作“苞水”。

⑰　右合　《注疏》本作“左合”。《疏》:“朱‘左’訛作‘右’,戴、趙同。會貞按:豐水東逕豐城南,枝水東北逕豐城北,則枝水在豐水之左,此當作‘左合’無疑,今訂。”

⑱　澧水　《五校》鈔本、《七校》本、《注釋》本均作“豐水”。

⑲　狂水　《後漢書》卷八十五《列傳》七十五《東夷傳》“偃王處潢氏東地方五百里”《注》引《水經注》作“汪水”。

⑳　泡橋　《方輿紀要》卷二十九《江南》十一《徐州・沛縣・泡河》引《水經注》作“苞橋”。

㉑　稽玄敬　“稽”各本同,《宋書・索虜傳》作“嵇”。

㉒　思故鄉　《注疏》本熊會貞《疏》:“會貞按:在高祖十二年,《史》、《漢》‘思’並作‘悲’。”

㉓　七抡　《注疏》本作“七埭”。《疏》:“朱‘埭’作‘拖’,《箋》曰:當作‘埭’。《晉書》,謝玄堰吕梁水,植栅,立七埭爲派,擁二岸之流,以利漕運。趙‘拖’改‘埭’,‘運漕’作‘漕運’,删‘者’字。”

㉔　洳水　于鬯《香草續校書》云:“‘洳’,蓋‘治’字之誤。《沂水篇》云:沂水又南逕臨沂縣故城東,有治水注之,水出泰山南武陽縣之冠石山,《地理志》曰:冠石山,治水所出。應劭《地理風俗記》曰:武水出焉,蓋水異名也。是武水又名治水,即洳水矣。‘洳’字爲‘治’字之誤,明甚。”

㉕　鄆邑　《注箋》本、項本、張本均作“鄴邑”,何本作“鄲邑”。

㉖　王難　殿本在此下《案》云:“案此二字有舛誤,朱謀瑋云:當作‘五龍’。廣固有五龍口,見二十六卷。”《注釋》本、《注疏》本均作“五龍”。《注疏》本楊守敬《疏》:“守敬按:《名勝志》作‘五

龍’,趙依《箋》改至確,戴失考耳。”

㉗　治水　吴本、《注箋》本、項本、張本均作“洛水”。

㉘　末句　《注釋》本、《注疏》本均作“朱句”。《注疏》本《疏》:“朱《箋》曰:今《竹書紀年》晉烈公六年,於越子朱句伐郯,以郯子鴣歸。趙‘末’改‘朱’。守敬按:《史記·越世家·索隱》引《紀年》,在朱句三十五年。”

卷二十六　沭水　巨洋水　淄水
汶水　濰水　膠水

沭水出琅邪東莞縣西北山，

大弁山[①]與小泰山連麓而異名也。引控衆流，積以成川，東南流逕邳鄉南，南去縣八十許里，城有三面而不周于南，故俗謂之半城。沭水又東南流，左合峴水，水北出大峴山，東南流逕邳鄉東，東南流注于沭水也。

東南過其縣東，

沭水左與箕山之水合，水東出諸縣西箕山。劉澄之以爲許由之所隱也，更爲巨謬矣。其水西南流，注于沭水也。

又東南過莒縣東，

《地理志》曰：莒子之國，盈姓也，少昊後。《列女傳》曰：齊人杞梁殖，襲莒戰死，其妻將赴之，道逢齊莊公，公將弔之。杞梁妻曰：如殖死有罪，君何辱命焉；如殖無罪，有先人之敝廬在，下妾不敢與郊弔。公旋車弔諸室，妻乃哭于城下，七日而城崩[②]。故《琴操》云：殖死，妻援琴作歌曰："樂莫樂兮新相知，悲莫悲兮生別離。"哀感皇天，城爲之墮。即是城也。其城三重，竝悉崇峻，惟南開一門。内城方十二里，郭周四十許里。《尸子》曰：莒君好鬼巫而國亡，無知之難，小白奔焉。樂毅攻齊，守險全國，秦始皇縣之，漢興以爲城陽國，封朱虚侯章，治莒，王莽之莒陵也。

光武合城陽國爲琅邪國,以封皇子京,雅好宮室,窮極伎巧,壁帶飾以金銀。明帝時,京不安莒,移治開陽矣。沭水又南,袁公水[③]東出清山,遵坤維而注沭。沭水又南,潯水注之,水出于巨公之山[④],西南流,舊堨以溉田,東西二十里,南北十五里。潯水又西南流入沭。沭水又南與葛陂水會,水發三柱山,西南流逕辟土城南,世謂之辟陽城。《史記·建元以來王子侯者年表》曰:漢武帝元朔二年,封城陽共王子節侯劉壯爲侯國也。其水于邑,積以爲陂,謂之辟陽湖,西南流注于沭水也。

又南過陽都縣,東入于沂[⑤]。

沭水自陽都縣又南會武陽溝水,水東出倉山,山上有故城,世謂之監官城,非也,即古有利城矣。漢武帝元朔四年,封城陽共王子劉釘爲侯國也。其城因山爲基,水導山下,西北流,謂之武陽溝,又西至即丘縣,注于沭。沭水又南逕東海郡即丘縣,故《春秋》之祝丘也。桓公五年,《經》書:齊侯、鄭伯,如紀城祝丘。《左傳》曰:齊、鄭朝紀,欲襲之。漢立爲縣,王莽更之曰就信也。《郡國志》曰:自東海分屬琅邪。闞駰曰:即、祝,魯之音,蓋字承讀變矣。沭水又南逕東海厚丘縣,王莽更之曰祝其亭也。分爲二瀆:一瀆西南出,今無水,世謂之枯沭;一瀆南逕建陵縣故城東。漢景帝六年,封衛綰爲侯國,王莽更之曰付亭也。沭水又南逕建陵山西,魏正光中,齊王之鎮徐州也,立大堨,遏水西流,兩瀆之會,置城防之,曰曲沭戍。自堨流三十里,西注沭水舊瀆,謂之新渠。舊瀆自厚丘西南出,左會新渠,南入淮陽宿預縣注泗水,《地理志》所謂至下邳注泗者也。《經》言于陽都入沂,非矣。沭水左瀆自大堰水斷,故瀆東南出,桑堰水注之,水出襄賁縣,泉流東注。沭瀆又南,左合[⑥]橫溝水,水發瀆右,東入沭之[⑦]。故瀆又南暨于遏。其水西南流,逕司吾山東,又逕司吾縣故城西,《春秋左傳》:楚執鍾吾子以爲司吾。縣,王莽更之曰息吾也。又西南至宿預注泗水也。沭水故瀆自下堰東南逕司吾城東,又東南歷柤口城[⑧]中,柤水[⑨]出于楚之柤地。《春秋》襄公十年,《經》書:公與晉及諸侯,會吳于柤。京相璠曰:宋地。今彭城偪陽縣西北有柤水溝[⑩],去偪陽八十里。東南流逕傅陽縣[⑪]故城東北,《地理志》曰:故偪陽國也。《春秋左傳》襄公十年,夏四月戊午,會于柤,晉荀偃、士匄請伐偪陽而封宋向戌焉。荀罃曰:城小而固,勝之不武,弗勝爲笑。固請,丙寅圍之,弗克,孟氏之臣秦堇父,輦重如役,偪陽人啟門,諸侯之士門焉。縣門發,鄹人紇抉之以出門者,狄虒彌建大車之輪而蒙之以甲,以爲櫓,左執之,右拔戟,以成一隊,孟獻子曰:《詩》所謂有力如虎者也。主人縣布,堇父登之,及堞而絶之,墜,則又縣之,蘇而復上者三,主人辭焉。乃退,帶其斷以徇于軍三日,諸侯之師久于偪陽,請歸,智伯怒曰:七日不克,爾乎取之,以謝罪也。荀偃、士匄攻之,親受矢石,遂滅之,以偪陽子歸,獻于武宮,謂之夷俘。偪陽,妘姓也,漢以爲縣,漢武帝元朔三年，封齊孝王子劉就爲侯國，王莽更之曰輔陽也。《郡國志》曰：偪陽有柤水。柤水又東南，亂于沂而注于沭，謂之柤口，城得其名矣。東南至朐縣[12]，入游注海也。

巨洋水出朱虚縣泰山，北過其縣西[13]，

泰山，即東小泰山[14]也。巨洋水，即《國語》所謂具水矣。袁宏謂之巨昧[15]，王韶之以爲巨蔑[16]，亦或曰朐瀰[17]，皆一水也，而廣其目焉。其水北流逕朱虚縣故城西，漢惠帝二年，封齊悼惠王子劉章爲侯國。《地理風俗記》曰：丹山在西南，丹水所出，東入海。丹水由朱虚丘阜矣。故言朱虚城西有長坂遠峻，名爲破車峴。城東北二十里有丹山，世謂之凡山。縣在西南，非山也。丹、凡字相類，音從字變也。丹水有二源，各導一山，世謂之東丹、西丹水也。西丹水自凡山北流，逕劇縣故城東，東丹水注之。水出方山，山有二水，一水即東丹水也。北逕縣合西丹水，而亂流又東北出，逕渏薄澗北。渏水亦出方山，流入平壽縣，積而爲渚，水盛則北注，東南流，屈而東北流，逕平壽縣故城西，而北入丹水，謂之魚合口。丹水又東北逕望海臺東，東北注海，蓋亦縣所氏者也。

又北過臨朐縣東，

巨洋水自朱虚北入臨朐縣，熏冶泉水注之。水出西溪，飛泉側瀨于窮坎之下，泉溪之上，源麓之側有一祠，目之爲冶泉祠。按《廣雅》，金神謂之清明。斯地蓋古冶官所在，故水取稱焉。水色澄明而清泠特異，淵無潛石，淺鏤沙文，中有古壇，參差相對，後人微加功飾，以爲嬉遊之處。南北邃岸凌空，疎木交合。先公以太和中，作鎮海岱。余總角之年[18]，侍節東州。至若炎夏火流，閒居倦想，提琴命友，嬉娱永日，桂筍尋波，輕林委浪，琴歌既洽，歡情亦暢，是焉棲寄，寔可憑衿。小東有一湖，佳饒鮮筍，匪直芳齊芍藥，寔亦潔竝飛鱗。其水東北流入巨洋，謂之熏冶泉。又逕臨朐縣故城東，城，古伯氏駢邑也。漢武帝元朔元年[19]，封菑川懿王子劉奴爲侯國。應劭曰：臨朐，山名也，故縣氏之。朐亦水名，其城側臨朐川，是以王莽用表厥稱焉。城上下，沿水悉是劉武皇北伐廣固，營壘所在矣。巨洋又東北逕委粟山東，孤阜秀立，形若委粟。又東北，洋水注之，水西出石膏山西北石澗口，東南逕逄山祠西。洋水又東南，歷逄山下，即石膏山也。山麓三成，壁立直上。山上有石鼓，鳴則年凶。郭緣生《續述征記》曰：逄山在廣固南三十里，有祠并石鼓，齊地將亂，石人輒打石鼓，聲聞數十里。洋水歷其陰而東北流，世謂之石溝水。東北流出于委粟山北，而東注于巨洋，謂之石溝口。然是水下流，亦有時通塞，及其春夏水泛，川瀾無輟，亦或謂之爲龍泉水。《地理志》：石膏山，洋水所出是也。今于此縣，惟是

瀆當之,似符羣證矣。巨洋水又東北得邳泉口,泉源西出平地,東流注于巨洋水。巨洋水又北會建德水,水西發逢山阜而東流入巨洋水也。

又北過劇縣西,

巨洋水又東北合康浪水,水發縣西南峨山,無事樹木而圓峭孤峙,巑岏分立。左思《齊都賦》曰:峨嶺鎮其左是也。康浪水北流注于巨洋。巨洋又東北逕劇縣故城西,古紀國也。《春秋》莊公四年,紀侯不能下齊,以與弟季,大去其國,違齊難也。後改曰劇。故《魯連子》曰:朐劇之人,辯者也。漢文帝十八年,别爲菑川國,後并北海。漢武帝元朔二年,封菑川懿王子劉錯爲侯國,王莽更之曰俞縣也。城之北側有故臺,臺西有方池,晏謨曰:西去齊城九十七里。耿弇破張步于臨淄,追至巨洋水[20]上,僵尸相屬,即是水也。巨洋[21]又東北逕晉龍驤將軍、幽州刺史辟閭渾墓東而東北流,墓側有一墳甚高大,時人咸謂之爲馬陵,而不知誰之丘壟也。巨洋水又東北逕益縣故城東,王莽更之曰滌蕩也。晏謨曰:南去齊城五十里。司馬宣王伐公孫淵,北徙豐人,住于此城,遂改名爲南豐城也。又東北,積而爲潭,枝津出焉,謂之百尺溝。西北流逕北益都城,漢武帝元朔二年,封菑川懿王子劉胡爲侯國。又西北流而注于巨淀矣。

又東北過壽光縣西,

巨洋水自巨淀湖東北流,逕縣故城西,王莽之翼平亭也。漢光武建武二年,封更始子鯉爲侯國。城之西南,水東有孔子石室,故廟堂也。中有孔子像,弟子問經。既無碑誌,未詳所立。巨洋[22]又東北流,堯水注之,水出劇縣南角崩山,即故義山也。俗人以其山角若崩,因名爲角崩山,亦名爲角林山,皆世俗音譌也。水即蕤水矣。《地理志》曰:劇縣有義山,蕤水所出也。北逕峨山東,俗亦名之爲青山[23]矣。堯水又東北逕東、西壽光二城間。應劭曰:壽光縣有灌亭。杜預曰:在縣東南斟灌國也。又言斟亭在平壽縣東南,平壽故城在白狼水西,今北海郡治。水上承營陵縣之下流,東北逕城東,西入别畫湖,亦曰朕懷湖。湖東西二十里,南北三十里,東北入海。斟亭在溉水東,水出桑犢亭東覆甑山。亭,故高密郡治,世謂之故郡城,山謂之塔山,水曰鹿孟水,亦曰戾孟水,皆非也。《地理志》:桑犢,北海之屬縣矣,有覆甑山[24],溉水所出。北逕斟亭,西北合白狼水。按《地理志》,北海有斟縣。京相璠曰:故斟尋國,禹後,西北去灌亭九十里。溉水又北逕寒亭西而入别畫湖。《郡國志》曰:平壽有斟城,有寒亭。薛瓚《漢書集注》云:按《汲郡古文》,相居斟灌。東郡灌是也。明帝以封周後,改曰衛。斟尋在河南,非平壽也。又云:太康居斟尋,羿亦居之,桀又居之。《尚書序》曰:太康失國,兄弟五人徯于河汭[25]。此即太康之居爲近洛也。余考瓚所據，今河南有尋地，衛國有觀土。《國語》曰：啓有五觀，謂之姦子。五觀蓋其名也。所處之邑，其名曰觀。皇甫謐曰：衛地。又云：夏相徙帝丘，依同姓之諸侯于斟尋氏，即《汲冢書》云相居斟灌也。既依斟尋，明斟尋非一居矣。窮后既仗善射篡相，寒浞亦因逢蒙弑羿，即其居以生澆，因其室而有豷。故《春秋》襄公四年，魏絳曰：澆用師滅斟灌，及斟尋氏處澆于過，處豷于戈，是以伍員言于吴子曰：過澆殺斟灌以伐斟尋是也。有夏之遺臣曰：靡事羿，羿之死也，逃于鬲氏。今鬲縣也。收斟灌、斟尋二國之餘燼，殺寒浞而立，少康滅之，有窮遂亡也。是蓋寓其居而生其稱，宅其業而表其邑。縱遺文沿褫，亭郭有傳，未可以彼有灌目。謂專此爲非，捨此尋名，而專彼爲是。以土推傳，應氏之據亦可按矣。堯水又東北注巨洋。伏琛、晏謨，竝言堯嘗頓駕于此，故受名焉，非也。《地理志》曰：蕘水自劇東北至壽光入海。沿其逕趣，即是水也。

又東北入于海。

巨洋水東北逕望海臺西，東北流。伏琛、晏謨竝以爲平望亭在平壽縣故城西北八十里古縣，又或言秦始皇升以望海，因曰望海臺，未詳也。按《史記》，漢武帝元朔二年，封菑川懿王子劉賞爲侯國。又東北注于海也。

淄水出泰山萊蕪縣原山，

淄水出縣西南山下，世謂之原泉。《地理志》曰：原山，淄水所出。故《經》有原山之論矣。《淮南子》曰：水出自飴山。蓋山别名也。東北流逕萊蕪谷，屈而西北流，逕其縣故城南。《從征記》曰：城在萊蕪谷，當路阻絶，兩山間道由南北門。漢末，有范史雲爲萊蕪令，言萊蕪在齊，非魯所得引。舊説云，齊靈公滅萊，萊民播流此谷，邑落荒蕪，故曰萊蕪。《禹貢》所謂萊夷也。夾谷之會，齊侯使萊人以兵劫魯侯，宣尼稱夷不亂華是也。余按泰無、萊柞，竝山名也，郡縣取目焉。漢高祖置。《左傳》曰：與之無山及萊柞是也。應劭《十三州記》曰：太山萊蕪縣，魯之萊柞邑。淄水又西北轉逕城西，又東北流與一水合，水出縣東南，俗謂之家桑谷水，《從征記》名曰聖水。《列仙傳》曰：鹿皮公者，淄川人也。少爲府小史，才巧，舉手成器。山岑上有神泉，人不能到，小史白府君，請木工斤斧三十人，作轉輪，造縣閣，意思横生。數十日，梯道成，上其巔作祠屋，留止其旁，其二間以自固，食芝草，飲神泉，七十餘年。淄水來山下[26]，呼宗族，得六十餘人，命上山半，水出，盡漂一郡，没者萬計。小史辭遣家室令下山，著鹿皮衣，升閣而去。後百餘年，下賣藥齊市也。其水西北流注淄水，淄水又北出山，謂之萊蕪口，東北流者也。

東北過臨淄縣東，

淄水自山東北流，逕牛山西，又東逕臨淄縣故城南，東得天齊水口，水出南郊山下，謂之天齊淵。五泉竝出，南北三百步，廣十步，山即牛山也。左思《齊都賦》曰：牛嶺鎮其南者也。水在齊八祠中，齊之爲名，起于此矣。《地理風俗記》曰：齊所以爲齊者，即天齊淵名也。其水北流注于淄水。淄水又東逕四豪冢北，水南山下有四冢，方基圓墳，咸高七尺，東西直列，是田氏四王冢也。淄水又東北逕蕩陰里[27]西，水東有冢，一基三墳，東西八十步，是列士公孫接、田開疆、古冶子之墳也。晏子惡其勇而無禮，投桃以斃之，死葬陽里，即此也。淄水又北逕其城東，城臨淄水，故曰臨淄，王莽之齊陵縣也。《爾雅》曰：水出其前左爲營丘。武王以其地封太公望，賜之以四履，都營丘爲齊，或以爲都營陵。《史記》：周成王封師尚父于營丘，東就國，道宿行遲，萊侯與之爭營丘，逆旅之人曰：吾聞時難得而易失，客寢安，殆非就封者也。太公聞之，夜衣而行，至營丘，陵亦丘也。獻公自營丘徙臨淄。余按營陵城南無水，惟城北有一水，世謂之白狼水，西出丹山，俗謂凡山也。東北流，由《爾雅》出前左之文，不得以爲營丘矣。營丘者，山名也，《詩》所謂子之營兮，遭我乎猺之間兮。作者多以丘陵號同，緣陵又去萊差近，咸言太公所封，考之《春秋經》書：諸侯城緣陵。《左傳》曰：遷杞也。《毛詩》鄭《注》竝無營字，瓚以爲非近之。今臨淄城中有丘，在小城内，周迴三百步，高九丈，北降丈五，淄水出其前，故有營丘之名，與《爾雅》相符。城對天齊淵，故城有齊城之稱。是以《晏子》言：始爽鳩氏居之，逢伯陵居之，太公居之。又曰：先君太公，築營之丘。季札觀風，聞齊音曰：泱泱乎大風也哉。表東海者，其太公乎？田巴入齊，過淄自鏡。郭景純言，齊之營丘，淄水逕其南及東也。非營陵明矣。獻公之徙，其猶晉氏深翼名絳，非謂自營陵而之也。其外郭，即獻公所徙臨淄城也，世謂之虜城。言齊湣王伐燕，燕王噲死，虜其民實諸郭，因以名之。秦始皇三十四年[28]，滅齊爲郡，治臨淄。漢高帝六年，封子肥于齊爲王國，王莽更名濟南也。《戰國策》曰：田單爲齊相，過淄水，有老人涉淄而出，不能行，坐沙中，單乃解裘于斯水之上也。

又東過利縣東，

淄水自縣東北流，逕東安平城北，又東逕巨淀縣故城南，征和四年，漢武帝幸東萊，臨大海，三月耕巨淀。即此也。縣東南則巨淀湖，蓋以水受名也。淄水又東北逕廣饒縣故城南，漢武帝元鼎中，封菑川靖王子劉國爲侯國。淄水又東北，馬車瀆水注之，受巨淀[29]，淀即濁水所注也。吕忱曰：濁水一名溷水，出廣縣爲山。世謂之冶嶺山，東北流逕廣固城西，城在廣縣西北四里，四周絶澗，阻水深隍，晉永嘉中，東萊人曹嶷所造也。水側山際有五龍口，義熙五年，劉武帝伐慕容超于廣固也，以藉險難攻，兵力勞弊，河間人玄文説裕云，昔趙攻曹嶷，望氣者以爲澠水帶城，非可攻拔,若塞五龍口,城當必陷。石虎從之,嶷請降。降後五日大雨,雷電震開。後慕容恪之攻段龕,十旬不拔,塞口而龕降,降後無幾,又震開之。今舊基猶存,宜試脩築。裕塞之,超及城内男女,皆悉脚弱[30],病者大半,超遂出奔,爲晉所擒也。然城之所跨,寔憑地險,其不可固城者在此。濁水東北流逕堯山東,《從征記》曰:廣固城北三里有堯山祠,堯因巡狩登此山,後人遂以名山。廟在山之左麓,廟像東面,華宇脩整,帝圖嚴飾,軒冕之容穆然。山之上頂,舊有上祠,今也毁廢,無復遺式。盤石上尚有人馬之跡,徒黄石而已,惟刀劒之蹤逼真矣。至于燕鋒代鍔,魏鋏齊鋌,與今劒莫殊,以密模寫,知人功所制矣。西望胡公陵,孫暢之所云,青州刺史傅弘仁言得銅棺隸書處。濁水又東北流逕東陽城北,東北流合長沙水,水出逢山[31]北阜,世謂之陽水也。東北流逕廣縣故城西,舊青州刺史治,亦曰青州城。陽水又東北流,石井水注之,水出南山,山頂洞開,望若門焉,俗謂是山爲甓頭山[32]。其水北流注井,井際廣城東側,三面積石,高深一匹有餘,長津激浪,瀑布而下,澎贔之音,驚川聒谷,漰渀之勢,狀同洪河,北流入陽水。余生長東齊,極遊其下,于中闊絶,乃積綿載,後因王事,復出海岱,郭金、紫惠[33]同石井,賦詩言意,彌日嬉娱,尤慰羇心,但恨此水時有通塞耳。陽水東逕故七級寺禪房南,水北則長廡徧駕,迴閣承阿。林之際,則繩坐疏班,錫鉢間設。所謂脩脩釋子,眇眇禪棲者也。陽水又東逕東陽城東南,義熙中,晉青州刺史羊穆之築此,以在陽水之陽,即謂之東陽城。世以濁水爲西陽水故也,水流亦有時窮通,信爲靈矣。昔在宋世,是水絶而復流,劉晃賦《通津》焉。魏太和中,此水復竭,輟流積年,先公除州,即任未朞,是水復通,澄映盈川,所謂幽谷枯而更溢,窮泉輟而復流矣。海岱之士,又頌通津焉。平昌尨民孫道相頌曰:惟彼澠泉,竭踰三齡,祈盡珪璧,謁窮斯牲,道從隆替,降由聖明。臺民河間趙嶷頌云:敷化未朞,元澤潛施,枯源揚瀾,涸川滌陂。北海郭欽曰:先政輟津,我後通洋。但頌廣文煩,難以具載。陽水又北屈逕漢城陽景王劉章廟東,東注于巨洋。後人堨斷令北注濁水,時人通謂濁水爲陽水,故有南陽、北陽水之論。二水渾流,世謂之爲長沙水也。亦或通名之爲澠水,故晏謨、伏琛爲《齊記》,竝云東陽城既在澠水之陽,宜爲澠陽城[34],非也。世又謂陽水爲洋水,余按羣書,盛言洋水出臨朐縣,而陽水導源廣縣,兩縣雖鄰,川土不同,于事疑焉。濁水又北逕臧氏臺西,又北逕益城西,又北流注巨淀。《地理志》曰:廣縣爲山,濁水所出,東北至廣饒入巨淀。巨淀之右,又有女水注之[35],水出東安平縣之蛇頭山[36],《從征記》曰:水西有桓公冢,甚高大,墓方七十餘丈,高四丈,圓墳圍二十餘丈,高七丈餘,一墓方七丈。二墳,晏謨曰:依《陵記》,非葬禮,如承世,故與其母同墓而異墳,伏琛所未詳也。冢東山下女水原有桓公祠,侍其衡奏魏武王所立。曰:近日路次齊郊,瞻望桓公墳壟，在南山之阿，請爲立祀，爲塊然之主。郭緣生《述征記》曰：齊桓公冢在齊城南二十里，因山爲墳。大冢東有女水，或云齊桓公女冢在其上，故以名水也。女水導川東北流，甚有神焉。化隆則水生，政薄則津竭。燕建平六年，水忽暴竭，玄明惡之，寢病而亡。燕太上四年，女水又竭，慕容超惡之，燕祚遂淪。女水東北流逕東安平縣故城南，《續述征記》曰：女水至安平城南伏流十五里，然後更流，北注陽水。城，故酅亭也。《春秋》魯莊公三年，紀季以酅入齊。《公羊傳》曰：季者何？紀侯弟也。賢其服罪，請酅以奉五祀。田成子單之故邑也。後以爲縣，博陵有安平，故此加東也。世祖建武七年，封菑川王子劉茂爲侯國。又逕東安平城東，東北逕壟丘東，東北入巨淀。《地理志》曰：菟頭山，女水所出，東北至臨淄入巨淀。又北爲馬車瀆，北合淄水，又北，時澠之水[37]注之。時水出齊城西北二十五里，平地出泉，即如水也。亦謂之源水，因水色黑，俗又目之爲黑水。西北逕黄山東，又北歷愚山東，有愚公冢。時水又屈而逕杜山北，有愚公谷。齊桓公時，公隱于谷，鄰有認其駒者，公以與之。山，即杜山之通阜，以其人狀愚，故謂之愚公。水有石梁，亦謂之爲石梁水。又有澅水注之，水出時水，東去臨淄城十八里，所謂澅中也。俗以澅水爲宿留水，西北入于時水。孟子去齊，三宿而後出澅，故世以此而變水名也。水南山西有王歜墓，昔樂毅伐齊，賢而封之，歜不受，自縊而死。水側有田引水，溉跡尚存。時水又西北逕西安縣故城南，本渠丘也。齊大夫雝廩之邑矣，王莽更之曰東寧。時水又西至石洋堰[38]，分爲二水，謂之石洋口[39]，枝津西北至梁鄒入濟。時水又北逕西安城西，又北，京水、系水注之，水出齊城西南，世謂之寒泉也。東北流直申門西，京相璠、杜預竝言：申門即齊城南面西第一門矣。爲申池，昔齊懿公遊申池，邴歜、閻職二人，害公于竹中，今池無復髣髴，然水側尚有小小竹木，以時遺生也。左思《齊都賦》注，申池在海濱，齊藪也。余按《春秋》襄公十八年，晉伐齊，戊戌，伐雍門之萩，己亥，焚雍門，壬寅，焚東北二郭，甲辰，東侵及濰南及沂。而不言北掠于海。且晉獻子尚不辭死以逞志，何容對讎敵而不懲，暴草木于海嵎乎？又炎夏火流，非遠遊之辰，懿公見弒，蓋是白龍魚服，見困近郊矣。左氏捨近舉遠，考古非矣。杜預之言，有推據耳。系水傍城北流，逕陽門西，水次有故封處，所謂齊之稷下也。當戰國之時，以齊宣王喜文學，遊説之士鄒衍、淳于髡、田駢、接子、慎到之徒七十六人，皆賜列第，爲上大夫，不治而論議，是以齊稷下學士復盛，且數百千人。劉向《别録》以稷爲齊城門名也。談説之士，期會于稷門下，故曰稷下也。《鄭志》：張逸問《書贊》云，我先師棘下生，何時人？鄭玄答云，齊田氏時，善學者所會處也。齊人號之棘下生，無常人也。余按《左傳》昭公二十二年，莒子如齊，盟于稷門之外。漢以叔孫通爲博士，號稷嗣君。《史記音義》曰：欲以繼蹤齊稷下之風矣。然棘下又是魯城内地名,《左傳》定公八年,陽虎劫公伐孟氏,入自上東門,戰于南門之内,又戰于棘下者也。蓋亦儒者之所萃焉。故張逸疑而發問,鄭玄釋而辯之。雖異名互見,大歸一也。城内有故臺,有營丘,有故景王祠,即朱虚侯章廟矣。《晉起居注》云:齊有大蛇長三百步,負小蛇長百餘步,逕于市中,市人悉觀,自北門所入處也。北門外東北二百步,有齊相晏嬰冢宅。《左傳》:晏子之宅近市,景公欲易之,而嬰弗更。爲誡曰:吾生則近市,死豈易志。乃葬故宅,後人名之曰清節里。系水又北逕臨淄城西門北,而西流逕梧宫南,昔楚使聘齊,齊王饗之梧宫,即是宫矣。其地猶名梧臺里,臺甚層秀,東西百餘步,南北如減,即古梧宫之臺。臺東即闞子所謂宋愚人得燕石處。臺西有《石社碑》,猶存,漢靈帝熹平五年立。其題云:梧臺里。系水又西逕葵丘北,《春秋》莊公八年,襄公使連稱、管至父戍葵丘。京相璠曰:齊西五十里有葵丘地。若是,無庸戍之。僖公九年,齊桓會諸侯于葵丘。宰孔曰:齊侯不務脩德而勤遠略。明葵丘不在齊也。引河東汾陰葵丘,山陽西北葵城宜在此,非也。余原《左傳》,連稱、管至父之戍葵丘,以瓜時爲往還之期,請代弗許,將爲齊亂,故令無寵之妹候公于宫,因無知之絀,遂害襄公。若出遠無代,寧得謀及婦人,而爲公室之亂乎?是以杜預稽《春秋》之旨,即《傳》安之,注于臨淄西[40],不得捨近託遠,苟成已異,于異可殊,即義爲負,然則葵丘之戍,即此地也。系水西,左迆爲潭,又西,逕高陽僑郡南,魏所立也。又西北流,注于時。時水又東北流,澠水注之,水出營城東,世謂之漢溱水[41]也。西北流逕營城北,漢景帝[42]四年,封齊悼惠王子劉信都爲侯國。澠水又西逕樂安博昌縣故城南,應劭曰:昌水出東萊昌陽縣,道遠不至,取其嘉名。闞駰曰:縣處勢平,故曰博昌。澠水西歷貝丘,京相璠曰:博昌縣南近澠水,有地名貝丘,在齊城西北四十里。《春秋》莊公八年,齊侯田于貝丘,見公子彭生豕立而泣,齊侯墜車傷足于是處也。澠水又西北入時水。《從征記》又曰:水出臨淄縣,北逕樂安博昌南界,西入時水者也。自下通謂之爲澠也。昔晉侯與齊侯宴,齊侯曰:有酒如澠。指喻此水也。時水又屈而東北,逕博昌城北,時水又東北逕齊利縣故城北,又東北逕巨淀縣故城北,又東北逕廣饒縣故城北,東北入淄水。《地理風俗記》曰:淄入濡。《淮南子》曰:白公問微言曰:若以水投水,如何?孔子曰:淄、澠之水[43]合,易牙嘗而知之。謂斯水矣。

又東北入于海。

淄水入馬車瀆,亂流東北逕琅槐故城南,又東北逕馬井城北,與時澠之水互受通稱,故邑流其號。又東北至皮丘坑[44],入于海。故晏謨、伏琛竝言:淄、澠之水合于皮丘坑西。《地理志》曰:馬車瀆至琅槐入于海。蓋舉縣言也。

汶水出朱虚縣泰山,

山上有長城，西接岱山，東連琅邪巨海，千有餘里，蓋田氏之所造也。《竹書紀年》梁惠成王二十年，齊築防以爲長城。《竹書》又云：晉烈公十二年，王命韓景子、趙烈子、翟員伐齊，入長城。《史記》所謂齊威王越趙侵我，伐長城者也。伏琛、晏謨竝言：水出縣東南峿山，山在小泰山東者也。

北過其縣東，

汶水自縣東北逕郚城北，《地理風俗記》曰：朱虛縣東四十里有郚城亭，故縣也。又東北逕管寧冢東，故晏謨言，柴阜西南有魏獨行君子管寧墓，墓前有碑。又東北逕柴阜山北，山之東有徵士邴原冢，碑誌存焉。汶水又東北逕漢青州刺史孫嵩墓西，有碑碣。汶水又東逕安丘縣故城北，漢高帝八年，封將軍張説爲侯國。《地理志》曰：王莽之誅郅也。孟康曰：今渠丘亭是也。伏琛、晏謨《齊記》竝言：莒渠丘亭在安丘城東北十里。非矣。城對牟山，山之西南有孫賓碩兄弟墓，碑誌竝在也。

又北過淳于縣西，又東北入于濰。

故夏后氏之斟灌國也。周武王以封淳于公，號曰淳于國。《春秋》桓公六年，冬，州公如曹。《傳》曰：淳于公如曹，度其國危，遂不復也。其城東北，則兩川交會也。

濰水出琅邪箕縣濰山，

琅邪，山名也。越王句踐之故國也。句踐并吳，欲霸中國，徙都琅邪。秦始皇二十六年，滅齊以爲郡。城即秦皇之所築也[45]。遂登琅邪大樂之山，作層臺于其上，謂之琅邪臺。臺在城東南十里，孤立特顯，出于衆山，上下周二十里餘，傍濱巨海。秦王樂之，因留三月，乃徙黔首三萬户于琅邪山下，復十二年。所作臺基三層，層高三丈，上級平敞，方二百餘步，廣五里。刊石立碑，紀秦功德。臺上有神淵，淵至靈焉，人汙之則竭，齋潔則通。神廟在齊八祠中，漢武帝亦嘗登之。漢高帝吕后七年，以爲王國，文帝三年，更名爲郡，王莽改曰填夷矣。濰水導源濰山，許慎、吕忱云：濰水出箕屋山。《淮南子》曰：濰水出覆舟山。蓋廣異名也。東北逕箕縣故城西，又西，析泉水注之，水出析泉縣北松山，東南流逕析泉縣東，又東南逕仲固山東，北流入于濰。《地理志》曰：至箕縣北入濰者也。濰水又東北逕諸縣故城西，《春秋》文公十二年，季孫行父城諸及鄆。《傳》曰：城其下邑也。王莽更名諸并矣。濰水又東北，涓水注之，水出馬耳山，山高百丈，上有二石竝舉，望齊馬耳，故世取名焉。東去常山三十里，涓水發于其陰，北逕婁鄉城東，《春秋》昭公五年，《經》書：夏，莒牟夷以牟婁、防、茲來奔者也。又分諸縣之東爲海曲縣，故俗人謂此城爲東諸城，涓水又北注于濰水。

東北過東武縣西，

縣因岡爲城,城周三十里。漢高帝六年,封郭蒙爲侯國。王莽更名之曰祥善矣。又北,左合扶淇之水,水出西南常山,東北流注濰。晏、伏竝以濰水爲扶淇之水,以扶淇之水爲濰水,非也。按《經》脈誌,濰自箕縣北逕東武縣西北流,合扶淇之水。晏謨、伏琛云:東武城西北二里濰水者,即扶淇之水也。濰水又北,右合盧水,即久台水也。《地理志》曰:水出琅邪横縣故山,王莽之令丘也。山在東武縣故城東南,世謂之盧山也。西北流逕昌縣故城西東北流。《齊地記》曰:東武城東南有盧水,水側有勝火木。方俗音曰樫子,其木經野火燒死,炭不滅,故東方朔云不灰之木者也。其水又東北流逕東武縣故城東,而西北入濰。《地理志》曰:久台水東南至東武入濰者也。《尚書》所謂濰、淄其道矣。

又北過平昌縣東,

濰水又北逕石泉縣故城西,王莽之養信也。《地理風俗記》曰:平昌縣東南四十里有石泉亭,故縣也。濰水又北逕平昌縣故城東,荆水注之,水出縣南荆山阜,東北流逕平昌縣故城東,漢文帝封齊悼惠王肥子卬爲侯國。城之東南角有臺,臺下有井,與荆水通,物墜于井,則取之荆水。昔常有龍出入于其中,故世亦謂之龍臺城也[46]。荆水又東北流注于濰。濰水又北,浯水注之,水出浯山,世謂之巨平山也。《地理志》曰:靈門縣有高厡山、壺山,浯水所出,東北入濰。今是山西接浯山。許慎《説文》言,水出靈門山,世謂之浯汶矣。其水東北逕姑幕縣故城東,縣有五色土,王者封建諸侯,隨方受之,故薄姑氏之國也。闞駰曰:周成王時,薄姑與四國作亂,周公滅之,以封太公。是以《地理志》曰:或言薄姑也,王莽曰季睦矣。應劭曰:《左傳》曰,薄姑氏國,太公封焉。薛瓚《漢書注》云:博昌有薄姑城。未知孰是?浯水又東北逕平昌縣故城北,古堨此水以溢溉田,南注荆水。浯水又東北流,而注于濰水也。

又北過高密縣西,

應劭曰:縣有密水,故有高密之名也。然今世所謂百尺水者,蓋密水也。水有二源,西源出奕山,亦曰鄣日山,山勢高峻,隔絶陽曦。晏謨曰:山狀鄣日,是有此名。伏琛曰:山上鄣日,故名鄣日山也。其水東北流。東源出五弩山,西北流同瀉一壑,俗謂之百尺水。古人堨以溉田數十頃,北流逕高密縣西,下注濰水,自下亦兼通稱焉。亂流歷縣西碑産山西,又東北,水有故堰,舊鑿石豎柱斷濰水,廣六十許步,掘東岍,激通長渠。東北逕高密縣故城南,明帝永平中,封鄧震爲侯國。縣南十里,蓄以爲塘,方二十餘里,古所謂高密之南都也,溉田一頃許。陂水散流,下注夷安澤。濰水自堰北逕高密縣故城西,漢文帝十六年,别爲膠西國,宣帝本始元年,更爲高密國,王莽之章牟也。濰水又北,昔韓信與楚將龍且夾濰水而陣于此。信夜令爲萬餘囊,盛沙以遏濰水,引軍擊且僞退,且追北,信決水,水大至,且軍半不得渡,遂斬龍且于是水。水西有厲阜,阜上有漢司農卿鄭康成冢,石碑猶存。又北逕昌安縣故城東,漢明帝永平中,封鄧襲爲侯國也。《郡國志》曰:漢安帝延光元年復也。

又北過淳于縣東,

濰水又北,左會汶水,北逕平城亭西,又東北逕密鄉亭西,《郡國志》曰:淳于縣有密鄉。《地理志》:皆北海之屬縣也。應劭曰:淳于縣東北六十里有平城亭,又四十里有密鄉亭,故縣也。濰水又東北逕下密縣故城西,城東有密阜。《地理志》曰:有三户山祠。余按應劭曰:密者,水名,是有下密之稱。俗以之名阜,非也。

又東北過都昌縣東,

濰水東北逕逢萌墓,萌,縣人也,少有大節,恥給事縣亭,遂浮海至遼東,復還,在不其山隱學。明帝安車徵,萌以佯狂免。又北逕都昌縣故城東,漢高帝六年,封朱軫爲侯國。北海相孔融爲黄巾賊管亥所圍于都昌也,太史慈爲融求救劉備,持的突圍其處也。

又東北入于海。

膠水出黔陬縣膠山,北過其縣西,

《齊記》曰:膠水出五弩山。蓋膠山之殊名也。北逕祝兹縣故城東,漢武帝元鼎中,封膠東康王子延爲侯國。又逕扶縣[47]故城西,《地理志》:琅邪之屬縣也。漢文帝元年,封吕平爲侯國。膠水又北逕黔陬故城西,袁山松《郡國志》曰:縣有介亭。《地理志》曰:故介國也。《春秋》僖公九年[48],介葛盧來朝,聞牛鳴,曰:是生三犧皆用之。問之果然。晏謨、伏琛竝云:縣有東、西二城,相去四十里,有膠水。非也,斯乃拒艾水[49]也。水出縣西南拒艾山[50],即《齊記》所謂黔艾山也。東北流逕柜縣故城西,王莽之祓同也。世謂之王城,又謂是水爲洋水[51]矣。又東北流,晏、伏所謂黔陬城西四十里有膠水者也。又東入海。《地理志》:琅邪有柜縣,根艾水[52]出焉,東入海。即斯水也。今膠水北流,逕西黔陬城東,晏、伏所謂高密郡側有黔陬縣。《地理志》曰:膠水出郱縣,王莽更之純德矣,疑即是縣,所未詳也。

又北過夷安縣東,

縣,故王莽更名之原亭也。應劭曰:故萊夷維邑也。太史公曰:晏平仲,萊之夷維之人也。漢明帝永平中,封鄧珍爲侯國,西去濰水四十里。膠水又北逕膠陽縣東,晏、伏竝謂之東亭。自亭結路,南通夷安。《地理風俗記》曰:淳于縣東南五十里有膠陽亭,故縣也。又東北流,左會一水,世謂之張奴水,水發夷安縣東南阜下,西北流歷膠陽縣注于膠。膠水之左爲澤渚,東北百許里,謂之夷安潭,潭周四十里,亦濰水枝津之所注也。膠水又東北逕下密縣故城東,又東北逕膠東縣故城西,漢高帝元年,別爲國,景帝封子寄爲王國,王莽更之郁袟[53]也,今長廣郡治。伏琛、晏謨言,膠水東北迴達于膠東城北百里,流注于海。

又北過當利縣西,北入于海。

縣,故王莽更名之爲東萊亭也。又北逕平度縣,漢武帝元朔二年,封菑川懿王子劉衍爲侯國,王莽更名之曰利盧也。縣有土山,膠水北歷土山注于海。海南,土山以北悉鹽坑,相承脩煮不輟。北眺巨海,杳冥無極,天際兩分,白黑方別,所謂溟海者也。故《地理志》曰:膠水北至平度入海也。

注释:

① 大弁山　吴本、《注刪》本均作"大棄山",嘉靖《臨朐縣志》卷一《風土志》引《水經注》作"太弁山"。

② 《札記·長城》:

中國歷史上的主要長城,都修築在北方,其目的確實是爲了防止遊牧民族的侵入。所以長城可以視作農耕民族與遊牧民族的界綫。上述《河水注》記載的"始皇三十三年,起自臨洮,東暨遼海,西并陰山,築長城",顯然是把列國興修的長城聯接起來。由于在築城之時,遊牧民族也可以隨時侵襲,所以不得不採用"晝警夜作"的辦法,白日放哨備戰,晚上夯土築城,晝夜不得休息,所以造成了"尸骸相支拄"的慘況。以後民間流傳了許多修築長城的悲慘故事,其中家喻户曉的是孟姜女的故事。孟姜女的丈夫萬喜良被征築長城,孟姜女千里送寒衣,到長城而其夫已死,孟姜女十分悲痛,哭于長城之下,長城竟至崩裂,發現了丈夫的遺骸,孟姜女于是投海而死。這個故事大概是春秋杞梁殖故事的附會。杞梁殖的故事出于《列女傳》。卷二十六《沭水》《經》"又東南過莒縣東"《注》中曾經引及:

《列女傳》曰:齊人杞梁殖,襲莒戰死,其妻將赴之,道逢齊莊公,公將弔之。杞梁妻曰:如殖死有罪,君何辱命也;如殖無罪,有先人之敝廬在,下妾不敢與郊弔。公旋車弔諸室,妻乃哭于城下,七日而城崩。故《琴操》云:殖死,妻援琴作歌曰:"樂莫樂兮新相知,悲莫悲兮生別離。"哀感皇天,城爲之墮。即此城也。

③ 袁公水　《大典》本、吴本均作"表公水"。

④ 乾隆《忻州府志》卷二《山川·莒州·尋水》引《水經注》云:"潯水出巨公山,逕馬髻山、陰纏山右出西南,髻水入焉。"當是此段下佚文。

⑤ 《寰宇記》卷二十二《河南道》二十二《海州·沭陽縣》引《水經注》云:"梁天監二年三月,土

人張高等五百餘人，相率開鑿此谿，引水溉田二百餘頃，俗名爲紅花水，東流入泗州漣水界。”當是此《經》文之佚文。

⑥　左合　《注疏》本作“右合”。《疏》：“朱‘右’作‘左’，戴、趙同。會貞按：沭水左瀆南流，横溝水自瀆右東入之，則是右合，非左合也，今訂。”

⑦　之　《注釋》本作“水”。按“之”，句讀不可斷；按“水”，句讀可斷。《水經注疏》作“東入沭之故瀆”。

⑧　柤口城　吴本作“祖口城”。

⑨　柤水　吴本、何校明鈔本均作“祖水”。

⑩　柤水溝　吴本、何校明鈔本均作“祖水溝”。

⑪　傅陽縣　《注箋》本、項本、《五校》鈔本、《七校》本、《注釋》本、張本均作“偪陽縣”。

⑫　朐縣　《大典》本、吴本均作“煦縣”。

⑬　元于欽《齊乘·巨洋水》云：“（巨洋水）又東北逕故益縣城，古别出一支爲百尺溝，道元謂曲北入淀者溝也，今廢。又北逕壽光縣東，《水經》云：……又東北由黑冢泊入海。黑冢泊，《述征記》謂之馬常泛，冢即秦始皇望海臺也。余按……東北逕藏臺，又北至樂安東北灌河口合女水，又東北入巨淀。”按此段《齊乘》文字中，“道元謂”，“《水經》云”，與于欽按語混雜，並有訛字，如“馬常泛”當是“馬常坈”之訛。又如“曲北入（巨）淀者（百尺）溝也”，即《經》“又北過劇縣西”《注》内末段語言而爲于欽所概括者。惟“黑冢泊”一名未見于今本，當是此篇中佚文。

⑭　小泰山　嘉靖《臨朐縣志》卷一《風土志》引《水經注》作“東泰山”。

⑮　巨昧　《通鑑》卷四十一《漢紀》三十三光武帝建武五年“追之鉅昧水上”胡《注》引《水經注》作“鉅昧”。

⑯　巨蔑　《大典》本、吴本、《注箋》本、張本均作“具覆”。

⑰　嘉靖《臨朐縣志》卷一《風土志·瀰水》引《水經注》云：“王韶以爲巨蔑，或曰朐瀰，或曰沫，實一水也。”此處“或曰沫”三字，當是此句下佚文。

⑱　《札記·水經注成書年代》：

歷來推算酈氏生年的學者甚多，但一切推算，實際上都以《巨洋水注》中“余總角之年，侍節東州”一語爲基礎，而“總角”一詞並無確切的數量標準，所以均不可置信。

《注疏》本“余總角之年，侍節東州”下《疏》：“朱‘侍’訛作‘持’，戴改。趙據《齊乘》校云：《隋書·麥鐵杖傳》云，陪麾問罪，亦其義也。守敬按：明鈔本作侍節。考道元孝昌三年遇害，年四十二，上距太和二十三年，計二十八年，十五歲，是生于太和九年，故以太和中爲總角之年也。”

案《魏書》及《北史》均未及酈氏受害時年歲，故楊守敬所謂“孝昌三年遇害，年四十二”、“生于太和九年”云云，俱不可信。“故以太和中爲總角之年”一語亦涉含混。其實均因“總角”一詞無數量標準之故。《禮記·内則》第十二：“男女未冠笄者，雞初鳴，咸盥、漱，櫛、縰，拂髦、總角、衿纓，皆佩容臭。”鄭玄注：“總角，收髮結之。”案“冠”、“笄”、“總角”三詞，唯“冠”有數量標準，《禮記·曲禮上》第一：“人生十年曰幼，學；二十曰弱，冠。”又《内則》第十二:"二十而冠,始學禮。"

⑲　元年　《注疏》本作"二年"。《疏》:"戴以'二'爲訛,改作'元'。守敬按:《史》、《漢表》俱是二年。"

⑳　巨洋水　黄本、王校明鈔本均作"巨昧水",王國維《明鈔本水經注跋》:"《巨洋水注》,追至巨昧水上(黄本同),諸本'昧'並作'洋'。"

㉑　巨洋　《注釋》本、《注疏》本均作"巨洋水"。《注疏》本《疏》:"朱無'水'字,戴同,趙增。"

㉒　巨洋　《注釋》本、《注疏》本均作"巨洋水"。

㉓　青山　《注箋》本、項本、《注釋》本、張本、《注疏》本均作"青水"。《注疏》本《疏》:"戴改'水'作'山'。守敬按:《齊乘》二堯水,一名蕘,又名青,則青水字不誤。"

㉔　覆甑山　嘉靖《青州府志》卷六《地理志》一《山川・朐山》引《水經注》作"覆釜山"。

㉕　河汭　《注疏》本作"洛汭",楊守敬按:"官刻戴本'洛'作'河',誤,孔刻不誤。此《五子之歌・序》。"

㉖　淄水來山下　王校明鈔本作"淄水未下",王國維《明鈔本水經注跋》:"《淄水注》,'淄水未下',諸本並作'淄水來山下'。"

㉗　藹陰里　吴本作"陽陰里"。

㉘　三十四年　《注疏》本"二十六年",《疏》:"朱訛'三十四年',全、趙、戴同。守敬按:《史記・始皇本紀》,滅齊在二十六年,《田齊世家》,滅齊爲郡。閻若璩曰,郡治臨淄,以《齊悼惠王子》及《主父偃傳》知之。則漢因秦舊。"

㉙　受巨淀　《注釋》本、《注疏》本均作"首受巨淀"。《注疏》本《疏》:"朱無'首'字,戴同。《箋》曰:李云,當作'首受巨淀'。趙增。會貞按:《漢志》鉅定下,馬車瀆水首受鉅定。"

㉚　皆悉腳弱　《注疏》本作"皆患腳弱",《疏》:"朱'患'作'悉',戴、趙同。會貞按:《元和志》、《寰宇記》作'患',是也。今據訂。"

㉛　逢山　嘉靖《臨朐縣志》卷一《風土志》引《水經注》、康熙《山東通志》卷七《山川・南北二陽水》引《水經注》均作"逄山"。

㉜　礕頭山　譚本、《注釋》本均作"劈頭山"。

㉝　《注疏》本在此下《疏》云:"守敬按:郭金、紫惠當是二人,而有訛文。郭金疑即下之郭欽,'紫'疑本作'柴'。"

㉞　澠陽城　《大典》本作"繩陽城"。

㉟　嘉靖《青州府志》卷六《地理志》一《女水》引《水經注》云:"女水又東北入淀,城東二十里淄河鋪東南,淀,即清水泊也。"當是此段下佚文。

㊱　蛇頭山　《注釋》本作"菟頭山"。

㊲　時澠之水　《大典》本、吴本、《注箋》本、《注釋》本、《尚書今古文注疏》卷三《禹貢》第三上"濰淄既道"《疏》引《水經注》均作"時繩之水",項本、張本均作"淄繩之水"。

㊳　石洋堰　《大典》本作"石羊堰"。

㊴　石洋口　《大典》本作"石羊口"。

㊵ 殿本在此下《案》云："案此句有舛誤。"《注疏》本楊守敬《疏》："守敬按：杜《注》，臨淄縣西有地名葵丘。"

㊶ 漢溱水　嘉靖《青州府志》卷六《地理志》一《山川·澠之水》引《水經注》、《方輿紀要》卷三十五《山東》六《青州府·臨淄縣·澠水》引《水經注》、《春秋地名考略》卷三《齊》、《澠》引《水經注》均作"漢溱水"。

㊷ 漢景帝　《注釋》本、《注疏》本均作"漢文帝"。《注疏》本《疏》："朱'文'訛作'景'，戴同。趙云：按《王子侯表》是文帝四年封。守敬按：《史》、《漢表》俱文帝四年封。"

㊸ 淄澠之水　《大典》本、吴本、王校明鈔本均作"淄繩之水"。

㊹ 皮丘坈　《大典》本、吴本、《注箋》本、王校明鈔本、《尚書今古文注疏》卷三《禹貢》第三上"濰淄既道"《疏》引《水經注》、《禹貢會箋》卷三"濰淄既道"徐文靖《箋》引《水經注》均作"皮丘沈"。

㊺ 《注疏》本在此下有"二十八年"四字。《疏》："朱無此四字，全、趙、戴同。守敬按：《史記》登琅邪是二十八年，不得承上二十六年，今增。"

㊻ 《方輿紀要》卷三十五《山東》六《青州府·安邱縣·平昌城》引《水經注》云："荆水逕其下，亦謂之龍臺水。"當是此句下佚文。

㊼ 扶縣　《注釋》本作"㭾縣"。

㊽ 僖公九年　《注釋》本、《注疏》本均作"僖公二十九年"。《注疏》本《疏》："朱脱'二十'二字，戴同，趙增。"

㊾ 拒艾水　《注釋》本、《方輿紀要》卷三十六《山東》七《萊州府·高密縣·柜城》引《水經注》均作"柜艾水"。

㊿ 拒艾山　同上各本均作"柜艾山"。

51 洋水　《注箋》本、《五校》鈔本、《七校》本、《注釋》本、《方輿紀要》卷三十六《山東》七《萊州府·膠州·膠水》引《水經注》、《山東考古録·考洋水》引《水經注》、光緒《山東通志》卷二十一《疆域志》第三《山川·川總》引《水經注》均作"洋洋水"。

52 根艾水　吴本、《注箋》本均作"拒艾水"。孫潛校本、《注釋》本均作"柜艾水"。

53 郁袟　《注箋》本、項本、《注釋》本、張本均作"郁秩"。《注疏》本作"郁袟"，《疏》："戴云：按'袟'，今《漢書》作'秩'，戴改'秩'。"案"戴改秩"三字訛，殿本作"袟"。

卷二十七　沔水[①]

沔水出武都沮縣東狼谷中[②]，

沔水一名沮水。闞駰曰：以其初出沮洳然，故曰沮水也，縣亦受名焉。導源南流，泉街水注之，水出河池縣，東南流入沮縣，會于沔。沔水又東南逕沮水戍，而東南流注漢，曰沮口，所謂沔漢者也。《尚書》曰：嶓冢導漾，東流爲漢。《山海經》所謂漢出鮒嵎山也。東北流得獻水口。庾仲雍云：是水南至關城合西漢水。漢水又東北合沮口，同爲漢水之源也。故如淳曰：此方人謂漢水爲沔水。孔安國曰：漾水東流爲沔。蓋與沔合也。至漢中爲漢水，是互相通稱矣。沔水又東逕白馬戍南，濜水入焉。水北發武都氐中，南逕張魯城東。魯，沛國張陵孫，陵學道于蜀鶴鳴山，傳業衡，衡傳于魯，魯至行寬惠，百姓親附，供道之費，米限五㪷，故世號五㪷米道。初平中，劉焉以魯爲督義司馬，住漢中，斷絶谷道，用遠城治，因即峭嶺，周迴五里，東臨濬谷，杳然百尋，西北二面，連峯接崖，莫究其極，從南爲盤道，登陟二里有餘。濜水又南逕張魯治東，水西山上有張天師堂，于今民事之。庾仲雍謂山爲白馬塞，堂爲張魯治。東對白馬城，一名陽平關。濜水南流入沔，謂之濜口。其城西帶濜水，南面沔川，城側二水之交，故亦曰濜口城矣。沔水又東逕武侯壘南，諸葛武侯所居也。南枕沔水，水南有亮壘，背山向水，中有小城，迴隔難解。沔水又東逕沔陽縣故城南，城，舊言漢祖在漢中，蕭何所築也。漢建安二十四年，劉備并劉璋，北定漢中，始立壇，即漢中王位于此。其城南臨漢水，北帶通逵，南面崩水三分之一，觀其遺略，厥狀時傳。南對定軍山，曹公南征漢中，張魯降，乃命夏侯淵等守之。劉備自陽平關南渡沔水，遂斬淵首，保有漢中。諸葛亮之死也，遺令葬于其山，因即地勢，不起墳壟，惟深松茂柏，攢蔚川阜，莫知墓塋所在。山東名高平，是亮宿營處，有亮廟。亮薨，百姓野祭，步兵校尉習隆、中書郎向充共表云：臣聞周人思召伯之德，甘棠爲之不伐；越王懷范蠡之功，鑄金以存其像[③]。亮德軌遐邇，勳蓋來世，王室之不壞，寔賴斯人，而使百姓巷祭，戎夷野祀，非所以存德念功，追述在昔者也。今若盡順民心，則黷而無典，建之京師，又逼宗廟，此聖懷所以惟疑也。臣謂宜近其墓，立之沔陽，斷其私祀，以崇正禮。始聽立祀斯廟，蓋所啓置也。鍾士季征蜀，枉駕設祠。塋東，即八陣圖也，遺基略在，崩褫難識。沔水又東逕西樂城北，城在山上，周三十里，甚險固，城側有谷，謂之容裘谷。道通益州，山多羣獠，諸葛亮築以防遏。梁州刺史楊亮，以即險之固，保而居之，爲苻堅所敗，後刺史姜守、潘猛，亦相仍守此城。城東，容裘溪水注之，俗謂之洛水也。水南導巴嶺山，東北流，水左有故城，憑山即險，四面阻絶，昔先主遣黄忠據之，以拒曹公。溪水又北逕西樂城東，而北流注于漢[④]。漢水又左得度口水，出陽平北山，水有二源：一曰清檢，出佳鱯；一曰濁檢，出好鮒。常以二月、八月取之，美珍常味。度水南逕陽平縣故城東，又南逕沔陽縣故城東，西南流注于漢水。漢水又東，右會温泉水口，水發山北平地，方數十步，泉源沸湧，冬夏湯湯[⑤]，望之則白氣浩然，言能瘥百病云。洗浴者皆有硫黄氣，赴集者常有百數。池水通注漢水，漢水又東，黄沙水左注之，水北出遠山，山谷邃險，人跡罕交。溪曰五丈溪，水側有黄沙屯，諸葛亮所開也。其水南注漢水，南有女郎山，山下有女郎冢，遠望山墳，嵬嵬狀高，及即其所，裁有墳形。山上直路下出，不生草木，世人謂之女郎道。下有女郎廟及擣衣石，言張魯女也。有小水北流入漢，謂之女郎水。漢水又東合褒水，水西北出衙嶺山，東南逕大石門，歷故棧道下谷，俗謂千梁無柱也[⑥]。諸葛亮《與兄瑾書》云：前趙子龍退軍，燒壞赤崖以北閣道，緣谷百餘里，其閣梁一頭入山腹，其一頭立柱于水中。今水大而急，不得安柱，此其窮極，不可强也。又云：頃大水暴出，赤崖以南橋閣悉壞，時趙子龍與鄧伯苗，一戍赤崖屯田，一戍赤崖口，但得緣崖與伯苗相聞而已。後諸葛亮死于五丈原，魏延先退而焚之，謂是道也。自後按舊脩路者，悉無復水中柱，逕涉者浮梁振動，無不摇心眩目也。褒水又東南逕三交城，城在三水之會故也。一水北出長安，一水西北出仇池，一水東北出太白山，是城之所以取名矣。褒水又東南得丙水口，水上承丙穴，穴出嘉魚，常以三月出，十月入地。穴口廣五六尺，去平地七八尺，有泉懸注，魚自穴下透入水。穴口向丙，故曰丙穴，下注褒水。故左思稱嘉魚出于丙穴，良木攢于褒谷矣。褒水又東南歷小石門，門穿山通道，六丈有餘。

刻石言:漢明帝永平中,司隸校尉犍爲楊厥之所開。逮桓帝建和二年,漢中太守同郡王升,嘉厥開鑿之功,琢石頌德,以爲石牛道。來敏《本蜀論》云:秦惠王欲伐蜀而不知道,作五石牛,以金置尾下,言能屎金。蜀王負力,令五丁引之成道。秦使張儀、司馬錯尋路滅蜀,因曰石牛道。厥蓋因而廣之矣。《蜀都賦》曰:阻以石門。其斯之謂也。門在漢中之西,褒中之北。褒水又東南歷褒口,即褒谷之南口也。北口曰斜,所謂北出褒斜。褒水又南逕褒縣故城東,褒中縣也,本褒國矣。漢昭帝元鳳六年置。褒水又南流入于漢。漢水又東逕萬石城下,城在高原上,原高十餘丈,四面臨平,形若覆瓮。水南遏水爲阻,西北竝帶漢水。其城宿是流雜聚居,故世亦謂之流雜城。漢水又東逕漢廟堆下,昔漢女所遊。側水爲釣臺,後人立廟于臺上,世人覩其頹基崇廣,因謂之漢廟堆。傳呼乖實,又名之爲漢武堆。非也。

東過南鄭縣南,

縣,故褒之附庸也。周顯王之世,蜀有褒漢之地,至六國,楚人兼之。懷王衰弱,秦略取焉。周赧王二年,秦惠王置漢中郡,因水名也。《耆舊傳》云:南鄭之號,始于鄭桓公。桓公死于犬戎,其民南奔,故以南鄭爲稱。即漢中郡治也。漢高祖入秦,項羽封爲漢王。蕭何曰:天漢,美名也。遂都南鄭。大城周四十二里,城内有小城,南憑津流,北結環雉,金墉漆井,皆漢所脩築,地沃川險,魏武方之雞肋。曰:釋騏驥而不乘焉。皇皇而更求,遂留杜子緒鎮南鄭而還。晉咸康中,梁州刺史司馬勳斷小城東面三分之一,以爲梁州漢中郡南鄭縣治也。自齊、宋、魏,咸相仍焉。水南即漢陰城也,相承言吕后所居也。有廉水出巴嶺山,北流逕廉川,故水得其名矣。廉水又北注漢水。漢水右合池水,水出旱山,山下有祠,列石十二,不辨其由,蓋社主之流,百姓四時祈禱焉。俗謂之獠子水,夾溉諸田,散流左注漢水。漢水又東得長柳渡,長柳,村名也。漢太尉李固墓,碑銘尚存,文字剥落,不可復識。漢水又東逕胡城南,義熙十五年[⑦],城上有密雲細雨,五色昭彰,人相與謂之慶雲休符。當出曉而雲霽,乃覺城崩,半許淪水,出銅鐘十二枚,刺史索邈奉送洛陽,歸之宋公府。南對扁鵲城,當是越人舊所逕涉,故邑流其名耳。漢水出于二城之間,右會磐余水[⑧],水出南山巴嶺上,泉流兩分,飛清派注,南入蜀水,北注漢津,謂之磐余口[⑨]。庾仲雍曰:磐余去胡城二十里。漢水又左會文水,水,即門水也,出胡城北山石穴中。長老云:杜陽有仙人宫,石穴宫之前門。故號其川爲門川,水爲門水。東南流逕胡城北,三城奇對,隔谷羅布,深溝固壘,高臺相距。門水右注漢水,謂之高橋溪口。漢水又東,黑水注之,水出北山,南流入漢。庾仲雍曰:黑水去高橋三十里。諸葛亮《牋》云:朝發南鄭,暮宿黑水,四五十里。指謂是水也,道則百里也[⑩]。

又東過成固縣[11]南，又東過魏興安陽縣南，涔水出自旱山北注之。

常璩《華陽國志》曰：蜀以成固爲樂城縣也。安陽縣故隸漢中，魏分漢中立魏興郡，安陽隸焉。涔水出西南而東北入漢，左谷水出西北，即壻水也[12]。北發聽山，山下有穴水，穴水東南流歷平川中，謂之壻鄉[13]，水曰壻水。川有唐公祠，唐君字公房，成固人也，學道得仙，入雲臺山，合丹服之，白日升天，雞鳴天上，狗吠雲中，惟以鼠惡留之，鼠乃感激，以月晦日，吐腸胃更生，故時人謂之唐鼠也。公房升仙之日，壻行未還，不獲同階雲路，約以此川爲居，言無繁霜蛟虎之患，其俗以爲信然，因號爲壻鄉，故水亦即名焉。百姓爲之立廟于其處也，刊石立碑，表述靈異。壻水南歷壻鄉溪[14]，出山東南流，逕通關勢南，山高百餘丈，上有匈奴城，方五里，濬塹三重，高祖北定三秦，蕭何守漢中，欲脩北道通關中，故名爲通關勢。壻水又東逕七女冢，冢夾水，羅布如七星，高十餘丈，周迴數畮。元嘉六年，大水破墳，墳崩，出銅不可稱計。得一塼，刻云：項氏伯無子，七女造墎。世人疑是項伯冢。水北有七女池，池東有明月池，狀如偃月，皆相通注，謂之張良渠，蓋良所開也。壻水逕樊噲臺南，臺高五六丈，上容百許人。又東南逕大成固[15]北，城乘高勢，北臨壻水。水北有韓信臺，高十餘丈，上容百許人，相傳高祖齋七日，置壇設九賓禮，以禮拜信也。壻水東迴南轉，又逕其城東而南入漢水，謂之三水口也。漢水又東會益口水，出北山益谷，東南流注于漢水。漢水又東至瀼城南，與洛谷水[16]合。水北出洛谷，谷北通長安，其水南流，右則瀼水注之，水發西溪，東南流合爲一水，亂流南出際其城，西南注漢水。漢水又東逕小成固南，州治大成固，移縣北，故曰小成固[17]。城北百二十里有興勢坂，諸葛亮出洛谷，戍興勢，置烽火樓處，通照漢水。東歷上濤，而逕于龍下，蓋伏石驚湍，流屯激怒，故有上、下二濤之名。龍下，地名也。有丘㮰墳墟，舊謂此館爲龍下亭。自白馬迄此，則平川夾勢，水豐壤沃，利方三蜀矣。度此溯洄從漢，爲山行之始。漢水又東逕石門灘，山峽也。東會酉水，水北出秦嶺酉谷，南歷重山與寒泉合。水東出寒泉嶺，泉湧山頂，望之交横，似若瀑布，頹波激石，散若雨灑，勢同厭原風雨之池。其水西流入于酉水。酉水又南注漢，謂之酉口。漢水又東逕嬀虚灘，《世本》曰：舜居嬀汭[18]，在漢中西城縣。或言嬀虚[19]在西北，舜所居也。或作姚虚，故後或姓姚，或姓嬀，嬀、姚之異是妄，未知所從。余按應劭之言，是地于西城爲西北也。漢水又東逕猴徑灘，山多猴猿，好乘危綴飲，故灘受斯名焉。漢水又東逕小、大黄金南，山有黄金峭，水北對黄金谷，有黄金戍，傍山依峭，險折七里，氐掠漢中，阻此爲戍，與鐵城相對。一城在山上，容百餘人；一城在山下，可置百許人。言其險峻，故以金鐵制名矣。昔楊難當令魏興太守薛健據黄金，姜寶據鐵城，宋遣秦州刺史蕭思話西討，話令陰平太守蕭垣[20]攻拔之。賊退西水矣。漢水又東合蘧蒢溪口,水北出就谷,在長安西南,其水南流逕巴溪戍西,又南逕陽都坂東,坂自上及下,盤折十九曲,西連寒泉嶺。《漢中記》曰:自西城涉黄金峭、寒泉嶺、陽都坂,峻崿百重,絶壁萬尋,既造其峰,謂已踰崧、岱,復瞻前嶺,又倍過之。言陟羊腸,超煙雲之際,顧看向塗,杳然有不測之險。山豐野牛、野羊,騰巖越嶺,馳走若飛,觸突樹木,十圍皆倒,山殫艮阻,地窮坎勢矣。其水南歷蘧蒢溪,謂之蘧蒢水,而南流注于漢,謂之蒢口。漢水又東,右會洋水[21],川流漫闊,廣幾里許。洋水導源巴山[22],東北流逕平陽城,《漢中記》曰:本西鄉縣治也。自成固南入三百八十里,距南鄭四百八十里。洋川者,漢戚夫人之所生處也。高祖得而寵之,夫人思慕本鄉,追求洋川米,帝爲驛致長安,蠲復其鄉,更名曰縣。故又目其地爲祥川,用表夫人載誕之休祥也。城即定遠矣。漢順帝永光七年,封班超以漢中郡南鄭縣之西鄉,爲定遠侯,即此也。洋水又東北流入漢,謂之城陽水口也。漢水又東歷敖頭,舊立倉儲之所,傍山通道,水陸險湊,魏興安康縣治,有戍,統領流雜。漢水又東合直水,水北出子午谷岩嶺下,又南枝分,東注旬水[23]。又南逕蓰閣下,山上有戍,置于崇阜之上,下臨深淵,張子房燒絶棧閣,示無還也。又東南歷直谷,逕直城西,而南流注漢。漢水又東逕直城南,又東逕千渡而至蝦蟇頡,歷漢陽、漁口而屆于彭溪、龍竈矣。竝溪澗灘磧之名也。漢水又東逕晉昌郡之寧都縣南,縣治松溪口。又東逕魏興郡廣城縣,縣治王谷。谷道南出巴獠,有鹽井,食之令人瘦疾。漢水又東逕魚脯谷口[24],舊西城、廣城二縣,指此谷而分界也。

又東過西城縣南,

漢水又東逕鱉池南鯨灘[25]。鯨,大也。《蜀都賦》曰:流漢湯湯,驚浪雷奔,望之天迴,即之雲昏者也。漢水又東逕嵐谷北口,嶂遠溪深,澗峽險邃,氣蕭蕭以瑟瑟,風颼颼而飉飉。故川谷擅其目矣。漢水又東,右得大勢,勢阻急溪,故亦曰急勢也。依山爲城,城周二里,在峻山上,梁州督護吉挹所治,苻堅遣偏軍韋鍾伐挹,挹固守二年,不能下,無援遂陷。漢水右對月谷口,山有坂月川,于中黄壤沃衍[26],而桑麻列植,佳饒水田。故孟達《與諸葛亮書》,善其川土沃美也。漢水又東逕西城縣故城南,《地理志》:漢中郡之屬縣也。漢末爲西城郡。建安二十四年,劉備以申儀爲西城太守。儀據郡降魏,魏文帝改爲魏興郡治,故西城縣之故城也。氐略漢川,梁州移治于此。城内有舜祠、漢高帝廟,置民九户,歲時奉祠焉。漢水又東爲鱣湍,洪波渀盪,淵浪雲頹。古耆舊言,有鱣魚奮鰭遡流,望濤直上,至此則暴鰓失濟,故因名湍矣。漢水又東合旬水,水北出旬山,東南流逕平陽戍下,與直水枝分東注。逕平陽戍入旬水。旬水又東南逕旬陽縣與柞水合,水西出柞溪,南流逕重巖堡,西屈而東流逕其堡南,東南注于旬水。旬水又東南逕旬陽縣南,縣北山有懸書崖,高五十丈，刻石作字，人不能上，不知所道。山下有石壇，上有馬跡五所，名曰馬跡山。旬水東南注漢，謂之旬口。漢水又東逕木蘭寨南，右岸有城，名伎陵城，周迴數里，左岸壘石數十行，重壘數十里，中謂是處爲木蘭寨云。吴朝遣軍救孟達于此矣。漢水又東，左得育溪，興晉、旬陽二縣，分界于是谷。漢水又東合甲水口，水出秦嶺山，東南流逕金井城南，又東逕上庸郡北，與闞衲水[27]合。水出上洛陽亭縣北青泥西山，南逕陽亭聚西，俗謂之平陽水。南合豐鄉川水，水出弘農豐鄉東山，西南流逕豐鄉故城南。京相璠曰：南鄉淅縣有故豐鄉，《春秋》所謂豐淅也。于《地理志》屬弘農。今屬南鄉。又西南合闞衲水。闞衲水又南入上津注甲水。甲水又東南逕魏興郡之興晉縣南，晉武帝太康中立。甲水又東，右入漢水。漢水又東爲龍淵，淵上有胡鼻山，石類胡人鼻故也。下臨龍井渚，淵深數丈。漢水又東逕魏興郡之錫縣故城北，爲白石灘。縣，故《春秋》之錫穴地也，故屬漢中，王莽之錫治也。縣有錫義山，方圓百里，形如城。四面有門，上有石壇，長數十丈[28]，世傳列仙所居，今有道士被髮餌术，恒數十人。山高谷深，多生薇蘅草，其草有風不偃，無風獨搖。漢水又東逕長利谷南，入谷有長利故城，舊縣也。漢水又東歷姚方，蓋舜後枝居是處，故地留姚稱也。

注释：

①　《注疏》本作“沔水上”。《疏》：“戴删‘上’字。”

②　東狼谷中　各本唯《合校》本作“東狼谷口”。《注疏》本《疏》：“王刻本作‘谷口’，守敬按：又考《後漢書·岑彭傳》及《法雄傳·注》，《通鑑》漢高后三年《注》、《寰宇記》引此《經》，並作‘谷中’，與各本合。”

③　《札記·水經注推崇范蠡》：

范蠡，楚人，《越絶書》稱其爲范伯，《吕氏春秋》高誘《注》稱其字少伯。春秋末期入越，爲越王句踐大夫。越爲吴所敗，句踐夫婦入質于吴，范蠡隨行。句踐七年（前四九〇）獲釋，隨同返越，助句踐定都建國，發展生産，訓練士兵，所謂“十年生聚，十年教訓”。終于由弱變强，滅吴稱霸。范蠡深知“越王爲人，長頸鳥喙，鷹視狼步，可與共患難而不可與共處樂；可與履危，不可與安”，即所謂“高鳥已散，良弓將藏；狡兔已盡，良犬就烹”（均據《吴越春秋》卷十），所以功成之日，他就及時離越，先去齊，後居陶，經商作賈，終于富甲天下，稱爲陶朱公。這段故事，在我國古代的不少文獻上都有記載，在社會上也廣爲流傳。

又案：《水經注》除此處“越王懷范蠡之功，鑄金以存其像”外，全書在卷六《涑水注》、卷七《濟水注》、卷二十八《沔水注》、卷二十九《沔水注》、卷三十一《淯水注》、卷三十二《夏水注》、卷四十《漸江水注》中，也均記及范蠡，酈道元推崇范蠡甚力。

④ 《注疏》本《疏》:"按《注》内自此以下稱漢。"

⑤ 湯湯 王校明鈔本作"揚湯",王國維《明鈔本水經注跋》:"《沔水注》,温泉水冬夏揚湯,諸本'揚湯'並作'湯湯'。"

⑥ 《札記·千梁無柱》:

卷二十七《沔水》《經》"沔水出武都沮縣東狼谷中"《注》:

(褒)水西北出衙嶺山,東南逕大石門,歷故棧道下谷,俗謂千梁無柱也。

這裏所謂"棧道",是古代溝通陝、川、甘各省間羣山之中的沿山險路,又稱閣道或複道,是在沿山的石壁上鑿石穿梁而修成的道路。著名的如金牛道(又稱石牛道),從今陝西省勉縣向西南伸展,翻七盤嶺入川,經朝天驛到劍門關。這是古代從漢中入川的要道,上述《沔水注》記載的,即是金牛道的一段。

棧道的建築,原是在旁山的懸崖峭壁中鑿孔,插入木梁,木梁的一端入巖石,另一端立柱。木梁甚密,鋪以木板,敷以土石。用這樣的方法修建一條人工的旁山險路,工程當然是十分浩大的。上述《注》文所記載的褒水所經從大石門歷棧道下谷一段,棧道的俗名是"千梁無柱"。這當然是因爲懸崖峭壁,與山坡或山下溪澗河流的距離甚遠,所以無法立柱,因而出現了這種更爲險峻的"千梁無柱"的棧道。在這種情況下,插入巖石中的木梁,其一端没有立柱的支撑,當然很不牢固,容易折斷。要使"千梁"牢固,唯一的辦法是加長木梁,讓木梁儘量深插于巖壁之中。這樣就必須在巖壁中鑿入極深,工程的巨大,可以想見。當然,在整個棧道中,這種"千梁無柱"的段落不可能太多。在古代的技術條件下,進行這種懸崖峭壁上的工程,真是難以想象。

當然,在木梁的一端立柱,其工程也不是輕而易舉的。因爲要設置棧道的地區,地形條件必然非常困難。卷二十七《沔水》在上述同條《經》文下引用了諸葛亮致其兄諸葛瑾的信,描述這種工程的困難程度。《注》云:

前趙子龍退軍,燒壞赤崖以北閣道,緣谷百餘里,其閣梁一頭入山腹,其一頭立柱于水中。今水大而急,不得安柱,此其窮極,不可强也。……自後按舊修路者,悉無復水中柱,逕涉者浮梁振動,無不摇心眩目也。

由此可見,在"千梁無柱"的棧道上行走,"浮梁振動,無不摇心眩目",仍然是非常危險的。這一帶的地形困難,諸葛亮在上述信中也有所提及,他説:"頃大水暴出,赤崖以南橋閣悉壞,時趙子龍與鄧伯苗,一戍赤崖屯田,一戍赤崖口,但得緣崖與伯苗相聞而已。"在這樣的地形條件下,要維持交通,除了修造棧道以外,别無他法。棧道的修建極端困難,但在歷代的軍事行動中,一方爲了阻遏另一方的行動,棧道往往成爲破壞的主要目標。歷史記載中首先破壞棧道在漢初。《漢書·張良傳》云:"項王許之漢王之國,良送至褒中,遣良歸韓,良因説漢王絶棧道,示天下無還心以固項王意。"張良所燒的棧道,也就是《沔水注》所記載的一段。此後,燒棧道的軍事行動不斷發生,除了上述《沔水注》記載的趙子龍以外,《注》文還説到:"後諸葛亮死于五丈原,魏延先退而焚之,謂此道也。"

⑦ 十五年 《注疏》本作"十三年"。《疏》:"朱作'十五年',戴、趙同。守敬按:《初學記》七、

《御覽》六十二引孫巖《宋書》,言漢中城固縣,崩岸出銅鐘事,不云在何年。《書鈔》一百八引《晉起居注》稱咸熙十年,誤。晉紀年無咸熙之號也。此作義熙十五年亦誤。義熙十四年十二月,安帝崩,則義熙無十五年,據《宋書·五行志下》、《符瑞志上》,事在義熙十三年七月,則此'十五年'當作'十三年'無疑,今訂。"

⑧　磐余水　黄本、沈本均作"盤余水"。

⑨　磐余口　同上注各本均作"盤余口"。

⑩　《注疏》本《疏》:"會貞按:句有脱文。"

⑪　成固縣　《大典》本、黄本、吴本、何校明鈔本、王校明鈔本、項本、沈本、《注疏》本、《名勝志·陝西》卷四《漢中府·城固縣》引《水經注》均作"城固縣"。《注疏》本《疏》:"戴、趙改'城'作'成',下同。守敬按:《宋》、《齊》、《後魏志》作'城','成'、'城'通。"

⑫　壻水　《大典》本、黄本、吴本、《注箋》本、嚴本、何校明鈔本、王校明鈔本、項本、沈本、張本均作"智水"。何本、《注釋》本、《注疏》本均作"聟水"。《注疏》本《疏》:"朱'聟'作'智',下同。《箋》曰:六朝'壻'字皆書作'聓',此智水、智鄉即聓水、聓鄉也。後世傳寫,誤作'智'字,趙改'聟',云:按'壻',漢碑作'聟',與'智'字形尤近。古隸已然,何待六朝? 戴改'壻'。會貞按:觀朱本,此聟水及下謂聟鄉水曰聟水,三'聟'字,原作'聟',餘皆作'壻'。蓋酈氏好奇,故意錯出,全、戴依後改作'壻',趙依前改作'聟',泥矣。"

⑬　壻鄉　同上注各本均作"聟鄉"。

⑭　壻鄉溪　何本、《注釋》本均作"聟鄉溪"。王校明鈔本、《佩文韻府》卷三十四上《四紙·水·智水》引《水經注》均作"智鄉水"。

⑮　大成固　《大典》本、黄本、吴本、何校明鈔本、王校明鈔本、項本、沈本、張本、《注疏》本、《通鑑地理通釋》卷十一《興勢》引《水經注》、《玉海》卷一六二《宫室·臺·韓信臺》引《水經注》均作"大城固"。

⑯　洛谷水　《輿地紀勝》卷一九〇《利州路·洋州·景物上·儻水》引《水經注》、《關中水道記》卷三《渭水》引《水經注》均作"駱谷水"。《初學記》卷八《山南道》第七《駱谷》引《水經注》作"路谷水"。

⑰　小成固　同注⑮各本均作"小城固"。

⑱　嬀汭　黄本、王校明鈔本均作"饒内",王國維《明鈔本水經注跋》:"《沔水注》引《世本》舜居饒内(明黄省曾刊本同),'饒内',諸本並作'嬀汭'。"

⑲　《初學記》卷八《山南道》第七《嬀墟》引《水經注》云:"在金牛縣界。"當是此段下佚文。

⑳　蕭垣　《注箋》本作"蕭祖",《注釋》本、《注疏》本均作"蕭坦"。《注疏》本《疏》:"朱'坦'作'祖',趙據《蕭思話傳》改,戴又改'垣'。會貞按:戴改非也。"

㉑　洋水　《大典》本作"羊水"。

㉒　《寰宇記》卷一三八《山南西道》六《洋川·西鄉縣》引《水經注》云:"逕縣東八里,北流入黄金縣界,郡因此水爲名。"當是此句下佚文。

㉓　《名勝志·陝西》卷三《商州·山陽縣》引《水經注》云:"表德溝兩河入洵水,即晉、秦二水之

分界也。”或是此段中佚文。

㉔ 魚脯谷口 《名勝志·陝西》卷四《興安川》引《水經注》作“魚脯溪口”。

㉕ 鱉池南鯨灘 《注釋》本作“鱉池爲鯨灘”,《注疏》本作“鱉池而爲鯨灘”。《疏》:“朱無‘爲’字,趙改‘而’作‘爲’,戴改‘而’作‘南’。守敬按:《初學記》七引此,‘而’下有‘爲’字,是也。戴、趙所勘均未審。在今西城縣西。”

㉖ 《合校》本在“于中”下據孫星衍校本《注》:“孫校删‘山’字,改作‘有月坂,有月川于中’。”《注疏》本在“山有坂月川”下《疏》:“孫星衍據《初學記》七引此,删上‘口’字,以‘山’字屬‘月’合讀,改‘有坂月川’作‘有月坂,有月川’。會貞按:《輿地紀勝》引《元和志》,月川水出漢陰縣東梁門山,水出麩金。《陝西通志》謂之月河,東南流至今安康縣西入漢。”

㉗ 關袝水 吴本、《方輿紀要》卷五十四《陝西》三《西安府》下《商州·山陽縣·關柎水》引《水經注》均作“關柎水”。《注箋》本、項本、《注釋》本、張本均作“關拊水”。

㉘ 長數十丈 《注疏》本作“長十數丈”。《疏》:“戴乙作‘數十丈’,會貞按:《道書·福地志》作‘十餘丈’,與‘十數丈’合,戴乙誤矣。”

卷二十八　沔水[1]

又東過堵陽縣，堵水出自上粉縣[2]，北流注之。

堵水出建平郡界故亭谷，東歷新城郡。郡，故漢中之房陵縣也。世祖建武元年，封鄧晨爲侯國。漢末以爲房陵郡，魏文帝合房陵、上庸、西城，立以爲新城郡，以孟達爲太守，治房陵故縣。有粉水，縣居其上，故曰上粉縣[3]也。堵水之旁有别溪，岸側土色鮮黄，乃云可噉；有言飲此水者，令人無病而壽，豈其信乎？又有白馬山，山石似馬，望之逼真。側水謂之白馬塞，孟達爲守，登之而歎曰：劉封、申耽據金城千里，而更失之乎！爲《上堵吟》，音韻哀切，有惻人心，今水次尚歌之。堵水又東北逕上庸郡，故庸國也。《春秋》文公十六年，楚人、秦人、巴人滅庸。庸小國，附楚。楚有災不救，舉羣蠻以叛，故滅之以爲縣，屬漢中郡，漢末又分爲上庸郡，城三面際水。堵水又東逕方城亭南，東北歷嵾山下，而北逕堵陽縣南，北流注于漢，謂之堵口。漢水又東，謂之澇灘，冬則水淺而下多大石。又東爲淨灘，夏水急盛，川多湍洑，行旅苦之。故諺曰：冬澇夏淨，斷官使命。言二灘阻礙。

又東過鄖鄉南，

漢水又東逕鄖鄉縣南之西山，上有石蝦蟇，倉卒看之，與真不别。漢水又東逕鄖鄉縣故城南，謂之鄖鄉灘。縣，故黎也，即長利之鄖鄉矣。《地理志》曰：有鄖關。李奇以爲鄖子國。晉太康五年，立以爲縣。漢水又東逕琵琶谷口，梁、益二州分境于此,故謂之琵琶界也。

又東北流,又屈東南,過武當縣東北,

縣西北四十里,漢水中有洲,名滄浪洲[4]。庾仲雍《漢水記》謂之千齡洲。非也,是世俗語訛,音與字變矣。《地説》曰:水出荆山,東南流爲滄浪之水,是近楚都。故《漁父歌》曰:滄浪之水清兮,可以濯我纓;滄浪之水濁兮,可以濯我足。余按《尚書·禹貢》言:導漾水,東流爲漢,又東爲滄浪之水。不言過而言爲者,明非他水決入也。蓋漢沔水自下有滄浪通稱耳。纏絡鄢、郢,地連紀、鄀,咸楚都矣。漁父歌之,不違水地,考按經傳,宜以《尚書》爲正耳。漢水又東爲伥子潭,潭中有石磧洲,長六十丈,廣十八丈,世亦以此洲爲伥子葬父于斯,故潭得厥目焉,所未詳也。漢水又東南逕武當縣故城北,世祖封鄧晨子棠爲侯國。内有一碑,文字磨滅,不可復識,俗相傳言,是《華君銘》,亦不詳華君何代之士。漢水又東,平陽川水注之,水出縣北伏親山,南歷平陽川,逕平陽故城下,又南流注于沔。沔水又東南逕武當縣故城東,又東,曾水注之。水導源縣南武當山,一曰太和山,亦曰嵾上山[5],山形特秀,又曰仙室。《荆州圖副記》曰:山形特秀,異于衆嶽,峯首狀博山香爐,亭亭遠出,藥食延年者萃焉。晉咸和中,歷陽謝允,舍羅邑宰隱遁斯山,故亦曰謝羅山焉。曾水發源山麓,逕越山陰,東北流注于沔,謂之曾口。沔水又東逕龍巢山下,山在沔水中,高十五丈,廣員一里二百三十步,山形峻峭,其上秀林茂木,隆冬不凋。

又東南過涉都城東北,

故鄉名也。按《郡國志》,筑陽縣有涉都鄉者也。漢武帝元封元年,封南海守降侯子嘉爲侯國。均水于縣入沔,謂之均口也。

又東南過酇縣之西南,

縣治故城,南臨沔水,謂之酇頭。漢高帝五年[6],封蕭何爲侯國也。薛瓚曰:今南鄉酇頭是也。《茂陵書》曰:在南陽。王莽更名南庚者也。

又南過穀城東,又南過陰縣之西,

沔水東逕穀城南而不逕其東矣。城在穀城山上[7],春秋穀伯綏之邑也。墉闉頹毁,基塹亦存。沔水又東南逕陰縣故城西,故下陰也。《春秋》昭公十九年,楚工尹赤遷陰于下陰是也。縣東有冢。縣令濟南劉熹,字德怡,魏時宰縣,雅好博古,教學立碑,載生徒百有餘人,不終業而夭者,因葬其地,號曰"生墳"。沔水又東南得洛溪口,水出縣西北集池陂,東南流逕洛陽城,北枕洛溪,溪水東南注沔水也。

又南過筑陽縣東,筑水出自房陵縣,東過其縣南流注之。

沔水又南,汎水注之,水出梁州閬陽縣。魏遣夏侯淵與張郃下巴西,進軍宕渠,劉

備軍汎口，即是水所出也。張飛自别道襲張郃于此水，郃敗，棄馬升山，走還漢中。汎水又東逕巴西，歷巴渠北新城、上庸，東逕汎陽縣故城南，晉分筑陽立。自縣以上，山深水急，枉渚崩湍，水陸徑絶。又東逕學城南，梁州大路所由也。舊説昔者有人立學都于此，值世荒亂，生徒罔依，遂共立城以禦難，故城得厥名矣。汎水又東流注于沔，謂之汎口也。沔水又南逕闞林山東，本郡陸道之所由，山東有二碑，其一即記闞林山。文曰：君國者不躋高堙下。先時，或斷山岡以通平道，民多病，守長冠軍張仲瑜乃與邦人築斷故山道，作此銘。其一《郭先生碑》，先生名輔，字甫成，有孝友悦學之美，其女爲立碑于此，竝無年號，皆不知何代人也。沔水又南逕筑陽縣東，又南，筑水注之，杜預以爲彭水也。水出梁州新城郡魏昌縣界，縣以黄初中分房陵立，筑水東南流逕筑陽縣，水中有孤石挺出，其下澄潭，時有見此石根如竹根而黄色，見者多凶，相與號爲承受石，所未詳也。筑水又東逕筑陽縣故城南，縣，故楚附庸也。秦平鄢、郢，立以爲縣，王莽更名之曰宜禾也。建武二十八年，世祖封吴盱爲侯國。筑水又東流注于沔，謂之筑口。沔水又南逕高亭山東，山有靈焉，士民奉之，所請有驗。沔水又東爲漆灘，新野郡山都縣與順陽、筑陽，分界于斯灘矣。

又東過山都縣東北，

沔南有固城，城側沔川，即新野山都縣治也，舊南陽之赤鄉矣。秦以爲縣，漢高后四年，封衛將軍王恬啓爲侯國。沔北有和城，即《郡國志》所謂武當縣之和城聚，山都縣舊嘗治此，故亦謂是處爲故縣灘。沔水北岸數里有大石激，名曰五女激[⑧]，或言女父爲人所害，居固城，五女思復父怨，故立激以攻城。城北今淪于水。亦云有人葬沔北，墓宅將爲水毁，其人五女無男，皆悉巨富，共脩此激以全墳宅。然激作甚工。又云女嫁爲陰縣佷子婦，家貲萬金，而自少小不從父語，父臨亡，意欲葬山上，恐兒不從，故倒言葬我著渚下石磧上。佷子曰：我由來不奉教，今從語，遂盡散家財作石冢，積土繞之成一洲，長數百步，元康中始爲水所壞，今石皆如半榻許，數百枚聚在水中。佷子是前漢人。襄陽太守胡烈有惠化，補塞堤決，民賴其利，景元四年九月，百姓刊石銘之，樹碑于此。沔水又東偏淺，冬月可涉渡，謂之交湖，兵戎之交，多自此濟。晉太康中得鳴石于此，水撞之聲聞數里。沔水又東逕樂山北，昔諸葛亮好爲《梁甫吟》，每所登遊，故俗以樂山爲名。沔水又東逕隆中，歷孔明舊宅北[⑨]，亮語劉禪云：先帝三顧臣于草廬之中，咨臣以當世之事。即此宅也。車騎沛國劉季和之鎮襄陽也，與犍爲人李安共觀此宅，命安作《宅銘》云：天子命我于沔之陽，聽鼓鞞而永思，庶先哲之遺光。後六十餘年，永平之五年，習鑿齒又爲其宅銘焉。

又東過襄陽縣北，

沔水又東逕萬山[10]北，山上有《鄒恢碑》，魯宗之所立也。山下潭中有《杜元凱碑》，元凱好尚後名，作兩碑竝述己功，一碑沈之峴山水中，一碑下之于此潭，曰：百年之後，何知不深谷爲陵也[11]。山下水曲之限，云漢女昔遊處也。故張衡《南都賦》曰：遊女弄珠于漢皐之曲。漢皐，即萬山之異名也。沔水又東合檀溪水，水出縣西柳子山下，東爲鴨湖，湖在馬窰山東北，武陵王愛其峯秀，改曰望楚山[12]。溪水自湖兩分，北渠即溪水所導也。北逕漢陰臺西，臨流望遠，按眺農圃，情邈灌蔬，意寄漢陰，故因名臺矣。又北逕檀溪，謂之檀溪水，水側有沙門釋道安寺，即溪之名，以表寺目也。溪之陽有徐元直、崔州平故宅，悉人居，故習鑿齒《與謝安書》云：每省家舅，縱目檀溪，念崔、徐之交，未嘗不撫膺躊躇，惆悵終日矣。溪水傍城北注，昔劉備爲景升所謀，乘的顱馬西走，墜于斯溪。西去城里餘，北流注于沔。一水東南出，應劭曰：城在襄水之陽，故曰襄陽。是水當即襄水也。城北枕沔水，即襄陽縣之故城也，王莽之相陽矣。楚之北津戍也，今大城西壘是也。其土古鄢、鄀、盧、羅之地，秦滅楚，置南郡，號此爲北部。建安十三年，魏武平荆州，分南郡立爲襄陽郡，荆州刺史治。邑居殷賑，冠蓋相望，一都之會也。城南門道東有三碑：一碑是《晉太傅羊祜碑》，一碑是《鎮南將軍杜預碑》，一碑是《安南將軍劉儼碑》，竝是學生所立。城東門外兩百步劉表墓，太康中爲人所發見，表夫妻其屍儼然，顏色不異，猶如平生。墓中香氣遠聞三四里中，經月不歇。今墳冢及祠堂猶高顯整頓。城北枕沔水，水中常苦蛟害，襄陽太守鄧遐負其氣果，拔劍入水，蛟繞其足，遐揮劍斬蛟，流血丹水，自後患除，無復蛟難矣。昔張公遇害，亦亡劍于是水。後雷氏爲建安從事，逕踐瀨溪，所留之劍，忽于其懷躍出落水，初猶是劍，後變爲龍。故吴均《劍騎詩》云：劍是兩蛟龍。張華之言不孤爲驗矣。沔水又逕平魯城南，城，魯宗之所築也，故城得厥名矣。東對樊城，樊，仲山甫所封也。《漢晉春秋》稱，桓帝幸樊城，百姓莫不觀，有一老父獨耕不輟，議郎張温使問焉，父笑而不答[13]，温因與之言，問其姓名，不告而去。城周四里，南半淪水，建安中，關羽圍于禁于此城，會沔水泛溢，三丈有餘，城陷禁降，龐德奮劍，乘舟投命于東岡。魏武曰：吾知于禁三十餘載，至臨危授命，更不如龐德矣。城西南有曹仁《記水碑》，杜元凱重刊，其後書伐吴之事也。

又從縣東屈西南，淯水從北來注之。

襄陽城東有東白沙[14]，白沙北有三洲，東北有宛口，即淯水所入也。沔水中有魚梁洲，龐德公所居，士元居漢之陰，在南白沙，世故謂是地爲白沙曲矣。司馬德操宅洲之陽，望衡對宇，歡情自接，泛舟褰裳，率爾休暢，豈待還桂柁于千里，貢深心于永思哉！水南有層臺，號曰景升臺，蓋劉表治襄陽之所築也。言表盛遊于此，常所止憩，表性好鷹，嘗登此臺，歌《野鷹來曲》，其聲韻似孟達《上堵吟》矣。沔水又逕桃林亭東，又逕峴山東，山上有桓宣所築城，孫堅死于此。又有《桓宣碑》。羊祜之鎮襄陽也，與鄒潤甫嘗登之，及祜薨，後人立碑于故處，望者悲感，杜元凱謂之《墮淚碑》。山上又有《征南將軍胡羆碑》，又有《征西將軍周訪碑》，山下水中，杜元凱沉碑處。沔水又東南逕蔡洲，漢長水校尉蔡瑁居之，故名蔡洲。洲東岸西，有洄湖，停水數十畮，長數里，廣減百步，水色常緑。楊儀居上洄，楊顒居下洄，與蔡洲相對。在峴山南廣昌里，又與襄陽湖水合，水上承鴨湖，東南流逕峴山西，又東南流注白馬陂，水又東入侍中襄陽侯習郁魚池。郁依范蠡《養魚法》作大陂[15]，陂長六十步，廣四十步，池中起釣臺，池北亭，郁墓所在也。列植松篁于池側沔水上，郁所居也。又作石洑逗引大池水于宅北作小魚池，池長七十步，廣二十步。西枕大道，東北二邊限以高堤，楸竹夾植，蓮芡覆水，是遊宴之名處也。山季倫之鎮襄陽，每臨此池，未嘗不大醉而還，恒言此是我高陽池。故時人爲之歌曰：山公出何去？往至高陽池，日暮倒載歸，酩酊無所知。其水下入沔。沔水西又有孝子墓，河南秦氏性至孝，事親無倦，親没之後，負土成墳，常泣血墓側，人有咏《蓼莪》者，氏爲泣涕，悲不自勝。于墓所得病，不能食，虎常乳之，百餘日卒。今林木幽茂，號曰孝子墓也。其南有蔡瑁冢，冢前刻石爲大鹿狀，甚大，頭高九尺，製作甚工。沔水又東南逕邑城北，習郁襄陽侯之封邑也，故曰邑城矣。沔水又東合洞口，水出安昌縣故城東北大父山，西南流謂之白水。又南逕安昌故城東，屈逕其縣南。縣，故蔡陽之白水鄉也。漢元帝以長沙卑溼，分白水、上唐二鄉爲舂陵縣，光武即帝位，改爲章陵縣，置園廟焉。魏黄初二年，更從今名，故義陽郡治也。白水又西南流而左會昆水，水導源城東南小山，西流逕金山北，又西南流逕縣南，西流注于白水。水北有白水陂，其陽有漢光武故宅，基址存焉。所謂白水鄉也，蘇伯阿望氣處也。光武之征秦豐，幸舊邑，置酒極懽，張平子以爲真人，南巡觀舊里焉。《東觀漢記》曰：明帝幸南陽，祀舊宅，召校官子弟作雅樂，奏《鹿鳴》，上自御塤篪和之，以娱賓客，又于此宅矣。白水又西合濜水，水出于襄鄉縣東北陽中山，西逕襄鄉縣之故城北，按《郡國志》，是南陽之屬縣也。濜水又西逕蔡陽縣故城東，西南流注于白水。又西逕其城南，建武十三年，世祖封城陽王祉世子本爲侯國。應劭曰：蔡水出蔡陽，東入淮。今于此城南更無别水，惟是水可以當之。川流西注，苦其不東，且淮源阻礙，山河無相入之理，蓋應氏之誤耳。洞水又西南流注于沔水。

又東過中廬縣東，維水自房陵縣維山，東流注之。

縣,即《春秋》廬戎之國也。縣故城南有水出西山,山有石穴出馬,謂之馬穴山。漢時有數百匹馬出其中,馬形小,似巴滇馬。三國時,陸遜攻襄陽,于此穴又得馬數十匹送建業。蜀使至,有家在滇池者,識其馬毛色,云其父所乘馬,對之流涕。其水東流百四十里逕城南,名曰浴馬港,言初得此馬,洗之于此,因以名之。亦云乘出沔次浴之,又曰洗馬廄,渡沔宿處,名之曰騎亭。然候水諸蠻北遏是水,南壅維川,以周田溉,下流入沔。沔水東南流逕犂丘故城[16]西,其城下對繕州[17],秦豐居之,故更名秦洲。王莽之敗也,秦豐阻兵于犂丘。犂丘城在觀城西二里,建武三年,光武遣征南岑彭擊豐;四年,朱祐自觀城擒豐于犂丘是也。沔水又南與疎水合,水出中廬縣西南,東流至邵縣北界,東入沔水,謂之疎口也。水中有物如三四歲小兒,鱗甲如鯪鯉,射之不可入。七八月中,好在磧上自曝,厀頭似虎,掌爪常没水中,出厀頭,小兒不知,欲取弄戲,便殺人。或曰,人有生得者,摘其皐厭,可小小使,名爲水虎者也[18]。

又南過邵縣東北,

沔水之左有騎城,周迴二里,餘高一丈六尺,即騎亭也。縣,故楚邑也,秦以爲縣,漢高帝十一年,封黄極忠爲侯國。縣南有黄家墓,墓前有雙石闕,彫制甚工,俗謂之黄公闕。黄公名尚,爲漢司徒。沔水又東逕豬蘭橋,橋本名木蘭橋,橋之左右豐蒿荻。于橋東,劉季和大養豬,襄陽太守曰:此中作豬屎臭,可易名豬蘭橋,百姓遂以爲名矣。橋北有習郁宅,宅側有魚池,池不假功,自然通洫,長六七十步,廣十丈,常出名魚。沔水又南得木里水會,楚時于宜城東穿渠,上口去城三里,漢南郡太守王寵又鑿之,引蠻水灌田,謂之木里溝。逕宜城東而東北入于沔,謂之木里水口也。

又南過宜城縣東,夷水出自房陵,東流注之。

夷水[19],蠻水也。桓温父名夷,改曰蠻水。夷水導源中廬縣界康狼山,山與荆山相鄰。其水東南流歷宜城西山,謂之夷溪,又東南逕羅川城,故羅國也。又謂之鄢水,《春秋》所謂楚人伐羅渡鄢者也。夷水又東南流與零水合,零水即沶水[20]也。上通梁州没陽縣[21]之默城山,司馬懿出沮之所由。其水東逕新城郡之沶鄉縣[22],縣分房陵立,謂之沶水。又東歷軨鄉,謂之軨水[23],晉武帝平吴,割臨沮之北鄉、中廬之南鄉立上黄縣,治軨鄉,沶水又東歷宜城西山,謂之沶溪,東流合于夷水,謂之沶口[24]也。與夷水亂流東出,謂之淇水,逕蠻城南,城在宜城南三十里。《春秋》莫敖自羅敗退及鄢,亂次以濟淇水是也。夷水又東注于沔。昔白起攻楚,引西山長谷水,即是水也。舊堨去城百許里,水從城西灌城東,入注爲淵,今熨斗陂是也。水潰城東北角,百姓隨水流,死于城東者數十萬,城東皆臭,因名其陂爲臭池。後人因其渠流,以結陂田城西,陂,謂之新陂,覆地數十頃。西北又爲土門陂,從平路渠以北、木蘭橋以南,西極土門山,東跨大道,水流周通,其水自新陂東入城。城,故鄢郢之舊都,秦以爲縣,漢惠帝三年,改曰宜城。其水歷大城中,逕漢南陽太守秦頡墓北。墓前有二碑,頡,鄀人也,以江夏都尉出爲南陽太守,逕宜城中,見一家東向,頡住車視之,曰:此居處可作冢。後卒于南陽,喪還,至昔住車處,車不肯進,故吏爲市此宅葬之,孤墳尚整。城南有宋玉宅。玉,邑人,雋才辯給,善屬文而識音也。其水又逕金城前,縣南門有古碑猶存。其水又東出城,東注臭池。臭池溉田,陂水散流,又入朱湖陂。朱湖陂亦下灌諸田。餘水又下入木里溝,木里溝是漢南郡太守王寵所鑿故渠,引鄢水也,灌田七百頃。白起渠溉三千頃,膏良肥美,更爲沃壤也。縣有太山,山下有廟,漢末名士居其中。刺史、二千石卿長數十人㉕,朱軒華蓋,同會于廟下。荆州刺史行部見之,雅歎其盛,號爲冠蓋里而刻石銘之。此碑于永嘉中始爲人所毁,其餘文尚有可傳者,其辭曰:峨峨南岳,烈烈離明,寔敷儁乂,君子以生,惟此君子,作漢之英,德爲龍光,聲化鶴鳴。此山以建安三年崩,聲聞五六十里,雉皆屋雊,縣人惡之,以問侍中龐季。季云:山崩川竭,國土將亡之占也。十三年,魏武平荆州,沔南彫散。沔水又逕鄀縣故城南,古鄀子之國也。秦、楚之間,自商密遷此,爲楚附庸,楚滅之以爲邑。縣南臨沔津,津南有石山,上有古烽火臺,縣北有大城,楚昭王爲吴所迫,自紀郢徙都之。即所謂鄢、鄀、盧、羅之地也。秦以爲縣。沔水又東,敖水㉖注之,水出新市縣東北,又西南逕太陽山西,南流逕新市縣北,又西南而右合枝水。水出大洪山,而西南流逕襄陽鄀縣界,西南逕狄城東南,左注敖水。敖水又西南流注于沔㉗,寔曰敖口。沔水又南逕石城西,城因山爲固,晉太傅羊祜鎮荆州立,晉惠帝元康九年,分江夏西部置竟陵郡,治此。沔水又東南與臼水合,水出竟陵縣東北聊屈山,一名盧屈山,西流注于沔。魯定公四年,吴師入郢,昭王奔隨,濟于成臼,謂是水者也。

又東過荆城東,

沔水自荆城東南流,逕當陽縣之章山東,山上有故城,太尉陶侃伐杜曾所築也。《禹貢》所謂内方至于大别者也。既濱帶沔流,寔會《尚書》之文矣。沔水又東,右會權口,水出章山,東南流逕權城北,古之權國也。《春秋》魯莊公十八年,楚武王克權,權叛,圍而殺之,遷權于那處是也。東南有那口城。權水又東入于沔。沔水又東南與揚口合,水上承江陵縣赤湖。江陵西北有紀南城,楚文王自丹陽徙此,平王城之。班固言:楚之郢都也。城西南有赤坂岡,岡下有瀆水,東北流入城,名曰子胥瀆。蓋吴師入郢所開也,謂之西京湖。又東北出城,西南注于龍陂。陂,古天井水也，廣圓二百餘步，在靈溪東江堤内，水至淵深，有龍見于其中，故曰龍陂。陂北有楚莊王釣臺，高三丈四尺，南北六丈，東西九丈。陂水又逕郢城南，東北流謂之揚水[28]。又東北，路白湖水[29]注之，湖在大港北，港南曰中湖，南堤下曰昬官湖，三湖合爲一水，東通荒谷，荒谷東岸有冶父城，《春秋傳》曰：莫敖縊于荒谷，羣帥囚于冶父。謂此處也。春夏水盛，則南通大江，否則南迄江堤，北逕方城西。方城，即南蠻府也。又北與三湖會，故盛弘之曰：南蠻府東有三湖，源同一水。蓋徙治西府也。宋元嘉中，通路白湖，下注揚水，以廣運漕。揚水又東歷天井北，井在方城北里餘，廣圓二里，其深不測，井有潛室，見輒兵。西岸有天井臺，因基舊堤，臨際水湄，遊憩之佳處也。揚水又東北流，東得赤湖水口，湖周五十里，城下陂池，皆來會同。湖東北有大暑臺，高六丈餘，縱廣八尺，一名清暑臺，秀宇層明，通望周博，遊者登之，以暢遠情。揚水又東入華容縣，有靈溪水[30]，西通赤湖水口，已下多湖，周五十里，城下陂池，皆來會同。又有子胥瀆，蓋入郢所開也。水東入離湖，湖在縣東七十五里，《國語》所謂楚靈王闕爲石郭陂，漢以象帝舜者也。湖側有章華臺，臺高十丈，基廣十五丈。左丘明曰：楚築臺于章華之上。韋昭以爲章華亦地名也。王與伍舉登之，舉曰：臺高不過望國之氛祥，大不過容宴之俎豆。蓋譏其奢而諫其失也。言此瀆靈王立臺之日，漕運所由也。其水北流注于揚水。揚水又東北與柞溪水合，水出江陵縣北，蓋諸池散流咸所會合，積以成川。東流逕魯宗之壘，南當驛路，水上有大橋，隆安三年，桓玄襲殷仲堪于江陵，仲堪北奔，縊于此橋。柞溪又東注船官湖，湖水又東北入女觀湖，湖水又東，入于揚水。揚水又北逕竟陵縣西，又北，納巾吐柘，柘水，即下揚水[31]也。巾水出縣東百九十里，西逕巾城，城下置巾水戍。晉元熙二年，竟陵郡巾水戍得銅鐘七口，言之上府。巾水又西逕竟陵縣北，西注揚水，謂之巾口。水西有古竟陵大城，古鄖國也。鄖公辛所治，所謂鄖鄉矣。昔白起拔郢，東至竟陵，即此也。秦以爲縣，王莽之守平矣，世祖建武十三年，更封劉隆爲侯國。城旁有甘魚陂，《左傳》昭公十三年，公子黑肱爲令尹，次于魚陂者也。揚水又北注于沔，謂之揚口，中夏口也。曹太祖之追劉備于當陽也，張飛按矛于長坂，備得與數騎斜趨漢津，遂濟夏口是也。沔水又東得滻口，其水承大滻、馬骨諸湖水，周三四百里，及其夏水來同，渺若滄海，洪潭巨浪，縈連江沔，故郭景純《江賦》云：其旁則有朱、滻、丹、漅是也。

又東南過江夏雲杜縣東，夏水從西來注之。

即堵口也，爲中夏水。縣，故邧亭。《左傳》：若敖娶于邧是也。《禹貢》所謂雲土夢作乂[32]。故縣取名焉。縣有雲夢城，城在東北。沔水又東逕左桑。昔周昭王南征，船人膠舟以進之，昭王渡沔，中流而没，死于是水。齊、楚之會，齊侯曰：昭王南征而不復，寡人是問。屈完曰：君其問諸水濱。庾仲雍言：村老云，百姓佐昭王喪事于此，成禮而行，故曰佐喪。左桑，字失體耳。沔水又東合巨亮水口，水北承巨亮湖，南達于沔。沔水又東得合驛口。庾仲雍言：須導村耆舊云，朝廷驛使合王喪于是，因以名焉。今須導村正有大斂口，言昭王于此殯斂矣。沔水又東，謂之横桑，言得昭王喪處也。沔水又東謂之鄭公潭，言鄭武公與王同溺水于是。余謂世數既懸，爲不近情矣。斯乃楚之鄭鄉，守邑大夫僭言公，故世以爲鄭公潭耳。沔水又東得死沔，言昭王濟沔自是死，故有死沔之稱。王尸豈逆流乎？但千古茫昧，難以昭知，推其事類，似是而非矣。沔水又東與力口合，有溳水出竟陵郡新陽縣西南池河山，東流逕新陽縣南，縣治雲杜故城，分雲杜立。溳水又東南流注宵城縣南大湖，又南入于沔水，是曰力口。沔水又東南，涓水入焉。沔水又東逕沌水口，水南通縣之太白湖[33]，湖水東南通江，又謂之沌口。沔水又東逕沌陽縣北，處沌水之陽也。沔水又東逕臨嶂故城[34]北，晉建興二年，太尉陶侃爲荆州，鎮此也。

又南至江夏沙羡縣北，南入于江。

庾仲雍曰：夏口亦曰沔口矣。《尚書·禹貢》云：漢水南至大别入江。《春秋左傳》定公四年，吴師伐郢，楚子常濟漢而陳，自小别至于大别。京相璠《春秋土地名》曰：大别，漢東山名也。在安豐縣南。杜預《釋地》曰：二别近漢之名，無緣乃在安豐也。案《地説》言，漢水東行觸大别之阪[35]，南與江合。則與《尚書》、杜預相符，但今不知所在矣。

注释：

① 《注疏》本作"沔水中"。《疏》："朱此卷《經》文'又東過堵陽縣'至《注》文'習鑿齒又爲其宅銘焉'，爲卷二十九之首，表目作'沔水下'，以'又東過襄陽縣北'至末爲卷二十八，前後互訛。戴訂正表目，删'下'字。趙前後互移同，惟以此《經》'又東過堵陽縣'至'宅銘焉'接二十七卷末，全亦前後互移，移此《經》'又東過堵陽縣'至'宅銘焉'接上卷末，今從戴訂，自此至末爲一卷，而表目作'沔水中'。"

② 據《札記·牛渚縣》：卷二十八《沔水注》和卷二十九《粉水注》中並見的上粉縣……均不見于《兩漢志》和晉、宋、齊諸《志》……由此可知，正史地理志所失載的縣名是不在少數的。

③ 同注②。

④ 滄浪洲　《注釋》本、《尚書正讀》卷二"東爲北江"曾運乾《注》引《水經注》均作"滄浪州"，何本作"按考洲"。

⑤ 嵾上山　《楚寶》卷三十九《山水·武當山》引《水經注》作"嵾上"，無"山"字。

⑥ 五年　《注疏》本作"六年"。《疏》："朱訛作'五年'，戴、趙同。守敬按：《史》、《漢表》是六

年封,今訂。"

⑦ 《方輿紀要》卷七十九《湖廣》五《襄陽府·穀城縣·穀山》引《水經注》云:"古穀國城在穀城山上。"當是此段中佚文。

⑧ 五女激 孫潛校本作"五女礅"。

⑨ 《諸葛忠武侯故事》卷五《遺迹篇》引《水經注》云:"隆中諸葛故宅有舊井一,今涸無水。"當是此句下佚文。

⑩ 萬山 《注箋》本、項本、《五校》鈔本、《七校》本均作"方山"。

⑪ 《札記·好名》:

卷二十八《沔水》《經》"又東過襄陽縣北"《注》云:

沔水又東逕萬山北,山上有《鄒恢碑》,魯宗之所立也。山下潭中有《杜元凱碑》,元凱好尚後名,作兩碑,竝述己功,一碑沈之于峴山水中,一碑下之于此潭,曰:百年以後,何知不深谷爲陵也。

這段《注》文寫出了杜預(元凱)好名的突出事例。爲了希望留名後世,竟至于刊碑而又沉碑,其用心可謂苦矣。當然,杜預是應該留名的,他是西晉的開國功臣,既有文治,又有武功,當過河南尹、度支尚書等文官,又當過鎮南大將軍都督荆州諸軍事這樣頭銜很大的武官。特别是他還是一個知識淵博的歷史學家,寫過《春秋左氏經傳集解》、《春秋釋例》、《春秋長歷》等專著。尤其是《集解》,是歷來解釋《左傳》的權威著作。像他這樣的人,當然不怕名不傳後,而實際上也用不着他自己沉碑,《三國志》(卷十六)和《晉書》(卷二十四)都爲他立了傳。由此可知,以著作傳名,以學問傳名,比"沈碑"的辦法要穩當可靠得不知多少。關于這一點,好名者務宜知道。

⑫ 《方輿紀要》卷七十九《湖廣》五《襄陽府·襄陽縣·峴山》引《水經注》云:"(望楚山)劉宋武陵王駿屢登陟,望見鄢城,故名。"當是此段中佚文。

⑬ 父笑而不答 《注疏》本作"父嘯而不答"。《疏》:"朱'嘯'作'笑',戴、趙同。會貞按:考字下接《後漢書》,《後漢書·逸民傳》,皇甫謐《高士傳》下作'笑',似作'笑'有據。然明鈔本、黄本作'嘯'。《類聚》十九、《御覽》三百九十二引《晉漢春秋》至此句上並作'嘯'。"則"嘯"字是也。今改正以還舊觀。

⑭ 東白沙 《方輿紀要》卷七十九《湖廣》五《襄陽府·襄陽縣·白河》引《水經注》作"白沙",無"東"字。

⑮ 《札記·范蠡養魚法》:

卷二十八《沔水》《經》"又從縣東屈西南,淯水從北來注之"《注》中,記載了根據范蠡著作,從事淡水養殖的故事。《注》云:

(沔)水又東入侍中襄陽侯習郁魚池。郁依范蠡《養魚法》作大陂,陂長六十步,廣四十步,池中起釣臺,池北亭,郁墓所在也。列植松篁于池側沔水上,郁所居也。又作石洑逗引大池水于宅北作小魚池,池長七十步,廣二十步。

案范蠡原是春秋越大夫,曾經在句吳圍困的會稽山蓄池養魚。《越絶書》卷八:"會稽山上城者,句踐與吴戰,大敗,棲其中,因以下爲目魚池,其利不租。”故世傳其有《養魚經》(即《沔水注》的《養魚法》)之作。清姚振宗《隋書經籍志考證》卷三十一云:“梁有陶朱公《養魚經》一卷,亡。”但《沔水注》記及“郁依范蠡《養魚法》作大陂”。案郁,東漢初年人,《藝文類聚》卷四十九引《襄陽記》:“習郁爲侍中,光武録其前後功,封襄陽侯。”則此書在漢時已經流行,何須到梁時方有陶朱公《養魚經》? 故姚振宗的考證當有訛誤。或許在東漢時已經流行,而梁時又有人重録,亦未可知。

《養魚法》一書,除《沔水注》引及外,《文選》卷三十五張景陽《七命・注》亦均引及。此書亡佚已久,唯《齊民要術》輯存(卷六《養魚》第六十一)。宋高似孫《剡録》卷十《草木禽魚詁》下引此作范蠡《魚經》。南宋時此書亡佚已久,故高氏所引當亦是《齊民要術》本。宋代以來,公私書目著録此書者甚多,如《遂初堂書目・譜録類》、《紅雨樓書目》卷三《農圃類》、《澹生堂書目》卷八《牧養類》、《述古堂書目》卷四《鳥獸》、《虞山錢遵王書目》卷二《史部・豢養》、《也是園書目》卷二《豢養》、光緒《蘇州府志》卷一三九《藝文中》等。所有上列著録,均係《齊民要術》本。而明代以來各書所收録者,如《説郛》、《宛委山堂説郛》、《輟耕録》、《玉函山房輯佚書》等,亦均從《齊民要術》傳鈔而來。

《沔水注》所載習郁所據范蠡《養魚法》,在《齊民要術》本之篇末云:

> 又作魚池法,三尺大鯉,非近江湖,倉卒難求,若養小魚,積年不大,欲令生大魚法,要須截取藪澤陂湖饒大魚之處,近水際,土經十數載,以佈池底,二年之内,即生大魚,蓋由土中先有大魚子,得水即生也。

《水經注》所引書,有時可以正歷史上公私著録之誤。此《沔水注》所引之《養魚法》一書,竟比姚振宗考證的著録早五百多年,即是一例。

⑯　犁丘故城　《注箋》本、項本、張本、《通鑑》卷二二七《唐紀》四十三德宗建中二年“追之疎口,又破之”胡《注》引《水經注》均作“黎丘故城”。

⑰　繕州　《注釋》本、乾隆《襄陽府志》卷四《山川・均州・襄郡漢水經流考》引《水經注》均作“繕洲”。

⑱　《札記・水虎》:

卷二十八《沔水》《經》“又東過中廬縣東,維水出房陵縣維山,東流注之”《注》中,記載了一種稱爲“水虎”的奇異動物。《注》云:

> 沔水又南與疎水合,水出中廬縣西南,東流至邵縣北界,東入沔水,謂之疎口也。水中有物如三四歲小兒,鱗甲如鯪鯉,射之不可入。七八月中,好在磧上自曝,厀頭似虎,掌爪常没水中,出厀頭,小兒不知,欲取戲弄,便殺人。或曰,人有生得者,摘其皐厭,可小小使,名爲水虎者也。

上面這段《注》文中,按地區説,這個所謂“水虎”的産地,在今漢水襄陽和宜城之間的河段中,疎口當在今小河鎮附近。所以《注》文所記載的地區範圍是很明確的。但是《注》文記及的這種稱爲“水虎”的動物,還需稍作分析。從“如三四歲小兒”到“掌爪常没水中,出厀頭”一段,記載的分明是揚子鰐(Alligator sinensis),這就是在我國古書上稱爲鼉,俗語稱爲猪婆龍的動物。按照上述地區範圍來説，也是符合事實的。今日牠生活的地區，一年中有三個月是月平均氣温在攝氏五度的冬天。牠每年至少有半年的蟄伏休眠期，長期過着穴居生活。這是全世界唯我國獨有的珍稀動物，是國家公佈的一類保護動物。在浙江省的長興縣，就有這種動物的自然保護區，並有揚子鰐的人工養殖場。在中國動物地理區劃中，牠目前存在于華中區的東北丘陵平原區，即長江中下游及太湖周圍，相當于中亚熱帶與北亚熱帶交界的一狹長地帶内。宋陸佃《埤雅・釋魚》云："今江淮間謂鼉鳴爲鼉鼓，亦或謂之鼉更。"陸佃所説的"江淮間"，與今天的動物地理區劃也基本符合。

揚子鰐雖然是食肉爬行類動物，但牠並不是猛獸，平日衹以魚、蛙、鼠等小動物爲食物，不像馬來鰐那樣凶猛，吞食大動物甚至人。所以《注》文所説"小兒不知，欲取戲弄，便殺人"，可能是小兒在沙灘上與牠戲弄而失足落水，因而使牠得到這個"殺人"的罪名。至于人們稱牠爲"水虎"，究竟是因爲牠的形狀可怕，抑是由于"殺人"的傳説所致，却不得而知。

《山海經・中山經》蔓渠之山下云："其上多金玉，其下多竹箭，伊水出焉，而東流注于洛。有獸焉，其名曰馬腹，其狀如人而虎身，其音如嬰兒，是食人。"清郝懿行《案》："《刀劍録》云：漢章帝建初八年，鑄一金劍，令投伊水中以厭人膝之怪。景宏《案》，《水經》云：伊水有一物，如人膝頭，有爪，人浴，輒没不復出。陶氏所説，参以劉昭《注》《郡國志・南郡・中廬》引《荆州記》云：陵水中有物，如馬甲，如鯪鯉，不可入。七八月中，好在磧上自暴，膝頭如虎爪掌，小兒不知，欲取戲弄，便殺人。或曰，生得者取其鼻厭，可小小便，名爲水盧。《水經・沔水注》與《荆州記》小有異同，然則人膝之名蓋取此。據陶、劉二家所説，形狀與馬腹相近，因附記焉。"

據上述《中山經》郝氏所《案》，足見《沔水注》的記載，當是酈氏從《荆州記》引來。案《荆州記》一書，晉范汪、劉宋盛弘之、庾仲雍、郭仲産、劉澄之等均有撰作，至少有五六種之多，均可爲酈氏所見及，而各書均已亡佚，已經無從核對。各書所引文字不同如"臯厭"與"鼻厭"，"小小使"與"小小便"，"水虎"與"水盧"等，都是字形相近，顯係傳鈔致訛無疑。據諸書所述，則此物有"馬腹"、"人膝"、"水盧"、"水虎"等名稱，而特别值得注意的是，古代在伊水中曾有此物。既然漢章帝要鑄金劍投入，説明此物在伊水中數量不少。從現在看來，揚子鰐的分佈地區已經十分狹小，不僅伊水流域絶不再有此物，即《沔水注》所記載的襄陽、宜城一帶，此物也早已絶迹。但古代的情況不同，伊水流域在動物區劃中，適當東洋界和古北界之間的過渡地帶，揚子鰐出現于這個地區，不足爲怪。今天，揚子鰐分佈最多的地區，是安徽省的清弋江流域和太湖沿岸。與《中山經》、《荆州記》、《水經注》等文獻相對照，我們可以考察這兩千多年時間裏，這種動物分佈地區逐漸向東南縮小的情況。不僅地區縮小，數量當然也大大減少，所以我們國家要把牠定爲一類動物而加以保護。

⑲ 魏源《釋道山南條陽列》(《魏源集》下集)黄象離《按》引《水經注》云："夷水入漢，俗名蠻河口。"當是此段中佚文。

⑳ 泝水　吴本、《注箋》本、項本、何本、張本均作"汴水"。

㉑ 没陽縣　《注釋》本作"沔陽縣"。

㉒　沶鄉縣　《大典》本作"瀰鄉縣"。

㉓　軨水　《大典》本作"軫水"。

㉔　沶口　《大典》本作"瀰口"。

㉕　漢末名士居其中刺史二千石卿長數十人　《注疏》本"名士"作"多士"，"卿長"作"鄉長"。《疏》："趙據何焯校本改'多'作'名'，'士'下增'居'字。戴改增同。守敬按：非也。上句云，'山下有廟'，名士何以居廟中乎？此當以'漢末多士'爲句，'其中'二字，連'刺史'讀，原文不誤，乃憑臆改增，是以不狂爲狂矣，謬甚！"

㉖　敖水　《方輿紀要》卷七十七《湖廣》三《安陸府・鍾祥縣・管城》引《水經注》作"激水"。

㉗　《名勝志・湖廣》卷四《承天府・鍾祥縣》引《水經注》云："沔水又東，豐樂水注之，敖水枝水又注之。"當是此段中佚文。

㉘　揚水　《大典》本、《注箋》本、項本、張本、乾隆《荆州府志》卷五《山川・柞溪水》引《水經注》均作"楊水"，《名勝志》湖廣卷四《荆門》引《水經注》作"陽水"。

㉙　路白湖水　《名勝志・湖廣》卷四《荆門》引《水經注》、乾隆《荆州府志》卷五《山川・三湖》引《水經注》均作"白湖水"。

㉚　靈溪水　《注箋》本、項本、張本、乾隆《荆州府志》卷五《山川・靈港水》引《水經注》均作"靈港水"。

㉛　下揚水　《大典》本作"下楊水"。

㉜　禹貢所謂雲土夢作乂　《注疏》本《疏》："守敬按：《史記志疑》言，《夢溪筆談》所稱古本《尚書》作'雲土夢'。未必真《禹貢》之舊，當依《漢志》作'雲夢土'。今惟王鏊《史記》本作'雲夢土'，他本《史記》與《水經注》皆後人所改。余謂此之差互最難言，若以'雲夢土'爲非耶，而'雲夢'見《周禮》，若以'雲土夢'爲非耶，而《漢志》有雲杜縣，'杜'即'土'。《詩》，徹彼桑土，又作'桑杜'，自土沮漆，又作'自杜'，是其證。"

㉝　水南通縣之太白湖　《注疏》本在"水南通"下有"沌陽"二字。《疏》："朱'縣'上有脱文，戴同。趙增'沔陽'二字，云：以《江水注》參校增。守敬按：《通鑑》晉永嘉六年《注》引此作'南通沔陽縣之太白湖'，則增'沔陽'字似是。不知胡氏作'沔陽'誤，當作'沌陽'。趙氏于《江水篇》誤以'沌陽'爲'沔陽'，此又據作佐證，則一誤而再誤也，今訂。"

㉞　臨嶂故城　《注箋》本、項本、《注釋》本、張本、《通鑑》卷八十九《晉紀》十一愍帝建興二年"杜弢將王真襲陶侃于林鄣"胡《注》引《水經注》均作"林鄣故城"。

㉟　大別之阪　《大典》本、黄本、吴本、《注箋》本、項本、何校明鈔本、王校明鈔本、沈本、《五校》鈔本、《七校》本、張本、《尚書後案》"過三澨至于大別南入于江"《案》引《水經注》、《書水經沔水篇後》(《七經樓文鈔》卷三)引《水經注》、《尚書正讀》卷二"東爲北江，入于海"曾運乾《注》引《水經注》均作"大別之陂"。

卷二十九　沔水[1]　潛水　湍水　均水
粉水　白水　比水

沔水與江合流，又東過彭蠡澤，

《尚書·禹貢》，匯澤也。鄭玄曰：匯，回也。漢與江鬬，轉東成其澤矣。

又東北出居巢縣南，

古巢國也，湯伐桀，桀奔南巢，即巢澤也。《尚書》，周有巢伯來朝。《春秋》文公十二年，夏，楚人圍巢。巢，羣舒國也。舒叛，故圍之。永平元年，漢明帝更封菑丘侯劉般爲侯國也。江水自濡須口又東，左會柵口，水導巢湖[2]，東逕烏上城北，又東逕南譙僑郡城南，又東絶塘，逕附農山北，又東，左會清溪水。水出東北馬子硯[3]之清溪也，東逕清溪城南屈而西南，歷山西南流注柵水，謂之清溪口。柵水又東，左會白石山水，水發白石山，西逕李鵲城南，西南注柵水。柵水又東南積而爲竇湖，中有洲，湖東有韓綜山，山上有城，山北湖水東出，爲後塘北湖，湖南即塘也。塘上有潁川僑郡故城也。竇湖水東出，謂之竇湖口，東逕刺史山北，歷韓綜山[4]南，逕流二山之間，出王武子城北，城在刺史山上。湖水又東逕右塘穴北爲中塘，塘在四水中，水出格虎山北，山上有虎山城[5]，有郭僧坎城，水北有趙祖悦城，竝故東關城也。昔諸葛恪帥師作東興堤以遏巢湖，傍山築城，使將軍全端、留畧等，各以千人守之。魏遣司馬昭督鎮東諸葛誕，率衆攻東關三城，將毀堤遏，諸軍作浮梁，陳于堤上，分兵攻城，恪遣冠軍丁奉等登塘鼓譟奮擊，朱異等以水軍攻浮梁，魏征東胡遵軍士爭渡，梁壞，投水而死者數千。塘即東興堤，城亦關城也。柵水又東南逕高江産城南，胡景畧城北，又東南逕張祖禧城南，東南流屈而北，逕鄭衛尉城西，魏事已久，難用取悉，推舊訪新，畧究如此。又北委折，蒲浦出焉，柵水又東南流注于大江，謂之柵口。

又東過牛渚縣南，又東至石城縣[⑥]，

《經》所謂石城縣者，即宣城郡之石城縣也。牛渚在姑熟、烏江兩縣界中，于石城東北減五百許里，安得逕牛渚而方届石城也。蓋《經》之謬誤也。

分爲二：其一東北流，其一又過毗陵縣北，爲北江。

《地理志》，毗陵縣，會稽之屬縣也。丹徒縣北二百步有故城，本毗陵郡治也。舊去江三里，岸稍毁，遂至城下。城北有揚州刺史劉繇墓，淪于江，江即北江也。《經》書爲北江則可，又言東至餘姚則非。考其逕流，知《經》之誤矣。《地理志》曰：江水自石城東出逕吴國南爲南江。江水自石城東入爲貴口，東逕石城縣北，晉太康元年立，隸宣城郡。東合大溪，溪水首受江，北逕其縣故城東，又北入南江。南江又東與貴長池水[⑦]合，水出縣南郎山，北流爲貴長池，池水又北注于南江。南江又東逕宣城之臨城縣南，又東合涇水。南江又東與桐水合，又東逕安吴縣，號曰安吴溪。又東，旋溪水注之，水出陵陽山下，逕陵陽縣西爲旋溪水，昔縣人陽子明釣得白龍處。後三年，龍迎子明上陵陽山，山去地千餘丈。後百餘年，呼山下人，令上山半與語溪中。子安問子明釣車所在。後二十年，子安死，山下有黄鶴栖其冢樹，鳴常呼子安，故縣取名焉。晉咸康四年，改曰廣陽縣。溪水又北合東溪水，水出南里山，北逕其縣東，桑欽曰：淮水出縣之東南，北入大江。其水又北歷蜀由山，又北，左合旋溪，北逕安吴縣東，晉太康元年，分宛陵立。縣南有落星山，山有懸水五十餘丈，下爲深潭，潭水東北流，左入旋溪，而同注南江。南江之北，即宛陵縣界也。南江又東逕寧國縣南，晉太康元年分宛陵置。南江又東逕故鄣縣南、安吉縣北，光和之末，天下大亂，此鄉保險守節，漢朝嘉之。中平二年，分故鄣之南鄉以爲安吉縣，縣南有釣頭泉，懸湧一仞，乃流于川，川水下合南江。南江又東北爲長瀆，歷湖口，南江東注于具區，謂之五湖口。五湖：謂長蕩湖[⑧]、太湖[⑨]、射湖[⑩]、貴湖、滆湖也。郭景純《江賦》曰：注五湖以漫漭。蓋言江水經緯五湖而苞注太湖也。是以左丘明述《國語》曰：越伐吴，戰于五湖是也。又云：范蠡滅吴，返至五湖而辭越。斯乃太湖之兼攝通稱也。虞翻曰：是湖有五道，故曰五湖。韋昭曰：五湖，今太湖也。《尚書》謂之震澤。《爾雅》以爲具區。方圓五百里，湖有苞山，《春秋》謂之夫

椒山,有洞室入地潛行,北通瑯邪東武縣,俗謂之洞庭。旁有青山,一名夏架山,山有洞穴,潛通洞庭。山上有石鼓,長丈餘,鳴則有兵。故《吴記》曰:太湖有苞山,在國西百餘里,居者數百家,出弓弩材,旁有小山,山有石穴,南通洞庭,深遠莫知所極。三苗之國,左洞庭,右彭蠡,今宫亭湖也。以太湖之洞庭對彭蠡,則左右可知也。余按二湖俱以洞庭爲目者,亦分爲左右也。但以趣矚爲方耳。既據三苗,宜以湘江爲正。是以郭景純之《江賦》云:爰有包山[11]洞庭,巴陵地道,潛達旁通,幽岫窈窕。《山海經》曰:浮玉之山,北望具區,苕水出于其陰,北流注于具區。謝康樂云:《山海經》浮玉之山在句餘東五百里,便是句餘縣之東山,乃應入海。句餘今在餘姚鳥道山西北,何由北望具區也。以爲郭于地理甚昧矣。言洞庭南口有羅浮山,高三千六百丈,浮山東石樓下有兩石鼓,叩之清越,所謂神鉦者也。事備《羅浮山記》。會稽山宜直湖南,又有山陰溪水入焉。山陰西四十里有二溪,東溪廣一丈九尺,冬煖夏冷;西溪廣三丈五尺,冬冷夏煖。二溪北出行三里,至徐村合成一溪,廣五丈餘而温涼又雜,蓋《山海經》所謂苕水也。北逕羅浮山而下注于太湖,故言出其陰,入于具區也。湖中有大雷、小雷三山,亦謂之三山湖,又謂之洞庭湖。楊泉《五湖賦》曰:頭首無錫,足蹏松江,負烏程于背上,懷太吴以當智,岞嶺崔嵬,穹隆紆曲,大雷、小雷,湍波相逐。用言湖之苞極也。太湖之東,吴國西十八里有岞嶺山,俗説此山本在太湖中,禹治水移進近吴。又東及西南有兩小山,皆有石如卷笮,俗云禹所用牽山也。太湖中有淺地,長老云:是笮嶺山蹠,自此以東差深,言是牽山之溝,此山去太湖三十餘里,東則松江出焉。上承太湖,更逕笠澤,在吴南松江左右也。《國語》曰:越伐吴,吴禦之笠澤,越軍江南,吴軍江北者也。虞氏曰:松江北去吴國五十里,江側有丞、胥二山,山各有廟。魯哀公十三年,越使二大夫疇無餘、謳陽等伐吴,吴人敗之,獲二大夫,大夫死,故立廟于山上,號丞、胥二王也。胥山上今有壇石,長老云:胥神所治也。下有九折路,南出太湖,闔閭造以遊姑胥之臺,以望太湖也。松江自湖東北流逕七十里,江水歧分,謂之三江口。《吴越春秋》稱范蠡去越,乘舟出三江之口,入五湖之中者也。此亦别爲三江、五湖,雖名稱相亂,不與《職方》同。庾仲初《揚都賦・注》曰:今太湖東注爲松江,下七十里有水口,分流東北入海爲婁江,東南入海爲東江,與松江而三也。《吴記》曰:一江東南行七十里入小湖爲次溪,自湖東南出謂之谷水。谷水出吴小湖,逕由卷縣故城下,《神異傳》曰:由卷縣,秦時長水縣也。始皇時,縣有童謡曰:城門當有血,城陷没爲湖。有老嫗聞之憂懼,旦往窺城門,門侍欲縛之,嫗言其故。嫗去後,門侍殺犬以血塗門,嫗又往,見血,走去不敢顧,忽有大水長欲没縣,主簿令幹入白令,令見幹曰:何忽作魚?幹又曰:明府亦作魚。遂乃淪陷爲谷矣。因目長水城水曰谷水也。《吴記》曰:谷中有城,故由卷縣治也。即吴之柴辟亭,故就李鄉檇李之地。秦始皇惡其勢王,令囚徒十餘萬人汙其土表,以汙惡名,改曰囚卷,亦曰由卷也。吴黄龍三年,有嘉禾生卷縣,改曰禾興,後太子諱和,改爲嘉興。《春秋》之檇李城也。谷水又東南逕嘉興縣城西,谷水又東南逕鹽官縣故城南,舊吴海昌都尉治,晉太康中,分嘉興立。《太康地道記》:吴有鹽官縣。樂資《九州志》曰:縣有秦延山[12]。秦始皇逕此,美人死,葬于山上,山下有美人廟。谷水之右有馬臯城,故司鹽都尉城,吴王濞煮海爲鹽于此縣也。是以《漢書·地理志》曰:縣有鹽官。東出五十里有武原鄉,故越地也。秦于其地置海鹽縣。《地理志》曰:縣,故武原鄉也。後縣淪爲柘湖,又徙治武原鄉,改曰武原縣,王莽名之展武。漢安帝時,武原之地又淪爲湖,今之當湖也,後乃移此。縣南有秦望山,秦始皇所登以望東海,故山得其名焉。谷水于縣出爲澉浦,以通鉅海。光熙元年,有毛民三人集于縣,蓋汎于風也。

又東至會稽餘姚縣,東入于海[13]。

謝靈運云:具區在餘暨。然則餘暨是餘姚之别名也。今餘暨之南,餘姚西北,浙江與浦陽江同會歸海,但水名已殊,非班固所謂南江也[14]。郭景純曰:三江者,岷江、松江、浙江也。然浙江出南蠻中,不與岷江同,作者述志,多言江水至山陰爲浙江。今江南枝分,歷烏程縣,南通餘杭縣,則與浙江合,故闞駰《十三州志》曰:江水至會稽與浙江合。浙江自臨平湖南通浦陽江,又于餘暨東合浦陽江,自秦望分派,東至餘姚縣,又爲江也。東與車箱水合,水出車箱山,乘高瀑布,四十餘丈。雖有水旱而澍無增減。江水又東逕黄橋下,臨江有漢蜀郡太守黄昌宅,橋本昌創建也。昌爲州書佐,妻遇賊相失,後會于蜀,復脩舊好。江水又東逕赭山[15]南,虞翻嘗登此山四望,誡子孫可居江北,世有禄位,居江南則不昌也。然住江北者,相繼代興;時在江南者,輒多淪替。仲翔之言爲有徵矣。江水又經官倉,倉即日南太守虞國舊宅,號曰西虞,以其兄光居縣東故也。是地即其雙鴈送故處。江水又東逕餘姚縣故城南,縣城是吴將朱然所築,南臨江津,北背鉅海,夫子所謂滄海浩浩,萬里之淵也。縣西去會稽百四十里,因句餘山以名縣。山在餘姚之南,句章之北也。江水又東逕穴湖塘,湖水沃其一縣,竝爲良疇矣。江水又東注于海。是所謂三江者也。故子胥曰:吴、越之國,三江環之,民無所移矣。但東南地卑,萬流所湊,濤湖泛決,觸地成川,枝津交渠,世家分夥,故川舊瀆,難以取悉,雖嬴依縣地,緝綜所纏,亦未必一得其實也。

潛水出巴郡宕渠縣,

潛水,蓋漢水枝分潛出,故受其稱耳。今爰有大穴,潛水入焉。通岡山下,西南潛出謂之伏水,或以爲古之潛水。鄭玄曰:漢别爲潛,其穴本小,水積成澤,流與漢合。大禹自導漢疏通,即爲西漢水也。故《書》曰:沱、潛既道。劉澄之稱白水入潛。然白水與羌水合入漢,是猶漢水也。縣以延熙中分巴立宕渠,郡,蓋古賨國也,今有賨城。縣有渝水,夾水上下,皆賨民所居。漢祖入關,從定三秦,其人勇健好歌儛,高祖愛習之,今巴渝儛是也。縣西北有餘曹水[16],南逕其縣下注潛水。縣有車騎將軍馮緄、桂陽太守李温冢,二子之靈,常以三月還鄉,漢水[17]暴長,郡縣吏民,莫不于水上祭之,今所謂馮、李也。

又南入于江。

庾仲雍云:墊江有别江出晉壽縣,即潛水也。其南源取道巴西,是西漢水也。

湍水出酈縣北芬山,南流過其縣東,又南過冠軍縣東[18],

湍水出弘農界翼望山,水甚清澈,東南流逕南陽酈縣[19]故城東,《史記》所謂下酈析也。漢武帝元朔元年,封左將黄同爲侯國。湍水又南,菊水注之,水出西北石澗山芳菊溪,亦言出析谷,蓋溪澗之異名也。源旁悉生菊草,潭澗滋液,極成甘美。云此谷之水土,餐挹長年。司空王暢、太傅袁隗、太尉胡廣,竝汲飲此水,以自綏養。是以君子留心,甘其臭尚矣。菊水東南流入于湍。湍水又逕其縣東南,歷冠軍縣西,北有楚堨,高下相承八重,周十里,方塘蓄水,澤潤不窮。湍水又逕冠軍縣故城東,縣,本穰縣之盧陽鄉,宛之臨駣聚,漢武帝以霍去病功冠諸軍,故立冠軍縣以封之。水西有《漢太尉長史邑人張敏碑》,碑之西有魏征南軍司張詹墓,墓有碑,碑背刊云:白楸之棺,易朽之裳,銅鐵不入,丹器[20]不藏,嗟矣後人,幸勿我傷。自後古墳舊冢,莫不夷毁,而是墓至元嘉初尚不見發。六年大水,蠻饑,始被發掘。説者言:初開,金銀銅錫之器,朱漆雕刻之飾爛然,有二朱漆棺,棺前垂竹簾,隱以金釘。墓不甚高,而内極寬大。虚設白楸之言,空負黄金之實,雖意錮南山,寧同壽乎?湍水又逕穰縣爲六門陂。漢孝元之世,南陽太守邵信臣以建昭五年斷湍水,立穰西石堨。至元始五年,更開三門爲六石門,故號六門堨也。溉穰、新野、昆陽三縣五千餘頃,漢末毁廢,遂不脩理。晉太康三年,鎮南將軍杜預復更開廣,利加于民,今廢不脩矣。六門側又有《六門碑》,是部曲主安陽亭侯鄧達等以太康五年立。湍水又逕穰縣故城北,又東南逕魏武故城之西南,是建安三年,曹公攻張繡之所築也。

又東過白牛邑南,

湍水自白牛邑南,建武中,世祖封劉嵩爲侯國,東南逕安衆縣故城南。縣,本宛之西鄉,漢長沙定王子康侯丹之邑也。湍水東南流,涅水注之,水出涅陽縣西北岐棘山東南，逕涅陽縣故城西，漢武帝元朔四年，封路最爲侯國，王莽之所謂前亭也。應劭曰：在涅水之陽矣。縣南有二碑，碑字紊滅，不可復識，云是《左伯豪碑》。涅水又東南逕安衆縣，堨而爲陂，謂之安衆港。魏太祖破張繡于是處。《與荀彧書》曰：繡遏吾歸師，迫我死地。蓋于二水之間，以爲沿涉之艱阻也。涅水又東南流，注于湍水。

又東南至新野縣，

湍水至縣西北，東分爲鄧氏陂。漢太傅鄧禹故宅，與奉朝請西華侯鄧晨故宅隔陂，鄧颺謂晨宅畧存焉。

東入于淯。

均水[21]出析縣北山，南流過其縣之東，

均水發源弘農郡之盧氏縣熊耳山，山南即脩陽、葛陽二縣界也。雙峯齊秀，望若熊耳，因以爲名。齊桓公召陵之會，西望熊耳，即此山也。太史公司馬遷皆嘗登之。縣即析縣之北鄉，故言出析縣北山也。均水又東南流逕其縣下，南越南鄉縣[22]，又南流與丹水合。

又南當涉都邑北，南入于沔。

均水南逕順陽縣西，漢哀帝更爲博山縣，明帝復曰順陽。應劭曰：縣在順水之陽。今于是縣，則無聞于順水矣。章帝建初四年，封衛尉馬廖爲侯國。晉太康中立爲順陽郡縣。西有石山，南臨均水。均水又南流注于沔水，謂之均口[23]者也。故《地理志》謂之淯水[24]，言熊耳之山，淯水出焉。又東南至順陽入于沔。

粉水出房陵縣，東流過郢邑南，

粉水導源東流，逕上粉縣[25]，取此水以漬粉，則皓耀鮮潔，有異衆流，故縣、水皆取名焉。

又東過穀邑南，東入于沔。

粉水至筑陽縣西，而下注于沔水，謂之粉口。粉水旁有文將軍冢，墓隧前有石虎、石柱，甚脩麗。聞丘羨之爲南陽，葬婦墓側，將平其域，夕忽夢文諫止，羨之不從。後羨之爲楊佺期所害。論者以爲文將軍之祟也。

白水出朝陽縣西，東流過其縣南，

王莽更名朝陽爲厲信縣。應劭曰：縣在朝水之陽。今朝水逕其北，而不出其南也。蓋邑郭淪移，川渠狀改，故名舊傳，遺稱在今也。

又東至新野縣南，東入于淯。

比水[26]出比陽東北太胡山[27]，東南流過其縣南，泄水從南來注之。

太胡山在比陽北如東三十餘里，廣圓五六十里。張衡賦《南都》，所謂天封、太狐[28]者也。應劭曰：比水出比陽縣，東入蔡。《經》云：泄水從南來注之。然比陽無泄水，蓋誤引壽春之沘泄耳。余以延昌四年，蒙除東荆州刺史，州治比陽縣故城，城南有蔡水，出南磐石山，故亦曰磐石川，西北流注于比，非泄水也。《吕氏春秋》曰：齊令章子與韓、魏攻荆，荆使唐蔑應之，夾比而軍，欲視水之深淺，荆人射之而莫知也。有芻者曰：兵盛則水淺矣。章子夜襲之，斬蔑于是水之上也。比水又西，澳水注之，水北出茈丘山[29]，東流屈而南轉，又南入于比水。按《山海經》云：澳水又北入視，不注比水。余按吕忱《字林》及《難字》、《爾雅》竝言：瀿水在比陽。脈其川流所會，診其水土津注，宜是瀿水，音藥也。比水又西南歷長岡舊月城北。比水右會馬仁陂水，水出潕陰北山，泉流競湊，水積成湖，蓋地百頃，謂之馬仁陂。陂水歷其縣下，西南堨之以溉田疇，公私引裂，水流遂斷，故瀆尚存。比水又南逕會口，與堵水枝津合。比水又南與澧水會，澧水源出于桐柏山，與淮同源而别流西注，故亦謂水爲派水。澧水西北流逕平氏縣故城東北，王莽更名其縣曰平善。城内有《南陽都鄉正衛彈勸碑》。澧水又西北合溲水，水出湖陽北山[30]，西流北屈，逕平氏城西而北入澧水。澧水又西注比水。比水自下亦通謂之爲派水。昔漢光武破甄阜、梁丘賜于比水西，斬之于斯水也。比水又南，趙、醴[31]二渠出焉。比水又西南流，謝水注之，水出謝城北，其源微小，至城漸大，城周迴側水，申伯之都邑，《詩》所謂申伯番番，既入于謝者也。世祖建武十三年，封樊重少子丹爲謝陽侯，即其國也。然則是水即謝水也。高岸下深，浚流徐平，時人目之爲渟潛水，城、戍又以渟潛爲目，非也。其城之西，舊棘陽縣治，故亦謂之棘陽城也。謝水又東南逕新都縣，左注比水。比水又西南流逕新都縣故城西，王莽更之曰新林。《郡國志》以爲新野之東鄉，故新都者也。

又西至新野縣，南入于淯。

比水于岡南西南流，戍在岡上。比水又西南與南長、坂門二水合。其水東北出湖陽東隆山，山之西側有《漢日南太守胡著碑》。子珍，騎都尉，尚湖陽長公主，即光武之伯姊也。廟堂皆以青石爲階陛，廟北有石堂。珍之玄孫桂陽太守瑒，以延熹四年遭母憂，于墓次立石祠，勒銘于梁，石宇傾頹，而梁字無毁。盛弘之以爲樊重之母畏雷室，蓋傳疑之謬也。隆山南有一小山，山坂有兩石虎，相對夾隧道，雖處蠻荒，全無破毁，作制甚工，信爲妙矣，世人因謂之爲石虎山。其水西南流逕湖陽縣故城南，《地理志》曰：故廖國也。《竹書紀年》曰：楚共王會宋平公于湖陽者矣。

東城中有二碑，似是《樊重碑》，悉載故吏人名。司馬彪曰：仲山甫封于樊，因氏國焉。爰自宅陽徙居湖陽，能治田殖，至三百頃，廣起廬舍，高樓連閣，波陂灌注，竹木成林，六畜放牧，魚贏梨果，檀棘桑麻，閉門成市。兵弩器械，貲至百萬。其興工造作，爲無窮之功，巧不可言，富擬封君。世祖之少，數歸外氏，及之長安受業，齎送甚至。世祖即位，追爵敬侯，詔湖陽爲重立廟，置吏奉祠。巡祠章陵，常幸重墓。其水四周城溉，城之東南，有《若令樊萌》、《中常侍樊安碑》。城南有數碑，無字。又有石廟數間，依于墓側，棟宇崩毁，惟石壁而已，亦不知誰之胄族矣。其水南入大湖，湖陽之名縣，藉兹而納稱也。湖水西南流，又與湖陽諸陂散水合，謂之板橋水。又西南與醴渠合，又有趙渠注之。二水上承派水，南逕新都縣故城東，兩瀆雙引，南合板橋水。板橋水又西南與南長水會，水上承唐子、襄鄉諸陂散流也。唐子陂在唐子山西南，有唐子亭。漢光武自新野屠唐子鄉，殺湖陽尉于是地。陂水清深，光武後以爲神淵。西南流于新野縣，與板橋水合，西南注于比水。比水又西南流，注于淯水也。

注释：

① 《注疏》本作“沔水下”。《疏》：“朱無此目，趙亦無，戴作‘沔水’二字，今又增‘下’字。”

② 《文選》卷十二《江賦》“珠、滻、丹、漅”宋《六臣注》引《水經注》云：“沔水又東得滻湖，水周圍三四百里。”當是此段中佚文。

③ 馬子硯　項本、《五校》鈔本、《七校》本、《注釋》本、張本、《注疏》本均作“馬子峴”。《注疏》本《疏》：“朱訛作‘硯’，《箋》曰：疑作‘峴’。戴仍，趙改。會貞按：與大峴山相接。”

④ 韓綜山　《注箋》本、《注釋》本均作“韓縱山”。

⑤ 虎山城　《注箋》本、項本、張本、《注疏》本均作“虎山”，無“城”字。

⑥ 《札記·牛渚縣》：

卷二十九《沔水》《經》“又東過牛渚縣南，又東至石城縣”。殿本在此下《案》云：“案牛渚乃山名，非縣名。大江過其北，非過其南，‘縣南’二字之上有脱文。”趙一清《水經注釋》亦云：“牛渚圻名，漢未嘗置縣也。”楊、熊《水經注疏》則云：“《通典》，當塗縣有牛渚圻，《地理通釋》二十引《輿地志》，牛渚山北謂之采石。”

這裏，殿本《案語》中的所謂“大江過其北，非過其南”的話當然是對的。《水經》中特别是對南方河流弄錯方位的，所在多有，不足爲怪。但把山名誤作縣名的事，却令人不解。在古代，郡縣建置是最重要的事，《漢書·地理志》帶頭重視此事，以後歷代亦無不以此事爲重。當然，失載的事不能説没有，但原無郡縣建置而憑空製造郡縣的事却屬罕見。而《水經》居然推出一個牛渚縣，酈氏所注，居然又不加糾正。在這條《經》文之下，《注》文云：

《經》所謂石城縣者，即宣城郡之石城縣也。牛渚在姑熟、烏江兩縣界中，于石城東北減五百許里，安得逕牛渚而方届石城也。蓋《經》之謬誤也。

這裏，《注》文糾正了《經》文之謬，但所糾正的絶非《經》文提出的牛渚縣名，衹是糾正了牛渚的地理位置。按照《經》、《注》文字的慣例，《經》文的牛渚縣，就算被《注》文所承認了。清王鳴盛在《尚書後案》"過三澨至于大别南入于江"下《案》云："且牛渚下接'縣南'二字尤紊謬，而酈亦不辨。蓋牛渚非縣，'縣南'上疑有脱文。"（載《皇清經解》卷四〇六下）王鳴盛的見解其實是重複了殿本的《案語》。他們認爲牛渚非縣是肯定的，因此這一條《經》文應該作："又東過牛渚（圻），又東過（□□）縣南，又東至石城縣。""縣南"二字上有脱文的設想就是如此。王氏云："酈亦不辨。"這話就很難説了，公元三世紀有没有牛渚縣的事，究竟是公元六世紀的酈道元不辨，抑是公元十八世紀的王鳴盛不辨，或許是很難論定的。

牛渚山或牛渚磯（圻）的存在是無疑的。《説文》九下："磯，大石激水也。"故蘇、皖長江沿岸石臯瀕江者如采石磯、燕子磯等均是，牛渚磯是其中之一。但牛渚之名由來甚古，《越絶書》卷八："道渡牛渚。"此牛渚即是渡口之名。《三國志・吴書・周瑜傳》："以瑜恩信著于廬江，出備牛渚。"同書《全琮傳》："以精兵萬人，出屯牛渚。"周、全二傳的牛渚，既非山名，也非渡口，而是一個軍事重鎮之名。《通鑑地理通釋》卷十二："孫皓時，以何植爲牛渚督。"由此可知，作爲一個聚落地名，東吴末年的牛渚，規模已經不小了。到了東晉，牛渚終于成爲一個州治。《通鑑》卷一百《晉紀》二十二穆帝永和十一年"鎮壽春"胡《注》："南渡初，祖逖以豫州刺史治蕪湖；咸康四年，毛寶以豫州刺史治邾城；六年，庾翼以豫州刺史治蕪湖；永和六年，趙胤以豫州刺史治牛渚。"當然，當時的豫州不過是個僑州，所以治所遷移不定。但僑州也有衙門、官吏、皂隸，總不能建在一座小山之上或一個渡口。所以牛渚之有聚落可以無疑。聚落既可以建爲州治，當然更可以建爲縣治。

牛渚非縣，根據何在？趙一清説得很清楚："漢未嘗置縣也。"因爲《漢書・地理志》不載牛渚縣，《續漢書・郡國志》、《晉書・地理志》，《宋》、《齊》二書《州郡志》，以上五志俱不載。但奇怪的是，五志之中，除《晉書》出于唐代酈氏不及見外，其餘四志，都是《水經注》常用參考書。酈氏明見各志不載，却又對《經》文不作糾正。更奇怪的是，他爲了糾正牛渚縣的地理位置而提出一個姑孰（酈作熟）縣來，此姑孰縣，同樣也爲上述五志所不載。其實，《水經》和《水經注》中列載縣名，爲上述五志所不載的，所在多有。例如卷四十《禹貢山水澤地所在篇》《經》文中提到的金蘭縣，《注》文不僅因各志不載而不加糾正，而且在卷三十二《決水篇》中，《注》文也提出了"廬江金蘭縣"之名。説明儘管各志不載，但廬江郡下金蘭縣的建置是確實存在的。還有卷十七《渭水注》的武城縣，上起《漢書・地理志》，下至《魏書・地形志》均不見記載。卷二十八《沔水注》和卷二十九《粉水注》中並見的上粉縣，卷三十二《夏水注》的西戎縣，也均不見于《兩漢志》和晉、宋、齊諸《志》。此外，如卷三十五《江水注》的沌陽縣，卷三十六《沫水注》的靈道縣，卷三十七《澧水注》的漻陽縣，卷三十九《贛水注》的豫寧縣，上述四縣，《注》文不僅提出縣名，而且都説明建縣年代，但《兩漢志》和晉、宋、齊諸《志》也均不載。由此可知,正史地理志所失載的縣名是不在少數的。不必説用《水經注》資料與正史地理志核對,可以查出不少正史失載的縣名。即用正史列傳與同史地理志核對,也可以查出地理志失載的縣名。以《晉書》爲例,《陶侃傳》言侃"領樅陽令",但《地理志》却無樅陽縣名,其失載可以無疑。由此可知,牛渚在西漢以至三國,其間是否建縣,縣址存于何處,都不宜輕易否定,而值得繼續研究。

⑦　貴長池水　道光《安徽通志》卷十四《輿地志・山川》四《池州府・郎山》引《水經注》作"貴池水"。

⑧　長蕩湖　《大典》本、吴本、《注箋》本、項本、張本、《注疏》本、《玉海》卷二十三《周五湖》引《水經注》、《通鑑地理通釋》卷十三《五湖・注》引《水經注》、景定《建康志》卷十八《山川志》二《江湖・長塘湖》引《水經注》、《方輿紀要》卷二《平江府山川五湖》引《水經注》、《寰宇通志》卷八《南京・長塘湖》引《水經注》、《丹鉛總録》卷二《地理類・五湖》引《水經注》、《漢書地理志補注》卷三十八《會稽郡》"具區澤在西"《注》引《水經注》、康熙《無錫縣志》卷三《水・太湖》引《水經注》均作"長塘湖"。

⑨　太湖　《大典》本作"大湖"。

⑩　射湖　《大典》本、吴本、《注箋》本、項本、張本、《玉海》卷二十三《周・五湖》引《水經注》、《通鑑地理通釋》卷十三《五湖》引《水經注》、《字彙》已集《水部・湖》引《水經注》、《丹鉛總録》卷二《地理類・五湖》引《水經注》、《佩文韻府》卷七上《七虞湖・五湖》引《水經注》、康熙《無錫縣志》卷三《水・太湖》引《水經注》均作"射貴湖"。

⑪　包山　《注釋》本、《注疏》本均作"苞山"。

⑫　秦延山　《注箋》本、項本、《注釋》本、張本均作"秦逕山"。

⑬　明黄宗羲《今水經序》:"余越人也,以越水證之,以曹娥江爲浦陽江,以姚江爲大江之奇分,苕水出山陰縣,具區在餘姚縣,沔水至餘姚入海,皆錯誤之大者。"案黄氏所云"錯誤之大者",有誤于《經》,亦有誤于《注》,有誤于卷二十九《沔水》,亦有誤于卷四十《漸江水》。

⑭　非班固所謂南江也　案班固南江見《漢書・地理志》。陳橋驛《酈道元評傳》第十章《水經注的錯誤和學者的批評》:

> 因爲《禹貢・揚州》下有"三江既入"的話,又出現北江、中江兩個地名,但並不一定與"三江"有關,"三江"一名,很可能是表示多數的意思。從《漢書・地理志》又臆加"南江",連同"中江"和"北江",以敷合《禹貢》"三江"之數。于是,大江南北,就這樣存在了兩條與大江平行的北江和南江,在中國歷史上傳訛甚久。《水經注》同樣在卷二十九《沔水》《經》"分爲二:其一東北流,其一又過毗陵縣北,爲北江"《注》中提出了"江即北江也","江水自石城東出逕吴國南爲南江"等錯誤説法。其實,北江和南江都是並不存在的河流。

⑮　赭山　《注箋》本、《注刪》本、項本、張本、《注疏》本、乾隆《餘姚志》卷三《山水・龍泉山》引《水經注》均作"緒山"。

⑯　餘曹水　《注箋》本、項本、《注釋》本、張本均作"不曹水"。

⑰　《注疏》本《疏》:"朱'水'上有脱文,趙據《寰宇記・相如縣・西漢水》下引增'漢'字。全、

戴同。守敬按:《御覽》引作'潛水',似增'潛'字尤合。"

⑱ 《魏武帝集·文集》卷三引《水經注》云:"微足下之相難,所失多矣。"當是此篇中佚文。

⑲ 南陽酈縣 《注疏》本作"南酈縣"。《疏》:"戴、趙'逕南'下增'陽'字。會貞按:非也。各本皆無'陽'字。《淯水注》,酈有二城,北酈也,則此爲南酈句十字與黄本、吴本同。明鈔本又作'東流南逕酈縣故城東'。"

⑳ 丹器 《注疏》本作"瓦器"。《疏》:"朱'瓦'誤作'凡'。何氏曰:'凡',古'丹'字,俗本作'凡',誤也。趙改'凡',戴改'丹'。會貞按:孫詒讓《札迻》云:'丹器'義難通,當從舊本作'凡',即隸書'瓦'字之誤……何氏以'凡'爲古'丹'字,非也。孫説至確。《書鈔》一百二、《御覽》五百五十一、五百八十九,並作'瓦器'。《史記·孝文本紀》,治霸陵,皆以瓦器。《魏志·裴潛傳》遺令,墓中惟置瓦器數枚,蓋儉葬但用瓦器也。"

㉑ 均水 吴本、何本、《康熙字典·水部·汮》引《水經注》、《漢書水道疏證》卷三《弘農郡》引《水經注》、乾隆《襄陽府志》卷四《山川·均州·襄郡漢水經流考》引《水經注》均作"汮水"。

㉒ 殿本在此下《案》云:"案'下南越'三字有舛誤,當作'又南逕'。"《注疏》本《疏》:"戴以'下'字屬此句,云:按'下南越'三字有舛誤,當作'又南逕'。會貞按:《丹水篇》云,歷其縣下;《江水篇》云,逕鄖縣下。即其辭例,戴不察耳。'南逕'亦偶變作'南越',文無舛誤。"

㉓ 均口 吴本、何本、《康熙字典·水部·汮》引《水經注》均作"汮口"。《注箋》本、項本、張本、《注疏》本、《通鑑》卷一四二《齊紀》八東昏侯永元元年"軍入汮口"胡《注》引《水經注》、乾隆《襄陽府志》卷四《山川·均州·襄郡漢水經流考》引《水經注》均作"汮口"。

㉔ 淯水 《注釋》本作"育水"。

㉕ 上粉縣 見注⑥。

㉖ 比水 《大典》本、吴本、《注箋》本、項本、《注釋》本、張本均作"沘水",《通鑑》卷三十八《漢紀》三十王莽地皇三年"臨沘水"胡《注》引《水經注》、《方輿紀要》卷五十一《河南》六《南陽府唐縣沘水》引《水經注》、《戰國策釋地》卷下《重邱釋》引《水經注》均作"沘水"。

㉗ 太胡山 《注釋》本、《疏證》本、《通鑑》卷三十八《漢紀》三十王莽地皇三年"臨沘水"胡《注》引《水經注》、《御覽》卷四十三《地部》八《太狐山》引《水經注》均作"大胡山"。《山海經廣注》卷二《西山經》"沘水出焉"吴任臣《注》引《水經注》作"太湖山"。

㉘ 太狐 《注釋》本作"太胡"。

㉙ 茈丘山 《方輿紀要》卷五十一《河南》六《南陽府·唐縣·沘水》引《水經注》、《戰國策釋地》卷下《重邱釋》引《水經注》均作"茈邱山"。

㉚ 湖陽北山 《注箋》本、項本、《注釋》本、張本均作"湖南北山"。

㉛ 醴 《注箋》本、項本、《注釋》本、張本均作"澧"。

卷三十　淮水

淮水出南陽平氏縣胎簪山[①]，東北過桐柏山，

《山海經》曰：淮出餘山。在朝陽東，義鄉西。《尚書》：導淮自桐柏。《地理志》曰：南陽平氏縣，王莽之平善也。《風俗通》曰：南陽平氏縣桐柏，大復山在東南，淮水所出也。淮，均也。《春秋説題辭》曰：淮者，均其勢也。《釋名》曰：淮，韋也，韋繞揚州北界，東至于海也。《爾雅》曰：淮爲滸。然淮水與醴水同源俱導，西流爲醴，東流爲淮。潛流地下[②]三十許里，東出桐柏之大復山南，謂之陽口，水南即復陽縣也。闞駰言：復陽縣，胡陽之樂鄉也。元帝元延二年置，在桐柏大復山之陽，故曰復陽也。《東觀漢記》曰：朱祐少孤，歸外家復陽劉氏。山南有淮源廟，廟前有碑，是南陽郭苞立。又二碑，竝是漢延熹中守令所造，文辭鄙拙，殆不可觀。故《經》云：東北過桐柏也。淮水又東逕義陽縣，縣南對固成山，山有水注流數丈，洪濤灌山，遂成巨井，謂之石泉水，北流注于淮。淮水又逕義陽縣故城南，義陽郡治也。世謂之白茅城，其城圓而不方。闞駰言：晉太始中，割南陽東鄙之安昌、平林、平氏、義陽四縣，置義陽郡于安昌城。又《太康記》、《晉書・地道記》竝有義陽郡，以南陽屬縣爲名。漢武帝元狩四年，封北地都尉衛山爲侯國也。有九渡水注之，水出雞翅山，溪澗瀠委，沿遡九渡矣。其猶零陽之九渡水，故亦謂之爲九渡焉。于溪之東山有一水發自山椒下，數丈素湍，直注頽波，委壑可數百丈，望之若霏幅練矣。下注九渡水，九渡水又北流注于淮。

東過江夏平春縣北，

淮水又東，油水注之，水出縣西南油溪，東北流逕平春縣故城南，漢章帝建初四年，封子全爲王國。油水又東曲，岸北有一土穴，徑尺，泉流下注，沿波三丈，入于油水。亂流南屈，又東北注于淮。淮水又東北逕城陽縣故城南，漢高帝十二年，封定侯奚意爲侯國，王莽之新利也。魏城陽郡治。淮水又東北與大木水合，水西出大木山，山即晉車騎將軍祖逖自陳留將家避難所居也。其水東逕城陽縣北，而東入于淮。淮水又東北流，左會湖水，傍川西南出窮溪，得其源也。淮水又東逕安陽縣故城南，江國也，嬴姓矣。今其地有江亭，《春秋》文公四年，楚人滅江，秦伯降服出次，曰：同盟滅，雖不能救，敢不矜乎？漢乃縣之。文帝八年，封淮南厲王子劉勃爲侯國，王莽之均夏也。淮水又東得溮口，水源南出大潰山，東北流，翼帶三川，亂流北注溮水[③]。又北逕賢首山西。又北出東南，屈逕仁順城南，故義陽郡治，分南陽置也。晉太始初，以封安平獻王孚長子望。本治在石城山上，因梁希侵逼，徙治此城。梁司州刺史馬仙琕不守，魏置郢州也。昔常珍奇自懸瓠遣三千騎援義陽，行事龐定光屯于溮水者也。溮水東南流歷金山北，山無樹木，峻峭層峙。溮水又東逕義陽故城北，城在山上，因倚陵嶺，周迴三里，是郡昔所舊治城，城南十五步，對門有天井，周百餘步，深一丈。東逕鍾武縣故城[④]南，本江夏之屬縣也，王莽之當利縣矣。又東逕石城山北，山甚高峻。《史記》曰：魏攻冥阸。《音義》曰：冥阸，或言在鄳縣葙山也。按《吕氏春秋》，九塞其一也。溮水逕鄳縣故城南，建武中，世祖封鄧邯爲鄳侯。按蘇林曰：音盲。溮水又東逕七井岡南，又東北注于淮。淮水又東至谷口，谷水南出鮮金山，北流，瑟水注之，水出西南具山，東北逕光淹城東，而北逕青山東、羅山西，俗謂之仙居水[⑤]，東北流注于谷水。谷水東北入于淮。

又東過新息縣南，

淮水東逕故息城南，《春秋左傳》隱公十一年，鄭、息有違，言息侯伐鄭，鄭伯敗之者也。淮水又東逕浮光山北，亦曰扶光山，即弋陽山也，出名玉及黑石，堪爲碁。其山俯映長淮，每有光輝。淮水又東，逕新息縣故城南，應劭曰：息後徙東，故加新也。王莽之新德也。光武十九年，封馬援爲侯國。外城北門内有新息長賈彪廟，廟前有碑。面南又有《魏汝南太守程曉碑》。魏太和中，蠻田益宗効誠，立東豫州，以益宗爲刺史。淮水又東合慎水[⑥]，水出慎陽縣西，而東逕慎陽縣故城南，縣取名焉。漢高帝十一年，封樂説爲侯國。潁陰劉陶爲縣長，政化大行，道不拾遺，以病去官。童謡歌曰：悒然不樂，思我劉君，何時復來，安此下民。見思如此。應劭曰：慎水所出，東北入淮。慎水又東流，積爲燋陂，陂水又東南流爲上慎陂，又東爲中慎陂，又東南爲下慎陂，皆與鴻郤陂水散流。其陂首受淮川，左結鴻陂。漢成帝時，翟方進奏毀之。建武中，汝南太守鄧晨欲脩復之，知許偉君曉知水脈，召與議之。偉君言：成帝用方進言毀之，尋而夢上天，天帝怒曰：何敢[⑦]敗我濯龍淵？是後民失其利。時有童謡曰：敗我陂，翟子威，反乎覆，陂當復，明府興，復廢業。童謡之言，將有徵矣。遂署都水掾，起塘四百餘里，百姓得其利。陂水散流，下合慎水，而東南逕息城北，又東南入淮，謂之慎口。淮水又東與申陂水合，水上承申陂于新息縣北，東南流，分爲二水，一水逕深丘西，又屈逕其南，南派爲蓮湖水，南流注于淮。淮水又左迆，流結兩湖，謂之東、西蓮湖矣。淮水又東，右合壑水，水出白沙山，東北逕柴亭西，俗謂之柴水。又東北流與潭溪水合，水發潭谷，東北流，右會柴水。柴水又東逕黄城西，故弋陽縣也。城内有二城，西即黄城也。柴水又東北入于淮，謂之柴口也。淮水又東北，申陂枝水注之，水首受陂水于深丘北，東逕釣臺南，臺在水曲之中，臺北有琴臺。又東逕陽亭南，東南合淮。淮水又東逕淮陰亭北，又東逕白城南，楚白公勝之邑也。東北去白亭十里。淮水又東逕長陵戍南，又東，青陂水注之。分青陂東瀆，東南逕白亭西，又南于長陵戍東，東南入于淮。淮水又東北合黄水，水出黄武山，東北流，木陵關水[⑧]注之，水導源木陵山，西北流注于黄水。黄水又東逕晉西陽城南，又東逕光城南，光城左郡治。又東北逕高城南，故弦國也。又東北逕弋陽郡東，有虞丘，郭南有子胥廟。黄水又東北入于淮，謂之黄口。淮水又東北逕褒信縣故城南，而東流注也。

又東過期思縣北，

縣，故蔣國，周公之後也。《春秋》文公十年，楚王田于孟諸，期思公復遂爲右司馬。楚滅之以爲縣，漢高帝十二年，以封賁赫爲侯國。城之西北隅有楚相孫叔敖廟，廟前有碑。淮水又東北，淠水注之，水出弋陽縣南垂山，西北流歷陰山關，逕二城間，舊有賊難，軍所頓防。西北出山，又東北流逕新城戍東，又東北得詔虞水口，西北去弋陽虞丘郭二十五里。水出南山，東北流逕詔虞亭東，而北入淠水。又東北注淮，俗曰白鷺水[⑨]。

又東過原鹿縣南，汝水從西北來注之。

縣，即《春秋》之鹿上也。《左傳》僖公二十一年，宋人爲鹿上之盟，以求諸侯于楚。建武十五年，世祖更封侍中執金吾陰鄉侯陰識爲侯國者也。

又東過廬江安豐縣東北，決水從北來注之。

廬江，故淮南也。漢文帝十六年，别以爲國。應劭曰：故廬子國也。決水自舒蓼北注，不于北來也。安豐東北注淮者，窮水矣，又非決水，皆誤耳。淮水又東，谷水入焉,水上承富水,東南流,世謂之谷水也。東逕原鹿縣故城北,城側水南,谷水又東逕富陂縣故城北,俗謂之成間亭,非也。《地理志》,汝南郡有富陂縣。建武二年,世祖改封平鄉侯王霸爲富陂侯。《十三州志》曰:漢和帝永元九年,分汝陰置。多陂塘以溉稻,故曰富陂縣也。谷水又東于汝陰城東南注淮。淮水又東北,左會潤水。水首受富陂,東南流爲高塘陂,又東,積而爲陂水,東注焦陵陂。陂水北出爲鯛陂。陂水潭漲,引瀆北注汝陰。四周隍塹,下注潁水。焦湖東注,謂之潤水,逕汝陰縣東,逕荆亭北而東入淮。淮水又東北,窮水入焉。水出六安國安風縣[10]窮谷。《春秋左傳》:楚救灊,司馬沈尹戌與吴師遇于窮者也。川流泄注于決水之右,北灌安風之左,世謂之安風水[11],亦曰窮水,音戎,竝聲相近,字隨讀轉。流結爲陂,謂之窮陂,塘堰雖淪,猶用不輟,陂水四分,農事用康,北流注于淮。京相璠曰:今安風有窮水,北入淮。淮水又東爲安風津[12],水南有城,故安風都尉治,後立霍丘戍。淮中有洲,俗號關洲,蓋津關所在,故斯洲納稱焉。《魏書國志》有曰:司馬景王征毌丘儉,使鎮東將軍[13]、豫州刺史諸葛誕從安風津先至壽春。儉敗,與小弟秀藏水草中,安風津都尉部民張屬斬之,傳首京都,即斯津也。

又東北至九江壽春縣西,沘水、泄水合北注之。又東,潁水從西北來流注之。

淮水又東,左合沘口[14],又東逕中陽亭北爲中陽渡,水流淺磧,可以厲也[15]。淮水又東流與潁口會,東南逕蒼陵城北,又東北流逕壽春縣故城西。縣,即楚考烈王自陳徙此,秦始皇立九江郡,治此,兼得廬江、豫章之地,故以九江名郡。漢高帝四年,爲淮南國,孝武元狩六年,復爲九江焉。文潁曰:《史記・貨殖列傳》曰:淮以北,沛、陳、汝南、南郡爲西楚;彭城以東,東海、吴、廣陵爲東楚;衡山、九江、江南、豫章、長沙爲南楚;是爲三楚者也。淮水又北,左合椒水,水上承淮水,東北流逕虵城南,又歷其城東,亦謂之清水,東北流,注于淮水,謂之清水口者,是此水焉。

又東過壽春縣北,肥水從縣東北流注之。

淮水于壽陽縣西北,肥水從城西而北入于淮[16],謂之肥口。淮水又北,夏肥水注之,水上承沙水,于城父縣右出,東南流逕城父縣故城南,王莽之思善也。縣,故焦夷之地,《春秋左傳》昭公九年,楚公子棄疾遷許于夷,寔城父矣。取州來淮北之田以益之,伍舉授許男田。杜預曰:此時改城父爲夷,故《傳》寔之者也。然丹遷城父人于陳,以夷濮西田益之。言夷田在濮水西者也。然則濮水即沙水之兼稱,得夏肥之通目矣。漢桓帝永壽元年,封大將軍梁冀孫桃爲侯國也。夏肥水自縣又東逕思善縣之故城南,漢章帝章和三年,分城父立。夏肥水又東爲高陂,又東爲大漴陂[17],

水出分爲二流：南爲夏肥水，北爲雞陂。夏肥水東流，左合雞水，水出雞陂，東流爲黄陂，又東南流積爲茅陂，又東爲雞水。《吕氏春秋》曰：宋人有取道者，其馬不進，投之雞水是也。雞水右會夏肥水，而亂流東注，俱入于淮。淮水又北逕山硤中，謂之硤石，對岸山上結二城以防津要，西岸山上有馬跡，世傳淮南王乘馬昇僊所在也。今山之東南，石上有大小馬跡十餘所，仍今存焉。淮水又北逕下蔡縣故城東，本州來之城也。吴季札始封延陵，後邑州來，故曰延州來矣。《春秋》哀公二年，蔡昭侯自新蔡遷于州來，謂之下蔡也。淮之東岸又有一城，即下蔡新城也。二城對據，翼帶淮濆。淮水東逕八公山北，山上有老子廟。淮水歷潘城南，置潘溪戍，戍東側潘溪，吐川納淮，更相引注。又東逕梁城，臨側淮川，川左有湄城，淮水左迆爲湄湖。淮水又右納洛川于西曲陽縣北，水分閻溪，北絶横塘，又北逕蕭亭東。又北，鵲甫溪水入焉，水出東鵲甫谷，西北流逕鵲甫亭南，西北流注于洛水。北逕西曲陽縣故城東，王莽之延平亭也。應劭曰：縣在淮曲之陽，下邳有曲陽，故是加西也。洛澗北歷秦墟，下注淮，謂之洛口。《經》所謂淮水逕壽春縣，北肥水從縣東北注者也。蓋《經》之謬矣。考川定土，即實爲非，是曰洛澗，非肥水也。淮水又北逕莫邪山西，山南有陰陵縣故城。漢高祖五年，項羽自垓下從數百騎，夜馳渡淮至陰陵迷失道，左陷大澤，漢令騎將灌嬰以五千騎追及之于斯縣者也。按《地理志》，王莽之陰陸也。後漢九江郡治。時多虎災，百姓苦之，南陽宗均爲守，退貪殘，進忠良，虎悉東渡江。

又東過當塗縣北，過水從西北來注之。

淮水自莫邪山東北逕馬頭城北，魏馬頭郡治也，故當塗縣之故城也。《吕氏春秋》曰：禹娶塗山氏女，不以私害公，自辛至甲四日，復往治水。故江、淮之俗，以辛、壬、癸、甲爲嫁娶日也。禹墟在山西南，縣即其地也。《地理志》曰：當塗，侯國也。魏不害以圉守尉，捕淮陽反者公孫勇等，漢以封之，王莽更名山聚也。淮水又東北，濠水注之，水出莫邪山東北溪，溪水西北引瀆逕禹墟北，又西流注于淮。淮水又北，沙水注之，《經》所謂蒗蕩渠[18]也。淮之西有平阿縣故城，王莽之平寧也。建武十三年，世祖更封耿阜爲侯國。《郡國志》曰：平阿縣有塗山[19]，淮出于荆山之左，當塗之右，奔流二山之間，而揚濤北注也[20]。《春秋左傳》哀公十年，大夫對孟孫曰：禹會諸侯于塗山，執玉帛者萬國。杜預曰：塗山在壽春東北。非也。余按《國語》曰：吴伐楚，墮會稽，獲骨焉，節專車。吴子使來聘，且問之，客執骨而問曰：敢問骨何爲大？仲尼曰：丘聞之，昔禹致羣神于會稽之山，防風氏後至，禹殺之，其骨專車，此爲大也[21]。蓋丘明親承聖旨，録爲實證矣。又按劉向《説苑・辨物》，王肅之叙孔子廿二世孫孔猛所出先人書《家語》，竝出此事。故塗山有會稽之名。考校羣書及方土之目，疑非此矣。蓋周穆之所會矣。淮水于荆山北，過水[22]東南注之，又東北逕沛郡義城縣東，司馬彪曰：後隸九江也。

又東過鍾離縣北，

《世本》曰：鍾離，嬴姓也。應劭曰：縣，故鍾離子國也，楚滅之以爲縣。《春秋左傳》所謂吳公子光伐楚，拔鍾離者也。王莽之蠶富也。豪水出陰陵縣之陽亭北，小屈有石穴，不測所窮，言穴出鍾乳，所未詳也。豪水東北流逕其縣西，又屈而南轉，東逕其城南，又北歷其城東，逕小城而北流注于淮。淮水又東逕夏丘縣南。又東，涣水入焉，水首受蒗蕩渠于開封縣。《史記》韓釐王二十一年，使暴鳶救魏，爲秦所敗，鳶走開封者也。東南流逕陳留北，又東南，西入九里注之[23]。涣水又東南流逕雍丘縣[24]故城南，又東逕承匡城，又東逕襄邑縣故城南。故宋之承匡、襄牛之地，宋襄公之所葬，故號襄陵矣。《竹書紀年》：梁惠成王十七年，宋景敾、衛公孫倉會齊師，圍我襄陵。十八年，惠成王以韓師敗諸侯師于襄陵，齊侯使楚景舍來求成，即于此也。西有承匡城，《春秋》會于承匡者也。秦始皇以承匡卑溼，徙縣于襄陵，更爲襄邑，王莽以爲襄平也。漢桓帝建和元年，封梁冀子胡狗爲侯國。《陳留風俗傳》曰：縣南有涣水，故《傳》曰：睢、涣之間出文章，天子郊廟御服出焉。《尚書》所謂厥篚織文者也。涣水又東南逕己吾縣故城南，又東逕鄫城北，《春秋》襄公元年，《經》書晉韓厥帥師伐鄭，魯仲孫蔑會齊、曹、邾、杞，次于鄫。杜預曰：陳留襄邑縣東南有鄫城。涣水又東南逕鄢城北、新城南，又東南，左合明溝，溝水自蓬洪陂東南流，謂之明溝，下入涣水。又逕亳城北，《帝王世紀》曰：穀熟爲南亳，即湯都也。《十三州志》曰：漢武帝分穀熟置。《春秋》莊公十二年，宋公子御説奔亳者也。涣水東逕穀熟城南，漢光武建武二年，封更始子歆爲侯國。又東逕楊亭[25]北，《春秋左氏傳》襄公十二年，楚子囊、秦庶長無地，伐宋師于楊梁，以報晉之取鄭也。京相璠曰：宋地矣。今睢陽東南三十里有故楊梁城，今曰陽亭也。俗名之曰緣城，非矣。西北去梁國八十里。涣水又東逕沛郡之建平縣故城南，漢武帝元鳳元年，封杜延年爲侯國，王莽之田平也。又東逕酇縣故城南，《春秋》襄公十年，公會諸侯及齊世子光于鄘。今其地鄘聚是也。王莽之酇治[26]矣。涣水又東南逕費亭南，漢建和元年，封中常侍沛國曹騰爲侯國。騰字季興，譙人也。永初中，定桓帝策，封亭侯，此城即其所食之邑也。涣水又東逕銍縣故城南，昔吳廣之起兵也，使葛嬰下之。涣水又東，苞水注之，水出譙城北白汀陂，陂水東流逕酇縣南，又東逕鄲縣故城南，漢景帝中元年，封周應爲侯國，王莽更之曰單城[27]也。音多。又東逕嵇山北，嵇氏故居，嵇康本姓奚，會稽人也。先人自會稽遷于譙之銍縣，改爲嵇氏，取稽字之上以爲姓，蓋志本也。《嵇氏譜》曰：譙有嵇山，家于其側，遂以爲氏。縣，魏黄初中，文帝以酇、城父、山桑、銍置譙郡，故隸譙焉。苞水東流入渙。渙水又東南逕蘄縣故城南，《地理志》曰：故甀鄉[28]也。漢高帝破黥布于此，縣，舊都尉治，王莽之蘄城也。水上有故石梁處，遺基尚存。渙水又東逕穀陽縣，左會八丈故瀆，瀆上承洨水，南流注于渙。渙水又東逕穀陽戍南，又東南逕穀陽故城東北，右與解水會。水上承縣西南解塘，東北流逕穀陽城南，即穀水也。應劭曰：城在穀水之陽。又東北流注于渙。渙水又東南逕白石戍南，又逕虹城南，洨水注之，水首受蘄水于蘄縣，東南流逕穀陽縣，八丈故瀆出焉。又東合長直故溝，溝上承蘄水，南會于洨。洨水又東南流逕洨縣故城北，縣有垓下聚，漢高祖破項羽所在也。王莽更名其縣曰育城。應劭曰：洨水所出，音絞，《經》之絞也。洨水又東南與渙水亂流而入于淮。故應劭曰：洨水南入淮。淮水又東至巉石山，潼水注之[29]，水首受潼縣西南潼陂，縣，故臨淮郡之屬縣，王莽改曰成信矣。南逕沛國夏丘縣絶蘄水。又南逕夏丘縣故城西，王莽改曰歸思也。又東南流逕臨潼戍西，又東南至巉石西，南入淮。淮水又東逕浮山，山北對巉石山，梁氏天監中，立堰于二山之間，逆天地之心，乖民神之望，自然水潰壞矣。淮水又東逕徐縣南，歷澗水注之，導徐城西北徐陂，陂水南流絶蘄水，逕歷澗戍西，東南流注于淮。淮水又東，池水注之。水出東城縣東北，流逕東城縣故城南，漢以數千騎追羽，羽帥二十八騎引東城，因四隤山，斬將而去，即此處也。《史記》，孝文帝八年，封淮南厲王子劉良爲侯國。《地理志》，王莽更名之曰武城也。池水又東北流歷二山間，東北入于淮，謂之池河口[30]也。淮水又東，蘄水注之，水首受睢水于穀熟城東北，東逕建城縣故城北，漢武帝元朔四年，封長沙定王子劉拾爲侯國，王莽之多聚也。蘄水又東南逕蘄縣，縣有大澤鄉，陳涉起兵于此，篝火爲狐鳴處也。南則洨水出焉。蘄水又東南，北八丈故瀆出焉，又東流，長直故溝出焉，又東入夏丘縣，東絶潼水，逕夏丘縣故城北，又東南逕潼縣南，又東流入徐縣，東絶歷澗，又東逕大徐縣故城南，又東注于淮。淮水又東歷客山，逕盱眙縣故城南，《地理志》曰：都尉治。漢武帝元朔元年，封江都易王子劉蒙之爲侯國，王莽更命之曰匡武。淮水又東逕廣陵淮陽城南，城北臨泗水，阻于二水之間。《述征記》，淮陽太守治。自後置戍，縣[31]亦有時廢興也。

又東北至下邳淮陰縣西，泗水從西北來流注之。

淮、泗之會，即角城也。左右兩川，翼夾二水，決入之所，所謂泗口也。

又東過淮陰縣北，中瀆水出白馬湖，東北注之。

淮水右岸即淮陰也，城西二里有公路浦，昔袁術向九江，將東奔袁譚，路出斯浦，因以爲名焉。又東逕淮陰縣故城北，北臨淮水，漢高帝六年，封韓信爲侯國，王莽之嘉信也。昔韓信去下鄉而釣于此處也。城東有兩冢,西者即漂母冢也。周迴數百步,高十餘丈,昔漂母食信于淮陰,信王下邳,蓋投金增陵以報母矣。東一陵即信母冢也。縣有中瀆水,首受江于廣陵郡之江都縣,縣城臨江,應劭《地理風俗記》曰:縣爲一都之會,故曰江都也。縣有江水祠,俗謂之伍相廟也。子胥但配食耳,歲三祭,與五嶽同。舊江水道也。昔吴將伐齊,北霸中國,自廣陵城東南築邗城,城下掘深溝,謂之韓江,亦曰邗溟溝[32],自江東北通射陽湖。《地理志》所謂渠水也。西北至末口入淮。自永和中,江都水斷,其水上承歐陽埭,引江入埭,六十里至廣陵城,楚、漢之間爲東陽郡,高祖六年爲荆國,十一年爲吴城,即吴王濞所築也。景帝四年更名江都,武帝元狩三年,更曰廣陵,王莽更名,郡曰江平,縣曰定安[33]。城東水上有梁,謂之洛橋。中瀆水自廣陵北出武廣湖東、陸陽湖西,二湖東西相直五里,水出其間,下注樊梁湖。舊道東北出,至博芝、射陽二湖,西北出夾邪,乃至山陽矣。至永和中,患湖道多風,陳敏因穿樊梁湖北口,下注津湖逕渡,渡十二里方達北口,直至夾邪。興寧中,復以津湖多風,又自湖之南口,沿東岸二十里,穿渠入北口,自後行者不復由湖。故蔣濟《三州論》曰:淮湖紆遠,水陸異路,山陽不通,陳敏穿溝,更鑿馬瀨,百里渡湖者也。自廣陵出山陽白馬湖,逕山陽城西,即射陽縣之故城也。應劭曰:在射水之陽。漢高祖六年,封楚左令尹項纏爲侯國也。王莽更之曰監淮亭,世祖建武十五年,封子荆爲山陽公,治此,十七年爲王國。城,本北中郎將庾希所鎮。中瀆水又東,謂之山陽浦,又東入淮,謂之山陽口者也。

又東,兩小水流注之。

淮水左逕泗水國南,故東海郡也。徐廣《史記音義》曰:泗水,國名,漢武帝元鼎四年,初置都淩,封常山憲王子思王商爲國。《地理志》曰:王莽更泗水郡爲水順[34],淩縣爲生淩。淩水注之,水出淩縣,東流逕其縣故城東,而東南流注于淮,寔曰淩口也。應劭曰:淩水出縣西南入淮,即《經》之所謂小水者也。

又東至廣陵淮浦縣,入于海。

應劭曰:淮崖也。蓋臨側淮瀆,故受此名。淮水逕縣故城東,王莽更名之曰淮敬。淮水于縣枝分,北爲游水,歷朐縣與沭合,又逕朐山西,山側有朐縣故城,秦始皇三十五年,于朐縣立石海上,以爲秦之東門。崔琰《述初賦》曰:倚高艫以周眄兮,觀秦門之將將者也。東北海中有大洲,謂之郁洲[35]。《山海經》所謂郁山在海中者也。言是山自蒼梧徙此云。山上猶有南方草木,今郁州治。故崔季珪之叙《述初賦》,言郁洲者,故蒼梧之山也。心悦而怪之,聞其上有僊士石室也,乃往觀焉。見一道人獨處,休休然不談不對,顧非己及也。即其賦所云:吾夕濟于郁洲者也。游水又北逕東海利成縣故城東,故利鄉也。漢武帝元朔四年,封城陽共王子嬰爲侯國,王莽更之曰流泉。游水又北歷羽山西,《地理志》曰:羽山在祝其縣東南。《尚書》曰:堯疇咨四岳得舜,進十六族,殛鯀于羽山,是爲檮杌,與驩兜、三苗、共工同其罪,故世謂之四凶。鯀既死,其神化爲黄熊,入于羽淵,是爲夏郊,三代祀之。故《連山易》曰:有崇伯鯀,伏于羽山之野者是也。游水又北逕祝其縣故城西,《春秋經》書,夏,公會齊侯于夾谷。《左傳》定公十年,公及齊平,會于祝其,寔夾谷也。服虔曰:地二名。王莽更之曰猶亭。縣之東有夾口浦。游水左逕琅邪計斤縣故城之西,《地理志》曰:莒子始起于此。後徙莒,有鹽官,故世謂之南莒也。游水又東北逕贛榆縣北,東側巨海,有《秦始皇碑》,在山上,去海百五十步,潮水至,加其上三丈,去則三尺,所見東北傾石,長一丈八尺,廣五尺,厚三尺八寸,一行十二字。游水又東北逕紀鄣故城南,《春秋》昭公十九年,齊伐莒,莒子奔紀鄣,莒之婦人怒莒子之害其夫,老而託紡焉,取其纑而夜縋,縋絶鼓譟,城上人亦譟,莒共公懼,啟西門而出,齊遂入紀。故紀子帛之國。《穀梁傳》曰:吾伯姬歸于紀者也。杜預曰:紀鄣,地二名。東海贛榆縣東北有故紀城,即此城也。游水東北入海,舊吴之燕岱,常泛巨海,憚其濤險,更沿溯是瀆,由是出。《地理志》曰:游水自淮浦北入海。《爾雅》曰:淮别爲滸。游水亦枝稱者也[36]。

注释:

① 胎簪山　《藝文類聚》卷八《山部》上《淮水》引《水經》作"昭稽山"。

② 此下《水經注釋》云:"按下有脱文。"

③ 澌水　《通鑑》卷三十九《漢紀》三十一淮陽王更始元年"前鍾武侯劉望起兵汝南"胡《注》引《水經注》作"師水"。

④ 鍾武縣故城　《注箋》本、項本、張本、《通鑑》卷三十九《漢紀》三十一淮陽王更始元年"前鍾武侯劉望起兵汝南"胡《注》引《水經注》均作"鍾武故城"。

⑤ 《水經注疏》無"俗謂之仙居水"六字,《疏》:"趙據《名勝志》'羅山西'下增'俗謂之仙居水'句,戴增同。守敬案:非也。《寰宇記》仙居縣下谷河水在縣西八里。注《水經》云,其水南出鮮金山,北流合瑟水,東北合淮水,俗謂之仙居水。考天寶中,勅改樂安縣爲仙居縣,樂安山爲仙居山,仙居水乃因此得名。則酈氏時無仙居水之目,俗謂句蓋樂氏語,《名勝志》亦沿樂氏文,趙遂據增,戴從之,皆失于不考。"

⑥ 慎水　《大典》本、《注箋》本、項本、張本均作"慎縣水"。

⑦ 何敢　《注疏》本作"何故"。

⑧ 木陵關水　《大典》本作"木陵關",無"水"字。黄本、沈本均作"水陵關水"。

⑨ 白鷺水 《名勝志·河南》卷十一《汝寧府·固始縣》引《水經注》作“白露水”。

⑩ 安風縣 《大典》本、吴本、《注箋》本、項本、《五校》鈔本、《七校》本、《注釋》本、張本均作“安豐縣”。

⑪ 安風水 《大典》本、《注箋》本、孫潛校本、項本、《五校》鈔本、《七校》本、《注釋》本、張本均作“安豐水”。

⑫ 安風津 《大典》本、吴本、《注箋》本、項本、《五校》鈔本、《七校》本、《注釋》本、張本、《通鑑》卷七十六《魏紀》八高貴鄉公正元二年“安風津民張屬就殺儉”胡《注》引《水經注》,《方輿紀要》卷二十一《江南》三《鳳陽府·壽州·霍邱縣·安風城》引《水經注》、乾隆《潁州府志》卷十《雜誌·辨誤》引《水經注》均作“安豐津”。

⑬ 鎮東將軍 《注疏》本作“鎮南將軍”,《疏》:“朱訛作‘西’,趙改‘東’,戴改同。會貞按:《諸葛誕傳》‘鎮南’,今訂。”

⑭ 沘口 《大典》本、吴本、《注箋》本、項本、張本均作“泚口”。

⑮ 《後漢書》卷三十二《列傳》二十二《樊宏傳》“十三年封弟丹爲射陽侯”《注》引《水經注》云:“沘水西南流,射水注之,水出射城北,建武十三年,封樊重少子丹爲射陽侯,即其國也。”當是此段中佚文。

⑯ 《注疏》本作“肥水從城北西入于淮”,《疏》:“朱作‘從城而北入于淮’,趙‘而’改‘西’,戴‘而’上增‘西’字。會貞按:皆非也。《肥水注》,肥水西逕壽春城北,西北注淮。是逕城北,不逕城西也。又《寰宇記》壽春縣下,肥水經縣北二里,又西入淮。亦一證。此當本作‘從城北西入于淮’,傳鈔訛‘西’爲‘二’,又錯入‘北’字下耳,今訂。”

⑰ 大漴陂 《大典》本、吴本、《注箋》本、項本、《五校》鈔本、《七校》本、《注釋》本、道光《安徽通志》卷十七《輿地志·山川》七《鳳陽府·西肥河》引《水經注》均作“天漴陂”。

⑱ 蒗蕩渠 《大典》本、黄本、吴本、《注箋》本、項本、沈本、《注釋》本、張本、《注疏》本、《治河前策》卷上《淮泗沂考》引《水經注》均作“蒗蕩渠”。

⑲ 塗山 《注釋》本作“當塗山”。

⑳ 弘治《中都志》卷二《山川·塗山》引《水經注》云:“二山對峙,相爲一脈,自神禹以桐柏之水泛濫爲害,鑿山爲二以通之,今兩崖間鑿痕猶存。”當是此句下佚文。又《名勝志》卷十四《鳳陽府·懷遠縣》引《水經注》與《中都志》同,但“鑿痕猶存”作“鏟痕猶故”。《方輿紀要》卷二十一《江南》三《鳳陽府·懷遠縣·塗山》引《水經注》云:“荆、塗二山,相爲一脈,禹以桐柏之流,泛濫爲害,乃鑿爲二以通之,今兩山間有斷接谷,濱淮爲勝。”

㉑ 《札記·化石》:

> 卷三十《淮水》《經》“又東過當塗縣北,過水從西北來注之”《注》中,記載了一處古代動物化石的資料。《注》云:
>
> > 《春秋左傳》哀公十年,大夫對孟孫曰:禹會諸侯于塗山,執玉帛者萬國。杜預曰:塗山在壽春東北。非也。余按《國語》曰:吴伐楚,墮會稽,獲骨焉,節專車。吴子使來聘,且問之,客執骨而問曰:敢問骨何爲大?仲尼曰:丘聞之,昔禹致羣神于會稽之山,

防風氏後至，禹殺之，其骨專車，此爲大也。

酈道元此語引自《國語·魯語下》，所記是一種中國古代的傳説，古籍多有記載。但《吴越春秋》卷四記得最爲完整：

禹三年服畢，哀民，不得已接天子之位，三載考功，五年政定，周行天下。歸，還大越，登茅山，以朝四方羣臣，觀示中州諸侯。防風氏後至，斬以示衆，示天下悉屬禹也。

這一段話，作爲傳説，當然不妨聽聽；但作爲歷史，顯然是荒唐透頂的。姑且説確實有禹這個人吧，那時浙江尚在荒服之外，居住着一種被中原漢人視爲蠻夷的於越族，禹怎能到域外去組織一個各路諸侯會議。散佈在全國的諸侯，又怎能跑到會稽這個偏僻的地方去赴會呢？想想現在的條件，我們現在每舉行一次學術會議，總有一些人因爲買不到飛機、火車票而遲到，但在幾千年以前，防風氏竟因遲到而受戮，實在令人詫異。而這個防風氏，却又似神似獸，身上長了這樣大的骨骼，豈不怪哉。

《魯語》的記載中，"獲骨焉，節專車"的話，與這個地區以後的發現對照，或許是確有其事的。因爲這類巨大的骨骼，這個地區以後的記載中，繼續有所發現。據嘉慶《山陰縣志》卷二十一《壇廟》所載："七尺廟在偏門外縣西四十里湖塘村，宋時建里社，掘土得骨長七尺，仍瘞之，立祀神像于其上，故名七尺廟。"顯然，這種在春秋時代當作防風氏的遺體，而宋代又專門爲它修建七尺廟的巨大骨骼，其實就是中生代活動于這個地區的恐龍一類的化石。

㉒　渦水　道光《安徽通志》卷十七《輿地志·山川》七《鳳陽府·淮水》引《水經注》作"渦水"。

㉓　殿本在此處《案》云："案此六字脱誤未詳。"

㉔　雍丘縣　《五校》鈔本、《七校》本均作"雝丘縣"。

㉕　楊亭　《注釋》本作"陽亭"。

㉖　酇治　《五校》鈔本、《七校》本、《注釋》本均作"贊治"。

㉗　單城　《注箋》本、項本、《注釋》本、張本均作"留城"。

㉘　甀鄉　黄本、《注箋》本、項本、《五校》鈔本、《七校》本、《注釋》本、張本、乾隆《亳州志》卷二《河渠·苞河》引《水經注》均作"垂鄉"。

㉙　《寰宇記》卷十七《河南道》十七《宿州·虹縣》引《水經注》云："潼水自萬安湖南流。"當是此段中佚文。

㉚　池河口　《大典》本、《注箋》本、項本、《注釋》本、張本均作"池口"。

㉛　《注疏》本《疏》："會貞按：《注》不言何縣，似有脱文，細審此縣，蓋指角城也。"

㉜　邗溟溝　《方輿紀要》卷二十三《江南》五《揚州府·儀真縣·歐陽戍》引《水經注》作"邗溟水"。

㉝　定安　《注釋》本作"安定"。

㉞　水順　吴本、《注箋》本、項本、《注釋》本、張本均作"順水"。

㉟　《寰宇記》卷二十二《河南道》二十二《海州·東海縣》引《水經注》云："朐縣東北海中有大洲，謂之郁洲，有道者學徒十人，游于蒼梧郁洲之上，數百年，皆得至道，其山自蒼梧徙至東海上，今猶

有南方草木生焉。故崔琰《述初賦》曰:郁州者,故蒼梧之山也。古老傳言,此島人皆是糜家之隸,今存牛欄一村,舊是糜家莊牧猶枯,祭之呼曰糜郎,否則爲祟。"當是此句下佚文。

㊱ 《注疏》本在此下尚有"淮水又東入于海"七字,楊守敬按:"篇末當有此句以應《經》,見上,今增。"

卷三十一　淯水　涢水　灈水　濦水　潕水　溳水　滍水

滍水出南陽魯陽縣西之堯山，

堯之末孫劉累，以龍食帝孔甲，孔甲又求之，不得，累懼而遷于魯縣，立堯祠于西山，謂之堯山。故張衡《南都賦》曰：奉先帝而追孝，立唐祠于堯山。堯山在太和川太和城東北，滍水出焉。張衡《南都賦》曰：其川瀆則滍、澧、藻、瀘，發源巖穴[①]，布濩漫汗，漭沆洋溢，總括急趣，箭馳風疾者也。滍水又歷太和川，東逕小和川，又東，温泉水注之，水出北山阜，七源奇發，炎熱特甚。闞駰曰：縣有湯水，可以療疾。湯側又有寒泉焉，地勢不殊，而炎涼異致，雖隆火盛日，肅若冰谷矣。渾流同溪，南注滍水，滍水又東逕胡木山，東流又會温泉口，水出北山阜，炎勢奇毒，痾疾之徒，無能澡其衝漂，救癢者咸去湯十許步别池，然後可入。湯側有石銘云：皇女湯，可以療萬疾者也。故杜彦達云：然如沸湯，可以熟米，飲之愈百病。道士清身沐浴，一日三飲，多少自在，四十日後，身中萬病愈，三蟲死，學道遭難逢危，終無悔心，可以牢神存志，即《南都賦》所謂湯谷湧其後者也。然宛縣有紫山，山東有一水，東西十五里，南北二百步[②]，湛然沖滿，無所通會，冬夏常温，世亦謂之湯谷也。非魯陽及南陽之縣故也。張平子廣言土地所苞，明非此矣。滍水又東，房陽川水注之，水出南陽雉縣西房陽川，北流注于滍。滍水之北，有積石焉，世謂女靈山。其山平地介立，不連岡以成高；峻石孤峙，不託勢以自遠。四面壁絶，極能靈舉，遠望亭亭，狀若單櫨插霄矣。北面有如頹落，劣得通步，好事者時有扳陟耳。滍水又與波水合，水出霍陽西川大嶺東谷，俗謂之歇馬嶺，川曰廣陽川。非也。即應劭所謂孤山，波水所出也。馬融《廣成頌》曰：浸以波、溠。其水又南逕𨚗城下，蓋𨚗別邑也，俗謂之麻城。非也。波水又南，分三川于白亭東，而俱南入滍水。滍水自下，兼波水之通稱也。是故闞駰有東北至定陵入汝之文。滍水又東逕魯陽縣故城南，城即劉累之故邑也。有魯山，縣居其陽，故因名焉，王莽之魯山也。昔在于楚，文子守之，與韓遘戰，有返景之誠。內有《南陽都鄉正衛爲碑》。滍水右合魯陽關水，水出魯陽關外分頭山橫嶺下夾谷，東北出入滍。滍水又東北合牛蘭水，水發縣北牛蘭山，東南逕魯陽城東，水側有《漢陽侯焦立碑》。牛蘭水又東南與柏樹溪水合，水出魯山北峽谷中，東南流逕魯山西，而南合牛蘭水。又東南逕魯山南，闞駰曰：魯陽縣，今其地魯山是也。水南注于滍。滍水東逕應城南，故應鄉也，應侯之國。《詩》所謂應侯順德者也。彭水注之，俗謂之小滍水，水出魯陽縣南彭山蟻塢東麓，北流逕彭山西，下有彭山廟，廟前有《彭山碑》，漢桓帝元嘉三年，杜仲長立。彭水逕其西北，漢安邑長尹儉墓東，冢西有石廟，廟前有兩石闕，闕東有碑，闕南有二獅子相對，南有石碣二枚，石柱西南有兩石羊，中平四年立。彭水又東北流直應城南而入滍。滍水又左合橋水，水出魯陽縣北恃山東南，逕應山北，又南逕應城西，《地理志》曰：故父城縣之應鄉也，周武王封其弟爲侯國。應劭曰：《韓詩外傳》稱周成王與弟戲，以桐葉爲圭曰：吾以封汝。周公曰：天子無戲言。王乃應時而封，故曰應侯，鄉亦曰應鄉。按《吕氏春秋》云：成王以桐葉爲圭封叔虞，非應侯也。《汲郡古文》，殷時已有應國，非成王矣。戰國范雎所封邑也，謂之應水。滍水又東逕犨縣故城北。《左傳》昭公元年，冬，楚公子圍使伯州犁城犨是也。出于魚齒山下。《春秋》襄公十八年，楚伐鄭，次于魚陵，涉于魚齒之下，甚雨，楚師多凍，役徒幾盡。晉人聞有楚師，師曠曰：不害，吾驟歌《北風》，又歌《南風》，《南風》不競，多死聲，楚必無功矣。所涉即滍水也。水南有漢中常侍長樂太僕吉成侯州苞冢，冢前有碑，基西枕岡城，開四門，門有兩石獸，墳傾墓毀，碑獸淪移，人有掘出一獸，猶全不破，甚高壯，頭去地減一丈許，作制甚工，左膊上刻作"辟邪"字，門表壍上起石橋，歷時不毀。其碑云：六帝四后，是諮是諏。蓋仕自安帝，没于桓后。于時閹閹擅權，五侯暴世，割剥公私，以事生死。夫封者表有德，碑者頌有功，自非此徒，何用許爲？石至千春，不若速朽，苞墓萬古，祇彰誚辱。嗚呼，愚亦甚矣[③]。滍水又東，犨水注之，俗謂之秋水，非也。水有二源，東源出其縣西南踐犢山東崖下，水方五十許步，不測其深。東北流逕犨縣南，又東北屈逕其縣東，而北合西源水[④]。西源出縣西南頗山北阜下，東北逕犨城西，又屈逕其縣北，東合右水[⑤]。亂流北注于滍。漢高祖入關，破南陽太守吕齮于犨東，即于是地，滍水之陰也。滍水又東南逕昆陽縣故城北，昔漢光武與王尋、王邑戰于昆陽，敗之，走者相騰踐，奔殪百餘里間。會大雨如注，滍川盛溢，虎豹皆股戰，士卒爭赴，溺死者以萬數，水爲不流。王邑、嚴尤、陳茂輕騎，皆乘尸而度矣。

東北過潁川定陵縣西北，又東過郾縣南，東入于汝。

滍水東逕西不羹亭南，亭北背汝水于定陵城北，東入汝。郾縣在南，不得過。

淯水出弘農盧氏縣支離山[6]，東南過南陽西鄂縣西北，又東過宛縣南，

淯水導源東流，逕酈縣故城北。郭仲産曰：酈縣故城在支離山東南。酈，舊縣也。《三倉》曰：樊、鄧、酈。酈有二城，北酈也。漢祖入關，下淅、酈，即此縣也。淯水又東南流歷雉縣之衡山，東逕百章郭北，又東，魯陽關水注之，水出魯陽縣南分水嶺，南水自嶺南流，北水從嶺北注，故世俗謂此嶺爲分頭也。其水南流逕魯陽關，左右連山插漢，秀木干雲，是以張景陽《詩》云：朝登魯陽關，峽路峭且深。亦司馬芝與母遇賊處也。關水歷雉衡山西南，逕皇后城西，建武元年，世祖遣侍中傅俊持節迎光烈皇后于淯陽，俊發兵三百餘人，宿衛皇后道路，歸京師，蓋税舍所在，故城得其名矣。山有石室甚飾潔，相傳名“皇后浴室”，又所幸也。關水又西南逕雉縣故城南，昔秦文公之世，有伯陽者，逢二童，曰啚，曰被。二童，二雉也。得雌者霸，雄者王。二童翻飛化爲雙雉，光武獲雉于此山，以爲中興之祥，故置縣以名焉。關水又屈而東南流，注于淯。淯水又東南流逕博望縣故城東，郭仲産曰：在郡東北百二十里，漢武帝置。校尉張騫隨大將軍衛青西征，爲軍前導，相望水草，得以不乏。元光六年，封騫爲侯國。《地理志》南陽有博望縣，王莽改之曰宜樂也。淯水又東南逕西鄂故城[7]東，應劭曰：江夏有鄂，故加西也。昔劉表之攻杜子緒于西鄂也，功曹柏孝長聞戰鼓之音，懼而閉户，蒙被自覆，漸登城而觀，言勇可習也。淯水又南，洱水注之，水出弘農郡盧氏縣之熊耳山，東南逕酈縣北，東南逕房陽城北，漢哀帝四年[8]，封南陽太守孫寵爲侯國，俗謂之房陽川。又逕西鄂縣南，水北有張平子墓，墓之東，側墳有《平子碑》，文字悉是古文，篆額是崔瑗之辭。盛弘之、郭仲産竝云：夏侯孝若爲郡，薄其文，復刊碑陰爲銘。然碑陰二銘乃是崔子玉及陳翕耳，而非孝若，悉是隸字，二首竝存，嘗無毁壞。又言墓次有二碑，今惟見一碑，或是余夏景驛途，疲而莫究矣。水南道側有二石樓，相去六七丈，雙跱齊竦，高可丈七八，柱圓圍二丈有餘，石質青緑，光可以鑒，其上欒櫨承栱；雕簷四注，窮巧綺刻，妙絶人工。題言：蜀郡太守姓王，字子雅，南陽西鄂人，有三女無男，而家累千金，父没當葬，女

自相謂曰:先君生我姊妹,無男兄弟,今當安神玄宅,翳靈后土,冥冥絶後,何以彰吾君之德?各出錢五百萬,一女築墓,二女建樓,以表孝思。銘云:墓樓東,平林下,近墳墓,而不能測其處所矣。洱水又東南流注于淯水,世謂之肄水。肄、洱聲相近,非也。《地理志》曰:熊耳之山出三水,洱水其一焉,東南至魯陽入沔是也。淯水又南逕預山東,山上有神廟,俗名之爲獨山也。山南有魏車騎將軍黄權夫妻二冢,地道潛通,其冢前有四碑,其二魏明帝立,二是其子及臣吏所樹者也。淯水又西南逕《史定伯碑》南,又西爲瓜里津,水上有三梁,謂之瓜里渡。自宛道途東出堵陽[9],西道方城。建武三年,世祖自堵陽西入,破虜將軍鄧奉怨漢掠新野,拒瓜里,上親搏戰,降之夕陽下,遂斬奉。《郡國志》所謂宛有瓜里津、夕陽聚者也。阻橋即桓温故壘處,温以升平五年與范汪衆軍北討所營。淯水又西南逕晉蜀郡太守鄧義山墓南,又南逕宛城東,其城,故申伯之都,楚文王滅申以爲縣也。秦昭襄王使白起爲將,伐楚取郢,即以此地爲南陽郡,改縣曰宛,王莽更名,郡曰前隊,縣曰南陽。劉善曰:在中國之南而居陽地,故以爲名。大城西南隅即古宛城也,荆州刺史治,故亦謂之荆州城。今南陽郡,治大城。其東城内有舊殿基,周二百步,高八尺,陛階皆砌以青石,大城西北隅有殿基,周百步,高五尺,蓋更始所起也。城西三里,有古臺高三丈餘,文帝黄初中,南巡行所築也。淯水又屈而逕其縣南,故《南都賦》所言,淯水蕩其胷者也。王莽地皇二年,朱鮪等共于城南會諸將,設壇燔燎,立聖公爲天子于斯水上。《世語》曰:張繡反,公與戰,敗,子昂不能騎,進馬于公,而昂遇害。《魏書》曰:公南征至宛,臨淯水,祠陣亡將士,歔欷流涕,衆皆哀慟。淯水又南,梅溪水注之,水出縣北紫山南,逕百里奚故宅。奚,宛人也,于秦爲賢大夫,所謂迷虞智秦者也。梅溪又逕宛西吕城東,《史記》曰:吕尚先祖爲四岳,佐禹治水有功,虞、夏之際,受封于吕,故因氏爲吕尚也。徐廣《史記音義》曰:吕在宛縣,高后四年,封昆弟子吕忿爲吕城侯,疑即此也。又按新蔡縣有大吕、小吕亭,而未知所是也。梅溪又南逕杜衍縣東,故城在西,漢高帝七年,封郎中王翳爲侯國,王莽更之曰閏衍矣。土地墊下,湍溪是注,古人于安衆堨之,令遊水是瀦,謂之安衆港。世祖建武三年,上自宛遣潁陽侯祭遵西擊鄧奉弟終,破之于杜衍,進兵涅陽者也。梅溪又南,謂之石橋水,又謂之女溪,南流而左注淯水。淯水之南,又有南就聚,《郡國志》所謂南陽宛縣有南就聚者也。郭仲産言:宛城南三十里有一城,甚卑小,相承名三公城,漢時鄧禹等歸鄉餞離處也。盛弘之著《荆州記》,以爲三公置。余按淯水左右舊有二澨,所謂南澨、北澨者,水側之濆。聚在淯陽之東北,考古推地則近矣。城側有范蠡祠。蠡,宛人,祠即故宅也。後漢末有范曾,字子閔,爲大將軍司馬,討黄巾賊,至此祠,爲蠡立碑,文勒可尋。夏侯湛之爲南陽,又爲立廟焉。

城東有大將軍何進故宅，城西有孔嵩舊居。嵩字仲山，宛人，與山陽范式有斷金契，貧無養親，賃爲阿街卒，遣迎式，式下車把臂曰：子懷道卒伍，不亦痛乎。嵩曰：侯嬴賤役，晨門，卑下之位，古人所不恥，何痛之有？故其讚曰：仲山通達，卷舒無方，屈身厮役，挺秀含芳。

又屈南過淯陽縣東，

淯水又南入縣，逕小長安。司馬彪《郡國志》曰：縣有小長安聚。謝沈《漢書》稱，光武攻淯陽不下，引兵欲攻宛，至小長安，與甄阜戰，敗于此。淯水又西南逕其縣故城南，桓帝延熹七年，封鄧秉爲侯國。縣，故南陽典農治，後以爲淯陽郡，省郡復縣，避晉簡文諱，更名雲陽[10]焉。淯水又逕安樂郡北，漢桓帝建和元年，封司徒胡廣爲淯陽縣安樂鄉侯。今于其國立樂宅戍。郭仲産《襄陽記》曰：南陽城南九十里有晉尚書令樂廣故宅，廣字彦輔，善清言，見重當時。成都王，廣女壻，長沙王猜之。廣曰：寧以一女而易五男。猶疑之，終以憂殞。其故居，今置戍，因以爲名。

又南過新野縣西，

淯水又南入新野縣，枝津分派東南出，隰衍苞注，左積爲陂，東西九里，南北十五里，陂水所溉，咸爲良沃。淯水又南與湍水會，又南逕新野縣故城西，世祖之敗小長安也，姊元遇害，上即位，感悼姊没，追謚元爲新野節義長公主，即此邑也。晉咸寧二年，封大司馬扶風武王少子歆爲新野郡公，割南陽五屬棘陽[11]、蔡陽、穰、鄧、山都封焉。王文舒更立中隔[12]，西即郡治，東則民居，城西傍淯水，又東與朝水合，水出西北赤石山，而東南逕冠軍縣界，地名沙渠。又東南逕穰縣故城南，楚别邑也，秦拔鄢郢，即以爲縣。秦昭王封相魏冉爲侯邑，王莽更名曰農穰也。魏荆州刺史治。朝水又東南分爲二水，一水枝分東北，爲樊氏陂，陂東西十里，南北五里，俗謂之凡亭陂。陂東有樊氏故宅，樊氏既滅，庾氏取其陂。故諺曰：陂汪汪，下田良，樊子失業庾公昌。昔在晉世，杜預繼信臣之業，復六門陂，遏六門之水，下結二十九陂，諸陂散流，咸入朝水，事見《六門碑》。六門既陂，諸陂遂斷。朝水又東逕朝陽縣故城北，而東南注于淯水。又東南與棘水合，水上承堵水[13]，堵水出棘陽縣北山，數源竝發，南流逕小堵鄉[14]，謂之小堵水[15]。世祖建武二年，成安侯臧宫從上擊堵鄉。東源方七八步，騰湧若沸，故世名之騰沸水，南流逕于堵鄉[16]，謂之堵水。建武三年，祭遵引兵南擊董訢于堵鄉，以水氏縣，故有堵陽之名也。《地理志》曰：縣有堵水，王莽曰陽城也。漢哀帝改爲順陽，建武二年，更封安陽侯朱祐爲堵陽侯。堵水于縣，堨以爲陂，東西夾岡，水相去五六里，古今斷岡兩舌。都水潭漲[17]，南北十餘里，水決南潰，下注爲灣，灣分爲二：西爲堵水，東爲榮源。堵水参差，流結兩湖。

故有東陂、西陂之名。二陂所導,其水枝分,東南至會口入比。是以《地理志》,比水、堵水,皆言入蔡,互受通稱故也。二湖流注,合爲黄水[18],惟所受焉。逕棘陽縣之黄淳聚,又謂之爲黄淳水者也。謝沈《後漢書》,甄阜等敗光武于小長安東,乘勝南渡黄淳水,前營背阻兩川,謂臨比水,絶後橋,示無還心。漢兵擊之,三軍潰,溺死黄淳水者二萬人。又南逕棘陽縣故城西,應劭曰:縣在棘水之陽,是知斯水爲棘水也。漢高帝七年,封杜得臣爲侯國。後漢兵起,擊唐子鄉,殺湖陽尉,進拔棘陽。鄧晨將賓客,會光武于此縣也。棘水又南逕新野縣,歷黄郵聚,世祖建武三年,傅俊、岑彭進擊秦豐,先拔黄郵者也。謂之黄郵水,大司馬吴漢破秦豐于斯水之上。其聚落悉爲蠻居,猶名之爲黄郵蠻。棘水自新野縣東而南流,入于淯水,謂之爲力口也。棘、力聲相近,當爲棘口也。又是方俗之音,故字從讀變,若世以棘子木爲力子木是也。淯水又東南逕士林東,戍名也。戍有邸閣。水左有豫章大陂,下灌良疇三千許頃也。

南過鄧縣東[19],

縣,故鄧侯吾離之國也。楚文王滅之,秦以爲縣。淯水右合濁水,俗謂之弱溝水。上承白水于朝陽縣,東南流逕鄧縣故城南,習鑿齒《襄陽記》曰:楚王至鄧之濁水,去襄陽二十里。即此水也。濁水又東逕鄧塞北,即鄧城東南小山也,方俗名之爲鄧塞,昔孫文臺破黄祖于其下。濁水東流注于淯。淯水又南逕鄧塞東,又逕鄾城東,古鄾子國也,蓋鄧之南鄙也。昔巴子請楚與鄧爲好,鄾人奪其幣,即是邑也。司馬彪以爲鄧之鄾聚矣。

南入于沔。

㶏水出㶏强縣南澤中,東入潁。

㶏水出潁川陽城縣少室山,東流注于潁水。而亂流東南,逕臨潁縣西北,小㶏水出焉。東逕臨潁縣故城北,㶏水又東逕㶏陽城北,又東逕㶏强縣故城南。建武二年[20],世祖封揚化將軍堅鐔爲侯國。㶏水東爲陶樞陂。余按㶏陽城在㶏水南,然則此城正應爲㶏陰城而有㶏陽之名者,明在南,猶有㶏水,故此城以陽爲名矣。潁水之南有二瀆,其南瀆東南流,歷臨潁亭西,東南入汝,今無水也,疑即㶏水之故瀆矣。汝水于奇雒城[21]西別東派,時人謂之大㶏水。東北流,枝瀆右出,世謂之死汝也。別汝又東北逕召陵城北,練溝出焉。別汝又東,汾溝出焉。別汝又東逕征羌城北,水南有汾陂,俗音糞。汾水自別汝東注而爲此陂,水積征羌城北四五里,方三十里許。瀆左合小㶏水,水上承狼陂,南流名曰鞏水。青陵陂水自陂東注之,東迴又謂之小㶏水,而南流注于大㶏水。大㶏水取稱,蓋藉㶏沿注而總受其目矣。

又東逕西華縣故城南,又東逕汝陽縣故城北,東注于潁。

灈水出汝南吴房縣西北奥山,東過其縣北,入于汝。

縣西北有棠谿城[22],故房子國。《春秋》定公五年,吴王闔閭弟夫槩奔楚,封之于棠谿,故曰吴房也。漢高帝八年,封莊侯楊武爲侯國。建武中,世祖封泗水王歙子煇爲棠谿侯。山溪有白羊淵,淵水舊出山羊,漢武帝元封二年,白羊出此淵,畜牧者禱祀之。俗禁拍手,嘗有羊出水,野母驚拍[23],自此絶焉。淵水下合灈水,灈水東逕灈陽縣故城西,東流入瀙水。亂流逕其縣南,世祖建武二十八年,封吴漢孫旦爲侯國。其水又東入于汝水。

瀙水出潕陰縣東上界山,

《山海經》謂之視水也。郭景純《注》,或曰視宜爲瀙,出葴山。許慎云:出中陽山。皆山之殊目也。而東與泌水合,水出潕陰縣旱山[24],東北流注瀙。瀙水又東北,殺水出西南大熟之山[25],東北流入于瀙。瀙水又東,淪水注之,水出宣山,東南流注瀙水。瀙水又東得奥水口,水西出奥山,東入于瀙水也。

東過吴房縣南,又東過灈陽縣南,

應劭曰:灈水出吴房縣,東入瀙。縣之西北,即兩川之交會也。

又東過上蔡縣南,東入汝。

潕水出潕陰縣西北扶予山,東過其縣南,

《山海經》曰:朝歌之山,潕水出焉。東南流,注于滎。《經》書扶予者,其山之異名乎? 滎水上承堵水[26],東流,左與西遼水合,又東,東遼水注之,俱導北山,而南流注于滎。滎水又東北,于潕陰縣北,左會潕水,其道稍西,不出其縣南,其故城在山之陽,漢光武建武中,封岑彭爲侯國,漢以爲陽山縣。魏武與張繡戰于宛,馬名絶景,爲流矢所中,公傷右臂,引還潕陰,即是地也。城之東有馬仁陂,郭仲産曰:陂在比陽縣[27]西五十里,蓋地百頃,其所周溉田萬頃,隨年變種,境無儉歲,陂水三周其隍,故瀆自隍西南而會于比,潕水不得復逕其南也。且邑號潕陰,故無出南之理,出南則爲陽也。非直不究,又不思矣。潕水又東北,澧水注之,水出雉衡山,東南逕建城東。建,當爲卷,字讀誤耳。《郡國志》云:葉縣有卷城。其水又東流入于潕。潕水東北逕于東山西,西流入潕[28]。潕水之左即黄城山也,有溪水出黄城山,東北逕方城。《郡國志》曰:葉縣有方城。郭仲産曰:苦菜、于東之間有小城,名方城,東臨溪水,尋此城致號之由,當因山以表名也。苦菜即黄城也,及于東,通爲方城矣。世謂之方城山水,東流注潕水。故《聖賢冢墓記》曰:南陽葉邑方城西,有黄城山[29],是長沮、桀溺耦耕之所,有東流水,則子路問津處。《尸子》曰:楚狂接輿耕于

方城，蓋于此也。盛弘之云：葉東界有故城，始犨縣東，至瀙水，達比陽界，南北聯聯數百里，號爲方城，一謂之長城。云酈縣有故城一面，未詳里數，號爲長城，即此城之西隅，其間相去六百里，北面雖無基築，皆連山相接，而漢水流其南，故屈完答齊桓公云：楚國，方城以爲城，漢水以爲池。《郡國志》曰：葉縣有長山曰方城，指此城也。潕水又東北歷舞陽縣故城南，漢高祖六年，封樊噲爲侯國也。

又東過西平縣北，

縣，故柏國也，《春秋左傳》所謂江、黄、道、柏，方睦于齊也。漢曰西平，其西吕墟，即西陵亭也。西陵平夷，故曰西平。漢宣帝甘露三年，封丞相于定國爲侯國，王莽更之曰新亭。《晉太康地記》曰：縣有龍泉水，可以砥礪刀劍，特堅利。故有堅白之論矣。是以龍泉之劍，爲楚寶也。縣出名金，古有鐵官。

又東過郾縣南，

郾縣故城，去此遠矣，不得過。

又東過定潁縣北，東入于汝。

漢安帝永初二年，分汝南郡之上蔡縣置定潁縣，順帝永建元年，以陽翟郭鎮爲尚書令，封定潁侯。即此邑也。

溳水出蔡陽縣，

溳水[30]出縣東南大洪山[31]，山在隨郡之西南，竟陵之東北，槃基所跨，廣圓百餘里，峰曰懸鈎，處平原衆阜之中，爲諸嶺之秀。山下有石門，夾鄣層峻，巖高皆數百許仞。入石門，又得鍾乳穴，穴上素崖壁立，非人跡所及，穴中多鍾乳，凝膏下垂，望齊冰雪，微津細液，滴瀝不斷，幽穴潛遠，行者不極窮深。以穴内常有風熱，無能經久故也[32]。溳水出于其陰，初流淺狹，遠乃廣厚[33]，可以浮舟栰，巨川矣。時人以溳水所導，故亦謂之爲溳山矣。溳水東北流合石水，石水出大洪山，東北流注于溳，謂之小溳水，而亂流東北，逕上唐縣故城南，本蔡陽之上唐鄉，舊唐侯國。《春秋》定公三年，唐成公如楚，有兩肅霜馬，子常欲之，弗與，止之三年，唐人竊馬而獻之子常，歸唐侯是也。溳水又東，均水注之，水出大洪山，東北流逕土山北，又東北流入于溳水。溳水又屈而東南流。

東南過隨縣西，

縣，故隨國矣，《春秋左傳》所謂漢東之國，隨爲大者也。楚滅之以爲縣，晉武帝太康中，立爲郡。有溠水出縣西北黄山，南逕㵐西縣[34]西，又東南，㵐水入焉。㵐水出桐柏山之陽，吕忱曰：水在義陽。㵐水東南逕㵐西縣西，又東南注于溠。溠水又東南逕隨縣故城西，《春秋》魯莊公四年，楚武王伐隨，令尹鬬祁、莫敖屈重，除道梁溠，軍臨于隨，謂此水也。水側有斷蛇丘，隨侯出而見大蛇中斷，因舉而藥之，故謂之斷蛇丘。後蛇銜明珠報德，世謂之"隨侯珠"，亦曰"靈蛇珠"。丘南有隨季梁大夫池，其水又南與義井水合，水出隨城東南，井泉嘗湧溢而津注，冬夏不異，相承謂之義井，下流合溠。溠水又南流注于溳，溳水又會于支水，水源亦出大洪山，而東流注于溳。溳水又逕隨縣南隨城山北而東南注。

又南過江夏安陸縣西，

隨水[35]出隨郡永陽縣東石龍山，西北流，南迴逕永陽縣西，歷橫尾山，即《禹貢》之陪尾山也。隨水又西南[36]至安陸縣[37]故城西，入于溳，故鄖城也。因岡爲墉，峻不假築。溳水又南逕石巖山北，昔張昌作亂于其下，籠彩鳳以惑衆。晉太安二年，鎮南將軍劉弘遣牙門皮初，與張昌戰于清水，昌敗，追斬于江涘。即《春秋左傳》定公四年，吴敗楚于柏舉，從之，及于清發。蓋溳水兼清水之目矣。又東南流而右會富水，水出竟陵郡新市縣東北大陽山。水有二源[38]，大富水出山之陽，南流而左合小富水，水出山之東，而南逕三王城東。前漢末，王匡、王鳳、王常所屯，故謂之三王城。城中有故碑，文字闕落，不可復識。其水屈而西南流，右合大富水，俗謂之大泌水也。又西南流逕杜城西，新市縣治也。《郡國志》以爲南新市也，中山有新市，故此加南，分安陸縣立。又王匡中興初舉兵于縣，號曰新市兵者也。富水又東南流于安陸界，左合土山水，世謂之章水，水出土山，南逕隨郡平林縣故城西，俗謂之將陂城，與新市接界，故中興之始，兵有新市、平林之號。又南流，右入富水，富水又東入于溳。溳水又逕新城南，永和五年，晉大司馬桓温築。溳水又會温水，温水出竟陵之新陽縣東澤中，口徑二丈五尺，垠岸重沙，端淨可愛，靖以察之，則淵泉如鏡，聞人聲則揚湯奮發，無所復見矣。其熱可以燖雞，洪瀏百餘步，冷若寒泉。東南流注于溳水。又右得潼水，水出江夏郡之曲陵縣西北潼山，東南流逕其縣南，縣治石潼故城，城圓而不方，東入安陸，注于溳水。

又東南入于夏。

溳水又南分爲二水，東通灄水，西入于沔，謂之溳口也。

注释：

① 《文選》卷四《京都》中張平子《南都賦》"其川瀆則滍、澧、濼、瀘，發源巖壑"宋《六臣注》引《水經注》云"瀘水出襄鄉縣東北陽中山"，當是此句下佚文。

② 二百步　《注疏》本作"二十步"。《疏》："朱'十'作'百'，戴、趙同。黄本作'步'，與下複，明爲訛字。吴臆改作'百'，朱從之，亦非。守敬按：明鈔本作'十'是也。今訂。"

③ 《札記·鞭撻厚葬》：

卷三十一《淯水》《經》"淯水出南陽魯陽縣西之堯山"《注》中,《注》文記及了一座後漢貪官汙吏中常侍州苞(按《後漢書》作輔)的宏大墳墓。《注》云：

(淯)水南有漢中常侍長樂太僕吉成侯州苞冢,冢前有碑,基西枕岡城,開四門,門有兩石獸,墳傾墓毁,碑獸淪移。人有掘出一獸,猶不全破,甚高壯,頭去地減一丈許,作制甚工,左髆上刻作"辟邪"字,門表壍上起石橋,歷時不毁。其碑云:六帝四后,是諮是諏。蓋仕自安帝,没于桓后。于時閹閹擅權,五侯暴世,割剥公私,以事生死。夫封者表有德,碑者頌有功,自非此徒,何用許爲?石至千春,不若速朽;苞墓萬古,祇彰誚辱。嗚呼,愚亦甚矣。

"石至千春,不若速朽;苞墓萬古,祇彰誚辱。嗚呼,愚亦甚矣。"酈道元在《注》文中一般不常用自己的語言襃貶善惡,這一次,對于這個大興厚葬的亂臣賊子,他大概確實忍不住了。這幾句話,把州苞(輔)這個匹夫民賊的無恥和愚蠢,説得淋漓盡致。

④ 西源水 《注箋》本、項本、《注釋》本、張本均作"西流水"。

⑤ 右水 《注箋》本、項本、《注釋》本、張本均作"二水"。

⑥ 支離山 《大典》本、黄本、吴本、《注箋》本、何校明鈔本、王校明鈔本、項本、沈本、張本、《注疏》本、《通鑑》卷三十九《漢紀》三十一淮陽王更始元年"設壇埸于淯水上沙中"胡《注》引《水經注》、《山海經·中山經》"曰支離之山"畢沅《注》引《水經注》、《山海經廣注》卷一《南山經》"而南流注于淯"吴任臣《注》引《水經注》均作"攻離山"。《注疏》本《疏》:"《箋》曰:孫按《山海經·中山經》云,支離之山,淯水出焉。趙云,按《方輿紀要·郡志》云,淯水出高縣雙雞嶺,'雙雞'蓋'攻離'之譌。然方俗之稱,字隨讀改,《山海經》作'支離',字形之近也。戴改作'支離'。守敬按:《文選·南都賦》《注》引《山海經》作'攻離'。《通鑑》漢更始元年、建安二年、晉太康元年《注》引《水經》並同,足徵'攻'字是。今本《山海經》作'支',誤也。戴反依改,並改注文,失之。"

⑦ 西鄂故城 《注釋》本作"西鄂縣故城"。

⑧ 《注疏》本段熙仲《校記》:"按:哀帝凡二元,封孫寵事在建平四年,其次年改元爲元壽。"

⑨ 堵陽 《大典》本、黄本、沈本、《五校》鈔本、《七校》本、《注釋》本、《注疏》本、《名勝志·湖廣》卷七《襄陽府·光化縣》引《水經注》、《漢書地理志補注》卷十四《堵陽》引《水經注》均作"赭陽"。

⑩ 雲陽 《注疏》本作"云陽"。《疏》:"戴改'雲'。守敬按:簡文帝諱昱,蓋諱嫌名。《宋志》晉孝武改云陽。《齊志》,《地形志》並作'云',則此字不誤。戴改'雲',失考。"

⑪ 棘陽 《注釋》本作"赭陽"。

⑫ 此下殿本《案》云:"案此句上下有脱誤。《三國志》:王昶,字文舒,朱謀㙔以'王'字屬上句,作'封爲王',非也。"《注疏》本《疏》:"趙云:按下有脱文。《三國志·魏書·王昶傳》,昶以爲國有常衆,戰無常勝;地有常險,守無常勢。今屯宛,去襄陽三百餘里,諸軍散屯,船在宣池,有急不足相赴。乃表徙治新野。文舒,昶字,此即更立之事也。會貞按:《滱水注》盧奴城下云,後燕更築隔城,此謂文舒于新野城中更立隔城也。故隨以'西即郡治,東則民居'釋之。趙氏似未見及。"

⑬ 堵水 《大典》本、黄本、吴本、《注箋》本、何校明鈔本、王校明鈔本、項本、沈本、《注釋》本、

張本、《注疏》本、《漢書地理志補注》卷十四《南陽郡・堵陽》引《水經注》、康熙《南陽府志》卷一《輿地・新野縣・棘水》引《水經注》、雍正《河南通志》卷十二《河防》一《南陽府・黄淳水》引《水經注》均作"赭水"。《後漢書》卷四十四《列傳》四《齊武王縯傳》"南渡黄淳水"《注》引《水經注》作"諸水"。

⑭　小堵鄉　黄本、吴本、項本、沈本、張本、《注疏》本、《漢書地理志補注》卷十四《南陽郡・堵陽・注》引《水經注》均作"小赭鄉"。

⑮　小堵水　同注⑭各本均作"小赭水"。

⑯　堵鄉　同注⑭各本均作"赭鄉"。

⑰　殿本在此下《案》云:"案朱謀㙔云:當作'左右斷岡兩舌'。岡外下垂陂陀而出者謂之舌。"《注釋》本改"古今"爲"右合"。《注疏》本與殿本同。《疏》:"朱《箋》曰:孫云,'古今'當作'左右','都水'當作'瀦水'。岡外下垂陂陀而出者,謂之舌,蓋削去陂陀之土,接水連崗,築堨瀦水,以成潭漲也。趙云:'古今'當是'右合'之誤。'都'義同瀦,朱偶不照。守敬按:'古今'從朱作'左右'爲勝。"

⑱　黄水　雍正《河南通志》卷十二《河防》一《南陽府・黄淳水》引《水經注》作"潢水"。

⑲　南過鄧縣東　《注疏》本作"又西南過鄧縣東"。《疏》:"朱無'又'字,作'西過'。戴改'西'作'南'。趙增'又'字,仍'西'。守敬按:當作'又西南',今訂。"

⑳　建武二年　《注疏》本作"建武元年"。《疏》:"沈炳巽曰:據本傳是'二年',戴、趙改'二'。守敬按:《注》不誤,沈説反誤。戴、趙皆爲所惑,失于不考。"

㉑　奇雒城　《注釋》本作"奇領城"。

㉒　棠谿城　《大典》本、黄本、吴本、沈本、《五校》鈔本、《七校》本、《注釋》本、《注疏》本均作"堂谿城"。

㉓　《手稿》第三集下册《野母驚抃——跋趙氏硃墨校本水經注箋》:

《瀙水篇》(卷三十一)有此文:

……山溪有白羊淵,淵水舊出山羊。漢武帝元封二年,白羊出此淵。畜牧者禱祀之。俗禁拍手,當有羊出水,野母驚抃,自此絶焉。

《永樂大典》與黄省曾本皆作"驚抃"。吴琯本改作"驚仆",朱謀㙔從之,以後項絪、黄晟兩本也從朱本作"驚仆"。

戴氏兩本都作"驚拍",是依上文"俗禁拍手"的"拍"字,文義較明順。官本校云:

案近刻訛作"抃"。

此是"仆"字誤排作"抃"。近刻無一本作"抃"。趙氏刻本與庫本同作"驚抃",《刊誤》云:

一清按:"仆"當作"抃"。《楚辭・天問・注》:"手拍曰抃。上云'俗禁拍手'是也。"

我檢趙氏硃墨校本,始知庫本與刻本皆誤。硃墨校本此條上有硃校云:

孫潛夫本改"仆"曰"抃"。《楚辭・天問・注》"手兮,鼇雖抃而不傾"。王逸此《注》,一本作"手拍曰抃"。《康熙字典》引《天問・注》即作"手拍曰抃"。

趙氏原校如此。底稿寫定時,鈔寫者偶誤作“朴”,並改《楚辭·注》文作“扑”,實無根據。

《説文》:拚,拊手也。拍,拊也。拍、拊,古音同。《釋名》:拍,搏也。戴震《屈原賦注·天問篇》此句作“鼇戴山拚”,引《玉海》注作“擊手曰拚”。“抃”即“拚”字。古書所謂“抃舞”,即是拍手而舞。

《水經注》此條當作“抃”,作“拍”亦通,作“扑”則誤。

(此文末署“卅五、一、六夜,按即一九四六年)

㉔ 旱山 吴本作“草山”。

㉕ 大熟之山 吴本作“大孰之山”。

㉖ 堵水 同注⑬各本均作“赭水”。

㉗ 比陽縣 《大典》本、《五校》鈔本、《七校》本、《注釋》本均作“沘陽縣”。

㉘ 殿本在此下《案》云:“案此四字,上有脱文。”《注疏》本《疏》:“全改上‘入于潕’及‘潕水’二字作‘葉陂’,云:重文,二‘潕’字當作‘葉陂’,不然,潕水何以流入潕乎?以《汝水注》叙澧水之文参校正之。趙改同。戴云:‘西流’句上有脱文。守敬按:全氏之説,蓋沿朱《箋》河水當澧水之誤,而曲爲遷就。不知二‘潕’字,一是上水入潕,一是潕水正流,分明不誤,不得妄改。不謂趙亦爲所惑。戴謂‘西流’上有脱文,是也。尋繹文義,當是言有水出于東山,山在今葉縣東南六十里。”

㉙ 殿本在此下《案》云:“案《聖賢冢墓記》,原本及近刻竝訛作《地理志》。考《地理志》南陽葉下云‘有長城,號曰方城’下,更無此文,又‘邑’字訛在‘方城’下,今據歸有光本改正。”孟森《戴東原所謂歸有光本水經注》(原載民國二十五年十一月十二日《益世報·讀書周刊》第七十四期,《手稿》第五集下册全録此文):

> 王國維《跋聚珍本戴校水經注》云:“戴氏官本校語,除朱本及所謂近刻外,從未一引他書,獨于卷三十一、卷三十二、卷四十中,五引歸有光本。今核此五條,均與全、趙本同,且歸氏本久佚,惟趙清常、何義門見之。全氏曾見趙、何校本,于此五條,並不著歸氏本如此,孫潛夫傳校趙本,其卷四十尚存,亦不言歸本有此異同。以東原之厚誣《大典》觀之,則所引歸本,亦疑僞記也。”

㉚ 《方輿紀要》卷七十七《湖廣》三《德安府·安陸縣·涢水》引《水經注》云:“涢水亦名清發水。”當是此句下佚文。

㉛ 大洪山 《大典》本、《注箋》本、項本、張本均作“洪山”。

㉜ 無能經久故也 《注疏》本作“火無能以經久故也”。《疏》:“戴、趙删‘火’字、‘以’字。守敬按:《御覽》引此有‘火’字、‘以’字,蓋行穴中須舉火,有風則火不久即滅,故不能到盡處也,不當删。”

㉝ 遠乃廣厚 王校明鈔本作“後乃寬廣”,王國維《明鈔本水經注跋》:“《涢水注》,初流淺狹,後乃寬廣,諸本‘寬廣’並作‘廣厚’。”按王《跋》未及明鈔本作“後”,諸本作“遠”。

㉞ 溳西縣 《方輿紀要》卷七十七《湖廣》三《德安府·隨州·溠水》引《水經注》作“溳山縣”。

㉟ 隨水 吴本、《注箋》本、《注删》本、何校明鈔本、王校明鈔本、《名勝志·湖廣》卷五《德安

府·安陸縣》引《水經注》均作"遼水"。

㊱ 此下《注疏》本作"入于溳。溳水又南"七字。《疏》:"朱'隨水又西南'下,接'至安陸縣故城西'爲句,戴、趙同,戴于'故城西'下增字。守敬按:戴見隨水無歸宿,因于'故城西'下增'入于溳'三字,不知隨水在溳水東,不得至安陸縣西入溳也。細繹文義,此句是終叙隨水,'又西南'下當本有'入于溳'三字。下句是另叙溳水,'至'字上當本有'溳水又南'四字,蓋因兩'南'字相涉而脱也,今訂。今蔡家河西南流,至于應山縣西南入溳。"

㊲ 安陸縣　《注釋》本作"安樂縣"。

㊳ 雍正《湖廣通志》卷八《山川志·京山縣·富水》引《水經注》云:"所謂大富水、小富水也,大富水東逕潭濱河至霻河口而與小富水會,二河既合,是曰富水河。"當是此句下佚文。

卷三十二　溳水　蘄水　決水　沘水
泄水　肥水　施水　沮水
漳水　夏水　羌水　涪水
梓潼水　涔水

溳水出江夏平春縣西，

溳水北出大義山，南至厲鄉西，賜水入焉。水源東出大紫山，分爲二水，一水西逕厲鄉南，水南有重山[①]，即烈山也。山下有一穴，父老相傳，云是神農所生處也，故《禮》謂之烈山氏。水北有九井，子書所謂神農既誕，九井自穿，謂斯水也。又言汲一井則衆水動。井今堙塞，遺跡髣髴存焉。亦云，賴鄉，故賴國也，有神農社。賜水西南流入于溳，即厲水也。賜、厲聲相近，宜爲厲水矣。一水出義鄉西，南入隨，又注溳。溳水又南逕隨縣，注安陸也。

南過安陸，入于涢。

蘄水出江夏蘄春縣北山，

山，即蘄柳[②]也。水首受希水枝津，西南流歷蘄山，出蠻中，故以此蠻爲五水蠻。五水，謂巴水、希水[③]、赤亭水、西歸水，蘄水其一焉。蠻左憑居，阻藉山川，世爲抄暴。宋世沈慶之于西陽上下誅伐蠻夷，即五水蠻也。

南過其縣西，

晉改爲蘄陽縣，縣徙江洲，置大陽戍，後齊齊昌郡移治于此也。

又南至蘄口，南入于江。

蘄水南對蘄陽洲，入于大江，謂之蘄口[④]。洲上有蘄陽縣徙。

決水出廬江雩婁縣南大别山，

俗謂之爲檀公峴[⑤]，蓋大别之異名也。其水歷山委注而絡其縣矣。

北過其縣東，

縣，故吴也。《春秋左傳》襄公二十六年，楚子、秦人侵吴及雩婁，聞吴有備而還是也。《晉書・地道記》云：在安豐縣之西南，即其界也。故《地理志》曰：決水出雩婁。

又北過安豐縣東，

決水自雩婁縣北逕雞備亭。《春秋》昭公二十三年，吴敗諸侯之師于雞父者也。安豐縣故城，今邊城郡治也，王莽之美豐[⑥]也。世祖建武八年，封大將軍涼州牧竇融爲侯國，晉立安豐郡。決水自縣西北流，逕蓼縣故城東，又逕其北，漢高帝六年，封孔藂爲侯國，世謂之史水。決水又西北，灌水注之，其水導源廬江金蘭縣[⑦]西北東陵鄉大蘇山，即淮水也。許慎曰：出雩婁縣，俗謂之澮水。褚先生所謂神龜出于江、灌之間，嘉林之中。蓋謂此水也。灌水東北逕蓼縣故城西，而北注決水。故《地理志》曰：決水北至蓼入淮。灌水亦至蓼入決。《春秋》宣公八年，冬，楚公子滅舒蓼，臧文仲聞之曰：皋陶庭堅，不祀忽諸，德之不逮，民之無援，哀哉。決水又北，右會陽泉水，水受決水，東北流逕陽泉縣故城東，故陽泉鄉也。漢獻帝中，封太尉黄琬爲侯國。又西北流，左入決水，謂之陽泉口也。

又北入于淮。

俗謂之澮口[⑧]，非也，斯決、灌之口矣。余往因公，至于淮津，舟車所屆，次于決水，訪其民宰，與古名全違，脈水尋《經》，方知決口。蓋灌、澮聲相倫，習俗害真耳。

沘水出廬江灊縣西南霍山東北，

灊者，山、水名也。《開山圖》，灊山圍遶大山爲霍山。郭景純曰：灊水出焉，縣即其稱矣。《春秋》昭公二十七年，吴因楚喪，圍灊是也。《地理志》曰：沘水[⑨]出沘山，不言霍山，沘字或作淠。淠水又東北逕博安縣，泄水出焉。

東北過六縣東，

淠水東北，右會踰鼓川水，水出東南踰鼓川，西北流，左注淠水。淠水又西北逕馬亭城[10]西，又西北逕六安縣故城西，縣，故皋陶國也。夏禹封其少子，奉其祀，今縣都陂中有大冢，民傳曰公琴者，即皋陶冢也。楚人謂冢爲琴矣。漢高帝元年，別爲衡山國，五年屬淮南，文帝十六年，復爲衡山國，武帝元狩二年，別爲六安國，王莽之安風也。《漢書》所謂以舒屠六。晉太康三年，廬江郡治。淠水又西北分爲二水，芍陂出焉[11]。又北逕五門亭西，西北流逕安豐縣故城西，《晉書・地道記》，安豐郡之屬縣也，俗名之曰安城矣。又北會濡水，亂流西北注也。

北入于淮。

水之決會謂之沘口也。

泄水出博安縣，

博安縣，《地理志》之博鄉縣也，王莽以爲揚陸[12]矣。泄水自縣上承沘水于麻步川，西北出，歷濡溪，謂之濡水也。

北過芍陂，西與沘水合。

泄水自濡溪逕安豐縣[13]，北流注于淠，亦謂之濡須口[14]。

西北入于淮。

亂流同歸也。

肥水出九江成德縣廣陽鄉西，

吕忱《字林》曰：肥水出良餘山，俗謂之連枷山，亦或以爲獨山也。北流分爲二水，施水出焉。肥水又北逕荻城[15]東，又北逕荻丘東，右會施水枝津，水首受施水于合肥縣城東，西流逕成德縣，注于肥水也。

北過其縣西，北入芍陂。

肥水自荻丘北逕成德縣故城西，王莽更之曰平阿也。又北逕芍陂東，又北逕死虎塘東，芍陂瀆上承井門，與芍陂更相通注，故《經》言入芍陂矣。肥水又北，右合閻澗水[16]，上承施水于合肥縣，北流逕浚遒縣西，水積爲陽湖。陽湖水自塘西北逕死虎亭[17]南，夾橫塘西注，宋泰始初，豫州司馬劉順，帥衆八千據其城地，以拒劉勔。趙叔寶以精兵五千，送糧死虎，劉勔破之此塘。水分爲二，洛澗出焉[18]。閻漿水注之，水受芍陂，陂水上承澗水于五門亭南，別爲斷神水，又東北逕五門亭東，亭爲二水之會也。斷神水又東北逕神跡亭東，又北，謂之豪水。雖廣異名，事寔一水。又東北逕白芍亭東，積而爲湖，謂之芍陂。陂周百二十許里，在壽春縣南八十里，言楚相孫叔敖所造。魏太尉王淩與吴將張休戰于芍陂，即此處也。陂有五門，吐納川流。西北爲香門陂，陂水北逕孫叔敖祠下，謂之芍陂瀆，又北分爲二水，一水東注黎漿水，黎漿水東逕黎漿亭南，文欽之叛，吴軍北入，諸葛緒拒之于黎漿，即此水也。東注肥水，謂之黎漿水口。

又北過壽春縣東，

肥水自黎漿北逕壽春縣故城東爲長瀨津，津側有謝堂北亭，迎送所薄，水陸舟車是焉萃止。又西北，右合東溪，溪水引瀆北出，西南流逕導公寺西，寺側因溪建刹五層，屋宇閑敞，崇虚攜覺也[19]。又西南流注于肥。肥水又西逕東臺下，臺即壽春外郭東北隅阿之榭也。東側有一湖，三春九夏，紅荷覆水，引瀆城隍，水積成潭，謂之東臺湖，亦肥南播也。肥水西逕壽春縣故城北，右合北溪，水導北山，泉源下注，漱石頹隍，水上長林插天，高柯負日，出于山林精舍右，山淵寺左，道俗嬉遊，多萃其下，内外引汲，泉同七淨，溪水沿注，西南逕陸道士解南，精廬臨側川溪，大不爲廣，小足閑居，亦勝境也。溪水西南注于肥水。

北入于淮。

肥水又西分爲二水，右即肥之故瀆，遏爲船官湖，以置舟艦也。肥水左瀆又西逕石門橋北，亦曰草市門，外有石梁渡北洲，洲上有西昌寺，寺三面阻水，佛堂設三像，真容妙相，相服精煒，是蕭武帝所立也。寺西，即船官坊，蒼兕都水，是營是作。湖北對八公山，山無樹木，惟童阜耳。山上有淮南王劉安廟，劉安是漢高帝之孫，厲王長子也。折節下士，篤好儒學，養方術之徒數十人[20]，皆爲俊異焉。多神仙秘法鴻寶之道。忽有八公，皆鬚眉皓素，詣門希見，門者曰：吾王好長生，今先生無住衰之術，未敢相聞。八公咸變成童，王甚敬之。八士竝能鍊金化丹，出入無間，乃與安登山薶金于地，白日昇天，餘藥在器，雞犬舐之者，俱得上昇。其所昇之處，踐石皆陷，人馬跡存焉。故山即以八公爲目。余登其上，人馬之跡無聞矣，惟廟像存焉。廟中圖安及八士像，皆坐牀帳如平生，被服纖麗，咸羽扇裙帔，巾壺枕物，一如常居。廟前有碑，齊永明十年所建也。山有隱室石井，即崔琰所謂：余下壽春，登北嶺淮南之道室，八公石井在焉。亦云：左吴與王春、傅生等尋安，同詣玄洲，還爲著記，號曰《八公記》，都不列其雞犬昇空之事矣。按《漢書》，安反伏誅，葛洪明其得道，事備《抱朴子》及《神仙傳》。肥水又左納芍陂瀆，瀆水自黎漿分水，引瀆壽春城北，逕芍陂門右，北入城。昔鉅鹿時苗爲縣長，是其留犢處也。瀆東有東都街，街之左道北，有宋司空劉勔廟，宋元徽二年建于東鄉孝義里，廟前有碑，時年碑功方創，齊永明元年方立。沈約《宋書》言，泰始元年，豫州刺史殷琰反，明帝假勔輔國將軍，討之。琰降，不犯秋毫，百姓來蘇，生爲立碑，文過其實。建元四年，故吏顏幼明爲其廟銘，故佐龐珽爲廟讚，夏侯敬友爲廟頌，竝附刊于碑側。瀆水又北逕相國城東，劉武帝伐長安所築也。堂宇廳館，仍故以相國爲名。又北出城注肥水。又西逕金城北,又西,左合羊頭溪水,水受芍陂,西北歷羊頭溪,謂之羊頭澗水。北逕熨湖,左會烽水瀆,瀆受淮于烽村南,下注羊頭溪,側逕壽春城西,又北歷象門,自沙門北出金城西門逍遥樓下,北注肥瀆。肥水北注舊瀆之横塘,爲玄康南路馳道,左通船官坊也。肥水逕玄康城,西北流,北出,水際有曲水堂,亦嬉遊所集也。又西北流,昔在晉世,謝玄北禦苻堅,祈八公山,及置陣于肥水之濱,堅望山上草木,咸爲人狀,此即堅戰敗處。非八公之靈有助,蓋苻氏將亡之惑也。肥水又西北注于淮,是曰肥口也。

施水亦從廣陽鄉肥水别,東南入于湖。

施水受肥于廣陽鄉,東南流逕合肥縣。應劭曰:夏水出城父東南,至此與肥合,故曰合肥。闞駰亦言,出沛國城父東,至此合爲肥。余按川殊派别,無沿注之理。方知應、闞二説,非實證也。蓋夏水暴長,施合于肥,故曰合肥也。非謂夏水。施水自成德[21][22]東逕合肥縣城南,城居四水中,又東有逍遥津,水上舊有梁,孫權之攻合肥也,張遼敗之于津北,橋不撤者兩版,權與甘寧蹴馬趨津,谷利自後著鞭助勢,遂得渡梁。凌統被鎧落水,後到追亡,流涕津渚。施水又東分爲二水,枝水北出焉,下注陽淵。施水又東逕湖口戍,東注巢湖,謂之施口也。

沮水出漢中房陵縣淮水[23],東南過臨沮縣界,

沮水出東汶陽郡沮陽縣西北景山,即荆山首也,高峰霞舉,峻崠層雲。《山海經》云:金玉是出。亦沮水之所導。故《淮南子》曰:沮出荆山。高誘云:荆山在左馮翊懷德縣。蓋以洛水有漆沮之名故也,斯謬證耳。杜預云:水出新城郡之西南發阿山,蓋山異名也。沮水東南流逕沮陽縣東南,縣有潼水,東逕其縣南,下入沮水。沮水又東南逕汶陽郡北,即高安縣界,郡治錫城,縣居郡下城,故新城之下邑,義熙初,分新城立。西表悉重山也。沮水南逕臨沮縣西,青溪水注之,水出縣西青山,山之東有濫泉,即青溪之源也。口徑數丈,其深不測,其泉甚靈潔,至于炎陽有亢,陰雨無時,以穢物投之,輒能暴雨。其水導源東流,以源出青山,故以青溪爲名,尋源浮溪,奇爲深峭。盛弘之云:稠木傍生,凌空交合,危樓傾崖,恒有落勢,風泉傳響于青林之下,巖猨流聲于白雲之上,遊者常若目不周翫,情不給賞,是以林徒棲托,雲客宅心,泉側多結道士精廬焉。青溪又東流入于沮水,沮水又屈逕其縣南,晉咸和中爲沮陽郡治也。沮水又東南逕當陽縣故城北,城因岡爲阻,北枕沮川。其故城在東百四十里,謂之東城,在緑林長坂南,長坂,即張翼德横矛處也。沮水又東南逕驢城西、磨城東,又南逕麥城西,昔關雲長詐降處,自此遂叛。《傳》云:子胥造驢、磨二城以攻麥邑。即諺所云:東驢西磨,麥城自破者也。沮水又南逕楚昭

王墓,東對麥城,故王仲宣之賦《登樓》云:西接昭丘是也。沮水又南與漳水合焉。

又東南過枝江縣東,南入于江。

沮水又東南逕長城東,又東南流注于江,謂之沮口也。

漳水出臨沮縣東荆山,東南過蓼亭,又東過章鄉南。

荆山在景山東百餘里新城沶鄉縣界。雖羣峯競舉,而荆山獨秀。漳水東南流,又屈西南,逕編縣南,縣舊城之東北百四十里也。西南高陽城,移治許茂故城。城南臨漳水,又南歷臨沮縣之章鄉[24]南,昔關羽保麥城,詐降而遁,潘璋斬之于此。漳水又南逕當陽縣,又南逕麥城東,王仲宣登其東南隅,臨漳水而賦之曰:夾清漳之通浦,倚曲沮之長洲是也。漳水又南,㳄水注之。《山海經》曰:㳄水出東北宜諸之山,南流注于漳水。

又南至枝江縣北烏扶邑,入于沮。

《地理志》曰:《禹貢》,南條荆山,在臨沮縣之東北,漳水所出,東至江陵入陽水,注于沔。非也。今漳水于當陽縣之東南百餘里而右會沮水也。

夏水出江津于江陵縣東南,

江津豫章口東有中夏口,是夏水之首,江之汜也。屈原所謂過夏首而西浮,顧龍門而不見也。龍門,即郢城之東門也。

又東過華容縣南[25],

縣,故容城矣。《春秋》魯定公四年,許遷于容城是也。北臨中夏水,自縣東北逕成都郡故城南,晉永嘉中,西蜀阻亂,割華容諸城爲成都王穎國。夏水又逕交趾太守胡寵墓北,漢太傅廣身陪陵,而此墓側有《廣碑》,故世謂廣冢,非也。其文言是蔡伯喈之辭。歷范西戎墓南,王隱《晉書・地道記》曰:陶朱冢在華容縣,樹碑云是越之范蠡。《晉太康地記》、盛弘之《荆州記》、劉澄之《記》,竝言在縣之西南,郭仲産言在縣東十里。檢其碑,題云:故西戎[26]令范君之墓。碑文缺落,不詳其人,稱蠡是其先也。碑是永嘉二年立,觀其所述,最爲究悉,以親逕其地,故違衆説,從而正之。夏水又東逕監利縣南,晉武帝太康五年立。縣土卑下,澤多陂池。西南自州陵東界,逕于雲杜、沌陽,爲雲夢之藪矣。韋昭曰:雲夢在華容縣。按《春秋》魯昭公三年,鄭伯如楚,子産備田具以田江南之夢。郭景純言,華容縣東南巴丘湖是也。杜預云:枝江縣、安陸縣有雲夢,蓋跨川亘隰,兼苞勢廣矣。夏水又東,夏楊水[27]注之,水上承楊水于竟陵縣之柘口,東南流與中夏水合,謂之夏楊水,又東北逕江夏惠懷縣北而東北注。

又東至江夏雲杜縣,入于沔。

應劭《十三州記》曰:江别入沔爲夏水源。夫夏之爲名,始于分江,冬竭夏流,故納厥稱。既有中夏之目,亦苞大夏之名矣。當其决入之所,謂之堵口[28]焉。鄭玄注《尚書》,滄浪之水,言今謂之夏水。來同,故世變名焉。劉澄之著《永初山川記》云:夏水,《古文》以爲滄浪,漁父所歌也。因此言之,水應由沔。今按夏水是江流沔,非沔入夏。假使沔注夏,其勢西南,非《尚書》又東之文。余亦以爲非也。自堵口下,沔水通兼夏目,而會于江,謂之夏汭也。故《春秋左傳》稱,吴伐楚,沈尹射奔命夏汭也。杜預曰:漢水曲入江,即夏口矣。

羌水出羌中參狼谷[29],

彼俗謂之天池白水矣。《地理志》曰:出隴西羌道。東南流逕宕昌城東,西北去天池五百餘里。羌水又東南逕宕婆川城[30]東而東南注。昔姜維之寇隴右也,聞鍾會入漢中,引還,知雍州刺史諸葛緒屯橋頭,從孔函谷將出北道,緒邀之此路,維更從北道。渡橋頭入劍閣,緒追之不及。羌水又東南,陽部水注之,水發東北陽部溪,西南逕安民戍,又西南注羌水。又東南逕武街城[31]西南,又東南逕葭蘆城西,羊湯水入焉。水出西北陰平北界湯溪,東南逕北部城北,又東南逕五部城南,東南右合妾水,傍西南出即水源所發也[32]。羌水又逕葭蘆城南,逕餘城南,又東南,左會五部水。水有二源,出南、北五部溪,西南流合爲一水,屈而東南注羌水。羌水又東南流至橋頭合白水,東南去白水縣故城九十里。

又東南至廣魏白水縣[33],與漢水合。又東南過巴郡閬中縣,又南至墊江縣東,南入于江。

涪水[34]出廣魏涪縣西北,

涪水出廣漢屬國剛氐道徼外,東南流逕涪縣西,王莽之統睦矣。臧宫進破涪城,斬公孫恢于涪,自此水上。縣有潺水,出潺山[35],水源有金銀礦,洗取火合之,以成金銀。潺水歷潺亭而下注涪水。涪水又東南逕綿竹縣北,臧宫溯涪至平陽,公孫述將王元降,遂拔綿竹。涪水又東南與建始水合,水發平洛郡西溪,西南流屈而東南流,入于涪。涪水又東南逕江油戍北,鄧艾自陰平景谷步道,懸兵束馬入蜀,逕江油、廣漢者也。涪水又東南逕南安郡南,又南與金堂水會,水出廣漢新都縣,東南流入涪。涪水又南,枝津出焉[36],西逕廣漢五城縣爲五城水,又西至成都入于江。

南至小廣魏,與梓潼水合。

小廣魏,即廣漢縣地,王莽更名曰廣信也。

梓潼水出其縣北界,西南入于涪。

故廣漢郡,公孫述改爲梓潼郡,劉備嘉霍峻守葭萌之功,又分廣漢以北,别爲梓潼郡,以峻爲守。縣有五女,蜀王遣五丁迎之,至此見大蛇入山穴,五丁引之,山崩,壓五丁及五女,因氏山爲五婦山,又曰五婦候[37]。馳水所出,一曰五婦水,亦曰潼水也。其水導源山中,南逕梓潼縣,王莽改曰子同矣。自縣南逕涪城東,又南入于涪水,謂之五婦水口也。

又西南至小廣魏南,入于墊江。

亦言涪水至此入漢水,亦謂之爲内水也。北逕墊江[38]。昔岑彭與臧宫自江州從涪水上,公孫述令延岑盛兵于沈水,宫左步右騎,夾船而進,勢動山谷,大破岑軍,斬首、溺水者萬餘人,水爲濁流。沈水出廣漢縣,下入涪水也。

涔水出漢中南鄭縣東南旱山,北至安陽縣,南入于沔。

涔水,即黄水也。東北流逕成固[39]南城北,城在山上,或言韓信始立,或言張良創築,未知定所制矣。義熙九年,索遐爲果州刺史,自成固治此,故謂之南城。城周七里,衿澗帶谷,絶壁百尋,北谷口造城東門,傍山尋澗,五里有餘,盤道登陟,方得城治。城北水舊有桁,北渡涔水。水北有趙軍城,城北又有桁,渡沔取北城,城,即大成固縣治也。黄水右岸有悦歸館,涔水歷其北,北至安陽,左入沔,爲涔水口[40]也。

注释:

① 重山　《注釋》本作"童山"。

② 蘄柳　《注疏》本作"蘄山"。《疏》:"朱作'近柳',《箋》曰:宋本作'蘄柳'。趙、戴依改。守敬按:作'近柳'固非,作'蘄柳'亦有誤。《後漢書・袁術傳・注》引此云,即蘄山也。《通鑑》漢建安二年、魏黄初四年《注》引並同。觀下'歷蘄山'緊承此句,故知當作'蘄山'。《元和志》,蘄水出蘄春縣東北大浮山,一名蘄山。《一統志》,蘄山在蘄州北六十里,蘄水發源于此。考蘄水有數源,酈氏謂首受希水枝津,蓋以最北之關口河爲正源也。"

③ 希水　《方輿紀要》卷七十六《湖廣》二《漢陽府・蘄州・五水》引《水經注》作"浠水"。

④ 蘄口　《後漢書》卷七十五《列傳》六十五《袁術傳》"留張勳、橋蕤于蘄陽"《注》引《水經注》、《通鑑》卷六十二《漢紀》五十四獻帝建安二年"留其將橋蕤于蘄陽以拒操"胡《注》引《水經注》均作"蘄陽口"。

⑤ 檀公峴　《大典》本、《注箋》本、項本、《注釋》本、張本均作"檀山峴"。

⑥ 美豐　《注箋》本、項本、《五校》鈔本、《七校》本、《注釋》本、張本均作"美風"。

⑦ 金蘭縣　在《漢書・地理志》、《續漢書・郡國志》、《晉書・地理志》、《宋書・州郡志》、《齊書・州郡志》五志均不載。《札記・牛渚縣》:"其實,《水經》和《水經注》列載縣名,爲上述五志所不載的,所在多有。例如卷四十《禹貢山水澤地所在篇》《經》文提到的金蘭縣,《注》文不僅因各志不載

而不加糾正,而且在卷三十二《決水篇》中,《注》文也提出了'廬江金蘭縣'之名。説明儘管各志不載,但廬江郡下金蘭縣的建置是確實存在的。"

⑧ 澮口 《注箋》本、項本、《注釋》本、張本均作"決口"。

⑨ 泄水 《大典》本、黄本、吴本、沈本均作"泚水"。

⑩ 馬亨城 黄本、吴本、《注箋》本、項本、沈本、張本均作"馬享城",《注疏》本作"馬亭城"。《疏》:"朱作'馬享',《箋》曰:宋本作'馬亨'。戴、趙改'亨'。守敬按:非也。《後漢書・丁鴻傳》,元和三年,徙封馬亭鄉侯。章懷《注》引《東觀記》,以廬江郡爲六安國,所以徙封爲馬亭侯,是此當作'馬亭'無疑,今訂。在今六安州北。"

⑪ 殿本在此下《案》云:"案原本及近刻並脱'芍陂'二字,今據歸有光本補入。"歸有光本參見卷三十一注㉙。

⑫ 揚陸 黄本、沈本作"楊陸"。

⑬ 安豐縣 黄本、吴本、沈本均作"安風縣",《注箋》本、項本、張本均作"安豐水",《注釋》本作"安豐口"。

⑭ 濡須口 黄本、《注箋》本、項本、沈本均作"濡口",吴本作"其濡口"。

⑮ 荻城 黄本、《注箋》本、項本、沈本、張本均作"獲口"。

⑯ 閻潤水 《大典》本、吴本、《注箋》本、項本、張本、《通鑑》卷一三一《宋紀》十三明帝泰始二年"馬步八千人東據苑塘"胡《注》引《水經注》、《方輿紀要》卷二十一《江南》三《鳳陽府・壽州・霍丘縣・成德城》引《水經注》、雍正《江南通志》卷三十五《輿地志・古蹟》六《鳳陽府・死虎亭》引《水經注》均作"閻潤水"。

⑰ 死虎亭 吴本、《注箋》本、項本、張本、《通鑑》卷一三一《宋紀》十三明帝泰始二年"馬步八千人東據苑塘"胡《注》引《水經注》均作"死雩亭"。

⑱ 《方輿紀要》卷二十一《江南》三《鳳陽府・定遠縣・洛河》引《水經注》云:"洛水上承苑馬塘。"當是此句下佚文。

⑲ 崇虚攜覺 《注疏》本作"崇虚嶕嶢"。《疏》:"朱作'攜覺'也,戴同,全、趙改。《箋》曰:'攜覺',字誤,當作'嶕嶢'。"

⑳ 數十人 《注疏》本作"數千人"。《疏》:"朱'千'作'十',戴、趙同。會貞按:《神仙傳》作'千',《御覽》引此亦作'千',今訂。"

㉑ 殿本在此下《案》云:"案原本及近刻竝脱'施水'二字,'成德'訛作'城父',今據歸有光本改正。"歸有光本,參見卷三十一注㉙。

㉒ 成德 《注箋》本、項本、《注釋》本、張本均作"城父"。

㉓ 沮水出漢中房陵縣淮水 《注疏》本作"沮水出漢中房陵縣景山"。《疏》:"朱此二字作'淮水',趙改作'睢山',云:'淮水',楊慎本作'淮山','山'字是也。'淮'字則非矣。《方輿紀要・湖廣・大川》下云,沮水本作睢。《左傳》定四年,吴人敗楚及郢,楚子出涉睢。又哀六年,楚子所謂江、漢、睢、漳者也。後作'沮',又譌爲'柤',今襄陽以南,沮水左右地皆曰沮中,亦謂柤中。後漢建武二十三年,南郡蠻反,劉尚討破之。杜佑曰,潳山蠻也。'潳'亦作'柤',即柤中蠻矣。《郡國志》,南漳

縣東北一百八十里有柤山，吴朱然、諸葛瑾，從沮中險道北出處也。《吴志》，赤烏四年，朱然圍樊，諸葛瑾取柤中。沮山本因沮水得名，字亦作‘睢’，後誤作‘淮’，又譌‘山’爲‘水’，今校正。戴云：據《漢書》當作‘東山’。守敬按：趙改‘睢山’，非也。沮、睢雖同，一句二字錯出，必無之理。《山海經》（《中次八經》），荆山之首曰景山，睢水出焉。此‘淮水’當據之作‘景山’，觀酈氏即以《山海經》釋之，知《經》文本作‘景山’也。戴從《漢志》作‘東山’，不知‘東山’亦‘景山’之誤，蓋‘東’、‘景’形近，此一望而知者。房陵詳《沔水篇》，不在房陵東也。今訂。”

㉔　章鄉　《注箋》本、項本、《五校》鈔本、《七校》本、《注釋》本、張本均作“彰鄉”，《方輿紀要》卷七十七《湖廣》三《安陸府・荆門州・當陽縣》引《水經注》作“漳鄉”。

㉕　《注疏》本作“東過華容縣南”，無“又”字。《疏》：“朱‘東’上有‘又’字，戴、趙同。守敬按：不當有‘又’字，今删。”

㉖　《札記・牛渚縣》：“……卷三十二《夏水注》中的西戎縣，也均不見于《兩漢志》和晉、宋、齊諸《志》。”

㉗　夏楊水　《五校》鈔本、《七校》本、《注釋》本均作“夏陽水”。

㉘　堵口　《大典》本、黄本、吴本、沈本均作“賭口”，《注釋》本、《注疏》本均作“腊口”，《名勝志・湖廣》卷四引《水經注》、雍正《湖廣通志》卷八《山川志・沔陽洲・夏水》引《水經注》均作“睹口”。

㉙　殿本在此下《案》云：“案‘參狼’，原本及近刻竝訛作‘參糧’，脱‘谷’字，今據歸有光本改正。”歸有光本，參見卷三十一注㉙。

㉚　宕婆川城　黄本、吴本、《注箋》本、項本、沈本、張本、《注疏》本均作“宕昌婆川城”。《注疏》本《疏》：“守敬按：戴、趙以安昌已見上，故删‘昌’字。然考《漾水注》，先言白水逕鄧至城，後言安昌水逕鄧至安昌郡，與此同。蓋安昌郡在鄧至，故稱鄧至安昌郡，此婆川城在鄧昌，故稱鄧昌婆川城也。‘昌’字非衍，城當在今階州西北。”

㉛　武街城　黄本、吴本、《注箋》本、項本、《五校》鈔本、《七校》本、沈本、《注釋》本、張本、《注疏》本均作“武階城”。《注疏》本《疏》：“戴改‘階’作‘街’。守敬按：此《地形志》南秦州之武階郡也，在今階州東北。故《漾水注》之平樂水，出武階東北。此羌水逕武階西南。戴氏既誤改彼‘武階’爲‘武街’，此亦改之。總由混武街、武階爲一也。詳見《漾水篇》。”

㉜　《注疏》本熊會貞按：“水當在今階州西南，此下不言羊湯水所入，明有脱文，當增羊湯水又東注羌水句。”

㉝　《注疏》本作“東南至廣魏白水縣”，無“又”字。《疏》：“朱‘東’上有‘又’字，戴、趙同。會貞按：不當有‘又’字，今删。”

㉞　《辭海》（一九七九年上海辭書出版社出版）《水經注疏》條云：“因未經審校，錯别字及脱漏之處甚多，如《涪水》漏鈔酈《注》本文竟達九十多字。”陳橋驛《排印水經注疏的説明》（一九八九年江蘇古籍出版社出版《水經注疏》卷首）云：“這條《辭海》釋文的上半段當然是正確的（按指科學出版社影印《水經注疏》），我在本文開始時就指出了。但下半段説《涪水》漏鈔酈《注》本文九十多字的話，其實都是《辭海》自己的錯誤。《辭海》作者認爲《水經注疏》漏鈔的酈《注》本文，所指就是‘逕涪縣西，王莽之統睦矣。臧宫進破涪城，斬公孫恢于涪，自此水上。縣有潺水，出潺山，水源有金銀礦，

洗取火合之,以成金銀。潺水歷潺亭而下注涪水。涪水又東南逕綿竹縣北,臧宫溯涪至平陽,公孫述將王元降,遂拔綿竹。涪水又東南',共九十一字。這條釋文的作者,由于没有考究這一帶的山川地理,而衹拿别的版本與之對照,一旦發現'涪水出廣漢屬國剛氐道徼外,東南流'之下,少了上列九十一字,就立刻斷言這九十一字被楊、熊或他們的書手所鈔漏。其實,衹要他稍稍耐心一點,往下再讀幾段,就會發現,這九十一個字原來未曾少去一個,衹是次序前後,被楊、熊重新安排過了。熊會貞在'臧宫溯涪至平陽,公孫述將王元降,遂拔綿竹'句下按云:'朱"徼外"句下,接"東南流至涪"云云,至"遂拔綿竹",下接"涪水又東南流與建始水合"至"逕江油廣漢者也"。戴、趙同。準以地望,建始水在上,江油在下,涪縣又在下,何能先逕涪縣而後會建始水而逕江油也。明有錯簡。"東南流"三字,當接"與建始水合"至"逕江油廣漢者也",又移"與建始水合"上"涪水又東南"五字于其下,乃接"逕涪縣西",至"遂拔綿竹"方合。今訂。'《疏》文的這種次序調整,無疑是正確的。"

㉟ 《寰宇記》卷八十三《劍南東道》二《綿州・羅江縣》引《水經注》云:"潺石山下有泉,曰潺水。"當是此段中佚文。

㊱ 《輿地紀勝》卷一五四《潼川府・景物上》《射江》引《水經注》云:"涪江水東南合射江。"(《名勝志・四川》卷十四《潼川州・射洪縣》引《水經注》略同)又《方輿紀要》卷六十九《四川》四《重慶府・合州・定遠縣・平曲城》引《水經注》云:"平曲,即潼川州之平陽鄉。"均是此段中佚文。

㊲ 五婦候 《注釋》本作"五婦堠"。

㊳ 《注疏》本楊守敬按:"此四字與上文義不接,蓋有錯簡。據《後漢書・岑彭傳》,彭到江州,引兵乘利,直指墊江,攻破平曲。《臧宫傳》,宫與岑彭至江州,彭使宫從涪水上平曲。《注》文岑彭與臧宫之説,乃採二《傳》。此四字疑當移于'自江州'之下。"

㊴ 成固 吴本、《注箋》本、項本、張本、《注疏》本均作"城固"。

㊵ 涔水口 《注疏》本作"三水口"。《疏》:"戴以'三'爲訛,改作'涔'。會貞按:'三'字不誤,三水口已見《沔水篇》。"

卷三十三　江水[①]

岷山在蜀郡氐道縣，大江所出[②]，東南過其縣北。

岷山，即瀆山也，水曰瀆水矣。又謂之汶阜山，在徼外，江水所導也。《益州記》曰：大江泉源，即今所聞，始發羊膊嶺下，緣崖散漫，小水百數，殆未濫觴矣。東南下百餘里至白馬嶺，而歷天彭闕，亦謂之爲天彭谷也。秦昭王以李冰爲蜀守，冰見氐道縣有天彭山，兩山相對，其形如闕，謂之天彭門，亦曰天彭闕。江水自此已上至微弱，所謂發源濫觴者也。漢元延中，岷山崩，壅江水，三日不流。揚雄《反離騷》云：自岷山投諸江流，以弔屈原，名曰《反騷》也。江水自天彭闕東逕汶關，而歷氐道縣北。漢武帝元鼎六年，分蜀郡北部置汶山郡以統之，縣，本秦始皇置，後爲昇遷縣也。《益州記》曰：自白馬嶺回行二十餘里至龍涸，又八十里至蠶陵縣[③]，又南下六十里至石鏡，又六十餘里而至北部，始百許步；又西百二十餘里至汶山故郡，乃廣二百餘步；又西南百八十里至溼坂，江稍大矣。故其精則井絡濂曜，江、漢昞靈。《河圖括地象》曰：岷山之精，上爲井絡，帝以會昌，神以建福。故《書》曰：岷山導江。泉流深遠，盛爲四瀆之首。《廣雅》曰：江，貢也。《風俗通》曰：出珍物，可貢獻。《釋名》曰：江，共也，小水流入其中，所公共也。東北百四十里曰崍山，中江所出，東注于大江。崍山，邛崍山[④]也，在漢嘉嚴道縣，一曰新道南山。有九折坂，夏則凝冰，冬則毒寒，王陽按轡處也。平恒言：是中江所出矣。郭景純《江賦》曰：流二江于崌、崍。又東百五十里曰崌山，北江所出，東注于大江。《山海經》曰：崌山，江水出焉,東注大江,其中多怪蛇。江水又逕汶江道,汶出徼外嶓山西玉輪坂下而南行,又東逕其縣而東注于大江。故蘇代告楚曰:蜀地之甲,浮船于汶,乘夏水而下江,五日而至郢。謂是水也。又有湔水入焉,水出綿虒道[5],亦曰綿虒縣[6]之玉壘山。吕忱云:一曰半浣水也,下注江。江水又東别爲沱,開明之所鑿也。郭景純所謂玉壘作東别之標者也。縣,即汶山郡治,劉備之所置也。渡江有笮橋,江水又歷都安縣,縣有桃關、漢武帝祠,李冰作大堰于此[7],壅江作堋,堋有左右口,謂之湔堋。江入郫江、撿江[8]以行舟。《益州記》曰:江至都安,堰其右,撿其左,其正流遂東,郫江之右也。因山頹水,坐致竹木,以溉諸郡。又穿羊摩江、灌江,西于玉女房下白沙郵,作三石人立水中,刻要江神,水竭不至足,盛不没肩。是以蜀人旱則藉以爲溉,雨則不遏其流。故《記》曰:水旱從人,不知饑饉,沃野千里,世號陸海,謂之天府也。郵在堰上,俗謂之都安大堰,亦曰湔堰,又謂之金堤。左思《蜀都賦》云:西踰金堤者也。諸葛亮北征,以此堰農本,國之所資,以征丁千二百人主護之,有堰官。益州刺史皇甫晏至都安,屯觀坂,從事何旅曰:今所安營,地名觀坂,上觀下反,其徵不祥,不從,果爲牙門張和所殺。江水又逕臨邛縣,王莽之監邛也。縣有火井、鹽水,昏夜之時,光興上照。江水又逕江原縣,王莽更名邛原也。𨛫江水出焉。江水又東北逕郫縣下,縣民有姚精[9]者,爲叛夷所殺,掠其二女,二女見夢其兄,當以明日自沈江中,喪後日當至,可伺候之,果如所夢,得二女之屍于水,郡縣表異焉。江水又東逕成都縣,縣以漢武帝元鼎二年立。縣有二江,雙流郡下,故揚子雲《蜀都賦》曰:兩江珥其前者也。《風俗通》曰:秦昭王使李冰爲蜀守,開成都兩江,溉田萬頃。江神歲取童女二人爲婦,冰以其女與神爲婚,徑至神祠勸神酒,酒杯恒澹澹,冰厲聲以責之,因忽不見,良久,有兩牛鬬于江岸旁,有間,冰還,流汗謂官屬曰:吾鬬大亟[10][11],當相助也。南向腰中正白者,我綬也。主簿刺殺北面者,江神遂死,蜀人慕其氣決,凡壯健者,因名冰兒也。秦惠王二十七年,遣張儀與司馬錯等滅蜀,遂置蜀郡焉,王莽改之曰導江也。儀築成都,以象咸陽。晉太康中,蜀郡爲王國,更爲成都内史,益州刺史治。《地理風俗記》曰:華陽黑水惟梁州。漢武帝元朔二年,改梁曰益州,以新啓犍爲、牂柯、越嶲,州之疆壤益廣,故稱益云。初治廣漢之雒縣,後乃徙此。故李固《與弟圄書》曰:固今年五十七,鬢髮已白,所謂容身而遊,滿腹而去,周觀天下,獨未見益州耳。昔嚴夫子常言:經有五,涉其四;州有九,遊其八。欲類此子矣。初,張儀築城取土處,去城十里,因以養魚,今萬頃池是也。城北又有龍堤池,城東有千秋池,西有柳池,西北有天井池,津流徑通,冬夏不竭。西南兩江有七橋,直西門郫江上曰沖治橋[12],西南石牛門曰市橋,吴漢入蜀,自廣都令輕騎先往焚之,橋下謂之石犀淵。李冰昔作石犀五頭以厭水精,穿石犀,渠于南江,命之曰犀牛里。後轉犀牛二頭,一頭在府市市橋門,一頭沈之于淵也。大城南門曰江橋[13],橋南曰萬里橋,西上曰夷星橋[14],下曰笮橋[15]。南岸道東有文學,始,文翁爲蜀守,立講堂,作石室于南城。永初後,學堂遇火,後守更增二石室,後州奪郡學,移夷星橋南岸道東。道西城,故錦官也。言錦工織錦,則濯之江流,而錦至鮮明,濯以他江,則錦色弱矣。遂命之爲錦里也。蜀有迴復水,江神嘗溺殺人,文翁爲守,祠之,勸酒不盡,拔劍擊之,遂不爲害。江水東逕廣都縣,漢武帝元朔二年置,王莽之就都亭也。李冰識察水脈,穿縣鹽井。江西有望川原,鑿山崖度水,結諸陂池,故盛養生之饒,即南江也。又從沖治橋北折,曰長昇橋,城北十里曰昇僊橋,有送客觀,司馬相如將入長安,題其門曰:不乘高車駟馬,不過汝下也。後入邛蜀,果如志焉。李冰沿水造橋,上應七宿。故世祖謂吴漢曰:安軍宜在七橋連星間。漢自廣都乘勝進逼成都,與其副劉尚南北相望,夾江爲營,浮橋相對。公孫述使謝豐揚軍市橋,出漢後襲破,漢墜馬落水,緣馬尾得出入壁,命將夜潛渡江,就尚擊豐,斬之于是水之陰。江北則左對繁田,文翁又穿湔洩以溉灌繁田千七百頃。湔水又東絶綿洛,逕五城界至廣都北岸,南入于江,謂之五城水口,斯爲北江。江水又東至南安爲璧玉津,故左思云:東越玉津也。

又東南過犍爲武陽縣,青衣水、沫水從西南來,合而注之[16]。

縣,故大夜郎國,漢武帝建元六年開置郡縣。太初四年,益州刺史任安城武陽,王莽更名,郡曰西順,縣曰戢成,光武謂之士大夫郡。有鄨江入焉,出江原縣,首受大江,東南流至武陽縣注于江。縣下江上,舊有大橋,廣一里半,謂之安漢橋。水盛歲壞,民苦治功,後太守李嚴鑿天社山[17],尋江通道,此橋遂廢。縣有赤水,下注江。建安二十九年[18],有黄龍見此水,九日方去。此縣藉江爲大堰,開六水門,用灌郡下。北山,昔者王喬所升之山也。江水又與文井江會,李冰所導也。自莋道[19]與濛溪[20]分水,至蜀郡臨邛縣與布僕水合,水出徼外成都西沈黎郡,漢武帝元封四年,以蜀都西部邛莋邛[21],理旄牛道,天漢四年置都尉,主外羌,在邛崍山表。自蜀西度邛莋,其道至險,有弄棟八渡之難,揚母閣路之阻。水從縣西布僕來,分爲二流,一水逕其道,又東逕臨邛縣,入文井水。文井水又東逕江原縣,縣濱文井江,江上有常氏堤,跨四十里。有朱亭,亭南有青城山,山上有嘉穀,山下有蹲鴟,即芋也。所謂下有蹲鴟,至老不饑,卓氏之所以樂遠徙也。文井江又東至武陽縣天社山下入江。其一水南逕越嶲邛都縣西,東南至雲南郡之青蛉縣,入于僕。郡本雲川地也,蜀建興三年置。僕水又南逕永昌郡邪龍縣,而與貪水合。水出青蛉縣[22],上承青蛉水[23],逕葉榆縣,又東南至邪龍入于僕。僕水又逕寧州建寧郡。州,故庲降都督屯,故南人謂之屯下,劉禪建興三年,分益州郡置。歷雙柏縣,即水入焉。水出秦臧縣[24]牛蘭山,南流至雙柏縣,東注僕水。又東至來唯縣入勞水,水出徼外,東逕其縣與僕水合。僕水東至交州交趾郡卷泠縣[25],南流入于海。江水自武陽東至彭亡聚,昔岑彭與吴漢溯江水入蜀,軍次是地,知而惡之,會日暮不移,遂爲刺客所害。謂之平模水[26],亦曰外水。此地有彭冢,言彭祖冢焉。江水又東南逕南安縣西,有熊耳峽,連山競險,接嶺爭高,漢河平中,山崩地震,江水逆流,懸溉有灘,名壘坻,亦曰鹽溉,李冰所平也。縣治青衣江會,衿帶二水矣,即蜀王開明故治也。來敏《本蜀論》曰:荆人鱉令死,其屍隨水上,荆人求之不得,令至汶山下復生,起,見望帝,望帝者,杜宇也。從天下。女子朱利,自江源出爲宇妻,遂王于蜀,號曰望帝,望帝立以爲相。時巫山峽而蜀水不流。帝使令鑿巫峽通水,蜀得陸處。望帝自以德不若,遂以國禪,號曰開明。縣南有峨眉山,有濛水,即大渡水[27]也。水發蒙溪,東南流與涐水合[28],水出徼外,逕汶江道。吕忱曰:渽水出蜀。許慎以爲涐水也,出蜀汶江徼外,從水,我聲。南至南安入大渡水,大渡水又東入江。故《山海經》曰:濛水出漢陽,西入江灄陽西[29]。

又東南過僰道縣北[30],若水、淹水合從西來注之;又東,渚水北流注之。

縣,本僰人居之。《地理風俗記》曰:夷中最仁,有仁道,故字從人。《秦紀》所謂僰僮之富者也。其邑,高后六年城之。漢武帝感相如之言,使縣令南通僰道,費功無成。唐蒙南入斬之,乃鑿石開閣,以通南中,迄于建寧,二千餘里,山道廣丈餘,深三四丈,其塹鑿之迹猶存,王莽更曰僰治也。山多猶猢,似猴而短足,好遊巖樹,一騰百步,或三百丈,順往倒返,乘空若飛。縣有蜀王兵蘭,其神作大難,江中崖峻阻險,不可穿鑿,李冰乃積薪燒之,故其處懸巖,猶有五色焉[31]。赤白照水玄黄,魚從僰來,至此而止,言畏崖嶼,不更上也[32]。《益部耆舊傳》曰:張真妻,黄氏女也,名帛。真乘船覆没,求尸不得,帛至没處灘頭,仰天而歎,遂自沉淵,積十四日,帛持真手于灘下出。時人爲説曰:符有先絡,僰道有張帛者也[33]。江水又與符黑水[34]合,水出寧州南廣郡南廣縣,縣,故犍爲之屬縣也。漢武帝太初元年置,劉禪延熙中,分以爲郡[35]。導源汾關山,北流,有大涉水注之,水出南廣縣,北流注符黑水,又北逕僰道入江,謂之南廣口。渚水則未聞也。

又東過江陽縣南,洛水從三危山,東過廣魏洛縣南,東南注之。

洛水出洛縣漳山,亦言出梓潼縣柏山。《山海經》曰:三危在燉煌南,與嶓山相接,山南帶黑水。又《山海經》不言洛水所導[36],《經》曰出三危山,所未詳。常璩云:李冰導洛通山水,流發瀑口,逕什邡縣,漢高帝六年,封雍齒爲侯國,王莽更名曰美信也。洛水又南逕洛縣故城南，廣漢郡治也。漢高祖之爲漢王也，發巴渝之士，北定三秦，六年乃分巴蜀，置廣漢郡于乘鄉，王莽之就都，縣曰吾雒也。漢安帝永初二年[37]，移治涪城，後治洛縣[38]。先是洛縣城南，每陰雨常有哭聲，聞于府中，積數十年，沛國陳寵爲守，以亂世多死亡，暴骸不葬故也，乃悉收葬之，哭聲遂絶。劉備自將攻洛[39]，龐士元中流矢死于此。益州舊以蜀郡、廣漢、犍爲爲三蜀，土地沃美，人士儁乂，一州稱望。縣有沈鄉，去江七里，姜士遊之所居。詩至孝，母好飲江水，嗜魚膾，常以雞鳴遡流汲江，子坐取水溺死，婦恐姑知，稱託遊學，冬夏衣服，寔投江流。于是至孝上通，涌泉出其舍側，而有江之甘焉。詩有田，濱江澤鹵，泉流所溉，盡爲沃野。又湧泉之中，旦旦常出鯉魚一雙，以膳焉。可謂孝悌發于方寸，徽美著于無窮者也。洛水又南逕新都縣，蜀有三都：謂成都、廣都，此其一焉[40]。與綿水合，水西出綿竹縣，又與湔水合，亦謂之郫江也，又言是涪水。吕忱曰：一曰湔。然此二水俱與洛會矣。又逕犍爲牛鞞縣爲牛鞞水，昔羅尚乘牛鞞水東征李雄，謂此水也。縣以漢武帝元封二年置。又東逕資中縣，又逕漢安縣，謂之綿水也。自上諸縣，咸以溉灌。故語曰：綿洛爲没沃也。綿水至江陽縣方山下入江，謂之綿水口，亦曰中水。江陽縣枕帶雙流，據江、洛會也。漢景帝六年，封趙相蘇嘉爲侯國，江陽郡治也。故犍爲枝江都尉，建安十八年，劉璋立。江中有大闕、小闕焉。季春之月，則黄龍堆没，闕乃平也。昔世祖微時，過江陽縣，有一子，望氣者言，江陽有貴兒象，王莽求之而獠殺之。後世祖怨，爲子立祠于縣，謫其民，罰布數世。揚雄《琴清英》曰：尹吉甫子伯奇至孝，後母譖之，自投江中，衣苔帶藻，忽夢見水仙，賜其美藥，思惟養親，揚聲悲歌，船人聞之而學之，吉甫聞船人之聲，疑似伯奇，援琴作《子安之操》。江水逕漢安縣北，縣雖迫山川，土地特美，蠶桑魚鹽家有焉。江水東逕樊石灘，又逕大附灘，頻歷二險也。

又東過符縣北邪東南[41]，鰼部水從符關東北注之。

縣，故巴夷之地也。漢武帝建元六年，以唐蒙爲中郎將，從萬人出巴符關者也。元鼎二年立，王莽之符信矣。縣治安樂水會，水源南通寧州平夷郡鼈縣，北逕安樂縣界之東，又逕符縣下，北入江。縣長趙祉遣吏先尼和，以永建元年十二月，詣巴郡，没死成湍灘，子賢求喪不得，女絡年二十五歲，有二子，五歲以還，至二年二月十五日，尚不得喪，絡乃乘小船至父没處，哀哭自沈，見夢告賢曰：至二十一日與父俱出。至日，父子果浮出江上。郡縣上言，爲之立碑，以旌孝誠也。其鰼部之水，所未聞矣。或是水之殊目，非所究也。

又東北至巴郡江州縣東，强水、涪水、漢水、白水、宕渠水，五水合，南流注之。

强水,即羌水也。宕渠水,即潛水、渝水矣。巴水出晉昌郡宣漢縣巴嶺山,郡隸梁州,晉太康中立,治漢中。縣南去郡八百餘里,故屬巴渠。西南流歷巴中,逕巴郡故城南、李嚴所築大城北,西南入江。庾仲雍所謂江州縣對二水口,右則涪内水,左則蜀外水。即是水也。江州縣,故巴子之都也。《春秋》桓公九年,巴子使韓服告楚,請與鄧好是也。及七國稱王,巴亦王焉。秦惠王遣張儀等救苴侯于巴,儀貪巴、苴之富,因執其王以歸,而置巴郡焉,治江州。漢獻帝初平元年,分巴爲三郡,于江州,則永寧郡治也。至建安六年,劉璋納蹇胤之訟,復爲巴郡,以嚴顏爲守。顏見先主入蜀,歎曰:獨坐窮山,放虎自衛,此即拊心處也。漢世郡治江州,巴水北,北府城是也。後乃徙南城。劉備初以江夏費觀爲太守,領江州都督。後都護李嚴更城,周十六里,造蒼龍、白虎門,求以五郡爲巴州治,丞相諸葛亮不許,竟不果。地勢側險,皆重屋累居,數有火害,又不相容,結舫水居者五百餘家。承二江之會,夏水增盛,壞散顛没,死者無數。縣有官橘、官荔枝園,夏至則熟,二千石常設廚膳,命士大夫共會樹下食之。縣北有稻田,出御米也。縣下又有清水穴,巴人以此水爲粉,則皜曜鮮芳,貢粉京師,因名粉水,故世謂之爲江州墮林粉,粉水亦謂之爲粒水矣。江之北岸,有塗山,南有夏禹廟、塗君祠,廟銘存焉。常璩、庾仲雍竝言禹娶于此。余按羣書,咸言禹娶在壽春當塗,不于此也。

又東至枳縣西,延江水從牂柯郡北流西屈注之。

江水東逕陽關巴子梁,江之兩岸,舊有梁處,巴之三關,斯爲一也。延熙中,蜀車騎將軍鄧芝爲江州都督,治此。江水又東,右逕黄葛峽,山高險,全無人居。江水又左逕明月峽,東至梨鄉,歷雞鳴峽。江之南岸,有枳縣治。《華陽記》曰:枳縣在江州巴郡東四百里,治涪陵水會。庾仲雍所謂有别江出武陵者也。水乃延江之枝津,分水北注,逕涪陵入江,故亦云涪陵水也。其水南導武陵郡,昔司馬錯泝舟此水,取楚黔中地。延熙中,鄧芝伐徐巨,射玄猨于是縣,猨自拔矢,卷木葉塞射創。芝歎曰:傷物之生,吾其死矣。江水又東逕涪陵故郡北,後乃并巴郡[42],遂罷省。江水又東逕文陽灘,灘險難上。江水又東逕漢平縣二百餘里,左自涪陵東出百餘里,而屆于黄石,東爲桐柱灘。又逕東望峽,東歷平都。峽對豐民洲,舊巴子别都也。《華陽記》曰:巴子雖都江州,又治平都。即此處也。有平都縣,爲巴郡之隸邑矣。縣有天師治,兼建佛寺,甚清靈。縣有市肆,四日一會。江水右逕虎鬚灘,灘水廣大,夏斷行旅。江水又東逕臨江縣南,王莽之監江縣也。《華陽記》曰:縣在枳東四百里,東接朐忍縣[43],有鹽官。自縣北入鹽井溪,有鹽井營户,溪水沿注江。江水又東得黄華水口,江浦也。左逕石城南。庾仲雍曰:臨江至石城黄華口一百里。又東至平洲,洲上多居民。又東逕壤塗而歷和灘,又東逕界壇,是地,巴東之西界,益州之東境,故得是名也。

又東過魚復縣南,夷水出焉。

江水又東,右得將龜溪口,《華陽記》曰:朐忍縣出靈龜。咸熙元年,獻龜于相府,言出自此溪也。江水又東會南、北集渠,南水出涪陵縣界,謂之陽溪[44],北流逕巴東郡之南浦僑縣西,溪硤側,鹽井三口,相去各數十步,以木爲桶,徑五尺,脩煮不絶。溪水北流注于江,謂之南集渠口,亦曰于陽溪口。北水出新浦縣北高梁山分溪,南流逕其縣西,又南百里至朐忍縣,南入于江,謂之北集渠口,别名班口,又曰分水口,朐忍尉治此。江水又東,右逕汜溪口,蓋江汜決入也。江水又東逕石龍而至于博陽二村之間,有盤石,廣四百丈,長六里,阻塞江川,夏没冬出,基亘通渚。又東逕羊腸虎臂灘。楊亮爲益州,至此舟覆,懲其波瀾,蜀人至今猶名之爲使君灘。江水又東,彭水注之,水出巴渠郡獠中,東南流逕漢豐縣東,清水注之,水源出西北巴渠縣東北巴嶺南獠中,即巴渠水也。西南流至其縣,又西入峽,檀井溪水出焉。又西出峽,至漢豐縣東而西注彭溪,謂之清水口。彭溪水又南,逕朐忍縣西六十里,南流注于江,謂之彭溪口。江水又東,右逕朐忍縣故城南,常璩曰:縣在巴東郡西二百九十里,縣治故城,跨其山阪,南臨大江,江之南岸有方山,山形方峭,枕側江濆。江水又東逕瞿巫灘,即下瞿灘也,又謂之博望灘。左則湯溪水注之,水源出縣北六百餘里上庸界,南流歷縣,翼帶鹽井一百所,巴、川資以自給。粒大者方寸,中央隆起,形如張繖,故因名之曰繖子鹽。有不成者,形亦必方,異于常鹽矣。王隱《晉書・地道記》曰:入湯口四十三里,有石煮以爲鹽,石大者如升,小者如拳,煮之水竭鹽成。蓋蜀火井之倫,水火相得,乃佳矣。湯水下與檀溪水合,水上承巴渠水,南歷檀井溪,謂之檀井水,下入湯水,湯水又南入于江,名曰湯口。江水又逕東陽灘。江上有破石,故亦通謂之破石灘,苟延光没處也。常璩曰:水道有東陽、下瞿數灘,山有大、小石城勢,靈壽木及橘圃也。故《地理志》曰:縣有橘官,有民市。江水又逕魚復縣之故陵,舊郡治故陵溪西二里故陵村。溪即永谷也。地多木瓜樹,有子,大如甒,白黄,實甚芬香,《爾雅》之所謂楙也。江水又東爲落牛灘,逕故陵北,江側有六大墳,庾仲雍曰:楚都丹陽所葬,亦猶枳之巴陵矣。故以故陵爲名也。有魚復尉戍此。江之左岸有巴鄉村,村人善釀,故俗稱巴鄉清,郡出名酒。村側有溪,溪中多靈壽木。中有魚,其頭似羊,豐肉少骨,美于餘魚。溪水伏流逕平頭山,内通南浦故縣陂湖,其地平曠有湖澤,中有菱、芡、鯽、鴈,不異外江,凡此等物,皆入峽所無。地密惡蠻,不可輕至。江水又東,右逕夜清而東歷朝陽道口,有縣治,治下有市,十日一會。江水又東,左逕新市里南,常璩曰:巴舊立市于江上,今新市里是也。江水又東,右合陽元水[45],水出陽口縣西南高陽山東,東北流逕其縣南,東北流,丙水注之。水發縣東南柏枝山,山下有丙穴,穴方數丈,中有嘉魚,常以春末遊渚,冬初入穴,抑亦褒漢丙穴之類也。其水北流入高陽溪。溪水又東北流,注于江,謂之陽元口。江水又東逕南鄉峽,東逕永安宫南,劉備終于此。諸葛亮受遺處也。其間平地可二十許里,江山迴闊,入峽所無,城周十餘里,背山面江,頽墉四毁,荆棘成林,左右民居,多墾其中。江水又東逕諸葛亮圖壘南,石磧平曠,望兼川陸,有亮所造八陣圖[46],東跨故壘,皆累細石爲之。自壘西去,聚石八行,行間相去二丈,因曰:八陣既成,自今行師,庶不覆敗。皆圖兵勢行藏之權,自後深識者所不能了。今夏水漂蕩,歲月消損,高處可二三尺,下處磨滅殆盡。江水又東逕赤岬城西,是公孫述所造,因山據勢,周迴七里一百四十步,東高二百丈,西北高千丈。南連基白帝山,甚高大,不生樹木,其石悉赤,土人云:如人袒胛,故謂之赤岬山[47]。《淮南子》曰:徬徨于山岬之旁。《注》曰:岬,山脅也。郭仲産曰:斯名將因此而興矣。江水又東逕魚復縣故城南,故魚國也。《春秋左傳》文公十六年,庸與羣蠻叛,楚莊王伐之,七遇皆北,惟裨、儵、魚人逐之是也。《地理志》,江關都尉治。公孫述名之爲白帝,取其王色。蜀章武二年,劉備爲吴所破,改白帝爲永安,巴東郡治也。漢獻帝興平元年,分巴爲二郡,以魚復爲故陵郡,蹇胤訴劉璋,改爲巴東郡,治白帝山城,周迴二百八十步,北緣馬嶺,接赤岬山。其間平處,南北相去八十五丈,東西七十丈。又東旁東瀼溪,即以爲隍,西南臨大江,闚之眩目,惟馬嶺小差委迆,猶斬山爲路,羊腸數四,然後得上。益州刺史鮑陋鎮此,爲譙道福所圍,城裹無泉,乃南開水門,鑿石爲函道,上施木天公,直下至江中,有似猨臂相牽引汲,然後得水。水門之西,江中有孤石,爲淫預石[48],冬出水二十餘丈,夏則没,亦有裁出處矣[49]。縣有夷溪,即佷山清江也,《經》所謂夷水出焉。江水又東逕廣溪峽,斯乃三峽之首也[50]。其間三十里,頽巖倚木,厥勢殆交。北岸山上有神淵,淵北有白鹽崖,高可千餘丈,俯臨神淵。土人見其高白,故因名之。天旱,燃木岸上,推其灰燼,下穢淵中,尋即降雨。常璩曰:縣有山澤水神,旱時鳴鼓請雨,則必應嘉澤。《蜀都賦》所謂應鳴鼓而興雨也。峽中有瞿塘、黄龕[51]二灘,夏水迴復,沿泝所忌。瞿塘灘上有神廟,尤至靈驗,刺史二千石徑過,皆不得鳴角伐鼓,商旅上水,恐觸石有聲,乃以布裹篙足,今則不能爾,猶饗薦不輟。此峽多猨,猨不生北岸,非惟一處,或有取之放著北山中,初不聞聲,將同狢獸渡汶而不生矣。其峽蓋自昔禹鑿以通江。郭景純所謂巴東之峽,夏后疏鑿者。

注释：

① 《注疏》本作"江水一"。《疏》："戴删'一'字。"

② 《方輿紀要》卷一二八《川瀆》五《大江》引《水經注》云："岷江泉流深遠，爲四瀆首。"當是此《經》文内佚文。

③ 蠶陵縣　《注箋》本、項本、《五校》鈔本、《七校》本、張本均作"西陵縣"。

④ 邛崍山　《注箋》本、《五校》鈔本、《七校》本、項本、《注釋》本、張本、《注疏》本、《方輿勝覽》卷五十六《黎州・山川・邛崍山》引《水經注》均作"邛來山"。

⑤ 綿虒道　黄本、《注箋》本、項本、沈本、《注釋》本、張本、《後漢書》卷八十二上《列傳》七十二上《方術》上《任文公傳》"湔水涌起十餘丈"《注》引《水經注》均作"綿道"。

⑥ 綿虒縣　黄本、吴本、《注箋》本、項本、沈本、張本、《禹貢水道考異・南條水道考異》卷二《荆州》引《水經注》均作"綿夷縣"。

⑦ 《名勝志・四川》卷六《成都府》六灌縣引《水經注》云："李冰作大堰于此，立碑六字曰：深淘潬，淺包隅。隅者，于江作塴，塴有左右口。"此"深淘潬，淺包隅。隅者"八字，當爲此句中佚文。

⑧ 撿江　《五校》鈔本、《七校》本、《注釋》本、《佩文韻府》卷三《三江・江・檢江》引《水經注》均作"檢江"。

⑨ 姚精　《注疏》本同。《疏》："守敬按：《華陽國志》十，廣柔羌反，寇殺長姚超。又云，廣柔長郫姚超二女姚妣饒，未許嫁，隨父在官，值九種夷反，殺超，獲二女，欲使牧羊，二女誓不辱，乃以衣連腰，自沈水中死，見夢告兄慰，曰：姊妹之喪，當以某日至溉下，慰寤，哀愕，如夢日得喪，郡國圖像府庭。又《華陽國志》十二《目録》亦稱廣柔長姚超。則《注》'姚精'爲'姚超'之誤。"

⑩ 吾闕大亟　王校明鈔本作"吾闕大極"，王國維《明鈔本水經注跋》："《江水注》'吾闕大極'（黄本同）諸本並作'疲極'，戴本作'大亟'。"

⑪ 大亟　《注疏》本作"大極"。《疏》："朱作'疲極'，戴改'大亟'，趙據黄本改'大極'。守敬按：《史記・河渠書・正義》作'疲極'，明鈔本作'大極'，《類聚》，《御覽》二百六十二、六百八十二，《寰宇記》同。"

⑫ 沖治橋　《大典》本、黄本、《注箋》本、項本、沈本、《注釋》本、張本、雍正《四川通志》卷二十三《崇慶州・新繁縣・沱江》引《水經注》均作"沖里橋"，《注釋》本趙一清云："《華陽國志》作'沖治橋'，此云'沖里'，是唐時寫本避高宗諱耳，章懷《後漢注》作'沖里橋'可證也。"

⑬ 《名勝志・四川》卷一《川西道・成都府・成都縣》引《水經注》云："南江橋亦曰安樂橋，在城南二十五步，宋孝武以橋爲安樂寺，改名安樂橋。"當是此段中佚文。

⑭ 夷星橋　《大典》本、黄本、吴本、沈本均作"夷橋"，何本、《注釋》本、《注疏》本均作"夷里橋"，《方輿紀要》卷六十七《四川》二《成都府・笮橋》引《水經注》作"彝橋"。

⑮ 笮橋　《注釋》本作"筰橋"。

⑯ 《寰宇記》卷七十五《劍南西道》四《蜀州・晉原縣》引《水經注》云:“汝江井,李冰所導。”或是此《經》文下佚文。

⑰ 天社山 吴本、《注箋》本、項本、張本均作“大杜山”,何校明鈔本作“大社山”。

⑱ 《注疏》本楊守敬按:“《蜀志・先主傳》,建安二十五年,羣臣上言,聞黄龍見武陽、赤水,九日乃去。《華陽國志》三繫此事于建安二十四年,考先主即位,在建安二十六年,黄龍見在其先,則當是二十四年。《注》作二十九年,誤也。”

⑲ 莋道 《注釋》本、《天下郡國利病書》卷六十八《四川》四引《水經注》均作“筰道”。

⑳ 濛溪 《注釋》本作“蒙溪”。

㉑ 殿本在此處《案》云:“案此十四字,舛誤不可通,當作‘漢武帝元鼎六年,以蜀郡西部莋都置’。《漢書・武帝本紀》可證,不得繫之元封四年也。又:越嶲郡治邛都,沈黎郡治莋都,不得兼言邛莋明矣。莋都即旄牛縣,亦曰旄牛道,天漢四年罷沈黎郡置,都尉仍治旄牛,其縣隸蜀郡,故城在今雅州府清溪縣南。”《注疏》本作“漢武帝元封四年,以蜀郡西部邛莋置”,楊守敬按:“《華陽國志・蜀志・總序》,元封六年,以蜀郡北部冉駹爲汶山郡,西部邛筰爲沈黎郡。其汶山郡下又言,元封四年置。今本漢嘉郡缺,原文亦或稱沈黎郡,元封四年置,則此注‘封’字、‘四’字、‘邛’字,皆沿《華陽國志》之誤。至兼言邛莋則不誤,蓋泛指邛人莋人耳。戴因此郡治莋都而執越嶲郡治邛都以繩之,泥矣。趙删‘邛’字而不增‘置’字,未合。今依戴説補之。”

㉒ 青蛉縣 《大典》本、黄本、吴本、何校明鈔本、王校明鈔本、項本、沈本、《五校》鈔本、《七校》本、《注釋》本、張本、《注疏》本、《讀水經注小識》卷四引《水經注》、《校水經注江水》(《經韻樓集》卷七)引《水經注》均作“蜻蛉縣”。

㉓ 青蛉水 同注㉒各本均作“蜻蛉水”。

㉔ 秦臧縣 黄本、吴本、沈本、何校明鈔本、《校水經注江水》(《經韻樓集》卷七)引《水經注》均作“秦藏縣”。

㉕ 巻泠縣 《大典》本、《注箋》本、項本、《注釋》本、張本均作“蘪泠縣”。

㉖ 平模水 《大典》本、何校明鈔本均作“平謨水”。

㉗ 大渡水 《通鑑》卷一三六《齊紀》二武帝永明二年“益州大度獠恃險驕恣”胡《注》引《水經注》作“大度水”。

㉘ 溨水 《五校》鈔本、《七校》本、《注疏》本均作“瀐水”。

㉙ 《注疏》本《疏》:“全云:按此三字不可曉,郭《注》亦無説。守敬按:《海内東經》文,‘灄’作‘聶’。段玉裁曰:《山海經》,濛水出漢陽西。郭璞《注》:漢陽縣屬朱提。此即《地理志》山闟谷之漢水。《華陽國志》亦曰,漢陽縣有漢水入延江,非青衣水,酈氏徵引誤也。《漢志》見《延江水篇》。”

㉚ 《佩文韻府》卷十四《十四寒・灘・伏犀灘》引《水經注》云:“昔有黄牛從僰溪而出,上此崖乃化爲石,是名伏犀灘。”當是此《經》文下佚文。

㉛ 故其處懸巖猶有五色焉 黄本、吴本、練湖書院鈔本、《注箋》本、《注删》本、何校明鈔本、王校明鈔本、沈本、《注釋》本、《注疏》本、《名勝志》所引本等,均作“故其處懸巖猶有赤白玄黄五色焉”。

㉜ 《注疏》本段熙仲《校記》:“按《要删》卷三十二:《御覽》六十九又引《水經》曰:‘荔枝灘東南

二十里山頂上有一冢,冢惟有女貞樹,樹上恒有白猿棲息。'是當亦此間佚文。"陳橋驛《水經注校釋》在"僰道有張帛者也"下《注》:"《佩文韻府》卷十四《十四寒·灘·荔枝灘》引《水經注》云:'荔枝灘東南二十里,山上有一冢,冢惟女貞樹,樹上恒有白猿棲息,《郡國志》,僰道有玉女冢是也。'或是此段下佚文。"

㉝　見注㉜。

㉞　符黑水　《大典》本、黄本、吴本、《注箋》本、項本、張本均作"符里水",孫潛校本作"符黚水"。

㉟　《注疏》本《疏》:"趙云:按《宋志》,朱提太守,劉氏分犍爲立。南廣太守,晉武帝分朱提立。又云,南廣令,《晉太康地志》屬朱提。《晉志》無南廣郡。《王遜傳》云,分朱提爲南廣郡。'武帝'疑是'成帝'之誤。《方輿紀要》云,《蜀志》,後主延熙中立南廣郡,以常竺爲太守,晉廢。此事不見陳壽書,蓋蜀中志乘耳。然以是《注》觀之,似是蜀置,西晉廢而東晉復立也。守敬按:漢武帝太初云云二句,《華陽國志》卷四文。《志》又謂晉建武元年省南廣郡。但《宋志》引《太康志》,南廣縣屬朱提。《晉志》以太康初爲斷,縣亦屬朱提,則郡省于太康前。常氏謂元帝建武元年省者,誤也。至晉復立郡。《晉書·王遜傳》,遜分朱提立,《宋志》毛本作懷帝立,一本作武帝立。考《華陽國志》元帝世,寧州刺史王遜移朱提郡治南廣。後刺史君奉却郡還舊治。及李雄定寧州,復置南廣郡。則太興四年,遜發病薨。咸和八年,奉爲李壽所破獲(見《華陽國志》)。其時尚無南廣郡。《晉書》謂遜立郡,《宋志》作懷帝立,及作武帝立者誤也。咸康五年,建寧太守孟彦縛寧州刺史霍彪于晉,舉建寧爲晉(亦見《華陽國志》),南廣郡,當亦此時歸而晉因之。趙氏疑《宋志》'武帝'爲'成帝'之誤,是矣。但舉《遜傳》爲説,則非。遜不及成帝時也。《方輿紀要》即引《華陽國志》卷四《南中志》文,偶誤爲卷三之《蜀志》耳。趙以爲蜀中志乘,尤爲疏矣。"

㊱　《注疏》本《疏》:"孫星衍曰:《山海經·中次九經》,岷山之首曰女几之山,洛水出焉,東注于江。正是此洛水,而酈氏以爲《山海經》不言洛水所導,蓋亦疏矣。"

㊲　《水經注疏》熊會貞按:"《華陽國志》,廣漢郡本治繩鄉,永初中,陰平漢中羌反。元初二年,移治涪,後治雒城。則此《注》'永初'爲'元初'之誤,今訂。"

㊳　殿本在此處《案》云:"案原本脱此四字,近刻脱'治'字,今據歸有光本補正。"歸有光本,參見卷三十一注㉙。

㊴　劉備自將攻洛　王校明鈔本作"劉備自涪攻之",王國維《明鈔本水經注跋》:"《江水注》……'劉備自涪攻之',諸本並作'劉備自將攻雒'。"

㊵　《名勝志·四川》卷八《成都府》八《金堂縣》引《水經注》云:"新都縣有金臺山,水通于巴漢,以水出金沙,因以名山。"當是此句下佚文。

㊶　《注疏》本《疏》:"全云:按'邪'字下有脱文。孫汝澄曰,《漢志》有邪龍縣。竊謂江水不得入益州界而復過符關,是不知地理之言也。且《注》但詳符縣之建置,以是知《經》之不及他縣也。會貞按:漢之符縣,後漢爲符節。《蜀志·輔臣贊》王士爲符節長,足徵安、順後,縣無改易。《經》作于三國時,當稱'符節',不當稱'符縣','節'字與'北邪'形近,疑《經》本作'又東逕符節縣東南',迨傳鈔既久,將'節'字倒入'縣'下,又誤分爲'北邪'二字耳。蓋《經》之所言,《注》必釋之,如果有過某

地東南之文,《注》未有無一語及之者。今《注》但詳江南之建置,而不及江北之某地,則《經》但作'過符節縣東南'可知。全氏亦頗見及之,而猶有所未盡,故訂之如此。又按:《晉志》復作'符',《注》稱符縣,不言嘗改符節者,以前漢之符,至晉仍爲符,故略之耳。讀者勿疑其與《經》不相應。漢縣屬犍爲郡,後漢因,蜀屬江陽郡,晉因。後荒廢,在今合江縣西。"

㊷ 後乃并巴郡 《注疏》本楊守敬按:"蜀先主立涪陵郡,説見《延江水篇》,郡治涪陵縣,即今彭水縣治,東晉徙廢,此《注》'後'字上當有脱文,言立郡事。"

㊸ 朐忍縣 《通鑑》卷一六九《陳紀》三文帝天康元年"騰軍于湯口"胡《注》引《水經注》、《方輿紀要》卷六十九《四川》四《夔州府・奉節縣・湯溪》引《水經注》、《東歸録》引《水經注》均作"朐䏰縣"。

㊹ 謂之陽漢 《注疏》本作"謂之于陽溪"。《疏》:"趙云:按《蜀志・後主傳》建興八年,魏延破魏雍州刺史郭淮于陽溪。又《魏延傳》,使延西入羌中,魏後將軍費瑶、雍州刺史郭淮,與延戰于陽溪,延大破淮等。據《傳》文,'于'是爲義不屬'陽溪',豈道元誤截耶?戴删'于'字。會貞按:《河水注》有于黑城,《潕水注》有于東山,《㶟水注》有于延水,此于陽溪亦其例也。'于'字非衍。乃趙引《蜀志・後主傳》及《魏延傳》之陽溪,謂'于'字爲義不屬'陽溪',戴即據删(下于陽溪口又未删)。考《漾水注》白水與黑水合,水出羌中,又東南與大夷祝水合,大夷祝水東北合羊洪水,水出東南羊溪,羊、陽音同,其地在羌中,當即魏延戰處,此《江水注》之于陽溪,非羌中也。趙誤引如此條,猶謂戴不見趙書,雖百喙不解矣。"

㊺ 陽元水 《注釋》本作"陽元水口"。

㊻ 八陣圖 《諸葛忠武侯故事》卷五《遺蹟篇》引《水經注》、《長江圖説》卷十二《雜説》四引《水經注》均作"八陳圖"。

㊼ 赤岬山 《大典》本、何校明鈔本、王校明鈔本、《注删》本、《初學記》卷八《山南道》第七《白帝》引《水經注》、《蜀鑑》卷一建武六年引《水經注》均作"赤甲山"。

㊽ 淫預石 《樂府詩集》卷八十六《淫預歌》二首引《水經注》作"淫豫石",《寰宇通志》卷六十《夔州府・灎澦堆》引《水經注》作"灎澦石"。

㊾ 《方輿紀要》卷五十七《夔州・山川》引《水經注》云:"舟子取途不決,名曰猶預。"又《寰宇通志》卷六十《夔州府・灎澦堆》引《水經注》云:"秋時方出,諺云:灎澦大如象,瞿唐不可上;灎澦大如馬,瞿唐不可下。峽人以此爲水候。"此二句,當是此句下佚文。

㊿ 《札記・長江三峽》:

三峽是長江在川、鄂之間的許多峽谷的總稱。這一段江道上,如《江水注》所説:"自三峽七百里中,兩岸連山,略無闕處。"峽谷的總數實在是很多的。其中最著名的有三處,所以稱爲三峽。但歷來對三峽的名稱並不一致,卷三十三《江水》《經》"又東過魚復縣南,夷水出焉"《注》云:"江水又東逕廣溪峽,斯乃三峽之首也。"又卷三十四《江水》《經》"又東過巫縣南,鹽水從東南流注之"《注》云:"江水又東逕巫峽。"同卷《經》"又東過夷陵縣南"《注》云:"江水又東逕西陵峽……所謂三峽,此其一也。"所以楊守敬在《水經注疏》中稱:"是酈氏以廣溪、巫峽、西陵爲三峽。"但歷來許多文獻中,並無廣溪峽之名。例如《方輿紀要》卷一二八《川瀆》五《大江》:"西陵峽在焉,與夔州之瞿唐,巫山之巫峽,共爲三峽。"現在我們習慣上所説的三峽,多從《方輿紀要》。

《水經注》對三峽的描寫,歷來被學者視爲千古絶響。與《河水注》中所描寫的孟門懸流,成爲全書最引人入勝的兩篇。但這兩者之間,其實存在區别。孟門是酈氏常經之地,其所描述,是他親眼目擊的紀實;而三峽爲他足迹所未履,他寫這一段,是擷取他人的文字精華。由于他廣讀精選,並且剪裁得當,所以雖未身歷其地而也能寫出如此絶妙文章。

因爲卷三十四《江水》《經》"又東過夷陵縣南"《注》下有:"及余來踐躋此境,既至欣然,始信耳聞之不如親見矣。"所以有人以爲酈氏曾親至其地。其實這是酈氏引袁山松《宜都記》中語。袁曾任宜都郡守,所以有"耳聞之不如親見"之語。酈氏撰《三峽》一篇,引及文獻不少,但以袁山松《宜都記》及盛弘之《荆州記》最爲重要,其中描寫生動之處,多出自袁、盛所著。

《水經注》描寫三峽景區,最百讀不厭的有兩段,均在卷三十四《江水注》中。其中一段在《經》"又東過巫縣南,鹽水從縣東南流注之"《注》中:

> 自三峽七百里中,兩岸連山,略無闕處。重巖疊嶂,隱天蔽日,自非停午夜分,不見曦月。至于夏水襄陵,沿泝阻絶,或王命急宣,有時朝發白帝,暮到江陵,其間千二百里,雖乘奔御風,不以疾也。春冬之時,則素湍緑潭,迴清倒影,絶巘多生怪柏,懸泉瀑布,飛漱其間,清榮峻茂,良多趣味。每至晴初霜旦,林寒澗肅,常有高猿長嘯,屬引凄異,空谷傳響,哀轉久絶。故漁者歌曰:巴東三峽巫峽長,猿鳴三聲淚沾裳。

另一段在《經》"又東過夷陵縣南"《注》中:

> 江水又東逕西陵峽,《宜都記》曰:自黄牛灘東入西陵界,至峽口百許里,山水紆曲,而兩岸高山重障,非日中夜半,不見日月,絶壁或千許丈,其石彩色,形容多所像類,林木高茂,略盡冬春,猿鳴至清,山谷傳響,泠泠不絶。所謂三峽,此其一也。山松言:常聞峽中水疾,書記及口傳,悉以臨懼相戒,曾無稱有山水之美也。及余來踐躋此境,既至欣然,始信耳聞之不如親見矣。其疊崿秀峰,奇構異形,固難以辭叙,林木蕭森,離離蔚蔚,乃在霞氣之表,仰矚俯映,彌習彌佳,流連信宿,不覺忘返,目所履歷,未嘗有也。既自欣得此奇觀,山水有靈,亦當驚知己于千古矣。

(51) 黄龕　《注箋》本、項本、《五校》鈔本、《七校》本、《注釋》本、張本均作"黄龍"。

卷三十四　江水[1]

又東出江關，入南郡界，

江水自關東逕弱關、捍關。捍關，廩君浮夷水所置也。弱關在建平秭歸界，昔巴、楚數相攻伐，藉險置關，以相防捍。秦兼天下，置立南郡，自巫東上，皆其域也[2]。

又東過巫縣南，鹽水從縣東南流注之。

江水又東，烏飛水注之，水出天門郡漊中縣界，北流逕建平郡沙渠縣南，又北流逕巫縣南，西北歷山道三百七十里，注于江，謂之烏飛口。江水又東逕巫縣故城南，縣，故楚之巫郡也，秦省郡立縣，以隸南郡，吴孫休分爲建平郡，治巫城，城緣山爲墉，周十二里一百一十步，東、西、北三面皆帶傍深谷，南臨大江，故夔國也。江水又東，巫溪水注之，溪水導源梁州晉興郡之宜漢縣東，又南逕建平郡泰昌縣南，又逕北井縣西，東轉歷其縣北，水南有鹽井，井在縣北，故縣名北井，建平一郡之所資也。鹽水下通巫溪，溪水是兼鹽水之稱矣。溪水又南屈逕巫縣東，縣之東北三百步有聖泉，謂之孔子泉，其水飛清石穴，潔竝高泉，下注溪水，溪水又南入于大江。江水又東逕巫峽，杜宇所鑿，以通江水也。郭仲産云：按《地理志》，巫山在縣西南，而今縣東有巫山，將郡、縣居治無恒故也。江水歷峽東逕新崩灘，此山，漢和帝永元十二年崩，晉太元二年又崩，當崩之日，水逆流百餘里，湧起數十丈。今灘上有石，或圓如簞，或方似屋[3]，若此者甚衆，皆崩崖所隕，致怒湍流，故謂之新崩灘。其頹巖所餘,比之諸嶺,尚爲竦桀。其下十餘里有大巫山,非惟三峽所無,乃當抗峯岷、峨,偕嶺衡、疑,其翼附羣山,竝槩青雲,更就霄漢,辨其優劣耳。神孟涂所處,《山海經》曰:夏后啓之臣孟涂,是司神于巴,巴人訟于孟涂之所,其衣有血者執之。是請生居山上,在丹山西。郭景純云:丹山在丹陽,屬巴。丹山西即巫山者也。又帝女居焉,宋玉所謂天帝之季女,名曰瑶姬,未行而亡,封于巫山之陽,精魂爲草,寔爲靈芝。所謂巫山之女,高唐之阻,旦爲行雲,暮爲行雨,朝朝暮暮,陽臺之下。旦早視之,果如其言。故爲立廟,號朝雲焉。其間首尾百六十里,謂之巫峽,蓋因山爲名也。自三峽七百里中,兩岸連山,略無闕處。重巖疊嶂,隱天蔽日,自非停午夜分,不見曦月。至于夏水襄陵,沿泝阻絶,或王命急宣,有時朝發白帝,暮到江陵,其間千二百里,雖乘奔御風,不以疾也。春冬之時,則素湍緑潭,迴清倒影,絶巘多生怪柏,懸泉瀑布,飛漱其間,清榮峻茂,良多趣味。每至晴初霜旦,林寒澗肅,常有高猿長嘯,屬引淒異,空谷傳響,哀轉久絶。故漁者歌曰:巴東三峽巫峽長,猿鳴三聲淚沾裳。江水又東逕石門灘,灘北岸有山,山上合下開,洞達東西,緣江步路所由。劉備爲陸遜所破,走逕此門,追者甚急,備乃燒鎧斷道。孫桓爲遜前驅,奮不顧命,斬上夔道,截其要徑。備踰山越險,僅乃得免。忿恚而歎曰:吾昔至京,桓尚小兒,而今迫孤,乃至于此。遂發憤而薨矣。

又東過秭歸縣之南,

縣,故歸鄉。《地理志》曰:歸子國也。《樂緯》曰:昔歸典叶聲律。宋忠曰:歸即夔,歸鄉,蓋夔鄉矣。古楚之嫡嗣有熊摯者,以廢疾不立,而居于夔,爲楚附庸,後王命爲夔子。《春秋》僖公二十六年,楚以其不祀,滅之者也。袁山松曰:屈原有賢姊,聞原放逐,亦來歸,喻令自寬。全鄉人冀其見從,因名曰秭歸,即《離騷》所謂女嬃嬋媛以詈余也。縣城東北依山即坂,周迴二里,高一丈五尺,南臨大江,古老相傳,謂之劉備城,蓋備征吴所築也。縣東北數十里有屈原舊田宅,雖畦堰縻漫,猶保屈田之稱也。縣北一百六十里有屈原故宅,累石爲室基,名其地曰樂平里,宅之東北六十里有女嬃廟,擣衣石猶存。故《宜都記》曰:秭歸蓋楚子熊繹之始國,而屈原之鄉里也。原田宅于今具存。指謂此也。江水又東逕一城北,其城憑嶺作固,二百一十步,夾溪臨谷,據山枕江,北對丹陽城④,城據山跨阜,周八里二百八十步,東北兩面,悉臨絶澗,西帶亭下溪,南枕大江,險峭壁立,信天固也。楚子熊繹始封丹陽之所都也。《地理志》以爲吴之丹陽,論者云:尋吴、楚悠隔,繿縷荆山,無容遠在吴境,是爲非也。又楚之先王陵墓在其間,蓋爲徵矣。江水又東南逕夔城南,跨據川阜,周迴一里百一十八步,西北背枕深谷,東帶鄉口溪,南側大江,城内西北角有金城,東北角有圓土獄,西南角有石井,口徑五尺。熊摯始治巫城,後疾移此,蓋夔徙也。《春秋左傳》僖公二十六年,楚令尹子玉城夔者也。服虔曰:在巫之陽,秭歸歸鄉矣。江水又東逕歸鄉縣故城北,袁山松曰:父老傳言,原既流放,忽然蹔歸,鄉人喜悦,因名曰歸鄉。抑其山秀水清,故出儁異,地險流疾,故其性亦隘。《詩》云:惟岳降神,生甫及申。信與。余謂山松此言可謂因事而立證,恐非名縣之本旨矣。縣城南面重嶺,北背大江,東帶鄉口溪,溪源出縣東南數百里,西北入縣,逕狗峽西,峽崖龕中,石隱起有狗形,形狀具足,故以狗名峽。鄉口溪又西北逕縣下入江,謂之鄉口也。江水又東逕信陵縣,南臨大江,東傍深溪,溪源北發梁州上庸縣界,南流逕縣下而注于大江也。

又東過夷陵縣南,

江水自建平至東界峽,盛弘之謂之空泠峽,峽甚高峻,即宜都、建平二郡界也。其間遠望,勢交嶺表,有五六峯參差互出,上有奇石如二人像,攘袂相對,俗傳兩郡督郵爭界于此,宜都督郵厥勢小東傾,議者以爲不如也。江水歷峽,東逕宜昌縣之插竈下,江之左岸,絶岸壁立數百丈,飛鳥所不能棲。有一火燼,插在崖間,望見可長數尺。父老傳言,昔洪水之時,人薄舟崖側,以餘燼插之巖側,至今猶存,故先後相承,謂之插竈也。江水又東逕流頭灘,其水竝峻激奔暴,魚鼈所不能游,行者常苦之。其歌曰:灘頭白勃堅相持,倏忽淪没别無期。袁山松曰:自蜀至此五千餘里,下水五日,上水百日也。江水又東逕宜昌縣北,分夷道、佷山所立也。縣治江之南岸,北枕大江,與夷陵對界。《宜都記》曰:渡流頭灘十里,便得宜昌縣。江水又東逕狼尾灘而歷人灘,袁山松曰:二灘相去二里,人灘水至峻峭,南岸有青石,夏没冬出,其石嶔崟,數十步中悉作人面形,或大或小,其分明者,鬚髮皆具,因名曰人灘也。江水又東逕黄牛山,下有灘,名曰黄牛灘,南岸重嶺疊起,最外高崖間有石,色如人負刀牽牛,人黑牛黄,成就分明,既人跡所絶,莫得究焉。此巖既高,加以江湍紆迴,雖途逕信宿,猶望見此物,故行者謡曰:朝發黄牛,暮宿黄牛,三朝三暮,黄牛如故。言水路紆深,迴望如一矣⑤。江水又東逕西陵峽,《宜都記》曰:自黄牛灘東入西陵界,至峽口百許里,山水紆曲,而兩岸高山重障,非日中夜半,不見日月,絶壁或千許丈,其石彩色,形容多所像類,林木高茂,略盡冬春,猿鳴至清,山谷傳響,泠泠不絶。所謂三峽,此其一也。山松言:常聞峽中水疾,書記及口傳,悉以臨懼相戒,曾無稱有山水之美也。及余來踐躋此境,既至欣然,始信耳聞之不如親見矣。其疊崿秀峰,奇構異形,固難以辭叙,林木蕭森,離離蔚蔚,乃在霞氣之表,仰矚俯映,彌習彌佳,流連信宿,不覺忘返,目所履歷,未嘗有也。既自欣得此奇觀,山水有靈,亦當驚知己于千古矣。江水歷禹斷江南,峽北有七谷村,兩山間有水清深,潭而不流。又耆舊傳言:昔是大江,及禹治水,此江小不足瀉水,禹更開今峽口，水勢并衝，此江遂絶，于今謂之斷江也。江水出峽東南流，逕故城洲，洲附北岸，洲頭曰郭洲，長二里，廣一里，上有步闡故城[⑥]，方圓稱洲，周迴略滿。故城洲上，城周五里，吴西陵督步騭所築也。孫皓鳳凰元年，騭息闡復爲西陵督，據此城降晉，晉遣太傅羊祜接援，未至，爲陸抗所陷也。江水又東逕故城北，所謂陸抗城也，城即山爲墉，四面天險，江南岸有山孤秀，從江中仰望，壁立峻絶。袁山松爲郡，嘗登之矚望焉。故其《記》云：今自山南上至其嶺，嶺容十許人，四面望諸山，略盡其勢，俯臨大江，如縈帶焉，視舟如鳧鴈矣。北對夷陵縣之故城，城南臨大江。秦令白起伐楚，三戰而燒夷陵者也。應劭曰：夷山在西北，蓋因山以名縣也。王莽改曰居利，吴黄武元年，更名西陵也。後復曰夷陵。縣北三十里有石穴，名曰馬穿，嘗有白馬出穴，人逐之，入穴潛行出漢中，漢中人失馬亦嘗出此穴，相去數千里。袁山松言：江北多連山，登之望江南諸山，數十百重，莫識其名，高者千仞，多奇形異勢，自非煙褰雨霽，不辨見此遠山矣。余嘗往返十許過，正可再見遠峯耳。江水又東逕白鹿巖，沿江有峻壁百餘丈，猨所不能遊，有一白鹿，陵峭登崕，乘巖而上，故世名此巖爲白鹿巖。江水又東歷荆門[⑦]、虎牙[⑧]之間，荆門在南，上合下開，闇徹山南，有門像，虎牙[⑨]在北，石壁色紅，間有白文，類牙形，竝以物像受名。此二山，楚之西塞也。水勢急峻，故郭景純《江賦》曰：虎牙桀豎以屹崒，荆門闕竦而盤薄，圓淵九迴以懸騰，溢流雷呴而電激者也。漢建武十一年，公孫述遣其大司徒任滿、翼江王田戎，將兵數萬，據險爲浮橋，横江以絶水路，營壘跨山，以塞陸道。光武遣吴漢、岑彭將六萬人擊荆門，漢等率舟師攻之，直衝浮橋，因風縱火，遂斬滿等矣。

又東南過夷道縣北，夷水從佷山縣南，東北注之。

夷道縣，漢武帝伐西南夷，路由此出，故曰夷道矣。王莽更名江南，桓温父名彝，改曰西道，魏武分南郡置臨江郡，劉備改曰宜都。郡治在縣東四百步故城，吴丞相陸遜所築也。爲二江之會也。北有湖里淵，淵上橘柚蔽野，桑麻闇日，西望佷山諸嶺，重峯疊秀，青翠相臨，時有丹霞白雲，遊曳其上。城東北有望堂，地特峻，下臨清江，遊矚之名處也。縣北有女觀山，厥處高顯，回眺極目。古老傳言，昔有思婦，夫官于蜀，屢衍秋期，登此山絶望，憂感而死，山木枯悴，鞠爲童枯，鄉人哀之，因名此山爲女觀焉。葬之山頂，今孤墳尚存矣。

又東過枝江縣南，沮水從北來注之。

江水又東逕上明城北，晉大元中，苻堅之寇荆州也，刺史桓沖徙渡江南，使劉波築之，移州治此城。其地夷敞，北據大江，江汜[⑩]枝分，東入大江，縣治洲上，故以枝江爲稱。《地理志》曰:江沱出西,東入江是也。其地,故羅國,蓋羅徙也。羅故居宜城西山,楚文王又徙之于長沙,今羅縣是矣。縣西三里有津鄉,津鄉,里名也。《春秋》《莊公十九年》,巴人伐楚,楚子禦之,大敗于津。應劭曰:南郡江陵有津鄉,今則無聞矣。郭仲産云:尋楚禦巴人,枝江是其塗。便此津鄉,殆即其地也。盛弘之曰:縣舊治沮中,後移出百里洲,西去郡百六十里,縣左右有數十洲,槃布江中,其百里洲最爲大也。中有桑田甘果,映江依洲,自縣西至上明,東及江津,其中有九十九洲。楚諺云:洲不百,故不出王者。桓玄有問鼎之志,乃增一洲以充百數,僭號數旬,宗滅身屠,及其傾敗,洲亦消毁。今上在西,忽有一洲自生,沙流迴薄,成不淹時,其後未幾,龍飛江漢矣。縣東二里有縣人劉凝之故宅,凝之字志安,兄盛公高尚不仕,凝之慕老萊、嚴子陵之爲人,立屋江湖,非力不食。妻梁州刺史郭詮[11]女,亦能安貧。宋元嘉中,夫妻隱于衡山,終焉不返矣。縣東北十里土臺北岸有迆洲,長十餘里,義熙初,烈武王斬桓謙處。縣東南二十里富城洲上有道士范儕精廬,自言巴東人,少遊荆土,而多盤桓縣界,惡衣麤食,蕭散自得。言來事多驗,而辭不可詳,人心欲見,欻然而對,貌言尋求,終弗遇也。雖逕跨諸洲,而舟人未嘗見其濟涉也。後東遊廣陵,卒于彼土。儕本無定止處,宿憩一小菴而已,弟子慕之,于其昔遊,共立精舍,以存其人。縣有陳留王子香廟,頌稱子香于漢和帝之時,出爲荆州刺史,有惠政,天子徵之,道卒枝江亭中,常有三白虎出入人間,送喪踰境。百姓追美甘棠,以永元十八年立廟設祠,刻石銘德,號曰枝江白虎王君,其子孫至今猶謂之爲白虎王。江水又東會沮口,楚昭王所謂江、漢、沮、漳,楚之望也。

又南過江陵縣南,

縣北有洲,號曰枚迴洲[12],江水自此兩分,而爲南、北江也,北江有故鄉洲,元興之末,桓玄西奔,毛祐之與參軍費恬射玄于此洲。玄子昇年六歲,輒拔去之。王韶之云:玄之初奔也,經日不得食,左右進麤粥咽不下,昇抱玄胷撫之,玄悲不自勝。至此,益州都護[13]馮遷斬玄于此洲,斬昇于江陵矣。下有龍洲,洲東有寵洲,二洲之間,世擅多魚矣。漁者投罟歷網,往往絓絶,有潛客泳而視之,見水下有兩石牛,嘗爲罾害矣。故漁者莫不擊浪浮舟,鼓枻而去矣。其下謂之郙里洲,洲有高沙湖,湖東北有小水通江,名曰曾口。江水又東逕燕尾洲[14]北,合靈溪水,水無泉源,上承散水,合承大溪,南流注江。江溪之會有靈溪戍,背阿面江,西帶靈溪,故戍得其名矣。江水東得馬牧口,江水斷洲通會。江水又東逕江陵縣故城南,《禹貢》:荆及衡陽惟荆州。蓋即荆山之稱[15],而制州名矣,故楚也。子革曰:我先君僻處荆山,以供王事,遂遷紀郢[16]。今城,楚船官地也,《春秋》之渚宫矣。秦昭襄王二十九年,使白起拔鄢郢,以漢南地而置南郡焉。《周書》曰:南,國名也。南氏有二臣,力鈞勢敵,競進爭權,君弗能制,南氏用分爲二南國也。按韓嬰叙《詩》云:其地在南郡、南陽之間。《吕氏春秋》所謂禹自塗山巡省南土者也。是郡取名焉。後漢景帝以爲臨江王榮國,王坐侵廟壖地爲宫,被徵,升車出北門而軸折,父老竊流涕曰:吾王不還矣。自後北門不開,蓋由榮非理終也。漢景帝二年,改爲江陵縣,王莽更名,郡曰南順,縣曰江陸。舊城,關羽所築,羽北圍曹仁,吕蒙襲而據之。羽曰:此城吾所築,不可攻也,乃引而退。杜元凱之攻江陵也,城上人以瓠繫狗頸示之,元凱病癭故也。及城陷,殺城中老小,血流沾足,論者以此薄之。江陵城地東南傾,故緣以金堤,自靈溪始,桓温令陳遵造。遵善于方功,使人打鼓,遠聽之,知地勢高下,依傍創築,畧無差矣。城西有栖霞樓,俯臨通隍,吐納江流。城南有馬牧城,西側馬徑。此洲始自枚迴,下迄于此,長七十餘里。洲上有奉城,故江津長所治。舊主度州郡,貢于洛陽,因謂之奉城,亦曰江津戍也。戍南對馬頭岸,昔陸抗屯此與羊祜相對,大宏信義,談者以爲華元、子反,復見于今矣。北對大岸,謂之江津口,故洲亦取名焉。江大自此始也。《家語》曰:江水至江津,非方舟避風,不可涉也。故郭景純云:濟江津以起漲。言其深廣也。江水又東逕郢城南,子囊遺言所築城也。《地理志》曰:楚别邑。故郢矣。王莽以爲郢亭。城中有趙臺卿冢,岐平生自所營也。冢圖賓主之容,用存情好,叙其宿尚矣。江水又東得豫章口,夏水所通也。西北有豫章岡,蓋因岡而得名矣。或言因楚王豫章臺名,所未詳也。

注释:

① 《注疏》本作"江水二"。《疏》:"戴删'二'字。"

② 自巫東上皆其域也　《注疏》本作"自巫下皆其域也"。《疏》:"朱訛作'自巫上皆其城也'。趙、戴增作'東上',改'城'作'域'。戴云:此乃注釋《經》文入南郡界句。守敬按:《漢志》南郡西至巫縣而止,再上則爲魚復,屬巴郡矣。當作'自巫下皆其域也',今訂。"

③ 或方似屋　《注疏》本作"或方似笥"。《疏》:"朱'笥'訛作'屋',戴、趙同。會貞按:屋與簞不類,不得對舉。考鄭玄《曲禮·注》,圓曰簞,方曰笥,酈氏蓋本以爲説,則'屋'當作'笥',今訂。"

④ 丹陽城　《注釋》本作"丹楊城"。

⑤ 《諸葛忠武侯故事》卷五《遺蹟篇》引《水經注》云:"黄陵廟在夷陵州,面對黄牛峽,相傳神常佐禹治水,諸葛武侯建廟,一名黄牛廟。"當是此句下佚文。

⑥ 步闡故城　《通鑑》卷一八七《唐紀》三高祖武德二年"追之西陵大破之"胡《注》引《水經注》、《方輿紀要》卷七十八《湖廣》四《荆州府·彝陵州·狼尾灘》引《水經注》均作"步闡壘"。

⑦ 荆門　《後漢書》卷一下《帝紀》一下《光武帝紀》"遣將田戎、任滿據荆門"《注》引《水經注》、《通典》卷一八三《州郡》十三《夷陵郡·峽州·宜都縣》引《水經注》、《通鑑》卷四十二《漢紀》三

十四光武帝建武九年“因據荆門虎牙”胡《注》引《水經注》均作“荆門山”。

⑧ 虎牙 同注⑦各本均作“虎牙山”。

⑨ 《蜀鑑》卷一建武九年引《水經注》云:“公孫述依二山作浮橋拒漢師,下有急灘,名虎牙灘。”《輿地紀勝》卷七十三《荆湖北路·峽州·景物下·虎牙山》引《水經注》云:“下有急灘,名虎牙灘,一名武牙。”《元一統志》卷三《河南江北等行中書省·峽州路·山川·虎牙山》引《水經注》云:“荆門在南山之半,虎牙在北山之間,公孫述遣二將依山作浮橋,拒漢師,下有急灘,名虎牙灘,一名武牙。”據三書所引,“下有急灘,名虎牙灘,一名武牙”,當是此段中佚文。

⑩ 江汜 《注釋》本作“江沱”。

⑪ 郭詮 《注疏》本作“郭銓”。《疏》:“朱‘銓’作‘詮’,戴、趙同。守敬按:《宋書·劉凝之傳》作‘銓’,《御覽》五百四引《傳》亦作‘銓’。《晉書·楊佺期》、《桓石民》、《桓玄傳》並同,則‘詮’字之誤無疑。《宋書·劉道軌傳》作‘鈐’,亦誤,今訂。”

⑫ 枚迴洲 《大典》本、黄本、吴本、沈本、《禹貢水道考異·南條水道考異》引《水經注》均作“枝迴洲”,《注箋》本、項本、張本均作“枝回洲”。

⑬ 益州都護 《注疏》本作“益州督護”。《疏》:“朱‘督’作‘都’,戴、趙同。會貞按:《晉書·安帝紀》、《桓玄傳》,《魏書·島夷桓玄傳》並作‘督’,《御覽》三百二十三引《晉中興書》亦作‘督’,則‘都’字之誤無疑。”

⑭ 燕尾洲 《方輿紀要》卷七十八《湖廣》四《荆州府·江陵縣·柞溪》引《水經注》作“燕尾湖”。

⑮ 《春秋地名考略》卷八《楚》“國于丹陽”《注》引《水經注》云:“荆山以西,岡嶺相接,皆謂之西山。”當是此段中佚文。

⑯ 《樂府詩集》卷七十二劉禹錫《紀南歌》郭茂倩引《水經注》云:“楚之先,僻處荆山,後遷紀郢,即紀南城也。”此處,“即紀南城也”當是此句下佚文。

卷三十五　江水[1]

又東至華容縣西，夏水出焉。

江水左迆爲中夏水，右則中郎浦出焉。江浦右迆，南派屈西，極水曲之勢，世謂之江曲者也。

又東南當華容縣南，涌水入焉。

江水又東，涌水注之，水自夏水南通于江，謂之涌口。二水之間，《春秋》所謂閻敖游涌而逸者也[2]。江水又逕南平郡孱陵縣之樂鄉城北，吴陸抗所築，後王濬攻之，獲吴水軍督陸景于此渚也。

又東南，油水從東南來注之[3]。

又東，右合油口[4]，又東逕公安縣[5]北，劉備之奔江陵，使築而鎮之。曹公聞孫權以荆州借備，臨書落筆。杜預克定江南，罷華容置之，謂之江安縣，南郡治。吴以華容之南鄉爲南郡，晉太康元年，改曰南平也。縣有油水，水東有景口，口即武陵郡界。景口東有淪口，淪水南與景水合，又東通澧水及諸陂湖。自此淵潭相接，悉是南蠻府屯也。故側江有大城，相承云倉儲城，即邸閣也。江水左會高口，江浦也。右對黄州，江水又東得故市口，水與高水通也。江水又右逕陽岐山[6]北，山枕大江，山東有城，故華容縣尉舊治也。大江又東，左合子夏口，江水左迆北出，通于夏水，故曰子夏也。大江又東，左得侯臺水口，江浦也。大江右得龍穴水口，江浦右迆也。北對虎洲,又洲北有龍巢,地名也。昔禹南濟江,黄龍夾舟,舟人五色無主,禹笑曰:吾受命于天,竭力養民,生,性也;死,命也。何憂龍哉?于是二龍弭鱗掉尾而去焉。故水地取名矣。江水自龍巢而東得俞口,夏水泛盛則有,冬無之。江之北岸上有小城,故監利縣尉治也。又東得清陽[7]、土塢二口,江浦也。大江右逕石首山北,又東逕赭要。赭要,洲名,在大江中次北湖洲下。江水左得飯筐上口,秋夏水通下口,上下口間,相距三十餘里。赭要下即楊子洲,在大江中,二洲之間,常苦蛟害,昔荆佽飛濟此,遇兩蛟,斬之。自後罕有所患矣。江之右岸,則清水口,口上即錢官也。水自牛皮山東北通江,北對清水洲,洲下接生江洲,南即生江口,水南通澧浦。江水左會飯筐下口,江浦所入也。江水又右得上檀浦[8],江溠也。江水又東逕竹町南,江中有觀詳溠,溠東有大洲,洲東分爲爵洲,洲南對湘江口也。

又東至長沙下雋縣北,澧水、沅水、資水合,東流注之。

凡此諸水,皆注于洞庭之陂,是乃湘水,非江川。

湘水從南來注之。

江水右會湘水,所謂江水會者也。江水又東,左得二夏浦,俗謂之西江口。又東逕忌置山南,山東即隱口浦矣。江之右岸有城陵山,山有故城,東接微落山,亦曰暉落磯。江之南畔名黄金瀨,瀨東有黄金浦、良父口,夏浦也。又東逕彭城口,水東有彭城磯,故水受其名,即玉澗水[9],出巴丘縣[10]東玉山玉溪,北流注于江。江水自彭城磯東逕如山北,北對隱磯,二磯之間,有獨石孤立大江中,山東江浦,世謂之白馬口。江水又左逕白螺山[11]南,右歷鴨蘭磯[12]北,江中山也。東得鴨蘭、治浦二口,夏浦也。江水左逕上烏林[13]南,村居地名也。又東逕烏黎口,江浦也,即中烏林矣。又東逕下烏林南,吴黄蓋敗魏武于烏林,即是處也。江水又東,左得子練口。北通練浦,又東合練口,江浦也。南直練洲,練名所以生也。江之右岸得蒲磯口,即陸口也。水出下雋縣西三山溪,其水東逕陸城北,又東逕下雋縣南,故長沙舊縣,王莽之閏雋也。宋元嘉十六年,割隸巴陵郡。陸水又屈而西北流,逕其縣北,北對金城,吴將陸涣所屯也。陸水又入蒲圻縣,北逕吕蒙城[14]西,昔孫權征長沙、零、桂所鎮也。陸水又逕蒲磯山,北入大江,謂之刀環口。又東逕蒲磯山北,北對蒲圻洲,亦曰擎洲,又曰南洲。洲頭,即蒲圻縣治也,晉太康元年置。洲上有白面洲,洲南又有湋口,水出豫章艾縣,東入蒲圻縣,至沙陽西北魚嶽山入江。山在大江中揚子洲南,孤峙中洲。江水左得中陽水口,又東得白沙口,一名沙屯,即麻屯口也,本名蔑默口,江浦矣。南直蒲圻洲,水北入百餘里,吴所屯也。又逕魚嶽山北,下得金梁洲,洲東北對淵洲,一名淵步洲,江濆。從洲頭以上,悉壁立無岸,歷蒲圻至白沙方有浦，上甚難。江中有沙陽洲，沙陽縣治也。縣，本江夏之沙羨矣，晉太康中改曰沙陽縣，宋元嘉十六年，割隸巴陵郡，江之右岸有雍口，亦謂之港口。東北流爲長洋港。又東北逕石子岡，岡上有故城，即州陵縣之故城也。莊辛所言，左州侯國矣。又東逕州陵新治南，王莽之江夏也。港水東南流注于江，謂之洋口。南對龍穴洲，沙陽洲之下尾也。洲裹有駕部口，宋景平二年，迎文帝于江陵，法駕頓此，因以爲名。文帝車駕發江陵，至此，黑龍躍出，負帝所乘舟，左右失色，上謂長史王曇首曰：乃夏禹所以受天命矣，我何德以堪之。故有龍穴之名焉。江水又東右得聶口，江浦也。左對聶洲，江水左逕百人山南，右逕赤壁山北，昔周瑜與黄蓋詐魏武大軍處所也。江水東逕大軍山南，山東有山屯，夏浦，江水左迆也。江中有石浮出，謂之節度石。右則塗水注之，水出江州武昌郡武昌縣金山，西北流逕汝南僑郡故城南。咸和中，寇難南逼，户口南渡，因置斯郡，治于塗口。塗水歷縣西又西北流，注于江。江水又東逕小軍山南，臨側江津，東有小軍浦。江水又東逕雞翅山北，山東即土城浦也。

又東北至江夏沙羨縣西北，沔水從北來注之。

沌水上承沌陽縣之太白湖，東南流爲沌水，逕沌陽縣南，注于江，謂之沌口，有沌陽都尉治[15]。晉永嘉六年，王敦以陶侃爲荆州，鎮此，明年徙林鄣。江水又東逕歎父山，南對歎州，亦曰歎步矣。江之右岸當鸚鵡洲南，有江水右迆，謂之驛渚。三月之末，水下通樊口水。江水又東逕魯山南，古翼際山也。《地説》曰：漢與江合于衡北翼際山旁者也。山上有吴江夏太守陸涣所治城，蓋取二水之名。《地理志》曰：夏水過郡入江，故曰江夏也。舊治安陸，漢高帝六年置。吴乃徙此城，中有《晉征南將軍荆州刺史胡奮碑》，又有平南將軍王世將刻石，記征杜曾事，有劉琦墓及廟也。山左即沔水口矣。沔左有郤月城，亦曰偃月壘，戴監軍築，故曲陵縣也，後乃沙羨縣治。昔魏將黄祖所守，遣董襲、凌統攻而擒之。禰衡亦遇害于此。衡恃才倜儻，肆狂狷于無妄之世，保身不足，遇非其死，可謂咎悔之深矣。江之右岸有船官浦，歷黄鵠磯西而南矣。直鸚鵡洲之下尾，江水溠曰洑浦，是曰黄軍浦。昔吴將黄蓋軍師所屯，故浦得其名，亦商舟之所會矣。船官浦東即黄鵠山，林澗甚美，譙郡戴仲若野服居之。山下謂之黄鵠岸，岸下有灣，目之爲黄鵠灣。黄鵠山東北對夏口城，魏黄初二年[16]，孫權所築也。依山傍江，開勢明遠，憑墉藉阻，高觀枕流[17]。上則遊目流川，下則激浪崎嶇，寔舟人之所艱也。對岸則入沔津，故城以夏口爲名，亦沙羨縣治也。江水左得湖口，水通太白湖，又東合灄口，水上承涓水[18]于安陸縣，而東逕灄陽縣北，東流注于江。江水又東，湖水自北南注，謂之嘉吴江[19]。右岸頻得二夏浦，北對東城洲西，浦側有雍伏戍，江之右岸，東會龍驤水口，水出北山蠻中,江之左有武口,水上通安陸之延頭。宋元嘉二年[20],衛將軍荆州刺史謝晦阻兵上流,爲征北檀道濟所敗,走奔于此,爲戍主光順之所執處也。南至武城,俱入大江,南直武洲,洲南對楊桂水口,江水南出也,通金女、大文、桃班三治[21],吴舊屯所,在荆州界盡此。江水東逕若城南,庾仲雍《江水記》曰:若城至武城口三十里者也。南對郭口,夏浦,而不常泛矣。東得苦菜夏浦,浦東有苦菜山。江逕其北,故浦有苦菜之名焉。山上有苦菜,可食。江水左得廣武口,江浦也。江之右岸有李姥浦,浦中偏無蚊蚋之患矣。北對崢嶸洲,冠軍將軍劉毅破桓玄于此洲。玄乃挾天子西走江陵矣。

又東過邾縣南,

江水東逕白虎磯北,山臨側江濆,又東會赤溪,夏浦浦口,江水右迆也。又東逕貝磯北,庾仲雍謂之沛岸矣。江右岸有秋口,江浦也。又東得烏石水,出烏石山,南流注于江。江水右得黎磯,磯北亦曰黎岸也[22]。山東有夏浦,又東逕上磧北,山名也。仲雍謂之大、小竹磧也。北岸烽火洲,即舉洲也,北對舉口,仲雍作莒字,得其音而忘其字,非也。舉水出龜頭山,西北流逕蒙蘢戍南,梁定州治,蠻田秀超爲刺史。舉水又西流,左合垂山之水[23],水北出垂山之陽,與弋陽溮水同發一山,故是水合之。水之東有南口戍,又南逕方山戍西,西流注于舉水。又西南逕梁司、豫二州東,蠻田魯生爲刺史,治湖陂城,亦謂之水城也。舉水又西南逕顔城南,又西南逕齊安郡西,倒水注之。水出黄武山,南流逕白沙戍西,又東南逕梁達城戍西,東南合舉水。舉水又東南歷赤亭下,謂之赤亭水。又分爲二水,南流注于江,謂之舉口,南對舉洲。《春秋左傳》定公四年,吴、楚陳于柏舉,京相璠曰:漢東地矣。江夏有洰水,或作舉,疑即此也。左水東南流入于江,江滸曰文方口。江之右岸有鳳鳴口,江浦也,浦側有鳳鳴戍。江水又東逕邾縣故城南,楚宣王滅邾,徙居于此,故曰邾也。漢高帝元年,項羽封吴芮爲衡山王,都此。晉咸和中,庾翼爲西陽太守,分江夏立,四年,豫州刺史毛寶、西陽太守樊俊共鎮之,爲石虎將張格度所陷,自爾丘墟焉。城南對蘆洲,舊吴時築客舍于洲上,方便惟所止焉,亦謂之羅洲矣。

鄂縣北,

江水右得樊口,庾仲雍《江水記》云:谷里袁口。江津南入,歷樊山[24]上下三百里,通新興、馬頭二治[25]。樊口之北有灣,昔孫權裝大船,名之曰長安,亦曰大舶,載坐直之士三千人,與羣臣泛舟江津,屬值風起,權欲西取蘆洲,谷利不從,乃拔刀急上[26],令取樊口薄,舶船至岸而敗,故名其處爲敗舶灣。因鑿樊山爲路以上,人即名其處爲吴造峴,在樊口上一里,今厥處尚存。江水又左逕赤鼻山[27]南,山臨側江川,又東逕西陽郡南，郡治即西陽縣也。《晉書・地道記》以爲弦子國也。江之右岸有鄂縣故城，舊樊楚地。《世本》稱熊渠封其中子紅爲鄂王。《晉太康地記》以爲東鄂矣。《九州記》曰：鄂，今武昌也。孫權以魏黄初元年[28]，自公安徙此，改曰武昌縣。鄂縣徙治于袁山東，又以其年立爲江夏郡，分建業之民千家以益之。至黄龍元年，權遷都建業，以陸遜輔太子鎮武昌，孫皓亦都之，皓還東，令滕牧守之。晉惠帝永平中，始置江州，傅綜爲刺史，治此城，後太尉庾亮之所鎮也，今武昌郡治。城南有袁山，即樊山也。《武昌記》曰：樊口南有大姥廟，孫權常獵于山下。依夕，見一姥問權：獵何所得？曰：正得一豹。母曰：何不豎豹尾。忽然不見。應劭《漢官・序》曰：豹尾過後，執金吾罷屯，解圍。天子鹵簿中，後屬車施豹尾。于道路，豹尾之内爲省中。蓋權事應在此，故爲立廟也。又孫皓亦嘗登之，使將害常侍王蕃，而以其首虎爭之[29]。北背大江，江上有釣臺，權常極飲其上，曰：墮臺醉乃已。張昭盡言處。城西有郊壇，權告天即位于此，顧謂公卿曰：魯子敬嘗言此，可謂明于事勢矣。城東故城，言漢將灌嬰所築也。江中有節度石三段，廣百步，高五六丈，是西陽、武昌界，分江于斯石也[30]。又東得次浦[31]，江浦也。東逕五磯北，有五山，沿次江陰，故得是名矣。仲雍謂之五圻[32]。江水左則巴水注之，水出雩婁縣之下靈山，即大別山也。與決水同出一山，故世謂之分水山，亦或曰巴山。南歷蠻中，吴時舊立屯于水側，引巴水以溉野。又南逕巴水戍，南流注于江，謂之巴口。又東逕軑縣故城南，故弦國也。《春秋》僖公五年，秋，楚滅弦，弦子奔黄者也。漢惠帝元年[33]，封長沙相利倉爲侯國。城在山之陽，南對五洲也。江中有五洲相接，故以五洲爲名。宋孝武帝舉兵江州，建牙洲上，有紫雲蔭之，即是洲也。東會希水口，水出灊縣霍山西麓，山北有灊縣故城。《地理志》曰：縣南有天柱山。即霍山也。有祠南嶽廟，音潛，齊立霍州治此[34][35]。西南流分爲二水，枝津出焉。希水又南，積而爲湖，謂之希湖。湖水又南流逕軑縣東而南流注于江，是曰希水口者也。然水流急濬，霖雨暴漲，漂濫無常，行者難之。大江右岸有厭里口、安樂浦，從此至武昌，尚方作部諸屯相接，枕帶長江，又東得桑步，步下有章浦，本西陽郡治，今悉荒蕪。江水左得赤水浦，夏浦也。江水又東逕南陽山南，又曰芍磯，亦曰南陽磯，仲雍謂之南陽圻，一名洛至圻，一名石姥，水勢迅急。江水又東逕西陵縣故城南，《史記》秦昭王遣白起伐楚，取西陵者也。漢章帝建初二年，封陰堂爲侯國。江水東歷孟家溠，江之右岸有黄石山，水逕其北，即黄石磯也。一名石茨圻，有西陵縣，縣北則三洲也。山連延江側，東山偏高，謂之西塞，東對黄公九磯，所謂九圻者也。于行、小難兩山之間，爲闕塞，從此濟于土復，土復者，北岸地名也。

又東過蘄春縣南，蘄水從北東注之。

江水又得葦口,江浦也。浦東有葦山。江水東逕山北,北崖有東湖口,江波左迆,流結成湖,故謂之湖口矣。江水又東得空石口,江浦在右,臨江有空石山,南對石穴洲,洲上有蘄陽縣治。又東,蘄水注之。江水又東逕蘄春縣故城南,世祖建武三十年,封陳俊子浮爲侯國。江水又東得銅零口,江浦也。大江右逕蝦蟆山北,而東會海口,水南通大湖,北達于江,左右翼山。江水逕其北,東合滅口,江浦也。江水又左逕長風山南,得長風口,江浦也。江水又東逕積布山南,俗謂之積布磯,又曰積布圻,庾仲雍所謂高山也。此即西陽、尋陽二郡界也。右岸有土復口㊱,江浦也。夾浦有江山,山東有護口,江浦也,庾仲雍謂之朝二浦㊲也。

又東過下雉縣北,利水從東陵西南注之。

江水東逕琵琶山南,山下有琵琶灣,又東逕望夫山南,又東得苦菜水口,夏浦也。江之右岸,富水注之,水出陽新縣之青湓山,西北流逕陽新縣,故豫章之屬縣矣。地多女鳥,《玄中記》曰:陽新男子于水次得之,遂與共居,生二女,悉衣羽而去。豫章間養兒不露其衣,言是鳥落塵于兒衣中,則令兒病,故亦謂之夜飛遊女矣。又西北逕下雉縣,王莽更名之潤光矣,後併陽新。水之左右,公私裂溉,咸成沃壤,舊吴屯所在也。江水又東,右得蘭溪水口,竝江浦也。又東,左得青林口,水出廬江郡之東陵鄉。江夏有西陵縣,故是言東矣。《尚書》云:江水過九江至于東陵者也。西南流,水積爲湖,湖西有青林山。宋太始元年,明帝遣沈攸之西伐子勛,伐柵青山,覩一童子甚麗,問伐者曰:取此何爲?答:欲討賊。童子曰:下旬當平,何勞伐此。在衆人之中,忽不復見,故謂之青林湖。湖有鯽魚,食之肥美,辟寒暑。湖水西流,謂之青林水。又西南歷尋陽,分爲二水:一水東流通大雷㊳,一水西南流注于江,《經》所謂利水也。右對馬頭岸,自富口迄此五十餘里,岸阻江山㊴。

注释:

① 《注疏》本作"江水三"。《疏》:"戴删'三'字"。

② 此句《注疏》本作:"《春秋左氏》所謂閻敖游涌而逸者也。二水之間,謂之夏洲。"《疏》:"朱有'於二水之間'五字,在'游涌而逸'下。戴、趙删'於'字。戴移四字在《春秋》上。趙移'二水之間'四字在'謂之涌口'上。守敬按:皆非也。據《御覽》六十九引盛弘之《荆州記》,'所謂閻敖游涌而逸'下,接云,'二水之間,謂之夏洲',酈氏必本以爲説。久之,脱'謂之夏洲'四字,'二水之間'四字,錯入'游涌而逸'下,後人見其不可通,又臆增'於'字耳。戴、趙知有衍文錯簡,而未考得《荆州記》,不知並有奪文,故以意訂,均有未安,今正。"

③ 油水從東南來注之 《注疏》本作"油水從西南來注之"。《疏》:"朱'西'作'東',戴、趙同。

會貞按:《名勝志》引此作'西',是也。油水在江之西,安得云東南來耶? 今訂。《油水篇》見後。"

④　油口　康熙《湖廣通志》卷九《堤防・荆州府》引《水經注》作"油河口"。

⑤　《名勝志・湖廣》卷八《荆州府・公安縣》引《水經注》云:"以左公之所安,故曰公安。"當是此句下佚文。案《五校》鈔本已加入此文。

⑥　陽岐山　《大典》本作"揚岐山",《注箋》本、項本、張本均作"楊岐北山",《五校》鈔本、《七校》本、《注釋》本、《注疏》本均作"楊岐山"。

⑦　清陽　《注箋》本、項本、《五校》鈔本、《七校》本、《注釋》本、張本、《注疏》本均作"清揚"。

⑧　上檀浦　隆慶《岳州府志》卷七《職方考・檀子灣》引《水經注》作"檀浦"。

⑨　玉澗水　黄本、《注箋》本、項本、沈本、張本均作"玉潤水"。

⑩　巴丘縣　《晏元獻公類要》卷二《荆湖南路玉池湖》引《水經注》作"巴陵縣"。

⑪　白螺山　雍正《湖廣通志》卷十二《山川志・臨湘縣・鴨欄磯》引《水經注》作"白蠃山"。

⑫　鴨蘭磯　《晏元獻公類要》卷二《荆湖北路・岳》引《水經注》作"鴨欄磯"。

⑬　上烏林　《大典》本、《方輿勝覽》卷五十《黄州・山川》烏林引《水經注》、弘治《黄州府志》卷二《山川・烏林》引《水經注》、嘉靖《漢陽府志》卷二《方域志・赤壁》引《水經注》、《天下郡國利病書》卷七十三《湖廣》二引《水經注》均作"烏林"。

⑭　《輿地紀勝》卷六十六《荆湖北路・鄂州》上《古迹・吕蒙城》引《水經注》云:"吕蒙城有吕蒙墓在其中。"當是此句下佚文。

⑮　沌陽都尉治　《注箋》本、項本、《注釋》本、張本均作"陽都尉治"。

⑯　黄初二年　《注疏》本作"黄初四年"。《疏》:"朱作'二年',戴、趙同。會貞按:《吴志・孫權傳》,黄武二年正月城江夏山。《元和志》,鄂州城本夏口城,吴黄武二年城江夏,以安屯戍地也。考吴黄武二年,當魏黄初四年,則此'二'爲'四'之誤,今訂。"

⑰　高觀枕流　《注疏》本《疏》:"趙云:按高觀,山名也,亦曰高冠山,在武昌縣城東南五里。守敬按:此謂夏口城據高枕江耳。趙氏乃以方志之高觀山釋之,非也。江夏縣作武昌縣,尤謬。"

⑱　涓水　《注箋》本、項本、《注釋》本、張本均作"沔水"。

⑲　嘉吴江　《廣博物志》卷六《地形》二引《水經注》作"嘉靡江",云:"嘉靡江者,九江之一也。"其中"九江之一也"一句,當是此句下佚文。

⑳　宋元嘉二年　《注疏》本作"宋元嘉三年"。《疏》:"朱'元'作'永',戴、趙改。又'三'作'二',戴、趙同。會貞按:《宋書・文帝紀》在元嘉三年,《謝晦傳》同,則'二'爲'三'之誤審矣,今訂。"

㉑　《札記・殿本尚可再校》:

卷三十五《江水》《經》"又東北至江夏沙羨縣西北,沔水從北來注之"《注》云:

江水南出也,通金女、大文、桃班三治,吴舊屯所,在荆州界。

對于這金女、大文、桃班三治,歷來爲人所不解,李兆洛《歷代地理志韻編今釋》卷首李鴻章《序》云:"金女、大文、桃班、陽口、歷口之類,皆不見于諸志。……亦不能無疑也。"但《水經注疏》把這三個"治"字改爲"冶"字,楊守敬《疏》云:

《隋志》,江夏縣有鐵。《寰宇記》,冶唐山在江夏南二十六里,《舊記》云,宋時依山置冶,故名。疑即《注》所指之冶。

又同卷《經》"鄂縣北"《注》云:

江津南入,歷樊山上下三百里,通新興、馬頭二治。

這個"治"字,《水經注疏》也改作"冶"字,熊會貞《疏》云:

《晉志》,武昌縣有新興、馬頭鐵官。《唐志》,武昌有鐵。《御覽》八百三十引《武昌記》,北濟湖當是新興冶塘湖,元嘉發水冶。……《一統志》,新興冶在大冶縣南。

熊會貞在《御覽》和《一統志》找到了這個地名,這是校勘中的一把鑰匙,因爲既然校出了酈《注》"新興治"是"新興冶"之誤,那末其餘各"治"字都可以相應改爲"冶"字。

㉒ 江水右得黎磯磯北亦曰黎岸也 《注疏》本作"江水右逕黎嘰北亦曰黎岸也"。《疏》:"朱此七字訛作《經》,又'逕'訛作'得'。戴改《注》,仍'得',重'磯'字。全、趙改《注》同,全仍得重'嘰',趙但仍'得'。會貞按:明鈔本重'嘰'字,然實誤也。'得'亦'逕'之誤,今改。此'右逕黎嘰北亦曰黎岸'與上'東逕貝嘰北,庾仲雍謂之沛岸'同。重'磯'字,失之。在今武昌縣西北。"

㉓ 左合垂山之水 《注疏》本作"右合垂山之水"。《疏》:"朱作'左合',戴、趙同。會貞按:舉水西流,垂山水自北來注,則在舉水之右,是右合,非左合也,今訂。"

㉔ 《通鑑》卷六十五《漢紀》五十七獻帝建安十三年"進住鄂縣之樊口"胡《注》引《水經注》云:"樊山下寒溪水所注也。"當是此句下佚文。

㉕ 參見注㉑。

㉖ 乃拔刀急上 《注疏》本作"及拔刀急止"。《疏》:"戴、趙改'止'作'上'。守敬按:'止'字不誤。"案《注疏》本改"乃"爲"及",無《疏》語言及。

㉗ 赤鼻山 《注疏》本《疏》引孫星衍:"蘇軾之賦赤壁者也,赤鼻爲赤壁,宋人之陋。"段熙仲《校記》:"固哉孫星衍之説蘇軾《赤壁賦》也。東坡非不知赤鼻非赤壁,于其《懷古詞》中已明云'人道是三國周郎赤壁'矣。陸放翁《入蜀記》云:蘇公尤疑之,《賦》云:'此非曹孟德之困于周郎者乎。'蓋一字不輕下如此,東坡何陋之有?"

㉘ 孫權以魏黄初元年 《注疏》本作"孫權以魏黄初中"。《疏》:"朱訛作'黄初元年中',戴、趙删'中'字。會貞按:《吴志·孫權傳》,自公安都鄂,改名武昌,在魏黄初二年。例以下稱晉惠帝永平中,此當作'魏黄初中',蓋校者注'二年'二字于旁,後混入正文,又訛'二'爲'元'也,今訂。"

㉙ 殿本在此下《案》云:"案此句有脱誤,裴松之引《江表傳》云:使親近將蕃首作虎跳狼爭咋食之。"

㉚ 此下《注疏》本有"又東得五丈浦"六字。《疏》:"朱訛作'又得東五丈又得次浦'。全、趙上句'得東'二字乙轉,'丈'下增'浦'字,下句增'東'字。戴删上句,但作'又東得次浦'。守敬按:戴删,非也。《寰宇記》,五丈湖在武昌縣東,有長湖通江南,冬即乾涸。陶侃作塘以遏水,于是水不竭。永嘉年初頹破,太守褚儁之重修復。《輿地紀勝》,五丈湖在武昌縣東八里,舊名南湖。《名勝志》,五丈湖今名羊欄湖。《一統志》,五丈口在武昌縣東,即江通五丈湖之浦也。戴不知有五丈湖,遂不知有五丈浦,故誤删,當以趙訂爲是。《名勝志》引此,'次浦'作'沙浦',未知孰是,浦在今武昌縣東。"

㉛　次浦　見注㉚,《名勝志》引此作“沙浦”,雍正《湖廣通志》卷七《山川志·武昌縣·五磯》引《水經注》亦作“沙浦”。

㉜　雍正《湖廣通志》卷七《山川志·武昌縣·五磯》引《水經注》云:“江水又東得五丈口,又東得沙浦,逕五磯。”或是此段中佚文。

㉝　元年　《注疏》本作“二年”。《疏》:“朱作‘元年’,各本皆同。沈氏曰:《漢表》作黎朱倉,此從《史表》。會貞按:《史》、《漢表》並在二年,則‘元’字之誤無疑,今訂。”

㉞　齊立霍州治此　《注疏》本作“梁立霍州治此”。《疏》:“朱‘梁’作‘齊’,戴、趙同。守敬按:《梁書·武帝紀》,天監六年分豫州置霍州。《寰宇記》,天監四年,于灊縣改置霍州,兼作别城。《地形志》,霍州,蕭衍置,魏因之。《隋志》,霍山縣,梁置霍州。而無言齊置此州也。《注》文‘齊’爲‘梁’字之誤無疑,今訂。”

㉟　《通鑑》卷一四五《梁紀》一武帝天監二年“魏人拔關要、潁川、大峴三城”胡《注》引《水經注》云:“梁立霍州,治灊縣天柱山。”當是此句下佚文。

㊱　土復口　《注釋》本作“土澓口”。

㊲　朝二浦　《五校》鈔本、《七校》本、戴本均作“朝江浦”。《五校》鈔本全祖望云:“先宗伯以所見宋本校。”何本何焯云:“朝二疑有訛。”

㊳　《御覽》卷六十五《地部》三十《雷水》引《水經注》云:“雷水南逕大雷戍,西注大江,謂之大雷口,一派東南流入江,謂之小雷口,宋鮑明遠《登大雷岸與妹書》乃此地。”當是此句下佚文。

㊴　殿本在此下《案》云:“案《水經》于沔水内叙其入江之後所過,蓋與江水合沔之後,詳略兩見。今江水止于下雉縣,而沔水内訂其錯簡,又東過彭蠡澤,又東過皖縣南,又東至石城分爲二,其一東北流,又東北出居巢縣南,又東過牛渚,又過毗陵縣爲北江,參以末記《禹貢山水澤地》,北江在毗陵北界,東入于海。下雉縣以下大江入海之大略固具,在道元于江水叙次必詳悉,自宋時已闕佚矣。”

陳橋驛《水經江水注研究》(《杭州大學學報》哲學社會科學版一九八四年第三期,又收入于《水經注研究二集》,山西人民出版社一九八七年出版)云:“卷三十三至三十五這三篇《江水注》記載長江的主要河段,但卷三十五最後衹記載到今湖北與江西兩省交界處一帶的青林湖。以致清代酈學家全祖望懷疑《江水注》原來還有第四篇。他在《水經江水篇跋》中説:‘江水失去第四篇,而青林湖以下竟無考。’”

案《江水注》自青林湖以下缺佚甚多,至于酈《注》原文《江水》有第四篇,抑或青林湖以下已記入《沔水注》,而爲《沔水注》所缺佚,今已無從考證。特將散見于古籍之佚文輯録如下,以補《江水注》或《沔水注》之缺。

隆慶《岳州府志》卷七《職方考》三《湘浦》引《水經注》云:“城陵山有景侯港,乃景泊舟之處,疑即其地也。”

《文選》卷二十七《樂府》上謝玄暉之《宣城出新林浦向版橋》李善《注》引《水經注》云:“江水逕三山,又湘浦出焉。水上南北結浮橋渡水,故曰版橋,浦江又北逕新林浦。”

《方輿紀要》卷八十五《江西》三《湖口縣·石鐘山》引《水經注》云:“石鐘山西枕彭蠡,連峯疊嶂,壁立峭削,其西、南、北皆水,四時如一,白波撼山,響如洪鐘,因名。”案此條,《寰宇記》卷一一一

《江南西道》九《南康軍·都昌縣》引《水經注》、《蘇東坡全集》卷三十七《石鐘山記》引《水經注》、《名勝志·江西》卷五《九江府·湖口縣》引《水經注》、明羅洪先《遊石鐘山記》(《古今天下名山勝概記》卷十一上)引《水經注》、明李齡《遊石鐘山記》(《古今天下名山勝概記》卷二十五)引《水經注》、嘉靖《九江府志》卷二《山川·湖口縣·石鐘山》引《水經注》、康熙《江西通志》卷六《山川》上《九江府·石鐘山》引《水經注》、雍正《江西通志》卷十二《山川·九江府·石鐘山》引《水經注》等均有録入,文字小有差異。或是各書轉引。《蘇東坡全集》卷三十七《石鐘山記》引文作:"下臨深潭,微風鼓浪,水石相搏,聲如洪鐘。"

《事類賦》卷六《地部·江》"流九派于潯陽"《注》引《水經注》云:"江至潯陽,分爲九道。"案楊守敬《水經注圖》第一册《凡例》云:"《禹貢山水澤地》謂九江在下雋縣西北,酈氏無《注》而《水經》不出九江,據《事類賦》引酈《注》繫九江于潯陽,與《漢志》合,豈酈氏有詳説在《江水篇》中耶?"

《寰宇記》卷一二四《淮南道》二《和州·歷陽縣》引《水經注》云:"江水左列洞口。"案《名勝志》卷二十《和州》引《水經注》與《寰宇記》同。

《名勝志》卷七《安慶府·桐城縣》引《水經注》云:"樅陽湖水繞團亭,與江水合而東流。"

《寰宇記》卷一二五《淮南道》三《舒州·桐城縣》引《水經注》云:"此水東南流盛唐戍,俗訛謂之小益唐,即此也。"

《初學記》卷八《淮南道》第九《豐浦》引《水經注》云:"江水北合烏江縣之豐浦,上通湖也。"

《史記》卷七《本紀》七《項羽本紀》"于是項王乃欲東渡烏江"《正義》引《水經注》云:"水又北,《左傳》黄律口,《漢書》所謂烏江亭長檥船以待項羽,即此也。"

《文選》卷二十二殷仲文《南州桓公九井作》李善《注》引《水經注》云:"淮南郡之湖縣南,所謂姑熟,即南州矣。"

《初學記》卷八《淮南道》第九《包湖》引《水經注》云:"次得陰塘水,同受皇后湖,湖水連接包湖,西翼潭湖。"

《名勝志·安慶府》卷七《太湖縣》引《水經注》云:"太湖縣,晉泰始二年置,縣在龍山太湖水邊,水出縣西積稻山,東南流入大江。"案全祖望《五校》鈔本已録入此文。

《初學記》卷八《淮南道》第九《趙屯城》引《水經注》云:"破虜磯東有趙屯城,内有倉。"

《文選》卷十二郭景純《江賦》"躋江津而起漲"宋六臣《注》引《水經注》云:"馬頭崖北對大岸,謂之江津。"

《初學記》卷八《淮南道》第九《周瑜廟》引《水經注》云:"江水對雷州之北側,有周瑜廟。"案《寰宇記》卷一二五《淮南道》三《舒州望江縣》亦引《水經注》此條,但文字小有出入,云:"江水對雷州水之地,側有周瑜廟,亦呼爲大雷神。"

《輿地紀勝》卷四十五《淮南西路·廬州·古迹·古滁縣城》引《水經注》云:"滁水出于浚遒縣。"案《名勝志》卷十三《廬州府·合肥縣》引《水經注》、雍正《江南通志》卷十八《山川》八《潁州府·滁河》引《水經注》、道光《安徽通志》卷十六《輿地志山川》六《滁水》引《水經注》均與《輿地紀勝》同。

《寰宇記》卷一二四《淮南道》二《和州·含山縣》引《水經注》云:"滁水東逕大峴山,西北流大峴亭,即此山也。齊東昏侯之末,裴叔業據壽春叛附元氏,東昏遣蕭懿往大峴拒之,是其所也。”

《書叙指南》卷十四《州郡地理》下引《水經注》利州地名曰:“桐浦。”

《文選》卷十二《江賦》“其旁則有雲夢、雷池、彭蠡、青草、具區、洮、滆、珠、滻、丹、漅”宋六臣《注》引《水經注》云:“漅湖在居巢。”

景定《建康志》卷十九《山川志》三《州浦・白鷺洲》引《水經注》云:“江寧之新林浦,西對白鷺洲。”

《玉海》卷一七一《宫室・苑囿・漢樂遊苑》引《水經注》云:“舊樂遊苑,宋元嘉十一年,以其爲曲水,武帝引流轉酌賦詩。”案景定《建康志》卷十九《山川志》三《曲水》引《水經注》與《玉海》同。

景定《建康志》卷十六《疆域志》二《堰埭考證》引《水經注》云:“中江在丹陽蕪湖縣南,東至會稽陽羨縣入海。”

《文選》卷十二《江賦》“其旁則有雲夢、雷池、彭蠡、青草、具區、洮、滆、珠、滻、丹、漅”宋六臣《注》引《水經注》云:“中江東南,左合滆湖。”

《事類賦》卷六《地部・江》“嘉靡瓜步之名”《注》引《水經注》云:“瓜步在揚州六合縣界。”

《文選》卷十二《江賦》“其旁則有雲夢、雷池、彭蠡、青草、具區、洮、滆、珠、滻、丹、漅”宋六臣《注》引《水經注》云:“丹湖在丹陽。”

《文選》卷十二《江賦》“其旁則有雲夢、雷池、彭蠡、青草、具區、洮、滆、珠、滻、丹、漅”宋六臣《注》引《水經注》云:“朱湖在溧陽。”

《方輿紀要》卷二十四《江南》六《蘇州府・常熟縣・尚湖》引《水經注》云:“崑承湖廣長各十八里。”

《廣博物志》卷五《地形・總地・山》引《水經注》云:“太湖中穹窿山有銅闕。”

《名勝志》卷九《蘇州府・長洲縣》引《水經注》云:“吴西岸有岝嶺山,右有土阜曰鈴山,左曰索山,皆以獅子名山,南頂上有巨石二如樓,云是獅子兩耳。”

《後漢書》卷四十四《列傳》三十四《張禹傳》“皆以江有子胥之神,難以濟涉”《注》引《水經注》云:“吴王賜子胥死,浮尸于江,夫差悔,與羣臣臨江設祭,修道塘及壇,吴人因爲立廟而祭焉。”

《名勝志》卷九《蘇州府・胥山》引《水經注》云:“胥山上有壇,長老以爲胥人所治,下有九折路,南出太湖,闔閭以遊姑蘇臺而望太湖。”

《文選》卷五《京都》下左太沖《吴都賦》“徑路絶,風雲通,洪桃屈盤”宋六臣《注》引《水經注》云:“東海中有山焉,名曰度索,上有大桃,屈盤三千里。”

卷三十六　青衣水　桓水　若水　沫水　延江水　存水　温水

青衣水出青衣縣西蒙山，東與沫水合也。

縣，故青衣羌國也。《竹書紀年》梁惠成王十年，瑕陽人自秦道岷山青衣水來歸。漢武帝天漢四年，罷沈黎郡，分兩部都尉，一治青衣，主漢民。公孫述之有蜀也，青衣不服，世祖嘉之。建武十九年以爲郡，安帝延光元年，置蜀郡屬國都尉。青衣王子心慕漢制，上求内附。順帝陽嘉二年，改曰漢嘉，嘉得此良臣也。縣有蒙山，青衣水所發，東逕其縣，與沫水會于越巂郡之靈關道。青衣水又東，邛水注之，水出漢嘉嚴道邛來山，東至蜀郡臨邛縣，東入青衣水。

至犍爲南安縣，入于江。

青衣水逕平鄉，謂之平鄉江。《益州記》曰：平鄉江東逕峨眉山，在南安縣界，去成都南千里。然秋日清澄，望見兩山，相峙如峨眉焉。青衣水又東流，注于大江。

桓水出蜀郡岷山，西南行羌中，入于南海。

《尚書·禹貢》：岷、嶓既藝，沱、潛既道，蔡、蒙旅平，和夷底績。鄭玄曰：和上，夷所居之地也。和，讀曰桓。《地理志》曰：桓水出蜀郡蜀山，西南行羌中者也。《尚書》又曰：西傾因桓是來。馬融、王肅云：西治傾山，惟因桓水自來，言無他道也。余按《經》據《書》，岷山、西傾，俱有桓水，桓水出西傾山，更無别流，所導者惟斯水耳。浮于潛、漢而達江、沔,故《晉地道記》曰:梁州南至桓水,西抵黑水,東限扞關。今漢中、巴郡、汶山、蜀郡、漢嘉、江陽、朱提、涪陵、陰平、廣漢、新都、梓潼、犍爲、武都、上庸、魏興、新城,皆古梁州之地。自桓水以南爲夷,《書》所謂和夷底績也。然所可當者,惟斯水與江耳。桓水,蓋二水之别名,爲兩川之通稱矣。鄭玄注《尚書》言:織皮,謂西戎之國也;西傾,雍州之山也。雍、戎二野之間,人有事于京師者,道當由此州而來。桓是隴坂名,其道盤桓,旋曲而上,故名曰桓是。今其下民謂是坂曲爲盤也,斯乃玄之别致,恐乖《尚書》因桓之義,非浮潛入渭之文。余攷校諸書,以具聞見,今略輯綜川流沿注之緒,雖今古異容,本其流俗,麤陳所由。然自西傾至葭萌入于西漢,即鄭玄之所謂潛水者也。自西漢遡流而屆于晉壽界,沮、漾枝津,南歷岡穴,迆邐而接漢,沿此入漾,《書》所謂浮潛而逾沔矣。歷漢川至南鄭縣,屬于褒水,遡褒暨于衙嶺之南,溪水枝灌于斜川,屆于武功而北達于渭水,此乃水陸之相關,川流之所經復,不乖《禹貢》入渭之宗,寔符《尚書》亂河之義也。

若水出蜀郡旄牛徼外,東南至故關,爲若水也。

《山海經》曰:南海之内,黑水之間,有木名曰若木,若水出焉。又云:灰野之山有樹焉,青葉赤華,厥名若木,生崑崙山西,附西極也。《淮南子》曰:若木在建木西,木有十華,其光照下地。故屈原《離騷·天問》曰:羲和未陽,若華何光是也。然若木之生非一所也,黑水之間,厥木所植,水出其下,故水受其稱焉。若水沿流,間關蜀土,黄帝長子昌意,德劣不足紹承大位,降居斯水,爲諸侯焉。娶蜀山氏女,生顓頊于若水之野,有聖德,二十登帝位,承少暤金官之政,以水德寶歷矣。若水東南流,鮮水注之,一名州江。大度水[①]出徼外,至旄牛道,南流入于若水。又逕越嶲大莋縣入繩。繩水出徼外,《山海經》曰:巴遂之山,繩水出焉。東南流,分爲二水:其一水枝流東出,逕廣柔縣,東流注于江;其一水南逕旄牛道,至大莋與若水合。自下亦通謂之爲繩水矣。莋,夷也,汶山曰夷,南中曰昆彌,蜀曰邛,漢嘉、越嶲曰莋。皆夷種也。

南過越嶲邛都縣西,直南至會無縣,淹水東南流注之。

邛都縣,漢武帝開邛莋置之。縣陷爲池,今因名爲邛池,南人謂之邛河。河中有蜂嶲山[②],應劭曰:有嶲水,言越此水以章休盛也。後復反叛。元鼎六年,漢兵自越嶲水伐之,以爲越嶲郡,治邛都縣。王莽遣任貴爲領戎大尹,守之,更名爲集嶲也。縣,故邛都國也。越嶲水即繩、若矣,似隨水地而更名矣。又有温水,冬夏常熱,其源可燖雞豚,下湯沐洗,能治宿疾。昔李驤敗李流于温水是也。若水又逕會無縣,縣有駿馬河,水出縣東高山,山有天馬徑,厥跡存焉。馬日行千里,民家馬牧之山下，或產駿駒，言是天馬子。河中有貝子胎銅，以羊祠之，則可取也。又有孫水焉，水出臺高縣，即臺登縣也。孫水一名白沙江，南流逕邛都縣，司馬相如定西南夷，橋孫水，即是水也。又南至會無入若水，若水又南逕雲南郡之遂久縣，青蛉水[3]入焉。水出青蛉縣[4]西，東逕其縣下，縣以氏焉。有石豬圻，長谷中有石豬，子母數千頭。長老傳言，夷昔牧此，一朝化爲石，迄今夷人不敢往牧。貪水出焉。青蛉水又東注于繩水。繩水又逕三絳縣西，又逕姑復縣，北對三絳縣，淹水注之。三絳一曰小會無，故《經》曰：淹至會無注若水。若水又與母血水合，水出益州郡弄棟縣東農山母血谷，北流逕三絳縣南，北入繩。繩水又東，涂水注之，水出建寧郡之牧靡南山[5]，縣、山竝即草以立名。山在縣東北烏句山南五百里，山生牧靡，可以解毒，百卉方盛，烏多誤食烏喙，口中毒，必急飛往牧靡山，啄牧靡以解毒也。涂水導源臘谷，西北流至越嶲入繩。繩水又逕越嶲郡之馬湖縣，謂之馬湖江，又左合卑水，水出卑水縣，而東流注馬湖江也。

又東北至犍爲朱提縣西，爲瀘江水，

朱提，山名也。應劭曰：在縣西南，縣以氏焉。犍爲屬國也，在郡南千八百許里。建安二十年立朱提郡，郡治縣故城。郡西南二百里得所綰堂琅縣[6]，西北行，上高山，羊腸繩屈八十餘里，或攀木而升，或繩索相牽而上，緣陟者若將階天。故袁休明《巴蜀志》云：高山嵯峨，巖石磊落，傾側縈迴，下臨峭壑，行者扳緣，牽援繩索。三蜀之人，及南中諸郡，以爲至險。有瀘津，東去縣八十里，水廣六七百步，深十數丈，多瘴氣，鮮有行者。晉明帝太寧二年，李驤等侵越嶲，攻臺登縣，寧州刺史王遜遣將軍姚岳擊之，戰于堂琅，驤軍大敗，岳追之至瀘水[7]，赴水死者千餘人，遜以岳等不窮追，怒甚，髮上衝冠，帢裂而卒。按永昌郡有蘭倉水[8]，出西南博南縣，漢明帝永平二年置。博南，山名也，縣以氏之。其水東北流逕博南山，漢武帝時通博南山道，渡蘭倉津，土地絶遠，行者苦之。歌曰：漢德廣，開不賓，渡博南，越倉津，渡蘭倉，爲作人。山高四十里。蘭倉水出金沙，越人收以爲黃金。又有珠光穴，穴出光珠。又有琥珀、珊瑚，黃、白、青珠也。蘭倉水又東北逕不韋縣與類水合，水出嶲唐縣，漢武帝置。類水西南流，曲折又北流，東至不韋縣注蘭倉水。又東與禁水合，水自永昌縣而北逕其郡西，水左右甚饒犀象，山有鉤蛇，長七八丈，尾末有岐，蛇在山澗水中，以尾鉤岸上人、牛食之。此水傍瘴氣特惡，氣中有物，不見其形，其作有聲，中木則折，中人則害，名曰鬼彈。惟十一月、十二月差可渡，正月至十月逕之，無不害人，故郡有罪人，徙之禁旁，不過十日皆死也。禁水又北注瀘津水，又東逕不韋縣北而東北流，兩岸皆高山數百丈，瀘峰最爲傑秀，孤高三千餘丈。是山于晉太康中崩，震動郡邑。水之左右，馬步之徑裁通，而時有瘴氣，三月、四月逕之必死,非此時猶令人悶吐。五月以後,行者差得無害。故諸葛亮《表》言:五月渡瀘,并日而食,臣非不自惜也,顧王業不可偏安于蜀故也[9]。《益州記》曰:瀘水源出曲羅嶲,下三百里曰瀘水。兩峰有殺氣,暑月舊不行,故武侯以夏渡爲艱。瀘水又下合諸水,而總其目焉,故有瀘江之名矣。自朱提至僰道有水步道,水道有黑水、羊官水,至險難。三津之阻,行者苦之。故俗爲之語曰:楢溪、赤水[10],盤蛇七曲,盤羊烏櫳[11],氣與天通,看都濩泚,住柱呼伊,庲降賈子,左擔七里[12]。又有牛叩頭、馬搏頰坂[13],其艱險如此也。

又東北至僰道縣,入于江。

若水至僰道,又謂之馬湖江。繩水、瀘水、孫水、淹水、大渡水,隨決入而納通稱。是以諸書録記羣水,或言入若,又言注繩,亦咸言至僰道入江。正是異水沿注,通爲一津,更無别川,可以當之[14]。水有孝子石,昔縣人有隗叔通者,性至孝,爲母給江膂水,天爲出平石至江膂中,今猶謂之孝子石,可謂至誠發中,而休應自天矣。

沬水出廣柔徼外,

縣有石紐鄉,禹所生也。今夷人共營之,地方百里,不敢居牧,有罪逃野,捕之者不逼,能藏三年,不爲人得,則共原之,言大禹之神所祐之也。

東南過旄牛縣北,又東至越嶲靈道縣[15],出蒙山南,

靈道縣[16],一名靈關道。漢制,夷狄曰道。縣有銅山,又有利慈渚。晉太始九年,黄龍二見于利慈池。縣令董玄之率吏民觀之,以白刺史王濬,濬表上之,晉朝改護龍縣也。沬水出岷山西,東流過漢嘉郡,南流衝一高山,山上合下開,水逕其間,山,即蒙山也。

東北與青衣水合,

《華陽國志》曰:二水于漢嘉青衣縣東,合爲一川,自下亦謂之爲青衣水。沬水又東,逕開刊縣[17],故平鄉也,晉初置。沬水又東逕臨邛南,而東出于江原縣也。

東入于江。

昔沬水自蒙山至南安西溷崖,水脈漂疾,破害舟船,歷代爲患。蜀郡太守李冰發卒鑿平溷崖,河神贔怒,冰乃操刀入水與神鬬,遂平溷崖。通正水路,開處,即冰所穿也。

延江水出犍爲南廣縣,東至牂柯鱉縣,又東屈北流,

鱉縣,故犍爲郡治也。縣有犍山,晉建興元年置平夷郡[18],縣有鱉水,出鱉邑西不狼山,東與温水合。温水一曰煖水,出犍爲符縣而南入黚水。黚水亦出符縣,南與温水會。闞駰謂之闞水,俱南入鱉水。鱉水于其縣而東注延江水。延江水又與漢水

合，水出犍爲漢陽道山闟谷，王莽之新通也。東至鱉邑入延江水也。

至巴郡涪陵縣，注更始水，

更始水，即延江枝分之始也。延江水北入涪陵水，涪陵水出縣東，故巴郡之南鄙，王莽更名巴亭，魏武分邑，立爲涪陵郡。張堪爲縣⑲，會公孫述擊堪，同心義士，選習水者筏渡堪于小别江，即此水也。其水北至枳縣入江。更始水東入巴東之南浦縣，其水注引瀆口石門。空岫陰深，邃澗闇密，傾崖上合，恒有落勢，行旅避瘴，時有經之，無不危心于其下，又謂之西鄉水，亦謂之西鄉溪。溪水間關二百許里，方得出山，又通波注遠，復二百餘里，東南入遷陵縣也。

又東南至武陵酉陽縣，入于酉水。

《武陵先賢傳》曰：潘京世長爲郡主簿，太守趙偉甚器之。問京：貴郡何以名武陵？京答曰：鄙郡本名義陵，在辰陽縣界，與夷相接，數爲所破。光武時，移治東山之上，遂爾易號。《傳》曰：止戈爲武。《詩》云：高平曰陵。于是名焉。酉水北岸有黚陽縣，許慎曰：溫水南入黚，蓋鱉水以下，津流沿注之通稱也。故縣受名焉。西鄉溪口在遷陵縣故城上五十里，左合酉水。酉水又東際其故城北，又東逕酉陽故縣南，而東出也。兩縣相去，水道可四百許里，于酉陽合也。

酉水東南至沅陵縣，入于沅。

存水出犍爲郁鄢縣⑳，

王莽之孱鄢也。益州大姓雍闓反，結壘于山，繫馬柳柱，柱生成林，今夷人名曰雍無梁林。梁，夷言馬也。存水自縣東南流，逕牧靡縣㉑北，又東逕且蘭縣北，而東南出也。

東南至鬱林定周縣，爲周水，

存水又東，逕牂柯郡之毋斂縣㉒北，而東南與毋斂水㉓合。水首受牂柯水㉔，東逕毋斂縣爲毋斂水，又東注于存水。存水又東逕鬱林定周縣爲周水，蓋水變名也。

又東北至潭中縣，注于潭。

溫水出牂柯夜郎縣，

縣，故夜郎侯國也。唐蒙開以爲縣，王莽名曰同亭矣。溫水自縣西北流，逕談槀與迷水合，水西出益州郡之銅瀨縣談虜山，東逕談槀縣㉕，右注溫水。溫水又西逕昆澤縣南，又逕味縣，縣，故滇國都也。諸葛亮討平南中，劉禪建興三年，分益州郡置建寧郡于此。水側皆是高山，山水之間，悉是木耳夷居，語言不同，嗜慾亦異。雖曰山居，土差平和，而無瘴毒。溫水又西南逕滇池城，池在縣西，周三百許里，上源深廣，下流淺狹，似如倒流，故曰滇池也。長老傳言，池中有神馬，家馬交之則生駿駒，日行五百里。晉太元十四年，寧州刺史費統言：晉寧郡滇池縣兩神馬，一白一黑，盤戲河水之上。有滇州，元封三年[26]立益州郡，治滇池城，劉禪建寧郡也。温水又西會大澤，與葉榆僕水合。温水又東南逕牂柯之毋單縣，建興中，劉禪割屬建寧郡。橋水注之，水上承俞元之南池，縣治龍池洲，周四十七里，一名河水，與邪龍分浦[27]。後立河陽郡，治河陽縣，縣在河源洲上。又有雲平縣，竝在洲中。橋水東流至毋單縣，注于温。温水又東南逕興古郡之毋棳縣東，王莽更名有棳也。與南橋水合，水出縣之橋山，東流，梁水注之。梁水上承河水于俞元縣[28]，而東南逕興古之勝休縣，王莽更名勝㑎縣。梁水又東逕毋棳縣，左注橋水，橋水又東注于温。温水又東南逕律高縣南。劉禪建興三年，分牂柯置興古郡，治温縣。《晉書・地道記》，治此。温水又東南逕梁水郡南，温水上合梁水，故自下通得梁水之稱，是以劉禪分興古之監南[29]，置郡于梁水縣也。温水東南逕鐔封縣北，又逕來惟縣東，而僕水右出焉。

又東至鬱林廣鬱縣，爲鬱水，

秦桂林郡也，漢武帝元鼎六年，更名鬱林郡，王莽以爲鬱平郡矣。應劭《地理風俗記》曰：《周禮》，鬱人掌祼器，凡祭醊賓客之祼事，和鬱鬯以實樽彝。鬱，芳草也，百草之華，煮以合釀黑黍，以降神者也。或説今鬱金香是也。一曰：鬱人所貢，因氏郡矣。温水又東逕增食縣，有文象水注之。其水導源牂柯句町縣。應劭曰：故句町國也。王莽以爲從化。文象水、蒙水與盧惟水、來細水、伐水，竝自縣東歷廣鬱至增食縣，注于鬱水也。

又東至領方縣東，與斤南水合。

縣有朱涯水[30]，出臨塵縣，東北流，驩水注之。水源上承牂柯水[31]，東逕增食縣而下注朱涯水。朱涯水又東北逕臨塵縣，王莽之監塵也。縣有斤南水[32]、侵離水，竝逕臨塵，東入領方縣，流注鬱水。

東北入于鬱。

鬱水，即夜郎豚水也。漢武帝時，有竹王興于豚水，有一女子浣于水濱，有三節大竹流入女子足間，推之不去，聞有聲，持歸破之，得一男兒，遂雄夷濮，氏竹爲姓，所捐破竹，于野成林，今竹王祠竹林是也。王嘗從人止大石上，命作羹，從者白無水。王以劒擊石出水，今竹王水是也。後唐蒙開牂[33]柯[34]，斬竹王首，夷獠咸怨，以竹王非血氣所生，求爲立祠，帝封三子爲侯，及死，配父廟，今竹王三郎祠，其神也。豚水東北流逕談藁縣，東逕牂柯郡且蘭縣，謂之牂柯水。水廣數里，縣臨江上，故且蘭侯國也，一名頭蘭，牂柯郡治也。楚將莊蹻，泝沅伐夜郎，椓牂柯繫船，因名且蘭爲牂柯矣。漢武帝元鼎六年開，王莽更名同亭，有柱浦關[35]。牂柯，亦江中兩山名也。左思《吴都賦》云：吐浪牂柯者也。元鼎五年，武帝伐南越，發夜郎精兵下牂柯江，同會番禺是也。牂柯水又東南逕毋斂縣西，毋斂水出焉。又東，驩水出焉。又逕鬱林廣鬱縣爲鬱水。又東北逕領方縣北，又東逕布山縣北，鬱林郡治也。吴陸績曰：從今以去六十年，車同軌，書同文。至太康元年，晉果平吴。又逕中留縣南與温水合。又東入阿林縣，潭水注之，水出武陵郡鐔成縣玉山，東流逕鬱林郡潭中縣，周水自西南來注之。潭水又東南流與剛水合，水西出牂柯毋斂縣，王莽之有斂也。東至潭中入潭。潭水又逕中留縣東、阿林縣西，右入鬱水。《地理志》曰：橋水東至中留入潭。又云：領方縣又有橋水。余診其川流，更無殊津，正是橋、温亂流，故兼通稱。作者咸言至中留入潭，潭水又得鬱之兼稱，而字當爲温，非橋水也。蓋書字誤矣。鬱水右則留水注之，水南出布山縣，下逕中留入鬱。鬱水東逕阿林縣，又東逕猛陵縣，溳水注之。又東逕蒼梧廣信縣，灕水注之。鬱水又東，封水注之，水出臨賀郡馮乘縣西，謝沐縣東界牛屯山，亦謂之臨水。東南流逕萌渚嶠西，又東南，左合嶠水。庾仲初云：水出萌渚嶠，南流入于臨。臨水又逕臨賀縣東，又南至郡，左會賀水，水出東北興安縣西北羅山，東南流逕興安縣西。盛弘之《荆州記》云：興安縣水邊有平石，上有石履，言越王渡溪脱履于此。賀水又西南流至臨賀郡東，右注臨水。郡對二水之交會，故郡縣取名焉。臨水又西南流逕郡南，又西南逕封陽縣東，爲封溪水。故《地理志》曰：縣有封水。又西南流入廣信縣，南流注于鬱水，謂之封溪水口者也。鬱水又東逕高要縣，牢水注之，水南出交州合浦郡，治合浦縣，漢武帝元鼎六年，平越所置也。王莽更名曰桓合，縣曰桓亭。孫權黄武七年，改曰珠官郡。郡不産穀，多採珠寶，前政煩苛，珠徙交趾，會稽孟伯周爲守，有惠化，去珠復還。郡統臨允縣，王莽之大允也。牢水自縣北流，逕高要縣入于鬱水。鬱水南逕廣州南海郡西，溳水出焉。又南，右納西隨三水，又南逕四會浦，水上承日南郡盧容縣西古郎究，浦内漕口，馬援所漕。水東南曲屈通郎湖，湖水承金山郎究，究水北流，左會盧容、壽泠二水。盧容水出西南區粟城南高山，山南長嶺，連接天障。嶺西盧容水湊，隱山遶西衛北，而東逕區粟城北，又東，右與壽泠水合，水出壽泠縣界。魏正始九年，林邑進侵，至壽泠縣以爲疆界，即此縣也。壽泠縣以水湊，故水得其名。東逕區粟故城南，攷古志，竝無區粟之名。應劭《地理風俗記》曰：日南，故秦象郡。漢武帝元鼎六年開日南郡，治西捲縣。《林邑記》曰：城去林邑，步道四百餘里。《交州外域記》曰：從日南郡南，去到林邑國，四百餘里。準逕相符，然則城故西捲縣也。《地理志》曰：水入海，有竹可爲杖。王莽更之曰日南亭。《林邑記》曰：其城治二水之間，三方際山，南北瞰水，東西澗浦，流湊城下，城西折十角，周圍六里一百七十步，東西度六百五十步，甎城二丈，上起甎牆一丈，開方隙孔。甎上倚板，板上五重層閣，閣上架屋，屋上架樓，樓高者七八丈，下者五六丈。城開十三門，凡宫殿南向，屋宇二千一百餘間。市居周繞，阻峭地險，故林邑兵器戰具，悉在區粟。多城壘，自林邑王范胡達始，秦餘徙民，染同夷化，日南舊風，變易俱盡。巢棲樹宿，負郭接山，榛棘蒲薄，騰林拂雲，幽煙冥緬，非生人所安。區粟建八尺表，日影度南八寸。自此影以南在日之南，故以名郡。望北辰星，落在天際。日在北，故開北户以向日。此其大較也。范泰《古今善言》曰：日南張重，舉計入洛，正旦大會。明帝問：日南郡北向視日邪？重曰：今郡有雲中、金城者，不必皆有其實，日亦俱出于東耳[36]。至于風氣暄暖，日影仰當，官民居止隨情，面向東西南北，迴背無定，人性凶悍，果于戰鬬，便山習水，不閑平地。古人云：五嶺者，天地以隔内外[37]。況綿途于海表，顧九嶺而彌邈，非復行路之逕阻，信幽荒之冥域者矣。壽泠水自城南，東與盧容水合，東注郎究，究水所積，下潭爲湖，謂之郎湖。浦口有秦時象郡，墟域猶存。自湖南望，外通壽泠，從郎湖入四會浦。元嘉二十年，以林邑頑凶，歷代難化，恃遠負衆，慢威背德。北寶既臻，南金闕貢，乃命偏將與龍驤將軍交州刺史檀和之陳兵日南，脩文服遠。二十三年，揚旍從四會浦口入郎湖。軍次區粟，進逼圍城，以飛梯雲橋，懸樓登壘，鉦鼓大作，虎士電怒，風烈火揚，城摧衆陷。斬區粟王范扶龍首，十五以上，坑截無赦，樓閣雨血，填屍成觀。自四會南入，得盧容浦口。晉太康三年，省日南郡屬國都尉，以其所統盧容縣置日南郡及象林縣之故治。《晉書・地道記》曰：郡去盧容浦口二百里，故秦象郡象林縣治也。永和五年，征西桓温遣督護滕畯率交廣兵伐范文于舊日南之盧容縣，爲文所敗，即是處也。退次九真，更治兵，文被創死，子佛代立。七年，畯與交州刺史楊平復進軍壽泠浦，入頓郎湖，討佛于日南故治佛蟻聚，連壘五十餘里，畯、平破之，佛逃竄川藪，遣大帥面縛，請罪軍門。遣武士陳延勞佛，與盟而還。康泰《扶南記》曰：從林邑至日南盧容浦口可二百餘里，從口南發往扶南諸國，常從此口出也。故《林邑記》曰：盡紘滄之徼遠，極流服之無外。地濱滄海，衆國津逕。鬱水南通壽泠，即一浦也。浦上承交趾郡南都官塞浦。《林邑記》曰：浦通銅鼓、外越[38]、安定、黄岡心口，蓋藉度銅鼓，即駱越也。有銅鼓，因得其名。馬援取其鼓以鑄銅馬。至鑿口，馬援所鑿，内通九真、浦陽，《晉書・地道記》，九德郡有浦陽縣。《交州記》曰：鑿南塘者，九真路之所經也，去州五百里，建武十九年，馬援所開。《林邑記》曰：外越、紀粟、望都。紀粟出浦陽，渡便州，至典由，渡故縣，至咸驩。咸驩屬九真。咸驩已南，麞鹿滿岡，鳴咆命疇，警嘯聒野，孔雀飛翔，蔽日籠山。渡治口，至九德。

按《晉書·地道記》有九德縣。《交州外域記》曰:九德縣屬九真郡,在郡之南,與日南接。蠻盧轝居其地,死,子寳綱代,孫黨,服從吴化,定爲九德郡,又爲隸之。《林邑記》曰:九德,九夷所極,故以名郡。郡名所置,周越裳氏之夷國。《周禮》,九夷遠極越裳。白雉、象牙,重九譯而來。自九德通類口,水源從西北遠荒,逕寧州界來也。九德浦内逕越裳究、九德究、南陵究。按《晉書·地道記》,九德郡有南陵縣,晉置也。竺枝《扶南記》:山溪瀨中謂之究。《地理志》曰:郡有小水五十二,并行大川,皆究之謂也。《林邑記》曰:義熙九年,交趾太守杜慧度造九真水口,與林邑王范胡達戰,擒斬胡達二子,虜獲百餘人,胡達遁。五月,慧度自九真水歷都粟浦,復襲九真,長圍跨山,重柵斷浦,驅象前鋒,接刃城下,連日交戰,殺傷乃退。《地理志》曰:九真郡,漢武帝元鼎六年開,治胥浦縣,王莽更之曰驩成也。《晉書·地道記》曰:九真郡有松原縣。《林邑記》曰:松原以西,鳥獸馴良,不知畏弓,寡婦孤居,散髮至老,南移之嶺,崪不踰仞,倉庚懷春于其北,翡翠熙景乎其南。雖嚶讙接響,城隔殊非,獨步難遊,俗姓塗分故也。自南陵究出于南界蠻,進得横山。太和三年,范文侵交州,于横山分界,度比景廟,由門浦至古戰灣。吴赤烏十一年,魏正始九年,交州與林邑于灣大戰,初失區粟也。渡盧容縣,日南郡之屬縣也。自盧容縣至無變,越烽火至比景縣,日中頭上,景當身下,與景爲比。如淳曰:故以比景名縣。闞駰曰:比,讀蔭庇之庇。景在已下,言爲身所庇也。《林邑記》曰:渡比景至朱吾。朱吾縣浦,今之封界,朱吾以南,有文狼人,野居無室宅,依樹止宿,食生魚肉,採香爲業,與人交市,若上皇之民矣。縣南有文狼究,下流逕通。《晉書·地道記》曰:朱吾縣屬日南郡,去郡二百里。此縣民,漢時不堪二千石長吏調求,引屈都乾爲國。《林邑記》曰:屈都,夷也。朱吾浦内通無勞湖,無勞究水通壽泠浦。元嘉元年,交州刺史阮彌之征林邑,陽邁出婚不在,奮威將軍阮謙之領七千人,先襲區粟,已過四會,未入壽泠,三日三夜無頓止處,凝海直岸,遇風大敗。陽邁攜婚,都部伍三百許船來相救援,謙之遭風,餘數船艦,夜于壽泠浦裹相遇,闇中大戰,謙之手射陽邁柁工,船敗縱横,崑崙單舸[39],接得陽邁。謙之以風溺之餘,制勝理難,自此還渡壽泠,至温公浦。升平三年,温放之征范佛于灣分界陰陽圻,入新羅灣,至焉下,一名阿賁浦,入彭龍灣隱避風波,即林邑之海渚。元嘉二十三年,交州刺史檀和之破區粟已,飛旍蓋海,將指典沖,于彭龍灣上鬼塔,與林邑大戰,還渡典沖、林邑入浦,令軍大進[40],持重故也。浦西,即林邑都也。治典沖,去海岸四十里,處荒流之徼表,國越裳之疆南,秦漢象郡之象林縣也。東濱滄海,西際徐狼,南接扶南,北連九德。後去象林,林邑之號[41],建國起自漢末,初平之亂,人懷異心,象林功曹姓區,有子名逵,攻其縣殺令,自號爲王。值世亂離,林邑遂立。後乃襲代,傳位子孫,三國鼎爭,未有所附。吴有交土,與之鄰接,進侵壽泠,以爲疆界。自區逵以後,國無文史,失其纂代,世數難詳,宗胤滅絶,無復種裔。外孫范熊代立,人情樂推。後熊死,子逸立。有范文,日南西捲縣夷帥范椎奴也。文爲奴時,山澗牧羊,于澗水中得兩鯉魚,隱藏挾歸,規欲私食。郎知檢求,文大慙懼,起託云:將礪石還,非爲魚也。郎至魚所,見是兩石,信之而去,文始異之。石有鐵,文入山中,就石冶鐵,鍛作兩刀,舉刃向鄣,因祝曰:鯉魚變化,冶石成刀,斫石鄣破者是有神靈,文當得此,爲國君王。斫不入者,是刀無神靈。進斫石鄣,如龍淵、干將之斬蘆藁,由是人情漸附。今斫石尚在,魚刀猶存,傳國子孫,如斬蛇之劍也。椎嘗使文遠行商賈,北到上國,多所聞見。以晉愍帝建興中,南至林邑,教王范逸制造城池,繕治戎甲,經始廓略。王愛信之,使爲將帥,能得衆心。文讒王諸子,或徙或奔,王乃獨立,成帝咸和六年死,無胤嗣。文迎王子于外國,海行取水,置毒椰子中,飲而殺之。遂脅國人,自立爲王。取前王妻妾置高樓上,有從己者,取而納之;不從己者,絶其飲食而死。《江東舊事》云:范文本揚州人,少被掠爲奴,賣墮交州,年十五六,遇罪當得杖,畏怖因逃,隨林邑賈人渡海遠去,没入于王,大被幸愛。經十餘年,王死,文害王二子,詐殺侯將,自立爲王,威加諸國。或夷椎鬘語,口食鼻飲,或雕面鏤身,狼𥇒裸種。漢、魏流赭,咸爲其用。建元二年,攻日南、九德、九真,百姓奔迸,千里無煙,乃還林邑。林邑西去廣州二千五百里[42],城西南角,高山長嶺,連接天鄣,嶺北接澗,大源淮水出郍郍遠界,三重長洲,隱山遶西,衛北迴東,其嶺南開澗;小源淮水出松根界,上山壑流,隱山遶南,曲街迴東,合淮流以注典沖。其城西南際山,東北瞰水,重塹流浦,周繞城下,東南塹外,因傍薄城,東西横長,南北縱狹,北邊西端,迴折曲入。城周圍八里一百步,甎城二丈,上起甎牆一丈,開方隙孔,甎上倚板,板上層閣,閣上架屋,屋上構樓,高者六七丈,下者四五丈。飛觀鴟尾,迎風拂雲,緣山瞰水,騫翥嵬峉。但制造壯拙,稽古夷俗。城開四門:東爲前門,當兩淮渚濱,于曲路有古碑,夷書銘讚前王胡達之德。西門當兩重塹,北迴上山,山西即淮流也。南門度兩重塹,對温公壘。升平二年,交州刺史温放之殺交趾太守杜寶、别駕阮朗,遂征林邑,水陸累戰,佛保城自守,重求請服,聽之。今林邑東城南五里有温公二壘是也。北門濱淮,路斷不通。城内小城,周圍三百二十步,合堂瓦殿,南壁不開,兩頭長屋,脊出南北,南擬背日[43]。西區城内,石山順淮面陽,開東向殿,飛檐鴟尾,青瑣丹墀,榱題桷椽,多諸古法。閣殿上柱,高城丈餘五,牛屎爲埿。牆壁青光迴度,曲掖綺牖,紫窻椒房,嬪媵無别,宫觀、路寢、永巷,共在殿上,臨踞東軒,徑與下語,子弟臣侍,皆不得上。屋有五十餘區,連甍接棟,檐宇相承。神祠鬼塔,小大八廟,層臺重榭,狀似佛刹。郭無市里,邑寡人居,海岸蕭條,非生民所處,而首渠以永安,養國十世,豈久存哉。元嘉中,檀和之征林邑,其王陽邁,舉國夜奔竄山藪。據其城邑,收寶巨億,軍還之後,陽邁歸國,家國荒殄,時人靡存,躊躕崩擗,憤絶復蘇,即以元嘉二十三年死。初,陽邁母懷身,夢人鋪陽邁金席,與其兒落席上,金光色起,昭晰豔曜。華俗謂上金爲紫磨金,夷俗謂上金爲陽邁金。父胡達死,襲王位,能得人情,自以靈夢,爲國祥慶。其太子初名咄,後陽邁死,咄年十九代立,慕先君之德,復改名陽邁。昭穆二世,父子共名,知林邑之將亡矣。其城,隍塹之外,林棘荒蔓,榛梗冥鬱,藤盤筀秀,參錯際天。其中香桂成林,氣清煙澄。桂父,縣人也,棲居此林,服桂得道。時禽異羽,翔集間關,兼比翼鳥,不比不飛,鳥名歸飛,鳴聲自呼。此戀鄉之思孔悲,桑梓之敬成俗也。豫章俞益期[44],性氣剛直,不下曲俗,容身無所,遠適在南,《與韓康伯書》曰:惟檳榔樹,最南遊之可觀,但性不耐霜,不得北植,不遇長者之目,令人恨深。嘗對飛鳥戀土,增思寄意,謂此鳥其背青,其腹赤,丹心外露,鳴情未達,終日歸飛,飛不十千,路餘萬里,何由歸哉? 九真太守任延,始教耕犂,俗化交土,風行象林。知耕以來,六百餘年,火耨耕藝,法與華同。名白田,種白穀,七月火作,十月登熟;名赤田,種赤穀,十二月作,四月登熟。所謂兩熟之稻也。至于草甲萌芽,穀月代種,穜稑早晚,無月不秀,耕耘功重,收穫利輕,熟速故也。米不外散,恒爲豐國。桑蠶年八熟繭,《三都賦》所謂八蠶之綿者矣。其崖小水羃歷,常吐飛溜,或雪霏沙漲,清寒無底,分溪别壑,津濟相通。其水自城東北角流,水上懸起高橋,渡淮北岸,即彭龍、區粟之通逵也。檀和之東橋大戰,陽邁被創落象,即是處也。其水又東南流逕船官口,船官川源徐狼,外夷皆裸身,男以竹筒掩體,女以樹葉蔽形,外名狼𥇽,所謂裸國者也。雖習俗裸袒,猶恥無蔽,惟依暝夜,與人交市。闇中臭金,便知好惡,明朝曉看,皆如其言。自此外行,得至扶南。按竺枝《扶南記》曰:扶南去林邑四千里,水步道通。檀和之令軍入邑浦,據船官口城六里者也。自船官下注大浦之東湖,大水連行,潮上西流,潮水日夜長七八尺,從此以西,朔望并潮,一上七日,水長丈六七。七日之後,日夜分爲再潮,水長一二尺。春夏秋冬,厲然一限,高下定度,水無盈縮,是爲海運。亦曰象水也,又兼象浦之名。《晉功臣表》所謂金潾清逕[45],象渚澄源者也。其川浦渚,有水蟲彌微,攢木食船,數十日壞。源潭湛瀨,有鮮魚,色黑,身五丈,頭如馬首,伺人入水,便來爲害。《山海經》曰:離耳國、雕題國,皆在鬱水南。《林邑記》曰:漢置九郡,儋耳與焉。民好徒跣,耳廣垂以爲飾,雖男女褻露,不以爲羞。暑褻薄日,自使人黑,積習成常,以黑爲美,《離騷》所謂玄國矣。然則儋耳即離耳也。王氏《交廣春秋》曰:朱崖、儋耳二郡,與交州俱開,皆漢武帝所置。大海中,南極之外,對合浦徐聞縣。清朗無風之日,逕望朱崖州,如囷廩大,從徐聞對渡,北風舉帆,一日一夜而至。周迴二千餘里,徑度八百里,人民可十萬餘家,皆殊種異類,被髮雕身,而女多姣好,白皙、長髮、美鬢,犬羊相聚,不服德教。儋耳先廢,朱崖數叛,元帝以賈捐之議罷郡。楊氏《南裔異物志》曰:儋耳、朱崖,俱在海中,分爲東蕃。故《山海經》曰:在鬱水南也。鬱水又南自壽泠縣注于海。昔馬文淵積石爲塘,達于象浦,建金標爲南極之界。《俞益期牋》曰:馬文淵立兩銅柱于林邑岸北,有遺兵十餘家不反,居壽泠岸南而對銅柱。悉姓馬,自婚姻,今有二百户。交州以其流寓,號曰馬流[46]。言語飲食,尚與華同。山川移易,銅柱今復在海中,正賴此民,以識故處也。《林邑記》曰:建武十九年,馬援樹兩銅柱于象林南界,與西屠國分,漢之南疆也。土人以之流寓,號曰馬流,世稱漢子孫也。《山海經》曰:鬱水出象郡而西南注南海,入須陵東南者也。應劭曰:鬱水出廣信,東入海。言始或可,終則非矣。

注释:

① 大度水　《水經注西南諸水考》卷一《若水》引《水經注》作"大渡水"。

② 蜯雋山　《大典》本、《注箋》本、何校明鈔本、王校明鈔本、項本、張本、雍正《四川通志》卷二十四《山川志·寧遠府·瀘山》引《水經注》均作"蛙雋山"。

③ 青蛉水　《大典》本、黄本、吴本、《注箋》本、何校明鈔本、王校明鈔本、項本、沈本、《五校》鈔本、《七校》本、《注釋》本、張本、《注疏》本、《名勝志·四川》卷二十九上《川南道·邊防·會川衛》引《水經注》、《滇繫》卷八之一《藝文繫》引《水經注》均作"蜻蛉水"。

④ 青蛉縣　同注③各本均作"蜻蛉縣"。

⑤ 牧靡南山　何本作"收靡縣南山",《注釋》本作"牧靡縣南山"。

⑥ 堂琅縣　《通鑑》卷九十二《晉紀》十四明帝大寧元年"戰于螗蜋"胡《注》引《水經注》、《東晉疆域志》卷三《堂狼》引《水經注》均作"堂狼縣"。案堂琅(堂狼)在兩晉均是朱提郡屬縣。

⑦ 瀘水　《史記》卷一《本紀》一《五帝本紀》"其二曰昌意,降居若水"《索隱》引《水經注》作"瀘江水"。

⑧ 蘭倉水　《大典》本作"蘭蒼水"。

⑨ 《諸葛忠武侯故事》卷五《遺蹟篇》引《水經注》云:"邛州西百里有石盤戍,俗呼爲望軍頂,昔諸葛武侯駐軍于此。"當是此段中佚文。

⑩ 赤水　吴本、《丹鉛總録》卷二引《水經注》、《丹鉛雜録》卷七引《水經注》、《滇繫》卷八之一《藝文繫》引《水經注》均作"赤木"。

⑪ 烏檂　《丹鉛總録》卷二引《水經注》、《丹鉛雜録》卷七引《水經注》均作"烏攏"。

⑫ 《札記·左擔道》:

對于古代陸上交通的困難,《水經注》在卷二十七《沔水篇》中記載了今陜西、四川二省之間的所謂"棧道",俗稱"千梁無柱"。這是一種極端艱巨的陸上交通工程,我曾以"千梁無柱"爲題,寫過一篇札記。

除了棧道以外,《水經注》記載的古代陸上交通,還有所謂"左擔道",也是十分艱難的交通道路。卷三十六《若水》《經》"又東北至犍爲朱提縣西,爲瀘江水"《注》云:

自朱提至僰道有水步道,水道有黑水、羊官水,至險難。三津之阻,行者苦之。故俗爲之語曰:楢溪、赤水,盤蛇七曲,盤羊烏櫳,氣與天通,看都濩泚,住柱呼伊,庲降賈子,左擔七里。又有牛叩頭、馬搏頰坂,其艱險如此也。

"庲降賈子,左擔七里。"庲降就是當年的建寧郡治,約在今雲南的曲靖縣附近。從庲降到僰道,就是由滇入蜀。這一條道路,古代稱爲"左擔道",是一種非常陡峻、崎嶇、狹窄的山道。《水經注滙校》楊希閔在此處引李克《蜀記》云:"蜀山自綿谷葭萌,道陘險窄,北來負擔者,不容息肩,謂之左擔道。"可以設想,用扁擔挑了一副重擔,在山道上行走,肩挑者的一種休息方式,就是把扁擔從左肩换到右肩,行進一段,又從右肩换到左肩,整個行程中作這樣的换肩動作,使左、右肩獲得間息的機會。但是由于道路陡峻狹窄,在若干段落中,要負重者作换肩的動作也不可能。使肩挑者不得不使用一隻肩膀負重到走完這條險路爲止,這就叫"左擔道"。也可以設想,雖然是這樣一條狹窄的"左擔道",但要在這樣崎嶇險峻的山上,開鑿出這樣一條道路,其工程也是十分艱巨的。

⑬ 馬搏頰坂 《方輿紀要》卷七十《四川》五《叙州府·宜賓縣·朱提廢縣》引《水經注》作"馬搏額坂"。

⑭ 《札記·江源》:

對于長江江源,我國最早的權威著作《禹貢》説"岷山導江,東别爲沱",把岷江作爲長江的江源。因爲《禹貢》是《尚書》中的一篇,在古代屬于大家都必須尊重的經書。因此《禹貢》以後的著作,凡是涉及江源,都奉《禹貢》爲經典。《水經》説:"岷山在蜀郡氐道縣,大江所出,東南過其縣北。"酈道元在卷三十三這句《經》文下《注》云:"岷山,即瀆山也,水曰瀆水矣,又謂之汶阜山,在徼外,江水所導也。"説明他贊同《水經》,其實就是服從《禹貢》的"岷山導江"之説。

徐霞客寫了一篇《江源考》(又稱《溯江紀源》),指出岷江不是江源,因此獲得了極大聲譽。著名地質學家丁文江爲他撰寫年譜,讚揚徐霞客在地理學上有五項重要的發現:即北盤江之源流;瀾滄江、潞江之出路;枯柯河之出路及碧溪江之上流;大盈、龍川、大金沙江三江之分合經流;江源。對于丁氏所説的這五項"發現",譚其驤教授在三十多年前已在《論丁文江所謂徐霞客在地理上之重要發現》(載《地理學家徐霞客》,商務印書館一九四八年發行)一文中指出:"自余考之,中惟最不重要之第三項(案指枯柯河之出路及碧溪江之上流),誠足以匡正前人,已引見上文,其餘四項,皆斷乎絶無'發現'之可言。"譚氏的話是信而有徵的。以江源爲例,實際上人們很早就已經知道遠遠超過岷江,《山海經·海内經》説:"有巴遂山,繩水出焉。"這個繩水,就是長江的正源金沙江。《海内經》一般認爲是西漢初期的作品，説明在《禹貢》以後不久，人們對于長江的知識就有了發展。到了《漢書·地理志》，江源就更進一步清楚："繩水出徼外，東至僰道入江。"僰道即今宜賓，正是金沙江與岷江匯合之處。

《水經注》記載的長江上源，當然又大大超過《漢書·地理志》，卷三十六《若水》説："繩水出徼外，《山海經》曰：巴遂之山，繩水出焉。東南流，分爲二水：其一水枝流東出，徑廣柔縣，東流注于江；其一水南逕旄牛道，至大莋與若水合。自下亦通謂之爲繩水矣。"若水即是今雅礱江，若水與繩水匯合，其下流仍稱繩水，這條繩水，當然就是今金沙江。《若水注》最後説："若水至僰道，又謂之馬湖江。繩水、瀘水、孫水、淹水、大渡水，隨決入而納通稱。是以諸書録記羣水，或言入若，又言注繩，亦咸言至僰道入江。正是異水沿注，通爲一津，更無別川，可以當之。"從這段《注》文中，可見酈道元對于當時長江上游的幹支流情況，已經相當清楚了。《注》文中的繩水，是今金沙江的通稱，淹水是金沙江的上流，瀘水是金沙江的中流，馬湖江是金沙江的下流，孫水是今安寧河，大渡水是今康定縣西的壩拉河。儘管他没有突破《禹貢》的框框，仍把岷江作爲長江的正源，但實際上已把長江上游的幹支流分佈記載得相當清楚了。

⑮　《札記·牛渚縣》："卷三十六《沬水注》的靈道縣……《注》文不僅提出縣名，而且都説明建縣年代，但《兩漢志》和晉、宋、齊諸《志》也均不載。"

⑯　同注⑮。

⑰　開刊縣　《大典》本、《注箋》本、項本、《注釋》本、張本均作"開邦縣"，《東晉疆域志》卷三《漢嘉》引《水經注》作"開邗縣"。

⑱　《注疏》本熊會貞按："《華陽國志》平夷郡，晉元帝建興元年置。考建興爲愍帝年號，元帝年號則建武也。《華陽國志》'建興'爲'建武'之誤，此《注》亦沿其誤。"

⑲　《注疏》本楊守敬按："張堪，范書有傳，不載此事。稱以謁者詣大司馬吴漢，伐公孫述，在道追拜蜀郡太守。中間不得有爲涪陵縣事，此當本他家《後漢書》，疑'爲縣'是'爲郡'之誤，蓋以蜀郡太守攝巴郡事也。"

⑳　郁鄢縣　《大典》本、黄本、吴本、項本、沈本、張本均作"郁鄔縣"。

㉑　牧靡縣　何本作"收靡縣"。

㉒　毋斂縣　《大典》本、黄本、吴本、《注箋》本、項本、沈本、張本均作"無斂縣"。

㉓　毋斂水　《大典》本、黄本、吴本、沈本均作"無斂水"。

㉔　牂柯水　《大典》本、黄本、何校明鈔本、王校明鈔本、沈本均作"牂牱水"，《水經注西南諸水考》卷二存水引《水經注》作"牂泀水"。

㉕　談藁縣　《大典》本、黄本、吴本、《注箋》本、項本、沈本、張本、《禹貢水道考異·南條水道考異》卷五《黑水》引《水經注》、《滇繫》卷八之一《藝文繫》引《水經注》均作"談臺縣"。

㉖　三年　《注疏》本作"二年"。《疏》："朱訛作'三年'，戴、趙同。守敬按：《漢志》是二年，今訂。"

㉗　與邪龍分浦　《注疏》本熊會貞《疏》："會貞按：邪龍見《葉榆水篇》，在今蒙化廳，地去俞元

甚遠,俞元何得與之分浦?考《華陽國志》四,河陽郡寧州刺史王遜分雲南立,郡治河陽縣,在河源洲上。宋、齊《志》謂之東河陽郡東河陽縣,在今太和縣東。又晉、宋、齊,雲南郡有河平縣,在今雲南縣東,皆與邪龍近。此數語當是《葉榆水篇》之錯簡也。”

㉘ 俞元縣 吴本、《滇繫》卷八之一《藝文繫》引《水經注》均作“俞亢縣”。

㉙ 監南 《注箋》本、何校明鈔本、項本、張本、《注疏》本均作“盤南”。《注疏》本《疏》:“趙‘盤’改‘監’,云:《漢書·地理志》益州郡律高縣,監町山出銀、鉛。師古曰,監音呼䳄反。戴改同,云:《華陽國志》,梁水郡在興古之監南。守敬按:《華陽國志》作‘盤南’,不作‘監南’,戴臆改以合《漢志》。而《華陽國志》又稱律高有監町山,則‘盤’、‘監’錯出,不必改也。互見《葉榆水篇》。”

㉚ 朱涯水 《大典》本、吴本均作“朱主水”,《注箋》本、項本、《五校》鈔本、《七校》本、《注釋》本、張本、《注疏》本均作“朱厓水”。

㉛ 牂柯水 《大典》本、黄本、吴本、何校明鈔本、王校明鈔本、項本、沈本、張本、《水經注西南諸水考》卷二《温水》引《水經注》、《黔囊》引《水經注》均作“牂牁水”。

㉜ 斤南水 《注釋》本、《續黔書》卷三《豚水》引《水經注》均作“斤員水”。

㉝ 牂 《大典》本、黄本、吴本、沈本均作“牂”。

㉞ 柯 《大典》本、黄本、吴本、沈本、嚴本、何校明鈔本、王校明鈔本、《太平廣記》卷二九一《竹王》引《水經注》均作“牁”。

㉟ 柱浦關 《注釋》本作“柱蒲關”。

㊱ 《札記·日南郡》:

卷三十六《温水》《經》“東北入于鬱”《注》云:

應劭《地理風俗記》曰:日南,故秦象郡。漢武帝元鼎六年開日南郡,治西捲縣。

按日南郡位于今越南中南部,這是中國歷史行政區劃中最南的一郡,應劭認爲是秦始皇敉平百越之地所建的象郡,雖然並不完全正確,但可以説明這個地區在公元前三世紀已由漢族建立了郡縣。《漢書·地理志》記及王莽更名爲日南亭,所以直到西漢之末,這個郡仍在漢朝的版圖之中。東漢馬援和路博德幾次南征,日南郡也都在疆域之内。同《注》云:“晉太康三年,省日南郡屬國都尉,以其所統盧容縣置日南郡及象林縣之故治。”則晉時,日南郡的行政區劃有過一些内部的調整,但仍在晉朝的管轄之内。《温水注》又記及:“元嘉二十年,林邑頑凶,歷代難化,恃遠負衆,慢威背德。北賨既臻,南金闕貢,乃命偏將與龍驤將軍交州刺史檀和之陳兵日南,脩文服遠。”説明直到南北朝之初,南朝勢力仍然到達這個地區。

對于領土的地理位置絶大部分在北回歸綫以北的中國來説,爲什麽把這個郡名稱爲日南,倒是一個饒有趣味的問題。《温水注》對此也有一段解釋:

區粟建八尺表,日影度南八寸。自此影以南在日之南,故以名郡。望北辰星,落在天際。日在北,故開北户以向日。此其大較也。

這段《注》文中所説的“日在北,故開北户以向日”,這話並不完全正確。按日南郡的位置大約在北緯十七度南北,因此,在每年夏至前後,約有五十天時間太陽在北。所以一年之中,"開北户以向日"的時間還不到兩个月。《注》文所説的"區粟建八尺表,日影度南八寸",這裏的所謂"八尺表",顯然是一種類似日晷的儀器,是古人根據日照以確定地理位置的依據。區粟是古代林邑國(在越南順化一帶)的著名城市,對其確實位置,各方尚有不同意見。但大體説來,總在北緯十六度附近。所以一年之中位于日南的時間,大約接近兩個月。

《温水注》又説:"范泰《古今善言》曰:日南張重,舉計入洛,正旦大會。明帝問:日南郡北向視日邪?重曰:今郡有雲中、金城者,不必皆有其實,日亦俱出于東耳。"這裏所引的范泰《古今善言》,其書有三十卷,却早已亡佚,但《隋書・經籍志》及《兩唐志》均有著録。范是南朝宋車騎將軍,其記東漢事,或許不致有訛。這位從日南到洛陽的張重,觀其對漢明帝的回答,可知其人不學無術,却能説會道。這樣的人,古今都有不少。從邊疆郡縣去到首都朝見皇帝,在當時是一種殊榮,獲得這種殊榮的人,衹憑一套油嘴滑舌的本領,令人一歎。可惜當年漢明帝所知比他更少,所以無法當場揭穿他的胡言亂語。

前面已經述及,日南郡是兩漢王朝版圖中的最南一郡。其實,在《水經注》記載的南方地區中,位于日南郡以北,但每年仍有長短不等的時間可以"開北户以向日"(即位于北回歸綫以南)的郡縣,爲數還有不少。除日南郡外,尚有漢朝設置的交趾(今越南北部)、九真(今越南北部,郡治在河内以南,順化以北)、合浦(今廣西合浦一帶)、朱崖(西漢作朱盧,東漢改朱崖,今海南)、儋耳(今海南儋縣一帶)及三國吴所設置的九德郡(轄區與九真郡部分相同)等郡。轄境跨北回歸綫南北的,有秦置的南海(今廣東大部)、象郡(今廣東雷州、廣西慶遠等地以至越南北部),漢置的永昌(今雲南保山一帶)、牂柯(今貴州德江一帶)、鬱林(今廣西貴縣一帶)、蒼梧(今廣西蒼梧一帶),以及晉置的興古郡(今貴州普安一帶)。因爲太陽在夏至日直射北回歸綫,所以上列各郡,全郡之中也有若干縣,一年之中有不等的時間獲得北向觀日的機會。當然,位于日南時間最長的是日南郡,所以此郡以"日南"爲名,還是適當的,並不如那個答非所問的張重所説:"日亦俱出于東耳。"

㊲ 《札記・五嶺》:

五嶺之名始于《史記・陳餘傳》:"秦爲亂政虐刑以殘賊天下數十年矣。北有長城之役,南有五嶺之戍。"《集解》:"駰《案》,《漢書音義》曰:嶺有五,因以爲名,在交趾界中也。"《索隱》:"裴氏《廣州記》云:大庾、始安、臨賀、桂陽、揭陽,斯五嶺。"案"五嶺之戍",實際上是向南方非漢族地區的新領地移民。《通鑑・秦紀》二始皇帝三十三年:"略取南越陸梁地,置桂林、南海、象郡,以謫徙民五十萬人戍五嶺,與越雜處。"因此,所謂五嶺者,乃是將漢族移往桂林、南海、象郡等新領地,與百越雜處,以監視並同化他們,並防制他們的動亂。這是秦對其新領地所採用的普遍做法,不僅是南方,東南地區也是如此。《越絶書》卷八:"是時徙大越民置餘杭、伊攻、□、故鄣,因徙天下有罪適吏民,置海南故大越處,以備東海外越。"所以這是一種移民政策。當時的所謂五嶺,並不一定有五座山嶺,正如《禹貢》三江、九河等一樣,"三"和"九"衹是表示多數而已,並不一定是"三"、"九"的實數。北方平原之民,來到兩廣叢山峻嶺之地,五嶺,是言其多山的意思。但以後三江、九河等,都以江河的名稱湊合其數,于是,五嶺也就用五座山嶺的名稱湊合其數。《索隱》所引裴氏《廣州記》成于晉代,故五座山嶺名稱的出現,較之三江、九河等,已經要晚了。

到了《水經注》的時代,實數的五嶺概念已經明確,所以酈道元也在《注》文中寫出了五嶺的名稱。因爲五嶺是分佈在今湘桂、湘粵、贛粵之間的漫長地帶的,因此,《水經注》是在《湘水》、《溱水》、《鍾水》、《耒水》四篇中,纔把這五座山嶺記載完整的。

卷三十八《湘水》《經》"東北過零陵縣東"《注》云:"越城嶠水南出越城之嶠,嶠,即五嶺之西嶺也。"這裏的越城嶠,就是《廣州記》的始安嶺。又同卷《經》"又東北過泉陵縣西"《注》云:"馮水又左會萌渚之水,水南出萌渚之嶠,五嶺之第四嶺也。"這裏的萌渚嶠,就是《廣州記》的臨賀嶺。卷三十八《溱水》《經》"東至曲江安聶邑東,屈西南流"《注》云:"山,即大庾嶺也,五嶺之最東矣。"卷三十九《鍾水》《經》"鍾水出桂陽南平縣都山,北過其縣東,又東北過宋渚亭,又北過鍾亭,與灌水合"《注》云:"都山,即都龐之嶠,五嶺之第三嶺矣。"這裏的都龐嶠,就是《廣州記》的揭陽嶺。卷三十九《耒水》《經》"又東北過其縣之西"《注》云:"山則騎田之嶠,五嶺之第二嶺也。"這裏的騎田嶠,就是《廣州記》的桂陽嶺。

前面指出,像三江、九河、五嶺等冠以數詞的地名,開始衹是表示多數,以後纔湊合成實。這中間,五嶺一名最有實際意義。因爲三江說法甚多,而最爲普遍的是北江、中江、南江之説,純屬牽强附會,没有實際意義。九河原是描述黄河三角洲枝流紛歧的情况,後來纔以徒駭、太史、馬頰、覆釜、胡蘇、簡、潔、句盤、鬲津九條河流充之。但黄河入海處,河口經常擺動,枝流變化頻繁,上述九河中除少數外,多數均早失所在,所以也無實際意義。但五嶺却不同,它在一旦具有實名以後,就一直穩定不變。在科學的自然地理學誕生以後,五嶺又成爲南嶺的别名。南嶺是綿亘于湘、贛、粵、桂四省區邊境的一系列東北、西南走向的山脈的總稱,是長江和珠江的分水嶺,而從西到東,越城(海拔二一二三米)、都龐(二〇〇九米)、萌渚(一七八七米)、騎田(一五一〇米)、大庾(一〇〇〇米)屹立其間,不少重要的南北通道,如梅嶺路、摺嶺路、桂嶺路等,都在五嶺之下的低谷山口通過。在自然地理上,五嶺確實是中國南北的明顯分界綫。卷三十六《温水》《經》"東北入于鬱"《注》云:"古人云:五嶺者,天地以隔内外。"説明五嶺南北的這種自然地理分異,古人也早已觀察到了。

㊳ 外越　古代越族流散分佈,范圍甚廣,名稱甚多,但記及"外越"一名者,現存文獻中僅《越絶書》與《水經注》二種。《越絶書》卷二《吴地記》云:"婁門外力士者,闔廬所造,以備外越。"又云:"婁北武城,闔廬所以候外越也。"又云:"宿甲者,吴宿兵候外越也。"此書卷八《地傳》云:"句踐徙治山北,引屬東海,内、外越别封削焉。"又云:"(秦始皇)因徙天下有罪適吏民,置海南故大越處,以備東海外越。"《水經注》卷三十六《温水》《經》"東北入于鬱"《注》云:"《林邑記》曰:'浦通銅鼓、外越、安定、黄岡心口。'"又云:"《林邑記》曰:外越、紀粟、望都。"卷三十七《葉榆河》《經》"過交趾䴴泠縣北,分爲五水,絡交趾郡中,至南界,復合爲三水,東入海"《注》云:"《林邑記》所謂外越、安定、紀粟者也。"案《林邑記》早已亡佚,故《水經注》所引值得重視。

㊴ 伯希和《交廣印度兩道考》第七十二頁引《水經注》云:"頓遜昔號崑崙。"又費琅《崑崙及南海古代航行考》第三頁引《水經注》云:"交州刺史以兵討林邑,敗之,追擊至于崑崙。"或均是此段中

佚文。又參見卷一《河水》注②。

㊵　令軍大進　《注疏》本作"令軍不進"。《疏》:"朱'不'訛作大,趙改'大',戴改同。守敬按:非也。觀下'持重故也',則當作'不進',今訂。"

㊶　後去象林林邑之號　王校明鈔本作"後去象,有林邑之號",王國維《明鈔本水經注跋》:"後去象,有林邑之號。諸本並作'後去象林,林邑之號'。案酈意爲林邑國號本出象林,後省'象'字故爲'林邑'。若如諸本,則不辭矣。"

㊷　二千五百里　《水經注疏》熊會貞按:"林邑去廣州甚遠,何止二千五百里,且中隔交州,亦不得舍交州而别舉廣州。據《寰宇記》漢于交趾郡南三千里,置日南郡,林邑在日南郡南界四百里,交州治交趾郡,計林邑去交州三千四百里。此'廣州'當作'交州',二千五百里,'二'當'三'之誤。"

㊸　背日　原作"背曰",據《崇文》、《廣雅》、《合校》、《滙校》諸本改。

㊹　《札記・書信》:

卷三十六《温水》《經》"東北入于鬱"《注》中,《注》文引用了俞益期《與韓康伯書》及《俞益期牋》兩種書信(這兩種可能是同一書信)。應該説,俞益期的書信,不僅是酈《注》書信中值得珍貴的文獻,在《水經注》所引的全部文獻中也是十分難得的。

俞益期是一個名不見經傳的人,《温水注》對他有幾句話的介紹:"豫章俞益期,性氣剛直,不下曲俗,容身無所,遠適在南。"則此人是豫章人,流落在今中南半島的古代林邑國一帶。這些書信能够從林邑國寄匯回國,當然已非易事。這些書信的接受者韓康伯,是個東晉的知名人士,曾官太常卿,《世説新語》《言語》、《方正》、《雅量》、《品藻》、《捷悟》、《賢媛》各篇,都曾記及他的掌故。《隋書・經籍志》著録有晉太常卿《韓康伯集》十六卷。估計韓《集》中收有韓康伯致俞益期的覆信,而俞《牋》則附録于覆信之後。因爲韓《集》早已亡佚,所以無可查核。當然,這裏也有令人不解之處。既然俞益期與韓康伯這樣的當朝名流相熟悉,而且書信往返,交誼不同一般,爲什麽竟至于"容身無所,遠適在南"呢?在文獻資料大量亡佚的情況下,這樣的問題看來是難以解答的。

正是因爲俞益期"遠適在南",因此,他的書信中,描述了許多南方的風物掌故,所以具有很高的價值。

㊺　金潾　即"崑崙"别譯,參見卷一《河水》注②。

㊻　《札記・馬流》:

卷三十六《温水》《經》"東北入于鬱"《注》云:

《林邑記》曰:建武十九年,馬援樹兩銅柱于象林南界,與西屠國分,漢之南疆也。土人以之流寓,號稱馬流,世稱漢子孫也。

假使馬流確實如《俞益期牋》所云,是馬援的舊部,則他們無非是留居國外的漢僑。《林邑記》的説法"世稱漢子孫也",含有其實不是漢子孫的意思。關于這一點,《初學記》卷六《海》第二的"銅柱"下引張勃《吴録》,表達得比《林邑記》更爲清楚。《初學記》云:"象林海中有小洲,生柔金,自北南行三十里,有西屬國,人自稱漢子孫,有銅柱,漢之疆埸之表。"據此,則所謂漢子孫,確實是西屬國(《林邑記》作西屠國)人的自稱。因爲當時漢族强大,邊疆少數民族稱漢人以自保,這是很可能的事。

對于馬流,丁謙在《新唐書南蠻列傳考證》(《浙江圖書館叢書》第一集)一文中所作的考證(丁氏作馬留),比《俞益期牋》和《林邑記》的説法看來要合理得多。丁氏云:

> 馬留爲南洋黑人種族之名,或作馬來,亦作巫來由,皆音譯之轉。今云馬援所留,實望文生義之談,不足爲據。

《水經注》中有不少涉及我國邊疆民族的資料,由于當時對這些民族瞭解很少,記載中頗有以訛傳訛的東西,但是對于今天的民族史研究,仍然都是有用的資料。

卷三十七　淹水　葉榆河　夷水　油水　澧水　沅水　泿水

淹水出越嶲遂久縣徼外，

吕忱曰：淹水一曰復水也。

東南至青蛉縣[①]，

縣有禺同山，其山神有金馬、碧雞，光景倏忽，民多見之。漢宣帝遣諫大夫王褒祭之，欲致其雞、馬，褒道病而卒，是不果焉。王褒《碧雞頌》曰：敬移金精神馬，縹縹碧雞。故左太沖《蜀都賦》曰：金馬騁光而絶影，碧雞倏忽而耀儀。

又東過姑復縣南，東入于若水。

淹水逕縣之臨池澤[②]而東北，逕雲南縣西，東北注若水也。

益州葉榆河，出其縣北界，屈從縣東北流[③]，

縣，故滇池葉榆之國也。漢武帝元封二年，使唐蒙開之，以爲益州郡。郡有葉榆縣，縣西北八十里，有弔鳥山[④]，衆鳥千百爲羣，其會，鳴呼啁哳，每歲七八月至，十六七日則止，一歲六至。雉雀來弔，夜燃火伺取之。其無嗉不食，似特悲者，以爲義則不取也。俗言，鳳凰死于此山，故衆鳥來弔，因名"弔鳥"。縣之東有葉榆澤[⑤]，葉榆水所鍾而爲此川藪也。

過不韋縣，

縣,故九隆哀牢之國也。有牢山,其先有婦人名沙壹,居于牢山,捕魚水中,觸沈木若有感,因懷孕,産十子。後沈木化爲龍,出水,九子驚走,小子不能去,背龍而坐,龍因舐之。其母鳥語,謂背爲九,謂坐爲隆,因名爲九隆。及長,諸兄遂相共推九隆爲王。後牢山下有一夫一婦,生十女,九隆皆以爲妻,遂因孳育,皆畫身像龍文,衣皆著尾。九隆死,世世不與中國通。漢建武二十三年,王遣兵來,乘革船南下,攻漢鹿茤民,鹿茤民弱小,將爲所擒。于是天大震雷,疾雨,南風漂起,水爲逆流,波湧二百餘里,革船沈没,溺死數千人。後數年,復遣六王,將萬許人攻鹿茤,鹿茤王與戰,殺六王,哀牢耆老共埋之。其夜,虎掘而食之。明旦但見骸骨。驚怖引去,乃懼,謂其耆老小王曰:哀牢犯徼,自古有之,今此攻鹿茤,輒被天誅,中國有受命之王乎?何天祐之明也?即遣使詣越巂奉獻,求乞内附,長保塞徼。漢明帝永平十二年,置爲永昌郡,郡治不韋縣。蓋秦始皇徙吕不韋子孫于此,故以不韋名縣。北去葉榆六百餘里,葉榆水不逕其縣,自不韋北注者,盧倉禁水耳。葉榆水自縣南逕遂久縣東,又逕姑復縣西,與淹水合。又東南逕永昌邪龍縣,縣以建興三年劉禪分隸雲南,于不韋縣爲東北。

東南出益州界,

葉榆水自邪龍縣東南逕秦臧縣[6],南與濮水[7]同注滇池澤于連然、雙柏縣也。葉榆水自澤又東北逕滇池縣南,又東逕同竝縣南,又東逕漏江縣,伏流山下,復出蝮口,謂之漏江。左思《蜀都賦》曰:漏江洑流潰其阿,汩若湯谷之揚濤,沛若濛汜之湧波。諸葛亮之平南中也,戰于是水之南。葉榆水又逕賁古縣北,東與盤江[8]合。盤水[9]出律高縣東南盬町山[10],東逕梁水郡北、賁古縣南,水廣百餘步,深處十丈,甚有瘴氣,朱褒之反,李恢追至盤江者也。建武十九年,伏波將軍馬援上言:從麊泠[11]出賁古,擊益州,臣所將駱越萬餘人[12],便習戰鬬者二千兵以上,弦毒矢利,以數發,矢注如雨,所中輒死。愚以行兵此道最便,蓋承藉水利,用爲神捷也。盤水又東逕漢興縣。山溪之中,多生邛竹、桄榔樹,樹出麪,而夷人資以自給。故《蜀都賦》曰:邛竹緣嶺。又曰:麪有桄榔。盤水北入葉榆水,諸葛亮入南,戰于盤東是也。

入牂柯郡西隨縣北爲西隨水,又東出進桑關,

進桑縣,牂柯之南部都尉治也。水上有關,故曰進桑關也。故馬援言,從麊泠水道出進桑王國,至益州賁古縣,轉輸通利,蓋兵車資運所由矣。自西隨至交趾,崇山接險,水路三千里。葉榆水又東南絶温水而東南注于交趾。

過交趾麊泠縣北,分爲五水,絡交趾郡中,至南界,復合爲三水,東入海。

《尚書大傳》曰：堯南撫交趾于《禹貢》荆州之南垂。幽荒之外，故越也[13]。《周禮》，南八蠻，雕題、交趾，有不粒食者焉。《春秋》不見于傳，不通于華夏，在海島，人民鳥語。秦始皇開越嶺南，立蒼梧、南海、交趾、象郡。漢武帝元鼎二年，始并百越[14]，啓七郡。于是乃置交趾刺史，以督領之，初治廣信，所以獨不稱州。時又建朔方，明已始開北垂。遂辟交趾于南，爲子孫基址也。羗泠縣，漢武帝元鼎六年開，都尉治。《交州外域記》曰：越王[15]令二使者典主交趾、九真二郡民，後漢遣伏波將軍路博德討越王，路將軍到合浦，越王令二使者，齎牛百頭，酒千鍾，及二郡民户口簿，詣路將軍，乃拜二使者爲交趾、九真太守，諸雒[16]將主民如故。交趾郡及州本治于此也。州名爲交州。後朱鳶雒將子名詩，索羗泠雒將女名徵側爲妻，側爲人有膽勇，將詩起賊，攻破州郡，服諸雒將皆屬徵側爲王，治羗泠縣，復交趾、九真二郡民二歲調賦。後漢遣伏波將軍馬援將兵討側，詩走入金溪究，三歲乃得。爾時西蜀竝遣兵共討側等，悉定郡縣，爲令長也。山多大蛇，名曰髯蛇，長十丈，圍七八尺，常在樹上伺鹿獸，鹿獸過，便低頭繞之，有頃鹿死，先濡令濕訖，便吞，頭角骨皆鑽皮出。山夷始見蛇不動時，便以大竹籤籤蛇頭至尾，殺而食之，以爲珍異。故楊氏《南裔異物志》曰：髯惟大蛇，既洪且長，采色駮犖，其文錦章，食豕吞鹿，腴成養創，賓享嘉宴，是豆是觴。言其養創之時，肪腴甚肥，搏之以婦人衣投之，則蟠而不起，走便可得也。北二水，左水東北逕望海縣南，建武十九年，馬援征徵側置。又東逕龍淵縣北，又東合南水，水自羗泠縣東逕封溪縣北。《交州外域記》曰：交趾昔未有郡縣之時，土地有雒田，其田從潮水上下，民墾食其田，因名爲雒民，設雒王、雒侯[17]，主諸郡縣。縣多爲雒將，雒將銅印青綬。後蜀王子將兵三萬來討雒王、雒侯，服諸雒將，蜀王子因稱爲安陽王。後南越王尉佗[18]舉衆攻安陽王，安陽王有神人名皐通，下輔佐，爲安陽王治神弩一張，一發殺三百人，南越王知不可戰，却軍住武寧縣。按《晉太康記》，縣屬交趾。越遣太子名始，降服安陽王，稱臣事之。安陽王不知通神人，遇之無道，通便去，語王曰：能持此弩王天下，不能持此弩者亡天下。通去，安陽王有女名曰媚珠，見始端正，珠與始交通，始問珠，令取父弩視之，始見弩，便盗以鋸截弩訖，便逃歸報南越王。南越[19]進兵攻之，安陽王發弩，弩折遂敗。安陽王下船逕出于海，今平道縣後王宫城見有故處。《晉太康地記》，縣屬交趾，越遂服諸雒將。馬援以西南治遠[20]，路逕千里，分置斯縣，治城郭，穿渠通導溉灌，以利其民。縣有猩猩獸，形若黄狗，又狀貆豘，人面，頭顔端正，善與人言，音聲麗妙，如婦人好女，對語交言，聞之無不酸楚。其肉甘美，可以斷穀，窮年不厭。又東逕浪泊，馬援以其地高，自西里進屯此。又東逕龍淵縣故城南，又東，左合北水。建安二十三年立州之始，蛟龍蟠編于南、北二津，故改龍淵以龍編爲名也。盧循之寇交州也，交州刺史杜慧度率水步晨出南津，以火箭攻之，燒其船艦，一時潰散。循亦中矢赴水而死，于是斬之，傳首京師。慧度以斬循勳，封龍編侯。劉欣期《交州記》曰：龍編縣功曹左飛，曾化爲虎，數月，還作吏。既言其化，亦化無不在，牛哀易虎，不識厥兄，當其革狀，安知其譌變哉。其水又東逕曲易縣，東流注于浪鬱。《經》言，于郡東界復合爲三水，此其二也。其次一水，東逕封溪縣南，又西南逕西于縣南，又東逕羸𨻻縣北，又東逕北帶縣南，又東逕稽徐縣，涇水注之。水出龍編縣高山，東南流入稽徐縣，注于中水。中水又東逕羸𨻻縣南，《交州外域記》曰：縣，本交趾郡治也。《林邑記》曰：自交趾南行，都官塞浦出焉。其水自縣東逕安定縣，北帶長江，江中有越王所鑄銅船，潮水退時，人有見之者。其水又東流，隔水有泥黎城，言阿育王所築也。又東南合南水，南水又東南逕九德郡北，《交州外域記》曰：交趾郡界有扶嚴究，在郡之北，隔渡一江，即是水也。江水對交趾朱䳒縣[21]，又東逕浦陽縣北，又東逕無切縣北。建武十九年九月，馬援上言：臣謹與交趾精兵萬二千人，與大兵合二萬人，船車大小二千艘，自入交趾，于今爲盛。十月，援南入九真，至無切縣，賊渠降，進入餘發，渠帥朱伯棄郡亡入深林巨藪，犀象所聚，羊牛數千頭，時見象數十百爲羣。援又分兵入無編縣，王莽之九真亭，至居風縣，帥不降，竝斬級數十百，九真乃靖。其水又東逕句漏縣，縣帶江水，江水對安定縣。《林邑記》所謂外越、安定、紀粟者也。縣江中有潛牛，形似水牛，上岸鬬，角軟還入江水，角堅復出。又東與北水合，又東注鬱，亂流而逝矣。此其三也。平撮通稱，同歸鬱海。故《經》有入海之文矣。

夷水出巴郡魚復縣江，

夷水，即佷山[22]清江也。水色清照十丈，分沙石。蜀人見其澄清，因名清江也。昔廩君浮土舟于夷水，據捍關而王巴，是以法孝直有言，魚復捍關，臨江據水，寔益州禍福之門。夷水又東逕建平沙渠縣，縣有巫城水，南岸山道五百里，其水歷縣東出焉。

東南過佷山縣南，

夷水自沙渠縣入[23]，水流淺狹，裁得通船。東逕難留城南，城即山也。獨立峻絶，西面上里餘得石穴，把火行百許步，得二大石磧，竝立穴中，相去一丈，俗名"陰陽石"。陰石常濕，陽石常燥。每水旱不調，居民作威儀服飾，往入穴中，旱則鞭陰石，應時雨多；雨則鞭陽石，俄而天晴。相承所説，往往有效。但捉鞭者不壽，人頗惡之，故不爲也。東北面又有石室，可容數百人，每亂，民入室避賊，無可攻理，因名難留城也。昔巴蠻有五姓，未有君長，俱事鬼神，乃共擲劍于石穴，約能中者，奉以爲君。巴氏子務相乃中之,又令各乘土舟,約浮者,當以爲君,惟務相獨浮,因共立之,是爲廩君。乃乘土舟從夷水下至鹽陽。鹽水有神女,謂廩君曰:此地廣大,魚鹽所出,願留共居。廩君不許,鹽神暮輒來宿,旦化爲蟲,羣飛蔽日,天地晦暝,積十餘日。廩君因伺便射殺之,天乃開明。廩君乘土舟下及夷城,夷城石岸險曲,其水亦曲。廩君望之而歎,山崖爲崩。廩君登之,上有平石方二丈五尺,因立城其傍而居之。四姓臣之。死,精魂化而爲白虎,故巴氏以虎飲人血,遂以人祀。鹽水,即夷水也。又有鹽石,即陽石也。盛弘之以是推之,疑即廩君所射鹽神處也。將知陰石,是對陽石立名矣。事既鴻古,難爲明徵。夷水又東逕石室,在層巖之上,石室南向,水出其下,懸崖千仞,自水上徑望見,每有陟山嶺者,扳木側足而行,莫知其誰。村人駱都,小時到此室邊採蜜,見一仙人坐石牀上,見都,凝矚不轉,都還,招村人重往,則不復見,鄉人今名爲仙人室。袁山松云:都孫息尚存。夷水又東與温泉三水合,大溪南北夾岸,有温泉對注,夏煖冬熱,上常有霧氣,瘍痍百病,浴者多愈。父老傳此泉先出鹽,于今水有鹽氣。夷水有鹽水之名,此亦其一也。夷水又東逕佷山縣故城南,縣即山名也。孟康曰:音恒,出藥草。恒山今世以銀爲音也,舊武陵之屬縣。南一里即清江東注矣。南對長楊溪[24],溪水西南潛穴,穴在射堂村東六七里。谷中有石穴,清泉潰流三十許步,復入穴,即長楊之源也。水中有神魚,大者二尺,小者一尺,居民釣魚,先陳所須多少,拜而請之,拜訖投鉤餌,得魚過數者,水輒波湧,暴風卒起,樹木摧折。水側生異花,路人欲摘者,皆當先請,不得輒取。水源東北之風井山,迴曲有異勢,穴口大如盆。袁山松云:夏則風出,冬則風入,春秋分則静。余往觀之,其時四月中,去穴數丈,須臾寒飄。卒至六月中[25]尤不可當。往人有冬過者,置笠穴中,風吸之,經月還步楊溪得其笠,則知潛通矣。其水重源顯發,北流注于夷水。此水清泠,甚于大溪,縱暑伏之辰,尚無能澡其津流也。縣北十餘里有神穴,平居無水,時有渴者,誠啟請乞,輒得水;或戲求者,水終不出。縣東十許里至平樂村,又有石穴出清泉中,有潛龍。每至大旱,平樂左近村居,輦草穢著穴中。龍怒,須臾水出,蕩其草穢,傍側之田,皆得澆灌。從平樂順流五六里,東亭村北山甚高峻,上合下空,空竅東西,廣二丈許,起高如屋,中有石牀,甚整頓,傍生野韭,人往乞者,神許則風吹别分,隨偃而輸,不得過越,不偃而輸輒凶,往觀者去時特平,曁處自然恭肅矣。

又東過夷道縣北,

夷水又東逕虎灘,岸石有虎像,故因以名灘也。夷水又東逕釜瀨,其石大者如釜,小者如刁斗,形色亂真,惟實中耳。夷水又東北,有水注之,其源百里,與丹水出西南望州山。山形竦峻,峯秀甚高。東北白巖壁立,西南小演通行。登其頂,平可有三晦許,上有故城,城中有水,登城望見一州之境,故名望州山,俗語訛,今名武鍾山。山根東有湧泉成溪,即丹水所發也。下注丹水,天陰欲雨,輒有赤氣,故名曰丹水矣。丹水又逕亭下,有石穴甚深,未嘗測其遠近。穴中蝙蝠大如烏,多倒懸。《玄中記》曰:蝙蝠百歲者倒懸,得而服之,使人神仙。穴口有泉,冬温夏冷,秋則入藏,春則出遊[26]。民至秋闌斷水口,得魚,大者長四五尺,骨軟肉美,異于餘魚。丹水又逕其下,積而爲淵,淵有神龍,每旱,村人以芮草投淵上流,魚則多死,龍怒,當時大雨。丹水又東北流,兩岸石上有虎跡甚多,或深或淺,皆悉成就自然,咸非人工。丹水又北注于夷水,水色清澈,與大溪同。夷水又東北逕夷道縣北而東注。

東入于江。

夷水又逕宜都北,東入大江,有涇、渭之比,亦謂之很山北溪。水所經皆石山,略無土岸。其水虚映,俯視游魚,如乘空也。淺處多五色石,冬夏激素飛清,傍多茂木空岫,静夜聽之,恒有清響。百鳥翔禽,哀鳴相和,巡頽浪者,不覺疲而忘歸矣。

油水出武陵孱陵縣西界,

縣有白石山,油水所出,東逕其縣西,與淹水合,水出高城縣淹山,東逕其縣下,東至孱陵縣,入油水也。

東過其縣北,

縣治故城,王莽更名孱陸也。劉備孫夫人,權妹也,又更脩之。其城背油向澤。

又東北入于江。

油水自孱陵縣之東北逕公安縣西,又北流注于大江。

澧水出武陵充縣西,歷山東過其縣南,

澧水自縣東逕臨澧、零陽二縣故界,水之南岸,白石雙立,厥狀類人,高各三十丈,周四十丈。古老傳言,昔充縣尉與零陽尉共論封境,因相傷害,化而爲石,東標零陽,西揭充縣。充縣廢省,臨澧即其地,縣,即充縣之故治,臨側澧水,故爲縣名,晉太康四年置。澧水又東,茹水注之,水出龍茹山,水色清澈,漏石分沙。莊辛説楚襄王,所謂飲茹溪之流者也。茹水東注澧水。

又東過零陽縣之北,

澧水東與温泉水會,水發北山石穴中,長三十丈,冬夏沸湧,常若湯焉。温水南流,注于澧水。澧水又東合零溪水,源南出零陽之山[27],歷溪北注澧水。澧水又東,九渡水注之,水南出九渡山[28],山下有溪,又以九渡爲名。山獸咸飲此水,而逕越他津,皆不飲之。九渡水北逕仙人樓下,傍有石,形極方峭,世名之爲仙樓。水自下歷溪,曲折逶迤傾注。行者間關,每所褰泝,山水之號,蓋亦因事生焉。九渡水又北流注于澧水。澧水又東，婁水入焉，水源出巴東界，東逕天門郡婁中縣北，又東逕零陽縣，注于澧水。澧水又東逕零陽縣南，縣即零溪以著稱矣。澧水又逕渫陽縣[29]，右會渫水。水出建平郡，東逕渫陽縣南，晉太康中置。渫水又左合黄水，黄水出零陽縣西，北連巫山溪，出雄黄，頗有神異，採常以冬月，祭祀鑿石，深數丈，方得佳黄，故溪水取名焉。黄水北流注于渫水，渫水又東注澧水，謂之渫口。澧水又東逕澧陽縣南，南臨澧水，晉太康四年立，天門郡治也。吴永安六年，武陵郡嵩梁山，高峯孤竦，素壁千尋，望之苕亭，有似香爐。其山洞開，玄朗如門，高三百丈，廣二百丈，門角上各生一竹，倒垂下拂，謂之天帚。孫休以爲嘉祥，分武陵置天門郡。澧水又東歷層步山，高秀特出，山下有峭澗，泉流所發，南流注于澧水。

又東過作唐縣北，

作唐縣，後漢分孱陵縣置。澧水入縣，左合涔水，水出西北天門郡界，南流逕涔坪屯[30]，屯堨涔水，溉田數千頃。又東南流，注于澧水。澧水又東，澹水出焉。澧水又南逕故郡城東，東轉逕作唐縣南。澧水又東逕南安縣南，晉太康元年，分孱陵立。澹水注之，水上承澧水于作唐縣，東逕其縣北，又東注于澧，謂之澹口。王仲宣《贈士孫文始詩》曰：悠悠澹澧者也。澧水又東與赤沙湖水[31]會，湖水北通江而南注澧，謂之沙口[32]。澧水又東南注于沅水，曰澧口。蓋其枝瀆耳。《離騷》曰：沅有芷兮澧有蘭。

又東至長沙下雋縣西北，東入于江。

澧水流注于洞庭湖，俗謂之曰澧江口也。

沅水出牂柯且蘭縣，爲旁溝水[33]，又東至鐔成縣，爲沅水，東過無陽縣，

無水出故且蘭，南流至無陽故縣，縣對無水，因以氏縣。無水又東南入沅，謂之無口。沅水東逕無陽縣，南臨運水，水源出東南岸許山西北，逕其縣南流，注于熊溪。熊溪南帶移山，山本在水北，夕中風雨，旦而山移水南，故山以移爲名，蓋亦蒼梧郁州、東武怪山之類也。熊溪下注沅水，沅水又東逕辰陽縣，縣有龍溪水，南出于龍嶠之山，北流入于沅。沅水又東，滏水注之，水南出扶陽之山，北流會于沅。沅水又東與序溪合，水出武陵郡義陵縣鄜梁山，西北流逕義陵縣，王莽之建平縣也，治序溪。其城，劉備之秭歸。馬良出五溪，綏撫蠻夷，良率諸蠻所築也。所治序溪，最爲沃壤，良田數百頃，特宜稻，脩作無廢，又西北入于沅。沅水又東合溆水，水導源溆溪[34]，北流注沅。沅水又東逕辰陽縣南，東合辰水，水出縣三山谷，東南流，獨母水注之，水源南出龍門山，歷獨母溪，北入辰水。辰水又逕其縣北，舊治在辰水

之陽,故即名焉。《楚辭》所謂夕宿辰陽者也,王莽更名會亭矣。辰水又右會沅水,名之爲辰溪口。武陵有五溪,謂雄溪、樠溪[35]、無溪[36]、酉溪,辰溪其一焉。夾溪悉是蠻左所居,故謂此蠻五溪蠻也。水又逕沅陵縣西,有武溪,源出武山,與酉陽分山,水源石上有盤瓠跡猶存矣。盤瓠者,高辛氏之畜狗也。其毛五色,高辛氏患犬戎之暴,乃募天下有能得犬戎之將軍吴將軍頭者,妻以少女。下令之後,盤瓠遂銜吴將軍之首于闕下,帝大喜,未知所報。女聞之,以爲信不可違,請行,乃以配之。盤瓠負女入南山,上石室中。所處險絶,人跡不至。帝悲思之,遣使不得進。經二年[37],生六男六女。盤瓠死,因自相夫妻,織績木皮,染以草實,好五色衣,裁制皆有尾。其母白帝,賜以名山,其後滋蔓,號曰蠻夷。今武陵郡夷,即盤瓠之種落也。其狗皮毛,嫡孫世寶録之。武水南流注于沅。沅水又東,施水注之,水南出施山溪,源有陽欺崖,崖色純素,望同積雪。下有二石室,先有人居處其間,細泉輕流,望川競注,故不可得以言也[38]。施水北流會于沅,沅水又東逕沅陵縣北,漢故頃侯吴陽之邑也,王莽改曰沅陸。縣北枕沅水。沅水又東逕縣故治北,移縣治,縣之舊城置都尉府,因岡傍阿,勢盡川陸,臨沅對酉,二川之交會也。酉水導源益州巴郡臨江縣,故武陵之充縣酉源山,東南流逕無陽故縣南,又東逕遷陵故縣界,與西鄉溪合,即延江之枝津,更始之下流,謂之西鄉溪口。酉水又東逕遷陵縣故城北,王莽更名曰遷陸也。酉水東逕酉陽故縣南,縣,故酉陵也。酉水又東逕沅陵縣北,又東南逕潘承明壘西,承明討五溪蠻,營軍所築也。其城跨山枕谷。酉水又南注沅水,闞駰謂之受水,其水所決入,名曰酉口。沅水又逕竇應明城側,應明以元嘉初伐蠻所築也。沅水又東,溪水南出茗山,山深迴險,人獸阻絶,溪水北瀉沅川。沅水又東與諸魚溪水合,水北出諸魚山,山與天門郡之澧陽縣分嶺,溪水南流會于沅。沅水又東,夷水入焉,水南出夷山,北流注沅。夷山東接壺頭山[39],山高一百里,廣圓三百里。山下水際,有新息侯馬援征武溪蠻停軍處。壺頭徑曲多險,其中紆折千灘。援就壺頭,希效早成,道遇瘴毒,終没于此。忠公獲謗,信可悲矣。劉澄之曰:沅水自壺頭枝分,跨三十三渡,逕交趾龍編縣,東北入于海。脈水尋梁,乃非關究[40],但古人許以傳疑,聊書所聞耳。

又東北過臨沅縣南,

臨沅縣與沅南縣分水。沅南縣西有夷望山,孤竦中流,浮險四絶,昔有蠻民避寇居之,故謂之夷望也。南有夷望溪水,南出重山,遠注沅。沅水又東得關下山,東帶關溪,瀉注沅瀆。沅水又東歷臨沅縣西,爲明月池、白璧灣。灣狀半月,清潭鏡澈,上則風籟空傳,下則泉響不斷。行者莫不擁檝嬉遊,徘迴愛玩。沅水又東歷三石澗,鼎足均跱,秀若削成。其側茂竹便娟,致可玩也。又東帶緑蘿山[41],緑蘿蒙冪,頽巖臨水，寔釣渚漁詠之勝地，其迭響若鍾音，信爲神仙之所居。沅水又東逕平山西，南臨沅水，寒松上蔭，清泉下注，栖託者不能自絶于其側。沅水又東逕臨沅縣南，縣南臨沅水，因以爲名，王莽更之曰監沅也。縣南有晉徵士漢壽人龔玄之墓，銘，太元中車武子立。縣治武陵郡下，本楚之黔中郡矣。秦昭襄王二十七年，使司馬錯以隴蜀軍攻楚，楚割漢北與秦。至三十年，秦又取楚巫黔及江南地，以爲黔中郡。漢高祖二年，割黔中故治爲武陵郡，王莽更之曰建平也。南對沅南縣，後漢建武中所置也。縣在沅水之陰，因以沅南爲名。縣治故城，昔馬援討臨鄉所築也。沅水又東歷小灣，謂之枉渚。渚東里許，便得枉人山。山西帶脩溪一百餘里，茂竹便娟，披溪蔭渚，長川逕引，遠注于沅。沅水又東入龍陽縣，有澹水出漢壽縣西楊山[42]，南流東折，逕其縣南。縣治索城，即索縣之故城也。漢順帝陽嘉中，改從今名。闞駰以爲興水所出，東入沅。而是水又東歷諸湖，方南注沅，亦曰漸水也。水所入之處，謂之鼎口。沅水又東歷龍陽縣之氾洲[43]，洲長二十里，吴丹楊太守李衡，植柑于其上，臨死勑其子曰：吾州里有木奴千頭，不責衣食，歲絹千匹。太史公曰：江陵千樹橘，可當封君。此之謂矣。吴末，衡柑成，歲絹千匹。今洲上猶有陳根餘枿，蓋其遺也。沅水又東逕龍陽縣北，城側沅水[44]。沅水又東合壽溪，内通大溪口，有木連理，根各一岸而淩空交合。其上承諸湖，下注沅水。

又東至長沙下雋縣西，北入于江。

沅水下注洞庭湖，方會于江。

泿水出武陵鐔成縣北界沅水谷，

《山海經》曰：禱過之山，泿水出焉，而南流注于海是也。

南至鬱林潭中縣，與鄰水合，

水出無陽縣，縣，故鐔成也。晉義熙中，改從今名。俗謂之移溪，溪水南歷潭中，注于泿水。

又東至蒼梧猛陵縣，爲鬱溪；又東至高要縣，爲大水。

鬱水出鬱林之阿林縣，東逕猛陵縣。猛陵縣在廣信之西南，王莽之猛陸也。泿水于縣，左合鬱溪，亂流逕廣信縣。《地理志》，蒼梧郡治，武帝元鼎六年開，王莽之新廣郡，縣曰廣信亭。王氏《交廣春秋》曰：元封五年，交州自羸𨻻縣移治于此。建安十六年，吴遣臨淮步騭爲交州刺史，將武吏四百人之交州，道路不通。蒼梧太守長沙吴巨，擁衆五千，騭有疑于巨，先使諭巨，巨迎之于零陵，遂得進州。巨既納騭而後有悔，騭以兵少，恐不存立。巨有都督區景，勇畧與巨同，士爲用，騭惡之，陰使人請巨，巨往告景勿詣騭。騭請不已，景又往，乃于廳事前中庭俱斬，以首徇衆，即此也。鬱水又逕高要縣,《晉書·地理志》曰:縣東去郡五百里,刺史夏避毒,徙縣水居也。縣有鵠奔亭,廣信蘇施妻始珠,鬼訟于交州刺史何敞處,事與鰲亭女鬼同。王氏《交廣春秋》曰:步騭殺吴巨、區景,使嚴舟船,合兵二萬,下取南海。蒼梧人衡毅、錢博,宿巨部伍,興軍逆騭于蒼梧高要峽口,兩軍相逢于是,遂交戰,毅與衆投水死者千有餘人。

又東至南海番禺縣西,分爲二,其一南入于海;

鬱水分浪南注。

其一又東過縣東,南入于海。

浪水東别逕番禺,《山海經》謂之賁禺者也。交州治中合浦姚文式問云:何以名爲番禺? 答曰:南海郡昔治在今州城中,與番禺縣連接,今入城東南偏有水坈陵,城倚其上,聞此縣人名之爲番山,縣名番禺,儻謂番山之禺也。《漢書》所謂浮牂柯[45],下離津,同會番禺。蓋乘斯水而入越也。秦并天下,略定揚、越,置東南一尉,西北一候,開南海以謫徙民。至二世時,南海尉任囂,召龍川令趙佗曰:聞陳勝作亂,豪傑叛秦,吾欲起兵,阻絶新道,番禺負險,可以爲國。會病綿篤,無人與言,故召公來告以大謀。囂卒,佗行南海尉事,則拒關門設守,以法誅秦所置吏,以其黨爲守,自立爲王。高帝定天下,使陸賈就立佗爲南越王[46],剖符通使。至武帝元鼎五年,遣伏波將軍路博德等攻南越[47],王五世九十二歲而亡。以其地爲南海、蒼梧、鬱林、合浦、交趾、九真、日南也。建安中,吴遣步騭爲交州。騭到南海,見土地形勢,觀尉佗舊治處,負山帶海,博敞渺目,高則桑土,下則沃衍,林麓鳥獸,于何不有。海怪魚鼈,黿鼉鮮鰐[48],珍怪異物,千種萬類,不可勝記。佗因岡作臺,北面朝漢,圓基千步,直峭百丈,頂上三畝,復道迴環,逶迆曲折,朔望升拜,名曰朝臺。前後刺史郡守,遷除新至,未嘗不乘車升履,于焉逍遥。騭登高遠望,覩巨海之浩茫,觀原藪之殷阜,乃曰:斯誠海島膏腴之地,宜爲都邑。建安二十二年,遷州番禺,築立城郭,綏和百越,遂用寧集。交州治中姚文式《問答》云:朝臺在州城東北三十里。裴淵《廣州記》曰:城北有尉佗墓,墓後有大岡,謂之馬鞍岡。秦時占氣者言:南方有天子氣。始皇發民,鑿破此岡,地中出血。今鑿處猶存,以狀取目,故岡受厥稱焉。王氏《交廣春秋》曰:越王[49]趙佗,生有奉制稱藩之節,死有秘奥神密之墓。佗之葬也,因山爲墳,其壠塋可謂奢大,葬積珍玩。吴時遣使發掘其墓,求索棺柩,鑿山破石,費日損力,卒無所獲。佗雖奢僭,慎終其身,乃令後人不知其處,有似松、喬遷景,牧豎固無所殘矣。鄧德明《南康記》曰:昔有盧耽,仕州爲治中,少棲仙術,善解雲飛,每夕輒凌虚歸家,曉則還州,嘗于元會至朝,不及朝列,化爲白鵠至闕前,迴翔欲下,威儀以石擲之,得一隻履,耽驚還就列,内外左右,莫不駭異。時步騭爲廣州,意甚惡之,便以狀列聞,遂至誅滅。《廣州記》稱吴平,晉滕脩爲刺史,脩鄉人語脩,鰕鬚長一赤[50]。脩責以爲虚。其人乃至東海,取鰕鬚長四赤,速送示脩,脩始服謝,厚爲遣。其一水南入者,鬱川分派,逕四會入海也。其一即川東别逕番禺城下,《漢書》所謂浮牂柯,下離津,同會番禺。蓋乘斯水而入于越也。泿水又東逕懷化縣入于海。水有鯌魚,裴淵《廣州記》曰:鯌魚長二丈,大數圍,皮皆鑢物,生子,子小隨母覛食,驚則還入母腹。《吴録·地理志》曰:鯌魚子,朝索食,暮入母腹。《南越志》曰:暮從臍入,旦從口出,腹裏兩洞,腸貯水以養子,腸容二子,兩則四焉。

其餘水又東至龍川,爲涅水,屈北入員水。

泿水枝津衍注,自番禺東歷增城縣。《南越志》曰:縣多鵕鸃。鵕鸃,山雞也,光采鮮明,五色炫耀,利距善鬬,世以家雞鬬之,則可擒也。又逕博羅縣西界龍川。左思所謂目龍川而帶垌者也。趙佗乘此縣而跨據南越矣。

員水又東南一千五百里,入南海。

東歷揭陽縣[51],王莽之南海亭,而注于海也。

注释:

① 青蛉縣　《大典》本、黄本、吴本、《注箋》本、何校明鈔本、王校明鈔本、項本、沈本、《五校》鈔本、《七校》本、《注釋》本、張本、《注疏》本均作“蜻蛉縣”,練湖書院鈔本作“精蛉縣”。

② 臨池澤　案臨池澤即今程海,在今雲南永勝以南金沙江流域,爲《水經注》記敘長江最北處。

③ 明李元陽《西洱海志》(《古今天下名山勝概記》卷四十七)引《水經注》云“注罷谷山,洱水出焉”,《滇繫》卷五之一《山川繫·大理府·浪穹縣·罷谷山》引《水經注》與《西洱海志》同。又《名勝志·雲南》卷十五《大理府·太和縣》引《水經注》云“葉榆河水罷谷山數泉湧起如珠樹,世傳黑水伏流,别派自西北來,滙于縣東爲巨澤”,當均是此段中佚文。

④ 弔鳥山　黄本、項本、沈本、張本、《滇繫》卷八之一《藝文繫》引《水經注》均作“弔烏山”。

《札記·弔鳥山》:

卷三十七《葉榆河》《經》“益州葉榆河,出其縣北界,屈從縣東北流”《注》中,記載了一種羣鳥飛集弔鳥山的現象,《注》文説:

(葉榆)縣西北八十里,有弔鳥山,衆鳥千百爲羣,其會,嗚呼啁哳,每歲七八月至,十六七日則止,一歲六至。雉雀來弔,夜燃火伺取之。其無嗉不食,似特悲者,以爲義則不取也。俗言鳳凰死于此山,故羣鳥來弔,因名“弔鳥”。

這是一種奇怪的鳥類現象。不過酈道元足迹未到南方,《水經注》對南方各地的記載,酈氏都是根據當時流行的資料。這項記載，酈道元雖然並不説明來源，其實是引自《續漢書·郡國志》所引的《廣志》。酈道元的時代，《廣志》尚未亡佚，所以他也可能直接引自《廣志》，不過文字小有不同而已。弔鳥山的現象是否屬實，還需要和其他記載加以核對。

在酈道元以後的約一千年，著名的旅行家徐霞客來到這個地方。他在《滇遊日記》八，己卯(崇禎十二年，一六三九年)三月初二的《日記》中記載了鄧川州鳳羽(今雲南省洱源縣南)所聽到的這奇怪的鳥類現象。所記衹是地名與《水經注》稍有不同。《水經注》作弔鳥山，而徐霞客作鳥弔山。徐霞客説：

晨餐後，尹具數騎，邀余遊西山。蓋西山即鳳羽之東垂也。條岡數十支，俱向東蜿蜒而下，北爲土主坪。……從土主廟更西上十五里，即關坪，爲鳳羽絶頂。其南白王廟後，其山更高，望之雪光皚皚而不及登。鳳羽，一名鳥弔山，每歲九月，鳥千萬爲羣，來集坪間，皆此地所無者，土人舉火，鳥輒投之。

説明酈道元在一千年前記載的這種鳥類現象，徐霞客在一千年後再次親身得到證實。不過，徐霞客在這裏的時候正值三月，而這種奇怪的"鳥會"要到九月(酈道元説七八月)纔出現，所以徐氏雖然親歷其地，但並未親見其事。

雲南人民出版社一九八五年出版的校注本《徐霞客遊記》，在這一天的日記之後，校注者雲南大學歷史系朱惠榮先生作了一條注釋：

這種動人的奇景至今仍然存在，每年中秋前後，在大霧迷濛，細雨綿綿的夜晚，成羣結隊按一定路綫遷徙的候鳥，迷失了方向，在山間徘徊亂飛，當地羣衆在山上四處點燃火把誘鳥，火光繚亂，羣鳥亂撲。鳥弔山的奇景，在雲南不止一處，墨江哈尼族自治縣壩溜公社瑶家寨附近的大風丫口，至今每年秋天總有二三晚"鳥會"，有時也出現在春季。

朱惠榮先生説"每年中秋前後"，則酈道元所説的"每歲七八月至"和徐霞客所説的"每歲九月"都没有錯。從朱《注》中知道參加"鳥會"的都是迷失方向的候鳥。酈道元的記載是"夜燃火伺取之"，徐霞客的記載是"土人舉火，鳥輒投之"，而朱《注》則説"當地羣衆在山上四處點燃火把誘鳥"。從《水經注》到朱《注》，歷時一千四百多年，燃火誘捕候鳥的習俗未變，這倒是令人杞憂的。候鳥應該保護，怎能大量誘捕。《水經注》中就已有保護候鳥的記載，卷四十《漸江水》《經》"北過餘杭，東入于海"《注》云：

昔大禹即位十年，東巡狩，崩于會稽，因而葬之。有鳥來，爲之耘，春拔艸根，秋啄其穢，是以縣官禁民，不得妄害此鳥，犯則刑無赦。

與會稽的這種保護候鳥的措施相比，鳥弔山這種長期的羣衆性捕殺候鳥，當然是十分不幸的。不過，最近我在雲南民族出版社出版的《民族文化》一九八六年第六期中，讀到一篇目擊這種"鳥會"的楊圭臬所寫的《鳥弔山》一文，使我不勝慰藉，因爲誘捕候鳥的事，現在已經停止了。楊文説：

鳥雀越來越多，簡直像雨點般朝火光撲來。有的嘰嘰喳喳啼叫，有的引頸長鳴，震動山谷。這時，衹要拿一根長竹竿，隨意刷打就可以打下許多鳥雀。據説，過去也是這樣的，但近年来已再没有人打鳥了。衹有偶爾用網兜捕捉幾隻奇異的鳥類飼養。而上山林的都是來"趕鳥會"，欣賞這種大自然奇觀。

至于大量的候鳥來自何處，楊文中也有較詳的説明：

一位特地從昆明動物研究所趕來參加"鳥會"的科學工作者告訴我，這些鳥中，大部分是從青海湖的鳥島飛來的。像領鷂這種鳥，就衹有青海湖纔有。我感到很驚奇，他慢慢地跟我説，這些都是候鳥，每年冬天都要飛到孟加拉灣一帶過冬，到第二年春天返回，鳥弔山剛好是候鳥南遷的中途站，于是就有這麽多鳥雀了。

⑤　《禹貢》："導黑水至于三危，入于南海"《蔡傳》引《水經注》云"葉榆澤以葉榆所積得名"，當是此句下佚文。《尚書通考》卷七黑水引《水經注》、明吴國輔《古今輿地圖》卷下引《水經注》、《禹貢水道考異・南條水道考異》卷五引《水經注》、《禹貢論》卷下四十一引《水經注》均與《蔡傳》同。

⑥　秦臧縣　《大典》本、黄本、吴本、王校明鈔本、項本、沈本、《注釋》本、張本、《滇繫》卷八之一《藝文繫》引《水經注》均作"秦藏縣"。

⑦　濮水　何本、《注釋》本均作"僕水"。

⑧　盤江　孫潛校本作"盬江"。

⑨　盤水　孫潛校本作"盬水"。

⑩　盬町山　《大典》本、黄本、吴本、《注箋》本、何校明鈔本、項本、沈本、張本、《注疏》本、《滇繫》卷八之一《藝文繫》引《水經注》均作"盤町山"。譚本云："既稱盤江、盤水，則亦當爲盤町，不則俱當作'盬'。"

⑪　麊泠　《大典》本作"麊泠"，黄本、吴本、《注箋》本、嚴本、何校明鈔本、王校明鈔本、項本、沈本、《注釋》本、張本、《方輿紀要》卷一一二《廣西》七《安南・交州府・浪泊》引《水經注》均作"麋泠"。

⑫　駱越　《札記・水經注記"越"》："《水經注》記載的越名和越，涉及卷篇甚多，但主要集中在卷二十九《沔水注》、卷三十六《温水注》、卷三十七《葉榆河注》、《涙水注》及卷四十《漸江水注》四卷之中。《注》文記及的名稱有越、大越、南越、外越、百越、駱越等。記及的地區主要是東南地區、西南地區和今中南半島等。在《水經注》有關越族及其分佈地區的種種記載之中，值得研究的是，第一，從名稱上説，越與南越、百越、外越、駱越等之間，存在什麽差異？第二，從地區上説，東南地區的越，與西南地區及中南半島等地的越有什麽關係。這兩個問題，通過從《水經注》的記載進行尋索，看來都有一些信息可以作爲繼續研究的依據。"

⑬　參見注⑫。

⑭　參見注⑫。

⑮　參見注⑫。

⑯　雒　同"駱"，參見注⑫。

⑰　"雒民"、"雒王"、"雒侯"之"雒"同"駱"。

⑱　參見注⑫。

⑲　參見注⑫。

⑳　西南治遠　王校明鈔本作“西于治遠”,王國維《明鈔本水經注跋》:“《葉榆水注》,《晉太康地記》封溪縣屬交阯,馬援以西于治遠,路逕千里,分置斯縣。諸本‘西于’並作‘西南’(黄省曾本作‘西干’)。案《漢書·地理志》、《續漢書·郡國志》,交阯郡皆有西于縣。下《注》亦云,其次一水東逕封溪縣南,又西南逕西于縣南,則上《注》亦當作‘西于’明矣。”

㉑　江水對交趾朱䳒縣　王校明鈔本作“江北對交阯朱䳒縣”,王國維《明鈔本水經注跋》:“《葉榆水注》,江北對交阯朱䳒縣,諸本‘北’並作‘水’,均以此本爲長。而戴校並不從,不識《大典》本與此本有異同,抑由戴氏校勘未密,或竟捨《大典》本而從他本。要之,宋本與《大典》本既殘闕,益感此本之可貴矣。三百年來治酈氏書者殆近十家,然朱王孫雖見宋本,而所校不盡可據。全氏好以己所訂正之處,託于其先人所見宋本,戴氏則託于《大典》本,而宋本與《大典》本勝處,朱、戴二本亦未能盡之。雖于酈書不爲無功,而于事實則去之彌遠,若以此本爲主,盡列諸本異同及諸家訂正之字于下,亦今日不可已之事業歟。甲子二月。”

㉒　佷山　《禹貢錐指》卷七引《水經注》、《長江圖説》卷十一《雜説》三引《水經注》均作“很山”,《佩文韻府》卷三十四上《四紙·水·夷水》引《水經注》作“狼山”,《林水録》鈔《水經注》作“狠山”。

㉓　縣入　《注疏》本作“入縣”。《疏》:“戴、趙‘入縣’乙作‘縣入’。會貞按:《注》承《經》,過佷山縣之文,云夷水自沙渠入縣,此縣字指佷山,謂自沙渠入佷山縣也。《注》中言入某縣者甚多,戴、趙不察耳。”

㉔　長楊溪　《廣博物志》卷四十二《草木》一引《水經注》作“長楊水”。

㉕　須臾寒飄卒至六月中　《注疏》本作“須臾寒慄言至六月中”。《疏》:“朱作‘慓’,《箋》曰,當作‘慄’。趙改‘慄’,戴改‘飄’。守敬案:《天中記》二引此作‘慄’。”又《疏》:“朱‘言’作‘卒’,戴同,以‘卒至’二字屬上。趙據黄本改‘言’。守敬按:明鈔本作‘言’,《天中記》引此同。”

㉖　殿本在此下《案》云:“案二語言魚之出入,此上當有脱文。”《注釋》本在上句“冬温夏冷”下云:“按此處有脱文,蓋言泉水有魚,故下有秋藏冬游之文。”

㉗　零陽之山　黄本、項本、沈本均作“陵陽之山”。

㉘　九渡山　《大典》本作“九度山”。

㉙　溇陽縣　《注箋》本、項本、《注釋》本、張本均作“澧陽縣”。《札記·牛渚縣》:“卷三十七《澧水注》中的溇陽縣……《注》文不僅提出縣名,而且都説明建縣年代,但《兩漢志》和晉、宋、齊諸《志》也均不載。”

㉚　涔坪屯　《大典》本、黄本、沈本均作“涔評屯”。

㉛　赤沙湖水　《方輿紀要》卷七十七《湖廣》三《岳州·華容縣·赤沙湖》引《水經注》作“赤沙湖”。

㉜　沙口　《注箋》本、項本、張本、隆慶《岳州府志》卷七《職方考·決口》引《水經注》均作“決口”。

㉝　《注疏》本《疏》:“趙云《漢志》、《續志》皆作‘故且蘭’,落‘故’字。又云:至《晉志》始去‘故’字。《宋志》且蘭令,漢舊縣故且蘭是也。此條《經》文與《江水篇》氐道縣同一例。守敬按:《山

海經》(《海内東經》)郭《注》引《水經》亦皆無‘故’字。《後漢書·梁竦傳·注》、《通鑑》漢武帝元光五年、晉武帝太康元年《注》引《水經》亦皆無‘故’字,蓋後漢末已省‘故’字,而三國時人作《經》因之。故洪亮吉《補三國疆域志》、吴增僅《三國郡縣表》並作‘且蘭故城’,詳見《温水篇》。《山海經》謂沅水出象郡鐔城西,秦時無故且蘭縣,故就鐔城言。《漢志》繫沅水于牂柯郡故且蘭。《説文》,沅水出牂柯郡故且蘭,故此《經》據之云出牂柯且蘭。惟旁溝水之名,于古無徵,蓋出當時俗稱耳。今沅水上源曰豬梁河,出越州西北。"

㉞　溆溪　《注箋》本、項本、《注釋》本、張本均作"柱溪"。

㉟　樠溪　黄本、沈本、嘉慶《常德府志》卷五《山川考》二《沅水》引《水經注》均作"樠溪",孫潛校本、明《方輿要覽·湖廣》第九引《水經注》作"横溪"。

㊱　無溪　《後漢書》卷二十四《列傳》十四《馬援傳》"武威將軍劉尚擊武陵五溪蠻夷"《注》引《水經注》、《玉海》卷二十三《地理·陂塘堰湖·漢武陵·五溪》引《水經注》、《輿地紀勝》卷七十五《荆湖北路·辰州·景物》上引《水經注》、《方輿勝覽》卷三十《常德府·山川·五溪》引《水經注》、《通鑑》卷四十四《漢紀》三十六光武帝建武二十四年"將四萬餘人征五溪"胡《注》引《水經注》、《寰宇通志》卷五十七《辰州府·五溪》引《水經注》、《康熙字典·水部·潕》引《水經注》、清宫夢仁《讀書紀數略》卷十一《地部·山川類·武陵·五溪》引《水經注》、乾隆《湖南通志》卷一七二《拾遺》一《五溪》引《水經注》均作"潕溪"。

㊲　《注疏》本《疏》:"全‘二’改‘三’,會貞按:《後漢書》‘二’作‘三’。"

㊳　故不可得以言也　《注疏》本作"故不可以言也",删"得"字。《疏》:"趙‘不可’下據孫潛校增‘得’字,戴增同。守敬按:此句究費解。"

㊴　壺頭山　《大典》本、黄本、《注箋》本、項本、沈本、張本、嘉慶《常德府志》卷四《山川考》一《壺頭山》引《水經注》均作"胡頭山"。

㊵　《注疏》本熊會貞《疏》:"會貞按:壺頭在今湖南境。龍編見《葉榆水篇》,在今越南境,中隔廣西省,且五嶺以北,水皆北流,安有自壺頭枝分,南逕龍編縣入海之道?劉説謬極,故酈氏駁之。"

㊶　《廣博物志》卷五《地形》一《山》引《水經注》云:"武陵緑蘿山,素巖若雪,松如插翠,流風叩阿,有絲桐之韻,土人歌曰:仰兹山兮迢迢,層石構兮嵯峨,朝日麗兮陽巖,落景梁兮陰阿,鄣壑兮生音,吟籟兮相和,敷芳兮緑林,恬淡兮潤波,樂兹潭兮安流,緩爾楫兮詠歌。"當是此句下佚文。清杜文瀾《古謡言》卷二十九《武陵緑蘿山土人歌》及王仁俊《經籍佚文·水經注佚文》均與《廣博物志》同。

㊷　西楊山　乾隆《湖南通志》卷十二《山川志》七《常德府·武陵縣·漸水》引《水經注》作"西陽山"。

㊸　氾洲　《大典》本、黄本、沈本、《方輿紀要》卷八十《湖廣》六《常德府·龍陽縣·汎洲》引《水經注》作"泛洲"。

㊹　城側沅水　《注疏》本作"城側臨沅水"。《疏》:"朱無‘臨’字,戴同,趙增。守敬按:趙增是也,全書多有臨側之文。"

㊺　牂柯　《大典》本、黄本、沈本、《名勝志·湖廣》卷十六《常德府·武陵縣》引《水經注》均作"牂牁"。

㊻ 参見注⑫。

㊼ 参見注⑫。

㊽ 《札記 · 馬來鰐》:

卷三十七《泿水》《經》"其一又東過縣東,南入于海"《注》中,描述了活動于我國南方的一些動物。《注》文説:

吴遣步騭爲交州。騭到南海,見土地形勢,觀尉佗舊治處,負山帶海,博敞渺目,高則桑土,下則沃衍,林麓鳥獸,于何不有。海怪魚鼈,黿鼉鮮鰐,珍怪異物,千種萬類,不可勝記。

由于酈道元足迹未到南方,所以《水經注》記載的南方河流,錯誤是很多的。《泿水》一篇,按其《注》文内容,上游即今廣西東北部的洛清河,中下游則包括今柳江、黔江和西江。《經》文所謂"東過縣東",這個縣,指的是番禺縣,即今廣州。所以《注》文所述步騭觀看的"土地形勢",即今珠江三角洲一帶。在步騭所看到的動物中,鼉和鰐二者,是特别值得重視的。這裏首先可以研究的是,步騭所見的鼉和鰐是兩種動物抑是一種動物。步騭是淮陰人,服官于吴,長江流域的鼉當然是見到過的。初到南方,在珠江流域驟見這種形狀相像而體軀比鼉大許多的鰐,或許就兩者混而爲一,因此,鼉和鰐二字並見。三國以後,西晉的張華在其所著《博物志》中就區别了這兩種動物,該書卷九説:"南海有鰐魚,形如鼉。"張華已經知道,兩者不過是形狀相似,而並非一種動物。不過這兩者,除了形狀相似外,人類獵取牠們所作的用途也很相似,古人用鼉皮作鼓,稱爲鼉鼓,而現在外國人獵取鰐的目的,主要也是爲了價值很高的鰐皮。當然,按動物分佈的地區來看,鼉是不大可能在珠江三角洲出現的。《泿水注》告訴我們一個很重要的動物地理資料,這就是在公元三世紀時,珠江三角洲的鰐是很多的。但如上所述,這個鰐,絶不是古人稱鼉和現在稱爲揚子鰐(Alligator sinensis)的動物,而是今天動物分類中的馬來鰐(Croeodilus porosus)。直到唐朝,這種動物在今廣東省沿海的溪潭之間,仍然多有存在。這是一種凶猛的爬蟲類動物,與長江流域以魚、蛙之類爲食物的鼉完全不同。韓愈《詩》:"惡溪瘴毒聚,雷霆常洶洶。鰐魚大如舡,牙眼怖殺儂。""體大如舡",這當然是馬來鰐無疑了。韓愈另外還撰了一篇《祭鰐魚文》,文中説到:"而鰐魚睅然不安溪潭,據處食民畜、熊、豕、鹿、獐,以肥其身。"其凶猛可見。這種動物屬于鰐目的食魚鰐亞科,現在廣東沿海早已絶迹了。從全世界來説,牠也是較少的動物,據動物分類學家的統計,全世界現存的爬行綱鰐目動物,衹有一科,八屬,二十五種。《泿水注》記載的馬來鰐既已在我國絶迹,故中國目前存在的鰐目動物,已僅有一科,一屬,一種,即揚子鰐了。揚子鰐需要保護,也就是這個道理。

韓愈在潮州當刺史,這個時候,潮州的鰐魚很多,所以他要以一羊、一猪祭牠們,要牠們"其率醜類,南徙于海",以免爲害百姓。想不到事隔一千二百年,整個鰐目在世界上都已成爲珍稀動物,凡是存在這種動物的國家和地區,都以法律加以保護了。

㊾ 参見注⑫。

㊿ 殿本在此下《案》云:"案古字,'尺'通用'赤'。"《注疏》本《疏》:"戴云:按古字'尺'通用

‘赤’。趙云:按《三國志·注》引《交廣記》‘一赤’作‘一丈’,下‘四赤’作‘四丈四尺’。守敬按:《御覽》九百四十三引王隱《晉書》此作蝦長一丈,下作蝦鬚長四五尺,原《注》,《廣州記》亦云,即酈氏所引《廣州記》也,而文異。《御覽》又引《北户録》,此作蝦鬚一丈,下作鬚長四丈,亦異。蝦與鰕通。”

(51) 揭陽縣　練湖書院鈔本作“揭楊縣”。

卷三十八　資水　漣水　湘水　灕水　溱水

資水[1]出零陵都梁縣路山，

資水出武陵郡無陽縣界唐糺山[2]，蓋路山之别名也。謂之大溪水。東北逕邵陵郡武岡縣南，縣分都梁之所置也。縣左右二岡對峙，重阻齊秀，間可二里，舊傳後漢伐五溪蠻，蠻保此岡，故曰武岡，縣即其稱焉。大溪逕建興縣南[3]，又逕都梁縣南，漢武帝元朔五年，以封長沙定王子敬侯遂[4]之邑也。縣西有小山，山上有渟水，既清且淺，其中悉生蘭草，緑葉紫莖，芳風藻川，蘭馨遠馥，俗謂蘭爲都梁，山因以號，縣受名焉。

東北過夫夷縣，

夫水出縣西南零陵縣界少延山，東北流逕扶縣南，本零陵之夫夷縣也。漢武帝元朔五年，以封長沙定王子敬侯義之邑也。夫水又東注邵陵水，謂之邵陵浦，水口也。

東北過邵陵縣之北，

縣治郡下，南臨大溪，水逕其北，謂之邵陵水。魏咸熙二年，吴寶鼎元年，孫皓分零陵北部，立邵陵郡于邵陵縣，縣，故昭陵也。溪水東得高平水口，水出武陵郡沅陵縣首望山，西南逕高平縣南，又東入邵陵縣界，南入于邵水。邵水又東會雲泉水，水出零陵永昌縣雲泉山,西北流逕邵陽南,縣,故昭陽也。雲泉水又北注邵陵水,謂之邵陽水口。自下東北出益陽縣,其間逕流山峽,名之爲茱萸江,蓋水變名也。

又東北過益陽縣北,

縣有關羽瀨,所謂關侯灘也。南對甘寧故壘。昔關羽屯軍水北,孫權令魯肅、甘寧拒之于是水。寧謂肅曰:羽聞吾咳唾之聲,不敢渡也,渡則成擒矣。羽夜聞寧處分,曰:興霸聲也,遂不渡。茱萸江又東逕益陽縣北,又謂之資水。應劭曰:縣在益水之陽。今無益水,亦或資水之殊目矣。然此縣之左右,處處有深潭,漁者咸輕舟委浪,謡詠相和,羅君章所謂其聲綿邈者也。水南十里有井數百口,淺者四五尺,或三五丈,深者亦不測其深。古老相傳,昔人以杖撞地,輒便成井。或云古人采金沙處,莫詳其實也。

又東與沅水合于湖中,東北入于江也。

湖,即洞庭湖也。所入之處,謂之益陽江口。

漣水出連道縣西,資水之别。

水出邵陵縣界,南逕連道縣,縣故城在湘鄉縣西百六十里。控引衆流,合成一溪。東入衡陽湘鄉縣,歷石魚山下⑤,多玄石,山高八十餘丈,廣十里,石色黑而理若雲母⑥。開發一重,輒有魚形,鱗鰭首尾,宛若刻畫,長數寸,魚形備足。燒之作魚膏腥,因以名之。漣水又逕湘鄉縣,南臨漣水,本屬零陵,長沙定王子昌邑。漣水又屈逕其縣東,而入湘南縣也。

東北過湘南縣南,又東北至臨湘縣西南,東入于湘。

漣水自湘南縣東流,至衡陽湘西縣界,入于湘水也。于臨湘縣爲西南者矣。

湘水出零陵始安縣陽海山,

即陽朔山也。應劭曰:湘出零山。蓋山之殊名也。山在始安縣北,縣,故零陵之南部也⑦。魏咸熙二年,孫皓之甘露元年,立始安郡。湘、灕同源,分爲二水。南爲灕水,北則湘川,東北流。羅君章《湘中記》曰:湘水之出于陽朔,則觴爲之舟;至洞庭,日月若出入于其中也。

東北過零陵縣東,

越城嶠水南出越城之嶠,嶠即五嶺之西嶺也。秦置五嶺之戍,是其一焉。北至零陵縣,下注湘水。湘水又逕零陵縣南,又東北逕觀陽縣,與觀水合。水出臨賀郡之謝沭縣界,西北逕觀陽縣西,縣,蓋即水爲名也。又西北流,注于湘川,謂之觀口也。

又東北過洮陽縣東,

洮水出縣西南大山，東北逕其縣南，即洮水以立稱矣。漢武帝元朔五年，封長沙定王子節侯拘[⑧]爲侯國，王莽更名之曰洮治也。其水東流，注于湘水。

又東北過泉陵縣西，

營水出營陽泠道縣南山[⑨]，西流逕九疑山下，蟠基蒼梧之野，峯秀數郡之間。羅巖九舉，各導一溪，岫壑負阻，異嶺同勢，遊者疑焉，故曰九疑山。大舜窆其陽，商均葬其陰。山南有舜廟，前有石碑，文字缺落，不可復識。自廟仰山極高，直上可百餘里。古老相傳，言未有登其峯者。山之東北泠道縣界，又有舜廟，縣南有《舜碑》，碑是零陵太守徐儉立。營水又西逕營道縣，馮水注之，水出臨賀郡馮乘縣東北馮岡，其水導源馮溪，西北流，縣以託名焉。馮水帶約衆流，渾成一川，謂之北渚，歷縣北西至關下。關下，地名也，是商舟改裝之始。馮水又左合萌渚之水，水南出于萌渚之嶠，五嶺之第四嶺也。其山多錫，亦謂之錫方矣。渚水北逕馮乘縣西，而北注馮水，馮水又逕營道縣而右會營水。營水又西北屈而逕營道縣西，王莽之九疑亭也。營水又東北逕營浦縣南，營陽郡治也。魏咸熙二年，吴孫皓分零陵置，在營水之陽，故以名郡矣。營水又北，都溪水注之。水出舂陵縣北二十里仰山，南逕其縣西。縣，本泠道縣之舂陵鄉，蓋因舂溪爲名矣。漢長沙定王分以爲縣。武帝元朔五年，封王中子買爲舂陵侯。縣故城東又有一城，東西相對，各方百步。古老相傳，言漢家舊城，漢稱猶存，知是節侯故邑也。城東角有一碑，文字缺落，不可復識。東南三十里，尚有節侯廟。都溪水又南逕新寧縣東，縣東傍都溪。溪水又西逕縣南，左與五溪俱會，縣有五山，山有一溪，五水會于縣門，故曰都溪也。都溪水自縣又西北流，逕泠道縣北與泠水合，水南出九疑山，北流逕其縣西南，縣指泠溪以即名，王莽之泠陵縣也。泠水又北流注于都溪水，又西北入于營水。營水又北流入營陽峽。又北至觀陽縣而出于峽。大、小二峽之間，爲沿泝之極艱矣。營水又西北逕泉陵縣西，漢武帝元朔五年，以封長沙定王子節侯賢之邑也。王莽名之曰溥潤，零陵郡治，故楚矣。漢武帝元鼎六年，分桂陽置。太史公曰：舜葬九疑，寔惟零陵。郡取名焉，王莽之九疑郡也。下邳陳球爲零陵太守，桂陽賊胡蘭攻零陵，激流灌城，球輒于内因地勢，反決水淹賊，相拒不能下。縣有白土鄉，《零陵先賢傳》曰：鄭産字景載，泉陵人也，爲白土嗇夫。漢末多事，國用不足，産子一歲，輒出口錢。民多不舉子，産乃勑民勿得殺子，口錢當自代出。産言其郡縣，爲表上言，錢得除，更名白土爲更生鄉也。《晉書・地道記》曰：縣有香茅，氣甚芬香，言貢之以縮酒也。營水又北流注于湘水。湘水又東北與應水合，水出邵陵縣歷山，崕隥險阻，峻崿萬尋，澄源湛于下，應水湧于上。東南流逕應陽縣南，晉分觀陽縣立，蓋即應水爲名也。應水又東南流逕有鼻墟南，王隱曰：應陽縣，本泉陵之北部，東五里有鼻墟，言象所封也。山下有象廟，言甚有靈，能興雲雨。余所聞也，聖人之神曰靈，賢人之精氣爲鬼，象生不慧，死靈何寄乎？應水又東南流而注于湘水。湘水又東北得氵毛口，水出永昌縣北羅山，東南流逕石燕山東，其山有石，紺而狀燕，因以名山。其石或大或小，若母子焉，及其雷風相薄，則石燕羣飛，頡頏如真燕矣。羅君章云：今燕不必復飛也。其水又東南逕永昌縣南，又東流注于湘水。又東北逕祁陽縣南，又有餘溪水注之。水出西北邵陵郡邵陵縣，東南流注于湘。其水揚清汎濁，水色兩分。湘水又北與宜溪水合，水出湘東郡之新寧縣西南、新平故縣東，新寧，故新平也。衆川瀉浪，共成一津，西北流，東岸山下有龍穴，宜水逕其下，天旱則擁水注之，便有雨降。宜水又西北注于湘。湘水又西北得舂水口。水上承營陽舂陵縣西北潭山，又北逕新寧縣東，又西北流，注于湘水也。

又東北過重安縣東，又東北過酃縣西，承水從東南來注之[10]。

承水[11]出衡陽重安縣西邵陵縣界邪薑山，東北流至重安縣，逕舜廟下，廟在承水之陰。又東合略塘，相傳云，此塘中有銅神，今猶時聞銅聲于水，水輒變緑作銅腥，魚爲之死。承水又東北逕重安縣南，漢長沙頃王子度邑也。故零陵之鍾武縣，王莽更名曰鍾桓也。武水入焉，水出鍾武縣西南表山，東流至鍾武縣故城南，而東北流，至重安縣注于承水，至湘東臨承縣[12]北，東注于湘，謂之承口[13]。臨承即故酃縣也。縣，即湘東郡治也，郡舊治在湘水東，故以名郡。魏正元二年，吴主孫亮分長沙東部立。縣有石鼓，高六尺，湘水所逕，鼓鳴則土有兵革之事。羅君章云：扣之聲聞數十里。此鼓今無復聲。觀陽縣東有裴巖，其下有石鼓，形如覆船，扣之清響遠徹，其類也。湘水又北歷印石，石在衡山縣南湘水右側，盤石或大或小，臨水，石悉有跡，其方如印，纍然行列，無文字，如此可二里許，因名爲印石也。湘水又北逕衡山縣東，山在西南，有三峯：一名紫蓋，一名石囷，一名芙容。芙容峯最爲竦傑，自遠望之，蒼蒼隱天。故羅含云：望若陣雲，非清霽素朝，不見其峯。丹水湧其左，澧泉流其右。《山經》謂之岣嶁，爲南嶽也。山下有舜廟，南有祝融冢。楚靈王之世，山崩毁其墳，得《營丘九頭圖》。禹治洪水，血馬祭山，得《金簡玉字之書》。芙容峯之東有仙人石室，學者經過，往往聞諷誦之音矣。衡山東南二面臨映湘川，自長沙至此，江湘七百里中，有九向九背。故漁者歌曰：帆隨湘轉，望衡九面。山上有飛泉下注，下映青林，直注山下，望之若幅練在山矣。湘水又東北逕湘南縣東，又歷湘西縣南，分湘南置也，衡陽郡治。魏甘露二年，吴孫亮分長沙西部立治，晉湘南太守何承天，徙治湘西矣。《十三州志》曰：日華水出桂陽郴縣日華山，西至湘南縣入湘。《地理志》曰：郴縣有耒水，出耒山，西至湘南西入湘。湘水又北逕麓山東，其山東臨湘川，西旁原隰，息心之士，多所萃焉。

又東北過陰山縣西，洣水從東南來注之；又北過醴陵縣西，漉水從東南來注之。

《續漢書·五行志》曰：建安八年，長沙醴陵縣有大山，常鳴如牛呴聲。積數年，後豫章賊攻没縣亭，殺掠吏民，因以爲候。湘水又北逕建寧縣[14]，有空泠峽，驚浪雷奔，濬同三峽。湘水又北逕建寧縣故城下，晉太始中立。

又北過臨湘縣西，瀏水從縣西北流注。

縣南有石潭山，湘水逕其西，山有石室、石牀，臨對清流。湘水又北逕昭山西，山下有旋泉，深不可測，故言昭潭無底也，亦謂之曰湘州潭。湘水又北逕南津城西，西對橘洲，或作吉字。爲南津洲尾。水西有橘洲子戍[15]，故郭尚存。湘水又北，左會瓦官水口，湘浦也。又逕船官西，湘洲商舟之所次也。北對長沙郡，郡在水東州城南，舊治在城中，後乃移此。湘水左逕麓山東，上有故城。山北有白露水口，湘浦也。又右逕臨湘縣故城西縣治，湘水濱臨川側，故即名焉。王莽改號撫陸，故楚南境之地也。秦滅楚，立長沙郡，即青陽之地也。秦始皇二十六年，令曰：荆王獻青陽以西。《漢書·鄒陽傳》曰：越水長沙，還舟青陽。《注》張晏曰：青陽，地名也。蘇林曰：青陽，長沙縣也。漢高祖五年，以封吴芮爲長沙王。是城即芮築也。漢景帝二年，封唐姬子發爲王，都此。王莽之鎮蠻郡也。于《禹貢》則荆州之域。晉懷帝以永嘉元年，分荆州、湘中諸郡立湘州，治此。城之内，郡廨西有陶侃廟，云舊是賈誼宅地。中有一井，是誼所鑿，極小而深，上斂下大，其狀似壺。傍有一腳石牀，纔容一人坐形，流俗相承云，誼宿所坐牀。又有大柑樹，亦云誼所植也。城之西北有故市，北對臨湘縣之新治。縣治西北有北津城，縣北有吴芮冢，廣踰六十八丈，登臨寫目，爲廛郭之佳憩也。郭頒《世語》云：魏黄初末，吴人發芮冢取木，于縣立孫堅廟，見芮尸容貌衣服竝如故。吴平後，與發冢人于壽春見南蠻校尉吴綱，曰：君形貌何類長沙王吴芮乎？但君微短耳。綱瞿然曰：是先祖也。自芮卒至冢發四百年，至見綱又四十餘年矣。湘水左合誓口，又北得石槨口，竝湘浦也。右合麻溪水口，湘浦也。湘水又北逕三石山東，山枕側湘川北，即三石水口也，湘浦矣。水北有三石戍，戍城爲二水之會也。湘水又逕瀏口戍西，北對瀏水。

又北，溈水從西南來注之。

溈水出益陽縣馬頭山，東逕新陽縣南，晉太康元年，改曰新康矣。溈水又東入臨湘縣，歷溈口戍東，南注湘水。湘水又北合斷口，又北，則下誓口，湘浦也。湘水之左岸有高口水，出益陽縣西，北逕高口戍南，又西北，上鼻水自鼻洲上口受湘西入焉，謂之上鼻浦。高水西北與下鼻浦合，水自鼻洲下口首受湘川，西通高水，謂之下鼻口。高水又西北右屈爲陵子潭，東北流注湘爲陵子口。湘水自高口戍東，又北，右會鼻洲，左合上鼻口，又北，右對下鼻口[16]，又北得陵子口。湘水右岸，銅官浦出焉。湘水又北逕銅官山，西臨湘水，山土紫色，内含雲母，故亦謂之雲母山也[17]。

又北過羅縣西，溳水從東來流注。

湘水又北逕錫口戍東，又北，左派謂之錫水，西北流逕錫口戍北，又西北流，屈而東北，注玉水焉。水出西北玉池，東南流注于錫浦，謂之玉池口。錫水又東北，東湖水注之，水上承玉池之東湖也。南注于錫，謂之三陽涇[18]，水南有三戍，又東北注于湘。湘水自錫口北出，又得望屯浦，湘浦也。湘水又北，枝津北出，謂之門涇[19]也。湘水紆流西北，東北合門水，謂之門涇口。又北得三溪水口，水東承大湖，西通湘浦，三水之會，故得三溪之目耳。又北，東會大對水口，西接三津涇[20]。湘水又北逕黄陵亭西，右合黄陵水口，其水上承大湖，湖水西流，逕二妃廟南，世謂之黄陵廟也。言大舜之陟方也，二妃從征，溺于湘江，神遊洞庭之淵，出入瀟湘之浦。瀟者，水清深也[21]。《湘中記》曰：湘川清照五六丈，下見底石如樗蒱矢，五色鮮明，白沙如霜雪，赤崖若朝霞，是納瀟湘之名矣。故民爲立祠于水側焉，荆州牧劉表刊石立碑，樹之于廟，以旌不朽之傳矣。黄水又西流入于湘，謂之黄陵口。昔王子屮[22]有異才，年二十而得惡夢，作《夢賦》，二十一溺死于湘浦，即斯川矣。湘水又北逕白沙戍西，又北，右會東町口，溳水也。湘水又左合決湖口，水出西陂，東通湘渚。湘水又北，汨水注之。水東出豫章艾縣桓山，西南逕吴昌縣北，與純水合。水源出其縣東南純山，西北流，又東逕其縣南，又北逕其縣故城下。縣是吴主孫權立。純水又右會汨水，汨水又西逕羅縣北，本羅子國也。故在襄陽宜城縣西，楚文王移之于此，秦立長沙郡，因以爲縣，水亦謂之羅水。汨水又西逕玉笥山，羅含《湘中記》云：屈潭之左有玉笥山，道士遺言，此福地也。一曰地腳山。汨水又西爲屈潭，即汨羅淵也。屈原懷沙，自沈于此，故淵潭以屈爲名。昔賈誼、史遷，皆嘗逕此，弭檝江波，投弔于淵。淵北有屈原廟，廟前有碑，又有《漢南太守程堅碑》，寄在原廟。汨水又西逕汨羅戍南，西流注于湘。《春秋》之羅汭矣，世謂之汨羅口。湘水又北，枝分北出，逕汨羅戍西，又北逕磊石山[23]東，又北逕磊石戍西，謂之苟導涇矣，而北合湘水。湘水自汨羅口西北逕磊石山西，而北對青草湖，亦或謂之爲青草山也。西對懸城口，湘水又北得九口，竝湘浦也。湘水又東北爲青草湖口，右會苟導涇北口，與勞口合，又北得同拌口，皆湘浦右池者也。

又北過下雋縣西，微水從東來流注。

湘水左會清水口[24]，資水也，世謂之益陽江。湘水之左，逕鹿角山東，右逕謹亭戍西，又北合查浦，又北得萬石浦[25]，咸湘浦也。側湘浦北有萬石戍。湘水左則沅水注之，謂之横房口，東對微湖，世或謂之麋湖也。右屬微水，即《經》所謂微水經下雋者也。西流注于江，謂之麋湖口。湘水又北逕金浦戍，北帶金浦水，湖溠也。湘水左則澧水注之，世謂之武陵江。凡此四水，同注洞庭，北會大江，名之五渚。《戰國策》曰：秦與荆戰，大破之，取洞庭五渚者也。湖水廣圓五百餘里，日月若出没于其中。《山海經》云：洞庭之山，帝之二女居焉。沅、澧之風，交瀟、湘之浦，出入多飄風暴雨。湖中有君山、編山[26]，君山有石穴，潛通吴之包山[27]，郭景純所謂巴陵地道者也。是山，湘君之所遊處，故曰君山矣。昔秦始皇遭風于此，而問其故博士。曰：湘君出入則多風。秦王乃赭其山。漢武帝亦登之，射蛟于是山。東北對編山，山多篪竹。兩山相次，去數十里，迴峙相望，孤影若浮。湖之右岸有山，世謂之笛烏頭石，石北右會翁湖口，水上承翁湖，左合洞浦，所謂三苗之國，左洞庭者也。

又北至巴丘山，入于江。

山在湘水右岸，山有巴陵故城，本吴之巴丘邸閣城也。晉太康元年立巴陵縣于此，後置建昌郡。宋元嘉十六年，立巴陵郡，城跨岡嶺，濱阻三江。巴陵西對長洲，其洲南分湘浦，北届大江，故曰三江也。三水所會，亦或謂之三江口矣。夾山列關，謂之射獵，又北對養口，咸湘浦也。水色青異，東北入于大江，有清濁之别，謂之江會也。

灕水亦出陽海山，

灕水與湘水，出一山而分源也。湘、灕之間，陸地廣百餘步，謂之始安嶠。嶠，即越城嶠也。嶠水自嶠之陽南流注灕，名曰始安水，故庾仲初之賦《揚都》云：判五嶺而分流者也。灕水又南與溈水合，水出西北邵陵縣界，而東南流至零陵縣，西南逕越城西。建安十六年，交州刺史賴恭，自廣信合兵小零陵越城迎步騭，即是地也。溈水又東南流注于灕水，《漢書》所謂出零陵下灕水者也。灕水又南合彈丸溪，水出于彈丸山，山有湧泉，奔流衝激，山嵁及溪中，有石若丸，自然珠圓，狀彈丸矣，故山水即名焉。驗其山有石竇，下深數丈，洞穴深遠，莫究其極。溪水東流注于灕水，灕水又南逕始興縣[28]東，魏元帝咸熙二年，吴孫皓分零陵南部立始興縣。灕水又南，右會洛溪，溪水出永豐縣西北洛溪山，東流逕其縣北。縣，本蒼梧之北鄉，孫皓割以爲縣。洛溪水又東南逕始安縣而東注灕水。灕水又東南流入熙平縣，逕羊瀨山，山臨灕水，石間有色類羊。又東南逕雞瀨山，山帶灕水，石色狀雞。故二山以物象受名矣。灕水又南得熙平水口，水源出縣東龍山，西南流逕其縣南，又西與北鄉溪水合，水出縣東北北鄉山，西流逕其縣北，又西流南轉，逕其縣西。縣，本始安之扶鄉也，孫皓割以爲縣。溪水又南注熙平水，熙平水又西注于灕水。縣南有朝夕塘，水出東山西南，有水從山下注，塘一日再增再減，盈縮以時，未嘗愆期，同于潮水，因名此塘爲朝夕塘矣。灕水又西逕平樂縣界，左合平樂溪口，水出臨賀郡之謝沐縣南，歷山西北流，逕謝沐縣西南，西南流至平樂縣東南，左會謝沐衆溪，派流湊合，西逕平樂南，孫皓割蒼梧之境立以爲縣，北隸始安。溪水又西南流注于灕水，謂之平樂水。

南過蒼梧荔浦縣，

瀨水出縣西北魯山之東，逕其縣西與濡水合，水出永豐縣西北濡山，東南逕其縣西，又東南流入荔浦縣，注于瀨溪，又注于灕水。灕水之上有關。灕水又南，左合靈溪水口，水出臨賀富川縣北符靈岡，南流逕其縣東，又南注于灕水也。

又南至廣信縣，入于鬱水。

溱水出桂陽臨武縣南，繞城西北屈東流[29]，

溱水導源縣西南，北流逕縣西，而北與武溪合。《山海經》曰：肄水[30]出臨武西南，而東南注于海。入番禺西，肄水，蓋溱水之别名也。武溪水出臨武縣西北桐柏山，東南流，右合溱水，亂流東南逕臨武縣西，謂之武溪。縣側臨溪東，因曰臨武縣，王莽更名大武也。溪又東南流，左會黄岑溪水[31]。水出郴縣黄岑山[32]，西南流，右合武溪水。武溪水又南入重山，山名藍豪，廣圓五百里，悉曲江縣界，崖峻險阻，巖嶺干天，交柯雲蔚，霾天晦景，謂之瀧中。懸湍迴注，崩浪震山，名之瀧水。

東至曲江縣安聶邑東，屈西南流，

瀧水又南出峽，謂之瀧口，西岸有任將軍城，南海都尉任囂所築也。囂死，尉佗自龍川始居之。東岸有任將軍廟。瀧水又南合泠水，泠水東出泠君山[33]，山，羣峯之孤秀也。晉太元十八年，崩十餘丈，于是懸澗瀑挂，傾流注壑，頹波所入，灌于瀧水。瀧水又右合[34]林水，林水出縣東北洹山。王歆之《始興記》曰：林水源裹有石室，室前磐石上，行羅十瓮，中悉是餅銀，采伐遇之不得取，取必迷悶。晉太元初，民封驅之家僕，密竊三餅歸，發看，有大蛇盤之而死。《湘州記》曰：其夜，驅之夢神語曰：君奴不謹，盗銀三餅，即日顯戮，以銀相償。覺視，則奴死銀在矣。林水自源西注于瀧水。又與雲水合，水出縣北湯泉，泉源沸湧，浩氣雲浮，以腥物投之，俄頃即熱[35]。其中時有細赤魚游之，不爲灼也。西北合瀧水。又有藉水，上承滄海水，有島嶼焉。其水吐納衆流，西北注于瀧水。瀧水又南歷靈鷲山，山，本名虎郡山，亦曰虎市山，以虎多暴故也。晉義熙中，沙門釋僧律，葺宇巖阿，猛虎遠跡，蓋律仁感所致，因改曰靈鷲山。瀧水又南逕曲江縣東，云縣昔號曲紅。曲紅，山名也，東

連岡是矣。瀧中有碑,文曰[36]:按《地理志》,曲江舊縣也。王莽以爲除虜,始興郡治,魏元帝咸熙二年,孫皓分桂陽南部立。縣東傍瀧溪,號曰北瀧水。水左即東溪口也。水出始興東江州南康縣界石閣山,西流而與連水[37]合。水出南康縣涼熱山連溪。山,即大庾嶺也,五嶺之最東矣,故曰東嶠山。斯則改裝之次,其下船路名漣溪。漣水南流,注于東溪,謂之漣口。庾仲初謂之大庾嶠水也。東溪亦名東江,又曰始興水。又西,邪階水注之,水出縣東南邪階山,水有别源,曰巢頭。重嶺衿瀧,湍奔相屬,祖源雙注,合爲一川。水側有鼻天子城,鼻天子,所未聞也。邪階水又西北注于東江。江水又西逕始興縣南,又西入曲江縣,邸水注之,水出浮岳山,山蹋一處,則百餘步動,若在水也,因名浮岳山。南流注于東江。東江又西與利水合,水出縣之韶石北山,南流逕韶石下,其高百仞,廣圓五里,兩石對峙,相去一里,小大略均似雙闕,名曰韶石。古老言,昔有二仙,分而憩之,自爾年豐,彌歷一紀。利水又南逕靈石下,靈石,一名逃石,高三十丈,廣圓五百丈。耆舊傳言,石本桂林武城縣[38],因夜迅雷之變,忽然遷此,彼人來見歎曰:石乃逃來。因名逃石,以其有靈運徙,又曰靈石。其傑處,臨江壁立,霞駮有若繢焉。水石驚瀨,傳響不絶,商舟淹留,聆翫不已。利水南注東江,東江又西注于北江,謂之東江口。溱水自此,有始興大庾之名,而南入湞陽縣也。

過湞陽縣,出洭浦關,與桂水合,

溱水南逕湞陽縣西,舊漢縣也,王莽之綦武[39]矣。縣東有湞石山,廣圓三十里,挺崿大江之北,盤址長川之際,其陽有石室,漁叟所憩。昔欲于山北開達郡之路,輒有大蛇斷道,不果。是以今行者,必于石室前汎舟而濟也。溱水又西南歷皋口、太尉二山之間,是曰湞陽峽。兩岸傑秀,壁立虧天,昔嘗鑿石架閣,令兩岸相接,以拒徐道覆。溱水出峽,左則湞水注之。水出南海龍川縣西,逕湞陽縣南,右注溱水。故應劭曰:湞水西入溱是也。溱水又西南,洭水入焉。《山海經》所謂湟水出桂陽西北山,東南注肄,入敦浦[40]西者也。溱水又西南,逕中宿縣會一里水,其處隘,名之爲觀岐[41]。連山交枕,絶崖壁竦,下有神廟,背阿面流,壇宇虚肅,廟渚攢石巉巖,亂峙中川,時水洊至,鼓怒沸騰,流木淪没,必無出者,世人以爲河伯下材。晉中朝時,縣人有使者至洛,事訖將還,忽有一人寄其書云:吾家在觀岐[42]前,石間懸藤,即其處也,但叩藤,自當有人取之。使者謹依其言,果有二人出外,取書并延入水府,衣不霑濡。言此似不近情,然造化之中,無所不有,穆滿西遊,與河宗論寶。以此推之,亦爲類矣。溱水又西南逕中宿縣南,吴孫皓分四會之北鄉立焉。

南入于海。

溱水又南注于鬱而入于海。

注释：

① 資水 《名勝志·湖廣》卷十《長沙府·益陽縣》引《水經注》、康熙《湖廣通志》卷九《堤防·長沙府》引《水經注》、乾隆《長沙府志》卷五《山川志·益陽縣·濱江》引《水經注》均作"濱水"。

② 唐紏山 《方輿紀要》卷七十五《湖廣》七《寶慶府·武岡州·都梁山》引《水經注》作"唐糾山"。

③ 《注疏》本《疏》："守敬按：《宋志》武剛，晉武分都梁立，而《晉志》脱此縣，《齊志》作武剛。據《元和志》，梁以太子諱綱，故爲武强，則'剛'字不誤。此《注》作武岡，謂有二岡，縣即其稱，乃別有所據。"段熙仲《校記》："按《元和志》三十云：吴寶鼎元年改爲武岡縣，因武岡爲名。一云：晉武帝分都梁縣置。楊《疏》謂別有所據是也。"

④ 遂 《注疏》本作"定"。《疏》："趙據《史記·年表》改'定'作'遂'，戴改同。會貞按：《漢表》作'定'，但名與定王之謚同，疑《史表》是。"

⑤ 《廣博物志》卷五《地形·總地·山》引《水經注》云："石魚山本名立石山。"當是此句下佚文。

⑥ 《札記·化石》：

卷三十八《漣水》《經》"漣水出連道縣西，資水之別"《注》中，也記載了一處魚類化石。《注》云：

（漣水）東入衡陽湘鄉縣，歷石魚山下，多玄石，山高八十餘丈，廣十里，石色黑而理若雲母。開發一重，輒有魚形，鱗鬐首尾，宛若刻畫，長數寸，魚形備足。

這段記載魚類化石的文字，因爲描述得十分清楚，所以一讀便知。由于古人没有關于化石的知識，有時往往與其他一些傳説相附會，如上述關于防風氏骨骼的神話一樣。所以酈《注》凡是涉及這類記載的，都值得作一點分析。

⑦ 《方輿紀要》卷一〇七《廣西》二《桂林府·興安縣·靈渠》引《水經注》云："湘水自零陵西南，謂之澪渠。"當是此段中佚文。

⑧ 節侯拘 《注疏》本作"靖侯狗彘"。《疏》："朱《箋》曰：舊本作洮陽侯拘。案《漢書·表》作狩燕，而《史記·年表》作狗彘，恐《史記》譌也。孫《案》：《索隱》引《漢表》作將燕。戴作節侯拘，云有脱誤。"

⑨ 南山 黄本、《注箋》本、項本、張本、《注疏》本均作"流山"，《五校》鈔本、《七校》本、《注釋》本作"留山"。沈本注云："疑當作'營'。"

⑩ 《注疏》本熊會貞按："此句有訛文。承水在湘西，是從西南來注，非東南。別有耒水在湘東，是從東南來注。此'東南'當'西南'之訛，否則，承水爲耒水之訛。承、耒形近。"

⑪ 承水 《楚寶》卷三十八《山水·湘水》引《水經注》、《奉使紀勝》引《水經注》均作"烝水"。

⑫ 臨承縣 《淵鑑類函》卷二十九《地部·石鼓山》引《水經注》、《奉使紀勝》引《水經注》、乾隆《衡州府志》卷六《山川》引《水經注》均作"臨烝縣"。

⑬ 承口 乾隆《衡州府志》卷六《山川·臨烝縣》引《水經注》作"烝口"。

⑭ 殿本在此下《案》云:"案此下,原本及近刻有'而旁湘水縣北'六字,係訛舛衍文,歸有光本所無,今删去。"《注疏》本改"而旁湘水縣北"爲"西旁湘水"。《疏》:"朱'西'作'而'。戴以'而旁湘水縣北'六字爲訛舛衍文,依歸有光删。趙改'而'作'西'。"

⑮ 《注疏》本《疏》:"朱《箋》曰:孫云,疑作'橘子洲戍'。趙云:按子戍,戍之小者耳,猶子城之類。守敬按:梁武帝與蕭寶夤書,有小城、小戍之文,則趙説當是。在今善化縣西湘江中。"段熙仲《校記》:"按:孫説近似,但傳鈔者二字倒互耳。《清一統志》二百七十六橘州下引《水經注》作'橘子洲'。沈欽韓逕改'橘子洲戍',引《方輿勝覽》在善化縣西湘江中,準以地望沈改是也。"

⑯ 右對下鼻口 《注疏》本作"左對下鼻口"。《疏》:"朱作'右對',戴、趙同。守敬按:下鼻口在湘水之左,是左對,非右也,此爲'左'之誤無疑。"

⑰ 《寰宇記》卷一一四《江南道》十二《潭州長沙縣》引《水經注》云:"西臨銅水,山土紫色,内含雲母,服之不朽。"此處,"銅水"、"服之不朽",當是此句下佚文。

⑱ 三陽涇 《五校》鈔本、《七校》本、《注釋》本均作"三陽逕"。

⑲ 門涇 《注箋》本、項本、《注釋》本、張本均作"門逕"。

⑳ 三津涇 《注箋》本、項本、《注釋》本、張本均作"三津逕"。

㉑ 康熙《湖廣通志》卷九《堤防·永州府》引《水經注》云:"瀟水出九疑三分石,自夏陽至寧遠城下,過大洋,出青口入瀧。"當是此句下佚文。

㉒ 王子屮 《注疏》本作"王子山"。《疏》:"戴以'山'爲訛改作'屮'。守敬按:《後漢書·文苑傳》,王延壽,字文考,《注》:一字子山,以文義求之,周王壽考,如南山之壽,兩字皆應與名相應,是作'屮'乃《大典》本之訛,戴氏不能訂正,反以'山'爲訛,疏矣。"段熙仲《校記》:"按:楊氏未見《大典》本,于此又得一證。檢《大典》本卷一萬一千一百四十一第十頁後第一行作'子山',不作'屮',全、趙皆作'山',所據本不誤。戴氏謂近刻作'山',則所見朱《箋》亦作'山',不知何據而作'屮'。"案陳橋驛復校《水經注疏》卷首《熊會貞親筆水經注疏修改意見》(熊原無題,此題爲陳所加),其中一條云:"先生未見殘宋本、《大典》本、明鈔本。此書各卷,凡説殘宋、《大典》、明鈔,不得屬之先生。當概删殘宋本作某句、《大典》本作某句、明鈔本作某句。"此條下,熊氏又云:"今擬不删,以先生説,改爲嶺香孫世兄補疏。全書各卷中,先生按殘宋本作某,或《大典》本、明鈔本作某,盡改爲先梅按殘宋本作某、《大典》本作某、明鈔本作某。每卷開首題名加一行,作孫先梅補疏。"熊氏此親筆影印刊于臺北中華書局影印《水經注疏》第一册(全書共十八册)卷首,段氏未見此臺北本,亦未及見排印本之出版,故《校記》有此"又得一證"之語。案楊先梅,字嶺香,爲楊守敬孫,曾襄助熊會貞録出殘宋、《大典》、明鈔三本中的文字異同,事見陳橋驛《熊會貞與水經注疏》,收入于《水經注研究四集》,杭州出版社二〇〇三年出版。

㉓ 磊石山 吴本、《注箋》本、項本、《注釋》本、張本、《注疏》本、《通鑑》卷一六二《梁紀》十八武帝太清三年"湘州刺史河東王譽軍于青草湖"胡《注》引《水經注》、《楚寶》卷三十八《山水·洞庭

湖》引《水經注》、《方輿紀要》卷八十《湖廣》六《長沙府・湘陰縣・青草湖》引《水經注》、雍正《湖廣通志》卷十一《山川志・湘陰縣》引《水經注》、乾隆《湖南通志》卷六《山川志》一《長沙府》上《長沙縣・湘江》引《水經注》均作"壘石山"。

㉔　清水口　《注箋》本、項本、張本、《禹貢會箋》卷六"九江孔殷"徐《箋》引《水經注》均作"水清口"。隆慶《岳州府志》卷七《職方考・五瀦》引《水經注》、《楚寶》卷三十八《山水・洞庭湖》引《水經注》、乾隆《湖南通志》卷十一《山川志》六《岳州府・巴陵縣・洞庭湖》引《水經注》、乾隆《長沙府志》卷五《山川志・益陽縣・資江》引《水經注》、嘉慶《常德府志》卷五《山川考》二《洞庭湖》引《水經注》均作"小清口"。

㉕　萬石浦　《注箋》本、項本、《注釋》本、張本均作"萬浦"。

㉖　編山　乾隆《湖南通志》卷十一《山川志》六《岳州府・巴陵縣・艑山》引《水經注》作"艑山"。

㉗　包山　黄本、沈本均作"苞山"。

㉘　始興縣　《注疏》本作"始安縣"。《疏》:"朱作'始興縣',戴、趙同。會貞按:始興縣見《溱水篇》,不在此。此乃逕始安縣之訛。漢置始安縣,至梁未廢。即今臨桂縣治,在灕水濱。豈有灕水先逕始安,《注》絶不及之,而反見于後逕始安之洛溪水乎?若謂吴嘗别置始興縣于此,則《三國志》及各地志皆不言,酈氏何所據?則'始興'當作'始安'審矣,今訂。"

㉙　《名勝志・廣東》卷二《南雄府・保昌縣》引《水經注》云:"即修仁水也,南齊建三楓亭臨其下流,謂之五渡水。"當是此篇中佚文。

㉚　肄水　《注疏》本作"肆水"。《疏》:"戴、趙改'肆'作'肄',下同。會貞按:《海内東經》文作'肄'。郭璞《注》:音如'肄習'之'肄'。今《經》文正作'肄',如此不須用音,故郝懿行謂郭本不作'肄',以此注引作'肆'爲是,然則不當改。"

㉛　黄岑溪水　《注箋》本、項本、張本、乾隆《湖南通志》卷十四《山川志》九《郴州・宜章縣・玉溪》引《水經注》均作"黄泠溪水"。

㉜　黄岑山　殘宋本、《注箋》本、項本、張本、乾隆《湖南通志》卷十四《山川志》九《郴州・宜章縣・玉溪》引《水經注》均作"黄泠山"。

㉝　泠君山　練湖書院鈔本作"泠君水山"。

㉞　又右合　《注疏》本作"又左合"。《疏》:"朱無'又'字,趙同,戴增。朱'左'作'右',戴、趙同。會貞按:瀧水東南流,據下文林水西注瀧水,則林水在瀧水之左,當作'左合',今訂。"

㉟　殿本在"熱"字下《案》云:"案近刻訛作'熟'。"陳橋驛《水經注記載的温泉》(收入于《水經注研究》,天津古籍出版社一九八五年出版)云:"這裏的'俄頃即熱',在《大典》本、黄省曾本、吴琯本、何焯校明鈔本、王國維校明鈔本、《注釋》本、《注疏》本等之中,都作'俄頃即熟'。惟《注箋》本、項絪本和殿本等易'熟'爲'熱'。'熱'和'熟'雖然一字之差,但以之描述水温,其差距却是很大的。若按殿本等本,這是一般的熱泉,若按《大典》諸本,這就是一處過熱泉。因此不能不加以分辨。按《御覽》引《幽明録》所載:

始興雲水,源有湯泉,每至霜雪,見其上蒸氣數十丈,生物投之,須臾便熟。

從《幽明録》所記載的來看，酈《注》的'腥物'可能是'生物'的音訛。上文如作'生物'，下文自然應該作'熟'，可見《大典》諸本比殿本等可靠，殿本的'熱'字，宜改爲'熟'字。"

㊱ "文曰"下顯然有佚文。《注疏》本《疏》："朱'文曰'下接《地理志》云云，有脱誤。全、趙、戴同。會貞按：此碑是《漢桂陽太守周府君功勳碑》，文載《隸釋》，中有自瀑亭至乎曲紅之語，《注》引碑以證曲紅，當有此句。"熊《疏》是。惟熊所云全、趙、戴同不確。趙氏《水經注釋》云："一清按，《瀧中碑》是《漢桂陽太守周府君功勳碑》也。"以下並全引碑文，以其過長，不録。

㊲ 連水　《注釋》本作"漣水"。

㊳ 桂林武城縣　殘宋本作"桂陽汝城縣"，王國維《宋刊水經注殘本跋》："卷三十八《溱水注》，石本桂陽汝城縣，諸本'汝城'並作'武城'，惟明鈔本與此本同。案桂陽無武城縣，故朱《箋》疑爲臨武之譌。而沈炳巽則改'桂陽'爲'桂林'，趙、戴從之。不知武城乃汝城之訛，晉宋桂陽郡，固有汝城縣也。"

㊴ 綦武　《注箋》本、項本、《五校》鈔本、《七校》本、《注釋》本、張本均作"基武"。

㊵ 東南注肄入敦浦　《注疏》本作"東南注肆入郭浦"。《疏》："戴、趙據《山海經》改'肆'作'肄'，改'郭'作'敦'。守敬按：《海内東經》文。'肆'字是，不當改，見本篇首。'郭'、'敦'未知孰誤，當仍舊。畢沅、郝懿行據此改《山海經》作'郭'，亦臆斷。"

㊶ 觀岐　《注疏》本作"觀峽"。《疏》："朱'峽'作'岐'。戴、趙同。……守敬按：《御覽》五十三引此作'觀峽'，又引王韶之《始興記》，中宿縣有觀峽，横巒交枕，絶崖峕嵺。蓋酈所本，則'岐'爲'峽'之誤。"段熙仲《校記》："按：諸家'峽'訛爲'岐'，楊《疏》改'峽'。欽韓《疏證》引《寰宇記》百五十七亦作'觀峽'，《一統志》引此《注》同。則'岐'字乃'峽'字之訛無疑。"

㊷ 《注疏》本作"觀峽"。《疏》："朱'觀'下有脱文，戴、趙增'岐'字。守敬按：于文當有'峽'字，《御覽》引亦無'峽'字，則脱誤已久，戴、趙不知上'岐'爲誤字，據增，失之。"

卷三十九　洭水　深水　鍾水　耒水　洣水　漉水　瀏水　潤水　贛水　廬江水

洭水[①]出桂陽縣盧聚，

水出桂陽縣西北上驛山盧溪，爲盧溪水，東南流逕桂陽縣故城，謂之洭水。《地理志》曰：洭水出桂陽，南至四會是也。洭水又東南流，嶠水注之，水出都嶠之溪[②]，溪水下流歷峽，南出是峽，謂之貞女峽。峽西岸高巖名貞女山，山下際有石如人，形高七尺，狀如女子，故名貞女峽。古來相傳，有數女取螺于此，遇風雨晝晦，忽化爲石。斯誠巨異，難以聞信。但啟生石中，摯呱空桑，抑斯類矣。物之變化，寧以理求乎？溪水又合洭水，洭水又東南入陽山縣，右合湟口水，源出縣西北百一十里石塘村，東南流。水側有豫章木，本徑可二丈，其株根猶存，伐之積載，而斧跡若新。羽族飛翔不息，其旁衆枝飛散遠集，鄉亦不測所如，惟見一枝，獨在含洭水矣[③]。湟水東南流注于洭。洭水又東南流而右與斟水合[④]，水導源近出東巖下，穴口若井，一日之中，十溢十竭，信若潮流，而注洭水。洭水又南逕陽山縣故城西，耆舊傳曰，往昔縣長臨縣，輒遷擢超級，大史逕觀，言勢使然。掘斷連岡，流血成川，城因傾阤，遂即傾敗。閣下大鼓，飛上臨武，乃之桂陽，追號"聖鼓"。自陽山達乎桂陽之武步驛，所至循聖鼓道也，其道如塹，迄于鼓城矣。洭水又逕陽山縣南，縣，故含洭縣之桃鄉,孫皓分立爲縣也。洭水又東南流也。

東南過含洭縣,

應劭曰:洭水東北入沅。瓚注《漢書》:沅在武陵,去洭遠,又隔湘水,不得入沅。洭水東南,左合翁水。水出東北利山湖,湖水廣圓五里,潔踰凡水,西南流注于洭,謂之翁水口。口已下東岸有聖鼓杖,即陽山之鼓杖也。横在川側,雖衝波所激,未嘗移動。百鳥翔鳴,莫有萃者。船人上下以篙撞者,輒有瘧疾。洭水又東南,左合陶水,水東出堯山。山盤紆數百里,有赭嵒迭起,冠以青林,與雲霞亂采。山上有白石英,山下有平陵,有大堂基。耆舊云:堯行宫所。陶水西逕縣北,右注洭水。洭水又逕含洭縣西。王歆《始興記》曰:縣有白鹿城,城南有白鹿岡。咸康中,郡民張魴爲縣,有善政,白鹿來遊,故城及岡竝即名焉。

南出洭浦關,爲桂水。

關在中宿縣,洭水出關,右合溱水[⑤],謂之洭口。《山海經》謂之湟水。徐廣曰:湟水一名洭水,出桂陽,通四會,亦曰灌水也。漢武帝元鼎元年,路博德爲伏波將軍,征南越,出桂陽,下湟水,即此水矣。桂水,其别名也。

深水出桂陽盧聚,

吕忱曰:深水一名邃水,導源盧溪,西入營水,亂流營波,同注湘津。許慎云:深水出桂陽南平縣也。《經》書桂陽者,縣本隸桂陽郡,後割屬始興。縣有盧溪、盧聚,山在南平縣之南,九疑山東也。

西北過零陵營道縣南,又西北過營浦縣南[⑥],又西北過泉陵縣,西北七里至燕室邪[⑦],入于湘。

水上有燕室丘,亦因爲聚名也。其下水深不測,號曰龍淵。

鍾水出桂陽南平縣都山[⑧],北過其縣東,又東北過宋渚亭,又北過鍾亭,與灌水合。

都山,即都龐之嶠[⑨],五嶺之第三嶺也。鍾水即嶠水也。庾仲初曰:嶠水南入始興溱水[⑩],注于海。北入桂陽,湘水注于江是也。灌水,即桂水也。灌、桂聲相近,故字隨讀變,《經》仍其非矣。桂水出桂陽縣北界山,山壁高聳,三面特峻,石泉懸注,瀑布而下。北逕南平縣而東北流屆鍾亭,右會鍾水,通爲桂水也。故應劭曰:桂水出桂陽,東北入湘。

又北過魏寧縣之東,

魏寧,故陽安也。晉太康元年,改曰晉寧。縣在桂陽郡東百二十里,縣南、西二面,阻帶清溪,桂水無出縣東理,蓋縣邑流移,今古不同故也。

又北入于湘[11]。

耒水出桂陽郴縣南山,

耒水發源出汝城縣東烏龍白騎山,西北流逕其縣北,西流三十里,中有十四瀨,各數百步,濬流奔急,竹節相次,亦爲行旅游涉之艱難也。又西北逕晉寧縣北,又西,左合清溪水口。水出縣東黄皮山,西南流歷縣南,又西北注于耒水。汝城縣在郡東三百餘里,山又在縣東,耒水無出南山理也。

又北過其縣之西,

縣有渌水[12],出縣東俠公山[13],西北流,而南屈注于耒,謂之程鄉溪。郡置酒官,醖于山下,名曰程酒,獻同酃也。耒水又西,黄水注之。水出縣西黄岑山,山則騎田之嶠,五嶺之第二嶺也。黄水東北流,按盛弘之云:衆山水出注于大溪,號曰横流溪。溪水甚小,冬夏不乾,俗亦謂之爲貪泉,飲者輒冒于財賄,同于廣州石門貪流矣。廉介爲二千石,則不飲之。昔吴隱之挹而不亂,貪豈謂能渝其貞乎[14]? 蓋亦惡其名也。劉澄之謂爲一涯溪,通四會殊爲孟浪而不悉也。庾仲初云:嶠水南入始興,溱水注海,即黄岑水入武溪者也。北水入桂陽湘水,注于大江,即是水也。右則[15]千秋水注之,水出西南萬歲山,山有石室,室中有鍾乳,山上悉生靈壽木,溪下即千秋水也。水側民居,號萬歲村。其水下合黄水,黄水又東北,逕其縣東,右合除泉水,水出縣南湘陂村。村有圓水,廣圓可二百步,一邊暖,一邊冷。冷處極清緑,淺則見石,深則見底。暖處水白且濁,玄素既殊,涼暖亦異,厥名除泉,其猶江乘之半湯泉也。水盛則瀉黄溪,水耗則津徑輟流。郴舊縣也,桂陽郡治也,漢高帝二年,分長沙置。《地理志》曰:桂水所出。因以名也。王莽更名南平,縣曰宣風,項羽遷義帝所築也。縣南有義帝冢,内有石虎,因呼爲白虎郡。《東觀漢記》曰:茨充字子河,爲桂陽太守,民惰嬾,少麤履,足多剖裂,茨教作履。今江南知織履,皆充之教也。黄溪東有馬嶺山,高六百餘丈,廣圓四十許里,漢末有郡民蘇耽栖遊此山。《桂陽列仙傳》云:耽,郴縣人,少孤,養母至孝。言語虚無,時人謂之癡。常與衆兒共牧牛,更直爲帥,録牛無散。每至耽爲帥,牛輒徘徊左右,不逐自還。衆兒曰:汝直,牛何道不走耶? 耽曰:非汝曹所知。即面辭母云:受性應仙,當違供養。涕泗又説:年將大疫,死者略半,穿一井飲水,可得無恙。如是有哭聲甚哀。後見耽乘白馬還此山中,百姓爲立壇祠,民安歲登,民因名爲馬嶺山。黄水又北流注于耒水,謂之郴口。耒水又西逕華山之陰,亦曰華石山,孤峯特聳,枕帶雙流,東則黄溪、耒水之交會也。耒水東流沿注,不得北過其縣西也。兩岸連山,石泉懸溜,行者輒徘徊留念，情不極已也。

又北過便縣之西，

縣，故惠帝封長沙王子吴淺爲侯國，王莽之便屏也。縣界有温泉水，在郴縣之西北，左右有田數千畮[16]，資之以溉。常以十二月下種，明年三月穀熟。度此水冷，不能生苗，温水所溉，年可三登。其餘波散流，入于耒水也。

又西北過耒陽縣之東，

耒陽舊縣也，蓋因水以制名，王莽更名南平亭。東傍耒水，水東肥南，有郡故城。縣有溪水，東出侯計山，其水清澈，冬温夏冷，西流，謂之肥川。川之北有盧塘，塘池八頃，其深不測。有大魚常至，五月輒一奮躍，水湧數丈，波襄四陸，細魚奔迸，隨水登岸，不可勝計。又云：大魚將欲鼓作，諸魚皆浮聚。水側注西北，逕蔡洲。洲西，即蔡倫故宅，傍有蔡子池。倫，漢黄門，順帝之世，擣故魚網爲紙，用代簡素，自其始也。

又北過酃縣東，

縣有酃湖，湖中有洲，洲上民居，彼人資以給釀，酒甚醇美，謂之酃酒，歲常貢之。湖邊尚有酃縣故治，西北去臨承縣十五里，從省隸[17]。《十三州志》曰：大別水南出耒陽縣太山，北至酃縣入湖也。

北入于湘。

耒水西北至臨承縣而右注湘水，謂之耒口也。

洣水出茶陵縣上鄉，西北過其縣西，

水出江州安成郡廣興縣太平山，西北流逕茶陵縣之南[18]。漢武帝元朔四年，封長沙定王子節侯訢之邑也，王莽更名聲鄉矣。洣水又屈而過其縣，西北流注也。《地理志》謂之泥水者也。

又西北過攸縣南，

攸水出東南安成郡安復縣封侯山，西北流逕其縣北。縣北帶攸溪，蓋即溪以名縣也。漢武帝元朔四年，封長沙定王子則爲攸輿侯，即《地理志》所謂攸縣者也。攸水又西南流入茶陵縣，入于洣水也。

又西北過陰山縣南，

縣，本陽山縣也，縣東北猶有陽山故城，即長沙孝王子宗之邑也。言其勢王，故塹山堙谷，改曰陰山縣。縣上有容水自侯曇山下注洣水，謂之容口。水有大穴，容一百石，水出于此，因以名焉。洣水又西北逕其縣東，又西逕歷口，縣有歷水，下注洣，謂之歷口。洣水又西北與洋湖水會，水出縣西北樂藪岡下洋湖，湖去岡七里，湖水下注洣，謂之洋湖口。洣水東北有㠊山，縣東北又有武陽龍尾山，竝仙者羽化之處。上有仙人及龍馬跡，于其處得遺詠。雖神栖白雲，屬想芳流，藉念泉鄉，遺詠在茲。覽其餘誦，依然息遠，匪直邈想霞蹤，愛其文詠可念，故端牘抽札，以詮其詠。其略曰：登武陽，觀樂藪，㠊嶺千蕤洋湖口，命蜚螭，駕白駒，臨天水，心踟躕，千載後，不知如[19]。蓋勝賞神鄉，秀情超拔矣。

又西北入于湘。

漉水出醴陵縣東漉山，西過其縣南，

醴陵縣，高后四年封長沙相侯越爲國，縣南臨渌水[20]，水東出安城鄉翁陵山。余謂漉、渌聲相近，後人藉便以渌爲稱。雖翁陵名異，而即麓是同。

屈從縣西西北流，至漉浦，注入于湘。

瀏水出臨湘縣東南瀏陽縣，西北過其縣，東北與撈水合。

瀏水出縣東江州豫章縣首禅山，導源西北流，逕其縣南，縣憑溪以即名也。又西北注于臨湘縣也。

西入于湘。

潰水出豫章艾縣，

《春秋左氏傳》曰：吴公子慶忌諫夫差，不納，居于艾是也。王莽更名治翰。

西過長沙羅縣西，

羅子自枝江徙此，世猶謂之爲羅侯城也。潰水又西流積而爲陂，謂之町湖也。

又西至累石山，入于湘水。

累石山在北，亦謂之五木山，山方尖如五木狀，故俗人藉以名之。山在羅口北，潰水又在羅水南，流注于湘，謂之東町口者也。

贛水出豫章南野縣，西北過贛縣東，

《山海經》曰：贛水出聶都山，東北流注于江，入彭澤西也。班固稱南野縣，彭水所發，東入湖漢水。庾仲初謂大庾嶠水北入豫章，注于江者也。《地理志》曰：豫章水出贛縣西南，而北入江。蓋控引衆流，總成一川，雖稱謂有殊，言歸一水矣。故《後漢・郡國志》曰：贛有豫章水。雷次宗云：似因此水爲其地名。雖十川均流，而此源最遠，故獨受名焉。劉澄之曰：縣東南有章水，西有貢水，縣治二水之間，二水合贛字，因以名縣焉。是爲謬也。劉氏專以字説水，而不知遠失其實矣。豫章水導源東北流，逕南野縣北，贛川石阻，水急行難，傾波委注，六十餘里。又北逕贛縣東,縣即南康郡治。晉太康五年,分廬江立。豫章水右會湖漢水,水出雩都縣,導源西北流,逕金雞石,其石孤竦臨川,耆老云:時見金雞出于石上,故石取名焉。湖漢水又西北逕贛縣東,西入豫章水也。

又西北過廬陵縣西,

廬陵縣,即王莽之桓亭也。《十三州志》稱,廬水西出長沙安成縣。武帝元光六年,封長沙定王子劉蒼爲侯國,即王莽之用成也。吴寶鼎中立以爲安成郡。東至廬陵,入湖漢水也。

又東北過石陽縣西,

漢和帝永平九年,分廬陵立。漢獻帝初平二年,吴長沙桓王立廬陵郡,治此。豫章水又逕其郡南,城中有井,其水色半清半黄,黄者如灰汁,取作飲粥,悉皆金色,而甚芬香。

又東北過漢平縣南,又東北過新淦縣西[21],

牽水西出宜春縣,漢武帝元光六年,封長沙定王子劉成爲侯國,王莽之脩曉也。牽水又東逕吴平縣,舊漢平也。晉太康元年,改爲吴平矣。牽水又東逕新淦縣,即王莽之偶亭,而注于豫章水。湖漢及贛,竝通稱也。又淦水出其縣下,注于贛水。

又北過南昌縣西[22],

盱水出南城縣[23],西北流逕南昌縣南,西注贛水。又有濁水注之,水出康樂縣,故陽樂也。濁水又東逕望蔡縣,縣因汝南上蔡民萍居此土,晉太康元年,改爲望蔡縣。濁水又東逕建成縣,漢武帝元光[24]四年,封長沙定王子劉拾爲侯國,王莽更名之曰多聚也。縣出燃石,《異物志》曰:石色黄白而理疎,以水灌之便熱,以鼎著其上,炊足以熟,置之則冷,灌之則熱,如此無窮。元康中,雷孔章入洛,齎石以示張公。張公曰:此謂燃石。于是乃知其名。濁水又東至南昌縣東,流入于贛水。贛水又歷白社西,有徐孺子墓。吴嘉禾中,太守長沙徐熙于墓隧種松,太守南陽謝景于墓側立碑。永安中,太守梁郡夏侯嵩于碑傍立思賢亭。松大合抱,亭世脩治,至今謂之聘君亭也。贛水又北歷南塘,塘之東有孺子宅,際湖南小洲上。孺子名穉,南昌人,高尚不仕,太尉黄瓊辟不就。桓帝問尚書令陳蕃:徐穉、袁閎,誰爲先後?蕃答稱:袁生公族,不鏤自雕;至于徐穉,傑出薄域,故宜爲先。桓帝備禮徵之,不至。太原郭林宗有母憂,穉往弔之,置生芻于廬前而去。衆不知其故,林宗曰:必孺子也。《詩》云:生芻一束,其人如玉。吾無德以堪之。年七十二卒。贛水又逕谷鹿洲,即蓼子洲也,舊作大艑處。贛水又北逕南昌縣故城西,于春秋屬楚,即令尹子蕩師于豫章者也。秦以爲廬江南部,漢高祖六年[25],始命陳嬰以爲豫章郡,治此,即陳嬰所築也。王莽更名，縣曰宜善，郡曰九江焉。劉歆云：湖漢等九水入彭蠡，故言九江矣。陳蕃爲太守，署徐稺爲功曹，蕃在郡不接賓客，惟稺來，特設一榻，去則懸之，此即懸榻處也。建安中，更名西安，晉又名爲豫章。城之南門曰松陽門，門内有樟樹，高七丈五尺，大二十五圍，枝葉扶疎，垂蔭數畮。應劭《漢官儀》曰：豫章，樟樹生庭中，故以名郡矣。此樹嘗中枯，逮晉永嘉中，一旦更茂，豐蔚如初，咸以爲中宗之祥也。《禮・斗威儀》曰：君政訟平，豫樟常爲生。太興中，元皇果興大業于南，故郭景純《南郊賦》云：弊樟擢秀于祖邑是也。以宣王祖爲豫章故也。贛水北出，際西北歷度支步，是晉度支校尉立府處。步，即水渚也。贛水又逕郡北爲津步，步有故守賈萌廟，萌與安侯張普爭地，爲普所害，即日靈見津渚，故民爲立廟焉。水之西岸有盤石，謂之石頭，津步之處也。西行二十里曰散原山[26]，疊嶂四周，杳邃有趣。晉隆安末，沙門竺曇顯建精舍于山南，僧徒自遠而至者相繼焉。西北五六里有洪井，飛流懸注，其深無底，舊説洪崖先生之井也。北五六里有風雨池，言山高瀨激，激著樹木，霏散遠灑若雨。西有鸞岡，洪崖先生乘鸞所憩泊也。岡西有鵠嶺，云王子喬控鵠所逕過也。有二崖，號曰大蕭、小蕭，言蕭史所遊萃處也。雷次宗云：此乃繫風捕影之論，據實本所未辯，聊記奇聞，以廣井魚之聽矣。又按謝莊詩，莊常遊豫章，觀井賦詩，言鸞岡四周有水，謂之鸞陂，似非虚論矣。東大湖[27]十里二百二十六步，北與城齊，南緣迴折至南塘，本通章江，增減與江水同。漢永元中，太守張躬築塘以通南路，兼遏此水。冬夏不增減，水至清深，魚甚肥美。每于夏月，江水溢塘而過，民居多被水害。至宋景平元年，太守蔡君西起堤，開塘爲水門，水盛旱則閉之，内多則洩之，自是居民少患矣。贛水又東北逕王步，步側有城，云是孫奮爲齊王鎮此城之，今謂之王步，蓋齊王之渚步也。郡東南二十餘里又有一城，號曰齊王城。築道相通，蓋其離宫也。贛水又北逕南昌左尉廨西，漢成帝時，九江梅福爲南昌尉居此，後福一旦捨妻子，去九江，傳云得仙。贛水又北逕龍沙西，沙甚潔白，高峻而陁，有龍形，連亘五里中，舊俗九月九日升高處也。昔有人于此沙得故冢，刻塼題云：西去江七里半，筮言其吉，卜言其凶。而今此冢垂没于水，所謂筮短龜長也。贛水又逕椒丘城下，建安四年，孫策所築也。贛水又歷釣圻邸閣[28]下，度支校尉治，太尉陶侃移置此也。舊夏月，邸閣前洲没，去浦遠。景平元年，校尉豫章，因運出之力，于渚次聚石爲洲，長六十餘丈，洲裹可容數十舫。贛水又北逕鄡陽縣，王莽之豫章縣也。餘水注之，水東出餘汗縣，王莽名之曰治干也。餘水北至鄡陽縣注贛水。贛水又與鄱水合，水出鄱陽縣東，西逕其縣南，武陽鄉也。地有黄金采，王莽改曰鄉亭。孫權以建安十五年，分爲鄱陽郡。鄱水又西流注于贛。又有繚水[29]入焉，其水導源建昌縣，漢元帝永光二年，分海昏立。繚水東逕新吴縣,漢中平中立。繚水又逕海昏縣,王莽更名宜生,謂之上繚水[30],又謂之海昏江。分爲二水,縣東津上有亭,爲濟渡之要。其水東北逕昌邑城,而東出豫章大江,謂之慨口。昔漢昌邑王之封海昏也,每乘流東望,輒憤慨而還,世因名焉。其一水枝分别注,入于循水[31]也。

又北過彭澤縣西,

循水[32]出艾縣西,東北逕豫寧縣[33],故西安也,晉太康元年更從今名。循水又東北逕永循縣[34],漢靈帝中平二年立。循水又東北注贛水。其水總納十川,同臻一瀆,俱注于彭蠡也。

北入于江。

大江南,贛水總納洪流,東西四十里,清潭遠漲,緑波凝淨,而會注于江川。

廬江水[35]出三天子都[36],北過彭澤縣西,北入于江。

《山海經》,三天子都,一曰天子鄣[37]。王彪之《廬山賦叙》曰:廬山,彭澤之山也,雖非五嶽之數,穹隆嵯峨,寔峻極之名山也。孫放《廬山賦》曰:尋陽郡南有廬山,九江之鎮也。臨彭蠡之澤,接平敞之原。《開山圖》曰:山四方,周四百餘里,疊鄣之巖萬仞,懷靈抱異,苞諸仙迹。《豫章舊志》曰:廬俗,字君孝,本姓匡,父東野王,共鄱陽令吴芮佐漢定天下而亡。漢封俗于鄡陽,曰越廬君。俗兄弟七人,皆好道術,遂寓精于宫亭之山,故世謂之廬山。漢武帝南巡,覩山以爲神靈,封俗大明公。遠法師《廬山記》曰:殷、周之際,匡俗先生受道仙人,共遊此山,時人謂其所止爲神仙之廬,因以名山矣。又按周景式曰:廬山匡俗,字子孝,本東里子,出周武王時,生而神靈,屢逃徵聘,廬于此山,時人敬事之。俗後仙化,空廬猶存,弟子覩室悲哀,哭之旦暮,事同烏號。世稱廬君,故山取號焉。斯耳傳之談,非實證也。故《豫章記》以廬爲姓,因廬以氏,周氏遠師,或託廬慕爲辭,假憑廬以託稱。二證既違,二情互爽,按《山海經》創之大禹,記録遠矣。故《海内東經》曰:廬江出三天子都,入江彭澤西。是曰廬江之名,山水相依,互舉殊稱,明不因匡俗始。正是好事君子,强引此類,用成章句耳。又按張華《博物志·曹著傳》,其神自云姓徐,受封廬山,後吴猛經過,山神迎猛。猛語曰:君王此山近六百年,符命已盡,不宜久居非據。猛又贈詩云:仰矚列仙館,俯察王神宅;曠載暢幽懷,傾蓋付三益。此乃神道之事,亦有换轉,理難詳矣。吴猛,隱山得道者也。《尋陽記》曰:廬山上有三石梁,長數十丈,廣不盈尺,杳然無底。吴猛將弟子登山,過此梁,見一翁坐桂樹下,以玉杯承甘露漿與猛。又至一處,見數人爲猛設玉膏。猛弟子竊一寶,欲以來示世人,梁即化如指。猛使送寶還,手牽弟子,令閉眼相引而過。其山川明淨,風澤清曠,氣爽節和,土沃民逸,嘉遯之士,繼響窟巖,龍潛鳳采之賢,往者忘歸矣。秦始皇、漢武帝及太史公司馬遷,咸升其巖,望九江而眺鍾、彭焉。廬山之北有石門水,水出嶺端,有雙石高竦,其狀若門,因有石門之目焉。水導雙石之中,懸流飛瀑[38],近三百許步,下散漫十許步,上望之連天,若曳飛練于霄中矣。下有磐石,可坐數十人,冠軍將軍劉敬宣,每登陟焉。其水歷澗,逕龍泉精舍南,太元中,沙門釋慧遠所建也。其水下入江南嶺,即彭蠡澤西天子鄣也。峯隥險峻,人跡罕及。嶺南有大道,順山而下,有若畫焉。傳云:匡先生所通至江道。巖上有宮殿故基者三,以次而上,最上者極于山峯,山下又有神廟,號曰宮亭廟,故彭湖亦有宮亭之稱焉。余按《爾雅》云:大山曰宮。宮之爲名,蓋起于此,不必一由三宮也。山廟甚神,能分風擘流,住舟遣使,行旅之人,過必敬祀,而後得去。故曹毗詠云:分風爲貳,擘流爲兩。昔吴郡太守張公直,自守徵還,道由廬山,子女觀祠,婢指女戲妃像人,其妻夜夢致聘,怖而遽發,明引中流,而船不行。合船驚懼,曰:愛一女而合門受禍也。公直不忍,遂令妻下女于江。其妻布席水上,以其亡兄女代之,而船得進。公直方知兄女,怒妻曰:吾何面目于當世也。復下己女于水中。將渡,遥見二女于岸側,傍有一吏立曰:吾廬君主簿,敬君之義,悉還二女。故干寶書之于《感應》焉。山東有石鏡,照水之所出。有一圓石,懸崖明淨,照見人形,晨光初散,則延曜入石,豪細必察,故名石鏡焉。又有二泉常懸注,若白雲帶山。《廬山記》曰:白水在黄龍南,即瀑布也。水出山腹,挂流三四百丈,飛湍林表,望若懸素,注處悉成巨井,其深不測。其水下入江淵。廬山之南有上霄石,高壁緬然,與霄漢連接。秦始皇三十六年,歎斯岳遠,遂記爲上霄焉。上霄之南,大禹刻石誌其丈尺里數,今猶得刻石之號焉。湖中有落星石,周迴百餘步,高五丈,上生竹木。傳曰:有星墜此,因以名焉。又有孤石,介立大湖中,周迴一里,竦立百丈,矗然高峻,特爲瓌異。上生林木,而飛禽罕集,言其上有玉膏可採,所未詳也。耆舊云:昔禹治洪水至此,刻石紀功,或言秦始皇所勒,然歲月已久,莫能合辨之也。

注释:

① 洭水　殘宋本、《大典》本、吴本、《注箋》本、練湖書院鈔本、何校明鈔本、王校明鈔本、《注刪》本、項本、《摘鈔》本、張本、《玉海》卷二十《地理・漢水・經》引《水經注》、《名勝志・湖廣》卷十二《桂陽州》引《水經注》均作"滙水"。

② 水出都嶠之溪　《注疏》本作"水出萌渚嶠之溪"。《疏》:"朱'嶠之溪'之上有脱文,趙同。戴增'嶠水注之水出都'七字。守敬按:戴增是也。惟'都'字當作'萌渚'二字耳。蓋都龐嶠在南平,

洭水逕桂陽後,無出都龐入洭之水,惟出今連山廳西之横水,西與《温水篇》出萌渚嶠之嶠水,北與《湘水篇》出萌渚嶠之萌渚水近。酈氏所叙,當即此水。則作'水出萌渚嶠'爲合,戴氏尚未深考也,今訂。"

③ 殿本在此下《案》云:"案'衆枝飛散'已下,舛誤未詳。"《注疏》本《疏》:"戴云:'衆枝飛散'已下舛誤,未詳。會貞按:《書鈔》引《始興記》,陽山縣有石墟村,村下有豫章木,徑可二丈,秦時伐木爲鼓,名曰'聖鼓'。《注》此條前數句同,蓋本《始興記》爲説。以下《書鈔》與此互有詳略,蓋各有删節也。戴謂'飛散'下舛誤未詳,今尋繹文義,惟'遠集'爲'集遠'之倒錯耳。又《御覽》五百八十二引盛弘之《荆州記》,陽山縣有豫章木,本徑二丈,名爲聖木。秦時伐此木爲鼓顂,顂成,忽自奔逸,北至桂陽(《白帖》六十二引作洛陽)。則合下掘岡鼓飛爲一事,乃傳聞之異辭也。含洭見下。"

④ 右與斟水合 《注疏》本作"左與斟水合"。《疏》:"朱'左'訛作'又',戴、趙改'右'。守敬按:洭水東南流下言斟水出東巖下,則水在洭水之左,是'左合'非'右合'也,今訂。"

⑤ 右合溱水 《注疏》本作"左合溱水"。《疏》:"朱'左'作'右',戴、趙同。會貞按:溱水在洭水之左,'右合'乃'左合'之誤,今訂。"

⑥ 又西北過營浦縣南 《注疏》本作"又東北過營浦縣南"。《疏》:"朱作'西北',戴、趙同。會貞按:《湘水注》營水東北逕營浦縣南,且營浦在今道州北,以水道驗之,實自州西南,東北逕州南,亦當作東北之確據,則'西'爲誤字審矣,今訂。"

⑦ 燕室邪 《注疏》本作"燕室丘"。《疏》:"朱'丘'作'邪',戴、趙同。守敬按:《經》、《注》皆與《論衡》合(見下)。《經》當作'燕室丘',與《注》同。蓋因'丘'作'邱',又訛爲'邪'也,今訂。"

⑧ 都山 殘宋本、《大典》本、黄本、沈本、乾隆《湖南通志》卷十五《山川志》十《桂陽州·臨武縣·石柱山》引《水經注》均作"部山"。

⑨ 都龐之嶠 殘宋本、《大典》本、黄本、吴本、《注箋》本、何校明鈔本、王校明鈔本、項本、沈本、《五校》鈔本、《七校》本、《注釋》本、張本、《丹鉛總録》卷二《地理類·五嶺考》引《水經注》、《禹貢錐指》卷七引《水經注》、明王嘉惠《五嶺考》(《古今天下名山勝概記》卷四十二)引《水經注》、乾隆《湖南通志》卷十五《山川志》十《桂陽州·臨武縣·石柱山》引《水經注》均作"部龍之嶠"。

⑩ 溱水 《注箋》本、項本、《五校》鈔本、《七校》本、《注釋》本、張本均作"灌水"。

⑪ 又北入于湘 《注疏》本作"又東北入于湘"。《疏》:"朱此六字與上《經》文接,戴移此無'東'字。趙據趙琦美本别爲一條,在魏寧縣《注》後。守敬按:明鈔本無'東'字,黄本有'東'字,惟俱誤下《耒水經》文耳。水今自藍山縣東北,經嘉禾縣、桂陽州、耒陽縣,于常寧縣東北入湘。"

⑫ 渌水 黄本、吴本、《注箋》本、練湖書院鈔本、項本、沈本、張本、《巵林》卷一《析酈》引《水經注》、《楚寶》卷三十一《山水·耒水》引《水經注》均作"緑水"。

⑬ 侯公山 《注箋》本、項本、張本、《巵林》卷一《析酈》引《水經注》、《楚寶》卷三十一《山水·耒水》引《水經注》均作"侯公山"。

⑭ 渝其貞乎 《注疏》本作"汙其真乎"。《疏》:"朱'渝'作'汙','貞'作'真'。戴改,趙仍'汙',改'貞'。守敬按:殘宋本作'渝'。《類聚》九引《晉安帝紀》,吴隱之性廉操,爲廣州刺史,界有一水,謂之貪泉。古志云,飲此水者,廉士皆貪。隱之始踐境,先至水所,酌而飲之,因賦詩以言志云,

若使齊夷飲，終當不易心，清操逾厲。”

⑮　右則　《注疏》本作“左則”。《疏》：“朱‘左則’作‘又則’，戴、趙改‘右則’。守敬按：《湖南通志圖》，此水在郴江之左，則‘右’字誤，今訂。”

⑯　數千畮　《注疏》本作“數十畮”。《疏》：“戴改‘十’作‘千’。”熊會貞按：“《續漢志·郴縣·注》引《荆州記》：縣西北有温泉，其下流有數十畝田，常十二月下種，明年三月，新穀便登，一年三熟。又《御覽》八百二十一引盛弘之《荆州記》，下流有田，恒資以浸灌，温液所周，正可數畝。過此水氣輒冷，不復生苗。合觀之，是此《注》全本《荆州記》，《續漢志·注》亦作‘數十畝’，則此‘十’字不誤。《御覽》作‘數畝’，當脱‘十’字。但《御覽》八百三十七又引盛《記》下流百里，恒資以溉灌。就百里計之，則田似不止數十畝，而戴作‘數千畝’爲可據。今姑仍原文，而存疑于此。”

⑰　殿本在此處《案》云：“案宋太元二十年省鄏縣入臨承，此三字上，當有脱文。”

⑱　《名勝志·湖廣》卷十二《衡州府·鄏縣》引《水經注》云：“泉不常見，遇邑政清明，年穀豐稔，其泉淅然，如米泔暴湧，耆舊相傳，疾者飲此多愈。”當是此句下佚文。乾隆《衡州府志》卷六《山川·鄏縣·洣泉》引《水經注》與《名勝志》同。戴本、《五校》鈔本均已録入此文。

⑲　陳橋驛《水經注的歌謡諺語》（《酈學新論——水經注研究之三》，山西人民出版社一九九二年出版）：

> 卷三十九《洣水》《經》“又西北過陰山縣南”《注》中，有一座風景美麗的龍尾山，《注》文引用了當地的一首遺詠，描寫登臨這座名山時的感受。這首遺詠，同樣也是經過文學之士加工的，辭藻優美，百讀不厭。遺詠云：
>
> 登武陽，觀樂藪，峩嶺千蕤洋湖口，命蜚螭，駕白駒，臨天水，心踟躕，千載後，不知如。

⑳　渌水　《名勝志》湖廣卷十《長沙府·醴陵縣》引《水經注》作“漉水”。

㉑　《輿地紀勝》卷三十四《江南西路·臨江軍·景物》上《秀水》引《水經注》云：“南水過新淦縣，注于豫章名秀水。”當是此段中佚文。

㉒　此以下有佚文數條如下：

雍正《江西通志》卷三十八《古迹·南昌府·劉繇城》引《水經注》云：“贛水又東逕劉繇城。”

《方輿勝覽》卷十九《江西路·隆興府·山川·西山》引《水經注》云：“有天寶洞天。”

康熙《江西通志》卷七《山川》下《撫州府·小臯水》引《水經注》云：“瀘溪水合小臯逕袁州。”

《寰宇記》卷一〇六《江南西道》四《洪州·分寧縣》引《水經注》云：“東流曲六百三十八里，出建昌城一百二十八里，入彭蠡湖。”

㉓　南城縣　《注箋》本、項本、張本、正德《建昌府志》卷二《山川·南城縣·盱水》引《水經注》均作“南宫縣”。

㉔　元光　《注疏》本作“元朔”。《疏》：“朱作‘元光’。沈氏曰：按本表是‘元朔’。守敬按：《史表》原是‘元朔’，則‘光’字之誤無疑，戴氏亦沿其誤。”

㉕　此句下《注疏》本作：“始命灌嬰定豫章置南昌縣，以爲豫章郡治，此即灌嬰所築也。”《疏》：“朱無此七字，戴同。趙云：按下有脱文。會貞按：趙謂有脱文，而不知所脱何語。考《漢書·灌嬰

傳》云,定豫章,此必言命灌嬰定豫章,下言以爲豫章郡治,此必先言置縣。《元和志》漢高帝六年置南昌縣,然則嬰下當有'定豫章置南昌縣'七字。今增。"又《疏》:"戴以'灌嬰'爲訛,並改作'陳嬰',云:按《史記·高祖功臣侯年表》稱堂邑侯陳嬰定豫章,《漢書》同。趙刻改同。守敬按:非也,《寰宇記》引《豫章記》,漢高六年,大將軍灌嬰築城。又《元和志》宜春湓口等城,俱云灌嬰築。並云,南壄縣,灌嬰置。其城當亦嬰築。然則灌嬰雖與陳嬰共定豫章,而築諸城者,當灌嬰也。"

㉖ 散原山 《五校》鈔本、《七校》本、《注釋》本、《古今地理述》卷七《江西省》引《水經注》均作"厭原山"。

㉗ 東大湖 康熙《江西通志》卷六《山川》上《南昌府·東湖》引《水經注》作"東太湖"。

㉘ 鈞圻邸閣 《方輿紀要》卷八十三《江西》一《湖口》引《水經注》作"鉤圻邸閣"。

㉙ 繚水 《大典》本、黄本、《注箋》本、項本、沈本、張本、《通鑑》卷六十二《漢紀》五十四獻帝建安三年"言我已别立郡海昏上繚不受發召"胡《注》引《水經注》均作"僚水"。

㉚ 上繚水 同注㉙各本均作"上僚水"。

㉛ 循水 孫潛校本、《五校》鈔本、《七校》本、戴本、《注釋》本、《注疏》本、《寰宇記》卷一〇六《江南西道》四《洪州·分寧縣》引《水經注》、《名勝志·江西》卷一《南昌府·南昌縣》引《水經注》、《方輿紀要》卷八十四《江西》二《南昌府·寧州脩水》引《水經注》、《長江圖説》卷九《雜説》引《水經注》、《吴疆域圖説》卷下引《水經注》均作"脩水"。

㉜ 循水 《注疏》本作"脩水"。《疏》:"朱《箋》曰:《漢地理志》豫章艾縣有脩水,此《注》作'循',誤也。錢坫亦云:字形相近而誤。"

㉝ 《札記·牛渚縣》:"卷三十五《江水注》的沌陽縣,卷三十六《沫水注》的靈道縣……卷三十九《贛水注》的豫寧縣,上述四縣,《注》文不僅提出縣名,而且都説明建縣年代,但《兩漢志》和晉、宋、齊諸《志》均不載。由此可知,正史地理志所失載的縣名是不在少數的。"

㉞ 永循縣 《五校》鈔本、《七校》本、《注釋》本、《注疏》本、《吴疆域圖説》卷下引《水經注》均作"永脩縣"。

㉟ 《札記·廬江水》:

> 《水經注》卷三十九的最後一篇是《廬江水》,對于廬江水,《水經》不過寥寥十八字:"廬江水出三天子都,北過彭澤縣西,北入于江。"酈道元大約寫了一千三百字的《注》文,但這篇《注》文和其他卷篇寫得很不相同,他絶對不談此水的發源、流程和如何入江的情況,連《經》文所説的"北過彭澤縣西"的話也不作任何解釋,一千三百字的《注》文,主要是引用了王彪之的《廬山賦序》,孫放的《廬山賦》,遠法師的《廬山記》以及《豫章記》、《豫章舊志》、《尋陽記》、《開山圖》等,描述了匡廬風景。現在當然不能斷定,酈道元當時是否已經知道,《水經》廬江水是一條錯誤的、並不存在的河流。按照他《注》文的通例,《經》文如有錯誤,《注》文總是隨即糾謬。但是對于這條河流,他既不糾繆,却又避而不談。説明不管他是否洞悉此水的錯誤,至少他對這條河流是一無所知。
>
> 《水經》的廬江水和漸江水均鈔自《山海經》。《海内東經》説:"漸江水出三天子都,在蠻(案郝懿行本作'其')東,在閩西北,入江餘暨南。廬江水出三天子都,入江彭澤西,一曰

天子鄣。"但《海内南經》則說:"三天子鄣山,在閩西海北,一曰在海中。"中國古代有些地理書,如《山海經》、《穆天子傳》,當然不是説它們没有價值,但是對它們之中的每一個地名,都像現代地名一樣地確信其存在就未免過分天真。上述三天子都就是這樣的一個例子,因爲首創這個地名的《山海經》,在《海内東經》和《海内南經》中就彼此徑庭。三天子都在什麽地方,《山海經》的作者顯然也是根據當時的傳説。因爲直到《漢書・地理志》,對于南方的河流,還是相當模糊的。《漢志・丹陽郡》云:"漸江水出南蠻夷中,東入海。"班固没有用三天子都這個地名,説明他對這個地名就持懷疑態度。所有這些早期的地理書的作者都是北方人,他們對于南方的山川地理,所知實在很少。但後來有些學者,在漸江江源已經瞭解的情況下,反過來把漸江江源所出之地定爲三天子都,這實在和漢武帝把于闐南山定爲崑崙山一樣地可笑。

至于廬江水,當然也是一條錯誤的河流。但歷來却有不少人爲《水經》作各種解釋,楊守敬就是其中之一。他撰有《山海經漢志水經廬江水異同答問》(《晦明軒稿》上册)一文,長達二千言,用各種理由證明廬江水即是皖清弋江。甚至説:"豈有精如孟堅而不知南北。"其實,班氏對于南方水道,訛誤甚多,又何止廬江水而已。酈道元在卷二十九《沔水》《經》"又東至會稽餘姚縣,東入于海"《注》中,自己承認對江南河流的無知。他説:"但東南地卑,萬流所湊,濤湖泛決,觸地成川,枝津交渠,世家分夥,故川舊瀆,難以取悉,雖粗依縣地,緝綜所纏,亦未必一得其實也。"酈道元的這一段話説得非常坦率,但楊守敬在其《水經注圖凡例》中却説:"亦有《經》文不誤而酈氏誤指者,如《廬江水》《經》文之三天子都,本指黟歙之黄山,而酈氏移至廬山,今則兩圖之。"楊氏硬説《水經》不誤,無非如他在上述《晦明軒稿》中的文章,在彭澤縣的地理位置上做工夫。彭澤縣的地理位置歷來雖有變化,但變來變去絶對變不到今蕪湖的位置。也就是説,這條莫須有的廬江水,不管作怎樣的解釋都不可能成爲今清弋江。有一些人有一種盲目爲古人護短的偏見,越古就越正確,班孟堅就比酈道元正確。其實班氏假使已把江南水道説得清清楚楚,酈道元何至于在上述《沔水注》中説"未必一得其實也"的話呢?

酈道元的這種"知之爲知之,不知爲不知"的科學態度令人佩服,在酈氏的時代,對江南河川的知識尚且如此,則何況乎《山海經》和《漢書・地理志》。却有不少人曲爲之解,説明迷信古人和古書的事,由來實已很久了。

㊱ 三天子都　淳祐《臨安志》卷十《山川・江・浙江》引《水經注》作"天子都山"。

㊲ 天子鄣　乾隆《婺源縣志》卷三引《水經注》作"鄣山"。

㊳ 瀑　殘宋本、《大典》本、王校明鈔本、《注删》本均作"澍"。

卷四十　漸江水[①]　斤江水
江以南至日南郡二十水
禹貢山水澤地所在

漸江水出三天子都[②]，

《山海經》謂之浙江[③]也。《地理志》云：水出丹陽黟縣南蠻中，北逕其縣，南有博山，山上有石，特起十丈，上峯若劒杪。時有靈鼓潛發，正長臨縣，以山鼓爲候，一鳴官長一年，若長雷發聲，則官長不吉。浙江又北歷黟山，縣居山之陽，故縣氏之。漢成帝鴻嘉二年，以爲廣德國，封中山憲王孫雲客王于此。晉太康中以爲廣德縣，分隸宣城郡。會稽陳業，潔身清行，遁跡此山。浙江又北逕歙縣，東與一小溪合[④]。水出縣東北翁山，西逕故城南，又西南入浙江。又東逕遂安縣南，溪廣二百步，上立杭以相通，水甚清深，潭不掩鱗，故名新定，分歙縣立之。晉太康中，又改從今名。浙江又左合絶溪[⑤]，溪水出始新縣西，東逕縣故城南，爲東、西長溪。溪有四十七瀨，濬流驚急，奔波聒天。孫權使賀齊討黟、歙山賊，賊固黟之林歷山，山甚峻絶，又工禁五兵，齊以鐵杙椓山，升出不意，又以白棓擊之，氣禁不行，遂用奇功平賊。于是立始新之府于歙之華鄉，令齊守之，後移出新亭，晉太康元年，改曰新安郡。溪水東注浙江，浙江又東北逕建德縣南。縣北有烏山[⑥]，山下有廟，廟在縣東七里。廟渚有大石，高十丈，圍五尺，水瀨濬激，而能致雲雨。浙江又東逕壽昌縣南,自建德至此八十里中,有十二瀨,瀨皆峻險,行旅所難。縣南有孝子夏先墓,先少喪二親,負土成墓,數年不勝哀,卒。浙江又北逕新城縣,桐溪水注之,水出吴興郡於潛縣北天目山[⑦]。山極高峻,崖嶺竦疊,西臨峻澗。山上有霜木,皆是數百年樹,謂之翔鳳林[⑧]。東面有瀑布[⑨],下注數畮深沼,名曰浣龍池[⑩]。池水南流逕縣西,爲縣之西溪。溪水又東南與紫溪合,水出縣西百丈山,即潛山也。山水東南流,名爲紫溪,中道夾水,有紫色磐石,石長百餘丈,望之如朝霞,又名此水爲赤瀨,蓋以倒影在水故也。紫溪又東南流逕白石山之陰,山甚峻極,北臨紫溪。又東南,連山夾水,兩峯交峙,反項對石,往往相捍。十餘里中,積石磊砢,相挾而上。澗下白沙細石,狀若霜雪,水木相映,泉石爭暉,名曰樓林。紫溪東南流逕桐廬縣東爲桐溪,孫權藉溪之名以爲縣目,割富春之地立桐廬縣。自縣至於潛,凡十有六瀨。第二是嚴陵瀨[⑪],瀨帶山,山下有一石室,漢光武帝時,嚴子陵之所居也。故山及瀨皆即人姓名之。山下有磐石,周迴十數丈,交枕潭際,蓋陵所遊也。桐溪又東北逕新城縣入浙江。縣,故富春地,孫權置,後省并桐廬,咸和九年,復立爲縣。浙江又東北入富陽縣,故富春也。晉后名春,改曰富陽也。東分爲湖浦。浙江又東北逕富春縣南。縣,故王莽之誅歲也。江南有山,孫武皇之先所葬也。漢末,墓上有光,如雲氣屬天。黄武五年,孫權以富春爲東安郡,分置諸郡,以討士宗[⑫]。浙江又東北逕亭山西,山上有孫權父冢。

北過餘杭,東入于海。

浙江逕縣,左合餘干大溪[⑬]。江北即臨安縣界。水北對郭文宅,宅傍山面溪,宅東有郭文墓。晉建武元年,驃騎王導迎文,置之西園,文逃此而終,臨安令改葬之。建武十六年,縣民郎稚作亂,賀齊討之。孫權分餘杭立臨水縣,晉改曰臨安縣。因岡爲城,南門尤高。謝安莅郡遊縣,逕此門,以爲難爲亭長。浙江又東逕餘杭故縣南、新縣北,秦始皇南遊會稽,途出是地,因立爲縣,王莽之淮睦[⑭]也。漢末陳渾移築南城,縣後溪南大塘,即渾立以防水也[⑮]。縣南有三碑,是顧颺、范寧等碑。縣南有大壁山[⑯],郭文自陸渾遷居也。浙江又東逕烏傷縣北[⑰],王莽改曰烏孝,《郡國志》謂之烏傷。《異苑》曰:東陽顔烏,以淳孝著聞,後有羣烏助銜土塊爲墳,烏口皆傷。一境以爲顔烏至孝,故致慈烏,欲令孝聲遠聞,又名其縣曰烏傷矣。浙江又東北流至錢塘縣,穀水[⑱]入焉,水源西出太末縣,縣是越之西鄙,姑蔑之地也。秦以爲縣,王莽之末理也。吴寶鼎中,分會稽立,隸東陽郡。穀水東逕獨松故冢下,冢爲水毀,其塼文:筮言吉,龜言凶,百年墮水中。今則同龜繇矣。穀水又東逕長山縣南,與永康溪水合,縣,即東陽郡治也。縣,漢獻帝分烏傷立;郡,吴寶鼎中分會稽置。城居山之陽,或謂之長仙縣也。言赤松采藥此山,因而居之[⑲],故以爲名。後傳呼乖謬,字亦因改。溪水南出永康縣,縣,赤烏中分烏傷上浦立。劉敬叔《異苑》曰:孫權時,永康縣有人入山,遇一大龜,即束之以歸。龜便言曰:遊不量時,爲君所得。擔者怪之,載出欲上吴王。夜宿越里,纜船于大桑樹。宵中,樹忽呼龜曰:元緒,奚事爾也?龜曰:行不擇日,今方見烹,雖盡南山之樵,不能潰我。樹曰:諸葛元遜識性淵長,必致相困,令求如我之徒,計將安治?龜曰:子明無多辭。既至建業,權將煮之,燒柴萬車,龜猶如故。諸葛恪曰:燃以老桑乃熟。獻人仍説龜言,權使伐桑取煮之,即爛。故野人呼龜曰元緒。其水飛湍北注,至縣南門入穀水。穀水又東,定陽溪水注之,水上承信安縣之蘇姥布[20]。縣,本新安縣[21],晉武帝太康三年,改曰信安。水懸百餘丈,瀨勢飛注,狀如瀑布。瀨邊有石如牀,牀上有石牒,長三尺許,有似雜采帖也。《東陽記》云:信安縣有懸室坂,晉中朝時,有民王質,伐木至石室中,見童子四人彈琴而歌,質因留,倚柯聽之。童子以一物如棗核與質,質含之便不復饑。俄頃,童子曰:其歸。承聲而去,斧柯漼然爛盡。既歸,質去家已數十年,親情凋落,無復向時比矣。其水分納衆流,混波東逝,逕定陽縣。夾岸緣溪,悉生支竹,及芳枳、木連,雜以霜菊、金橙[22]。白沙細石,狀如凝雪,石溜湍波,浮響無輟,山水之趣,尤深人情。縣,漢獻帝分信安立,溪亦取名焉。溪水又東逕長山縣北,北對高山,山下水際,是赤松羽化之處也。炎帝少女追之,亦俱仙矣,後人立廟于山下。溪水又東入于穀水,穀水又東逕烏傷縣之雲黄山,山下臨溪水,水際石壁傑立,高百許丈。又與吴寧溪水合,水出吴寧縣下,逕烏傷縣入穀,謂之烏傷溪水。閩中有徐登者,女子化爲丈夫,與東陽趙昞竝善越方。時遭兵亂,相遇于溪,各示所能。登先禁溪水爲不流,昞次禁枯柳,柳爲生荑。二人相示而笑。登年長,昞師事之。後登身故,昞東入章安,百姓未知,昞乃升茅屋,梧鼎而爨。主人驚怪,昞笑而不應,屋亦不損。又嘗臨水求渡,船人不許,昞乃張蓋坐中,長嘯呼風,亂流而濟。于是百姓神服,從者如歸。章安令惡而殺之,民立祠于永寧,而蚊蚋不能入。昞秉道懷術,而不能全身避害,事同萇弘,宋元之龜,戹運之來,故難救矣。穀水又東入錢唐縣[23],而左入浙江。故《地理志》曰:穀水自太末東北至錢唐入浙江是也。浙江又東逕靈隱山。山在四山之中,有高崖洞穴,左右有石室三所[24]。又有孤石壁立,大三十圍,其上開散,狀如蓮花。昔有道士,長往不歸,或因以稽留爲山號。山下有錢唐故縣,浙江逕其南,王莽更名之曰泉亭。《地理志》曰:會稽西部都尉治。《錢唐記》曰:防海大塘在縣東一里許,郡議曹華信家議立此塘,以防海水。始開募有能致一斛土者,即與錢一千。旬月之間,來者雲集,塘未成而不復取,于是載土石者,皆棄而去,塘以之成,故改名錢塘焉[25]。縣南江側有明聖湖[26],父老傳言,湖有金牛,古見之,神化不測,湖取名焉。縣有武林山,武林水所出也。

闞駰云：山出錢水，東入海。《吴地記》言，縣惟浙江，今無此水。縣東有定、包諸山，皆西臨浙江。水流于兩山之間，江川急濬，兼濤水晝夜再來，來應時刻，常以月晦及望尤大，至二月、八月最高，峨峨二丈有餘。《吴越春秋》以爲子胥、文種之神也。昔子胥亮于吴，而浮尸于江，吴人憐之，立祠于江上，名曰胥山。《吴録》云：胥山在太湖邊，去江不百里，故曰江上。文種誠于越，而伏劍于山陰，越人哀之，葬于重山。文種既葬一年，子胥從海上負種俱去，游夫江海。故潮水之前揚波者，伍子胥；後重水者，大夫種。是以枚乘曰：濤無記焉，然海水上潮，江水逆流，似神而非，于是處焉。秦始皇三十七年，將遊會稽，至錢唐，臨浙江，所不能渡，故道餘杭之西津也。浙江北合詔息湖，湖本名阼湖，因秦始皇帝巡狩所憩，故有詔息之名也。浙江又東合臨平湖。《異苑》曰，晉武時，吴郡臨平岸崩，出一石鼓，打之無聲，以問張華，華云：可取蜀中桐材，刻作魚形，扣之則鳴矣。于是如言，聲聞數十里。劉道民《詩》曰：事有遠而合，蜀桐鳴吴石。傳言此湖草薉壅塞，天下亂；是湖開，天下平。孫皓天璽元年，吴郡上言：臨平湖自漢末穢塞，今更開通。又于湖邊得石函，函中有小石，青白色，長四寸，廣二寸餘，刻作皇帝字，于是改天册爲天璽元年。孫盛以爲元皇中興之符徵，五湖之石瑞也。《錢唐記》曰：桓玄之難，湖水色赤，熒熒如丹。湖水上通浦陽江，下注浙江，名曰東江，行旅所從，以出浙江也。浙江又逕固陵城北，昔范蠡築城于浙江之濱，言可以固守，謂之固陵，今之西陵也。浙江又東逕柤塘[27]，謂之柤瀆[28]。昔太守王朗拒孫策，數戰不利。孫静説策曰：朗負阻城守，難可卒拔，柤瀆去此數十里，是要道也。若從此出，攻其無備，破之必矣。策從之，破朗于固陵。有西陵湖，亦謂之西城湖。湖西有湖城山，東有夏架山，湖水上承妖皐溪，而下注浙江[29]。又逕會稽山陰縣，有苦竹里。里有舊城，言句踐封范蠡子之邑也。浙江又東與蘭溪合，湖南有天柱山，湖口有亭，號曰蘭亭[30]，亦曰蘭上里。太守王羲之、謝安兄弟，數往造焉。吴郡太守謝勗封蘭亭侯，蓋取此亭以爲封號也。太守王廙之，移亭在水中，晉司空何無忌之臨郡也，起亭于山椒，極高盡眺矣。亭宇雖壞，基陛尚存。浙江又逕越王允常冢北，冢在木客村，耆彦云：句踐使工人伐榮楯，欲以獻吴，久不得歸，工人憂思，作《木客吟》。後人因以名地。句踐都琅邪，欲移允常冢。冢中生分風，飛沙射人，人不得近，句踐謂不欲，遂止。浙江又東北得長湖口[31]，湖廣五里，東西百三十里。沿湖開水門六十九所，下溉田萬頃，北瀉長江[32]。湖南有覆㪷山[33]，周五百里，北連鼓吹山，山西枕長溪，溪水下注長湖。山之西嶺有賀臺，越入吴，還而成之，故號曰賀臺矣。又有秦望山，在州城正南，爲衆峯之傑，陟境便見。《史記》云：秦始皇登之，以望南海。自平地以取山頂七里，懸隥孤危，徑路險絶。《記》云：扳蘿捫葛，然後能升，山上無甚高木，當由地迥多風所致。山南有嶕峴，峴裏有大城，越王無餘之舊都也。故《吴越春秋》云：句踐語范蠡曰：先君無餘，國在南山之陽，社稷宗廟在湖之南。又有會稽之山，古防山也，亦謂之爲茅山，又曰楝山。《越絶》云：楝猶鎮也。蓋《周禮》所謂揚州之鎮矣。山形四方，上多金玉，下多玞石。《山海經》曰：夕水出焉，南流注于湖。《吴越春秋》稱，覆釜山之中有《金簡玉字之書》，黄帝之遺讖也。山下有禹廟，廟有聖姑像。《禮樂緯》云：禹治水畢，天賜神女聖姑，即其像也。山上有禹冢，昔大禹即位十年，東巡狩，崩于會稽，因而葬之。有鳥來，爲之耘，春拔艸根，秋啄其穢，是以縣官禁民，不得妄害此鳥，犯則刑無赦[34]。山東有湮井，去廟七里，深不見底，謂之禹井，云東遊者多探其穴也。秦始皇登會稽山，刻石紀功，尚存山側。孫暢之《述書》云，丞相李斯所篆也。又有石匱山，石形似匱，上有《金簡玉字之書》，言夏禹發之，得百川之理也。又有射的山，遠望山的，狀若射侯，故謂射的。射的之西有石室，名之爲射堂。年登否，常占射的，以爲貴賤之準。的明則米賤，的闇則米貴。故諺云：射的白，斛米百；射的玄，斛米千。北則石帆山[35]，山東北有孤石，高二十餘丈，廣八丈，望之如帆，因以爲名。北臨大湖，水深不測，傳與海通。何次道作郡，常于此水中得烏賊魚[36]。南對精廬，上蔭脩木，下瞰寒泉，西連會稽山，皆一山也。東帶若邪溪[37]，《吴越春秋》所謂歐冶涸而出銅，以成五劍。溪水上承嶕峴麻溪，溪之下，孤潭周數畮，甚清深。有孤石臨潭，乘崖俯視，猨狖驚心，寒木被潭，森沈駭觀。上有一櫟樹，謝靈運與從弟惠連常遊之，作連句，題刻樹側。麻潭下注若邪溪，水至清照，衆山倒影，窺之如畫。漢世劉寵作郡，有政績，將解任去治，此溪父老，人持百錢出送，寵各受一文。然山栖遯逸之士，谷隱不羈之民，有道則見，物以感遠爲貴，荷錢致意，故受者以一錢爲榮，豈藉費也，義重故耳。溪水下注大湖。邪溪之東，又有寒溪。溪之北有鄭公泉，泉方數丈，冬温夏涼，漢太尉鄭弘宿居潭側，因以名泉。弘少以苦節自居，恒躬采伐，用貿糧膳，每出入溪津，常感神風送之，雖憑舟自運，無杖檝之勞。村人貪藉風勢，常依隨往還。有淹留者，徒輩相謂，汝不欲及鄭風邪？其感致如此。湖水自東，亦注江通海。水側有白鹿山，山北湖塘上舊有亭，吴黄門郎楊哀明居于弘訓里，太守張景數往造焉。使開瀆作埭，埭之西作亭，亭、埭皆以楊爲名。孫恩作賊，從海來，楊亭被燒，後復脩立，厥名猶在。東有銅牛山，山有銅穴三十許丈，穴中有大樹神廟。山上有冶官，山北湖下有練塘里，《吴越春秋》云：句踐練冶銅錫之處。采炭于南山，故其間有炭瀆。句踐臣吴，吴王封句踐於越百里之地，東至炭瀆是也。縣南九里有侯山，山孤立長湖中。晉車騎將軍孔敬康，少時遯世，栖跡此山。湖北有三小山，謂之鹿野山，在縣南六里。按《吴越春秋》，越之麋苑也。山有石室，言越王所遊息處矣。縣南湖北有陳音山。楚之善射者曰陳音，越王問以射道，又善其説，乃使簡士習射北郊之外。按《吴越春秋》，音死，葬于國西山上。今陳音山乃在國南五里，湖北有射堂及諸邸舍，連衍相屬，又于湖中築塘，直指南山。北即大越之國，秦改爲山陰縣[38]，會稽郡治也。太史公曰：禹會諸侯，計于此，命曰會稽。會稽者，會計也。始以山名，因爲地號。夏后少康封少子杼以奉禹祠爲越，世歷殷周，至于允常，列于《春秋》。允常卒，句踐稱王，都于會稽。《吴越春秋》所謂越王都埤中，在諸暨北界。山陰康樂里有地名邑中者，是越事吴處。故北其門，以東爲右，西爲左，故雙闕在北門外，闕北百步有雷門，門樓兩層，句踐所造，時有越之舊木矣。州郡館宇，屋之大瓦，亦多是越時故物。句踐霸世，徙都瑯邪，後爲楚伐，始還浙東。城東郭外有靈汜，下水甚深，舊傳下有地道，通于震澤。又有句踐所立宗廟，在城東明里中甘滂南。又有玉笥、竹林、雲門、天柱精舍，竝疏山創基，架林裁宇，割澗延流，盡泉石之好，水流逕通。浙江又北逕山陰縣西，西門外百餘步有怪山[39]，本瑯邪郡之東武縣山也，飛來徙此，壓殺數百家。《吴越春秋》稱：怪山者，東武海中山也。一名自來山，百姓怪之，號曰怪山。亦云：越王無疆爲楚所伐，去瑯邪，止東武，人隨居山下。遠望此山，其形似龜，故亦有龜山之稱也。越起靈臺于山上，又作三層樓以望雲物，川土明秀，亦爲勝地。故王逸少云：從山陰道上，猶如鏡中行也。浙江之上，又有大吴王、小吴王邨，竝是闔閭、夫差伐越所舍處也。今悉民居，然猶存故目。昔越王爲吴所敗，以五千餘衆，栖于稽山，卑身待士，施必及下。《吕氏春秋》曰：越王之栖于會稽也，有酒投江，民飲其流，而戰氣自倍。所投，即浙江也。許慎、晉灼竝言：江水至山陰爲浙江。江之西岸有朱室塢。句踐百里之封，西至朱室，謂此也。浙江又東北逕重山西，大夫文種之所葬也。山上有白樓亭，亭本在山下，縣令殷朗移置今處。沛國桓儼，避地會稽，聞陳業履行高潔，往候不見。儼後浮海，南入交州。臨去，遺書與業，不因行李，繫白樓亭柱而去。升陟遠望，山湖滿目也。永建中，陽羨周嘉上書，以縣遠，赴會至難，求得分置，遂以浙江西爲吴，以東爲會稽。漢高帝十二年，一吴也，後分爲三，世號三吴：吴興、吴郡，會稽其一焉。浙江又東逕禦兒鄉。《萬善歷》曰：吴黄武六年正月，獲彭綺。是歲，由拳西鄉有産兒，墮地便能語，云：天方明，河欲清，鼎脚折，金乃生。因是詔爲語兒鄉。非也，禦兒之名遠矣，蓋無智之徒，因藉地名，生情穿鑿耳。《國語》曰：句踐之地，北至禦兒是也。安得引黄武證地哉？韋昭曰：越北鄙在嘉興。浙江又東逕柴辟南，舊吴、楚之戰地矣。備候于此，故謂之辟塞。是以《越絶》稱，吴故從由拳、辟塞渡會稽，湊山陰是也。又逕永興縣北，縣在會稽東北百二十里，故餘暨縣也。應劭曰：闔閭弟夫槩之所邑，王莽之餘衍也。漢末童謡云：天子當興東南三餘之間。故孫權改曰永興。縣濱浙江，又東合浦陽江。江水導源烏傷縣,東逕諸暨縣,與洩溪[40]合。溪廣數丈,中道有兩高山夾溪,造雲壁立,凡有五洩[41]。下洩懸三十餘丈,廣十丈;中三洩不可得至,登山遠望,乃得見之,懸百餘丈,水勢高急,聲震水外;上洩懸二百餘丈,望若雲垂。此是瀑布,土人號爲洩也。江水又東逕諸暨縣南,縣臨對江流。江南有射堂,縣北帶烏山,故越地也。先名上諸暨,亦曰句無矣。故《國語》曰:句踐之地,南至句無。王莽之疎虜也。夾水多浦,浦中有大湖,春夏多水,秋冬涸淺。江水又東南逕剡縣與白石山水會。山上有瀑布,懸水三十丈,下注浦陽江。浦陽江水又東流南屈,又東迴北轉,逕剡縣東,王莽之盡忠也。縣開東門向江,江廣二百餘步,自昔耆舊傳,縣不得開南門,開南門則有賊盜。江水翼縣轉注,故有東渡、西渡焉。東、南二渡通臨海,並汎單船爲浮航,西渡通東陽,併二十五船爲橋航。江邊有查浦,浦東行二百餘里,與句章接界。浦裏有六里,有五百家,竝夾浦居,列門向水,甚有良田。有青溪、餘洪溪、大發溪、小發溪,江上有溪六,溪列溉散入江。夾溪上下,崩崖若傾。東有簟山,南有黄山,與白石三山,爲縣之秀峯。山下衆流泉導,湍石激波,浮險四注。浦陽江又東逕石橋,廣八丈,高四丈。下有石井,口徑七尺。橋上有方石,長七尺,廣一丈二尺。橋頭有磐石,可容二十人坐。溪水兩旁悉高山,山有石壁二十許丈。溪中相攻,轟響外發,未至橋數里,便聞其聲。江水北逕嵊山,山下有亭,亭帶山臨江,松嶺森蔚,沙渚平静。浦陽江又東北逕始寧縣嶀山[42]之成功嶠[43],嶠壁立臨江,欹路峻狹,不得併行,行者牽木稍進,不敢俯視。嶠西有山,孤峯特上,飛禽罕至。甞有採藥者,沿山見通溪,尋上于山頂,樹下有十二方石,地甚光潔。還復更尋,遂迷前路。言諸仙之所憩讌,故以壇讌名山。嶠北有嶀浦[44],浦口有廟,廟甚靈驗,行人及樵伐者,皆先敬焉,若相侵竊,必爲蛇虎所傷。北則嶀山,與嵊山接,二山雖曰異縣,而峯嶺相連。其間傾澗懷煙,泉溪引霧,吹畦風馨,觸岫延賞。是以王元琳謂之神明境。事備謝康樂《山居記》。浦陽江自嶀山東北逕太康湖,車騎將軍謝玄田居所在。右濱長江,左傍連山,平陵脩通,澄湖遠鏡。于江曲起樓,樓側悉是桐梓,森聳可愛,居民號爲桐亭樓。樓兩面臨江,盡升眺之趣,蘆人漁子,汎濫滿焉。湖中築路,東出趨山,路甚平直。山中有三精舍,高甍凌虚,垂簷帶空,俯眺平林,煙杳在下,水陸寧晏,足爲避地之鄉矣。江有琵琶圻,圻有古冢墮水,甓有隱起字云:筮吉龜凶,八百年落江中。謝靈運取甓詣京,咸傳觀焉。乃如龜繇,故知冢已八百年矣。浦陽江又東北逕始寧縣西,本上虞之南鄉也。漢順帝永建四年,陽羨周嘉上書,始分之舊治。水西常有波潮之患,晉中興之初,治今處。縣下有小江,源出𡶐山,謂之𡶐浦。逕縣下西流注,于浦陽茠山下注此浦。浦西通山陰浦而達于江。江廣百丈,狹處二百步。高山帶江,重蔭被水,江閱漁商,川交樵隱,故桂棹蘭棧，望景爭途。江南有故城，太尉劉牢之討孫恩所築也。江水東逕上虞縣南，王莽之會稽也。本司鹽都尉治，地名虞賓。《晉太康地記》曰：舜避丹朱于此，故以名縣，百官從之，故縣北有百官橋[45]。亦云：禹與諸侯會事訖，因相虞樂，故曰上虞。二説不同，未詳孰是。縣南有蘭風山，山少木多石，驛路帶山傍江，路邊皆作欄干。山有三嶺，枕帶長江，苕苕孤危，望之若傾。緣山之路，下臨大川，皆作飛閣欄干，乘之而渡，謂此三嶺爲三石頭。丹陽葛洪，遁世居之，基井存焉。琅邪王方平，性好山水，又爰宅蘭風，垂釣于此，以永終朝。行者過之不識，問曰：賣魚師得魚賣否？方平答曰：釣亦不得，得復不賣。亦謂是水爲上虞江。縣之東郭外有漁浦，湖中有大獨、小獨二山。又有覆舟山，覆舟山下有漁浦王廟，廟今移入裏山。此三山孤立水中，湖外有青山、黄山、澤蘭山，重岫疊嶺，參差入雲。澤蘭山頭有深潭，山影臨水，水色青緑。山中有諸塢，有石楗一所，右臨白馬潭，潭之深無底。傳云：創湖之始，邊塘屢崩，百姓以白馬祭之，因以名水。湖之南即江津也。江南有上塘、陽中二里，隔在湖南，常有水患。太守孔靈符遏蜂山前湖以爲埭，埭下開瀆，直指南津。又作水楗二所，以舍此江，得無淹潰之害。縣東有龍頭山，山崖之間，有石井，冬夏常洌清泉，南帶長江，東連上陂。江之道南，有《曹娥碑》，娥父盱，迎濤溺死。娥時年十四，哀父尸不得，乃號踴江介，因解衣投水，祝曰：若值父尸，衣當沈；若不值，衣當浮。裁落便沈，娥遂于沈處赴水而死。縣令度尚，使外甥邯鄲子禮爲碑文，以彰孝烈。江濱有馬目山[46]，洪濤一上，波隱是山，勢淪崍亭，間歷數縣，行者難之。縣東北上亦有孝子楊威母墓。威少失父，事母至孝，常與母入山採薪[47]，爲虎所逼，自計不能禦，于是抱母，且號且行，虎見其情，遂弭耳而去。自非誠貫精微，孰能理感于英獸矣。又有吴瀆，破山導源，注于胥江。上虞江東逕周市而注永興。《地理志》云：縣有仇亭，柯水東入海。仇亭在縣之東北十里，江北柯水，疑即江也。又東北逕永興縣東，與浙江合，謂之浦陽江。《地理志》又云：縣有蕭山，潘水所出，東入海。又疑是浦陽江之别名也，自外無水以應之[48]。浙江又東注于海。故《山海經》曰：浙江在閩西北入海。韋昭以松江、浙江、浦陽江爲三江。

斤江水出交阯龍編縣，東北至鬱林領方縣，東注于鬱。

《地理志》云：逕臨塵縣，至領方縣注于鬱。

容容，

夜，

緬，

湛，

乘,

牛渚,

須無,

無濡,

營進,

皇無,

地零,

侵離,

侵離水[49]出廣州晉興郡,郡以太康中分鬱林置,東至臨塵入鬱。

無會,

重瀨,

夫省,

無變,

由蒲,

王都,

融,

勇外,

此皆出日南郡西,東入于海。容容水在南垂,名之以次轉北也。

右二十水,從江已南至日南郡也。

嵩高爲中嶽,在潁川陽城縣西北,

《春秋説題辭》曰:陰含陽,故石凝爲山。《國語》曰:禹封九山,山,土之聚也。《爾雅》曰:山大而高曰崧,合而言之爲崧高,分而名之爲二室。西南有少室,東北有太室。《嵩高山記》曰:山下巖中有一石室,云有自然經書,自然飲食。又云:山有玉女臺,言漢武帝見,因以名臺。

泰山爲東嶽,在泰山博縣西北,

岱宗也。王者封禪于其山,示增高也。有金策玉檢之事焉。

霍山爲南嶽,在廬江灊縣西南,

天柱山也。《爾雅》云:大山宫,小山爲霍。《開山圖》曰:其山上侵神氣,下固窮泉。

華山爲西嶽，在弘農華陰縣西南，

《古文》之惇物山也。

雷首山在河東蒲坂縣東南，

砥柱山在河東大陽縣東河中，

王屋山在河東垣縣東北也，

昔黄帝受丹訣于是山也。

太行山在河内野王縣西北，

王烈得石髓處也。

恒山爲北嶽，在中山上曲陽縣西北，

碣石山在遼西臨渝縣南水中也，

大禹鑿其石，夾右而納河。秦始皇、漢武帝皆嘗登之，海水西侵，歲月逾甚，而苞其山，故言水中矣。

析城山在河東濩澤縣西南，

太嶽山在河東永安縣，

壺口山在河東北屈縣東南，

龍門山在河東皮氏縣西，

梁山在馮翊夏陽縣西北河上，

荆山在馮翊懷德縣南，

岐山在扶風美陽縣西北，

汧山在扶風汧縣之西也，

隴山、終南山、惇物山，在扶風武功縣西南也，

西頃山在隴西臨洮縣西南，

《禹貢》中條山也。

嶓冢山在隴西氐道縣之南，

南條山也。

鳥鼠同穴山在隴西首陽縣西南，

鄭玄曰：鳥鼠之山，有鳥焉，與鼠飛行而處之。又有止而同穴之山焉，是二山也。

鳥名爲鵌，似鵽而黄黑色，鼠如家鼠而短尾，穿地而共處，鼠内而鳥外。孔安國曰：共爲雌雄。杜彦達曰：同穴止宿，養子互相哺食，長大乃止。張晏言：不相爲牝牡，故因以名山。

積石在隴西河關縣西南，

《山海經》云：山在鄧林東，河所入也。

都野澤在武威縣東北，

縣在姑臧城北三百里，東北即休屠澤也。《古文》以爲豬野也。其水上承姑臧武始澤。澤水二源，東北流爲一水，逕姑臧縣故城西，東北流，水側有靈淵池。王隱《晉書》曰：漢末，博士燉煌侯瑾，善内學，語弟子曰：涼州城西泉水當竭，有雙闕起其上。至魏嘉平中，武威太守條茂起學舍，築闕于此泉。太守填水，造起門樓，與學闕相望。泉源徙發，重導于斯，故有靈淵[50]之名也。澤水又東北流逕馬城東，城即休屠縣之故城也，本匈奴休屠王都，謂之馬城河。又東北與横水合，水出姑臧城下，武威郡，涼州治。《地理風俗記》曰：漢武帝元朔三年，改雍曰涼州，以其金行，土地寒涼故也。遷于冀，晉徙治此。王隱《晉書》曰：涼州有龍形，故曰卧龍城，南北七里，東西三里，本匈奴所築也。及張氏之世居也，又增築四城箱各千步。東城殖園果，命曰講武場；北城殖園果，命曰玄武圃，皆有宫殿。中城内作四時宫，隨節遊幸。并舊城爲五，街衢相通，二十二門，大繕宫殿觀閣，采綺妝飾，擬中夏也。其水側城北流，注馬城河。河水又東北，清澗水入焉，俗亦謂之爲五澗水也。水出姑臧城東，而西北流注馬城河。河水又與長泉水合，水出姑臧東揟次縣，王莽之播德也，西北歷黄沙阜，而東北流注馬城河。又東北逕宣威縣故城南，又東北逕平澤、晏然二亭東，又東北逕武威縣故城東。漢武帝太初四年，匈奴渾邪王殺休屠王，以其衆置武威縣，武威郡治，王莽更名張掖。《地理志》曰：谷水出姑臧南山，北至武威入海。屆此水流兩分，一水北入休屠澤，俗謂之爲西海；一水又東逕百五十里，入豬野，世謂之東海。通謂之都野矣。

合離山在酒泉會水縣東北，

合黎山也。

流沙地在張掖居延縣東北，

居延澤在其縣故城東北，《尚書》所謂流沙者也。形如月生五日也。弱水入流沙，流沙，沙與水流行也。亦言出鍾山，西行極崦嵫之山，在西海郡北。山有石赤白色，以兩石相打，則水潤，打之不已，潤盡則火出，山石皆然，炎起數丈，逕日不滅。有大黑風，自流沙出，奄之乃滅，其石如初。言動火之事，發疾經年，故不敢輕近耳。流沙又逕浮渚,歷壑市之國。又逕于鳥山之東、朝雲國西,歷崑山西南,出于過瀛之山。《大荒西經》云:西南海之外,流沙出焉。逕夏后開之東,開上三嬪于天,得《九辯》與《九歌》焉。又歷員丘不死山之西,入于南海。

三危山在燉煌縣南,

《山海經》曰:三危之山,三青鳥居之。是山也,廣圓百里,在鳥鼠山西,即《尚書》所謂竄三苗于三危也。《春秋傳》曰:允姓之姦,居于瓜州。瓜州,地名也。杜林曰:燉煌,古瓜州也。州之貢物,地出好瓜,民因氏之。瓜州之戎,并于月氏者也。漢武帝元鼎六年,分酒泉置。南七里有鳴沙山,故亦曰沙州也。

朱圉山在天水北、冀城南,

即冀縣山,有石鼓,《開山圖》謂之天鼓山。九州害起則鳴,有常應。又云:石鼓山有石鼓,于星爲河鼓,星動則石鼓鳴,石鼓鳴則秦土有殃。鳴淺殃萬物,鳴深則殃君王矣。

岷山在蜀郡湔氐道西,

《漢書》以爲瀆山者也。

熊耳山在弘農盧氏縣東,

是山也,穀水出其北林也。

荆山在南郡臨沮縣東北,

東條山也。卞和得玉璞于是山,楚王不理,懷璧哭于其下,王後使玉人理之,所謂和氏之玉焉。

内方山在江夏竟陵縣東北,

《禹貢》注,章山也。

大别山在廬江安豐縣西南,

外方山,崧高是也。

桐柏山在南陽平氏縣東南,

陪尾山在江夏安陸縣東北,

衡山在長沙湘南縣南,

禹治洪水,血馬祭衡山,于是得《金簡玉字之書》。按省《玉字》,得通水理也。

九江地在長沙下雋縣西北,

雲夢澤在南郡華容縣之東,

東陵地在廬江金蘭縣[51]西北，
敷淺原地在豫章歷陵縣西，
彭蠡澤在豫章彭澤縣西北，

《尚書》所謂彭蠡既豬，陽鳥攸居也。

中江在丹陽蕪湖縣西南，東至會稽陽羨縣入于海，
震澤在吳縣南五十里，
北江在毗陵北界，東入于海，
嶧陽山在下邳縣之西，
羽山在東海祝其縣南也，

縣，即王莽之猶亭也。《尚書》，殛鯀于羽山，謂是山也。山西有羽淵，禹父之所化，其神爲黄熊，以入淵矣。故《山海經》曰：洪水滔天，鯀竊帝之息壤以堙水，不待帝命。帝令祝融殺鯀羽郊者也。

陶丘在濟陰定陶縣之西南，

陶丘，丘再成也。

菏澤在定陶縣東，
雷澤在濟陰成陽縣西北，
菏水在山陽湖陸縣南，
蒙山在太山蒙陰縣西南，
大野澤在山陽鉅野縣東北，
大邳地在河南成皋縣北，

《爾雅》曰：山一成謂之邳。然則大邳山名，非地之名也。

明都澤在梁郡睢陽縣東北，
益州沱水在蜀郡汶江縣西南，其一在郫縣西南，
皆還入江，
荆州沱水在南郡枝江縣，
三澨地在南郡邔縣北沱。

《尚書》曰：導漢水，過三澨。《地説》曰：沔水東行，過三澨合流，觸大别山阪[52]。故馬融、鄭玄、王肅、孔安國等，咸以爲三澨水名也。許慎言：澨者，埤增水邊土，人所

止也。按《春秋左傳》文公十有六年,楚軍止于句澨,以伐諸庸。宣公四年,楚令尹子越師于漳澨。定公四年,左司馬戌,敗吴師于雍澨。昭公二十三年,司馬薳越縊于薳澨[53]。服虔或謂之邑,又謂之地。京相璠、杜預亦云水際及邊地名也。今南陽、淯陽二縣之間,淯水之濱,有南澨、北澨矣。而諸儒之論,水陸相半,又無山源出處之所,津途關路,惟鄭玄及劉澄之言在竟陵縣界。《經》云:邔縣北沱。然沱流多矣,論者疑焉,而不能辨其所在。

右《禹貢》山水澤地所在,凡六十。

注释:

① 《水經漸江水注補注》(陳橋驛《水經注研究》,天津古籍出版社一九八五年出版,以下簡稱《補注》):

漸江水,"漸",可能是"浙"之誤。《山海經》祇有浙江,没有漸江。以後《史記》、《越絶書》、《吴越春秋》、《論衡》等書中也祇有浙江,没有漸江。提出漸江的代表性著作是《説文解字》:"漸江水出丹陽黟縣南蠻中,東入海,从水,斬聲。"但《説文》同時也有浙江:"江水至會稽山陰爲浙江,从水,折聲。"在古代,今浙皖一帶離中原遥遠,其地理情況不易爲中原人士所瞭解,以訛傳訛的事常常有之,《説文》中漸江水與浙江並存,即是其例。"漸"字字形與"浙"字相似,讀音據《説文》與"浙"字爲雙聲字,造成錯誤是很可能的,成書早于《説文》的《漢書・地理志》中也有漸江水之名,"漸"字也可能是"浙"字之誤。王國維在《浙江考》(載《觀堂集林》卷十二)中説:"厥後(按指《史記》以後)袁康、趙曄、王充、朱育、韋昭等,凡南人所云浙江,無不與《史記》合,許叔重之説,自不能無誤。"這種説法是正確的。

《水經注》八《江南諸水》(臺灣古籍出版有限公司二〇〇二年出版)卷四十陳橋驛《題解》:"漸江水即今錢塘江,古稱浙江,《莊子・外物篇》稱淛河。'漸'、'浙'、'淛'均是一音之轉,因爲這個地區原是越人居住之地,通行越語,至今還保留着不少越語地名,如餘杭、餘姚、諸暨、上虞之類,'漸'、'浙'、'淛'大概都是越語的不同漢譯。"

② 《補注》:

三天子都,此名首先見于《山海經》。《海内東經》説:"浙江出三天子都。"在《山海經》的時代,北方人對于南方的山川地理還相當模糊,在漢代許慎作《説文》時,還稱這個地區爲"蠻",可見一斑。在《山海經》同書之中,三天子都位置在《海内東經》與《海内南經》内就大相徑庭。因此,當時提出三天子都這個地名的作者,未必瞭解浙江(指今新安江)上游的地理情況,而三天子都也未必實有其地。到了東晉郭璞,由于他已經明白了浙江(指今新安江)的發源之處,乃把後者倒過來假設前者的所在,説三天子都"今在新安歙縣東,今謂之三王山,浙江出其地也"。其實,郭璞並没有證明晉三王山就是古三天子都。以後,如宋葉夢得、清顧祖禹、全祖望直到楊守敬等,都對此作了大量的考證,但是所有這些考證,都是在明確了新安江發源之處以後進行的,無非各自引經據典,把《山海經》的三天子都放到當時已經完全確定了的浙江發源處的位置上,所以實際上並無多大意義。

③ 《補注》:

浙江,此處浙江在黄本、吴本、練湖書院鈔本等之中都作游江,顯係刊誤。既然浙江可以誤作游江,則何嘗不可以誤作漸江。酈氏雖然按《水經》立漸江水爲篇目,但《注》文内絶不言漸江,足見酈氏亦不以漸江爲然。

④ 《補注》:

"東與一小溪合。"明吴度《三天子都考》(載雍正《江南通志》卷十五)説:"黄山雖奇秀,其趾有水,名豐樂溪,亦與衆溪相類,亦《水經》所謂小溪之一支耳。"則吴度以豐樂溪爲此一小溪名。《注疏》本楊守敬《疏》:"今登水出績溪縣東北大障山,西南流至歙縣,南入新安江,當即此水也。"則楊守敬以登水爲此一小溪。今從歙縣與績溪南流的主要河流有豐樂溪、富資溪、布射溪、登源河四水,在歙縣縣城附近滙合,稱爲練江,練江南流,在朱家村以北注入新安江。豐樂溪發源于湯口附近的黄山山麓,與吴度所説同。登源河發源于績溪大障山北逍遥村,西南流在臨溪鎮滙合臨溪,進入歙縣,當是楊守敬所説的登水。此二水均未直接注入新安江,故《注》文"東與一小溪合",此小溪于今應爲練江。豐樂溪與登源河,均爲練江上流。

⑤ 《補注》:

"浙江又左合絶溪。"《注疏》本楊守敬《疏》:"今有雲源溪,出淳安縣西北,南流入新安江,疑即絶溪,但所出所逕與《注》異,當是《注》誤。"按《注》云:"浙江又左合絶溪,溪水出始新縣西。"今雲源溪已在始新縣以東,與《注》文不合,故未必是《注》誤。今街源溪發源于屯溪以南的皖、浙邊境,東流在街口以南注入新安江,正在始新縣之西,以此當酈《注》絶溪,較雲源溪更爲近似。

⑥ 《補注》:

縣北有烏山。今梅城北山巒重疊,以烏龍山爲最高,達海拔九〇八米,位于梅城東北約五公里,由建德系火山巖構成,挺拔雄偉,當爲《水經注》烏山。

⑦ 《補注》:

天目山,位于浙江省西北部今臨安縣境内,西起浙、皖邊境的昱嶺和百丈山等,呈西南、東北走向,有西天目、東天目(在西天目東約九公里)、南天目(在東天目南約十五公里)等主峯,西天目主峯龍王山(在西天目西北約五公里),高達海拔一五八七米,西天目高一五〇六米,東天目高一四七九米,南天目高一〇八五米。全山東西長約一百三十公里,南北寬約二十公里,由花崗巖、粗面巖、流紋巖等構成,山勢雄偉挺拔。天目山東迤,最後一個著名的山峯是莫干山,主峯塔山,高七一九米,是避暑勝地。從莫干山向東,没入太湖平原的沖積層之下,杭州的西湖羣山,也是它的尾閭。

⑧ 《補注》:

"山上有霜木,皆是數百年樹,謂之翔鳳林。"萬曆《西天目山志》卷一《翔鳳林》條云:

"在天目山之東北峯,高峻聳拔,類天柱、廬阜,上有平地一千五百尺,中有湖,湖産異魚,人莫能捕。水分流下注:東蘇湖,南迤杭郡,西派宣城,北流安吉,上有古木参天,龍鬚草覆地,徑險林深,人迹罕到。"今經實地踏勘,天目山東北諸峯,並無如此平地。但目前天目山森林仍然茂密,西天目山在海拔近四百米的禪源寺一帶,即出現大片落葉林和常緑濶葉林,其中落葉樹有麻栗(Quercus acueissima)、銀杏(Ginkgo biloba),常緑樹有苦櫧(Castanopsis sclerophylla)、樟(Cinnamomn camphora)等,樹身高大,樹冠茂密,其中最大的麻栗樹,胸徑達一點六米,樹齡已長達二三百年。從禪源寺到老殿(高海拔一千米)之間,則有大片常緑喬木的柳杉林,柳杉(Cryptomeria fortunei)是天目山最富有特色的植物(除天目山外,僅在廬山存在),最大的柳杉樹,胸徑超過二米,樹高三十餘米,樹齡最長的已超過千年。在老殿前百餘米處的一株最大柳杉,稱爲"大樹王",胸徑達二點九五米。據錢文選《天目山遊記》説:"大樹王名千秋樹,又名九抱樹,聞樹皮可作藥餌,香客每剥其皮,故近根丈餘,被剥者不少,恐年久樹將不保。"錢遊天目山在一九三四年,則當時此樹尚活。今樹已枯死,但仍屹立不倒。此外,這一帶松科植物也較多,如金錢松(Pseudolarix amabilis)、馬尾松(Pinus massoniana)、黄山松(Pinus tainancensis)等,金錢松最高可達五十餘米,胸徑粗大的馬尾松也在一米以上。

⑨ 《補注》:

"東面有瀑布",王校明鈔本作"南有瀑布",《名勝志·浙江》卷一《杭州府·於潛縣》引《水經注》作"東西瀑布"。按萬曆《西天目山志》卷一(浙江圖書館藏鈔本)《龍池》條云:"龍池有三:上池、中池、下池,俱在天目東北峯下,有溪曰大徑口、小徑口,有潭形如仰箕,曰箕潭,中有巨石,潭水注入上池,在山東垂崖下,高五十仞。"按大徑口、小徑口及箕潭今在西天目以東鮑家村北約一里,已爲建國後興建的西關水庫所淹没,從箕潭下瀉的瀑布,因爲水源斷竭,今已消失,瀑布形成的瀧壺即上池、中池、下池,也已逐漸淤塞湮廢,唯下池東側摩崖有"龍潭"二字,尚依稀可辨。此瀑布下游原注入紫溪,與《水經注》所記合,故殿本"東面有瀑布",當以此瀑布爲是。又據清釋松華撰《東天目昭明禪寺志》卷一天目八景之一《懸崖瀑布》條云:"其一在東崖白龍池,其二在西崖白雲崗。"此東、西二瀑布仍然存在,東崖瀑布在東天目昭明寺以東,瀑布自白龍池下瀉,高約六十餘米,瀑布下有瀧壺,土名斤綫潭。西崖瀑布在昭明寺以西,約位于海拔八百米高程處(高于東崖瀑布),瀑布出自白雲崗,約高五十餘米,分九級下瀉,瀑布下無明顯瀧壺。此二瀑布與《名勝志》所引"東西瀑布"合。但此東西二瀑布滙合後,注入南苕溪,即《水經注》"餘干(杭)大溪",則與"又東南與紫溪合"之語相徑庭。

⑩ 浣龍池　殘宋本、《大典》本、吴本、《注箋》本、練湖書院鈔本、《注疏》本、咸淳《臨安志》卷二十六《山川》五《於潛縣·天目山》引《水經注》、《名勝志·浙江》卷一《杭州府·於潛縣》引《水經注》、《古今天下名山勝概記》卷十九《浙江》七引《水經注》均作"蛟龍池"。《注疏》本《疏》:"趙'蛟'改'浣',云:《御覽》引此作'浣'。戴本改同。守敬按:非也。繆荃孫輯《吴興記》(《大典》二千二百五十八)天目山有蛟龍池,耆老相傳,入山之人,常見山邊一美人,蛟所化也,則池原名蛟龍。"

⑪ 《補注》:

嚴陵瀨,當爲今七里瀧,係沿江一著名峽谷,峽谷從梅城以下約五公里開始,全長約二十四公里,兩岸爲建德系火山巖山地,嚴子陵釣臺即在北岸釣臺附近,兩岸高山聳峙,北岸如化坪山、天堂坪等,都在海拔三百米以上,南岸的大塊山,超過海拔五百米,釣臺上下河段長約七華里,故稱七里瀧。峽谷中水平而深,舟人有"有風七里,無風七十里"之諺。目前此峽谷已建壩發電,即富春江水電站。

⑫ 殿本在此下《案》云:"案此有脱誤。朱謀瑋引《吴志》云,黄武五年秋,分三郡惡地十縣,置東安郡,治富春,以全琮爲太守,平討山越。又《全琮傳》云,是時,丹陽、吴、會山民復爲寇賊,攻没屬縣,權分三郡險地爲東安郡,琮領太守,招誘降附。"

⑬ 餘干大溪 《五校》鈔本、《七校》本、《注釋》本均作"餘杭大溪",譚本云:"'餘干'疑作'餘杭'。"

⑭ 淮睦 《注箋》本、項本、《五校》鈔本、《七校》本、張本均作"進睦"。

⑮ 雍正《浙江通志》卷五十三《水利》二《餘杭縣·南下湖》引《水經注》云"縣後溪南大塘,陳渾立以防水,在後漢熹平二年","在後漢熹平二年"一句,當是此處佚文。

⑯ 大壁山 孫潛校本、《五校》鈔本、《七校》本均作"大滌山"。

⑰ 《札記·烏傷》:

卷四十《漸江水》《經》"北過餘杭,東入于海"《注》中,《注》文引述了一個劉宋劉敬叔所撰《異苑》中的故事:

浙江又東逕烏傷縣北,王莽改曰烏孝……《異苑》曰:東陽顏烏,以淳孝著聞,後有羣烏助銜土塊爲墳,烏口皆傷。一境以爲顏烏至孝,故致慈烏,欲令孝聲遠聞,又名其縣曰烏傷矣。

作爲民間傳説,這是一個很動人的故事。但是作爲烏傷的地名來源,却完全不是這樣一回事。烏傷是秦會稽郡所置縣之一,是今浙江省境内歷史上第一批建置的縣。這一批縣有十餘之多,除山陰、海鹽兩縣是用的漢語名稱外,其餘各縣都是越語地名,烏傷也包括在内。譚其驤教授曾經説過:"今浙江地方多以句、於、姑、餘、無、烏等爲地名,與古代吴越語的發音有關。"(鄒逸麟《譚其驤論地名學》,載《地名知識》一九八二年第二期)所以烏傷是個典型的越語地名。

在今浙江、蘇南、皖南、贛東一帶,春秋戰國時代是於越族居住的地方,這一帶的地名,原來都是越語地名。秦始皇建郡縣制,漢族移入這個地區,原來的越語地名,就發生了漢化或半漢化的過程。前面提到的山陰和海鹽,因爲查有實據,都是漢化的例子。前者在《越絶書》卷八有明確記載:"秦始皇帝以其三十七年,東游之會稽……因徙天下有罪適吏民,置海南故大越處,以備東海外越,乃更名大越曰山陰。"證明"山陰"這個漢語縣名,是公元前二一〇年從越語地名大越改稱的。後者在《越絶書》卷二也有確證:"海鹽縣,始爲武原鄉。"在同書卷八還有一條旁證:"越人謂鹽曰餘。"這説明漢語中的"鹽",在越語中稱"餘"。所以"海鹽"是漢語縣名,它是從越語武原改稱的。

烏傷據酈《注》王莽時曾改爲烏孝。東漢初又恢復烏傷原名,唐武德七年(六二四),改爲義烏,沿襲至今。實際上,王莽的烏孝和從唐代起的義烏,都是從"烏口皆傷"這個民間傳説中引申出來的。而且由此可知,劉敬叔所撰的《異苑》,是一本神話傳説,這裏面的許多傳奇故事,並不是劉個人編造出來的,而是他所搜集的民間傳説。因爲王莽既已改烏傷爲烏孝,説明在劉敬叔以前四個世紀,這個"烏口皆傷"的故事已經流傳了。把烏傷改爲烏孝和義烏,這是越語地名半漢化的例子,因爲它和大越改山陰及武原改海鹽不同,畢竟還保留着一個越語常用字"烏"。

在上述古代於越族居住的地區,這種半漢化的越語地名是很多的。單單在《漸江水注》這一篇中,這樣的地名就有不少。把這類地名搜集起來進行分析研究,可以從中瞭解古代於越族的不少情況,對于民族史和地名學的研究,都具有重要的意義。

⑱　穀水　天啟《衢州府志》卷一《輿地志・山川》引《水經注》、嘉慶《常山縣志》卷一《建置》引《水經注》均作"穀水",《浙中古蹟考》卷四《金華府・吴・東陽郡・治》引《水經注》、雍正《浙江通志》卷四十七《古蹟》九《吴・東陽郡》治引《水經注》均作"瀔水"。

⑲　《御覽》卷六十九《地部》三十四《澗》引《水經注》云:"赤松澗在東陽,赤松子遊金華山,以火自燒而化,故山上有赤松子之祠,澗自山出,故曰赤松澗。"當是此段中佚文。

⑳　《補注》:

"水上承信安縣之蘇姥布。"《大典》本、黄本、吴本、《注箋》本均無"水"字。按蘇姥布,據天啟《衢州府志》卷一:"即城北之蘇姥灘。"今訪衢江船工,蘇姥灘在衢縣城北一里衢江之中,此處江面寬約四百米,兩岸平坦無丘阜,灘長約五十米,水流平緩,于航行已無礙。灘東約五百米,有浮石渡(今建有浮石大橋,是衢縣通建德要津),江面緊縮,僅百餘米,兩岸有紅色砂巖構成的丘阜,雖經人工削鑿,其南岸丘阜距水面尚有十餘米。浮石渡東,江面復開朗,爲浮石潭,甚淵深。據此,古蘇姥布瀑布可能位于今浮石渡,而浮石潭當爲此瀑布形成的瀧壺。

㉑　《吴越春秋・越王無餘外傳》第六"南逾赤岸"徐天祜《注》引《水經注》云:"新安縣南白石山,名廣陽山,水曰赤岸水。"當是此句下佚文。《五校》鈔本已録入此句。

㉒　按支竹,不知何物。《注疏》本楊守敬《疏》:"疑當作'文'。"按文竹(Asparagus plumosus),是百合科多年生草本植物,莖細弱,枝纖細呈羽狀,開白色小花,今常作觀賞植物。芳枳(Haveniadulcis),鼠李科落葉喬木,夏月開白色小花,結圓形小果實。木連,即薜荔(Ficus pumila),桑科無花果屬常緑藤本植物,夏秋開花,果實富于果膠,可製涼粉。霜菊,即野菊(Chrysanthemum indicum),菊科,多年生草本,晚秋開黄色小花。金橙(Citurus sinensis),芸香科植物,橙、橘、柑均是其類,今此處一帶盛産橘,稱爲衢橘。

㉓　錢唐縣　《大典》本、《注箋》本、項本、張本、康熙《錢塘縣志》卷一《形勝》引《水經注》、雍正《浙江通志》卷三十九《古蹟》一《漢・錢塘縣舊治》引《水經注》均作"錢塘縣"。

㉔　《補注》:

"浙江又東逕靈隱山,山在四山之中,有高崖洞穴,左右有石室三所,又有孤石壁立,大三十圍,其上開散,狀如蓮花。”按靈隱山的位置,歷來並無定論,晉咸和元年(三二六),印度僧人慧理看到今靈隱一帶的山峯奇秀,以爲是“仙靈所隱”,遂建靈隱寺,故後來一般認爲靈隱山指靈隱寺附近諸山。但據歷來方志及目前地形圖,靈隱寺附近諸山均各有其名,其中並無靈隱山。康熙《靈隱寺志》卷一説靈隱寺“在武林山”,雍正《浙江通志》卷九説“武林山即靈隱山”。按《漢書・地理志》:“武林山,武林水所出,東入海。”則所謂武林山或靈隱山,可能是西湖羣山的總稱。但《注》文云“山在四山之中”,以下又有“有高崖洞穴”數句,顯係喀斯特地貌的描述。今西湖外圍高山如北高峯、天竺山、五雲山等,多由泥盆紀的千里崗砂巖構成,絶無喀斯特現象。這一帶砂巖山岳的内側,分佈着若干石炭二疊紀的飛來峯石灰巖所構成的丘阜,如吴山、將臺山、玉皇山、南高峯、飛來峯等,其中吴山、將臺山、玉皇山均瀕江或旁湖,不“在四山之中”,南高峯周圍有山,但其東麓均爲培塿,北麓的三臺山亦僅海拔八十餘米,其實瀕湖,亦非“在四山之中”。唯有飛來峯,高僅稍過海拔百米,而其周圍有不少砂巖羣山如北高峯、天馬山、天竺山等,都是海拔三百米乃至四百米以上的山岳,其位置確“在四山之中”,其喀斯特地貌與《注》文亦頗相類,故靈隱山當以今飛來峯的可能性最大。

㉕ 《札記・防海大塘》:

卷四十《漸江水》《經》“北過餘杭,東入于海”《注》中,酈道元從劉宋劉道真所撰的《錢唐記》中鈔録了一個關于防海大塘的故事。《注》云:

(靈隱)山下有錢唐故縣,浙江逕其南,王莽更名之曰泉亭。《地理志》曰:會稽西部都尉治。《錢唐記》曰:防海大塘在縣東一里許,郡議曹華信家議立此塘,以防海水。始開募有能致一斛土者,即與錢一千。旬月之間,來者雲集,塘未成而不復取,于是載土石者,皆棄而去,塘以之成,故改名錢塘焉。

案我國古籍引及《錢唐記》防海大塘的,除《水經注》,尚有《後漢書・朱儁傳・注》和《通典》卷一八二,内容基本相同。這是一個荒誕不經而却是具有價值的故事。其所以荒誕不經,衹要引一段後人的校語就可以説明。今天津圖書館所藏的一部全祖望《五校水經注》中,在此防海大塘下,有一段施廷樞手寫的《校語》。施云:

錢塘得名以錢水也。《國語》:陂唐汙庳,以成其美。蓋唐即後世之塘字,《説文》無塘字,可按也。則錢塘者,錢水之塘。非如所傳華信千錢誑衆之陋也。

在這樣一條怒潮洶涌的大河之口,要修建一條海塘談何容易。而《錢唐記》却把此事當作一種兒戲。修建一條海塘,有許多工作要做,其中工程最大的,除了運土以外,還有夯土。哪裏是挑幾擔土石就可以完成的。若是先來者不給錢,後者也就不會再來,哪能積得起修建一條海塘的土石來,而且,既然把海塘的名稱與“錢”聯繫起來,那麽,給錢纔能稱“錢塘”,不給錢怎稱“錢塘”? 所以這個故事是荒誕不經的。

既然荒誕不經,却爲什麽又説這個故事具有價值呢? 這是因爲,這個故事所記載的,是我國歷史上記載的第一條海塘。酈道元撰寫《水經注》,他是十分重視水利工程的,諸如《河水注》的金堤和八激堤,《鮑丘水注》的車箱渠,《沮水注》的鄭渠,《江水注》的都安大堰等等,不勝枚舉,其中有的記載得非常詳細。但是在全國漫長的海岸綫上,却祇能在《漸江水注》中記及這個防海大塘的工程。説明沿海的開發遠遠落後于内地,所以直到酈道元的時代,沿海的水利工程還無足稱道。因此,防海大塘實是我國最早的具有一定規模的海塘。雖然故事語涉無稽,但它所反映的今錢塘江口修建海塘,應該是真實的。當然,初期修建的海塘,工程可能是相當簡陋的,但如施廷樞所説,絶不會是"千錢誑衆之陋"。

由于劉道真的《錢唐記》早已亡佚,我們無法核實内容。但據《漸江水注》所引的幾句,我們從中也可以看出一點端倪。其中一句説"(靈隱)山下有錢唐故縣",這個"錢唐故縣",當然是秦所置的錢唐縣。錢唐縣建立在靈隱山下,當然是由于當時平原上有海潮之患的緣故。另一句説"防海大塘在縣東一里許",這裏所説的"縣",顯然不是秦代故縣,而是劉宋時代的錢唐縣。劉宋錢唐縣位于防海大塘西一里許,説明縣治已經遷出山區而進入平原。縣治能離開山區進入平原,顯然就是因爲沿海修建了防海大塘,足以屏障海潮的緣故。所以説"錢塘"的故事雖屬荒謬,但防海大塘的修建却是事實。《錢唐記》的這一記載,仍然是具有價值的。

㉖ 《補注》:

明聖湖,明田汝成《西湖游覽志》卷一:"西湖,故明聖湖也。"《注疏》本亦引《一統志》云"一名錢塘湖,亦名上湖",均指西湖而言。故自來學者多以明聖湖爲西湖。但也有提出不同意見的,清趙一清曾撰《西湖非明聖湖辨》一文(載《定鄉小識》卷八),認爲明聖湖在定山鄉(今杭州市西南郊)。按《藝文類聚》卷九引《錢塘記》云:"明聖湖在縣南,去縣三里,父老相傳,湖有金牛。"《水經注》云:"縣南江側有明聖湖,父老傳言,湖有金牛,古見之,神化不測,湖取名焉。"此文也可能從《錢唐記》引來。據此,明聖湖可以肯定在錢塘縣境内的錢塘江邊,也可能就是西湖。但由于秦錢唐縣治究在何處?從西漢到南北朝末,錢唐縣治的遷移過程如何?目前都尚未確切查明,故"縣南江側"、"去縣三里"等句,都還不能正確解釋,所以明聖湖究竟是否西湖的問題,猶待繼續研究。

㉗ 柤塘　黄本、吴本、《注箋》本、何校明鈔本、王校明鈔本、項本、沈本、張本、嘉泰《會稽志》卷十《祖瀆》引《水經注》、康熙《紹興府志》(張《志》)卷八《山川志》五《祖瀆》引《水經注》、乾隆《紹興府志》卷六《地理志》六《祖瀆》引《水經注》、乾隆《蕭山縣志》卷五《山川・浙江》引《水經注》、《古今圖書集成・職方典》卷九八四《祖瀆》引《水經注》均作"祖塘"。

㉘ 柤瀆,同注㉗各本均作"祖瀆"。

㉙ 殿本在此處《案》云:"案'浙江又逕固陵城北'至此,原本及近刻並訛在後'渡會稽湊山陰是也'之下,'又逕永興縣北'之上,今據歸有光本改正。"陳橋驛《我説胡適》(原載《辭海新知》一九九九年第四輯,收入于《水經注研究四集》,杭州出版社二〇〇三年出版):"王國維説官本《水經注》曾'五引歸有光本'。其實這是王氏的偶誤(案此語出王氏《聚珍本戴校水經注跋》,王云:'戴氏官本《校語》,除朱本及所謂近刻外,從未一引他本,獨于卷三十一、卷三十二、卷四十中,五引歸有光本)。官本引歸有光本實有七次(案卷三十一《潕水注》,卷三十二《沘水注》、《肥水注》、《羌水注》,卷三十三《江水注》,卷三十八《湘水注》,卷四十《漸江水注》共七次)。胡適因此事批評王國維是'不容寬恕

的'(《手稿》第六集中册)。其實這類偶誤在《手稿》也很常見,例如第九集下册《張淏雲谷雜記》文中,胡適推斷張淏年齡:'我們可以暫時推斷他生在隆興五六年(一一六九——一一七〇)。'其實,按殿本《雲谷雜記提要》,張淏是紹興二十七年(一一五七)進士,則胡適所推斷的出生年代,已在他中進士後十年,即使《提要》有訛,但隆興年號衹有兩年,何來五六年的推斷?"

又案,殿本《案語》引歸有光本,此本當時應爲四庫館所藏,但以後絶于人間。胡適與王國維之爭,在于戴所引歸本次數,王、胡均未論及歸本是否確有其書?而史學家孟森(心史)以爲歸本亡佚已久,戴震所引,實屬僞托,他于民國二十五年十一月十二日在《益世報·讀書周刊》第七十四期發表《戴東原所謂歸有光本水經注》一文,《手稿》第五集下册録入此文:

王國維《跋聚珍本戴校水經注》云:"戴氏官本《校語》,除朱本及所謂近刻外,從未一引他本,獨于卷三十一、卷三十二、卷四十中,五引歸有光本。"今核此五條,均與全、趙本同,其歸氏本久佚,惟趙清常、何義門見之。全氏曾見趙、何校本,于此五條,並不著歸有光如此,孫潛夫傳校趙本,其卷四十尚在,亦不言歸本有此異同。以東原之厚誣《大典》觀之,所謂引歸本,疑亦僞記也。

㉚ 《札記·蘭亭》:

卷四十《漸江水》《經》"北過餘杭,東入于海"《注》云:

浙江又東與蘭溪合,湖南有天柱山,湖口有亭,號曰蘭亭,亦曰蘭上里。太守王羲之、謝安兄弟,數往造焉。吴郡太守謝勗封蘭亭侯,蓋取此亭以爲封號也。太守王廙之,移亭在水中,晉司空何無忌之臨郡也,起亭于山椒,極高盡眺矣。亭宇雖壞,基陛尚存。

這是目前可見的記載蘭亭的最早文獻。這段記載所提供的重要資料之一是:"吴郡太守謝勗封蘭亭侯。"謝雖然官爲郡守,却是個不見于正史的人物。他封蘭亭侯的事,對于説明蘭亭的性質極有用處。清于敏中《浙程備覽紹興府》(浙江圖書館藏鈔本)云:"或云蘭亭非右軍始,舊有蘭亭即亭堠之亭,與郵鋪相似,因右軍禊會,遂名于天下。"從謝勗封蘭亭侯的記載中,可以證明于敏中的説法是正確的。按後漢制度,列侯功大者食縣,小者食鄉、亭。關羽封壽亭侯即是其例。因此,蘭亭侯的"蘭亭",決非亭臺樓閣之亭,而是如于敏中所説的亭堠之亭。蘭亭原是縣以下的一個小的行政區劃單位,所以酈《注》説:"亦曰蘭上里。""里"同樣也是縣以下的小行政區劃單位。

《漸江水注》對蘭亭提供的另一重要資料是,在東晉一代中,蘭亭就遷移了三次:從鑒湖湖口遷到鑒湖之中,又從鑒湖之中遷移到天柱山頂(椒)。歷史上著名的王羲之蘭亭修禊,其時蘭亭在天柱山下的鑒湖湖口。

東晉永和九年(三五三)三月上巳,王羲之與謝安、謝萬等名流四十二人修禊于此,事見《晉書·王羲之傳》。與會者賦詩多首,而王撰文爲之《序》,即是著名的《蘭亭詩序》(此文流傳的文題甚多,如《上巳日會蘭亭曲水詩並序》、《蘭亭集序》、《蘭亭修禊序》、《三月三日蘭亭詩序》、《臨河記》、《蘭亭記》等等)。相傳王羲之用鼠鬚筆在烏絲闌繭紙上,把這篇三百五十二字的文章一氣寫成,成爲我國書法藝術中的極品。從此,"蘭亭"一詞就具有兩種涵義，一是作爲名勝古迹的蘭亭，一是作爲書法極品的《蘭亭》。

作爲名勝古迹的蘭亭，其地址以後經常遷移。《寰宇記》卷九十六引顧野王《輿地志》云："山陰郭西有蘭渚，渚有蘭亭，王羲之所謂曲水之勝境，製《序》于此。"蘭渚是鑒湖中的一個小島，則南朝梁、陳之間，蘭亭又遷回湖中。此説既爲《寰宇記》所引，説明直到宋初，蘭亭大概仍在湖中。但南宋嘉泰《會稽志》卷十引《華鎮蘭亭記》："山陰天章寺，即逸少修禊之地，有鵝池、墨池，引溪流相注。"華鎮是北宋元豐年代人，説明到北宋末葉，蘭亭又從湖中遷到天章寺。關于天章寺的地理位置，吕祖謙于淳熙元年（一一七四）曾道經此處，在其《入越記》（《東萊文集》）中有明確記載，與天柱山已經全不相涉。天章寺在元末毁于火，到明嘉靖二十七年（一五四八），紹興知府沈啓又在天章寺故址以北擇地重建，亭址從此不再變遷。

今蘭亭與東晋蘭亭已經全不相涉。清吴騫槎在《尖陽叢筆》卷一（《適園叢書》）云："今之游蘭亭者求右軍故迹，不特茂林修竹風景已非，即流觴曲水之地亦無可據，蓋今所謂，去蘭亭舊址遠矣。"全祖望在其《宋蘭亭石柱銘》（《鮚埼亭集》卷二十四）一文中也指出："自劉宋至趙宋，其興廢不知又幾度，顧不可考。若以天柱山之道按之，其去今亭三十里。"

作爲書法藝術極品的《蘭亭》，因真迹早已亡佚，僅有後代臨摹本流傳。各家臨摹中，以唐歐陽詢的定武本爲著名（舊題《定武蘭亭肥本》）。民國六年（一九一七），上海有正書局影印的《蘭亭集序》即是此本。又有清乾隆帝收集的《蘭亭八柱帖》，一九七三年上海書畫社影印的《唐人摹蘭亭墨迹》三種，即是《八柱帖》的一部分。其中第一種傳爲馮承素摹本，即歷來所稱的神龍本，論者以爲與真迹最爲接近，因而久負盛名。一九六四年北京出版社匯集故宫博物院所藏歷代臨摹《蘭亭》的著名墨迹，影印出版《蘭亭墨迹匯編》，已經集其大成。近人有論證《蘭亭》非右軍所書者，文章多屬臆度，議論實無根據。而歷來臨摹名本中，"每覽昔人"及"後之覽者"二"覽"字均書作"攬"，顯係王羲之避其曾祖王覽之諱，《蘭亭》出于右軍，即此一端，就可定案。憑空翻案，豈有此理！

㉛　長湖即今鑒湖，唐以前稱鏡湖，宋代起流行鑒湖之名。後漢會稽郡守馬臻于永和五年初創，圍堤蓄水，南起會稽山北麓，北至今蕭甬鐵路以南，東西長，南北狹，面積逾二百平方公里。全湖至南宋初期已基本湮廢，今鑒湖是湮廢後的殘留部分，參見陳橋驛《古代鑒湖興廢與山會平原農田水利》，載《地理學報》一九六二年第三期，又收入于《吴越文化論叢》，中華書局一九九九年出版。

㉜　雍正《浙江通志》卷十五《山川》七《鏡湖》引《水經注》云："浙江又東北得長湖口，湖廣東西百三十里，北瀉長江，又名太湖。""又名太湖"一句，當是此處佚文。

㉝　覆斢山　嘉泰《會稽志》卷十八引《水經注》作"覆斗山"。李慈銘校本云："案覆斗山，殿本作'覆斢'，疑即覆鬴山，五百里字有訛。"按覆斢山今稱覆釜嶺，位于秦望山以東，雲門、若耶山以北，高海拔二百餘米，當南池、施家橋到平水的山道附近。

㉞　《札記・會稽鳥耘》：

《水經注》幾次記及會稽鳥耘的故事，説明這個故事在古代是很有名的。卷一《河水》《經》"屈從其東南流，入渤海"《注》云："羣象以鼻取水洒地，若蒼梧、會稽，象耕、鳥耘矣。"

卷十三《灅水》《經》"灅水出鴈門陰館縣，東北過代郡桑乾縣南"《注》云："池在山原之上，世謂之天池……池中嘗無斥草，及其風籜有淪，輒有小鳥翠色，投淵銜出，若會稽之耘鳥也。"以上兩處論及會稽的"鳥耘"和"耘鳥"，不熟悉掌故的人，或許莫名其妙。但讀了卷四十《漸江水》《經》"北過餘杭，東入于海"《注》中的一段文字，來源就會清楚，《注》云：

昔大禹即位十年，東巡狩，崩于會稽，因而葬之。有鳥來，爲之耘，春拔艸根，秋啄其穢，是以縣官禁民，不得妄害此鳥，犯則刑無赦。

在中國古代的神話故事中，鳥獸報德的記載是很多的。關于會稽鳥耘的故事以及《河水注》所記："若蒼梧、會稽，象耕、鳥耘矣"的事，北魏闞駰《十三州志》也有此記載（據《御覽》所引）。但現在能見的古代文獻中，最早記載這些故事的，當是《越絶書》。此書卷八説："大越濱海之民，獨以鳥田。"又説，因爲禹死會稽，"無以報民功，教民鳥田，一盛一衰。當禹之時，舜死蒼梧，象爲民田也。禹至此者，亦有因矣"。此外，《吴越春秋》卷六也記及："天美禹德，而勞其功，使百鳥還爲民田。"這就是所謂象耕鳥耘的故事。這類故事在古代必然相當流行，所以《水經注》和其他一些古籍都把它記載了下來。

像這樣一類因人的功德感動鳥獸的故事，或許屬于古人勸人爲善的一種方法。歷來有很多類似的記載，在《水經注》中，僅《漸江水注》一篇之中，除了上述會稽鳥耘以外，尚有兩處：一處是："東陽顔烏，以淳孝著聞，後有羣烏助銜土塊爲墳，烏口皆傷。一境以爲顔烏至孝，故致慈烏，欲令孝聲遠聞，又名其縣曰烏傷矣。"……同卷還有一例："（楊）威少失父，事母至孝，常與母入山採薪，爲虎所逼，自計不能禦，于是抱母，且號且行，虎見其情，遂弭耳而去。自非誠貫精微，孰能理感于英獸矣。"最後兩句，道出了故事編者的用心。所以不管是顔烏、楊威，烏鴉、老虎，其實都是子虛烏有的。

但蒼梧象耕和會稽鳥耘却不同，儘管舜和禹也都是傳説中的人物，但中國歷史都早已記下了他們的名氏，而蒼梧的多象和會稽的鳥羣也都是實有其物。當然，象與舜的關係，鳥與禹的關係，都是無稽之談。

先説象，現在國内衹有西雙版納還有這種動物，但在古代，南方各地都有象的存在。不要説蒼梧，即在今浙江省境内，直到唐末、五代，仍有象活動的歷史記載。例如《十國春秋》卷十八，吴越寶正六年（九三一）："秋七月，有象入信安境，王命士兵取之，圈而育焉。"又《吴越備史》卷四癸丑三年（九五三）："東陽有大象自南方來，陷陂湖而獲之。"至于會稽的鳥，這是一種至今仍然存在的從北方南來的候鳥。學名稱爲緑頭鴨（Anas platyrhynehos），俗稱野鴨，至今仍然南來北去，衹是由于生態環境的改變，南方的棲居地比過去已經小得多了。

對于象耕和鳥耘的虛妄，王充早已作過解釋，他在《論衡·偶會篇》中説："傳曰：舜葬蒼梧，象爲之耕；禹葬會稽，鳥爲之田。失事之實，虛妄之言也。"在《書虛篇》，他又解釋了象耕鳥耘的現象及其道理："傳書言，舜葬于蒼梧，象爲之耕；禹葬會稽，鳥爲之田。蓋以聖德所致，天地鳥獸報佑之也。……鳥田象耕，報佑舜禹，非其實也。實者，蒼梧多象之土，會稽衆鳥所居。《禹貢》曰：彭蠡既渚，陽鳥悠居，天地之情，鳥獸所行也。象自蹈土，鳥自食苹，土蹶草盡，若耕田狀，壤靡泥易，人隨種之。"至于這些"耘鳥"是什麼鳥，從何處來，王充也有解釋，《偶會篇》說："鴈鵠集于會稽，去避碣石之寒。來遭民田之畢，蹈履民田，啄食草粮。粮盡食索，春雨適作，避熱北去，復至碣石。象耕靈陵，亦如是焉。"這裏，王充所說的"鴈鵠"，就是我在前面指出的學名稱爲綠頭鴨的候鳥。在王充的時代，今錢塘江口和曹娥江沿岸，還有大片沼澤地，是這種候鳥越冬的極好環境，所以會稽鳥耘的現象，王充顯然是目擊的。直到今天，這種候鳥仍然到這一帶越冬，當然，數量和棲息地域，都比過去要小得多了。

《漸江水注》記載的會稽鳥耘的故事，和其他這類故事一樣，儘管事涉虛妄，但從勸人爲善這一點來說，故事的意義顯然是積極的。而其中有幾句話，現在看來特別具有價值，即："是以縣官禁民，不得妄害此鳥，犯則刑無赦。"這種鳥類既爲民耘田，當然是益鳥，因此縣官加以保護，否則就予以法律制裁。這或許是我國有關動物保護的最早記載。

㉟　石帆山　即今吼山，《越絶書》稱爲犬山，此書卷八云："犬山者，句踐罷吴畜犬獵南山白鹿，欲得獻吴，神不可得，故曰犬山，其高爲犬亭，去縣二十五里。"此山是平原中的孤立丘阜之一，最高峯壩頭山，高海拔一七七米，山上有蘑姑石（demoiselle）二處，即《水經注》所謂"孤石高二十餘丈，廣八丈，望之如帆"。蘑姑石是一種地質現象，由垂直節理的凝灰巖體與水平節理的凝灰巖體因風化而崩塌的殘留部分。

㊱　烏賊魚，又稱墨魚，爲頭足綱、烏賊科動物。我國沿海常見的有金烏賊（Sepia esculenta）和無針烏賊（Sepiella maindroni）兩種，舟山羣島一帶，每年五六月間大羣前來産卵，稱爲墨魚汛。

㊲　若邪溪，今名平水江。《越絶書》卷十一作"若耶溪"："赤堇之山，破而出錫；若耶之溪，涸而出銅。"是鑒湖水系中最長的支流。

㊳　乾隆《紹興府志》卷六《地理志》六《川・山陰縣》引《水經注》云："山陰縣北五里有新河，西北十里有運迸塘。"當是此處佚文。

㊴　怪山，在今紹興城内南側，是崛起于冲積層之上的侏羅紀凝灰巖孤丘，最高點僅海拔三十二米，據《越絶書》卷八所載，越王句踐曾在此山上建造一座怪游臺，高四十六丈，周圍五百三十二步，是我國歷史上有文字記載的第一座綜合性天文臺和氣象臺，即《水經注》所云："又作三層樓以望雲物。"晉末在山巔建成一座七級浮圖，稱爲應天塔，屢毁屢修，至今猶存，故稱塔山。

㊵　《補注》：

洩溪，今稱五洩溪，浦陽江支流之一，上流從雷鼓山（高海拔二三五米）頂巔的響鐵嶺繞雷鼓山山谷而下，在此約一千五百米的流程中構成了五洩瀑布。第一洩在響鐵嶺邊，今瀑布已消失，成爲一處較小的急流，瀑布下的瀧壺已不存在。第二、第三、第四三洩位于海拔一百五十米上下的高程上，二洩與三洩相距僅十餘米，三洩與四洩相距亦僅二十餘米，此三處瀑布均寬五六米，高十餘米，瀑布下均有深達數米的瀧壺。第五洩在雷鼓山麓，瀑布寬約十餘米，高三十餘米，瀑布下的瀧壺稱爲東龍潭，深達十米左右。今東龍潭以下約二公里處的夾巖寺已築壩蓄水，形成一蓄水量達一千萬公方的五洩水庫，供發電和灌溉之用。

㊶　《札記・五洩》：

卷四十《漸江水》《經》“北過餘杭，東入于海”《注》中，記載了諸暨縣的五洩瀑布。《注》云：

（浙江）又東合浦陽江。江水導源烏傷縣，東逕諸暨縣，與洩溪合。溪廣數丈，中道有兩高山夾溪，造雲壁立，凡有五洩。下洩懸三十餘丈，廣十丈；中三洩不可得至，登山遠望，乃得見之，懸百餘丈，水勢高急，聲震水外；上洩懸二百餘丈，望若雲垂。此是瀑布，土人號爲洩也。

《水經注》全書記載瀑布共六十四處，但絶大部分不用“瀑布”這個詞彙。全書出現“瀑布”這個詞彙僅十三處，而《漸江水注》一篇佔了四處，五洩是其中之一。“此是瀑布，土人號爲洩也。”“洩”，可能是古代越族留下的語言。《水經注》的這條記載，正和《越絶書》卷二“越人謂船爲須慮”，又卷八“越人謂鹽曰餘”一樣。漢語“船”，越語稱爲“須慮”；漢語“鹽”，越語稱爲“餘”；漢語“瀑布”，越語稱爲“洩”，這是極少數幾個至今尚可查考的越語普通名詞，對後人研究古代越語方面，是一種值得珍視的資料。

在上述《注》文中，“凡有五洩”及“中三洩不可得至”二句，現在可見的古代主要版本，如殘宋本、《大典》本、黄省曾刊本、吴琯刊本、明練湖書院鈔本（天津圖書館藏）、何焯校明鈔本、王國維校明鈔本、朱謀㙔《水經注箋》、朱子臣《水經注删》以及清初的版本如沈炳巽《水經注集釋訂譌》、項絪刊本等等，“凡有五洩”的“五”字，均作“三”字，“中三洩不可得至”的“三”字均作“二”字。但天津圖書館藏的全祖望《五校》鈔本，却分别作“五”字和“三”字。此後，趙一清《水經注釋》，戴震武英殿本，全氏《七校》本，楊、熊《注疏》本，都和《五校》鈔本一樣，分别作“五”和“三”。

除了上述許多本子作“凡有三洩”和“中二洩不可得至”以外，凡引及酈《注》的其他宋、明和清初文獻，也莫不如此。特别是嘉泰《會稽志》卷十和《大明興地名勝志·浙江》卷四，此二書所引，均是宋本酈《注》，也都作“三”和“二”。説明《嘉泰志》和曹學佺所見的宋本，都和今北京圖書館所藏的殘宋本一樣。現在看來，首先把“三”改作“五”，把“二”改作“三”的，必是全、趙二人。

但既然各本均作“三”作“二”，全、趙又是根據什麼作這種修改的呢？這個問題，我曾長期百思莫解。後來讀康熙《紹興府志》（俞《志》）卷四《山川志·五洩山》引明朱曰範《五洩行贈李武選》詩云：“《水經》五洩三洩著，其餘二洩不可去。”這纔使我恍然大悟，全、趙把“三洩”改成“五洩”，其根據必是地方志。因爲嘉泰《會稽志》卷十所列的條目就是“五洩”，而明清以來，各《浙江通志》、《紹興府志》、《諸暨縣志》所載，也均作“五洩”。全、趙據以改“三”爲“五”，可以無疑。把上句“三洩”改成“五洩”後，下句“中二洩不可得至”，又改“二”爲“三”，其理亦甚明，因《注》文中，上洩、下洩均記載清楚，則“登山遠望，乃得見之”的，當然尚有三洩，則古本“二”必是“三”之誤。

全、趙據地方志改動酈《注》的事，當然也不能排除他們同時也親身遊歷了這個名勝。因爲至今在五洩瀑布一帶殘留的明、清摩崖題刻甚多（但不見全、趙的），全、趙均是浙人，其家鄉距離五洩又都不遠（全氏曾掌教越城蕺山書院），去此處遊覽考察，當然是很有可能的。

現在五洩已經修葺成爲一個美麗的名勝旅遊地，其山蒼翠深邃，分東龍潭和西龍潭二區，五級瀑布在東龍潭，瀑布順山盤旋而下，壑聲如雷，氣勢雄偉，令人流連忘返。西龍潭則曲徑通幽，引人入勝，其間也有瀑布一處。由于修建了盤山石級和欄杆，《水經注》所説不能見到的三洩，也可以攀登欣賞了。我于一九八五年十月底，承諸暨縣志編委會之邀，偕内人遊覽了酈《注》記載的這個著名風景區，的確不同凡響。遊覽以後，陪遊諸君事前準備了紙筆，要我題寫幾句以付新的摩崖。我無準備，衹好信手題了七言一絶："五級飛清千嶂翠，西龍幽壑東龍水。老來到此絶勝處，脚力盡時山更美。"詩下自注："胡謅幾句，用記五洩之遊。'飛清'即是瀑布，此詞獨酈《注》有之，亦以記生平學酈也。"

遊覽後的當晚，在諸暨西子賓館中忽然想到，在酈《注》這段《注》文中的"五"、"三"二字中，還有一個值得思考的問題，因爲從戴震對此二字的校改中，可以證明戴震必見趙本無疑。胡適爲了要證明戴震無辜，花大力氣考證，寫出一篇《戴震未見趙一清書的十組證據》（《胡適手稿》第一集中册）。胡氏的洋洋大文，但用此一個"五"字就可以全盤駁倒。因爲這個"五"字是任何版本均作"三"字。唯獨全、趙二本改"三"爲"五"的。酈《注》版本中絶無其他例子，胡適的考證雖然盡其所能地周詳，却想不到就在這個毫不引人注意的"五"字之上出了事故。失一子而丢全局。這樣的事並非没有例子。總不能説，戴震也是用明、清地方志校改殿本的吧。

㊷　嶂山　《大典》本、嘉泰《會稽志》卷九《峿山》引《水經注》、《剡録》卷二《山水志》引《水經注》、《名勝志·浙江》卷四《紹興府·上虞縣》引《水經注》、張元忭《三江考》引《水經注》、康熙《紹興府志》（張《志》）卷五《山川志》二《峿山》引《水經注》、康熙《紹興府志》（王《志》、俞《志》）卷六《山川志》三引《水經注》、雍正《浙江通志》卷二十二《形勝》引《水經注》、乾隆《嵊縣志》卷二《地理志·古蹟·許元度宅》引《水經注》、嘉慶《上虞縣志》卷一《地理》三《峿山》引《水經注》均作"峿山"。《水經注正誤舉例》亦作"峿山"，並注云："峿，原作'嶂'，以字形相似而誤。"

㊸　成功嶠　《大典》本、黄本、吴本、《注箋》本、何校明鈔本、王校明鈔本、練湖書院鈔本、《注删》本、項本、沈本、《摘鈔》本、《五校》鈔本、張本、嘉泰《會稽志》卷九《峿山》引《水經注》、《佩文韻府》卷八《八齊·谿·通谿》引《水經注》均作"成工嶠"。

㊹　嶂浦　同注㊷各本均作"峿浦"。

㊺　乾隆《紹興府志》卷七《建置志》一《上虞縣城》引《水經注》云："江水又東逕縣南，蓋今百官地也。"當是此段中佚文。

㊻　《浙江山川古蹟記》卷四《紹興府·馬目山》引《水經注》云："曹娥江濱有馬目山。""曹娥"二字當是此句中佚文。康熙《紹興府志》（王《志》、俞《志》）卷五《山川志》二《山》下《馬目山》引《水經注》、雍正《浙江通志》卷十五《山川》七《馬目山》引《水經注》均與《浙江山川古蹟記》同。

㊼　薪　殘宋本作"旅"，王國維《宋刊水經注殘本跋》：卷四十《漸江水注》，"入山採旅，諸本皆作'薪'。案《後漢書·光武紀》，野穀旅生。《注》，旅，寄也，不因播種而生，故曰旅。今字書作穭，音吕。又《獻帝紀》，尚書郎以下，自出採稆。《注》引《埤蒼》曰：穭，自生也，稆與穭同。酈云'採旅'，正與范書語合，諸本改作'薪'，蓋緣不知'採旅'爲何語耳。"陳橋驛《王國維與水經注》（《中華文史論

叢》一九八九年第二輯,又收入于《酈學新論——水經注研究之三》,山西人民出版社一九九二年出版)云:"這個'薪'字,顯然是某一個自以爲是的校勘者所輕率臆改的。因爲'旅'字字形熟悉,他一見之下,全然不想到小學書上對此還有其他訓詁,而肯定它是一個錯字,一筆就改成'薪'字。從此以訛傳訛,流傳至今。其實這一臆改,顯然失去了酈書原意。因爲'採旅'和'採薪'大不相同,'旅'是野生食物,'薪'是燃料。前者需要識别何者可食,何者不可食,但採集的勞動量不大;後者無需識别,但採集的勞動量甚大。因此,孝子攜母上山,當然是'採旅'而不是'採薪'。"

㊽ 康熙《紹興府志》(王《志》)卷七《山川志》四《海》引《水經注》云:"又東逕槎瀆,注于海。"當是此段中佚文。

㊾ 侵離水 《注箋》本、項本、《注釋》本、張本、《注疏》本均作"侵黎水"。

㊿ 靈淵 吴本作"靈源池",《注箋》本、項本、張本均作"靈源"。

51 《札記·牛渚縣》:"卷四十《禹貢山水澤地》篇《經》文中提到的金蘭縣,《注》文不僅因各《志》不載而不加糾正,而且在卷三十二《決水篇》中,《注》文也提出了'廬江金蘭縣'之名,説明儘管各《志》不載,但廬江郡下金蘭縣的建置是確實存在的。"

52 大别山阪 《大典》本、黄本、吴本、《注箋》本、何校明鈔本、王校明鈔本、項本、沈本、張本、《禹貢水道考異·南條水道考異》卷一《過三澨》引《水經注》、《禹貢會箋》卷十一《過三澨至于大别南入于江》徐文靖《箋》引《水經注》均作"大别山陂"。

53 薳澨 戴本、《注釋》本、《禹貢集解》卷三《過三澨》引《水經注》均作"蓬澨"。沈本云:"薳澨或是《左傳》因上薳越而誤,本作'蓬'也。"《水經注箋刊誤》卷十二云:"宋紹興間,括蒼李如篪作《東園圖説》引《左傳》正作'蓬澨',可見世本之非,當據六朝舊典以正之也。"

原著署 (北魏)酈道元著
陳橋驛校證
中華書局二〇〇七年版

《水經注》擷英解讀

《水經注》簡介(代序)

我是以一種偶然的機遇走進酈學這門學問的。而竟料不到從此在這門學問上走過了六十多個年頭,撰述的論文集和校勘的版本總共已近三十。所有這些,在最近出版的《我讀《水經注》的經歷》[①]和《我校勘《水經注》的經歷》[②]兩文中已經作了較詳的說明。時至今日,《水經注》不僅是一本許多文化人都樂於瀏覽披閱的古籍,而且還成了一本不少人文科學家和自然科學家共同需要檢索的工具書。

現在,我已經是一位逾八近九的老朽,但是由於不退休,仍是高等學校中的在職教授,而且還帶著研究生,所以常常為他們講及這門學問。自從上世紀八十年代以後,我經常應邀出國擔任客座教授或講學,也有不少對漢學有興趣和已經有了漢學研究成果的國外漢學學者到我的研究室從事進修和研究工作。一九八三年,我應邀在日本關西大學大學院(研究生院)作客座教授,其時,我的漢學好友藤善真澄教授正在為該校開設“水經江水篇”課程,所以我去該校大學院講授《水經注》研究,確實受到他們的歡迎。為了提高研究生的英語水平,校方在事前就要求我以英語講課,藤善先生也隨同聽課,除了他的英語較遜以外,我們相處甚得,從此成為酈學摯友。我的《水經注研究》[③]隨即出版,他立刻函告,此書已作為該校酈學課程的教材,此訊除了使我不勝汗顏外,也讓我略知這門學問的國際性。藤善本人即是日本著名酈學家京都大學教授森鹿三的高足。此後,我雖曾多次前往東瀛,但講學的地域不斷擴大。發現那些雖然不是如同日本那樣“同文同種”的國家裡,不僅是漢學家不少,而其中對《水經注》的研究,也有很感興趣的。所以我同樣地在那些國家裡多次演講了有關《水經注》的課題。

正因為此,上世紀末期,當臺灣中央研究院邀請我前去講學時,我們夫婦特地到該院邊緣的胡適墓前鞠躬致敬。除了景仰他的道德學問外,特別是因為他竟以其有生的最後二十年時間,傾全力於酈學的研究。《胡適手稿》十集共三十冊,其中一至六集共十八冊,全是他的酈學研究成果。他所搜集的大量前人或與他同輩人的酈學文章,為後來的酈學研究者提供了極大的方便。從臺灣返回以後,我即應上海《辭海·新知》[④]之約,撰寫了《我說胡適》這一篇不短的文章,並插附了我們夫婦在他墓前致敬的照片。我所以把文題名為《我說胡適》,是因為在一九五〇年以後,曾經也有過不少人說過胡適。我在此文中引了一小段當時的那些人是怎樣說,怎樣做的:

是一個唯心主義和反動思潮的代表,十足的洋奴。……所以在當時,如果與胡適這個名字有牽連,就可以讓人家破人亡。《吳晗與胡適》這一篇張開血盆大口的文章,不僅吞噬了吳晗一家,還毀滅了千萬個無辜的家庭。年歲大些的知識分子,恐怕記憶猶新。

後來形勢轉變了,有一些看風使舵(或知識淺薄)的人,其實並不懂得胡適,也跳出來趕時機,為胡適說"好話"。史學界前輩楊向奎先生看到了一九八六年十月三十日這類人物的文章,急急忙忙地把此文剪下來,於次日就寄給我,並在信上說:"這未免顛倒黑白,我並不研究《水經注》。……希望你出頭說一下以澄清是非"。我其實也看到連載多日的這篇大作,但我對這類作者和這類文章,初看一篇,就覺得不值得為此浪費我的目力,所以從此不再觸及。但是因為楊先生是我尊敬的前輩,所以只好遵命寫了一篇《關於,〈胡適傳〉中涉及〈水經注〉問題的商榷》[⑤]的文章,澄清了楊先生囑我澄清的是非。我在上述《我說胡適》的拙文中,最後歸納了他為人為學的四種優秀品質,這中間也包括了他在《水經注》研究中的三個方面的例子。

現在言歸正傳,談:我為什麼用這一篇《水經注簡介》作為此書的《代序》。《水經注》一書的確實年代,現在無可核實,總之是公元六世紀初期的作品,而學者以此書從事學術研究則始於唐朝[⑥]。從宋代起,由於刊本開始流行,所以研究者逐漸增多,到清初而至於極盛。因為其書在以往的傳鈔、刊印過程中,有過不少散佚與訛誤,所以在後人研究中,曾作了許多輯佚、增改、校勘的工作,而四庫館中校勘成書的《殿本》,可以作為今天閱讀和研究的較好本子。這個本子約三十五萬字,歷來有許多學者研究和議論,著述甚多。現在我的書名稱為《水經注擷英解讀》,我在此必須解釋"擷英"的這個"英"字。因為《水經注》其書,既有許多佳處,我的"解讀"是既解佳處,又解難處。而在不少這種場合,我都引及了前人的說法,當然也表述了我自已的心得。既供酈學研究者的評議參考,也供一般愛酈讀者的披閱欣賞。由於估計到此書的讀者之中,或許有多數是聽聞《水經注》之名,或者是偶讀此書的某些篇段而引起興趣者,所以在卷首要有一篇介紹此書一般情況的文章。歷來介紹此書的文章較多,找一篇這類文章置於卷首,或許比重起爐灶專寫一篇更為適當和有效。這些年來,我常常採用這種方式在拙著卷首加上一篇這類文章,所以稱為《代序》。例如《水經注校釋》[⑦],此書還謬獲二〇〇三年教育部"第三屆中國高校人文社會科學研究優秀成果獎"的歷史學一等獎[⑧]。此書卷首,我是以發表於一九九四年的拙作《民國以來研究〈水經注〉之總成績》[⑨]作為卷首《代序》,而二〇〇七年在中華書局出版的《水經注校證》,則以《我校勘〈水經注〉的經歷》作為卷首《代序》。現在要選用一篇比較全面地介紹《水經注》的文章作為《代序》,頗讓我花費了一番考慮。因為我歷來寫過的這類作品不少,但作為《代序》,不宜過繁,也不宜過簡。例如我曾經寫過《酈道元與水經注》[⑩]一書,雖然並非一部大書,但以之作《序》,畢竟太長。中國青年出版社曾經出版過一套《中國典籍精華叢書》[⑪],其中第九卷內有我的《水經注評介》一篇,這次重閱此篇,感到不夠全面。山東教育出版社於二〇〇六年出版了一套《中國史學名著評介》,第一卷中就收入我的《水經注》評介文章,儘管評介了幾個方面,但看來也稍嫌簡略。所以最後決定採用卞孝萱、胡阿祥二位先生主編的《國學四十講》[⑫]中收入的《酈學》這一篇,把篇名改作《水經注簡介》,作為此書卷首《代序》。對於此事,我確實揣摩甚久,而且反覆比較,終於拿定主意,以此篇作為卷首《代序》,或許稱得上差強人意。

(以下略。詳見本書第十一卷《國學四十講・酈學》)

注释:

① 此文首發於上海《書林》一九八〇年第三期,如《治學集》、《開卷有益》等均轉載,又收入於《水經注研究》,天津古籍出版社一九八五年版,又譯載於日本的某些集刊,但均有錯訛,今以浙江大學出版社二〇〇八年出版的《百年求是學術名流精品集》之一《水經注論叢》為準。

② 原載《杭州師範學院學報》社會科學版二〇〇四年第五期,並作為中華書局二〇〇七年出版《水經注校證》卷首《代序》。

③ 此是拙撰《水經注》論文集的第一部,常稱《一集》,拙撰此類論文集共有四部。

④ 上海辭書出版社出版,一九九九年第四期。

⑤ 原載《光明日報》一九八七年一月十四日,收入於《酈學新論——水經注研究之三》,山西人民出版社一九九二年版。

⑥ 《水經注研究始於唐代》,收入《酈學札記》,上海書店出版社二〇〇〇年版。

⑦　杭州大學出版社一九九九年版。

⑧　中華人民共和國教育部二〇〇三年七月三日,教社證字(二〇〇三)第〇一七號。

⑨　原載《中華文史論叢》第五十三輯。

⑩　上海人民出版社一九八七年版。

⑪　二〇〇六年版。

⑫　湖北人民出版社二〇〇八年版。

原　序

擷英

昔《大禹記》著山海，周而不備；《地理志》其所錄，簡而不周；《尚書》、《本紀》與《職方》俱略；“都賦”所述，裁不宣意；《水經》雖粗綴津緒，又闕旁通；所謂各言其志，而罕能備其宣導者矣。

解讀

這一段文字是酈道元說明他為什麼要為《水經》作《注》的原因。他舉了《大禹記》、《地理志》、《尚書》、《本紀》、《職方》五種當時他見到的地理書。《大禹記》因為有“著山海”的話，大概是《禹貢》。《地理志》在他的《注》中引及的有兩種，其中多數是《漢書・地理志》，但也引及漢桑欽《地理志》，《序》中或許是把這兩種都包括在內。《尚書》是中國古代的重要經書，全書分《虞書》、《夏書》、《商書》各一卷，《周書》三卷，共六卷。但除了《夏書》中的《禹貢》以外，其餘各卷記及山川地理的很少。《本紀》當指《禹本紀》，此書酈氏尚見，後來已亡佚。司馬遷在《史記・大宛列傳・贊》中曾經批評此書：“今自張騫使大夏之後也，窮河源，惡睹《本紀》所謂崑崙者乎？”他還批評此書的荒唐內容:“《禹本紀》言,河出崑崙,崑崙高二千五百餘里,日月所相避隱為光明也。”《職方》是《周禮》中的一篇,體例內容與《禹貢》相似,也是把天下分成“九州”記敘。無非是易《禹貢》的徐、梁二州為幽、并而已。

“都賦”是從漢代流行直到六朝的一種文體,其中有不少是記敘地域或都城的。酈氏在其《注》中曾引及三十餘種,其中如《西京賦》、《東京賦》、《南都賦》、《趙都賦》以及齊都、魯都、蜀都、揚都、魏都、吳都等賦,並包括《江賦》、《廬山賦》等記敘山川的,其實都是以賦(韻文)的體裁所撰寫的早期地方志。除了卷四十《漸江水》所引的《山居記》(《宋書・謝靈運傳》作《山居賦》)長達四千餘言至今仍存以外,其餘多已亡佚殘缺。而且像《山居賦》那樣詳細記敘始寧縣(位於今紹興、嵊州、上虞三市縣之間)的自然和人文概況的絕少,大多都是重辭藻而乏實事,所以酈氏認為這類文獻是“裁不宣意”。

《序》中把《水經》列於最後,評語也與前列諸書不同:“粗綴津緒,又闕旁通”。意思是,此書大致寫出了河川脈絡,但缺乏與河川(包括流域)有關的其他自然和人文概況。所以他選擇《水經》作《注》,彌補此書的“粗”、“闕”。

擷英

脈其枝流之吐納,診其沿路之所纏,訪瀆搜渠,緝而綴之。

解讀

這幾句是寫他為《水經》作《注》的方法。前二句“脈其枝流之吐納,診其沿路之所纏”。在各篇《注》文中他多已盡力做到。有不少支流,他“脈”不出河流名稱,《注》文中只好用“其一川”幾字表述,例子甚多。但所謂“脈”與“診”,並不完全表述他的田野實勘之意。許多河川還是依靠他搜集和詳究各種文獻。但四句之中,“訪瀆搜渠”一句,確實說明了他對田野考察的重視。全《注》記敘經過他親身考察的例子很多。所以當今地理學者運用的這種重要研究方法,酈氏已經在《序》中點明,並且盡可能運用。在中國地理學史上,真是難能可貴。把這四句合起來,則最後一句“緝而綴之”的意思是,《水經注》其書,是文獻研究和田野考察的成果。

擷英

《十二經》通,尚或難言,輕流細漾,固難辨究,正可自獻逕見之心,備陳輿徒之說,其所不知,蓋闕如也。

解讀

這一段中,主要是學者對第一句尚有不同見解。段熙仲教授校注《水經注疏》,“十二經”不加書名號。則他是把這“十二經”的“經”理解為大河或主流。原句的意思他認為是:在十條大河之中,能否弄清楚兩條,還很難說。段先生是在八十高齡以後接受出版社的校注任務的。承他錯愛,幾次堅邀我復校,最後在我一次出國講學後返國的次日,請其子弟用轎車把他的全部校稿從南京送到杭州,我才不得已接受。他是前輩,所以我在覆校過程中,除了訛誤明顯而我又持有實據的以外,盡可能尊重他的意見而不作改易,“十二經”即是其例。《莊子·天道》:“于是繙《十二經》以說”,說明在酈氏時代,《十二經》之名早已流行。至於《十二經》的具體名稱,當今我們要在唐晁公武的《郡齋讀書志》中見到,即《易》、《書》、《詩》、《周禮》、《儀禮》、《禮記》、《春秋左傳》、《公羊》、《穀梁》、《論語》、《孝經》、《爾雅》。但此《十二經》在酈氏《注》文中全有引及。所以酈意很可能是:讀通了《十二經》,也說不清河川的脈絡。這是酈氏在全《序》之末交代兩點:第一,《注》文中記敘小枝細流是難免存在錯誤的;第二,還有一些他不知道的河川,在《注》文中只好付之闕如了。這幾句話,可以說是他著書立說的謙遜態度。

卷一　河水

擷英

（《經》屈從其東南流，入渤海。）

釋法顯曰：度葱嶺，已入北天竺境，于此順嶺西南行十五日，其道艱阻，崖岸險絕，其山惟石，壁立千仞，臨之目眩。欲進則投足無所，下有水，名新頭河。昔人有鑿石通路施倚梯者，凡度七百梯，度已，躡懸絙過河。河兩岸，相去咸八十步，九譯所絕。漢之張騫、甘英皆不至也。

解讀

這一段是引《法顯傳》[①]的文字，但酈氏已有改動和省略。"度葱嶺"三字是從法顯原文"在道一月，得度葱嶺"省略而來。原文"度嶺已，到北天竺"，酈改為"度葱嶺，已入北天竺境"。此下酈省略原文一段，自加"于此"二字。從"順嶺西南行十五日"起，到"漢之張騫、甘英皆不能至也"則是法顯原文。酈氏引書往往如此，目的是為了把原書中最關重要的寫入《注》文。明周嬰在《巵林・卷一・析酈篇》中說酈氏"皆躡法顯之行蹤"。《注》文引《法顯傳》共有八處，但酈氏所引，常刪其無關，擷其要領。這一段所引僅百餘字,其中已刪約一百三十字。所以他在引述古籍時也作過仔細考慮。此段所引,其意在表達葱嶺之道的行路艱難。因為要"躡懸絚(索橋)",因而也引及新頭河(印度河的古譯)的寬度為"八十步"(約一百公尺)。"張騫、甘英"二人,前者衆所熟知,後者(甘英)是東漢人,漢和帝(公元八九年——一〇五年)時奉西域都護班超命出使大秦(羅馬帝國),途中為條支(今伊朗一帶)的西海(波斯灣)所阻,不果而還。

擷英

自河以西,天竺諸國,自是以南,皆為"中國",人民殷富。"中國"者,服食與中國同,故名之為"中國"也。

解讀

此段《注》文中指及的"中國",是恆河中游的中印度地區,梵文作 Madhyadesa,由 Madhya(中間的)和 Desa(國家)二詞組成,並非現今中國。雖然"服食與中國同,故名之為'中國'也"的解釋並不正確,說明酈道元雖然懂得梵語,但對此"中國"一詞,他並未查考過梵語根源。從此也可以引發我們的思考,我們古籍上的所謂中國,如《詩・大雅・生民》:"惠此中國,以綏四方"等等,不勝枚舉,其實與古代印度把當時最發達的地區即恆河中游稱為"中國",都是一樣的道理。古籍中所稱的中國,都是指的今黃河中游一帶漢族聚居的發達地區,並不作為國名。中國成為國家的國名,實始於中華民國元年(公元一九一二年),從此成為中華民國的簡稱,才算作國名。中國或許是漢字的關係,常常使用這種簡稱,包括對西方國家,如稱美利堅合衆國為美國,稱法蘭西共和國為法國等等。

擷英

王斂舍利,用金作斗,量得八斛四斗,諸國王,天龍神王各得少許,賫還本國,以造佛寺。

解讀

這段《注》文,包括前面引支僧載《外國事》所敘"佛泥洹後"一段。實在就是為釋

迦牟尼(佛陀)辦後事的一些情節。"舍利"是梵文 Sarira 的音譯,意為佛骨。按這段記敘,也包括其他某些佛教經典的記敘,佛陀火化以後,他的骨灰是被印度當時各邦國瓜分殆盡的。後來中國和有些今中南半島國家,常有到印度去"取經"(參拜和錄取佛教經典)的,但不可能取得佛陀的舍利。所以今中國和東南亞其他各國所稱其寺院佛塔中的"佛骨"都非真實。特別是像陝西法門寺所藏的那塊佛陀手指舍利(我曾親見),顯然都不是真品。各地所自詡的"佛骨"、"佛牙",特別是像法門寺那個"佛指",無疑都是贋品,或者是其他高僧的舍利,張冠李戴,混作佛陀的舍利以增加其寺院和佛塔的知名度而已。

擷英

阿育王起浮屠于佛泥洹處,雙樹及塔,今無復有也。

解讀

酈道元在此卷中三次提及阿育王,說明阿育王在弘揚佛教中的重要功績,也說明酈氏對天竺古國及佛教發展史的重視和了解。釋迦牟尼死後,印度佛教史上曾經有過四次佛教的結集,其中第三次結集在華氏城(Pataliputra)舉行,由孔雀王朝國君阿育王(Ashoka)支持贊助,其時在公元前二四二年(一說在公元前二五三年)。這次結集以後,阿育王派人四出傳布佛教,佛教開始走向世界。

此段中有三個梵文詞彙,酈氏都不作解釋,這正可證明他是懂得梵文的,認為這些詞彙毋需解釋。這三個詞彙是:

1. 浮屠:亦譯浮圖。梵文 Stupa,常譯窣堵波。唐釋玄應《一切經音義・卷六・寶塔》:"正言窣覩波。"唐慧琳《一切經音義・卷十三》:"窣覩波,上蘇沒反,古譯云藪斗婆,又云偷婆,或云兜波,曰塔婆,皆梵語訛轉不正也,此即如來舍利塼塔也。"

2. 泥洹:即涅槃,梵文作 Nirvàna,巴利文作 Nibbnà,又譯作泥畔。意譯作滅、滅度、安樂、解脫等。釋迦牟尼的逝世稱為涅槃或泥洹,但後來凡高僧逝世,也多用這個詞彙。

3. 塔:上述慧琳《一切經音義》說 Stupa 為"塔婆"。但塔婆實從巴利文(古代印度的佛教經典都用梵文及巴利文兩種文字寫成)Thupa 音譯而來。中國古代的小學書如《說文解字》,無"塔"字,"塔"是"塔婆"的省譯。

必須指出的是,梵文和巴利文在漢譯時有省譯的慣例,如"塔婆"省譯為"塔","僧伽藍摩"省譯為"伽藍"等,但地名和人名不能省譯。中國有些地方把"阿育王"省譯為"育王"(如稱"育王寺"、"育王殿"之類)。對於地名和人名,梵文、巴利文也和英文一樣,把"阿育王"譯成"育王",實和把"邱吉爾"譯成"吉爾",把"羅斯福"譯成"斯福"一樣地可笑。

擷英

日暮便去半達鉢愁宿。半達,晉言白也;鉢愁,晉言山也。

解讀

半達鉢愁這個地名,現在仍可用梵文復原:Punda(白),Vasu(山)。由此可以證明酈氏確諳梵文。

擷英

羣象以鼻取水灑地,若蒼梧、會稽,象耕、鳥耘矣。

解讀

蒼梧象耕,會稽鳥耘。是中國古代流傳的一個生動神話。《文選・卷五・吳都賦》劉淵林注:"《越絕書》曰:舜葬蒼梧,象為之耕;禹葬會稽,鳥為之耘。"但今本《越絕書》除卷八有"鳥田"一語外,並無劉注文字。或是《越絕書》缺佚,或是劉注誤引。但這個神話的現象在古代是存在的。王充《論衡・書虛篇》說:

> 傳書言,舜葬于蒼梧,象為之耕;禹葬會稽,鳥為之田。蓋以聖德所致,天使鳥獸報佑之也。……鳥田象耕,報佑舜禹,非其實也。實者,蒼梧多象之地,會稽眾鳥所居。《禹貢》曰:彭蠡既瀦,陽鳥攸居。天地之情,鳥獸之行也。象自蹈土,鳥自食苹,土蹶草盡,若耕田狀,壤靡泥易,人隨種之。

《偶會篇》說:

> 傳曰:舜葬蒼梧,象為之耕;禹葬會稽,鳥為之田,失事之實,虛妄之言也。

王充的解釋是正確的,酈氏在《注》文也曾引及過《論衡》,說明他讀過此書。但他在"象耕鳥耘"的神話中未引《論衡》,而且在卷十三《㶟水》及卷四十《漸江水》又兩次引及這個神話。這説明王充的思想在當時的一般宗奉儒學學者中,還屬於離經叛道,並不受到重視。

擷英

渡河南下一由巡。

解讀

"由巡",這條《經》文下,前已有"城周圓三由旬"一句。《武英殿本》在此"由巡"下作了案語:"案由巡、由旬,書内通用,近刻訛作'由延'"。"由旬"、"由巡",酈書通用,説明酈氏通曉梵語。而《殿本》的這條案語,説明戴震不僅不通梵語,而且他校成的這部佳本,鈔自他本者多,而他自己所下的功夫不大。案"由旬"、"由巡"、"由延",都是梵文 Yogana 的音譯,《法顯傳》即作"由延"。宋法雲的《翻譯名義集・卷三》譯此作"踰善那"。艾德爾在《中國佛教手冊》[②]對此詞的解釋是:"Yogana, a measure of distance, variously computed as equal to a day's march (4650 feet) or 40 or 30 or 16 li. (i. e. $33\frac{1}{2}$ or 10 or $5\frac{1}{2}$ English miles)"。丁福保在其《實用佛學辭典》中對此條的解釋,實際上是譯述了上述艾德爾的話:"自古聖王一日軍行也。舊一踰善那四十里矣,印度國俗乃三十里,聖教所載唯十六里"。戴震在四庫館校注《水經注》,明見《注》文多引《法顯傳》,明知周嬰批評酈氏"皆躡法顯之行蹤",卻竟連《法顯傳》也未曾過目。所以《殿本》之佳,趙一清實有大功。戴書襲趙,可為定讞。[③]

擷英

諸天導引菩薩起行,離樹三十步,天授吉祥草,菩薩受之。復行十五步,五百青雀飛來,繞菩薩三帀西去。菩薩前到貝多樹下,敷吉祥草,東向而坐。

解讀

這一段文字是從《法顯傳》鈔錄的,其中兩次提及吉祥草。吉祥草至今已成為園林道路等處的綠化植物,所以有必要對此作一點説明。吉祥草本是梵語植物名稱,因法顯的翻譯而漢化。在中國又稱觀音草或松壽蘭,學名 Reineckea carnea,是百合科常綠多年生草本植物。日本森鹿三主譯的《水經注(抄)》中,在此下加了一條注釋:"吉祥草,Kuóa,按讀音寫作姑尸、短尸,譯為上茅、茆草,是生長在溼地上的一種茅草,用作坐禪的敷物"。日譯本的這條注釋,寫出了吉祥草的梵語 Kuóa,而其中"譯為上茅"的話,則出於《大唐西域記》。此書卷九摩揭陁國下上茅宮城(舊王舍城)說:"上茅宮城,摩揭陁國之正中,古先君王所都,多出勝上吉祥香茅,以故謂之上茅城也。"④

這裡的上茅城,是梵語矩奢揭羅補羅城的意譯,矩奢揭羅補羅的梵語是 Kuśagrapura,由 Kuśa(上茅)和 grapura(宮城)二詞合成,所以 Kuśa 又譯上茅。梵語植物名稱,在唐釋玄應和慧琳的兩種《一切經音義》及宋法雲的《翻譯名義集》中,有時音譯,有時意譯,不通梵語的人,往往望文生義,造成錯誤。光緒《諸暨縣志》卷十九《物產志一》"吉祥草"條下引《允都名教錄》:"邑吉祥寺舊產吉祥草,故名。"把這種按梵語意譯的植物說成因吉祥寺所產而得名,這和戴震因不查《法顯傳》而認為"由延"是訛字一樣。

擷英

(《經》又出海外,南至積石山下,有石門。)

故成公子安《大河賦》曰:"覽百川之宏壯,莫尚美于黃河;潛崑崙之峻極,出積石之嵯峨。"

解讀

此引《大河賦》為西晉文學家成公綏(公元二三一年—二七三年)字子安所作,此時,賦體文學盛行,成公綏即是著名撰賦者,名作有《嘯賦》、《天地賦》等,《大河賦》是其中之一。《注》文所引雖僅四句,但可以看出其辭藻的工整和富麗。此四句中有兩點值得留意,第一,在西晉時代,"黃河重源"之說眾所公認,所以酈氏沿襲此說不足為病。第二,今黃河在古代稱為"河"或"河水",黃河只是文人在撰述中對此水水色混濁的描寫。但《河水》五卷之中,除卷三外,其餘四卷中均提到"黃河"一詞,而最後終於成為此河的正式名稱。至於何時以"黃河"取代"河"或"河水",學術界說法尚不一致,但大致總在唐代以後。

注释:

① 也稱《佛國記》,還有其他不少别名,參閲拙撰《法顯與法顯傳》,載《山西師範學院學報》(哲社版)一九八九年第二期。

② Ernest. G. Eitel, *Chinese Dictionary with Vocabularies of Buddhist Terms*, Tokyo, Sanshusha, 1904。

③ 參見拙撰《水經注戴趙相襲案概述》,《鄭州大學學報》哲社版一九八六年第一期,收入《水經注研究二集》。

④ 據季羡林等校注《大唐西域記》,中華書局一九八五年出版。

卷二　河水

擷英

（《經》其一源出于闐國南山，北流與葱嶺所出河合，又東注蒲昌海。）

敦煌索勱，字彥義，有才畧，刺史毛奕表行貳師將軍，將酒泉、敦煌兵千人，至樓蘭屯田。起白屋，召鄯善、焉耆、龜茲三國兵各千，横斷注濱河，河斷之日，水奮勢激，波陵冒堤。勱厲聲曰：王尊建節，河堤不溢，王霸精誠，呼沱不流，水德神明，古今一也。勱躬禱祀，水猶未減，乃列陣被杖，鼓譟讙叫，且刺且射，大戰三日，水乃迴減，灌浸沃衍，胡人稱神。大田三年，積粟百萬，威服外國。

解讀

這一段寫索勱在注濱河攔壩的故事，寫得有聲有色。其中"列陣被杖，鼓譟讙叫，且刺且射，大戰三日"，寫得好像在戰場上作戰一樣。"水奮勢激，波陵冒堤"，當然不是"且刺且射"可以阻制的，顯然是因為河流一旦被堤壩阻斷而發生的現象。等到上游的積水"冒堤"溢流得到緩解以後,河水又得到新的平衡,"水奮勢激"的現象自然就會緩解。但在當時,索勱和他的士兵,確實是戰鼓鏗鏘,吶喊呼號,真刀真槍地和大水"大戰三日"的。我們今天除了欣賞這一段《注》文的生動感人外,另外還有兩點啟發:第一,漢代開始對西域的經營,除了軍事力量以外,非常重要的策略是屯墾,但屯墾也非易事,索勱的故事就説明了,他雖然終於得到"大田三年,積粟百萬,威服外國"的成功,但這種成功也不是輕而易舉的。"威服外國"的"外國"指的是西域各國。漢代特别是漢武帝在西域建立的功績,屯墾起了重大的作用,索勱的故事是其中一例。第二,索勱是一員武將,但他能説出"王尊建節"、"王霸精誠"的典故,説明當年的武將也是讀書的。這裡關於"王尊建節,河堤不溢"的故事,酈氏在卷五《河水》中有較詳記敘。《漢書》也為他立傳。而"王霸精誠,呼沱不流"的故事,見《後漢書・王霸傳》:"光武南馳至下曲陽,令霸往視滹沱河。霸還,跪曰:冰堅可度。光武前至河,河冰亦合"。

擷英

漢永平十八年,耿恭以戊己校尉,為匈奴左鹿蠡王所逼,恭以此城側澗傍水,自金蒲遷居此城(指疏勒城),匈奴又來攻之,壅絕澗水。恭于城中穿井,深一十五丈,不得水,吏士渴乏,笮馬糞汁飲之。恭乃仰天嘆曰:昔貳師拔佩刀刺山飛泉湧出,今漢德神明,豈有窮哉?整衣服,向井再拜,為吏士禱之。有頃,水泉奔出,衆稱萬歲。乃揚水以示之,虜以為神,遂即引去。

解讀

這一段寫草原沙漠地帶缺水資源的情况非常生動真實:"城中穿井,深一十五丈,不得水",説明地下水位極低;而"吏士渴乏,笮馬糞汁飲之",也寫盡了當時缺水的實況。至於最後一段,或許確實由於地下水的逐漸滲出而使此井有了一些積水。"水泉奔出"的話,顯然是誇大其事。中國西北缺乏水資源的情况,從歷史上觀察,實在每況愈下。十九世紀末年,瑞典人斯文哈定(Sven A. Hedin)率領一個探險隊從塔里木河上游支流葉爾羌河出發,横越塔克拉馬干沙漠,到塔里木河的另一條支流和闐河,路程實不算長,由於出發時誤信了當地人言,少帶了所需飲水,以致最後乏渴,飲駱駝尿以解渴,並且渴死了人。事詳他的《戈壁沙漠横渡記》。在這個地區,由於降水量微不足道,所以不論是河流渠道或其他水利設施如坎兒井之類,水源都靠的是高山雪水。時至今日,根據實測,高山的冰川(積雪)資源已經益趨匱乏,各山雪線不斷升高,成為西北地區面臨的一個嚴峻問題。

擷英

釋氏《西域記》曰：屈茨北二百里有山，夜則火光，晝日但烟，人取此山石炭，冶此山鐵，恆充三十六國用。故郭義恭《廣志》云：龜兹能鑄冶。

解讀

這段《注》引自釋氏《西域記》，此書的成書年代現在已無從查考。但《漢書·西域傳》已說："龜兹（按即屈茨）能冶鑄"（酈又引郭義恭《廣志》，郭是晉代人，已較晚），説明龜兹國的冶鑄工業在漢代已經存在。漢武帝經營西域時，西域有三十六國，"恆充三十六國用"，説明西域在漢時存在冶鑄工業屬實。而"人取此山石炭，冶此山鐵"，説明在西漢之初，西域的冶鑄已從青銅轉為冶鐵。龜兹國（在今庫車、輪臺、拜城一帶），是當時西域的冶鐵工業中心，產品供應西域全境。這段記敘之具有價值，因為全文記敘了這種工業的原料地，燃料地和市場範圍，是一項完整的經濟地理資料。也説明了在自然環境沒有變劣以前，西域是一個發展較早而發達程度較高的地區。

擷英

（《經》又東入塞，過敦煌、酒泉、張掖郡南。）

《漢官》曰：秦用李斯議，分天下為三十六郡。凡郡，或以列國，陳、魯、齊、吴是也；或以舊邑，長沙、丹陽是也；或以山陵，太山、山陽是也；或以川原，西河、河東是也；或以所出，金城城下得金，酒泉泉味如酒，豫章樟樹生庭，雁門雁之所育是也；或以號令，禹合諸侯，大計東冶之山，因名會稽是也。

解讀

這一段記敘，引用今已亡佚的《漢官》。此書原有五卷，不知撰者，但漢應劭曾為此書作注。在此段以前，酈氏已引應劭《地理風俗記》中"酒泉，其水甘若酒味故也。張掖，言張國臂掖，以威羌狄"兩句。此書是中國有關地名學的早期文獻，記敘了秦三十六郡郡名命名的六條依據：列國、舊邑、山陵、川原、所出、號令。在此書以前，如《穀梁》、《越絕書》等，也已述及地名來源，但都是零星片段的，此書所列六條，顯得相當完整。不過其中第六條"或以號令"用"會稽"作例，是受司馬遷"會稽者，會計也"的影響。"會稽"是越語地名，《越絕書》中又譯"會夷"。秦建會稽郡，郡下隸二十餘縣，除原來的"大越"改"山陰"，"武原"改"海鹽"在《越絕書》均有明確記載外，從郡名到縣名，多保留原來的越語名稱。有的越語地名如餘杭、餘姚、上虞、諸暨、無錫、句容等，至今仍為市、縣專名，而另外若干地名，如錢塘（唐）、姑蘇、郯等，也仍然作為派生地名而至今沿用，或在文字寫作上使用，說明古代少數民族的地名，具有很強的生命力。而酈氏對各類地名都非常重視，全書記載的各類地名達二萬左右，超過此書以前的一切地理書。其中有淵源解釋的地名達二千四百餘處。所以劉盛佳教授曾以《我國古代地名學傑作》[①]為題評介《水經注》。所以酈氏在全書開端就引《漢官》此段，說明他對地名的重視。此外，對秦"分天下為三十六郡"，後世學術界尚有不同議論，可參閱王國維《秦郡考》，收入於《觀堂集林》第十二卷。

擷英

永元五年，貫友代聶尚為護羌校尉，攻迷唐，斬獲八百餘級，收其熟麥數萬斛，于逢留河上築城以盛麥。且作大船，于河峽作橋渡兵，迷唐遂遠依河曲。

解讀

此段需要注意其"且作大船"一語。因為上句說明貫友攻迷唐，"收其熟麥數萬斛，于逢留河上築城以盛麥"，此兩語是相關的。"且作大船"，按《後漢書・西羌傳》及《通鑑》，"船"均作"航"，但意義並無很大出入。逢留河（黃河在此別名）作城盛麥，是為了用大船（或航）運輸之用。說明當時黃河上游的河道情況，還可通航較大船舶。而卷五《河水》中，在《經》文"又東過平縣北，湛水從北來注之"下，還有"魏尚書僕射杜畿，以帝幸許，試樓船，覆于陶河"的記載，"樓船"當然是很大的船舶，說明當時黃河中游的河道情況也比後來好得多。

擷英

(《經》又東過隴西河關縣北,洮水從東南來流注之。)

漢高帝六年,令天下縣邑城。張晏曰:令各自築其城也。

解讀

這一段引自《漢書·高帝紀》:"六年冬十月,令天下縣邑城。"從此,中國通例對縣一級行政單位稱為縣城。規模小的縣,至今常稱城關鎮,其實"城"早已不存,此"城"字均從《漢書》沿習而來。大縣或更大的聚落稱為城市,有的稱為都城。不管實際上是否尚有城垣存在,但這個"城"字仍然沿用。《注》引《漢書》"令天下縣邑城",成為中國的特色。施堅雅(G. W. Skinner)主編 *The City in Late Imperal China*②巨著中,就專就"城"的掌故,收入"The Morphology of Walled Capitals"一文,描述有城垣的中國城市的特色。《說文解字·卷十三》下說:"城,所以盛民也",這或許是城市以人口數量作標準的濫觴。所以城垣之事,顯然並不始於漢高祖六年(公元前二〇一年)。在這以前,人民在大聚落如大的村舍一類,夯土築城的事早已出現。《世本》所謂"鯀作城"的話,當然是一種傳說,並不足信。《史記·貨殖列傳》中寫了邯鄲、野王、洛陽等八處"一都會也"。《貨殖列傳》的"都會",後來都可以稱為"都城",現在都屬於"城市"。酈氏作《注》時,非常重視城邑的記敘,如卷十三《㶟水》的平城,卷十六《穀水》的洛陽,卷十《濁漳水》的鄴和"五都",卷三十三《江水》的"三都"。全書曾引用"都賦"十餘篇以描述都邑。而在卷首就提出朝廷下詔"天下縣邑城",這和他重視都城的觀點密切相關。

擷英

(《經》又東過金城允吾縣北。)

漢武帝聞大宛有天馬,遣李廣利伐之,始得此馬,有角為奇。故漢武帝《天馬之歌》曰:天馬來兮歷無草,逕千里兮循東道。胡馬感北風之思,遂頓羈絕絆,驤首而馳,晨發京城,夕至敦煌北塞外,長鳴而去,因名其處曰候馬亭。

解讀

《水經注》全書引詩賦不少，但引歌不多。僅《夷齊歌》、《麥秀歌》、《易水歌》、《扶風歌》等，引帝王之歌更少，僅漢武帝《天馬之歌》及《瓠子歌》二首，而後者全歌錄入，表達了酈氏對漢武帝的推崇之意。《天馬之歌》是一種傳奇故事，而《瓠子歌》則是在一次水利工程的現場創作，當在《瓠子河》篇中擷英解讀。

擷英

湟水又東流，注于金城河，即積石之黄河也。闞駰曰：河至金城縣，謂之金城河，隨地為名也。

解讀

中國河川除江河淮濟所謂"四瀆"之類的大河以外，如闞駰所説"隨地為名"的現象甚為普遍，這也是河川地名學上一個值得研究的課題。中國的河流，有的以其發源地命名，有的以河流流經的地區命名，有的以河流流經的某個著名城邑命名，有的以沿河或流域中的著名人物命名。其中"隨地為名"是闞駰所首先提出的河川命名現象，而河川的"隨地為名"也大致在闞氏的時代即南北朝開始盛行。因為比闞駰早的東漢初人王充，尚未見及這種河川的命名現象，《論衡・書虚篇》説："有丹徒大江，有錢塘浙江"。又説："餘暨以南屬越，錢塘以北屬吳，錢塘之江，兩國界也。"他所説的"錢塘之江"，意謂錢塘縣的這條江，其意與"錢塘浙江"並無差别。後來的演變是，在錢塘縣境的稱為錢塘江，在富春縣境的稱為富春江，在桐廬縣境的稱為桐江，在新安郡境的稱為新安江，在蘭溪縣境的稱為蘭江，在金華縣境稱為婺江（金華古稱婺）等等。這種"隨地為名"的河川命名現象，在全國各地都很流行。

注释：

① 《華中師院學報》一九八三年第一期。

② 《中華帝國晚期的城市》，原版，斯坦福大學出版社一九七七年版；中譯本，葉光庭等譯，陳橋驛校，中華書局二〇〇〇年版。

卷三　河水

擷英

（《經》又北過北地富平縣西。）

河水又北，薄骨律鎮城在河渚上，赫連果城也。桑果餘林，仍列洲上。但語出戎方，不究城名。

解讀

酈道元非常重視地名的淵源來歷，凡是他能解釋的地名，包括前述梵語地名，他都在《注》文上作出解釋。全書所列約二萬地名中，他作出淵源解釋的達二千四百多處，為當今的地名學研究提供了很有價值的資料。但凡是他不能解釋的，他絕不作以訛傳訛的強解。此處記敘的"赫連"是匈奴的一支，公元五世紀初，曾在這一帶建立大夏國，赫連勃勃自稱大夏天王。距酈氏之世不過百餘年，但"語出戎方，不究城名"。為了這個地名，他曾作過一番研究。《注》文說："訪諸耆舊，咸言故老宿彥云，赫連之世，有駿馬死此，取馬色以為邑號，故目城為白口騮韻之謬，遂仍今稱，所未詳也。""所未詳也"，表示他並不相信這種傳說。《水經注》全書中有關這類記敘很多，以後當擇要再作解讀。

擷英

河水又東北歷石崖山西，去北地五百里，山石之上，自然有文，盡若虎馬之狀，粲然成著，類似圖焉，故亦謂之畫石山也。

解讀

此段記敘石崖山："自然有文，盡若虎馬之狀，粲然成著，類似圖焉"，與下面《經》文"至河目縣西"下所《注》："是阜破石之文，悉有鹿馬之迹"，卷三十九《洣水》："山上有仙人及龍馬迹"等。全書中這類記敘，為數不少。其實都是古代巖畫，是史前部落居民在巖崖上塗抹或粗糙雕刻上去的。到了今天就成為一種有價值的文物資源。《河水》中的石崖山和鹿蹏山，按地理位置都在今內蒙陰山。學者蓋山林已經在這一帶山區從事調查考察，於上世紀八十年代初於《內蒙古社會科學》一九八〇年第二期發表了《舉世罕見的珍貴古代民族遺物綿亘二一〇〇〇平方公里的陰山巖畫》一文，他即是在《水經注》的記敘中受到啟發而獲得這種重要發現的。所以我們還可按《水經注》及其他古籍的記載，在這方面繼續調研，把古代的巖畫資源儘量發掘出來。

擷英

(《經》屈東過九原縣南。)

始皇三十三年，起自臨洮，東暨遼海，西并陰山，築長城及開南越地。晝警夜作，民勞怨苦，故楊泉《物理論》曰：秦始皇使蒙恬築長城，死者相屬，民歌曰：生男慎勿舉，生女哺用餔，不見長城下，尸骸相支拄。其冤痛如此矣。蒙恬臨死曰：夫起臨洮，屬遼東，城塹萬餘里，不能不絕地脈，此固當死也。

解讀

"萬里長城"，長期來成為大多數中國人歌頌和自豪的古代建築。其實多數人所見的從老龍頭(山海關以東海邊)、山海關、古北口直到居庸關供人們旅遊的這一段，都是明長城,梁啟超老早就指出了。從上世紀八十年代初起,我有幸多次到西安為史念海先生的研究生講課和答辯,其中有一次並作了陝北的田野考察之行,親見了韓城等處的戰國長城,無非是用泥土夯實的土垣。秦始皇建造"萬里長城",當然是利用了這些比他早建的戰國城垣。修建這樣一條泥夯土垣,在當時的技術和物質條件下,其勞民傷財的情況,在這段《注》文中寫得非常清楚。酈道元引用了楊泉所說的民歌,對這條"民勞怨苦"的工程沒有說半句好話。我往年也對此作過議論,我認為秦始皇這個大暴君,"對於古代開拓北疆的事業來說,萬里長城開始是地理上的限制,後來成為傳統觀念的限制。對於漢族的不少有志於北荒的領袖們,這條以夯土堆疊起來的人為界限,不僅束縛了他們的手腳,而且束縛了他們的抱負和思想,這實在是一件十分不幸的事。"①

擷英

(《經》又南過赤城東,又南過定襄桐過縣西。)

北俗謂之。

解讀

在這條《經》文下,酈道元對《注》文中二十處以上的地名,包括山、水、城亭等,都冠以"北俗謂之"一語,也就是說,他無法解釋這些地名的淵源來歷,如同前面的"薄骨律鎮城"一樣。但這個地區,包括北魏舊都一帶即今山西省境內,都是酈道元足跡所至之地。在以下卷六《汾水》的《經》文"汾水出太原汾陽縣北管涔山"下《注》文所記的"侯莫干城",酈氏也說"蓋語出戎方,傳呼失實也"。對於這不少地名,他都以"北俗"相稱。說明在十六國時代,草原民族在這個地區遷徙頻繁,時來時去,時居時遷,而留下了許多他無法解釋的地名。酈氏的所以稱"北俗",首先當然是這些地名不是漢名,此外是這些地名的命名者都來自此區以北的族群,亦即從草原地帶進入的人,即歷史所稱"五胡亂華"的胡人。"五胡"其實是個通稱,每個族群之中,還包括不少支派,相互間甚至語言不通。所以一旦這個部族離散,地名雖然留下,但意義就無法破解。從這段記敘中,可以窺及當時族群往來的頻繁。

擷英

《東觀記》曰：郭伋，字細侯，為并州牧，前在州，素有恩德，老小相攜道路，行部到西河美稷，數百小兒各騎竹馬迎拜，伋問：兒曹何自遠來？曰：聞使君到，喜，故迎。伋謝而發去，諸兒復送郭外。問：使君何日還？伋計日告之。及還，先期一日，念小兒，即止野亭，須期至乃往。

解讀

《水經注》記載了歷史上的不少好官，亦即後來所稱的"循吏"。除了在水利事業上做出成績的如前述及的王尊等以外，凡是有德、有政績的，雖不涉水利，酈氏也常常寫入《注》文。這一段記及的郭伋是東漢初人，因為"素有恩德"，以致在他出行的路上，"數百小兒各騎竹馬迎拜"。小兒迎拜，對於一般官員，本來是不在話下的小事，但郭伋還是與他們談話，並應小兒們所問告訴了他們歸期。後來因歸期提早了一天，他想起以前與小兒們的談話，竟因此在野亭停了一天。一位州牧，卻把與小兒們的談話牢記在心，並且恪遵不渝。這實在是件小事，但酈氏也要記入《注》中，充分說明了他重視誠信的品德。像郭伋那樣，對小兒們尚且如此，則他對州內百姓的恩德也就可想而知了。

擷英

河水左合一水，出善無縣故城西南八十里，其水西流，歷于呂梁之山，而為呂梁洪，其山巖層岫衍，澗曲崖深，巨石崇竦，壁立千仞，河流激蕩，濤湧波襄，雷奔電泄，震天動地。

解讀

此段描述的是呂梁瀑布。酈道元描述自然風景之所以妙絕古今，手法之一是詞語多變。瀑布即是一例。對呂梁瀑布，他所使用的是一個"洪"字。全書所描述的瀑布中，最精彩的當然是卷四《河水》中的孟門瀑布一段。但此段從"其山巖層岫衍"起到

"震天動地"不過三十四字,也寫得維妙維肖,生動感人,讓讀者有反覆吟誦的需求,感到是一種閱讀的享受。

擷英

(《經》又南離石縣西。)

赫連龍昇七年(公元四一三年),于是水(按奢延水)之北,黑水之南,遣將作大匠梁公叱干阿利改築大城,名曰統萬城。蒸土加功,雉堞雖久,崇墉若新。

解讀

統萬城是十六國時代的大城和名城。遺址在今陝西靖邊北白城子。《注》文指明了這個都城的設計和施工人即將作大匠的名氏,並記敘了在這個寒冷地區"蒸土加功"的艱巨施工過程。此城之建,距酈氏還不到百年,所以赫連氏雖已不存,而其城仍"雉堞雖久,崇墉若新"。但對於統萬城的城名來由,酈氏卻不置一辭,與前述許多少數民族的地名一樣。在酈書百餘年以後,唐太宗領銜主修的《晉書》卻於《赫連勃勃載記》中解釋"統萬城"的城名來源是"統一天下,君臨萬邦"。此說一出,以後的不少著名典籍如《元和郡縣志》、《資治通鑑》、《太平御覽》(卷一九二引《夏錄》),直到近年出版的《辭海》,都沿襲唐《晉書》。此城名在酈氏時代已經不解,《晉書》之說實有望文生義之嫌。我在《中國歷史地名大辭典》[②]卷首《序》中指出,"統萬"在當時也譯"吐萬",是赫連夏(匈奴語的一支)語的漢譯,唐初《晉書》之說不足信。中國歷史上的所謂"五胡亂華"以後,漢族文獻中對於少數民族地名望文生義、以訛傳訛者非常普遍,像"統萬城"的錯誤解釋,居然出於御修《晉書》,情況可見一斑。

擷英

(《經》又南過上郡高奴縣東。)

故言高奴縣有洧水,肥可然,水上有肥,可接取用之。《博物志》稱酒泉延壽縣南山出泉水,大如管,注地為溝,水有肥如肉汁,取著器中,始黃後黑,如凝膏,然極明,與膏無異,膏車及水碓缸甚佳,彼方人謂之石漆。水肥亦所在有之,非止高奴縣洧水也。

解讀

這一段所說的是當今牽動全球政治、經濟的石油。當時只是“水上有肥”而已。但是“肥可然(按同燃)”。說明人們已經知道了這種“肥”水是可燃燒的。酈道元引《博物志》把另一處酒泉的這種也能燃燒的“肥”水按當地人的稱謂叫作“石漆”,清楚地記敘了這種“石漆”的性狀和用途。《注》文記及的這兩處,至今都是規模不大的石油產地。酈氏的見聞很廣,所以才說了“水肥亦所在有之,非止高奴縣洧水也”的話。可惜他預見不到“水肥”在以後的重要性,所以雖然他知道“所在有之”,卻沒有在《注》文中加以重視,以致全書除了這兩處以外,不再見諸記敘。

注释:

① 《酈道元評傳》,南京大學出版社一九九四年版。

② 中國社會科學出版社二〇〇五年版。

卷四　河水

擷英

（《經》又南過河東北屈縣西。）

故《穆天子傳》曰：北登孟門，九河之隥。孟門，即龍門之上口也。實為河之巨阸，兼孟門津之名矣。此石經始禹鑿，河中漱廣，夾岸崇深，傾崖返捍，巨石臨危，若墜復倚。古之人有言，水非石鑿，而能入石，信哉。其中水流交衝，素氣雲浮，往來遙觀者，常若霧露沾人，窺深悸魄。其水尚崩浪萬尋，懸流千丈，渾洪贔怒，鼓若山騰，浚波頹疊，迄于下口。方知《慎子》下龍門，流浮竹，非駟馬之追也。

解讀

此段是《水經注》全書描述瀑布最引人入勝的文章，也是《注》文寫景文章中最精彩的片段之一。這裡記敘的孟門，即後來人們所稱的龍門瀑布或壺口瀑布。全文特別是從"其中水流交衝"起，到"非駟馬之追也"一段，如曾經多次探勝考察的史念海先生所說："這完全是壺口的一幅素描，到現在還是這樣，到過壺口的人，一定會感到這話說得真切。”①

我也有幸考察過壺口瀑布,非常同意史氏對這一段《注》文的評價:“這話說得真切。”酈氏在全書中記敘瀑布達三十二處,每處都各有特色,寫得出神入化,但無疑以此處為第一,令人百讀不厭。

擷英

(《經》又南過汾陰縣西。)

汲冢《竹書紀年》魏襄王七年,秦王來見于蒲坂關。四月,越王使公師隅來獻乘舟,始罔及舟三百,箭五百萬,犀角、象齒焉。

解讀

這一條記載也見於古、今兩本《竹書紀年》(今本列於“隱王”下,當然不足取)。按年代計算,魏襄王七年(公元前三一二年),越國已經為楚國所敗,越國的最後一位國君無疆被殺已有二十二年。當時浙江(今錢塘江)以北地,已經盡為楚有。《史記·越王句踐世家》說到當時越國的情況是:“諸族子爭立,或為王,或為君,濱于江南海上”,說明越族還在他們的發祥地今紹興及浙東其他地區活動。在這種衰亂的時勢下,尚能聚集這樣一大批物資從今紹興或浙東其他地區運送到魏都大梁,說明越族還有相當雄厚的實力。《竹書》記及的派遣公師隅北上的這位“越王”是誰,當然無法考證,但顯然是“諸族子爭立”中最具有實力的領袖人物。而越族在浙東仍然擁有相當雄厚的基礎,是一支不可小視的部族。所以在秦一統以後,秦始皇要親臨這個地區,對逞強好戰的越進行強迫遷移和驅逐。對於這方面,《越絕書》有較詳記載。

擷英

(《經》又南過蒲坂縣西。)

周處《風土記》曰,舊說舜葬上虞。又《記》云,耕于歷山。而始寧、剡二縣界上,舜所耕田,于山下多柞樹。吳、越之間,名柞為櫪,故曰歷山。余按周處此志為不近情,傳疑則可,證實非矣。安可假木異名,附山殊稱,強引大舜,即比寧壤,更為失志記之本體,差實錄之常經矣。

解讀

這一段批判周處《風土記》的錯誤,頗與王充《論衡》類似。按《風土記》,晉平西將軍周處撰,《隋書·經籍志》著錄作三卷,《舊唐書·經籍志》著錄作十卷。早已亡佚,輯本現存《說郛》等數種,所輯寥落,已經不可窺此書大概,但酈氏對此書所載舜事的批判是深刻而語言溫和的(這方面不類王充)。舜與上虞的淵源也和其與餘姚的淵源一樣,是當地長期流傳的訛說,正是由於像周處一類的推波助瀾,直到今天,堯舜仍然在餘姚、上虞等地作為一塊"歷史招牌"。在不是正規的學術研究的場合中,我們也就將錯就錯,滿足地方上的自我"榮譽"算了。但正規的學術研究卻不能以訛傳訛。不久前中國社會科學院出版的編纂過程逾二十年的《中國歷史地名大辭典》,在其《前言》中就舉"餘姚"的例子:"如餘姚縣,舊的《古今地名大辭典》作:'秦置,舜支庶所封,舜姚姓,故曰餘姚'。"周處甚至引樹木為證,傳播這種謬說。其實,真正做學問的如清李慈銘,雖然沒有像《中國歷史地名大辭典》那樣,在指出了舊的《古今地名大辭典》的錯誤以後,明確寫出:"餘姚乃古越語地名",但在其《越縵堂日記》同治八年七月十三日下明白記敘:"蓋餘姚如餘暨(按蕭山原名)、餘杭之比,皆越之方言,猶稱于越、句吳也。姚、暨、虞、剡,亦不過以方言名縣,其義無得而詳。"

酈道元相信舜確有其人,這是他崇信的儒家的史學思想,在當時(包括當今也仍有這樣的人)不足為怪。但他絕不相信此人會出現在南方上虞。所以他批評《風土記》:"此志為不近情,傳疑則可,證實非矣。"語言雖較《論衡》溫和,但其結論斷然在"證實非矣"。酈氏引書,但同時也批判所引之書,這種例子在《注》文中常見,說明了他的既博覽,又審慎,這是值得學習的做學問的方法。

擷英

(《經》又南至華陰潼關,渭水從西來注之。)

左丘明《國語》云:華岳本一山擋河,河水過而曲行,河神巨靈,手蕩腳蹋,開而為兩,今掌足之迹,仍存華巖。

解讀

這一段描寫黃河在今山、陝二省界上從北而南,在風陵渡和潼關之間折向東流的自然景觀。"手蕩腳蹋,開而為兩",這一句話的氣勢何等磅礴驚人。酈氏引書確實花了極大功力。引書和自己寫作一樣,都可歸結於"文章本天成,妙手自得之"。不過此語作"左丘明《國語》云",當是後人傳鈔之誤。應作"古語云",因《國語》實無此語。引"古語"比引《國語》更為難得。

擷英

《開山圖》曰:有巨靈胡者,遍得坤元之道,能造山川,出江河,所謂巨靈贔屭,首冠靈山者也。常有好事之士,故升華岳而觀厥迹焉。自下廟歷列柏南行十一里,東回三里,至中祠,又西南出五里,至南祠,謂之北君祠,諸欲升山者,至此皆祈請焉。從此南入谷七里,又屆一祠,謂之石養父母,石龕、木主存焉。又南出一里,至天井,井裁容人,穴空,迂回頓曲而上,可高六丈餘,山上又有微涓細水,流入井中,亦不甚沾人,上者皆所由陟,更無別路,欲出井望空視明,如在室窺窗也。出井東南行二里,峻坂斗上斗下,降此坂二里許,又復東上百丈崖,升降皆須扳繩挽葛而行矣。南上四里,路到石壁,緣旁稍進,逕百餘步,自此西南出六里,又至一祠,名曰胡越寺,神像有童子之容,從祠南歷夾嶺,廣裁三尺餘,兩箱懸崖數萬仞,窺不見底,祀祠有感,則雲與之平,然後敢度,猶須騎嶺抽身,漸以就進,故世謂斯嶺為搦嶺矣。度此二里,便屆山頂。上方七里,靈泉二所,一名蒲池,西流注于澗;一名太上泉,東注澗下。上宮神廟近東北隅,其中塞實雜物,事難詳載。自上宮東北出四百五十步,有屆嶺,東南望巨靈手跡,惟見洪崖、赤壁而已,都無山下上觀之分均矣。

解讀

酈道元用《開山圖》的幾句話作為導言,接著寫"常有好事之士,故升華岳而觀厥跡焉"。這位"好事之士",其實就是他自己,大篇文章,就是他的《華岳游記》。值得注意的是,他的攀登華岳,實在不是遊山玩水,而是一種田野考察,所以能把各重要的景點之間的距離都記錄下來。所以這一篇是中國現存最早的《華岳游記》。所記的是北魏時代的華山,可以與當今的華山進行對比。真是一篇價值連城的文章。

擷英

(《經》又東過陝縣北。)

戴延之云:城南倚山原,北臨黃河,懸水百餘仞,臨之者咸悚惕焉。西北帶河,水湧起方數十丈,有物居水中,父老云,銅翁仲所沒處。又云,石虎載經于此沉沒。二物并存,水所以湧,所未詳也。或云,翁仲頭髻常出,水之漲減,恆與水齊;晉軍當至,髻不復出,今惟見水異耳。嵯嵯有聲,聲聞數里。按秦始皇二十六年,長狄十二見于臨洮,長五丈餘,以為善祥,鑄金人十二以象之,各重二十四萬斤,坐之宮門之前,謂之"金狄"。皆銘其胸云:皇帝二十六年,初兼天下,以為郡縣,正法律,同度量,大人來見臨洮,身長五尺,足六尺,李斯書也。故衛恆《敘篆》曰:秦之李斯,號為工篆,諸山碑及銅人銘,皆斯書也。漢自阿房徙之未央宮前,俗謂之"翁仲"矣。地皇二年,王莽夢銅人泣,惡之,念銅人銘有初兼天下文,使尚方工鐫滅所夢銅人膺文。後董卓毀其九為錢。其在者三,魏明帝欲徙之洛陽,重不可勝,至霸水西停之。《漢晉春秋》曰:或言"金狄"泣,故留之,石虎取置鄴宮,苻堅又徙之長安,毀二為錢,其一未至而苻堅亂,百姓推置陝北河中,于是"金狄"滅。余以為鴻河巨瀆,故應不為細梗躓湍;長津碩浪,無宜以微物屯流。斯水之所以濤波者,蓋《史記》所云:魏文侯二十六年,虢山崩,壅河所致耳。

解讀

在這一段中,酈氏不厭其煩地把"長狄"始末作了細敘,這是一個長期來以訛傳訛的荒唐故事。每個重達二十四萬斤的"長狄",在當時冶鑄技術怎能製得出來姑置不論,而如此重量的龐然大物,竟像小件物品地搬來搬去,從長安搬到鄴,又搬到洛陽。酈道元以一句信史為證,一語道破,解讀了這個千古之謎。《注》文記及的戴延之是隨軍經過這裡的:"臨之者咸悚惕焉"。這話是他的親身見聞,足見這個荒唐故事,直到南北朝之初仍在當地盛傳,而大家都深信不疑。因為"水湧起方數十丈,有物居水中",而且"嵯嵯有聲,聲聞數里"。一個如此重大的"金狄"沉沒在河中,河水出現這種跡象,自屬必然。所以"銅翁仲"的故事長期流傳,在那個時代,實在不足為怪。但酈道元卻不相信這種奇談怪言，而是走正道，從《史記》找到證據："魏文侯二十六年，虢山崩，壅河所致耳。"這一段文章至今仍可讓我們吸取教訓。且不論我們在二十世紀六、七十年代曾經舉國若狂地發生過"造神運動"，直到今天，狗咬人不是新聞，人咬狗才是新聞的"新聞"，常常能夠流行一時。讀了這一段，我們應該得到啟發：酈道元精神至今仍然是值得學習的。

擷英

(《經》又東過砥柱間。)

自砥柱以下，五戶以上，其間百二十里，河中竦石傑出，勢連襄陸，蓋亦禹鑿以通河，疑此閼流也。其山雖闢，尚梗湍流，激石雲洄，澴波怒溢，合有十九灘，水流迅急，勢同三峽，破害舟船，自古所患。漢鴻嘉四年，楊焉言，從河上下，患砥柱隘，可鐫廣之。上乃令焉鐫之，裁沒水中，不能復去，而令水益湍怒，害甚平日。魏景初二年二月，帝遣都督沙丘部、監運諫議大夫寇慈，帥工五千人，歲常修治，以平河阻。晉泰始三年正月，武帝遣監運大中大夫趙國、都匠中郎將河東樂世，帥眾五千餘人，修治河灘，事見《五戶祠銘》。雖世代加工，水流漰渀，濤波尚屯，及其商舟是次，鮮不踟躕難濟，故有眾峽諸灘之言。五戶，灘名也。

解讀

元末明初文學家丁鶴年撰《自咏》："長江橫潰禍非輕，坐見中流砥柱傾。"丁的此詩與歷代漢族義士不同，是憤於他們家族幾代仕元而不忘故朝之意。元王朝短促，但卻是中華民族中第一次跨過秦始皇這條作繭自縛的"萬里長城"而興建的一個大帝國。所以用"中流砥柱"譬喻這個王朝，從"五族共和"的觀點來看，也不無其理。丁鶴年用"砥柱"喻元朝大帝國，所以"砥柱"雖然只是黃河的"眾峽諸灘"之名，但其名確是長期鼎盛的。酈書記敘"砥柱"，《經》文之下，開頭就道破："砥柱，山名也"。接著就說了歷代相傳的大禹治水時疏鑿三門的神話："三門既決，水流疏分，指狀表目，亦謂三門矣。"所以"砥柱"和"三門"是一物二名。鄭玄《地說》對"砥柱"的另一種解釋是："河水東流，貫砥柱，觸閼流，今世所謂砥柱者，蓋乃閼流也。"此說受到酈氏的批評，把雄偉的"砥柱"說成是淤流，當然是不得人心的。但從這些文字中，可以看到古代黃河在航運上的重要價值。全篇之中,描寫“砥柱”最精彩的無疑是“自砥柱以下,五戶以上”直到“故有眾峽諸灘之言”這一段,是《水經注》中的一篇絕佳文章。

注释:

① 《黄河在中游的下切》,《陝西師範大學學報》一九七七年第三期。

卷五　河水

擷英

(《經》又東過滎陽縣北，蒗蕩渠出焉。)

漢明帝永平十二年，議治汳渠，上乃引樂浪人王景問水形便。景陳利害，應對敏捷，帝甚善之。乃賜《山海經》、《河渠書》、《禹貢圖》及以錢帛。後作堤，發卒數十萬，詔景與將作謁者王吳治渠，築堤防修堨，起自滎陽，東至千乘海口，千有餘里。景乃商度地勢，鑿山開澗，防遏衝要，疏決壅積，十里一水門，更相迴注，無復滲漏之患。明年渠成，帝親巡行，詔濱河郡國置河堤員吏，如西京舊制。景由是顯名，王吳及諸從事者，皆增秩一等。順帝陽嘉中，又自汴口以東，緣河積石，為堰通渠。咸曰金堤。

解讀

王景修建黃河金堤，是東漢明帝永平十二年(公元六九年)以後黃河水利史上的一件大事，其事見於《後漢書》的記載。這條黃河大堤，西起滎陽，東到黃河海口，長度超過千里。《注》文記敘此中過程，王景與將作謁者王吳修建此堤，做到“十里一水門，更相迴注，無復滲漏之患”。只花一年時間就修建完成。歷來水利史研究者對此頗存懷疑不解。如此一件巨大工程，儘管“發卒十萬”，怎能在短短一年內完成？而且所謂“十里一水門，更相迴注，無復滲漏之患”的話，從現在的工程操作技術，也無法解釋其中的奧祕。所以顯然是黃河下游原來早已有了堤防，漢武帝親臨瓠子堵決時就有記載，王景想必是把原來存在的，或已經崩塌或不固的堤防加以連接培修，又修建了一套涵閘系統。稱為“金堤”，當然是“固若金湯”之意。所以此事當然是一件重大而值得入史的水利工程，但《後漢書》和酈氏的記敘，顯然有誇大之處。

擷英

（《經》又東北過武德縣東，沁水從西北來注之。）

《續漢書》曰：延熹九年，濟陰、東郡、濟北、平原，河水清。襄楷上疏曰：《春秋》注記未有河清，而今有之。《易乾鑿度》曰：上天將降嘉應，河水先清。京房《易傳》曰：河水清，天下平，天垂異，地吐妖，民厲疫，三者并作而有河清。《春秋》，麟不當見而見，孔子書以為異。河者，諸侯之象；清者，陽明之徵，豈獨諸侯有窺京師也。明年，宮車宴駕，徵解瀆侯為漢嗣，是為靈帝。建寧四年二月，河水又清也。

解讀

卷一《河水》就記敘了西漢張戎（《注》文作張仲，誤）的話：“河水濁，清澄一石水，六斗泥。”西漢時的這話，其重要意義是黃河的含沙量已經有了數值概念。其實，早在《左傳・襄公八年》就有記載：“周詩有之曰：俟河之清，人壽幾何？”

黃河以善淤、善決、善徙出名，河中黃土，都從黃土高原帶來。史前沒有人為活動，黃河淤泥就堆積成了一片三十多萬平方公里的黃淮海平原，而在相同時期，長江只堆積了一片五萬平方公里的三角洲。所以黃河水一直是不清的。古籍所說的“河清”，多半是地方官奉承聖上的假話，如《注》文所引：“上天將降嘉應，河水先清。”

擷英

（《經》又東北過衛縣南，又東北過濮陽縣北，瓠子河出焉。）

（新）臺東有小城，崎嶇頹側，臺址枕河，俗謂之邸閣城。疑故關津都尉治也，所未詳矣。

解讀

這是酈書第一次出現的"邸閣"一詞。初讀此書者往往不理解"邸閣"是一種什麼建築？據《資治通鑑·卷七十二·魏紀四·明帝青龍元年》："諸葛亮勸農講武。……運米集斜谷口，治斜谷邸閣"，說明"邸閣"即是倉庫，所以一定建在河邊，以便糧食或其他笨重物資的運輸。《水經注》記及的"邸閣"很多，卷八《濟水》中再作較詳解讀。可參閱該篇。

擷英

（《經》又東北過高唐縣東。）

又東北為馬常坈，坈東西八十里，南北三十里，亂河枝流而入于海。河、海之饒，茲焉為最。《地理風俗記》曰：漯水東北至千乘入海，河盛則通津委海，水耗則微涓絕流。《書》：浮于濟、漯。亦是水者也。

解讀

此段描述黃河入海處的馬常坈。此坑，東西八十里，南北三十里，則面積當在二百平方公里之譜。而"亂河枝流而入于海"一句，清楚地寫出了河口三角洲的地理面貌。也就是《禹貢》所說的："北播為九河"。此"九"字，當然不是一個實數，而是多數的意思，也就是《注》文的"亂河枝流"。《水經注》在河流下游記及"坈"者為數不少，如落里坈、皮丘坈、曹陽坈、深坈等均是。《殿本》的"坈"，在《永樂大典》本和《水經注箋》等不少他本中均作"坑"。"坈"實在就是"坑"的別體字，清胡渭《禹貢錐指·卷三》引《水經注》"又東北為馬常坈"注："坈乃淀泊之類"。古人缺乏自然地理學知識，但酈氏在此句中引應劭"河盛則通津委海，水耗則微涓絕流"，實在已把由大大小小的季節湖（"坈"或"坑"）構成的河口三角洲地貌說得非常清楚。

卷六　汾水　澮水　涑水　文水　原公水　洞過水　晉水　湛水

擷英

（汾水《經》汾水出太原汾陽縣北管涔山。）

按司馬彪《後漢書・郡國志》，常山南行唐縣有石臼谷，蓋資承呼沱之水，轉山東之漕，自都慮至羊腸倉，將憑汾水以漕太原，用實秦晉。苦役連年，轉運所經，凡三百八十九隘，死者無算。拜鄧訓為謁者，監護水功。訓隱括知其難立，具言肅宗，肅宗從之，全活數千人。和熹鄧后之立，叔父陔以為訓積善所致也。

解讀

在中國歷史，開鑿運河是為後世立下了一種功績，都為後世所稱讚。隋煬帝是個壞皇帝，但至今仍把他開鑿通濟渠、永濟渠的事作為一種功績。但歷史上也有諫止開鑿運河的，也可算作一種功績，而且這種功績，在傳說上可以得到立竿見影的報應："和熹鄧后之立，叔父陔以為訓積善所致也"。這當然是一種附會，但鄧訓不顧個人得失，毅然諫止這條勞民傷財的運河開鑿,"全活數千人",確實是一種功績。而肅宗(按指東漢明帝)能夠採納他的進諫,在這件事上,也可算得上是位明君。中國在一九五八年的所謂"大躍進"中,"鼓足幹勁,力爭上游,多快好省地建設社會主義"。這期間,像"都慮至羊腸倉"一類的事實在不少。可惜當時沒有像鄧訓那樣的諫臣,也沒有像肅宗那樣的聖上。回憶那個年代,以浙江省為例,在四明山上,用"土洋結合"的訓條建成了一個水庫,稱為"四明湖"。在一次地理系的野外實習中,我曾帶領四年級學生去到那裡。旁觀的老百姓(當然是"貧下中農","地富"是不能接近我們的)有人說:什麼"四明湖",實在是"送命湖"。後來才知道,因為"鼓足幹勁",所以晝夜連作,而那個時代也正是糧食匱乏的吃不飽時代,所以其間因過度勞動加上身心空乏而死了不少人,所以民間有"送命湖"之說。其實這不過是一個省內的一件小事。而一九七五年河南省的大雨,淮河沿岸,土洋結合的板橋水庫,加上它以下的同樣是土洋結合的石漫灘水庫,數億立方公分的洪水,"送命"了不知多少蒼生。楊炳章在其所著的《從北大到哈佛》中有一段話:

現在已眾所周知,一九六〇年標誌著"三年災害"的開始。在這三年中,不下三千萬人,其中大多數是農民或人民公社社員,因受飢餓而死。三千萬人,這是一個令人驚心動魄的數字!這實際上比中國二十世紀內所有國內外戰爭中死亡的人數還要多些。

讀了楊炳章的文章,聯繫到浙江省的所謂"送命湖"。再對照酈道元筆下的鄧訓和肅宗,令人不勝唏噓。

擷英

(《經》又南過平陶縣東,文水從西來流注之。)

(綿)水出介休縣之綿山,北流逕石桐寺西,即介之推之祠也。昔子推逃晉文公之賞,而隱于綿山之上也。晉文公求之不得,乃封綿為介子推田。曰:以志吾過,且旌善人。因名斯山為介山。

解讀

春秋時代,介子推曾隨晉公子重耳(後為晉文公)長期流亡。但在回國渡河時,見到拍馬屁的狐偃向重耳請功。他實在看不慣這種無恥小人,就不告而別,逃入綿山之中，不再與文公相見。文公遍覓不得，就環山設限，作為介之推的封邑。所以後來稱此山為“介山”。晉文公能說出“以志吾過，且旌善人”的話，說明他畢竟是一位明君。

擷英

（《經》又西過皮氏縣南。）

汾水又西逕耿鄉城北，故殷都也。帝祖乙自相徙此。為河所毀。故《書》敘曰：祖乙圮于耿。

解讀

商是一個游牧部落，逐水草而居。耿的今址歷來有兩種說法，一說在今河北邢臺一帶，一說在今河南溫縣、平皋一帶。“為河所毀”，顯然是黃河的一次氾濫改道。中國史學界議論黃河的氾濫改道，常採用《漢書·溝洫志》記載的西漢人王橫所引用的《周譜》：“周定王五年，河徙。”實際上，黃河在沒有堤防的氾濫漫流和有了堤防後的決溢改道，是很頻繁的事。商部落一個酋長祖乙時代，比周定王要早得多，就已經有“為河所毀”的紀錄了。這個部落由於必須逐水草而居，所以常常要接近黃河，卻又常常受到黃河氾濫的災害。部落最後遷到殷，逐漸強大，出現了甲骨文，是中國有文字之始，也可以認為中國從史前傳說時期進入了歷史時期。

擷英

（澮水《經》澮水出河東絳縣東澮交東高山。）

《史記》稱，智伯率韓、魏引水灌晉陽，不沒者三版。智氏曰：吾始不知水可以亡人國，今乃知之。汾水可以浸安邑，絳水可以浸平陽。

解讀

人類是依靠水、火二者而發展壯大起來的。但是人們也常說：“水火不留情”。因為人們也常常遭水、火這二者的禍害。戰爭主要是火的禍害，所以有“戰火”這個詞彙。《水經注》全書中記及的戰爭，始於秦莊公元年（公元前八二一年），終於梁武帝天監四年(公元五〇五年)。在這一千三百多年中,戰火紛紛,共有八百五十七次。酈道元在《水經・穀水注》中記敘了北魏首都洛陽的興盛繁華,但不過幾十年,楊衒之在其《洛陽伽藍記》中,這座都城就被戰火燒成一片廢墟。但從歷史上的事實來看,水的禍害甚至超過火。前一條所記商部落的耿"為河所毀"即是其例。而在歷代戰爭中,以水代兵的事例不勝枚舉,"可以亡人國"之言絕非誇張。從現代來看,一九七五年以河南駐馬店為中心的一場大雨,由於板橋水庫和石漫灘水庫的相繼塌壩,全毀者六縣,受災者三十餘縣,京漢鐵路的路軌,竟被洪水沖得像欄干般地豎立起來,傷亡不計其數。司馬遷在《史記・河渠書》中說:"水之為利害也,"令人深思。

擷英

(涑水《經》涑水出河東聞喜縣東山黍葭谷。)

司馬彪曰:洮水出聞喜縣,故王莽以縣為洮亭也。

解讀

此段記敘了王莽改地名的事,把聞喜縣改作洮亭。不僅僅專名("聞喜"作"洮"),而且改了通名("縣"作"亭")。王莽是個玩弄權術的偽君子。此人的德行不必再議,而這種亂改地名的怪癖,其實也出於他的變態心理。中國歷史上曾經有過兩個大改地名的時代,最近一次大改,就是臭名昭著的所謂"文化大革命"時代,而最早一次就是這個卑鄙小人王莽當政的時代。酈道元因為在其《注》文中常引《漢書・地理志》,所以多把王莽改易的地名也寫入《注》中。按《漢書・地理志》統計,當時有郡國一百三十,經他改名的達七十五,占百分之七十三。縣、道、侯國有一千五百八十七,經他改名的達七百三十,占百分之四十六。但由於他的改名,並非一次改定,而是如《漢書・王莽傳》所記:"歲復變更,一郡至五易名,而復還其故。"

所以他改易的地名,實際上遠遠超過上述統計數字。以上世紀六十年代的中國地名為例:河北省、北京市、密雲縣、東方紅公社,這裡的河北、北京、密雲、東方紅都是專名,而省、市、縣、公社都是通名。王莽改易地名,不僅改專名,而且改通名。按《漢書・王莽傳》,他改原來的"縣"為"亭"的,達三百六十處之多,也就是這條《注》文中的改聞喜縣為洮亭之例。

我於上世紀八十年代起,經常應邀出國講學,也接受外國學者到我的研究室研究進修。我所接觸的,多半都是漢學家,他們傾注於漢學研究,許多人已經著書立說,其中有成就卓著聲名甚高的。他們都感到近這些年來,我們的地名改易,包括專名和通名的改易,在他們的研究工作中造成了不少困難,常常為此浪費時間。也有的告訴我,從當前世界各國的情況觀察,凡是民主自由,繁榮富強的國家,如英國的郡縣鎮,美國的州縣鎮,日本的縣市町,都是長期穩定的,中國為什麼老是改來改去改個不停呢? 改地名改不出生產力,這樣頻繁地改,有什麼好處,是什麼目的呢? 我自己曾於"文革"結束後擔任由十幾位委員(我是唯一的學者,其餘都是省的廳局級領導)組成的省地名委員會委員。此中情況我其實也只是看到一個現象,因為一切都依上級頒發的我們統稱為"紅頭文件"[①]辦事。我只好以"我不知道"一語作答。實際上,為政者對地名的如此這般作法,到底有什麼好處,是什麼目的,我確實莫名其妙。

擷英

(晉水《經》晉水出晉陽縣西懸甕山。)

《呂氏春秋》曰:叔虞與成王居,王援桐葉為珪,以授之曰:吾以此封汝。虞以告周公,周公請曰:天子封虞乎? 王曰:余戲耳。公曰:天子無戲言。時唐滅,乃封之于唐。

解讀

"天子無戲言",酈氏在卷三十一《滍水》又把這件掌故重述了一次。說明他對萬乘之君的要求正像周公一樣。但其實周公的思想也值得議論。由於他的緣故,成王只好封虞於唐,而並不考慮虞是否承擔得起這個位置的責任? 上世紀流傳過不少這類笑話:一位出訪墨西哥的一品大員,竟把墨西哥說成"黑西哥";一位一品女大員,以為寫《本草綱目》的李時珍是當代人,問她的左右:"他死時我送了花圈沒有?"這些男女大員能坐上這個位置,當然都是個別人的意志和命令,雖然至高無上,但從歷史評價,這種至高無上的意志和命令,倒是真真的"戲言"。酈書兩敘"天子無戲言",都用周成王的故事,說明在先秦做皇帝比以後要難。也或許是這些先秦故事都是後來的儒家加工製作出來的。天子是獨裁者,獨裁者也是人,說幾句笑話並不是什麼了不起的事。傳說中的周公實在有些小題大做。只要看看後來的皇帝,劉邦對於韓信,趙匡胤對於趙普,施的都是陰謀,何止戲言而已。中國歷史上,從古到今,凡是存心陰險的開國之君,都要在坐定江山以後大誅元勳,而且都是通過一種實際上是"莫須有"的罪名誅殺的,其實就是陰謀,後來又有把"陰謀"美化為"陽謀"的,真是一大發明。陰謀、陽謀,反正都是殺人,實在也不必計較。所以酈氏欣賞的"天子無戲言"的掌故,或許是並不存在的先秦傳說而已。

注释:

① 指各級政府機關下發的帶有大紅字標題及紅色印章的規範性文件。

卷七、卷八　濟水

擷英

（卷七《經》與河合流，又東過成皋縣北，又東北過滎陽縣北，又東至礫溪南，東出過滎澤北。）

漢破曹咎，羽還廣武，為高壇，置太公其上，曰：漢不下，吾烹之。高祖不聽，將害之。項伯曰：為天下者不顧家，但益怨耳。羽從之，今名其壇為項羽堆。

解讀

此段是酈氏從《史記·項羽本紀》中鈔錄的，但文字已經作了改動。重點在"為天下者不顧家"一句。歷來多把這話作為公而忘私的正面語言，和儒家的所謂"治國平天下"、"繼絕世，舉廢國"等相關。但中國是個封建社會，辛亥革命以後，也仍然是"後封建社會"。在這樣的社會裡，天子是最上一人，打平江山，當上天子，天下就是他的，為了達到這個目的，他還要顧什麼家？所以在不同性質的社會裡，對同一句話都有必要作不同的思考。"為天下者不顧家"，只要看看古今歷史，就值得深思。

擷英

（《經》又東過封丘縣北。）

北濟也。

解讀

濟水在古代是“四瀆”之一的大河。《禹貢》說：“導沇水，東流為濟，入于河，溢為滎。”《漢書・地理志・河東郡垣縣》下說：“《禹貢》，王屋山在東北，沇水所出，東至武德入河。”所以《水經》繼承《禹貢》和《漢書・地理志》的傳統說法：“濟水出河東垣縣東王屋山，為沇水。”一條河流從黃河以北發源南流，注入黃河以後，又可以復出黃河南流。入黃河以前的這條，《注》文就稱其為“北濟也”。復出南流以後，在《經》文“又東過冤朐縣南，又東過定陶縣南”下，《注》就稱其為“南濟也”。入黃者和出黃者，都是濟水，這當然是一種附會。近人地質學家翁文灝在其《錐指集・中國地理學中幾個錯誤的原則》一文中指出：“夫濟水既入于河而混于河水矣，又豈能復出？即使入地下，而其地皆沖積層，水入其中，百流皆合，濟水又何能獨存？”其實酈道元在作《注》時已經看到了這種錯誤，但他又不便像翁文灝那樣公然指出經書之誤，所以他把黃河以北的濟水，即所謂沇水稱為“北濟”，又把黃河以南這條“溢為滎”的河流稱為“南濟”。酈氏在形式上尊重了經書，但實際上作為兩條河流，與翁文灝在一千多年後所指出的一樣。

擷英

（卷八《經》其一水東南流，其一水從縣東北流，入鉅野澤。）

濮水又東逕濮陽縣故城南，昔師延為紂作靡靡之樂，武王伐紂，師延東走，自投濮水而死矣。

解讀

這一段事關“武王伐紂”的話，在卷九《清水》中又重敘一次，說明酈道元對昏君、

暴君的深痛惡疾。我在拙著《酈道元評傳》曾經批評過“正史”:

清乾隆編纂《四庫全書》,詔定二十四史為“正史”。“正史”在我國是權威的史書,但其實“正史”存在許多缺陷。例如,“正史”從《漢書》立《酷吏》、《佞幸》二傳以後,《後漢書》、《魏書》、《北齊書》、《北史》、《隋書》、兩《唐書》、《金史》等,均立《酷吏傳》;而《宋書》、《南齊書》、《北齊書》、《南史》、《北史》、《宋史》、《金史》、《明史》等均立《佞幸傳》。讀“正史”和用“正史”的人,已經習以為常,卻並不追究,既立《酷吏傳》和《佞幸傳》,為什麼不立《暴君紀》和《昏君紀》?在我國歷史上,酷吏和佞幸當然很多,但暴君和昏君何嘗會少?而且暴君和昏君給人民造成的災難,又豈是酷吏和佞幸可比,這實在是“正史”的極不公正之處。

酈氏如能看到我這一段拙文,必然要說:“吾道不孤。”不過對於師延,他是紂的樂官,說他的作品是“靡靡之樂”。這種事雖然只是史前傳說,但對於“靡靡之樂”這個詞彙,還值得研究。因為“樂”畢竟不是繪畫,不是色情表演,更不比今天的諸如電視、網路。所以他雖然“抱琴而死”,但不能列為佞幸。而且,“靡靡”的問題,還得與時代相聯繫。記得我念小學低年級時,適逢九一八、一二八的日軍侵略事件,接著是湯玉麟丟熱河省和長城諸口之戰。日本侵略軍步步進逼,正是國難當頭之時,我們在音樂課唱的歌,當然是清一色的同仇敵愾之聲。羅家倫的歌,在當年是振奮人心的。時隔近八十年,我至今還能背能唱:

中華男兒血,應當灑在邊疆上,飛機我不怕,重砲我不慌,我有熱血能抵擋。砲衣褪下,刺刀擦亮,衝鋒的號響,衝!衝過山海關,雪我國恥在瀋陽。中華男兒義勇本無雙,為國流血國不亡。抵抗,抵抗!沙場凝碧血,盡放寶石光,照在民族史冊上,燦爛輝煌。

在那個時代,社會上流行的一些如《毛毛雨》、《桃花江》等,比比今天,實在夠不上“靡靡”,但音樂老師都稱之為“靡靡之音”,同學中即使偶然哼一句,都要受到斥責。當然,同學們都喜歡唱羅家倫的歌,而且也都很敬佩他。溯昔撫今,不勝感慨。

擷英

(《經》又北過須昌縣西。)

馬頰水又東北流逕魚山南,山即吾山也。漢武帝《瓠子歌》所謂吾山平者也。

解讀

漢武帝《瓠子歌》,是帝王親臨水災現場領導堵決的先例。卷二十四《瓠子河》有此歌全文,可參閱該篇。

擷英

(《經》又東北過盧縣北。)
濟水又逕什城北,城際水湄,故邸閣也。

解讀

這是酈書第二次出現"邸閣"一詞。第一次出現於卷五《河水》,解讀已略述其義。此後在卷九《淇水》,卷十《濁漳水》,卷二十二《洧水》,卷三十一《淯水》,卷三十八《湘水》,卷三十九《贛水》各篇,相繼出現這詞彙。卷二十二《洧水》在《經》文"又東南過長社縣北"下注:"洧水又東入汶倉城内,俗以是水為汶水,故有汶倉之名。非也,蓋洧水之邸閣耳。"此處《水經注疏》有熊會貞疏:"《河水》五,《淇水》,《濁漳水》,《贛水》篇,并言邸閣。此以洧水邸閣釋汶倉,是邸閣即倉之殊目矣。"按《通鑑釋文辯誤·卷三·明帝青龍元年》下,胡三省有解釋:"邸,至也,言所歸至也。閣,庋置也。邸閣,謂轉輸之歸至而庋置之也。"所以古人建邸閣以儲藏糧食和其他物資。邸閣就是倉庫,以下就不再解釋了。

擷英

苻堅時,沙門竺僧朗,嘗從隱士張巨和游,巨和常穴居,而朗居琨瑞山,大起殿舍,連樓纍閣,雖素飾不同,并以靜外致稱,即此谷也,水亦謂之琨瑞水也。

解讀

"大起殿舍,連樓纍閣",隱士穴居而和尚則有如此大的排場。佛教傳入華夏以後,為我們留下了不少文化遺跡。寺廟佛塔,現在都因旅遊業的發展而產生了商品價值。而其實,這種外來宗教傳入以後,負面影響也是不小的。楊衒之在《洛陽伽藍記》中就認為佛法無靈,徒然浪費。而僧侶假借特權,損人利己。楊在《記》中寫下了"侵漁百姓"、"不恤庶眾"等貶語。這條《注》文中,張巨和與竺僧朗的不同境遇,就是一個具體的例子。楊衒之生長在這個帝王崇信佛教,為這種宗教大事鋪張的時代,但卻尖銳地指出其中的弊端。酈道元雖然不像楊衒之那樣,但他在《注》文中除了如實記敘寺廟浮圖等以外,並沒有說過推崇佛教的話。這裡,他把"穴居"和"大起殿舍,連樓纍閣"輕輕寫出,或許也表達了他的感慨。

擷英

(《經》又東南過徐縣北。)

偃王治國,仁義著聞。欲舟行上國,乃通溝陳、蔡之間。

解讀

徐偃王是一位傳奇人物,據傳是東夷的國君,按時代大概與西周的穆王相當,約在公元前十一世紀。有關他的傳說很多,但《注》文在此只記及一句:"欲舟行上國,乃通溝陳、蔡之間。"這是中國古代文獻中有關開鑿運河的最早記載,比《越絕書》的"山陰故水道"和《穀梁傳》的邗溝都要早。陳、蔡之間是一個水網地帶,即所謂鴻溝水系,疏鑿運河是比較容易的。所以在中國運河史中,這是一項具有價值的資料。

卷九　清水　沁水　淇水　蕩水　洹水

擷英

（清水《經》清水出河内修武縣之北黑山。）

黑山在縣北白鹿山東，清水所出也。上承諸陂散泉，積以成川，南流西南屈，瀑布乘巖，懸河注壑二十餘丈，雷赴之聲，震動山谷，左右石壁層深，獸跡不交，隍中散水霧合，視不見底。南峰北嶺，多結禪棲之士，東巖西谷，又是剎靈之圖，竹柏之懷，與神心妙遠，仁智之性，共山水效深，更為勝處也。其水歷澗飛流，清泠洞觀，謂之清水矣。

解讀

這一段描寫清水發源處的景觀，是一篇引人入勝的絕妙文章。許多河流的上游，多是若干流澗匯聚而成的，酈氏以“諸陂散泉”四字概括，就是高人一著。接著又寫了上游的瀑布，這也是河川在山區發源時的常有現象，但從“瀑布乘巖”起，一共八句，寫得出神入化，最後以“歷澗飛流，清泠洞觀”八字表述“清水”川名，酈氏寫景，確實不同凡響。

擷英

(沁水《經》又南出山,過沁水縣北。)

水西有孔山,山上石穴洞開,穴内石上,有車轍、牛跡。《耆舊傳》云:自然成著,非人功所就也。

解讀

此處所寫孔山,據其所引《耆舊傳》:"自然成著,非人功所就",從現在的觀點考慮,可能是化石。

卷十　濁漳水　清漳水

擷英

（濁漳水《經》潞縣北。）

石隥西陛，陟踵修上五里餘，崿路十斷四五丈，中以木為偏橋，劣得通行，亦言故有偏橋之名矣。

解讀

“崿路十斷四五丈，中以木為偏橋，劣得通行”，這種情況，與卷二十七《沔水》記敘的“千梁無柱”相類。酈氏書雖然重在河川，但對於陸道交通，他也很重視，特別是那種“行路難”的地段，全書記敘很多。這些地段，現在多成坦道，人們無法想像當時情況。實在應在當地創建當時情況的交通博物館，以示對歷史的回顧，並留紀念。

擷英

（《經》又東出山，過鄴縣西。）

魏武又以郡國之舊,引漳流自城西東入,逕銅雀臺下,伏流入城東注,謂之長明溝也。渠水又南逕止車門下,魏武封于鄴為北宮,宮有文昌殿。溝水南北夾道,枝流引灌,所在通溉,東出石竇堰下,注之隍水。故魏武《登臺賦》曰:引長明,灌街里。謂此渠也。石氏于文昌殿故處,造東、西太武二殿于濟北穀城之山,採文石為基,一基下五百武值宿衛。屈柱趺瓦,悉鑄銅為之,金漆圖飾焉。又徙長安、洛陽銅人,置諸宮前,以華國也。城之西北有三臺,皆因城為之基,巍然崇舉,其高若山,建安十五年魏武所起,平坦略盡。《春秋古地》云:葵丘,地名,今鄴西三臺是也。謂臺已平,或更有見,意所未詳。中曰銅雀臺,高十丈,有屋百一間,臺成,命諸子登之,并使為賦。陳思王下筆成章,美捷當時。亦魏武望奉常王叔治之處也。昔嚴才與其屬攻掖門,脩聞變,車馬未至,便將官屬步至宮門,太祖在銅雀臺望見之曰:彼來者必王叔治也。相國鍾繇曰:舊京城有變,九卿各居其府,卿何來也?脩曰:食其祿,焉避其難,居府雖舊,非赴難之義。時人以為美談矣。石虎更增二丈,立一屋,連棟接榱,彌覆其上,盤回隔之,名曰命子窟。又于屋上起五層樓,高十五丈,去地二十七丈,又作銅雀于樓巔,舒翼若飛。南則金虎臺,高八丈,有屋百九間。北曰冰井臺,亦高八丈。有屋百四十五間,上有冰室,室有數井,井深十五丈,藏冰及石墨焉。石墨可書,又燃之難盡,亦謂之石炭。又有粟窖及鹽窖,以備不虞。今窖上猶有石銘存焉。左思《魏都賦》曰:三臺列峙而崢嶸者也。城有七門,南曰鳳陽門,中曰中陽門,次曰廣陽門,東曰建春門,北曰廣德門,次曰廄門,西曰金明門,一曰白門。鳳陽門三臺洞開,高三十五丈,石氏作層觀架其上,置銅鳳,頭高一丈六尺。東城上,石氏立東明觀,觀上加金博山,謂之鏘天。北城上有齊斗樓,超出群榭,孤高特立。其城東西七里,南北五里,飾表以磚,百步一樓,凡諸宮殿,門臺、隅雉,皆加觀榭。層甍反宇,飛檐拂雲,圖以丹青,色以輕素。當其全盛之時,去鄴六、七十里,遠望苕亭,巍若仙居。

解讀

這一段詳敘三國時代鄴都的城市布局和城內建築,包括著名一時的三臺。《注》文所引晉陸翽《鄴中記》,今雖尚有輯本殘存,但輯本寥寥,均輯自唐宋類書,酈書所敘,竟未輯入。故這段記敘，顯然較輯本《鄴中記》為優。鄴在當時是全國五都之一，“當其全盛之時，去鄴六、七十里，遠望苕亭，巍若仙居”（此條即《鄴中記》輯本所無）。像這類古都，不知當地是否有按《水經注》及《鄴中記》等所記，製作一座模型，流傳後世，具有深遠意義。

擷英

漳水又北逕祭陌西，戰國之世，俗巫為河伯取婦，祭于此陌。魏文侯時，西門豹為鄴令，約諸三老曰：為河伯娶婦，幸來告知，吾欲送女。皆曰：諾。至時，三老、廷掾賦斂百姓，取錢百萬，巫覡行里中，有好女者，祝當為河伯婦，以錢三萬聘女，沐浴脂粉如嫁狀。豹往會之，三老、巫、掾與民咸集赴觀。巫嫗年七十，從十女弟子。豹呼婦視之，以為非妙，令巫嫗入報河伯，投巫于河中。有頃曰：何久也，又令三弟子及三老入白，并投于河。豹磬折曰：三老不來，奈何？復欲使廷掾、豪長趣之，皆叩頭流血，乞不為河伯取婦。淫祀雖斷，地留祭陌之稱焉。

解讀

此段所敘，其原文載《史記・卷一二六・滑稽列傳》。太史公在傳末說：“子產治鄭，民不能欺；子賤治單父，民不忍欺；西門豹治鄴，民不敢欺。三子之才能，誰最賢哉？辯治者當能別之。”“三不欺”於是流傳。太史公尚說不清這“三不欺”中哪一種最重要。他說“辯治者當能別之”。其實這個“辯”字應當改為“被”字。因為“三不欺”的受“欺”者，都是老百姓，古今皆然。

擷英

（《經》又東過列人縣南。）

《長沙耆舊傳》稱：桓楷為趙郡太守，嘗有遺囊粟于路者，行人掛囊粟于樹，莫敢取之，即于是處也。

解讀

此事出《三國志・魏書》。桓楷,應作桓階。這又是酈道元表彰好官的例子。

擷英

(《經》又東北過曲周縣東,又東北過鉅鹿縣東。)

又逕曲周縣故城東,《地理志》曰:漢武帝建元四年置,王莽更名直周。

解讀

王莽大改地名,前面已有議及。此人的變態心理,常常反映在他改易地名時的"反潮流"思想之中。此處改曲周為直周即是其例。在他所改的地名,這種反其道而行之的例子是很多的,現在稱為"逆反心理",是一種常見的心理現象。但為人上者卻"逆反"不得,從古到今,這禍祟我們已經看得多了,也受得多了。

卷十一　易水　滱水

擷英

（易水《經》東過范陽縣南，又東過容城縣南。）

濡水又東南逕樊于期館西是其授首于荊軻處也。闞駰稱，太子丹遣荊軻刺秦王，與賓客知謀者，祖道于易水上。《燕丹子》稱，荊軻入秦，太子與知謀者，皆素衣冠送之于易水之上，荊軻起為壽，歌曰：風蕭蕭兮易水寒，壯士一去兮不復還。高漸離擊筑，宋如意和之，為壯聲，士髮皆衝冠；為哀聲，士皆流涕。

解讀

此一段說樊于期授首。應與同《經》之末"風蕭蕭兮易水寒，壯士一去兮不復還"一句共同研讀。這是一句千古流傳的壯士出行既悲涼淒切又慷慨激昂的詩句。其所以能千古流傳，扣人心絃，正是因為荊軻此舉是一件實際上得到歷史肯定的豪壯事業。因為秦始皇的暴虐殘酷，是後世善良人民所同聲討伐的。當然也有稱讚他的。但他的"萬世一系"的欲望，只不過"二世而終。殷鑒不遠，在夏后之世"。暴君暴政，歷史畢竟是公正的。

擷英

（燕王仙）臺有三峰，甚為崇峻，騰雲冠峰，高霞翼嶺，岫壑沖深，含煙罩霧。

解讀

這一段對燕王仙臺的描寫，從“騰雲冠峰”起到“含煙罩霧”，不過四句，實在是別出心裁。“妙手自得之”是歷來譬喻妙手高作的語言。酈氏的“妙手”更與眾不同，他能以不同的語言，為不同的山水寫出不同的絕妙好詞。稱他是寫景“太上”，實不為過。

擷英

（滱水《經》又東過博陵縣南。）

博水又東南逕穀梁亭南，又東逕陽城縣，散為澤渚。渚水瀦漲，方廣數里，匪值蒲筍是豐，實亦偏饒菱藕。至若孌婉丱童，及弱年崽子，或單舟採菱，或疊舸折芰，長歌陽春，愛深綠水，掇拾者不言疲，謠詠者自流響，于時行旅過矚，亦有慰于羈望矣。世謂之為陽城淀也。

解讀

這一段描寫一處面積很小的陽城淀。孩子們結夥在這個小小池沼中採菱折芰，一面勞動，一面嬉笑歌唱，在鄉間，這是一種常見的場景。是“行旅”皆有“過矚”的平凡事情，但酈氏卻把這種平凡的常見小事，寫得栩栩如生，躍然紙上，是一篇百讀不厭的好文章。

擷英

博水又東北，徐水注之，水西出廣昌縣東南大嶺下，世謂之廣昌嶺，嶺高四十餘里，二十里中委折五回，方得達其上嶺，故嶺有五回之名。下望層山，盛若蟻蛭，實兼孤山之稱，亦峻竦也。

解讀

這一段描寫山道曲折的廣昌嶺。在嶺巔"下望層山，盛若蟻蛭"。說明此嶺是群山中的最高峰，"下望層山"兩句，寫得生動簡潔。從這一段還應該注意的是，《水經注》以里程記敘山的高程。所以全書凡言山高，都是從山腳到山頂的里程，與今日的相對高程和絕對高程並不相同，讀者務宜明白。廣昌嶺之所以高達四十餘里，這是因為"二十里中委折五回"，亦即山路迂曲之故。"四十餘里"是把"委折五回"的里程都計算在內的數字。

卷十二　聖水　巨馬水

擷英

(巨馬水《經》巨馬水出代郡廣昌縣淶山。)

淶水又北逕小鬢東,又東逕大鬢南,蓋霍原隱居教授處也。徐廣云:原隱居廣陽山,教授數千人,為王浚所害,雖千古世懸,猶表二鬢之稱。既無碑頌,竟不知定誰居也。

解讀

酈道元出身於世代書香門第。他從小如何從師求學,雖然不見於《注》文,但他重視教書育人的事跡,在《北史》本傳中有明確記載:"後試守魯陽郡,道元表立黌序,崇勸學校。詔曰:魯陽本以蠻人,不立大學,今可聽之,以成良守文翁之化。"

在一個蠻夷地區,他知道"崇勸學校"是一種化夷為夏的重要手段。正是因為他的這種重視教育的思想,所以在《注》文中對那些立黌施教的前賢,總是表揚致敬的。在全書之中,不要說儒學宗師孔子,其他如鄭玄、劉熹等,都有崇高的讚譽。

擷英

（《經》又東南過容城縣北。）

巨馬水又東，酈亭溝水注之。水上承督亢溝水于遒縣東，東南流，歷紫淵東。余六世祖樂浪府君，自涿之先賢鄉爰宅其陰，西帶巨川，東翼兹水，枝流津通，纏絡墟圃，匪直田漁之贍可懷，信為遊神之勝處也。其水東南流，又名之為酈亭溝。

解讀

這是全書中唯一記敘他自己家鄉的文字。從其所記可以看出，當時的巨馬水，支流眾多，流域環境優美。他是在這樣一種"枝流津通，纏絡墟圃"的自然環境中生長起來的。讀竟全書，可知他以後隨父到東齊，成年後又浮遊宦海，沒有再去過家鄉。一九九五年初，涿州市舉行紀念酈道元的學術討論會。該市派專人到杭州接我偕夫人北上，並請我出面邀請若干知名學者和酈學家參與，我在就近處，邀請了楊向奎先生夫婦和辛德勇教授，在涿州過了一個盛況空前的元宵節。我在會上向市長贈送了幾種有關酈學的拙著，並去酈道元村奠基。由於一千多年來的自然環境變遷，今拒馬河已經水量甚小，《注》文中的酈亭溝水影跡全無。但其處定名為酈道元村，意義仍然深遠。館基寬大，設計也高敞可觀。可惜我們夫婦返杭後，隨即應邀赴北美訪問講學。一去八九個月，酈道元館於這年秋季建成。我們從北美返國已是這年年底，不曾參與開光典禮為憾。

擷英

（巨馬水）又東，督亢溝水注之，水上承淶水于淶谷，引之則長津委注，遏之則微川輟流，水德含和，變通在我。

解讀

酈道元在《水經注》全書中記敘了許多水利掌故，也說了不少人與水之間相互關係的話。但這篇《注》文中提及的“水德含和,變通在我”一語,無疑是全書中的菁華,也是酈氏為《水經》作《注》的根本思想。前面已經列舉了他所表彰的索勱、王尊等的治水故事,這類故事之中,其實都傾注了他的水利思想。他在《注》文中記敘了許多水利工程,歌頌了興修水利的有功人物。所有這些水利工程和主持興修者,在他看來,都是順乎人與水關係中所謂“水德含和,變通在我”的觀點。其實就是“人定勝天”。我在拙著《酈學札記》中,特以“水德含和,變通在我”為題寫了一篇,讀者可以參閱。

卷十三　灅水

擷英

（《經》灅水出雁門陰館縣，東北過代郡桑乾縣南。）

桑乾枝水又東流，長津委浪，通結兩湖，東湖西浦，淵潭相接，水至清深，晨鳧夕雁，泛濫其上，黛甲素鱗，潛躍其下，俯仰池潭，意深魚鳥，所寡唯良木耳。

解讀

這一段描寫桑乾河上游，景色躍然紙上，文章朗朗上口。閉目凝神，當年桑乾河的優美自然景觀，如在眼前，真是妙手神筆，又何況這個地區是他親眼目擊，更令人有栩栩如生之感。但他並不放過黃土高原在植被上的特點："所寡唯良木耳。"寫得好，又要寫得真。《水經注》文字的特點之一是，文雖絢麗，但並不虛構，是值得信賴的古籍。

擷英

按《燕書》，建興十年，慕容垂自河西還，軍敗于參合，死者六萬人。十一年，垂眾北至參合，見積骸如山，設祭弔之禮，死者父兄皆號泣，六軍哀慟，垂慚憤嘔血，因而寢疾焉。輿過平城北四十里，疾篤，築燕昌城而還，即此城也。北俗謂之老公城。羊水又東注于如渾水，亂流逕方山南，嶺上有文明太皇太后陵，陵之東北有高祖陵。二陵之南有永固堂，堂之四周隅，雉列榭階欄檻及扉戶、梁壁、椽瓦，悉文石也。檐前四柱，採洛陽之八風谷黑石為之，雕鏤隱起，以金銀間雲矩，有若錦焉。堂之內外，四側結兩石趺，張青石屏風，以文石為緣，并隱起忠孝之容，題刻貞順之名。廟前鐫石為碑獸，碑石至佳，左右列柏，四周迷禽暗日。院外西側，有思遠靈圖，圖之西有齋堂，南門表二石闕，闕下斬山纍結御路，下望靈泉宮池，皎若圓鏡矣。

解讀

這一段記敘北魏舊都平城外圍的皇陵和其他北魏王朝的皇室建築。所有這些，都是酈氏在北魏遷都前所親見。一個塞外游牧民族，初入中原（尚在中原的邊疆）時的這番光景，說明了這個塞北草原民族定鼎中原已經有了基礎。酈氏在這一段前引了《燕書》，從時代和地點，當是慕容鮮卑和拓跋鮮卑交替之時。以後歷史學者所謂“五胡亂華”一語，其間過程是相當複雜的。“五胡亂華”是民族交替融合的過程，也是許多草原民族漢化的過程。鮮卑族入居中原，並改“拓跋”之姓為“元”，建立了洛陽這樣一個都城，尊孔崇儒，在這段《注》文記敘的平城故事中已可見及端倪。但《燕書》所記慕容垂的參合之敗，“死者六萬人”，“積骸如山”。草原民族進入中原，其間是經過多次血腥苦戰的。

擷英

其水又南屈，逕平城縣故城南。《史記》曰：高帝先至平城。《史記音義》曰：在雁門，即此縣矣。王莽之平順也。魏天興二年，遷都于此。太和十六年，破安昌諸殿，造太極殿東、西堂及朝堂，夾建象魏，乾元、中陽，端門東、西二掖門，雲龍、神虎、中華諸門，皆飾以觀閣。東堂東接太和殿，殿之東階下有一碑，太和中立，石是洛陽八風谷之緇石也。太和殿之東北，接紫宮寺，南接承賢門，門南即皇信堂，堂之四周，圖古聖、忠臣、烈士之容，刊題其側，是辨章郎彭城張僧達、樂安蔣少游筆。堂南對白臺，臺甚高廣，臺基四周列壁,閣道自內而升,國之圖籙祕籍,悉積其下。臺西即朱明閣,直侍之官,出入所由也。其水夾御路,南流逕蓬臺西,魏神瑞三年,又建白樓,樓甚高竦,加觀榭于其上,表裡飾以石粉,皜曜建素,赭白綺分,故世謂之白樓也。後置大鼓于其上,晨昏伐以千椎,為城裡諸門啟閉之候,謂之戒晨鼓也。又南逕皇舅寺西,是太師昌黎王馮晉國所造,有五層浮圖,其神圖像皆合青石為之,假以金、銀、火齊,眾彩之上,煒煒有精光。又南逕永寧七級浮圖西,其製甚妙,工在寡雙。又南,遠出郊郭,弱柳蔭街,絲楊被浦,公私引裂,用周園溉,長塘曲池,所在布護,故不可得而論也。一水南逕白登山西,服虔曰:白登,臺名也,去平城七里。如淳曰:平城旁之高城若丘陵矣。今平城東十七里有臺,即白登臺也。臺南對崗阜,即白登山也。故《漢書》稱上遂至平城,上白登者也。為匈奴所圍處,孫暢之《述畫》曰:漢高祖被圍七日,陳平使能畫作美女,送與冒頓,閼氏恐冒頓勝漢,其寵必衰,說冒頓解圍于此矣。其水又逕寧先宮東,獻文帝之為太上皇,所居故宮矣。宮之東次下有兩石柱,是石虎鄴城東門石橋柱也。按柱勒趙建武中造,以其石作工妙,徙之于此。余為尚書祠部,與宜都王穆羆同拜北郊,親所經見,柱側悉鏤雲矩,上作蟠螭,甚有形勢,信為工巧,去子丹碑則遠矣。其水又南逕平城縣故城東,司州代尹治皇都洛陽,以為恆州。水左有大道壇廟,始光二年,少室道士寇謙之所議建也。兼諸嶽廟碑,亦多所署立,其廟階三成,四周欄檻上階之上,以木為圓基,令互相枝梧,以版砌其上,欄陛承阿上圓,制如明堂,而專室四戶,室內有神坐,坐右列玉磬,皇輿親降,受籙靈壇,號曰天師,宣揚道式,暫重當時。壇之東北,舊有靜輪宮,魏神四年造,抑亦柏梁之流也。臺榭高廣,超出雲間,欲令上延霄客,下絕囂浮。太平真君十一年,又毀之。物不停固,白登亦繼褫矣。水右有三層浮圖,真容鷲架,悉結石也。裝製麗質,亦盡美善也。東郭外,太和中閹人宕昌公鉗耳慶時,立祇洹舍于東皋,椽瓦梁棟,臺壁欞陛,尊容聖像,及床坐軒帳,悉青石也。圖制可觀,所恨惟列壁合石,疎而不密。庭中有祇洹碑,碑題大篆,非佳耳。然京邑帝里,佛法豐盛,神圖妙塔,桀跱相望,法輪東轉,茲為上矣。其水自北苑南出,歷京城內,河干兩湄,太和十年纍石結岸,夾塘之上,雜樹交蔭,郭南結兩石橋,横水為梁。又南逕藉田及藥圃西、明堂東,明堂上圓下方,四周十二堂九室,而不為重隅也。室外柱內,綺井之下,施機輪,飾縹碧,仰象天狀,畫北道之宿焉,蓋天也。每月隨斗所建之辰,轉應天道,此之異古也。加靈臺于其上,下則引水為辟雍,水側結石為塘,事準古制,是太和中所經建也。

解讀

此一篇文字甚長,但自來除《水經注》外別無所有。全篇除引《史記》、《漢書》說明平城之古事外,其餘均酈氏所親見,作為北魏舊都平城,記敘得如此詳盡,實古都研究之至寶。篇中,天興是拓跋珪年號,其二年為公元三三九年,當時尚在東晉、十六國時期,南北朝的形勢尚未形成。南朝始於宋武帝劉裕永初元年(公元四二〇年),其時已在北魏明元帝拓跋嗣泰常五年。北魏在平城已建都二十年了。此一時期,當然是酈氏所未曾經歷,但實跡俱在,酈氏仍所見及。《注》文敘及的平城大事建設在太和十六年(公元四九二年),其時酈道元已經入仕,都是他所親見。如今平城(在今山西大同附近)早已夷毀,遺跡無存,賴此篇得以勾劃其全盛時之都城概貌。故全錄以供研究。

擷英

(延)水側有桑林,故時人亦謂是水為藥桑河。斯乃北土寡桑,至此見之,因以名焉。

解讀

這一段既實敘"水側有桑林",卻又說了"斯乃北土寡桑"。這說明,到了南北朝時代,由於氣候的變遷,中國北方的氣候已經變得較為寒冷,因而引起了桑樹種植的銳減和蠶桑業的式微。與絲綢之路的興盛時期已經不能相比。而另一條從今四川成都南下經緬甸的南方的絲綢之路獲得繁榮發展。江南太湖流域的蠶桑業也開始興起,因而出現了以寧波及泉州諸港出口絲綢的所謂"海上絲綢之路"。

卷十四　濕餘水　沽河　鮑丘水　濡水　大遼水　小遼水　浿水

擷英

（濕餘水《經》濕餘水出上谷居庸關東。）

關在沮陽城東南六十里居庸界，故關名矣。更始使者入上谷，耿況迎之于居庸關，即是關也。其水導源關山，南流歷故關下，溪之東岸有石室三層，其戶牖扇扉，悉石也，蓋故關之候臺矣。南則絕谷，纍石為關垣，崇墉峻壁，非輕功可舉，山岫層深，側道褊狹，林鄣邃險，路才容軌，曉禽暮獸，寒鳴相和，羇官游子，聆之者莫不傷思矣。其水歷山南逕軍都縣界，又謂之軍都關。《續漢書》曰：尚書盧植隱上谷軍都山是也。其水南流出關，謂之下口，水流潛伏十許里也。

解讀

《經》文只提出居庸關，《注》文不僅說明居庸關的地名來源，從“溪之東岸有石室三層”起到“聆之者莫不傷思矣”一段,描寫當年長城之建築及其城垣風貌,文筆生動,是歷來寫長城的絕妙文章。

擷英

(沽河《經》南過漁陽狐奴縣北,西南與濕餘水合,為潞河。)

漁陽太守張堪,于縣開稻田,教民種植,百姓得以殷富。童謠歌曰:桑無附枝,麥秀兩岐,張君為政,樂不可支。視事八年,匈奴不敢犯塞。

解讀

這一段又是酈氏記敘的一位好官。張堪,字君游,東漢初南陽郡宛縣人,《後漢書》有傳。酈氏書中對人物的褒貶,很少用自己的語言表達,此處用的是一首童謠,實在勝於用自己的語言。最後兩句其實是《後漢書》本傳中的話:“視事八年,匈奴不敢犯塞”,說明邊疆的事,同樣存在“夫人必自侮,而後人侮之”的情況。地方能殷實安泰,或許是比建造一條長城能起更有效的作用。此外,在後漢的童謠中有“桑無附枝,麥秀兩岐”的話,說明在後漢時代,“桑”和“麥”在北方尚並列為兩種重要的農作物。所以前述卷十三《㶟水》中“北土寡桑”的話,可以說明是南北朝的現象。

擷英

(鮑丘水《經》又南過潞縣西。)

(潞河)又東北逕劉靖碑北,其詞云:魏使持節都督河北道諸軍事征北將軍建城鄉侯沛國劉靖,字文恭,登梁山以觀源流,相㶟水以度形勢,嘉武安之通渠,羨秦民之殷富,乃使帳下丁鴻,督軍士千人,以嘉平二年,立遏于水,導高梁河,造戾陵遏,開車箱渠。其遏表云:高梁河水者,出自并州,潞河之別源也。長岸峻固,直截中流,積石籠以為主遏,高一丈,東西長三十丈,南北廣七十餘步。依北岸立水門,門廣四丈,立水十丈。山水暴發,則乘遏東下,平流守常,則自門北入,灌田歲二千頃。凡所封地,百餘萬畝。至景元三年辛酉,詔書以民食轉廣,陸廢不贍,遣謁者樊晨更製水門,限田千頃,刻地四千三百一十六頃,出給郡縣,改定田五千九百三十頃。水流乘車箱渠,自薊西北逕昌平，東盡漁陽潞縣，凡所潤含，四五百里，所灌田萬有餘頃。高下孔齊，原隰底平，疏之斯溉，決之斯散，導渠口以為濤門，灑滮池以為甘澤，施加于當時，敷被于後世。

解讀

酈氏在其《注》文中引及的碑碣甚多，其中有不少是他借碑碣以記敘故事的手段。這一段文字，即是他利用"劉靖碑"記敘劉靖興修水利的紀錄："造戾陵遏，開車箱渠。"由於碑文非常完整，所以他全錄碑文。劉靖，三國魏沛國相（今安徽濉溪附近）人，事跡見《三國志·魏書·劉馥傳》。

擷英

（《經》又南至雍奴縣北，屈東入于海。）

（觀雞）水東有觀雞寺，寺內起大堂，甚高廣，可容千僧，下悉結石為之，上加塗塈，基內疏通，枝經脈散，基側室外，四出爨火，炎勢內流，一堂盡溫。蓋以此土寒嚴，霜氣肅猛，出家沙門，率皆貧薄，施主慮闕道業，故崇斯構，是以志道者多栖托焉。

解讀

酈書記敘的寺廟不少，但觀雞寺是個特例。因為酈氏特地記敘了在此寒冷地區，寺內在寒季中防寒的特殊結構。其中有一句頗可玩味："出家沙門，率皆貧薄。"這說明，削髮為僧也是當時貧苦人求生的一途，這是在研究佛教史中，值得考慮的一個社會問題。

擷英

（濡水《經》濡水從塞外來，東南過遼西令支縣北。）

東南歷石挺下，挺在層巒之上，孤石雲舉，臨崖危峻，可高百餘仞，牧守所經，命選練之士，彎張弧矢，無能居其崇標者。

解讀

“石挺”是酈氏記敘而至今仍然為世人所見的一處奇特景致。今名“磬錘峰”,一般人則稱之為“棒錘”。按當今實測,從臺基到頂峰,高五九・四二公尺,“棒錘”本身高三八・二九公尺,體積為六五〇八・六八立方公尺。估計重量為一六二〇〇〇噸。《注》文說:“彎張弧矢,無能屆其崇標者。”以如此高度,絕非古時弓矢可及,酈言是實。

擷英

(《經》又東南過海陽縣西,南入于海。)

又按《管子》,齊桓公二十年,征孤竹,未至卑耳之溪十里,闟然止,瞠然視,援弓將射,引而未發,謂左右曰:見前乎?左右對曰:不見。公曰:寡人見長尺而人物具焉。冠,右袪衣,走馬前,豈有人若此乎?管仲對曰:臣聞豈山之神有偷兒,長尺人物具,霸王之君興,則豈山之神見,且走馬前。走,導也;袪衣,示前有水;右袪衣,示從右方涉也。至卑耳之溪,有贊水者,從左方涉,其深及冠,右方涉,其深至膝,已涉大濟,桓公拜曰:仲父之聖至此,寡人之抵罪也久矣。今自孤竹南出,則巨海矣,而滄海之中,山望多矣,然卑耳之川若贊溪者,亦不知所在也。昔在漢世,海水波襄,吞食地廣,當同碣石,苞淪洪波也。

解讀

對於這段《注》文中引《管子》的所謂“贊水”,酈道元說:“然卑耳之川若贊溪者,亦不知所在也”。是他第一個把“贊水”作為一條河流。宋程大昌在《禹貢論・卷上・十四・碣石條》云:“酈道元之在元魏記敘驪城濡水,謂齊桓征孤竹固嘗至卑耳,涉贊水。”清胡渭在《禹貢錐指・卷十一上》云:“碣石舊是灤河之東可知矣,贊水卑耳之溪淪于海中者,當在樂亭縣西南也。”《水經注釋・濡水注》之注文“然卑耳之川若贊溪者,亦不知所在也”下,趙一清按云:“按《齊語》云,桓公懸車束馬于太行辟耳之溪拘夏,韋昭曰:‘拘夏,辟耳山之溪也。’豈亦贊溪之別名乎?”

《水經注》中的“贊水”究竟是不是一條河流,或者說是不是一個地名,直到清末孫詒讓才把事實說清。孫在其所著《札迻》卷三中，先引述上列《濡水注》的原文，然後評論云：

> 案上引《管子》，齊桓公至卑耳之溪，有贊水者，從左方涉，其深及冠；右方涉，其深至膝。文見《小問》篇。房注云：贊水，謂贊引渡水者。是彼水即指卑耳溪水，贊者，謂導贊知津之人，詔桓公從右方涉耳，非卑耳之旁，別有溪名贊者也，酈氏殆誤會其旨。

從孫詒讓的考證可見，對於這個"贊水"，唐房玄齡已經有注，但許多學者都因《濡水注》中"然卑耳之川若贊溪者，亦不知所在也"一語的先入之見，竟不再去讀《管子》房注。從程大昌起，一直沿襲到趙一清。趙一清校注的《水經注釋》是清代名本，但酈氏這一段寫明引自《管子》，趙氏在校勘中竟不與《管子》核對，卻自引《齊語》，把贊水作為辟耳之溪的異名。酈文已經引人誤入歧路，而趙釋更使人愈誤愈深。當然，我們絕不會以這種千慮一失的事而貶損趙氏校勘《水經注》的"數十年考訂苦心"（王先謙《合校水經注・例略》對趙書評語），但我們自己的讀書和校書中應以此引為鑑戒。"贊水"之誤，首先誤於酈道元本人。《水經注》如此一部巨著，當然更屬瑕不掩瑜。

擷英

（大遼水《經》又東南過房縣西。）

《博物志》曰：魏武于馬上逢獅子，使格之，殺傷甚眾。王乃自率常從健兒數百人擊之，獅子吼呼奮越，左右咸驚，王忽見一物從林中出如貍，超上王車軛上，獅子將至，此獸便跳上獅子頭上，獅子即伏不敢起，于是遂殺之，得獅子而還。

解讀

在這段《注》文中，曹操當年到達的地方柳城，在今遼寧朝陽以南，位於今大凌河沿岸。在動物地理學上，獅子（Panthera Leo）是"舊熱帶界"的動物。所謂"舊熱帶界"，所指包括阿拉伯半島南部以及非洲的撒哈拉沙漠以南地區。在毗鄰"舊熱帶界"的"東洋界"，歷來都很少看到有關獅子的記載，何況《大遼水注》記載的地區，已在遠離"舊熱帶界"的"古北界"，在距今不過一千八百年的歷史時期，竟出現獅子的蹤跡，這是無法理解的。《注》文之中，關於"王忽見一物從林中出如貍"幾句，當然是《博物志》所添加的"神奇"。但獅子的記載不假,所以需要研究。動物地理學區劃中的"古北界",歷史時期是東北虎(P. t. amurensis)出沒的地方,曹操和他的官兵,大多去自華北,平時看到的只有華南虎(P. t. amoyensis)。《水經注》記載的華南虎活動的範圍是很廣闊的,北起鮑丘水、濡水,南到溫水、葉榆河,許多地方都提到此物。只見過體軀較小的華南虎的人,突然見到一隻碩大斑斕的東北虎,倉卒之間,大家把牠誤作一種在傳說中聽到過或圖畫中看到過的獅子,這就是《博物志》所謂"魏武於馬上逢獅子"的故事。用現在的動物地理學理論分析,其事大概就是如此。

擷英

(浿水《經》浿水出樂浪鏤方縣,東南過臨浿縣,東入于海。)
許慎云:浿水出鏤方,東入海。

解讀

浿水是《水經注》記載的當時的域外河流。中國古籍記及浿水的不少,但所記互不相同,浿水是當今朝鮮何水,歷來也有互不相同的見解。《水經》說:"浿水出樂浪鏤方縣,東南過臨浿縣,東入于海",肯定是錯誤的。《注》文引許慎《說文解字・卷十一》上:"浿水出樂浪鏤方,東入海",同樣也是錯誤的。中國大陸的主要河流,都是西東流向而東入於海。但朝鮮與此相反,主要的大河都東西流向而西入於海。《水經》作者按中國情況想當然地看待朝鮮河流。當然,比《水經》更早的《說文解字》就已經錯了。酈道元雖然開首就引用了《說文》中"東入海"的話,但是他還是駁斥了《水經》的錯誤。為了辨明事實,他特地訪問了當時朝鮮到北魏聘問的使節:"余訪蕃使,言城在浿水之陽。"從這一句話中,可以斷定,此浿水即今大同江。可參閱拙撰《水經・浿水篇箋校兼考中國籍記載的朝鮮河流》。[①]

注释:

① 載《韓國研究》,杭州大學出版社一九九五年版。又收入於《水經注研究四集》,杭州出版社二〇〇三年版。

卷十五　洛水　伊水　瀍水　澗水

擷英

（洛水《經》東北過盧幾縣南。）

洛水又東逕黃亭南，又東合黃亭溪水，水出鵜鶘山，山有二峰，峻極於天，高崖雲舉，亢石無階，猿徒喪其捷巧，鼯族謝其輕工。及其長霄冒嶺，層霞冠峰，方乃就辨優劣耳，故有大、小鵜鶘之名矣。

解讀

這裡的"水出鵜鶘山"一段，從"鵜鶘"一詞探究，此山顯有兩峰並峙。在酈氏的妙筆之下，"猿徒喪其捷巧，鼯族謝其輕工"，以善於攀懸的動物作為其描寫的譬喻，真是別出心裁。更有甚者，"鵜"、"鶘"雙峰並峙，而孰高孰低，《注》文也作出了交代："長霄冒嶺，層霞冠峰。"在這種景色下，酈氏以"大、小鵜鶘"，說清了這兩座峰巒的高低：又神，又美，又全。酈道元描寫自然風景，真是無瑕可摘。

擷英

義熙中,劉公西入長安,舟師所届,次于洛陽。命參軍戴延之與府舍人虞道元即舟溯流,窮覽洛川,欲知水軍可至之處。延之届此而返,竟不達其源也。

解讀

此段記義熙(東晉安帝年號)中事,乃戴延之隨劉武王北征長安的故事。《注》文雖不著所引書名,但實即《從征記》中之文。劉武王命戴、虞二人"窮覽洛川",其目的是為了"欲知水軍可至之處"。而二人只到達檀山塢,"竟不達其源也"。酈氏筆下顯然有惋惜之意,這是因為酈氏從事河川研究而有此感慨,但戴、虞二人只是按劉武王之命行事,並無尋河川發源的需求。酈氏在《注》文中特為寫下"不達其源"的話,屬於一位做學問者的情不自禁。

擷英

(《經》又東過洛陽縣南,伊水從西來注之。)

《長沙耆舊傳》云:祝良,字召卿,為洛陽令,歲時亢旱,天子祈雨不得,良乃曝身階庭,告誠引罪,自晨至中,紫雲水起,甘雨登降,人為歌曰:天久不雨,烝人失所,天王自出,祝令特苦,精符感應,滂沱下雨。

解讀

在《水經注》全書中,祈雨而得雨的故事不少,其實多是為了表彰為民盡心的好官。在這一段中,酈氏引"人為歌曰"幾句,說明老百姓都為這位好官而感動。百姓歌頌的詩歌故事,是酈氏悉心搜集的材料,《注》文絕不放過,表達了酈氏疾惡揚善的心情。

擷英

(《經》又東過偃師縣南。)

洛水又東逕百谷塢北，戴延之《西征記》曰：塢在川南，因高為塢，高十餘丈，劉武王西入長安，舟師所保也。……戴延之《從劉武王西征記》曰：有此尸，尸今猶在。

解讀

此段文字未引全文，中間作了省略，主要是為了酈氏在《注》文中引書常有同書異名的現象。在酈氏是出於書寫方便，但後人讀酈，卻會因此造成一定困難甚至誤解。此段文字中的戴延之《西征記》即是其例。酈書中引及《西征記》甚多，《河水四》、《渭水三》、《汳水》、《泗水》等篇中均有引及；《河水五》在書名上加"戴氏"；《濟水二》、《洛水》、《穀水》等篇中，均署"戴延之"。此外，在卷二十四《汶水》及《洙水》、《淄水》等篇中，又引不署姓氏的《從征記》一書。查隋唐諸史，《隋書・經籍志》著錄戴延之《西征記》二卷，又戴祚《西征記》一卷。兩《唐志》均著錄戴祚《西征記》二卷，無戴延之書。對於《從征記》，則隋唐三志俱不著錄。遍查《水經注》全書，僅在此《洛水》篇中在引及戴延之《西征記》後，又引戴延之《從劉武王西征記》。由此可知，酈氏前所引的《西征記》和《從征記》，都是《從劉武王西征記》一書的略稱。《注》文引及此書多達十餘次，而寫清此書全名的僅此一處。明黃省曾刻本《水經注》卷首列有酈氏引書目錄，把戴延之《西征記》與不著撰人姓氏的《從征記》並列為二書，即由黃氏誤解所致。又酈氏對此書撰人屢云戴延之，從"延之"二字揣摩，很可能就是戴祚之字。所以《隋書・經籍志》所著錄的戴祚和戴延之兩種《西征記》，其實應是同書。

擷英

（伊水《經》又東北過伊闕中。）

（伊）闕左壁有石銘云：黄初四年六月二十四日辛巳，大出水，舉高四丈五尺，齊此已下。蓋記水之漲減也。右壁又有石銘云：元康五年，河南府君循大禹之軌，部督郵辛曜、新城令王琨，部監作掾董猗、李褒，斬岸開石，平通伊闕。石文尚存也。

解讀

酈氏為《水經》作《注》，凡是有關水文與水利工程的掌故，無不廣泛搜集，詳實記敘。此段文字記敘伊闕石銘,前一條黃初四年是重要的水文資料;後一條元康五年,是水利工程資料。都有存史價值。最後“石文尚存也”一語,説明酈氏曾親見伊闕左右二壁石銘,伊闕離魏都洛陽甚近,所記是其目擊可以無疑。

卷十六　穀水　甘水　漆水　滻水　沮水

擷英

（穀水《經》穀水出弘農黽池縣南墦塚林穀陽谷。）

穀水又東逕缺門山，山阜之不接者里餘，故得是名矣。二壁爭高，斗聳相亂，西瞻雙阜，右望如砥。穀水自門而東，廣陽川水注之。水出廣陽北山，東南流注于穀，南望微山，雲峰相亂。

解讀

這一段寫缺門山風景，可以與前面鵜鶘山作點比較，鵜鶘山是兩座山峰，但缺門山其實也是“山阜之不接者里餘”的兩座山峰，“西瞻雙阜，右望如砥”，筆法與鵜鶘山各有其妙。稍後又記廣陽北山，“南望微山，雲峰相亂”。《注》文記敘的山岳很多，但酈氏文章能表述各不相同的風姿，絕非千篇一律，讓人久讀不厭。有人說《水經注》是一部文學佳作，實在也有道理。

擷英

(白超)壘在缺門東十五里,壘側舊有塢,故冶官所在。魏、晉之日,引穀水為水冶,以經國用,遺迹尚存。

解讀

這一段記敘的“水冶”,是古代利用水力於冶金工業的裝置。元王禎《農書・卷十九》說水冶又稱水排,後漢杜詩始作。案《後漢書・杜詩傳注》:“冶鑄者為排以吹炭,令激水以鼓之者也。”所以這是一種利用水力的鼓風設施。因為對於冶金工業,鼓風(送氧)是非常重要的關鍵。《三國志・魏書・韓暨傳》說:“舊時冶,作馬排,每一熟石用馬百匹;更作人排,又費功力;暨乃因長流為水排,計其利益,三倍于前。”《杜詩傳》和《韓暨傳》都提及作水冶之事,而王禎只言杜詩,當因杜詩早於韓暨之故。這一段《注》文記敘的水冶,位於今河南西部的穀水之上,酈氏尚見遺跡,並說明是魏晉之物,說明當時在冶金工業中利用水力鼓風,已經很普遍了。《水經注》在《江水》篇中也記及於此,參見該篇解讀。

擷英

考尋茲說,當承緣生《述征》謬志耳。緣生從戍行旅,征途訊訪,既非舊土,故無所究,今川瀾北注,澄映泥濘,何得言枯涸也。皆為疏僻矣。

解讀

這一段議及郭緣生的《述征記》一書。《武英殿本》中戴震在此有一條案語:“上所引無枯涸之語,當有脫文。”戴氏案語是不錯的,上文確有訛脫,當係輾轉傳鈔之故,現在已無法查補。但既然《注》文對郭緣生提出批評,說明《述征記》中必有“枯涸”之言。酈氏批評郭緣生致誤的原因是“從戍行旅”,並非地理考察。“既非舊土,故無所究”,說明酈氏雖然指出《述征記》的錯誤,但對郭緣生並無苛責之意。說明酈書糾前人之謬甚多,但語言還是寬容的。

擷英

(《經》又東過河南縣北,東南入于洛。)

《注》(文從略。)

解讀

這條《經》文之下,《注》文長達七千餘言,是全書第一長《注》。小水大《注》,全因此水經過北魏當代首都洛陽。"東過河南縣北",《水經》成於三國,"河南縣"在三國魏境,隸司州,河南府,位於今洛陽附近。穀水與當年洛陽的關係,實在十分密切。洛陽的護城河以及城內諸水,都是利用以洛水為水源的穀水。全篇對首都洛陽的詳細記敘,不僅是一篇北魏洛陽的城市地理。楊守敬《水經注圖》中的洛陽圖幅即據此篇繪製。汪士鐸《水經注圖》①也據此而繪。《水經注》全書記敘的城市中,後來繪製城市圖的,另無別城能夠繪得如此詳盡,都是由於這一篇《注》文之所得。

擷英

《河南十二縣境簿》曰:河南縣城東十五里有千金堨。《洛陽記》曰:千金堨舊堰穀水,魏時更修此堰,謂之千金堨。積石為堨而開溝渠五所,謂之五龍渠。渠上立堨,堨之東首,立一石人,石人腹上刻勒云:太和五年二月八日庚戌造築此堨,更開溝渠此水衡渠上其水(此句《水經注疏》作:更開溝渠,此水衡渠,止其水),助其堅也。(此下記敘千金堨及五龍渠尚有三百五十餘字,從略。)

解讀

這一段記敘魏都洛陽境內的水利工程千金堨及五龍渠,文在同條《經》文下之七千餘言之中,是當年洛水流域內與首都關係密切的一項水利工程。酈氏對此工程的沿革與當時現狀,均作了年、月、日的記敘,並提出以後繼續修造的建議。對於水利,酈氏確已盡心竭慮了。

擷英

穀水又東,左會金谷水,水出太白原,東南流歷金谷,謂之金谷水,東南流逕晉衛尉卿石崇之故居,石季倫《金谷詩集敘》曰:余以元康七年,從太僕出為征虜將軍,有別廬在河南界金谷澗中,有清泉茂樹,眾果、竹、柏、藥草備具。

解讀

《金谷詩集敘》寫的其實就是石崇(字季倫)的窮奢極欲的"金谷園"。石崇曾為官荊州刺史,他利用搜刮商旅等穢行,積資巨萬。《晉書·石崇傳》說:"崇有別館,在河陽之金谷。……財產豐積,室宇宏麗,後房百數,皆曳紈繡,珥金翠,絲竹盡當時之選,庖膳窮水陸之珍。"石崇又與當時另一豪家王愷鬥富,竭盡奢華,其事也見《晉書》本傳。酈氏雖未及見此唐修《晉書》,但石崇之事,當時尚存的幾種《晉書》中必有流傳。酈氏《注》中只輕輕勾上幾筆,或許是因為這條《經》文下要記敘的內容甚多,也或許是他不願在這類人物上多費口舌。

擷英

穀水又東,枝分南入華林園,歷疏圃南,圃中有古玉井,井悉以珉玉為之,以緇石為口,工作精密,猶不變古,燦焉如新。又逕瑤華宮南,歷景陽山北,山有都亭,堂上結方湖,湖中起御坐石也。御坐前建蓬萊山,曲池接筵,飛沼拂席,南面射侯,夾席武峙,背山堂上,則石路崎嶇,巖嶂峻險,雲臺風觀,纓巒帶阜,游觀者升降阿閣,出入虹陛,望之狀鳧沒鸞舉矣。其中引水飛皋,傾瀾瀑布,或枉渚聲溜,潺潺不斷,竹柏蔭于層石,綉薄叢于泉側,微飆暫拂,則芳溢于六空,實為神居矣。

解讀

華林園是酈氏在此條《經》文下重點記敘的洛陽園林。《注》文中對金谷園未提其名,對芳林園雖然記上幾句,但由於此是前代園林,當時已經敗落,所以華林園是他重點記敘的對象。《注》文對此園林的布局、結構和景致,記得十分生動細膩,藉此可見古代著名園林的精美和當時造園藝術的發展水平。從《注》文既有"御坐石"又有"游觀者"的記敘來看,則華林園當是具有公園性質的園林。歷來學者對此一段文章研究者不少。例如"望之狀鳧沒鸞舉矣"一句,胡適曾作過大量考證,與不少學者辨證討論,事見《胡適手稿》第六集下冊。

擷英

京相璠與裴司空彥季(案當是季彥之誤)脩《晉輿地圖》,作《春秋地名》。

解讀

此處所說的《晉輿地圖》,當然就是《禹貢地域圖》。此事,《晉書·裴秀傳》記之甚詳,裴秀為此圖所撰《序言》,全文收錄於其本傳之中,所以在學術界長期來造成一種印象,認為此圖是裴秀的作品。這篇《序言》中,提出了著名的"六體",即分率、準望、道里、高下、方邪、迂直,一直被視為中國最早的地圖學理論,裴秀就此成為中國古代地圖繪製的奠基人。我曾於一九六六年四月號《中國建設》(*China Reconstruct*)用英文寫過一篇《中國古代的地圖繪製》(*Map Making in Ancient China*)的文章,也把裴秀作為此圖的作者。不過也在該文上提及了京相璠。我說:"對於地圖的編製的計劃和執行,以及把製圖的實踐上升為理論,裴秀有一些能人作為助手,其中最著名的是京相璠。"後來劉盛佳教授在《自然科學史研究》一九八七年第一期發表了《晉代傑出的地圖學家京相璠》一文,認為《水經注》中"京相璠與裴司空彥季脩《晉輿地圖》,作《春秋地名》"一句中,這個"與"字應作"給予"解。若"與"字作"同"字解,則京、裴地位懸殊,京怎能位列在前?且《春秋地名》一書,在《隋書·經籍志》著錄中只稱京相璠而無裴秀。文中又舉了古籍中的不少例子,說明"與"應作"給予"解的理由。此文理由充足,故《禹貢地域圖》及"六體"理論,應該是京相璠的作品。

擷英

(沮水《經》沮水出北地直路縣,東過馮翊祋祤縣北,東入于洛。)

沮水東注鄭渠。昔韓欲令秦無東伐,使水工鄭國間秦鑿涇引水,謂之鄭渠。渠首上承涇水于中山西邸瓠口,所謂瓠中也。《爾雅》以為周焦穫矣。為渠并北山,東注洛三百餘里,欲以溉田。中作而覺,秦欲殺鄭國,鄭國曰:始臣為間,然渠亦秦之利。卒使就渠,渠成而用注填閼之水,溉澤鹵之地四萬餘頃,皆畝一鍾。關中沃野,無復凶年,秦以富強,卒并諸侯,命曰鄭渠。

解讀

鄭國渠的故事出於《史記·河渠書》,鑿渠過程是否可信,當作別論。但此渠對關中農業確實起過很大作用,"關中沃野,無復凶年",此話或非虛言。其渠曾長期存在,直到唐時才趨湮廢。但鄭國渠的開鑿,對於以後在關中(即涇渭平原)引涇、渭、北洛諸水通過渠道發展灌溉農業方面確實起了倡導作用。在《水經注》的《渭水》篇中曾記及蒙蘢渠和成林渠,卷十九《渭水》並記及成國故渠,直至近代李儀祉經營的涇渭渠,都秉承這種傳統。

注释:

① 今有陳橋驛注釋本,山東畫報出版社二〇〇三年版。

卷十七　渭水

擷英

（《經》又東過冀縣北。）

瓦亭水又西南流，歷僵人峽，路側巖上有死人僵尸巒穴，故岫壑取名焉。釋鞍就穴直上，可百餘仞，石路逶迤，劣通單步，僵尸倚窟，枯骨尚全，唯無膚髮而已。訪其川居之士，云其鄉中父老作童兒時，已聞其長舊傳，此當是數百年骸矣。

解讀

酈氏寫此一段，目的並非以僵屍故事在《注》文中故弄玄虛。其實是為了記敘一條攀登艱險的道路。"石路逶迤，劣通單步"，才是他實際要寫的文章。全部《注》文中，酈氏曾用了許多語言和掌故，描述這類"蜀道"，如以下的"左擔道"之類。"僵尸巒穴"，無非為他記敘這條險道作一個襯托，以吸引讀者的注意而已。

擷英

川水西得白楊泉,又西得蒲谷水,又西得蒲谷西川,又西得龍尾溪水,與蒲谷水合,俱出南山,飛清北入川水。

解讀

這一段首句"川水西得白楊泉",此"川水"指略陽川水。而《注》文中的白楊泉、蒲谷水、蒲谷西川、龍尾溪水四水,都是略陽川水的支流,而都以瀑布的形式,注入略陽川水。這是因為,多數瀑布的形成,在自然地理學上研究,主要是因河流的溯源侵蝕。在河流溯源侵蝕的過程中,由於遇到堅硬的巖層而造成落差,因而就發生瀑布現象。這種堅硬的巖層,在地貌學上稱為"造瀑層"(Fall Maker)。有時,在造瀑層漫長延伸的情況下,通過造瀑層的若干河流,在同一區位上均發生瀑布,形成一條瀑布線。略陽川水的這四條支流,都在一個造瀑層上,所以都成為瀑布,注入略陽川水。《水經注》記敘瀑布,全書明確可考的達三十二處,但酈氏使用的文字卻豐富多彩,用"瀑布"這個詞彙的,不過七、八處。而此外多用為"頹波"、"飛波"、"懸澗"、"懸流"等等,不勝枚舉。而用"飛清"一詞的達八、九處。"飛清"是酈氏一家獨用的詞彙,也是許多文人學士所欣賞的詞彙。

擷英

(《經》又東過陳倉縣西。)

魏明帝遣將軍太原郝昭築陳倉城,成。諸葛亮圍之。亮使昭鄉人靳祥說之,不下,亮以數萬攻昭千餘人,以雲梯、衝車、地道逼射昭;昭以火射連石拒之,亮不利而還。

解讀

這一段《注》文記敘了諸葛亮進攻陳倉城失利的史實。《注》文說"魏明帝遣將軍太原郝昭築陳倉城"。其實,當時魏國的軍事是由司馬懿主持的。所以這一段所記敘的史實，實在就是蜀、魏之間多次戰爭中，蜀軍的一次敗績。從兩國軍事領導人來說，也就是諸葛亮敗於司馬懿。後來羅貫中寫章回小說《三國演義》，也說了不少諸葛亮與司馬懿打仗的故事，以後又有人把這類羅貫中所寫的移植到京劇一類的戲劇上，例如《空城計》等等。在羅貫中的筆下，諸葛亮總是比司馬懿強，作為小說，讓人們消遣；作為戲劇，讓觀眾逗樂。但作為史實，卻是胡說八道。《水經注》記敘了此二人的幾次戰場較量，諸葛亮實在沒有打過勝仗。以這一段所敘陳倉城之戰為例，諸葛亮以數十倍兵力進攻此城，而且心理戰與陣地戰並舉，花了極大代價。但郝昭拒絕同鄉遊說，憑險固守，挫敗了諸葛亮的一切進攻。司馬懿雖然並不在這條《注》文中露面，但他的治軍嚴明，守備有方，仍然於此可見。

擷英

汧水又東會一水，水發南山西側，俗以此山為吳山，三峰霞舉，疊秀雲天，崩巒傾返，山頂相捍，望之恆有落勢。

解讀

以前列舉過的酈氏對山岳的描寫，如鵜鶘山等，都是雙峰夾峙的，亦即以兩座山峰並列的山岳，這一段描述的吳山，則是一座"三峰霞舉"，即是由三座山峰三足而峙的名山。酈氏雖然也描寫了三座山峰的高峻："三峰霞舉，疊秀雲天"，但是他最後以"山頂相捍，望之恆有落勢"一語作結，真是別出心裁，為古今一切寫風景文章者所傾倒。

擷英

青龍二年，諸葛亮出斜谷，司馬懿屯渭南，雍州刺史郭淮策亮必爭北原而屯，遂先據之。亮至，果不得上。

解讀

這一段短短幾句，不像前面陳倉城那樣戰火連天，但其實同樣是諸葛亮對司馬懿作戰的一次敗績。這裡，兩軍雖未交戰，但司馬懿的見識比諸葛亮棋高一著，捷足先占。所以仍然是司馬懿勝而諸葛亮敗。

卷十八　渭水

渭水是黄河的一條支流，但今本《水經注》分為三卷，以卷數言，竟與長江並列。清《武英殿本》卷首《校上案語》說："《水經注》四十卷，後魏酈道元撰。……《崇文總目》稱其中已佚五卷，故《元和郡縣志》、《太平寰宇記》所引滹沱水、涇水、洛水，皆不見于今書。然今書仍作四十卷，疑後人分析以足原數也。"故渭水分為三卷，而其卷十八僅有《經》文二條，分析之跡甚明。此卷恐原為卷十七之文，但畢竟無確據，故仍按體例作擷英、解讀。

擷英

(《經》又東過武功縣北。)
劉曜之世，是山崩，長安人劉終于崩……。

解讀

明代各本此處到"劉終于崩"止。朱謀𡐿《水經注箋》說："此下文理不屬，蓋脫簡也。"趙一清《水經注箋刊誤》說："按孫潛用柳僉本校補四百二十字，真稀世之寶也。"今《殿本》從下句"所得白玉"起，已經補上所缺到"余謂崔駰及《皇覽》，謬志也"。戴震在此作了案語:"案'所得白玉'至此句'謬'字止,共四百三十七字,近刻脫落,據原本補。"趙一清說"補四百二十字",而《殿本》說"共四百三十七字"。這是柳僉本與戴震所據本稍有不同之故。

擷英

渭水又東,溫泉水注之,水出太一山,其水沸湧如湯,杜彥達曰:可治百病,世清則疾愈,世濁則無驗。

解讀

此句,孫潛校本作"世亂則無驗"。全祖望《七校水經注》、趙一清《水經注釋》均從孫本,改"濁"為"亂"。此外各本均作"世清"、"世濁",與《殿本》同。但溫泉療疾與"世清"、"世濁"、"世亂"實無關係。按康熙《隴州志·卷一·方輿·溫泉》引《水經注》作:"然水清則愈,濁則無驗",較今各本為勝。

卷十九　渭水

擷英

（《經》又東，豐水從南來注之。）

池水北逕鄗京東、秦阿房宮西，《史記》曰：秦始皇三十五年，以咸陽人多，先王之宮小，乃作朝宮于渭南，亦曰阿城也。始皇先作前殿阿房，可坐萬人，下可建五丈旗，周馳為閣道，自殿直抵南山。表山巔為闕，為複道自阿房度渭，屬之咸陽，象天極，閣道絕漢抵營室也。《關中記》曰：阿房殿在長安西南二十里，殿東西千步，南北三百步，庭中受十萬人。

解讀

阿房宮是中國歷史上第一座著名宮殿，唐杜牧曾撰《阿房宮賦》，但內容多誇大，如"一日之內，一宮之間而氣候不齊"之類，不過是文人想像虛構而已。酈氏雖亦引古書，但可信度較大，如"可坐萬人"，此言其大；"下可建五丈旗"，此言其高。按秦代的建築技術與能力，當以酈書記敘為接近事實。

擷英

陂水北出，逕漢武帝建章宫東，于鳳闕南，東注泬水。泬水又北逕鳳闕東，《三輔黄圖》曰：建章宫，漢武帝造，周二十餘里，千門萬戶。其鳳闕，高七丈五尺，俗言貞女樓，非也。《漢武帝故事》云：闕高二十丈。《關中記》曰：建章宫圓闕，臨北道，有金鳳在闕上，高丈餘，故號鳳闕也。故繁欽《建章鳳闕賦》曰：秦漢規模，廓然毁泯，惟建章鳳闕，巋然獨存，雖非象魏之制，亦一代之巨觀也。

解讀

這一段《注》文記敘漢武帝的建章宫。這裡引錄的幾句以下，還有有關此宫的文字。建章宫是酈書繼秦阿房宫以後重點記敘的一座古代帝皇宫殿。漢代的建築技術當然超過秦代，所以在記敘此宫時，還有較多文字記及此宫的一處標幟性建築鳳闕，而且説法各有不同。但《注》文所敘建章宫的規模，最關重要而能説明其宏偉規模的，其實就是今已亡佚的班固《漢武帝故事》中的“周二十餘里，千門萬戶”一句。此宫的占地範圍和屋宇巨大，盡在此一句之中了。《漢武帝故事》一書，古籍中唯酈書獨引，所以值得寶貴。

擷英

（《經》東過長安縣北。）

渭水又東逕長安城北，漢惠帝元年築，六年成，即咸陽也。秦離宫無城，故城之。王莽更名常安。十二門：東出北頭第一門，本名宣平門，王莽更名春王門正月亭，一曰東都門，其郭門亦曰東都門，即逄萌掛冠處也。第二門，本名清明門，一曰凱門，王莽更名宣德門布恩亭。内有藉田倉，亦曰藉田門。（此下尚有一千六百餘字，從略。）

解讀

這是《水經注》全書中的長《注》之一，内容主要是記敘漢都長安，是全書除了卷十六《穀水》篇中記敘北魏首都洛陽以外,《注》文描述城市的最長文章。雖然在酈氏時代,漢長安已經夷毀,但作為當今歷史城市研究,其價值仍然不菲。全《注》首先詳敘十二門,以後則記敘城內宮殿樓閣、園苑碑碣、人物掌故等等,甚為詳盡。可惜在酈氏時此城已經不存,無法寫出北魏時概況及夷毀過程,估計酈氏對此也不甚了了。抑或酈氏諱言此中掌故,不得而知。

擷英

(《經》又東過霸陵縣北,霸水從縣西北流注之。)

《漢武帝故事》曰:帝崩後見形,謂陵令薛平曰:吾雖失勢,猶為汝君,奈何令吏卒上吾陵磨刀劍乎?自今以後,可禁之。平頓首謝,因不見。推問陵傍,果有方石,可以為礪,吏卒常盜磨刀劍。霍光欲斬之。張安世曰:神道茫昧,不宜為法。乃止。

解讀

《水經注》全書中"神道茫昧"句凡二見,均在卷十九《渭水》中。《經》文"又東,豐水從南來注之"下引《春秋後傳》的一個虛幻故事後,酈氏說:"神道茫昧,理難辨測"。此處則是引張安世語,說明酈氏實不信鬼神荒誕之事。《注》文中凡記及此類掌故,都是為了其他目的。他常利用這類神鬼傳說褒貶人物,明眼人一讀就領會其意。

擷英

池水西北流,逕始皇冢北。秦始皇大興厚葬,營建冢壙于麗戎之山,一名藍田。其陰多金,其陽多玉。始皇貪其美名,因而葬焉。斬山鑿石,下錮三泉。以銅為椁,旁行周迴三十餘里,上畫天文星宿之象,下以水銀為四瀆、百川、五嶽、九州,具地理之勢。宮觀百官,奇器珍寶,充滿其中。令匠作機弩,有所穿近,輒射之。以人魚膏為燈燭,取其不滅者久之。後宮無子者,皆使殉葬甚眾。墳高五丈,周迴五里餘,作者七十萬人,積年方成。而周章百萬之師,已至其下,乃使章邯領作者以禦難,弗能禁。項羽入關,發之,以三十萬人三十日運物不能窮。關東盜賊,銷椁取銅,牧人尋羊燒之,火延九十日不能滅。

解讀

以七十萬奴隸的積年苦役,換取了這大暴君的陵墓,只要看看今天尚存的兵馬俑,這種厚葬的制度就值得萬世詛咒的了。在同條《經》文下,還有一處罪惡滔天的漢成帝昌陵。《注》文說:"漢成帝建始二年,造延陵為初陵,以為非吉,于霸曲亭南更營之。鴻嘉元年,于新豐戲鄉為昌陵縣,以奉初陵。永始元年,詔以昌陵卑下,客土疏惡,不可為萬歲居,其罷陵作,令吏民反,故徙將作大匠解萬年敦煌。"《關中記》曰:"昌陵在霸城東二十里,取土東山,與粟同價,所費巨萬,積年無成。""取土東山,與粟同價",說盡了厚葬制度的罪大惡極。幸虧當年古代埃及的木乃伊(Mummy)製作技術尚未傳入,直到王朝制度終結,帝王還沒有作為木乃伊保藏起來的,對老百姓來說,還算是幸運的呢。

擷英

(《經》東入於河。)

杜預曰:水之隈曲曰汭。王肅云:汭,入也。呂忱云:汭者,水相入也。水會,即船司空所在矣。《地理志》曰:渭水東至船司空入河。服虔曰,縣名,都官。《三輔黃圖》有船庫官,後改為縣。王莽之船利者也。

解讀

從這一段《注》文中可以說明,黃河支流在古代都有航行之利,並且是能夠航行大型船舶的。渭水就是如此,在"水會",也就是河面較寬之處設置"船庫官",甚至可以在這裡建置成縣。王莽改縣名為"船利",也就說明了當時航行條件很好。黃河的其他支流也多如此。例如卷十六《穀水》篇中的"旅人橋"。《注》文引《朱超石與兄書》:"橋去洛陽宮六七里,悉用大石,下圓以通水,可受大舫過也。"文字清楚地記敘了一座用大石建成的石拱橋,"可受大舫過也"。這些河流,後來都是受自然和人為的雙重干擾而每況愈下的。

卷二十　漾水　丹水

擷英

（漾水《經》漾水出隴西氐道縣嶓冢山，東至武都沮縣為漢水。）

常璩《華陽國志》曰：漢水有二源，東源出武都氐道縣漾山為漾水，《禹貢》導漾東流為漢是也；西源出隴西西縣嶓冢山，會白水逕葭萌入漢，始源曰沔。

解讀

《禹貢》有"嶓冢導漾，東流為漢"的話，這實在是《禹貢》的錯誤，因為此說把漾水作為漢水的上源。《水經》繼承了《禹貢》的錯誤，即《經》文："漾水出隴西氐道縣嶓冢山，東至武都沮縣為漢水"。其實，東至武都沮縣的不是漢水，而是西漢水。西漢水和漢水是兩條完全不同的河流，但古人誤以為西漢水就是漢水的上源，所以才出現這樣的錯誤。這種錯誤同樣也為《水經注》所傳襲，即上錄酈氏引《華陽國志》的一段。酈道元引《華陽國志》與《禹貢》作《注》，認為西漢水就是漢水的西源。東西兩源匯合，稱為沔水，沔水就是漢水的古稱。《注》文說"會白水逕葭萌入漢"，白水即今白龍江，所以"會白水"是不錯的，但"逕葭萌入漢"卻全是附會。葭萌是南朝益州之地，酈氏足跡所未至，所以他無法糾正古人的這種錯誤。現在可以肯定的是，《水經》和《水經注》所稱的漾水，就是今西漢水，是四川境內長江支流嘉陵江的上流，源出甘肅禮縣秦嶺，經陝西略陽附近注入嘉陵江。全長二百四十餘公里，流域面積約一萬平方公里。

擷英

西漢水又西南得峽石水口，水出苑亭西草黑谷，三溪西南至峽石口，合為一瀆。

解讀

上列這段《注》文錄於《武英殿本》，所敘是西漢水的支流峽石水，此水發源於苑亭以西的草黑谷，上源包括三條溪水，到峽石口合而為一。但令人不解的是，既然上源有三條溪水，在發源後流了一段相當長的距離，才在峽石口匯合為一。那就有一個問題，這三條溪水，難道都發源在同一個"草黑谷"之中嗎？《永樂大典》本《水經注》在這條《注》文中與《殿本》有一字之異："西漢水又西南得峽石水口，水出苑亭、白草、黑谷三溪，西南至峽石水口，合為一瀆。"《殿本》作"西"，《永樂大典》本作"白"，一字之異，句讀也隨之而異，文義就能自圓其說。胡適治酈極重版本，確實也有道理。

擷英

漢水又東南逕瞿堆西，又屈逕瞿堆南，絕壁峭峙，孤險雲高，望之形若覆唾壺，高二十餘里，羊腸蟠道三十六回。《開山圖》謂之仇夷，所謂積石嵯峨，嵚岑隱阿者也。上有平田百頃，煮土成鹽，因以百頃為號，山上豐水縣，所謂清泉湧沸，潤氣上流者也。

解讀

這一段描述瞿堆，亦即《開山圖》所稱的仇夷。《注》文中的"高二十餘里"是從山下計算的里程,並非實際高度。"羊腸蟠道三十六回",即是此"二十餘里"的來由。此地為武都郡,在今甘肅西和縣一帶,已非黃土高原。在地史發展中屬於一種稱為夷平面的地貌形態。《注》文用"絕壁峭峙,孤險雲高"描寫瞿堆這座山體,已經是絕妙文章。而對於其上"有平田百頃"的這個夷平面,《注》文以"望之形若覆唾壺"相比,真是維妙維肖。除了酈氏外,實在沒有別人寫得出來的。

擷英

《續漢書》曰:虞詡為武都太守,下辨東三十餘里有峽,峽中白水生大石,障塞水流,春夏輒濆溢,敗壞城郭。詡使燒石,以醯灌之,石皆碎裂,因鐫去焉,遂無泛溢之害。

解讀

這一段記敘武都郡守虞詡整治西漢水上流河道的方法,《注》文不過短短幾句,但實際上"詡使燒石,以醯灌之",在礁石參錯的山區河道中,這是一種十分艱難的工程。虞詡之所以進行這種艱難的工程,實在是為了讓灘險水急的河流可以通航。同條《經》文下,另有一段《注》文說:

> 虞詡為郡,漕穀布在沮,從沮縣至下辨,山道險絕,水中多石,舟車不通,驢馬負運,僦五致一。詡乃于沮受僦直,約自致之,即將吏民按行,皆燒石𣚍木,開漕船道,水運通利,歲省萬計,以其僦廩與吏士,年四十餘萬也。

虞詡的工程是為了使"驢馬負運"的困難運輸,改變為"水運通利"。這實在是一種了不起的成就。酈氏在《注》文上沒有額外表彰虞詡的話。但敘明事實,"歲省萬計",這就是最大的表彰。按虞詡,字升卿,東漢陳國武平(今河南柘城東南)人,曾官至尚書令。

卷二十一　汝水

擷英

（《經》汝水出河南梁縣勉鄉西天息山。）

余以永平中蒙除魯陽太守，會上臺下列《山川圖》，以方誌參差，遂令尋其源流，此等既非學徒，難以取悉，既在逕見，不容不述。今汝水西出魯陽縣之大盂山蒙柏谷，巖嶂深高，山岫邃密，石徑崎嶇，人迹裁交，西即盧氏界也。

解讀

這一段記敘酈氏在魯陽太守任上，親自查勘汝水的發源地的經過。《注》文中有"既在逕見"一語，就是他親自查勘的證據。"上臺下列《山川圖》"所指，當然不是《汝水圖》，而是一種區域較大的地圖，要有關地區的地方官查核。北魏的這種《山川圖》，《注》文沒有明敘，在中國地圖學史上，倒是一項值得研究的問題。此圖發到各有關地區核實，地方長官顯然不可能都像酈道元一樣，親自查勘，到蒙柏谷這樣"巖嶂深高，山岫邃密，石徑崎嶇，人迹裁交"的荒僻深山"訪瀆搜渠"，而是派幾個皂隸或其他人員"等因奉此"一番交差了事。像酈氏那樣地具有深厚探索自然的志趣和素養，當然是極少數。這從"方誌參差"一語中就可看出。這是現存古籍中第一次出現的"方誌"之名(卷二二《渠水》又出現"方志"一次)。說明當時各地已有方志的修纂,而"方誌參差"也說明了方志對各地山川的記述並不是完全經過實勘的。這段《注》文在"西即盧氏界也"以下還有文字記敘汝水從源頭流出以後的概況,也詳實細致。所以酈氏親勘汝源一段,可以說明《水經注》其書的價值。此外,《注》文中透露的《山川圖》和"方誌",也都是古籍中所首見,都有研究意義。

擷英

(《經》又東南過定陵縣北。)

更始元年,王莽徵天下能為兵法者,選練武衛,招募猛士,旌旗輜重,千里不絕,又驅諸獷獸虎、豹、犀、象之屬以助威武,自秦漢,出師之盛,未嘗有也。世祖以數千兵徼之陽關,諸將見尋、邑兵盛,反走入昆陽。世祖乃使成國上公王鳳、廷尉大將軍王常留守,夜與十三騎出城南門,收兵于郾。尋、邑圍城數十重,雲車十餘丈,瞰臨城中,積弩亂發,矢下如雨。城中人負戶而汲,王鳳請降,不許,世祖帥營部俱進,頻破之,乘勝以敢死三千人,徑衝尋、邑兵,敗其中堅于是水之上,遂殺王尋。城中亦鼓譟而出,中外合勢,震呼動天地。會大雷風,屋瓦皆飛,莽兵大潰。

解讀

這一段記敘王莽地皇四年(公元二三年)的昆陽之戰。材料主要來自《漢書·王莽傳》,但經過酈氏加工,突出其戰役過程,使讀者如身臨其境。也可以閉目凝神,描摹當時的拚死場景。酈氏行文,簡而又真,是其特技。昆陽之戰是漢光武帝擊潰王莽主力之戰,此戰結束,王莽從此敗亡,故酈氏著意記敘。昆陽在今河南葉縣,以位於昆水之陽而得名。

擷英

(《經》南入于淮。)

所謂汝口,側水有汝口戍,淮、汝之交會也。

解讀

汝水即今汝河,《水經注》以此水單獨成卷,因為汝水在古代是單獨入淮的淮水一級支流。當時,汝水從汝口入淮,《注》文雖短短幾句,已經說明清楚。由於古今河道播遷,《水經注》記敘的汝水與今汝河流路已不一致。今汝河是潁河的支流之一,分南北兩支,北汝河在河南商水附近注入潁河,南汝河在河南新蔡附近注入洪河,已退居為淮河的二級支流了。

卷二十二　潁水　洧水　潩水　潧水　渠沙水

擷英

（潁水《經》又東南過潁陽縣西，又東南過潁陰縣西南。）

《魏書·國志》曰：文帝以漢獻帝延康元年，行至曲蠡，登壇受禪于是地，改元黃初。其年，以潁陰之繁陽亭為繁昌縣。城內有三臺，時人謂之繁昌臺。壇前有二碑，昔魏文帝受禪于此。自壇而降曰：舜、禹之事，吾知之矣。

解讀

曹氏篡劉，"自壇而降曰：'舜、禹之事，吾知之矣'。"後來司馬氏篡曹，《三國演義》所謂"再受禪，依樣葫蘆"，現代話稱為"不流血的政變"。中國因為有儒家編造的君王禪讓故事，以後的野心家如曹氏和司馬氏就都加以利用。儒家的禪讓故事當然始於春秋，因為西周和列國都是世襲之制，儒家們為此託古而編造堯、舜、禹的禪讓美德。按照他們的思路，禹傳位於啟的這種家天下局面，實在也非禹的旨意。《孟子·萬章上》：

禹薦益于天。七年，禹崩。三年之喪畢，益避禹之子于箕山之陰。朝覲訟獄者,不之益而之啟,曰:吾君之子也;謳歌者,不謳歌益而謳歌啟,曰:“吾君之子也。”……舜、禹、益,相去久遠,其子賢不肖,皆天也,非人之所能為也。

太史公在《史記・夏本紀》中亦云禹:“以天下授益,三年之喪畢,益讓帝禹之子啟,而辟居箕山之陽,禹子啟賢,天下屬意焉。”所以禹並不想行家天下之事,原來也是效法堯舜,要禪位於益的。啟接帝位,實為老百姓的擁戴。儒家們的著述,由於當時還沒有一個通一口徑的領導機構,所以除了根本上一致外,其他文字常有牴牾之處。例如孟子說益躲啟在箕山的北面,而太史公卻說他躲在南面。益或許是躲避過啟的。因為到晉朝才在地下發掘出來的《竹書紀年》並不與儒家有過瓜葛,而明明白白地記下了事實:“益干啟政,啟殺之。”儒家們渲染的禪讓,原來如此。應該承認儒學在華夏文化中確起了長遠和重要的作用,他們的觀點學說是附合中國國情的。當然,如上所說的如“山陰”、“山陽”一類的沒有通一口徑的差錯是不少的,最顯著的莫過於對禹治水故事中的公而忘私的記敘。孟子說他八年於外,三過其家不入。而太史公則說他十三年於外。前蘇聯和其他社會主義國在經濟建設中都採用所謂“五年計畫”,孟子與司馬遷對禹的這種公而忘私精神的記敘,差距正也是一個“五年計畫”呢。

再說“禪讓”,古今中外,沒有哪一個封建帝皇和現代獨裁者,不想在自己歸天後讓兒子當接班人的。劉備只有一個蠢兒子阿斗,卻仍然不忘在白帝城“託孤”。除非是沒有兒子或雖有兒子而痴呆到連阿斗也不如。在現代獨裁制度的地方,慈父傳嫡的現成例子還照樣存在。而且知父莫如子,其所作所為也仍照慈父之樣,蠻作強幹,置老百姓生活於不顧。中國儒家們提出“禪讓”理想,其實也說明了儒學的偉大。

擷英

(洧水《經》洧水出河南密縣西南馬領山。)

(洧水)東南流,逕漢弘農太守張伯雅墓,塋域四周,壘石為垣,隅阿相降,列于綏水之陰。庚門表二石闕,夾對石獸于闕下。冢前有石廟,列植三碑,碑云:德字伯雅,河南密人也。碑側樹兩石人,有數石柱及諸石獸矣。舊引綏水南入塋域,而為池沼。沼在丑地,皆蟾蜍吐水,石隍承溜。池之南,又建石樓、石廟,前又翼列諸獸,但物謝時淪,凋毀殆盡,夫富而非義,比之浮雲,況復此乎? 王孫、士安,斯為達矣。

解讀

從墓碑上看,僅知張伯雅其名叫德,是個名不見經傳的小人物,為官也不過州郡,卻造得起如此規模的大墳墓。《注》文把這座墳墓記敘得如此詳細,顯然是有用意的,是為了更有力地揭露這個為官不仁而死求大排場的匹夫。“富而非義,比之浮雲,況復此乎?”說盡了古往今來的無恥厚葬者的遺臭後世,而他所表揚的王孫、士安,前者見《後漢書·楊王孫傳》,後者見《晉書·皇甫謐傳》,都是薄葬的倡導者,所以酈氏稱讚他們:“斯為達矣”。

擷英

(《經》東南過其縣南。)

今(密)縣城東門南側,有漢密令卓茂祠。茂字子康,南陽宛人,溫仁寬雅,恭而有禮。人有認其馬者,茂與之曰:若非公馬,幸至丞相府歸我。遂挽車而去,後馬主得馬,謝而還之。任漢黃門郎,遷密令,舉善而教,口無惡言,教化大行,道不拾遺,蝗不入境。百姓為之立祠,享祀不輟矣。

解讀

卓茂是後漢初大臣,光武帝曾授以太傅,封褒德侯。從《注》文記及的“認馬”一事中,可以看出,他一點沒有官氣。就憑這一點,古今多少為官者都是很難做到的。酈道元撰《水經注》,從來是好官必記,從存史、資治、教化的價值評論,《水經注》比不少正史在這方面都更有意義。

擷英

(《經》又東南過長社縣北。)

其瀆中泉南注,東轉為淵,綠水平潭,清潔澄深,俯視游魚,類若乘空矣,所謂淵無潛鱗也。

解讀

《水經注》描寫水色清澈的文字不少,其中最引人入勝的除了這一段以外,卷三十七《夷水》及《灃水》兩篇中也都有類似的文章。柳宗元的《永州八記》中曾摹仿了酈氏的筆法,所以明末人張岱有"太上酈道元,其次柳子厚"的評論。

擷英

(渠水《經》渠出滎陽北河,東南過中牟縣之北。)

歷中牟縣之圃田澤,北與陽武分水。澤多麻黄草,故《述征記》曰:踐縣境便睹斯卉,窮則知逾界。

解讀

麻黄草(Ephedra Sinica),為麻黄科小灌木,枝叢生,葉呈鱗片形,在節上對生成鞘狀,可入藥。《注》文引《述征記》的話,符合現代植物學原理,説明麻黄草是當地植物群落中的建群植物。所以"窮則知逾界"。

擷英

(圃田)澤在中牟縣西,西限長城,東極官渡,北佩渠水,東西四十許里,南北二十許里,中有沙岡,上下二十四浦,津流徑通,淵潭相接,各有名焉:有大漸、小漸、大灰、小灰、義魯、練秋、大白楊、小白楊、散赫、禺中、羊圈、大鵠、小鵠、龍澤、蜜羅、大哀、小哀、大長、小長、大縮、小縮、伯丘、大蓋、牛眼等。浦水盛則北注,渠溢則南播。

解讀

《注》文記敘的圃田澤,是自然地理學中湖泊沼澤化的典型例子。任何湖泊,假使沒有人為因素,其自然發展的過程都是從形成、淤淺而最後湮廢消失,這種自然過程在自然地理學上稱為"沼澤化"。中國古代原來有許多大小不同的湖泊,《禹貢》、《職方》、《爾雅》三書中記載的著名大湖就有十九處之多,以後都循沼澤化的規律湮廢。以《禹貢》所記為例,在十處大湖之中,至今尚部分存在的只有彭蠡(今鄱陽湖)、震澤(今太湖)、雲夢(今洞庭湖)等處,而面積都已縮小,今非昔比了。《注》文記敘的圃田澤,原是《職方》所記的十一處大湖之一,但到了北魏時代,已經逐漸湮廢,分裂成為二十多處小湖,以後這些小湖也都先後湮廢,這個"東西四十許里,南北二十許里"的圃田澤,就完全消失,成為一個歷史地名了。湖泊是積儲淡水資源的重要自然地理事物,所以必須保護,抑制其沼澤化的進程。至於這半個世紀來的人為墾殖,圍湖面為耕地,這是一種自上到下的極端無知的行為,是官民素質低劣的一個方面,實在令人憂慮。

擷英

漢和帝時,右扶風魯恭,字仲康,以太尉掾遷中牟令,政專德化,不任刑罰,吏民敬信,蝗不入境。河南尹袁安疑不實,使部掾肥親按行之,恭隨親行阡陌,坐桑樹下,雉止其旁。有小兒,親曰:兒何不擊雉?曰:將雛。親起曰:蟲不入境,一異;化及鳥獸,二異;豎子懷仁,三異。久留非優賢,請還。是年,嘉禾生縣庭,安美其治,以狀上之,徵博士侍中。車駕每出,恭常陪乘,上顧問民政,無所隱諱,故能遺愛,自古祠享來今矣。

解讀

這一段《注》文是從"中牟宰魯恭祠"寫起的(文從略),酈氏的主旨在表揚一位好官,如前面一樣,凡是好官循吏,為民造福的,他都是記敘無遺。而這一段之異於其他之處,是上級懷疑道路傳說,從當今來說,一個政績平平,甚至劣跡昭彰的貪官汙吏,以各種手段美化自己成為一位模範幹部的比比皆是。所以河南尹袁安的懷疑,雖在古代,也不為過。而派親到縣中查訪考核,並無設宴接風之類,而是由魯恭陪同到民間實訪。不過三件一般的現象,查訪者就肯定了魯恭為政的優異。所以這段《注》文,雖然主角是魯恭,但酈氏筆下實際上也表彰了這位查訪考核者親。此二人都是值得存史的好官。

這裡有一件事值得議論一下。中國古籍中在表彰一位地方循吏時,其政績中往往有"蝗不入境"一條。古代的蟲災之中,蝗災是一種波及面很大的災害,蝗蟲食禾,往往是鋪天蓋地而來,怎能避開吏治清明的縣邑呢?所以"蝗不入境"的話,有時常常成為一種地方官為政清明的套語。但另外也可以考慮的是,這也可能是地方官治蝗有方的結果。又,蝗蟲的滋生往往與乾旱相隨。所以蝗災常與旱災同時發生。地方官若能重視地方水利,也就能減少蝗災發生的機率。所以"蝗不入境"也不一定是地方吏治清明的套語。

擷英

(《經》又東至浚儀縣。)

(渠水)又東逕大梁城南,本《春秋》之陽武高陽鄉也,于戰國為大梁。……(此下尚有一千三百餘字,從略。)

解讀

這一段記敘大梁城,《注》文長達一千四百言,是《水經注》全書中的長《注》之一。大梁城在歷史上經過多次播遷,但實則今河南開封,是中國歷史上的大古都之一。所以酈氏仍然著意用長文記敘。在今日研究古都歷史地理中,此篇仍是很有價值的資料。

卷二十三　陰溝水　汳水　獲水

擷英

（汳水《經》汳水出陰溝于浚儀縣北。）

汳水又東逕梁國睢陽縣故城北，而東歷襄鄉塢南。《續述征記》曰：西去夏侯塢二十里，東一里，即襄鄉浮圖也。汳水逕其南，漢熹平中某君所立。

解讀

這一段記及的"襄鄉浮圖"，有可能是一種小型的佛塔，所以值得研究。假使屬實，則是中國現存的最早建塔紀錄。塔是一種外來的建築形式，所以唐釋玄應《一切經音義·卷六》說："'塔'字，諸書所無"；慧琳《音義·卷二十七》也說："古書無'塔'字"，"塔"字是梵文 Stupa 的漢譯。慧琳《音義·卷十三》說："窣覩波，上蘇沒反，古譯云藪斗婆，又云偷婆，或曰兜婆，曰塔婆，皆梵語訛轉不正也，此即如來舍利塼塔也。"但《大唐西域記·卷一》說："窣堵波，所謂浮圖也。"所以"襄鄉浮圖"可能是塔。熹平是漢靈帝年號，為時在公元一七二年至一七八年。不過因為"浮圖"（"浮屠"）一詞，在中國古籍中有時也作寺廟之意，所以"襄鄉浮圖"究竟是塔抑是寺廟，《注》文並未詳釋，尚不能肯定。若此“浮圖”是塔,那就是中國現存古籍中所見的最早建塔紀錄。

擷英

(獲水《經》又東至彭城縣北,東入于泗。)

獲水自淨淨溝東逕阿育王寺北,或言楚王英所造,非所詳也。蓋遵育王之遺法,因以名焉。

解讀

阿育王是梵文 Ashoka 的漢譯,他是古代印度孔雀王朝之君,釋迦牟尼死後,他在印度華氏城舉行佛教大結集(時間一說在公元二三六年,又一說在公元二五三年),在佛教史上是一位大人物。既然其名為 Ashoka,漢譯阿育王,所以不能去“阿”而簡稱“育王”。此處或是酈氏偶失,也或是後傳鈔之訛。但現時也常有以“阿育王”簡稱為“育王”的,顯然不諳梵語的錯誤。梵語與巴利語可以省譯或簡譯,但不及人名。

卷二十四　睢水　瓠子河　汶水

擷英

（睢水《經》東過睢陽縣南。）

余按《漢書・梁孝王傳》稱：王以功親為大國，築東苑方三百里，廣睢陽城七十里，大治宮室，為複道，自宮連屬于平臺三十餘里，複道自宮東出楊之門。……（此下尚有一千四百餘字，從略。）

解讀

這一段記敘睢陽城，全文約二千言，是《水經注》中的長《注》之一。睢陽即今河南商丘，是西周和春秋時代的宋國都城，以後一直是著名都城，到北宋時被定為南京，金破東京擄徽、欽而去，趙構（宋高宗）於建炎元年（公元一一二七年）在此即位，所以稱為南宋。酈氏以長《注》記敘此城，說明在北魏時，睢陽仍是一座規模宏大的都城，所以到北宋還能以此城為南京。所以這一篇在歷史城市地理研究中很有價值。

擷英

（瓠子河《經》瓠子河出東郡濮陽縣北河。）

元光三年，河水南泆，漂害民居。元封二年，上使汲仁、郭昌發卒數萬人，塞瓠子決河。于是上自萬里沙還，臨決河，沉白馬玉璧，令群臣將軍以下皆負薪填決河。上悼功之不成，乃作歌曰：瓠子決兮將奈何？浩浩洋洋慮殫為河，殫為河兮地不寧，功無已時兮吾山平，吾山平兮鉅野溢，魚沸鬱兮柏冬日。正道弛兮離常流，蛟龍騁兮放遠游，歸舊川兮神哉沛，不封禪兮安知外，皇謂河公兮何不仁，泛濫不止兮愁吾人，嚙桑浮兮淮泗滿，久不還兮水維緩。一曰：河湯湯兮激潺湲，北渡回兮迅流難，搴長茭兮湛美玉，河公許兮薪不屬，薪不屬兮衛人罪，燒蕭條兮噫乎何以禦水，隤竹林兮楗石菑，宣防塞兮萬福來。于是卒塞瓠子口，築宮于其上，名曰宣房宮，故亦謂瓠子堰為宣房堰，而水亦以瓠子受名焉。

解讀

這一段記敘西漢元光三年（公元前一三二年）黃河決口之災。河水決於瓠子，東南注入鉅野澤，並且殃及淮、泗。漢武帝親臨水災現場堵決，工程艱巨，他命令從臣凡位於將軍以下的，都參加堵決勞動，他則因有感而作《瓠子歌》。最後終於在宣房堵決成功，所以稱此堰為宣房堰，並在此築宣房宮。酈道元非常重視漢武帝的親臨現場，所以《注》文中全錄了他的《瓠子歌》。司馬遷也是在現場參加堵決勞動的官員，對此極有感觸。所以在其後來撰寫的《史記》一百三十篇中，加上了《河渠書》專篇。他在篇末說："甚哉，水之為利害也，余從負薪塞宣房，悲《瓠子詩》而作《河渠書》。"說明以後諸正史中的《河渠書》體例，是因司馬遷自己參加瓠子的堵決而創立的。《水經注》重視此事，原因也在於此。

《水經注》卷二十四、卷二十六各有《汶水》，是兩條不同的河流。

擷英

（《經》汶水出泰山萊蕪縣原山，西南過其縣南。）

《從征記》曰:汶水出(萊蕪)縣西南流,又言自入萊蕪谷,夾路連山百數里,水隍多行石澗中,出藥草,饒松柏,林藿綿濛,崖壁相望,或傾岑阻徑,或回巖絕谷,清風鳴條,山壑俱響,凌高降深,兼惴慄之懼,危溪斷陘,過懸度之艱。

解讀

這一段描寫發源處的自然景觀。“夾路連山百數里”,寫得維妙維肖,有聲有色。是一篇絕妙文章。前面已指出《水經注》中有同名異水的汶水兩條。而即在此同一條汶水中,《經》“屈從縣西南流”下又有稱為“牟汶”的。趙一清曾有《五汶考》一篇,附於《水經注釋》中,可以參閱。

擷英

(《經》屈從縣西南流。)

《馬第伯書》云:光武封泰山,第伯從登山,去平地二十里,南向極望,無不睹其為高也,如視浮雲;其峻也,石壁窅窱,如無道徑。遙望其人,或為白石,或雪,久之,白者移過乃知是人。仰視巖石松樹,鬱鬱蒼蒼,如在雲中,俯視溪谷,碌碌不可見丈尺。直上七里天門,仰視天門,如從穴中視天矣。

解讀

這一段描寫東嶽泰山,當然是一篇好文章。而特別值得重視的是,酈道元引用了《馬第伯書》。上世紀八十年代,天津教育出版社出版一套《古文選粹對譯叢書》,其中包括歷代遊記選粹,分朝代選譯,我為此叢書撰寫卷首《總序》,有一段提及《馬第伯書》:

> 先秦以後,遊記的數量和種類增加,除了那種內容虛構的遊記仍然存在外,由旅遊者按自己旅遊見聞寫作的第一手遊記和其他學者按他人旅遊的記錄或別的資料編寫而成的第二手遊記紛紛出現。這中間,馬第伯所寫的《封禪儀記》即是很著名的第一手遊記中的一篇。馬第伯隨侍漢光武帝封禪泰山,於建武三十二年(公元五六年)正月二十八日從洛陽宮出發,二月九日抵魯,十一日從奉高縣登山,生動而詳細地記載了泰山的風景。

這一段酈引《封禪儀記》中的一小段。這是中國最早的第一手遊記之一。其生動真實，自不待言。東嶽名山，古人記敘甚多，而酈道元得此書而引之，其引書的慎重，確實令人欽佩。

卷二十五　泗水　沂水　洙水

擷英

（泗水《經》泗水出魯卞縣北山。）

《地理志》曰：出濟陰乘氏縣。又云：出卞縣北。《經》言北山，皆為非矣。《山海經》曰：泗水出魯東北。余昔因公事，沿歷徐、沇，路逕洙、泗，因令尋其源流。水出卞縣故城東南桃墟西北。

解讀

泗水是古代今山東境內的一條著名河流，它是淮河下游最長的支流。後來山東境內開鑿運河，泗水是運河的重要水源。今魯南、蘇北的所謂“南四湖”（南陽湖、獨山湖、昭陽湖、微山湖），即是因為金章宗昌明五年（公元一一九四年），黃河在陽武決口，奪泗注淮入海，泗水的流路受阻而形成的，現在成為這個地區的重要水源。但對於泗水的源頭，酈道元所見的幾種文獻，說法都不相同。《漢書・地理志》說它發源於乘氏縣（今山東菏澤附近），《水經》說它發源於卞縣（今山東泗水一帶）北山，《山海經》說它發源於魯（今山東曲阜）東北。酈道元在舟車勞頓的旅程之中，仍然不辭辛勞的進行野外地理考察工作，實地查勘了泗水的上源，以他親眼所見的事實，糾正了各種文獻中長期訛傳而相互牴牾的說法。"訪瀆搜渠，緝而綴之"，他在序中的話，其實就是他的田野工作的體會。

擷英

（《經》西南過魯縣北。）

夫子教于洙、泗之間，今于城北二水之中，即夫子領徒之所也。……《說題辭》曰：孔子卒，以所受黄玉葬魯城北，即子貢廬墓處也。譙周云：孔子死後，魯人就冢次而居者，百有餘家，命曰孔里。《孔叢》曰：夫子墓塋方一里，在魯城北六里泗水上，諸孔氏封五十餘所，人名昭穆，不可復識，有銘碑三所，獸碣具存。《皇覽》曰：弟子各以四方奇木來植，故多諸異樹，不生棘木、刺草，今則無復遺條矣。

解讀

這段《注》文長達一千九百言，以泗水為脈絡，因"夫子教于洙、泗之間"而詳敘孔宅、孔廟、孔子墓塋、孔里，引及儒家著作十餘種，酈氏家族世代尊孔崇儒，《泗水》篇中以孔子故里為記敘重點，這是理所當然。以這段《注》文與今日曲阜作比較研究，則河川的變遷，宅廟墓塋等的布局差異，對儒學和孔子研究者，不失為一個很有價值的課題。

擷英

永平中，鍾離意為魯相，到官，出私錢萬三千文，付戶曹孔訢，治夫子車，身入廟，拭几席，劍履。男子張伯除堂下草，土中得玉璧七枚，伯懷其一，以六枚白意。意令主簿安置几前。孔子寢堂床首有懸甕，意召孔訢問：何等甕也？對曰：夫子甕也，背有丹書，人勿敢發也。意曰：夫子聖人，所以遺甕，欲以懸示後賢耳。發之，中得素書。文曰：後世修吾書，董仲舒；護吾車、拭吾履、發吾笥，會稽鍾離意；璧有七，張伯藏其一。意即召問伯，果服焉。

解讀

從寢堂懸甕到草中埋璧,當然都是鍾離意事前的布置,助手就是戶曹孔訢。鍾離意當然也是尊孔崇儒的,難得而獲為魯相的機遇,竟想趁此抬高自己。以萬三千文私錢的代價,試圖與董仲舒齊名,實在是過於高攀了。張伯藏璧之事,或許也是事前的安排,其意也是為了讓孔子的"素書"傳得更神乎其神。酈道元在《注》文中幾次說過"神道茫昧"的話,而在此居然把鍾離意的故事寫入《注》文,顯然也是因為他的尊孔崇儒觀念所致。

擷英

(《經》又東過沛縣東。)

泗水又南逕宋大夫桓魋冢西,山枕泗水,西上盡石,鑿而為冢,今人謂之石郭者也。郭有二重,石作工巧。夫子以為不如死之速朽也。

解讀

桓魋是春秋宋國大司馬,孔子去曹適宋,桓魋因憎惡孔子,曾揚言要殺孔子。孔子於是改裝繞道過宋。《注》文所引孔子語,出於《禮記·檀弓上》。酈道元寫這一段,仍是他鞭撻厚葬之意。

擷英

(《經》又東南過彭城縣東北。)

泗水西有龍華寺,是沙門釋法顯遠出西域,浮海東還,持《龍華圖》,首創此制,法流中夏,自法顯始也。

解讀

卷十六《穀水》在《經》文"又東過河南縣北,東南入于洛"下,《注》文記敘了白馬寺：

穀水又東南逕白馬寺東，昔漢明帝夢見大人，金色，項佩白光。以問群臣，或對曰："西方有神名曰佛，形如陛下所夢，得無是乎？"于是發使天竺，寫致經像，始以榆欓盛經，白馬負圖，表之中夏。故以白馬為寺名。此榆欓後移在城內愍懷太子浮圖中，近世復遷此寺，然金光流照，法輪東轉，創自此矣。

但此處又說："法流中夏，自法顯始也。"兩說似乎矛盾。不過佛教傳入中國，其實不僅早於法顯，而且早於漢明帝。《史記·秦始皇本紀》所記秦始皇三十三年下有"禁不得祠"之語。此"不得"實為梵語 Buddha 的音譯，在中國古籍中，尚有步他、復豆、勃陀、佛陀等多種譯法。所以佛教其實在秦時已經傳人，而是為秦始皇所禁制的。否則，《穀水》篇中"西方有神名曰佛，形如陛下所夢，得無是乎"的話從何而來？

擷英

（《經》又東南過呂縣南。）

泗水之上有石梁焉，故曰呂梁也。昔宋景公以弓工之弓彎弧東射，矢集彭城之東，飲羽于石梁，即斯梁也。懸濤漰渀，實為泗險，孔子所謂魚鼈不能游。又云，懸水三十仞，流沫九十里，今則不能也。蓋惟嶽之喻，未便極天，明矣。

解讀

這一段記敘呂梁山下的瀑布呂梁洪。在古代，這是一處落差較大的瀑布。但從自然地理學研究，河流都有一種溯源侵蝕的現象，這種現象可以造成瀑布的退縮，終至成為急灘而消失。據史念海先生的研究，著名的孟門瀑布（壺口瀑布）現在的位置已較《水經注》時代北移了五千公尺，壺口的位置平均每年北移超過三公尺。卷四十《漸江水》篇中的蘇姥布瀑布，《注》文記載"水懸百餘丈"，但到了明朝末葉，據天啟《衢州府志·卷一》所載，已經成為一個急灘。呂梁瀑布的變遷過程也是這樣，酈氏時代，實際上已較古代縮小。到了明嘉靖二十三年（公元一五四四年），因為已經成為一個灘險，鑿平已經不難，所以管河主事陳洪範為了便利交通而將其鑿平，從此就不復存在。這段《注》文中所引孔子的話，見《列子·說符》。

擷英

(沂水《經》沂水出泰山蓋縣艾山。)
沂水又南逕爆山西,山有二峰,相去一里,雙巒齊秀,圓峙若一。

解讀

《水經注》描寫有兩座山峰毗連的山岳,前面如鶺鴒山等已有幾處,酈氏都是按實際形態作出不同的生動記敘。對於爆山的這兩座山峰,在自然界其實是常見的,即二峰十分相似。酈氏用了"雙巒齊秀,圓峙若一"描寫這種常見的山巒景色,説明對於描寫自然風景,他確實名不虛傳。

擷英

(《經》又東過襄賁縣東,屈從縣南西流,又屈南過郯縣西。)
《竹書紀年》晉烈公四年,越子末句滅郯,以郯子鴣歸。

解讀

越王句踐在滅吳後北遷瑯琊之事,《越絕書》與《吳越春秋》等均有記載。但近年已有學者提出懷疑,認為並無北遷之事。酈氏從《竹書紀年》引此一條,對句踐北遷增加了論據。此處《殿本》所作"末句",按各本及其他古籍當作"朱句"。

卷二十六　沭水　巨洋水　淄水
汶水　濰水　膠水

擷英

（沭水《經》又東南過莒縣東。）

《列女傳》曰：齊人杞梁殖襲莒戰死，其妻將赴之，道逢齊莊公，公將吊之，杞梁妻曰：如殖死有罪，君何辱命焉；如殖無罪，有先人之敝廬在，下妾不敢與郊吊。公旋車吊諸室，妻乃哭于城下，七日而城崩。故《琴操》云：殖死，妻援琴作歌曰：樂莫樂兮新相知，悲莫悲兮生別離。哀感皇天，城為之墮，即是城也。

解讀

這一段所引《列女傳》杞梁殖妻哭城而城崩的故事，很可能是從唐代開始在民間流行的孟姜女哭長城的故事的原版。傳說中的孟姜女之夫萬（范）喜良，"喜良"與"杞梁"諧音，因而有這種移花接木的傳說，而且在民間流行廣泛，持續長久，並有許多添枝加葉的內容。《琴操》中的歌詞，也改成孟姜女的哭詞，內容通俗，有裨於到處演唱。這說明秦始皇築長城之事,如卷三《河水》引楊泉《物理論》民歌,在民間是長期受到譴責的。

擷英

(巨洋水《經》又北過臨朐縣東。)

巨洋水自朱虛北入臨朐縣,熏冶泉水注之,水出西溪,飛泉側瀨于窮坎之下。泉溪之上,源麓之側有一祠,目之為冶泉祠。……水色澄明而清泠特異,淵無潛石,淺鏤沙文,中有古壇,參差相對,後人微加功飾,以為嬉游之處,南北邃岸凌空,疏木交合。先公以太和中作鎮海岱,余總角之年,侍節東州,至若炎夏火流,閒居倦想,提琴命友,嬉娛永日,桂笥尋波,輕林委浪,琴歌既洽,歡情亦暢,是焉棲寄,實可憑衿。小東有一湖,佳饒鮮筍,匪直芳齊芍藥,實亦潔并飛鱗,其水東北流入巨洋,謂之熏冶泉。

解讀

卷十二《巨馬水》篇中,酈氏記敘了他的家鄉。但《注》文所敘只是當地的自然風景,並未涉及他個人在這個地方的活動和對這種美景的享受,文章雖好,但記敘是靜態的。這說明他在家鄉時還是一個幼兒,以後除了回憶以外就別無可記。但他隨父在臨朐時已經是一個少年,所以《注》文不僅有對當地自然風景的描寫,也有他在這種優美的自然環境中的活動:"提琴命友,嬉娛永日","琴歌既洽,歡情亦暢"。所以雖然是一處不大的熏冶泉和一個小小的池沼,在他的筆下,卻寫得栩栩如生,是一種動態的記敘。是全書中回憶他幼時的好文章。這段《注》文中有"余總角之年,侍節東州"一語,以後的不少學者,都以"總角"一詞推算酈道元的年齡,甚至《水經注》的成書年代。這其實是很不得已的方法,由此作出的推論也是不正確的。因為"總角"一詞,並無數量概念。此詞在古籍中最早見於《詩經》和《禮記》。《詩・衛風・氓》:"總角之宴,言笑晏晏";《詩・齊風・甫田》:"婉兮孌兮,總角丱兮",《鄭箋》作"收髮結之";《禮記・內則》:"男女未冠笄者,雞初鳴,咸盥漱、櫛、縰、拂髦、總角、衿纓",《鄭箋》:"總角,聚兩髦也"。所以後來的酈學家用"總角"推算酈氏其人其書的年代,實在是不得已而為之。不過從《注》文中的"提琴命友"等字句可知,酈氏在當時已屆少年時代。

擷英

（淄水《經》又東過利縣東。）

淄水自縣東北流，逕東安平城北，又東逕巨淀縣故城南……孔子曰：淄澠之水合，易牙嚐而知之，謂斯水矣。

解讀

這一篇《注》文長達三千言，是《水經注》中的長《注》之一。其所以要作這樣的長《注》，因為文中記及齊城和稷下。齊城是從西周以至春秋、戰國的齊國國都，即臨淄城。齊是當時大國，齊城是當時名城。稷下是齊城南首門稷門附近地區，是齊城的文化中心。戰國時百家爭鳴，這裡是各學派的薈萃之地，“稷下”一名長期來代表中國的傳統學術和文化，這一篇長《注》，其意就在於此。

擷英

余生長東齊，極游其下，于中闊絕，乃積綿載，後因王事，復出海岱，郭金、紫惠，同石井賦詩言意，彌日嬉娛，尤慰羈心，但恨此水時有通塞耳。

解讀

在同一卷中，《巨洋水》和《淄水》兩篇中都記及東齊，說明他對這個少年時代居住過的地方的鄉土之情。這一段所敘，他已身為北魏命官，是因公事來到這裡的，與《巨洋水》篇中少年時代已經不同，那時是“提琴命友”，這次則是“賦詩”了。郭金、紫惠當是他少年時代的“提琴”朋友，現在則是相互“賦詩”了。從最後一句“但恨此水時有通塞耳”，說明他已經注意河川水利之事，可能已在為《水經》作《注》了。

擷英

（膠水《經》膠水出黔陬縣膠山，北過其縣西。）

《齊記》曰:膠水出五弩山,蓋膠山之殊名也。……《地理志》,琅琊有柜縣,柜艾水出焉,東入海,即斯水也。

解讀

這一段《注》文引及幾種古籍,由於地理位置偏僻,地形複雜,所以提了膠水和其他幾種名稱,實際上沒有把膠水說清楚。這個地區河川較多,除了膠水以外,其他大川還有沽河。元朝南糧北運主要依靠海運,為了希望在海運中避開山東半島東端的成山角之險,曾於至正年間(公元一二八〇年——一二八五年)利用膠水和沽河開鑿所謂膠萊運河(由膠州、萊州二地得名),但終因地形複雜,中間又有分水嶺之阻,以致工程半途而廢,不獲成功。

卷二十七　沔水

擷英

（《經》沔水出武都沮縣東狼谷中。）

亮薨，百姓野祭，步兵校尉習隆，中書郎向充共表云：臣聞周人思召伯之德，甘棠為之不伐，越王懷范蠡之功，鑄金以存其像。亮德軌遐邇，勛蓋來世，王室之不壞，實賴斯人，而使百姓巷祭，戎夷野祀，非所以存德念功，追述在昔者也。

解讀

這一段是諸葛亮死後步兵校尉習隆和中書郎向充的表文，除此處所錄者外，下面還有一大段。孔明的這兩位部下在當時上此表是理所當然的。但酈氏將此表錄入《注》中，說明直到南北朝，以漢為正統的意識，特別是像酈氏這樣的崇儒家族中，仍然還根深蒂固。

擷英

諸葛亮《與兄瑾書》云:前趙子龍退軍,燒壞赤崖以北閣道,緣谷百餘里,其閣梁一頭入山腹,其一頭立柱于水中,今水大而急,不得安柱,此其窮極,不可強也。又云:頃大水暴出,赤崖以南橋閣悉壞,時趙子龍與鄧伯苗,一戍赤崖屯田,一戍赤崖口,但得緣崖與伯苗相聞而已。後諸葛亮死于五丈原,魏延先退而焚之,謂是道也。自後按舊修路者,悉無復水中柱,逕涉者浮梁振動,無不搖心眩目也。

解讀

這段《注》文錄於諸葛亮《與兄瑾書》。此上還有一段是:"(褒)水西北出衙嶺山,東南逕大石門,歷故棧道下谷,俗謂千梁無柱也。"所以《注》文所記敘的,就是棧道。棧道是古代溝通陝、川、甘各省群山間的沿山險路,又稱閣道或複道。"棧"字從"木",說明這種道路依靠木柱而建。是在沿山的巖壁上鑿石穿梁而修成的道路。其中著名的如金牛道(又稱石牛道),從今陝西勉縣向西南伸展,翻越七盤嶺入蜀,經朝天驛到劍門關,是古代從漢中入蜀的要道。諸葛亮與其兄所述的,即是此道的一段,即所謂"千梁無柱"。這是因為棧道闢在懸崖峭壁上,與山坡或山下溪澗河流的距離甚為懸殊,所以無法立柱支撐。在這種情況下,插入巖石中的木梁,必須盡可能地深插於巖石之中,以增加其牢固程度,工程量的巨大,可以想見。直到唐代,李白仍有《蜀道難》之詩:"難於上青天"。或許可以說明,這種"千梁無柱"的棧道建築,到唐代仍然存在。

擷英

(《經》又東過成固縣南,又東過魏興安陽縣南,涔水出自旱山北注之。)

漢水又東合蘧蒢溪口,水北出就谷,在長安西南,其水南流逕巴溪戍西,又南逕陽都坂東,坂自上及下,盤折十九曲,西連寒泉嶺。《漢中記》曰:自西城涉黃金峭、寒泉嶺、陽都坂,峻崿百重,絕壁萬尋,既造其峰,謂已逾崧、岱,復瞻前嶺,又倍過之。言陟羊腸,超煙雲之際,顧看向塗,杳然有不測之險。

山豐野牛、野羊，騰巖越嶺，馳走若飛，觸突樹木，十圍皆倒，山殫艮阻，地窮坎勢矣。

解讀

這一段《注》文記敘的地區即今秦嶺，是一篇描寫山重水複的絕佳文章。所據《漢中記》一書，未見任何著錄，亦不知撰者和撰寫年代，除《水經注》外，《輿地紀勝》卷一百八十三、卷一百九十尚有引及，說明宋時還有傳本。估計作者一定親歷過這個地區，否則憑道聽途說決不能寫出這般文章。酈氏在《漾水》篇中已經引及，而此處所引一段，更是神妙之筆。如此文章能留在酈氏書中，也是作者之幸。

擷英

（《經》又東過西城縣南。）

漢水右對月谷口，山有坂月川，于中黃壤沃衍，而桑麻列植，佳饒水田。故孟達《與諸葛亮書》，善其川土沃美也。

解讀

此句孫星衍校本刪“山”字，改作“有月坂，有月川”，此改也不無道理。案《諸葛忠武侯集》附錄卷一收入《孟達與諸葛丞相書》及《又與諸葛亮書》各一，但均無此《注》文中語，故此《注》可補其缺。

卷二十八　沔水

擷英

（《經》又東過堵陽縣，堵水出自上粉縣，北流注之。）

魏文帝合房陵、上庸、西城，立以為新城郡，以孟達為太守，治房陵故縣。有粉水，縣居其上，故曰上粉縣也。

解讀

上粉縣，正史無記。但《注》文記之甚明，以粉水而名縣，縣名淵源亦不謬。正史失記縣名不少，《水經注》往往可補正史之缺。

擷英

（《經》又東北流，又屈東南，過武當縣東北。）

沔水又東逕龍巢山下，山在沔水中，高十五丈，廣圓一里二百三十步，山形峻峭，其上秀林茂木，隆冬不凋。

解讀

《水經注》有不少植物地理資料,包括植物分布的區界。此處《注》文"其上秀林茂木,隆冬不凋",說明沔水到了武當山地區,植物群落已經出現了常綠植物林。

擷英

(《經》又東過穀城東,又南過陰縣之西。)

(陰)縣令濟南劉熹,字德怡,魏時宰縣,雅好博古,教學立碑,載生徒百有餘人,不終業而夭者,因葬其地,號曰生墳。

解讀

一位區區縣令,生徒也不過百餘人,但酈氏仍以之入《注》,他的尊師重教觀念,處處可見。

擷英

(《經》又東北過山都縣東北。)

沔水又東偏淺,冬月可涉渡,謂之交湖,兵戎之交,多自此濟。

解讀

《水經注》是一部多學科都有參考價值的古籍,各取所需,從中擷取各自所需要的資料。這幾句是有關歷史上沔水河床情況的例子,對研究沔水河床變遷者是很有用的資料。

擷英

沔水又東逕隆中,歷孔明舊宅北,亮語劉禪云:先帝三顧臣于草廬之中,咨臣以當世之事,即此宅也。

解讀

《前出師表》:“先帝不以臣卑鄙,猥自枉屈,三顧臣於草廬之中。”《注》文所引實即此文中語。當時,諸葛亮年僅二十七,而劉、關、張俱已四十以上之人。難怪後來羅貫中寫《三國演義》,要添枝加葉,插上關、張二人對劉備“猥自枉屈”的許多不理解、不耐煩故事。劉備如此三顧茅廬,而對方無非是一位年輕人。選賢與能,不能不佩服此人在這方面的識力。與北魏、東吳相比,西蜀是實力最弱的一方,劉備的三顧茅廬,或許是他能鼎立於二強之中的關鍵。

擷英

(《經》又東過襄陽縣北。)

山下潭中有杜元凱碑,元凱好尚後名,作兩碑并述己功,一碑沉之峴山水中,一碑下之于此潭,曰:百年以後,何知不深谷為陵也。

解讀

古今許多人都有好名的欲望,這一段記敘杜預(元凱)好名的獨特事例,刊碑而又沉碑,用心良苦。不過杜預實在是應該留名而實際上也是名垂後世的。他是晉朝的開國功臣,文治武功甚著,而這其實並非他名垂後世的原因,他之所以為後世人所推崇,主要是因為他在歷史學研究上的貢獻。因為他寫過《春秋左氏經傳集解》、《春秋釋例》、《春秋長例》等專著,這些專著,從他的研究經歷可以證明,都是他自己的著作,不是什麼祕書或寫作班子作槍手的東西。其中特別是《集解》,是歷來解釋《左傳》的權威著作,直到今天,出版界還在重印,所以他是以做學問而傳名的。不像現在的有些人物,也一心希望留名後世。於是,由祕書或寫作班子作槍手的所謂“文集”、“論集”、“選集”之類,一代代地相繼出籠。另外是到處題字,造成環境汙染中的一種特殊的“摩崖汙染”。杜預的刊碑沉碑,對這些人是一種教訓。杜預的《集解》,對他們是一種啟示。可惜這些人大多不學無術,滿腦袋只有“經典教條”,真真做學問的事,他們永遠做不到。

擷英

（《經》又東過中廬縣東，維水自房陵縣維山東流注之。）

（疎）水中有物，如三四歲小兒，鱗甲如鯪鯉，射之不可入，七八月中，好在磧上自曝，膝頭似虎，掌爪常沒水中，出膝頭，小兒不知，欲取弄戲，便殺人。或曰，人有生得者，摘其皋厭，可小小使，名為水虎者也。

解讀

這段文字所記敘的地區在今漢水襄陽與宜城之間的河段中，疎口當在今小河鎮附近，地區範圍是明確的。《注》文著重於"水虎"一物，所記從"如三四歲小兒"到"掌爪常沒水中，出膝頭"一段，記載的分明是"揚子鱷"（Alligator Sinensis），也就是在中國古書上稱為"鼉"，俗語稱為"豬婆龍"的動物。按照上述地區範圍來說，也是符合事實的。但後來地區範圍逐漸縮小，以安徽省長江沿岸為多。這是全世界唯中國獨有的珍稀動物，是當前國家公布的一類保護動物。今浙江長興，有這種動物的自然保護區，並有人工養殖場。揚子鱷是食肉爬行類動物，但卻並不是猛獸，平日只以魚、蛙、鼠等小動物為食物。《注》文所說的"小兒不知，欲取弄戲，便殺人"，這可能是小兒溺水的誤會，因為此物的形狀生得可怕，所以才造成"殺人"的誤會。揚子鱷與卷三十七《泿水》篇中的"鱷"都是爬行綱鱷目的動物，但《泿水》篇中所記的是馬來鱷（Crocodilus Porosus），那是一種兇猛的爬蟲類動物。唐韓愈在那裡做官，曾寫過一篇《祭鱷魚文》，說到這種動物"據處食民畜、熊、豕、鹿、獐，以肥其身"，這是與揚子鱷完全不同的。《注》文中"可小小使"一語很難解釋。《水經注箋》作"可以小使"，但同樣難解，當是傳鈔中造成的訛誤。

擷英

（《經》又東過荊城東。）

揚水又東北流，東得赤湖水口，湖周五十里，城下陂池，皆來會同。湖東北有大暑臺，高六丈餘，縱廣八尺，一名清暑臺，秀宇層明，通望周博，遊者登之，以暢遠情。

解讀

《水經注》記敘古代建築的臺不少,其中最著名的當然是卷十《濁漳水》篇中的鄴西三臺。但此外記及的臺,雖不如三臺的詳細,但往往也是寥寥幾筆,就寫出了臺的特色。例如卷十三《灅水》篇中的白臺,《注》文只說了三句:“臺甚高廣,臺基四周列壁,閣道自內而升。”因為此臺是“國之圖籙祕籍,悉積其下”,具有特殊性質,所以要“四周列壁,閣道自內而升”。說明此臺是北魏的一個朝廷文獻庫房,不作遊覽觀賞之用。而此篇所記的大暑臺,文字亦不過“秀宇層明,通望周博”。說明此臺的視野甚廣,所以“游者登之,以暢遠情”。酈氏善於用簡短的語言,把事物和盤托出,這種寫作技巧,古來實不多見。

擷英

(《經》又南至江夏沙羡縣北,南入于江。)

庾仲雍曰:夏口亦曰沔口矣。《尚書·禹貢》云:漢水南至大別入江。……案《地說》言,漢水東行觸大別之阪,南與江合。

解讀

《經》文明明寫清,漢(沔)水到江夏沙羨縣注入大江。《注》文又列舉了幾種古籍,說明《經》文所敘不訛。既然“南入于江”,《沔水》一篇到此實已終結,以下應該是《江水》篇的內容了。但《沔水》卻還有一篇,記敘的其實是大江內容。而《江水》僅有三卷。所以全祖望認為《江水》在第三篇(卷三五)以下,必還有續篇,戴震也認為“自宋時已缺逸矣”。所以《水經注》在北宋初亡佚的五卷,決不僅僅是《校上案語》中所列舉的如《滹沱水》、《涇水》等數水而已。從沔水和江水的錯亂顛倒中,說明要讓這部殘籍回歸原貌已非可能。而退一步說,清初幾位悉心校勘的酈學大師,也應該值得稱道了。

卷二十九　沔水　潛水　湍水　均水　粉水　白水　比水

擷英

（沔水《經》沔水與江合流，又東過彭蠡澤。）

漢與江鬬，轉東成其澤矣。

解讀

《經》文明說“沔水與江合流”，但篇名仍是《沔水》，《注》文只好在“彭蠡澤”（今鄱陽湖）上作文章：“漢與江鬬，轉東成其澤矣。”酈道元或許明知所敘已是大江，但因篇名仍是《沔水》，所以只好點出“漢與江鬬”的話。實際上是說明，漢水已經注入大江了。所以今本已不足憑。

擷英

（《經》又東過牛渚縣南，又東至石城縣。）

《經》所謂石城縣者,即宣城郡之石城縣也。牛渚在姑熟、烏江兩縣界中,于石城東北減五百許里,安得逕牛渚而方居石城也。蓋《經》之謬誤也。

解讀

《經》文在這一句中提出了一個牛渚縣,因而引起了一場爭論。因為在正史中並無牛渚縣。《殿本》此處有戴震案語:"案牛渚乃山名,非縣名。"《水經注釋》趙一清說:"牛渚圻名,漢未嘗置縣也。"楊、熊《水經注疏》在此處也說:"《通典》當塗縣有牛渚圻;《地理通釋・二十》引《輿地志》,牛渚山北謂之采石。"清王鳴盛在《皇清經解・卷四〇六下・尚書後案》指出:"且牛渚下接縣南二字尤紊謬而酈亦不辨,蓋牛渚非縣,縣南上疑有脫文。"以上各家所言,牛渚山或牛渚圻確實存在,但各家所謂牛渚非縣,主要理由即趙一清所說:"漢未嘗置縣也",也就是《漢書・地理志》無牛渚縣,《續漢書・郡國志》也無牛渚縣,而晉、宋、齊諸志同樣沒有牛渚縣的建置。不過綜觀《水經注》全書,《經》文如有錯誤,《注》文都隨即加以糾正。今《經》文稱牛渚縣,《注》文未加糾正,而卻說"牛渚在姑熟、烏江兩縣界中"。此處,《注》文提及的姑熟縣,同樣不見於兩《漢志》及晉、宋、齊諸志。由此可知,由於縣的數量極大,而且存廢無常,正史地理志遺漏的縣名為數不少。在《水經注》記及的縣名中,不見於正史地理志的甚多,例如卷十七《渭水》的《經》文"又東過獂道縣南"下,《注》文記及的武城縣,《漢書・地理志》及《魏書・地形志》都不見記載。但《注》文明說:"渭水又東逕武城縣西,武城川水入焉"。此外如卷二十八《沔水》和卷二十九《粉水》中的上粉縣,卷三十二《夏水》中的西戎縣,也都不見兩《漢志》及晉、宋、齊諸志。又如卷三十六《沫水》的靈道縣,卷三十七《澧水》中的溇陽縣,卷三十九《贛水》中的豫寧縣,《水經注》都記及了建縣年代,但這些晉代建置的縣都不見於《晉書・地理志》,足見各史《地理志》遺漏的縣名雖不多亦不少。《晉書・陶侃傳》言陶侃"領樅陽令",但《地理志》中卻無樅陽縣名。以牛渚而論,《水經注疏》已言牛渚有城,而《通鑑地理通釋・卷十三》云:"孫皓時,以牛植為牛渚督。"又《通鑒地理通釋・卷一百・晉記二十二》穆帝永和十一年"鎮壽春"下胡注:"南渡初,祖逖以豫州刺史治蕪湖,永和元年,趙胤以豫州刺史治牛渚。"則牛渚在永和元年(公元三四五年)已經成為一個僑州的州治,則在南北朝時建縣實理所當然,故趙一清、戴震等人之說,無非按正史臆度,均不可信。

擷英

（《經》分為二，其一東北流，其一又過毗陵縣北，為北江。）

毗陵縣，會稽之屬縣也。丹徒縣北二百步有故城，本毗陵郡治也。舊去江三里，岸稍毁，遂至城下，城北有揚州刺史劉繇墓，淪于江，江即北江也。《經》書為北江則可，又言東至餘姚則非。考其逕流，知《經》之誤矣。

解讀

《經》、《注》作者都是北人，不了解南方河川，特別是他們都不敢背離經書。所以酈氏雖然在糾《經》文之謬時有其正確之處，但在"《經》書為北江則可"一語中，說明他也是按《禹貢》立言。《禹貢・揚州》有"三江既入"的話。其實此語與《禹貢・沇州》中的"九河既道"一樣，"三"與"九"只是多數之意，並非實數。"九河既道"是以多條河川描述河口三角洲的地理面貌。酈氏則沿襲舊說，在《河水》五中以徒駭、太史、馬頰、覆釜、胡蘇、簡、潔、句盤、鬲津九條河流，湊合"九"之數。而"三江既入"，由於《禹貢》中曾出現過"北江"、"中江"兩個地名，但與"三江"並不一定存在關係，《禹貢》也絕無作過這種解釋。而《漢書・地理志》認為北、中二江即《禹貢》"三江"中的兩江，於是又臆加"南江"一名，以湊合"三江"之數。所以《漢書・地理志》即以大江為"中江"，而大江以北和以南，就各有與大江平行的"北江"與"南江"兩條無中生有的河流。所以酈氏在糾《經》之謬時說了"《經》書為北江則可"的話。此卷《注》文中還有"江即北江也"，"江水自石城東逕吳國南為南江"等牽強附會的說法。就是因為《禹貢》有"三江"之文，又有"北江"、"中江"之名，而《漢書・地理志》又臆加"南江"。《水經》與《水經注》在這方面的訛誤都由此而來。

擷英

（《經》又東至會稽餘姚縣，東入于海。）

但東南地卑，萬流所湊，濤湖泛決，觸地成川，枝津交渠，世家分夥，故川舊瀆，難以取悉，雖麤依縣地，緝綜所纏，亦未必一得其實也。

解讀

酈道元足跡未到南方，所以在卷二十九《沔水》篇中出現了對東南河川的許多錯誤。受到明代南人黃宗羲在《今水經序》中的嚴厲批評："以曹娥江為浦陽江，以姚江為大江之奇分，苕水出山陰縣，具區在餘姚縣，沔水至餘姚入海，皆錯誤之大者。"黃宗羲所指出的，確實是"皆錯誤之大者"，小的錯誤其實還有不少。不過酈氏畢竟與《漢書·地理志》及《水經》不同，雖然他也必須尊崇《禹貢》，但其實他明知"東南地卑"，這個地區河川紛歧，他儘管參考了許多文獻，但"亦未必一得其實也"。這一段話說明了他與前人不同的科學態度。

擷英

（潛水《經》潛水出巴郡宕渠縣。）

潛水，蓋漢水枝分潛出，故受其稱耳。

解讀

潛水一名，《禹貢·荊州》提及："九江孔殷，沱、潛既道。"但《禹貢·梁州》也提及："岷、嶓既藝，沱、潛既道。"則在今湖北和四川都各有一條沱水和潛水。不過《水經》說："潛水出巴郡宕渠縣。"此縣在今渠縣東北，則此潛水當然在四川，是嘉陵江的支流之一。但《水經》的潛水與《水經注》的潛水又有所不同，因為《水經》既說"潛水出巴郡宕渠縣"，則此水當是古代的宕渠水，是嘉陵江的東支，今稱南江。《水經注》則說："劉澄之稱白水入潛。然白水與羌水合入漢，是猶漢水也。"《注》文所說的白水為西漢水的支流，在今廣元縣以西注入西漢水；而《注》文所說的漢水，即西漢水。所以《注》文的潛水，是今嘉陵江的幹流。鄭德坤在上世紀三十年代已經注意到了這個問題，因此他在《重繪水經注圖·總圖部分》繪上兩條潛水，一條作"經潛水"，另一條作"注潛水"。

擷英

（湍水《經》湍水出酈縣北芬山，南流過其縣東，又南過冠軍縣東。)

(湍)水西有漢太尉長史邑人張敏碑,碑之西有魏征南軍司張詹墓,墓有碑,碑背刊云:白楸之棺,易朽之裳,銅鐵不入,丹器不藏,嗟矣後人,幸勿我傷。自後古墳舊冢,莫不夷毀,而是墓至元嘉初尚不見發。六年大水,蠻饑,始被發掘。說者言:初開,金銀銅錫之器,朱漆雕刻之飾爛然,有二朱漆棺,棺前垂竹簾,隱以金釘。墓不甚高,而内極寬大。虚設白楸之言,空負黄金之實,雖意錮南山,寧同壽乎?

解讀

酈道元反對厚葬,前已屢有所釋。而這個張詹不僅厚葬,而且還要刊碑欺騙後人。對酈氏來説,確實是撰文斥責的極好事例。"虚設白楸之言"下四句,真寫得入木三分。

擷英

(比水《經》比水出比陽東北太胡山,東南流過其縣南,泄水從南來注之。)

余以延昌四年,蒙除東荊州刺史,州治比陽縣故城。

解讀

這是《水經注》全書記敘的最後一個具體年代。北魏宣武帝延昌四年為公元五一五年,離酈氏遇害已僅十二年,所以這個年分在研究《水經注》的成書年代方面頗有價值,很受酈學家的重視。

卷三十　淮水

擷英

(《經》又東過新息縣南。)

潁陰劉陶為縣長,政化大行,道不拾遺,以病去官。童謠歌曰:悒然不樂,思我劉君,何時復來,安此下民。見思如此。

解讀

酈氏作《注》,對惡官是疾惡如仇,對好官是唯恐失記,而且常常用老百姓的褒讚作記,這一段是採錄了當時的童謠。酈氏自己則僅以"見思如此"四字表達其心情。

擷英

慎水又東流,積為燋陂,陂水又東南流為上慎陂,又東為中慎陂,又東南為下慎陂,皆為鴻郤陂水散流。其陂首受淮川,左結鴻陂。漢成帝時,翟方進奏毀之。建武中,汝南太守鄧晨欲修復之,知許偉君曉知水脈,召與議之。

偉君言:成帝用方進言毀之,尋而夢上天,天帝怒曰:何敢敗我濯龍淵,是後民失其利。時有童謠曰:敗我陂,翟子威,反乎覆,陂當復,明府興,復廢業。童謠之言,將有徵矣。遂署都水掾,起塘四百餘里,百姓得其利。

解讀

酈道元在《水經注》中表彰好官甚多,而其中特別是興修水利的好官,因為這與他為《水經》作《注》本意一致。何況這一條事例中既有他要表彰的正面人物,又有他要鞭撻的反面人物,正是他渴求的材料。《注》文引及許偉君的夢,或許是假夢,也或許是真夢,因為他一直以興復湖陂而耿耿於懷,做這樣的夢,正是他日有所思的緣故。但童謠卻是真的,也是《注》文常常利用的勸善懲惡教材。

擷英

(《經》又東過壽春縣北,肥水從縣東北流注之。)

淮水東逕八公山北,山上有老子廟。

解讀

八公山是酈氏可以作一篇大文章的地方,卻以"山上有老子廟"一語輕輕帶過,頗令人不解。在卷三十二《肥水》篇《經》"北入于淮"下,《注》文有幾句話及此:"昔在晉世,謝玄北禦苻堅,祈八公山,及置陣于肥水之濱,堅望山上草木,咸為人狀,此即堅戰敗處。非八公之靈有助,蓋苻氏將亡之惑也。"篇在《肥水》而又對肥水之戰僅寥寥數語。酈氏對苻秦興亡的心態如何,頗不可解。

擷英

(《經》又東過當塗縣北,濄水從西北來注之。)

余按《國語》曰:吴伐楚,墮會稽,獲骨焉,節專車。吴子使來聘且問之,客執骨而問曰:敢問骨何為大?仲尼曰:丘聞之,昔禹致群神于會稽之山,防風氏後至,禹殺之,其骨專車,此為大也。

解讀

這一段《注》文所引的是《國語·魯語》文,“吳伐楚”當作“吳伐越”,《水經注疏》等本已經改“越”。防風氏因會稽之會遲到被殺的故事,不少古籍多有記載,當然是個神話。但其中“獲骨焉,節專車”的事可能是真的,禹殺防風氏的神話或許就從這件事中編造出來的。因為這種巨大的骨骼,在這個地區後來也發現過。據嘉慶《山陰縣志·卷二十一·壇廟》所載:“七尺廟在偏門外縣西四十里湖塘村,宋時建里社,掘土得骨長七尺,仍瘞之,立祀神像于其上,故名七尺廟。”說明這種宋代掘得的長達七尺的巨骨,先秦所見的“節專車”的巨骨,在這一帶確有存在,這是中生代活動於這個地區的恐龍化石。

擷英

故塗山有會稽之名。

解讀

酈道元懂得梵語地名,如《河水》篇中的“半達鉢愁”,他用漢語譯作“白山”。他也知道北方的不少地名不是漢語,故不作淵源解釋而只說“北俗”。由於他足跡未到南方,所以對《孟子》所說的“南蠻鴃舌”並不了解。東南地區有許多古代越語地名,“會稽”即是其中之一,《越絕書》亦作“會夷”。至於塗山,這又是另一回事。由於這個地名與神禹有關,為了爭神禹,也就要爭塗山。杜預在《左傳·哀七》下注塗山“在壽春東北”;明方以智《通雅·卷十三·地輿·塗山有四》下說:“古會稽并轄淮南,塗山實在壽春,非會稽也。”另外還有一些古人認為禹死後葬蜀而不葬會稽,這種主張多半出於蜀人,如蘇軾與蘇轍的《塗山詩》之類,又如唐蘇鶚的《蘇氏演義》,宋羅泌的《路史》,宋劉昌詩的《蘆浦筆記》等。酈氏只說了一句“故塗山有會稽之名”。但後來人對此還大有文章,無非是個神話,卻可以添枝加葉,寫出許多故事。

擷英

(《經》又東過鍾離縣北。)

梁氏天監中，立堰于二山之間，逆天地之心，乖民神之望，自然水潰壞矣。

解讀

《比水》篇中記及酈氏於延昌四年任東荊州刺史事，此是《水經注》全書中記及的最後一個具體年分。而此處所記"立堰于二山之間"，《注》文敘明二山為浮石山和巉山，其堰即浮山堰。但"梁氏天監中"，而天監從公元五〇二年到五一九年，長達十七年，從《注》文無法論定潰壞於何年。按《梁書・康絢傳》所記，浮山堰成於天監十三年（北魏延昌三年），潰於天監十五年八月（北魏熙平元年），此年較延昌四年又晚了一年，故酈書中的具體年分可延長到公元五一六年。

擷英

（《經》又東至廣陵淮浦縣，入于海。）

東北海中有大洲，謂之郁洲。《山海經》所謂郁山在海中者也，言是山自蒼梧徙此云，山上猶有南方草木，今郁州治。故崔季珪之敘《述初賦》，言郁洲者，故蒼梧之山也。

解讀

"是山自蒼梧徙此"是因為"山上猶有南方草木"。其實是因為此郁洲在海邊，由於海洋性氣候，植物與同緯度的內陸不同。古人不明此理，故有"蒼梧徙此"之說。

卷三十一　淯水　滍水　㶏水　灈水　瀙水　潕水　溳水

擷英

（滍水《經》滍水出南陽魯陽縣西之堯山。）

應劭曰:《韓詩外傳》稱周成王與弟戲,以桐葉為圭曰:吾以封汝。周公曰:天子無戲言。王乃應時而封,故曰應侯,鄉亦曰應鄉。

解讀

此當是引應劭《地理風俗記》的話,《注》文隨即又引《呂氏春秋》:"成王以桐葉為圭封叔虞,非應侯也。《汲郡古文》:'殷時已有應國,非成王矣'。"應劭引書不夠謹慎,常有誤引。但此段主旨並不在於應侯、應鄉,而是如前已論及的:"天子無戲言"。在古代,天子是一國至尊,言行舉止,實際上是受禮法的極大拘束的。《禮·郊特牲》:"天子無客禮,莫敢為主焉。君適其臣,升自阼階,不敢有其室也。覲禮,天子不下堂而見諸侯,下堂而見諸侯,天子之失禮也。"一國之君統治全國社稷蒼生,《禮記》的幾句話說得何等慎重。"天子無戲言",這是理所當然。但中國歷史上確實出了不少昏君和暴君。

我在拙著《酈道元評傳》曾經批評"正史"。正史中"既立《酷吏傳》和《佞幸傳》,為什麼不立《暴君紀》和《昏君紀》? 在中國歷史上,酷吏和佞幸當然很多,但暴君和昏君何嘗會少? 而且暴君和昏君給人民造成的災難,又豈是酷吏和佞幸可比,這實在是正史的極不公正之處"。說起來實可悲也可嘆。歷史上有的暴君和昏君,"戲言"已經是纖芥小事,而公開自稱朕是"和尚打傘"。讀《水經注》此一段,實在令人悲憤填胸,感慨係之。

擷英

(滍)水南有漢中常侍長樂太僕吉成侯州苞冢,冢前有碑,基西枕岡城,開四門,門有兩石獸,墳傾墓毀,碑獸淪移,人有掘出一獸,猶全不破,甚高壯,頭去地減一丈許,作製甚工,左膊上刻作"辟邪"字,門表塹上起石橋,歷時不毀。其碑云:六帝四后,是諮是諏。蓋仕自安帝,沒于桓後。於時閹閽擅權,五侯暴世,割剝公私,以事生死。夫封者表有德,碑者頌有功,自非此徒,何用許為? 石至千春,不若速朽,苞墓萬古,祇彰誚辱。嗚呼,愚亦甚矣。

解讀

此一段實在是《水經注》全書中酈氏以第一人稱所作的最嚴厲的鞭撻。酈道元在《注》文中當然有大量褒貶人物的內容,但他很少直接自己出面說話,即所謂第一人稱的話,總是盡可能用他人的話,甚至借助於鬼神或夢寐。而對於此人,他實在忍無可忍,所以作了嚴厲斥責,按"中常侍",秦漢均置此官,專職侍從皇帝,出入宮廷,故權力極大,後漢改以宦官任此職。由於此官兼司傳達詔令和掌理文書,形同皇帝貼身祕書,所以中常侍的品格對皇帝有極大影響。後漢後期是一個宦官弄權、朝政腐敗的時代,而州苞(按《後漢書》作州輔,苞字當是酈氏之誤),在這個時期以宦官為中常侍,無疑是個邪惡小人,是招致當時朝廷腐敗的罪魁禍首。"六帝四后,是諮是諏",其實是他禍國殃民的罪證。而竟以其搜括的民脂民膏,興建如此豪華壯大的墓塋。所以酈氏實在是按捺不住了,才親口說出:"石至千春,不若速朽,苞墓萬古,祇彰誚辱"的話。其實這類事,在中國歷史上,上至帝皇,下及將相甚至宦官,古今都有事例,酈氏痛詬之言,特別是"千春"、"萬古",人們可以拭目以待。

擷英

（淯水《經》淯水出弘農盧氏縣支離山，東南過南陽西鄂縣西北，又東過宛縣南。）

（洱）水北有張平子墓，墓之東，側墳有平子碑，文字悉是古文，篆額是崔瑗之辭。……又言墓次有二碑，今惟見一碑，或是余夏景驛途，疲而莫究矣。

解讀

這一段說明酈氏的田野考察，其認真態度，實在值得後人稱道和學習。《注》文只記及一碑，他竟能反思："或是余夏景驛途，疲而莫究矣。"另一碑是否存在且不論，但他以"疲而莫究"自責，酈氏確是一位做真學問的人。

擷英

（淯）水南道側有二石樓，相去六七丈，雙跱齊竦，高可丈七八，柱圓圍二丈有餘，石質青綠，光可以鑒，其上欒櫨承栱，雕檐四注，窮巧綺刻，妙絕人工。題言：蜀郡太守姓王，字子雅，南陽西鄂人，有三女無男，而家累千金，父沒當葬，女自相謂曰：先君生我姊妹，無男兄弟，今當安神玄宅，翳靈后土，冥冥絕後，何以彰吾君之德？各出錢五百萬，一女築墓，二女建樓，以表孝思。銘云：墓樓東，平林下，近墳墓，而不能測其處所矣。

解讀

此樓與墓，在酈氏時尚存，按《注》文，亦可稱豪華富麗，精雕細琢了。按《金石錄》，此王子雅當漢代人。在宗法社會中，酈氏除詳細記敘此樓墓之壯麗外，顯然還有表彰此三女之意。與《濦水》篇的議論州苞當然絕不相同。以酈氏所處時代及其儒家門第，此《注》當然不足疵。而對此三女所築樓墓的記敘，可謂精細。

擷英

《世語》曰：張綉反，公與戰，敗，子昂不能騎，進馬于公，而昂遇害。《魏書》曰：公南征至宛，臨淯水，祠陣亡將士，歔欷流涕，衆皆哀慟。

解讀

曹操是歷史上的一個大奸雄。此處"歔欷流涕"，顯然是一種假惺惺做作。不過做這樣一番表演，應該還是能起作用的。比比後世那些以莫須有之罪，置其共患難的弟兄於死地的，當然高出很多。正如唐韓愈在《柳子厚墓誌銘》文中所說：

嗚呼！士窮乃見節義，今夫平居里巷相慕悅，酒食遊戲相徵逐，詡詡強笑語，以相取下，握手出於肺肝相示，指天日涕泣，誓生死不相背負，真若可信。一旦臨小利害，僅如毛髮比，反眼若不相識，落陷阱不一引手救，反擠之，又下石焉者，皆是也。此宜禽獸夷狄所不忍為，而其人自視以為得計。聞子厚之風，亦可以少愧矣。

擷英

(《經》又南過新野縣西。)

朝水又東南分為二水，一水枝分東北，為樊氏陂，陂東西十里，南北五里，俗謂之凡亭陂。陂東有樊氏故宅。樊氏既滅，庾氏取其陂，故諺曰：陂汪汪，下田良，樊子失業庾公昌。

解讀

《淮水》篇有翟子威毀陂的記敘，並引用了童謠之言。此處又引"諺"："樊子失業庾公昌。"《水經注疏》楊守敬按據《後漢書·樊宏傳》：

父重，善農稼，開廣田土三百餘頃，陂渠灌注。章懷《注》引此文作樊氏失業庾氏昌。云其陂至今猶名為樊陂，在鄧州新野縣西南。但樊宏湖陽人，酈氏詳載重事於《比水》下，豈因湖陽與新野接壤，因宅在，故有陂新野乎？

按楊氏所考,則此陂開於樊宏之父樊重,而以後陂仍以樊為名。則"諺"所云"樊子失業庚公昌",此是家族盛衰的普通現象,與陂無涉,與《淮水》所敘的翟子威毀陂事不能相比。

擷英

(瀷水《經》瀷水出汝南吳房縣西北奧山,東過其縣北,入于汝。)

山溪有白羊淵,淵水舊出山羊,漢武帝元封二年,白羊出此淵,畜牧者禱祀之。俗禁拍手,嘗有羊出水,野母驚拍,自此絕焉。

解讀

《水經注》經過乾隆全、趙、戴三大家校勘後,基本上(除了北宋景祐亡佚五卷外)已經完整可讀,但從以後酈學家楊守敬、熊會貞、王國維、胡適諸氏的繼續從事,可知《武英殿本》仍有可以商榷和校勘的必要。此處以"野母驚拍"句,述胡適對此的校勘情況。據《胡適手稿》第三集下冊《野母驚抃——跋趙氏硃墨校本水經注箋》的《瀷水》篇(卷三一)有此文:

山溪有白羊淵,淵水舊出山羊。漢武帝元封二年,白羊出此淵,畜牧者禱祀之。俗禁拍手,嘗有羊出水,野母驚抃,自此絕焉。《永樂大典》與《黃省曾本》皆作"驚抃"。《吳琯本》改作"驚仆",朱謀㙔從之,以後《項絪》、《黃晟》兩本也從《朱本》作"驚仆"。戴氏兩本都作"驚拍",是依上文"俗禁拍手"的拍字,文義較明順。《官本》校云:"案近刻訛作扑。"此是"仆"字誤排"扑"。近刻無一本作"扑"。趙氏刻本與《庫本》同作"驚扑"。《刊誤》云:"一清按,仆當作扑。"《楚辭·天問》注:"手拍曰扑。"上云"俗禁拍手"是也。我檢趙氏硃墨校本,始知《庫本》與刻本皆誤。硃墨校本此條上有硃校云:"《孫潛夫本》改仆曰抃。《楚辭·天問》注:'手兮,鼇雖抃而不傾。'王逸此《注》,一本作'手拍曰抃'。《康熙字典》引《天問》注即作'手拍曰抃'。"趙氏原校如此。底稿寫定時,鈔寫者偶誤作扑,並改《楚辭》注文作"扑",實無根據。《說文》,拚,拊手也。拍,拊也。拍、拊,古音同。《釋名》,拍,搏也。戴震《屈原賦注》,《天問篇》此句作"鼇戴山拚",引《玉海》作注作"擊手曰拚"。抃即拚字。古書所謂"抃舞",即是拍手而舞。《水經注》此條當作

“抃”,作“拍”亦通,作“扑”則誤。

胡適在文末署:“卅五・一・六夜”,即公元一九四六年一月六日。當時他還在美國,他是這年七月才啟程回國的。說明他在其有生的最後二十年,從事酈學研究,無時、無地或輟。

此條所校,“拍”、“抃”二字,雖非緊要,而且他在校語中也指出:“作‘拍’亦通。”但我擬加上一句:“做學問應作‘抃’。”現在,做學問的人越來越少,從官到民,都看不起這一行。從古老的華夏文化來說,實在是令人杞憂的。例如,做官的對當前的社會風尚及局勢趨向,也感到心有憂慮,因而提出所謂“和諧社會”的話。而其實,《禮運》全篇一百零七個字,講的就是“和諧社會”。我們這一輩人,從小就把這百餘字背得滾瓜爛熟,但眼下當官的,恐怕連古人有《禮運》這一篇也不知道。時勢如此,夫復何言。

擷英

(溳水《經》溳水出蔡陽縣。)

(大洪)山下有石門,夾嶂層峻,巖高皆數百許仞。入石門,又得鍾乳穴,穴上素崖壁立,非人迹所及。穴中多鍾乳,凝膏下垂,望齊冰雪,微津細液,滴瀝不斷。幽穴潛遠,行者不极窮深,以穴內常有風熱,無能經久故也。

解讀

《注》文記敘的大洪山,在今湖北隨州市南,屬淮陽山地西段,岩層以古老的沉積岩為主,北部多為千枚岩、石英岩及頁岩,南部以石灰岩為主,喀斯特地貌頗有發育。此《注》所記的前段(文略)“為諸嶺之秀”係對全山的描述(此山最高處海拔一〇五五公尺),但“山下有石門”一段,所記為南部喀斯特地貌部分。酈書記敘喀斯特地貌景致不少,但大洪山是其中代表,因其記敘相當細緻:“凝膏下垂,望齊冰雪,微津細液,滴瀝不斷。”至今到石灰岩洞觀光,也多是這種景致。文字栩栩如生。當今各地以石灰岩溶洞闢為旅遊區者甚多,遊覽者讀此,可以領悟酈氏文字之妙。

卷三十二　漻水　蘄水　決水　沘水
泄水　肥水　施水　沮水
漳水　夏水　羌水　涪水
梓潼水　涔水

擷英

（決水《經》又北入于淮。）

余往因公，至于淮津，舟車所居，次于決水，訪其民宰，與古名全違，脈水尋《經》，方知決口。蓋灌、澮聲相倫，習俗害真耳。

解讀

這是一種地名的考證，在今天屬於地名學研究。酈道元因公務到決水入淮之處。《經》文之下，他首先提出地名的錯誤："俗謂之澮口，非也，此決、灌之口矣"。他為此"訪其民宰"，才弄清了致訛之由。前面提出劉盛佳教授撰文認為《水經注》是一部地名學之書。[①]從這一條來看，劉說也有一定道理。案卷十六《穀水注》所記："京相璠與裴司空彥季(案"彥季"當是"季彥"之誤)脩《晉輿地圖》。"劉先生曾在《自然科學史研究》一九八七年第一期中發表了《晉代傑出的地圖學家——京相璠》一文,指出《穀水注》文中這個"與"字不作"同"字解,假使作"同"字解,則京、裴二人地位懸殊,豈能京在前而裴在後。所以這個"與"字應作"給予"解。他舉了《論語・雍也》例:"與之粟九百,辭。"又舉了《孟子・離婁下》:"可以與,可以無與,與傷惠。"故《穀水注》的意思是:京相璠給裴季彥繪製了《晉輿地圖》,即著名的《禹貢地域圖》。所以此圖是京相璠的作品而絕非裴季彥的作品,但因裴位居司空高官,所以由他掛了名。此條因地名錯誤,而他查清了錯誤的原因,所以寫入《注》文。從這條《注》文可以說明,酈氏在田野考察工作中的勤謹。

擷英

(肥水《經》北過其縣西,北入芍陂。)

(肥水)又北逕芍陂東,又北逕死虎塘東,芍陂瀆上承井門,與芍陂更相通注。故《經》言入芍陂矣。……(芍)陂周百二十許里,在壽春縣南八十里,言楚相孫叔敖所造。魏太尉王淩,與吳將張休戰于芍陂,即此處也。陂有五門,吐納川流。西北為香門陂,陂水北逕孫叔敖祠下,謂之芍陂瀆。又北分為二水,一水東注黎漿水,黎漿水東逕黎漿亭南,文欽之叛,吳軍北入,諸葛緒拒之于黎漿,即此水也。東注肥水,謂之黎漿水口。

解讀

《水經注》全書記載了許多水利工程,但由於酈道元足跡未南,所以對南方的水利工程,《注》文中所見的數量與內容都不能與北方相比。這中間,《肥水》篇的芍陂與《漸江水》篇的長湖(或稱大湖)是最著名的兩處。可惜的是,此二處都已因人為干擾而遭到湮廢。芍陂"陂周百二十許里",規模可見。但如我在《湖泊湮廢》拙文(《酈學札記》)中所說:"前面提到的芍陂,即今安徽省壽縣以南的安豐塘,它與芍陂全盛時代相比,面積已經不到十分之一。"

現在大家已經逐漸懂得了陂湖與水資源的重要性。廢田還湖的呼聲也已在媒體上看到,當然,要真正地付諸實施,其間還有許多困難,但大勢所趨,這種日子必然將要來到。

擷英

(《經》北入于淮。)

昔在晉世,謝玄北禦苻堅,祈八公山。及置陣于肥水之濱,堅望山上草木,咸為人狀,此即堅戰敗處。非八公之靈有助,蓋苻氏將亡之惑也。

解讀

此處《注》文記及"八公山",此山的地名來由,在同篇《經》文"北入于淮"下已有說明:

> (船官)湖北對八公山,山無樹木,唯童阜耳。山上有淮南王劉安廟,劉安是漢高帝之孫,厲王長子也。折節下士,篤好儒學,養方術之徒數十人,皆為俊異焉。多神仙祕法鴻寶之道。忽有八公,皆鬚眉皓素,詣門希見,門者曰:"吾王好長生,今先生無住衰之術,未敢相聞。"八公咸變成童,王甚敬之。八士并能煉金化丹,出入無間,乃與安登山埋金于地,白日升天,餘藥在器,雞犬舐之者,俱得上升。其所升之處,踐石皆陷,人馬迹存焉。故山即以八公為目。余登其上,人馬之迹無聞矣,惟廟像存焉。廟中圖安及八士像,皆坐床帳如平生,被服纖麗,咸羽扇裙帔,巾壺枕物,一如常居,廟前有碑,齊永明十年所建也。

按八公山事涉肥水之戰,苻秦以強軍敗於弱旅,此實以後拓跋魏之統一北國,南北朝之所以能相持一百六十年的歷史關鍵。苻秦如無肥水之敗,則南北或已為苻氏所一統。酈氏在《注》文記敘這次攸關漢胡歷史的大戰,不過寥寥數語,而語意慨嘆:"非八公之靈有助,蓋苻氏將亡之惑也。"酈氏對苻秦之敗,其心態如何,《注》文實未表達。但其先敘八公山:"山無樹木,唯童阜耳",後記肥水之戰:"望山上草木,咸為人狀"。"童阜"何來"草木",酈氏行文素來細致,此處之不問究竟,匆匆道過,似因此是一件大事,《注》文不得不記敘之意。《注》文記及齊永明十年(公元四九二年)劉安廟碑,此年是北魏太和十六年,正當酈氏行將入仕北朝(或已入仕)之年。其對於十六國、北魏、南朝之史事遞變,心中已有成見。對大一統之想望,苻氏之功敗垂成等,從《注》文對肥水之戰的寥寥記敘中,酈學家或尚可研究。

擷英

(涪水《經》涪水出廣魏涪縣西北。)

臧宫進破涪城,斬公孫恢于涪。自此水上,縣有潺水出潺山……

解讀

這條《注》文,在一九七九年版的《辭海》所寫的《水經注疏》條曾指出:“因未經審校,錯別字及脱漏之處甚多。如《涪水》漏抄酈注本文竟達九十多字。”我在段熙仲點校、陳橋驛復校本卷首《排印水經注疏的説明》中指出:

> 這條《辭海》釋文的上半段當然是正確的,我在本文開始時就指出了。但下半段説《涪水》抄漏酈《注》本文九十多字的話,其實都是《辭海》自己的錯誤。《辭海》作者認為《水經注疏》抄漏的酈注本文,所指就是:“逕涪縣西,王莽之統睦矣。臧宫進破涪城斬公孫恢于涪自此水上,縣有潺水,出潺山,水源有金銀礦,洗取火合之,以成金銀。潺水歷潺亭而下注涪水,涪水又東南逕綿竹縣北,臧宫泝涪至平陽,公孫述將王元降,遂拔綿竹。涪又東南”,共九十一字。這條釋文的作者,由於沒有考究這一帶的山川地理,而只拿别的版本與之對照,一旦發現“涪水出廣漢屬國,剛氐道徼外,東南流”之下,少了上列九十一字,就立刻斷言這九十一字,被楊、熊或他們的書手所照漏。其實,只要他稍稍耐心一點,往下再讀幾段,就會發現,這九十一字原來未曾少去一個,只是次序前後,被楊、熊重新安排過了。熊會貞在“臧宫泝涪至平陽,公孫述將王元降,遂拔綿竹”句下按云“朱徼外”句下,接“東南流逕涪”云云,至“遂拔綿竹”,下接“涪水又東南流與建始水合”,至“江油廣漢者也”。戴、趙同。準以地望,建始水在上,江油在下,涪縣又在下,何能先逕涪縣而後會建始水而逕江油也,則明有錯簡。“東南流”三字,當接“與建始水合”,至“逕江油廣漢者也”,又移“與建始水合”上“涪水又東南”五字于其下,乃接“逕涪縣西”,至“遂拔綿竹”方合,今訂。疏文的這種次序調整,無疑是正確的,在全書之中,楊在山川地理的比較分析上,的確是花了極大精力的。

當年譚其驤先生看了我這個説明後,曾面告我,他已通知辭書出版社要此條原撰者某先生(譚指其名,但我在此隱之)改正。以後版次,當已改正了。

注释：

① 《華中師範學院學報》一九八三年第一期。

卷三十三　江水

擷英

（《經》岷山在蜀郡氐道縣，大江所出，東南過其縣北。）

岷山，即瀆山也，水曰瀆水矣，又謂之汶阜山，在徼外，江水所導也。

解讀

這一段記載長江發源的《經》文顯然錯誤。岷江是長江的一條支流，竟作為大江之源。《經》文之誤當然來於《禹貢》："岷山導江，東別為沱。"《禹貢》是經書，為後世學者的至尊。不僅是《水經》，比《水經》早的《說文》也說："江水出蜀湔氐徼外岷山。"其實，古人很早就知道，長江還有比岷江更遠的源流。《山海經・海內經》說："有巴遂山，繩水出焉。"這條繩水，就是長江的正源金沙江。《海內經》一般認為是西漢初期的作品，說明古人對江源的認識，到西漢初期，已比《禹貢》成書的年代即戰國末期前進了一步。到了《漢書・地理志》，情況就更為清楚："繩水出徼外，東至僰道入江。"僰道即今四川宜賓，正是金沙江與岷江匯合之處。《水經注》記載的長江上游，雖然在上述《注》文中屈從《水經》，其實就是尊奉《禹貢》。但實際上已經大大地超過了《漢書・地理志》。卷三十六《若水》篇說：

> 繩水出徼外,《山海經》曰:"巴遂之山,繩水出焉。東南流,分為二水,其一水枝流東出,逕廣柔縣,東流注于江;其一水南逕旄牛道,東至大莋與若水合。自下亦通謂之繩水矣。"

若水即今雅礱江,若水與繩水匯合,其下流仍稱繩水,這條繩水當然就是今金沙江。《若水》篇最後說:

> 若水至僰道,又謂之馬湖江。繩水、瀘水、孫水、淹水、大渡水,隨決入而納通稱。是以諸書錄記群水,或言入若,又言注繩,亦或言至僰道入江。正是異水沿注,通為一津,更無別川,可以當之。

從這段《注》文中,可見酈氏對長江上游的幹支流情況,已經很清楚了。《注》文中的繩水,即今金沙江的通稱,淹水是金沙江的上流,瀘水是金沙江的中流,馬湖江是今金沙江的下流,孫水是今安寧河,大渡水是今康定西的𤅮拉河。儘管他不敢突破《禹貢》的框框,仍把岷江作為長江的正源,但在實際上已經把長江上流的幹支流分布記敘清楚了。在卷三十七《淹水》篇中,《注》文還說到:"淹水逕(姑復)縣之臨池澤,而東北逕雲南縣西,東北注若水也。"臨池澤即今雲南永勝南的程海,這是《水經注》明確記敘的長江幹流所到達的最遠之處,說明酈道元在作《注》時雖然仍尊《禹貢》,但他對長江上源所掌握的資料已經相當豐富了。

擷英

《益州記》曰:自白馬嶺回行二十餘里至龍涸,又八十里至蠶陵縣,又南下六十里至石鏡,又六十餘里而至北部,始百許步;又西百二十餘里至汶山故郡,乃廣二百餘步;又西南百八十里至濕坂,江稍大矣。

解讀

這一段記敘岷江自導江後從白馬嶺到濕坂五百餘里之間的江道變遷,是《水經注》全書中記敘上流江道變遷最詳盡的例子。文字雖然得自《益州記》,但仍須歸功於酈氏的廣泛收錄。《益州記》有數種,曾有一部為《隋書·經籍志》著錄,三卷,李氏撰。章宗源《隋書經籍志考證·卷六》說:"《益州記》,卷亡,任預撰,不著錄。"又嘉慶《四川通志·卷一八八·史部附錄》,《益州記》,無卷數,劉欣期撰。今三書俱佚,僅有輯本收入於《宛委山堂說郛》卷六十一及《說郛》卷四。酈引《益州記》不著撰人名氏,究為何本,不得而知。

擷英

江水又歷都安縣，縣有桃關、漢武帝祠。李冰作大堰于此，壅江作堋，堋有左右口，謂之湔堋，江入郫江，撿江以行舟。《益州記》曰：江至都安，堰其右，撿其左，其正流遂東，郫江之右也，因山頹水，坐致竹木，以溉諸郡。又穿羊摩江、灌江，西于玉女房下白沙郵，作三石人立水中，刻要江神，水竭不至足，盛不沒肩。是以蜀人旱則藉以為溉，雨則不遏其流。故《記》曰：水旱從人，不知饑饉，沃野千里，世號陸海，謂之天府也。郵在堰上，俗謂之都安大堰，亦曰湔堰，又謂之金堤。左思《蜀都賦》云：西逾金堤者也。諸葛亮北征，以此堰農本，國之所資，以征丁千二百人主護之，有堰官。

解讀

這一段詳敘都安大堰，即今所稱都江堰，是中國歷史上的重要水利工程。這段《注》文記敘得詳細明白，這個水利工程主要是"壅江作堋"，把江道一分為二。左江是江道正流，右江則是主要的灌溉渠道，具有巨大的灌溉效益。而且除了灌溉以外，還有舟楫之利，並且"因山頹水，坐致竹木"。因為這個地區，古代山林資源豐富，因而也利用山水流放竹木，是一個綜合性的水利工程。工程設計了三個石人作為水位尺，這是經過事前詳細測算的十分巧妙的傑作。工程當然需要保護，每年都要修理，即所謂"歲修"。李冰當年曾訂下了"歲修"的"六字訣"："深淘潭（灘），淺包隅（堰）。""六字訣"的用意很明白，它曉諭以後的歲修者，淘潭務深，作隅宜淺。這是因為淘潭的工程量大，用工甚多而不易為人所見。築堰的工程量小，而且堰在水上，容易為人所見。為了詔示以後的歲修者必須重視工程的實際效用而不以外觀眩人，所以必須淘灘使深，而不是築堰示高。"淺包隅"的目的，就是為了"深淘潭"。前三字是務實工程，後三字是表面工程。如不按"六字訣"歲修，則必致堰隨灘高，最終失去工程的作用。《水經注》原文中是有此"六字訣"的，由於輾轉傳鈔而缺失。以後在《元史・河渠志》中才寫出這六字內容。明曹學佺《大明輿地名勝志》四川六《成都》引《水經注》："李冰作大堰于此，立碑六字曰：'深淘潭，淺包隅。'隅者，于江作堋，堋有左右口。"今日學者為《水經注》輯佚，佚文往往經引用者改動字句甚或加入己意，以致僅存酈氏之意而無酈文精神。但《名勝志》所引此段，以之插入今本，文字恰相符合。我輯佚數年，在數百條酈佚中,如此條者百不及一,實屬難得。

擷英

(移星橋南岸)道西城,故錦官也。言錦工織錦,則濯之江流,而錦至鮮明,濯以他江,則錦色弱矣,遂命之為錦里也。

解讀

這段《注》文可能引自東晉常璩《華陽國志·蜀志》:“錦工織錦濯其江中則鮮明,濯他江則不好。”故此江在當時可能就稱錦江。到唐杜佑《通典》卷一七六《成都縣下》,就寫明:“有錦江。”按此水即都江堰分出的岷江支流之一。錦江濯錦之事既見於《華陽國志》,說明由來已久,而其產品,當然也包括絲綢,必有一條“絲綢之路”輸出。

我在《鄭州大學學報》哲學社會科學版一九九三年第二期曾發表《關於四川省蠶桑、絲綢業的發展和南方絲綢之路的論證》一文,文內有一段提及:

> 日本文部省為了論證這條絲綢之路的存在,特地設立了一項課題,於一九〇〇年夏季,由大阪商業大學商經學院院長富岡儀八教授來到中國把這項課題委託給我。希望我從四川省現代絲綢業的發展狀況,回溯歷史,以證明古代絲綢業的發展和絲綢之路的存在。

日本文部省之所以請我主持這個課題,顯然因為我是他們聘請的客座教授,當時已先後在關西大學、國立大阪大學(按大阪大學因有國立、府立、市立三所,所以要加“國立”二字)、廣島大學講課三個學期,熟悉的日本漢學家甚多。語言方面,我的講課應日方要求使用英語,但平日交際則由於我夫人日語熟嫻,所以也易於融洽。至於派富岡儀八教授事,由於富岡夫婦與我們夫婦關係甚好,每次去日,都要應邀去他們赤穗家中作客數天,所以他自己也很願意前來傳達文部省的這項任務。他是先到北京在全國科協辦好手續,由科協派人同到杭州的。而恰逢我主編《浙江古今地名詞典》[①],與參編者二十餘人在舟山群島的岱山定稿。於是北京與浙省科協人員偕同我夫人陪他專車到達定海,當時定海僅有華僑飯店一家涉外賓館,我們就寓此交談。經他說明,我才知日本文部省所以要立此課題的緣由。由於日本學者與旅遊者,當時來華者甚多,但如旅遊路線上有涉及絲綢之路者,簽證常被稽延。由於西安至敦煌每週只有一次班機,中國駐日外交人員為了交通安全等問題,不得不對這一類旅客的簽證加以推遲。假使四川的這一條絲綢之路能夠考證屬實,則日本學者及旅遊者在中國又多了一條考察線路，簽證問題自可有所緩解。承蒙日本文部省及不少大學的漢學家對我的信任，咸認作此課題非我莫屬。所需一切費用當然全由日方負擔，並云若我們夫婦因此而需進入緬甸或中南半島其他國家，一切手續及簽證等，都由日方辦理。富岡並特意轉達文部省雅意，說明此項委託，純從對我在學術上的崇敬出發，因他們也知道我們夫婦年事均已不小，故請特別保重身體云云。我們夫婦於一九九二年春入川，四川省絲綢局竟已獲悉此事，已在成都機場迎接，並已訂好錦江飯店賓館，我們表示感謝，但聲明不能接受他們招待。錦江飯店是當時成都最高級的賓館，其名稱為"錦江"，實與此省絲綢業有關。我們在四川各地考察近兩月，當時，日產豐田小轎車在川中尚算稀物，我們出資包用了一輛，凡此省蠶桑絲綢發達之處，我們都前去考察。四川省絲綢局對我們的課題，確是盡力支持，以成都蜀錦廠為例，我在上述拙文中曾有一段述及此廠：

> 成都蜀錦廠以生產蜀錦和真絲出口綢為主，有職工一千九百餘人，年產絲綢二千四百萬米。蜀錦已有二千餘年歷史，在日本正倉院、法隆寺等均藏有"飛鳥"、"奈良"時代的"蜀江錦"殘片。長期以來，蜀錦使用木機織造。該廠現尚存明清時代使用的手工提花木機一架，為我們作了操作表演。現在當然已經改用新式織機。

我們因為有自己包用的小轎車，行動方便，所以除了有蠶桑業的各處都親自考察外，絲綢工業特別發達的工廠，如有職工三千五百餘人的樂山絲綢廠，有職工三千三百餘人的重慶絲紡廠等，都作了多時的考察：拍攝照片，查閱資料，對他們的原料來源、加工過程、產品數量和輸出路徑，都作了紀錄。

我在上述拙文中最後指出：

> 四川省蠶桑業已躍居全國首位，絲綢業發展有很大前途，而歷史悠久，淵源古老。為此可以論定，古代確實存在一條絲綢之路。古印度史書《政事論》，史詩《摩訶婆羅多》，婆羅門教的《摩奴法典》等，均載有中國絲綢的資料，據學者研究，這些絲綢產於四川，它們從四川進雲南、緬甸到達印度。即所謂"蜀身毒道"（印度古譯身毒）。這條道路在中國境內包括西山南道、臨邛道、始陽道、牦牛道、岷江道、石門道、博南道、永昌道等段落，可以稱為"南方絲綢之路"。從四川省蠶桑業和絲綢業發展的現狀，可以追溯和論證它的悠久歷史；從四川省蠶桑業和絲綢業的悠久歷史，可以追索和論證這一條自古存在的"南方絲綢之路"。這條絲綢之路近年來才在學者的研究中逐漸明朗起來，它的重要性或許不低於其他幾條絲綢之路，值得繼續深入研究。

為了讓我承擔的日本文部省委託的這個課題廣為學術界知道，實際上也是為了我所從事的這類國際學術活動在中國的透明度，所以我寫了這樣一篇論文，既交給委託者日本文部省,也同時在《鄭州大學學報》發表。而其實"濯之江流,而錦至鮮明"的話,在《水經注》已經記及了。

擷英

(《經》又東南過犍為武陽縣,青衣水、沫水從西南來,合而注之。)

(布僕)水出徼外成都西沈黎郡,漢武帝元封四年,以蜀都西部邛莋邛,理旄牛道,天漢四年置都尉,主外羌,在邛崍山表。自蜀西度邛莋,其道至險,有弄棟八渡之難,揚母閣路之險。

解讀

《武英殿本》在"西部邛莋邛"下有案語:"案此十四字,舛誤不可通,當作'漢武帝元鼎六年,以蜀郡西部莋都置'。《漢書·武帝本紀》可證,不得繫之元封四年也。"《水經注疏》作"漢武帝元封四年,以蜀郡西部邛莋置",按此段主要在記敘今蜀、滇一帶道路的艱險:"弄棟八渡之難,揚母閣路之險。"《水經注疏》楊守敬疏:"益州郡之弄棟縣在《若水注》,在今雲南境,與此地不相涉。"又疏云:"邛崍山本名邛莋,故邛人、莋之界也。……道至險,有長嶺若棟,八渡之難。"楊氏所疏是在西南地理已較明確以後。酈氏時代,對此處地理甚昧,記敘難免有訛。但"弄棟八渡之難,揚母閣路之險",還是寫出了邛崍區之道路艱險。從全局評論,此文仍表述了當地的地形險峻事實。

擷英

(《經》又東北至巴郡江州縣東,強水、涪水、漢水、白水、宕渠水五水合,南流注之。)

強水,即羌水也,宕渠水,即潛水、渝水矣。

解讀

《水經注》記敘河川,同名之水當然極多。各卷篇之中,有同名同水,更多的是同名異水,一部專記河川之書,此事甚不足異。但其中潛水之名實,很費推敲。卷二十九之中,《潛水》專為一篇。《經》文云:"潛水出巴郡宕渠縣。"此處《注》文云:"宕渠水,即潛水、渝水矣。"而卷三十六《桓水》篇在《經》文"桓水出蜀郡岷山,西南行至羌中,入于南海"下,《注》文又說:"《尚書·禹貢》,岷、嶓既藝,沱、潛既道。"酈氏在最後總結:

> 余考校諸書,以具聞見,今略緝綜川流沿注之緒,雖今古異容,本其流俗,粗陳所由。然自西傾至葭萌入于西漢,即鄭玄所謂潛水者也。

此處酈氏之言,當指卷二十九《潛水》篇《注》文:

> 潛水,蓋漢水枝分潛出,故受其稱耳。今爰有大穴,潛水入焉。通岡山下,西南潛出謂之伏水。或以為古之潛水,鄭玄曰:"漢別為潛,其穴本小,水積成澤,流與漢合。大禹自導漢疏通,即為西漢水道也。"故《書》曰:"沱、潛既道。劉澄之稱白水入潛。然白水與羌水合入漢,是猶漢水也。……縣以延熙中,分巴立宕渠郡,蓋古賨國也,今有賨城。縣有渝水。……縣西北有餘曹水,南逕其縣,下注潛水。"

總而言之,潛水在《水經注》中情況與其他許多同名異水有別。《經》、《注》其實都未曾把此水說清,其所以致訛,首先當然是《禹貢》的問題。鄭玄是解釋《禹貢》的權威,所解也先後牴牾,終至出現《經》、《注》皆誤。以致鄭德坤繪《水經注圖》(全圖已散失,僅存總圖),不得不繪出"經潛水"與"注潛水"兩條河流。而《經》、《注》原意也未必如此。不過是前人之訛,後人勉為修補而已。

擷英

(《經》又東至枳縣西,延江水從牂柯郡北流西屈注之。)

江水東逕陽關巴子梁,江之兩岸,舊有梁處,巴之三關,斯為一也。延熙中,蜀車騎將軍鄧芝為江州都督,治此。江水又東,右逕黃葛峽,山高險,全無人居。

解讀

《水經注》在卷四《河水》的《經》文"又東過砥柱間"之下,《注》文就提出"勢同三峽"的話。砥柱是酈氏親睹的河中之險,而三峽酈所未見,卻以此比砥柱,足見對於長江三峽的聲名,北人早有共識,在華夏河川之中,乃是第一勝險。《江水》篇在此以前,所敘其實多為岷江,而這條《經》文下,才出現"黃葛峽"之名。《注》文甚長,記及的峽、灘甚多,雖然尚未到"勢同三峽"之處,但實已漸入佳境了。此段《注》文中,記敘的峽名,除為首的黃葛峽外,尚有明月峽、雞鳴峽、東望峽數處。峽以外還有灘。此段中記及的有文陽灘、桐柱灘、虎鬚灘、和灘數處,說明這一江段,江寬而沿江山勢尚緩,尚有自然地理學上所謂的河漫灘現象。如《注》文所記的"虎鬚灘":"灘水廣大,夏斷行旅",這顯然是因為灘廣而水淺之故。所以江中還有洲的存在,此段中記及的有豐民洲和平洲二處。先者曾是"巴子別都",而後者則"洲上多居民"。所以在這條《經》文之下,峽雖出現而江道尚不險峻,不過是漸入佳境而已。

擷英

(《經》又東過魚復縣南,夷水出焉。)

(陽溪)北流逕巴東郡之南浦僑縣西,溪硤側鹽井三口,相去各數十步,以木為桶,徑五尺,修煮不絕。……(湯溪水)南流歷縣,翼帶鹽井一百所,巴、川資以自給。粒大者方寸,中央隆起,形如張繖,故因名之曰繖子鹽,有不成者,形亦必方,異于常鹽矣。王隱《晉書・地道記》曰:入湯口四十三里,有石煮以為鹽,石大者如升,小者如拳,煮之水竭鹽成,蓋蜀火井之倫,水火相得乃佳矣。

解讀

蜀中產鹽之事,前一條《經》文下,《注》文已經記及:"《華陽記》曰:(臨江)縣在枳縣東四百里,東接朐忍縣,有鹽官,自縣北入鹽井溪,有井鹽營戶。"而這一段記敘得更為詳細,記下了湯溪水一帶有鹽井一百所,是蜀中的鹽業中心,而且又記及了生產井鹽的火井(天然氣)。四川是一塊大盆地,其中有賴都江堰為灌溉沃潤的成都平原,糧食無虞匱乏;有用天然氣燒製的井鹽,雖處內陸而不求沿海;又有亞熱帶氣候環境中的各種農產果品,而蠶桑業發達,早已出現了一條南方的絲綢之路,所以"天府之國"的概念不僅僅是都江堰而已。從交通條件來說,境內四通八達,而入境則有蜀道之難。諸葛亮的《隆中對》實在值得佩服,他確實是個有學問的人。

擷英

江水又東逕石龍而至于博陽二村之間,有盤石,廣四百丈,長六里,阻塞江川，夏沒冬出，基亘通渚。又東逕羊腸虎臂灘。楊亮為益州，至此舟覆，懲其波瀾，蜀人至今猶名之為使君灘。……彭溪小又南，逕朐忍縣西六十里，南流注于江。謂之彭溪口。江水又東，右逕朐忍縣故城南。常璩曰：縣在巴東郡西二百九十里，縣治故城，跨其山阪，南臨大江，江之南岸有方山，山形方峭，枕側江濆。江水又東逕瞿巫灘，即下瞿灘也，又謂之博望灘。

解讀

這一段注文下，江道初時仍然較為寬敞，因而江中多灘。從以上鈔錄的博望灘以下，江灘還有不少。如"江水又逕東陽灘，江上有破石，故亦通謂之破石灘。苟延光沒處也"，"江水又逕落牛灘"。此以下，灘去峽來，"江水又東逕南鄉峽，東逕永安宮南，劉備終于此，諸葛亮受遺處也。其間平地可二十許里，江山迴闊，入峽所無，城周十餘里，背山面江，頹墉四毀，荊棘成林，左右民居，多墾其中。江水又東逕諸葛亮圖壘南，石磧平曠，望兼川陸，有亮所造八陣圖，東跨故壘，皆壘細石為之"。由這段《注》文可見，自南鄉峽以東，直至諸葛亮八陣圖，江面仍然較寬，不僅是江中的河漫灘，山勢也並不緊逼江岸，以致"荊棘成林，左右民居，多墾其中"，"石磧平曠，望兼川陸"。但在這句《經》文下，愈向東，蜀江的形勢愈險峻。前方漸入佳境，而最後終於驟入佳境了。

擷英

江水又東逕廣溪峽，斯乃三峽之首也。其間三十里，頹巖倚木，厥勢殆交，北岸山上有神淵，淵北有白鹽崖，高可千餘丈，俯臨神淵。土人見其高白，故因名之。天旱，燃木岸上，推其灰燼，下穢淵中，尋即降雨。常璩曰：縣有山澤水神，旱時鳴鼓請雨，則必應嘉澤。《蜀都賦》所謂應鳴鼓而興雨也。峽中有瞿塘、黃龕二灘，夏水回復，沿泝所忌。瞿塘灘上有神廟，尤至靈驗，刺史二千石徑過，皆不得鳴角伐鼓，商旅上水，恐觸石有聲，乃以布裹篙足，今則不能爾，猶饗薦不輟。此峽多猿，猿不生北岸，非惟一處，或有取之放著北山中，初不聞聲，將同狢獸渡汶而不生矣。其峽蓋自昔禹鑿以通江，郭景所謂巴東之峽，夏后疏鑿者。

解讀

三峽是長江在川、鄂之間的許多峽谷的總稱。上面兩句《經》文下,已經寫出了好幾處峽谷和灘險之名。但其中以三處特別著名,所以歷來一直稱為"三峽"。但"三峽"之名,歷來頗有差異。此處《注》文說:"江水又東逕廣溪峽,斯乃三峽之首也",又卷三十四《江水》在《經》文"又東過巫縣南,鹽水從縣東南流注之"下,《注》文說:"江水又東逕巫峽"。同卷《經》文"又東過夷陵縣"下,《注》文說:"江水又東逕西陵峽,……所謂三峽,此其一也",所以楊守敬在《水經注疏》中稱:"是酈氏以廣溪、巫峽、西陵為三峽。"

不過歷來許多文獻中,並無廣溪峽之名。例如《方輿紀要·卷一二八·川瀆五·大江》:"西陵峽在焉,與夔州之瞿唐,巫山之巫峽,共為三峽。"當今多數地理書及其他文獻中,多以《方輿紀要》所舉者為依據。當然,對於這條峽谷紛歧的河道中,三峽名稱的差異並非重要問題。值得重視的是對於三峽景色的描寫。酈氏足跡未曾到過此處,但從其在《河水》篇中記敘他親睹的砥柱山中就以"三峽"作比,說他對此早已心嚮往之。為此,他必然遍閱前人有關這個景點的文獻,反覆研究,仔細比較,再由他自已悉心加工。所以雖然未曾親履,但自古以來,描寫三峽文章,實在沒有勝過《水經注》的。特別是其中的兩篇(均在卷三十四之中),確實是百讀不厭的千古文章。

一篇在《經》文"又東過巫縣南,鹽水從縣東南流注之"下:

> 自三峽七百里中,兩岸連山,略無闕處。重巖疊嶂,隱天蔽日,自非停午夜分,不見曦月。至于夏水襄陵,沿泝阻絕。或王命急宣,有時朝發白帝,暮到江陵,其間千二百里,雖乘奔御風,不以疾也。春冬之時,則素湍綠潭,回清倒影。絕巘多生怪柏,懸泉瀑布,飛漱其間,清榮峻茂,良多趣味。每至晴初霜旦,林寒澗肅,常有高猿長嘯,屬引淒異,空谷傳響,哀轉久絕。故漁者歌曰:"巴東三峽巫峽長,猿鳴三聲淚沾裳。"

另一篇在《經》文"又東過夷陵縣南"下:

> 江水又東逕西陵峽,《宜都記》曰:"自黃牛灘東入西陵界,至峽口百許里,山水紆曲,而兩岸高山重障,非日中夜半,不見日月。絕壁或千許丈,其石彩色,形容多所像類。林木高茂,略盡冬春。猿鳴至清,山谷傳響,泠泠不絕。所謂三峽,此其一也。山松言:'常聞峽中水疾,書記及口傳,悉以臨懼相戒,曾無稱有山水之美也。及余來踐躋此境,既至欣然,始信耳聞之不如親見矣。其疊崿秀峰,奇構異形,固難以辭敘,林木蕭森,離離蔚蔚,乃在霞氣之表,仰矚俯映,彌習彌佳,流連信

宿，不覺忘返，目所履歷，未嘗有也。既自欣得此奇觀，山水有靈，亦當驚知己于千古矣。'"

這一篇顯然是引用了袁山松的《宜都記》（亦作《宜都山水記》），袁曾任宜都太守，正在西陵峽境上，所以有"及余來踐躋此境"的話。"流連信宿，不覺忘返"，如此風景，實在引人入勝。《宜都記》早已亡佚，吉光片羽，而其中最精彩的文章，依靠酈道元的引證，才讓後世獲得欣賞的機會。

注释：

① 浙江教育出版社一九九一年版。

卷三十四　江水

擷英

（《經》又東過夷陵縣南。）

江水又東逕黃牛山，下有灘，名曰黃牛灘。南岸重嶺疊起，最外高崖間有石，色如人負刀牽牛，人黑牛黃，成就分明，既人迹所絕，莫得究焉。此巖既高，加以江湍紆回，雖途經信宿，猶望見此物。故行者謠曰：朝發黃牛，暮宿黃牛，三朝三暮，黃牛如故。言水路紆深，回望如一矣。

解讀

從黃牛山以東，長江已漸次進入荊江河段，江寬水緩，河道迂曲，而酈氏仍不放過黃牛山這峽谷河段中的最後景點，既描寫山勢形態和高度，也記敘江道從此流入平原。但描寫此二種不同景致，要用許多文字，而且難度不小。但他能遍索資料，獲得"黃牛"一謠，短短十六字，勝過千百言的繁瑣。文章本天成，妙手自得之。當然，要作此"妙手"，又談何容易。

擷英

（《經》又東過枝江縣南，沮水從北來注之。）

江水又東逕上明城北，晉大元中，苻堅之寇荊州也，刺史桓沖徙渡江南，使劉波築之，移州此城。其地夷敞，北據大江，江汜枝分，東入大江，縣治洲上，故以枝江為稱。

解讀

這一段要注意"縣治洲上"之語。苻堅侵占江北，縣治可移至江南。不僅"其地夷敞"，而且還可建立江中洲上縣治。在此以上，《注》文記載了許多稱"灘"的地名，但從此以下，"洲"代替了"灘"，江道已從峽谷區進入了平原區，即今所稱江漢平原。研究古今長江者，要注意《注》文的這種轉變。

擷英

盛弘之曰：(羅)縣舊治沮中，後移出百里洲西，去郡百六十里，縣左右有數十洲槃布江中，其百里洲最為大也。中有桑田甘果，映江依洲，自縣西至上明東及江津，其中有九十九洲。

解讀

因為江道寬廣，加以水流趨緩，上游流沙，易於在這個江段中淤積成洲，所以在羅縣縣境一帶，竟有九十九洲之多，其中大洲如百里洲，"中有桑田甘果"。像百里洲這類洲，已經穩定成陸，有村莊民舍田園。實際上就成為一個江中的島嶼。這是江漢平原長江的大勢，是長江全程中的一個特殊段落，這想必與古代的雲夢澤有關。

擷英

（《經》又南過江陵縣南。）

縣北有洲,號曰枚回洲,江水自此兩分,而為南、北江也。

解讀

枚回洲顯然是個早已穩定的大洲,所以江在此分為二,即北江與南江。但此北、南二江,與《禹貢》及《漢書·地理志》的"三江"不同,酈氏也未曾與之相混。這種因江中横亘一個大洲(島),江水就分南北兩條,在長江中為數不少,江口的崇明島即是其例,與《禹貢》及《漢書·地理志》之說無關。

卷三十五　江水

擷英

（《經》湘水從南來注之。）

江之右岸有城陵山，山有故城，東接微落山，亦曰暉落磯。……又東逕彭城口，水東有彭城磯，故水受其名。

解讀

長江在流經江漢平原後，江道的情況又有改變。當然，江道所經仍在平原之中，所以江中之"洲"依然。在此卷前面的幾條《經》文下，有諸如虎洲、楊子洲、清水洲、生江洲、爵洲等洲，羅列江中。但除"洲"以外，又有一種地理事物稱為"磯"出現，此《經》下除上述暉落磯、彭城磯外，還有隱磯、鴨蘭磯、蒲磯等。"磯"與"洲"當然不同，"磯"是旁江孤丘，高度均不大，但具有約束江道作用。江漢平原以東，直至大江入海，沿江並無高山大嶺，所以"磯"就顯得重要，自此東下，如采石磯、燕子磯等，都是沿江名磯。

擷英

(《經》又東北至江夏沙羡縣西北,沔水從北來注之。)

(龍驤水)南至武城,俱入大江,南直武洲,洲南對楊桂水口,江水南出也。通金女、大文、桃班三治,吳舊屯所,在荊州界盡此。

解讀

按金女、大文、桃班三治,歷來學者多費解。清李兆洛《歷代地理志韻編今釋》卷首李鴻章序說:"金女、大文、桃班、陽口、歷口之類,皆不見于諸志。……亦不能無疑也。"楊守敬、熊會貞《水經注疏》改"治"為"冶"。楊守敬疏云:"《隋志》,江夏縣有鐵。《寰宇記》,冶唐山在江夏南二十六里。《舊記》云:'宋時依山置冶,即今所指之冶。'"按此處楊、熊所改為是,對歷來諸本包括《武英殿本》之訛,甚有價值。楊、熊俱鄂人,對鄂地地理掌故甚有心得,此"治"字,不唯酈書之訛,李兆洛、李鴻章亦同其訛(李鴻章已提出其疑),足見古籍校勘,確能愈校愈精。

擷英

(《經》鄂縣北。)

江水右得樊口,庾仲雍《江水記》云:谷里袁口,江津南入,歷樊山上下三百里,通新興、馬頭二治。

解讀

如上條,楊守敬、熊會貞《水經注疏》改"治"為"冶"。熊會貞《疏》云:"《晉志》,武昌有新興、馬頭鐵官。《唐志》,武昌有鐵。《御覽》八百三十引《武昌記》,北濟湖當是新興冶塘湖。元嘉發水冶。……《一統志》,新興冶在大冶南。"此條與前條同,熊氏之改甚佳。其中"大冶"之名今仍存。鄂省自古多"冶",鈔錄者誤作"治",楊、熊之校,甚有貢獻。

擷英

(《經》又東過下雉縣北,利水從東陵西南注之。)

《江水》又東,左得青林口,水出廬江郡之東陵鄉。江夏有西陵縣,故是言東矣。《尚書》云:江水過九江至于東陵者也。西南流,水積為湖,湖西有青林山,宋太始元年,明帝遣沈攸之西伐子勛,伐柵青山,睹一童子甚麗,問伐者曰:取此何為? 答:欲討賊。童子曰:下旬當平,何勞伐此。在眾人之中,忽不復見,故謂之青林湖。湖有鯽魚,食之肥美,辟寒暑,湖水西流,謂之青林水。

解讀

中國自古稱大川必言"江河淮濟",江為大川之首。但《水經》只寫到下雉縣,而酈書也僅以一個神話故事提及青林山、青林湖、青林水。一條大江,《經》、《注》都只寫到今湖北和江西之間,於事實在可疑。全祖望在《水經江水篇跋》(《鮚埼亭集外編》卷二二)中說:"《江水》失去第四篇,而青林湖以下竟無考。"戴震在《武英殿本》中說:

> 案《水經》于《沔水》內敘其入江之後所過,蓋與江水合沔之後,詳略互見,今《江水》止于下雉縣,而《沔水》內訂其錯簡,又東過彭蠡澤,又東過皖南縣,又東至石城分為二,其一東北流,又東北出居巢縣南,又東過牛渚,又過毗陵縣為北江,參以末記《〈禹貢〉山水澤地所在》,北江在毗陵北界,東入于海,下雉以下大江入海之大略固具在,道元于《江水》敘次必詳悉,自宋時已闕逸矣。

全祖望認為《江水》失去第四篇的話是有道理的,北宋景祐所失五卷之中,確有可能包括《江水》一卷。戴震之言失之於含混不清。若《江水》無第四篇,而《沔水》篇中怎又混入大江入海之事,如黃宗羲所說,其間又錯誤百出呢? 今卷二十九《沔水》篇中酈氏語:"但東南地卑,萬流所湊,濤湖泛決,觸地成川,枝津交渠,世家分夥,故川舊瀆,難以取悉,雖麤依縣地,緝綜所纏,亦未必一得其實也。"此一段,應為《江水》第四篇大江入海後之結束語,竟錄入與此毫無關係的《沔水》篇中,實在是牽強附會。所以《水經注》在缺佚五卷後,傳鈔湊合之中,魯魚亥豕之訛存在甚多,但於今已無可補救了。

卷三十六　青衣水　桓水　若水　沫水　延江水　存水　溫水

擷英

（若水《經》又東北至犍為朱提縣西，為瀘江水。）

建安二十年立朱提郡，郡治縣故城。郡西南二百里得所綰堂琅縣，西北行，上高山，羊腸繩屈八十餘里，或攀木而升，或繩索相牽而上，緣陟者若將階天，故袁休明《巴蜀志》云：高山嵯峨，巖石磊落，傾側縈回，下臨峭壑，行者扳緣，牽援繩索。三蜀之人，及南中諸郡，以為至險。有瀘津，東去縣八十里，水廣六七百步，深十數丈，多瘴氣，鮮有行者。

解讀

此段《注》文引及《巴蜀志》。章宗源《隋書經籍志考證・卷六》："《巴蜀志》卷亡，袁休明撰，不著錄。"《隋志》又著錄《巴蜀記》一卷，不著撰人。此二者是否同書，因均已亡佚，無可查核。但酈氏因當時的廣搜博覽，尚能見及此書，所引"以為至險"數句，確實把山道艱難寫得觸目驚心。按《續漢書・郡國志》朱提下注引《南中志》，謂縣西南二里有堂狼山，多毒草，盛夏之月，飛鳥過之，不能得去。"堂狼"與"堂琅"同音，恐即堂琅縣之山；"飛鳥過之，不能得去"，寫得未免過分。此段《注》文記及的瀘津，也說"多瘴氣，鮮有行者"。"瘴氣"是諸書寫到西南山區時常用的詞彙，意思是一種深山惡水中的毒氣，人受到瘴氣，就會中毒而死。我認為古人所謂瘴氣，實在是深山老林中的枯枝敗葉，積久腐爛，所謂腐殖質之類，當然易於繁殖細菌病毒，而這些地區行人稀少，特別是當時的衛生條件不好，所以經過這些地區的行旅，容易致病而死。回憶一九八二年我曾由本地嚮導帶入南美亞馬遜原始森林，在深邃的赤道雨林中考察了大半天。嚮導人無非手持一根木棍，因亞馬遜原始森林與剛果及南洋的原始森林不同，其間很少毒蛇猛獸故也。但枯枝敗葉確實堆積甚多。敗葉多處，有深及膝部者，霉腐之氣甚濃，因樹蓋甚密，不見陽光，加以雨水極多，必然要產生這種現象，或許就是我們所說的瘴氣。但現在的條件與古時不能相比，進入森林前，衣褲鞋襪帽蓋，都妥為準備。褲管緊紮，加上手套，肌膚基本上不會觸及林中腐物。而考查以後，回到旅館，又立即沐浴消毒，所以可保無"瘴氣"之虞。現在中國西南山區的情況，想必也已經改變了。

擷英

自朱提至僰道有水步道，水道有黑水、羊官水，至險難，三津之阻，行者苦之。故俗為之語曰：楢溪、赤水，盤蛇七曲，盤羊烏櫳，氣與天通，看都護泚，住柱呼伊，庲降賈子，左擔七里。又有牛叩頭、馬搏頰坂，其艱險如此也。

解讀

中國西南古代的道路，李白在《蜀道難》詩中，已經寫得淋漓盡致。這中間，由陝入川的稱為棧道。在卷二十七《沔水》篇中已有記敘。而這一段中所說："庲降賈子，左擔七里"，則是另一類艱險的山道，即所謂"左擔道"。庲降在當時是建寧郡治，約在今雲南曲靖附近。僰道是今四川宜賓，是岷江注入長江之處，商業必然繁榮，從庲降到僰道，是從一個政治中心到一處商業重鎮，行人當然不少。但這條道路，在古代被稱為"左擔道"，其險峻實不下於棧道。楊希閔在《水經注匯校》於此處引李克《蜀記》說："蜀山自綿谷葭萌，道陘險窄，北來負擔者，不容息肩，謂之'左擔道'。"商賈之人，用扁擔在肩上負重，行走於狹窄的山道之上，肩挑者的唯一休息方式，是把扁擔換到右肩，行進一段後，又從右肩換到左肩，在整個負重行程中，這樣的換肩動作，使左、右肩獲得間息的機會。但是從庲降入川，由於山道既險又狹，換肩的動作也不可能，負擔肩挑者,只能用一個肩膀硬挺。"左擔七里",說明這條"左擔道"的長度。負重者奔走於如此漫長的山道上,當然不勝其苦。但當年要在這樣崎嶇險峻的山上,開鑿出如此一條道路,其工程的艱巨,實在也是很難想像的。

擷英

(溫水《經》東北入于鬱。)

區粟建八尺表,日影度南八寸,自此影以南在日之南,故以名郡。望北辰星,落在天際。日在北,故開北戶以向日。此其大較也。范泰《古今善言》曰:日南張重,舉計入洛,正旦大會,明帝問:日南郡北向視日邪?重曰:今郡有雲中、金城者,不必皆有其實,日亦俱出于東耳。

解讀

日南郡位於今越南中南部,是中國歷來行政區劃中最偏南的一郡。應劭在《地理風俗記》中說:"日南,故秦象郡",雖然並不完全正確,但可以說明這個地區在公元前三世紀已由漢族建立了郡縣。《漢書・地理志》說王莽改名為日南亭,所以直到西漢之末,此郡仍在漢朝的版圖之中。東漢馬援和路博德幾次南征,日南郡也都在漢疆之中。同條《注》文說:"晉太康三年,省日南郡屬國都尉,以其所統盧容縣置日南郡及象林縣之故治。"直到南北朝,《注》文還記及元嘉二十年"陳兵日南,脩文服遠"之事,所以南朝勢力仍到達這個地區。對於領土的地理位置絕大部分在北回歸線以北的漢族王朝來說,把此郡稱為"日南",這就是《注》文所說的:"日在北,故開北戶以向日,此其大較也。"這段話中,"此其大較也"一句是說得很有道理的,因為日南郡並不全年都"開北戶以向日"。按此郡地理位置大概在北緯十七度南北,所以每年夏至前後,約有五十天時間太陽在北。則一年之中"開北戶以向日"的日子還不到兩個月。《注》文所說的"區粟建八尺表",所謂"八尺表",顯然是一種日晷之類的設置,是古人根據日照以確定地理位置的依據。區粟是古代林邑國城市,在今越南順化一帶,具體地點至今尚有不同意見,但大致在北緯十六度附近,一年中位於日南的時間接近兩個月,所以《注》文的"此其大較也"一語是順理成章的。

《注》文還舉了范泰《古今善言》所敘的一段故事,此書,《隋志》與兩《唐志》都曾著錄,全書有三十卷,可惜已經亡佚。但《注》文提及的這位張重,顯然是個不學無術之輩,但在郡中必然是個有權勢的人物,所以能夠獲得這樣一次到洛陽的當前稱為公費旅遊的機會。而且得以在洛陽與漢族的至尊對面。可惜這位以權勢關係來到中原的人,連最起碼的天文知識都沒有,只憑其平時聽到過的幾個中原郡名,油嘴滑舌,答非所問。只是由於漢明帝自己所知也不多,所以無法當場揭穿他的胡言亂語。這樣的人物,其實古今都不少。我在國外講學,常常看到一些衣冠楚楚的所謂"考察"官員,如同木偶似地被翻譯(有的翻譯其實也是半瓶醋的)牽來牽去。這類華夏官員,其實連當年的張重都不如。可嘆也。

擷英

古人云:五嶺者,天地以隔內外,況綿途于海表,顧九嶺而彌邈,非復行路之逕阻,信幽荒之冥域者矣。

解讀

"五嶺"一名始於《史記·張耳陳餘列傳》:"秦為亂政虐刑以殘賊天下數十年矣,北有長城之役,南有五嶺之戍。"當時所謂"五嶺",並不一定有五座山嶺,正如《禹貢》三江、九河等一樣,"三"、"九"只是多數而已。北方平原之民,來到南粵叢山峻嶺之地,五嶺當是言其多山之意。但以後三江、九河等,都以江、河名稱湊合其數,於是五嶺也就用五座山嶺之名的名稱湊合其數。《史記索隱》引裴氏《廣州記》云:"大庾、始安、臨賀、桂陽、揭陽,斯五嶺。"所以五嶺之名始見於晉代成書的《廣州記》,較三江、九河要晚得多了。

到了《水經注》時代,實數的五嶺概念已經明確。酈氏在《注》文中記敘了五嶺的具體名稱和地理位置。因五嶺是分布在今湘桂、湘粵、贛粵之間的漫長地帶的,所以《水經注》在《湘水》、《溱水》、《鍾水》、《耒水》四篇中,才把此五嶺的名稱記敘完整。

卷三十八《湘水》的《經》文"東北過零陵縣東"下,《注》文說:"越城嶠水南出越城之嶠,嶠,即五嶺之西嶺也"。此處的越城嶠,即《廣州記》的始安嶺。同卷《經》文"又東北過泉陵縣西"下,《注》文說:"馮水又左會萌渚之水,水南出萌渚之嶠,五嶺之第四嶺也。"此處的萌渚嶠,就是《廣州記》的臨賀嶺。卷三十八《溱水》的《經》文"東至曲江安聶邑東,屈西南流"下,《注》文說:"山,即大庾嶺也,五嶺之最東矣。"卷三十九《鍾水》的《經》文"鍾水出桂陽南平縣都山,北過其縣東,又東北過宋渚亭,又北過鍾亭,與灌水合"下,《注》文說:"都山,即都龐之嶠,五嶺之第三嶺矣。"此處的都龐嶠,就是《廣州記》的揭陽嶺。卷三十九《耒水》的《經》文"又東北過其縣之西"下,《注》文說:"山則騎田之嶠,五嶺之第二嶺也。"此處的騎田嶠,就是《廣州記》的桂陽嶺。前面指出,像三江、九河、五嶺等冠以數字的地名,開始只是表示多數,以後才湊合成實,但這中間,五嶺一名最具有實際意義。因為三江、九河,即使在湊合成實以後,學者尚多爭議,而且名稱也常有更易。但五嶺卻不同,它一旦具有實名以後,就一直穩定不變。在科學的自然地理學誕生以後,五嶺就成為南嶺的別名。南嶺是綿亘於湘、贛、粵、桂四省邊境的一系列東北、西南走向的山脈的總稱,是長江和珠江的分水嶺。而從西到東,越城(海拔二一二三公尺)、都龐(海拔二〇〇九公尺)、萌渚(海拔一七八七公尺)、騎田(海拔一五一〇公尺)、大庾(海拔一〇〇〇公尺)屹立其間,不少重要的南北通道,如梅嶺絡、摺嶺絡、桂嶺絡等,都在五嶺之間的低谷山口通過。在自然地理上,五嶺以南,屬於南亞熱帶和熱帶;在人文地理上,由於這個地區開拓甚晚,所以顯然比湘鄂落後。因此,《注》文引古人云:"五嶺者,天地以隔內外。"從自然與人文兩方面來說,都是一句重要的名言。

擷英

《林邑記》曰:浦通銅鼓、外越、安定、黄岡心口,蓋藉度銅鼓,即駱越也。……《林邑記》曰:外越、紀粟、望都,紀粟出浦陽。

解讀

此段《注》文中,《林邑記》二次記及"外越"。而在卷三十七《葉榆河》的《經》文"過交趾𡸁泠縣北,分為五水,絡交趾郡中,至南界復合為三水,東入海"下的《注》文中,又引《林邑記》:"所謂外越、安定、紀粟者也。"《水經注》記及"外越"之名三次,均從《林邑記》一書引來。此書,《隋志》及兩《唐志》均有著錄,《林邑國記》一卷,不著撰人,書已亡佚。按林邑即台婆,公元二世紀末期,在今越南中部一帶建國。今古籍中記及內越、外越者唯《越絕書》,此書卷八:"句踐徙治山北,引屬東海,內、外越別封削焉。"同卷又記及秦始皇進占越地後,"置海南故大越處,以備東海外越,乃更名大越曰山陰"。按"越",《漢書》譯"粵",是中國古代南方的一個大部落(民族)。古代在今國境之中部落當然極多,但其中漢、楚、越三足鼎立,是三大部落。從自然地理環境而論,漢族所處最為優越,黃河氾濫改道之害多在下游,漢族繁衍生息之處,土地平坦,氣候適宜,屬於一片穩產豐產的小麥雜糧區。楚族位處長江與雲夢澤地區,湖沼遍布,土地低溼,水患雖不頻繁,但間或有之,而其墾殖較漢族地區為艱。越族處於南方沿海,從晚更新世以來,海進與海退反覆交替,部落播遷流散,發展歷程較漢族及楚族都顯得複雜困難。《注》文引《林邑記》"外越",而今存《越絕書》則內、外越並記,這中間就涉及自從晚更新世以來這個部族在海進與海退中的播遷和流散。我往年曾撰有《越族的發展與流散》拙文[①],文中引及《越絕書》及《水經注》所引的《林邑記》,內、外越的記敘現在能在古代文獻上見到的僅此而已,而其過程實際曲折、複雜而且為時漫長。

擷英

渡便州,至典由,渡故縣,至咸驩。咸驩屬九真,咸驩已南,麞麂滿岡,鳴咆命疇,警嘯聒野,孔雀飛翔,蔽日籠山。

解讀

九真郡是西漢初年南粵趙佗所置,到西漢武帝元鼎六年(公元前一一一年)就歸屬漢。九真在日南之北,也是中國歷史上的南疆,此處《注》文所記敘的是一番熱帶風光。古籍記載中頗為少見,故錄出以供參閱欣賞。

擷英

元嘉元年,交州刺史阮彌之征林邑,陽邁出婚不在。……陽邁攜婚,都部伍三百許船來相救援。謙之遭風,餘數船艦,夜于壽泠浦裡相遇,暗中大戰,謙之手射陽邁柂工,船敗縱橫,崑崙單舸,接得陽邁。

解讀

《水經》與《水經注》都是從崑崙開始的。《水經》的第一句是"崑崙墟在西北",《水經注》的第一句是"三成為崑崙丘"。但《經》、《注》對"崑崙"均未作任何解釋,僅是山而已。

"崑崙"當是外來語,但傳入華夏為時甚早,因為成書於戰國時代的《山海經》與《禹貢》,都已記入了這個名稱。曾有人以此名與漢族的西來說聯繫起來,徐球在《黃帝之囿與巴比倫之懸園》(《地學雜志》一九三一年第一期)中以《河水注》所引及的崑崙山"玄圃"等相比,作為漢族西來的證據。從《山海經》等引述的"崑崙",實際上是一座神話之山,其上有所謂"太帝之庭"。但今天我們在地圖上確實在羌塘高原和塔里木盆地南緣之間繪有一條"崑崙山"。這條"崑崙山",實際上是張騫和漢武帝二人合作的作品。對此,《史記·大宛列傳》可以為證:"漢使窮河源,河源出于闐,其山多玉石,採來,天子案古圖書,名河所出曰崑崙山。"這裡的"漢使"是張騫,"天子"是漢武帝。所謂"古圖書",當是《禹本紀》和《山海經》之類。《禹本紀》在酈道元時尚存在,但以後就亡佚。司馬遷曾在《大宛列傳》中引及一句,此句大概就是漢武帝的依據:"河出崑崙,崑崙高二千五百餘里,日月所相避隱為光明也。"漢武帝在《山海經》一書中也獲得一些依據,那就是《河水注》也曾引及的"面有九井,以玉為檻"。他把張騫考察的結果"河源出于闐"(這是錯誤的)、"其山多玉石"(這是正確的)兩句話與《禹本紀》和《山海經》核對,於是就把于闐(今和田)南山定為崑崙山。歷代相傳落實,直到今天。

儘管漢武帝把"崑崙"作為一座山名而固定下來,但"崑崙"事實上是個外來語,它還有各種不同的音譯。《河水》篇的《注》文中就有"林楊國去金陳國"的話。《太平御覽·卷七九〇·四夷部·一一·金隣國條》說:"金隣一名金陳,去扶南可二千餘里,地出銀,人民多,好獵大象,生得乘騎,死得去其牙齒。"《河水》篇的金陳與《御覽》金隣,據岑仲勉《南海崑崙與崑崙山之最初譯名及其附近諸國》(《中外史地考證》上冊)一文說:"金隣之還原,當作 Kumrun 或 Kunrun……崑崙國與 Kumrun 之即金鄰,蓋無致疑之餘地。"這樣,金隣或金鄰,是崑崙的另一種音譯。而這個金隣或金鄰,在《水經注》作金潾。因為《經》文"東北入于鬱"中有《注》文說:"晉功臣表所謂金潾清逕,象渚澄源者也"。這個"金潾",並且也可以譯作"金麟"。明田藝蘅《留青日札·卷十》引張籍《蠻中詩》:"銅柱南邊毒草春,行人幾日到金麟。"《御覽》說金隣人好獵大象,張籍說金麟在銅柱以南。位於銅柱南而產象,則此金潾或金麟,不在中國西北,而在中國之南了。現在,"崑崙單舸,接得陽邁"一語,正好作了證明,崑崙不僅出現於西北,而且也出現於南海。西域"崑崙"是山名,南海"崑崙"是國族名。"崑崙"一名,有這許多典故可以研究,做學問真是一件大事情。

擷英

豫章俞益期,性氣剛直,不下曲俗,容身無所,遠適在南。《與韓康伯書》曰:惟檳榔樹,最南游之可觀,但性不耐霜,不得北植。不遇長者之目,令人恨深。嘗對飛鳥戀土,增思寄意,謂此鳥其背青,其腹赤,丹心外露,鳴情未達，終日歸飛，飛不十千，路餘萬里，何由歸哉？

解讀

《水經注》所引書信不少，列名者近二十種，當時不知從何處獲致。例如此處所引《俞益期與韓康伯書》。同條《注》文中又引《俞益期箋》曰：

> 馬文淵立兩銅柱于林邑岸北，有遺兵十餘家不返，居壽泠岸南而對銅柱，悉姓馬，自婚姻，今有二百戶，交州以其流寓，號曰馬流，言語飲食，尚與華同。山川移易，銅柱今復在海中，正賴此民，以識故處也。

按《俞益期與韓康伯書》，未見公私著錄，早已亡佚。俞益期，按《注》僅知其為豫章人，行歷不詳。韓康伯見於《世說新語》《言語》、《方正》、《雅量》、《品藻》、《捷悟》、《賢媛》各篇。《隋書・經籍志》著錄有晉太常卿《韓康伯集》十六卷，則韓當為知名人士。集中或有致俞益期覆書，因集已亡佚，無可查核。

擷英

王氏《交廣春秋》曰：朱崖、儋耳二郡，與交州俱開，皆漢武帝所置。大海中，南極之外，對合浦徐聞縣，清朗無風之日，逕望朱崖州，如囷廩大，從徐聞對渡，北風舉帆，一日一夜而至，周回二千餘里，徑度八百里，人民可十萬餘家，皆殊種異類，被髮雕身，而女多姣好，白皙、長髮、美鬢。犬羊相聚，不服德教。

解讀

《注》文對建置短暫的朱崖、儋耳二郡的記敘，實際上與《水經》之《注》無關。充分說明了酈道元的大一統思想。由於他雖為《水經》作《注》，但是他在版圖上以西漢王朝（若干處兼及域外）為基礎，這是絕無可疑的。為此，他查得王氏《交廣春秋》（當是《新唐書・藝文志》著錄的王范《交廣二州記》一卷），把此二州即今海南省記敘下來，文字非常親切詳細。是今天研究海南島早期自然、人文的重要資料。按《三國志・吳書・孫策傳注》，太康八年，廣州大中正王范，上《交廣二州春秋》等，故酈氏所引當是此書。已亡佚，藉酈書之引得見此吉光片羽。

注释:

① 原載於《東南文化》一九八九年第六期,收入於《吳越文化論叢》,中華書局一九九九年版。

卷三十七　淹水　葉榆河　夷水　油水　澧水　沅水　浪水

擷英

（葉榆河《經》益州葉榆河，出其縣北界，屈從縣東北流。）

（葉榆）縣西北八十里，有吊鳥山，衆鳥千百為群，其會鳴呼啁哳，每歲七八月至，十六七日則止，一歲六至。雉雀來吊，夜燃火伺取之。其無嗉不食，似特悲者，以為義則不取也。俗言鳳凰死于此山，故衆鳥來吊，因名吊鳥。

解讀

這段《注》記敘的是一種奇怪的鳥類現象。但酈氏足跡未履其境，酈氏是根據當時流行的資料寫作這段文字的。酈書雖未説明來源，其實是引自《續漢書・郡國志》所引的《廣志》。在當時《廣志》尚未亡佚，所以其文有可能直接從《廣志》引來。吊鳥山的現象很特異，是否確有其事，還需要和其他記載相互核對。

在酈道元以後約一千年，著名的明代旅行家徐霞客親履其地。他在《滇游日記》八，己卯（崇禎十二年，公元一六三九年）三月初二日的日記中記載了鄧川州鳳羽（今雲南洱源）所聽到的這種奇怪的鳥類現象，除了地名與酈氏稍有不同外，事實基本上無異。《水經注》作“吊鳥山”，而《徐霞客游記》作“鳥吊山”：

> 晨餐後，尹具數騎，邀余游西山。蓋西山即鳳羽之東垂也。條岡數十枝，俱向東蜿蜒而下，北為土主坪。……從土主廟西上十五里，即關坪，為鳳羽絕頂。其南白王廟後，其山更高，望之雪光皚皚而不及登。鳳羽，一名鳥吊山，每歲九月，鳥千百為群，來集坪間，皆此地所無者，土人舉火，鳥輒投之。

說明酈道元在一千年以前記載的這種現象，徐霞客一千年以後再次得到證實。不過徐霞客到達這裡的時候正值三月，而這種特異的“鳥會”要到九月（酈道元說七八月）才出現，所以徐氏雖然親履其地，但並無親見其事。

但這種現象至今仍然存在，雲南人民出版社一九八五年出版的校注本《徐霞客游記》，在這一天的日記之後，校注者朱惠榮教授作了一條注釋：

> 這種動人的奇景至今仍然存在，每年中秋前後，在大霧迷濛，細雨綿綿的夜晚，成群結隊按一定路線遷徙的候鳥，迷失了方向，在山間徘徊亂飛，當地群眾在山上四處點燃火把誘鳥，火光繚亂，群鳥亂撲。鳥吊山的奇景，在雲南不止一處，墨江哈尼族自治縣壩溜公社瑤家寨附近的大風丫口，至今每年秋天總有二三晚“鳥會”，有時也出現在春季。

朱惠榮教授說“每年中秋前後”，則酈道元所說的“每歲七八月至”和徐霞客所說的“每歲九月”都沒有錯。從朱注中知道參加“鳥會”的都是迷失方向的候鳥；酈道元的記載則是“夜燃火伺取之”；徐霞客的記載是“土人舉火，鳥輒投之”；而朱注則說“當地群眾在山上四處點燃火把誘鳥”。從《水經注》到朱注，歷時一千四百多年，燃火誘捕候鳥的習俗未變，這倒是令人杞憂的。候鳥應該保護，怎能大量誘捕。《水經注》中就已有保護候鳥的記載。卷四十《漸江水》在《經》文“北過餘杭，東入于海”下的《注》文說：

> 昔大禹在位十年，東巡狩，崩于會稽，因而葬之。有鳥來，為之耘，春拔草根，秋去其穢，是以縣官禁民，不得妄害此鳥，犯則刑無赦。

與會稽的這種保護候鳥的措施相比，鳥吊山這種長時期的群眾性捕殺候鳥，當然是十分不幸的。不過，最近我在雲南民族出版社出版的《民族文化》一九八六年第六期中，讀到了一篇目擊這種“鳥會”的楊圭臬所寫的《鳥吊山》一文，使我不勝慰藉。因為群眾誘捕候鳥的事，現在已經停止了。文中說：

> 鳥雀越來越多，簡直像雨點般朝火光撲來。有的唧唧喳喳啼叫，有的引頸長鳴，震動山谷。這時，只要拿一根長竹桿隨意刷打就可以打下許多鳥雀。據說，過去也是這樣的。但近年已沒有人再打鳥了。只有偶爾用網兜捕捉幾隻奇異的鳥

類飼養。而上山林的都是來“趕鳥會”,欣賞這種罕見的大自然奇觀。

至於大量的候鳥來自何處,在文中也有較詳的說明:

一位特地從昆明動物研究所趕來參加“鳥會”的科學工作者告訴我:“這些鳥中,大部分是從青海湖的鳥島飛來的。像領鷚這種鳥,那只有青海湖才有。”我感到很驚奇,他慢慢地跟我說:“這些都是候鳥,每年冬天都要飛到孟加拉灣一帶過冬,到第二年春天返回,鳥吊山剛好是候鳥南遷的中途站,於是便有這麼多鳥雀了。”

擷英

(《經》過交趾羪泠縣北,分為五水,絡交趾郡中,至南界,復合為三水,東入海。)

《尚書大傳》曰:堯南撫交趾于《禹貢》荊州之南垂,幽荒之外,故越也。《周禮》,南八蠻,雕題、交趾,有不粒食者焉。《春秋》不見于傳,不通于華夏,在海島,人民鳥語。秦始皇開越嶺南,立蒼梧、南海、交趾、象郡,漢武帝元鼎二年,始并百越,啟七郡。

解讀

前面已經提及,古代中國國境內的許多部落(族)中,以漢、楚、越三者為最大。越居於南,所以文明發展最早的漢人就把南方的許多部族統稱為南蠻。因為地域大,部族的分支多,所以《周禮》稱為“南八蠻”,也因為其中稱越者甚多,所以又常稱為“百越”。這一段中所謂:“荊州之南垂,幽荒之外,故越也”(《漢書》不譯“越”而譯“粵”),又因語言不通,以單綴語音的漢人聽來,所以稱他們為“人民鳥語”,也就是《孟子・滕文公上》所說的“南蠻鴃舌”。其實,當前許多花了納稅人外匯到西方作稱為“考察”而其實是公費旅遊的官員們,他們對彼方人也有“人民鳥語”的感受。三大部族中,前面也已述及,越族由於位處南方海邊,從晚更新世以來就因海進海退的自然變遷而數經流散。後來秦始皇一統華南,又被其驅趕而遷移流散。由於自然變遷而流散的,最近一次在距今一萬餘年的全新世,也就是迄今為止的第四紀的最後一次海進。大批越人外遷,最近的到今浙皖一帶的山區,即後來的句吳,有的南遷,有的北遷,但部族的名稱常常還不變,好像漢人南遷而姓氏不變一樣。例如南遷到中南半島的仍稱“越南”,北遷到日本的甚多,今日本稱"越"的地名不計其數。也就是這段《注》文所說的"故越也"。但所有這些南北播遷的越人,如《越絕書》和前引酈書中的《林邑記》,都稱為"外越"。而隨着海進中海面提升而逐漸南撤最後進入會稽、四明山區的這一支則稱為"內越"。到了公元前二世紀,秦始皇占據這個地方,"內越"也被大部驅散,許多部落分支被驅趕到今西南各地。現在還可以看到他們流散播遷的遺跡,就是那些地方的地名,與越族原來的中心地區即今浙江一帶的地名往往語音相同。我往年曾撰有《中國古代的方言地理學《方言》與《水經注》在方言地理學上的成就》①一文,把當前在東南地區保留的古代越語地名與西南的地名作了對比。其中如含"無"、"毋"的地名,含"句"的地名,含"烏"的地名,含"朱"的地名,含"姑"的地名,含"餘"的地名等多類,如東南的"無錫",西南的"會無",東南的"句章",西南的"句漏",東南的"烏程",西南的"烏欏",東南的"朱室",西南的"朱提",東南的"姑蔑",西南的"姑復",東南的"餘杭",西南的"餘發"等,真是不勝枚舉,可以清楚地看到當年越人流散的足跡。所以"荊州之南垂,幽荒之外,故越也"一語,其實是道出了古代越族流散的故跡。

擷英

(夷水《經》東入于江。)

(夷)水所經皆石山,略無土岸,其水虛映,俯視游魚,如乘空也。淺處多五色石,冬夏激素飛清,傍多茂木空岫,靜夜聽之,恆有清響,百鳥翔禽,哀鳴相和,巡頽浪者,不覺疲而忘歸矣。

解讀

"夷水"即今日的"清江",是長江的一條小支流,長不過四〇〇公里。即使在古代,也不是受人重視的支流。但這一段《注》文寫得清幽雋永,讓人屢讀不捨。其中對"游魚"的描寫,實為柳宗元《永州八記》所倣效。《注》文當然引自他書,酈氏亦必有加工。由於未曾說明原文得自何書,以地區及文筆度之,恐是袁山松的《宜都記》,因夷水正在這個地區,而從上述《江水》篇聯繫,袁山松也能寫出一手佳文。

擷英

(澧水《經》澧水出武陵充縣西,歷山東過其縣南。)

澧水又東，茹水注之，水出龍茹山，水色清澈，漏石分沙。莊辛說楚襄王，所謂飲茹溪之流者也。

解讀

酈道元寫景，筆法多變。上篇寫夷水："其水虛映，俯視游魚，如乘空也。"此篇寫澧水支流茹水："水色清澈，漏石分沙。"一以游魚，一以沙石，其意均在河水的"虛映"、"清澈"。南方諸水，酈氏當然得之於當時南人資料，但必然經過他的加工。

擷英

（沅水《經》又東北過臨沅縣南。）

沅水又東歷小灣，謂之枉渚。渚東里許，便得枉人山，山西帶脩溪一百餘里，茂竹便娟，披溪蔭渚，長川逕引，遠注于沅。

解讀

在一條《經》文之下，《注》文寫了沅水沿流的許多自然風景，因文字較長，故只引"枉渚"一段。《經》文下所引如臨沅縣西的"明月池，白璧灣。灣狀半月，清潭鏡澈，上則風籟空傳，下則泉響不斷，行者莫不擁楫嬉游，徘徊愛玩"，隨即又引"三石澗，鼎足均跱，秀若削成，其側茂竹便娟，致可玩也"。而此以下的"綠蘿山"，《注》文說：

（沅水）又東帶綠蘿山，綠蘿蒙羃，頹巖臨水，實釣渚漁咏之勝地，其疊響若鐘音，信為神仙之所居。

但《廣博物志·卷五·地形一·山》尚輯有綠蘿山的佚文一段：

武陵綠蘿山，素巖若雪，松如插翠，流風叩阿，有絲桐之韻。土人歌曰："仰兹山兮迢迢，層石構兮嵯峨，朝日麗兮陽巖，落景梁兮陰阿，郭壑兮生音，吟籟兮相和，敷芳兮綠林，恬淡兮潤波，樂兹潭兮安流，緩爾楫兮咏歌。"

這一段佚文，除《廣博物志》外，在清杜文瀾《古謠諺》卷二十九《武陵綠蘿山土人歌》及王仁俊《經籍佚文·水經注佚文》（稿本）中，也都有輯入，字句與《廣博物志》同。則其為酈佚可以無疑。故沅水在此一線山水風景確甚幽美，今日已經開發的名勝地張家界，或亦在此《經》文之下。《注》文所記，可以為今日旅遊業發展，提供線索，所以很有價值。

擷英

（泿水《經》其一又東過縣東，南入于海。）

建安中，吳遣步騭為交州史，騭到南海，見土地形勢，觀尉佗舊治處，負山帶海，博敞渺目，高則桑土，下則沃衍，林麓鳥獸，于何不有。海怪魚鱉，黿鼉鮮鱷，珍怪異物，千種萬類，不可勝記。佗因岡作臺，北面朝漢，圓基千步，直峭百丈，頂上三畝，複道回環，逶迤曲折，朔望升拜，名曰朝臺。前後刺史郡守遷除新至，未嘗不乘車升履。

解讀

這一段《注》文是三國時代對當時的珠江三角洲的全面描述。因嶺南是中國開拓較晚之地，所以古代文獻中很少能看到當時的珠江三角洲面貌的文字。此處所述："負山帶海，博敞渺目，高則桑土，下則沃衍"，是這片三角洲當時自然地理和人文地理的概括寫照。文字雖然簡單，但概貌已經包羅盡致了。步騭是吳地人，驟到這個開發甚晚的地區，在自然地理上已屬熱帶，當然使他不勝駭異："珍怪異物，千種萬類，不可勝記。"因為這裡的海產與動植物，是他在東南吳越地區所不曾見過的。珠江三角洲後來開拓成一個富庶地區，記載甚多。但這段《注》記載的，為時最早，所以很有價值。

注释：

① 收入於《酈學新論——水經注研究之三》，山西人民出版社一九九二年版。

卷三十八　資水　漣水　湘水　灕水　溱水

擷英

（漣水《經》漣水出連道縣西，資水之別。）

（漣）水東入衡陽湘鄉縣，歷石魚山下，多玄石，山高八十餘丈，廣十里，石色黑而理若雲母，開發一重，輒有魚形，鱗鰭首尾，宛若刻畫，長數寸，魚形備足，燒之作魚膏腥，因以名之。

解讀

石魚山玄石當然是一種沉積岩，而“開發一重，輒有魚形”，顯然是魚類化石，《注》文記敘得非常清楚。但“燒之作魚膏腥”，於事實不可能。石魚山之名當得於“開發一重，輒有魚形”而不是得於“魚膏腥”。

擷英

（湘水《經》又東北過重安縣東，又東北過酃縣西，承水從東南來注之。)

衡山東南二面臨映湘川,自長沙至此,江湘七百里中,有九向九背。故漁者歌曰:帆隨湘轉,望衡九面。山上有飛泉下注,下映青林,直注山下,望之若幅練在山矣。

解讀

這一段《注》描寫在湘江行舟中觀瞻南嶽衡山的風景,寫得有聲有色,文字不長,卻是一篇絕妙文章。古人為文,有時不免有些誇張之詞,但以之增加文字聲色,亦屬錦上添花。例如"江湘七百里中,(衡山)有九向九背"的話,事實上或許沒有可能。但酈氏為了他常用的手法,即採集"漁者歌曰",所以有"九向九背"之語在先,因為漁歌所說的:"帆隨湘轉,望衡九面"是當地一句千錘百煉的諺語,如同《江水》篇中引《行者謠》的"黃牛山"一樣。引用歌謠諺語,是酈氏慣用的寫作手法,也是他撰文的成功之處。

擷英

(又東北過陰山縣西,洣水從東南來注之;又北過醴陵縣西,漉水從東南來注之。)

湘水又北逕建寧縣,有空泠峽,驚浪雷奔,浚同三峽。

解讀

《注》文描寫空泠峽,只用了"驚浪雷奔"四字,但如同《河水》砥柱山一樣,他又用了"浚同三峽"之語,說明酈氏雖未親履三峽,但對於三峽,他確實是心嚮往之的,為此,他在《江水》篇中,下了大功夫,搜羅文獻,細心加工,寫出了千古文章。

擷英

(又北過羅縣西,溳水從東來流注。)

瀟者,水清深也,《湘中記》曰:湘川清照五六丈,下見底石如摴蒱矢,五色鮮明,白沙如霜雪,赤崖若朝霞,是納瀟湘之名矣。

解讀

酈道元描寫江河湖陂的水之清者，有多種多樣的筆法，前面多已提出了。這段《注》文是他描寫湘水上源之一的瀟水。對此，他直接運用了《說文》，《說文・卷十一上・水部》："潚，深清也。"《說文》的"潚"雖然不同於《水經注》的"瀟"，《說文》解"深清"，酈氏解"清深"，其實是一樣的。由於《湘中記》給了他數字的依據："湘川清照五六丈，下見底石如摴蒱矢。"此水的清深達到五六丈，尚能清澈見到底石，所以他不必再用"其水虛映"、"漏石分沙"等描寫方法，而是把"五六丈"這種具體的深度數字如實寫出。從描寫水清的手法一端，足見他寫景的技巧，確實不同凡響，"太上"之譽，可以受之無愧。

擷英

（《經》又北過下雋縣西，微水從東來流注。）

（洞庭）湖水廣圓五百餘里，日月若出沒于其中。

解讀

"日月若出沒于其中"，用這樣的譬喻，其實就是把洞庭湖比作海。而"湖水廣圓五百餘里"，用這個數字估計，洞庭湖當年的面積必然超過一萬平方公里。洞庭湖是中國古代地理書《禹貢》、《職方》、《爾雅》等都記載的全國大湖，在當年的記載中稱為"雲夢"，是一個跨今湖北、湖南二省的大湖。直到上世紀三四十年代，洞庭湖雖已縮小很多，但仍是中國最大的淡水湖，面積超過四千平方公里。上世紀五十年代以後，由於圍墾加劇，全湖迅速縮小，成為比早年贛北的鄱陽湖（當時排全國第二）更小的次一級淡水湖，與《水經注》的記載相比，或許已不到當年的五分之一。古代的雲夢澤面積甚大，後來因湖泊沼澤化的自然地理規律，加上沿湖人們的圍墾。開始是湖泊分散，一個大湖，陸續分割成許多小湖。前面在卷二十二《渠水》篇中記敘的圃田澤，也是相似的例子。雲夢澤分散縮小以後，殘留的湖泊，特別是在今湖北境內還有不少，所以湖北曾有"千湖之省"之稱。但以後也不斷縮小湮廢。據《光明日報》記者鄭北鷹所撰《拯救湖泊》一文所載，在上世紀五十年代，今湖北境內尚有大小湖泊一〇五二個，而至今已僅剩下八十三個。水資源在人類可持續發展中的重要性，現在已為許多有識之士所共見。酈氏的這幾句文字,實在值得我們重視和反省。

擷英

(灕水《經》灕水亦出陽海山。)

灕水與湘水出一山而分源也。湘、灕之間,陸地廣百餘步,謂之始安嶠。嶠,即越城嶠也。嶠水自嶠之陽南流注于灕,名曰始安水,故庾仲初之賦《揚都》云:判五嶺而分流者也。

解讀

"湘、灕之間,陸地廣百餘步",即通常所說的"湘灕同源"。《漢書·地理志》與《說文解字》對此均有記載,但以《水經注》的記載最為詳明。此處,湘、灕二水之間,"陸地廣百餘步",這就是"湘灕同源"的來由。秦始皇時,由史祿主持開鑿,令湘、灕溝通,稱為"零渠",又作"澪渠",以後常稱"興安運河"或"湘桂運河",是溝通長江、珠江二水系的古運河,全長六八里,分南、北二渠,南渠占總水量的十分之三,注於灕江;北渠占總水量的十分之七,而匯於湘江。其間有斗門、堰壩等設施。零渠里程雖短,但它是世界上人工開鑿的最早運河之一。

擷英

(溱水《經》溱水出桂陽臨武縣南,繞城西北屈東流。)

武溪水又南入重山,山名藍豪,廣圓五百里,悉曲江縣界,崖峻險阻,巖嶺干天,交柯雲蔚,霾天晦景,謂之瀧中。懸湍回注,崩浪震山,名之瀧水。

解讀

"溱水"即今珠江三源中的"北江",《注》文中所描述的"武溪水",今仍稱"幽水",是溱水的主要源流。另一源今稱"湞水",二源匯合,即今所稱"北江"。這段《注》主要是描寫武溪水,記敘此水發源處的自然景色。"崖峻險阻,巖嶺干天,交柯雲蔚,霾天晦景",說明此水從南嶺導源,上源是由瀑布形成的,即《注》文記敘的"懸湍回注,崩浪震山”。《注》稱其地為“瀧中”，稱其水為“瀧水”。前面已經提及，《水經注》稱瀑布的詞彙多變，“瀧”也是其中之一。

擷英

（《經》東至曲江縣安聶邑東，屈西南流。）

林水自源西注于瀧水，又與雲水合。水出縣北湯泉，泉源沸湧，浩氣雲浮，以腥物投之，俄頃即熱。

解讀

這一段《注》文所記敘的是雲水溫泉。但《武英殿本》在文字上顯然承以往傳鈔之訛，尚可再校。按此句中的“俄頃即熱”，其他多本，如《永樂大典》本、黄省曾本、吳琯本、王國維、何焯諸校及趙一清的《水經注釋》，都作“俄頃即熟”。酈道元足跡未南，《注》文當然是引他人著作。按南北朝宋劉義慶曾撰有《幽明錄》一書，雖早已亡佚，但酈氏必見，此段《注》文或即從《幽明錄》引來。因《太平御覽・卷七十九・地部》曾引及《幽明錄》中“雲水溫泉”，其文說：

始興雲水，源有湯泉，每至霜雪，見其上蒸氣數十丈，生物投之，須臾便熟。

所以《武英殿本》文字，“腥物”是“生物”的音訛，“熱”是“熟”的形訛。《永樂大典》本等的這一段，從內容考究，比《殿本》順理成章，故《殿本》的這一段值得斟酌。

卷三十九　洭水　深水　鍾水　耒水　洣水　漉水　瀏水　溳水　贛水　廬江水

擷英

（洭水《經》洭水出桂陽縣盧聚。）

（嶠）水出都嶠之溪，溪水下流歷峽，南出是峽，謂之貞女峽。峽西岸高巖名貞女山，山下際有石如人，形高七尺，狀如女子，故名貞女峽。古來相傳，有數女取螺于此，遇風雨晝晦，忽化為石。斯誠巨異，難以聞信。但啟生石中，摯呱空桑，抑斯類矣。物之變化，寧以理求乎？

解讀

這一段《注》文是酈道元批判那些自古以來以訛傳訛的奇談怪論。除了對"貞女石"的"斯誠巨異，難以聞信"屬於《注》文中事外，他藉此引出北方傳說中的"啟生石中，摯呱空桑"二事。啟是傳說中的禹之子。前者，《淮南子》等古籍中有載；後者所稱之"摯",即伊尹之名,《墨子》中載有伊尹母化為空桑的神話,酈書在《伊水》篇中已有敘及,該篇《經》文"又東北過陸渾縣"下《注》文記及:

昔有莘氏女採桑于伊川,得嬰兒于空桑中,言其母孕于伊水之濱,夢神告之曰:"白水出而東走。"母明視而見白水出焉,告其鄰居而走,顧望其邑,咸為水矣,其母化為空桑,子在其中矣。莘女取而獻之,命養于庖,長而有賢德,殷以為尹,曰伊尹也。

酈氏在該篇中直錄此傳說,未曾評說。但在此則以之與"貞女石"的怪談類比:"物之變化,寧以理求乎?"說出了他的見解:"啟生石中,摯呱空桑"也都和"貞女石"一樣,都是無稽之談。

擷英

(《經》東南過含洭縣。)

應劭曰:洭水東北入沅。瓚注《漢書》,沅在武陵,去洭遠,又隔湘水,不得入沅。

解讀

這段《注》文是酈道元舉《漢書》瓚注為例,批評應劭的錯誤。應劭是漢末人,著作甚多,如《地理風俗記》、《風俗通》、《漢書集解音義》等,酈書多有引及。但應劭北人,南方事非他熟稔,所以常有錯誤。古代北人所撰南方史地,包括史、漢在內,錯誤疊見。《水經》與《水經注》都是北人所撰書,但《注》文指名糾《經》文之謬者就達三十多處。因這一條事關河川,而且應劭錯得非常明顯,所以酈氏特加指出。其實,應書涉南之事,錯訛常見,此處只是一例而已。

擷英

(鍾水《經》又北過魏寧縣之東。)

魏寧,故陽安也。晉太康元年改曰晉寧。

解讀

在歷史地理學研究中，地名學是非常重要的一種分支學科。這一條《經》文稱"魏寧"而《注》文說"晉太康元年改曰晉寧"。即為戴震在《武英殿本》卷首《校上案語》作為依據：

觀其涪水條中，稱廣漢已為廣魏，則決非漢時；鍾水條中，稱晉寧仍曰魏寧，則未及晉代。推尋文句，大抵三國時人。

以這一條地名學的依據，考證《水經》撰述時代，是很有說服力的。有一位我熟悉的美國漢學家朋友，他有把他研究工作中出現的歷史地名括注現代地名的習慣，但常常在這個問題上碰釘子。所以發牢騷："共產黨的官是一批土包子，他們最大的本領和嗜好就是改地名，改地名能改出生產力來嗎?"我不想和他解釋這類我自己也說不清楚的問題，也不願和他多糾纏，其實，這半個多世紀的確是個大改地名的時代，但西漢末年的王莽也曾作過大改地名的蠢事。王莽改的地名，還有不少讓酈道元記錄在《水經注》裡頭。但在中國歷史上，除了在地名學上的這兩次"怪胎時代"外，地名的改動其實並不是很大的，而且如這段《經》、《注》文字上的"魏寧"和"晉寧"之例，還能讓後人做學問呢。

擷英

（贛水《經》又北過南昌縣西。）

（建成）縣出燃石，《異物志》曰：石色黄白而理疏，以水灌之便熱，以鼎著其上，炊足以熟，置之則冷，灌之則熱，如此無窮。元康中，雷孔章入洛，齎石以示張公，張公曰：此謂燃石。於是乃知其名。

解讀

對於建成縣的"燃石"，酈氏引《異物志》，說得確實甚異，但其事尚可商榷。按《異物志》、《隋書·經籍志》著錄漢楊孚撰，一卷，早已亡佚，今有《嶺南叢書》及《叢書集成初編》輯本，所載多怪異事物。南北朝建成縣在今贛西一帶，此處有煤炭。此"燃石"很可能就是煤炭。因南北朝雷次宗撰有《豫章記》一書，亦記及這種事物："縣有葛鄉，有石炭二頃,可燃以炊。"《續漢書·郡國志》建城注曾引及雷氏此語。酈書在《贛水》篇中曾引及雷次宗,故酈氏曾見《豫章記》可以無疑。但雷氏所記石炭,酈書在《河水》、《瀔水》等諸篇已幾次引及。而《異物志》所描述的"燃石",於事甚異,酈氏不諳南方事物,因而捨《豫章記》而引《異物志》,其實應以《豫章記》所述為是。

擷英

(廬江水《經》廬江水出三天子都,北過彭澤縣西,北入于江。)

《注》(文從略。)

解讀

《水經》的《廬江水》只有一條《經》文,不過寥寥十八字。酈道元在這條《經》文之下寫了大約一千三百字的《注》文,但這篇《注》文與全書的其他《注》文很不相同。全文絕不記敘此水的發源、流程和入江的情況,連《經》文所說的"北過彭澤縣西"的話,既不糾謬,也不解釋。一千三百字的《注》文,主要是引述了王彪之的《廬山賦序》、孫放的《廬山賦》、遠法師的《廬山記》以及《豫章記》、《豫章舊志》、《潯陽記》、《開山圖》等,內容都是描寫匡廬風景。現在當然不能斷定,酈道元當時是否已經知道,《水經》的《廬江水》一篇,是一條錯誤的、並不存在的河流。按照酈氏作《注》通例,《經》文如有錯誤,《注》文總是隨即糾謬。而對於廬江水,他避開了《經》文所敘,自己搜羅了許多有關匡廬文獻,寫了一篇與其他卷篇不同體例的文字。從這種情況判斷,酈道元本人也不知道到底有沒有廬江水這條河流。既不能肯定,也不能否定,所以只好撇開《經》文,自作主張,寫出這樣一篇《注》文。

《水經》的《廬江水》和《漸江水》均鈔自《山海經》。《海內東經》說:"漸江水出三天子都,在蠻東,在閩西北,入海餘暨南。廬江水出三天子都,入江彭澤西,一曰天子鄣。"但《海內南經》則說:"三天子鄣山在閩海西北,一曰在海中。"中國自古有些地理書,如《山海經》、《穆天子傳》,當然不是說它們沒有價值,但對它們之中的每一個地名,都像現代地名一樣地確信其存在就未免過分天真。上述"三天子都"就是這樣的一個例子。因為首創這個地名的《山海經》,在《海內東經》和《海內南經》中就彼此徑庭。"三天子都"在什麼地方,《山海經》的作者顯然也是根據當時的傳說。因為直到《漢書

·地理志》,對於南方的河流,還是相當模糊的。《漢書·地理志》中丹陽郡說:"漸江水出南蠻中,東入海。"班固(孟堅)沒有用"三天子都"這個地名,說明他對這個地名就持懷疑態度。前面已經指出,所有這些地理書的作者都是北方人,他們對於南方的山川地理,所知實在很少。但後來有些學者,在漸江水發源已經基本了解的情況下,反過來把漸江水源所出之地定為"三天子都",這實在是和漢武帝把于闐南山定為崑崙山一樣地可笑。

至於廬江水,當然是一條錯誤的河流。但歷來卻有不少人為《水經》作各種解釋,楊守敬就是其中之一。他撰有《山海經、漢志、水經注廬江異同答問》(《晦明軒稿》上冊)一文,長達二千言,用各種理由證明廬江水即是皖清弋江,甚至說:"豈有精如孟堅而不知南北"。其實,班固對於南方河川,訛誤甚多,又何止廬江水而已。酈道元在卷二十九《沔水》篇的《注》文中自己承認對江南河川的無知。他在那段《注》文中所說的一番話(前已引及),說得非常坦率,但楊守敬在其《水經注圖凡例》中卻說:

> 亦有《經》文不誤而酈氏誤指者,如《廬江水》,《經》文之三天子都,本指黟歙之黃山,而酈氏移至廬山,今則兩圖之。

楊守敬硬說《水經》不誤,無非如他在上述《晦明軒稿》中的文章,在"彭澤縣"的地理位置上做工夫。彭澤縣的地理位置歷來雖或有變化,但變來變去絕對變不到今蕪湖市的位置。也就是說,這條莫須有的廬江水,不管作怎樣的解釋都不可能成為今清弋江。很有一些人有一種盲目為古人護短的偏見,越古就越正確,班固就比酈道元正確。其實班固假使已把江南水道說得清清楚楚,酈道元何至於在《沔水》篇中說"未必一得其實"的話呢?

酈道元的這種知之為知之,不知為不知的科學態度令人佩服,在酈道元的時代,對江南河川的知識尚且如此,則何況乎《山海經》和《漢書·地理志》,卻竟有不少人曲為之解,說明迷信古人和古書的事,由來實已很久了。《廬江水》篇是一個例子。酈氏自知對江南河川缺乏知識,無法對《水經》作出臧否,勉強寫了這樣一篇與全《注》體例不同的文章,實在是不得已而為之。

卷四十　漸江水　斤江水
江以南至日南郡二十水
禹貢山水澤地所在

擷英

（漸江水《經》漸江水出三天子都。）

《山海經》謂之浙江也。

解讀

漸江水即今錢塘江。王國維《浙江考》（《觀堂集林》第十二卷）說：

浙江之名始見于《山海經》、《史記》、《漢書》、《越絕書》、《吳越春秋》諸書。《漢書·地理志》及《水經》皆有漸江水，無浙江水。《說文解字》于江沱二字下出浙字，曰江水至會稽山陰入海為浙江。其後又出漸字，曰漸水出丹陽黟南蠻中東入海。

其實，王國維此文中尚未引及《莊子·外物篇》，該篇稱此水為"淛河"。錢塘江有這幾種古名，這是因為浙江原是越語，"浙"是越語漢譯，"漸"（古音讀"斬"）、"淛"

(制)都是一音之轉,也就是說都是越語漢譯。按《水經》,此水幹流是今新安江。但一九五〇年以後,一些通俗讀物及媒體上,忽然毫無依據地把此水正源移到《水經》支流婺江上游浙江省境內常山、開化的馬金溪的上源蓮花尖。但後來安徽人發現,這個源頭從蓮花尖向上還可上溯到青芝埭尖,而青芝埭尖已在皖境。對於這類事件的主要原因除了省境的爭論以外,實在是因為從上世紀五十年代之始,學術頓時式微,學術界多數人均被政治掛帥的階級鬥爭所牽連。錢塘江河源除了一般學術界以外人士隨意傳播以外,我雖服膺《水經注》,但在撰寫所謂"普及"讀物:《祖國的河流》[①],在此江河源中,也只能把其發源分成南源、中源、北源。直至上世紀八十年代之初,學術界才有一些有責任心的人士,提出重新研究之舉。於是浙江省地理學會、水利學會、測繪學會、林學會四個學會,並與安徽省合作,組成近二十人的實地考察隊,聘請專家顧問,於一九八三年起,開始到各地實勘。經過為期兩年多的在皖浙地區奔走和反覆研勘,最後一致肯定《水經》的記載不訛(實勘隊員除個別成員外,均未接觸過《水經》)。考察隊繪製了不少地圖,拍攝了許多照片,並寫了從各種論點研究的論文。最後由浙江省科協組織,於一九八五年十二月在杭州舉行討論會,並邀請中國科學院地理研究所及長江流域規劃辦公室專家參加討論。經過幾天的討論,一致同意考察隊的考察成果,錢塘江正源發源於安徽休寧六股尖,是懷玉山的主峰,其地理座標為東經一一七度四五分二〇秒,北緯二九度三三分四〇秒。海拔高度一三五〇公尺。錢塘江的河口為澉浦長山東南嘴至餘姚市西三閘的連線。從河源到河口,全長六〇五公里,流域面積為四八八八七平方公里。此項結果,包括地圖、照片和考察隊員從各個角度的文章,在討論會上由全國、全省專家反覆議論。參加這項成果的專家共十五人,一致同意,並簽了名。最後由浙江省科學技術協會編成《錢塘江河源河口考察報告》一書,公開問世。此書十六開,共四八頁,包羅二年多考察的全部成果。當時並由新華社發了電訊。但由於此書印數不多,流傳不廣,至今在學術界圈子以外,知者仍然不多,所以藉此重述其經過概要如上。

擷英

(漸江水《經》漸江水出三天子都。)

浙江又左合絕溪,溪水出始新縣西,東逕縣故城南,為東、西長溪,溪有四十七瀨,浚流驚急,奔波聒天。

解讀

《漸江水》篇中出現了“瀨”,此條說“溪有四十七瀨”,以下又提到“自建德至此(按壽昌縣南)八十里中有十二瀨,瀨皆峻險,行旅所難”,“自(桐廬)縣至於潛,凡十有六瀨”。《注》文還提及各處“瀨”的具體名稱,不勝枚舉。不過,酈書在《漸江水》篇以前,河川中已經偶或提及“瀨”,如卷三十八《資水》篇:“縣有關羽瀨,所謂關侯灘也。”由此可知,“瀨”與“灘”屬於河川中的同類地理事物。王充《論衡・書虛篇》說:“溪谷之深者安洋,淺多砂石,激揚為瀨。”至於稱“灘”稱“瀨”,大概出於方言,清錢坫《異語》卷十二《釋水》(《玉簡齋叢書》一集)說:“瀨,磧也,吳、楚謂之瀨。”漸江水屬於錢坫所謂的地域範圍,所以這裡的河川中出現了許多“瀨”。有“瀨”之處,往往山峻水急,自然風景優美,所以《注》文多所描述,清暢可誦。

擷英

孫權使賀齊討黟歙山賊,賊固黟之林歷山,山甚峻絕,又工禁五兵,齊以鐵杙椓山,升出不意,又以白棓擊之,氣禁不行,遂用奇功平賊。于是立始新之府于歙之華鄉,令齊守之,後移出新亭,晉太康元年,改曰新安郡。

解讀

這段《注》文記敘東吳政權定局後,孫權派賀齊平定其轄境内黟、歙一帶“山賊”事。其間如“工禁五兵”、“白棓擊之”等等,當然是以後附會的傳說之類。但討伐“山賊”之事確是史實,值得加以解釋。按秦始皇一統這個地區以前,這裡原是越族居地。秦占領以後,越族人流散,但其中也有逃入山區的。《注》文所說“山賊”,其實就是越族遺民入居山區者,史書也常稱“山越”。秦始皇曾對故越族中心地區即山陰一帶的越人作過一次強迫的移民。《越絕書・卷八》說:“徙大越民,置餘杭、伊攻、□[②]、故鄣。”卷二又說:“烏程、餘杭、黝、歙、無湖、石城縣以南,皆故大越徙民也,秦始皇勒石徙之”。

所以在黟、歙一帶的山區,越人後裔居於山區者甚多。《後漢書・靈帝紀》:“丹陽山越賊圍太守陳夤”。說明這些越族後裔,也有下山造反的。而“山越”一詞,也就在《靈帝紀》首見出現。《資治通鑑・漢紀・卷四十八》在鈔錄《靈帝紀》此條下,胡三省《注》云:“山越本亦越人,依阻山險,不納王租,故曰山越。”到了三國時代,由於後漢末期的社會擾亂,地方不寧,山越人下山甚多,甚至聚眾在郡城包圍郡守陳夤。所以才有孫權命令賀齊討伐之舉。從此以後,山越歸化,新的郡縣興建。山越名稱也不再見於載籍。至於今浙江境內還有一些少數民族如畲族之類,與山越是否存在關係,尚可研究。

擷英

浙江又北逕新城縣,桐溪水注之,水出吳興郡於潛縣北天目山,山極高峻,崖嶺竦疊,西臨峻澗。山上有霜木,皆是數百年樹,謂之翔鳳林。東面有瀑布,下注數畝深沼,名曰浣龍池。池水南流逕縣西,為縣之西溪,溪水又東南與紫溪合,水出縣西百丈山,即潛山也。山水東南流,名為紫溪。中道夾水,有紫色磐石,石長百餘丈,望之如朝霞,又名此水為赤瀨,蓋以倒影在水故也。紫溪又東南流逕白石山之陰,山甚峻極,北臨紫溪,又東南,連山夾水,兩峰交峙,反項對石,往往相捍。十餘里中,積石磊砢,相挾而上,澗下白沙細石,狀若霜雪,水木相映,泉石爭暉,名曰樓林。

解讀

《漸江水》篇是酈書中的一個文章優美的佳篇。這段《注》文從天目山到紫溪,是其中之例。天目山是錢塘江不少支流發源處,紫溪是其中之一。"山上有霜木,皆是數百年樹,謂之翔鳳林",此山林木甚多,但特有樹種為高大的柳杉(Cryptomeria Fortunei),此樹除天目山外,僅在廬山尚有存留。最大的柳杉樹,胸徑超過二公尺,樹高三十多公尺。酈書所謂"翔鳳林"或即指此。紫溪即今分水江的一段,此河上流因切割作用強烈,比降甚陡,特別是從河橋鎮到紫溪一段,兩岸高山緊逼,構成一峽谷地帶,河道寬度僅五十公尺左右,河床中積石纍纍,灘多水急。至今紫溪附近一段,與《注》文描述,絕無二致。天目山又多瀑布。"東面有瀑布"一句,《名勝志・浙江卷一・杭州府・于潛縣》引《水經注》作"東西瀑布",按今日實勘,當以《名勝志》所引為是。因全山瀑布不少,不僅東面有之。

擷英

(《經》北過餘杭,東入于海。)

浙江又東逕烏傷縣北，王莽改曰烏孝。《郡國志》謂之烏傷。《異苑》曰：東陽顔烏以純孝著聞，後有群烏助銜土塊為墳，烏口皆傷，一境以為顔烏至孝，故致慈烏，欲令孝聲遠聞，又名其縣曰烏傷矣。

解讀

"烏傷"原是越語地名。秦一統這個地區後，在地名上改異極少，《越絕書》記載甚明，除"大越"改山陰，"武原"改海鹽外，其餘地名，包括郡名會稽及各縣名，均保留越語，烏傷是其中之一。但漢人移入這個地區後，由於漢人不解越語，故原有越語地名，不斷發生漢化及半漢化現象。《異苑》編造顔烏故事，以"烏口皆傷"附會"烏傷"。但王莽已改此縣為"烏孝"，説明《異苑》中由劉敬叔所編的故事，在西漢時已經流傳。王莽大改地名，但他根本不諳越語（把越語地名"無錫"改為"有錫"亦是一例）。今這個地區的許多古代越語地名繼續存在，有的並至今使用。但歷來研究者不多。清李慈銘在《越缦堂日記》同治八年七月十三日下説：

> 蓋餘姚如餘暨、餘杭之比，皆越之方言，猶稱于越、句吴也。姚、暨、虞、剡，亦不過以方言名縣，其義無得而詳。

李慈銘是一位學者，不以牽强附會之説隨意解釋越語地名。不過他似乎未曾詳讀《越絕書》，因他認為"其義無得而詳"中的"餘姚"、"餘暨"（蕭山古名）、"餘杭"的"餘"字，《越絕書・卷八》有解："朱餘者，越鹽官也，越人謂鹽曰餘。"故漢譯的"餘"字，越意為"鹽"。越語至今已基本淪佚，但從若干古籍及今越地方言中，尚可究其淵源。

擷英

《錢唐記》曰：防海大塘在縣東一里許，郡議曹華信家議立此塘，以防海水。始開募有能致一斛土者，即與錢一千。旬月之間，來者雲集，塘未成而不復取，于是載土石者，皆棄而去，塘以之成，故改名錢塘焉。

解讀

這一段《注》文，酈氏録自劉宋劉道真《錢塘記》[③]。古籍引及此文的，除《水經注》外，尚有《後漢書・朱儁傳注》和《通典》卷一八二，内容基本相同。既然"議立此塘"者是"郡議曹",則這個"郡"當是會稽郡或吳郡。距劉道真作錢塘縣令時已經很久了。劉道真是按當時地方的傳說把這段故事寫入《錢塘記》的。這種傳說,內容有牽強附會的,但也有真實的,其中真實的部分具有重要價值。《注》文中所說:"郡議曹華信家議立此塘,以防海水",這是極有價值的。因為"防海大塘"在"縣東一里許",這是劉道真親見的話,他是南朝宋錢塘縣令,他的話證實了在劉宋錢塘縣東一里許,確有這條"防海大塘"的存在。中國古籍中記載沿海築塘,《錢塘記》以前尚無其他文獻記及(《越絕書·卷八》記有"石塘",但"石塘"不能證明其為了"防海"而作),這是其可貴之處。但《記》內述及的築塘傳說,顯然存在牽強附會,因為南朝宋距漢為時已遠,對於這類傳說,劉道真已無法分辨,也或許他明知這類傳說的虛假,但以之收入《錢塘記》既是如實而傳,也增加了文采。當然,後世的評論就未必如此。天津圖書館所藏全祖望《五校鈔本》上,此處有施廷樞的手寫評語:"千錢誑眾之陋。"施廷樞的話,當然也是批評這種傳說,並不是批評這條"防海大塘"。因為修築這樣一條海塘,顯然有很大的工程量。而且當時社會的道德準則是溫良恭儉讓,不是假冒偽劣。為政者決不致設計一套"陰謀"甚或"陽謀"來坑害人民的。所以對於劉道真的《錢塘記》(此書已亡佚)所輯存的這些內容,"防海大塘"是這位縣令親見的事物,是中國對海塘的最早記載,具有很高價值。而"千錢誑眾"之類,無非是一種無稽的傳說而已。對於古籍,大多都有這類虛構故事,今天的讀者自能善於區別。

擷英

浙江又東與蘭溪合,湖南有天柱山,湖口有亭,號曰蘭亭,亦曰蘭上里,太守王羲之,謝安兄弟,數往造焉。吳郡太守謝勗封蘭亭侯,蓋取此亭以為封號也。太守王廙之移亭在水中,晉司空何無忌之臨郡也,起亭于山椒,極高盡眺矣。亭宇雖壞,基陛尚存。

解讀

這一段《注》文記敘蘭亭,蘭亭後來成為紹興的一個重要勝地。《注》文記及了"太守王羲之",但未記敘永和九年(公元三五三年)三月三日以王羲之為首的蘭亭修禊,這當是酈道元的疏漏,亦可能是後來傳鈔者的佚落。因《蘭亭詩序》(或稱《蘭亭集序》,此文名稱甚多,不勝枚舉)這篇名作,酈氏必然讀到。但從這段《注》文中,我們仍可獲得若干六朝以前這個地方的資料。首先,清于敏中在《浙程備覽・紹興府》中所說:"或云蘭亭非右軍始,舊有蘭亭即亭堠之亭,如郵鋪相似,因右軍禊會,遂名于天下。"亭原來是縣以下的一級地方行政區劃,"吳郡太守謝勗封蘭亭侯"一語中已可明確。或許是因為其地濱鑒湖,又有會稽山之勝,當時的文人雅士藉湖上交通之便利,常到此聚會,因而有王羲之修禊之舉。而參與此次聚會者,多是當時名人,就是于敏中所謂"遂名于天下"的來由。從此,蘭亭除了作為縣下的行政區劃以外,好事者又在此建造亭榭,並且以"蘭"為名。但僅從《注》文所示,這個亭榭已經兩度遷移。王廙之移亭在水中地旁鑒湖,何無忌又建亭到天柱山山巔。而六朝以後又數經播遷,酈道元當然不及見。直到明朝,郡守沈啓在天章寺附近重建,其地與王羲之修禊的蘭亭相去甚遠。清全祖望在《宋蘭亭石柱銘》(《鮚埼亭集》卷二十四)文中說:"自劉宋至趙宋,其興廢不知又幾度,顧不可考,若以天柱山之道案之,其去今亭三十里。"全祖望文中所說的趙宋蘭亭,其址已在天章寺,明沈啓無非重加修葺而已。明末清初人張岱在《古蘭亭辨》(《琅嬛文集・卷三》)文中說:"因其地有池,乃構亭其上,甃石為溝,引田水灌入,摹仿曲水流觴,尤為兒戲。"張岱和全祖望都是知道歷史上蘭亭修禊和播遷過程的學者。所以對一處名勝古蹟,按其來龍去脈,作出有根有據的考證。但現代人絕大多數已不做學問,也不懂學問。眼下各地也多有修復古代名勝古蹟作為旅遊景點的,但目的在於開發旅遊業,發展經濟,已經不再重視考證了。

擷英

漢世劉寵作郡,有政績,將解任去治,此溪父老,人持百錢出送,寵各受一文。然山棲遁逸之士,谷隱不羈之民,有道則見,物以感遠為貴,荷錢致意,故受者以一錢為榮,豈藉費也,義重故耳。

解讀

全部《水經注》中,酈氏凡遇清官,總以各種文字加以讚揚。諸如童謠兒歌之類,也無不搜集利用。這段關於劉寵的《注》文,酈氏或許是參照了《後漢書・劉寵傳》的文字寫成的,《劉寵傳》的原文如下:

寵簡除煩苛,禁察非法,郡中大化。徵為將作大匠,山陰縣五六老叟,龍眉皓髮,自若耶山谷間出,人賚百錢以送寵,寵勞之曰:"父老何自苦。"對曰:"山谷鄙生,未嘗識郡朝,他守時,吏發求民間,至夜不絕,狗吠竟夕,民不得安。自明府下車以來,狗不夜吠,民不見吏,年老遭值聖明,今聞當見棄去,故自扶奉送。"寵曰:"吾政何能及公言耶?勤苦父老為人,選一大錢受之。"

劉寵與這些老人告別之處,在今紹興與蕭山交界的一條河邊,此後地名就稱"錢清",人民並建了一座"一錢亭"以資紀念。此亭現今修復在河邊。酈氏表揚的清官,至今仍為後人稱頌。

擷英

(浦陽)江水導源烏傷縣,東逕諸暨縣,與洩溪合。溪廣數丈,中道有兩高山夾溪,造雲壁立,凡有五洩。下洩懸三十餘丈,廣十丈,中三洩不可得至,登山遠望,乃得見之。懸百餘丈,水勢高急,聲震水外,上洩懸二百餘丈,望若雲垂。此是瀑布,土人號為洩也。

解讀

五洩是至今仍存的諸暨重要名勝,是會稽山區中的著名瀑布。五洩瀑布是江南的自然勝景,但在至今留傳的古籍中,《水經注》卻是最早記敘這處江南名勝的古籍。説明酈道元當年在搜羅文獻資料上確實是盡心竭力。今酈氏用以記敘五洩的原籍已經亡佚,竟至江南勝景卻在此北人文獻中詳敘。所以《水經注》對南方的記敘也作出了南人不及的貢獻。《水經注》全書記入的瀑布達六十餘處,但使用"瀑布"這個詞彙的僅十三處,五洩是其中之一,"此是瀑布,土人號為洩也"。稱瀑布為洩,可能還是殘留的古代越語,所以這一"洩"字,在語言學研究中還很有價值。

擷英

浦陽江又東北逕始寧縣嶀山之成功嶠,嶠壁立臨江,欹路峻狹,不得并行,行者牽木稍進,不敢俯視。

解讀

卷三十六《若水》篇中,《注》文記敘了當年西南山區的行路艱難情況,"庲降賈子,左擔七里”,即所謂“左擔道”。而從這段《注》文所敘,東南地區在未曾開拓以前,今浙東丘陵的交通也非常困難。山路險狹,“不得并行,行者牽木稍進,不敢俯視”。其困難程度,實在有甚於“左擔道”。如果沒有此篇中的記敘,後來人顯然無法想像浙東丘陵古代的交通困難情況。現代人需要研究古籍,因為許多古代情況,如無古籍,是無法想像的。

擷英

(上虞)縣東北上亦有孝子楊威母墓。威少失父,事母至孝,常與母入山採薪,為虎所逼,自計不能禦,于是抱母,且號且行,虎見其情,遂彌耳而去,自非誠貫精微,孰能理感于英獸矣。

解讀

這段《注》文中有“常與母入山採薪”一句。王國維對這個“薪”字,在《宋刊水經注殘本跋》(《觀堂集林》第十二卷)中說:

> 卷四十《漸江水注》,入山採旅,諸本皆作薪。案《後漢書·光武紀》,野穀旅生。注,旅,寄也,不因播種而生,故曰旅。今字書作穭,音呂。又《獻帝紀》,尚書郎以下,自出採稆,注引《埤蒼》曰:“穭自生也。稆與穭同。”酈云採旅,正與范書語合,諸本改作薪,蓋緣不知採旅為何語耳。

王國維的話,只有一點需要改正,即“諸本皆作薪”。因為王氏生前僅讀到《永樂大典》本的前二十卷。其實《永樂大典》本卷四十《漸江水注》中,此處亦作“入山採旅”。所以應該說,除了殘宋本和《永樂大典》本外,其餘各本都作“入山採薪”。“旅”字和“薪”字,在字形和讀音上,兩者均無相似之處,不可能是傳鈔的錯誤。這中間,一定有一位自以為是的校勘者,既不懂“旅”字這個常見字是否另有他義,又未查明此字是否還有另外音訓,一筆將其改成“薪”字,以後各本就從此以訛傳訛,於是從黃省曾刊行此本開始,直到近代的一切版本,此處都作“入山採薪”。但按情理而論,《水經注》的原文當以“入山採旅”為是。除了上述“旅”和“薪”形、音懸殊,不會造成傳鈔之誤外,從故事的情節判斷,“旅”是可以食用的野生植物,荒年當用以代糧,《救荒本草》之類的書上常有記載。上山採集這類代食品,勞量並不很大,但必須具有識別的知識。“薪”是燃料,上山採薪,需要很大的勞力,但並不需要識別的知識。一個孝子上山,為什麼要帶母親同去,這當然是因為母親年長識多,具有鑑別野生植物何者可食,何者不可食的知識。上山採薪,就是砍柴,是人人能做的辛苦生活,孝子當然不會帶母親上山砍柴的。由此推斷,《水經注》原文應該是“入山採旅”,王國維的考據是信而有徵的。

注释:

① 上海新知識出版社一九五四年初版,至一九五七年反右,前後共印九次計六七〇〇〇冊。

② 作者按:“伊攻”之下,《越絕書》有□,當是東漢初人整理《越絕書》時所不知的地名。

③ 此處《錢塘記》即擷英之《錢唐記》。“錢唐”是秦置縣,原作“唐”,至唐朝因與朝名相同而改作“塘”。

原著臺北三民書局二〇一〇年版